U0513528

徐霞客游記

【明】徐弘祖 著

上海古籍出版社

图书在版编目(CIP)数据

徐霞客游记／(明)徐弘祖著.—上海：上海古籍出版社，2016.6(2017.5重印)
(国学典藏)
ISBN 978-7-5325-7982-2

Ⅰ.①徐… Ⅱ.①徐… Ⅲ.①游记—中国—明代②历史地理—中国 Ⅳ.①K928.9

中国版本图书馆CIP数据核字(2016)第037985号

国学典藏
徐霞客游记
[明]徐弘祖 著
上海世纪出版股份有限公司
上 海 古 籍 出 版 社 出版
(上海瑞金二路272号 邮政编码200020)
(1)网址:www.guji.com.cn
(2)E-mail:guji1@guji.com.cn
(3)易文网网址:www.ewen.co
上海世纪出版股份有限公司发行中心发行经销
上海展强印刷有限公司印刷
开本890×1240 1/32 印张18.875 插页5 字数434,000
2016年6月第1版 2017年5月第2次印刷
印数4,101—5,600
ISBN 978-7-5325-7982-2
I·3021 定价:42.00元
如有质量问题,请与承印公司联系

前　言

周宁霞

一

自16世纪中叶至17世纪这一百来年，在我国科学技术史上，是个群星灿烂的时期。这个时期，由于商品经济的发达和资本主义生产的萌芽，纺织、冶炼、医药等等都有迅速的发展。“科学的发生和发展，一开始就是由生产决定的。”（恩格斯《自然辩证法》）在生产力迅速发展的基础上，一系列科学著作，如李时珍的《本草纲目》、徐光启的《农政全书》、宋应星的《天工开物》、方以智的《物理小识》，纷纷以璀灿的异采呈现在人们眼前。《徐霞客游记》作为世界上第一部广泛系统地探索和记载岩溶地貌的地理学巨著，也为这一时期的科学史，增添了光辉的一页。

《徐霞客游记》的作者徐弘祖，字振之，号霞客，南直隶江阴（今江苏江阴）人。生于明万历十四年（1586），卒于崇祯十四年（1641）。这五十多年，正是明王朝的封建专制主义统治在强大的农民起义打击下，由没落走向崩溃的前夕。徐霞客的家乡江阴，是当时对内对外贸易的重要港口，商业、手工业尤其发达。生产的发展要求思想的解放，重试验、重考察的科学精神，开始兴起。先进的人们纷纷从各自不同的方面，探索着物质世界的奥秘。生活年代稍早于徐霞客的李时珍（1518—1593），总结自己入山采药、订正品物名实的感受道：人可以“窥天地之奥秘而达造化之权”（《本草纲目》卷一），表现了他“人定胜天”的唯物主义观点。稍晚的王夫之（1619—1692）更比较明确地阐述了物质不灭的思想：“车薪之火，一烈已尽，而为焰，为烟，为烬；木者仍归木，水者仍归水，土者仍归土，特希微而人不见尔。一甑之炊，湿热之气，蓬蓬勃勃，必有所归。若奁盖严密，则郁而不散……有形者且然，况其絪缊不可象者乎。”（《张子正蒙注·太和篇》）人们对物质世界的认识，逐渐深化。

在政治思想领域，代表劳动人民或新兴市民阶层利益，反映了手工业、商业发展要求的先进知识分子，对封建主义的纲常名教和社会结构，发起了一再的冲击。针对当时窒息着学术界，只事空谈、不务实学的程朱理学，先进的人们提出了重现实、明是非、经世致用的主张。统治集团对于这些动摇封建专制主义精神支柱的新思潮采取了一系列残酷镇压的手段。同时，为了在思想上加强禁锢，明王朝还规定，凡士子只准读《四书》、《五经》、《性理大全》、《资治通鉴纲目》、《历代名臣奏议》及当代诰律典制一类的书，“其有剽窃异端邪说，炫奇立异者”，“文虽工，弗录”。在明代，进士入仕之易是十分突出的。乡试中式得举人，经过会试、殿试成进士，就可以被推荐担任中央和地方各种官职。皓首穷经、以科举仕第为荣，已成为士大夫中恶浊的社会风气。面对时代提出的尖锐课题，是沉沦于科举八股，甘当“地慝”、“国蠹”式的士子呢，还是突破禁锢、摈弃利禄，在实践中探索科学的真理?徐霞客选择了后者。

徐霞客出身于一个地主家庭。他自幼“特好奇书，侈博览古今史籍及舆地志、山海图经以及一切冲举高蹈之迹，每私覆经书下潜玩，神栩栩动。”（陈函辉《徐霞客墓志铭》）他也曾顺应时俗，“俯就铅椠”，但在应试失败之后，就决心挣脱科举的枷锁，埋头于他真正感兴趣的古今史籍、舆地图经之中，向往着“问奇于名山大川”的生活。在广泛阅读、独立思考的基础上，他不顾异端邪说之讥，毅然对图经志籍提出了怀疑：“昔人志星官舆地，多以承袭附会，即江、河二经，山脉三条，自纪载来，俱囿于中国一方，未测浩衍。”（《徐霞客墓志铭》）特别是对滔滔入海的大江（长江）的观察，使得徐霞客对自古以来奉为经典的《禹贡》中的“岷山导江”说发出了责难：“何江源短而河源长也?岂河之大更倍于江乎?”（《溯江纪源》，一名《江源考》）为了考察祖国的山河大地，他自二十二岁开始出游，三十多年间，徐霞客东渡普陀，北历燕冀，南涉闽粤，西北直攀太华之巅，西南远达云贵边陲，足迹及于当时十四省，即现在的江苏、浙江、山东、河北、山西、陕西、河南、安徽、江西、福建、广东、湖南、湖北、广西、贵州、云南十六个省区和北京、天津、上海等地。直到五十五岁那年身患重病，才被云南丽江守派人护送，经湖广黄冈返回家乡，第二年就去世了。说徐霞客把毕生精力献给了旅行考察事业，是一点也不过份的。

和古今中外不少著名人物一样，家庭的影响，对于成就徐霞客的事业，起过不容忽视的作用。徐霞客祖上作为宋朝的官吏（开封尹徐锢），北宋末年随宋王朝南迁，“子孙俱誓不仕元”。他的高祖曾做过明朝的官吏，他父亲却隐迹田园，“不喜冠带交”。徐霞客从小就“仰慕一切冲举高蹈之迹，于一切裘马少年之习，秉心耻之”，和这种重视名节、操守的家风的薰陶，颇有关系。特别是他的母亲，对于徐霞客“问奇于名山大川”的志趣，更给予有力的支持。她说：“志在四方，男子事也”，“岂令儿以藩中雉、辕下驹坐困为?”她亲手为霞客制“远游冠”，以壮行色；每次霞客出游归来，“为言各方风土之异，灵怪窟宅之渺，崖壑梯蹬之所见闻，有令人舌挢汗骇者，母意反大惬。”（《徐霞客墓志铭》）为了打消霞客出游的顾虑，她以七十多岁的高龄，还豪兴满怀，和徐霞客一起游了荆溪、勾曲。这在封建社会的妇女，也算得一件壮举了。时代的召唤，家庭的支持。加上他坚忍不拔、锲而不舍追求真理的实践精神，徐霞客终于开辟了我国地理学上实地考察自然，系统地观察、描述自然的新方向。

十卷《徐霞客游记》，以日记体详尽地记录了徐霞客毕生大部分行展所至、观察所得。除散失者外，目前保存下来的达六十余万字（此外尚有部分朋友间赠答的诗文、传志、石刻等）。第一卷十七篇游记反映了徐霞客五十一岁前的主要游踪。这一时期，他游了太湖的东西洞庭山、泰山、落迦山(以上均无游记)、天台山、雁宕山、白岳、黄山、武彝山、庐山、九鲤湖、嵩山、太华山、太和山、荆溪张公、善卷二洞(无游记)、罗浮山(无游记)、盘山(无游记)、五台山和恒山。全国主要名山,除四川峨眉山、湖广衡山、云南鸡足山外,他已遨游殆遍,积累了观察山川地貌的丰富经验。自五十一岁起,徐霞客经过长期、周密的准备,开始了西南之行。这次旅行历时四年,是徐霞客一生中外出时间最长、行程最远、也是他最后的一次旅程,行经今江苏、浙江、江西、湖南、广西、贵州,到云南。《游记》第二卷至第十卷,生动翔实地记述了徐霞客长途西行中"高而为鸟、险而为猿",三次遇盗,四次绝粮,惊世骇俗的野外考察生活。《游记》的内容是多方面的。自山川源流、地形地貌的考察,到岩石、洞壑、瀑布、温泉的搜奇剔胜;从动物、植物生态品种的比较,到矿产、手工业、居民点、物价的记录;从民情风俗的观察,到民族关系、边陲防务的关注……范围之广,鲜明地反映了资本主义萌芽时期,先进的人们注重实际,迫切需要了解自然、研究社会的强烈愿望。

《游记》所保存的关于我国西南地区石灰岩地貌的广泛、深入的考察记述,尤其具有重大的科学价值。我国西南各省,石灰岩分布面积很广,是世界最广大的石灰岩地貌区域之一。徐霞客行程经过的湖南、广西、贵州、云南一带,正是典型的石灰岩地貌区域。徐霞客对沿途见到的石灰岩地貌的种种特征,如"铮铮骨立"的石山,"攒出碧莲玉笋世界"的峰林,如"坠壑成井,小者为眢井,大者为盘洼"的圆洼地,如"漩涡成潭,如釜之仰"的落水洞,以及"伏流潜通"、"水皆从地中透去"的伏流现象,无一不作具体细致的考察记述。对于形形色色的石灰岩洞穴,徐霞客不仅描述其瑰丽雄奇的景观,而且分析其成因,考察其方位,研究其结构,其目测步量和记述的准确性,和现代测量的数据十分接近。比起1781年奥地利地理学家格鲁柏(Th. Gruber)对前南斯拉夫斯洛文尼亚的喀斯特地貌(即岩溶地貌)进行考察和研究来,徐霞客远远走在了前面。《徐霞客游记》无疑是世界上最早的关于岩溶地貌的科学文献。

《游记》本文至崇祯十二年九月十四日止，其时徐霞客在云南鸡足山。关于徐霞客西行所至，他的朋友陈函辉、钱谦益、亲戚吴国华在霞客的志、传、铭中说他曾到过四川峨眉山，并西出石门关、穷星宿海，还到过西藏，"赴西番参大宝法王"。但从《游记》本文看，这些说法都不确实。徐霞客在长途西行前既未到过四川峨眉山，西行途中他由湘入粤，经黔入滇，最远到达腾越州一带，不曾迂道游峨眉。季梦良在《游记》最末一天日记之后注道："王忠纫先生云：'自十二年九月十五日以后，俱无小纪。'余按公奉木丽江之命，在鸡山修志，逾三月而始就。则自九月以迄明年正月，皆在悉檀修志之日也。"徐霞客于崇祯十三年六月返抵家乡。陈函辉《徐霞客墓志铭》述霞客回家前最后这段生活道："霞客游轨既毕，还至滇南。一日，忽病足，不良于行。留修鸡足山志，三月而志成。丽江木守为饬舆从送归。转侧笋舆者一百五十日，至楚江困甚。黄冈侯大令为具舟楫，六日而达江口，遂得生还。"时间和季注完全吻合。则徐霞客游踪西至腾越州，然后返至鸡足山而止，是很清楚的。陈铭曾说霞客对游记稿"自怡笥箧，雅不欲以示人"，他们之所以弄出错误，很可能是因为当时没有看到《游记》原稿所致。

二

马克思说过："人的思维是否具有客观的真理性，这并不是一个理论的问题，而是一个实践的问题。人应该在实践中证明自己思维的真理性，即自己思维的现实性和力量，亦即自己思维的此岸性。"（《马恩选集·关于费尔巴哈的提纲》）徐霞客为探讨客观真理，百折不挠，三十余年如一日地献身旅行考察事业的科学实践，正是《游记》最感人的精神力量所在。今天，特别在经历了种种现代迷信的祸害之后，徐霞客那种敢于对任何本本提出质疑的科学勇气，他一往无前的实践精神，尤其闪耀出熠熠光华。

为实现自己的理想，徐霞客对野外考察中遇到的种种艰难困顿，表现了惊人的毅力和蓬勃的乐观精神。湘江遇盗，他行囊被洗劫一空，一时又借贷无门。面对漫长的旅程和不如归去的劝说（“询余如归故乡，为别措以备行囊”），徐霞客的回答是：“不欲变余去志”，“吾荷一锸来，何处不可埋吾骨耶”！旅途断炊，徐霞客或者“以刘君所惠绸一方，就村妇易米数筒”（崇祯十年四月十四日），或则“以褶、袜、裙三事悬于寓外，冀售其一，以为行资”。好不容易得了二百余文，他“亟索饭，乘晚探尖峰之洞”（崇祯十二年四月二十六日）。

为搜剔山川岩壑的奥秘，徐霞客爬山，他望险而趋，必登群峰之巅；探洞，他觅奥而逐，务达幽穴之邃。不论传说中的“神龙精怪”(茶陵麻叶洞)，还是活生生的巨蟒（融县真仙岩），都挡不住他前进的脚步。有时走错了路，他“幸兼收之胜，岂惮往复之烦”！有时蹬断路绝，同行的伴侣和向导都已裹足却步，他还贾勇直前，“衣碍则解衣，杖碍则弃杖”，“穿棘则身如蜂蝶，缘崖则影共猿鼯”。在雁宕山，他冒着几乎葬身深壑的危险，几次攀登雁宕顶峰，终于勘明大龙湫瀑布的源头和雁湖的确切位置，证实雁湖之水“与大龙湫风马牛无及”，而志书所谓“宕在山顶，龙湫之水，即自宕来”，纯属以讹传讹。在楚南，为追寻三分石，查勘潇水之源，徐霞客露宿九疑山头。“山高无水，有火难炊”，他在篝火边、风雨中度过了饥饿寒冷的夜晚，可是，当他透过拂晓的晨雾。“仰见三分石，露影指顾间”，他又立即“忍饥冲湿箐而南”。终于，徐霞客找到了“五涧纵横，交会一处”的三分石分水岭，弄清楚三分石是潇水、岿水、沲水的分水处，三水均下注湘江，指出当时人们所谓三分石下水“一出广东，一出广西，一下九疑为潇水，出湖广”的错误（崇祯十年三月二十八至三十日）。

艰苦卓绝的实践，结出丰硕的科学之果。徐霞客经过长期、广泛、深入的实地踏勘，终于证明了“自己思维的现实性和力量”。他的著名论文《溯江纪源》，以无可辩驳的事实材料论证金沙江是长江的正源，针锋相对地否定了被认为不可动摇的《禹贡》“岷山导江”说的“定论”。他写道：“河源屡经寻讨，故始得其远；江源从无问津，故仅宗其近。……既不悉其孰远孰近，第见《禹贡》‘岷山导江’之文，遂以江源归之。……导河自积石，而河源不始于积石；导江自岷山，而江源亦不出于岷山……推江源者，必当以金沙为首。”事实上，自西汉以降，人们早已知道长江上游有金沙江。《汉书·地理志》越嶲郡遂久县（今云南丽江纳西族自治县境）就有“渑水（即金沙江）出徼外，东至僰道（今四川宜宾）入江”的记载。但由于被奉为经典的《禹贡》的“岷山导江”说，人们总是把岷江当作长江正源。徐霞客以他的实践和无畏的科学勇气，推翻了一千多年来陈陈相因的旧说，这不仅是当时重要的地理发现，而且具有深刻的思想意义。

此外，徐霞客还辨证了盘江、左、右江、龙川江、麓川江、大盈江、澜沧江、潞江、元江、枯柯河等水道的源流。由于当时条件和他行踪的限制，徐霞客于北盘江上流及南盘江下游未能得出正确的结论，但他指出元江、澜沧江和潞江均独流入海；澜沧未尝东入元江；潞江亦非澜沧支流；枯柯河是潞江支流而与澜沧无关。这些，都纠正了《明一统志》有关记载的混乱和错误。

纵观《游记》，我们还鲜明地看到，不论徐霞客是否十分自觉，他在野外考察的大部分情况下，正是遵循着一条严格的、科学的认识路线。他不满足于表象的观察，也不为某些虚幻、不可知的现象所迷惑，而是客观、深入地观察自在之物，从探究事物本身的联系中得出结论。这正是他能透过现象、较深入地认识自然，获得丰硕科学成果的重要原因。在浔州白石山，对于《西事珥》和《百粤风土记》所载“暮闻钟鼓则沸溢而起”的“漱玉泉”，他经过实地观察和向老僧调查了解，判断道：“余谓泉之沸寂，自有常度，乃僧之候泉而鸣钟鼓，非泉之闻声而为沸寂也”，所谓“闻钟泉沸之说”，“洵皆好事之言也”，澄清了两书中虚幻的臆说。在鸡足山，徐霞客看到大觉寺的喷泉，根据自己对水流的深刻了解，正确地判断附近一定有一股和喷泉高度相应的水源，准确地阐明了地下水压力的原理。对腾冲附近的火山遗迹、硫磺矿等不常见的景观，徐霞客所作的记述和分析，也都符合现代科学的解释。

徐霞客之善于观察，还在于他在客观地观察自然的基础上，善于从自然现象的运动、变化以及相互联系中去把握特征、探究规律。崇祯元年，徐霞客游福建时先后行经建溪和宁洋溪，身历黯淡、石嘴、溜水、石壁等险滩，对溪流形势作了细致的观察比较，他联系两溪的源头和流程，作出了河流的流速与河床比降成正比的科学分析：“宁洋之溪，悬溜迅急，十倍建溪。盖浦城至闽安入海，八百余里；宁洋至海澄入海，止三百余里。程愈迫，则流愈急。”（《闽游日记》）他又由石崖“水啮成矶”（湖广茶陵）、“江流自南冲涌而来，狮石首扼其锐，迎流剜骨，遂成狰狞之状”（粤西新宁），看到水力对于岩石的作用，进而认识到河流在凹岸侵蚀较强的原理：“江流击山，山削成壁，流回沙转，云根迸出”（崇祯十年九月二十六日）。他又从植物和环境的关系，观察到地形、气温、风速对于植物生态种属的影响，得出了“山谷川原，候同气异”（《游太和山日记》）的科学结论。

这样一条科学的、辩证的认识路线，尤其典型地表现在徐霞客对岩溶地貌的考察上。对于石钟乳的岩溶现象，我国劳动人民在生产实践中，早已有所注意。春秋时期记载耕作制度的《计倪子》和秦汉时的《神农本草经》，均有著录。宋沈括在《梦溪笔谈》中并指出石钟乳是沉淀作用生成的。但这样多方面地、系统地考察探讨岩溶现象，徐霞客则是第一个。在徐霞客早期的旅行中，已经对石钟乳进行了细致的观察比较。其后经过长期、大量的观察，他明确地指出了石钟乳的成因：“崖间有悬干虬枝为水所淋滴者，其外皆结肤为石，盖石膏日久凝胎而成。”（云南永昌水帘洞）在岩溶地区的长途考察，使徐霞客深刻体会到“水”在形成这种特殊地貌中的重要作用。他记述岩溶漏斗洼地、伏流等现象道：“岭头多漩涡成潭，如釜之仰，釜底俱有穴直下为井，深或不见底……始知山下皆石骨玲珑，上透窍，辄水捣成井”（楚南秦人洞）；“迸穴……皆平地下陷，或长如峡，或圆如井……下则渊水澄澈，盖其地中二三丈以下，皆伏流潜通，其上皆石骨嘘结，偶骨裂土迸，则石出而穴陷焉”（粤西浔州）。他不仅道出岩溶地貌的特征和成因，并就落水洞的大小和漏斗洼地的特点，厘订了“眢井”、“盘洼”等等名称（滇南罗平）。在大范围的游历考察中，徐霞客经过反复的观察比较，还注意到岩溶地貌由于发育不同而形成的地区差异。他精到地勾勒出不同地区的特点，具有惊人的准确性。崇祯十年六月间，在从柳江上航融县途中，他写道：“自柳州府西北，两岸山土石间出，土山迤逦间，忽石峰数十，挺立成队，峭削森罗，或隐或现，所异于阳朔、桂林者，彼则四顾皆石峰，无一土山相杂，此则如锥处囊中，犹觉有脱颖之异耳。”鲜明地道出了已处于岩溶老年期的柳江峰丛谷地“两岸山土石间出”的特点，以及它和漓江峰林洼地“四顾皆石峰”的差异。十二月二十二日徐霞客自南宁北上三里城，经过宾州公村，他将这一带地貌和半个月前自隆安东返南宁途中所见作比较，写道：“自隆安西岭入（南宁），土山崇卑不一，皆纯土而不见石，至此（指公村附近）始复见峥嵘面目矣。”明确地勾勒出桂西北峰丛洼地的南界是宾州公村，而桂西南峰丛洼地的东北界是隆安。后来他横越贵州，在云南东部考察南盘江源流之后，又对桂、黔、滇三省地貌作出概括比较：“粤西之山，有纯石者，有间石者，各自分行独挺，不相混杂。滇南之山，皆土峰缭绕，间有缀石，亦十不一二，故环洼为多。黔南之山，则界于二者之间，独以逼耸见奇。滇山惟多土，故多壅流成海，而流多浑浊。惟抚仙湖最清。粤山惟石，故多穿穴之流，而水悉澄清。而黔流亦界于二者之间。”

（崇祯十一年八月二十八日） 这些记述比较，和现代地质学对西南一带岩溶地貌的考察分类，完全符合。

石灰岩溶洞的大量存在，是石灰岩地貌的突出特征。为探明它们的特点、结构，徐霞客曾身历足涉的岩洞达三百多个。足迹所至，他无不想方设法穷其奥、尽其胜。这样登堂入室细细搜剔，大自然也向他展示了自己最美好的奥秘。他发现这些岩洞有的雄邃宏丽，有的杳窅幽閟，有的层楼复阁、重门若剜，有的曲折窈窕、宛转透漏。有的是良好的天然仓库，“可置谷数千钟”（向武百感岩）；有的有丰富的地下水源。“碧黛中汇，源泉不竭”（三里韦龟岩）。他发现岩溶地区有许多山里面是空的：“此村水坠穴，山透腹，亦与向武一辙也。”（三里韦龟村）他指出它们都由水冲击“磨砺”而成：“水大时北洞中满，水从下反溢而出此，激涌势壮，故洞与涧皆若磨砺以成。”（三里佛子岭南岩）在西方，洞穴学是一门才兴起不久的学科，专门研究天然洞穴的形成、结构，探讨对它们的利用。徐霞客早在三百多年前就对岩洞作如此广泛深入的踏勘，留下大量精确的记载，是十分可贵的。

然而，尽管在考察自然现象的多数情况下能够遵循科学的认识路线，徐霞客思想上还存在着比较浓厚的唯心色彩。对于他所不能掌握的“命运”，他只有仰仗“神权”来裁决；对于凡是超越他的认识水平和理解能力的现象，他就只能用“神力”来解释。如湘江遇盗后选择哪一条路线前进的问题，如能否携带静闻遗骨入滇的问题，霞客都曾经求神问卜，征求“神”的“意见”。一次他爬山时忽然双脚肿痛，不良于行，他就以为这是他以“灵泉”濯足、“山灵罪我”的结果，于是“以佛氏忏法解之”。——徐霞客思想上也曾受到佛教的影响。他每到寺院，往往先去“礼佛”；他有时以佛教语言引入《游记》，相信“佛教之神也，于是乎征矣”；他选择鸡足山作为西行的终点，并为之修志，都表明了这一点。正像恩格斯所指出的：“许许多多自然科学家已经给我们证明了，他们在他们自己那门科学的范围内是坚定的唯物主义者，但是在这以外就不仅是唯心主义者，而且甚至是虔诚的正教教徒。”（《自然辩证法》）十八、十九世纪的不少自然科学家是这样（即现代又何尝不是这样），那在徐霞客生活的当时就更不足为奇了。《游记》中的不少记述反映了这一点，正是向我们展示了一个有血有肉的、历史的徐霞客，显示了《游记》记述的真实性。

在我国历史上，曾经克服千难万险、从事长途旅行，作出过重大贡献的，颇不乏人。但他们或者是奉命出使，宣扬王朝的“天威”，像张骞、郑和，或者是为了宗教的目的取经求法，如法显、玄奘。而不出于任何政治的、宗教的企图，没有政府的资助，纯粹以考察自然为目的，毕生从事旅行事业的，徐霞客为亘古第一人。在我国史籍中，地理学著述也颇为丰富。但侧重于疆域、沿革、山川、物产记述的居多，而对地貌作系统考察，对岩石、水文、植物、气候等作多方面观察记述，开创了实地考察自然、系统地描述自然的新方向的，徐霞客也是第一个，这是他超越前人和同时代人的杰出之处，也是《游记》突出的科学价值所在。

三

《游记》既是科学著作，也是一部名符其实的文学游记。这方面，人们历来给以很高的评价。钱谦益称它为“世间真文字，大文字，奇文字”（《嘱仲昭刻〈游记〉书》），奚又溥则说徐霞客“其笔意似子厚，其叙事类龙门”（奚序）。我国文学游记有丰富的佳制名篇。柳宗元的《永州八记》被誉为山水长卷；范成大的《石湖居士骖鸾录》和陆游的《入蜀记》也都以日记体描述他们旅行途中所见的如画江山。然而论旅游之专、行程之长、篇幅之巨和内容之丰富多采，《游记》则是无与伦比的。当我们随着徐霞客的足迹，越过千山万水，遍历奇峰异窟，那展现在我们眼前的雄奇瑰丽的万里山河，宛如一幅幅色采斑烂的山水长卷的长篇巨制，令人眼花缭乱，目不暇给。

《游记》作为徐霞客探索山川地貌奥秘的忠实记录，和它所描述的大自然一样质朴而绮丽、生动而强烈地吸引着我们。徐霞客这样勾勒石树交映的恒山箭筸岭："东西峰连壁隤，翠蜚丹流。其盘空环映者，皆石也，而石又皆树；石之色一也，而神理又各分妍；树之色不一也，而错综又成合锦。石得树而嵯峨倾嵌者，幕以藻绘而愈奇，树得石而平铺倒蟠者，缘以突兀而尤古。"——无须再置一词，已是一幅雄浑天成的山石小品。他记九疑山径所见："峰尽干羽之遗，石俱率舞之兽"；写他跋涉在群山万壑之中："升降宛转，如在乱云叠浪中"（道州华岩），"穿瑶房而披锦幛，转一隙复攒一峒，透一窍更露一奇，至狮、象、龙、蛇夹路而起，与人争道……"（九疑山）；他记岩洞："……入第七门，如连环贯珠，络绎层分，宛转俱透；升降于层楼复阁之间，浅深随意，叠层凭空。此真群玉山头蕊珠宫里也。"（阳朔珠明洞）险峰、峻石在霞客眼里，不是透剔如洗，便是栩栩如生，尽管猛如"狮"、"象"、"龙"、"蛇"，却亲切地"与人争道"；杳冥的岩洞随着霞客笔触的层层深入，显出了它"宛转俱透"的灵境。这样的"瑶房"、"锦幛"和连环贯珠般的"蕊珠宫"，哪得不令人心驰神往！

创作源于生活，也是作者对生活的态度的体现。大自然雨、雾、晴、晦的千姿百态，山、水、树、岩的万般安排，再现在徐霞客笔端，处处融汇着他对祖国山河大地的无限深情。试看他记云南浪穹普陀崆山峡的急流："江流捣崆中愈骤，崆中石耸突而激湍，或为横槛以扼之，或为夹门以束之，或为龃龉，或为剑戟，或为犀象，或为鸷鸟，百态以极其搏截之势，而水终不为所阻，或跨而出之，或穿而过之，或挟而潆之，百状以尽超越之观。"他记漓江夜航："萤阵烛山，远近交映。以至微而成极异，合众小而现大观，余不意山之能自绘，更无物不能绘也！"他写雾中下武功山："隤北而下，如门如阙，如幢如楼，直坠壑底……然雾犹时时笼罩，及身至其侧，雾复倏开，若先之笼，故为掩袖之避，而后之开，又巧为献笑之迎者。"这里霞客不仅把水石激扬的态势、萤阵雾幕的情趣写活了，而且人格化、性格化了。一枝彩笔，拟物拟人，挥洒自如，是画，是诗，也是对大好河山激情的颂歌。不是对所记述的对象观察得深入精到，又怀有热烈深切的感情，是不能出此的。

霞客记游的又一特色，是真。不假矫饰，不事雕琢，已经成为《游记》的独特风格。这一点，在《游记》的原始钞本季会明钞本中反映得尤为清楚。唯其不假矫饰，它秉笔直书，以大量质朴的记述保存了一系列科学的、历史的资料；唯其不事雕琢，它真实地、多方面地反映了徐霞客的精神风貌。《游记》尽管不像《永州八记》那样贯穿着作者的感怀，然而霞客对奸宦的憎恶，对摩崖碑刻等文化遗产的珍爱，他忧时伤国的感情，仍时时凸现在字里行间，宛然在目。

和霞客一生旅行考察的规模相适应，《游记》气势之雄放也是突出的。它东自天台雁宕，西南迄于云贵边陲，轩腾起伏，尺幅千里，远非一般记游之作所能企及。

四

《游记》在徐霞客生前未及整理成书。据最近发现的季梦良序，霞客病中曾将《游记》托付给他。霞客去世后，《游记》先由王忠纫手校，略为叙次，继由季梦良"遍搜遗帙，补忠纫之所未补，因地分集，录成一编"，于壬午年(1642)腊月整理完竣，但其间已有残缺。乙酉年(1645)徐霞客家乡被清兵攻破，《游记》也经历了一场浩劫，至季梦良再次整理时又缺《滇游》首册。其间又经辗转传钞，以致"文残简错，句乱字讹"。清康熙二十三年(1684)李寄(字介立，霞客庶子，因育于李氏，长于明清间，故名。）据曹骏甫、史夏隆钞本整理，补入《游太华山记》、《游颜洞记》和《盘江考》诸文，是为李介立本。乾隆年间，陈泓据当时多种钞本互核，判断李本“为诸本之祖”，撰写了《诸本异同考略》（又名《游记诸本编次略》），为我们留下了有关《游记》版本情况的珍贵资料。清乾隆四十一年（1776），霞客族孙徐镇（字筠峪）根据杨名时、陈泓的校本校订刊刻（以下称乾隆本），《游记》这才正式出版，上距徐霞客去世，已经一百三十五年了。嘉庆十三年（1808），叶廷甲以徐版再次和杨名时、陈泓校本雠勘梓行，并将霞客友朋间赠答的诗文辑为补编；1928年，丁文江又主持编绘了徐霞客旅行路线图三十六幅，并编入霞客的家祠丛刻（即《晴山堂帖》），连同据叶本标点的《游记》本文，和所著《徐霞客先生年谱》一起印行。其他如集成图书公司印本、扫叶山房印本、《万有文库》本及《国学基本丛书》本等等多种印本，《游记》本文或依乾隆本，或依叶本，内容基本上是一样的。我们此次标点整理，由于得到了两个较早的钞本——季会明钞本和徐建极钞本，从而使《游记》的面貌焕然一新：《浙游日记》、《江右游日记》、《楚游日记》和《粤西游日记》以季会明本为底本（按乾隆本分卷，并补入乾隆本有而季本缺的内容），卷一名山游记和《黔游日记》、《滇游日记》以乾隆本为底本，与徐建极本比对雠校，补入被删削的内容。上述补入部分，均或出校记或以符号标明（详见《校点说明》）。附编则收入全部有关诗文和家祠丛刻，包括新发现的徐霞客《赠鸡足山僧妙行七律二首》。这样，就在现有条件下尽可能地恢复了《游记》的本来面貌。

季会明钞本现藏北京图书馆，共五册，题作《徐霞客西游记》。所收日记起自崇祯九年九月十九日，迄于崇祯十一年三月二十七日，即霞客西南游程中浙游、江右游、楚游和粤西游部分。全书不分卷，每册卷首列有游程提纲。各册钤有“虞山毛晋”、“汲古后人”、“独山莫绳孙字仲武号省敂影山草堂收藏金石图书印”、“吴兴刘氏嘉业堂藏书记”等印章，与

《嘉业堂钞本书目》中所录“徐霞客游记，不分卷……旧钞本五册，东吴毛氏、莫郘亭藏”相符。卷首季梦良的序，说明了徐霞客病中将《游记》原稿托付给他，他和王忠纫整理、编次的经过。经和乾隆本对校，季钞本具有几个明显的特征：

一、钞本所存日记除季梦良注明散失者外，基本上每日有记，和乾隆本多处出现的综合记叙截然不同。如崇祯十年二月初二至初六日，十一年二月二十日至二十五日，钞本均每日有记，少则十来字，多则百余字，乾隆本却分别归纳为“初二至初六日俱雨阻庵中”和“二十日至二十五日，日日坐雨寺中”。

二、钞本于霞客行程多有详细记述，乾隆本则多数删削合并。崇祯十年七月初九日霞客自融县返柳州，记江行所见，描述雨势、水势共二百余字，乾隆本归纳为“……共六十里，泊沙弓”，不足五十字；崇祯十一年正月十七日，霞客记述自草塘至庆远府南门一路行程达三百多字，乾隆本只“北三十里，抵庆远府之南门”一句。

三、钞本于霞客旅途生活的记述，比之乾隆本远为详细、具体，叙事曲折有致。如湘江遇盗，如同行的静闻在南宁病故后霞客为之“起窆”、捡骨的经过等，钞本均有详尽记述，乾隆本则大事删削，改写失真。崇祯十年十二月十二日至十七日，霞客为静闻起窆事在南宁稽留整整六天，十八日因雨阻、无夫没有成行，至十九日重新上路。乾隆本删去十二日至十八日日记，十九日仅以“乃行，以积日雨阻，今始得夫也”数字交待前七天在南宁逗留的因由；又如崇祯十年八月二十二日至九月二十日间，钞本存八月二十二日、二十三日、九月九日三天日记。八月二十三日日记之后，季梦良注道：“自此至九月初八日记俱缺。霞客自标简端云‘在杂剡包根内’。遍搜遗帙，并无杂剡。计其时俱在南宁。嗟嗟!南宁一郡之名胜，霞客匝月之游踪，悉随断简销沉。缮写至此，安得起九原而问之!”九月九日记之后，季梦良又注道：“是纪一则，于乱帙中偶得之，……观独登罗秀诗，知为重阳日记，录之以志此日之游踪，不与前后俱没……。”乾隆本则将这三天日记尽数删去，将季梦良两则注文改写为：“以下八月二十二日至九月二十日凡游南宁者皆缺。”乾隆本这些重大的删削失真，既大大削弱了徐霞客的精神风貌，也掩盖、抹煞了季梦良忠于所托，尽心竭力编纂《游记》手稿的实践。总计自崇祯九年九月十九日至十一年三月二十七日，季钞本共存游记五百零七天，比乾隆本多一百五十六天，字数多三分之二以上。

这些情况说明，季钞本无庸置疑地是《游记》的原始钞本，乾隆本已被后来的整理者（很可能是李寄）作过删削改动。而这一点，在季钞本发现之前是从未被怀疑过的。不过，季钞本也还不是一个最完善的钞本。一是由于它的残缺，二是不少地方抄得粗陋，时有脱漏或省略，错字也不少；看来系请人匆忙抄存，未经校勘。然而，它毕竟为我们展示了《游记》的本来面貌。它所保存的大量原始资料，不论是霞客对山川源流的考察，还是对岩溶地貌的记述，乃至对明末西南地区经济生活、社会情况的记载，特别是关于霞客思想、精神面貌的反映，都远较乾隆本丰富、翔实，为我们研究徐霞客和他的《游记》提供了崭新的第一手材料。

徐建极钞本（下简称徐本）原为已故史学家邓之诚所收藏（现在谭其骧先生处）。钞本共六册，起自崇祯十一年三月二十七日，迄于十二年九月十四日，内署“江上徐弘祖霞客甫著，孙建极录”。这个钞本也不分卷，于崇祯十一年三月二十七日、八月初七日、十二月二十三日、十二年五月初一日等日记前列有游程提纲，体例和季钞本完全一致。两个本子虽内容衔接，但十一年三月二十七日日记互见而内容详略各异（季本简，徐本详），钞本用纸亦不一样，显然不是一个本子。和乾隆本对校，徐本除候夫、晨炊等个别生活琐事记述稍详外，主要内容可补正的不多，价值不如季钞本。徐建极是霞客之孙，生于明崇祯七年（1634），卒于清康熙三十一年（1692）。徐本缺滇游首册和《游太华山记》、《游颜洞记》、

《盘江考》。据陈泓《诸本异同考略》，这些内容在季梦良第二次整理时已经阙失，是李介立与曹骏甫、史夏隆本互校后才补入的。徐本不载，应较李介立本为早；季钞本和徐本《游记》都只分册，未列“浙游日记”一类细目，也说明它们是《游记》的早期钞本。

值得一提的，是两部珍贵钞本的发现经过。如前所述，《游记》自霞客幼子李寄再次整理后，“李介立本”一直是“诸本之祖”。曾于《游记》作过认真校勘的清康熙间的杨名时、乾隆间的陈泓以及霞客的族孙徐镇，都没有见到“季会明本”。而在徐霞客去世三百多年之后的今天，我们在重新整理《游记》的过程中，却一举得到了两部被认为久已失传的《游记》早期钞本。这看来颇为偶然，实际上，偶然之中寓有历史的必然。首先，谭其骧先生的无私襄助，为两个早期钞本的发现，提供了第一个、也是最关键的线索。谭其骧先生得知我社正在组织整理《游记》，当即向参加这一工作的吴应寿先生提供了他珍藏已久的徐建极钞本。正是这个钞本首册封面上邓之诚先生的题识“《徐霞客游记》季会明原本。此书存六、八、九、十凡六册（九、十分上下），其七原阙。一至五册昔在刘翰怡家，若得合并，信天壤间第一珍本也”启示我们，被认为已经失传的季会明本还有重新找到的可能。经多方调查，在北京图书馆、文物出版社等单位和张政烺先生的大力协助下，终于很快找到了季会明钞本，并作出了鉴定。（顾廷龙先生和上海图书馆，也积极提供了多种珍贵钞本；赵万里先生重病之中还为我们鉴定徐建极钞本提供了宝贵意见。）季会明钞本卷首季梦良的序、钞本内容以及汲古阁藏书印章，都表明它就是徐霞客族兄徐仲昭交给钱谦益、钱又推荐给毛晋的《游记》残本（钱谦益《嘱毛子晋刻〈游记〉书》）。这部湮没达三百多年，当年邓之诚先生已经知道它的下落、却仍未见到的《游记》原始钞本，今天得以顺利地发掘出来这一事实，生动地体现了社会主义制度为科学文化事业开辟的广阔道路，以及新中国学者们无私的精神风貌。

为尽可能恢复《游记》的本来面貌，便于国内外读者更好地了解徐霞客和他的《游记》，我们在《游记》的整理工作中遂决定以季会明钞本和乾隆本为底本，参校徐建极钞本、陈泓钞本等多种钞本、印本，约请褚绍唐、吴应寿二位先生整理、校点。本书卷首，并收有徐霞客像、手迹和季会明、徐建极钞本书影、名山和岩溶地貌照片及徐霞客旅行路线图等图片多幅，以供参考。不足之处，欢迎读者批评指出，俾再版时改正。

再版说明

新版《徐霞客游记》出版至今已经七年。这期间，我们陆续发现一些有关诗文书牍，有徐霞客的著述，也有朋友们的题赠、信函。其属徐霞客者，有他万里西行前《致陈继儒书》，西行途中《宿妙峰山》诗，和据称他为丽江土知府木增诗文集《山中逸趣》所作的跋。友朋的题赠信函，则有陈继儒的《答徐霞客》，许学夷、陈仁锡诗各一首，黄道周与夫人蔡氏诗共五首，以及未见于石刻的陈仁锡作《王孺人墓志铭》。它们散见于方志、文集，过去有的未加收集，有的罕为人知（黄道周和夫人蔡氏诗五首，仅见抄本《黄石斋未刻稿》、《蔡夫人未刻稿》，收于《玄览堂丛书续集》），今俱补入，于了解、研究徐霞客生平行迹，颇具价值。其《致陈继儒书》中"尝恨上无以穷天文之杳渺，下无以研性命之深微，中无以砥世俗之纷沓。唯此高深之间，可以目摭而足析。然无紫囊真岳之形，而效青牛出关之辙，漫以血肉，偿彼险巇"之语，可以视为徐霞客对自己襟怀及西行决心的披露。《〈山中逸趣〉跋》原刻篆书，虽几经推敲，仍存疑问。这些资料连同《梧塍徐氏宗谱》所载《高士霞客公传》，均一并收入，以供研究。

几年来，不少专家、学者在徐霞客研究中做了大量工作。本书整理者之一吴应寿曾以南京图书馆藏善本最初浑然氏抄本再次校雠；中国科学院自然史研究所、华东师范大学地理系、地质矿产部岩溶研究所、桂林市文联等，均曾派出研究人员考察徐霞客游踪。本书责任编辑在当地党、政、文化部门支持下，也曾赴广西、云南、贵州踏勘徐霞客旅行路线，实地校核《游记》记述及有关地名。一系列考察，为我们弄清《游记》中一些难以索解的问题，改正标校不当，乃至解决季会明抄本的某些阙脱，提供了可靠依据。如崇祯十年十月二十五日《游记》中关于龙英(今广西龙茗)飘岩的注文:“土人名曰飘峭所之峭者即山之称也”,原意费解,经实地考察,才明白“飘”(音pi2)、“峭”(音qi2)皆壮语“石峰”之谓,“所之峭者”当作“所云峭者”。“之”“云”形近而讹。又如同年十一月十八日记向武(今广西向都)百感岩中一处下通水洞的洞穴,季会明本作“陷处径尺五”,陈泓本、乾隆本作“陷处径一丈五尺”,亦只有从实地考察决取舍。再如太平府(今广西崇左)陵□,季会明本脱一字,因无他本可校,初版只能付阙。经踏勘,当地楞球村地望与《游记》描述相合,盖“陵”“楞”音近字异(踏勘发现,《游记》中存在大量“近音地名”,粤语壮语地区尤多),“陵□”应即楞球。此类难解、讹脱及实地考察中发现的标校不当,本版均予改正。《游记》著录的部分摩崖,亦据原刻校正。

以下诸位,曾从各方面为本书提供帮助:中国科学院自然史研究所杨文衡、汪前进、胡邦波、桂林市文联刘英、邕宁县图书馆覃锦吉曾帮助校正地名;云南省博物馆、云南人民出版社李惠铨、云南大学张文勋、桂林市文管会萨大点、大理文物管理所张楠曾协助提供资料;地质矿产部岩溶研究所朱学稳、上海科技出版社金宝源、江阴县文化馆黄丰、华东师范大学张宝安提供了精彩照片,并此志谢。

为供研究参考,本版将丁文江《徐霞客先生年谱》列为附录。《年谱》据商务版《徐霞客游记》,除改正个别误植外,一仍其旧。

上海古籍出版社

一九八七年六月

(编者按:本次重版,即以一九八七年的再版为底本,并改正了其中的一些讹误。因本版为普及版,故将原版中不属于游记内容的第十卷下“附编”和《徐霞客先生年谱》及原书卷首的彩色插页予以删除。特此说明。)

校点说明

一、本书卷一上下、卷四下至卷十上采用乾隆四十一年徐镇刻本（简称乾隆本）为校点底本；卷二至卷四上采用季会明钞本（简称季本）为底本。

二、本书校勘主要对照下列各本：徐建极钞本（简称徐本）、陈泓精钞本（简称陈本）、杨名宁钞本（简称宁本）、叶景葵藏史夏隆序本、叶廷甲刻本（简称叶本）、丁文江本、国学基本丛书本。

三、季本为《游记》原始钞本，记述多较乾隆本为详，但也有一些片断乾隆本详于季本。为尽可能保持《游记》全貌，今将乾隆本有、季本缺的文字全部录入，用〔〕标出，以示区别；凡季本、乾隆本内容相当而乾隆本的表述详于季本的文字，亦予录入，以〔〕及小一号字体标明。

四、个别由整理者补入的字，以（）标出。

五、各本个别文字歧异、但于文意没有重大出入者，择善而从，不出校。

六、因书中涉及大量人名和地名，为方便读者阅读，凡人名和地名均标以专名线。

目　录

季　序

崇祯丙子秋，霞客为海外游，以缄别余而去。去五年始归。归而两足俱废。噫嘻！博望之槎既返，章亥之步亦穷。今而后，惟有卧游而已。余时就榻前与谈游事，每丙夜不倦。既而出箧中稿示余曰："余日必有记，但散乱无绪，子为我理而辑之。"余谢不敏。霞客坚欲授余，余方欲任其事，未几，而霞客遂成天游！夫霞客之事毕矣，而余事霞客之事，犹未毕也。迨其后，纪尽为王忠纫先生携去，余谓可以谢其事矣。忠纫之任福州，仍促冢君携归。冢君复出以示余曰："非吾师不能成先君之志也。"启箧而视，一一经忠纫手较，略为叙次。余复阅一过，其间犹多残阙焉。遍搜遗帙，补忠纫之所未补，因地分集，录成一编，俟名公删定，付之梓人，以不朽霞客。余不敢谓千秋知己，亦以见一时相与之情云尔。

壬午年腊月望日友弟季梦良录完识。

徐　序

昔刘彦和著《文心雕龙》五十篇，品藻千古，经纬六合，沈水部一见即诧为异书，卒赖其力，以传于世。迨传之久，而灭没滋甚，嘉禾、云间诸刻，无完书；自钱功甫得宋椠本钞补，而后缀学之士始得见全文，以至于今不废。昌黎韩子有云："莫为之前，虽美弗彰；莫为之后，虽盛弗传。"信乎！人之名之传世而行远，莫不有为之先后者，其于书也，亦若是焉已矣！

族祖霞客公，生有游癖；凡屐齿所到，模范山水，积记成帙，积帙成书，昔人所称为千古奇书者此也；惜未脱稿而公卒。赖季君会明为之次其简编；后旋毁于兵燹。又赖公子介立访得义兴史氏曹氏录本参校，而《游记》得复成书。于时名人巨公，莫不乐购其遗编，当卧游胜具。卒皆以誊本传玩，而就中改换窜易者，更不一人。迄今百有四十余年，虽得邑中杨凝斋先生手校于前，陈君体静再订于后，而传写益广，讹落寖多，兼之俗下书佣，竟于此作生活计，而任意删节撞凑，一如彦和尝梦索源之文，往往使读者莫悉漏义，是可痛也！

乙未夏，适得杨、陈两先生订定真本，比对雠勘，将手录一通，思有以信今而传后。独念两先生当日细意搜讨，谓可存其真以永世，乃转相传写，而讹落者已如彼，删抹者又如此；予即为之考其缺失，订其异同，又安保无沿别淮混鲁虎者，或从而断胫添足，无复有作者之真面目存欤？夫是书之名世传世，均非予小子之所敢知，要使作者之精神不澌灭于煨烬之余，更不灭没于妄庸之手，是则后人之责所万不获辞者也。爰急付梓，庶几后世有功甫其人，或得以此比于华山椠本，则又私心之所冀幸也夫！

时乾隆四十一年岁次丙申秋九月。孩浦族孙镇谨序。

卷一上

游天台山日记浙江台州府

癸丑之三月晦　自宁海出西门，云散日朗，人意山光，俱有喜态。三十里，至梁隍山。闻此地於菟夹道，月伤数十人，遂止宿。

四月初一日　早雨。行十五里，路有岐，马首西向台山，天色渐霁。又十里，抵松门岭，山峻路滑，舍骑步行。自奉化来，虽越岭数重，皆循山麓；至此迂回临陟，俱在山脊；而雨后新霁，泉声山色，往复创变，翠丛中山鹃映发，令人攀历忘苦。又十五里，饭于筋竹庵。山顶随处种麦。从筋竹岭南行，则向国清大路。适有国清僧云峰同饭，言此抵石梁，山险路长，行李不便，不若以轻装往，而重担向国清相待。余然之，令担夫随云峰往国清，余与莲舟上人就石梁道。行五里，过筋竹岭。岭旁多短松，老干屈曲，根叶苍秀，俱吾阊门盆中物也。又三十余里，抵弥陀庵。上下高岭，深山荒寂，恐藏虎，故草木俱焚去。泉轰风动，路绝旅人。庵在万山坳中，路荒且长，适当其半，可饭可宿。

初二日　饭后，雨始止。遂越潦攀岭，溪石渐幽。二十里，暮抵天封寺。卧念晨上峰顶，以朗霁为缘，盖连日晚霁，并无晓晴。及五更梦中，闻明星满天，喜不成寐。

初三日　晨起，果日光烨烨。决策向顶，上数里，至华顶庵；又三里，将近顶，为太白堂；俱无可观。闻堂左下有黄经洞，乃从小径，二里，俯见一突石，颇觉秀蔚。至则一发僧结庵于前，恐风自洞来，以石甃塞其门，大为叹惋。复上至太白，循路登绝顶，荒草靡靡，山高风冽，草上结霜高寸许，而四山回映，琪花玉树，玲珑弥望。岭角山花盛开，顶上反不吐色，盖为高寒所勒耳。

仍下华顶庵，过池边小桥，越三岭，溪回山合，木石森丽，一转一奇，殊慊所望。二十里，过上方广，至石梁，礼佛昙花亭，不暇细观飞瀑。下至下方广，仰视石梁飞瀑，忽在天际。闻断桥、珠帘尤胜，僧言饭后行，犹及往返。遂由仙筏桥向山后越一岭，沿涧八九里，水瀑从石门泻下，旋转三曲：上层为断桥，两石斜合，水碎迸石间，汇转入潭；中层两石对峙如门，水为门束，势甚怒；下层潭口颇阔，泻处如阈，水从坳中斜下。三级俱高数丈，各极神奇，但循级而下，宛转处为曲所遮，不能一望尽收。又里许，为珠帘水，水倾下处甚平阔，其势散缓，滔滔汩汩。余赤足跳草莽中，揉木缘崖，莲舟不能从。暝色四下，始返。停足仙筏桥，观石梁卧虹，飞瀑喷雪，几不欲卧。

初四日 天山一碧如黛。不暇晨餐，即循仙筏上昙花亭，石梁即在亭外。梁阔尺余，长三丈，架两山坳间。两飞瀑从亭左来，至桥乃合流下坠，雷轰河隤，百丈不止。余从梁上行，下瞰深潭，毛骨俱悚。梁尽，即为大石所隔，不能达前山，乃还。过昙花，入上方广寺。循寺前溪，复至隔山大石上，坐观石梁；为下寺僧促饭，乃去。饭后，十五里，抵万年寺，登藏经阁。阁两重，有南北经两藏。寺前后多古杉，悉三人围，鹤巢于上，传声嘹呖，亦山中一清响也。是日，余欲向桐柏宫，觅琼台、双阙，路多迷津，遂谋向国清。国清去万年四十里，中过龙王堂；每下一岭，余谓已在平地，及下数重，势犹未止；始悟华顶之高，去天非远！日暮，入国清，与云峰相见，如遇故知，与商探奇次第。云峰言："名胜无如两岩，虽远，可以骑行。先两岩而后步至桃源，抵桐柏，则翠壁、赤城，可一览收矣。"

初五日 有雨色，不顾。取寒、明两岩道，由寺向西门觅骑。骑至，雨亦至。五十里，至步头，雨止，骑去。二里，入山，峰萦水映，木秀石奇，意甚乐之。一溪从东阳来，势甚急，大若曹娥。四顾无筏，负奴背而涉，深过于膝，移渡一涧，几一时，三里，至明岩。明岩为寒山、拾得隐身地；两山回曲，《志》所谓八寸关也。入关，则四围峭壁如城。最后，洞深数丈，广容数百人。洞外，左有两岩，皆在半壁；右有石笋突耸，上齐石壁，相去一线，青松紫蕊，蓊苁于上，恰与左岩相对，可称奇绝。出八寸关，复上一岩，亦左向；来时仰望如一隙，及登其上，明敞容数百人。岩中一井，曰仙人井，浅而不可竭。岩外一特石，高数丈，上岐立如两人，僧指为"寒山、拾得"云。入寺，饭后云阴溃散，新月在天，人在回崖顶上，对之清光溢壁。

初六日 凌晨出寺，六七里至寒岩。石壁直上如劈；仰视空中，洞穴甚多。岩半有一洞，阔八十步，深百余步，平展明朗。循岩右行，从石隘仰登。岩坳有两石对耸，下分上连，为鹊桥。亦可与方广石梁争奇，但少飞瀑直下耳。还饭僧舍，觅筏渡一溪，循溪行，山下一带峭壁巉崖，草木盘垂其上，内多海棠紫荆，映荫溪色，香风来处，玉兰芳草，处处不绝。已至一山嘴，石壁直竖涧底；涧深流驶，旁无余地。壁上凿孔以行，孔中仅容半趾，逼身而过，神魄为动，自寒岩十五里，至步头，从小路向桃源，桃源在护国寺旁，寺已废，土人茫无知者。随云峰莽行曲路中，日已堕，竟无宿处，乃复问至坪头潭。潭去步头仅二十里，今从小路，反迂回三十余里，宿。信桃源误人也！

初七日 自坪头潭行曲路中三十余里，渡溪入山。又四五里，山口渐夹，有馆曰桃花坞。循深潭而行，潭水澄碧，飞泉自上来注，为鸣玉涧。涧随山转，人随涧行。两旁山皆石骨，攒峦夹翠，涉目成赏，大抵胜在寒、明两岩间。涧穷路绝，一瀑从山坳泻下，势甚纵横。出饭馆中，循坞东南行，越两岭，寻所谓“琼台”、“双阙”，竟无知者。去数里，访知在山顶；与云峰循路攀援，始达其巅。下视峭削环转，一如桃源，而翠壁万丈过之，峰头中断，即为双阙，双阙所夹而环者，即为琼台。台三面绝壁，后转即连双阙。余在对阙，日暮不及登，然胜已一日尽矣。遂下山，从赤城后还国清，凡三十里。

初八日　离国清，从山后五里，登赤城。赤城山顶圆壁特起，望之如城，而石色微赤。岩穴为僧舍凌杂，尽掩天趣。所谓玉京洞、金钱池、洗肠井，俱无甚奇。

游雁宕山日记浙江温州府

自初九日别台山，初十日抵黄岩。日已西，出南门三十里，宿于八岙。

十一日　二十里，登盘山岭，望雁山诸峰，芙蓉插天，片片扑人眉宇。又二十里，饭大荆驿。南涉一溪，见西峰上缀圆石；奴辈指为两头陀，余疑即老僧岩，但不甚肖。五里，过章家楼，始见老僧真面目：袈衣秃顶，宛然兀立，高可百尺。侧又一小童，伛偻于后，向为老僧所掩耳。自章楼二里，山半得石梁洞；洞门东向，门口一梁，自顶斜插于地，如飞虹下垂。由梁侧隙中层级而上，高敞空豁。坐顷之，下山，由右麓逾谢公岭，渡一涧，循涧西行，即灵峰道也。一转，山腋两壁，峭立亘天，危峰乱叠，如削如攒，如骈笋，如挺芝，如笔之卓，如幞之欹。洞有口如卷幕者，潭有碧如澄靛者。双鸾、五老，接翼联肩。如此里许，抵灵峰寺。循寺侧登灵峰洞；峰中空，特立寺后，侧有隙可入。由隙历磴数十级，直至窝顶，则窅然平台圆敞，中有罗汉诸像。坐玩至暝色，返寺。

十二日　饭后，从灵峰右趾觅碧霄洞。返旧路，抵谢公岭下；南过响岩，五里，至净名寺路口。入觅水帘谷，乃两崖相夹，水从崖顶飘下也。山谷五里，至灵岩寺。绝壁四合，摩天劈地，曲折而入，如另辟一寰界。寺居其中，南向，背为屏霞嶂。嶂顶齐而色紫，高数百丈，阔亦称之。嶂之最南，左为展旗峰，右为天柱峰。嶂之右胁，介于天柱者，先为龙鼻水。龙鼻之穴，从石罅直上，似灵峰洞而小，穴内石色俱黄紫，独罅口石纹一缕，青绀润泽，颇有鳞爪之状；自顶贯入洞底，垂下一端如鼻，鼻端孔可容指，水自内滴下注石盆。此嶂右第一奇也。

西南为独秀峰，小于天柱，而高锐不相下。独秀之下为卓笔峰，高半独秀，锐亦如之。两峰南坳，轰然下泻者，小龙湫也。隔龙湫，与独秀相对者，玉女峰也。顶有春花，宛然插髻。自此过双鸾，即极于天柱。双鸾止两峰并起。峰际有“僧拜石”，袈裟伛偻，肖矣。由嶂之左胁，介于展旗者，先为安禅谷，谷即屏霞之下岩。东南为石屏风，形如屏霞，高阔各得其半，正插屏霞尽处。屏风顶有“蟾蜍石”，与嶂侧“玉龟”相向。屏风南去，展旗侧褶中，有径直上，磴级尽处，石阈限之。俯阈而窥，下临无地，上嵌崆峒。外有二圆穴，侧有一长穴，光自穴中射入，别有一境，是为天聪洞。则嶂左第一奇也。锐峰叠嶂，左右环向，奇巧百出，真天下奇观！而小龙湫下流，经天柱、展旗，桥跨其上，山门临之。桥外含珠岩在天柱之麓，顶珠峰在展旗之上，此又灵岩之外观也。

十三日　出山门，循麓而右，一路崖壁参差，流霞映采。高而展者，为板嶂岩。岩下危立而尖夹者，为小剪刀峰。更前，重岩之上，一峰亭亭插天，为观音岩。岩侧则马鞍岭横亘于前。鸟道盘折，逾坳右转，溪流汤汤，涧底石平如砥。沿涧深入，约去灵岩十余里，过常云峰，则大剪刀峰介立涧旁。剪刀之北，重岩陡起，是名连云峰。从此环绕回合，岩穷矣。龙湫之瀑，轰然下捣潭中，岩势开张峭削，水无所着，腾空飘荡，顿令心目眩怖。潭上有堂，相传为诺讵那观泉之所。堂后层级直上，有亭翼然面瀑，踞坐久之。下饭庵中，雨廉纤不止，然余已神飞雁湖山顶。遂冒雨至常云峰，由峰半道松洞外攀绝磴三里，趋白云庵；人空庵圮，一道人在草莽中，见客至，望望去。再入一里，有云静庵，乃投宿焉。道人清隐，卧床数十年，尚能与客谈笑。余见四山云雨凄凄，不能不为明晨忧也。

十四日　天忽晴朗，乃强清隐徒为导。清隐谓湖中草满，已成芜田，徒复有他行，但可送至峰顶。余意至顶，湖可坐得；于是人捉一杖，跻攀深草中，一步一喘，数里，始历高巅。四望白云，迷漫一色，平铺峰下。诸峰朵朵，仅露一顶，日光映之，如冰壶瑶界，不辨海陆，然海中玉环一抹，若可俯而拾也。北瞰山坳壁立，内石笋森森，参差不一。三面翠崖环绕，更胜灵岩；但谷幽境绝，惟闻水声潺潺，莫辨何地。望四面峰峦累累，下伏如丘垤，惟东峰昂然独上，最东之常云，犹堪比肩。

导者告退，指湖在西腋一峰，尚须越三尖；余从之，及越一尖，路已绝；再越一尖，而所登顶已在天半。自念《志》云：“宕在山顶，龙湫之水，即自宕来。”今山势渐下，而上湫之涧，却自东高峰发脉，去此已隔二谷，遂返辙而东，望东峰之高者趋之，莲舟疲不能从。由旧路下，余与二奴东越二岭，人迹绝矣。已而山愈高，脊愈狭，两边夹立，如行刀背；又石片棱棱怒起，每过一脊，即一峭峰，皆从刀剑隙中攀援而上；如是者三，但见境不容足，安能容湖？既而高峰尽处，一石如劈，向惧石锋撩人，至是且无锋置足矣。踌躇崖上，不敢复向故道，俯瞰南面石壁下有一级，遂脱奴足布四条，悬崖垂空，先下一奴，余次从之，意可得攀援之路。及下，仅容足，无余地；望岩下斗深百丈，欲谋复上，而上岩亦嵌空三丈余，不能飞陟。持布上试，布为突石所勒，忽中断；复续悬之，竭力腾挽，得复登上岩。出险，还云静庵，日已渐西。主仆衣履俱敝，寻湖之兴衰矣。遂别而下，复至龙湫；则积雨之后，怒涛倾注，变幻极势，轰雷喷雪，大倍于昨。坐至暝始出，南行四里，宿能仁寺。

十五日　寺后觅方竹数握，细如枝；林中新条，大可径寸，柔不中杖；老柯斩伐殆尽矣！遂从岐度四十九盘，一路遵海而南，逾窑岙岭，往乐清。

游白岳山日记徽州府

丙辰岁，余同浔阳叔翁，于正月二十六日，至徽之休宁。出西门，其溪自祁门县来，经白岳，循县而南，至梅口，会郡溪入浙。循溪而上，二十里，至南渡。过桥，依山麓十里，至岩下，已暮，登山五里，借庙中灯，冒雪蹑冰，二里，过天门；里许，入榔梅庵。路经天门、珠帘之胜，俱不暇辨，但闻树间冰响铮铮。入庵后，大霰作，浔阳与奴子俱后。余独卧山房，夜听水声屋溜，竟不能寐。

二十七日　起视满山冰花玉树，迷漫一色。坐楼中，适浔阳并奴至，乃登太素宫。宫北向，玄帝像乃百鸟衔泥所成，色黧黑，像成于宋，殿新于嘉靖三十七年，庭中碑文，世庙御制也。左右为王灵官、赵元帅殿，俱雄丽。背倚玉屏，前临香炉峰；峰突起数十丈，如覆钟，未游台、宕者或奇之。出庙左，至舍身崖，转而上为紫玉屏，再西为紫霄崖，俱危耸杰起。再西为三姑峰、五老峰，文昌阁据其前。五老比肩，不甚峭削，颇似笔架。

返榔梅，循夜来路，下天梯。则石崖三面为围，上覆下嵌，绝似行廊。循崖而行，泉飞落其外，为珠帘水。嵌之深处，为罗汉洞，外开内伏，深且十五里；东南通南渡。崖尽处为天门。崖石中空，人出入其间，高爽飞突，正如阊阖。门外乔楠中峙，蟠青丛翠。门内石崖一带，珠帘飞洒，奇为第一。返宿庵中，访五井、桥崖之胜。羽士汪伯化，约明晨同行。

二十八日　梦中闻人言大雪，促奴起视，弥山漫谷矣。余强卧。巳刻，同伯化蹑屐，二里，复抵文昌阁。览地天一色，虽阻游五井，更益奇观。

二十九日　奴子报云开，日色浮林端矣。急披衣起，青天一色，半月来所未睹！然寒威殊甚，方促伯化共饭。饭已，大雪复至，飞积盈尺。偶步楼侧，则香炉峰正峙其前。楼后出一羽士，曰程振华者，为余谈九井、桥岩、傅岩诸胜。

三十日　雪甚，兼雾浓，咫尺不辨。伯化携酒至舍身崖，饮睇元阁。阁在崖侧，冰柱垂垂，大者竟丈。峰峦灭影，近若香炉峰，亦不能见。

二月初一日　东方一缕云开，已而大朗。浔阳以足裂留庵中。余急同伯化蹑西天门而下；十里，过双溪街，山势已开。五里，山复渐合，溪环石映，倍有佳趣。三里，由溪口循小路入，越一山。二里，至石桥岩；桥侧外岩，高亘如白岳之紫霄。岩下俱因岩为殿。山石皆紫，独有一青石龙蜿蜒于内，头垂空尺余，水下滴曰龙涎泉，颇如雁宕龙鼻水。

岩之右，一山横跨而中空，即石桥也。飞虹垂蝀，下空恰如半月。坐其下，隔山一岫特起，拱对其上，众峰环侍，较胜齐云天门；即天台石梁，止一石架两山间，此以一山高架，而中空其半，更灵幻矣！穿桥而入，里许，为内岩；上有飞泉飘洒，中有僧斋，颇胜。还饭于外岩。觅导循崖左下；灌莽中两山夹涧，路棘雪迷，行甚艰。导者劝余趋傅岩不必向观音岩。余恐不能兼棋盘、龙井之胜，不许。行二里，得涧一泓，深碧无底，亦"龙井"也。又三里，崖绝涧穷，悬瀑忽自山坳挂下数丈，亦此中奇境。

转而上跻，行山脊二里，则棋盘石高峙山巅，形如擎菌，大且数围。登之，积雪如玉。回望傅岩，屼嵲云际。由彼抵棋盘亦近，悔不从导者。石旁有文殊庵，竹石清映。转东而南，二里，越岭二重，山半得观音岩。禅院清整，然无奇景，尤悔觌面失傅岩也。仍越岭东下深坑，石涧四合，时有深潭，大为渊，小如臼，皆云"龙井"。不能别其孰为"五"，孰为"九"。凡三里，石岩中石脉隐隐，导者指其一为青龙，一为白龙，余笑颔之。又乱崖间望见一石嵌空，有水下注，外有横石跨之，颇似天台石梁。伯化以天且晚，请速循涧觅大龙井。忽遇僧自黄山来，云："出此即大溪，行将何观？"遂返。里余，从别径向漆树园，行巉石乱流间，返照映深木，一往幽丽。三里，跻其巅；余以为高埒齐云，及望之，则文昌阁犹巍然也。五老峰正对阁而起。五老之东为独耸寨；循其坳而出，曰西天门。五老之西为展旗峰。由其下而渡，曰芙蓉桥。余向出西天门，今自芙蓉桥入也。余望三姑之旁，犹殢日色，遂先登，则落照正在五老间。归庵已晚餐矣。相与追述所历，始知大龙井正在大溪口，足趾已及，而为僧所阻，亦数也！

游黄山日记徽州府

初二日 自白岳下山，十里，循麓而西，抵南溪桥。渡大溪，循别溪，依山北行，十里，两山峭逼如门，溪为之束。越而下，平畴颇广。二十里，为猪坑。由小路登虎岭，路甚峻。十里，至岭；五里，越其麓。北望黄山诸峰，片片可掇。又三里，为古楼坳，溪甚阔，水涨无梁，木片弥布一溪，涉之甚难。二里，宿高桥。

初三日 随樵者行久之，越岭二重，下而复上。又越一重，两岭俱峻，曰双岭。共十五里，过江村。二十里，抵汤口，香溪、温泉诸水所由出者。折而入山，沿溪渐上，雪且没趾。五里，抵祥符寺。汤泉在隔溪，遂俱解衣赴汤池。池前临溪，后倚壁，三面石甃，上环石如桥。汤深三尺，时凝寒未解，而汤气郁然，水泡池底汩汩起，气本香冽，黄贞父谓其不及盘山，以汤口、焦村孔道，浴者太杂遝也。浴毕，返寺。僧挥印引登莲花庵，蹑雪循涧以上。涧水三转：下注而深泓者，曰白龙潭；再上而停涵石间者，曰丹井。井旁有石突起，曰药臼，曰药铫。宛转随溪，群峰环耸，木石掩映。如此一里，得一庵，僧印我他出，不能登其堂。堂中香炉及钟鼓架，俱天然古木根所为。遂返寺宿。

初四日 兀坐听雪溜竟日。

初五日 云气甚恶，余强卧至午起。挥印言慈光寺颇近，令其徒引。过汤池，仰见一崖，中悬鸟道，两旁泉泻如练。余即从此攀跻上；泉光云气，撩绕衣裾。已转而右，则茅庵上下，磬韵香烟，穿石而出，即慈光寺也。寺旧名硃砂庵。比丘为余言："山顶诸静室，径为雪封者两月。今早遣人送粮，山半，雪没腰而返。"余兴大阻，由大路二里下山，遂引被卧。

初六日 天色甚朗，觅导者各携筇上山，过慈光寺，从左上。石峰环夹，其中石级为积雪所平，一望如玉。疏木茸茸中，仰见群峰盘结，天都独巍然上挺。数里，级愈峻，雪愈深，其阴处冻雪成冰，坚滑不容着趾。余独前，持杖凿冰，得一孔，置前趾，再凿一孔，以移后趾；从行者俱循此法得度。上至平冈，则莲花、云门诸峰，争奇竞秀，若为天都拥卫者。由此而入，绝巘危崖，尽皆怪松悬结，高者不盈丈，低仅数寸，平顶短鬣，盘根虬干，愈短愈老，愈小愈奇，不意奇山中又有此奇品也！松石交映间，冉冉僧一群从天而下，俱合掌言："阻雪山中已三月，今以觅粮勉到此。公等何由得上也？"且言："我等前海诸庵，俱已下山，后海山路尚未通，惟莲花洞可行耳。"已而从天都峰侧攀而上，透峰罅而下，东转，即莲花洞路也。余急于光明顶、石笋矼之胜，遂循莲花峰而北，上下数次，至天门。两壁夹立，中阔摩肩，高数十丈，仰面而度，阴森悚骨。其内积雪更深，凿冰上跻；过此，得平顶，即所谓前海也。由此更上一峰，至平天矼。矼之兀突独耸者，为光明顶。由矼而下，即所谓后海也。盖平天矼阳为前海，阴为后海，乃极高处；四面皆峻坞，此独若平地。前海之前，天都、莲花二峰最峻；其阳属徽之歙，其阴属宁之太平。

余至平天矼，欲望光明顶而上，路已三十里，腹甚枵，遂入矼后一庵。庵僧俱踞石向阳，主僧曰智空，见客色饥，先以粥饷。且曰："新日太皎，恐非老晴。"因指一僧谓余曰："公有余力，可先登光明顶而后中食，则今日犹可抵石笋矼，宿是师处矣。"余如言登顶，则天都、莲花并肩其前，翠微、三海门环绕于后；下瞰绝壁峭岫，罗列坞中，即丞相原也。顶前一石伏而复起，势若中断，独悬坞中。上有怪松盘盖。余侧身攀踞其上，而浔阳踞大顶相对，各夸胜绝。下入庵，黄粱已熟。饭后，北向过一岭，踯躅菁莽中，入一庵，曰狮子林，即智空所指宿处。主僧霞光，已待我庵前矣。遂指庵北二峰曰："公可先了此胜。"从之。俯窥其阴，则乱峰列岫，争奇并起；循之西，崖忽中断，架木连之，上有松一株，可攀引而度，所谓接引崖也。度崖，穿石罅而上，乱石危缀间，构木为室，其中亦可置足，然不如踞石下窥更雄胜耳。下崖，循而东，里许，为石笋矼。矼脊斜亘，两夹悬坞中，乱峰森罗，其西一面，即接引崖所窥者。矼侧一峰突起，多奇石怪松，登之俯瞰壑中，正与接引崖对瞰，峰回岫转，顿改前观。

下峰，则落照拥树，谓明晴可卜，踊跃归庵。霞光设茶，引登前楼。西望碧痕一缕，余疑山影，僧谓："山影夜望甚近，此当是云气。"余默然，知为雨兆也。

初七日　四山雾合。少顷，庵之东北已开，西南腻甚，若以庵为界者；即狮子峰亦在时出时没间。晨餐后，由接引崖践雪下。坞半一峰突起，上有一松，裂石而出，巨干高不及二尺，而斜拖曲结，蟠翠三丈余，其根穿石上下，几与峰等，所谓"扰龙松"是也。

攀玩移时，望狮子峰已出，遂杖而西。是峰在庵西南，为案山。二里，蹑其巅，则三面拔立坞中，其下森峰列岫，自石笋、接引两坞，迤逦至此，环结又成一胜。登眺间，沉雾渐爽，急由石笋矼北转而下，正昨日峰头所望森阴径也。群峰或上或下，或巨或纤，或直或欹，与身穿绕而过，俯窥辗顾，步步生奇，但壑深雪厚，一步一悚。

行五里，左峰腋一窦透明，曰"天窗"。又前，峰旁一石突起，作面壁状，则"僧坐石"也。下五里，径稍夷，循涧而行。忽前涧乱石纵横，路为之塞。越石久之，一阙新崩，片片欲堕，始得路。仰视峰顶，黄痕一方，中间绿字，宛然可辨，是谓"天牌"，亦谓"仙人榜"。又前，鲤鱼石；又前，白龙池；共十五里。一茅出涧边，为松谷庵旧基。再五里，循溪东西行，又过五水，则松谷庵矣。再循溪下，溪边香气袭人，则一梅亭亭正发，山寒稽雪，至是始芳！抵青龙潭，一泓深碧，更会两溪，比白龙潭势既雄壮，而大石磊落，奔流乱注，远近群峰环拱，亦佳境也。还餐松谷，往宿旧庵。余初至松谷，疑已平地，及是询之，须下岭二重，二十里方得平地，至太平县共三十五里云。

初八日　拟寻石笋奥境，竟为天夺，浓雾迷漫。抵狮子林，风愈大，雾亦愈厚。余急欲趋炼丹台，遂转西南。三里，为雾所迷；偶得一庵，入焉。雨大至，遂宿此。

初九日　逾午少霁。庵僧慈明甚夸西南一带峰岫，不减石笋矼，有"秃颅朝天"、"达摩面壁"诸名。余拉浔阳蹈乱流至壑中，北向即翠微诸峦，南向即丹台诸坞，大抵可与狮峰竞驾，未得比肩石笋也。雨踵至，急返庵。

初十日　晨，雨如注，午少停。策杖二里，过飞来峰，此平天矼之西北岭也。其阳坞中，峰壁森峭，正与丹台环绕。二里抵台。一峰西垂，顶颇平伏。三面壁翠合沓，前一小峰起坞中，其外则翠微峰、三海门蹄股拱峙，登眺久之。东南一里，绕出平天矼下，雨复大至，急下天门。两崖隘肩，崖额飞泉，俱从人顶泼下。出天门，危崖悬叠，路缘崖半，比后海一带森峰峭壁，又转一境。"海螺石"即在崖旁，宛转酷肖，来时忽不及察，今行雨中，颇稔其异，询之始知。已趋大悲庵，由其旁复趋一庵，宿悟空上人处。

十一日　上百步云梯。梯磴插天，足趾及腮，而磴石倾侧崆岈，兀兀欲动；前下时以雪掩其险，至此骨意俱悚。上云梯，即登莲花峰道。又下转，由峰侧而入，即文殊院、莲花洞道也。以雨不止，乃下山，入汤院，复浴。由汤口出，二十里，抵芳村；十五里，抵东潭，溪涨不能渡而止。黄山之流，如松谷、焦村，俱北出太平；即南流如汤口，亦北转太平入江；惟汤口西有流，至芳村而巨，南趋岩镇，至府西北与绩溪会。

游武彝山日记福建建宁府崇安县

二月二十一日　出崇安南门，觅舟。西北一溪自分水关，东北一溪自温岭关，合注于县南，通郡省而入海。顺流三十里，见溪边一峰横欹，一峰独耸。余咤而瞩目，则欹者幔亭峰，耸者大王峰也。峰南一溪，东向而入大溪者，即武彝溪也。冲祐宫傍峰临溪。余欲先抵九曲，然后顺流探历，遂舍宫不登，逆流而进。流甚驶，舟子跣行溪间以挽舟。第一曲，右为幔亭峰、大王峰，左为狮子峰、观音岩；而溪右之濒水者曰水光石，上题刻殆遍。二曲之右，为铁板嶂、翰墨岩，左为兜鍪峰、玉女峰；而板嶂之旁，崖壁峭立，间有三孔，作“品”字状。三曲右为会仙岩，左为小藏峰、大藏峰。大藏壁立千仞，崖端穴数孔，乱插木板如机杼。一小舟斜架穴口木末，号曰“架壑舟”。四曲右为钓鱼台、希真岩，左为鸡栖岩、晏仙岩。鸡栖岩半有洞，外隘中宏，横插木板，宛然埘埭。下一潭深碧，为卧龙潭。其右大隐屏、接笋峰，左更衣台、天柱峰者，五曲也。文公书院正在大隐屏下。抵六曲，右为仙掌岩、天游峰，左为晚对峰、响声岩。回望隐屏、天游之间，危梯飞阁悬其上，不胜神往！而舟亦以溜急不得进，还泊曹家石。

登陆，入云窝，排云穿石，俱从乱崖中宛转得路。窝后即接笋峰；峰骈附于大隐屏，其腰横两截痕，故曰“接笋”。循其侧石隘，跻磴数层，四山环翠，中留隙地如掌者为茶洞。洞口由西入，口南为接笋峰，口北为仙掌岩。仙掌之东为天游，天游之南为大隐屏。诸峰上皆峭绝，而下复攒凑，外无磴道，独西通一罅，比天台之明岩更为奇矫也！从其中攀跻登隐屏，至绝壁处，悬大木为梯，贴壁直竖云间。梯凡三接，级共八十一。级尽，有铁索横系山腰，下凿坎受足。攀索转峰而西，夹壁中有冈介其间，若垂尾；凿磴以登，即隐屏顶也。有亭有竹，四面悬崖，凭空下眺，真仙凡夐隔！仍悬梯下，至茶洞。仰视所登之处，崭然在云汉。

隘口北崖即仙掌岩。岩壁屹立雄展，中有斑痕如人掌，长盈丈者数十行。循崖北上，至岭，落照侵松，山光水曲，交加入览！南转，行夹谷中。谷尽，忽透出峰头，三面壁立，有亭踞其首，即天游峰矣。是峰处九曲之中，不临溪，而九曲之溪，三面环之。东望为大王峰，而一曲至三曲之溪环之。南望为更衣台，南之近者，则大隐屏诸峰也，四曲至六曲之溪环之。西望为三教峰，西之近者则天壶诸峰也，七曲至九曲之溪环之。惟北向无溪，而山从水帘诸山层叠而来，至此中悬。其前之俯而瞰者，即茶洞也。自茶洞仰眺，但见绝壁干霄，泉从侧间泻下，初不知其上有峰可憩。其不临溪而能尽九溪之胜，此峰固应第一也。立台上，望落日半规，远近峰峦，青紫万状。台后为天游观。亟辞去，抵舟已入暝矣。

二十二日　登涯，辞仙掌而西。余所循者，乃溪之右涯，其隔溪则左涯也。第七曲右为三仰峰、天壶峰，左为城高岩。三仰之下为小桃源，崩崖堆错，外成石门。由门伛偻而入，有地一区，四山环绕，中有平畦曲涧，围以苍松翠竹，鸡声人语，俱在翠微中。出门而西，即为北廊岩，岩顶即为天壶峰。其对岸之城高岩矗然独上，四旁峭削如城。岩顶有庵，亦悬梯可登，以隔溪不及也。第八曲右为鼓楼岩、鼓子岩，左为大廪石、海蚱石。余过鼓楼岩之西，折而北行坞中，攀援上峰顶，两石兀立如鼓，鼓子岩也。岩高亘亦如城，岩下深坳，一带如廊，架屋横栏其内，曰鼓子庵。仰望岩上，乱穴中多木板横插。转岩之后，壁间一洞更深敞，曰吴公洞。洞下梯已毁，不能登。望三教峰而趋，缘山越磴，深木蓊苁其上。抵峰，有亭缀其旁，可东眺鼓楼、鼓子诸胜。山头三峰，石骨挺然并矗。从石罅间蹑磴而升，傍崖得一亭。穿亭入石门，两崖夹峙，壁立参天，中通一线，上下尺余，人行其间，毛骨阴悚！盖三峰攒立，此其两峰之罅。其侧尚有两罅，无此整削。

已下山，转至山后，一峰与猫儿石相对峙，盘亘亦如鼓子，为灵峰之白云洞。至峰头，从石罅中累级而上，两壁夹立，颇似黄山之天门。级穷，迤逦至岩下，因岩架屋，亦如鼓子。登楼南望九曲上游，一洲中峙，溪自西来，分而环之，至曲复合为一。洲外两山渐开，九曲已尽。是岩在九曲尽处，重岩回叠，地甚幽爽。岩北尽处，更有一岩尤奇：上下皆绝壁，壁间横坳仅一线，须伏身蛇行，盘壁而度，乃可入。余即从壁坳行，已而坳渐低，壁渐危，则就而伛偻；愈低愈狭，则膝行蛇伏，至坳转处，上下仅悬七寸，阔止尺五。坳外壁深万仞，余匍匐以进，胸背相摩，盘旋久之，得度其险。岩果轩敞层叠，有斧凿置于中，欲开道而未就也。

半晌，返前岩。更至后岩，方构新室，亦幽敞可爱。出向九曲溪，则狮子岩在焉。循溪而返，隔溪观八曲之"人面石"，七曲之城高岩，种种神飞。复泊舟，由云窝入茶洞，穹窿窈窕，再至矣，再不能去！已由云窝左转，入伏羲洞，洞颇阴森。左出大隐屏之阳，即紫阳书院，谒先生庙像。顺流鼓棹，两崖苍翠纷飞，翻恨舟行之速。已过天柱峰、更衣台，泊舟四曲之南涯。自御茶园登岸，欲绕出金鸡岩之上，迷荆丛棘，不得路。乃从岩后大道东行，冀有旁路可登大藏、小藏诸峰。复不得。透出溪旁，已在玉女峰下。欲从此寻一线天，徬徨无可问，而舟泊金鸡洞下，迥不相闻。乃沿溪觅路，迤逦大藏、小藏之麓。一带峭壁高骞，砂碛崩壅，土人多植茶其上。从茗柯中行，下瞰深溪，上仰危崖，所谓"仙学堂"、"藏仙窟"，俱不暇辨。

已至架壑舟，仰见虚舟宛然，较前溪中所见更悉。大藏之西，其路渐穷。向荆棘中扪壁而上。还瞰大藏西岩，亦架一舟，但两崖对峙，不能至其地也。忽一舟自二曲逆流而至，急下山招之，其人以舟来受，亦游客初至者，约余返更衣台，同览一线天、虎啸岩诸胜。过余泊舟处，并棹顺流而下，欲上幔亭，问大王峰。抵一曲之水光石，约舟待溪口。余复登涯，少入，至止止庵。望庵后有路可上，遂趋之，得一岩，僧诵经其中，乃禅岩也。登峰之路，尚在止止庵西。仍下庵前西转，登山二里许，抵峰下，从乱箐中寻登仙石。石旁峰突起，作仰企状，鹤模石在峰壁罅间，霜翎朱顶，裂纹如绘。旁路穷，有梯悬绝壁间，蹑而上，摇摇欲堕。梯穷得一岩，则张仙遗蜕也。岩在峰半。觅徐仙岩，皆石壁不可通，下梯寻别道，又不可得；蹑石则峭壁无阶，投莽则深密莫辨。佣夫在前，得断磴，大呼得路，余裂衣不顾，趋就之。复不能前。日已西薄，遂以手悬棘乱坠而下，得道已在万年宫右。趋入宫，宫甚森敞。羽士迎言："大王峰顶久不能到，惟张岩梯在，峰顶六梯及徐岩梯俱已朽坏，徐仙蜕已移入会真庙矣。"出宫右转，过会真庙。庙前大枫扶疏，荫数亩，围数十抱。别羽士归舟。

二十三日　登陆，觅换骨岩、水帘洞诸胜。命移舟十里，候于赤石街。余乃入会真观，谒武彝君及徐仙遗蜕。出庙，循幔亭东麓，北行二里，见幔亭峰后三峰骈立，异而问之，三姑峰也。换骨岩即在其旁，望之趋。登山里许，飞流汩然下泻。俯瞰其下，亦有危壁，泉从壁半突出，疏竹掩映，殊有佳致。然业已上登，不及返顾，遂从三姑又上半里，抵换骨岩，岩即幔亭峰后崖也。岩前有庵。从岩后悬梯两层，更登一岩。岩不甚深，而环绕山巅如叠嶂。土人新以木板循岩为室，曲直高下，随岩宛转。循岩隙攀跻而上，几至幔亭之顶，以路塞而止。返至三姑峰麓，绕出其后，复从旧路下，至前所瞰突泉处。从此越岭，即水帘洞路。从此而下，即突泉壁也。余前从上瞰，未尽其妙，至是复造其下，仰望突泉，又在半壁之上，旁引水为碓，有梯架之，凿壁为沟以引泉。余循梯攀壁，至突泉下。其坳仅二丈，上下俱危壁；泉从上壁堕坳中，复从坳中溢而下堕。坳之上下四旁，无处非水，而中有一石突起可坐。坐久之，下壁循竹间路，越岭三重，从山腰约行七里，乃下坞，穿石门而上，半里，即水帘洞。危崖千仞，上突下嵌，泉从岩顶堕下；岩既雄扩，泉亦高散，千条万缕，悬空倾泻，亦大观也！其岩高矗上突，故岩下构室数重，而飞泉犹落槛外。

先在途闻睹阁寨颇奇，道流指余仍旧路，越山可至。余出石门，爱坞溪之胜，误走赤石街道。途人指从此度小桥而南，亦可往，从之。登山入一隘，两山夹之，内有岩有室，题额乃"杜辖岩"，土人讹为睹阁耳。再入，又得一岩，有曲槛悬楼，望赤石街甚近。遂从旧道三里，渡一溪，又一里，则赤石街大溪也。下舟挂帆二十里，返崇安。

游庐山日记江西九江府

戊午，余同兄雷门、白夫，以八月十八日至九江。易小舟，沿江南入龙开河。二十里，泊李裁缝堰。登陆，五里，过西林寺，至东林寺。寺当庐山之阴，南面庐山，北倚东林山。山不甚高，为庐之外廓；中有大溪，自东而西，驿路界其间，为九江之建昌孔道。寺前临溪，入门为虎溪桥，规模甚大，正殿夷毁，右为三笑堂。

十九日　出寺，循山麓西南行，五里，越广济桥，始舍官道，沿溪东向行。又二里，溪回山合，雾色霏霏如雨。一人立溪口，问之，由此东上为天池大道，南转登石门，为天池寺之侧径。余稔知石门之奇，路险莫能上，遂倩其人为导，约二兄径至天池相待。遂南渡小溪二重，过报国寺，从碧条香蔼中，攀陟五里，仰见浓雾中双石屼立，即石门也。一路由石隙而入，复有二石峰对峙。路宛转峰罅，下瞰绝涧诸峰，在铁船峰旁，俱从涧底矗耸直上，离立咫尺，争雄竞秀，而层烟叠翠，澄映四外；其下喷雪奔雷，腾空震荡，耳目为之狂喜！门内对峰倚壁，都结层楼危阙。徽人邹昌明、毕贯之新建精庐，僧容成焚修其间。从庵后小径，复出石门一重，俱从石崖上，上攀下蹑，磴穷则挽藤，藤绝置木梯以上。如是二里，至狮子岩。岩下有静室。越岭，路颇平。再上里许，得大道，即自郡城南来者。历级而登，殿已当前，以雾故不辨。逼之，而朱楹彩栋，则天池寺也；盖毁而新建者。由右庑侧登聚仙亭，亭前一崖突出，下临无地，曰文殊台。出寺，由大道左登披霞亭，亭侧岐路东上山脊，行三里。由此再东二里，为大林寺。由此北折而西，曰白麓升仙台，北折而东曰佛手岩。升仙台三面壁立，四旁多乔松，高帝御制周颠仙庙碑在其顶，石亭覆之，制甚古。佛手岩穹然轩峙，深可五六丈。岩端石岐横出，故称“佛手”。循岩侧庵右行，崖石两层突出深坞，上平下仄，访仙台遗址也。台后石上书“竹林寺”三字。竹林为匡庐幻境，可望不可即；台前风雨中，时时闻钟梵声，故以此当之。时方云雾迷漫，即坞中景亦如海上三山，何论竹林？还出佛手岩，由大路东抵大林寺。寺四面峰环，前抱一溪。溪上树大三人围，非桧非杉，枝头着子累累，传为宝树，来自西域；向有二株，为风雨拔去其一矣。

二十日　晨雾尽收。出天池，趋文殊台；四壁万仞。俯视铁船峰，正可飞舄。山北诸山，伏如聚蚁。匡湖洋洋山麓，长江带之，远及天际。因再为石门游。三里，度昨所过险处，至则容成方持贝叶出迎，喜甚，导余历览诸峰。上至神龙宫右，折而下，入神龙宫。奔涧鸣雷，松竹荫映，山峡中奥寂境也。循旧路抵天池下，从岐径东南行十里，升降于层峰幽涧；无径不竹，无阴不松，则金竹坪也。诸峰隐护，幽倍天池，旷则逊之。复南三里，登莲花峰侧，雾复大作。是峰为天池案山，在金竹坪则左翼也。峰顶丛石嶙峋，雾隙中时作窥人态，以雾不及登。

越岭东向二里，至仰天坪，因谋尽汉阳之胜。汉阳为庐山最高顶，此坪则为僧庐之最高者。坪之阴，水俱北流从九江；其阳，水俱南下属南康。余疑坪去汉阳当不远，僧言中隔桃花峰，尚有十里遥。出寺，雾渐解。从山坞西南行，循桃花峰东转，过晒谷石，越岭南下，复上，则汉阳峰也。先是遇一僧，谓峰顶无可托宿，宜投慧灯僧舍，因指以路。未至峰顶二里，落照盈山，遂如僧言，东向越岭转而西南，即汉阳峰之阳也。一径循山，重嶂幽寂，非复人世。里许，蓊然竹丛中得一龛，有僧短发覆额，破衲赤足者，即慧灯也，方挑水磨腐。竹内僧三四人，衣履揖客，皆慕灯远来者。复有赤脚短发僧从崖间下，问之，乃云南鸡足山僧。灯有徒，结茅于内，其僧历悬崖访之，方返耳。余即拉一僧为导，攀援半里，至其所。石壁峭削，悬梯以度，一茅如慧灯龛。僧本山下民家，亦以慕灯居此。至是而上仰汉阳，下俯绝壁，与世夐隔矣。暝色已合，归宿灯龛。灯煮腐相饷，前指路僧亦至。灯半月一腐，必自己出，必遍及其徒，徒亦自至，来僧其一也。

二十一日　别灯，从龛后小径直跻汉阳峰，攀茅拉棘，二里，至峰顶。南瞰鄱湖，水天浩荡，东瞻湖口，西盼建昌，诸山历历，无不俯首失恃；惟北面之桃花峰，铮铮比肩，然昂霄逼汉，此其最矣。下山二里，循旧路，向五老峰。汉阳、五老，俱匡庐南面之山，如两角相向；而犁头尖界于中，退于后，故两峰相望甚近；而路必仍至金竹坪，绕犁头尖后，出其左胁，北转始达五老峰；自汉阳计之，且三十里。余始至岭角，望峰顶坦夷，莫详五老面目。及至峰顶，风高水绝，寂无居者。因遍历五老峰，始知是山之阴，一冈连属；阳则山从绝顶平剖，列为五枝，凭空下坠者万仞，外无重冈叠嶂之蔽，际目甚宽。然彼此相望，则五峰排列自掩，一览不能兼收。惟登一峰则两旁无底，峰峰各奇不少让，真雄旷之极观也！

仍下二里，至岭角。北行山坞中，里许，入方广寺，为五老新刹。僧知觉甚稔三叠之胜，言道路极艰，促余速行。北行一里，路穷，渡涧。随涧东西行，鸣流下注乱石，两山夹之，丛竹修枝，郁葱上下。时时仰见飞石，突缀其间，转入转佳。既而涧旁路亦穷，从涧中乱石行，圆者滑足，尖者刺履。如是三里，得绿水潭；一泓深碧，怒流倾泻于上，流者喷雪，停者毓黛。又里许，为大绿水潭；水势至此将堕，大倍之，怒亦益甚。潭前峭壁乱耸，回互逼立，下瞰无底，但闻轰雷倒峡之声，心怖目眩，泉不知从何坠去也。于是涧中路亦穷，乃西向登峰。峰前石台鹊起，四瞰层壁，阴森逼侧。泉为所蔽，不得见，必至对面峭壁间，方能全收其胜。乃循山冈，从北东转，二里，出对崖下瞰，则一级、二级、三级之泉，始依次悉见。其坞中一壁，有洞如门者二，僧辄指为竹林寺门云。

顷之，北风自湖口吹上，寒生粟起，急返旧路，至绿水潭。详观之，上有洞翕然下坠。僧引入其中曰："此亦竹林寺三门之一。"然洞本石罅夹起，内横通如"十"字，南北通明，西入似无底止。出溯溪而行，抵方广，已昏黑。

二十二日　出寺，南渡溪，抵犁头尖之阳。东转下山十里，至楞伽院侧。遥望山左胁，一瀑从空飞坠，环映青紫，夭矫滉漾，亦一雄观！五里，过栖贤寺，山势至此始就平。以急于三峡涧，未之入，里许，至三峡涧。涧石夹立成峡，怒流冲激而来，为峡所束，回奔倒涌，轰振山谷。桥悬两崖石上，俯瞰深峡中，迸珠戛玉。过桥，从岐路东向，越岭趋白鹿洞。路皆出五老峰之阳，山田高下，点错民居。横历坡陀，仰望排嶂者三里，直入峰下，为白鹤观。又东北行三里，抵白鹿洞，亦五老峰前一山坞也；环山带溪，乔松错落。出洞，由大道行，为开先道。盖庐山形势，犁头尖居中而少逊，栖贤寺实中处焉。五老左突，下即白鹿洞；右峙者，则鹤鸣峰也，开先寺当其前。于是西向循山，横过白鹿、栖贤之大道，十五里，经万松寺，陟一岭而下，山寺巍然南向者，则开先寺也。从殿后登楼眺瀑，一缕垂垂，尚在五里外，半为山树所翳，倾泻之势，不及楞伽道中所见，惟双剑崭崭众峰间，有芙蓉插天之态；香炉一峰，直山头圆阜耳。从楼侧西下壑，涧流铿然，泻出峡石，即瀑布下流也。瀑布至此，反隐不复见，而峡水汇为龙潭，澄映心目。坐石久之，四山暝色。返宿于殿西之鹤峰堂。

二十三日　由寺后侧径登山，越涧盘岭，宛转山半。隔峰复见一瀑，并挂瀑布之东，即马尾泉也。五里，攀一尖峰，绝顶为文殊台，孤峰拔起，四望无倚，顶有文殊塔。对崖削立万仞，瀑布轰轰下坠，与台仅隔一涧。自巅至底，一目殆无不尽。不登此台，不悉此瀑之胜！下台，循山冈西北溯溪，即瀑布上流也。一径忽入，山回谷抱，则黄岩寺据双剑峰下。越涧再上，得黄石岩。岩石飞突，平覆如砥，岩侧茅阁方丈，幽雅出尘。阁外修竹数竿，拂群峰而上，与山花霜叶，映配峰际。鄱湖一点，正当窗牖。纵步溪石间，观断崖夹壁之胜。仍饭开先，遂别去。

游黄山日记后

戊午九月初三日　出白岳榔梅庵，至桃源桥。从小桥右下，陡甚，即旧向黄山路也。七十里，宿江村。

初四日　十五里，至汤口。五里，至汤寺，浴于汤池。扶杖望硃砂庵而登。十里，上黄泥冈。向时云里诸峰，渐渐透出，亦渐渐落吾杖底。转入石门，越天都之胁而下，则天都、莲花二顶，俱秀出天半。路旁一岐东上，乃昔所未至者，遂前趋直上，几达天都侧。复北上，行石罅中。石峰片片夹起，路宛转石间，塞者凿之，陡者级之，断者架木通之，悬者植梯接之。下瞰峭壑阴森，枫松相间，五色纷披，灿若图绣。因念黄山当生平奇览，而有奇若此，前未一探，兹游快且愧矣！

时夫仆俱阻险行后，余亦停弗上；乃一路奇景，不觉引余独往。既登峰头，一庵翼然，为文殊院，亦余昔年欲登未登者。左天都，右莲花，背倚玉屏风，两峰秀色，俱可手揽。四顾奇峰错列，众壑纵横，真黄山绝胜处！非再至，焉知其奇若此？遇游僧澄源至，兴甚勇。时已过午，奴辈适至，立庵前，指点两峰。庵僧谓："天都虽近而无路，莲花可登而路遥。只宜近盼天都，明日登莲顶。"余不从，决意游天都。挟澄源奴子仍下峡路。至天都侧，从流石蛇行而上，攀草牵棘，石块丛起则历块，石崖侧削则援崖。每至手足无可着处，澄源必先登垂接。每念上既如此，下何以堪？终亦不顾。历险数次，遂达峰顶。惟一石顶壁起犹数十丈，澄源寻视其侧，得级，挟予以登。万峰无不下伏，独莲花与抗耳。时浓雾半作半止，每一阵至，则对面不见。眺莲花诸峰，多在雾中。独上天都，予至其前，则雾徙于后；予越其右，则雾出于左。其松犹有曲挺纵横者，柏虽大干如臂，无不平贴石上如苔藓然。山高风钜，雾气去来无定，下盼诸峰，时出为碧峤，时没为银海；再眺山下，则日光晶晶，别一区宇也。日渐暮，遂前其足，手向后据地，坐而下脱；至险绝处，澄源并肩手相接。度险，下至山坳，瞑色已合。复从峡度栈以上，止文殊院。

初五日　平明，从天都峰坳中北下二里。石壁岈然，其下莲花洞正与前坑石笋对峙，一坞幽然。别澄源，下山至前岐路侧，向莲花峰而趋。一路沿危壁西行，凡再降升，将下百步云梯，有路可直跻莲花峰。既陟而磴绝，疑而复下。隔峰一僧高呼曰："此正莲花道也！"乃从石坡侧度石隙，径小而峻，峰顶皆巨石鼎峙，中空如室。从其中叠级直上，级穷洞转，屈曲奇诡，如下上楼阁中，忘其峻出天表也！一里，得茅庐，倚石罅中。方徘徊欲升，则前呼道之僧至矣。僧号凌虚，结茅于此者。遂与把臂陟顶。顶上一石，悬隔二丈，僧取梯以度。其巅廓然，四望空碧，即天都亦俯首矣。盖是峰居黄山之中，独出诸峰上，四面岩壁环耸；遇朝阳霁色，鲜映层发，令人狂叫欲舞。久之，返茅庵。凌虚出粥相饷，啜一盂。乃下至岐路侧，过大悲顶，上天门。三里，至炼丹台。循台嘴而下，观玉屏风、三海门诸峰，悉从深坞中壁立起。其丹台一冈中垂，颇无奇峻，惟瞰翠微之背，坞中峰峦错耸，上下周映，非此不尽瞻眺之奇耳。还过平天矼，下后海，入智空庵，别焉。三里，下狮子林，趋石笋矼，至向年所登尖峰上。倚松而坐，瞰坞中峰石回攒，藻缋满眼，始觉匡庐、石门，或具一体，或缺一面，不若此之闳博富丽也！久之，上接引崖，下眺坞中，阴阴觉有异。复至冈上尖峰侧，践流石，援棘草，随坑而下，愈下愈深，诸峰自相掩蔽，不能一目尽也。日暮，返狮子林。

初六日　别霞光，从山坑向丞相原，下七里至白沙岭，霞光复至，因余欲观牌楼石，恐白沙庵无指者，追来为导。遂同上岭，指岭右隔坡，有石丛立，下分上并，即牌楼石也。余欲逾坑溯涧，直造其下。僧谓："棘迷路绝，必不能行，若从坑直下丞相原，不必复上此岭；若欲从仙灯而往，不若即由此岭东向。"余从之，循岭脊行。岭横亘天都、莲花之北，狭甚，旁不容足，南北皆崇峰夹映。岭尽北下，仰瞻右峰罗汉石，圆头秃顶，俨然二僧也。下至坑中，逾涧以上，共四里，登仙灯洞。洞南向，正对天都之阴。僧架阁连板于外，而内犹穹然，天趣未尽刊也。复南下三里，过丞相原，山间一夹地耳。其庵颇整，四顾无奇，竟不入。复南向循山腰行五里，渐下，涧中泉声沸然，从石间九级下泻，每级一下有潭渊碧，所谓九龙潭也。黄山无悬流飞瀑，惟此耳。又下五里，过苦竹滩，转循太平县路，向东北行。

游九鲤湖日记福建兴化府仙游县

浙、闽之游旧矣。余志在蜀之峨眉，粤之桂林，至太华、恒岳诸山；若罗浮、衡岳，次也，至越之五泄，闽之九漈，又次也。然蜀、广、关中，母老道远，未能卒游；衡湘可以假道，不必专游。计其近者，莫若由江郎三石抵九漈。遂以庚申午节后一日，期芳若叔父启行，正枫亭荔枝新熟时也。

二十三日　始过江山之青湖。山渐合，东支多危峰峭嶂，西伏不起。悬望东支尽处，其南一峰特耸，摩云插天，势欲飞动。问之，即江郎山也。望而趋，二十里，过石门街，渐趋渐近，忽裂而为二，转而为三。已复半岐其首，根直剖下；迫之则又上锐下敛，若断而复连者，移步换形，与云同幻矣！夫雁宕灵峰、黄山石笋，森立峭拔，已为瑰观，然俱在深谷中，诸峰互相掩映，反失其奇；即缙云鼎湖，穹然独起，势更伟峻，但步虚山即峙于旁，各不相降，远望若与为一，不若此峰特出众山之上，自为变幻，而各尽其奇也！

六月初七日　抵兴化府。

初八日　出莆郡西门，西北行五里，登岭，四十里，至莒溪，降陟不啻数岭矣。莒溪即九漈下流。过莒溪公馆，二里，由石步过溪。又二里，一侧径西向山坳，北复有一磴，可转上山。时山深日酷，路绝人行，迷不知所往。余意鲤湖之水，历九漈而下，上跻必有奇境，遂趋石磴道。芳叔与奴辈惮高陟，皆以为误。顷之，境渐塞，彼益以为误，而余行益励。既而愈上愈高，杳无所极，烈日铄铄，余亦自苦倦矣。数里，跻岭头，以为绝顶也；转而西，山之上高峰复有倍此者。循山屈曲行，三里，平畴荡荡，正似武陵误入，不复知在万峰顶上也。中道有亭，西来为仙游道，东即余所行。南过通仙桥，越小岭而下，为公馆，为钟鼓楼之蓬莱石，则雷轰漈在焉。涧出蓬莱石旁，其底石平如砺，水漫流石面，匀如铺縠。少下而平者多洼，其间圆穴，为灶、为臼、为樽、为井，皆以丹名，九仙之遗也。平流至此，忽下堕湖中，如万马初发，诚有雷霆之势，则第一漈之奇也。九仙祠即峙其西，前临鲤湖。湖不甚浩荡，而澄碧一泓，于万山之上，围青漾翠，造物之酝灵亦异矣！祠右有石鼓、元珠、古梅洞诸胜。梅洞在祠侧，驾大石而成者，有罅成门，透而上。旧有九仙阁，祠前旧有水晶宫，今俱圮。当祠而隔湖下坠，则二漈至九漈之水也。余循湖右行，已至第三漈，急与芳叔返，曰："今夕当淡神休力，静晤九仙。劳心目以奇胜，且俟明日也。"返祠，往蓬莱石，跣足步涧中。石濑平旷，清流轻浅，十洲三岛，竟褰衣而涉也。晚坐祠前，新月正悬峰顶，俯挹平湖，神情俱朗；静中沨沨，时触雷漈声。是夜祈梦祠中。

初九日　辞九仙，下穷九漈。九漈去鲤湖且数里，三漈而下，久已道绝。数月前，莆田祭酒尧俞，令陆善开复鸟道，直通九漈，出莒溪。悔昨不由侧径溯漈而上，乃纡从大道，坐失此奇。遂束装改途，竟出九漈。瀑布为第二漈，在湖之南，正与九仙祠相对。湖穷而水由此飞堕深峡，峡石如劈，两崖壁立万仞。水初出湖，为石所扼，势不得出，怒从空坠，飞喷冲激，水石各极雄观。再下为第三漈之珠帘泉，景与瀑布同。右崖有亭，曰观澜。一石曰天然坐，亦有亭覆之。从此上下岭涧，盘折峡中，峡壁上覆下宽，珠帘之水，从正面坠下，玉箸之水，从旁霭沸溢。两泉并悬，峡壁下削，铁障四围，上与天并，玉龙双舞，下极潭际。潭水深泓澄碧，虽小于鲤湖，而峻壁环锁，瀑流交映，集奇撮胜，惟此为最！所谓第四漈也。

初至涧底，芳叔急于出峡，坐待峡口，不复入。余独缘涧石而进，踞潭边石上，仰视双瀑从空夭矫，崖石上覆如瓮口；旭日正在崖端，与颓波突浪，掩晕流辉；俯仰应接，不能舍去。循涧复下，忽两峡削起，一水斜回，涧右之路已穷。左望，有木板飞架危矶断磴间，乱流而渡，可以攀跻。遂涉涧从左，则五漈之石门矣。两崖至是，壁凑仅容一线，欲合不合，欲开不开，下涌奔泉，上碍云影；人缘陟其间，如猕猿然，阴风吹之，凛凛欲堕。盖自四漈来，山深路绝，幽峭已极，惟闻泉声鸟语耳。出五漈，山势渐开。涧右危峭屏列，左则飞凤峰回翔对之，乱流绕其下，或为澄潭，或为倒峡。若六漈之五星，七漈之飞凤，八漈之棋盘石，九漈之将军岩，皆次第得名矣。然一带云蒸霞蔚，得趣故在山水中，岂必刻迹而求乎？盖水乘峡展，既得自恣；其旁崩崖颓石，斜插为岩，横架为室，层叠成楼，屈曲成洞；悬则瀑，环则流，潴则泉；皆可坐可卧，可倚可濯，荫竹木而弄云烟，数里之间，目不能移，足不能前者竟日！每下一处，见有别穴，必穿岩通隙而入，曲达旁疏，不可一境穷也。若水之或悬或渟，或翼飞叠注，即匡庐三叠、雁宕龙湫，各以一长擅胜，未若此山微体皆具也。出九漈，沿涧依山转，东向五里，始有耕云樵石之家，然见人至，未有不惊讶者。又五里，至莒溪之石步，出向道。

初十日　过蒜岭驿，至榆溪。闻横路驿西十里，有石竹山，岩石最胜，亦为九仙祈梦所。闽有“春游石竹，秋游鲤湖”语，虽未合其时，然不可失之交臂也。乘兴遂行。以横路去此尚十五里，乃宿榆溪。

十一日　至波黎铺，即从小路为石竹游。西向山五里，越一小岭。又五里，渡溪，即石竹南麓。循麓西转，仰见峰顶丛崖，如攒如劈。西北行久之，有楼傍山西向，乃登山道也。石磴颇峻，遂短衣历级而上。磴路曲折，木石阴翳，虬枝老藤，盘结危石欹崖之上，啼猿上下，应答不绝。忽有亭突踞危石，拔迥凌虚，无与为对。亭当山之半。再折，石级巍然直上，级穷，则飞岩檐覆垂半空。再上两折，入石洞侧门，出即九仙阁，轩敞雅洁。左为僧庐，俱倚山凌空，可徙倚凭眺。阁后五六峭峰离立，高皆数十丈，每峰各去二三尺。峰罅石壁如削成，路屈曲罅中，可透漏各峰之顶；松偃藤延，纵目成胜。僧供茗芳逸，山所产也。侧径下，至垂岩，路左更有一径。余曰：“此必有异。”从之，果一石洞嵌空立。穿洞而下，即至半山亭。下山，出横路而返。是游也，为日三十有六〔“为日三十有六”，原本作“为日六十有三”，乃误算〕，历省二，经县十九，府十一，游名山者三。

卷一下

游嵩山日记河南河南府登封县

余髫年蓄五岳志，而玄岳出五岳上，慕尤切。久拟历襄、郧，扪太华，由剑阁连云栈为峨眉先导；而母老志移，不得不先事太和，犹属有方之游。第沿江溯流，旷日持久，不若陆行舟返，为时较速。乃陆行汝、邓间，路与陕、汴略相当，可以兼尽嵩、华，朝宗太岳。遂以癸亥仲春朔，决策从嵩岳道始。凡十九日，抵河南郑州之黄宗店。由店右登石坡，看圣僧池，清泉一涵，停碧山半。山下深涧交叠，涸无滴水。下坡行涧底，随香炉山曲折南行。山形三尖攒立如覆鼎，众山环之，秀色娟娟媚人。涧底乱石一壑，作紫玉色。两崖石壁宛转，色较缜润；想清流汪注时，喷珠泄黛，当更何如也！十里，登石佛岭。又五里，入密县界，望嵩山尚在六十里外。从岐路东南二十五里，过密县，抵天仙院。院祀天仙，黄帝之三女也。白松在祠后中庭，相传三女蜕骨其下。松大四人抱，一本三干，鼎耸霄汉，肤如凝脂，洁逾傅粉，蟠枝虬曲，绿鬣舞风，昂然玉立半空，洵奇观也！周以石栏，一轩临北，轩中题咏绝盛。徘徊久之，下观滴水，涧至此忽下跌，一崖上覆，水滴历其下。还密，仍抵西门。三十五里，入登封界，曰耿店；南向为石淙道，遂税驾焉。

二十日　从小径南行，二十五里，皆土冈乱垄。久之，得一溪。渡溪，南行冈脊中，下瞰则石淙在望矣。余入自大梁，平衍广漠，古称"陆海"。地以得泉为难，泉以得石尤难。近嵩始睹蜿蜒众峰，于是北流有景、须诸溪，南流有颍水，然皆盘伏土碛中。独登封东南三十里为石淙，乃嵩山东谷之流，将下入于颍。一路陂陀屈曲，水皆行地中，至此忽逢怒石。石立崇冈山峡间，有当关扼险之势，水沁入胁下，从此水石融和，绮变万端。绕水之两崖，则为鹄立，为雁行；踞中央者，则为饮兕，为卧虎。低则屿，高则台，愈高，则石之去水也愈远；乃又空其中而为窟、为洞。揆崖之隔以寻尺计，竟水之过以数丈计；水行其中，石峙于上，为态为色，为肤为骨，备极妍丽。不意黄茅白苇中，顿令人一洗尘目也！

登陇，西行十里，为告成镇，古告成县地。测景台在其北。西北行二十五里，为岳庙。入东华门时，日已下舂，余心艳卢岩，即从庙东北循山行，越陂陀数重，十里，转而入山，得卢岩寺。寺外数武，即有流铿然，下坠石峡中。两旁峡色，氤氲成霞。溯流造寺后，峡底矗崖，环如半规，上覆下削；飞泉随空而下，舞绡曳练，霏微散满一谷，可当武彝之水帘。盖此中以得水为奇，而水复得石，石复能助水，不尼水，又能令水飞行，则比武彝为尤胜也。徘徊其下，僧梵音以茶点饷。急返岳庙，已昏黑。

二十一日 晨，谒岳帝。出殿，东向太室绝顶。按嵩当天地之中，祀秩为五岳首，故称嵩高；与少室并峙，下多洞窟，故又名太室。两室相望如双眉，然少室嶙峋，而太室雄厉称尊，俨若负扆。自翠微以上，连崖横亘，列者如屏，展者如旗，故更觉岩岩。崇封始自上古，汉武以嵩呼之异，特加祀邑；宋时逼近京畿，典礼大备，至今绝顶，犹传铁梁桥、避暑寨之名，当盛之时，固可想见矣。

太室东南一支，曰黄盖峰。峰下即岳庙，规制宏壮。庭中碑石矗立，皆宋、辽以来者。登岳正道，乃在万岁峰下，当太室正南。余昨趋卢岩时，先过东峰，道中见峰峦秀出，中裂如门，或指为金峰玉女沟，从此亦有路登顶，乃觅樵预期为导；今遂从此上。近秀出处，路渐折，避之，险绝不能径越也。北就土山，一缕仅容攀跻，约二十里，遂越东峰，已转出裂门之上。西度狭脊，望绝顶行。是日浓云如泼墨，余不为止。至是岚气愈沉，稍开，则下瞰绝壁重崖，如列绡削玉，合则如行大海中。五里，抵天门。上下皆石崖重叠，路多积雪。导者指峻绝处为大铁梁桥。折而西，又三里，绕峰南下，得登高岩。凡岩幽者多不畅，畅者又少回藏映带之致。此岩上倚层崖，下临绝壑，洞门重峦拥护，左右环倚台嶂。初入，有洞岈然，洞壁斜透，穿行数武，崖忽中断五尺，莫可着趾。导者故老樵，狷捷如猿猴，侧身跃过对崖，取木二枝，横架为阁道。既度，则岩穹然上覆，中有乳泉、丹灶、石榻诸胜。从岩侧跻而上，更得一台，三面悬绝壑中。导者曰："下可瞰登封，远及箕、颍。"时浓雾四塞，都无所见。出岩，转北二里，得白鹤观址。址在山坪，去险就夷，孤松挺立有旷致。又北上三里，始跻绝顶，有真武庙三楹。侧一井，甚莹，曰御井，宋真宗避暑所浚也。

饭真武庙中。问下山道，导者曰："正道从万岁峰抵麓二十里，若从西沟悬溜而下，可省其半，然路极险峻。"余色喜，谓嵩无奇，以无险耳。亟从之，遂策杖前。始犹依岩凌石，披丛条以降，既而从两石峡溜中直下，仰望夹崖逼天。先是峰顶雾滴如雨，至此渐开，景亦渐奇，然皆垂沟脱磴，无论不能行，且不能止。愈下，崖势愈壮，一峡穷，复转一峡；吾目不使旁瞬，吾足不容求息也。如是十里，始出峡抵平地，得正道。过无极洞，西越岭，趋草莽中，五里，得法皇寺。寺有金莲花，为特产，他处所无。山雨忽来，遂借榻僧寮。其东石峰夹峙，每月初生，正从峡中出，所称"嵩门待月"也。计余所下之峡，即在其上，今坐对之，只觉云气出没，安知身自此中来也？

二十二日 出山东行五里，抵嵩阳宫废址。惟三将军柏郁然如山，汉所封也；大者围七人，中者五，小者三。柏之北，有室三楹，祠二程先生。柏之西，有旧殿石柱一，大半没于土，上多宋人题名，可辨者为范阳祖无择、上谷寇武仲及苏才翁数人而已。柏之西南，雄碑杰然，四面刻蛟螭甚精。右则为唐碑，裴迥撰文，徐浩八分书也。又东二里，过崇福宫故址，又名万寿宫，为宋宰相提点处，又东，为启母石，大如数间屋，侧有一平石如砥。又东八里，还饭岳庙，看宋、元碑。西八里，入登封县。西五里，从小径西北行。又五里，入会善寺，"茶榜"在其西小轩内，元刻也。后有一石碑，仆墙下，为唐贞元《戒坛记》，汝州刺史陆长源撰文，河南陆郢书。又西为戒坛废址，石上刻镂极精工，俱断委草砾。西南行五里，出大路，又十里，至郭店。折而西南，为少林道。五里，入寺，宿瑞光上人房。

二十三日 云气俱尽。入正殿，礼佛毕，登南寨。南寨者，少室绝顶，高与太室等，而峰峦峭拔，负"九鼎莲花"之名。俯环其后者为九乳峰，蜿蜒东接太室，其阴则少林寺在焉。寺甚整丽，庭中新旧碑森列成行，俱完善。夹墀二松，高伟而整，如有尺度。少室横峙于前，仰不能见顶。游者如面墙而立，辄谓少室以远胜。余昨暮入寺，即问少室道，俱谓雪深道绝，必无往。凡登山以晴朗为佳，余登太室，云气弥漫，或以为仙灵见拒，不知此山魁梧，正须止露半面。若少室工于掩映，虽微云岂宜点滓？今则霁甚，适逢其会，乌可阻也！乃从寺南渡涧登山，六七里，得二祖庵。山至此忽截然土尽而石，石崖下坠成坑。坑半有泉，突石飞下，亦以"珠帘"名之。余策杖独前，愈下愈不得路，久之乃达。其岩雄拓不如卢岩，而深峭过之。岩下深潭泓碧，僵雪四积。再上，至炼丹台，三面孤悬，斜倚翠壁。有亭曰小有天，探幽之屐，从未有抵此者。过此皆从石脊仰攀直跻，两旁危崖万仞，石脊悬其间，殆无寸土，手与足代匮而后得升。凡七里，始跻大峰。峰势宽衍，向之危石，又截然忽尽为土。从草棘中莽莽南上，约五里，遂凌南寨顶，屏翳之土始尽。南寨实少室北顶，自少林言之为南寨云。盖其顶中裂，横界南北，北顶若展屏，南顶列戟峙其前，相去仅寻丈，中为深崖，直下如剖。两崖夹中，坑底特起一峰，高出诸峰上，所谓摘星台也，为少室中央。绝顶与北崖离倚，彼此斩绝不可度。俯瞩其下，一丝相属。余解衣从之，登其上，则南顶之九峰，森立于前，北顶之半壁，横障于后，东西皆深坑，俯不见底，罡风乍至，几假翰飞去。

从南寨东北转，下土山，忽见虎迹大如升。草莽中行五六里，得茅庵。击石炊所携米为粥，啜三四碗，饥渴霍然去。倩庵僧为引龙潭道。下一峰，峰脊渐窄，土石间出，棘蔓翳之，悬枝以行，忽石削万丈，势不可度，转而上跻，望峰势蜿蜒处趋下，而石削复如前。往复不啻数里，乃迂过一坳，又五里而道出，则龙潭沟也。仰望前迷路处，危崖欹石俱在万仞峭壁上，流泉喷薄其中，崖石之阴森崭巀者，俱散成霞绮；峡夹涧转，两崖静室，如蜂房燕垒。凡五里，一龙潭沉涵凝碧，深不可规以丈；又经二龙潭，遂出峡，宿少林寺。

二十四日 从寺西北行，过甘露台，又过初祖庵。北四里，上五乳峰，探初祖洞。洞深二丈，阔杀之，达摩九年面壁处也。洞门下临寺，面对少室。地无泉，故无栖者。下至初祖庵，庵中供达摩影石。石高不及三尺，白质黑章，俨然胡僧立像。中殿六祖手植柏，大已三人围，碑言自广东置钵中携至者。夹墀二松亚少林；少林松柏俱修伟，不似岳庙偃仆盘曲，此松亦然。下至甘露台，土阜矗起，上有藏经殿。下台历殿三重，碑碣散布，目不暇接。后为千佛殿，雄丽罕匹。出饭瑞光上人舍。策骑趋登封道，过轩辕岭，宿大屯。

二十五日 西南行五十里，山冈忽断，即伊阙也。伊水南来经其下，深可浮数石舟。伊阙连冈，东西横亘，水上编木桥之。渡而西，崖更危耸。一山皆劈为崖，满崖镌佛其上。大洞数十，高皆数十丈。大洞外峭崖直入山顶。顶俱刊小洞，洞俱刊佛其内。虽尺寸之肤，无不满者，望之不可数计。洞左，泉自山流下，汇为方池，余泻入伊川。山高不及百丈，而清流淙淙不绝，为此地所难。伊阙摩肩接毂，为楚、豫大道，西北历关、陕，余由此取西岳道去。

游太华山日记陕西西安府华阴县

二月晦 入潼关，三十五里，乃税驾西岳庙。黄河从朔漠南下，至潼关，折而东。关正当河、山隘口，北瞰河流，南连华岳，惟此一线为东西大道，以百雉锁之。舍此而北，必渡黄河，南必趋武关，而华岳以南，峭壁层崖，无可度者。未入关，百里外即见太华屼出云表；及入关，反为冈陇所蔽。行二十里，忽仰见芙蓉片片，已直造其下；不特三峰秀绝，而东西拥攒诸峰，俱片削层悬。惟北面时有土冈，至此尽脱山骨，竞发为极胜处。

三月初一日 入谒西岳神，登万寿阁。向岳南趋十五里，入云台观。觅导于十方庵。由峪口入，两崖壁立，一溪中出，玉泉院当其左。循溪随峪行，十里，为莎萝宫，路始峻。又十里。为青柯坪，路少坦。五里，过寥阳桥，路遂绝。攀锁上千尺幢，再上百尺峡，从崖左转，上老君犁沟，过猢狲岭。去青柯五里，有峰北悬深崖中，三面绝壁，则白云峰也。舍之南，上苍龙岭，过日月岩，去犁沟；又五里，始上三峰足。望东峰侧而上，谒玉女祠，入迎阳洞。道士李姓者留余宿。乃以余暑上东峰，昏返洞。

初二日 从南峰北麓上峰顶，悬南崖而下，观避静处。复上直跻峰绝顶，上有小孔，道士指为仰天池。旁有黑龙潭。从西下，复上西峰，峰上石耸起，有石片覆其上，如荷叶，旁有玉井甚深，以阁掩其上，不知何故。还饭于迎阳。上东峰，悬南崖而下，一小台峙绝壑中，是为棋盘台。既上，别道士，从旧径下，观白云峰，圣母殿在焉。下到莎萝坪，暮色逼人，急出谷，黑行三里，宿十方庵。出青柯坪左上，有柸渡庵、毛女洞；出莎萝坪右上，有上方峰；皆华之支峰也。路俱峭削，以日暮不及登。

初三日 行十五里，入岳庙。西五里，出华阴西门，从小径西南二十里，入泓峪，即华山之西第三峪也。两崖参天而起，夹立甚隘，水奔流其间。循涧南行，倏而东折，倏而西转；盖山壁片削，俱犬牙错入，行从牙罅中，宛转如江行调舱然。二十里，宿于木柸。自岳庙来，四十五里矣。

初四日 行十里，山峪既穷，遂上泓岭。十里，蹑其巅。北望太华，兀立天表。东瞻一峰，嵯峨特异，土人云赛华山。始悟西南三十里有少华，即此山矣。南下十里，有溪从东南注西北，是为华阳川。溯川东行十里，南登秦岭，为华阴、洛南界。上下共五里。又十里，为黄螺铺。循溪东南下，三十里，抵杨氏城。

初五日 行二十里，出石门，山始开。又七里，折而东南，入隔凡峪。西南二十里，即洛南县。峪东南三里，越岭，行峪中。十里，出山，则洛水自西而东，即河南所渡之上流也。渡洛复上岭，曰田家原。五里，下峪中，有水自南来入洛。溯之入，十五里，为景村。山复开，始见稻畦。过此仍溯流入南峪，南行五里，至草树沟。山空日暮，借宿山家。自岳庙至木柸，俱西南行，过华阳川则东南矣。华阳而南，溪渐大，山渐开，然对面之峰峥峥也。下秦岭，至杨氏城。两崖忽开忽合，一时互见，又不比木柸峪中，两崖壁立，有回曲无开合也。

初六日 越岭两重，凡二十五里，饭坞底岔。其西行道，即向洛南者。又东南十里，入商州界，去洛南七十余里矣。又二十五里，上仓龙岭。蜿蜒行岭上，两溪屈曲夹之。五里，下岭，两溪适合。随溪行老君峪中，十里，暮雨忽至，投宿于峪口。

初七日 行五里，出峪。大溪自西注于东。循之行十里，龙驹寨。寨东去武关九十里，西向商州，即陕省间道。马骡商货，不让潼关道中。溪下板船可胜五石舟。水自商州西至此，经武关之南，历胡村，至小江口入汉者也。遂趋觅舟，甫定，雨大注，终日不休，舟不行。

初八日 舟子以贩盐故，久乃行。雨后，怒溪如奔马，两山夹之，曲折萦回，轰雷入地之险，与建溪无异。已而雨复至，午抵影石滩，雨大作，遂泊于小影石滩。

初九日　行四十里，过龙关。五十里，北一溪来注，则武关之流也。其地北去武关四十里，盖商州南境矣。时浮云已尽，丽日乘空，山岚重叠竞秀，怒流送舟，两岸浓桃艳李，泛光欲舞；出坐船头，不觉欲仙也！又八十里，日才下午，榜人以所带盐化迁柴竹，屡止不进。夜宿于山涯之下。

初十日　五十里，下莲滩，大浪扑入舟中，倾囊倒箧，无不沾濡。二十里，过百姓滩，有峰突立溪右，崖为水所摧，岌岌欲堕。出蜀西楼，山峡少开，已入南阳、淅川境，为秦、豫界。三十里，过胡村，四十里，抵石庙湾，登涯投店。东南去均州，上太和，盖一百三十里云。

游太和山日记湖广襄阳府均州

十一日　登仙猿岭。十余里，有枯溪小桥，为郧县境，乃河南、湖广界。东五里，有池一泓，曰青泉，上源不见所自来，而下流淙淙。地又属淅川，盖二县界址相错，依山溪曲折，路经其间故也。五里，越一小岭，仍为郧县境。岭下有玉皇观、龙潭寺。一溪滔滔自西南走东北，盖自郧中来者。渡溪，南上九里冈，经其脊而下，为蟠桃岭。溯溪行坞中十里，为葛九沟。又十里，登土地岭，岭南则均州境。自此连逾山岭，桃李缤纷，山花夹道，幽艳异常。山坞之中，居庐相望，沿流稻畦，高下鳞次，不似山、陕间矣。但途中蹊径狭，行人稀，且闻虎暴，日方下舂，竟止坞中曹家店。

十二日　行五里，上火龙岭。下岭随流出峡，四十里，下行头冈。十五里，抵红粉渡，汉水汪然西来，涯下苍壁悬空，清流绕面。循汉东行，抵均州。静乐宫当州之中，踞城之半，规制宏整。停行李于南城外，定计明晨登山。

十三日　骑而南趋，石道平敞。三十里，越一石梁，有溪自西东注，即太和下流入汉者。越桥为迎恩宫，西向。前有碑大书“第一山”三字，乃米襄阳笔，书法飞动，当亦第一。又十里，过草店，襄阳来道，亦至此合。路渐西向，过遇真宫，越两隘下，入坞中。从此西行数里，为趋玉虚道；南跻上岭，则走紫霄间道也。登岭。自草店至此，共十里，为回龙观。望岳顶青紫插天，然相去尚五十里。满山乔木夹道，密布上下，如行绿幕中。

从此沿山行，下而复上，共二十里，过太子坡。又下入坞中，有石梁跨溪，是为九渡涧下流。上为平台十八盘，即走紫霄、登太和大道；

左入溪，即溯九渡涧，向琼台观及八仙罗公院诸路也。峻登十里，则紫霄宫在焉。紫霄前临禹迹池，背倚展旗峰，层台杰殿，高敞特异。入殿瞻谒。由殿右上跻，直造展旗峰之西。峰畔有太子洞、七星岩，俱不暇问。共五里，过南岩之南天门。舍之西，度岭，谒榔仙祠。祠与南岩对峙，前有榔树特大，无寸肤，赤干耸立，纤芽未发。傍多榔梅树，亦高耸，花色深浅如桃杏，蒂垂丝作海棠状。梅与榔本山中两种，相传玄帝插梅寄榔，成此异种云。

共五里，过虎头岩；又三里，抵斜桥。突峰悬崖，屡屡而是，径多循峰隙上。五里，至三天门，过朝天宫，皆石级曲折上跻，两旁以铁柱悬索。由三天门而二天门、一天门，率取径峰坳间，悬级直上。路虽陡峻，而石级既整，栏索钩连，不似华山悬空飞度也。太和宫在三天门内。日将晡，竭力造金顶，所谓天柱峰也。山顶众峰，皆如覆钟峙鼎，离离攒立；天柱中悬，独出众峰之表，四旁崭绝。峰顶平处，纵横止及寻丈。金殿峙其上，中奉玄帝及四将，炉案俱具，悉以金为之。督以一千户、一提点，需索香金，不啻御夺。余入叩匆匆，而门已阖，遂下宿太和宫。

十四日　更衣上金顶。瞻叩毕，天宇澄朗，下瞰诸峰近者鹄峙，远者罗列，诚天真奥区也。遂从三天门之右小径下峡中。此径无级无索，乱峰离立，路穿其间，迥觉幽胜。三里余，抵蜡烛峰右，泉涓涓溢出路旁，下为蜡烛涧。循涧右行三里余，峰随山转，下见平邱中开，为上琼台观。其旁榔梅数株，大皆合抱，花色浮空映山，绚烂岩际；地既幽绝，景复殊异。余求榔梅实，观中道士噤不敢答；既而曰："此系禁物；前有人携出三、四枚，道流株连破家者数人。"余不信，求之益力，出数枚畀余，皆已黝烂，且订无令人知。及趋中琼台，余复求之，主观仍辞谢弗有。因念由下琼台而出，可往玉虚岩，便失南岩、紫霄，奈何得一失二，不若仍由旧径上。至路旁泉溢处，左越蜡烛峰，去南岩应较近。忽后有追呼者，则中琼台小黄冠，以师命促余返。观主握手曰："公渴求珍植，幸得两枚，少慰公怀，但一泄于人，罪立至矣。"出而视之，形侔金橘，漉以蜂液，金相玉质，非凡品也。珍谢别去，复上三里余，直造蜡烛峰坳中。峰参差廉利，人影中度，兀兀欲动。既度，循崖宛转，连越数重。峰头土石，往往随地异色。既而闻梵颂声，则仰见峰顶，遥遥上悬，已出朝天宫右矣。仍上八里，造南岩之南天门，趋谒正殿。右转入殿后，崇崖嵌空，如悬廊复道，蜿蜒山半，下临无际，是名南岩，亦名紫霄岩，为三十六岩之最；天柱峰正当其面。自岩还至殿左，历级坞中，数抱松杉，连阴挺秀。层台孤悬，高峰四眺，是名飞升台。暮返宫，贿其小徒，复得榔梅六枚。明日再索之，不可得矣。

十五日　从南天门宫左趋雷公洞。洞在悬崖间。余欲返紫霄，由太子岩历不二庵，抵五龙。舆者谓迂曲不便，不若由南岩下竹笆桥，可览滴水岩、仙侣岩诸胜。乃从北天门下，一径阴森，滴水、仙侣二岩，俱在路左，飞崖上突，泉滴沥于中，中可容室，皆祠真武。至竹笆桥，始有流泉声，然不随涧行。乃依山越岭，一路多突石危岩，间错于乱蒨丛翠中，时时放榔梅花，映耀远近。

过白云、仙龟诸岩，共二十余里，循级直下涧底，则青羊桥也。涧即竹笆桥下流，两崖蓊葱蔽日，清流延回，桥跨其上，不知流之所去。仰视碧落，宛若瓮口。度桥，直上攒天岭。五里，抵五龙宫，规制与紫霄、南岩相伯仲。殿后登山里许，转入坞中，得自然庵。已还至殿右，折下坞中，二里，得凌虚岩。岩倚重峦，临绝壑，面对桃源洞诸山。嘉木尤深密，紫翠之色，互映如图画，为希夷习静处。前有传经台，孤瞰壑中，可与飞升作匹。还过殿左，登榔梅台，即下山至草店。

华山四面皆石壁，故峰麓无乔枝异干；直至峰顶，则松柏多合三人围者；松悉五鬣，实大如莲，间有未堕者，采食之，鲜香殊绝。太和则四山环抱，百里内密树森罗，蔽日参天；至近山数十里内，则异杉老柏合三人抱者，连络山坞，盖国禁也。嵩、少之间，平麓上至绝顶，樵伐无遗，独三将军树巍然杰出耳。山谷川原，候同气异，余出嵩、少，始见麦畦青；至陕州，杏始花，柳色依依向人；入潼关，则驿路既平，垂杨夹道，梨李参差矣；及转入泓峪，而层冰积雪，犹满涧谷，真春风所不度也。过坞底岔，复见杏花；出龙驹寨，桃雨柳烟，所在都有。忽忆日已清明，不胜景物悴情。遂自草店，越二十四日，浴佛后一日抵家。以太和榔梅为老母寿。

闽游日记前

崇祯改元戊辰之仲春，发兴为闽、广游。二十日始成行。三月十一日，抵江山之青湖，为入闽登陆道。十五里，出石门街，与江郎为面，如故人再晤。十五里，至峡口，已暮。又行十五里，宿于山坑。

十二日　二十里，登仙霞岭。三十五里，登丹枫岭，岭南即福建界。又七里，西有路越岭而来，乃江西永丰道，去永丰尚八十里。循溪折而东，八里，至梨岭麓；四里，登其巅；前六里，宿于九牧。

十三日　三十五里，过岭，饭于仙阳。仙阳岭不甚高，而山鹃丽日，颇可爱。饭后得舆，三十里，抵浦城，日未晡也。时道路俱传泉、兴海盗为梗，宜由延平上永安。余亦久蓄玉华之兴，遂觅延平舟。

十四日　舟发四十里，至观前。舟子省家早泊，余遂过浮桥，循溪左登金斗山。石磴修整，乔松艳草，幽袭人裾！过三亭，入玄帝宫；由殿后登岭，兀兀中悬，四山环拱，重流带之，风烟欲暝，步步惜别！

十五日　辨色即行。悬流鼓楫，一百二十里，泊水矶。风雨彻旦，溪喧如雷。

十六日　六十里，至双溪口，与崇安水合。又五十五里，抵建宁郡。雨不止。

十七日　水涨数丈，同舟俱阁不行。上午得三板舟，附之行。四十里，太平驿，四十里，大横驿，过如飞鸟。三十里，黯淡滩，水势奔涌。余昔游鲤湖过此，但见穹石崿峙，舟穿其间，初不谓险；今则白波山立，石悉没形，险倍昔时。十里，至延平。

十八日　余以轻装出西门，为玉华洞游。南渡溪，令奴携行囊，由沙县上水至永安相待。余陆行四十里，渡沙溪而西。将乐之水从西来，沙县之水从南来，至此合流，亦如延平之合建溪也。南折入山，六十里，宿三连铺，乃瓯宁、南平、顺昌三县之界。

十九日　五里，越白沙岭，是为顺昌境。又二十五里，抵县。县临水际，邵武之水从西来，通光泽；归化之水从南来，俱会城之东南隅。隔水望城，如溪堤带流也。循水南行三十里，至杜源，忽雪片如掌。十五里，至将乐境，乃杨龟山故里也。又十五里，为高滩铺。阴霾尽舒，碧空如濯，旭日耀芒，群峰积雪，有如环玉。闽中以雪为奇，得之春末为尤奇。村氓市媪，俱曝日提炉；而余赤足飞腾，良大快也！二十五里，宿于山涧渡之村家。

二十日　渡山涧，溯大溪南行。两山成门曰莒峡。溪崖不受趾。循山腰行，十里，出莒峡铺，山始开。又十里，入将乐。出南关，渡溪而南，东折入山，登滕岭。南三里，为玉华洞道。先是过滕岭，即望东南两峰耸立，翠壁嶙峋，迥与诸峰分形异色。抵其麓，一尾横曳，回护洞门。门在山坳间，不甚轩豁，而森碧上交，清流出其下，不觉神骨俱冷！山半有明台庵，洞后门所经。余时未饭，复出道左登岭。石磴萦松透石，三里，青芙蓉顿开，庵当其中。饭于庵，仍下至洞前门，觅善导者。乃碎斫松节置竹篓中，导者肩负之；手提铁络，置松燃火，烬辄益之。初入，历级而下者数尺，即流所从出也。溯流屈曲，度木板者数四，倏隘倏穹，倏上倏下；石色或白或黄，石骨或悬或竖；惟"荔枝柱"、"风泪烛"、"幔天帐"、"达摩渡江"、"仙人田"、"葡萄伞"、"仙钟"、"仙鼓"最肖。沿流既穷，悬级而上，是称九重楼。遥望空濛，忽曙色欲来，所谓"五更天"也。至此最奇，恰与张公洞由暗而明者一致。盖洞门斜启，玄朗映彻，犹未睹天碧也。从侧岭仰瞩，得洞门一隙，直受圆明。其洞口由高而坠，弘含奇瑰，亦与张公同。第张公森悬诡丽者，俱罗于受明之处；此洞炫巧争奇，遍布幽奥，而辟户更拓。两洞同异，正在伯仲间也。拾级上达洞顶，则穹崖削天，左右若青玉赪肤，实出张公所未备。下山即为田塍。四山环锁，水出无路，汩然中坠，盖即洞间之流，此所从入也。复登山半，过明台庵。庵僧曰："是山石骨棱厉，透露处层层有削玉裁云态，苦为草树所翳，故游者知洞而不知峰。"遂导余上拾鸟道，下披蒙茸，得星窟焉。三面削壁丛悬，下坠数丈。窟旁有野橘三株，垂实累累。从山腰右转一二里，忽两山交脊处，棘翳四塞，中有石磴齿齿，萦回于悬崖夹石间。仰望峰顶，一笋森森独秀。遂由洞后穹崖之上，再历石门，下浴庵中，宿焉。

二十一日　仍至将乐南门，取永安道。

二十四日　始至永安，舟奴犹未至。

二十五日　坐待奴于永安旅舍。乃市顺昌酒，浮白楼下。忽呼声不绝，则延平奴也。遂定明日早行计。

二十六日　循城溯溪，东南二十里，转而南；二十五里，登大泄岭，岧峣行云雾中。如是十五里，得平坂，曰林田。时方下午，雨大，竟止。林田有两溪自南来：东浑赤如血，西则一川含绿，至此合流。

二十七日　溯赤溪行。久之，舍赤溪，溯澄溪。共二十里，渡坑源上下桥，登马山岭。转上转高，雾亦转重，正如昨登大泄岭时也。五里，透其巅，为宁洋界。下五里，饭于岭头。时旭日将中，万峰若引镜照面。回望上岭已不可睹，而下方众岫骈列，无不献形履下。盖马山绝顶，峰峦自相亏蔽，至此始廓然为南标。询之土人，宁洋未设县时，此犹属永安，今则岭北水俱北者属延平，岭南水俱南者属漳州。随山奠川，固当如此建置也。其地南去宁洋三十里，西为本郡之龙岩，东为延平之大田云。下山十里，始从坑行。渡溪桥而南，大溪遂东去。逾岭，复随西来小溪南行，二十里，抵宁洋东郭。绕城北而西，则前之大溪经城南来，恰与小溪会，始胜舟。

二十八日　将南下，传盗警，舟不发者两日。

四月初一日　平明，舟始前，溪从山峡中悬流南下。十余里，一峰突而西，横绝溪间，水避而西，复从东折，势如建瓴，曰石嘴滩。乱石丛立，中开一门，仅容舟。舟从门坠，高下丈余，余势屈曲，复高下数丈，较之黯淡诸滩，大小虽殊悬，险更倍之也。众舟至此，俱鳞次以下。每下一舟，舟中人登岸，共以缆前后倒曳之，须时乃放。过此，山峡危逼，复嶂插天，曲折破壁而下，真如劈翠穿云也。三十里，过馆头，为漳平界。一峰又东突，流复环东西折，曰溜水滩。峰连嶂合，飞涛一缕，直舟从云汉，身挟龙湫矣。已而山势少开，二十余里，为石壁滩。其石自南而突，与流相扼，流不为却，捣击之势，险与石嘴、溜水而三也。下此，有溪自东北来合，再下，夹溪复自东北来合，溪流遂大，势亦平。又东二十里，则漳平县也。

宁洋之溪，悬溜迅急，十倍建溪。盖浦城至闽安入海，八百余里；

宁洋至海澄入海，止三百余里；程愈迫，则流愈急。况梨岭下至延平，不及五百里，而延平上至马岭，不及四百而峻，是二岭之高伯仲也。其高既均，而入海则减，雷轰入地之险，宜咏于此。

初二日 下华封舟。行数里，山势复合，重滩叠溜，若建溪之太平、黯淡者，不胜数也。六十里，抵华封，北溪至此，皆从石脊悬泻，舟楫不能过，遂舍舟逾岭。凡水惟滥觞之始，不能浮槎，若既通，而下流反阻者，止黄河之三门集津，舟不能上下；然汉、唐挽漕，缆迹犹存，未若华封自古及今，竟无问津之时。拟沿流穷其险处，而居人惟知逾岭，无能为导。

初三日 登岭，十里，至岭巅，则溪水复自西来，下循山麓，俯瞰只一衣带水耳。又五里，则隤然直下，又二里，抵溪。舟行八十里，至西溪，西南陆行三十里，即漳郡。顺流东南二十里，为江东渡，乃兴泉东来驿道也。又顺流六十里，则出海澄入海焉。

初四日 舆行二十里，入漳之北门，访叔司理，则署印南靖，去郡三十里。遂雨中出南门，下夜船往南靖。

初五日 晓达南靖，以溯流迂曲也。溪自南平来，至南靖六十里。势于西溪同其浩荡，经漳郡南门，亦至海澄入海。不知漳之得名，两溪谁执牛耳也。

闽游日记后

庚午春，漳州司理叔促赴署。余拟是年暂止游屐，而漳南之使络绎于道，叔祖念莪翁，高年冒暑，坐促于家，遂以七月十七日启行。二十一日至武林，二十四日渡钱唐，波平不縠，如履平地。二十八日至龙游，觅得青湖舟，去衢尚二十里，泊于樟树潭。

三十日 过江山，抵青湖，乃舍舟登陆。循溪觅胜，得石崖于北渚，崖临回澜，澄潭漱其址，隙缀茂树，石色青碧，森森有芙蓉出水态。僧结槛依之，颇觉幽胜。余踞坐石上，有刘对予者，一见如故，因为余言：“江山北二十里，有左坑，岩石奇诡，探幽之屐，不可不一过。”余欣然返寓，已下午，不成行。

八月初一日 冒雨行三十里。一路望江郎片石，咫尺不可见。先拟登其下，比至路口，不果。越山坑岭，宿于宝安桥。

初二日 登仙霞，越小竿岭，近雾已收，惟远峰漫不可见。又十里，饭于二十八都。其地东南有浮盖山，跨浙、闽、江西三省，衢、处、信、宁四府之境，危峙仙霞、梨岭间，为诸峰冠。枫岭西垂，毕岭东障，梨岭则其南案也；怪石拿云，飞霞削翠。余每南过小竿，北逾梨岭，遥瞻丰采，辄为神往。既饭，兴不能遏，遍询登山道。一牧人言："由丹枫岭而上，为大道而远，由二十八都溪桥之左越岭，经白花岩上，道小而近。"余闻白花岩益喜，即迂道且趋之，况其近也！遂越桥南行数十步，即由左小路登岭。三里下岭，折而南，渡一溪，又三里，转入南坞，即浮盖山北麓村也；分溪错岭，竹木清幽，里号"金竹"云。度木桥，由业纸者篱门入，取小级而登。初皆田畦高叠，渐渐直跻危崖。又五里，大石磊落，棋置星罗，松竹与石争隙。已入胜地，竹深石转，中峙一庵，即白花岩也。僧指其后山绝顶，峦石甚奇。庵之右冈环转而左，为里山庵。由里山越高冈两重转下，山之阳则大寺也。右有梨尖顶，左有石龙洞，前瞰梨岭，可俯而挟矣。余乃从其右二里，憩里山庵。里山至大寺约七里，路小而峻。先跻一冈，约二里，冈势北垂。越其东，坞下水皆东流，即浦城界。又南上一里，越一冈，循其左而上，是谓狮峰。雾重路塞，舍之。逾冈西下，复转南上，二里，又越一冈，其左亦可上狮峰，右即可登龙洞顶。乃南向直下，约二里，抵大寺。石痕竹影，白花岩正得其具体，而峰峦环列，此真独胜。雨阻寺中者两日。

初四日 冒雨为龙洞游。同导僧砍木通道，攀乱碛而上。雾滃棘铦，芾石笼崖，狞恶如奇鬼。穿簇透峡，窈窕者，益之诡而藏其险，岏嶂者，益之险而敛其高。如是二里，树底睨峭崿攀踞其内，右有夹壁，离立仅尺，上下如一，似所谓"一线天"者，不知其即通顶所由也。乃爇火篝灯，匍匐入一罅。罅夹立而高，亦如外之一线天，第外则顶开而明，此则上合而暗。初入，其合处犹通窍一二，深入则全黑矣。其下水流沙底，濡足而平。中道有片石，如舌上吐，直竖夹中，高仅三尺，两旁贴于洞壁。洞既束肩，石复当胸，无可攀践，逾之甚艰。再入，两壁愈夹，肩不能容，侧身而进。又有石片如前，阻其隘口，高更倍之。余不能登，导僧援之。既登，僧复不能下，脱衣宛转久之，乃下。余犹侧伫石上，亦脱衣奋力，僧从石下掖之，遂得入。其内壁少舒可平肩，水较泓深，所称"龙池"也。仰睇其上，高不见顶，而石龙从夹壁尽处，悬崖直下。洞中石色皆赭黄，而此石独白，石理粗砺成鳞甲，遂以"龙"神之。挑灯遍瞩而出。石隘处上逼下碍，入时自上悬身而坠，其势犹顺，出则自下侧身以透，胸与背既贴切于两壁，而膝复不能屈伸，石质刺肤，前后莫可悬接；每度一人，急之愈固，几恐其与石为一也。既出，欢若更生，而岚气忽澄，登霄在望。由明峡前行，芟莽开荆，不半里，又得一洞。洞皆大石层叠，如重楼复阁，其中燥爽明透。徘徊久之，复上跻重崖，二里，登绝顶，为浮盖最高处。踞石而坐，西北雾顿开，下视金竹里以东，崩坑坠谷，层层如碧玉轻绡，远近万状，惟顶以南，尚郁伏未出。循西岭而下，乃知此峰为浮盖最东。由此而西，蜿蜒数峰，再伏再起，极于叠石庵，乃为西隅，再下为白花岩矣。既连越二蜂，即里山趋寺之第三冈也。时余每过一峰，辄一峰开霁，西峰诸石，俱各为披露；西峰尽，又越两峰，峰俱有石层叠。又一峰南向居中，前耸二石，一斜而尖，是名“梨头尖石”。二石高数十丈，堪为江郎支庶，而下俱浮缀叠石数块，承以石盘，如坐嵌空处，俱可徙倚。此峰南下一支，石多嶙峋，所称“双笋石人”，攒列寺右者，皆其派也。峰后散为五峰，回环离立，中藏一坪，可庐，亦高峰所罕得者。又西越两峰，为浮盖中顶，皆盘石累叠而成，下者为盘，上者为盖，或数石共肩一石，或一石复平列数石，上下俱成叠台双阙，“浮盖仙坛”，洵不诬称矣。其石高削无级，不便攀跻。登其巅，群峰尽出。山顶之石，四旁有苔，如发下垂，嫩绿浮烟，娟然可爱。西望叠石、石仙诸胜，尚隔三四峰，而日已过午，遂还饭寺中。别之南下，十里，即大道，已在梨岭之麓。登岭，过九牧，宿渔梁下街。

初五日 下浦城舟，凡四日，抵延平郡。

初十日 复逆流上永安溪，泊榕溪。其地为南平、沙县之中，各去六十里。先是浦城之溪水小，而永安之流暴涨，故顺逆皆迟。

十一日 舟曲随山西南行，乱石峥嵘，奔流悬迅。二十里，舟为石触，榜人以竹丝绵纸包片木掩而钉之，止涌而已。又十里，溪右一山，瞰溪如伏狮，额有崖两重，阁临其上。崖下圆石高数丈，突立溪中。于是折而东，又十里，月下上一滩，泊于旧县。

十二日 山稍开，西北二十里，抵沙县。城南临大溪，雉堞及肩，即溪崖也。溪中多置大舟，两旁为轮，关水以舂。西十里，南折入山间。右山石骨巉削，而左山夹处，有泉落坳隙如玉箸。又西南二十里，泊洋口。其地路通尤溪。东有山曰里丰，为一邑之望。昨舟过伏狮崖，即望而见之，今绕其西而南向。

十三日 西南二十里，渐入山，又二十五里，至双口。遂折而西北行，五里，至横双口。溪右一水自北来，永安之溪自南来，至此合。其北来之溪，舟通岩前可七十里。又五里，入永安界，曰新凌铺。

十四日 行永安境内，始闻猿声。南四十里，为巩川。上大滩十里，东南行，忽望见溪右峰石突兀。既而直逼其下，则突兀者转为参差，为崩削，俱盘亘壁立，为峰为岩，为屏为柱，次第而见。中一峰壁削到底，或大书其上，曰“凌霄”。于是溪左之奇，亦若起而争胜者。已舟折西北，左溪之崖较诡异，而更有出左溪上者，则桃源涧也。其峰排突溪南，上逼层汉，而下瞰回溪，峰底深裂，流泉迸下，仰其上，曲槛飞栏，遥带不一，急停舟登焉。循涧而入，两崖仅裂一罅，竹影逼溪内。得桥渡涧再上，有门曰长春圃，亟趋之，则溪南之峰，前所仰眺者，已在其北。乃北上，路旁一石，方平如砥。时暮色满山，路纵横不可辨，乃入大士殿，得道人为导。随之北，即循崖经文昌阁，转越两亭，俱悬崖缀壁。从此折入峭夹间，其隙仅分一线，上劈山巅，远透山北，中不能容肩，凿之乃受，累级斜上，直贯其中。余所见“一线天”数处，武彝、黄山、浮盖，曾未见若此之大而逼、远而整者。既而得天一方，四峰攒列。透隙而上，一石方整，曰棋坪。中复得一台，一树当空，根盘于上。有飞桥架两崖间，上下壁削，悬空而度，峰攒石裂，岈然成洞，曰环玉。出洞，复由棋坪侧历西坞而上，得一井，水甚甘冽。跻峰北隅，有亭甚豁，第北溪下绕，反以逼仄不能俯瞰。由此左下，又有泉一泓，汇为池，以暮不及往。乃南上绝顶，一八角亭冠其上。复从西路下山，出倚云关，则石磴垂绝罅间，一下百丈，盖是山四面斗削，惟一线为暗磴，百丈为明梯，游者以梯下而一线上，始尽奇概，舍此别无可阶也。

还至大士殿，昏黑不可出。道人命徒碎木燃火，送之溪旁，孤灯穿绿坞，几若阴房燐火。道人云：“由长春圃二里，有不尘馆，旁又有一百丈岩，皆有胜可游。”余颔之。返舟，促舟子夜行，不可，乃与奴辈并力刺舟。幸滩无石，月渐朗，二鼓，泊废石梁下。行二十里，去永安止二里。

十五日　抵城西桥下，桥已毁。而大溪自西来，桥下之溪自南来，依然余游玉华时也。绕城西而南，溯南来之溪以去，五十里，至长倩。溪出山右，路循山左，乃舍溪登岭。越岭两重，西南过溪桥，五里，南过溪鸣桥。又五里，直凌西南山角，以为已穷绝顶，其上乃更复穹然。不复上，循山半而南，纡折翠微间，俯瞰山底，溪回屈曲，惟闻吼怒声，而深不见水。盖峻峦削岫，错立如交牙，水漱其根，上皆丛树，行者惟见翠葆浮空，非闻水声，几以为一山也。久之，偶于树隙稍露回湍，浑赤如血。又五里，与赤溪遇，又五里，止于林田。

十六日　沿山二里，有峰自南直下。峰东有小溪，西为大溪，俱北会林田，而注于大煞岭西者。渡小溪，循峰南上，共五里，到下桥。逶迤南跻，又八里，得上桥。一涧飞空，悬桥而度，两旁高峰插天。度桥，路愈峻，十里，从山夹中直跻两高峰之南，登岭巅。回视两高峰，已在履下，计其崇峻，大煞、浮盖，当皆出其下。南下三十五里，抵宁洋县。

十七日　下舟达华封。

十八日　上午始抵陆。渐登山阪，溪从右去，以滩高石阻，舟不能前也。十里，过山麓，又五里，跨华封绝顶，溪从其下折而西去。遥望西数里外，滩石重叠，水势腾激，至有一滩纯石，中断而不见水者，此峡中最险处。自念前以雨阻不能达，今奈何交臂失之？乃北下三里，得村一坞，以为去溪不远。沿坞西行里许，欲临溪，不得路，始从蔗畦中下。蔗穷，又有蔓植者，花如豆，细荚未成。复践蔓行，上流沙削不受履，方藉蔓为级，未几蔓穷，皆荆棘藤刺，丛不能入。初侧身投足，不辨高下，时时陷石坎，挂树杪，既忽得一横溪，大道沿之。西三里，瞰溪咫尺，滩声震耳，谓前所望中断之险，必当其处。时大道直西去，通吴镇、罗埠。觅下溪之路，久不得，见一小路伏丛棘中，乃匍匐就之。初犹有路影，未几下皆积叶，高尺许，蜘网翳之，上则棘莽蒙密，钩发悬股，百计难脱；比脱，则悬涧注溪，危石叠嵌而下。石皆累空间，登其上，始复见溪，而石不受足，转堕深莽。余计不得前，乃即从涧水中，攀石践流，遂抵溪石上。其石大如百间屋，侧立溪南，溪北复有崩崖壅水。水既南避巨石，北激崩块，冲捣莫容，跃隙而下，下即升降悬绝，倒涌逆卷，崖为之倾，舟安得通也？踞大石坐，又攀渡溪中突石而坐，望前溪西去，一泻之势，险无逾此。久之，溯大溪，践乱石，山转处，溪田层缀，从之，始得路。循而西转，过所踞溪石二里许，滩声复沸如前，则又一危矶也。西二里，得小路，随山脊直瞰溪而下，始见前不可下之滩，即在其上流，而岭头所望纯石中断之滩，即在其下流。此嘴中悬两滩间，非至此，则两滩几有遁形矣。逾岭下舟。明日，抵漳州司理署。

游天台山日记后

壬申三月十四日　自宁海发骑，四十五里，宿岔路口。其东南十五里，为桑洲驿，乃台郡道也。西南十里，松门岭，为入天台道。

十五日　渡水母溪，登松门岭，过玉爱山，共三十里，饭于筋竹岭庵，其地为宁海、天台界。陟山冈三十余里，寂无人烟，昔弥陀庵亦废。下一岭，丛山杳冥中，得村家，瀹茗饮石上。又十余里，逾岭而入天封寺。寺在华顶峰下，为天台幽绝处。却骑，同僧无馀上华顶寺，宿净因房，月色明莹。其地去顶尚三里，余乘月独上，误登东峰之望海尖，西转始得路至华顶。归寺已更余矣。

十六日　五鼓，乘月上华顶，观日出，衣履尽湿，还炙衣寺中。从寺右逾一岭，南下十里，至分水岭；岭西之水出石梁，岭东之水出天封。循溪北转，水石渐幽。又十里，过上方广寺，抵昙花亭，观石梁奇丽，若初识者。

十七日　仍出分水岭，南十里，登察岭。岭甚高，与华顶分南北界。西下至龙王堂，其地为诸道交会处。南十里，至寒风阙，又南下十里，至银地岭，有智者塔已废。左转得大悲寺，寺旁有石，为智者拜经台。寺僧恒如为炊饭，乃分行囊，从国清下，至县，余与仲昭兄以轻装东下高明寺。寺为无量讲师复建，右有幽溪。溪侧诸胜，曰圆通洞、松风阁、灵响岩。

十八日　仲昭坐圆通洞。寺僧导余探石笋之奇。循溪东下，抵螺溪。溯溪北上，两崖峭石夹立，树巅飞瀑纷纷。践石蹑流，七里，山回溪坠，已至石笋峰底，仰面峰莫辨，以右崖掩之也。从崖侧逾隙而下，反出石笋之上，始见一石矗立涧中，涧水下捣其根，悬而为瀑，亦水石奇胜处也。循溪北转，两崖愈峭，下汇为潭，是为螺蛳潭，上壁立而下渊深。攀崖侧悬藤，踞石遥睇其内。潭上石壁，中劈为四，岐若交衢，然潭水下薄，不能窥其涯涘。最内两崖之上，一石横嵌，俨若飞梁。梁内飞瀑自上坠潭中，高与石梁等。四旁重崖回映，可望而不可即，非石梁所能齐也。闻其上有“仙人鞋”，在寒风阙之左，可逾岭而至。雨骤，不成行，还憩松风阁。

二十日　抵天台县。至四月十六日，自雁宕返，乃尽天台以西之胜。北七里，至赤城麓。仰视丹霞层亘，浮屠标其巅，兀立于重岚攒翠间。上一里，至中岩，岩中佛庐新整，不复似昔时彫敝。时急于琼台、双阙，不暇再蹑上岩。遂西越一岭，由小路七里，出落马桥。又十五里，西北至瀑布山左登岭。五里，上桐柏山。越岭而北，得平畴一围，群峰环绕，若另辟一天。桐柏宫正当其中，惟中殿仅存，夷、齐二石像尚在右室，雕琢甚古，唐以前物也。黄冠久无住此者。群农见游客至，俱停耕来讯，遂挟一人为导。西三里，越二小岭，下层崖中，登琼台焉。一峰突瞰重坑，三面俱危崖回绕。崖右之溪，从西北万山中直捣峰下，是为百丈崖。崖根涧水至琼台脚下，一泓深碧如黛，是名百丈龙潭。峰前复起一峰，卓立如柱，高与四围之崖等，即琼台也。台后倚百丈崖，前即双阙对峙，层崖外绕，旁绝附丽。登台者从北峰悬坠而下，度坳脊处咫尺，复攀枝仰陟而上，俱在削石流沙间，趾无所着也。从台端再攀历南下，有石突起，窟其中为龛，如琢削而就者，曰仙人坐。琼台之奇，在中悬绝壑，积翠四绕。双阙亦其外绕中对峙之崖，非由涧底再上，不能登也。忆余二十年前，同云峰自桃源来，溯其外涧入，未深穷其窟奥。今始俯瞰于崖端，高深俱无遗胜矣。饭桐柏宫，仍下山麓，南从小径渡溪，十里，出天台、关岭之官道。复南入小径，隙行十里。路左一峰，兀立若天柱，问知为青山茁。又溯南来之溪，十里，宿于坪头潭之旅舍。

十七日　由坪头潭西南八里，至江司陈氏。渡溪左行，又八里，南折入山。陟小岭二重，又六里，重溪回合中，忽石岩高峙，其南即寒岩，东即明岩也。令僮先驰炊于明岩寺，余辈遂南向寒岩。路左俱悬崖盘列，中有一洞岈然，洞前石兔蹲伏，口耳俱备。路右即大溪萦回，中一石突出如擎盖，心颇异之。既入寺，向僧索龙须洞灵芝石，即此也。寒岩在寺后，宏敞有余，玲珑未足。由洞右一上视鹊桥而出。由旧路一里，右入龙须洞。路为莽棘所翳，上跻里许，如历九霄。其洞圆耸明豁，洞口斜倚一石，颇似雁宕之石梁，而梁顶有泉中洒，与宝冠之芭蕉洞如出一冶。下山，仍至旧路口，东溯小溪，南转入明岩寺。寺在岩中，石崖四面环之，止东面八寸关通路一线。寺后洞窈窕非一，洞右有石笋突起，虽不及灵芝之雄伟，亦具体而微矣。饭后，由故道骑而驰三十里，返坪头潭。又北二十五里，过大溪，即西从关岭来者，是为三茅。又北五里，越小涧二重，直抵北山下，入护国寺宿焉。

十八日　晨，急诣桃源。桃源在护国东二里，西去桐柏仅八里。昨游桐柏时，留为还登万年之道，故先寒、明。及抵护国，知其西有秀溪，由此入万年，更可收九里坑之胜，于是又特趋桃源。初由涧口入里许，得金桥潭。由此而上，两山愈束，翠壁穹崖，层累曲折，一溪介其中。溯之，三折而溪穷，瀑布数丈，由左崖泻溪中。余昔来瀑下，路穷莫可上，仰视穹崖北峙，溪左右双鬟诸峰，娟娟攒立，岚翠交流，几不能去。今忽从右崖丛莽中，寻得石径层叠，遂不及呼仲昭，冒雨拨棘而上。磴级既尽，复叠石横栈，度崖之左，已出瀑上。更溯之入，直抵北岩下，蹊磴俱绝，两瀑自岩左右分道下。遥睇岩左犹有遗磴，从之，则向有累石为桥于左瀑上者，桥已中断，不能度。睇瀑之上流，从东北夹壁中来，止容一线，可践流而入。计其胜不若右岩之瀑，乃还从大石间向西北上跻，抵峡窟下，得重潭甚厉；四面俱直薄峡底，无可缘陟。第从潭中西望，见石峡之内，复有石峡；瀑布之上，更悬瀑布；皆从西北杳冥中来，至此缤纷乱坠于回崖削壁之上，岚光掩映，石色欲飞。久之，还出层瀑下。仲昭以觅路未得，方独坐观瀑，遂同返护国。闻桃源溪口，亦有路登慈云、通元二寺，入万年，路较近，特以秀溪胜，故饭后仍取秀溪道。西行四里，北折入溪，溯流三里，渐转而东向，是为九里坑。坑既穷，一瀑破东崖下坠，其上乱峰森立，路无可上。由西岭攀跻，绕出其北，回瞰瀑背，石门双插，内有龙潭在焉。又东北上数里，逾岭，山坪忽开，五峰围拱中得万年寺，去护国三十里矣。万年为天台西境，正与天封相对，石梁当其中。寺中古杉甚多。饭于寺。又西北三里，逾寺后高岭，又向西升陟岭角者十里，乃至腾空山。下牛牯岭，三里，抵麓。又西逾小岭三重，共十五里，出会墅。大道自南来，望天姥山在内，已越而过之，以为会墅乃平地耳。复西北下三里，渐成溪，循之行五里，宿班竹旅舍。

天台之溪，余所见者：正东为水母溪；察岭东北，华顶之南，有分水岭，不甚高；西流为石梁，东流过天封，绕摘星岭而东，出松门岭，由宁海而注于海；正南为寒风阙之溪，下至国清寺，会寺东佛陇之水，由城西而入大溪者也。国清之东为螺溪，发源于仙人鞋，下坠为螺蛳潭，出与幽溪会，由城东而入大溪者也。又东有楢溪诸水，余屐未经。国清之西，其大者为瀑布水，水从龙王堂西流，过桐柏为女梭溪，前经三潭，坠为瀑布，则清溪之源也，又西为琼台、双阙之水，其源当发于万年寺东南，东过罗汉岭，下深坑而汇为百丈崖之龙潭，绕琼台而出，会于青溪者也。又西为桃源之水，其上流有重瀑，东西交注，其源当出通元左右，未能穷也。又西为秀溪之水，其源出万年寺之岭，西下为龙潭瀑布，西流为九里坑，出秀溪东南而去。诸溪自青溪以西，俱东南流入大溪。又正西有关岭、王渡诸溪，余屐亦未经。从此再北有会墅岭诸流，亦正西之水，西北注于新昌。再北有福溪、罗木溪，皆出天台阴，而西为新昌大溪，亦余屐未经者矣。

游雁宕山日记后

余与仲昭兄游天台，为壬申三月。至四月二十八日，达黄岩，再访雁山。觅骑出南门，循方山十里，折而西南行，三十里，逾秀岭，饭于岩前铺。五里，为乐清界，五里，上盘山岭。西南云雾中，隐隐露芙蓉一簇，雁山也。十里，郑家岭，十里，大荆驿。渡石门涧，新雨溪涨，水及马腹。五里，宿于章家楼，是为雁山之东外谷。章氏盛时，建楼以憩山游之屐，今旅肆寥落，犹存其名。

二十九日　西入山，望老僧岩而趋。二里，过其麓，又二里，北渡溪，上石梁洞。仍还至溪旁，西二里，逾谢公岭。岭以内是为东内谷。岭下有溪自北来，夹溪皆重岩怪峰，突兀无寸土，雕镂百态。渡溪，北折里许，入灵峰寺。峰峰奇峭，离立满前。寺后一峰独耸，中裂一罍，上透其顶，是名灵峰洞。蹑千级而上，石台重整，洞中罗汉像俱更新。下饭寺中，同僧自照胆潭越溪左，观风洞。洞口仅半规，风蓬蓬出射数步外。遂从溪左历探崖间诸洞。还寺，雨大至，余乃赤足持伞溯溪北上。将抵真济寺，山深雾黑，茫无所睹，乃还过溪东，入碧霄洞，守愚上人精舍在焉。余觉其有异，令僮还招仲昭，亦践流而至，恨相见之晚。薄暮，返宿灵峰。

三十日　冒雨循流，西折二里，一溪自西北来合，其势愈大。渡溪而西，溯而西北行，三里，入净名寺，雨益甚。云雾中仰见两崖重岩夹立，层叠而上，莫辨层次，衣履沾透。益深穷西谷，中有水帘谷、维摩石室、说法台诸胜。二里，至响岩。岩右有二洞，飞瀑罩其外。余从榛莽中履险以登，其洞一名龙王，一名三台。二洞之前，有岩突出，若露台然，可栈而通也。出洞，返眺响岩之上，一石侧耳附峰头，为“听诗叟”。又西二里，入灵岩。自灵峰西转，皆崇岩连嶂，一开而为净名，一罍直入，所称一线天也；再开而为灵岩，叠嶂回环，寺当其中。

五月朔 仲昭与余同登天聪洞。洞中东望圆洞二，北望长洞一，皆透漏通明，第峭石直下，隔不可履。余乃复下至寺中，负梯破莽，率僮逾别坞，直抵圆洞之下，梯而登；不及，则斫木横嵌夹石间，践木以升；复不及，则以绳引梯悬石隙之树，梯穷济以木，木穷济以梯，梯木俱穷，则引绳揉树，遂入圆洞中，呼仲昭相望而语。复如法蹑长洞而下，已日中矣。西抵小龙湫之下，欲寻剑泉，不可得。踞石碛而坐，仰视回嶂逼天，峭峰倒插，飞流挂其中，真若九天曳帛者。西过小剪刀峰，又过铁板嶂。嶂方展如屏，高插层岩之上，下开一隙如门，惟云气出没，阻绝人迹。又过观音岩，路渐西，岩渐拓，为犁尖，复与常云并峙。常云南下，跌而复起，为戴辰峰。其跌处有坳，曰马鞍岭，内谷之东西分者，以是岭为界。从灵岩至马鞍岭，凡四里，而崇峦屼嵲，应接不暇。逾岭，日色渐薄崦嵫。二里，西过大龙湫溪口，又二里，西南入宿能仁寺。

初二日 从寺后坞觅方竹，无佳者。上有昙花庵，颇幽寂。出寺右，观燕尾泉，即溪流自龙湫来者，分二股落石间，故名。仍北溯流二里，西入龙湫溪口。更西二里，由连云嶂入，大剪刀峰矗然立涧中。两崖石壁回合，大龙湫之水从天下坠。坐看不足亭，前对龙湫，后揖剪刀，身在四山中也。出连云嶂，逾华岩岭，共二里，入罗汉寺。寺久废，卧云师近新之。卧云年八十余，其相与飞来石罗汉相似，开山巨手也。余邀师穷顶，师许同上常云，而雁湖反在其西，由石门寺为便。时已下午，以常云期之后日。遂与其徒西逾东岭，至西外谷，共四里，过石门寺废址。随溪西下一里，有溪自西来合，即凌云、宝冠诸水也，二水合而南入海。乃更溯西来之溪，宿于凌云寺。寺在含珠峰下，孤峰插天，忽裂而为二，自顶至踵，仅离咫尺，中含一圆石如珠，尤奇绝。循溪北入石夹，即梅雨潭也。飞瀑自绝壁下激，甚雄壮，不似空濛雨色而已。

初三日 仍东行三里，溯溪北入石门，停担于黄氏墓堂。历级北上雁湖顶，道不甚峻。直上二里，向山渐伏，海屿来前；愈上，海辄逼足下。又上四里，遂逾山脊。山自东北最高处迤逦西来，播为四支，皆易石而土，四支之脊，隐隐隆起。其夹处汇而成洼者三，每洼中复有脊，南北横贯，中分为两，总计之，不止六洼矣。洼中积水成芜，青青弥望，所称雁湖也。而水之分堕于南者，或自石门，或出凌云之梅雨，或为宝冠之飞瀑；其北堕者，则宕阴诸水也；皆与大龙湫风马牛无及云。既逾冈，南望大海，北瞰南阁之溪，皆远近无蔽，惟东峰尚高出云表。余欲从西北别下宝冠，重岩积莽，莫可寄足。复寻旧路下石门，西过凌云，从含珠峰外二里，依涧访宝冠寺。寺在西谷绝坞中，已久废；其最深处，石崖回合，磴道俱绝。一洞高悬崖足，斜石倚门。门分为二，轩豁透爽，飞泉中洒，内多芭蕉，颇似闽之美人蕉；外则新篁高下，渐已成林。至洞，闻瀑声如雷，而崖石回掩，杳不可得见。乃下山涉溪，回望洞之右胁，崖卷成罅，瀑从罅中直坠，下捣于圆坳，复跃出坳成溪去，其高亚龙湫，较似壮胜，故非宕山第二流也。东出故道，宿罗汉寺。

初四日 早望常云峰白云濛翳，然不为阻，促卧云同上。东逾华岩二里，由连云嶂之左、道松洞之右，跻级西上，共三里，俯瞰剪刀峰已在屐底。一里，山回溪出，龙湫上流也。渡溪，过白云、云外二庐，又北入云静庵。庵庐与登山径，修整俱异昔时。卧云令其徒采笋炊饭。既饭，诸峰云气倏尽。仲昭留坐庵中，余同卧云直跻东峰。又二里，渐闻水声，则大龙湫从卷崖中泻下。水出绝顶之南、常云之北，夹坞中即其源也。溯水而上二里，水声渐微，又二里，逾山脊。此脊北倚绝顶，南出分为两支：东支为观音岩，西支为常云峰，此其过脉处也，正脊之东为吴家坑。其峰之回列者，近为铁板嶂，再绕为灵岩，又再绕为净名，又再绕为灵峰，外为谢公岭而尽。脊之西，其坑即龙湫背。其峰之回列者，近为龙湫之对崖，再绕为芙蓉峰，又再绕为凌云，又再绕为宝冠，上为李家山而止。此雁山之南面诸峰也。而观音、常云二峰，正当其中，已伏杖履下，惟北峰若负扆然，犹屏立于后。北上二里，一脊平峙，狭如垣墙，两端昂起，北颓然直下，即为南阁溪横流界，不若南面之环互矣。余从东巅跻西顶，倏踯躅声大起，则骇鹿数十头也。其北一峰，中剖若斧劈，中则石笋参差，乱崖森立，深杳无底。鹿皆奔堕其中，想有陨堑者。诸僧至，复以石片掷之，声如裂帛，半晌始沉，鹿益啼号不止。从此再西，则石脊中断，峰亦渐下，西北眺雁湖，愈远愈下。余二十年前探雁湖，东觅高峰，为断崖所阻，悬绠而下，即此处也。昔历其西，今东出其上，无有遗憾矣。返下云静庵，循溪至大龙湫上，下瞰湫底龙潭，圆转夹崖间，水从卷壁坠潭，跃而下喷，光怪不可逼视。遂逾溪西上，南出龙湫之对崖，历两峰而南，其岭即石门东，罗汉之西，南出为芙蓉峰，又南下为东岭者也。芙蓉峰圆亘特立，在罗汉寺西南隅。既至其下，始得路，东达于寺，日已西，仲昭亦先至矣。

初五日 别卧云，出罗汉寺，循溪一里，至龙湫溪口。凡四里，逾马鞍而下。北望观音峰下，有石璺若门，层列非一。仲昭已前向灵岩。余挟一僮北抵峰下，循樵路西转二里，直抵观音、常云之麓。始知二峰上虽遥峙，其下石壁连亘成城。又循崖东跻里许，出石璺之上，丛木密荫，不能下窥；崖端盘石如擎盖，上平如砥，其下四面皆空，坐其上久之。复下循石璺而入，层崖悬裂，皆可扪而通也。璺外一峰特起，薄齐片云，圆顶拱袖，高若老僧岩，俨若小儿拱立。出路隅，居多吴氏，有吴应岳者留余餐。余挟之溯溪入，即绝顶所望吴家坑溪也，在铁板、观音之间。欲上溪左黄崖层洞，崖在铁板嶂之西，洞在崖之左，若上下二层者。抵其下，不得上，出其上，洞又在悬崖间，无可下也。乃循崖东行，又得一石罍，望其上，层叠可入，计非构木悬梯不能登。从此下一小峰，曰莺嘴岩，与吴别。东过铁板嶂下，见其中石罍更大，下若有洞流而成溪者。亟溯流入，抵洞下，乱石窒塞，而崖左有路直上；凿坎悬崖间，垂藤可攀，遂奋勇上。衣碍则解衣，杖碍则弃杖，凡直上一崖，复横历一崖，如是者再，又栈木为桥者再，遂入石罍中。石对峙如门，中宽广，得累级以升，又入石门两重，仰睇其上，石壁环立，青天一围，中悬如井；壁穷，透入洞中。洞底日光透处，有木梯，猱升其上，若楼阁然。从阁左转，复得平墟，后即铁板嶂高列，东西危崖环绕，南面石罍下伏，轩敞回合，真仙灵所宅矣！内有茅屋一楹，虚无人居。隙地上多茶树，故坎石置梯往来其间耳。下至溪旁，有居民。遂越小剪刀峰而东，二里，入灵岩，与仲昭会。

初六日　挟灵岩僧为屏霞嶂之游。由龙鼻洞右攀石罅上，半里，得一洞，甚奇。又上半里，崖穹路绝，有梯倚崖端，盖烧炭者所遗。缘梯出其上，三巨石横叠两崖间，内覆石成室，跨其外者为仙桥。其室空明幽敞，蔽于重岩之侧，虽无铁板嶂、石门之奇瑰攒合，而幽邃自成一天。复透洞左上，攀藤历栈，遂出屏霞嶂之中层，盖龙鼻顶也。崖端亦宽垲可庐，后嶂犹上倚霄汉，嶂右有岩外覆，飞泉落其前。由右复攀跻崖石，几造嶂顶，为削石所阻。其侧石隙一缕，草木缘附，可以着足，遂随之下。崖间多修藤垂蔓，各采而携之。当石削不受树，树尽不受履处，辄垂藤下。如是西越石冈者五重，降升不止数里，始下临绝涧，即小龙湫上游也。其涧发源雁顶之东南，右即铁板，左即屏霞，二嶂中坠为绝壑，重崖亏蔽，上下无径，非悬绠不能飞度也。入涧，践石随流，东行里许，大石横踞涧中，水不能越，穴石下捣；两旁峭壁皆斗立，行者路绝。乃缚木为梯升崖端，复缒入前涧下流，则横石之下，穹然中空，可树十丈旗。水从石后建瓴下注，汇潭漾碧，翛然沁人。左右两崖，俱有洞高峙。由此而前，即龙湫下坠处也。余两次索剑泉，寺僧辄云在龙湫上，人力鲜达，今仍杳然，知沦没已久。欲从此横下两峰，遂可由仙桥达石室，乃斫木缚梯，盘绝巘者数四，俯视独秀、双鸾诸峰，近在屐底。既逼仙桥，隔崖中断，日已西，疲甚，乃返觅前辙，复经屏霞侧石室返寺，携囊过净名，投宿灵峰。

初七日　溯寺前溪，观南碧霄冈，轩爽无他奇。又三里，西转，望真济寺，在溪北坞中。是溪西由断崖破峡而来，峡南峰为“五马朝天”，峥嵘尤甚；两旁逼仄石蹊，内无居民，棘茅塞路。行里许，甚艰，不可穷历。北过真济寺，寺僻居北谷，游屐不到。寺右溯小溪三里，登马家山岭，路甚峻。登巅，望雁顶，棱簇如莲花状，北瞰南阁，已在屐底。飞舄而下，四里余，得新庵，弛担于中，溯南阁溪，探宕阴诸胜。南阁溪发源雁山西北之箬袅岭，去此三十余里，与永嘉分界。由岭而南，可通芙蓉，入乐清；由岭而西，走枫林，则入瓯郡道也。溪南即雁山之阴，山势崇拓，竹木蓊茸，不露南面巉嵲态。溪北大山，自箬袅迤逦而来，皆层崖怪峰，变换阖辟，与云雾争幻，至阁而止。又一山北之溪，自北阁来会，俱东下石门潭。门内平畴千亩，居人皆以石门为户牖，此阁所由名，而南北则分以溪也。南阁有章恭毅宅，西入有石佛洞、散水岩、洞仙岩诸胜。北阁有白岩寺旧址，更西有王子晋仙桥为尤奇。余冒雨穷南阁，先经恭毅宅，聚族甚盛。溯溪五里，过犁头庵，南即石佛洞，以路芜不能入。西十里，至庄坞，夹溪居民皆叶姓。散水岩在北坞中，石崖横亘，飞瀑悬流，岩左登岭有小庵。时暮雨，土人留宿庄坞，具言洞仙院之胜。

初八日　雨未止。西溯溪行三里，山涧愈幽。随溪转而北，又二里，隔溪小径，破云磴而入。东渡溪，从之，忽峰回溪转，深入谷中，则烟峦历乱。峰从庄坞之后，连亘至此，又开一隙，现此瑰异。执土人问之，曰："此小纂厝也，洞仙尚在其外大溪上流。"复出而渡溪，里许，有溪自东来入，即洞仙坞溪矣。渡大溪，溯小溪东上，其中峰峦茅舍，与前无异；洞仙即在其内崖，倚峰北向，层篁翳之。乃破莽跻石隙而入，初甚隘，最上渐宽。仍南出庄坞，东还犁头庵，终不得石佛洞道。遂出过南阁，访子晋仙桥，在北阁底尚二十里。念仲昭在新庵甚近，还晤庵中。日已晡，竟不及为北阁游。东趋大荆而归。

游五台山日记 山西太原府五台县

癸酉七月二十八日　出都，为五台游。越八月初四日，抵阜平南关。山自唐县来，至唐河始密，至黄葵渐开，势不甚穹窿矣。从阜平西南过石梁，西北诸峰复嵱嵸起。循溪左北行八里，小溪自西来注，乃舍大溪，溯西溪北转，山峡渐束。又七里，饭于太子铺。北行十五里，溪声忽至。回顾右崖，石壁数十仞，中坳如削瓜直下。上亦有坳，乃瀑布所从溢者，今天旱无瀑，瀑痕犹在削坳间。离涧二三尺，泉从坳间细孔泛滥出，下遂成流。再上，逾鞍子岭。岭上四眺，北坞颇开，东北、西北，高峰对峙，俱如仙掌插天，惟直北一隙少杀；复有远山横其外，即龙泉关也，去此尚四十里。岭下有水从西南来，初随之北行，已而溪从东峡中去。复逾一小岭，则大溪从西北来，其势甚壮，亦从东南峡中去，当即与西南之溪合流出阜平北者。余初过阜平，舍大溪而西，以为西溪即龙泉之水也，不谓西溪乃出鞍子岭坳壁，逾岭而复与大溪之上流遇，大溪则出自龙泉者。溪有石梁曰万年，过之，溯流望西北高峰而趋。十里，逼峰下，为小山所掩，反不睹嶙峋之势。转北行，向所望东北高峰，瞻之愈出，趋之愈近，峭削之姿，遥遥逐人。二十里之间，劳于应接。是峰名五岩寨，又名吴王寨，有老僧庐其上。已而东北峰下，溪流溢出，与龙泉大溪会，土人构石梁于上，非龙关道所经。从桥左北行，八里，时遇崩崖矗立溪上。又二里，重城当隘口，为龙泉关。

初五日　进南关，出东关，北行十里，路渐上，山渐奇，泉声渐微。既而石路陡绝，两崖巍峰峭壁，合沓攒奇，山树与石竞丽错绮，不复知升陟之烦也。如是五里，崖逼处复设石关二重。又直上五里，登长城岭绝顶，回望远峰，极高者亦伏足下，两旁近峰拥护，惟南来一线有山隙，彻目百里。岭之上，巍楼雄峙，即龙泉上关也。关内古松一株，枝耸叶茂，干云俊物。关之西，即为山西五台县界。下岭甚平，不及所上十之一。十三里，为旧路岭，已在平地。有溪自西南来，至此随山向西北去，行亦从之。十里，五台水自西北来会，合流注滹沱河。乃循西北溪数里，为天池庄，北向坞中，二十里，过白头庵村，去南台止二十里，四顾山谷，犹不可得其仿佛。又西北二里，路左为白云寺。由其前南折，攀跻四里，折上三里，至千佛洞，乃登台间道。又折而西行，三里始至。

初六日　风怒起，滴水皆冰；风止日出，如火珠涌吐翠叶中。循山半西南行，四里，逾岭，始望南台在前。再上为灯寺，由此路渐峻。十里，登南台绝顶，有文殊舍利塔。北面诸台环列，惟东南、西南少有隙地，正南，古南台在其下，远则孟县诸山屏峙，而东与龙泉峥嵘接势。从台右道而下，途甚夷，可骑。循西岭西北行十五里，为金阁岭。又循山左西北下，五里，抵清凉石。寺宇幽丽，高下如图画。有石为芝形，纵横各九步，上可立四百人，面平而下锐，属于下石者无几。从西北历栈拾级而上，十二里，抵马跑泉。泉在路隅山窝间，石隙仅容半蹄，水从中溢出，窝亦平敞可寺，而马跑寺反在泉侧一里外。又平下八里，宿于狮子窠。

初七日　西北行十里，度化度桥。一峰从中台下，两旁流泉淙淙，幽靓迥绝。复度其右涧之桥，循山西向而上，路欹甚。又十里，登西台之顶，日映诸峰，一一献态呈奇。其西面，近则闭魔岩，远则雁门关，历历可府而挈也。闭魔岩在四十里外，山皆陡崖盘亘，层累而上，为此中奇处。入叩佛龛，即从台北下，三里，为八功德水。寺北面，左为维摩阁，阁下二石耸起，阁架于上，阁柱长短，随石参差，有竟不用柱者。其中为万佛阁。佛俱金碧旃檀，罗列辉映，不啻万尊。前有阁二重，俱三层，其周庐环阁亦三层，中架复道，往来空中；当此万山艰阻，非神力不能运此。从寺东北行，五里，至大道，又十里，至中台，望东台、南台，俱在五六十里外，而南台外之龙泉，反若更近，惟西台、北台相与连属。时风清日丽，山开列如须眉，余先趋台之南，登龙翻石。其地乱石数万，涌起峰头，下临绝坞，中悬独耸，言是文殊放光摄影处。从台北直下者四里，阴崖悬冰数百丈，曰万年冰。其坞中亦有结庐者。初寒无几，台间冰雪，种种而是。闻雪下于七月二十七日，正余出都时也。行四里，北上澡浴池。又北上十里，宿于北台。北台比诸台较峻，余乘日色周眺寺外。及入寺，日落而风大作。

初八日　老僧石堂送余，历指诸山曰："北台之下，东台，西中台，中南台，北有坞曰台湾，此诸台环列之概也。其正东稍北，有浮青特锐者，恒山也。正西稍南，有连岚一抹者，雁门也。直南诸山，南台之外，惟龙泉为独雄。直北俯内外二边，诸山如蓓蕾，惟兹山之北护，峭削层叠，嵯峨之势，独露一班。此北台历览之概也。此去东台四十里，华岩岭在其中。若探北岳，不若竟由岭北下，可省四十里登降。"余颔之。别而东，直下者八里，平下者十二里，抵华岩岭。由北坞下十里，始夷。一涧自北，一涧自西，两涧合而群峰凑，深壑中"一壶天"也。循涧东北行，二十里，曰野子场。南自白头庵至此，数十里内生天花菜，出此则绝种矣。由此两崖屏列鼎峙，雄峭万状，如是者十里。石崖悬绝中，层阁杰起，则悬空寺也；石壁尤奇，此为北台外护山。不从此出，几不得台山神理云。

游恒山日记山西大同府浑源州

去北台七十里，山始豁然，曰东底山。台山北尽，即属繁峙界矣。

初九日　出南山，大溪从山中俱来者，别而西去。余北驰平陆中，望外界之山，高不及台山十之四；其长缭绕如垣，东带平邢，西接雁门，横而径者十五里。北抵山麓，渡沙河，即为沙河堡；依山瞰流，砖甃高整。由堡西北七十里，出小石口，为大同西道；直北六十里，出北路口，为大同东道。余从堡后登山，东北数里，至峡口，有水自北而南，即下注沙河者也。循水入峡，与流屈曲，荒谷绝人。数里，义兴寨，数里，朱家坊，又数里，至葫芦嘴，舍涧登山，循嘴而上，地复成坞。溪流北行，为浑源界。又数里，为土岭，去州尚六十里，西南去沙河共五十里矣。遂止居民同姓家。

初十日　循南来之涧，北去三里，有涧自西来合，共东北折而去。余溯西涧入，又一涧自北来，遂从其西登岭，道甚峻。北向直上者六七里；西转，又北跻而上者五六里；登峰两重，造其巅，是名箭筸岭。自沙河登山涉涧，盘旋山谷，所值皆土魁荒阜；不意至此而忽跻穹窿，然岭南犹复阿蒙也。一逾岭北，瞰东西峰连壁隤，翠蜚丹流；其盘空环映者，皆石也，而石又皆树；石之色一也，而神理又各分妍，树之色不一也，而错综又成合锦。石得树而嵯峨倾嵌者，幕以藻绘而愈奇，树得石而平铺倒蟠者，缘以突兀而尤古。如此五十里，直下至阬底，则奔泉一壑，自南注北，遂与之俱出坞口，是名龙峪口，堡临之。村居颇盛，皆植梅杏，成林蔽麓。既出谷，复得平陆。其北又有外界山环之，长亦自东而西，东去浑源州三十里，西去应州七十里。龙峪之临外界，高卑远近，一如东底山之视沙河、峡口诸山也。于是沿山东向。望峪之东，山愈嶙嶒斗峭，问知为龙山。龙山之名，旧著于山西，而不知与恒岳比肩；至是既西涉其阃域，又北览其面目，从不意中得之，可当五台桑榆之收矣。东行十里，为龙山大云寺，寺南面向山。又东十里，有大道往西北，直抵恒山之麓，遂折而从之，去山麓尚十里。望其山两峰亘峙，车骑接轸，破壁而出，乃大同入倒马、紫荆大道也。循之抵山下，两崖壁立，一涧中流，透罅而入，逼仄如无所向，曲折上下，俱成窈窕，伊阙双峰、武彝九曲，俱不足以拟之也。时清流未泛，行即溯涧。不知何年两崖俱凿石坎，大四、五尺，深及丈，上下排列，想水溢时，插木为阁道者，今废已久，仅存二木悬架高处，犹栋梁之巨擘也。三转，峡愈隘，崖愈高。西崖之半，层楼高悬，曲榭斜倚，望之如蜃吐重台者，悬空寺也。五台北壑，亦有悬空寺，拟此未能具体。仰之神飞，鼓勇独登。入则楼阁高下，槛路屈曲，崖既矗削，为天下巨观，而寺之点缀，兼能尽胜，依岩结构，而不为岩石累者仅此；而僧寮位置适序，凡客坐禅龛，明窗暖榻，寻丈之间，肃然中雅。既下，又行峡中者三四转，则洞门豁然，峦壑掩映，若别有一天者。又一里，涧东有门榜三重，高列阜上。其下石级数百层承之，则北岳恒山庙之山门也。去庙尚十里，左右皆土山层叠，岳顶杳不可见。止门侧土人家，为明日登顶计。

十一日　风翳净尽，澄碧如洗。策杖登岳，面东而上，土冈浅阜，无攀跻劳。盖山自龙泉来，凡三重：惟龙泉一重峭削在内，而关以外反土脊平旷；五台一重虽崇峻，而骨石耸拔，俱在东底山一带出峪之处；其第三重自峡口入山而北，西极龙山之顶，东至恒岳之阳，亦皆藏锋敛锷，一临北面，则峰峰陡削，悉现岩岩本色。一里，转北，山皆煤炭，不深凿即可得。又一里，则土石皆赤。有虬松离立，道旁亭曰望仙。又三里，则崖石渐起，松影筛阴，是名虎风口。于是石路萦回，始循崖乘峭而上。三里，有杰坊曰“朔方第一山”，内则官廨厨井俱备。坊右东向拾级上，崖半为寝宫，宫北为飞石窟，相传真定府恒山从此飞去。再上则北岳殿也，上负绝壁，下临官廨，殿下云级插天，庑门上下，穹碑森立。从殿右上，有石窟倚而室之，曰会仙台。台中像群仙，环列无隙。余时欲跻危崖，登绝顶。还过岳殿东，望两崖断处，中垂草莽者千尺，为登顶间道，遂解衣攀蹑而登。二里，出危崖上，仰眺绝顶，犹杰然天半，而满山短树蒙密，槎枒枯竹，但能钩衣刺领，攀践辄断折，用力虽勤，若堕洪涛，汩汩不能出。余益鼓勇上，久之棘尽，始登其顶。时日色澄丽，俯瞰山北，崩崖乱坠，杂树密翳。是山土山无树，石山则有；北向俱石，故树皆在北。浑源州城一方，即在山麓，北瞰隔山一重，苍茫无际；南惟龙泉，西惟五台，青青与此作伍；近则龙山西亘，支峰东连，若比肩连袂，下扼沙漠者。既而下西峰，寻前入峡危崖，俯瞰茫茫，不敢下。忽回首东顾，有一人飘摇于上，因复上其处问之，指东南松柏间。望而趋，乃上时寝宫后危崖顶。未几果得径，南经松柏林，先从顶上望松柏葱青，如蒜叶草茎，至此则合抱参天；虎风口之松柏，不啻百倍之也。从崖隙直下，恰在寝宫之右，即飞石窟也。视余前上隘，中止隔崖一片耳。下山五里，由悬空寺危崖出，又十五里，至浑源州西关外。

卷二上

浙游日记

丙子九月十九日　余久拟西游，迁延二载，老病将至，必难再迟，欲候黄石斋先生一晤，而石翁杳无音至；欲与仲昭兄把袂而别，而仲兄又不南来。昨晚趋晤仲昭兄于土渎庄。今日为出门计，适杜若叔至，饮至子夜，乘醉放舟。同行者为静闻师。

二十日　天未明，抵锡邑。比晓，先令人知会王孝先，自往看王受时，已他出。即过看王忠纫，忠纫留酌至午，而孝先至，已而受时亦归。余已醉，复同孝先酌于受时处，孝先以顾东曙家书附橐中。时东曙为苍梧道，其乃郎伯昌所寄也。饮至深夜，乃入舟。

二十一日　入看孝先，复小酌。上午发舟，暮过虎丘，泊于半塘。

二十二日　早为仲昭市竹椅于半塘。午过看文文老乃郎并买物阊门。晚过葑门，看含晖兄。一见辄涕泪交颐，不觉为之恻然。盖含晖遁迹吴门且十五年，余与仲昭屡访之，虽播迁之余，继以家荡子死，犹能风骚自遣，而兹则大异于前，以其孙之剥削无已，而继之以逆也。因复同小酌余舟，为余作与诸楚玙书。诸为横州守。夜半乃别。

二十三日　复至阊门取染绸裱帖。上午发舟。七十里，晚至昆山，又十余里，出内村，下青洋江。绝江而渡，泊于江东之小桥渡侧。

二十四日　五鼓行。二十里至绿葭浜，天始明。午过青浦，下午抵余山北，因与静闻登陆，取道山中之塔凹而南，先过一坏圃，则八年前中秋歌舞之地，所谓施子野之别墅也。是年，子野绣圃征歌甫就，眉公同余过访，极其妖艳。不三年，余同长卿过，复寻其胜，则人亡琴在，已有易主之感。已售兵郎王念生。而今则断榭零垣，三顿而三改其观，沧桑之变如此。越塔凹，则寺已无门，惟大钟犹悬树间，而山南徐氏别墅亦已转属。因急趋眉公顽仙庐。眉公远望客至，先趋避；询知余，复出，挽手入林，饮至深夜。余欲别，眉公欲为余作一书寄鸡足二僧，一号弘辩，一号安仁。强为少留，遂不发舟。

二十五日　清晨，眉公已为余作二僧书，且修以仪。复留早膳，为书王忠纫乃堂寿诗二纸，又以红香米写经大士馈余。上午始行。盖前犹东迂之道，而至是为西行之始也。三里过仁山。又西北三里，过天马山。又西三里，过横山。又西二里，过小昆山。又西三里，入泖湖。绝流而西，掠泖寺而过。寺在中流，重台杰阁，方浮屠五层，辉映层波，亦泽国之一胜也。西入庆安桥，十里，为章练塘。其地为长洲南境，亦万家之市也。又西十里，为蒋家湾，已属嘉善。贪晚行，为听蟹群舟所惊，亟入丁家宅而泊。在嘉善北三十六里，即尚书改亭公之故里。

二十六日　过二荡，十五里为西塘，亦大镇也。天始明。西十里，为下圩荡；又南过二荡，西五里为唐母村，始有桑。又西南十三里为王江泾，其市愈盛。直西二十余里，出澜溪之中。西南十里为前马头，又十里为师姑桥，又八里，日尚未薄崦嵫，而计程去乌镇尚二十里。戒于萑苻，泊于十八里桥北之吴店村浜。其地属吴江。

二十七日　平明行，二十里，抵乌镇。入叩程尚甫。尚甫方游虎埠，两郎出晤，捐橐中资，酬其昔年书价，遂行。西南十八里，连市。又十八里，寒山桥。又十八里，新市。又十五里，曹村。未晚而泊。

二十八日　南行二十五里，至唐栖，风甚利。五十里，入北新关。又七里，抵棕木场。甫过午，令僮子入杭城，往曹木上解元家，询黄石翁行旆，犹未北至。时木上亦往南雍，无从讯。因作书舟中，投其家，为返舟计。此后行踪修阻，无便鸿也。晚过昭庆，复宿于舟。

二十九日　复作寄仲昭兄与陈木叔全公书。静闻往游净慈、吴山。是日复宿于舟。

三十日　早入城，市参寄归。午下舟，省行李之重者付归。余同静闻渡湖入涌金门，市铜炊、竹筒诸行具。晚从朝天门趋昭庆，浴而宿焉。是日复借湛融师银十两，以益游资。

十月初一日　晴爽殊甚，而西北风颇厉。余同静闻登宝石山巅，巨石堆架者，为落星石。西峰突石尤屼嵲，南望湖光江影，北眺皋亭、德清诸山，东瞰杭城万灶，靡不历历。下山五里，过岳王坟，十里，至飞来峰，饭于市，即入峰下诸洞。大约其峰自枫木岭东来，屏列灵隐之前，至此峰尽骨露，石皆嵌空玲珑，骈列三洞。洞俱透漏穿错，不作深杳之状。昔黥于杨髡之刊凿，今苦于游丐之喧污；而是时独诸丐寂然。山间石爽，毫无声闻之溷，若山洗其骨，而天洗其容者。余遍历其下，复各扪其巅，洞顶灵石攒空，怪树搏影，跨坐其上，不减群玉山头也。其峰昔属灵隐，今为张氏所有矣。下山涉涧，即为灵隐。有一老僧，拥衲默坐中台，仰受日精，久不一瞬。已入法轮殿，殿东新构罗汉殿，止得五百之半，其半尚待西构也。是日，独此寺丽妇两三群接踵而至，流香转艳，与老僧之坐日忘空，同一奇遇矣。为徘徊久之。下午，由包园西登枫树岭，下至上天竺，出中、下二天竺，复循下天竺后，西循后山，得“三生石”，不特骨态嶙峋，而肤色亦清润。度其处，正灵隐面屏之南麓也。自此东尽飞来，独擅灵秀矣。自下天竺五里，出毛家步渡湖，日色已落西山，抵昭庆昏黑矣。

初二日　上午自棕木场五里，出观音关。西十里，女儿桥。又十里，老人铺。又五里，仓前。又十里，宿于余杭之溪南。访何孝廉朴庵，先一日已入杭城矣。

初三日　自余杭南门桥得担夫，出西门，沿苕溪北岸行。十里，丁桥铺。又十里，渡马桥，则余杭、临安之界也。〔其北可达径山。〕又二里为青山，居市甚盛。溪山渐合，又有二尖峰屏峙。一名紫薇，一名大山。十五里，山势复开，至十锦亭。一路从亭北西去者，于潜、徽州道也；从亭南西去者，即临安道也。从亭西南又一里，一石梁横跨溪上，曰长桥。越桥而南，又一里，入临安东关，出西关，土城甚低，县廨颓隘。外为吕家巷，阛阓反差盛于城。又二里，为皇潭，其阛阓与吕家巷同。其西路分南北：北者亦于潜之道，南者新城道也。已而复循山向西南行，又八里，为高坎，始通排。又三里，南入臬柳坞，复入山隘。五里，为下圩桥，由桥南溯溪西上二里，为全张，一村皆张氏之房也。走分水者，以新岭为间道，以全张为迂道。余闻新岭路隘而无托宿，遂宿于全张之白玉庵。僧意余，杭人也。闻余好游，深夜篝灯瀹茗，为余谈其游日本事甚详。

初四日　鸡鸣作饭，昧爽西行。二里，过桥，折而南又六里，上乾坞岭。其岭甚坦夷，盖于潜之山，西来过脉，东西皆崇山峻岭，独此峡中坳，过脊处止丈余，南北叠塍而下，皆成稻畦，北流至下圩桥，由青山入苕，南流至沙宕，由新城入浙。不意平陀遂分两水。其山过东，遂插天而起，曰五尖山。五尖之东北，即新岭矣。循其西麓又五里，过唐家桥，则新城北界也。白石崖山障其南，遂循水西南行。五里，为华龙桥，有水自西坞来合。过桥，南越一小岭，二里，至沙宕，前有一石梁跨涧，曰赵安桥，则入新城道也。由桥北西溯一涧，沿三九山北麓，而入后叶坞。"三九"之名，以东则从赵安桥，南至朱村；北则从赵安桥，西南至白粉墙；南则从白粉墙，东南至朱村：三面皆九里也。由后叶坞九里至白粉墙，为三九山北来之脊，其脊亦甚坦夷，东流者，由后叶出赵安桥；西流者，由李王桥合朱村，此"三九"所以名山，亦以水绕无余也。白粉墙之西二里，为罗村桥，有水自北来，有路亦岐而北，则新城道也。循水南行里许，为钵盂桥，有水西自龙门龛来。〔龛有四仙传道岭，在桥西四里，乃于潜境。〕由桥北即转而东，里余复折而南，其地东为三九，西为洞山，环坞一区，东西皆石峰嶙峋，黑如点漆，丹枫黄杏，翠竹青松，间错如绣，水之透壁而下者，洗石如雪，今虽久旱无溜，而黑崖白峡，处处如悬匹练，心甚异之。二里，渡李王桥，遂至洞山之东麓；急置行李于吴氏先祠，令僮觅炊店，不得，有吴姓者二人至，一为余炊，一为赠烛游洞，余以鱼公书扇答之。〔洞山者，自龙门龛南迤逦东来，其石棱锐纹叠。东南山半开二洞，正瞰桥下。〕余遂同静闻西向蹑山；沿小涧而上，石皆峡蹲壑透，清流漱之，淙淙有声；涧两旁石片，踊出田畦中，侧者成塍，突者成台，竹树透石而出，枝耸石上，而不见其根，干压石巅，而不见其窦。再上，忽一大石当涧而立，端方无倚，而纹细如波縠之旋风，最为灵异。再上，修竹中有新建睢阳庙，雪峰之龛在焉。一名灵隐庵。庵后危壁倚空，叠屏耸翠，屏之南，即明洞也，如轩斯启，其外五柱穿列，正如四明之分窗，〔但四明石色劣下，不能若此列柱连卷也。〕中有一柱，上不至檐，檐下亦垂一石，下不至柱，上下相对，所不接者不盈咫。柱旁有树高撑，至檐端辄逊而外曲，翠色拂岩而上，黑石得之益章。再南即为幽洞。二洞并启，中间石壁，色轻红若桃花。洞口高悬，内若桥门之覆空，得呼声辄传响不绝，盖其内空峒无底也。廿丈之内，忽一转而北，一转而南，北者为干洞，拾级而上，如登楼蹑阁。三十丈后，又转而南，辟一小阁，颇觉幽异。南者为水洞，一转，即仙田成畦，塍界层层，水满其中，不流不涸。人从塍上曲折而入，约廿丈，忽闻水声潺潺。透一小门而入，见一小溪自南来，至此破壑下坠，宛转无底，但闻其声。循溪而南，又过一峡，仍透小门而入，须从水中行。乃短衣去袜，溯水蹑流，又三十丈，中有倒垂若莲花，下卷若象鼻者。平沙隘门，忽束忽敞，〔正如荆溪白鹤洞，而白鹤潜伏山麓，得水为易，此洞高辟山巅，兼水尤奇耳。〕再入，则石洞既尽，汇水一方，水不甚深，又不知汇者何来，坠者何去也。及出洞，半日之间，已若隔世。下山，饭于吴祠。乃溯南来之溪，二里，至太平桥。桥西为高氏，桥东为吴氏，亦李王桥之吴氏之派也。亦有先祠，甚宏畅，时日色甚高，因担夫家近，欲归宿，托言马岭无宿店，遂止祠中。是日，行仅三十五里，而所游二洞，以无意得之，岂不幸哉。是晚风吼云屯，达旦而止。

初五日　鸡再鸣，令僮起炊；炊熟而归宿之担夫至，长随夫王二已逃矣。饭后，又转觅一夫，久之后行。南二里，上马岭，约里许达其巅。〔岭以北属新城，水亦出新城。岭南则属于潜，县在其西北五十里，水由应渚埠出分水县。〕下马岭南二里，为内楮村坞。又一里，为外楮村坞。从此而南，家家以楮为业。随山坞西南七里，过兑口桥，岐分南北，〔北达于潜，可四十里，〕南抵应渚埠十八里。兑口之水，北自于潜，马岭之水东来，合而南去，路亦随之。八里，过板桥，桥下水自西坞来，与前水合。〔溯水西走，路可达于潜及昌化。〕又南五里，为保安坪。又一里，为玉涧桥，桥甚新整，居市亦盛，又名排石。山始大开。又东二里，止于唐家拱。其地在应渚埠北二里，原无市肆，担夫以应埠之舟下桐庐者，必北曲而经此，遂止于溪畔。久之，得桐庐舟。〔盖应渚埠为于潜南界，溪之南即隶分水，于潜之水，北经玉涧桥，昌化之水西自麻汉埠，俱会于应渚，而水势始大。顾玉涧桥而上，已不胜舟，麻汉埠而上，小舟直抵昌化，于潜水固不敌昌化也。〕时日已中，无肆觅米，欲觅之应埠，而舟不能待，遂趁之行。下舟东南行十里，为分水县。县在溪之西。分水原止一水东南去，其西虽山势豁达，惟陆路八十里达于淳安。余初欲从之行，为王奴遁去，不便于陆，仍就水道，反向东南行矣。去分水东南二十里，为铺头。又十里为焦山，居市颇盛。已暮，不能买米，借舟人余米而炊，舟子顺流夜桨，五十里，旧县，夜过半矣。

初六日　鸡再鸣，鼓舟晓出浙江，已桐庐城下矣。令僮子起买米，仍附其舟。十五里，至滩上，米舟百艘，皆泊而待剥，余舟遂停。亟索饭，饭毕，得一舟，别附而去，时已上午。又二里，过清私口。又三里，入七里笼。东北风甚利，偶假寐，已过严矶，四十里，乌石关，又十里，止于东关之逆旅。

初七日　雾漫不辨咫尺，舟人饭而后行，上午复霁。七十里至香头，已暮。香头，山北之大村落也，张、叶诸姓，簪缨颇盛。月明风利，二十里，泊于兰溪。

初八日　早登浮桥，桥内外诸舡鳞次，以勤王师自衢将至，封桥聚舟，不听上下也。遂以行囊令顾仆守之南门旅肆中，余与静闻俱为金华三洞游。盖金华之山，横峙东西，郡城在其阳，浦江在其北，西垂尽处，则为兰溪，东则义乌也。婺水东南从永康经郡之南门，而西北抵兰溪，与衢江合。余初欲陆行，见溪中有舟溯流而东，遂附之。水流沙岸中，四山俱远，丹枫疏密，斗锦裁霞，映叠尤异。然北山突兀天表，若负扆然，而背之东南行。问："三洞何在？"则曰："在北。"问："郡城何在？"则曰："在南。"始悟三洞不必至郡，若陆行半日，便可从中道而入，而时已从舟无及矣。四十五里至小溪，已暮，月色如洗。又十五里登陆，投宿下马头之旅肆，以深夜闭门不纳。遇一王姓者，号敬川，高桥埠人。将乘月归，见客无投宿处，因引至西门外，同宿于逆旅。

初九日　早起，天色如洗，与王敬川同入兰溪西门，即过县前。县前如水，盖县君初物故也。为歙人项人龙，辛未进士，五日之内，与父与子三人俱死于痢。又东上苏坊岭，岭颇平，阛阓夹之，东下为四牌坊，自苏坊至此，街肆颇盛，南去即郡治矣。与王敬川同入歙人面肆，面甚佳，因一人兼两人馔。仍出西门，即循城西北行，王犹依依，久之，乃别。遂有岗陇高下，十里至罗店。问："三洞何在？"则曰："西见尖峰前倚，则在东。"因执土人详询之，曰："北山之半为鹿田寺，其东下之脉，南峙为芙蓉峰，即尖峰也，为郡龙之所由，萃其西下之脉，南结为三洞，三洞之西，即兰溪界矣。"时欲由三洞返兰溪，恐东有余胜，遂望芙蓉而趋。自罗店东北五里，得智者寺。寺在芙蓉峰之西，乃北山南麓之首刹也。今已凋落，而殿中犹有一碑，乃宋陆务观为智者大师重建兹寺所撰，而字即其手书。碑阴又镌务观与智者手牍数篇，碑楷牍行，俱有风致，〔恨无拓工，不能得一通为快。〕寺东又有芙蓉庵，有路可登芙蓉峰。余以峰虽尖圆，高不及北山之半，遂舍之。仍由智者寺西北登岭，升陟峰坞，五里得清景庵。庵僧道修留饭，复引余由北坞登杨家山。山为北山南下之第二层，再下则芙蓉为第三层矣。绕其西，从两山夹中北透而上，东为杨家山，有居民数十家；西为白望山，为仙人望白鹿处。约共七里，则北山上倚于后，杨家山排列于前，中开平坞，巨石铺突，有因累级为台者，种竹列舍，为朱开府之山庄也。朱名大典。其东北石累累愈多，大者如狮象，小者如鹿豕，俱蹲伏平莽中，是为石浪，即初平叱石成羊处，岂今复化为石耶？石上即为鹿田寺，寺以玉女驱鹿耕田得名。殿前有石，形似者名驯鹿石。

此寺其来已久，后为诸宦所蚕食，而郡公张朝瑞海州人。创殿存羊，屠赤水有《游纪》刻其间。余至，已下午，问斗鸡岩在其东，即同静闻二里东过山桥。山桥东下一里，两峰横夹，涧出其中，峰石皆片片排空赴涧，形若鸡冠怒起，溪流奔跃其下，亦一胜矣。由岩东下数里，为赤松宫，乃郡城东门所入之道，盖芙蓉峰之东坑也。斗鸡岩上有樵者赵姓居之。指北山之巅有棋盘石，石后有西玉壶水从石下注，旱时取以为雩祝，极著灵验。时日已下舂，与静闻亟从蓁莽中攀援而上，上久之，忽闻呼声，盖赵樵见余误而西，复指东从积莽中行，约直蹑者二里，始至石畔。石前有平台，后耸叠块，中列室一楹，塑仙像于中，即此山之主，像后石室下有水一盆，盖即雩祝之水也。然其上尚有涧，泠泠从山顶而下。时日已欲堕，因溯流再跻，则石峡如门，水从中出，门上更得平壑，则所称西玉壶矣。闻其东尚有东玉壶，皆山头出水之壑。西玉壶之水，南下者由棋盘石而潜溢于三洞，北下者从里水源而出兰溪之北；东玉壶之水，南下者由赤松宫而出金华，东下者出义乌，北下者出浦江，盖亦一郡分流之脊云。玉壶昔又名盘泉，分耸于上者，今又称为三望尖，文之者为金星峰，总之，所谓北山也。甫至峰头，适当落日沉渊，其下恰有水光一片，承之滉漾不定，想即衢江西来一曲，正当其处也。夕阳已坠，皓魄继辉，万籁尽收，一碧如洗，真是濯骨玉壶，觉我两人形影俱异，回念下界碌碌，谁复知此清光？即有登楼舒啸，酾酒临江，其视余辈独蹑万山之颠，径穷路绝，迥然尘界之表，不啻霄壤矣。虽山精怪兽群而狎我，亦不足为惧，而况寂然不动，与太虚同游也耶！徘徊久之，仍下二里，至盘石，又从莽棘中下二里，至斗鸡岩，赵樵闻声，启户而出，亦以为居山以来所未有也。复西上一里至山桥。又西二里至鹿田寺。僧瑞峰、从闻以余辈久不至，方分路遥呼，声震山谷。入寺，浴而就卧。

初十日　鸡鸣起饭，天色已曙。瑞峰为余束炬数枚，与静闻分肩以从，从朱庄后西行一里，北而登岭，岭甚峻。约一里，有石耸突峰头。由石畔循北山而东，可达玉壶；由石畔逾峰而北，即朝真洞矣。洞门在高峰之上，西向穹然，下临深壑，壑中居舍环聚，恍疑避秦，不知从何而入，询之，即双龙洞外居人也。盖北山自玉壶西来，中支至此而尽，后复生一支，西走兰溪。后支之层分而南者，一环而为龙洞坞，再环而为讲堂坞，三环而为玲珑岩坞，而金华之界，于是乎尽。玲珑岩之西，又环而为钮坑，则兰溪之东界矣；再环而为白坑，三环而为水源洞，而崇崖巨壑，亦于是乎尽。后支层绕中支，中支西尽，颓然下坠：一坠而朝真辟焉，其洞高峙而底燥；再坠而冰壶洼焉，其洞深奥，而水中悬；三坠而双龙窍焉，其洞变幻，而水平流。所谓三洞也。洞门俱西向，层累而下，各去里许，而山势崭绝，俯瞰仰视，各不相见，而洞中之水，实层注焉。中支既尽，南下之脉，复再起而为白望山，东与杨家山骈列于北山之前，而为鹿田门户者也。朝真洞门轩豁，内洞稍洼而下。秉烛深入，左有一隙如夹室，宛转从之，夹穷而有水滴沥，然隙底仍燥，不知水从何去也。出夹室，直穷洞底，则巨石高下，仰眺愈穹，俯瞰愈深。从石隙攀跻下坠，复得巨夹，忽有光一缕，自天而下，盖洞顶高盘千丈，石隙一规，下逗天光，宛如半月，幽暗中得之，不啻明珠宝炬矣。既出内洞，其左复有两洞：下洞所入无几；上洞宛转，亦如夹室，右有悬窍，下窥无底，想即内洞之深坠处也。出洞，仍从突石峰头南下，里许，折而西北，又里许，得冰壶洞，盖朝真下坠之次重矣。洞门仰如张吻，先投杖垂炬而下，滚滚不见其底，乃攀隙倚空入其咽喉，忽闻水声轰轰，愈秉炬从之，则洞之中央，一瀑从空下坠，〔冰花玉屑，从黑暗处耀成洁采。〕水坠石中，复不知从何流去。复秉炬四穷，其深陷逾于朝真，而屈曲不及也。出洞，直下里许，得双龙洞。洞辟两门，瑞峰曰："此洞初止一门，其南向者，乃万历间水倾崖石而成者。"一南向，一西向，俱为外洞。轩旷宏爽，如广厦高穹，阊阖四启，非复曲房夹室之观。而石筋夭矫，石乳下垂，作种种奇形异状，此"双龙"之名所由起。中有两碑最古，一立者镌"双龙洞"三字，一仆者镌"冰壶洞"三字，俱用燥笔作飞白之形而不著姓名，必非近代物也。流水自洞后穿内门西出，经外洞而去。俯视其所出处，低覆仅余尺五，正如洞庭左衽之墟，须帖地而入，第彼下以土，此下以水为异耳。瑞峰为余借浴盆于潘姥家，姥居洞口。姥饷以茶果。乃解衣置盆中，赤身伏水，推盆而进隘。隘五六丈，辄穹然高广，一石板平庋洞中，离地数尺，大数十丈，薄仅数寸；其左则石乳下垂，色润形幻，若琼柱宝幢，横列洞中，其下分门剖隙，宛转玲珑，溯水再进，水窦愈伏，无可容入矣。窦侧石畔一窍如注，孔大仅容指，水从中出，以口承之，甘冷殊异。约内洞之深广，更甚于外洞也。要之，朝真以一隙天光为奇，冰壶以万斛珠玑为异，而双龙则外有二门，中悬重幄，水陆兼奇，幽明凑异者矣。

出洞，日色已中，潘姥为炊黄粱以待，感其意而餐之，报之以杭伞一把，乃别二僧。西逾一岭，岭西复成一坞，由坞北入，仍转而东，去双龙约五里矣。又上山半里，而得讲堂洞焉。其洞亦有二门，一西北向，一西南向，轩爽高洁，亢出双龙洞之上，幽无双龙洞之黯，真可居可憩之地。昔为刘孝标挥麈处，今则塑白衣大士于中。盖即北山后支南下第一岭，其阳回环三洞，而阴又辟成此洞也。岭下坞中居民，以烧石为业，其涧涸而无底流，居人俱登山汲水于讲堂之上。渡涧，复西逾第二岭，则北山后支南下之第二层也。下岭，其坞甚逼，然涧中有流淙淙北来，又渡而西，再循岭北上，磴辟流涌，则北山后支南下之第三层也。外隘而中转，是名玲珑岩，去讲堂又约六里矣。坞中居室鳞次，自成洞壑，晋人桃源不是过。转而西，逾其岭，则兰溪界也。下岭，为钮坑，亦有居人数十家。又逾一岭，曰思山祠，则北山后支南下之第四层也，去玲珑岩西又约六里矣。时日已将坠，问洞源寺路，或曰十里，或曰五里。〔亟下岭，〕循涧南趋五里，暮至白坑，居人颇多，亦俱烧石。又西逾石塔岭，则北山后支南下之第五层也，洞源寺即在岭后高峰之北。从此岭穿径而上，仅里许，而其正路在山前下洞之旁。盖此地亦有三洞：下为水源洞，一名涌雪。上为上洞，一名白云。中为紫云洞。而其地总以“水源”名，故一寺而或名水源，或名上洞，而寺与水源洞异地。由岭上径道抵寺，故前曰五里，由水源洞下岭复上，故前曰十数里。时昏黑不辨山路，无可询问，竟循大路下山，已见一径，西岐而下，强静闻从之。久而不得寺，只见石窑满前，径路纷错，正彷徨间，望见一灯隐隐，亟投之，则水舂也。其人曰：“此地即水源，由此坞北过洪桥，循右岭而上，可三里，即上洞寺矣。”以深夜难行，欲止宿其中，其人曰：“月色如昼，至此山径亦无他岐，不妨行也。”始悟上洞寺在北山第五层之阴。乃溯溪，西北至洪桥，自白坑来，约四里矣。渡桥，北蹑岭而上，里余，转而东，又里余，始得寺，强投宿焉。始闻僧有言灵洞者，因忆赵相国有“六洞灵山”诸刻，岂即是耶？竟未悉而卧。

十一日　平明起，僧已出。余过前殿，读黄贞父碑，始知所称“六洞”者，以金华之“三洞”与此中之“三洞”，总而得六也。出殿，则赵相国之祠正当其前，有崇楼杰阁，集、记中所称灵洞山房者是也，余艳之久矣，今竟以不意得之，山果灵于作合耶！乃不待晨餐，与静闻从寺后蹑磴北上，先寻白云洞。洞在寺北二里。一里，至岭头，逾岭而北，岭凹忽盘旋下洼如盂磬，披莽从之，一洞岈然，下坠深黑，意即所云白云而疑其隘。忽有樵者过顶上，仰而问之，曰：“白云尚在北，此洞窗也。”乃复上，北行。两山夹中又回环而成一洼，大且百丈，深数十丈，螺旋而下，而中竟无水；〔倘置水其中，即仙游鲤湖矣。〕然即无水，余所见山顶四环而无隙泻者，仅此也。又下，从歧左西转山夹，则白云洞在焉。洞门北向，门顶一石横裂成梁，架于其前，从洞仰视，宛然鹊桥之横空也。入洞，转而左，渐下渐黑，有门穹然，内若甚深，外有石屏遥峙，从黑暗中以杖探地而入数十步，洞愈宽广，第无灯炬，四顾无所见，乃返步而出。出至穹门之内，初入黑甚者，至此光定，已历历可睹。乃复转屏出洞，逾岭而还。饭而出寺，仍旧路西下，二里至洪桥，未渡，复从桥左人居后半里，上紫云洞，洞门西向。洞既高亢，上下平整，中有垂柱四五枚，分门列户，界为内外两重，〔琼窗翠幄，处处皆是，亦敞亦奥，肤色俱胜。〕洞之北隅复通一奥，宛转深入，以无炬而返。下渡洪桥，循涧而东，山石半削，髡为危壁，其下石窑柴积，纵横塞路，即夜来无问津处也。渡石梁，水源洞即在其侧。洞门南向，正跨涧上，洞口垂石缤纷，中有一柱，自下属上，若擎之而起；〔其上嵌空纷纶，复辟一窦，幻作海蜃状。〕洞内上下分二层,下层即水涧所从出，涧水已涸。出洞数步，即有水溢于涧中，盖为水碓引出洞侧也。上层由洞门蹑蹬而上，渐入渐下，既下而空广愈觉无极，闻水声甚远，以无炬，不及穷。出坐洞口〔擎柱内，观石态古幻。〕念两日之间，于金华得四洞，于兰溪又得四洞，昔以六洞凑灵，余且以八洞尽胜，安得不就此一为殿最：双龙第一，水源第二，讲堂第三，紫霞第四，朝真第五，冰壶第六，白云第七，洞窗第八，此由金华八洞而等第之。若夫新城之墟，聿有洞山，两洞齐启，左明右暗，明览云霞，暗分水陆，其中仙田每每，塍叠波平，琼户重重，隘分窦转，以斯洞之有余，补洞窗之不足，法彼入此，当在双龙、水源之间，非他洞之所得侔也。品第久之，始与静闻别洞源而去，过夜来问津之舂，循西岭出坞，西南行十五里，而达于兰溪之南关。入旅肆，顾仆犹未饭，亟饭而觅舟，时因援师之北，方籍舟以待，而师久不至，忽有一舟自北来，亟附之，乃布舟也。其意犹未行，而籍舟者复至，乃刺舟五里，泊于横山头。

十二日　平明发舟。二十里，溪之南为青草坑。其地属汤溪。时日已中，水涸舟重，咫尺不前。又十五里，至裘家堰，舟人觅剥舟同泊焉。是夜微雨，东风颇厉。

十三日　天明云气复开，舟人起布一舱付剥舟，风已转利。二十里至胡镇，又二十里至龙游，日才下午，候换剥舟，遂泊。

十四日　天明，诸附舟者以舟行迟滞，俱索舟价登陆去。舟轻且宽，虽迟，不以为恨也。早雾既收，远山四辟，但风稍转逆，不能驱帆上碛耳。四十五里，安仁。为龙游、西安界。又十里，泊于杨村。去衢州尚二十五里。是日共行五十五里，追及先行舟同泊，始知迟者不独此舟也。江清月皎，水天一空，觉此时万虑俱净，一身与村树人烟俱熔，彻成水晶一块，直是肤里无间，渣滓不留，满前皆飞跃也。

十五日　昧爽，连上二滩，援师既撤，货舟涌下，而沙港涩隘，上下捱挤，前苦舟少，兹苦舟多，行路之难如此！十里，过樟树潭，至鸡鸣山，轻帆溯流，十五里，至衢州，将及午矣。过浮桥，又南三里，遂西入常山溪口，风正帆悬。又二里，过花椒山，两岸橘绿枫丹，令人应接不暇。又十里，转而北行，又五里，为黄埠街。橘奴千树，筐篚满家，市橘之舟，鳞次河下。余甫登买橘，舟贪风利，复挂帆而西。五里，日没，乘月十里，泊于沟溪滩之上。其西即为常山界。

十六日　旭日鲜朗，东风愈急。晨起，过焦堰，山回溪转，已在常山境上。盖西安多橘，常山多山；西安草木明艳，常山则山树黯然矣。溯流四十五里，过午抵常山，风帆之力也。登岸觅夫于东门，径城里许，出西门。十里，辛家铺，山径萧条，无一民舍。又五里，得荒舍数家，日已西沉，恐前无宿处，遂止其间。地名十五里。

江右游日记

十月十七日　鸡鸣起饭，再鸣而行。五里，蒋莲铺，月色皎甚，转而南行，山势复簇，始有村居。又五里，白石湾，晓日甫升。又五里，白石铺，仍转西行。又七里，草萍公馆，〔为常山、玉山两县界。〕昔有驿，今已革矣。又西三里，即南龙北度之脊也。其脉南自江山县廿七都之小箽岭，西转江西永丰东界，迤逦至此，南北俱圆峙一峰，而度处伏而不高，亦束而不润，脊西即有一涧南流，下流已入鄱阳矣。涧西累石为门，南北俱属于山，是为东西分界。又十里，为古城铺，转而南行，渐出山矣。又五里，为金鸡洞岭，仍转而西，又五里，山塘铺，山遂大豁。又十里，东津桥，石梁高跨溪上，其水自北南流，其山高耸，若负扆然，在玉山县北三十里外。盖自草萍北度，即西峙此山，一名大岭，一名三清山。山之阴即为饶之德兴，东北即为徽之婺源，东即为衢之开化、常山，盖浙、直、豫章三面之水，俱于此分焉。余昔从堨埠出裘里，乃取道其东南谷中者也。渡桥西五里，由玉山东门入，里许，出西门，城中荒落殊甚，而西城外市肆聚焉，以下水之埠在也。东津桥之水，绕城南而西，至此胜舟，时已下午，水涸无长舟可附，得小舟至府，遂倩之行。二十里而暮，舟人乘月鼓棹，夜行三十里，过沙溪；又五十里，泊于广信之南门，甫三鼓也。沙溪市肆甚盛，小舟次河下者百余艇，夹岸水舂之声不绝，然闻其地多盗，月中见有揭而涉溪者，不能无戒心。广信西二十里，有石桥濒溪，下流又有九股松，一本九分，参霄竞秀，俱不及登。

十八日　早起，仍觅其舟，至铅山之河口。余初拟由广信北游灵山，且闻其地北山寺丛林甚盛，欲往一观，因骤发脓疮，行动俱妨，以其为河口舟，遂倩之行。两过广信，俱不及停也。郡城横带溪北，雉堞不甚雄峻，而城外居市遥控，亦山城之大聚落也。城东有灵溪，则灵山之水所泄。城西有永丰溪，则永丰之流所注。西南下三十里，有峰圆亘，色赭崖盘，名曰仙来山，初过其下，犹卧未起，及过二十里潭，至马鞍山之下，回望见之，已不及登矣。自仙来至雷打石，二十里之内，石山界溪左右，俱如覆釜伏牛，或断或续，〔不特形绝崆峒，并无波皱文，至纤土寸茎，亦不能受。〕至山断沙回处，霜痕枫色，映村庐而出石隙，若经一番点缀者。又二十里，过旁罗，南望鹅峰，峭削天际，此昔余假道分水关而趋幔亭之处，转盼已二十年矣。人寿几何，江山如昨，能不令人有秉烛之思耶！又二十里，抵铅山河口，日已下舂，因流平风逆也。河口有水自东南分水关发源，经铅山县至此入大溪，市肆甚众，在大溪之左，盖两溪合而始胜重舟也。

十九日　晨餐后觅贵溪舡，甚隘，待附舟者，久而后行。是早密云四布，时有零雨。三十里，西至叫岩，濒溪石崖盘突，下插深潭，澄碧如靛，上开横窦，回亘峰腰，〔穿穴内彻，如行廊阁道，窗棂户牖都辨。〕崖上悬书"渔翁隐次"四大字，崖右即有石磴吸波，急呼舟子停舟而上，列石纵横，穿一隙而绕其后，见一径成蹊，遂溯源入壑，其后众峰环亘，积翠交加，心知已误，更欲穷源，壑转峰回，居人多截坞为池种鱼。绕麓一山家，庐云巢翠，恍有幽趣，亟投而问之，则其地已属兴安。其前对之山，圆亘而起者，曰团鸡石岭，是为铅山之西界。团鸡之西，即叫岩寺也。叫岩前临大溪，渔隐崖突于左，又一崖对突于右；右崖之前，一圆峰兀立溪中，正如扬子之金、焦，浔阳之小孤，而此更圆整，所称印山也。寺后岩石中虚，两旁回突，庋以一轩，即为叫岩。岩为寺蔽，景之佳旷，在渔隐不在此也。叫岩西十里，为弋阳界，又有山方峙溪右，若列屏而整，上有梵宇，不知其名，以棹急不及登，盖亦奇境也。又三十里，日已下舂，西南渐霁，遥望一峰孤插天际，询之，知为龟岩，在弋阳南十五里，余心艳之，而舟已觅贵溪者，不能中止。又十里，至弋阳东关，遂以行李托静闻随舟去。余与顾仆留东关外逆旅，为明日龟岩之行，夜半风吼雨作。

二十日　早起，雨不止，平明持盖行，入弋阳东门。其城南临溪上，溪至此稍逊而南，濒城乃复浚支流为濠，下流复与溪合。雨中过县前，又西至西南门，遇一龟岩人舒姓者欲归，遂随之出城。过濠梁三里，渡大溪。溪南有塔，乃弋阳之水口也。自是俱从山冈行，陀石高下俱成块，而无纹纤，土不受也。时雨愈甚，淋漓雨中，望龟峰杳不可睹，忽睹路口一峰，具体而小，疑即夜来插天诱余者，询之，知为羊角峤，其去龟峰尚五里也。比至，遥望一峰中剖如门，已而门之南，忽岐出片石如圭，即天柱峰也。及抵其处，路复南去，转而东入，先过一堰，堰南汇水一池，即放生池也。池水两浸崖足，循崖左凿石成栈，〔即展旗峰也。〕上危壁而下澄潭，潭尽，竹树扶疏，掩映一壑，两崖飞瀑交注，如玉龙乱舞，皆雨师山灵合而竞幻者也。既入，忽见南崖最高处，一窍通明，若耳之附颅，疑为白云所凝，最近而知其为石隙，及抵方丈，则庭中人立而起者不一，为云气氤氲，隐现不定。时雨势弥甚，衣履沾透，贯心上人急解衣代更，爇火就炙，心知众峰之奇，不能拨云驱雾矣。是日竟日夜雨，为作《五缘诗》，晚卧于振衣台下之静室中。

二十一日　早起寒甚，雨气渐收，众峰俱出，惟寺东南绝顶，尚有云气。与贯心晨餐毕，即出方丈中庭，指点诸胜：盖正南而独高者为寨顶，顶又有石如鹦嘴，又名鹦嘴峰，今又名为老人峰。〔上特出一圆顶，从下望之，如老僧南向，袈裟宛然，名为“老人”者以此。上振衣台平视，则其峰渐分为二，由双剑下窥，则顶若一叶缀起。〕其北下之脊，一起而为罗汉，再起而为鹦哥，三起而为净瓶，〔为北下最高脊，〕四起而为观音，〔亦峭。〕此为中支，北与展旗为对者也。〔楠木殿因之。从南顶〕而西最峭削者为龟峰、双剑峰。龟峰三石攒起，兀立峰头，与双剑并列，而高顶有叠石如龟，三叠为一。〔峰下裂隙分南北者为一线天，东西者为摩尼洞，其后即为四声谷。从其侧一呼，则声传宛转凡四，盖以峰东水帘谷石崖回环其上故也。峰东最高者即寨顶，西之最近者为含龟峰，其下即寨顶、含龟分脊处，而龟峰、双剑峭插于上，为含龟所掩，故其隙或显或合；合则并成一障，时亦陡露空明，昨遂疑为白云耳。〕山之主名双剑，亦与龟峰并立。龟峰三剖其下而上合，双剑两岐其顶而本连。其南有大书“壁立万仞”者，指寨顶而言也。款已剥落，云是朱晦庵。此〔二峰〕为西南过脊之中，东北与香盒峰为对者也，〔而旧寺之向因之。〕从西而北联屏障于左者，一为含龟峰，其下即为振衣台，〔平石中悬，屏下乃道登摩尼、一线天者也。〕二为明星峰，〔北接双鳌，南联含龟，在正西峰为最高。〕其上有窍若星。三为双鳌峰，〔峰北下插澄潭，即入谷所经放生池南崖也。〕此〔三峰〕环峙于谷西，而寨顶之脉，西北尽于此。从南顶而东，最回环者，为城垛峰、围屏峰，此为东南层绕之后，西北与双鳌峰为对者也。从东而北，列嶙峋于右者，覆者为轿顶峰，尖者为象牙峰，踞者为狮子峰，此联翩于谷东，而寨顶之脉，东北转于此，又从北而骈立为案焉。平而突者为香合峰也，幻而起者灵芝峰也，〔即方丈静室所向。〕斜而张者展旗峰也，〔东昂西下，南北壁立，南插澄潭，即入谷之凿栈于下者。〕此〔三峰〕排拱于谷北，而寨顶之脉，西南尽于此，此俱谷之内者也。若谷之外，展旗之北，为天柱峰，〔即昨遥望开岐如圭者，旁〕又为狗儿峰。狮子之南为卓笔峰，围屏峰之南深壑中，有棋盘石。寨顶之南又有朝帽峰，〔峰独高，孤立寨顶后。余从弋阳东舟中遥见者即此。近为诸峰所掩。又寨顶、朝帽间，则有〕接引峰。寨顶之西有画笔峰、〔盖寨顶北下者，既为罗汉诸峰，其南回西绕，列成屏嶂，反出龟峰之后者，此是也。岩上有泉，是名〕水帘洞，此俱谷之外者也。其谷四面峰攒，独成洞窟，惟西向一峡，两崖壁立，水从中出，路亦从之。其南从龟峰之下，西从狮子峰之侧，北从香盒、天柱之间，皆逾峰跻隙，而后得度，真霄壤间一灵胜矣。其中观音峰一枝，自寨顶北坠，分为二谷：西则方丈静室所托，最后为振衣台、摩尼洞之路，东则榛莽深翳。

余曳杖披棘而入，直抵围屏峰、城垛峰之下，仰视“饿虎赶羊”诸石，何酷肖也。使芟夷深莽，叠级置梯，必有灵关再辟，奥胜莫殚者，惜石乱棘深，无能再入。出循狮子峰之北，逾岭南转，所谓轿顶、象牙诸峰，从其外西向视之，又俱夹叠而起。中悬一峰，恍若卓笔，有咄咄书空之状，名之曰卓笔峰不虚也，不经此不见也。峰之下，俱石冈高亘，其东又有石峰一支，自寨顶环而北，西与轿顶、象牙诸峰，又环成一谷。余从石岗直南，披其底，复以石乱棘深而出。因西逾象牙、狮子之间，其脊攲削，几无容足。回瞰内谷，真别有天地矣。此东外谷之第一层也。

复循外岭东行，南转二里，直披寨顶之后，是为棋盘石。一大石穹立谷中，上平如砥，镌其四旁，可踞可憩，想其地昔有考槃，今成关莽，未必神仙之遗也。其西南为朝帽峰，西北为寨顶，盖即围屏峰之后也。其外峰一支，自朝帽峰下，复环而北，又成一谷，但其山俱参差环立，不复如内二支俱石骨削成者矣。此东外谷之第二层也。

寨顶、朝帽之间，峰脊度处，一石南向而立，高数十丈，孤悬峰头，俨若翁仲，或称为接引峰，或称为石人峰，从棋盘石望之，不觉神飞，疑从此可跻绝顶，遂披棘直穷岭下，则悬崖削石，无可攀跻也。仍从旧路至狮峰，过香盒峰，登灵芝峰，望天柱、狗儿二峰植立北谷中，盖展旗与其北一峰又环成一谷，此北外谷也。

既而从展旗之西南，直东上其巅，东南眺朝帽峰之东，又分立一石，亦如接引，而接引则隐不可见，南眺叠龟、双剑俱若一壁回环，无复寸隙也。下峰，从夹栈西山，循潭外南行，出双鳌、明星、含龟之后，东视三峰，其背俱垂土可上。舍而更南，东入即水帘之径，逾叠龟、双剑即下振衣谷中之道也。更舍而南，见有道东上，知为寨顶无疑矣。贾勇而登，二里，西视叠龟、双剑，〔已在足下，始知已出水帘上，下视谷中，三面回环如玦，惟北面正对龟峰、双剑，〕其西有隙可通，然掩映不见所从。此南外谷之第一层也。

循崖端再上，已而舍左从右，则见东南岗上乱石涌起，有若双芝骈立，盘大茎小，下复并蒂，中有穿孔，其上飞舞成形，应接不暇。又上一里，既登一顶，复舍右从左，穿石隙而上，转而东南行，其顶更穹然也。其北复另起一顶，两顶夹而成峡，东南始于过脊，西北溢于水帘，山遂剖为两界，而过脊之度其东南者，一石如梁，横两顶之间，梁尽而轰崖削起，决无登理。踞脊上回瞰南谷，崩隤直下，不见其底，但见东西对崖，悬岚倒翠，不知从何而入。此南外谷之第二层也。

久之，觅路欲返，忽见峡北之顶，有石如凿级，自峡中直上者，因详视峡南石上，亦复有级如之，始知其路不从脊而从峡也。盖其寨为昔人盘踞之处，故梯险凿空，今路为草没，而石迹未泐。遂循级北下峡中，复自峡攀级北上一里，复东登再高处，极其东南，则恍与接引比肩，朝帽觌面矣。惟朝帽东离立之石，自隐不见，而朝帽则四面孤悬，必无可登，而接引之界于其中者。已立悬脊之上，两旁俱轰石错块，不特下不能上，即上亦不能下。其北下之谷，即棋盘，其南下之谷，即朝帽南来之脉所环而成者，亦不知其从何而入。此南外谷之第三层也。

〔独西无外谷，乃绝顶之北，东分为围屏、城垛，西分为鹦口；然其异：下仰则穹然见奇，上瞰反窅绝难尽也。〕时日色已暮，从绝顶四里下山，东向入至双剑、叠龟之下，见有路可入水帘洞，第昏黑莫辨，亟逾岭入方丈焉。

二十二日　晨起，为贯心书《五缘诗》及《龟峰》五言二首、《赠别》七言一首。晨餐后，复逾振衣台，上至叠龟峰之下，再穿一线而东，复北过四声谷。盖四声谷之壁，有一隙东南向，内皆大石叠架，若累级悬梯，便成楼阁，可通西北而出。其西北为摩尼洞，正下临方丈，平揖观音、净瓶、狮子诸峰。遂下岭，西南循外谷入水帘洞。其处三面环崖，回亘自天，而北与龟、剑二峰为对，泉从崖东飘坠，飞珠卷雪，为此中绝胜。〔盖龟峰峦嶂之奇，雁宕所无，但诎水观耳。此谷独飞珠卷雪，在深谷尤异。但其洞虽与泉对，而洼伏崖末为恨。顾其危崖四合，已可名洞，不必以一窟标举也。时朔风舞泉，游漾乘空，声影俱异。霁色忽开，日采丽崖光水，〕徘徊不能去。久之，再饭于寺，别贯心行。仍从崖栈西出，十里，排前，五里，过状元桥北之分路亭，其南路乃由桥而至黄源窑者，从其西行，十五里，至留口。暮涉其溪，溪西即为贵溪界。其溪自黄源来，至此入大溪，而市肆俱在溪西，乃投宿焉。自排前至留口，回望龟峰，只见朝帽峰俨若一羊角插天，此西向之望也；与弋阳东面之望，不殊纤毫，第此处转见一石人亭亭在旁，更为异耳。

二十三日　晨起，渡大溪之北，复西向行八里，将至贵溪城，忽见溪南一桥门架空，以为城门与卷梁皆无此高跨之理，执途人而问之，知为仙人桥，乃石架两山间，非砖砌所成也。大异之，即欲渡无梁，亟趋二里，入贵溪东关，二里，至玉井头，觅静闻于逆旅，犹未晨餐也。亟索饭，同出西南门，渡溪而南，即建昌道矣。为定车一辆，期明晨早发，即东向欲赴仙桥，逆旅主人舒龙山曰："此中南山之胜非一：由正南门而过中坊渡一里，即为象山，又名挂榜山，乃陆象山之遗迹也，仰止亭在焉；其西南二里为五面峰，上有佛宇峰，下有一线天，亦此中之最胜也；其南一里为西华山，则环亘而上，俱仙庐之所托矣；其北二里为小隐岩，即旧名打虎岩者也；出小隐二里为仙桥，乃悬空架壑而成者。此溪南诸胜之概也。然五面峰之西，即有溪自南而北入大溪，此中无渡舟，必仍北渡，而再渡中坊。"予时已勃勃，兴不可转，遂令龙山归而问道于路隅，于是南经张真人墓，碑乃元时敕赵松雪撰而书者。刳山为壁，环碑于中。又一里，越一小桥，由旁岐东向溪，溪流直逼五面峰下。盖此溪发源于江湖山，自花桥而下，即通舟楫；六十里，西北至罗塘，又二十里，至此入溪，为通闽间道。其所北转，皆纸炭之类也。适有两舟舣溪畔，而无舟人，旋有一人至，呼之渡，辄为刺舟。过溪而东一里，由峰西北入其隘中，始知其山皆石崖盘峙，中剖而开，并夹而起，远近不一，离立同形。随路抵穹岩之下，拾级而上，得一台，缀两崖如掌，其南下之级，直垂涧底，其西上之级，直绕山巅。余意南下者为一线天，西上者为五面峰也。先跻峰攀磴里许，而至绝顶，则南瞰西华，东瞰夹壁，西瞰南溪，北瞰城邑，皆在指顾，然山雨忽来，僧人留点，踉跄下山。复从前磴南下一线天，则两崖并夹而上，直南即从峰顶下剖者，是为直峡，路至夹中，忽转而东，穿坠石之隙，复得横峡，俱上下壁立，曲直线分。抵东而复出一坞，若非复入世矣。由坞而南，望两崖穹岩盘窦，往往而是，最南抵西华，以已从五面峰瞰视，遂不复登。仍转出一线天，北逾一岭，二里，转而东，入小隐岩。岩亦一山，东西环转，南连北豁，皆上穹下逊，裂成平窍，〔可庐而憩。〕岩后有宋人洪驹父书云："宣和某年由徐岩而上，二里，复得射虎岩。"余忆徐岩之名，前由弋阳舟中，已知其为余家物，而至此忽忘不及觉，壁间书若为提撕者。亟出岩询之，无一能知其处。已而再闻有称峨嵋在小隐东南三里者，余意其为徐岩之更名也，亟从之，遂由罗塘之大道过一岭，始北转入山，竹树深蒨，岩石高穹，但为释人架屋叠墙，无复本来面目，且知其非徐岩也。甫欲下，雨复大至，时已过午，遂饭岩中。既饭雨止，问仙桥之道，适有一知者曰："此有间道，循山而东，穿坞北去，四里可至。"从之，路甚荒僻，或隐或现，或岐而东西无定，几成迷津。久之，逾一山，忽见砦然高驾者甚近也。及下谷而趋，复茫不可得，盖望之虽近，而隔崖分坞，转盼易向，猝不易遇矣。既而直抵其下，盖一石高跨峰凹，上环如卷，中辟成门，两端石盘下柱，梁面平整如台，正如砌造而成。梁之东，可循崖而登其上；梁之西，有一石相去三丈余，轰踞其旁，若人之坐守者。然余先至桥下仰视，其顶高穹圆整，不啻数十丈。及登步其上，修广平直，“驾虹役鹊”之巧，恐不迨此也。从其西二里，将抵象山，问所云徐岩，终不可得。后遇一老翁曰：“余舍后南入即是。旧名徐岩，今为朝真宫，乃鬼谷修道处，今荒没矣，非明晨不可觅。今已暮，姑过而问象山可也。”余以明晨将发，遂强静闻南望一山峡而入，始犹有路，渐入渐灭，两崖甚深，不顾莽刺，直穷其底，则石夹尽处，隘不容足，时渐昏黑，踯躅荆刺中，出谷，已不辨路矣。盖此乃象山东之第三坞也。望其西又有一坞，入之不得路。时闻人声，高呼既久，知路在西，乃得入。则谷左高崖盘亘，一入即有深岩，外垂飞瀑。二僧俱新至托宿，问之，亦不知其为徐岩与否，当即所称朝真宫矣。此乃象山东之第二层也。从暗中出，复西而南，寻象山，其地虽暗，而路可循，两崖前突，中坞不深而峻，当其中有坊峙焉。其内有堂两重，祠位在前而室圮，后则未圮而中空，穿而入，闻崖间人语声，亟蹑级寻之，有户依岩窦间，一人持火出，乃守祠杨姓者，引予从崖右登仰止亭，亭高悬崖际，嵌空环映，仰高峰而俯幽壑，令人徙倚忘返。杨姓者以昏黑既久，街鼓已动，恐舟渡无人，暗中扶余二里送至中坊渡头，为余言其父年已八十有八，尚健啖而善饭，盖孝而有礼者云。呼隔溪渡舟，渡入南关，里余，抵舒肆而宿。

是游也，从壁间而得徐岩之名，从昏黑而遍三谷之迹，溪南诸胜，一览无余，而仙桥、一线二奇，又可以冠生平者，不独为此中之最也。

二十四日　晨餐后，仍渡西南门大溪，候车夫久之，发已上午矣。南十里，新田铺。其处山势渐开，正在西华山之南，回望诸岩，突兀俱并成一山，只有高下，无复剖裂之痕矣。又十里，饭于联桂铺。又二十里过马鞍山，为横石铺，于是复入山谷。又四里，逾一岭，下宿于申命地。其地南对应天山，为张真人上清宫入山始境，其曰“申命”者，正对“应天”而言也。是夜，逆旅主人乌姓为余言：“此南去上清二十五里，而西去仙岩只二十里，若既至上清而去仙岩，亦二十里，不若即由此向仙岩而后上清也。”余善之。遂定计明日分静闻同车一辆待我于上清，余以轻囊同顾仆西从间道向仙岩。主人复言：“仙岩之西十五里，有马祖岩，在安仁界。其岩甚胜。但先趋仙岩亦复少迂，不若竟赴马祖，转而东由仙岩、龙虎以尽上清为最便。”余益善之。

二十五日　平明饭而发，雨丝丝下，不为止。遂别静闻，彼驱而南，余趋而西。四里，至章源。四里，过一小岭，至桃源。又过一小岭，二里至石底，过水二重，俱有桥。三里，至连塘，过一小岭。二里，过一桥，又二里，铁垆坂。又三里，过香炉峰。其峰回亘三叠，南面直剖而下，中有一凹，结佛庐于上，时雨大作，竟不及登。香炉峰西即为安仁东界，于是又涉饶州境矣。三里，简堂源。过一里，雨狂甚，衣内外淋漓。三里，过新岩脚而不知岩之在上也。从其东峡穿而北入，见其西崖下俱有横亘之岩，飞瀑交洒于上，心知已误，因避雨岩间，剖橘柚为午餐。已而令顾仆先探其北，不见影响；复还探其南，见南崖有户掩竹间，以为是无误矣。亟出而趋其上，岩虽高敞，盘亘山半，然石粗窍直，无宛转玲珑之致。时已知其为新岩，非旧岩也。且岩僧虽具餐，观其意，惟恐客不去，余遂亟出，趋下山，又踯躅雨中，西一里，转而北入山峡。峡口巨石磊落，高下盘峙，深树古藤，笼罩其上，甚有雅致。由峡而入其崖，东西并峙，北连南豁，豁处即峡口，而连处其底也。马祖岩在左崖之半，〔即新岩背。〕其横裂一窍，亦大约如新岩，而僧分两房，其狗窦猪栏，牛宫马栈，填塞更满。余由峡底登岩南上，时雨未已，由岩下行，玉溜交舞于外，玉帘环映于前，仰视重岩叠窦之上，栏栅连空，以为妙极。及登之，则秽臭不可向迩，皆其畜埘之所，而容身之地，面墙环堵，黑暗如狱矣。时余衣甚湿，日且就昏，其南房方聚众作法，拒客不纳，北房亦尤而效之，求一卧不可得。彷徨既久，寒冽殊甚，强索卧石龛之间。令僮以所赍米具就炊，始辞无薪，既以细米易而成粥，竟不见粒米也。

二十六日　平明起，再以米炊，彼仍以细米易，姑餐而即行。仍从北连处下，令顾仆先出峡门之口，余独转上西崖。其岩亦横裂如马祖，而无其深，然亦无其填塞诸秽趣也。从岩畔直趋而南，路断处辄为开凿，既竭岩端，〔崖壁峻立，不可下瞰，〕忽有洞透峡而出。既越洞西，遂分两道：一道循崖而北，一道循崖而南，两崖并夹，遂成一线。线中东崖之下，复裂为岩，亦横如马祖，而清净幽渺，忽有霄壤之异。岩外之崖与对崖，俱下坠百仞，上插千尺，俱不合如咫，而中亦横裂，邃若重楼；惟极北则豁然，以为可通外境，而豁处天光既辟，地险弥悬，削崖穹壁，莫可下上，洵自然之幽阻，非所称别有天地者耶？复还至洞门分道处仰其上层，飞石平出，可以上登，而又高无可攀。从其南道转峰侧而上，则飞阁高悬，莫可攀跻，另辟一境矣。时顾仆候余峡下已久，乃穿透腹之洞，仍东出崖端，欲觅道下峡口不可得，循旧沿崖抵北连处下，则顾仆见余久不出，复疾呼而至矣。遂与同出峡口，东南四里，过南吉岭，遥望东面乱山横翠：骈耸其北者，为排衙石，最高；欹突其南者，为仙岩，最秀；而近瞰岭下，一石尖插平畴，四面削起者为碣石，最峭。下岭，即见大溪自东而来，直逼岭脚。〔其溪发源泸溪，由上清而下。〕乃从溪北溯溪东南四里，至碣石下，则其石仰望穹然，虽渐展而阔，然削立愈甚，有孤柱撑天之状。其下有碣石村，是为安仁东南界。渡溪，南为沥水，山溪上居民数十家，于是复属贵溪矣。又东五里，直抵排衙石之西，是为渔塘。渔塘居民，以造粗纸为业。其地东临大溪，循溪西南行一里，为蔡坊渡，遂止宿焉。

二十七日 蔡坊渡溪，东一里，龙虎观。观后一里，水帘洞。南出山五里，兰车渡。三里，南镇宫。北行东转一里，渡溪，即上清街。其街甚长。东一里，真人府。南渡溪，五里，越一岭，曰胡墅。西南七里，曰石岗山，金溪县东界也，是入抚州境。又三里，曰淳塘，又五里，曰孔坊，俱江姓，宿。

二十八日 由孔坊三里，郑陀岭。七里，连洋铺。十里，葛坊。十里，青田铺。有石梁水，出邓埠。十里，茅田，即往抚州道。下一岭，为五里桥，水始西向许湾，桥南有庵，旁有阁，为迎送之所。东南入金溪城。城径二里，由东出西，其北门为抚州道。城外东北为黄尖岭，即出金处。《志》所称金窟山。在城东五里。其西为茵陈岭，有岗西走，即五里北分水之岗矣。金窟山之东南，环绕城南者曰朱干山即翠云山，翠云寺在焉。今名朱干。自金窟、茵陈北东南三面环城，所云"锦绣谷"也，惟西南少缺。小水沿朱干西去，而下许湾，始胜舟云。朱干之南，有山高耸，亦自东北绕而南，为刘阳寨牟弥岭。其东为泸溪，西为金溪之大塘山，疑即《志》所称梅峰也。又南为七宝山。

二十九日 发自大塘，对大塘者，东为牟弥顶大山也。南十里，为南岳铺。又西南十里，为贾源。又五里，为清江源。沿江西南五里，为后车铺，饭。又南十里，为界山岭。一名韩婆寨。下岭二里，为泸溪分道。又二里，为大坪头，水始南流。又四里，为横坂铺。五里，七星桥。又五里，潭树桥。十里，梧桐隘。揭阳无渡，到建昌东门宿。

十一月初一日 缺

初二日 出建昌南门，西行二里，至麻姑山足。上山二里，半山亭，有卧瀑。又一里半，喷雪双瀑。又一里，连泄五级，上有二潭甚深，旧亭新盖。又半里，龙门峡。上有桥。〔自"又一里半，喷雪双瀑"至此乾隆本较详，作：又一里，喷雪亭。麻姑以水胜，而诎于峰峦。半山亭之上，有水横骞如卧龙蜿蜒。上至喷雪，则悬瀑落峰间，一若匹练下垂，一若玉箸分泻。分泻者，交萦石隙，珠络纵横，亦不止于两，但远眺则成两瀑耳。既坠，仍合为一，复如卧龙斜骞出峡去。但上之悬坠止二百尺，不能与雁宕、匡庐争胜。再上，五级连注，可名"五泄"。五泄各不相见，各自争奇。其中两潭甚深，螺转环连，雪英四出。此可一目而尽，为少逊耳。再半里，上至龙门桥，两崖夹立，泉捣中壑，不敢下视；架桥俯瞰于上，又变容与为雄壮观。龙门而上，溪平山绕，自成洞天，不复知身在高山上也。〕又半里，麻姑坛、仙都观。左有大夫松，已死，右有通海井。西上岭十里，逾篾竹岭，为丹霞洞。又上一里，为王仙岭，最高。西下二里，张坊。西左坳中，为华岩庵，宿。

初三日 王仙岭东下一岭，为丹霞洞。又逾篾竹岭西坳中南上，越两山，东南共五里，为飞炉峰，有小石炉方尺，自军峰山南飞至其地。南为军峰，北接麻姑，东瞰盱江，西极芙蓉，盖在五老峰之西、阳

华峰之西北矣。已下缺

初四日　出建昌东门，过太平桥，南行循溪五六里，折而西，一里，出从姑之南，〔上天柱峰，〕见山顶两石并起如双髻者。〔北〕向登其岩，曰飞鳌峰，岩前曰长春阁，阁之东有堂曰鳌峰，深处为罗先生讲学之所，其后飞突而出，倒书曰“印空”，下有方池，名曰玉泠泉。从东上天际亭，亭后凿石，悬梯而上，有洞，洞口隘如斗，蛇伏乃入，其中高穹而宽，此天柱之南隅也。出洞，仍下石级，沿崖从西登天柱、鳌峰之间，有台一掌，上眺层崖，下临绝壁，竹拂石门，树悬崖隙，为云岩台。从其上西穿峰峡，架木崖间，曰双玉楼。再西，一石欲坠未坠，两峡并起，上下离立，若中剖而分者，曰一线天。此鳌峰之北隅也。

一线既尽，峡转而北，有平石二片，一方一圆，横庋峡内，曰跏趺石。此二峰者，从天柱之西，鳌峰之北，又起二峰，高杀于鳌峰、天柱，而附丽成奇者也。其东一峰，即南与鳌峰夹成一线，又与西峰夹庋跏趺者。西峰之西，又有片石横架成台，其东西俱可趺跏云。从跏趺石东践一动石，梯东峰而上，其顶南架梁于一线，遂出鳌峰之巅，东凿级以跻，遂凌天柱之表。于是北瞰郡城，琉璃映日；西瞻麻峤，翡翠插天。〔时天霁，明爽殊甚。〕从此北下天柱之北，穹崖下临，片石夹立，上有古梅一株，曰“屏风石”。天柱北裂一隙，上有悬台可跻而坐，曰“滴水崖”，内有石窦直上三丈，正与南隅悬崖之洞相对，此天柱之北隅也。从此东下又得穹崖一层，曰读书台，今为竹影庵。从其南攀石而登，曰梅花岩，石隙东向，可卧可憩。此天柱东隅之下层也。飞鳌之西，有斗姆阁，其侧有蟾窟石，下嵌为窝，上突为台，亦可趺可啸。此飞鳌西隅之下层也。已下缺

是日建昌遇夏调御、丘士章。

初五日　晨餐后别丘、夏。二里，仍出大路。南十里，登一岭曰杨源岭。下岭，东则大溪，自南而北渡溪。二里，曰东界山铺，去府已二十里。于是循溪东行，五里，曰大洋。三里，曰界下，众舟鳞次溪中，以上流有石箭滩，重舟不能上下，俱泊此以待交兑者也。其北多益府王墓。再上二里，即石箭滩，乱石填塞，溪流甚急。其西为凌霄峰，亭亭独上，有佛宇焉。自杨源来，山势回合，而凌霄独高。过此，山渐开亦渐伏矣。又三里，溪南一山，逊于凌霄，而尖峭过之，曰八仙过腿。上有石耸起，颇异众山，以无渡，不及登。又七里，为硝石铺，去府已四十里矣。市肆甚长，南、东两溪，至此合流。南来者为新城之溪，东北者为杉关之水。东溪舟抵五福，尚四十里，至杉关尚陆行三十里，则江、闽分界。南溪则六十里而舟抵新城。新城之陆路，自硝石东渡东溪桥而南，为铁仙岩。其处山俱纯石，如钟堆釜覆，北半俱斩

峭为崖，屏立平畴间。由崖隙而上，两崖之间，潴水成溪，崖插溪底，凿栈以入。又一水自东注，亦纯石插底，隘不容足。架梁南渡，又转一桥，西渡大溪，遂蹑山峡而上，则飞岩高穹，东向而出。髡徒法宣依岩结阁，种竹于外，亦幽亦敞。时日已欲坠，拟假榻于中，而髡奴逐客甚急，形于声色，遂出。仍渡峡桥，见有石级西上，遂蹑之登，盘旋山顶，两度过脊，皆深坑断峡，回亘纵横，或水或涸，想霖雨时靡非深浸也。时日已落崦嵫，下山二里，仍西宿硝石东溪桥之南。

初六日 早起，闻有言觉海寺之胜者，平明，南趋二里，则南溪之左也。寺亦古，其前即铁仙以西之第二重也。盖硝石之南，其山皆块石堆簇，南则交互盘错，斩若截堵，峰峰皆然，以铁仙为中，而西则两突而尽于南溪之左。即觉海寺前。东则两突而至于止〔止〕岩之东，再东则山转而南矣。入觉海，见山在其前，即出而循崖，以登崖之西，下瞰南溪，涓涓北流，时有小舟自新城来。既南行，崖尽，有峡东下，盖南北两崖对峙，其来峡，其度脊处，反在西濒溪之上。余见其峡深沉，遂蹑山级，东向直登其巅，其巅有东西两台。〔自西而东，路尽莫前。下瞰乱壑纵横，峡形屈曲枝分，汇水成潭，分曹叠泻，疑即所云金龟湖也。而二峰东下无路，但见东峡有水有径，疑即铁仙。仍从旧路下，至溪东两崖对峡处，即从崖下东入峡中。渐下渐湿，遂东北三里至小港口。水自韩公桥来，渡之入山，东北三里，大石岩。五里，韩公桥。三里，双同槽。南二里，紫云岩。西一里渡溪，为夫子岩。返出紫云，一里，至响石岩，又登岭一里，至竺岫。〕

初七日 竺岫渡桥，东南三里舒坑岭。又三里，缅湾。又六里，陈坊。陈坊有溪自北南流，盖自泸溪而下东溪者也。越桥而东，上一岭，又下而复上，曰铁湾岭。共三里，下岭为钱家湾。又随东溪二里，至黄源桥。渡溪而南，一里，过黄湾岭。南六里，长行岭。下岭为连家湾，是为新城西北界。连家湾出岗，为周家隘，即新城入郡官道。又西十里，百顺铺。又三里，上分水岭。先是，自百顺西至周家隘，有小水西流，余以为入南溪者，及登分水，而后知犹北入东溪者也。又五里，过沙路岭。又五里，过一桥，其水自高学坡来。五六里，越桥而南，即与南大溪遇。又二里，东为观音崖，西为仙居院。两崖束溪如门，门以内澄潭甚深。又三里，入新城北门。出西门，石门不甚壮，而阛阓颇盛，出门渡石梁，则日峰山当梁瞰溪。越桥即南随溪行，已折西南，登白石岭。十里，过文江桥，始复与大溪遇。溪流至此，已不胜舟矣。于是多随溪西南过竹山，山亦峭特自异，上有竹仙院。又十里，周舍。周舍之南，路折而东，有潭偃水，颇觉汪洋，即文江之上流也。十五里，宿于石瓶岗，去城二十五里，去福山十五里。

初八日 缺

初九日 写十二诗付昆石上人，已上午矣。即从草塘左循崖南下，路甚微削，伏深草中，或隐或现。直下三里，则溪自箫曲之后，直从东南与外层巨山夹而成者，盖此山即闽界。其东北度而为箫曲，西北度而为应感峰、会仙峰，两腋溪流夹而西去，犹属新城也。箫曲南溪之上，有居民数家，薙山种姜芋茶竹为业，地名板铺。由此溪渡，东南上岭一里，则平转山腰。又南二里，复直上山顶。又二里，南下而东上，至应感岩。其岩西向，巨壑轰峭，环成一窝，置室于中，自下望之，真凭虚缀壁也。石崖之顶，尚高一里，岩僧留饭后即从崖侧蹑蹬而登，以为诸峰莫高于此。既登而后知会仙之更高于众也。应感二峰连起，东属于大山，其属处过脊甚峭。北流之水，出于板铺，南流之水，即从会仙峰北向而去，自应感、会仙西流之水止此。余盖从应感南下三里过此，一水复南上，则会仙北属大山之脊也。脊东之水，西出会仙之南，其南又有大山，东北而属于应感后之大山，夹此水西去，其中坞落为九坊，乃新城之五十一都也。对会仙之山，名迷阳洞，南即为邵武之建宁。其大山东南为泰宁，其西南为建昌之广昌，则会仙南之大山，乃南龙北来东转之处也。自过脊至会仙，〔望之甚近，而连逾四峰皆峭刻。〕其下乱壑纵横，汇水成潭，疑所云金龟湖即此水也。〔四下四上，又四里而登会仙绝顶，则东界大山，俱出其下，无论箫曲、应感矣。自会仙西至南丰百里，东南抵建宁县亦百里。其侧有数家斜界迷阳洞南，为大山寥绝处。〕

初十日 由会仙峰西下，十里过溪，即应感西南来溪也。又五里，为官公坳。又五里，下埔。应感溪自东而西，会仙南溪自南而北，俱会于下埔而北去。〔自下埔而上，悬崖瀑布，随处而是。亦俱会于下埔。〕路由下埔南而西，逾一岭，五里，为黄舍。又西南逾二岭，五里至章村，山始大开，始有聚落阛阓，〔有水自南而北，源自建宁县邱家岭，去章村南十五里，又五十五里始抵建宁云。〕西五里至容田。又西三里，过长江岭。又三里，乌石。有卷石桥。又二里，上坪，随溪西南四里，有大溪自西南向东北，复溯之西三里，过木桥，溯北来小溪，渡小石桥，北上岭，三里，为茶坞坳。又西三里，为何木岭。越岭西南二里，宿梅源。

十一日 东方乍白，自梅源泝小流西上一岭，路应度谷梅源至黄婆三十里，黄婆至县三十里。而西，因歇店主人言，竟从北直岭上，三里，逾岭北，天渐明，问之途人，始知其误，乃从岭侧径道，转而南越岭两重，共四里，得一村坞，询之，曰："此岭即南丰界也。岭北水下新城，岭南下永丰，但随小水南行一里，可得大道。"从之。至潦上坞，始与梅源大道合。其处平畴一环，四山绕壑，以为下土矣。已而流忽下坠，捣级而下，最下遂成一瀑，乃知五泄、麻姑之名，以倖而独著也。是名漈山灶。去梅源始五里，余迂作十里行矣。水上人家为漈上，水下人家为漈下。又五里，夏家桥。又五里，尼姑坳。途中两有小水自北来合。又五里，乾昌桥，已胜筏。又五里，沧浪桥。又五里，黄婆桥，有一溪自北来，桥架北溪上，水自桥南出，与漈上之水合，共下南山去，而陆路由北岭入山，迂回岭上。北行五里，曰藏石岭。又三里，又过一小溪，亦自北而南，越而西二里，为思久铺。铺有小桥，桥下细流始西向行，路复随之。五里，西至来陂桥，又一溪颇大，自北来会，同过桥下，而漈上大溪，亦自南来会，遂同注而北。又一里，溪之东有狮山，西有象山，狮山石独突兀，而象山半为斧斤所凿，二山紧束水口，架石梁其中，曰石家桥。溪自桥下俱北去，路自桥上西向府。渡桥一里，又有小溪自南而北，亦有石梁跨其上。又三里，上艾家岭。又十里，至南丰，入城东门。三里出西门，则盱江自西南抵西门，绕南门而北转，经东门而北下，想与漈上之水会于城北之下流也。西门外濒溪岸，则石突溪崖，凿道其间，架佛阁于上，濒江带城，甚可眺望，以行急不及登。又西五里，一溪自北来，渡其桥，又一溪自西来，即溯之行，有数家在溪上，曰三江口，想即二溪与盱江合故名也。

十二日　东方甫白，从三江西渡溪，循左路行，路渐微。六七里，日出，入山口，居舍一二家，去路颇遥。先是，有言三江再进十里，有山口可宿者，余既讶其近，又疑其居者之寡。连逾二岭，三里，遇来人询之，曰："错矣。正道在南，从三江渡溪已误也。"指余南循小路转。盖其岭西北为吴坑，东南为东坑，去三江已十里矣。乃从南转，下一坑，得居民，复指上岭。共五里，至后阿。从其西北小路直上二里，则一小庙当路岐，从庙西北，平循山半阴崖而行，又二里而至一山，过脊处南北俱有路，而西向登岭一路独仄，遂蹑之行。既登一峰，即转入山峡。其峡有溪在下，自西而东，东口破壁而下，绾口一峰，西南半壁，直倾至底，石骨如削铁，路在其对崖。循峡阴西入，〔自过脊登岭至此，〕共三里。一石飞突南崖，瞰溪撑日，日光溪影，俱为浮动。溪中大石矗立，其西两崖逼竖如门，水从崖中坠壁而下，〔潆回大石而出，盖军峰东溪源也。〕崖下新架一桥，渡而北，又登岭半里，山回水聚，得岐路入一庵，名龙塘庵。有道人曰："西有龙潭，路棘不可入。"得茗，食点数枚。出庵，从左渡小溪，遂复直上岭，二里，复循山北阴崖而行，屡有飞涧从山巅坠下，路横越涧上〔流者五、六次，〕下复成溪，又三里，得横木栈崖，又二里，直转军峰之北，仰望峰顶，犹刺天也。有石涧自峰顶悬凹而下，盖北溪之源矣。

渡溪〔二百步，〕复上一岭，始与北来大路合，遂高南向峰顶而上，无重峰之隔矣。自东北路口西上一里，至北岭度脊处，有空屋三间，中有绳床、土灶而无人居。其西下〔为〕宜黄之道，东即所从来大道也。自此南上，凿蹬叠级，次第间出，蹈空而上，道甚修广，则进贤金父母所助而成者。金名廷璧。自此愈上愈高，风气寒厉，与会仙异矣。〔自分道处至绝顶，悉直上无曲坠，共四千三百步，抵军峰巅。〕登顶下望五、六尖峰，自西南片片成队而来，乃闽中来脉也。至绝顶之南圆亘为着棋峰，亭亭峭削，非他峰所及。〔盖自南丰来，从车盘岭南面上，不及北道之辟，然经着棋峰栈石转崖，度西峡中，蹑蹬攀隙，路甚奇险。余从北道望见之，恨不亲历。〕北起为绝顶，则石屋中浮丘、王、郭三仙像共列焉。其北度之脉，则空室处。其北又起一峰，直走而为王仙峰，东下而为麻姑，东北下而为云盖，以结建昌者也。自着棋峰夹中望，下有洞穹然，攀箐挂石而下，日尚下午，至洞，已渐落虞渊，亟仍攀蹑而上，观落日焉。

十三日　缺　白，赤丸如轮，平升玉盘之上，遥望日下，白气平铺天末，上有翠尖数点，则会仙诸峰也。仍从顶北下十里，至空屋岐路处，遂不从东而从西下，里许，而得混元观，则军峰之北下观也。其地已属抚之宜黄。〔闻山南车盘来道，亦有下观云。〕循山北下，两山排闼，水泻其中，无甚悬突飞洄之态。又下五里，始至涧底，此军峰直北之水也。既下山，境始开，又山一层横列于外，则鱼牙山也。又有一水，自西南来，此军峰西壑之水，至此与北涧会。循水东北又五里，过袈裟石，绾两涧之口，水出其间，百家之聚在其外，曰墟上。又有一水，亦自西南来会，则鱼牙山之水也，与大溪合而北，西转下宜黄，为宜黄之源云。自墟上东北岐路，溯一小溪，十里，至东源，东向上岭，三里而登其上，曰板岭，其水西流入宜，东南流入丰，东北流亦入宜，盖军峰北下之脊也。越岭而东，一里，复得坪焉，山溪潆洄，数家倚之，曰章岭。竟坞一里，水东出峡间，下坠深坑，有路随之，想走南丰道也。其水东南去，必出南丰，则章岭一隙，其为南丰属明矣。水口坠坑处，北有一径，亦渐下北坑，则走下村道矣。亦渐有溪北自下村出七里坑，达枫林而下宜黄，则下村以北，又俱宜黄之属，是水口北行一径，即板岭东度之脊也。但其脊甚平而狭，过时不觉耳。下脊北五里，至下村。又北二里，水入山夹中，两山逼束甚隘，而长水倾底，路潆山半，山有凹凸，路亦随之，名曰十八排，即七里坑也。已而下坑，渡涧复得平坞，始有人居，已明月在中流矣。又北二里，水复破峡而出，又一里出峡，是为枫林内村。又一里，山开水转，而西度小桥，是为枫林，一名陈坊。乃宿。

十四日　平明饭，行，即从小桥循小溪北上。盖枫林大溪，西下宜黄，而小溪则北自南源分水而来者也。溯北上五里，入南湾坳，逾分水岭。南为宜黄，北为南城西南境。逾岭为南源，五里，至八角庄为洪氏山庄。有水东下，舍之。北上黄沙岭，二里，逾岭下巾儿漈，水亦东下，又舍之。北溯一小水，三里，上栏寨门，平行岭上，为李家岭，又一里，始下，下一里，则磁龟在焉。磁龟者，罗圭峰玘之所居也，在南城西南九十里，据李文正东阳记：北阻芙蓉，西阨连珠峰，南望军峰，东则灵峰迤逦。有石在溪桥之下，而不甚肖，其溪亦不甚大，自西而东，夹溪而宅，甚富，皆罗氏也。问有花园坑，景亦无可观。遂东北逾岭而下，溪自东南下坑中，路不能从也。东下三里，山峡少开，又循一水，有桥跨之，曰云阳桥，水亦东南下。又舍之，东逾一岭，又二里，曰乘龙坳，水亦南下。复东上二里，曰鹅腰岭。平行岭上又二里，而下一里，曰鉏源，其水始东行。始至磁龟，以为平地，至此历级而降，共十里而至歪排，皆循东下，始知磁龟犹在众山之心，众山之顶也。歪排以上多坠峡奔崖之流，但为居民造粗纸，濯水如滓，失飞练悬殊之胜；然鉏源小水已如此，不知磁龟以东诸东南注壑者，其必有垂虹界瀑之奇，恨路不能从何！出歪排，其南山坞始开，水亦南去。又东逾黄土岭共三里，则下岐，东行平畴中。五里，一溪自西北东去，有桥架其上，曰游真观前桥。又东五里，则盱江自东南而北。是时日才下午，不得舟，宿于溪西之路东。其溪之东，即新丰大市也。

十五日　路东不得舟，遂仍从陆。右江左山，于是纯北行矣。六里为大安桥，又三十里，则从姑在望，入郡南门矣。

十六日　过东门大桥，即从桥端南下。随沙岸，丛竹夹道，乔松拂云，江流雉堞右映，深树密篝左护，是曰中洲。有道观，今改为佛宇。前二石将军古甚，刘文恭铉为之记，因程南云盱人，与刘同在翰苑故也。是日醉于夏调御处。

十七日　静闻随二担从麻源大路先往宜黄，余作钱、陈、刘诸书。是晚榻于调御斋中。

十八日　别调御诸君。十五里，午至麻姑坛。又西二里，坞穷，循南山上。又二里，转出五老西南，是为五老坳。于是循北山上，又二里，为篾竹岭。越岭二里，为丹霞洞。又西上一里，为王仙岭。越岭又西一里，为张村。皆前所历之道也。于是又西平行山半，四里，逾朱君岭，复沿山半行，深竹密树，弥山绘谷，〔红叶朱英，缀映沉绿中，曰鞋山。〕五里，石坪，山环一谷，随水峡而入，中甚圆整，万山之上，得此一龛，亦隐居之所，惜为行道踏破云帏耳。居民数十家，以造纸为业。自石坪复登岭，岭峻而长，共五里，始达岭头，即芙蓉东过之脊也。脊二重，俱狭若堵墙，东西连属，脊南为南城属，下有龙潭古刹，〔在深坑中，道小不及下。〕脊北为临川属。度脊而西，即芙蓉山，自南而北，高亘于众山之上。其山之东，则临川、南城之界。西则宜黄属矣。循山之东北，又上里许，山开一箐，东北向，是为芙蓉庵。昔祠三仙，其今僧西庵葺为佛宇，遂宿其中。

十九日 从庵侧左登皆小径，直跻一里，出峰上。又平行峰顶，北最高处为三仙石。登其上，东眺黄仙峰，已不能比肩；南眺军峰，直欲竞峻。芙蓉之南，有陈峰山，在十里内，高杀于芙蓉，而削峭形似，盖芙蓉之来脉也。凭眺久之，从峰北小径西下里许，与石坪西来之大道合。又下五里，忽路分南北，始欲从南，既念大路在北，宜从北行，遂转而北，始有高篁丛木。又西下一里，始有壑居塍垄，名曰烂泥田。复逾岭西下一里，更循岭而登，二里，直蹑峰头，名曰揭烛尖。又名避暑营。从尖西南下二里，是为南坑。有涧自东南来，四山环绕，中开一壑，水口紧束，湾环北去，有潘、吴二姓绾水口而居，独一高门，背水朝尖，雄撮一坞之胜。随水出其后，数转而出，一里，有水自北而来，二水合而南，路随之。一里，转而西，共八里，西逼高峰，有水自南来会，合而北去，有桥跨之，曰港口桥。循左麓而北，又转西行，北渡溪，共五里，得大坞，曰上坪。过上坪，石梁水注而北，路西折登山，迤逦而上，五里，至杉木岭，逾岭下二里，山坞紧逼，有故家宅，其中曰君山，皆黄氏也。饭而出隘，五岭上矮岭，逾岭共五里，出杨坊，南行为坑阴，乃宜邑钜聚。西行七里，宿车上。

二十日 鸡再鸣，自车上载月西行，即与大溪遇。〔想即滤上之溪，自南而北者，发源军峰，经坑阴至此。〕已而溪直南下，路西入山。又五里，登岭，又三里，逶迤至岭隘，有屋跨其间，曰黄岭。下岭二里，大溪复自南来，渡溪，天始明，山始大开。随溪西北行五里，有塔立溪口小山上，塔之西北，即宜黄城也。又有一大溪西南自东壁巡司来，直抵城东，有长木桥之，水遂北与东溪合，有大石桥架其上，曰贯虹。再北则一小溪循城西北而东入大溪，亦有桥跨其上，曰丰乐。是日抵宜黄东门贯虹桥之旅肆，觅得静闻。始出，亟呼饭饭静闻，与之北过丰乐桥，上狮子岩。岩回盘两层，兀立三溪会合之北冲，大溪由此北下抚州者也。已而西经城北，至新城北门，北一里，过黄备桥，又西北一里，北入山，得仙岩。岩高峙若列锦屏，上穹下逼，其西垂忽透壁为门。穿石而入，则众山内閟，若另一世界。而是岩甚薄，不特南面壁立，而北面穹覆，更奇其穿透之隙，正如处之通天岩，亦景之最奇者也。三里，仍入城之北门，盖是城东濒溪为旧城，而西城新辟，一城附其外，缭绕诸峰，因之高下。经城三里，出南门，循东壁南来之溪西南行，五里，过四应山之东麓。又十五里，有小峰兀立溪上，作狰狞之状，其内有谭襄敏墓焉。又二里，过玉泉山下，山屏立路右，若负扆，仰瞻峭拔，有小庐架崖半，欲从之，时膝以早行，忽肿痛不能升。又随大溪南行三里，有小溪自西来注，即石蛩之下流也。始舍大溪，溯小溪折而西入，三里而得石蛩寺。寺新创，颇宏整，寺北有轰崖立溪上，半自山顶平剖而下，其南突兀之峰，犹多与之对峙为门，而石蛩之岭，正中悬其间，而寺倚其东麓。仰望之，只见峰顶立石轰然，不知其中空也。是晚宿寺中，以足痛不及登蛩。

二十一日　晨餐后，亟登蛩。是峰东西横跨，若飞梁天半，较贵溪之石桥，高与大俱倍之。而从此西眺，只得其端；从寺北转入峡中，是为“万人缘”。谭襄敏初得此寺，欲废为墓，感奇梦而止。今谭墓在玉泉山东北，宅墓诸坊，一时俱倒，后嗣亦不振，寺始为僧赎而兴复焉。僧以其地胜，故以为万人巨冢。甃石甚壮。地在寺北，左则崖，右则寺也。由万人缘南向而登，仰见〔竹影浮飔，〕一峰中穿高迥。〔透石入，〕南瞰乱峰兀突，〔溪声山色，另作光响，非复人世。〕于是出桥南，还眺飞梁之上，石痕横叠，有缀庐嵌室，无路可登。徘徊久之，〔一山鹤冲飞而去，响传疏竹间，〕令人不能去。盖是桥之南，其内石原裂两层，自下而上，不离不合，隙俱尺许。由隙攀跻而上，可达其上层，而隙夹逼仄，转身不能伸曲，手足无可攀蹑，且以足痛未痊，怅怅还寺。问道寺僧，僧云：“从桥内裂隙而登蹑甚难，必去衣脱履，止可及其上层，而从上垂绠，始可引入中层。”僧言如此，余实不能从也。乃于石蛩饭而行，五里，由小路抵玉泉山下，遂历级直登，其山甚峻，屏立溪之西北，上半俱穹崖削壁，僧守原叠级凿崖，架庐峰侧一悬峰上，三面凭空，后复离大山石崖者丈许，下隔深崖峡。时庐新构，三面俱半壁，而寂不见人，余方赏其虚圆无碍，凭半壁而看后崖。久之，一人运土至，询之，曰：“僧以后壁未全，将甃而塞之也。”问僧何在？曰：“业从山下跻级登矣。”因坐候其至，为之画曰：“汝虑北风吹神像，何不以木为龛，坐护置室中？而空其后壁，正可透引山色，造物之悬设此峰，与尔之缩架此屋，皆此意也。必甃而塞之，失此初心矣。”僧颔之。引余观所谓玉泉者，停泓一穴，在庐侧石灶之畔，云三仙卓锡而出者，而不知仙之不杖锡也。下玉泉三里，出襄敏墓前。又随溪一里，由小路从山北行，盖绕出玉泉山之东北也。最北又有马头山，突兀独甚，在路左。过白沙岭，望西峰尖亘特甚，折而东之，是为北华山。山顶佛宇被灾。有僧募饭至，索而食之。下山二里，入南门，北登凤凰山。其山兀立城之东北，城即因之，北面峭削，不烦雉堞也。下山，出北水关，抵逆旅，已昏黑矣。

二十二日　由北城外历凤凰山北麓，经北门二里，过黄备桥。桥架曹溪之上。西北行十里，溯溪至元口。又五里，至官庄前，西南渡溪。又十里，至陈坊，北渡小木桥，为曹山寺道。遂令顾仆同担夫西至乐安之流坑，余与静闻携被襆渡桥，沿小溪入。五里，为狮子口，由回龙洞而入山隘，即曹山也。其内环峰凹辟，平畴一围，地圆整如砥，山环绕如城，水流其间。自回龙口而南下陈坊，又东下宜黄，交锁曲折，亦此中一洞天，为丹霞、麻姑之类也。初以何、王二氏，名何王山，后加“草”、加“点”，名荷玉山。唐本寂禅师礼曹溪回，始易名曹山。宋赐额宝积寺，毁于嘉靖丙戌，基田俱属缙绅。兹有名僧曰观心，将兴复焉。观心，宜黄人，向驻锡丰城，通儒，释之渊微，兼诗文之玄著，余一至，即有针芥之合，设供篝灯，谈至丙夜，犹不肯就寝，曰："恨相见之晚也。"先是，余午至，留饭后即谓余曰："知君志在烟霞，此中尚有异境，曹山旧迹，不足观也。"

二十三日 早闻雨声，饭而别观心。出曹山而雨丝丝下，三里至陈坊 木桥，仍西从大道溯溪二里，过鹏风桥，溪南自山来，路西折，逾小岭，又三里，复西渡溪之上流，曰接龙桥，盖溪自曹山后岭北山峡而来，南下而转至鹏风桥者。此流尚细，而宜黄、崇仁之界，因逾接龙桥而西，即为崇之东南境。从此入山，共三里，逾大霍岭，直逼龙骨山下。又二里，逾骨岭，水犹东注。又三里，下幞头岭，水始西流。又四里，至纯乡，则一溪自南而北矣。渡溪桥，是为纯乡村，有居民颇众。随水西二里，北下为崇仁道。南循小水一里，西登乾岗岭。岭颇峻，逾岭而下，纯西南行矣。十里，至廖庄桥，有溪自南而北，其大与纯乡之溪并，东北流当与纯溪同下崇仁者也。又西五里，过练树桥，桥跨巴溪之上。又西过坳上，盖南来之脉，北过相山者也。其东水下练树桥，为小巴溪，西水下双溪桥，为大巴溪，俱合于罕浒，北即峙为相山，高峙朱碧街之北。再西，即为芙蓉山。芙蓉尖峭，而相山屏列，俱崇仁西南之巨擘也。自练树桥又五里而至朱碧街，其地在崇仁南百余里，南五十里为大华山，西南三十里为乐安县。

二十四日 昧爽从朱碧西南行，月正中天，二里为双溪桥。二小溪一自东北，一自西北，俱会于桥北，透桥东南去，路从西南。又一里，为玄坛庙桥，其水自西而东，乃芙蓉西南之流，当亦东会双溪而下罕浒入巴溪者也。过溪南一里，越雷公岭，有溪自南而西北去，下岭，即东南溯溪一里，为雷公场。又南三里，为深坑。又东南二里，为石脑，上有桥，曰昆阳桥。又南三里，曰双湛桥。又二里，曰赵桥。又五里，曰横岗。又五里，越一岭，曰赵公岭。自石脑来十五里，其岭坦而长。盖东自华盖山度脊，而西经乐安而北，转进贤，为江西省城之脉者也。岭北水绕雷公而西北下崇仁，岭南水由大陂而下永丰、吉水者也。下岭，山隘渐辟，其内坞曰白麻插，水虽西流乐安、永丰，而地犹属崇仁，其外岗曰崇仁仙观，则乐安之界也。由白麻插循左山东南行，三里至大坪墅，转而东向入山，又二里，东至一天门，有涧西注石桥下，从此遂蹑级上登，一里，至旧一天门，有二小溪，一自东南，一自东北，合于石屋之上。从此俱峻坂悬级，又七里，至二天门，逐两度过脊之坂，俱狭若堵墙。于是东北绕三峰之阴，共七里而登华盖之顶，谒三仙焉。盖华盖三峰并列，而中峰稍逊，西为着棋，东为华盖，路由西峰而登，其阳甚削，故取道于阴。华盖之上，诸道房如蜂窝驾空，簇绕仙殿，旁无余地，无可眺舒。饭于道士陈云所房，亟登着棋，四眺形胜，其北正与相山对，而西南则中华山欲与颉颃，东与南俱有崇嶂，而道士不能名，然皆不能与华盖抗也。其山在崇仁南百二十里，东去宜黄亦百二十里，西去乐安止三十里，〔西南一百里至永丰，〕东南至宁都则二百余里焉。余自建昌宜取道磁龟，则直西而至；自宜黄宜取道石砦，从云封寺，亦直西而至；今由朱碧则迂而北，环而西，转而东向入山，然取道虽迂五十里，而得北游曹山洞石，亦不为恨也。下山十五里至三天门，渡石桥而南，遂西南向落日趋，五里过崇仙观，又三里越韬岭，是为乐安界。又西南三里渡一溪桥，又四里，溪西转出大陂，溪中乱石平铺，千横万叠，水碎飞活转，如冰花玉屑。时日已暮，遂宿大陂。

二十五日　是日为冬至，早寒殊甚，日出始行。西南五里为药腊，又五里为曾田。其处村居甚盛，而曾氏为最，家庙祀宗圣公。从此转而南，渡溪入山，乃中华山之西北麓支山也。中华在华盖西南三十里，从药腊来，循其阴西行，至是乃越而转其西北。又三里，为馒头山，见溪边横石临流，因与静闻箕踞其上，不知溪流之即穿其下也。及起而行，回顾溪流，正透石而出，始知其为架壑之石也。余之从乐安道，初览其《志》，知其城西四十里，有天生石梁，其侧有石转运，故欣然欲往，至是路已南，不及西向，以为与石桥无缘，而不意复得此石，虽溪小石低，已见“天生”一斑；且其东北亦有石悬竖道旁，上如卓锥，下细若茎，恐亦石桥转运之类矣。又南一里，为黄汉。又南逾一小岭，一里，是为简上，为中华之西南谷矣。从此婉转山坑，渐次而登，五里上荷树岭，上有瞻云亭，盖岭之东北为中华，岭之西南为雪华，此其过脉之脊云。逾岭南下二里，至坑底，有小溪一自东北，一自西北，会而南，三里出源里桥。又三里，则大溪自东而西，渡长木桥至溪南，是为流坑。其处阛阓纵横，是为万家之市，而董氏为巨姓，有五桂坊焉。大溪之水，东五十里自郎岭而来，又东过大树岭为宁都界，合太华、中华东南之水，至此西八里，至乌江，又合黄漠之水，南下永丰焉。是日午至流坑，水涸无舟，又西八里，宿于乌江溪南之茶园。

二十六日　因候舟停逆旅。急索饭，即渡溪桥，北上会仙峰。其峰在大溪之北，黄漠溪之西，盖两溪交会，而是山独峙其下流，与雪华山东、西夹黄漠溪入大溪之口者也。峰高耸突兀，倍于雪华，而阳多石骨嶙峋，于此中独为峻拔。其西南则豁然，溪流放注永丰之境也。由溪北从东小径西上，五里而至会仙峰。按《志》止有仙女峰在乐安南六十里，而今土人讹为会仙云。然其为三仙之迹，则无异矣。是峰孤悬，四眺无所不见，老僧董怀莪为余言：“北四十里为乐安，西南六十里为永丰，直西为新淦，直东为宁都，其东北最远者为太华山，其次为中华，又次为雪华，三华俱在东北，而乐安之北有西华兀立云雾之间，为江省过脉，尖拔特甚，盖从太华西北渡赵公岭而特起者也。”由会仙而上，更西北一里，其石巑岏，上多鹃花红艳，〔但〕不甚高，亦冬时一异也。由会仙南面石磴而下，至山半，甫有石泉一泓，由其山峭拔无水泉，故山下之溪亦多涸辙耳。下山五里，至溪旁，其南即为牛田水，而其北为乌江，其东为茶园，余所停屐处也。午返，舟犹不行，遂止宿焉。

〔余自常山来，所经县治无不通舟，惟金溪、乐安，通舟之流，俱在四、五十里外。〕

二十七日 乌江，三十里，丰陂宿。

二十八日 十里，将军。二十里，永丰宿。

二十九日 自永丰西南五里放舟，又三十五里，北郊。吉水界。二十五里，亦名乌江。又十里，下黄宿。

三十日 早行二十里，凤凰桥。溪右崖上有凤眼石，溪左为熊右御史概所居。又五里抵官材石。溪左一山，崖石嶙峋，曰仙女排驾，遂绕吉水东门转南门、西门、北门，而与赣水合，盖三面绕吉水者为恩江，由永丰来。赣水止径北门。

十二月初一日 先晚雨丝丝下，中夜愈甚，遂无意留吉水。入城，问张侯后裔，有张君重、伯起父子居南门内。隔晚托顾仆言：“与张同宗，欲一晤。”因冒雨造其家云。盖张乃世科，而无登第者，故后附于侯族，而实非同派。君重之曾祖名峻，嘉靖间云亦别驾吾常，有遗墨在家，云曾附祀张侯之庙，为二张祠，此一时附托之言。按张侯无在郡之祠，其在吾邑者，嘉靖时被毁已久，何从而“二”之？更为余言，侯之后人居西园，在城南五、六十里，亦文昌乡也。族虽众，无读书者，即子衿亦无一人，余因慨然。时雨滂沱，以舟人待已久，遂冒雨下舟，盖此中已三月无雨矣。时舟已移北门赣江上，由北门入，至南门之张氏，仍出北门下舟，已上午。遂西南溯赣江行。十里，挟天马山之西，十里，过小洲头，东有大、小洲二重，西则长冈逶迤，有塔与小洲夹江相对，至是雨止日出。又十里，转挟螺子山之东，而泊于梅林渡，去吉郡尚十里。既暮，零雨复至。螺子，吉郡水口之第一山也。

吉水东大而高者，曰东山，即仁山也。太平山在其内，又近而附城，曰龙华寺。寺甚古，今方修葺，有邹南皋先生祠。佛殿前东一碑，为韩熙载撰，徐铉八行书。盖即太平西下之垄，南北回环，锁成一坞，而寺在中央。吉水西为天马山，在恩、赣二江夹脊中，北为玉笥山，即峡山之界，赣江下流所经也。南为巽峰，尖峭特立，乃南皋先生堆加而峻者，为本县之文笔峰。建昌人言军峰为吉水文笔，因此峰而误也，大小迥绝矣。

初二日 黎明甫挂帆，忽有顺水舟叱咤而至，掀篷逼舟，痛殴舟人而缚之，盖此间棍徒托言解官银，而以拿舟吓诈舟人也。势如狼虎，舟中三十人，视舟子如搏羊，竟欲以余囊过其舟，以余舟下省，然彼所移入舟者，俱铺盖铃串之物，而竟不见银扛，即果解银，亦无中道之理，余谕其此间去吉郡甚近，何不同至郡，以舟畀汝。其人闻言，咆哮愈甚，竟欲顺流挟舟去。余乘其近涯，一跃登岸，亟觅地方王姓者，梅林保长也，呼而追之，始得放舟。余行李初已被移，见余登陆，乃仍畀还，而舟子所有，悉为抄洗，一舟荡然矣。又十里，饭毕，已过白鹭洲之西，而舟人欲泊南关，余久闻白鹭书院之胜，仍返舟东泊其下，觅寓于书院中净土庵。是日雨丝丝不止，余入游城中，颇寥寂，出南门，见有大街濒江，直西属神冈山。十里阛阓，不减金阊也。

初三日 中夜雨滂沱，晨餐后，即由南关外西向神冈。时雨细路泞，举步不前，半日且行且止，市物未得其半，因还至其寓。是日书院中为郡侯季考，余出时诸士毕集，及返而各已散矣。郡侯即家复生，是日季考，不亲至，诸生颇失望。

初四日 雨，入游城中，出止白鹭洲。

初五日 入城拜朱贞明、马继芳。下午取药煮酒，由西门出，街市甚盛。已由南门大街欲上神冈，复行不及也。

初六日 卧白鹭洲。

初七日 卧白鹭洲。下午霁，入城，由东门出，至大觉庵，已在梅林对江，不及返螺子。

初八日 由鹭洲后渡梅林五里。又东北十里，大洲。乃东十里入山，登洲岭，乃南山北度之脊，因西通大洲故云。从岭直上五里，天狱山。下直南十里，宿南山下坑中季道人家。

初九日 东十里，出山口，曰五十都。东南十里，过施坊。人家甚盛。入山五里，直抵嵩华山西麓，曰虎浮，拜萧氏。其外包山一重，即与施坊为界者也。东北从嵩华过脉，今凿而烧灰。西面有洞云庵，向施坊焉。

初十日 登嵩华山，上下俱十里。

十一日 游洞云。由北脊来时，由南峡口大路入，往返俱六里。

十二日 晨餐于萧处，上午始行。循嵩华而南，五里，镜坊澎。东为嵩华南走之支，北转而高峙者，名香炉峰，其支盖于查埠止十里也。又南五里，登分水岭。逾岭东下五里为带源，大魁王艮所发处也。由带源随水东行五里，出水口之峡，南入山三里，为燕山。其处山低岭小，居民萧氏，俱筑山为塘以蓄水，水边盛放。复逾小岭而南，三里过罗源桥，复与带溪水遇，盖其水出峡东行，循山南转至此。度桥而南，山始大开。又五里宿于水北。

十三日 由水北度桥，直南五里，渡泸溪桥，是为夏朗，即刘大魁名俨发迹处也。又南五里，为西园张氏，是日在其家。下午，淮河自罗坡来。

十四日 雨雪。淮河同乃郎携酒来。是晚二巫归。

十五日 霁，风寒甚。晚往西山。

十六日 张氏公祠宴。

十七日 五教祠宴。

十八日 饭于其远处。上午起身由夏朗之西、西华山之东小径北迂，五里西转，循西华之北西行，十里，富源。其西有三狮锁水口。又西二里，为泷头，彭大魁教发迹处也。溪至此，折而南入山。又五里，为潇泷，溪束两山间，如冲崖破峡，两岸石骨壁立，有突出溪中者，为"端石飞霞"，峡中有八景焉。由泷溪三里出百里贤关，谓杨救贫云："百里有贤人出也。"又西北二里，为第二关，亦有崖石危亘溪左。又西北三里，出罗潭，为第三关。过是山始开，其溪北去，是为查埠。又西北五里后与溪遇，渡而北，宿于罗家埠。

十九日 昧爽行，十里，复循西岩山之南而行。三里，为值夏。西八里，逾孟堂坳，〔则赣江南来，为泷洋入处。〕又二里，张家渡，乃趁小舟顺流北下十里，有市在江左，曰永和。其北涯有道，可径往青原，乃令张氏送者一人名其远，张侯之近支。随舟竟往白鹭，而余同张二巫及静闻登北涯，随山东北行，五里，入两山之间。又一里，有溪转峡而出，渡溪南转，石山当户，清涧抱壑，青原寺西向而峙。主僧本寂留饭于其寮，亦甚幽静。盖寺为七祖旧刹，而后沦于书院，本寂以立禅恢复，尽迁诸书院于山外，而中构杰阁，犹未毕工也。寺后为七祖塔，前有黄荆树，甚古，乃七祖誓而为记者。初入山，不过东西两山之夹耳，至北坞转入而南，亦但觉水石清异，涧壑潆回。及登塔院，下瞰寺基，更觉中洋开整，四山凑合，其坞内外两重，内坞宽而密，外坞曲而长，外以移书院，内以供佛宇，若天造地设者。余以为从来已久，而本寂一晤，辄言其兴复之由，始自丙寅、丁卯之间。盖是寺久为书院，而南皋、青螺二老欲两存之，迎本寂主其事。本寂力言禅刹与书院必不两立，持说甚坚，始得迁书院于外，而寺田之复，遂如破竹矣。寺前有溪，由寺东南深壑中来，至寺前汇于翠屏之下，〔翠屏为水所蚀，山骨嶙峋，层叠耸出，老树悬缀其上，下映清流，景色万状。〕寺左循流而上，山夹甚峻，而坞曲甚长，曲折而入十里，抵黄鲇岭。坞中之田，皆寺僧所耕而有者。入口为寺之龙虎两砂，回锁隘甚，但知有寺，不复知寺后复有此坞也。余自翠屏下，循流攀涧，宛转其间，进进不已，觉水舂菜圃，种种不复人间。久之，日渐西，乃登山逾岭，仍由五笑亭入寺。别立禅即本寂出山，渡溪桥，循外重案山之南，五里，越而西，遂西北行十里，渡赣江，已暮烟横渚，不辨江城灯火矣。又三里，同二张宿于白鹭洲。

二十日 同张二巫、静闻过城西北，二里，入白燕山，山本小垅，乃天华之余支，寺僧建竖，适有白燕来翔，故以为名。还由西门入，至北门，过黄御史园，门扃不入。黄名宪卿，魏珰事废。又北入田中丞园。田名仰。园外旧坊巍然，即文襄周公之所居也。鲁灵光尚复见此，令人有山斗之想。日暮寒烟，凭吊久之。乃出昌富门入白鹭宿。

二十一日 张氏子有书办于郡上房者曰："启丈沽酒邀酌。"遂与二巫、静闻由西城外南过铁佛桥，八里，南登神冈山顶。其山在吉安城南十五里，安福、永新之江所由入，大江处山之南，旧有刘府君庙，刘名竺，陈、梁时以曲江侯为吉安郡守，保良疾奸，绰有神政，没而为神，故尊其庙曰神岗，宋封为利惠王。下临安、永小江。遂由庙左转神冈东麓北随赣江，十五里，至吉安南城之螺川驿。又三里，暮入白鹭。

白鹭洲首自南关之西，尾径东关，横亘江中，首伏而尾高，书院创于高处，前铸大铁犀以压水，连建三坊，一曰名臣，二曰忠节，三曰理学。坊内两旁排列号馆，为诸生肄业之所，九县与郡学共十所。每所楼六楹，其内由桥门而进，正堂曰正学堂，中楼曰明德堂，后阁三层，下列诸贤神位，中曰"天开紫气"，上曰"云章"，阁楼回环，而阁杰耸，较之白鹿，迥然大观也。是院创于宋，至世庙时，郡守汪□受始扩而大之，熹庙时，为魏珰所毁。惟楼阁未尽撤。至崇祯初，郡守林一□仍鼎复旧观焉。

二十三日 在复生署中自宴。

二十四日 复生婿吴基美设宴。基美即余甥。

二十五日 张侯后裔以二像入署。上午别复生，以舆送入永新舟，即往觅静闻，已往大觉寺。及至，已暮，遂泊螺川驿前。

二十六日 舟人市菜，晨餐始行。十里至神冈山下，乃西入小江，风色颇顺。又西二十五里，三江口，一江自西北来者，为安福江，一江自西南来者，为永新江。舟溯永新江西南行，至是始有滩。又十五里，泊于横江渡，是日行五十里。

二十七日 昧爽发舟。二十里，廖仙岩，有石崖瞰江，南面已为泰和界。其北俱庐陵境也。自是舟时转北向行，盖山蹊虽自西来，而屈曲南北也。十里永阳，庐陵大市也，在江之北。又十五里，北过狼湖，乃山坞村居，非湖也。居民尹姓，有舡百艘，俱捕鱼湖襄间为业。又十五里，泊于止阳渡，有村在江之北岸，是日行六十里。两日共行百里，永新之中也。先是，复生以山溪多曲，欲以二骑、二担夫送至茶陵界。余自入署，见天辄酿雪，意欲从舟，复生乃索舟并以二夫为操舟助，至是朔风劲甚，二夫纤荷屡从水中，余甚悯其寒，辄犒以酒资。下午，浓云渐开，日色亦朗，风之力也。

二十八日　昧爽，纤而行，寒甚。二十里敖城，始转而南。挂篷五里，上黄坝滩，复北折遂入两山峡间，五里，枕头石。转而西，仍挂帆行，三里，上黄牛滩，十八滩从此始矣。滩之上，为纷丝潭。潭水深碧，两崖突束如门，至此始有夹峙之崖，激湍之石。又七里，上二滩，为周原山，中洋壑少开，村落倚之，皆以货薪为业者也。又五里，为画角滩，十八滩中之最长者。又五里，为坪上，则庐陵、永新之界也。两县分界在坪上之东，舟泊于坪上之西。

二十九日　昧爽行。二十里，桥面，上旧有桥跨溪南北，今已圮，惟乱石堆截溪流。又五里，为还古。望溪南大山横亘，下有二小峰拔地兀立，心觉其奇，问之舟人，曰："高山名义山，土人所谓上天梁也。虽大而无奇；小峰曰梅田洞，洞即在山之麓。"余夙慕梅田之胜，亟索饭登涯，令舟子随舟候于永新，余同静闻由还古南行。五里，至梅田山下，则峰皆丛石耸叠，〔无纤土蒙翳其间，真亭亭出水莲也。〕山麓有龙姓者居之。东向者三洞，北向者一洞，惟东北一角，山石完好，而东南洞尽处，与西北诸面，俱为烧灰者。铁削火淬，玲珑之质，十去其七矣。东向第一洞，在穹崖下。洞左一突石障其侧，由洞门入，穹然而高十数丈。后洞顶忽盘空而起，四围俱削壁下垂，如悬帛万丈，牵绡回幄，从天而下者。其上复嘘窦嵌空，结蜃成阁，中有一窍，直透山顶，天光直落洞底，日影斜射上层，仰而望之，若有仙灵游戏其上者，恨无十丈梯，凌空置身其间也。由此北入，左右俱有旋螺之室，透瓣之门，伏兽垂幢，不可枚举。而正洞垂门五重，第三重有柱中擎，剖门为二：正门在左，直透洞光；旁门在右，暗中由别窦入，至第四门之内而合。再入至第五门，约已半里，而洞门穹直，光犹遥射。至此路忽转左，再入一门，黑暗一无所睹，但觉空洞之声，比明处更宏远耳。欲出索炬再入，既还步，所睹比入时更显，垂乳列柱，种种满前，应接不暇，不自觉其足之不前也。洞之南不十步，又得一洞，亦直北而入，最后亦转而左，即昏黑不可辨，较之第一洞，正具体而微，然洞中瑰异宏丽之状，十不及一二也。既出，见洞之右壁，一隙岈然若门，侧身而入，其门高五、六尺，而阔仅尺五，上下二旁，方正如从绳挈矩，而槛桔之形，宛然斫削而成者。其内石色亦与外洞殊异，圆窦如月，侧隙如圭，玲珑曲折，止可蛇游猿倒而入。有风蓬蓬然从圆窦出，而忽昏黑一无所见，乃蛇退而返。

出洞而南，不十步，再得第三洞，则穹然两门，一东向，一南向，名合掌洞。中亦穹然明朗。初直北入，既而转右，转处有石柱洁白如削玉，上垂而为宝盖，绡围珠络，形甚瑰异。从此东折，渐昏黑，两旁壁亦渐狭，而其上甚高，亦以无火故，不能烛其上层，而下则狭者复渐低，不能容身而出。自是而南，凌空飞云之石，俱受大斧烈焰之剥肤矣。仍从山下转而北，见其耸峭之胜，而四顾俱无径路。仍过东北龙氏居，折而西，遇一人引入后洞。是洞在山之北，甫入洞，亦有一洞窍上透山顶，其内直南入，亦高穹明敞。当洞之中，一石柱斜骞于内，作曲折之状，曰石树，其下有石棋盘，上有数圆子如未收者。俗谓"棋残子未收"。后更有平突如牛心、如马肺者，有下昂首而上、上垂乳而下者，欲接而又不接者。其内西转，云可通前洞而出，以黑暗无灯，且无导者，姑出洞外。时连游四洞，日已下舂，既不及觅炬再入，而洞外石片嶙峋，又觉空中浮动，益无暇俯幽抉閟矣。遂与静闻由石瓣中攀崖蹈隙而上，下瞰诸悬石，若削若缀，静闻心动不能从，而山下居人亦群呼无路不可登，余犹宛转峰头，与静闻各踞一石，出所携胡饼啖之。度已日暮，不及觅炊所也。既而下山，则山之西北隅，其焚削之惨，与东南无异矣。乃西过一涧，五里入西山，循水口而入。又二里，登将军坳。又二里，下至西岭角，遂从大道西南行，五里，则大溪自南而来，绕永新城东北而去。有浮桥横架其上，过桥即永新之东关矣。时余舟自还古转而北去，乃折而南，迂曲甚多，且溯流逆上，尚不能至，乃入游城中，抵暮乃出，舟已泊浮桥下矣。

永新东二十里高山，曰义山，横亘而南，为泰和、龙泉界；西四十里高山，曰禾山，为茶陵州界；南岭最高者曰岭背，名七姬岭，去城五十里，乃通永宁、龙泉道也。永新之溪，西自麻田来，至城下，绕城之南，转绕其东而北去。麻田去城二十里，一水自路江东向来，一水自永宁北向来，〔合于麻田。〕

三十日　永新令闵及申以遏籴闭浮桥，且以封印谩许开关，而竟不至。上午，舟人代为觅轿不得，遂无志永宁，而谋径趋路江。乃以二夫一舟人分担行李，入东门，出南门，溯溪而西，七里，有小溪南自七姬岭来入。又西三里，大溪自西南破壁而出，路自西北沿山而入。又三里，西上草墅岭。三里，越岭而下，为枫树，复与大溪遇。路由枫树西北越合口岭，八里至黄杨，溯溪而西，山径始大开。又七里，李田。去路江尚二十里。日才下午，以除夕恐居停不便，即早觅托宿处，而旅店俱不能容。予方徬徨路口，有儒服者过而问曰："君岂南都人耶？余亦将南往留都，岂可使贤者露处于我土地！"揖其族人主□其家。余问其姓，曰："刘。"且曰："吾兄亦在南都，故吾欲往。"盖指肩吾刘礼部也。名元震。始知刘为永新人，而兹其里闬云。余以行李前往，遂同赴其族刘怀素家。其居甚宽整，乃村居之隐者，而非旅肆也。问肩吾所居，相去尚五里，遂不及与前所遇者晤。是日止行三十五里，因市酒肉，犒所从三夫，而主人以村醪饮余，竟忘逆旅之苦，但彻夜不闻一炮爆竹声，山乡之寥寂，真另一天地也。晚看落日，北望高山甚近，问之即禾山也。

丁丑正月初一日　晓起晴丽殊甚。问其地西去路江二十里，北由禾山趋武功百二十里，遂令静闻同三夫先以行李往路江，余同顾仆挈被直北入山。其山不甚高，而土色甚赤。升陟五里，越一小溪，又五里，为山上刘家，北抵厚堂寺。越一小岭，始见平畴，水田漠漠。乃随流东北行，五里，西北转，溯溪入山。此溪乃禾山东北之水，其流甚大。余自永城西行，未见有大水南向入溪者，当由山上刘家之东入永城下流者也。北过青堂岭西下，复得平畴一坞，是为十二都。西溯溪入龙门坑，溪水从两山峡中破石崖下捣，连泄三、四潭，最下一潭，深碧如黛，其上两崖石皆飞突相向。入其内，复得平畴，是为禾山寺。寺南对禾山之五老峰，而寺所倚者，乃禾山北支复起之山也。有双重石高峙寺后山上。盖禾山乃寺西主山，而五老其南起之峰，最为耸拔。余撮其大概云："双童后倚，五老前揖。"二山即禾山、五老。夹坳中，有罗汉洞，闻不甚深，寺僧乐庵以积香出供，且留为罗汉、五老之游。余急于武功，恐明日穷日力不能至，请留为归途探历，遂别乐庵，北登十里坳。其岭升陟共十里而遥，登岭时西望寺后山巅，双重骈立，峰若侧耳耦语然。越岭北下，山复成坞，水由东峡破山去，坞中居室鳞比，是名铁径。复从其北越一岭而下，五里再得平畴，是名严堂，其水南从岭西下铁径者也。由严堂北五里，上鸡公坳，又名双顶，其岭甚高，岭南之水，南自铁径东去，岭北之水，则自陈山从北溪出南乡，鸡公之北，即为安福界。下岭五里至陈山，日已暮，得李翁及泉，留宿焉。翁方七十，真深山高隐也。

初二日　晨餐后北向行，其南来之水，从东向破山去，又有北来之水至此，同入而东，路遂溯流北上。盖陈山东西俱崇山夹峙，而南北开洋成坞，四面之山，俱搏空溃壑，上则亏蔽天日，下则奔坠峭削，非复人世所有矣。五里，宛转至岭上，转而东，复循山北度岭脊，名庙山坳，又名常冲岭。其西有峰名乔家山，石势嵯峨，顶有若屏列、若人立者。诸山之中，此其翘楚云。北下三里，有石崖兀突溪左，其上纯石横竖，作劈翅回翔之状，水从峰根坠空而下者数十丈。但路从右行，崖畔丛茅蒙茸，不能下窥，徒闻捣空振谷之响而已。下此始见山峡中田塍环壑。又二里，始得居民三四家，是曰卢子泷。一溪自西南山峡中来，与南来常冲之溪合而北去。垄北一岗横障溪前，若为当关，溪转而西，环岗而北，遂西北去，路始舍涧北过一岗。又五里，下至平畴，山始大开，成南北两界，是曰台上塘前，而卢子泷之溪，复自西转而东，〔遂成大溪，东由洋溪与平田之溪合。〕乃渡溪北行，三里至妙山，复入山峡，〔三里〕至泥坡岭麓，得一夫，肩行李。五里，北越岭而下，又得平畴一壑，是曰十八都。又三里，有大溪亦自西而东，〔乃源从钱山洞北至此者，平田桥跨之。〕度平田桥北上相公岭，从此迢遥直上，俱望翠微，循云崖五里，有路从东来至十九都门家坊。〔“有路从东来”句，乾隆本作：又直上十里，盘陟岭头，日炙如釜，渴不得水。久之，闻路下淙淙声，觅莽间一窦出泉，掬饮之。山坳得居落为门家坊。坊西一峰甚峻，即相公岭所望而欲登者，正东北与香炉峰对峙，为武功南案。〕日犹下午，恐前路崎岖，姑留余力而止宿焉。主人王姓，其母年九十矣。

初三日　晨餐后行，云气渐合，而四山无翳。三里转而西，复循山向北，始东见大溪自香炉峰麓来，是为湘吉湾。又下岭一里，得三、四家，又登岭一里，连过二脊，是为何家坊。有路从西坞下者，乃钱山之道。水遂西下而东，则香炉峰之大溪也；有路从北坳上者，乃九龙之道；而正道则溯大溪东从夹中行。二里渡溪，循南崖行，又一里，茅庵一龛在溪北，是为三仙行宫，从此渐陟崇岗。三里，直造香炉峰，〔其崖坳时有细流悬挂，北下大溪去。仰见峰头云影渐朗，亟上跻，忽零雨飘扬。〕二里至集云岩，零雨沾衣，乃入集云观少憩焉。观为葛仙翁栖真之所，道流以新岁方群嬉正殿上，殿止一楹，建犹未完也。其址高倚香炉，北向武功，前则大溪由东坞来，西向经湘吉湾而去，亦一玄都也。时雨少止，得一道流欲送至山顶，遂西至九龙，乃冒雨行半里，渡老水桥，〔复循武功南麓行，遂〕上牛心岭。五里，过棋盘石，有庵在岭上。雨渐大，道流还所畀送资，弃行囊去。盖棋盘有路，直北而上五里，经石柱风洞，又五里，径达山顶，此集云〔登山〕大道也。由小径循深壑而东，乃观音崖之道。余欲兼收之，竟从山顶小径趋九龙，而道流欲仍下集云，从何家坊大路，故不合而去。余遂从小径冒雨东行，从此山支悉从山顶隤壑而下，凸者为岗，凹者为峡，路循其腰，遇岗则跻而上，遇峡则俯而下。由棋盘经第二峡，有石高十余丈竖峰侧，殊觉娉婷。其内峡中突崖丛树，望之甚异，而曲霏草塞，无可着足。又循路东过三峡，其岗下由涧底横度而南，直接香炉之东，于是涧中之水，遂分东西行，西即由集云而出平田，东即由观音崖而下江口，皆安福东北之溪也。于是又过两峡。北望峡内，俱树木蒙茸，石崖突兀，时见崖上白幌如拖瀑布，怪无飞动之势，细玩之，俱僵冻成冰也。然后知其地高寒，已异下方，余蹬踝雨中不觉耳。共五里，抵观音崖，盖第三岗过脊处正其中也。观音崖者，一名白法庵，为白云法师所建，而其徒隐之扩而大之，盖在武功之东南隅。其地幽僻深窈，初为山牛野兽之窝，名牛善堂，白云鼎建禅庐，有白鹦之异，故名白法佛殿。前有广池一方，亦高山所难者。其前有尖峰为案，曰箕山，乃香炉之东又起一尖也。其地有庵而无崖，崖即前山峡中亘石，无定名也。庵前后竹树甚盛，其前有大路直下江口，其后即登山顶之东路也。时余衣履沾透，亟换之，已不作行计。饭后雨忽止，遂别隐之由庵东跻其后，直上二里，忽见西南云气浓勃奔驰而来，香炉、箕山倏忽被掩益厉，顾仆竭蹶上跻。又一里，已达庵后绝顶，而浓雾弥漫，下瞰白云及过脊诸岗峡，纤毫石可影响，幸霾而不雨。又二里，抵山顶茅庵中，有道者二人，止行囊于中，三石卷殿即在其上，咫尺不辨。道者引入叩礼，遂返宿茅庵。是夜风声屡吼，以为已转西北，可幸晴，及明而弥漫如故。

〔武功山东西横若屏列，正南为香炉峰。香炉西即门家坊尖峰，东即箕峰。三峰俱峭削，而香炉高悬独耸，并列武功南，若棂门然。其顶有路四达：由正南者，自风洞石柱，下至棋盘、集云，经相公岭出平田、十八都为大道，余所从入山者也；由东南者，自观音崖下至江口，达安福；由东北者，二里出雷打石，又一里即为萍乡界，下至山口达萍乡；由西北者，自九龙抵攸县；由西南者，自九龙下钱山，抵茶陵州，为四境云。〕

初四日　闻夙霾未开，偃卧久之，晨餐后方起，雾影倏开倏合。因从正道下欲觅风洞石柱。直下者三里，渐见两旁山俱茅脊，无崖岫之奇，远见香炉峰顶亦时出时没，而半山犹浓雾如故。意风洞石柱尚在二三里下，恐一时难觅，且疑道流装点之言，即觅得亦无奇，遂仍返山顶，再饭茅庵。乃从山脊西行，初犹弥漫，已而渐开，三里稍下，度一脊，忽雾影中望见中峰之北，矗崖崭柱，上刺层霄，下插九地，所谓千丈崖。百崖丛峙回环，高下不一，凹凸掩映，隤北而下，如门如阙，如幢如楼，直坠壑底，皆密树蒙茸，平铺其下，然雾犹时〔时〕笼罩，及身至其侧，雾复倏开，若先之笼，故为掩袖之避，而后之开，又巧为献笑之迎者。盖武功屏列，东、西、中共起三峰，而中峰最高，纯石，南面犹突兀而已，北则极悬崖回崿之奇。使不由此而由正道，即由此而雾不收，不几谓武功无奇胜哉！共三里，过中岭之西，连度二脊，其狭仅尺五。至是南北俱石崖，而北尤崭削无底，环突多奇，〔脊上双崖重剖如门，下隤至重壑，〕由此通道而下，可尽北崖诸胜，而惜乎山高路绝，无能至者。又西复下而上，是为西峰。其山与东峰无异，不若中峰之石骨棱嶒矣。又五里，过野猪洼，西峰尽处，得石崖突出，下容四五人，曰二仙洞。闻其上尚有金鸡洞，未之入也。〔于是山分两支，路行其中。〕又西稍下四里，至九龙寺。寺当武功之西垂，崇山至此，忽开坞成围，中有平壑，水带西出峡桥，坠崖而下，乃神庙时宁州禅师所开，与白云之开观音崖，东西并建寺，然观音崖开爽下临，九龙幽奥中敞，形势固不若九龙之端密也。若以地势论，九龙虽稍下于顶，其高反在观音崖之上多矣。寺中僧分东西两寮，昔年南昌王特进山至此，今其规模尚整。西寮僧留宿，余见雾已渐开，强别之出寺。西越溪口桥，溪从南下。复西越一岭，又过一小溪，〔二溪合而南坠谷中。〕溪坠于东，路坠于西，俱垂南直下，五里，为紫竹林，僧寮倚危湍修竹间，幽爽兼得，亦精蓝之妙境也。从山上望此犹在重雾，渐下渐开，而破壁飞流，有倒峡悬崖湍之势。又十里，而至卢台，或从溪右，或从溪左，循度不一，靡不在轰雷倒雪中，但涧崖危耸，竹树翳密，悬坠不能下窥，及至渡涧，又复平流处矣。出峡至卢台，始有平畴一壑，乱流交涌畦间，行履沾濡。思先日过相公岭求滴水不得，此处地高于彼，而石山潆绕，遂成沃泽。盖武功之东垂，其山乃一脊排支分派，武功之西垂，其山乃众峰耸石攒崖，土石之势既殊，故燥润之分亦异也。夹溪四五家，俱环堵离立，欲投托宿，各以新岁宴客辞。方徘徊路旁，有人一群，从东村过西家，正所宴客也。中一少年，见余无宿处，亲从各家为觅所栖，乃引至东村宴过者，唐姓家。得留止焉。是日行三十里。

初五日　晨餐后雾犹翳山顶。乃东南越一岭，五里，下至平畴，是为大陂。居民数家，自成一壑。一小溪自东北来，乃何家坊之流也。卢台之溪自北来，又有沙盘头之溪自西北来，同会而出陈钱口。〔两山如门，路亦随之。〕出口，即十八都平田，东向大洋也。大陂之水，自北而〔出〕陈钱，上陂之水，自西而至车江，二水合而东经钱山下平田者也。路由车江循西溪，五里，至上陂。复入山，已渡溪南复上门楼岭，五里越岭，复与溪会。过平坞又二里，有一峰当溪之中，其南北各有一溪，潆峰前而合，是为月溪上流。路从峰之南溪而入，其南有石兰冲，颇突兀。又三里，登祝高岭。岭北之水下安福，岭南之水下永新。又平行岭上二里，下岭东南行二里，过石洞北，乃西南登一小山，山石色润而形巉。由石隙下瞰，一窟四环，有门当隙中，内有精蓝，后有深洞，洞名石城，而门为僧闭，无可入。从石上俯而呼，久之，乃得入，因命僧炊饭。而余入洞，欲出为石门寺之行也。及出，饭后见洞甚奇，索炬不能，复与顾仆再入细搜之，出已暮矣。〔乾隆本记石城洞之游较详，其文云：内为庵，后为石城洞，洞外石崖四亘。崖有隙东向，庵即倚之。庵北向，洞在其左，门东北向。循级而下，颇似阳羡张公洞门，而大过之。洞中高穹与张公并，而深广倍之。其中一冈横间，内外分两重，外重有巨石分列门口如台；当台之中，两石笋耸立而起；其左右列者，北崖有石柱矗立，大倍于笋，而色甚古穆。从石底高擎，上属洞顶，旁有隙，可环柱转。柱根涌起处有石环捧，若植之盘中者。其旁有支洞。曲而北再进，又有一大柱，下若莲花，围叠成柱，上如宝幢，擎盖属顶，旁亦有隙可循转。柱之左另环一窍，支洞益穹，因索炬不得，遂止。〕遂宿庵中。

石城洞初名石廊，南陂刘元卿开建精蓝于洞口石窟中，改名书林，今又名石城，以洞外石崖四亘若城垣也。

初六日　晨起，雾仍密翳。晨餐毕，别僧宝林出，而雨忽至，仍返庵中。坐久之，雨止乃行。由洞门南越一岭，五里，〔其处西为西云山，东为佛子岭之西垂，〕望见东面一山，中剖若门，意路且南向，无由一近观。又二里至树林，忽渡桥，路转而东。又一里，正取道断山间，乃即东向洋溪大道也。〔盖自祝高岭而南，山分东西二界，中开大洋，直南抵汤渡。其自断山之东，山又分南北二界，中开大洋，东抵洋溪，而武功南面与石门山之北，彼此相对，中又横架祝高至儿坡一层，遂分南北二大洋。北洋西自上陂合陈钱口之水，由钱山平田会于洋溪；南洋西自断山至路口，水始东下，合石门东麓卢子垅之水，由塘前而会于洋溪；二溪合流曰洋岔，始胜舟而入安福。〕初望断山甚逼削，及入之，平平无奇，是名错了坳，其南即路口西下之水所出。由坳入即东南行，三里，为午口。南上岭，山峡片石森立，色黑质峭如英石。又二里，一小峰尖圆特立，土人号为天子地。乃东逾一岭，共五里，为铜坑。浓雾复霾，坑之上，即路口南来初起之脊也。由此南向黑雾中五里，忽闻溪声如沸，已循危崖峭壁上行，始觉转入山峡中也。雾中下瞰，峭石屏立溪上，沉黑逼仄，然不能详也。已而竹影当前，犬声出户，遂得石门寺。乃入而炊，问石门之奇，尚在山顶五里而遥。时雾霾甚，四顾一无所见。念未即开霁，余欲餐后即行，见签板在案，因诀之大士。得七签，其由云："赦恩天下遍行周，敕旨源源出罪尤，好向此中求善果，莫将心境别谋求。"余曰："大士知我且留我，晴必矣。"遂留寺中。已而雨大作，见一行冲泥而入寺者，衣履淋漓，盖即路口之刘，以是日赴馆于此，此庵乃其所护持开创者。初见余，甚落落，既而同向火，语次大合。师名刘仲珏，号二玉，弟名刘古心，字若孩。迨暮，二玉以榻让余，余乃拉若孩同榻焉。若孩年甫冠，且婚未半月，辄入山从师，亦可嘉也。

初七日　平明，闻言天色大霁者，余犹疑诸人故以此嘲余，及起果然。亟索饭，恐雾湿未晞，候日高乃行。僧青香携火具而刘二玉挈壶以行。迨下山，日色已过下午矣。予欲行，二玉曰："从此南逾岭，下白沙五里，又十五里而至梁上，始有就宿处。日色如此，万万不能及。"必欲拉余至其家，余从之，遂由旧路下，未及铜坑，即北向去，共十里而抵其家，正在路口庙背过脊之中。入门已昏黑，呼酒痛饮，更余乃就寝。其父号舞雩，其兄弟四人。

初八日　二玉父子割牲设醴，必欲再留一日，俟其弟叔璿归，时往钱山岳家。以骑送余。余苦求别，迨午乃行。西南向石门北麓行，即向所入天子地处也。五里，有小流自铜坑北麓西北注山峡间，忽有乱石蜿蜒，得一石横卧涧上，流淙淙透其下。匪直跨流之石，抑其石玲珑若云片偃卧，但流微梁伏，若园亭中物，巧而不钜耳。过此，石错立山头，俱黝然其色，岈然其形，其地在天子地之旁，与向入山所经片峙之石，连峰共脉也。又五里，逾岗而得大涧，即铜坑下流，是为南村。有一峰兀立涧北，是为洞仙岩。逾涧南循西麓行，其西为竺高南下之大洋，南村之南，即为永新界。又五里遂与大路合。又五里，一涧东自牢芳坳来，〔坳在禾山绝顶西，北与石门南来之峰连列者。〕渡之而南即为梁上。复南五里，连逾东来二涧，过青塘墅，又二里，暮宿于西塘之王姓家。

初九日 晨餐后南行，西逾一北来之涧，〔即前东来之涧转而南者。〕共六、七里，至汤家渡，始与大溪遇。〔此溪发源于祝高南，合南下所经诸涧，盘旋西山麓，至此东转始胜舟。〕渡溪南行，又五里，为桥上。〔其处有元阳观、元阳洞；洞外列三门，内可深入，以不知竟去。〕前溪复自北而南。仍渡溪东，乃东向逾山，四里为太和，又四里逾一岭，已转行高石坳之南矣。小岭西为东阁坪，东为坑头冲，由坑南下二里，则大溪西自中坊东来，路随之，东入山峡。又二里为龙山，数家倚溪上。循溪东去，崖石飞突，如蹲狮奋虎，高瞰溪上；路出其下，滩石涌激，上危崖而飞沫，殊为壮观。三里，山峡渐开，溪路出峡，南北廓然。又二里，溪转而南，有大路逾岗而东者，由李田入邑之路也。随溪南下者，路江道也。于是北望豁然无碍，见禾山高穹其北，与李田之望禾山无异也。始知牢芳岭之东，又分一支，起为禾山，从牢芳排列南至高石坳者，禾山西环之支，非即一山也。〔禾山西南有溪南下，至此与龙山大溪合而南去，路亦随之。〕五里，至龙田，溪转东行，溪上居肆较多他处。渡溪，循溪南岸东向行，三里，溪环东北，路折东南，又三里，溪自北来，复与路遇，是为路江。先是，与静闻约，居停于贺东溪家。至路江问之，则前一里外所过者是。乃复抵贺，则初一日静闻先至路江，遂止于刘心川处。于是复转路江。此里余之间，凡三往返而与静闻遇。

初十日 昧爽，由路江以二舆夫、二担夫西行，循西来小水，初觉山径凹豁，南有高峰曰石泥坳，永宁之界山也。北有高峰曰龙凤山，即昨所过龙山溪南之峰也。今又出其阳矣。共十里，为文竺，居廛颇盛。一水自南来，一水自西下，合于村南而东下路江者也。路又溯西溪而上，三里入岩壁口，南北两山甚隘，水出其间若门。二里渐扩，又五里为桥头，无桥而有市，永新之公馆在焉。〔分两道：〕一路直西向茶陵，一路渡溪西南向芳子树下。于是〔从西南道，〕溪流渐微，七里，过塘石，渐上陂陀。三里，登一岗，是为界头岭，湖广、江西分界处也。盖崇山南自崖子龙，东峙为午家山。东行者，分永宁、永新之南北界，北转者至月岭，下伏为唐舍，为茶陵、永新界。下岗，水即西流。闻黄雩仙在其南，遂命舆人迂道由皮唐南入皮南，去界头五里矣。于是入山，又五里，〔南越一溪，即黄雩下流也。〕遂南登仙宫岭，五里，逾岭而下，望南山高插天际者，亦谓之界山，即所称石牛峰，乃永宁、茶陵界也。北与仙宫夹而成坞。坞中一峰自西而来，至此卓立，下有庙宇，即黄雩也。至庙，见庙南有涧奔涌而不见上流，往察之，则卓峰之下一窍甚庳，乱波由窍中流出，遂成滔滔之势。所称黄雩者，谓雩祝之所润济一方，甚涯也。索饭于道士，复由旧路登仙宫岭，五里，逾岭北下，又北十里，与唐舍、界头之道合。下岭是为光前，又有溪自西而东者，发源崖子龙，〔在黄雩西北重山中。〕渡溪又北行三里，过崇岗。地名。又二里，复得一溪，亦东向去，是名芝水。有石梁跨其上，渡梁，即为芳子树下。始见大溪自东南注西北，而小舟鳞次其下矣。自界岭之西，岭下一小溪为第一重，黄雩之溪为第二重，崖子龙溪为第三重，芝水桥之溪为第四重。惟黄雩之水最大，俱从东转西，合于小关洲之下，西至芳子树下而胜舟，至高陇而更大云。“芳子”，树名，昔有之，今无矣。

卷二下

楚游日记

丁丑正月十一日是日立春，天色开霁。亟饭，托静闻随行李从舟顺流至衡州，期十七日会于衡之草桥塔下，命顾仆以轻装从陆探茶陵、攸县之山。及出门，雨霏霏下。渡溪南涯，随流西行，已而溪折西北，逾一岗，共三里，复与溪遇，是为高陇。于是仍逾溪北，再越两岗，共五里至盘龙庵。有小溪北自龙头山来，越溪西去，是为巫江，乃茶陵大道；随山顺流转南去，是为小江口，乃云嵝山道。二道分于盘龙庵前。〔小江口即蟠龙、巫江二溪北自龙头至此，南入黄雩大溪者。〕云嵝山者，在茶陵东五十里沙江之上，其山深峭。神庙初，孤舟大师开山建刹，遂成丛林，今孤舟物故，两年前虎从寺侧攫一僧去，于是僧徒星散，豺虎昼行，山田尽芜，佛宇空寂，人无入者。每从人问津，俱戒莫入。〔且雾露沉霾，莫为引导。〕余不为阻，从盘龙小路，〔南沿小溪二里，复与大溪遇。〕南渡小溪入山，雨沉沉益甚。从山夹小路西南二里，有大溪自北来，直逼山下，〔盘曲山峡，两旁石崖水啮成矶。〕沿之二里，是为沙江，即云嵝之水入大溪处也。途遇一人，持伞将远〔出〕，见余问道，辄曰："此路非多人不可入，余当返家，为君前驱。"余感其意，因随至其家。其人为余觅三人，各持械，赍火冒雨入山。初随溪口东入〔一里，〕望〔一小溪自〕西峡〔透隙出，〕石崖层亘，外束如门。导者曰："此虎窟也。从来烧采之夫，俱不敢入。"时雨势渐盛，遂溯大溪入，宛转二里，〔溪底石峙如平台，中剖一道，水由石间下，甚为丽观。〕于是上山，转山嘴而下，得平畴一壑，名为和尚园。〔四面重峰环合，平畴尽。〕约一里，复逾一小山，循前溪上流，宛转峡中，又一里，而云嵝寺在焉。山深雾黑，寂无一人。殿上金仙云冷，厨中丹灶烟空，徘徊久之。雨愈催行，遂同导者出。出溪口，导者望见一舟，亟呼而附焉。顺流飞桨，舟行甚疾。余衣履沾湿、气寒砭肌，惟炙衣之不暇，无暇问两旁崖石也。山溪纡曲，下午登舟，约四十里而暮，舟人夜行三十里，泊于东江口。

十二日　晓寒甚。舟人由江口挽舟入酃水，遂循茶陵城过东城，泊于南关。入关，抵州前，将出大西门，寻紫云、云阳之胜。闻灵岩在南关外十五里，乃饮于市，复出南门，渡酃水。时微雨飘扬，朔风寒甚。东南行，陂陀高下五里，得平畴，是曰欧江。有溪自东南来，遂溯之行，雾中望见其东山石突兀，心觉其异。又五里，抵山嘴溪上，是曰沙陂，以溪中有陂也。〔溪源在东四十里百丈潭。〕陂之上，其山最高者，曰会仙寨。其内穹崖裂洞，曰学堂岩。再东山峡盘亘，中曰石梁岩，即在沙陂之上，余不知也。又东一里，乃北入峡中。一里，得碧泉岩、对狮岩，俱南向。又东逾岭而下，转而北，则灵岩在焉。以东向，曾守名才汉又名为月到岩云。

自会仙岩而东，其山皆不甚高，俱石崖盘亘，堆环成壑，或三面回环如玦者，或两对叠如门者，或高峙成岩，或中空如洞者，每每而是。但石质粗而色赤，无透漏润泽之观，而石梁横跨，而下穹然，此中八景，当为第一。

灵岩者，其洞东向，前有亘崖，南北回环，其深数十丈，高数丈余，中有金仙，外列门户而不至于顶，洞形固不为洞揜也，为唐陈光问读书处。陈居严塘，在洞北二十里。其后裔犹有读书岩中者。

观音现像，伏狮峰之东，回崖上有石迹成像，赭黄其色。

对狮岩者，一名小灵岩，在灵岩南岭之外，南对狮峰，上下两层，上层大而高穹，下层小而双峙。

碧泉岩者，在对狮之西，亦南向，洞深三丈，高一丈余，内有泉一缕，自洞壁半崖滴下。下有石盘承之，清冽异常，亦小洞间一名泉也。

伏虎岩在清泉之后。

石梁岩在沙陂、会仙寨东谷。其谷乱崖分亘，攒列成坞，两转而东西横亘，下开一窦，中穹若梁，由梁下北望，别有天地，透梁而入，梁上复开崖一层，由东陂而上，直造梁中而止，登之如践层楼矣。

会仙寨下临沙溪，上亘圆顶如叠磨然，独出众山。罗洪山罗名其纶，琼司理。结净蓝于下，即六空上人所栖也。其师号涵虚。

学堂岩在会仙之北，高崖间迸开一窦，云仙人授学之处。

此灵岩八景也。余至灵岩，风雨不收，先过碧泉、对狮二岩，而后入灵岩，晓霞留饭，已下午矣。适有一僧至，询为前山净侣六空也。时晓霞方理诸俗务，结茀、喂猪。饭罢，即托六空为导，回途至狮峰而睹观音现像，抵沙陂而入游石梁，入其庵，而乘暮登会仙，探学堂八景，惟伏虎未至。是日雨仍空濛，而竟不妨游，六空之力也。晚即宿其方丈。

十三日 晨餐后寒甚，阴翳如故。别六空，仍旧路西北行。三里至欧江，北入山，为茶陵向来道，南沿沙陂江西去又一道也。过欧江，溪胜小舟，西北过二小岭，仍渡茶陵南关外。沿城溯江，经大西门，〔寻紫云、云阳诸胜。〕西行三里，过桥开陇，始见大江自东北来，于是越黄土坳，又三里，过新桥，雾中始露云阳半面。又三里，抵紫云山麓，是为沙江铺，大江至此直逼山下。由沙江铺西行，为攸县、安仁大道。南登山，是为紫云仙。上一里，至山半为真武殿，上有观音庵，俱东北瞰来水。观音庵松岩，老僧也。予询云阳道，松岩曰："云阳山者，在紫云西十里，其顶为老君岩，云阳仙在其东峰之胁，去顶三里。赤松坛又在云阳仙之麓，去云阳仙三里。盖紫云为云阳尽处，而赤松为云阳正东之麓。由紫云之下，北顺江岸西行，三里，为洪山庙，乃登顶之北道。由紫云之下，南循山麓西行四里，为赤松坛，乃登顶之东道，去顶各十里而近。二道之中，有罗汉洞，在紫云之西，即由观音庵侧小径横过一里，可达其庵。由庵登顶，亦有间道可达，不必下紫云也。"余从之。遂由真武殿侧，西北度两小坳，一涧从西北来，则紫云与青莲庵即罗汉仙。后山夹而成者。〔水北入大江，紫云为所界断。〕渡涧，即青莲庵。东向而出，地幽而庵净，僧号六涧，亦依依近人，坚留余饭。余亟于登岭，遂从庵后西向登山。其时浓雾犹翳山半，余不顾，攀跻直上三里，逾峰脊二重，足之所上，雾亦旋开。又上二里，则峰脊冰块满枝，寒气所结，大者如拳，小者如蛋，依枝而成，遇风而坠，俱堆积满地。其时本峰雾气全消，山之南、东二面，历历可睹，而北、西二面，犹半为霾掩。〔鄙江自东南，黄雩江自西北，盘曲甚远。〕始知云阳之峰，俱自西南走东北，排叠数重：紫云其北面第一重也；青莲庵之后，余所由跻者，第二重也；云阳仙，第三重也；老君岩在其上，是为绝顶，所谓七十一峰之主也。云峰在南，余所登峰在北，两峰横列，脉从云阳仙之下，度坳而起，峙为余所登第二重之顶，东走而下，由青莲庵而东，结为茶陵州治。余既登第二重绝顶，径路迷绝，西南望云峰绝顶，中隔一坞，而绝顶尚霾夙雾中。俯瞰过脊处，在峰下里许，其上隔山竹树一壑，两乳回环掩映，若天开洞府，即云阳仙无疑也。虽无路，亟直坠而下，度脊而上，共二里，逾一小坳，入云阳仙。其庵北向，登顶之路，由左上五里，而至老君岩。下山之路，由右三里而至赤松坛。庵后有大石飞累，驾空透隙，竹树悬缀，极为倩叠。石间有止水一泓，澄碧迥异，名曰五雷池，雩祝甚灵。层岩上突，无可攀跻，其上则黑雾密翳矣。盖第二重之顶，当风无树，故冰止随枝堆积。而庵中山环峰夹，竹树蒙茸，萦雾成冰，玲珑满树，如琼花瑶谷，朔风摇之，如步摇玉珮，声叶金石。偶振堕地，如玉山之颓，有积高二三尺者，途为之阻，闻其上登跻更难。时日过下午，闻赤松坛尚在下，而庵僧〔楚〕音，误为"石洞"。余意欲登顶右后，遂从顶北下山。恐失石洞之奇，且谓稍迟可冀晴朗也。索饭于庵僧镜然，遂东下山。路侧涧流泻石间，僧指为"子房炼丹池"、"捣药槽"、"仙人指迹"诸胜，乃从赤松而附会留侯也。直下三里，抵赤松坛，始知赤松之非石洞也。遂宿庵中。殿颇古，中为赤松，左黄石，而右子房，殿前有古树松一株，无他胜也。僧葛民亦近人。

十四日　晨起寒甚，而浓雾复合。先是，晚至赤松，即嘿祷黄石、子房神位，求假半日晴霁，为登顶之胜。至是望顶浓霾，零雨四洒，遂无复登顶之望。饭后，遂别葛民下山，循山麓北行，逾小涧二重，共四里，过紫云之麓，江从东北来，从此入峡，路亦随之，绕出云阳北麓，又二里，为洪山庙。风雨交至，遂停庙中，市薪炙衣，煨榾柮者竟日。庙后有大道南登绝顶。时庙下江傍停舟数只，俱以石尤横甚，不能顺流下，屡招予为明日行，余犹不能恝然于云阳之顶也。

十五日 晨起，泊舟将放，招余速下舟。予见四山雾霁，遂饭而决策登山。路由庙后南向而登，三里，复有高峰北峙，〔道分二岐：〕一岐从峰南，一岐从峰西南。余初由东南行，疑为前上罗汉峡中旧道，乃向云阳仙，非径造老君岩者，乃复转从西南道。不一里，行高峰西峡，顾仆南望峡顶有石梁飞驾，余瞻眺不及。及西上岭侧，见大江已环其西，大路乃西北下，遂望岭头南跻而上。时岭头冰叶纷披，虽无径路，余意即使路讹，可得石梁胜，亦不以为恨。及至岭上遍觅，无有飞驾之石，第见是岭之脊，东南横属高顶，其为登顶之路无疑。遂东南度脊，仰首直上，又一里，再逾一脊，则下瞰脊南，云阳仙已在下方矣。盖是岭东西横亘，西为绝顶北尽处，东即属于前所登云阳东第二层之岭也。于是始得路，更南向登顶，其上冰雪层积，身若从玉树中行。又一里，连过两峰，始陟最高顶。是时虽旭日藏辉，而沉霾屏伏，远近诸峰，尽露真形，惟西北远峰，尚存雾痕一抹。乃从峰脊南下，又一里，复过两峰，有微路十字界峰坳间。南上复登山顶，东由半山直上，西由山半横下。然脊北之顶虽高，而纯土无石；脊南之峰较下，而东面石崖高穹，峰笋离立。乃与顾仆置行李坳中，从南岭之东，攀崖隙而踞石笋，下瞰坞中，有茅一龛，意即老君岩之静室，所云老主庵者。窃计直坠将及一里，下而复上，其路既遥，况既踞石崖之顶，仰瞩俯瞰，胜亦无殊，不若逾脊从西路下，便则为秦人洞之游，不便即北去江浒觅舟，顺流亦易。乃遂从西路行，山阴冰雪拥塞，茅棘交萦，举步渐艰。二里路绝，四顾皆茅茨，为冰冻所胶结，上不能举首，下无从投足，兼茅中自时有偃宕，疑为虎穴，而山中浓雾四起，瞰眺莫见，计难再下。乃复望山巅而上，冰滑草拥，随跻随坠。念岭峻草被，可脱虎口，益鼓勇直上。二里，复得登顶，北望前西下之脊，又隔二峰矣。其处岭东茅棘尽焚，岭西茅棘蔽山，皆以岭头路痕为限，若有分界者。是时岭西黑雾弥漫，岭东日影宣朗，雾欲腾冲，而东风辄驱逐而西，亦若以岭为界者。又南一里，再下二峰，岭忽乱石森列，片片若攒刃交戟，雾西攫其尖，风东捣其膊，人从其中溜足直下，强攀崖踞坐，益觉自豪。念前有路而忽无，既雾而复雾，欲下而转上，皆山灵未献此奇，故使浪游之踪，迂回其辙耳。既下石峰，坳中又得十字路，于是复西向下岭，俱从浓雾中行矣。始二里，冰霾而草中有路。又二里，路微而石树蒙翳。

又二里则石悬树密而路绝。盖前路之逾岭而西，皆茶陵人自东而来，烧山为炭，至此辄返。过此崖穷，树益深，上者不能下，下者不复上。余念所下既遥，再下三四里，当及山麓，岂能复从前还跻。遂与顾仆挂石投崖，悬藤倒柯，坠空者数层，渐闻水声遥遥，而终不知去人世远近。已而雾影忽闪，露出层峰峡谷，树色深沉；再一闪影，又见谷口两重外，有平坞可瞩。乃益揆丛历级，若邓艾之下阴平，坠壑滚崖，技无不殚，然皆赤手，无从裹毡也。既而忽下一悬崖，忽得枯涧，遂得践石而行。盖前之攀枝悬坠者，藉树；而兜衣挂履，亦树。得涧而树稍为开。既而涧复生草，草复翳涧，靡草之下，不辨其孰为石，孰为水，既难着足，或草尽石出，又棘刺勾芒，兜衣挂履如故。如是三里，下一瀑崖，微见路影在草间，然时隐时现。又一里，涧从崖间破峡而出，两崖轰峙，而北尤危峭，始见路，从南崖逾岭出。又一里，得北来大道，始有村居，询其处，为窑里，盖云阳之西坞也。其地东北转洪山庙，五里而遥；南至东岭，十里而遥；东岭而南更五里，即秦人洞矣。时雾影渐开，遂南循山峡行。逾一小岭，五里，上枣核岭，〔岭俱云阳西向度而北转成峡者。〕下一里渡涧，〔涧乃南自龙头岭下，出上清洞。〕傍西麓溯涧南上半里，为络丝潭，深碧无底，两崖多叠石。又半里，复度涧，傍东麓登山。是处东为云阳之南峰，西为大岭之东嶂。〔大岭高并云阳，龙头岭其过脊也；其东南尽西岭，东北抵麻叶洞，西北峙五凤楼，西南为古爽冲。〕一溪自大岭之东北来者，乃洪碧山之水；一溪自龙头岭北下者，乃大岭云阳过脊处之水。二水合而北出把七，铺名。龙头岭水分南北，其南下之水，由东岭坞合秦人洞水出大罗埠。共二里，越岭，得平畴，是为东岭坞。坞内水田平衍，村居稠密，东为云阳，西为大岭，北即龙头岭过脊，南为东岭回环。余始至以为平地，即下东岭，而后知犹众山之上也。循坞东又一里，宿于新庵。

十六日　东岭坞内居人段姓，引南行一里，登东岭。即从岭上西行，岭头多漩窝成潭，如釜之仰，釜底俱有穴直下为井，或深或浅，或不见其底，是为九十九井。始知是山下皆石骨玲珑，上透一窍，辄水捣成井。窍之直者，故下坠无底；窍之曲者，故深浅随之。井虽枯而无水，然一山而随处皆是，亦一奇也。又西一里，望见西南谷中，四山环绕，漩成一大窝，亦如仰釜。釜之底有涧，涧之东西皆秦人洞也。由灌莽中直下二里，至其处，其涧由西洞出，由东洞入，涧横界窝之中，东西长半里，中流先捣入一穴，旋透穴中东出，即自石峡中行。其峡南北皆石崖壁立，夹成横槽；水由槽中抵东洞，南向捣入洞口。洞有两门北向，水先分入小门，透峡下倾，人不能从。稍东而南入大门者，从众石中漫流，其势较平；第洞内水汇成潭，深浸洞之两崖，旁无余隙可入。循崖则路断，涉水则底深，惜无浮槎可觅支机片石，惟小门之水入峡后亦旁通大洞，其流可揭厉而入。其窍宛转而披透，其窍中如轩楞别启，捣返观倒入之势，亦甚奇也。西洞洞门东穹，较东洞之高峻少杀；水由洞后东向出，水亦较浅可揭。入洞五六丈，上嵌围顶，四围飞石驾空，两重如庋悬阁，得二丈梯而度其上。其下再入，水亦成潭，深与东洞并，不能入矣。是日导者先至东洞，以水深难入而返，不知所谓西洞也。返五里，饭于导者家，日已午矣。其长询知洞水深，曰："误矣。此入水洞，非水所从出者。"复导予行，始抵西洞。余幸兼收之胜，岂惮往复之烦。既出西洞，过东洞，共一里。逾岭东望，见东洞水所出处，复一里，南抵坞下，其水东向涌出山麓，亦如黄雩之出石下也。土人环石为陂，壅为巨潭，以灌山塍。从其东，水南流出谷，路北上逾岭，共二里，始达东岭之上，此由州入坞之大道也。登岭，循旧路一里，返宿导者家。

十七日　晨餐后，仍由新庵北下龙头岭，共五里，由旧路至络丝潭下。先是，余按《志》有"秦人三洞，而上洞惟石门不可入"之文。余既以误导，兼得两洞，无从觅所为上洞者。土人曰："络丝潭北有上清潭，其门甚隘，水由中出，人不能入，入即有奇胜。此洞与麻叶洞俱神龙蛰处，非惟难入，亦不敢入也。"余闻之，益喜甚。既过络丝潭，不渡涧，即傍西麓下。〔盖渡涧为东麓，云阳之西也，枣核故道；不渡涧为西麓，大岭、洪碧之东也，出把七道。北〕半里，遇樵者，引至上清潭。其洞即在路之下、涧之上，门东向，夹如合掌，水由洞出，有二派：自洞后者，汇而不流；由洞左者，〔乃洞南旁窦，〕其出甚急。既逾洞左急流，即当伏水而入，导者止供炬爇火，无肯为前驱者。余乃解衣伏水，蛇行以进，石隙既低而复隘，且水没其大半，必身伏水中，手擎火炬，平出水上，乃得入。西入二丈，隙始高裂丈余，南北横裂者亦三丈余，然俱无入处，惟直西一窦，阔尺五，高二尺，而水没其中者亦尺五，隙之余水面者，五寸而已。计匍匐水中，必口鼻俱濡水，且以炬探之，贴隙顶而入，犹半为水渍。时顾仆守衣外洞，若泅水入，谁为递炬者？身可由水，炬岂能由水耶？况秦人洞水，余亦曾没膝，浸服俱温，然不觉其寒，而此洞水寒，与溪涧无异。而洞当风口，飕飕弥甚，风与水交逼，而火复为阻，遂舍之出。出洞披衣，犹觉周身起粟，乃爇火洞门。久之，复循西麓随水北行，已在枣核岭之西矣。

去上清三里，得麻叶洞。洞在麻叶湾，西为大岭，南为洪碧，东为云阳、枣核之支，北则枣核西垂。大岭东转，束涧下流，夹峙如门，而当门一峰，耸石屼突，为将军岭；涧捣其西，而枣核之支，西至此尽。涧西有石崖南向，环如展翅，东瞰涧中，而大岭之支，亦东至此尽。回崖之下，亦开一隙，浅不能入。崖前有小溪，自西而东，经崖前入于大涧。循小溪至崖之西胁乱石间，水穷于下，窍启于上，即麻叶洞也。

洞口南向，大仅如斗，在石隙中转折数级而下。初觅炬倩导，亦俱以炬应，而无敢导者。曰："此中有神龙。"或曰："此中有精怪。非有法术者，不能摄服。"最后以重资觅一人，将脱衣入。问余乃儒者，非羽士，复惊而出曰："予以为大师，故欲随入，若读书人，余岂能以身殉耶？"余乃过前村，寄行李于其家，与顾仆各持束炬入。时村民之随至洞口数十人，樵者腰镰，耕者荷锄，妇之炊者停爨，织者投杼，童子之牧者，行人之负载者，接踵而至，皆莫能从。余两人乃以足先入，历级转窦，递炬而下，数转至洞底。洞稍宽，可以侧身矫首，乃始以炬前向，其东西裂隙，俱无入处，直北有穴，低仅一尺，阔亦如之，然其下甚燥而平，乃先以炬入，后蛇伏以进，背磨腰贴，以身后耸，乃度此内洞之一关。其内裂隙既高，东西亦横亘，然亦无入处。又度第二关，其隘与低与前一辙，进法亦如之。既入，内层亦横裂，其西南裂者不甚深；其东北裂者上一石坳，忽又纵裂而起，上穹下狭，高不见顶，至此石幻异形，肤理顿换，片窍俱灵。其西北之峡，渐入渐束，内夹一缝，不能容炬。转从东南之峡，仍下一坳，其底砂石平铺，如涧底洁溜，第干燥无水，不特免揭厉，且免沾污也。峡之东南尽处，乱石轰驾，若楼台层叠，由其隙，皆可攀跻而上。其上石窦一缕，直透洞顶，光由隙中下射，若明星钩月，可望而不可摘也。层石之下，涧底南通，覆石低压，高仅尺许；此必前通洞外，涧所从入者。第不知昔何以涌流，今何以枯涸也，不可解矣。由层石下，北循涧底入，其隘甚低，与外二关相似。稍从其西，攀上一石隙，北转而东，若度鞍历峤，两壁石质石色，光莹欲滴，垂柱倒莲，纹若镂雕，形欲飞舞。东下一级，复值涧底，已转入隘关之内矣。于是辟成一衖，阔有二丈，高有丈五，覆石平如布幄，涧底坦若周行。北驰半里，下有一石，庋出如榻，楞边匀整。其上则莲花下垂，连络成帏，结成宝盖，四围垂幔，大与榻并。中圆透盘空，上穹为顶，其后西壁，玉柱圆竖，或大或小，不一其形，而色皆莹白，纹皆刻镂，此衖中第一奇也。又直北半里，洞分上、下两层，涧底由东北去，上洞由西北登。时余所赍火炬已去其七，恐归途莫辨，乃由前道数转而穿二隘关，抵透光处，炬恰尽矣。穿窍而出，恍若脱胎易世。洞外守视者，又增数十人，见余辈皆顶额称异，以为大法术人。且云："前久候以为必堕异吻，故余辈欲入不敢，欲去不能，兹安然无恙，非神灵摄服，安能得此！"余各谢之，曰："吾守吾常，吾探吾胜耳，烦诸君久竚，何以致之！"然其洞但入处多隘，其中洁净干燥，余所见洞，俱莫能及，不知土人何以畏入乃尔！乃取行囊于前村，从将军岭出，随涧北行。十余里，抵大道，其处东向把七尚七里，西向还麻止三里，余初欲从把七附舟西行，至是反溯流逆上，既非所欲，又恐把七一时无舟，天色已霁，遂从陆路西向还麻。时日已下舂，尚未饭，索酒市中。又西十里，宿于黄（石）铺，去茶陵西已四十里矣。是晚碧天如洗，月白霜凄，亦旅中异境。竟以行倦而卧。

黄石铺之南，即大岭北峙之峰，其石嶙峋插空，西南一峰尤甚，名五凤楼，〔去十里而近，即安仁道。〕余以早卧不及询，明日登途，知之已无及矣。

〔黄石西北三十里为高暑山，又有小暑山，俱在攸县东，疑即司空山也。二山之西，高峰渐伏。茶陵江北曲，经高暑南麓而西，攸水在山北。是山界茶、攸两江云。〕

十八日　晨餐后自黄石铺西行，霜花满地，旭日澄空。十里为了塘铺，又十里，为珠玑铺，则攸县界矣。又西北十里，斑竹铺，又西北十里，长春铺，又十里北度大江，即攸县之南关矣。县城濒江北岸，东西两门，与南门并列于江侧，茶陵之江北曲西回，攸水自安福封侯山西流南转，俱夹高暑山而下合于县城，东由城南西去。是日一路霁甚，至长春铺阴云复合。抵城才过午，候舟不得，遂宿学门前。亦南门。

十九日　晨餐后，阴霾不散。由攸县西门转北，遂西北登陟陂陀，十里，水涧桥，有小水自北而南。越桥而西，连上二岭，其西岭名黄山，下岭共五里，为黄山桥，有水亦自北而南，其水较大于水涧而平，洋亦大开。西行平畴三里，上牛头山。又山上行二里，曰长岗冲，下岭为清江桥。桥东赤崖如回翅，涧从北来，大与黄山桥等。桥西开洋，大亦如黄山桥，但四围皆山，不若黄山洋南北一望无际也。洋中平畴，村落相望，名漠田。又五里，西入山峡，已为衡山县界。界北诸山皆出煤，攸人用煤不用柴，乡人争输入市，不绝于路。入山，沿小溪西上，路分两岐：西北乃入山向衡小路，西南乃往太平等附舟路。于是遵西南五里，为荷叶塘。越盼儿岭，五里至龙王桥。桥下水北自小源岭来，南向而去，其居民萧姓，亦大族也。北望二十里外，小源岭之上有高山屏列，名曰大岭山，乃北通湘潭道。过桥西南行三里，上长岭，又西下一坞，三里，上叶公坳，又四里，下太平寺岭，则大江在其下矣。隔江即为芒洲，其地自攸县东四十五里。是日上长岭，日少开，中夜雨声滴沥，达明而止。

二十日　先晚候舟太平寺涯上，即宿泊舟间。中夜见东、西两山，火光荧荧，如悬灯百尺楼上，光焰映空，疑月之升、日之坠者。既而知为夜烧。既卧，闻雨声滴沥，达旦乃止。上午得舟，遂顺流西北向山峡行。二十五里，大鹅滩；十五里，过下埠，下回乡滩，险甚。过此山始开，江乃西向。行二十五里，北下横道滩，又十五里，暮宿于杨子坪之民舍。

二十一日　四鼓，月明，舟人即促下舟。二十里，至雷家埠，出湘江，鸡始鸣。又东北顺流十五里，抵衡山县，江流在县东城下。自南门入，过县前，出西门，三里，越桐木岭，始有大松立路侧。又二里，石陂桥，始夹路有松。又五里，过九龙泉，有头巾石。又五里师姑桥，山陇始开，始见祝融北峙。然夹路之松，至师姑桥而尽矣。桥下之水东南去。又五里入山，复得松。又五里，路北有"子抱母松"。大者二抱，小者分两岐。又二里，越佛子坳。又二里，上俯头岭。又一里，则岳市矣。过司马桥，入谒岳庙，出饭于庙前。问水帘洞在山东北隅，非登山之道。时才下午，犹及登顶，密云无翳，恐明日阴晴未卜，踌躇久之，念既上，岂能复迂道而转，遂东出岳市，即由路亭北依山转岐，初路甚大，乃湘潭入岳之道也。东北三里，有小溪自岳东高峰来，遇樵者引入小径三里，上山峡，望见水帘布石崖下。二里，造其处，乃瀑之泻于崖间者，可谓之"水帘"，不可谓之"洞"也。崖北石上大书"朱陵大沥洞天"并"水帘洞高山流水"诸字，皆宋、元人所书，不辨其款。引者又言其东九真洞，亦山峡间出峡之瀑也。下山又东北二里，登山循峡，逾一隘中，峰回水绕，引者以为九真矣。有樊山者至，曰："此寿宁宫故址，乃九真下流。"所云洞者，乃山环成坞，与此无异也。其地在紫盖峰之下。逾山而北，尚有洞，亦山坞，〔渐近湘潭境。予见日将暮，遂出山，十里，〕僧寮已近，还宿庙。

二十二日　十五里，半山庵。五里，南天门。〔南天门以上，乾隆本校详。其文云：力疾登山。由岳庙西度将军桥，岳庙东西皆涧。北入山一里，为紫云洞，亦无洞，山前一冈当户环成耳。由此上岭一里，大石后度一脊，里许，路南有铁佛寺。寺后跻级一里，路两旁俱细竹蒙茸。上岭，得丹霞寺。复从寺侧北上，由络丝潭北下一岭，又循络丝上流之涧，一里，为宝善堂。其处涧从东西两壑来，堂前有大石如劈，两涧环石下，出玉板桥，与东涧合而南。宝善界两涧中，去岳庙已五里。堂后复蹑蹬一里，又循西涧岭东，平行二里，为半云庵。庵后渡涧，西蹑级直上，二里上一峰，为茶庵。又直上三里，逾一峰，得半山庵，路甚峻。由半山庵丹霞侧北上，竹树交映，青翠滴衣。竹中闻泉声淙淙。自半云逾涧，全不与水遇，以为山高无水，至是闻之殊快。时欲登顶，过诸寺俱不入。由丹霞上三里，为湘南寺，又二里，南天门〕平行东向二里，分路。南一里飞来船、讲经台。转至旧路，又东下半里，北度脊，西北上三里，上封寺。上封东有虎跑泉，西有卓锡泉。

二十三日　上封。

二十四日　上封。

二十五日　上封。

二十六日　晴。至观音崖再上祝融会仙桥，由不语崖西下。八里，分路。南茅坪。北二里，九龙坪，仍转路口。南一里，茅坪。东南由山半行，四里渡乱涧，至大坪分路。东南上南天门。西南小路直上四里，为老龙池，有水一池，在岭坳，不甚澄，其净室多在岭外。西南侧刀之西，雷祖之东分路。东二里，上侧刀峰。平行顶上二里，下山顶，度脊甚狭，行赤帝峰北。一里，绕其东，分路，乃南由坳中东行一里，转出天柱东，遂南下，五里，过狮子山与大路合，遂由岐路西入福严寺殿已倾，僧佛鼎谋新之。宿明道山房。

二十七日　早闻雨，餐后行，少止。由寺西循天柱南一里，又西上二里，越南分之脊，转而北，循天柱西一里，上西来之脊，遂由脊上西南行，于是循华盖之东矣。一里，转华盖南，西行三里，循华盖西而北下，风雨大至。自是持盖行，北过一小坪，复过上岭，共一里，转而西行岭脊上，连度三脊，或循岭北，或循岭南，共三里而复上岭。于是直上二里，是为观音峰矣。由峰北树中行三里，雨始止，而沉霾殊甚。又西南下一里，得观音庵，始知路不迷。又下一里，为罗汉台。〔有路自北坞至者，即南沟来道。〕于是复南上二里，连度二脊，丛木亦尽，峰皆茅矣。既逾高顶，南下一里，得丛木一丘，是为云雾堂。中有老僧，号东窗，年九十八，犹能与客同拜起。时雾稍开，又南下一里半，得东来大路，遂转西下，又一里半，至涧，渡桥而西，即方广寺。寺正殿崇祯初被灾，三佛俱雨中。盖大岭之南，石廪峰分支西下，〔为莲花诸峰；〕大岭之北，云雾顶分支西下，〔为泉室、天台诸峰。〕夹而成坞，寺在其中，寺始于梁天监中。水口西去，环锁甚隘，亦胜地也。宋晦庵、南轩诸迹，俱没于火。寺西有洗衲池，补衣石在涧旁，渡水口桥，即北上山，西北登一里半，又平行一里半，得天台寺。寺有僧全撰，名僧也。适他出，其徒中立以芽茶馈。〔盖泉室峰又西起高顶，突为天台峰；西垂一支，环转而南，若大尾之掉，几东接其南下之支。南面水仅成峡，内环一坞如玦，在高原之上，与方广可称上下二奇。〕返宿方广庆禅、宁禅房。

先是，余欲由南沟趋罗汉台至方广，比登古龙池，乃东上侧刀峰，误出天柱东，及宿福严，适佛鼎师通道取木，遂复辟罗汉台路。余乃得循之西行，且自天柱、华盖、观音、云雾至大坳，皆衡山来脉之脊，得一览无遗，实意中之事也。由南沟趋罗台亦迂，不若径登天台，然后南岳之胜乃尽。

二十八日　早起，风雨不收。宁禅、庆禅二僧固留余，强别之。庆禅送至补衲台而别。遂沿涧西行，南北两界，山俱茅秃，五里，始有石树萦溪，崖影溪声，上下交映。又二里，〔隔溪前山，有峡自东南来，与方广水合流西去。〕北向登崖，崖下石树愈密，涧在深壑，其中有黑、白、黄三龙潭，两崖峭削，故路折而上，〔闻声而已，不能见也。〕已而平行山半，共三里，过鹅公嘴，得龙潭寺。寺在天台西峰之下，南为双髻峰。盖天台、双髻夹而西来，以成龙潭之流，潭北上即为寺，寺西为狮子峰，尖削特立，天台以西之峰，至此而尽。其南隔溪即双髻西峰，而莲花以西之峰，亦至此而尽。过九龙，犹平行山半，五里，自狮子峰南绕其西，下山又五里，为马迹桥，而衡山西面之山始尽。〔桥东去龙潭十里，西去湘乡界四十里，西北去白高三十里，南至衡阳界孟公坳五里。〕自马迹桥南渡一涧，〔涧即方广 九龙水去白高者。〕即东南行，四里至田心。又越一小桥，一里，上一低坳，不知其为界头也。过坳又五里，有水自东北山间悬崖而下，其高数十仞，是为小响水塘，盖亦衡山之余波也。又二里，有水自北山悬崖而下，是为大响水塘。〔阔大过前崖，而水分两级，转下峡间，初见上级，后见下级，故觉其不及前崖飞流直下也。〕前即宁水桥，问水从何处，始知其南由唐夫 沙河而下衡州草桥。盖自马迹南五里孟公坳分衡阳、衡山界处，其水北下者，即由白高下一殨江，南下者即由沙河下草桥，是孟公坳不特两县分界，而实衡山西来过脉也。第其坳甚平，其西来山即不甚高，故不之觉耳。始悟衡山来脉，非自南来，乃由此坳东峙双髻，又东为莲花峰后山，又东起为石廪峰，始分南北二支：南为岣嵝、白石诸峰，北为云雾、观音以峙天柱。使不由西路，必谓岣嵝、白石乃其来脉矣。由宁水桥饭而南，五里，过国清亭，逾一小岭，为穆家洞。其洞回环圆整，〔水〕自东南绕至东北，〔乃石廪峰西南峡中水；〕山亦如之，而东附于衡山之西。径洞二里，复南逾一岭，一里，是为陶朱下洞，其洞甚狭，水直西去。路又南入峡，二里，复逾一岭，为陶朱中洞，其水亦西去。又南二里，上一岭，其坳甚隘，为陶朱三洞，其洞较宽于前二洞，而不及穆洞之回环也。二里，又逾一岭，为界江，其水由东南向西北去。界江之西为大海岭。溯水南行一里，上一坳，亦甚平，乃衡之脉，又西度为大海岭者。其坳北之水，即西北下唐夫；其坳南之水，即东南下横口者也。逾坳共一里，为傍塘，即随水东南行，五里，为黑山。又五里，水口，两山逼凑，水由其外破壁而入，路逾其上。一里，水始出峡，路亦就夷。又一里，是为横口。傍塘、黑山之水南下，岣嵝之水西南来，至此而合。其地北望岣嵝、白石诸峰甚近，南去衡州尚五十里，遂止宿旅店。是日共行六十里。

二十九日　早起，雨如注，乃踯躅泥途中。沿溪南行，逾一小岭，是为上梨坪。又逾一小岭，五里，是为下梨坪，复与溪遇。又循溪东南下十里，为杨梅滩，有石梁南北跨溪上，溪由梁下东去，路越梁东南行，五里，入排冲。又行排中五里，南逾青山坳。排冲者，岗自谭碧岭东南至青山，分为两支，俱西北转，两岗排闼，夹成长坞，缭绕为田，路由之入，至青山而坞穷。乃逾坳而南，陂陀高下，滑泞几不留足，而衣絮沾透，亦疲而不觉其寒。十里，下望日坳，为黄沙湾，则蒸江自西南沿山而来，路遂随江东南下，又五里，为草桥，即衡州府矣。觅静闻，暮得之绿竹庵天母殿瑞光师处。亟投之，就火炙衣，而衡山古太坪僧融止已在焉。先是，予过古太坪，上古龙池，于山半问路静室，而融止及其师兄应庵双髻苦留余，余急辞去，至是已先会静闻，知余踪迹。盖融止扶应庵将南返桂林 七星岩，故道出于此，而复与之遇，亦一缘也。

绿竹庵在衡北门外华严、松萝诸庵之间，八庵连络，俱幽静明洁，呗诵之声相闻，乃藩府焚修之地。盖桂王以亲藩乐善，故孜孜于禅教云。

三十日　游城外河街，泞甚。暮，返宿天母殿。

二月初一日　早饭于绿竹庵，以城市泥泞，不若山行。遂东南逾一小岭，至湘江之上，共一里，溯江至蒸水入湘处。隔江即石鼓合江亭渡江登东岸，东南行，其地陂陀高下，四里，过把膝庵，又二里，逾把膝岭。岭南平畴扩然，望耒水自东南来，直抵湖东寺门，转而北去。湖东寺者，在把膝岭东南三里平畴中，门对耒水，万历末无怀禅师所建，后憨山亦来同栖，有净室在其间。余至，适桂府供斋，为二内官强斋而去。乃西行五里，过木子、石子二小岭，从丁家渡渡江，已在衡城南门外。登崖上回雁峰，峰不甚高，东临湘水，北瞰衡城，俱在足下，雁峰寺笼罩峰上无余隙焉，然多就圮者。又饭于僧之千手观音殿。乃北下街衢，淖泥没胫，一里，入南门，经四牌坊，城中阛阓与城东河市并盛。又一里，经桂府王城东。又一里，至郡衙西。又一里，出北门，遂北登石鼓山。山在临蒸驿之后，武侯庙之东，湘江在其南，蒸江在其北，山由其间度脉东突成峰，前为禹碑亭，大禹七十二字碑在焉。其刻较前所摹望日亭碑差古，而漶漫殊甚，字形与译文亦颇有异者。其后为崇业堂，再上，宣圣殿中峙焉。殿后高阁甚畅，下名回澜堂，上名大观楼。西瞰度脊，平临衡城，与回雁南北相对，蒸、湘夹其左右，近出窗槛之下，惟东面合流处则在其后，不能全括，然三面所凭掔，近而万家烟市，三水帆樯，湘江自南，蒸江自西，耒江自东南。远而岳云岭树，披映层叠，虽书院之宏伟，不及〔吉安〕白鹭大观，地则名贤乐育之区，而兼滕王、黄鹤之胜，韩文公、朱晦庵、张南轩讲学之所。非白鹭之所得侔矣。楼后为七贤祠，祠后为生生阁。阁东向，下瞰二江蒸、湘。合流于前，耒水北入于二里外，与大观楼东西易向。盖大观踞山顶，收南、北、西三面之奇，而此则东尽二水同流之胜者也。又东为合江亭，其址较下而临流愈近。亭南崖侧，一隙高五尺，如合掌，东向，侧肩入，中容二人，是为朱陵洞后门，求所谓“六尺鼓”不可得，亭下濒水有二石如竖碑，岂即遇乱辄鸣者耶？自登大观楼，正对落照，见黑云衔日，复有雨兆。下楼，践泥泞冒黑过青草桥。东北二里入绿竹庵。晚餐既毕，飓风怒号，达旦甫止，雨复潇潇下矣。

衡州城东面濒湘，通四门，余北、西、南三面鼎峙，而北为蒸水所夹。其城甚狭，盖南舒而北削云。北城外则青草桥跨蒸水上，此桥又谓之韩桥，谓昌黎公过而始建者。然文献无征，今人但有草桥之称而已。而石鼓山界其间焉。盖城之南，回雁当其上，泻城之北，石鼓砥其下流；而潇、湘循其东面，自城南抵城北，于是一合蒸，始东转西南来，再合耒焉。

蒸水者，由湘之西岸入，其发源于邵阳县耶姜山，东北流经衡阳北界，会唐夫衡西三洞诸水，又东流抵望日坳，为黄沙湾，出青草桥而合于石鼓东，一名草江，以青草桥故。一名沙江。以黄沙湾故。谓之蒸者，以水气如蒸也。舟由青草桥入，百里而达水福，又八十里而抵长乐。

耒水者，由湘之东岸入，其源发于郴州之耒山，西北流，经永兴、耒阳界。又有郴江，发源于郴之黄岑山。白豹水，发源于永兴之白豹山。资兴水，发源于钴鉧泉，俱与耒水会，又西抵湖东寺，至耒口而合于回雁塔之南。舟向郴州宜章者，俱由此入，过岭，下武水，入广之浈江。

来雁塔者，衡州下流第二重水口山也。石鼓从州城东北特起垂江，为第一重；雁塔又峙于蒸水之东、耒水之北，为第二重，其来脉自岣嵝转大海岭，度青山坳，下望日坳，东南为桃花冲，即绿竹、华严诸庵所附丽高下者。又南濒江，即为雁塔，与石鼓夹峙蒸江之左右焉。

衡州之脉，南自回雁峰而北尽于石鼓，盖邵阳、常宁之间迤逦而来，东南界于湘，西北界于蒸，南岳岣嵝诸峰，乃其下流回环之脉，非同条共贯者。徐灵期谓南岳周回八百里，回雁为首，岳麓为足，遂以回雁为七十二峰之一，是盖未经孟公坳，不知衡山之起于双髻也。若岳麓诸峰磅礴处，其支委固远矣。

初二日　早起，欲入城，并游城南花药山。雨势不止，遂返天母庵。庵在修竹中，有乔松一株当户，其外层岗回绕，竹树森郁，俱在窗槛之下，前池浸绿，仰色垂痕，后坂帏红，桃花吐艳，原名桃花冲。风雨中春光忽逗，而泥屐未周，不能无开云之望。下午，滂沱弥甚。乃拥炉瀹茗，兀坐竟日。

初三日　寒甚，而地泞天阴，顾仆病作，仍拥炉庵中，作《上封寺募文》。中夜风声复作，达旦仍（未）止雨。

初四日　雨，拥炉庵中，作完初上人《白石山精舍引》。

初五日　峭寒酿雨。令顾仆往河街城东濒湘之街，市肆所集。觅永州船，余拥炉书《上封疏》、《精舍引》，作《书怀诗》呈瑞光。

初六日　雨止，泞甚。入城拜乡人金祥甫，因出河街，抵暮返。雨复霏霏。金乃江城金斗垣子，随桂府分封至此。其弟以荆溪壶开肆东华门府墙下。

初七日　上午开霁。静闻同顾仆复往河街，更定永州舡。余先循庵东入桂花园。乃桂府新构〔庆桂堂地，〕为赏桂之所。〔前列丹桂三株，皆耸干参天，接荫蔽日。其北宝珠茶五株，虽不及桂之高大，亦郁森殊匹。〕又东为桃花源，〔西自华严、天母二庵来，南北俱高岗夹峙，中层叠为池；池两旁依岗分坞，皆梵宫绀宇，诸藩阉亭榭，错出其间。〕桃花源之上，即桃花冲，乃岭坳也。其南之最高处新结两亭：一曰停云，又曰望江；一曰望湖，在无忧庵后修竹间。时登眺已久，乃还饭绿竹庵。复与完初再上停云，从其北逾桃花冲坳，其东岗夹成池，越池而上，即来雁塔矣。塔前为双练堂，西对石鼓，返眺蒸、湘交会，亦甚胜也。塔之南，下临湘江，有巨楼可凭眺，惜已倾圮。楼之东即为耒江北入之口。时日光已晶朗，岳云江树，尽献真形。乃趣完初觅守塔僧，开扃而登塔，历五层，四眺诸峰，北惟衡岳最高，其次则西之雨母山，又次则西北之大海岭，其余皆岗陇高下，无甚峥嵘；而东南二方，固豁然无际矣。〔湘水自回雁北注城东，至石鼓合蒸，遂东转经塔下，东合耒水北去，三水曲折，不及长江一望无尽，而纡回殊足恋也。〕眺望久之，恐静闻觅舟已还，遂归询之，则舟之行尚在二日后也。是日颇见日影山光，入更复雨。

按雨母山在府城西一百里，乃回雁与衡城来脉，兹望之若四五十里外者，岂非雨母，乃伊山耶？恐伊山又无此峻耳。《志》曰："伊山在府西三十五里，乃桓伊读书处。"而雨母则大舜巡狩所经，亦云云阜。余苦久雨，望之不胜曲水之想。

初八日　晨起雨歇，抵午有日光。遂入城，经桂府前，府在城之中，圆亘城半，朱垣碧瓦，新丽殊甚。前坊标曰"夹辅亲潢"。正门曰"端礼"。前峙二狮，其色纯白，云来自耒河内百里。其地初无此石，建府时忽开得二石笋，俱高丈五，莹白如一，遂以为狮云。仍出南门，一里，由回雁之麓又西一里，入花药山。山不甚高，即回雁之西转回环而下府城者。诸峰如展翅舒翼，四拱成坞，寺当其中，若在围城之内，弘敞为一方之冠。盖城北之桃花冲，俱静室星联，而城南之花药山，则丛林独峙者也。寺名报恩光孝禅寺。寺后悬级直上山顶，为紫云宫，则道院也。其地高耸，可以四眺。还寺，遇锡僧觉空，兴道人。其来后余，而先至此。因少憩方丈，观宋徽宗弟表文。其弟法名琼俊，弃玉牒而游云水。时知府卢景魁之子移酌入寺，为琼俊所辱，卢收之狱中，潜书此表，令狱卒王祐入奏，徽宗为之斩景魁，而官王祐，其表文与徽宗之御札如此。寺僧以为宗门一盛事，然表中称衡州为邢州，御札斩景魁，即改邢为衡，且以王祐为衡守。其说甚俚，恐寺中捏造而成，非当时之实迹也。出寺，由城西过大西门、小西门，城外俱巨塘环饶，阛阓连络，共七里，东北过草桥，又二里，入绿竹庵，已薄暮矣。是日雨已霁，迨中夜雨声复作潺潺，达旦而不止。

初九日　雨势不止，促静闻与顾仆移行李舟中，而余坐待庵中。将午，雨中别瑞光，过草桥，循城东过瞻岳、潇湘、柴埠三门，入舟候同舟者，因复入城，市鱼肉笋米诸物。大鱼每二三月水至衡山县放子，土人俱于城东江岸以布兜围其沫，养为雨苗，以大艑贩至各省，皆其地所产也。过午出城，则舟以下客移他所矣。与顾仆携物匍匐雨中，循江而上，过铁楼及回雁峰下，泊舟已尽，而竟不得舟。乃觅小舟，顺流复觅而下，得之于铁楼外。盖静闻先守视于舟，舟移既不为阻，舟泊复不为觇，听我辈之呼棹而过，杂众舟中竟不一应，遂致往返也。是日雨不止，舟亦泊不行。

初十日　夜雨达旦。初涉潇湘，遂得身历此景，亦不以为恶。上午，雨渐止，迨暮，客至，雨散始解维，五里，泊于水府庙之下。

十一日　五更复闻雨声，天明渐霁。二十五里，南上钩栏滩，衡南首滩也。江深流缩，势不甚汹涌。转而西，又五里，为东阳渡；其北岸为琉璃敞，乃桂府烧造之窑也。又西二十里，为车江。或作汉江。其北数里外，即云母山。乃折而东南行十里，为云集潭，有小山在东岸。已复南转，十里为新塘站。旧有驿，今废。又六里，泊于新塘站上流之对涯，同舟者为衡郡艾行可、石瑶庭。艾为桂府礼生，而石本苏人，居此已三代矣。其时日有余照，而其处止有谷舟二只，遂依之泊。已而同上水者又五、六舟，亦随泊焉。其涯上本无村落，余念石与前舱所搭徽人俱惯游江湖，而艾又本郡人，其行止余可无参与，乃听其泊。迨暮，月色颇明。余念入春以来尚未见月，及入舟前晚，则潇湘夜雨，此夕则湘浦月明。两夕之间，各擅一胜，为之跃然。已而忽闻岸上涯边有啼号声，若幼童，又若妇女，更余不止。众舟寂然，皆不敢问。余闻之，不能寐。枕上方作诗怜之，有“箫管孤舟悲赤壁，琵琶两袖湿青衫”之句。又有“滩惊回雁天方一，月叫杜鹃更已三”等句。然亦止虑有诈局，俟怜而纳之，即有尾其后以挟诈者，不虞其为盗也。迨二鼓，静闻心不能忍，因小解涉水登岸，静闻戒律甚严，一吐一解，必俟登涯，不入于水。呼而诘之，则童子也。年十四、五，尚未受全发，诡言出王阉之门，年甫十二，王善酗酒，操大杖，故欲走避。静闻劝其归，且厚抚之，彼竟卧涯侧。比静闻登舟未久，则群盗喊杀入舟，火炬刀剑交丛而下。余时未寐，急从卧板下取匣中游资移之，越艾舱，欲从舟尾赴水，而舟尾贼方挥剑斫尾门，不得出，乃力掀篷隙，莽投之江中，复走卧处，觅衣披之。静闻顾仆与艾、石主仆，或赤身，或拥被，俱逼聚一处。贼前从中舱后破后门，前后刀戟乱戳，无不以赤体受之者。余念必为盗执，所持䌷衣不便，乃并弃之，各跪而请命，贼戳不已，遂一涌掀篷入水。入水余最后，足为竹纤所绊，竟同篷倒翻而下，首先及江底，耳鼻灌水一口，急踊而起，幸水浅止及腰，乃逆流行江中，得邻舟间避而至，遂跃入其中。时水浸寒甚，邻客以舟人被盖余，而卧其舟，溯流而上三四里，泊于香炉山，盖已隔江矣。还望所劫舟，火光赫然，群盗齐喊一声为号而去。已而同泊诸舟，俱移泊而来，有言南京相公身被四创者，余闻之暗笑其言之妄。且幸乱刃交戟之下，赤身其间，独一创不及，此实天幸，惟静闻、顾奴不知其处，然亦以为一滚入水，得免虎口，资囊可无计矣。但张侯宗琏所著《南程续记》一帙，乃其手笔，其家珍藏二百余年，而一入余手，遂罹此厄，能不抚膺！其时舟人父子，亦俱被戳，哀号于邻舟。他舟又有石瑶庭及艾仆与顾仆俱为盗戳，赤身而来，与余同被卧，始知所谓被四创者，乃余仆也。前舱五徽人，俱木客，亦有二人在邻舟，其三人不知何处。而余舱尚不见静闻，后舱则艾行可与其友曾姓者，亦无问处。余时卧稠人中，顾仆呻吟甚，余念行囊虽焚劫无遗，而所投匣资或在江底可觅。但恐天明为见者取去，欲昧爽即行，而身无寸丝，何以就岸。是晚初月甚明，及盗至，已阴云四布，迨晓，雨复霏霏。

十二日　邻舟客戴姓者，甚怜余，从身分里衣、单裤各一以畀余。余周身无一物，摸髻中犹存银耳挖一事，余素不用髻簪，此行至吴门，念二十年前，从闽返钱塘江浒，腰缠已尽，得髻中簪一枝，夹其半酧饭，以其半觅舆，乃达昭庆金心月房。此行因换耳挖一事，一以绾发，一以备不时之需。及此堕江，幸有此物，发得不散，艾行可披发而行，遂至不救。一物虽微，亦天也。遂以酬之，匆匆问其姓名而别。时顾仆赤身无蔽，余乃以所畀裤与之，而自着其里衣，然仅及腰而止。旁舟子又以衲一幅畀予，用蔽其前，乃登涯。涯犹在湘之北东岸，乃循岸北行。时同登者余及顾仆，石与艾仆并二徽客，共六人一行，俱若囚鬼。晓风砭骨，砂砾裂足，行不能前，止不能已。四里，天渐明，望所焚劫舟在隔江，上下诸舟，见诸人形状，俱不肯渡，哀号再三，无有信者。艾仆隔江呼其主，余隔江呼静闻，徽人亦呼其侣，各各相呼，无一能应。已而闻有呼予者，予知为静闻也，心窃喜曰：“吾三人俱生矣。”亟欲与静闻遇。隔江土人以舟来渡余，及焚舟，望见静闻益喜甚。于是入水而行，先觅所投竹匣。静闻望而问其故，遥谓余曰：“匣在此，匣中之资已乌有矣。手摹《禹碑》及《衡州统志》犹未沾濡也。”及登岸，见静闻焚舟中衣被竹笈，犹救数件，守之沙岸之侧，怜予寒，急脱身衣以衣予，复救得余一裤一袜，俱火伤水湿，乃益取焚余炽火以炙之。其时徽客五人俱在，艾氏四人，二友一仆，虽伤亦在，独艾行可竟无踪迹。其友仆乞土人分舟沿流捱觅，余辈炙衣沙上，以候其音。时饥甚，锅具焚没无余，静闻没水取得一铁铫，复没水取湿米，先取干米数斗，俱为艾仆取去。煮粥遍食诸难者，而后自食。迨下午，不得艾消息，徽人先附舟返衡，余同石、曾、艾仆亦得土人舟同还衡州。余意犹妄意艾先归也。土舟颇大，而操者一人，虽顺流行，不能达二十余里，至汉江已薄暮。二十里至东阳渡，已深夜。时月色再明，乘月行三十里，抵铁楼门，已五鼓矣。艾使先返，问艾竟杳然也。先是静闻见余辈赤身下水，彼念经笈在篷侧，遂留，舍命乞哀，贼为之置经。及破余竹撞，见撞中俱书，悉倾弃舟底。静闻复哀求拾取，仍置破撞中，盗亦不禁。撞中乃《一统志》诸书及文湛持、黄石斋、钱牧斋与余诸手柬，并余自著日记、诸游稿，惟与刘愚公书稿失去。继开余皮厢，见中有尺头，即阖置袋中携去。此厢中有眉公与丽江木公叙稿，及弘辨、安仁诸书，与苍梧道顾东曙辈家书，共数十通，又有张公宗琏所著《南程续记》，乃宣德初张侯特使广东时手书，其族人珍藏二百余年，予苦求得之。外以庄定山、陈白沙字裹之，亦置书中。静闻不及知，亦不暇乞，俱为携去，不知弃置何所，真可惜也。又取余皮挂厢，中有家藏《晴山帖》六本，铁针、锡瓶、陈用卿壶，俱重物，盗入手不开，亟取袋中。破予大笥，取果饼俱投舡底，而曹能始《名胜志》三本、《云南志》四本及《游纪》合刻十本俱焚讫。其艾舱诸物，亦多焚弃。独石瑶庭一竹笈竟未开。贼濒行，辄放火后舱。时静闻正留其侧，俟其去，即为扑灭，而余舱口亦火起，静闻复入江取水浇之。贼闻水声以为有人也，及见静闻，戳两创而去，而火已不可救。时诸舟俱遥避，而两谷舟犹在，呼之，彼反移远；静闻乃入江取所堕篷作筏，亟携经笈并余烬余诸物，渡至谷舟，冒火再入取艾衣、被、书、米及石瑶庭竹笈，又置篷上，再渡谷舟，及第三次，则舟已沉矣。静闻从水底取得湿衣三、四件，仍渡谷舟，而谷舟乘黑暗匿细衣等物，止存布衣、布被而已。静闻乃重移置沙上，谷舟亦开去。及守余辈渡江，石与艾仆见所救物，悉各认去。静闻因谓石曰："悉是君物乎？"石遂大诟静闻，谓"众人疑尔登涯引盗。谓讯哭童也。汝真不良，欲掩我之箧。"不知静闻为彼冒刃、冒寒、冒火、冒水守护此箧，以待主者，彼不为德，而反诟之。盗犹怜僧，彼更胜盗哉矣，人之无良如此！

十三日　昧爽登涯，计无所之。思金祥甫为他乡故知，投之或可强留，候铁楼门开，乃入。急趋祥甫寓，告以遇盗始末，祥甫怆然。初欲假数十金于藩府，托祥甫担当，随托祥甫归家取还，而余辈仍了西方大愿。祥甫谓藩府无银可借，询余若归故乡，为别措以备衣装。余念遇难辄返，缺觅资重来，妻孥必无放行之理，不欲变余去志，仍求祥甫曲济，祥甫唯唯。

十四、十五日　俱在金寓。

十六日　金为投揭内司，约二十二始会众议助。初，祥甫谓己不能贷，欲遍求众内司共济，余颇难之。静闻谓彼久欲置四十八愿斋僧田于常住，今得众济，即贷余为西游资。俟余归，照所济之数为彼置田于寺，仍以所施诸人名立石，极为两便。余不得已听之。

十七、十八日　俱在金寓。时余自顶至踵，无非金物，而顾仆犹蓬首跣足，衣不蔽体，只得株守金寓。自返衡以来，亦无晴霁之日，或雨或阴，泥泞异常，不敢动移一步。

十九日　往看刘明宇，坐其楼头竟日。刘为衡故尚书刘尧诲养子，少有膂力，慷慨好义，尚书翁故倚重，今年已五十六，奉斋而不禁酒，闻余被难，即叩金寓余，欲为余缉盗。余谢物已去矣，即得之，亦无可为西方资，所惜者惟张侯《南程》一纪，乃其家藏二百余年物，而眉公辈所寄丽江诸书，在彼无用，在我难再遘耳。刘乃立矢神前，曰：“金不可复，必为公复此。”余不得已，亦姑听之。

二十日　晴霁，出步柴埠门外，由铁楼门入。途中见折宝珠茶，花大瓣密，其红映日。又见折千叶绯桃，含苞甚大，皆桃花冲物也，拟往观之。而前晚下午忽七门早闭，盖因东安有大盗临城，祁阳亦有盗杀掠也。余恐闭于城外，遂复入城，订明日同静闻往游焉。

二十一日　阴云复布，当午雨复霏霏，竟不能出游。是日，南门获盗七人，招党及百，刘为余投揭捕厅。下午刘以蕨芽为供饷余，并前在天母殿所尝葵菜，为素供二绝。余忆王摩诘“松下清斋折露葵”及东坡“蕨芽初长小儿拳”，尝念此二物，可与薄丝共成三绝，而余乡俱无。及至衡，尝葵于天母殿，尝蕨于此，风味殊胜。盖葵松而脆，蕨滑而柔，各擅一胜也。是日午后，忽发风，寒甚，中夜风吼，雨不止。

二十二日　晨起，风止，雨霁。上午同静闻出瞻岳门，越草桥，过绿竹园。桃花历乱，柳色依然，不觉有去住之感。入看瑞光不值，与其徒入桂花园，则宝株盛开，花大如盘，殷红密瓣，万朵浮团翠之上，真一大观。徜徉久之，不复知身在患难中也。望隔溪坞内，桃花竹色，相为映带，其中有阁临流，其巅有亭新构，阁乃前游所未入，亭乃昔时所未有缀，急循级而入，感花事之芳菲，叹沧桑之倏忽。登山踞巅亭，南瞰湘流，西瞻落日，为之怃然。乃返过草桥，再登石鼓，由合江亭东下，濒江观二竖石乃二石柱，旁支以石，上镌对联，一曰：“临流欲下任公钓。”一曰：“观水长吟孺子歌。”非石鼓也。两过此地，皆当落日，风景不殊，人事多错，能不兴怀！

二十三日　碧空晴朗，欲出南郊，先出铁楼门，过艾行可家，登堂见其母，则行可尸已觅得两日矣。盖在遇难之地下流十里之云集潭也。其母言：“昨亲至其地，抚尸一呼，忽眼中血迸而溅我。”呜呼，死者犹若此，生何以堪！询其所伤，云“面有两枪”。盖实为阳侯助虐，所云支解为四，皆讹传也。时其棺停于城南洪君鉴山房之侧。洪乃其友，并其亲，毕君甫适挟青乌至，盖将营葬也，遂与偕行。循回雁西麓，南越岗坞四里，而至其地。其处乱岗缭绕，间有掩关习梵之室，亦如桃花冲然，不能如其连扉接趾，而闃寂过之。洪君之室，绿竹当前，危岗环后，内有三楹，中置佛像，左为读书之所，右为僧爨之处，而前后俱有轩可憩，庭中盆花纷列，亦幽栖净界也。艾棺停于岭侧，亟同静闻披荆拜之。余诵“同是天涯遇难人，一生何堪对一死”之句，洪、毕皆为拭泪。返抵回雁之南，有宫翼然于湘江之上，乃水府殿也。先是艾行可之弟为予言，始求兄尸不得，依其签，而获之云集潭。闻之心动，至是乃入谒之，以从荆、从粤两道请决于神，而从粤大吉。时余欲从粤西入滇，被劫后措资无所，或劝从荆州求资于奎之叔者。时奎之为荆州别驾，从此至荆州，亦须半月程，而时事不可知，故决之神。以两处贷金请决于神，而皆不能全。两处谓金与刘。余益钦服神鉴。盖此殿亦藩府新构，其神极灵也。乃觅道者俱录其词以藏之。复北登回雁峰，饭于千手观音阁东寮，即从阁西小径下，复西入花药寺，再同觉空饭于方丈。薄暮，由南门入。是日风和日丽，为入春第一日云。

二十四日　在金寓，觉空来顾。下午，独出柴埠门，市蒸酥由铁楼入。是夜二鼓，闻城上遥呐声，明晨知盗穴西城，几被逾入，得巡者喊救集众，始散去。

二十五日　出小西门，观西城被穴处。盖衡城甚卑，而西尤敞甚，其东城则河街市房俱就城架柱，可攀而入，不待穴也。乃绕西华门，循王墙后门，后宰门外肆，有白石三块，欲售其一。三峰尖削如指，长二尺，洁白可爱；其一方竟尺，中有沟池田塍，可畜水，但少假人工，次之；其一亦峰乳也，又次之。返金寓。

是时衡郡有倡为神农之言者，谓神农、黄帝当出世，小民翕然信之，初犹以法轮寺为窟，后遂家传而户奉之，以是日下界，察民善恶，民皆市纸焚献，一时腾闋，市为之空，愚民之易惑如此。

二十六日　金祥甫初为予措资，展转不就。是日忽阄一会，得百余金，予在寓知之，金难再辞，许假二十金，予以田租二十亩立券付之。

二十七、二十八、二十九日　俱在金寓候银，不出。

三月初一日　桂王临朝，命承奉刘及王承奉之侄设斋桃花冲施僧，静闻往投斋，晤王承奉之侄，始知前投揭议助之意，内司不爽。盖此助非余本意，今既得金物，更少贷于刘，便可西去。静闻见王意如此，不能无望。余乃议先往道州，游九疑，留静闻候助于此，余仍还后与同去，庶彼得坐俟，余得行游，为两便云。

初二日　乃促得金祥甫银，仍封置金寓，以少资随身，刘许为转借，期以今日，复不能得。予往别，且坐候之，遂不及下舟。

初三日　早出柴埠门登舟，刘明宇先以钱二千并绢布付静闻，更以糕果追予于南关外。时余舟尚泊柴埠，未解维，刘沿流还觅，始与余遇，复订期而别。是日风雨复作，舟子迁延，晚移南门埠而泊。

初四日　平明行，风暂止，夙雨霏霏。下午，过汉江，抵云集潭，去予昔日被难处不远，而云集则艾行可沉汨之所也。风雨凄其，光景顿别，欲为《楚辞》招之，黯不成声。是晚泊于云集潭之西岸，共行六十余里。

初五日　雷雨大至，平明发舟，而风颇利。十里，过前日畏途，沉舟犹在也。四里，过香炉山，其上有滩颇高。又二十五里，午过桂阳河口，桂阳河自南岸入湘。〔舂水出道州舂陵山，岿水出宁远九疑山，经桂阳西境，合流至此入湘，为常宁县界。由河口入，抵桂阳尚三百里。〕又七里，北岸有聚落名松北。又四里，泊于瓦洲夹。共行五十里。

初六日　昧爽行，雨止风息。二十里，过白坊驿，聚落在江之西岸，至此已入常宁县界矣。又西南三十里，为常宁水口，其水从东岸入湘，亦如桂阳之口，而其水较小，盖常宁县治犹在江之东南也。又西十五里，泊于粮船埠，有数家在东岸，不成村落。是日共行六十五里。

初七日　西南行十五里，河洲驿。日色影现，山岗开伏，盖自衡阳来，湘江两岸，虽岗陀缭绕，而云母之外，尚无崇山杰嶂，至此地湘之东岸为常宁界，湘江西岸为永之祁阳界，皆平陵扩然，岗阜远叠也。又三十里，过大铺，于是两岸俱祁阳属矣。上九州滩，又三十里泊归阳驿。

初八日　饭后余骤疾，呻吟不已。六十里至白水驿。初拟登访戴宇完，谢其遇劫时解衣救冻之惠，至是竟不能登。是晚舟人乘风顺，又暮行十五里，泊于石坝里，盖白水之上流也。是日共行七十五里。按《志》：白水山在祁阳东南二百余里，山下有泉如白练。缺去祁阳九十余里，又在东北，是耶非耶？

初九日　昧爽，舟人放舟，余病犹甚。五十余里，下午抵祁阳，遂泊焉，而余不能登。先隔晚将至白水驿，余力疾起望西天，横山如列屏，至是舟溯流而西，又转而北，已出是山之阳矣，盖即祁山也。山在湘江北，县在湘江西南，祁水南，相距十五里。其上流则湘自南来，循城东抵山南转，县治实在山阳、水西，而县东临江之市颇盛，南北连峙而西向，入城尚一里。其城北则祁水西自邵阳来，东入于湘，遂同曲而东南去。

初十日　余念浯溪之胜，不可不一登，病亦少差，而舟人以候客未发，乃力疾起，沿江市而南，五里，渡江而东，已在浯溪下矣。第所谓狮子袱者，在县南滨江二里，乃所经行地而问之，已不可得。岂沙积流移，石亦不免沧桑耶？浯溪由东而西入于湘，其流甚细，溪北三崖骈峙，西临湘江，而中崖最高，颜鲁公所书《中兴颂》高镌崖壁，其侧则石镜嵌焉。石长二尺，阔尺五，一面光黑如漆，以水喷之，近而崖边亭石，远而隔江村树，历历俱照彻其间，不知从何处来，从何时置此，岂亦元次山所遗，遂与颜书媲胜耶！宋陈衍云："元氏始命之意，因水以为浯溪，因山以为峿山，作室以为㾈亭，三吾之称，我所自也。制字从'水'、从'山'、从'广'，我所命也。三者之目，皆自吾焉，我所擅而有也。"崖前有亭，下临湘水，崖巅石巉簇〔立〕，如芙蓉丛萼。其北亦有亭焉，今置伏魔大帝像。崖之东麓，为元颜祠，祠空而隘，前有室三楹，为驻游之所，而无守者。越浯溪而东，有寺北向，是为中宫寺，即漫宅旧址也，倾颓已甚，不胜吊古之感。时余病怯行，卧崖边石上，待舟久之，恨磨崖碑拓架未彻而无拓者，为之怅怅。既午，舟至，又行二十里，过媳妇娘塘，江北岸有石娉婷立岩端，矫首作西望状，其下有鱼曰“竹鱼”，小而甚肥，八、九月重一二斤，他处所无也。时余卧病舱中，与媳妇觌面而过。又十里，泊舟滴水崖而后知之，矫首东望，已隔江云几曲矣。滴水崖在江南岸，危岩亘空，江流寂然，荒村无几，不知舟人何以泊此？是日共行三十五里。

十一日　平明行，二十五里过黄杨铺，其地有巡司。又四十里，泊于七里滩。是日共行六十五里。自入舟来，连日半雨半晴，曾未见皓日当空，与余病体同也。

十二日　平明发舟，二十里过冷水滩，聚落在江西岸，舟循东岸行。是日天清日丽，前所未有。一舟人俱泊舟东岸，以渡舟过江之西岸，市鱼肉诸物。余是时体亦稍苏，起坐舟尾，望隔江聚落俱在石崖之上，盖濒江石骨嶙峋，直插水底，阛阓之址，以石不以土，人从崖级隙拾级以登，真山水中窟宅也。涯上人言，二月间为流贼杀掠之惨，闻之骨竦。久之，市物者渡江还，舟人泊而待饭，已上午矣。忽南风大作，竟不能前，泊至下午，余病复作，薄暮风稍杀，舟乃行，五里而暮。又乘月五里，泊于区河。是晚再得大汗，寒热复去而心腹间终不快然。夜半忽转北风，吼震弥甚，已而挟雨益骄。是日共行三十里。

十三日　平明风稍杀，乃行四十里，为湘口关。人家在江东岸，湘江自西南，潇江自东南，合于其前而共北。余舟自潇入，又十里，为永之西门浮桥，适午耳，雨犹未全止，诸附舟者俱登涯去，余亦欲登陆，遍览诸名胜，而病体不堪，遂停舟中。已而一舟从后来，遂移附其中，盖以明日向道州者。下午舟过浮桥，泊于小西门。隔江望江西岸，石甚森幻，中有一溪，自西来注，石梁跨其上，心异之，急索粥为餐，循城而北，乃西越浮桥，则浮桥西岸，异石嘘吸灵幻，执土人问愚溪桥，即浮桥南畔溪上跨石者是。钴鉧潭则直西半里，路旁嵌溪者是。始知潭即愚溪之上流，潭路从西，桥路从南也。乃遵通衢直西去，路左人家隙中，时见山溪流石间，半里过柳子祠，〔祠南向临溪。〕再西将抵茶庵，则溪自南来，抵石东转，转处其石势尤森特，但亦溪湾一曲耳，无所谓潭也。石上刻“钴鉧潭”三大字，古甚，旁有诗，俱已泐不可读，从其上流求所谓小丘、小石潭，俱无能识者。按是水发源于永州南里百之鸦山，有“冉”、“染”二名一以姓，一以色。而柳子厚易之以“愚”。按文求小丘，当即今之茶庵者是。在钴鉧西数十步丛丘之上，为僧元会所建，为此中鼎刹。求西山亦无知者。后读《芝山碑》，谓芝山即西山，亦非也，芝山在北远矣。当即柳子祠后圆峰高顶，今之护珠庵者是。又闻护珠、茶庵之间，有柳子崖，旧刻诗篇甚多，则是山之为西山无疑。

余觅道其间，西北登山，而其崖已荒，竟不得道，乃西南绕茶庵前，复东转，经钴鉧潭，至柳子祠前石步渡溪，而南越一岗，遂东转出愚溪桥上，两端〔架〕潇江之上，皆前所望异石也。因探窟踞萼，穿云肺而剖莲房，上瞰既奇，下穿尤幻，但行人至此以为溷圊，污秽灵异，莫此为甚，安得司世道者一厉禁之。〔桥内一庵曰圆通，北向俯溪，有竹木胜。〕时舟在隔江城下，将仍从浮桥返，有僧圆面长须，见余盘桓久，辄来相讯，余还问其号，曰："顽石。"问其住山，曰："衡之九龙。"且曰："僧即寓愚溪南圆通庵，今已暮，何不暂止庵中。"余以舟人久待，谢而辞之，乃返。

十四日 余早索晨餐，仍过浮桥西，见一长者，余叩此中最胜，曰："溯江而南二里，濒江为朝阳岩，随江而北，转入山岗，二里，为芝山岩，无得而三也。"余从之。先北趋芝山。循江西岸，半里，至刘侍御山房。讳兴秀，为余郡司李者也。由其侧北入山，越一岭，西望有亭，舍之不上。由径道北逾山岗，登其上，即见山之西北，湘水在其北而稍远，又一小水从其西来，而逼近山之东南，潇水在其东，而远近从之。潇江东岸，又有塔临江，与此山夹潇而为永之水口者也。盖此即西山北走之脉，更北尽于潇、湘合流处，至此其中已三起三伏，当即《志》所称万石山，而郡人作《记》或称为陶家冲，土名。或称为芝山，似形似名。或又镌崖历亭，《序》谓此山即柳子厚西山，后因产芝，故易名为芝，未必然也。越岭而北，从岭上东转，前望树色掩映，石崖巑岏，知有异境。亟下崖足，仰而望之，崖巅即山巅，崖足即山足半也。其下有庵倚之，见路绕其北而上。乃不入庵而先披路。遥望巅崖耸透固奇，而两旁乱石攒绕，或上或下，或起或伏，如莲萼芝房，中空外簇，随地而是。小径由其间上至崖顶，穿一石关而入。有室南向，门闭不得入，绕其南至西，复穿石峡而入焉。盖其侧有东、西二门云。室止一楹，在山顶众石间。仍从其西峡下至崖足，一路竹木扶疏，玉兰铺雪，满地余香犹在。入崖下庵中，有白衣大士甚庄严，北有一小阁可憩，南有一净侣结精庐依之。门在其左，初无从知，问而得之，犹无从进，〔僧〕忽从内启扉揖入，从之。小庭侧窦，穿卧隙而上，则崖石穹然，有亭缀石端，四窗空明，花竹掩映，极其幽奥。僧号觉空，坚留瀹茗，余不能待而出。仍从旧路，南至浮桥。〔闻直西四十里有寺曰石门山，最胜，以渴登朝阳岩，不及往。〕令顾奴从桥东溯潇，放舟南上，余从桥西，仍过愚溪桥溯潇西崖南行。一里，大道折而西南，〔道州道也。〕由岐径东南一里，则一山怒而竖石，奔与江斗。逾其上，俯而东入石关，其内飞石浮空，下瞰潇水，即朝阳岩矣。其岩后通前豁，上覆重崖，下临绝壑，中可憩可倚，云帆远近，纵送其前。惜甫伫足，而舟人已放舟其下，连声呼促，余不顾。崖北有石蹬，直下缘江，亟从之蹬。西倚危崖，东逼澄江，尽处忽有洞岈然，高二丈，阔亦如之，亦东面临江，溪流自中喷玉而出，盖水洞也。洞口少入即转而南，平整轩洁，大江当其门，泉流界其内，亦可憩可濯，乃与上岩高下擅奇，水石共韵者也。入洞五、六丈，即汇流满洞。洞亦西转而黑，计可揭而进，但无火炬，而舟人遥呼不已，乃出洞门。〔其北更有一岩，覆结奇〕云，下插渊黛，土人横杙架板如阁道。然第略为施栏设几，即可以坐括水石，恐缀瓦备扃，便伤雅趣耳。徙倚久之，仍从石磴透出岩后，遂凌绝顶。其上有佛庐官阁，石间镌刻甚多，多宋唐名迹，而急不暇读，以舟人促不已也。下舟溯江，渐折而东，七里，至香炉山，山小若髻，独峙于西岸，山，江中乃石骨攒簇而成者。其上佳木扶摇，其下水窍透漏，最可异者，不在江之心，三面皆沙碛环之，均至山足，则决而成潭，北、西、南俱若界沟，然沙逊于外，而水绕其内，其东则大江之奔流矣。盖下流之沙，不能从水而上，而上流之沙，何以不逐流而下，岂日夜有排剔之者耶？亦理之不可解也。下午过金牛滩，其上有金牛岭，一峰尖峭，而分耸三峰，斜突而横骞，江流直捣其胁。至是舟始转而南，得风帆之力矣。是晚宿于庙下，舟行共五十里，陆路止二十里也。

先是，余闻永州南二十五里有澹岩之胜，欲一游焉。不意舟行五十里而问之，犹在前也。计当明晨过其下，而舟人莽不肯待。余念陆近而水远，不若听其去，而从陆蹑之，舟人乃首肯。

十五日　五更，闻雨声泠泠。达旦，雷雨大作，不为阻。亟炊饭，五里，至岩背，力疾登涯，与舟人期会于双牌。双牌者，永州南五十里之铺也。永州南二十五里，为岩背，陆路至此与江会，陆路从此南入山。又二十五里，而至双牌。水路从此东迂，溯江又六十里，而至双牌。度舟行竟日，止可及此，余不难以病体追蹑也。岩背东北临江，从其南二里，西向入山，山石忽怒涌作攫人状。已而望见两峰前突，中有云庐高敞，而西峰耸石尤异，知胜在是矣。及登之，而官舍半颓。先是望见西峰之阳，洞门高张，至是路从其侧而出，其上更见石崖攒舞，环玦东向，其下则中空成岩，容数百人；下平上穹，明奥幽爽无逼仄昏暗之状病。其北洞底亦有垂石环转，覆楞分内外者，巨石磊砢界道，石上多宋、元人题镌。黄山谷最爱此岩，谓为此中第一，非以其幽而不閟，爽而不露耶！岩东穿腋窍而上，有门上透丛石之间，东瞰官舍后回谷，顿若仙凡分界。岩西南又辟一门，逾门而出，其右石壁穹然，有僧寮倚之。西眺山下平畴，另成一境，桑麻其中。有进贤江发源自西南龙洞，〔洞去永城西南七十里。江〕东来直逼山麓，而北入于潇。进贤江侧又有水洞，去此二里，秉炬可深入，昔人谓此洞水陆济胜，然不在一处也。按澹岩之名，昔为澹姓者所居。而旧经又云，有正实者，秦时人，遁世于此，始皇三召不赴，复尸解焉。则又何以不名周也。从僧寮循岩南东行，过前所望洞门高张处，其门虽峻，而中夹而不广，其内亦不能上通后岩也。仍冒雨东出临江，望潇江迢迢在数里外，自东而来。盖缘澹山之南，即多崇山排亘，有支分东走者，故江道东曲而避之。乃舍江南行，西遵西岭，七里，至木排铺，市酒于肆，而雨渐停。又南逾一小岭，三里，为阳江。其江不能胜舟，西南自大叶江、小叶江来，至此〔二十余里〕东注于潇。其北则所谓西岭者，横亘于右，其南则曹祖山、张家冲诸峰骈立于前。又南七里，直抵张家冲之东麓，是为陈皮铺。又南三里，逾一小岭，望西山层坠而下，时现石骨，逗奇标异，已而一区凑灵，万窍逆幻。亟西披之，则石片层层，尽若鸡距龙爪下蹲于地，又如丝瓜之囊，筋缕外络而中悉透空。但上为蔓草所缠，无可攀跻，下为棘箐所塞，无从披入。乃南随之，见旁有隙土新薙地者，辄为扪入，然每至纯石，辄复不薙。路旁一人，见余披跣久，荷笠倚锄而坐待于下。余因下问其名，曰："是为和尚岭，皆石山也。其西大山，是为七十二雷。"因指余前有庵在路隅，其石更胜。从之，则大道直出石壁下，其石屏插而起，上多透明之窦，飞舞之形；其下则清泉一泓，透云根而出。有庵在其南，时僧问其名，曰："出水崖。"问他胜，曰："更无矣。"然仰见崖后石势骈丛，崖侧有路若丝，皆其薙地境也。贾勇从之，其上石皆怪异，不可名状。转至出水崖后，三面削壁下嵌，惟西南丛石之隙，下洼成潭，沙圮蔓覆，不见其底，当出水崖之内壑也。〔自"其上石皆怪异"至此，乾隆本较详，作：其上石皆如卧龙翥凤，出水青莲，萼丛瓣裂。转至出水崖后，觉茹吐一区，包裹丛沓，而窈窕无竟。盖其处西亘七十二雷大山，从岭南列，惟东北下临官道，又出水崖障其东，北复屏和尚岭，四面外同错绮，其中怪石层明，采艳夺眺。予乃透数峡进，东北屏崖之巅，有石高碧，若天门上开，不可慰即。碧石西南，即出水崖内壑，一潭澄石隙中，三面削壁下嵌，不见其底，若爬梳沙蔓；令石与水接，武陵渔当为移棹。予历选山栖佳胜，此为第一，而九疑尤溪村口稍次云。〕

〔搜剔久之，〕乃下由庵侧南行，二里，有溪自西南山凹来，大与阳溪似。过溪一里，东南转出山嘴，复与潇江遇。于是西南溯江三里，则双牌在焉。适舟至，下舟已下春矣。双牌聚落亦不甚大，其西南豁然，若可远达，而舟反向南山泷中入，盖潇水南自青口与沲水合，即入山峡中，是曰泷口。北行七十里，皆连山骈峡，亏蔽天日，〔且水倾泻直中下，〕一所云"泷"也。泷中有麻潭驿，属零陵。驿南四十里属道州，北三十里属零陵。按其地即丹霞翁宅也。《志》云：在府南百里零陵泷下，唐永泰中有泷水令唐节去官，即家于此泷，自称为丹霞翁。元结自道州过之，为作宅刻铭。然则此泷北属零陵，故谓之零陵泷。而所谓泷水县者，其即此非耶？又按《志》：永州南六十里有雷石镇，当泷水口，唐置。则唐时泷水之为县，非此而谁耶？时风色甚利，薄暮，乘风驱舟上滩，卷浪如雷。五里入泷，又五里，泊于横口，江之东岸也。

官道在西岸，为雷石镇小墅耳。

〔自永州至双牌，陆五十里，水倍之。双牌至道州，水陆俱由泷中行，无他道。故泷中七十里，止有顺逆分，无水陆异。出泷至道州，又陆径水曲矣。〕

十六日 平明行，二十里，为麻潭驿。其地犹属零陵，而南即道州界矣。自入泷来，山势逼束，石滩悬亘，而北风利甚，卷翠激玉，宛转凌波，不觉其“难咏旧句舡梭织，峰翠山轴卷溪绡。”《下宁洋溪中诗》。若为此地设也。其处山鹃盛开，皆在水涯岸侧，不作蔓山布谷之观，而映碧流丹，尤觉有异。二十里，吴垒铺。其西南山稍逊，舟反转而东。又五里，复南转，其东北岸有石方形叠砌，围亘山腰，东下西起，若甃而成者，岂垒之遗者耶？又十里，山势愈逼束，是为泷口。又五里，泊于将军滩。滩有峰立泷之口，若当关者然。溯流出泷，划然若另辟区宇。是夜月明达旦，入春来所未有。

十七日 平明行，水经迂曲。五里，至青口。一水东自山峡中出者，宁远道也。此水最大，即潇水也。一水南自平旷中来者，道州道也。此水次之，即沲水也，〔水小弱。〕乃舍潇而南溯沲。又五里为泥江口。按《志》：有三江口，为潇、沲、营合处，问之舟人，皆不能知，岂即青口耶？但营水之合在上流耳。〔水西通营阳，舟上罗坪三日程，当即营水矣。〕又三十里，抵道州东门，绕城南，泊于南门。下午入城，自南门入，过大寺，名报恩寺。由州前抵西门，登南城回眺，乃知道州城南临江水，东、南、西三门，俱南濒于江，惟北门在内。盖沲水自江华，掩、遨二水自永明，俱合于城西南十五里外，东北来，抵城西南隅，绕南门至东门，复东南去，若弯弓然，而城临其背。西门有濂溪水，西自月岩，翼云桥跨其上；东门亦水自北来注，流更微矣。迨暮，仍出南门，宿舟中，夜复雨。

道州附郭有四景：东有响石，即五如石。西有濂溪，北有九井，南有一木。南门外一大木卧江底。

十八日 天光莹彻，早饭登涯。由南门外循城半里，过东门，又东半里，有小桥，即涍泉入江处也。桥侧江滨，有石突立，〔状如永州愚溪桥，透漏耸削过之。〕分岐空腹，其隙可分瓣而入，其窦可穿瓠而透，所谓五如石也。中有一石，击之声韵幽亮，是为响石。按元次山《道州诗题》，石则有五如、窊樽，泉则有㴩、漫等七名，皆在州东。而泉经一涍而可概其余，石得五如而窊樽莫觅。屡询，一儒生云：“在报恩大寺。”然元序云：在州东左湖中石山巅。石窊可樽，其上可亭。岂可移置寺中者，抑寺即昔之左湖耶？质之其人，曰：“入寺自知。”乃入东门，经南门内，西过报恩寺，欲入问窊樽石，见日色丽甚，姑留为归途探质。亟出西门，南折过翼云桥，有二岐：从西二十五里，为濂溪祠，又十里，为月岩；从南为十里铺，又六十里为永明县。十里铺侧有华岩，由岩下间道，可出濂溪祠。余欲兼收之，遂从南行。大道两傍俱分植乔松，如南岳道中，而此更绵密。有松自下分柯五六枝，丛挺竞秀，此中特见之，他所无也。自州至永明，松之夹道者七十里，栽者之功，亦不啻甘棠矣。州西南岗陀高下，置道因之。而四顾崇山开远，惟西北一山最高，而较近则月岩后所倚之大山也。至十里铺东，从小径北向半里，为华岩。洞门向北，有小水自洞下出，由洞入，止闻水声，而不见水转；东三丈余，复南下，则穹然深暗，不复辨光矣。时洞北有僧寮，行急不及入觅火炬，闻其内止一炬可尽，亦不必觅也。遂从寮右北向小径行。此处山小而峭，或孤峙，或两或三，连珠骈笋，皆石骨嶙峋，草木摇飏，升降宛转，如在乱云叠浪中，令人茫然，方向（莫）辨。然无大山表识，惟西北崇峰，时从山隙瞻其一面，以为依归焉。五里，横过山蹊四、五里，渡一小石桥，又逾岭，得大道西去。随之二里，又北入小径，沿石山之嘴，共四里，而转出平畴，则道州西来大道也。又一里，而濂溪祠在焉。祠北向，左为龙山，右为豸山，皆后山象形，从祠后小山，分支而环突于前者也。其龙山即前转嘴而出者，豸山则月岩之道所由渡濂溪者也。祠环于山间而不临水，其前扩然可容万马，乃元公所生之地。今止一、二后人守其间，而旁无人焉。无从索炊，乃西行一里，过豸山，沿其北，又一里，渡濂溪，〔溪自月岩来，至此为豸山东障，乃北走，又东至州西入沲水。〕从溪北溯流西行，五里而抵达村，为洪氏聚族。乃卧而候饭，肆中无酒，转沽久之，下午始行。遂西南入山，路旁先有一峰，圆锐若标，从此而乱峰渐多，若卓锥，若骈指，若列屏，俱环映于大山之东，分行逐队，牵引如蔓，皆石骨也。又五里，南转入乱山之腋。又三里，西越一岭，望见正西一山，若有白烟一脉抹横其腰者，即月岩上层所透之空明也。盖正西高山屏立，若齐天之不可阶，东下第三层而得此山，中空上砻，下辟重门，翠微中剜，光映前山，故遥睇若白云不动。又二里，直抵〔月岩〕山下，从其东麓拾级而上，先入下岩。其岩东向，中空上连，高砻若桥，从下望之，若虎之张吻，目光牙状，俨然可畏。复从岩上遍历诸异境，是晚宿于月岩。

十九日　自月岩行二里，仍过〔所〕望岩如白烟处，分岐东南行，穿小石山之腋，宛转群队中。八里出山，渡大溪而东，是为洪家宅，亦洪氏之聚族也。又东南入小土山，南向山脊行，三里而下，一里出山，有巨平岩横宕而东。一里复南向行山坡，又二里，南上一岭，名银鸡岭。越岭而下，有村两、三家，从其东又三里，为武田。自月岩至武田二十里。其中聚落颇盛，再东半里，即永明之大道也。横大道而过，南沿一小平溪行，一里渡桥而东，又半里，则大溪汤汤介于前矣，是为永明掩、遨二水，是为六渡。渡江复东南行，陂陀高下，三里为小暑洞。又东逾山冈，三里得板路甚大，乃南随板路，又十里而止于板寮，盖在上都之东北矣。问所谓杨子宅、南龙，俱过矣。

二十日　从寮中东南小径，一里，出江华大道，遂南遵大道行，已为火烧铺矣。铺在道州南三十里而遥，江华北四十里而近。又行五里，为营上，则江华、道州之中，而设营兵以守者也。其后有小尖峰倚之。东数里外，有高峰突屼，为杨柳塘。由此遂屏亘而南，九疑当在其东矣。西南数里外，有高峰圆耸，为斜溜。其南又起一峰，为大佛岭，则石浪以后云山也。自营上而南，两旁多小峰巑岏。又五里，为高桥铺。又三里，有溪自西而东，石骨嶙峋，横卧涧中，济流漱之，宛然包园石壑也。溪上有石梁跨之，当即所谓高桥矣。又南七里，为水塘铺。自高桥来，途中村妇多觅笋箐中，余以一钱买一束，携至水塘村家煮之，与顾奴各啜二碗，鲜味殊胜，以筒藏其半而去。水塘之西，直逼斜溜，又南，斜溜、大佛岭之间，有小峰东起，若纱帽然。又五里，为伽祐铺，则去江华十里矣。由铺南直下，从径可通浪石寺。转而东南，从岭上行，共六、七里，而抵江华城西。盖自高桥铺南，名三十里，而实二十五里也。循城下抵南门，饭于肆。又东南一里，为麻拐岩。一名回龙庵。由回龙庵沿江岸南行半里，水分二道来：一自山谷中出者，其水较大，乃沲水也；一自南来者，亦通小舟，发源自上武堡。盖西界则大佛岭班田嚣云诸山迤逦而南去，东界则东岭苦马云诸峰环转而南接，独西南一坞遥开，即所谓上武堡也。其西南即为广西富川、贺县界。〔大小二江合于麻拐岩之南。大江东源锦田所，溯流二百余里，舟行三、四日可至；小江南自上武堡，舟溯流仅到白马营，可五十里，然入江之口，即积石为方堰，置中流，横遏江舟，不得上下，堰内另置小舟，外有桥，横板以渡。白马营东大山曰吴望山，有秦洞甚奇，惜未至；又南始至上武堡，堡东大山曰冬泠山；二山之水，合出白马营，为小江上流云。乃〕沿南小江岸又西行三里，是为浪石寺。小江中石浪如涌，此寺之所由得名也。寺有蒋姓者成道，今肉身犹在，即所称“一刀屠”也。浪石有“一刀屠”肉身，其面肉如生。碑言姓蒋，即寺西村人。宋初，本屠者，卖肉轻重，俱一刀而就，不爽锱铢，既而弃妻学道，入大佛岭洞中，坐玉柱下。久之，其母入洞，寻得拜之，遂出洞，坐化于寺。后有盗，欲劫江华库，过寺，以占取决，不吉。盗劫库还，遂剖其腹，取心脏而去。此亦“一刀屠”之报也。其身已髹，而面尚肉，头戴香巾，身袭红褶为儒者服，以子孙有青其衿者耳。是日止于浪石寺，但其山僧甚粗野。

二十一日饭于浪石寺，欲往莲花洞，而僧方聚徒耕田，候行路者，久之，得一人。遂由寺西遵大路行。南去山尽，为上武堡，贺县界；西逾大佛坳，为富川道。〔坳去江华西十里。闻逾坳西二十里，为崇柏，即永明界；又西二十五里，过枇杷所，在永明东南三十里，为广西富川界；更西南三十里，即富川县治云〕七里直抵大佛岭下。先是，路左有一岩若云楞嵌垂，余疑以为即是矣，而莲花岩尚在路右大岭之麓。乃从北岐小径入，不半里，至洞下，导者取枯竹一大捆，缚为六大炬，分肩以出，由路左洞披转以入。还饭于浪石，已过午矣。乃循旧路，抵麻拐岩之西合江口，有板架江坝外为桥，乃渡而南，东南二里，至重元观。寺南一里，入狮子岩洞。出洞四里，渡小江桥，经麻拐岩，北登岭，直北行，已过东门外矣。又北逾一岭，六里，渡沲水而北，宿于江渡。

二十二日　昧爽，由江渡循东山东北行十里，为蜡树营。由此渐循山东转，五里，过鳌头源北麓。二里，至界牌，又三里，过石源，又五里，过马岗源。自鳌头源突于西北，至东北马岗源，皆循山北东向行，其山南皆瑶人所居也。马岗之北，犹见沲水东曲而来，马岗之北始见溪流自南而北。又东七里，逾虎版石，自界牌而来，连过小岭，惟虎版最高，逾岭又三里，为分村，乃饭。村南大山，内有分岭，谓之“分”者，岂瑶与民分界耶？东三里，渡大溪，南自韭菜原来者。溪东又有山横列于南，与西来之山，似复循其北麓行。七里，至四眼桥，有溪更大，自顾村来者，与分村之水，皆发于瑶境也。渡木桥颇长，于是东登岭，其先只南面崇山，北皆支岗条下，至是北亦有山横列，路遂东行两山之间。升陟岗坳十里，抵孟桥西之彭家村，乃宿。是日共行五十里，而山路荒僻，或云六十里云。

二十三日　五鼓，雨大作。自永州来，山田苦旱，适当播种之时，至此嗷嗷已甚，乃得甘霖，达旦不休。余僵卧待之，晨餐后始行。持盖草履，不以为苦也。东一里，望见孟桥，即由岐路南行，盖至是南列之山已尽。遂循之南转，五里，抵唐村坳。坳北有小洞东向，外石嶙峋，俯而入。下有水潺潺，由南窦出，北流而去。乃停盖，坐久之，逾岭而南。有土横两山，中剖为门以适行，想为道州、宁远之分隘耶。于是连涉两、三岭，俱不甚高，盖至是前南列之山转而西列，此皆其东行之支垄，而其东又有卓锥列戟之峰，攒列成队，亦自南而北，与西面之山，若排闼者。然第西界则崇山屏列，而东界则乱阜森罗，截然不紊耳。直南遥望两界尽处，中竖一峰，如当门之标，望之神动，惟恐路之不出其下也。过唐村坳，又五里，而至大洋。道州来道亦出此。其处山势忽开，中多村落。又南二里，东渡一桥，小溪甚急，逾桥则大溪洋洋，南自九疑，北出青口，即潇水之上流矣。北望小溪入江之口，有众舟舣其侧。小舟上至鲁观，去九疑四五里，潇江与母江合处。渡大溪，是为车头。又东南逾岭，共六里，为红洞。市米而饭，零雨犹未止。又东南行六里，直逼东界乱峰下，始过一小峰，巉石岩岩，东裂一窍，若云气氤氲，攀坐其间。久之，雨止。遂南从小路行，四里，过一村，曰大盖。又南二里，至掩口营，始与宁远南来之路合。〔北去宁远三十里。〕掩口之南，东之排岫，西之横嶂，至此凑合成门，向所望当门之标，已列为东岫之首，而西嶂东垂，亦竖一峰，北望如插屏，逼近如攒指，南转如亘垣，若与东岫分建旗鼓而出奇斗胜者。二里出凑门之下，水亦从其中南出，其下平畴旷然，东西成壑。于是路从西峰之南，转西向行，又三里而至路亭。路亭者，王氏所建，名应丰亭，其处旧名周家峒，王氏之居在焉。王氏，世家也，因建亭憩行者，会发乡科，故遂以“路亭”为名。是日止行三十五里。计时尚早，因雨湿衣透，遂止而向薪焉。

二十四日　雨止而云气蒙密。平明由路亭西行五里为太平营，而九疑司亦在焉。由此西北入山，多乱峰环岫。盖掩口之东峰，如排衙列戟，而此处之诸岫，如攒队合围，俱石峰森罗，窈窕回合，〔“俱石峰森罗”两句乾隆本作：中环成洞，穿一隙入，如另辟城垣。山不甚高，而窈窕回合。〕真所谓别有天地也。途中宛转之洞，卓立之峰，玲珑之石，喷雪惊涛之初涨，潆烟沐雨之新绿，如是十里，而至圣殿。圣殿者即舜陵也。余初从路岐望之，见颓垣一二楹，而路复荒没，以为非是，遂从其东逾岭而北。二里，遇耕者而问之，已过圣殿而抵斜岩矣。遂西面登山，则穹岩东向高张，势甚宏敞。洞门有石峰中峙，界门为两，飞泉倾坠其上，若水帘然。岩之右，垂石纵横，岩底有泉悬空而下，有从垂石之端直注者，有从石窦斜喷者，众隙交乱，流亦纵横，交射于一处，更一奇也。其下复开一岩，深下亦复宏峻，然不能远入也。岩后上层，复开一岩，圆整高朗，若楼阁然，正对洞门中峙之峰，〔两瀑悬帘其前，为外岩最丽处。〕其下有池，潴水一方，不见所出之处，而水不盈。池之左复开一门，即岩后之下层也。由其内坠级而下，即深入之道矣。余既至外岩，即炊米为饭，为深入计。僧、明宗也，曰：“此间胜迹，近则有书字岩、飞龙岩，远则有三分石。三分不可到，二岩君当先了之，还以余暑入洞，为秉烛游，不妨深夜也。”余颔之。而按《志》求所谓紫虚洞，则兹洞有碑，称为紫霞，俗又称为斜岩。斜岩则唐薛伯高已名之，其即紫虚无疑矣。求所谓碧虚洞、玉琯岩、高士岩、天湖诸胜，俱云无之。乃随明宗为导，先探二岩。出斜岩北行，下马蹄石，其阴两旁巉石嵯峨，叠云耸翠。其内乱峰复环回成峒。盖圣殿之后，即峙为箫韶峰，箫韶之西，即起为斜岩。山有岭界其间，岭北之水，西北流经宁远城，而下入于潇江，即舜源水也。岭南之水，西北流经车头，下会舜源水而出青口，即潇水也。箫韶、斜岩之南北，俱乱峰环峒，独此二峰之间，则峡而不峒，盖有岭过脊于中，北为宁远县治之脉也。马蹄石南，其峒宽整，问其名，为九疑洞。余疑圣殿、舜陵俱在岭北，而峒在岭南，益疑之。已过永福寺故址，础石犹伟，已犁为田。又南过一溪，即潇水之上流也。转而西共三里，入书字岩。岩不甚深，后有垂石夭矫，如龙翔凤翥。岩外镌“玉琯岩”三隶字，为宋人李挺祖笔；岩右镌“九疑山”三大字，为宋嘉定六年知道州军事莆田方信孺笔。其侧又隶刻汉蔡中郎《九疑山铭》，为宋淳祐六年郡守潼川李袭之属郡人李挺祖书。盖袭之既新其宫，因镌其铭于侧，以存古迹。后人以崖有巨书，遂以“书字”名，而竟失其实。始知书字岩之即为玉琯，而此为九疑山之中也。始知在箫韶南者为舜陵，在玉琯岩之北者，为古舜祠。后人合祠于陵，亦如九疑司之退于太平营，沧桑之变如此。土人云：永福寺昔时甚盛，中有千余僧常住，田数千亩，是云永福即舜陵。称小陵云：义以玉琯、舜祠相迫，钦癸绎扰，疏请合祠于陵。今舜陵左碑，俱从永福移出。后玉琯古祠既废，意寺中得以专享，不久，寺竟芜没，可为废古之鉴。余坐玉琯中，久之，因求土人导往三分石者，土人言：“去此甚远，俱瑶窟中，须得瑶人为导。然中无宿处，须携火露宿乃可。”已而重购得一人，乃平地瑶刘姓者，期以明日晴爽乃行。不然，姑须之斜岩中。乃自玉琯还，过马蹄石之东，入飞龙岩。岩从山半陷下，内亦宽广，〔如斜岩外层之南岩。〕有石坡中悬，而无宛转之纹。岩外镌“飞龙岩”三字，岩内镌“仙楼岩”三字，俱宋人笔。

出洞，复逾马蹄石，复共三里而返斜岩。明宗乃出火炬七枚，与顾仆分携之，仍爇炬前导。始由岩左之下层捱隙历蹬而下，水从岩左飞出注，与人争级，级尽路竟，水亦无有。东向而入，洞忽平广，既而石田鳞次，水满其中，遂塍上行，下遂坠成深壑。石田之右，上有石池，由池涉水，乃杨梅洞道也。舍〔之〕，仍东下洞底，既而涉一溪，其水自西而东，向洞内流，截流之后，循洞右行，路复平旷，洞愈宏阔。有大柱端立中央，直近洞顶，若人端拱者，名曰“石先生”。其东复有一小石竖立其侧，名曰“石学生”，是为教学堂。又东为吊空石，一柱自顶下垂，半空而止。其端反卷而大。又东有石莲花、擎天柱，皆不甚雄壮。于是过烂泥河，即前所涉之下流也。其处河底泥泞，深陷及膝，少缓，足陷不能拔。于是循洞左行，左壁崖片楞楞下垂，有上飞而为盖者，有下庋而为台者，有中凹而为床为龛者，种种各有名称，然俚不足纪也。南眺中央，有一方柱，自洞底屏立而上，若巨笏然。其东有一柱，亦自洞底上穹，与之并起，更高而巨。其端有一石旁坐石莲上，是为观音座。由此西下，可北绕观音座后。前烂泥河水，亦绕观音座下西来，至此南折而去。洞亦转而南，愈宏崇，游者至此辄止，以水深难渡也。余强明宗渡水，水深逾膝，〔然无烂泥河泞甚。〕既渡，南向行，水流于东，路循其西，四顾石柱参差，高下白如羊脂。〔此句乾隆本乾隆作：高者千尺，低亦丈，以数十计，俱光耀如凝脂。〕是为雪洞，以其色名也。又前为风洞，以其洞转风多也。既而又当南下渡河，明宗以从来导游，每岁不下百次，曾无至此者。故前遇观音座，辄抽炬竹插路为志，以便归途。时余草履已坏，跣一足行，〔先令顾仆携一緉备坏者，以渡河水深，竟私置大士座下，〕不能前而返。约所入已三里余矣。〔闻其水潜出广东连州，恐亦臆论，大抵入潇之流；然所进周通，正无底也。〕还过教学堂，渡一重河，上石田，遂北入杨梅洞。先由石田涉石池，池两崖石峡如门，池水满浸其中，涉者水亦逾膝，然其下皆石底平整，四旁俱无寸土。入峡门，有大石横其隘。透隘入，复得平洞，宽平广博，其北有飞石平铺若楼阁然，有隙下窥，则石薄如板，其下复穹然成洞，水从下层奔注而入，即前烂泥诸河之上流也。洞中产石，圆如弹丸，而凹面有猬纹，“杨梅”之名以此。然其色本黄白，说者谓自洞中水底视，皆殷紫，此附会也。〔此洞所入水，即岩外四山洼注地中者。此坞东为箫韶峰，西即斜岩，南为圣殿西岭，北为马蹄石，皆廓高里降，有同釜底；四面水俱潜注，第不见所入隙耳。〕出洞已薄暮，烧枝炙衣，炊粥而食，遂卧岩中，终夜瀑声雨声，杂不能辨。诘朝起视，则阴雨霏霏也。

此岩之瀑，非若他处悬崖泻峡而下，俱从覆石之底，悬穿窦下注若漏卮然。其悬于北岩上洞之前者，二瀑皆然而最大；其悬于右岩洼洞之上者，一瀑而有数窍，较之左瀑虽小，内有出自悬石之端者一，出于石底之窦而斜喷者二，此又最奇也。

二十五日　静坐岩中，寒甚。闲则观瀑，寒则煨枝，饥则炊粥，以是为竟日程。

二十六日　雨仍不止。下午持盖往圣殿，仍由来路北逾岭，稍东，转出箫韶峰之北。盖箫韶自南而北，屏峙于斜岩之前，上分两岐，北尽即为舜陵矣。陵前数峰环绕，正中者上岐而为三，稍左者顶有石独耸。庙中僧指上岐者娥皇峰，独耸者为女英峰，恐未必然。盖此中古祠、今殿，峰岫不一，不止于九，而九峰之名，土人亦莫能辨之矣。陵有二大树夹道，若为双阙然，其大俱四人围，庙僧呼为“珠树”而不识其字云。结子大如指，去壳可食，谓其既枯而复莹，未必然也。两旁杪木甚巨，中亦有大四围者，寻丈而上，即分岐高耸。由二珠树中入，有屋三楹，再上一楹，上楹额云“舞干遗化”，有虞帝牌位。下三楹额云：“虞帝寝殿”。列五六碑，俱世庙、神庙二朝之间者，无古迹也。二室俱敝而隘，殊为不称。问窆宫何在？帝原与何侯飞升而去，向无其处也。因遍观其碑，乃诗与祝词，惟慈溪颜鲸嘉靖间学道。一碑已断，言此地即古三苗地。帝之南巡苍梧，此心即“舞干羽”之心，若谓地在四岳之外，帝以耄期之年，不当有此远游，是不知大圣至公无间之心者也。盖中国诸侯，悉就四岳朝见，而南蛮荒远，故不惮以身过化。其说似为可取。李中溪元阳引《山海经》谓帝舜炼丹于紫霞洞，白日上升。《三洞录》谓帝舜禅位后，炼丹于此。后儒者不欲有其事，谓帝崩于苍梧之野；而道者谓其在九疑中峰。夫圣人之初，原无三教之名，圣而至于神，上天下地，乃其余事。及执儒者，三见而辨其事，不亦固哉。后其侄李恒颜宰宁远，跋其后，引《艺文志》载蔡邕谓舜在九疑解体而升，《书》曰：“陟方乃死。”韩愈曰：“陟，升也，谓升天也。”《零陵郡志》载道家书，谓帝厌治天下，修道九疑，后遂仙云。

《宁远野史何侯记》载负元君家九疑，修炼丹药功成，帝舜狩止其家。帝既升遐，负元君亦于七月七日升去。是兹地乃舜鼎湖，非陵寝也。且言苍梧在九疑南二百里，即崩苍梧，葬九疑亦无可疑者。唐元次山之说似未必然，其说种种姑存之。惟寝殿前除露立一碑甚钜，余意此必古碑，冒雨趋视之，乃此山昔为瑶人所据，当道剿而招抚之者。其右即为官廨，亦颓敝将倾，内有一碑已碎，而用木匡其四旁，亟读之，乃道州九疑山《永福禅寺记》，淳熙七年庚子道州司法参军长乐郑舜卿撰，知湖梧州军州事河内向子廓书。书乃八分体遒逸殊甚。即圣殿古碑，从永福移出者，然与陵殿无与，不过好事者惜其字画之妙，而移存之耳。然此廨将圮，不几为永福之续耶？舜卿碑中有云："余去年秋从山间谒虞帝祠，求何侯之丹井、鄭安期之铁臼，访成武丁于石楼，张正礼于娥皇，与萼绿华之妙想之故迹，乃了无所寄目，留永福寺齐云阁二日，桂林、万岁诸峰四顾如指，主僧意超方大兴工作，余命其堂曰彻堂。"廨后有室三楹，中置西方圣人，两头各一僧栖焉，亦荒落之甚。乃冒雨返斜岩，濯足炙衣，晚餐而卧。

二十七日 雨色已止，而浓云稍开，亟饭，逾马蹄石岭，三里，抵玉琯岩之南，觅所期刘姓瑶人欲为三分石之行，而其人以云雾未尽，未可远行，已往他所矣。复期以明日。其人虽不在，而同居一人于山中甚熟，惜患疮不能为导，为余言玉琯乃何侯故居，古舜祠所在，其东南山上为炼丹观故址。《志》言在舜庙北箫韶杞林之间中有石臼松，穿臼而生，枝柯拳曲如龙。余遍询莫知其处，想郑舜卿所云访郑安期之铁臼岂即此耶？然宋时已不可征矣。《志》又引《太平广记》鲁妙典为九疑女冠麓床道士授《大洞黄庭经》，入山十年，白日升天，而山中亦无知者。九疑洞之西，地名有鲁观亦无余迹。《舜卿碑》所云玉妙，想岂即其人耶？舜卿《永福碑》又云访成武丁于石楼，楼亦无征矣。飞龙洞又名仙楼岩，岂即石楼之谓耶？不然，何以又有此镌也？由此东行五十里，有三石参天，水分三处，俗呼为舜公石，即三分石也。〔路已湮。〕由此南行，三十里，有孤崖如髻，盘突山顶，俗呼为舜婆石。〔有径可达。〕其下有蒲江，过岭为麻江，由麻江口搭筒槽舡可达锦田。其人以所摘新茗为献。乃仍返斜岩，中道过永福故址。见其南溪流甚急，虽西下潇江，而东、北、南三面皆予所经，未睹来处，乃溯流寻之。则故址之左，石崖倒悬，水由下出，崖不及水者三尺，而其下甚深，不能入也。过马蹄石，见岭北水北流，忆昨过圣殿西岭，见岭南水南流，疑其水俱会而东去，因东趋箫韶北麓，见其水又西注者，始知此坞四面之水，俱无从出，而杨梅下洞之流，为烂泥河者，即此众水之沁地而入者也。两岭之间，中有釜底，凹向名山，潭有石穴，在桑坞中，僚人耕者，以大石塞其穴，水终不蓄。桑园叶树千株，蚕者各赴采，乃天生而无禁者。是日仍观瀑炙薪于岩中，而云气渐开，神为之爽。因念余于此洞有缘，一停数日，而此中所历诸洞，亦不可无殿最，因按列书之，为永南洞目：月岩第一，道州；紫霞洞第二，九疑；莲花洞第三，江华；狮岩第四，江华；朝阳岩第五，永州；澹岩第六，永州；大佛岭侧岩第七，江华；玉琯岩第八，九疑；华岩第九，道州；月岩南岭水洞第十，道州；飞龙岩第十一，九疑；麻拐岩第十二，江华。此外尚有经而不胜书，胜而不及到者，不罄附于此。

二十八日 五鼓饭而候明。仍过玉琯南觅导者。其人始起炊饭，已乃肩火具前行。即从东上杨子岭，二里，登岭，上即有石，人立而起，兽蹲而龙蝘，其上皆盘突。从岭上东南行坳中，地名茅窝。三里，皆奇石也。下深窝，有石崖嵌削，青玉千丈，四面交流，捣入岩洞，坠巨石而下，深不可测，是名九龟进岩，以窝中九山如龟，其水皆向岩而趋也。其岩西向，疑永福旁透崖而出者，即此水也。又东南二里，越一岭，为蟠龙峒水口。峒进东尚深，内俱高山瑶。又登岭一里，为清水潭。岭侧有潭，水甚澄澈。〔其东下岭，韭菜原道也。〕又东南二里，渡牛头江。江水东自紫金原来，江两崖路俱峭削，上下攀援甚艰。时以流贼出没，必假道于此，土人伐巨枝横截崖道，上下俱从树枝，或伏而穿其胯，或骑而逾其脊。渡江，即东南上半边山，其东北高山为紫金原。山外即蓝山县治矣。其西南高山为空寮原。再南为香炉山，空寮原山上有白石痕一幅，上自山巅，下至山麓，若悬帛然，土人谓之"白绵绸"。香炉山在玉琯岩南三十里，三分石西北二十里，高亚于三分石，顶有澄潭，广二、三亩。其中石笋两枝，亭亭出水面三丈余，疑即《志》所称天湖也。第《志》谓在九疑麓，而此在山顶为异，若山麓则无之。由〔半边〕山上行五里，稍下为狗矢窝。于是复上，屡度山脊，狭若板筑，屡跻山顶，下少上多。共东南五里，而出鳌头山。先是，积雾不开，即半边、鳌头诸山，近望不及，而身至辄现。至是南眺三分石，不知所在。顷之而浓云忽开，瞥然闪影于高峰之顶，〔与江山县江郎山相似；一为浙源，一为潇源，但江郎高矗山半，此悬万峰绝顶为异耳。〕半边、鳌头二山，其东北与紫金夹而为牛头江，西南与空寮〔香炉〕夹而为潇源江。即三分石水。此乃两水中之脊也。二水合于玉琯东南，西下鲁观与蒲江合，始胜如叶之舟，而出大洋焉。由鳌头东沿岭半行，二里始下。三里下至烂泥河，始得水而炊，已下午矣。由烂泥河东五里逾岭，岭侧小路为冷水坳，盗之内薮也。下岭三里，为高梁原，乃蓝山西境，亦盗之内薮也，此岭乃蓝山、宁远分界，在三分石之东，水亦随之。〔余径三分石，下烂泥河，〕于是与高梁原分道。折而西南行，又上一岭，山花红紫斗色，自鳌头山始见山鹃蓝花，至是又有紫花二种，一种大，花如山茶；一种小，花如山鹃，而艳色可爱。又枯树间蕈黄白色，厚大如盘。余摘袖中，夜至三分石，以箐穿而烘之，香正如香蕈。山木干霄。此中山木甚大，有独木最贵，而楠木次之。又有寿木，叶扁如侧柏，亦柏之类也。巨者围四、五人，高数十丈。潇源水侧渡河处，倒横一楠，大齐人眉，长三十步不止。闻二十年前，有采木之命，此岂其遗材耶！

上下共五里，而抵潇源水。其水东南从三分石来，至此西去，而经香炉山之东北以出鲁观者。乃绝流南渡，即上三分岭麓。其岭峻削不容足，细径伏深箐中，俯首穿箐而上，即两手挽之以移足。其时箐因夙雾淋漓，既不能矫首其上，又不能平行其下，惟资之为垂空之繘练，则甚有功焉。如是八里，始渐平。又南行岭上二里。时夙雾仍翳，望顶莫辨，而晚色渐合，遂除箐依松，得地如掌。山高无水，有火难炊。命导者砍大木，积而焚之，因箐为茵，因火为帏，为度宵计。既暝，吼风大作，卷火星飞舞空中，火焰游移，倏忽奔突数丈，始以为奇观。既而雾随风阵，忽仰明星，忽成零雨，拥伞不能，拥被渐湿，幸火威猛烈，足以敌之。五鼓雨甚，亦不免淋漓焉。

二十九日　天渐明，雨亦渐霁。仰见三分〔石〕，露影在指顾间，辄忍饥冲湿箐而南。又下山二里，始知尚隔一峰也。度坳中小脊，复南上三里，始有巨石盘崖，〔昨升降处皆峻土，无块石，〕为导者误。出其南又一里，东眺轰顶，已可扪而摩之，但为雾霾，不见真形，道穷磴绝。忽山雨大注，顶踵无不沾濡，乃返。过巨石崖，见其侧有线路，伏深箐中，雨巨不可上；上亦不得有所见。遂从故道下，至夜来依火处，拟从直北旧路下，就溪炊米，而火为雨灭，止存余星，急觅干烬引之，荷而下山，乃误从其西，竟不得路。久之，得微涧，遂炊涧中，已当午矣。踯躅莽箐中，久之，乃得抵涧，则五涧纵横，交会一处，盖皆三分石西、南、北三面之水，而向所渡东来一溪，在其最北。乃舍其一，渡其三，而留最北者未渡，循其南涯滩流而东，一里，至来时所渡处，始涉而北。从旧道至烂泥，至鳌头偶坐，闻兰香甚，觅之，即在坐隅，乃携之行，至半边山，下至牛头河，暝色已合，幸已过险，命导者从间道趋韭菜原，盖以此处有高山瑶居之，自此而南，绝无一寮，直抵高梁原而后有瑶居也。初升犹土山，既入而东下，但闻水声潺潺，在深壑中，暗扪危级而下。又一里，过两独木桥，则见火光荧荧，亟就之，见其伏畦旁，亦不敢问。已而有茅寮一二重，呼之，一人辄秉炬出，迎归托宿焉。问其畦间诸火，则取乖者，盖瑶人以蛙为乖也。问其姓为邓，其人年及二十，谈山中事甚熟，余感其深夜迎宿，始知瑶犹存古人之厚也。亟烧枝炙衣，炊粥就枕焉。

三十日　以隔宿不寐，平明乃呼童起炊，晨餐后行，始见所谓韭菜原，在高山之底，亦若釜焉。第不知夜来所闻水声潺潺，果入洞，抑出峡也。洼中有澄潭一，甚深碧，为龙潭云。西越一山，共二里，过清水潭，又一里半，过蟠龙溪口。又一里半，逾一岭，过九龟进岩。遂上岭，过茅窝，下杨子岭，共五里，抵导者家。又三里，还饭于斜洞，乃少憩洞中，以所携兰花九头花，共七枝，但叶不长耸，不如建耳。栽洞中当门小峰间石台上以供佛。下午始行，北过圣殿西岭，乃西出娥皇、女英二峰间，已转而东北行，共十里，过太平营，又北五里，宿于路亭。〔是夕，始睹落照。〕

九疑洞东南为玉琯岩，乃重四围中起小石峰，岩在其下，西向，有卦山在其西，正当洞门。形如茭也，又似儒巾，亦群山中特起者。其中平央南北通达，是为古祠基，所称何侯上升处也。由此南三十里，为香炉山，东南五十余里为三分石，西三十里为舜母石，又西十里，为界头分九，则江华之东界矣。

三分石俱称其下水一出广东，一出广西，一下九疑为潇水，出湖广。至其下，乃知为石分三岐耳。其下水东北者为潇源，合北、西诸水，即五涧交会者。出大洋，为潇水之源。直东者，自高梁原为白田江，〔东十五里〕经临江所，〔又东二十里〕至蓝山县治，为岿水之源。东南者自〔高梁原东南十五里之〕大桥下锦田，西至江华县，为沲水之源，其不出两广者，以南有锦田水横流为〔楚、粤〕界也。锦田东有石鱼岭，为广东连州界，其水始东南流，〔入东粤耳。〕若广西则上武堡之南，为贺县界也。

高梁原为宁远南界，蓝山西界，而地属于蓝，亦高山瑶也，为盗贼渊薮。二月间出永州，杀东安县捕官及杀掠冷水湾博野桥诸处，皆此辈也。出入皆由牛头江，必假宿于韭菜原蟠龙洞而经九疑峒焉。其党约七八十人，有马二三十匹，创锐罗帜甚备，内有才蓄发者数人，僧两三人，即冷水坳岭上庙中僧。又有做木方客亦在焉。韭菜原中人人能言之，而余导者亦云然。

四月初一日　五鼓，雨大作，平明冒雨行。即从路亭岐而东北，随箫韶溪西岸行。三里，西望掩口东两山峡，已出其下平畴矣。于是东山渐豁，溪转而东，路亦随之。又五里，溪两旁石盘错如斗，水奔束其中，隘处如门，即架木其上以渡。既渡，循溪南岸行，又二里，而抵下观。巨室鳞次，大聚落也。大姓李氏居之。自路亭来，名五里，实十里而遥，雨深泥泞，俱行田畦小径间，乃市酒于肆而行。下观之西，有溪自南绕下观而东，有石梁锁其下流，水由桥下出，东与箫韶水合。其西一溪，又自应龙桥来会，三水合而胜舟，〔北可二十里至宁远。〕过下观，始与箫韶水别，路转东南向。南望下观之后，千峰耸翠，〔亭亭若竹竿玉立，〕其中有最高而锐者，名吴尖山。山下有岩窈窕如斜岩云。其内有尤村洞，其外有东角潭，皆此中绝胜处。盖峰尽干羽之遗，石俱率舞之兽，游九疑而不经此，几失其真形矣。〔恨未滞杖履其中，搜剔奇閟也。〕东南二里，有大溪南自尤村洞来，桥亭横跨其上，是为应龙桥，又名通济〔桥〕。过桥，遂南入乱峰中，即吴尖山东来余派也。二里上地宝坪坳，于是四旁皆奇峰宛转，穿瑶房而披锦幛，转一隙复攒一峒，透一窍更露一奇，至狮象龙蛇，夹路而起，与人争道，恍惚梦中曾从三岛经行，非复人世所遘也。共六里，饭于山口峒。〔名虽山口，实瑶房锦幄，桃源鹿门，不辨此幽奇邃诡也。〕由山口南逾一岭，共三里，有两峰夹道，争奇竞怪。峰下有小溪南向，架桥亭于其上，贪奇久憩，遇一儒冠者，家尤村之内，欲挽余还其处，为吴尖主人，余期以异日，问其姓名，为曰王璇峰云。过峡而南，始有容土负块之山。又五里，逾一岭，为大吉墅，石峰复夹道起。路东一峰，嵌空玲珑，〔逆悬欹裂，蜃云不足喻其巧。〕余望之神往，亟披荆入，旨窦隙透漏，或盘空而上，或穿腋而转，莫可穷诘，惜不能诛茅引级，以极幽玄之妙也。其西峰悬削亦然。路出其间，透隘而南，始豁然天开地旷，是为露园下。于是石峰戢影，西俱崇峦峻岭，东皆回岗盘坂。南二里，遂出大路，在藕塘、界头二铺之间，又南五里，宿于界头铺，是为宁远、蓝山之界。其西之大山，曰满云山，当是紫金原之背，其支东北行，界遂因之。再南为天柱山，即《志》所称石柱岩洞之奇者。余既幸身经山口一带奇峰，又近瞻吾吴尖、尤村众岫，而所慕石柱，又不出二里之外，神为跃然。但足为草履所蚀，即以鞋行犹艰，而是地向来多雨，畦水溢道，鞋复不便。自永州至此，无处不苦旱，即近而路亭、下观，亦复嗷嗷。而山口以南，遂充畦浸壑，岂"满云"之验耶！

初二日　余欲为石柱游。平明，雨复连绵，且足痛不胜履，遂少停逆旅。上午雨止，乃东南行途中，问所谓石柱山岩之胜。而所遇皆行道之人，莫知所在。已而雨止路滑，四顾土人不可得，乃徘徊其间，庶几一遇。久之，遇樵者，又遇耕者，问石柱天柱，皆以无有对。共五里，过一岭，山势大豁，是为总管庙，亟投庙中。问道者，终不能知。又东南行，遥望正东有耸尖卓立，不辨其为树为石。又五里，抵颜家桥，始辨其为石峰，而非树影也。颜家桥下小水东北流去。过桥又东南逾一小岭，遂从间道折而东向临武道，蓝山大道南行十五里至城。共四里，过宝林寺，读寺前《护龙桥碑》，始知宝林山脉由北柱来。乃悟向所望若树之峰，正在寺北，亦在县北。寺去县十五里，此峰在寺后恰二十里，《志》所称石柱，即碑所称北柱无疑矣。又东过护龙桥，桥下水南流汹涌，即颜家桥之曲而至者。随溪东行，于是北瞻石柱，其峰倩削〔如碧玉簪，〕而旁有石崖亦兀突露奇，然较之尤村山口之峰，直得其一体，不啻微矣。又二里，至下湾田，有大树峙路隅，上枝分耸，而其下盘曲堆突，大六、七围，其旋窝错节之间，俱受水若洗头盆，亦树妖也。又东，路出卧石间，溪始折而南向蓝山路，乃东入岗陇二里，有路自西南横贯东北，想即蓝山趋桂阳之道矣。又东沿白帝岭行。盖界头铺山脉自满云山东北环转，峙而东起为白帝岭。故界头之南，其水俱南转蓝山，而山自界头西峙巨峰，即九疑东隅，屏立南绕，东起高岭即白帝，北列夹坞成坪，中环平央，西即蓝山县治。而路循白帝山南行，屡截支岭，五里，路转南向，又五里，为雷家岭，则白帝之东南尽处也。饭于雷家岭。日未下午，而前途路杳无人，行旅俱宿，遂偕止焉。既止行，乃大霁。是日止行三十里，以足裂而旱雨，前无宿处也。

初三日　中夜起，明星皎然，以为此后久晴可知，比晓，饭未毕，雨乃止矣。蹬蹀泥淖中，大溪亦自蓝山曲而东至，遂循溪东行。已而溪折而南，路折而东，逾一岭，共五里，大溪复自南来，是为许家渡。渡溪东行一里，溪北向入峡，路南向入山。五里为杨梅原，一二家倚山椒，为盗焚破，零落可怜，至是雨止。又南十里，为田心铺。田心之南，径道开辟，有小溪北向去，盖自朱禾铺来者。自此路西大山，自蓝山之南南向排列，而澄溪带之。路东石峰耸秀，亦南向排列，而乔松荫之，取道于中，三里一亭，可卧可憩，不知行役之苦也。共二十里，饭于朱禾铺，是为蓝山、临武分界。更一里，过永济桥，其水东流，过东山之麓，折而北以入岿水者。又南四里，为江山岭，则南大龙之脊，而水分楚、粤矣。〔岭西十五里曰水头，《志》谓武水出西山下鸬鹚石，当即其处。〕过脊即循水东南四里，为东村。水由峡中南去，路东南逾岭，直上一里而遥，始及岭头，盖江山岭平而为分水之脊，此岭高而无关过脉也。下岭，路益开整，路旁乔松合抱夹立，三里，始行坞中。其坞开洋成峒，而四围山不甚高，东北惟东山最巍峻，西南则西山之分支南下，直抵苍梧，分粤之东西者也。三里，径坞出两石山之口，又复开洋成峒。又三里，复出两山口。又一里，乃达垫江铺而止宿焉，南去临武尚十里。是日行六十里。既止，而余体小恙。

初四日　予以夜卧发热，平明乃起。问知由垫江而东北十里，有龙洞甚奇。余所慕而至者，而不意即在此也。乃寄行囊于旅店，逐由小径东北行。四里，出大道，则临武北向桂阳州路也。遵行一里，有溪自北而南，盖发于东山之下者。名斜江。渡桥，即上捱岗岭。越岭，路转纯北，复从小径西北入山，共五里而抵石门蒋氏。有山兀立，蒋氏居后洞，在山半翠微间。洞门东南向，一入即见百柱千门，悬列其中，俯洼而下，则洞之外层也。从其左而上，穿列柱而入，众柱分列，复回环成洞，玲珑宛转，如曲房邃阁，列户分窗，无不透明聚隙，八窗掩映。从来所历诸洞，有此屈折者，无此明爽；有此宏丽者，无此玲珑。即此，已足压倒众奇矣。时蒋氏导者还取火炬，余独探奇先至，意炬而入处，当在下洞外层之后，故不趋彼而先趋此。及炬至，导者从左洞之后穿隙而入。连入石门数重，已转在外洞之后，下层之上矣。乃北逾石限穿隘而入，即下石池中。其水澄澈不流，两崖俱穹壁列柱，而石脚汇水不漏，池中水深三四尺，中有石埂中卧水底，水浮其上仅尺许，践埂而行，褰裳可涉。十步之外，卧埂又横若限，限外池益大，水益深；水底白石龙一条，首顶横脊而尾掩池之中，鳞甲宛然挨崖侧。又前两三步，有圆石大如斗，蓴插水中，不出水者亦尺许，是为宝珠，紧傍龙侧，真睡龙颔下物也。珠之旁，又有一圆石，大倍于珠，而中凹如臼，面与水平，色与珠共，是为珠盘。〔然与珠并列，未尝盛珠也。〕由此而前，水深五六尺，无埂，不可涉矣。西望水洞，宏广若五亩之池，四旁石崖巑岏参错，而下不泄水，真异境也。其西北似有隙更深，恨无仙槎一叶航之耳。还从旧路出，经左洞下，至洞回望洼洞外层，氤氲窈窕。乃令顾仆先随导者下山觅酒，而独下洞底，环洞四旁，转出列柱之后，其洞果不深邃，而芝田莲幄，琼窝宝柱，上下层列，崆峒杳渺，即无内二洞之奇，亦自成一天也。〔此洞品第，固当在月岩上。〕探索久之，下山，而仆竟无觅酒处，遂遵旧路十里，还至垫江炊饭而行，日已下舂。五里，过五里排，已望见临武矣。又五里，入北门，其城上四围俱列屋如楼，入门即循城西行，过西门，门外有溪自北来，即江山岭之流，与水头合而下注者也。又循城南转而东过县前，又东入徐公生祠而宿。徐名开禧，昆山人。祠尚未完，守祠二上人曰大愿、善岩。是晚，予病寒未疟，乃减晚餐，市酒磨锭药饮之。

初五日 早令顾仆炊姜汤一大碗，重被袭衣覆之，汗大注，久之，乃起，觉开爽矣。乃晨餐出南门，渡石桥，桥下溪即从西门环至者。城外居民颇盛，南一里，过邝氏居，又南二里，过迎榜桥，桥下水自西山来，北与南门溪合，过桥即为挂榜山，余初过之不觉也。从其南东上岭，逶迤而上者二里，下过一亭，又五里，过深井坪，始见人家。又南二里，从路右下，是为凤头岩，〔即宋王淮锡称秀岩者。〕洞门东北向，渡桥以入。出洞，下抵石溪；溪流自桥即伏石间，复透隙潆崖，破洞东入。此洞即王记所云"下渡溪水，其入无穷"处也。〔第王从上洞而下，此则水更由外崖入。〕余抵水洞口，深不能渡。〔闻随水入洞二丈，即见天光，五丈，即透壁出山之东。是山如天生桥，水达其下仅三五丈，往连州大道正度其上，但高广，度者不觉耳。予登巅东瞰，深壑下环，峡流东注。近俱峭石森立，灌莽翳之，不特不能下，〕亦不能窥。所云"其入无穷"，殆臆说耳。还十里，下挂榜山南岭，仰见岭侧，洞口岈然，问樵者，曰："洞入可通隔山。"急披襟东上，洞门圆亘，高五尺，直透而入者五丈，无曲折黑暗之苦，其底南伏而下，则卑而下洼，不能入矣。仍出渡迎榜桥，回瞻挂榜处，石壁一帏，其色黄白、杂而成章，若剖峰而平列者，但不方整，不似榜文耳。此山一枝俱石，自东北横亘西南，两头各起一峰，东北为挂榜，西南为岭头，而洞门介其中，为临武南案。西山支流经其下，北与南门水合而绕挂榜北麓，东向而去。返过南门，见肆有戌肉，乃沽而餐焉。晚宿生祠。

初六日 饭而行。出东门，五里，一山突于路北，武水亦北向至，路由山南水北转山嘴复东南去，路折而东北。一里，一路直北，乃桂阳间道。一岐东北，乃宜章道也。三里至阿皮洞，武溪复北折而来，经其东北去，水西有居民数家，从此渡桥，东上牛庙岭，俱寂无村落矣。逾岭下四里，为川州水凉亭。又五里，升降山谷，为桐木郎桥。桥下去水，自南而北，其发源当自秀岩穿穴之水也。桥东有古碑，大书飞白为广福桥。其书甚遒劲，为宋桂阳军知临武县事曾晞颜所书。从此南而东上一岭，又东向循山半行，五里，路忽四岐，乃不东而从北，下岭又东从山坞行五里，为牛行。牛行人烟不多，散处山谷。盖大路从四岐直东，俱高岭无人，而此为小路，便于中火耳。由牛行又东，从小径登岭，逾而下，三里，为小源，亦有村民数家。从此又东北逾二岭而下，共五里，为水下。遇一人，言："水下至凤集铺，止三里，而岭荒多盗，必得送者乃可行。"余乃饭于水下村家，其人为我觅送者不得，遂东南一里，复南上小径，连逾二岭，则铺在山头矣。其铺正在岭侧脊，是为临武、宜章东西界，而铺亭颓落，寂无一家。乃东下岭，转而东北行。二里，始有村落，在小溪西。渡溪桥，而东北循水下二里，至锁石，村落甚盛。北望有大山高穹，是为麻田大岭。由锁石北上岭，三里，过社山，两峰圆削峙，一尖圆而一斜突，为锁石水口。由其东下岭二里，则武溪复自北而南，路与之遇。乃循溪南东行，溪复转而北，溪北环成一坪，是为孙车坪，涯际有小舟舶焉。即从溪南转入山峡，一里，南上一岭，曰车带岭，其岭嶕而荒，行者俱为危言，余不顾。直上一里半，登其巅，东望隐隐有斑黄之色，不辨其为云为山，而麻田大岭已在其北矣。下岭里半，有溪流淙淙，其侧石穴中，有泉一池，自穴顶下注，清泠百倍溪中，乃掬而饮之，以溪水盥焉。更下而东，共七里，至梅田白沙巡司。武溪复北自麻田南向而下，经司东而去。是日午后大霁，共行六十里，止于司侧肆中。先是，途人屡以途有不测，戒余速行，余见日色尚早，何至乃尔，抵逆旅，始知上午有盗百四十人，自上乡来，由司东至龙村，取径道向广东，谓土人无恐，尔不足扰也。

初七日　晨餐后乃行，以夜来体不安也。由司东渡武溪，遂东上渡头岭。东北行，直逼麻田大岭下，共三里，乃转东南，再上岭，二里而下，始就坞中行。又五里，有数十家散处山麓间，是为龙村。其北有石峰突兀路左。又东北二里，乃南向登岭，从岭上平行三里，始南下峡中，有细流自南而北，渡溪即东上岭，里半为高明铺。又下岭，又三里，为焦溪桥。焦溪在高明南，有数十（家）夹桥而居。其水自北而南，由此东南三里，逾一岭，为芹菜坪。其南有峰分突，下有层崖承之，其色斑赭杂黑，极似武彝之一体。此处四山俱青葶巉岏，独此有异。又三里，逾岭，颇高。其先行岭北，可平瞻麻田、将军寨、黄岑岭诸峰。已行岭南，则南向旷然开拓，想武江直下之境矣。下岭，又北二里，有楼横路口，是为隘口。其东南山上，有塔五层，修而未竟。过隘口，循塔山之北垂，觅小径转入山坳，是为艮岩寺。〔寺〕向西南，岩向西北，岩口有池一方。僧凤岩为我煮金刚笋，以醋油炒之，以供粥，遂卧寺中，得一觉。下午入〔宜章〕南镇关，至三星桥。过桥，则市肆夹道，行旅杂遝，盖南下广东之大道云。桥即在城南，而南门在西，大道循城而东。已乃北过东门，又直北过演武场。其内萼石巉巉，横卧道侧，共北十里，过牛觔洞，居民将及百家，在青岑山下。盖大山西南，初峙为麻田大岭，犹临武地。其东北再峙为将军寨。已属宜章。此最高之顶，乃东北度为高云山，有寺焉。乃北转最深处，于是始东列为黄岑。其山南北横列，其南垂即为曲折岭，又东更列一层，则青岑也，牛觔洞在其东北麓。更北行一里，为野石铺，其北石峰嵌空，蹲踞路左，即为野石岩，而始不知，问其下居人，曰："由其北小径入即是。"乃随其北垂，转出山背，乃寺场，非岩洞也。亟出欲投宿于岩下人家，有一人当门拒客，不入纳。余见其岩石奇，以为此必岩也，苦恳之，屋侧一小户中容留焉。欲从其舍后上岩，而其家俱编篱绝，须自其中舍后门出，而拒客人，犹不肯容入。乃从南畔乱石中，攀崖逾石而入。先登一岩，其门岈然，而内有透顶之隙，而不甚深。仰视门左，有磴埋草间，亟披荆上，西南行石径间，复得石门如合掌，其内狭而稍深，右裂旁窍，其上亦透天光，而右壁之半，一圆窍透明如镜。出峡门，更西北随磴上，则穹崖削立，上有叠石耸霄，下若展幛内敛。时渐就晚，四向觅路不得，念此即野石岩无疑。《志》原云"临官道旁"，非山后可知，但恨无补叠为径以穷其胜者。乃下就坐其庑下，而当门人已他去。已而闻中室牖内有呼客声，乃主人卧息在内也。谓："客探岩曾见仙诗否？"余以所经对，曰："未也。穹崖之右，峡门之上，尚有路可上，明日当再穷之。"时侧户主人意虽爱客，而室甚卑隘，猪圈客铺，共在一处，见余意不便，叩室中妇借下余榻，而妇不应，余因就牖下求中室主人，主人许之，乃移卧具于中。中室主人起向客言："客爱游名山，此间有高云山，乃众山之顶，路由黄岑岭而上，宜章八景有'黄岑滴翠'、'白水流虹'二胜在其下，不可失也。"余颔之。

初八日 晨觅导游高云者，其人欲余少待，上午乃得同行。余饭后复登岩上，由穹崖之东丛郁之下，果又得路。上数步，乱石纵横，路复莫辨。乃攀逾石萼，上俱嵌空决裂，有大石高耸于外，夹成石坪，掩映愈胜，然终不得洞中诗也。徘徊久之，还至失路处，见一石穴，即在所逾石下。乃匍伏入，其内嵚岈起裂，列穴旁通，宛转透石坪下，皆明朗可穿。盖前越其上，兹透其底，求所谓仙诗，竟无有也。下岩，导者未至，方拽囊就道，忽北路言大盗二百余人自北来。主人俱奔，襁负奔避后山，余与顾仆复携囊藏适所游穴中，以此处路幽莫觉，且有后穴可他走也。余伏穴中，令顾仆从穴旁窥之。初奔走纷纷，已而路寂无人。久之，复有自北而南者，乃下问之，曰："贼从章桥之上，过外岭西向黄茅矣。"乃下岩南行，则自北南来者甚众，而北去者犹蹜蹜不前也。途人相告，即梅前司渡河百四十名之夥，南至天都石坪行劫。乃东从间道，北出章桥，转而西还，盖绕宜章之四郊，而犹不敢竟度国门也。南从旧路一里半，抵牛觔洞北，遂从小径，西南循大山行里半，出牛觔洞之后，乃西越山峡，共五里，出峡，乃循青岑南麓行。有路差大，乃西南向县者，而黄岑之道则若断若续，惟以意拟耳。共西三里，转一岗，始与南来大道合，遂北向曲折岭。二里，直跻岭坳，其西即“白水流虹”。章水之上源，自高云山南径黄岑峒，由此出峡，布流悬石而下者也。〔土人即称此岭曰黄岑，然黄岑山尚北峙，此其南下支。〕逾岭西北半里，即溯涧行，黄岑山高峙东北，其阳环成一峒，大溪横贯之。竟峒里半，有小径北去，云可通章桥。仍溯溪西行三里，为兵马堂路口。仍溯溪北转一里，乃舍溪登岭。北上一里，西下坞中，是为藏经楼。高山四绕，小涧潆门，寺甚整洁，昔为贮藏之所，近为贼劫，寺僧散去，经移高云，独一二僧闭户守焉。因炊粥其中，坐卧其中久之。下午，乃由寺左登岭，岧峣直上者二里，是为坪头岭。逾岭稍下，得坞甚幽，山帏翠叠，众壑争流，有修篁一丘，丛木交映中，静室出焉。其室修洁而空寂无人，高山流水，窈然而已。半里逾坞，复溯涧北上岭一里，岭穷而水不绝。此坪头而上第二岭也。水复自上坞透峡下，路透峡入，又平行坞中半里，渡涧，东北上岭。〔涧东自黄岑山后来，平流坞中，石坪殷红，清泉素润，色侔濯锦，出峡下泻，珠鸣玉韵，重木翳之，杳不可窥；于是绕静室西南下注，出藏经岭南，为大章之源也。〕岭不甚高，不过半里，渐盘出黄岑北。其处山鹃鲜丽，光彩射目，树虽不繁而花色绝胜，非他处可比，此坪头上第三岭也。稍过坪，又东北上一里，逾岭脊，此坪头上第四岭矣。其西石峰突如踞狮，为将军山南来东转之脉，其东则南度为黄岑山者也。逾岭北下一里，折而西北，下行深树中，又一里，得高云寺。寺虽稍倚翠微，犹踞万峰绝顶。寺肇于隆庆五年，今渐就敝，而山门方丈，犹未全备，洵峻极之构造匪易也。寺向有五十僧，为流寇所扰，止存六七僧，以耕种为业，而晨昏之梵课不废，亦此中之仅见者。主僧宝幢，颇能安客。至寺，日犹未衔山，以惫极，急浴而卧。

初九日　晨起浓雾翳山，咫尺莫辨，问山亦无他奇，遂决策下山，东北向丛木中下。初，余意为萝棘所翳，即不能入，而身所过处，或瞻企不辜。及五里，至山麓，村落数家，散处坞中，问所谓坦山，皆云即此。而问所谓万华岩皆云无之。徘徊四顾，竟无异处。但其水东下章桥，大路从之，甚迂。由此北逾虎头岭，出良田，为间道甚便。遂从村侧北上岭，岭东坳中，涧水泻大石崖而下，悬帘泄布，亦此中所仅见。一里，逾坳上，一里半，复溯流北行坞中，一里半又逾岭而下，有溪自西而东。问之，犹东出章桥者也。渡溪，又有一溪自北来入。溯溪北行峡中，二里为大竹峒，居民数家，水自西来，想亦黄茅岭下之余波也。由大竹峒东逾大竹岭，岭为大竹山南下之脊，是为分水，东由吴溪出郴，西由章桥入宜。上少下多。东向直下二里，是为吴溪，居民数家，散处甚敞，前章桥流贼所从而西者也。村东一里，有桥跨溪上，度桥北，上小分岭，亦上少下多。二里，下至仙人场，有水颇大，北自山峒透峡而东，一峰当关扼之，水激石奋。水折而南，峰剖其西，若平削而下者，〔此句乾隆本作：严岩矗戾，〕以为下必有洞壑可憩。及抵崖下，乃绝流而渡，则寂无人烟。乃北逾一岗，二里，为歪里。先为廖氏，居人颇盛，有小水自北南去。乃从其村东上平岭，北行一里，其西坞中为王氏，室庐甚整。询之土人，昨流贼自章桥北小径止于村西大山丛木中，经宿而去。想亦有所阚而不敢动也。从此东北出山坳，石道修整，十二里而抵良田。自歪里雨作，至此愈甚，乃炊饭索饮于肆中。良田居市甚众，乃中道一大聚落，二月间流寇三、四百人，亦群而过焉。饭后，雨不尽止，北十里，宿于万岁桥。按《志》：郴南有灵寿山，山有灵寿木，昔名万岁，故山下水名千秋。今有小万岁、大万岁二溪，俱有桥架其上，水俱自西而东。余以灵寿山必有胜可寻，及遍询土人，俱无可征，惟二流之易“千秋”存“万岁”耳。

初十日　雨虽止而泞甚。自万岁桥北行十里，为新桥铺，有路自东南来合，想桂阳县之支道也。又北十里为郴州之南关。郴水东自山峡曲至城东南隅折而北，径城之东关外，则苏仙桥横亘其上。九洞甚宏整。至是雨复大作，余不暇入城，姑饭于溪上肆中。乃持盖为苏仙之游。随郴溪西岸行，一里，度苏仙桥，随郴溪东岸行，东北二里，溪折西北去，乃由水经东上山。入山即有穹碑，书“天下第十八福地”。由此半里，即为乳仙宫。丛桂荫门，清流界道，有僧乘宗出迎客。余以足袜淋漓，恐污宫内，欲乘势先登山顶，与僧为明日期，僧以茶笋出饷，且曰：“白鹿洞即在宫后，可先一探。”余急从之。由宫左至宫后，则新室三楹，掩门未启，即排以入石洞，正当楹后崖，高数丈，为楹掩，俱不可见。洞门高丈六，止从楹上透光入洞耳。洞东向，皆青石迸裂，二丈之内，即成峡而入。已转东向，渐洼伏黑隘，无容匍伏矣。成峡处其西石崖倒垂，不及地者尺五，有嵌裂透漏之状。正德五年，锡邑秦太保金时以巡抚征龚福全，勒石于上。又西有一隙，侧身而进，已转南下，穿穴匍伏出岩前，则明窦也。复从楹内进洞，少憩仍至前宫，别乘宗，由宫内右登岭，冒雨北上一里，即为中观。观门甚雅，中有书室，花竹翛然，乃王氏者，亦以足污未入。由观右登岭，冒雨东北上一里半，遂造其顶。有大路由东向迓入者，乃前门正道；有小路北上沉香石飞升亭，为殿后路。余从小径上。带湿谒苏仙，僧俗谒仙者数十人，喧处于中，余向火炙衣，自适其适，不暇他问也。郴州为九仙二佛之地，若成武丁之骡岗在西城外；刘瞻之刘仙岭在东城外；佛则无量，智俨廖师也俱不及苏仙，故不暇及之。

十一日　与众旅饭后，乃独游殿外虚堂。堂三楹，上有诗扁环列，中有额，名不雅驯，不暇记也。其堂址高，前列楼环之，正与之等。楼亦轩敞，但未施丹垩，已就欹裂。其外即为前门殿，后有寝宫、玉皇阁，其下即飞升亭矣。是早微雨，至是微雨犹零，仍持盖下山，过中观，入谒仙，觅僧遍如，不在。入王氏书室，折蔷薇一枝，下至乳源宫，供仙案间。乘宗仍留茶点，且以仙桃石馈余，余无以酬，惟劝其为吴游，冀他日备云水一供耳。宫中有天启初邑人袁子训雷州二守。碑，言苏仙事甚详：言仙之母便县人，便即今永兴。有浣于溪，有苔成团绕足者，再四感而成孕，生仙。于汉惠帝五年五月十五，母弃之后洞中。即白鹿洞。明日往视，则白鹤覆之，白鹿乳之，异而收归，长就学师，欲命名而不知其姓，令出观所遇，遇担禾者以草贯鱼而过，遂以苏为姓，而名之曰耽，尝同诸儿牧牛羊，不突不扰，因各群畀之，无乱群者，诸儿又称为“牛师”。事母至孝，母病思鱼脍，仙往觅脍，不宿而至，母食之，喜问所从得，曰：“便。”便去所居远，非两日不能返，母以为欺。曰：“市脍时舅氏在旁，且询知母恙，不日且至，可验。”舅至，母始异之。后白日奉上帝命，随仙官上升于文帝三年七月十五日。母言：“儿去，吾何以养？”乃留一柜，封识甚固，曰：“凡所需，扣柜可得。第必不可开。”指庭间橘及井，曰：“此中将大疫，以橘叶及井水愈之。”后果大验。郡人益灵异之，欲开柜一视，母从之，有只鹤冲去，此后扣柜不灵矣。母逾百岁。既卒，乡人仿佛见仙在岭，哀号不已，郡守张邈往送葬，求一见仙容，为示半面，光彩射人，又垂空出只手，绿毛巨掌，见者大异，自后灵异甚多，俱不暇览。第所谓沉香石者，一石突山头，予初疑其无谓，而镌字甚古，字外有履迹痕，则仙人上升遗迹也。所谓仙桃石者，石小如桃形，在浅土中，可锄而得之。峰顶及乳仙洞俱有，磨而服之，可已心疾。亦橘井之遗意也。《传》文甚长，略识一二，以征本末云。还过苏仙桥，从溪上觅便舟，舟过午始发，乃过南关入州前。复西过行台前，仍出南关。盖南关外有十字口，市肆颇盛，而城中甚寥寂。城不大，而墙亦不甚高。郴之水自东南北绕，其山则折岭横其南而不高，而高者皆非过龙之脊。午后下小舟，东北由苏仙桥下顺流西北去，六十里达郴口。时暮色已上，而雨复至，恐此北晚无便舟，而所附舟连夜往程口，遂随之行。郴口则郴江自东南，耒水自正东，二水合而势始大。〔耒水出桂阳县南五里耒山下，西北至兴宁县，胜小舟；又三十里至江东市，胜大舟；又五十里乃至此。〕江口诸峰，俱石崖盘立，寸土无丽。《志》称有曹王寨，山极险峻，暮不及登，亦无路登也。舟人夜鼓棹，三十里，抵黄泥铺，雨至而泊。余从篷底窥之，外若桥门，〔心异，〕因起视，则一大石室下也。宽若数间屋，下汇为潭，外覆若环桥，四舟俱泊其内。岩外雨声潺潺，〔不意梦中睹此奇境。〕四鼓乃止。雨止而行，昧爽达程口矣。乃登涯。

十二日　晨炊于程口肆中。程口者，《志》所称程乡水也。其地属兴宁，其水发源茶陵、酃县界。舟溯流入，皆兴宁西境。十五里为郴江，又进有中远山，又名钟源。为无量佛现生地。土人夸为名山。又进则小舟尚可溯流三日程，逾高脚岭，则茶陵道矣。若兴宁县治，则自东江市而上三十里乃至也。程乡水西入耒江，其处煤炭大舟鳞次以水浅尚不能发。上午得小煤船，遂附之行。程口西北，重岩若剖，夹立江之两涯，俱纯石盘亘，倏左倏右，〔色间赭黑，〕环转一如武彝。所附舟敝甚而无炊具，余揽山水之胜，过午不觉其馁。又二十里，过永兴县。县在江北，南临江岸，以岸为城，舟过速不及停。已而得一小舟，遂易之，就炊其间，饭毕，已十五里，为观音岩。岩在江北岸，西南下瞰江中，有石崖腾空，上覆下裂，直滨江流，初倚其足，叠阁两层，阁前有洞临流，中容数人，由阁右悬梯直上，枭空挂蝀，上接崖顶，透隙而上，覆顶之下，中嵌一龛，观世音像在焉。岩下江心，又有石狮横卧中流，昂首向岩种种绝异。下舟又五里，有大溪自南来注，是为森口。〔乃桂阳州龙渡以东诸水，东合白豹水，至此入耒江。〕又北五里，泊于柳州滩，借邻舟拖楼以宿。是晚素魄独莹，为三月所无，而江流山色，树影墟灯，远近映合，苏东坡承天寺夜景，不是过也。永兴以北，山始无回崖突石之观，第夹江逶迤耳。

十三日　平明过舟，行六十五里，过上堡市，有山在江之南，岭上多翻砂转石，是为出锡之所。山下有市，煎炼成块，以发客焉。其地已属耒阳，盖永兴、耒阳两邑之中道也。已过江之北，登直钓岩。岩前有真武殿、观音阁，东向迎江。而洞门瞰江南向，当门石柱中垂，界为二门，若连环然。其内空阔平整，其右隅裂一窍，历蹬而上，别为邃室；其左隅由大洞深入，石窍忽盘空而起，东进一隙，斜透天光，其内又盘空而起，若万石之钟，透顶直上，天光一围，圆若明镜，下堕其中，仰而望之，直是井底观天也。是日风水俱利，下午，又九十里，抵耒阳县南关。耒水经耒阳城东直北而去，群山至此尽开，绕江者惟残岗断陇而已。耒阳虽有城，而居市荒寂，衙廨颓陋，由南门入，经县前至东门登城，落日荒城，无堪极目。下城出小东门，循城外江流，南至南关入舟。是夜，色尤皎，假火贾舡中舱宿焉。

十四日　五鼓起，乘月过小舟，顺流而北，晨餐时已至排前，行六十里矣。小舟再前，即止于新城市，新城去衡州，陆路尚百里，水路尚二百余里，适有煤舟从后至，遂移入其中而炊焉。又六十里，午至新城市，在江之北，阛堵甚盛，亦此中大市也，为耒阳、衡阳分界。时南风甚利，舟过新城不泊。余私喜冣日之力尚可兼程百五十里，已而众舟俱止涯间。问之，则前湾风逆，恐有巨浪，欲候风止耳。时余蔬米俱尽，而囊无一文，每更一舟，辄欲速反迟，为之闷闷。以刘君所惠细一方，就村妇易米四筒。日下舂，舟始发。乘月随流六十里，泊于相公滩，已中夜矣，盖随流而不棹也。按耒阳县四十里有相公山，为诸葛武侯驻兵地，今已在县西北，入衡阳境矣。滩亦以相公名，其亦武侯之遗否耶！新城之西，江忽折而南流，十五、六里而始西转，故水路迂曲，再倍于陆云。

十五日　昧爽行，西风转逆，云亦油然。上午甫六十里，雷雨大至，舟泊不行。既午，带雨行六十里，为前吉渡，舟人之家在焉，复止不行。时雨止，见日影尚高，问陆路抵府止三十里，而水倍之，遂度西岸登陆而行，陂陀高下，沙土不泞。十里，至陡林铺，则泥淖不能行矣，遂止宿。

郴东门外江滨，有石攒耸，宋张舜民铭为窊樽。至窊樽之迹，不见于道，而得之于此，聊以代渴。城东山下有泉，方圆十余里，其旁石壁峭立，泉深莫测，是为钴鉧泉。永州之钴鉧潭，不称大观，遂并此废食，然钴鉧实在于此，而柳州姑借名永州；窊樽实在于道，而舜民姑拟象于此耳。全州亦有钴鉧潭，亦子厚所命。

永州三溪：浯溪为元次山所居，在祁阳。愚溪为柳子厚所谪，在永。濂溪为周元公所生。在道州。而浯溪最胜。鲁公之磨崖，千古不朽；石镜之悬照，一丝莫遁。有此二奇，谁能鼎足！

郴之兴宁有醽醁泉、程乡水，皆以酒名。一邑而有此二水，擅名千古。晋武帝荐醽酒于太庙。《吴都赋》“飞轻觞而酌醽醁”。程水甘美出美酒，刘香云：“程乡有千日酒，饮之至家而醉，昔尝置官醖于山下，名曰程酒，同醽酒献焉。”今酒品殊劣，而二泉之水，亦莫尚焉。

浯溪之“浯”有三，愚溪之“愚”有八，濂溪之“濂”有二。有三与八者，皆本地之山川亭岛也。“濂”则一其所生，在道州；一其所寓，在九江。相去二千里矣。

元次山《题朝阳岩诗》：“朝阳岩下湘水深，朝阳洞口寒泉清。”其岩在永州南潇水上，其时尚未合于湘，次山身履其上，岂不知之，而一时趁笔，千古遂无正之者，不几令潇湘易位耶?

十六日　见明而炊，既饭犹久候而后明，盖以月光为晓也。十里，至路口铺，泥泞异常，过此路复平燥可行。十里，渡湘江，已在衡南关之外。入柴埠门，抵金寓，则主人已出，而静闻宿花药未归。乃濯足偃息，旁问静闻所候内府助金，并刘明宇物，俱一无可望。盖内府以病，而刘以静闻懈弛也。既暮，静闻乃归，欣欣以听经为得意，而竟忘留日之久。且知刘与俱在讲堂，暮且他往，与静闻期明午当至讲所，不遑归也。乃怅怅卧。

十七日　托金祥甫再恳内司，为静闻请命而已。与静闻同出西安门，欲候刘也。入委巷中，南转二里，至千佛庵。庵在花药之后，倚岗临池，小而颇幽，有云南法师自如，升高座讲《法华》。时雨花缤纷，余随众听讲。遂饭于庵，而刘明宇竟复不至。因从庵后晤西域僧，并衡山昆卢洞大师普观，亦以听讲至者。下午返金寓时，余已定广右舟，期十八行。是晚祥甫兄弟与史休明、陆端甫饯余于西关肆中，入更返寓，以静闻久留而不亟于从事，不免征色发声焉。

十八日　舟人以同伴未至，改期二十早发。余亦以未晤刘明宇，姑为迟迟。及晤刘，其意犹欲余再待如前也。迨下午，适祥甫僮驰至寓，呼余曰："王内府已括诸助数共十二金，已期一顿应付，不烦零支也。"余直以故事视之，姑令静闻明晨往促而已。

十九日　早过刘明宇，彼心虽急，而物仍莫措，惟以再待恳予，予不听也。急索所留借券，彼犹欲望下午焉。促静闻往候王，而静闻泄泄，王已出游海会、梅田等庵。因促静闻往就见之。而余与祥甫赴花药竺震上人之招。先是，竺震与静闻游，候余至，以香秫程资馈，余受秫而返资。竺震匍匐再三，期一往顾。初，余以十八发，固辞之。至是改期，乃往。先过千佛庵，听讲毕，随竺震于花药，饭于小阁，以待静闻，憩啖甚久，薄暮入城。竺震以相送至寓，以昨所返资果固掷而去。既昏，则静闻同祥甫赍王所助游资来，共十四金。王承奉为内司之首，向以赍奉入都，而其侄王桐以仪卫典仗代任叔事。虽施者二十四人皆其门下，而物皆王代应以给。先是，余过索刘借券，彼以措物出，竟不归焉。

二十日　黎明，舟人促下舟甚急。时静闻、祥甫往谢王，并各施者。而余再往刘明宇处，刘竟未还。竺震仍入城来送，且以冻米馈余，见余昨所嗜也。余乃冒雨登舟，久之，静闻同祥甫追至南关外，遂与祥甫挥手别，舟即解维。三十里，泊于东阳渡，犹下午也。是日阴雨霏霏，江涨浑浊，湘流又作一观。而夹岸鱼厢鳞次，盖上至白坊，下过衡山，其厢以数千计，皆承流取子，以鱼苗货四方者。每厢擢银一两，为桂藩供用焉。

二十一日　三十里，过新塘站。又二十里，将抵松柏，忽有人亟呼岸上，而咽不成声，则明宇所使追余者也。言明宇初肩舆来追，以身重舆迟，乃跣而驰，而令舆夫之捷足者前驱要余，刘即后至矣。欲听其匍匐来晤于松柏，心觉不安，乃与静闻登涯逆之，冀一握手别，便可仍至松柏登舟也。既登涯，追者言来时刘与期从江东岸行，乃渡而滨江行十里，至香炉山，天色已暮而刘不至。已遇一人，知其已暂憩新塘站，而香炉山下虎声咆哮，未暮而去来屏迹，居者一两家，俱以木支扉矣。乃登山顶，宿于茅庵，卧无具，栉无梳，乃和衣而卧。

二十二日　夜半雨声大作，达旦不休，乃谋饭于庵妪而行。始五里，由山陇中行，虽枝雨之沾衣，无泥泞之妨足。后五里，行田塍间，时方插秧，加岸壅水，泞滑殊甚。共十里，至新塘站。烟雨满江来，问刘明宇，已渡江溯流去矣。遂亦问津西渡，始溯江岸行四里，至昔时遇难处，焚舟已不见，从涯上人家问刘踪迹，皆云无之。又西一里，出大路口，得居人一家，再三询之，仍无前过者。时刘无盖，而雨甚大，意刘必未能前。余与静闻乃暂憩其家，且谋饭于妪，而令人从大道，仍还觅于渡头。既而其妪以饭出，冷甚。时衣湿体寒，见其家有酒，冀得热飞大白以敌之。及以酒至，仍不热，乃火酒也。余为浮两瓯，俱留以待追者。久之，追者至，知刘既渡，即附舟上松柏，且拟更蹑予白坊驿，非速行不及。乃持盖匍匐，路俱滑塍，屡仆屡起，因令追者先趋松柏要留刘，而余同静闻更相跌更相诟也。十五里，过新桥。桥下乃湘江之支流，从松柏之北分流内地，至香炉对峰仍入于江者。过桥五里，西逾一岭，又五里，出山坞，则追者同随刘之夫携茶迎余，知刘已相待松柏肆中矣。既见，悲喜交并，亟治餐命酒。刘意犹欲挽予，候所贷物，予固辞之。时予所附广右舟，今晨从此地开去，计穷日之力，当止于常宁河口，明日当止于归阳。从松柏至归阳，陆路止水路之半，竟日可达，而路泞难行，欲从白坊觅骑，非清晨不可得，乃遍觅渔舟，为夜抵白坊计。明宇转从肆中借钱百文，厚酬舟人，且欲同至白坊，而舟小不能容，及分手已昏黑矣。二鼓，雨止月出，已抵白坊，有驿。余念再夜行三十里可及舟，更许厚酬，令其即行，而舟人欲返守鱼厢，强之不前，余乃坚卧其中。舟人言："适有二舟泊下流，颇似昨所过松柏官舫。"其舟乃广右送李道尊至湘潭者，一为送官兴收典史徐姓者所乘，一即余所附者。第予舟人不敢呼问，余令其刺舟往视之，曰："中夜何敢近官舫。"予心以为妄，姑漫呼顾行，三呼而得应声，始知犹待余于此也。乃刺舟过舫，而喜可知矣。

二十三日　昧爽，浓雾迷江，舟曲北行。二十里，过大鱼塘，见两舟之被劫者，哭声甚哀。舟中杀一人，伤一人垂死。于是余同行两舫人反谢予曰："昨不候君而前，亦当至此。至此祸其能免耶！"始，舟子以候予故，为众所诟，至是亦德色焉。上午雾收日丽，下午蒸汗如雨。行共六十里，泊于河洲驿。

二十四日　昧爽行，已去衡入永矣。三十里过大铺，稍折而西行。又十里，折而北行。午热如炙，五里复转西向焉。自大铺来，江左右复有山如连岗接阜，江曲而左，直抵左山，而右为旋坡；江曲而右，直抵右山，而左为回陇，若更相交代者然。又二十五里，泊于归阳驿之下河口。是日共行六十里，竟日皓日如烁，亦不多见也。

二十五日　晓日莹然，放舟五里，雨忽至。又南三十五里，为河背塘。又西十里，过两山隘口。又十里，是为白水，有巡司。复远峰四辟，一市中横，为一邑之大聚落云。是日共行六十里，晚而后霁，泊于小河口。小河南自山峒来，北入于湘江，小舟溯流入，可两日程，皆祁阳属也。山峒不一，所出靛锡杉木最广，白水市肆，俱倚此为命，不依湘江也。既泊，上觅戴明凡家，谢其解衣救难之惠，而明凡往永不值。

二十六日　舟人登市神福，晨餐后行。连过山隘，共三十里，上观音滩。风雨大至，舟人泊而享馂，遂止不行。深夜雨止风息，潇潇江上，殊可怀也。

二十七日　平明行，舟多北向。二十里抵祁阳东市，舟人复泊而市米，过午始行，不半里，江涨流横，众舟不前，遂泊于杨家坝，东市南尽处也。下午舟既泊，余乃同静闻渡杨家桥，共一里，入祁阳西门，北经四牌坊，东出东门外，又东北一里，为甘泉寺。泉一方，当寺前坡下，池方丈余，水溢其中，深仅尺许，味极淡冽，极似惠泉水。城东山陇缭绕，自北而南，两层成峡，泉出其中。寺东向，倚城外第一岗，殿前楹有吾郡宋邹忠公名浩，贬此地与蒋湋游。《甘泉铭碑》，张南轩名栻。从郡中蒋氏得之，跋而镌此。邹大书，而张小楷，笔势遒劲，可称二绝。其前山第二层之中，盘成一窝，则九莲庵也。旧为多宝寺，邑人陈尚书重建而复之，中有法雨堂、藏经阁、三教堂，而藏经阁中供高皇帝像，唐包巾，丹窄衣，眉如卧蚕而中不断，疏须开张而不志文，乃陈氏得之内府而供此者。今尚书虽故，而子孙犹修饰未已，视为本家香火矣。寺前环堵左绕，其中已芜而闭户，之上有砖镌"延陵道意"四字，岂亦邹忠公之遗迹耶？而土人已莫知之，那得此字之长为糖羊也。九莲庵之山，南垂即为学宫。学在城外，而又倚山，倚山而又当其南尽处，前有大池，甘泉之流，南下东绕，而注于湘。其入湘处为潇湘桥。桥之北，奇石灵幻，一峰突起，为城外第二层之山。一盘而为九莲，再峙而为学宫，又从学宫之东，度脉突此，为学宫青龙之沙，其前湘江从南至此，东折而去，祁江从北至此，南向入湘，而甘泉活水，又绕学前，透出南胁而东向入湘，乃三水交会之中，故桥曰潇湘桥，亭曰潇湘亭，今改建玄华阁，庙曰潇湘庙，谓似潇、湘之合流也。〔庙后萼裂瓣簇，石态多奇。〕庙祀大舜像，谓巡守由此，然隘陋不称。峰之东北，有石梁五拱，跨祁水上，曰新桥，乃东向白水道，而衡州道则不由桥而北溯祁流矣。时余欲觅工往浯溪拓《中兴摩崖颂》，工以日暮不及往，故探历诸寺，大抵甘泉古朴，九莲新整，一以存旧，一以征今焉。日暮由江市而南，经三吾驿，即次山吾水、吾山、吾亭境也，去"山"、去"水"而独以"吾"甚是。自新桥三里，南至杨家桥，下舟已昏黑矣。是两日共行五十里，先阻雨，后阻水也。是夜水声汹汹，其势愈急。

二十八日　水涨舟泊，竟不成行。亟枵腹趋甘泉，觅拓碑者，其人已出。又从大街趋东门，从门外朱紫衙觅范姓，八角坊觅陈姓裱工，皆言水大难渡。以浯溪、阳江也。为余遍觅拓本俱不得。复趋甘泉，则王姓拓工已归，索余重价，终不敢行，止就甘泉摹铭二纸。余先返舟中，留静闻候拓焉。

祁阳东门外大街与濒江之市阛阓连络，市肆充牣，且多高门大第，可与衡郡比隆。第城中寥寂，若只就东城外观，可称岩邑。

二十九日　昧爽放舟。〔晓色蒸霞，层岚开藻，既而火轮涌起，腾焰飞芒，直从舟尾射予枕隙，泰岳日观，不谓得之卧游也。〕五里过浯溪，摩崖在西，东溯流从西。又二十里，过媳妇塘，娉婷傍北，沿洄自南，俱从隔江矫首，所称媳妇石者，江边一崖，从山半削出，下插江底，其上一石特立而起，昂首西瞻，岂其良人犹玉门未返耶！又二十里，过二十四矶。矶数相次。又五里，泊于黄杨铺。

黄杨铺已属零陵，其东即为祁阳界，其西遥望大山，名驷马山，此山已属东安，则西去东安界约三十里。西北有大路通武岗州，共二百四十里。黄杨有小水自西而来，石梁跨其上，名大桥。桥下通舟，入止三五里而已，不能上也。

闰四月初一日　昧爽从黄杨铺放舟，至是始转南行。其先自祁阳来，多西向行。十五里大护滩，有涡成漩，诸流皆奔入漩中。其声如雷，盖漏卮也。又上为小护滩。又十五里为高栗市，即方激驿也。又二十里过青龙矶，矶石巉岏，横啮江流。又十里，昏黑，而后抵冷水湾。下午余病鱼腹，为减晚餐，泊西岸石涯下，水涨石没，不若前望中峥嵘也。

初二日　舟人登涯市薪菜，晨餐时乃行。雷雨大作，距午乃晴。共四十里，泊于湘口关，日尚高春也。自冷水湾来，山开天旷，目界大豁，而江两岸，啖水之石，时出时没，但有所遇，无不赏心悦目。盖入祁阳界，石质即奇，石色即润。过祁阳，突兀之势，以次渐露，至此而随地涌出矣。〔及入湘口，则耸突盘亘者，变为峭竖回翔矣。〕

初三日　平明，放舟入湘口，于是去潇而专向湘矣。潇即余前入永之道，与湘交会于此。二水一东南，潇。一西南，湘。会同北去，为洞庭众流之主，界其中者，即芝山之脉，直走而北尽，尽处两流夹之，尖若龙尾下垂，因其脊无石中砥，故两流挫也必锐而后已。潇之东岸，即湘口驿。有古潇湘祠，祀舜帝之二妃。由祠前截潇水而西，盘龙尾而入湘。湘口之中，有砂碛中悬，丛木如山，湘流分两派萦之，若龙口之含珠，上下之舟，俱从其西逼山崖而上。时因流涨，即从珠东夹港沿龙尾以进。一里，绕出珠后，即分口处也。于是西北溯全湘，若入咽喉然，其南有小水北向入湘，即芝山西麓之水，余向登岭所望而见之者也。是时潇水已清，湘水尚浊，入湘口时有舟泊而待附，共五人焉，即前日鲤鱼塘被劫之人也。由湘口而上，多有西北之曲，滩声愈多，石崖愈奇。二十里，有斜突于右者，上层峭而下嵌空。又二十里，有平削于左者，黄斑白溜，相间成行。又有骈立于右者，与江左平剖之崖，夹江对峙，〔如五老比肩，愈见奇峭。〕转而西行，五里，过军家埠，又转而南，又一山中剖卑平插江右，〔其下云根倒浸重波。〕询之，无知其名者。〔时落日正衔山外，舟过江东，忽峰间片穴通明，若钩月与日并悬，旋即隐蔽。〕由山下转而东，泊于军家埠、台盘子之间，去军家埠又五里矣。

初四日　昧爽发舟，东过挂榜崖。崖平削江左，下至水面，嵌入成潭，其上石若磨崖，色间黄白，〔远逾临武，〕外方整而中界三分北之。前所见江左成行者，无其高广。由挂榜下舟转南，行二十里，上西流滩。又十里，石溪驿，已属东安矣。驿在江南岸，今已革。有东江自南而北，注于湘，市廛夹东江之两岸，有大石梁跨其口，名曰复成桥，其水发源于零陵南界，舡由桥下南入十五里，为零陵界。又二十五里，为东江桥。其上有小河三支，通筏而已。〔按《志》："永水出永山，在永州西南九十里，北入湘。"即此水无疑也。〕石溪驿为零陵、东安分界。石溪，考本地碑文曰石期；东江，土人又谓之洪江，皆音相溷也。石期之左，有山突兀，崖下插江中，有隙〔北向，〕如重门悬峡。山之后顶为狮子洞，洞门〔东南向，〕不甚高敞。穿石窟而下一里，可透出临江门峡，惜时方水溢，其临江处既没浸中，而洞须秉炬入。先，余乘舟人泊饭市肉，一里攀山椒而上，徘徊洞门，恐舟人不余待，余亦不能待炬入洞，急返舟中。适顾仆亦市鱼鸭入舟，遂带雨行。又五里，泊于白沙洲。其对崖有石壁临江，黄白灿然满壁，崖北山巅，又起一崖。西北向有庵倚之，正与余泊舟对，雨中望之神飞，恨隔江不能往也。是日共行四十里。天雨滩高，停泊不时耳。

初五日　雨彻夜达旦，晨餐乃行。十里，江南岸石崖飞突，北岸有水自北来，《志》曰右江口。或曰幼江。又五里，上磨盘滩白滩埠，两岸山始峻而削。峭崖之突于右者，有飞瀑挂其腋间，虽雨壮其观，然亦不断之流也。又五里，崖之突于左，为兵书峡，崖裂成峃，有石嵌缀，其端形方而色黄白，故效颦三峡之称。其西坳亦有瀑如练，而对岸江滨有圆石如盒，为果盒塘。果盒、兵书，一方一圆，一上一下，皆对而拟之者也。又西五里，为沉香崖。〔崖斜叠成纹，〕崖端高迥处叠纹忽裂，中吐两枝，一曲一直，望之木形黝色，名曰沉香，不知是木是石也。其上有大树一株，正当崖顶。更有上崖一重内峙，有庵嵌其间，望之层岚耸翠，下挈遥江，真异境也。土人言："有县令欲取沉香，以巨索悬崖端大树垂人下取，忽雷雨大作，迷不可见，令惧而止。"亦漫语也。过崖，舟转而南，泊于罗埠头之东岸。是日止行二十五里，滩高水涨，淋雨不止也。罗埠头在江西岸，倚山临流，聚落颇盛，其地西北走东安大道也。

初六日　夜雨虽止，而江涨有声，遂止不行。西望罗埠，一水盈盈，舟渡甚艰。舟中薪尽，东岸无市处，令顾仆拾坠枝以供朝夕焉。下午，流杀风顺，乃挂帆东南行。五里，东泊于石冲湾。是夕，月明山旷，烟波渺然，有西湖南浦之思。前一夕，江涨六七尺，停一日，落痕亦如之。

初七日　昧爽行，西转四里，为下厂。又西一里，江南山一支自南奔而北向；又西一里，江北山一支自北奔而南来，两山夹江凑而门立，遂分楚、粤之界。两山之东，属湖广永州府东安县；两山之西，属广西桂林府全州。全州旧属永，洪武二十八年改隶广西，其界始不从水而从山。又五里，为上厂，于是转而南行，共十五里，迤逦而西，为柳浦驿。又南十里，为金华滩。滩左有石崖当冲，轰流崭壁，高下两绝，险胜一时。西转八里，为彝襄河口，有水自北岸入湘。舟入二里，为彝襄，大聚落也，又西二里，泊于庙头。

卷三上

粤西游日记一

丁丑闰四月初八日　夜雨霏霏，四山叆叇，昧爽放舟。西行三十里，午后，〔分顾仆舟抵桂林，予同静闻从〕湘江南岸登涯，舟从北来，反曲而南、故岸在北。是为山角驿，地名黄沙。西南行，大松夹道。五里，黄沙铺。东面大岭曰紫云岩，西面大岭曰白云岩。湘江在路东紫云岩西。又南三里，双桥，有水自西大岭注于湘。又七里，石月铺，其西岭曰黄花大岭。又西南五里，出山陇行平畴间。又五里，深溪铺。过铺一里，有溪自西大山东注，小石梁跨之，当即深溪也。又一里，上小岭，舍官道，深溪一十里官道至太平铺，又十里至全。右入山，西向大山行，二里，直抵山下，又二里，宿于牛头岗蒋姓家。夜大雨。

初九日　冒雨西行五里，至砻岩普润寺。寺有宋守赵彦晖诗碑、宋李时亮记。岩洞前门东向〔如桥，出水约三十丈〕后门北向，〔入水约十五丈。泉自山后破石窟三级下，故曰"砻"。〕西入甚奥，中有立笋垂柱。出岩西三里，有小石山兀立路旁。又西三里，张家村，〔村后大山曰回龙岩。〕南五里，岗岭高下，出平坞中西行一里，上大冲，西行半里，为福寿庵，饭于庵。又西半里，西北上柳山，有阁，曹学佺额，为柳仲涂书院。又上为寸月亭亦曹书。亭前为清湘书院。有魏了翁碑。此山为郡守柳开讲道处，院为林岊所建，与睢、岳、嵩、庐四书院共著。其南有泉一方，中有石题曰"虎踞石"，由此蹑岭，逾而西，一里，为慈慧庵。转北一里，为狮子岩，岩僧见性。〔宿狮子岩南清泉庵。〕

初十日　由狮子岩南下二里，至湘山寺。由寺东侧入登大殿，寄行李。东半里，入全州西门，过州前，出大南门。罗江在前。东至小南门，三江合处。约舟待于兴安。复入城，出西门至寺，登大殿，拜无量寿佛塔。无量寿佛成果于唐咸通间，《传灯录》未载，号全真，故州以全名。肉身自万历初毁，丙戌又毁，后又毁。〔塔后有飞来石。〕从塔东上长廊，西有观音阁。下寺，由寺西溯罗江一里，上卷云阁。绝壁临江，有无量指甲印石，作细点字六个。〔"绝壁临江"以下三句乾隆本作：阁西为盘石，半嵌江中。绝壁有莲花一瓣，凹入壁间，白瓣黑崖。〕又西，〔一洞临江，泉由洞东裂石出，〕名玉龙泉。又西有一石峰高竖，如当关者，上大书"无量寿佛"四大字。共五里，又西为断桥。又西十里，度石蚬岗。石蚬，《志》作石燕。南为龙隐洞，〔小山独立江上，〕洞门西向，出洞而西，即为杪木渡桥，宿。〔桥度水东自龙水出

口，山耸秀夹立。〕

十一日　由桥度西北行，五里为石鼓村，又三里，为白沃村。过七里岗，为寨墟。有大溪自四川岭出。北入峡〔为山川口，〕十里，为阎家村。又五里为白竹江，饭于李念嵩家。云开日丽，望见西北有山甚屼突，问之为钩挂山。其上又有金宝顶，甚奇异。始问一僧，曰："去金宝有六十里。"复问一人，曰："由四川岭只三十里。"时已西南向宝顶，遂还白竹桥边，溯西北江而上。五里进峡口，两山壁立夹溪，甚峭。路沿溪西北崖上行，缘崖高下屈曲，十里出峡，为南峒。〔闻南峒北五里洞尽，可由四川岭达宝顶。〕有一僧同行，曰："四川路已没，须从打狗岭上，至大竹坪而登，始有路。"遂随之行。由溪桥度而西，上岭，有瀑布在其左腋，其上峻极。共三十里至打狗凹，已暮，宿于兴龙庵。〔庵北高岭即金宝顶也。〕

十二日　由兴龙庵西上，始沿涯北转，钩挂山在其北，为本山隐而不见。三下三上，三度坳曲，共三里，逾土地坳。西望新宁江，已在山麓。下山五里，为大竹坪。由坪右觅导登金宝者，一人方插秧，送余二里，逾一岭，又下一里至大鼻山。余因寄行李于山下刘秦川家。兄弟二人俱望八，妻寿同。其家惟老者在，少者已出。余置行李，由村后渡溪，溯而上二里，当逾岭西登大道，误随溪直东上二里，路穷，还至中道，觅岐草中，西二里，逾岭上，得南来大道，乃从之。北二里，又登岭。又北上一里，为旧角庵基。由基后丛木中上六七里，不得道，还宿刘家。刘后有涧，其上一里，悬峡飞瀑，宛转而下，修竹回岩，更相掩映。归途采笋竹中，闻声寻壑，踏月乃返。

十三日　早饭于刘，倩刘孙为导，乃腰镰裹餐，仍从村后夹涧上，一里，中道至飞瀑处，〔飞瀑悬崖宛转，下修竹回岩掩映。〕即西攀岭，路比前上更小。一里，至南来大道，〔乃从南大源上此者。〕三里，逾岭隘一里，至角庵基，复从庵后丛中伏身蛇行，入约四里，穿丛棘如故，已乃从右崖丛中蛇行上。盖前乃从东峡直上，故不得道，然路虽异，丛棘相同。由岐又二里，从观音竹丛中行。其竹即余乡盆景中竹，但此处大如管，金宝顶上更大，而笋甚肥美。一路采笋盈握，则置路隅，以识来径。已而又见竹上多竹实，大如莲肉，小如大豆。初连枝折袖中，及返，俱脱落矣。从观音〔竹〕中上又二里，至宝顶殿基，则石墙如环，半圮半立，而栋梁颓腐横地，止有大圣像首存石罏中。时日色甫中，四山俱出。南峰之近者为钩挂山，〔石崖峭立，东北向若削；〕再南即打狗岭；再南为大帽，再南〔南〕宝顶，而（南）宝顶最高，〔与北相颉颃，〕仰望基后绝顶更高。复从丛竹中东北上，其观音竹更大而笋多，又采而携之。前采置路侧者较细，不能尽肩，弃之。又上一里，至绝顶，丛密中无由四望，登树践枝，终不畅目。已而望竹浪中出一大石如台，乃梯跻其上，则群山历历。遂取饭，与静闻就裹巾中以丛竹枝拨而餐之。既而导者益从林中采笋，而静闻采得竹菰数枚，玉菌一颗，黄白俱可爱，余亦采菌数枚，从旧路下山，抵刘已昏黑，乃瀹菌煨笋而餐之。

十四日　别刘而行。随溪西下一里，得大竹坪来道。又三里为大源，〔则大鼻西峡水与村后东峡水会，〕置桥其上，有亭随桥数楹，桥曰潮桥。由桥以西为大源村。〔予往南顶，则从桥东随涧南行。里许，渡木桥，涧忽东折入山，路南出山隘，涧复坠路东破峡出，连捣三潭：上方，瀑长如布；中凹，瀑转如倾；下圆整，瀑匀成帘。下二潭俱有圆石中立承水，水坠潭作势潆回尤异。又三里，渡桥为桐初，有水南自打狗岭来会，亦桥其上。二水合而西南，则又观音桥跨之。大道从观音桥西逾岭出，予从桥下随溪南。一里，水从西峡出。〕逾一岭出西堰，又西四里为陈墓源，有瀑自东山峡中涌跃而出，与东岭溪合，有桥跨其会处，〔大道与水俱南。〕余渡桥，东跻岭而上，〔即涌瀑南岭也。二里，平行岭脊，北望北宝顶岿然，峡中水迫自打狗南崖，直逼其下。南望新宁江流，远从巾子岭横界南宝顶之西。其西南有峰尖突，正当陈墓水口，已而路渐出其下。二里，南〕下岭从坳中行，又二里，逾一小岭，一里至苏家大坪，聚居甚盛，皆苏姓也。饭于苏怀江家。下午大雨，怀江坚留，遂止其处。〔“饭于苏怀江家”以下一段乾隆本作：坪侧大瀑破山西向出，势甚雄伟；下为大溪，西北合陈墓源出口。下午，东南上一岭，误东往大帽岭道。乃西南转六里，出南宝顶，道桃子坪，问上梁宿处，四里而是。逾岭东至新开田所，有路南下伏草中。复误出其东，历险陂三里，不辨所向。已忽得一龛，地名挂幡，去上梁五里矣。其处五里至快乐庵，又十里乃至南顶。以暮雨，遂歇龛。〕

十五日　过山路。〔乾隆本作：雨不止，滞龛中。〕

十六日　快乐庵。

十七日　宿白云庵，晤相宗师。〔乾隆本作：从定心桥下过脊处，觅莲瓣隙痕，削崖密附，旁无余径。乃从脊东隔峡望之，痕虽岈然，然上垂下削，非托庐架道处也。乃上定心石，过圣水涯，再由舍身崖登飞锡绝顶，返白云庵。〕

十八日　晨餐后别相宗，由东路下山。一里余，则路旁峭石分列，置悬级出其间，是为天门。门外有耸石立路右，名金刚石，上大书“白云洞天”。从此历磴而下，危峭逾于西路。西庵之名“快乐”，岂亦以路之坦耶！又四里，过显龙庵，〔庵北向。〕先是，从观音净室遥见两人入箐棘中，问云知为掘青暑者而不辨其为何。过显龙庵，又见两人以线络负四枚，形如小猪而肥甚，当即竹鼺也。笋根稚子，今始见之矣。大者斤许，小者半斤，索价每头二分，但活而有声，不便筐负，乃听而去。盖山中三小珍：黄鼠、柿狐、竹豚。惟竹豚未尝，而无奈其活不能携，况此时笋过而肥，且地有观音美笋，其味未必他处所能及。东下里许，南望那叉山，飞瀑悬空而坠。〔先从宝顶即窥见，至此始睹，崇隆若九天也。〕又东下五里，左渡小溪，深竹中有寺寂然，则苦炼庵。〔庵南向，左右各一溪自后来绕，而右溪较大，桥横其上，水从西南山腋透壁下。〕从庵前东南渡桥，南上岭，〔其地竹甚大，路始分东西岐。〕从西岐下，〔始见那叉瀑北挂层崖，苦炼溪亦透空悬壑，与那叉大小高下势相颉颃。然苦炼近在对山，路沿之同下，朗朗见其捣壑势；其下山环成城，瀑垂其中，出西壁，与那叉东大溪合而东南去。〕见西峡中又一瀑如线，透山而下，连泄九层，虽细而甚长。路乃转东，〔共三里，〕又一溪自西北来。渡而随之，始觉甚微，渐下渐大，〔遂成轰雷涌雪观。〕路应从溪右下，而误从溪右。又二里，是为大坪。渡溪而右，入一村家问之，则在莲花庵之下矣，〔竹色丛郁。〕村妪出所炊粥羹饷余，以炙笋酬之。余自大鼻山刘家炙得观音笋，即觅一山篮背负之。路拾蕨芽萱菌可食之物，辄投其中，抵逆旅，即煮以供焉。于是〔西南渡〕那叉大溪，〔溪东北出白沙江。〕又西上岭，三里，饭于村家，其处乃大坪之极南也。又西南逾岭而上，二里，是为半山岭。屡渡溪逾岭而上，八里，入望江岭。逾岭溯溪，又十里，为桐源山。南下山二里，为韭菜园。东过坳下山三里，又循一水，为小车江。随江南下四里，有〔桐源〕大溪自西来，即桐源韭菜溪，有大路亦自西来，南与小车江合而南去。路渡小车江口桥，从水右上山一里，随江而东南，〔路行夹江山上，极险峻。〕有小石山，北面平剖，纹如哥窑，而薄若片板。江绕其南，路绕其北。〔东北又有小溪，破峡成瀑。〕又东南二里始下，又一里，下至江涯。稍上，为木皮口，〔有溪自东北来入。其北峰曰不住岭。〕乃宿。

十九日　晨餐后，东南上岭。随江左行四里，下涉跳石江。又上岭，过车湾台盘石，共三里，出两山峡口，有坝堰水甚巨，曰上官坝。坝外一望平畴，直南抵里山隈。出峡，水东南入湘，路随峡右西南下。行平畴中又一里，抵赵塘。其聚族俱赵，巨姓也。村后一石山峙立，曰西钟山，下俱青石峭削，上有平窝，土人方斥石叠路，建五谷大仙殿。其东峭崖上有洞可深入。时以开导伐木，反隘其路，不得攀缘而渡。又西南〔渡〕一溪桥，共四里，过弃鸡岭。又四里，出咸水，而山枣驿在焉，则官道也。咸水之南，大山横亘，曰里山隈；咸水之北，崇岭重叠，曰三清界：此咸水南北之界也。咸水溪自三清界发源，流为焦川，自南宅出山，至此透桥东南罗江口入湘。渡桥西南行，长松合道，夹径蔽天，〔极似道州永明道。〕十里，板山铺。又十里，石子铺。从小路折而东南，五里抵界首，乃千家之市，南半属兴安，东半属全州。至界首才下午，大雨忽至，遂止不前。是日共行五十里。

二十日　平明饭。溯湘江而西，五里，北向入塔儿铺，始离湘岸，已入桂林界矣。有古塔倾圮垂尽，有光华馆，则兴安之传舍也。入兴安界，古松时断时续，不若全州之连云接嶂矣。十里，东桥铺。五里，小宅，复与湘江遇。又五里，瓦子铺。又十里，至兴安万里桥。桥下水绕北城西去，两岸甃石，中流平而不广，即灵渠也，已为漓江，其分水处，尚在东三里。过桥入北门，城墙环堵，县治寂若空门，市蔬市米唯万里桥边数家。炊饭于塔寺。饭后由桥北溯灵渠北岸东行，已折而稍北，渡大溪，则湘水之本流也，上流已堰，不通舟。既渡，又东有小溪疏流若带，舟道从之。盖堰湘分水，既西注为漓，又东浚湘支，以通舟楫，稍下复与江身合矣。支流之上，石桥曰接龙桥，桥南水湾为观音阁。已离城二里矣。又东南五里，则湘水自南来，直逼石崖下。其崖突立南向，曰狮子寨。路循寨脚东溯溪入，已东北入山七里，逾羊牯岭，抵状元峰下，内有邓家村，俱邓丞相之遗也。村南有静室，名回龙庵，遂托宿于其中。僧之号曰悟禅。

二十一日　从庵右逾小山，南一里，至长冲，东逼状元峰之麓。又一里，至一尼庵，有尼焉。其夫方出耕，问登山道。先是，路人俱言，上茅塞，决不可登，独此有盲僧，反询客欲登大金峰小金峰？盖此处山之杰出者，俱以“金峰”名之。而状元峰之左，有一峰片插，〔曰小金峰，〕亚于状元，而峭削过之。盖状元高而尖圆，此峰薄而嶙峋，故有大、小之称。二峰各〔有路，〕而草翳之。余从庵后登溪垅，直东而上，二里抵〔状元〕、翠微之间，山削草合，蛇路伏深莽中。渐转东北三里，直上逾其东北岭坳，望见其东大山层叠，其下溪盘谷闼，即为麻川。其南层山，当是海阳东渡之脊。其北大山即里山隈矣。其西即县治，而西南海阳坪，其处山反藏伏也。坳北峰之下，即入九龙殿之峡。地名峡口，又曰锦霄。从坳南直跻峰顶，其峰甚狭而峭，凡七起伏。共南一里，而至状元峰，则亭亭独上矣。自其上西瞰湘源，东瞰麻川，俱在足底。南俯小金峰，北俯锦霄坳岭，俱为儿孙行。但北面九峰相连，而南与小金尚隔二峰，俱峭若中断，不能飞渡，故路由其麓另上耳。闻此山为邓丞相升云处。其人不知何处，想是马殷等（僭）窃之佐。土人言其去朝数百里，夜归家而早入朝，皆在此顶。登云山下即其家，至今犹俱邓姓后。一疑其神异，遂诛而及其孥焉。顶北第三峰，有方石台如舡首，飞突凌空。旧传有竹自崖端下垂，拂拭此旁，箐亦有之，未见有独长而异者。坐峰顶久之，以携饭就筐分啖，已闻东南有雷声，乃下。〔返回龙庵。〕

二十二日　〔东行二里，过九宫桥，逾小岭，共二里至锦霄，是为峡口。麻川江自南来，北出界首，截江以渡，江深没股。麻川至此破山出，名七里峡；下又破山出，名五里峡。锦霄在其中，为陆行口。过江，溯东夹之溪入。三里，登山脊，至九龙庙，南、北、东皆崇山逼夹；南麓即所溯溪之北麓，溪声甚厉。遂下山，过观音阁，支流分环阁四面，惟南面石堰仅通水，东、西、北则舟上下俱绕之，惜阁小不称。阁东度石桥，循分支西岸，溯流一里，至分水塘。塘以巨石横绝中流，南北连亘以断江身，只以小穴泄余波，由塘南分湘入漓；塘之北，即浚湘为支，以通湘舟于观音阁前者也。遂刺舟南渡分漓口，入分水庙。西二里抵兴安南门。出城，西三里抵三里桥，桥跨灵渠；渠至此细流成涓，石底嶙峋。时巨舫鳞次，以箔阻水，俟水稍厚，则去箔放舟焉。〕宿隐山寺。

二十三日　晨起大雨，饭后少歇。〔桥西有金鼎山。山为老龙脊，由此至兴安，南转海阳，虽为史禄凿山分漓水，而桥下有石底，水不满尺，终不能损其大脊也。上一里至顶，顶大止丈许；惟南面群峦纷丛岚雾中，若聚米，若流火，俯瞰其出没甚近。下至三里桥西，随灵渠西南去。已而渠渐直南，路益西，路右石山丛立。雨中回眺，共十里，已透金鼎所望乱山堆叠中，穿根盘壑，多回曲，无升降。又三里为苏一坪，东有岐可达乳洞。予先西趋严关，共二里而出隘口，东西两石山骈峙。路出其下，若门中辟，旁裂穴如圭，梯崖入其中，不甚敞，空合如莲瓣。坐观行旅，纷纷沓沓。返由苏一坪东南行一里，溯灵渠东北上，一溪东自乳洞夹注为清水，乃东渡灵渠。四里，过大岩堰。渡堰东石桥，转入山南，小石山分岐立路口，洞岈然南向。遂西向随溪入，二里至董田巨村。洞即在其北一里，日暮不及登。乃趋东山入隐山寺。〕出步寺后，见门向有洞，其门高悬，水由下出，西与乳洞北流之水合，从西北山腋破壁而出大岩堰焉。时日色尚高，亟缚炬从寺右入洞，攀石崖而上，其石峭削，圮侧下垂，渊壁若裂，水不甚涌而浑，探其暗处，水石粗混，无可着足，出而返寺，濯足于崖外合流处，晚餐而卧。

二十四日　晨起雨不止，饭后以火炬数枚，僧负而导之。一里，至董田，又北一里，至乳岩下洞、中洞、上洞。雨中返寺午饭。雨愈大，遂止不行。

二十五日　天色霁甚，晨餐后仍向东行。一里，出山口，支峰兀立处，其上〔有〕庵，草翳无人，非观音岩也。从庵左先循其上崖而东，崖危草没，静闻不能从，令守行囊于石畔。余攀隙披窾而入，转崖之东，则两壁裂而成门，〔内裁一线剖，宛转嵌漏。〕其内上夹参九天，或合或离，俱不过咫尺，下夹坠九渊，或干或水，俱凭临数丈。夹半两崖，俱有痕践足而入，肩倚隔崖，足践线痕，手攀石窍，无陨坠之虑。直进五、六丈，夹转而东，由支峰坳脊北望，见观音崖在对崖，亦幽峭可喜。昨来时从其前盘山而转，惜未一入。今不能愈北也。下山东南行田塍间，水漫没岸。三里，有南而北小水，急脱下衣，涉其东，溯之南。又二里，为秀塘，转而西南行，复涉溪而北，循山麓行。二里，又一涧自北山夹中出，涉其南，又循一溪西来入，即西岭之溪也。三里，越溪南登，下西岭，入口甚隘，而内有平畴、西村落焉。西南上岭，又二里而逾上西岭，岭东复得坪焉。有数家在深竹中，饭于村妪。又西南平上二里，乃东逾一坳，始东下二里，为开州，则湘之西岸也。溯湘南行五里，复入岗陀，为东刘村。又五里，为西刘村。有水自西谷东入湘。又西南三里，为土桥。又二里，大丰桥，俱有水东注于湘。又逾岭二里，宿于唐汇田。〔东有大山岿然出东界上者，曰赤耳山。〕

二十六日　晨餐后，日色霁甚。南溯湘流二里，渡一溪，为太平堡。有堡有营兵焉。〔东西〕山至是开而成巨坞，〔小石峰一带，骈立湘水东。〕又南二里，曰刘田。又南二里，曰白龙桥。又三里，逾一小岭，曰牛栏。二里，张村。又一里，至庙角，饭于双泉寺，其南即灵川界。又南二里，东南岐路入山，其东高峰片耸，曰白面山。又南二里，渡一桥，湘水之有桥自〔此。〕循左山行，南二里为田心寺。又南一里，古龙王庙。又南一里，有一石峰特立东西两界之中，曰海阳山。有海龙庵，在峰南石崖之半。海龙庵已为临桂界。海龙堡在西南一里，东入山五里，为季陵。西十五里，过西岭背，为龙口桥。东北五里，读书岩、白面山。西北十五里，庙角。南五里，江汇。先是，望白面山南诸峭峰甚奇。问知其下有读书岩，而急于海阳，遂南入古殿，以瓦磨墨录其碑。抵海龙庵，日已薄崦嵫。急卸行李于中。乃下山自东麓〔二洞门〕绕北至西，入龙母庙，已圮。即从流水中行，转南，水遂成汇，深者没股。庵下石崖壁立，下临深塘。由塘南水中行，转东登山。入庵，衣裩俱湿，急晚餐而卧以褒衣。是庵始有佛灯。

〔海阳山俱崆峒贮水，水门二：南平，西出甚急。东旱门二，下一二尺，即水汇其中，深者五六尺。山南水塘有细流，东源季陵亦下此。则此山尚在过脊北，水俱北流，惟为湘源也。漓源尚在海阳西西岭角。〕

二十七日　晓起天色仍霁，亟饭。从东北二里，田心寺。又一里，东入山，又一里渡双溪桥。又东一里，望一尖峰而登。其峰在白面之西，高不及白面而耸立如建标累塔，途人俱指读书岩在其半，竟望之而趋。及登岭北坳，望山下水反自北而南，其北皆山岗缭绕，疑无容留处，意水必出洞间。时锐于登山，第望高而趋，已而路断，攀崖挽棘而上。一里，透石崖之巅，心知已误，而贪于涉巅，反自快也。振衣出棘刺中，又扪崖直上，遂出其巅。东望白面，可与平揖，南揽巾子，如为对谈。久之，仍下北岭之坳，由棘中循崖南转，扪隙践块而上，得峰腰一洞，南向岈然，其内又西裂天窟，吐纳日月，荡漾云霞，以为读书之岩必此无疑；但其内平入三、四丈，辄渐隘渐不容身，而其下路复蔽塞，心以为疑。出洞门，望洞左削崖万丈，插霄临渊，上有一石飞突垂空，极似一巨鼠飞空下腾，首背宛然，然无路可扪。遂下南麓，回眺巨鼠之下，其崖悬亘，古溜间驳，疑读书岩尚当在彼，复强静闻缘旧路再登，至洞门，觅路无从，乃裂棘攀条，梯悬石而登，直至巨鼠崖之下。仰望崖下，又有二小鼠下垂，其巨鼠自下望之，睁目张牙，变成狞面；

又如猫之腾空逐前二小鼠者。崖腰有一线微痕可以着足，而下〔仍峭壁。又东有巨擘一双，作接引状。手背拇指，分合都辨。至其处，山腰痕绝不可前。乃从旧路〕下至南麓，夸耕者已得读书岩之胜。耕者云："岩尚在岭坳之西，当从岭西下，不当从岭东上也。"乃从麓西溯涧而北，则前所涉溪果从洞中出，而非从涧来者。望读书岩在水洞上，急登之。其洞西向，高而不广，其内垂柱擎盖，骈笋悬莲，分门列户，颇幻而巧。三丈之内，即转而北下，坠深墨黑，不可俯视，岂与下水洞通耶？洞内左壁，有宋人马姓为秦景光大书"读书岩"三隶字。其下又有一洞，门张而中浅，又非出水者。水从读书岩下石穴涌出，水与口平，第见急流涌溪，不见洞门也。时已薄午，欲登白面，望之已得其梗概，恐日暮途穷，不遑升堂入室，遂遵白面西麓而南。二里，过白源山。又二里，过季陵路口，始转而西。一里，随山脉登海阳庵，饭而后行，已下午矣。由海阳山东南过季陵东下，入堂溪桥，遂由塘南循过脊西行，一里，为海阳堡。由堡西南行，则堡前又分山一支南下，与西山夹而成两界，水俱淙淙南下矣。随下一里，则西谷中裂，水破峡而出。又罗姑与西岭夹而成流〔者，皆为漓水源矣。〕越之，循水西南下三里，为江汇。于是水注而南，路转而西，遂西逾一岭，一里，登岭坳。三里，西循岭上行，忽有水自东南下捣成涧，路随之下。又一里，直坠涧底。越桥南，其水自桥下复捣峡中，路不能随。复逾岭一里，乃出山口，又西南行平畴中，二里，抵涧上。〔西有银烛山，尖削特耸；东南则石崖正扼水口也。〕乃止宿于黄姓家。

二十八日　平明，饭而行。二里，西南出涧口，渡水，逾一小岭。又三里，得平畴，则白爽村也。由白爽村之西复上岭，是为长冲。五里，转北坳，望西北五峰高突，顶若平台，可夺五台之名。又西五里，直抵五峰之南，乱尖叠出，十百为群，横见侧出，不可指屈。其阳即为镕村，墟上聚落甚盛，不特山谷所无，亦南中所（少）见者。市多鬻面、打胡麻为油者，因市面为餐，以代午饭焉。〔东南三十里，有灵襟洞；南二里，有阳流岩云。〕又西五里为上桥，有水自东北丛尖山之南，西过桥下，即分为二。一南去，一西去。又西南〔穿石山腋，共〕三里，过廖村。其西北有山危峙，又有尖丛亭亭，更觉层叠。问之，谓危峙者为金山；而其东尖丛者不能名焉。又二里，有水自金山东腋出，堰为大塘。历堰而西，又三里，复穿石山峡而西，则诸危峰分峙叠出于前，愈离立献奇，联翩角胜矣。石峰之下，俱水汇不流，深者尺许，浅仅半尺。诸峰倒插于中，如出水青莲，亭亭直上。初，二大峰夹道，后又二尖峰夹道，道俱叠水中，取径峰隙，令人应接不暇。但石俱廉厉凿足，不免目有余而足不及耳。其峰曰雷劈山，以其全半也。曰万岁山，以尖圆特耸也。其间不可名者甚多。共二里，始舍水磴而就坦坡。

又五里，姑得平畴，为河塘村。乃就村家瀹茗避日，下舂而后行。河塘西筑塘为道，南为平畴，秧绿云铺，北为汇水，直浸北界丛山之麓，蜚晶漾碧，令人尘胃一洗。过塘循山南麓而西，五里，渡一石梁，遂登岗陀行。又五里，直抵两山峡中，其山南北对峙如门，北山之东垂有石峰分岐而起，尖峭如削。其岐峰尤亭亭作搔首态，土人呼为妇女娘峰。崖半有裂隙透明，惟从正南眺之，有光一线，少转步即不可窥矣。南山之首，又有石突缀，人行其下，左右交盼，亦复应接不暇。时日色已暮，且不知顾仆下落，亟问浮桥而趋，西过大石梁，再西即浮桥矣。漓水至是已极汪洋，北自皇泽湾即虞山下。转而南，桂林省城东临其上。城东北隅为驿，在皇泽湾转南之冲，其南即城也。城之临水者，东北为东镇门，南过木龙洞为就日门，再南出伏波山下为桂水门，又南为行春门，又南为浮桥门，此东面临流者。自北隅南至浮桥，共五门。北门在宝积、华景二山。浮桥贯江而渡，觅顾仆寓不得。遂入城，循城南去，宿于逆旅。

二十九日　从逆旅不待餐而行。遂西过都司署前，又西，则靖江王府之前甬也。又西，则大街自北而南，乃饭于市肆，此处肉馒以韭为和，不用盐而用糖。晨粥俱以鸡肉和食，亦一奇也。又南登一楼。其楼三层，前有石梁，梁东西大水汇成大沼。自楼上俯眺，朱门粉堞，参差绿树中，湖水中涵，群峰外绕，尽括一城之胜。中层供真武像。时亟于觅顾仆，遂转遵大街北行，东过按察司前，遂东出就日门，计顾仆舟自北来，当先从城北濒江觅，而南从城下北行。已而城上一山当面而起，石脚下插江中，路之在城外者，忽穿山而透其跨下，南北岈然，真天辟关津也。〔西则因山为城，城以内即叠彩东隅。〕穿洞出，下临江潭，上盘山壁，又透腋而入，是为木龙洞。其洞亦自南穿北，高二丈，南北透门，约十余里。其东开窗剖隙，屡逗天光，其外濒江有路，行者或内自洞行，或外由江岸，俱可北达。出洞，有片石夹峙，上架一穹石，其形屈曲，其色青红间错，宛具鳞鬣，似非本山之石，不知何处移架于此。洞北辟而成崖，缀以飞廊，前临大江，后倚悬壁，憩眺之胜，无以逾此。廊上以木雕二龙插崖间，北压江水，廊北有庵有院。又循城溯〔江〕北一里，过东镇门。又北过城东北隅，〔为东江驿。驿东向，当皇泽湾南下冲。〕入驿，问顾仆所附江舟，知舟泊浮桥北。出驿，北望皇泽湾，有二江舟泊山下，〔疑顾仆或在此舟，〕因令静闻往视，余暂憩路口。见城北隅，俱因山为城，因从环堵之隙，逼视其下，有一大洞，北向穹然，内深邃而外旁穿。有童子方以梯探历其上，盖其附近诸户，积薪贮器，俱于是托也。恐静闻返，急出待路口，久之不至，乃濒江北行觅之，直抵泊舟之山，则静闻从松阴中呼曰："山下有洞，其前有亭，其上有庵，可急往游。"余从之。先沿江登山，是为薰风亭。曹学佺附书。亭四旁多镌石留题，拂而读之，始知是为虞山，乃帝舜南游之地。其下大殿为舜祠，祠后即韶音洞。其东临江即薰风亭。亭临皇湾之上，后倚虞山之崖。刻诗甚多，惟正统藩臬王骥与同僚九日登虞山一律颇可观。诗曰："帝德重华亘古今，虞山景好乐登临。峰连五岭芙蓉秀，地接三湘苦竹深。凉雨过时沾圣泽，薰风来处想韶音。行游况值重阳节，更把茱萸酒满斟。"由亭下西抵祠后，入韶音洞。其洞西向，高二丈，东透西出，约十丈。洞东高崖崭绝，有小水汇其前，幽泽嵌壁，恍非尘世。其水自北坞南来，石梁当洞架其上，曰接龙桥。坐桥上还眺〔洞〕门崖壁，更尽峥嵘之势。洞门左崖张西铭栻刻《韶音洞记》，字尚可摹。仍从洞内西出，乃缘蹬东上，有磨崖，碑刻朱紫阳所撰《舜祠记》。为张栻建祠作。乃吕好问所书，亦尚可摹，第崖高不便耳。从此上跻，有新叠石为级者，宛转石隙间，将至山顶，置静室焉，亦新构，而其僧已去。窗楞西向，户榻洒然，室不大而洁。乃与静闻解衣凭几，啖胡饼而指点西山，甚适也。久之，舜殿僧见客久上不下，乃登顶招下山，待茶。余急于觅顾仆，下山竟南，循旧路二里入就日门。从门内循城南行半里，由伏波山下出桂水门。门以内为伏波祠，门以外为玩珠洞。由城外南行，又半里，为行春门。又南半里，为浮桥门，始遇顾仆于门外肆中。时已过午，还炊饭于城内所宿逆旅。下午大雨大至，既霁，乃迁寓于都司前赵姓家，以其处颇宽洁也。

五月初一日　晨餐后，留顾仆浣衣涤被于寓。余与静闻乃北一里，抵靖江王府东华门外。其东为伏波山，其西为独秀峰。峰在藩府内，不易入也。循王城北行，又一里，登叠彩山。山踞省城东北隅，山门当两峰间，乱石层叠错立，如浪痕腾涌，花萼攒簇，令人目眩，所谓"叠彩"也。门额书"北牖洞天"，亦为曹能始书。按北牖为隐山六洞之名，今借以颜此，以此山在城北，且两洞俱透空成牖也。其上为佛殿，殿后一洞屈曲穿山之背，其门南向，高二丈，深五丈。北透小门，忽转而东辟。前架华轩，后叠层台，上塑大士像。洞前下瞰城东，江水下绕，直漱其足。洞内石门转透处，风从前洞扇入，至此愈觉凉飔逼人，土人称为风洞。石门北向，当东转之上，有一石刻卧像，横置窦间，迦风曲肱，偃石鼓腹，其容若笑，使人见之亦欲笑。因见其上有石板平庋，又有圆窦上透，若楼阁之层架，若窗楞之裂，急与静闻择道分趋：余从卧像上转攀石脊；静闻从观音座左伏穿旁窍，俱会于层楼之上。其处东復开隙，远引天光，西多垂乳，近穿地肺。余复与静闻披乳房而穿肺叶，北出而瞰观音之座，已在足下。以衣置层楼隙畔，乃复还其处，从圆窦中坠下。于是东出前轩，由洞左跻蹬，循垣而上，则拱极亭旧址也。由址南越洞顶，攀石蹬半里，遂登绝顶，则越王坛也。是为桂山，又名北山，其上石萼骈发，顶侧有平板二方，岂即所谓"石坛"耶？《志》云五代时马殷所筑，有岩桂生其巅，今已无。其前一石峰支起，或谓之四望山，当即叠彩岩。其西一石峰高与此峰并，峰半有洞高悬，望之岈然中空。亟下，仍从风洞出寺左，有轩三楹，为官府燕之所。前临四望，后倚绝顶，余时倦甚，遂憩卧一觉，去羲皇真不远。由寺中右坳复登西峰，一名于越山。上登峰半，其洞穹然东向，透峰腰而西，径十余丈，高四丈余。由其中望之，东西洞然，洞西坠壑而下，甚险而峻。其环砖为门，上若门限，下若关隘，瞰之似非通人行者。乃仍东下至寺右，有大路北透两峰之间。下至其麓，出一关门，其东可趋东镇，其北径达北门。乃循山西行，一里，仰见一洞，倚山向北，遂拾级而登。其下先有一洞，高可丈五，而高广盘曲，亦多垂柱，界窍分岐，而土人以为马房，数马散卧于其中，令人气阻。由其左跻级更上，透洞门而入，其洞北向，以峰顶平贯为奇。而是山之洞，西又以山腰叠透为胜，〔外裂重门，内驾层洞，〕各标一异，直无穷之幻矣。既下，又西行，始见峰顶洞门西坠处，第觉危峡空悬，仰眺不得端倪，其下有遥墙环之，则藩府之别圃也。又西出大街，有大碑在侧，大书“桂岭”二字。转北行一里，则两山耸峡其中，雉堞为关，而通启闭焉，是为北门。〔门在两山耸夹中，门外两旁，山俱峭拔，即为华景、宝积众胜云。〕出门有路，静闻前觅素食焉。既而又南一里，过按察司，觅静闻不得，乃东从分巡司经靖藩后宰门，又东共一里，至王城东北隅，转而西向后宰门内。靖藩方结坛礼梁皇忏，置栏演《木兰传奇》，市酒传餐者，夹道云集，静闻果在焉。余拉之东半里，出癸水门，仍抵庆真观下，觅小舟一叶，北渡入玩珠岩，岩即伏波之东麓。石壁下临重江，裂隙两层，一横者下卧波上，一竖者上穹山巅。卧波上者下石浮敞为台，上石斜骞覆之。一石柱下垂覆崖外，直抵下石，如莲萼倒挂，不属于下者，仅寸有余焉。是名“伏波试剑石”。盖其剑非竖劈，向横披者也。后壁上双纹若缕，红白灿然，蜿蜒相向。有圆岩三晕，恰当其首，如二龙戏珠，故旧名玩珠。宋张维易曰还珠。双纹之后，有隙内裂，直抵竖峡下岩，嵌梯悬级，可直蹑竖峡而上垂柱之西，石台中坼。横石以渡，更北穿小窦，下瞰重江，渊碧无底，所云伏波沉薏苡处也。更南入山腹，穹然中虚，有光西转，北透前门，是其奥矣。〔但石色波光，俱不若外岩玲珑映彻也。〕徘徊久之，渡子候归再三，乃舍之登舟。鼓枻回樯，濯空明而凌返照，不意身世之间，有此异境也。登涯，由浮桥门入城，共里余，返赵寓，静闻取伞往观《木兰》之剧。余憩寓中，取《图》、《志》以披桂林诸可游者。

初二日　晨餐后，与静闻、顾仆裹蔬粮，携卧具，东出浮桥门，渡浮桥，又东渡花桥，从桥东即北转循山。花桥东涯有小石突临桥端，修溪缀村，东往殊逗人心目。山峙花桥东北，其嵯峨之势，反不若东南夹道之峰，而七星岩即倚焉。其去浮桥共里余耳。岩西向，其下有寿佛寺。即从寺左登山，先有亭翼然迎客，名曰摘星，则曹能始所构而书之。其上有崖横骞，仅可置足，然俯瞰城堞西山，则甚畅也。其左即为佛庐，当岩之口，入其内不知其为岩也。询寺僧岩所何在，僧推后扉导余入，历级而上约三丈，洞口为庐掩，黑暗，忽转而西北，豁然中开，上穹下平，中多列笋悬柱，〔爽朗通漏，〕此上洞也，是为七星岩。从其右历级下，又入下洞，是为栖霞洞。其洞宏朗雄拓，门亦西北向，仰眺崇赫。洞顶横裂一隙，有〔石〕鲤鱼从隙悬跃下向，首尾鳞鬣，使琢石为之，不能酷肖乃尔。其旁盘结蟠盖，五色灿烂。西北层台高叠。缘级而上，是为老君台。由台北向，洞若两界，西行高〔台〕之上，东循深壑之中。由台上行，入一门，直北至黑暗处，上穹无际，下陷成潭，澒洞峭裂，忽变夷为险。时余先觅导者，燃松明于洞底以入洞，不由台上，故不及从，而不知其处之亦不可明也。乃下台，仍至洞底。导者携灯前趋，循台东壑中行，始见台〔壁〕攒裂绣错，备诸灵幻，更记身之自上来也。直北入一天门，石楹垂立，仅度单人。既入，则复穹然高远，其左有石栏横列，下陷深黑，杳不见〔底〕，是为獭子潭。导者言其渊深通海，未必然也。盖即老君台北向下坠处，至此则高深易位，丛辟交关，又成一境矣。其内又连进两天门，路渐转而东北，内有"花瓶插竹"、"撒网"、"弈棋"、"八仙"、"馒头"诸石，两旁善财童子，中有观音诸像。导者行急，强留谛视，顾此失彼。然余所欲观者不在此也。又逾崖而上，其右有潭，渊黑一如獭子潭，而宏广更过之，〔是名龙江，〕其盖与獭子相通焉。又北行东转，过红氍白氍，委裘垂毯，纹缕若织。又东过凤凰戏水，始穿一门，阴风飕飗，卷灯冽肌，盖风自洞外入，至此则逼聚而势愈大也。叠彩风洞亦然，然叠彩昔无"风洞"之名，而今人称之，此中昔有风洞，今无知者。出此，忽见白光一圆，内映深壑，空濛若天之欲曙。遂东出后洞，有水自洞北环流，南入洞中，〔想下为龙江者，〕小石梁跨其上，则宋相曾公布所为也。度桥，拂洞口右崖，则曾公之记在焉。始知是洞昔名冷水岩，曾公帅桂，搜奇置桥，始易名曾公岩，与栖霞盖一洞潜通，两门各擅耳。余伫立桥上，见涧中有浣而汲者，余询："此水从东北来，可溯之以入否？"其人言："由水穴之上，可深入数里，其中名胜，较之外洞，路倍而奇亦倍之。若水穴则深浅莫测，惟冬月可涉，此非其时也。"余即觅其人为导。其人乃归取松明，余随之出洞而右，得庆林观焉。以所负橐裹寄之，且托其炊黄粱以待。遂同导者入，仍由隘口东门，过凤凰戏水，抵红、白二氍，始由岐北向行。其中有弄球之狮，卷鼻之象，长颈盎背之骆驼；有土冢之祭，则猪鬣鹅掌，罗列于前；有罗汉之燕，则金盏银台，排列于下。其高处有山神，长尺许，飞坐悬崖；其深处有佛像，仅七寸，端居半壁菩萨之侧。禅榻一龛，正可趺跏而坐；观音座之前，法藏一轮，若欲圆转而行。深处复有渊黑当桥涧上流。至此，导者亦不敢入，曰："挑灯引炬，即数日不能竟，但此从无入者，况当水涨之后，其可尝不测乎？"乃返，循红、白二氍、凤凰戏水而出。计前自栖霞达曾公岩，约径过者共二里，复自曾公岩入而出，约盘旋者共三里。然二洞之胜，几一网无遗矣。

出洞，饭于庆林观。望来时所见娘媳妇峰即在其东，从间道趋其下，则峰下西开一窍，种圃灌园者而聚庐焉。种金系草，为吃烟药者。其北复有岩洞种种，盖曾公岩之上下左右，不一而足也。于是循七星山之南麓，北向草莽中，连入三洞。计省春当在其北，可逾岭而达。遂北望岭坳行，始有微路，里半至山顶，石骨崚嶒，不容着足；而石隙少开处，则棘刺丛翳，愈难跻，然石片之奇，峰瓣之异，远望则掩映，而愈披愈出，令人心目俱眩。又里半，逾岭而下，复得〔凿〕石之级，下级而省春岩在矣。其岩三洞排列，俱东北向。〔最西者骞云上飞，〕内深入，有石如垂肺中悬。西入南转，其洞渐黑，惜无居人，不能索炬以入。然闻内亦无奇，不必入也。洞右旁通一窍，以达中洞，居中者外深而中不能远入。洞前亦有垂搓倒龙之石。洞右又透一门，以达东洞。最东者垂石愈繁，洞亦旁裂，中有清泉下注成潭，寒碧可鉴。余令顾仆守己行囊于中洞，与静闻由洞前循崖东行。洞上耸石如人，蹲石如兽。洞东则瓦石亘空，仰望如劈。其下清流萦之，曰拖剑江。即癸水也。〔源发尧山，〕自东北而抵山之北麓，乃西出葛老桥而西入漓水焉。时余转至山之东隅，仰见崖半裂窍层叠，若云嘘绡幕，连过三窍，意谓若窍内旁通，连三为一，正如叠蕊阁于中天，透琼楞于云表，此一奇也。然而未必可达，乃徘徊其下，披莽隙，梯悬崖，层累而上。既达一窍，则窍内果通中窍。第中窍卑伏，不能昂首，须从窍外横度，若台榭然，不由中奥也。既达第三窍，穿隙而入，从后有一龛，前辟一窗，窗中有玉柱中悬，柱左又有龛一圆，上有圆顶，下有平座，结跏而坐，四体恰适，即刮琢不能若此之妙。其前正对玉柱，有小乳下垂，珠泉时时一滴。余与静闻分踞柱前窗隙，下临危崖。行道者望之，无不回旋其下，有再三不能去者。已而有二村樵，仰眺久之，亦攀跻而登。谓余："此处结庐甚便，余村近此，可以不时瞻仰也。"余谓："此空中楼阁，第恨略浅而隘，若少宏深，便可停栖耳。"其人曰："中窍之上，尚有一洞甚宏。"欲为余攀跻而上，久之，不能达，余乃下倚松阴，从二樵仰眺处，反眺二樵在上，攀枝觅级，终阻悬崖，无从上跻也。久之，仍西行入省春东洞内，穿入中洞，又从其西腋，穿入西洞，洞多今人摩崖之刻。出洞而西，又得一洞，洞门北向，约高五丈，内稍下西转，虽渐昏黑，而崇宏之势愈甚，以无炬莫入，此古洞也。左崖大书"五美四恶"章，乃张南轩笔，遒劲完美，惜无知者，并洞亦莫辨其名，或以为会仙岩，或以为弹丸岩。拂岩壁，宋莆田陈黼题，则渚岩洞也。岂以洞在癸水之渚耶？洞西拖剑水自东北直逼崖下，崖愈穹削，高插霄而深嵌渊，甚雄壮也。石梁跨水西度，于是崖与水俱在路南矣。盖七星山之东北隅也，是名弹丸山。自省春来，共一里矣。由其西南渡各老桥，以各乡之老所建，故以为名。望崖巅有洞高悬穹，上下俱极峭削，以为即栖霞洞口也。而细谛其左，又有一崖，展云架庐，与七星洞后门有异。亟东向登山，山下先有一刹，盖与寿佛寺、七星观南北鼎峙山前者也。〔南为七星观，东上即七星洞；中为寿佛寺，东上即栖霞洞；北为此刹，东上即朝云岩也。〕仰面局膝攀蹬，直上者数百级，遂入朝云岩。其岩西向，在栖霞之北，从各老桥又一里矣。洞口高悬，其内北转，高穹愈甚，徽僧太虚叠磴驾阁于洞口，飞临绝壁，下瞰江城，远挹西山甚畅。第时当返照入壁，竭蹶而登，喘汗亦迫。甫投体叩佛，忽一僧前呼，则融止也。先是，与融止一遇于衡山太古坪，再遇于衡州绿竹庵；融止先归桂林，相期会于七星。比余至，逢人辄问，并无识者。过七星，谓已无从物色。至此忽外遇之，遂停宿其岩。因问其北上高岩之道，融止曰："此岩虽高耸，虽近崖右，曾无可登之级。约其洞之南壁，与此洞之北底，相隔只丈许，若从洞内可凿窦以通，洞以外更无悬杙梯之处也。"凭栏北眺，洞为石掩，反不能近瞩，惟洒发向西山历数其诸峰耳。西山自北而南：极北为虞山，再南为东〔镇〕门山，再南为木龙风洞山，即桂山也；再南为伏波山。此城东一支也。虞山之西：极北为华景山，再南为马留山，再南为隐山，再南为侯山、广福王山。此城西一支也。伏波、隐山之中，为独秀；其南对而踞于水口者，为漓山、穿山。〔皆漓江以西，故曰西山云。〕

初三日　留朝云岩阁上，对西追录数日《游纪》。薄暮乃别融止下山，南过寿佛寺、七星观，共一里，西渡花桥，又西一里，渡浮桥，入东江门，南半里，至赵寓宿焉。

初四日　晨餐后，北一里，过靖江府东门，从东北角，又一里，绕至北门，礼忏坛僧灵室，乃永州茶庵会源徒孙也。引余辈入藩城北门。门内即池水一湾，南绕独秀山之北麓，是为月牙池。由池西南经独秀西麓，有碑夹道。西为《太平岩记》，东为《大悲尊胜》两咒。又南，独秀之西，有洞曰西岩。即太平洞。对岩有重门，东向乃佛庐也。方扃诸优于内，出入甚严，盖落场时恐其不净耳。寺内为灵室师绀谷所主。有须，即永州茶庵会源之徒，藩府之礼忏扃优，皆俾主之。灵室敲门引客入，即出赴忏坛，绀谷瀹茗献客，为余言："君欲登独秀，须先启王，幸俟忏完，王彻宫后启之。"时王登峰时看忏坛戏台，诸宫人随之，故不便登。盖静闻先求之灵室，而灵室转言师者。期以十一日启，十二日登。乃复启重门，送客出。出门即独秀岩，乃西入岩焉。其岩南向，不甚高，岩内刻诗镂画甚多，其西裂一隙，下坠有圆洼，亦不甚深，分两重而已。岩左崖镌《西岩记》，乃元至顺间记顺帝潜邸于此。手刻佛像，镂石布崖，俱极精巧，时字为苔掩，不能认也。洞上篆方石大书"太平岩"三字。夹道西碑言：西岩自元顺帝刻像，其内官镌记后，即为本朝藩封。其洞久塞，重垣闭之。嘉靖间王见兽入其隙，逐而开之，始抉其闭而表扬焉。命曰太平岩。岩右有路可盘崖而登，时无导者，姑听之异日。乃仍从月池西而北出藩城。于是又西半里，过分巡，其西有宗藩，收罗诸巧石，环置户内外，余入观之，择其小者以定五枚，俟后日来取。乃从后按察司前南行大街一里，至樵楼，从楼北西向行半里，穿榕树门。其门北向，大树正跨其巅，巨本盘耸而上，虬根分跨而下，昔为唐、宋南门，元时拓城于外。其门久塞，嘉靖乙卯总阃周于德抉壅闭而通焉。由门南出，前即有水汇为大池，后即门顶，以巨石叠级分东西上，亦有两大榕南向，东西夹之。上建关帝殿，南面临池，甚为雄畅，殿西下，总阃建牙，路从总阃西循城而南一里，西出武胜门，乃北溯西江，行一里，而达隐山。其山北倚马留诸岫，西接侯山诸峰，东带城垣，南临西江，独峙坞中，不高而中空，故曰隐山。山四面有六洞环列：〔东为朝阳洞，寺在其下。洞口东向，下层通水，上层北辟一门，就石刻老君像，今称老君洞。山北麓下为北牖洞。洞东石池一方，水溢麓下，汇而不流，外窦卑伏，而内甚宏深。前有庵，由庵后披隙入，洞圆整危朗，后复上盘一龛，左有一窗西辟，石柱旁列，不通水窦。其北崖之上为白雀洞，在朝阳后洞西。门北向，入甚隘，前有线隙横列，上彻天光，渐南渐下，直通水。又西为嘉莲洞，亦北向，与白雀并列。洞分东西两隙，俱南向下坠，洞内时开小穴，彼此相望，数丈辄合，内坠渊黑，亦抵水。又西过一石隙，西北有石，平庋错萼中，绝胜琼台。乃南转为夕阳。洞西向，洞口飞石，中门为两；门左一侧壑汇水，由水窦东通于内，右有曲穴北转，内甚凄暗，下坠深潭，盖南北皆与水会焉。又南转西南山麓为南华洞。洞南向，势渐下，汇水当门，可厉入。深入则六洞同流。五洞之底，皆交连中络，惟北牖则另辟一水窦，初不由洞中通云。闻昔〕唐、宋时西江之水，东潆榕树门，其山汇于巨浸中，是名西湖。其诸纪游者俱云"乘舟载酒而入"，今则西江南下，湖变成田，沧桑之感有余，荡漾之观不足矣。余初至朝阳寺，为东洞僧月印导，由殿后入洞，穿老君之侧上，出山北，乃西过白雀、嘉莲，皆北隅之洞也。西南转平石台，是日甫照不能停，乃南过夕阳，此西隅之洞也。又南转而东，过南华，则南隅之洞云。余欲从此涉水而入，月印言："秋冬水涸虫蛰，方可内涉，今水大深处莫测，而蛇龙居焉，老僧不能导，请北游北牖，可炊焉。兹已逾午矣。"余从之。乃东过西湖神庙，又北转过朝阳，别月印，逾〔隐山〕东北隅。其处石片分列，薄若裂绡，耸若伸掌，石质之异，不可名言。〔"薄若裂绡"以下四句，乾隆本作：如张幙，如裁云，如透月，幻极纷纭，润以采泽，不啻削芙蓉、缀蛱蝶也。〕有一石峰，即石池一方，下浸北麓，其内水时滴沥，声如宏钟。西入北牖庵，令顾仆就炊于庵内，余与静闻分踞北牖洞西窗上，外揽群峰，内阚洞府。久之，出饭庵前松荫下。复由老君洞入，仍次第探焉。南抵南华，遇一老叟，曰："此内水窦旁通，虽浅深不测，而余独熟经其内。君欲入，明当引炬，以佐前驱。"余欲强其即入，曰："此时不及，且未松明。"乃以诘旦为期。余乃南随西江之东涯，仍一里，过武胜门，西门。又南循城西一里，过宁远门，南门。由正街南渡桥，行半里，复东入岐。路循西江南分之派，行一里，抵漓山，山之东即漓江也。南有千手观音庵。从山之西麓转其北，则漓水自北，西江自西，俱直捣山下，山怒崖鹏骞，上腾下裂，以厄其冲，置磴上盘山腰，得雉岩寺。时已薄暮，遂停囊岩寺。遇庠友杨子正，方读书其间，遂从其后跻石峡，同蹑青萝阁，谒玉皇像。余与子正倚阁暮谈至昏黑，乃饭岩寺而就枕焉。

初五日　是为端阳节。晨起，雨大注，念令节名山，何不暂憩，乃令顾仆入城市蔬酒。余方凭槛看山，忽杨君之窗友郑君子英、朱君兄弟超凡、涤（凡）俱至，盖俱读书青萝阁。上午雨止，下雉岩寺，略纪连日游辙，而携饮者至，余让之，出坐雉岩寺亭，杨、郑四君复以柬来订。当午，余就亭中以蒲酒雄黄自酬节意。下午，四君携酒至，复就青萝饮之。朱君有家乐，效吴腔，以为此中盛事，不知余之厌闻也。时方禁龙舟，舟人各以小艇私棹于山下，鼍鼓雷殷，回波雪涌，殊方同俗，聊资凭吊，不觉再热。〔既暮，〕复下山西入一洞，洞〔在山足，〕门西向，高穹而中平，上镌"乐盛洞"三字，古甚，不知何人题。前有道宫，亦就荒圮。出洞，复东循雉岩崖麓，沿江而东，其东隅有石，上自山巅，下插江中，中剜而透明，〔深二丈，高三丈，〕若辟而成户，〔江流自北汇其中。涉其南透崖以上，即为千手大士庵。〕余因濯足弄水，抵暮乃上宿雉岩。

雉岩，《一统志》以为即漓山，在城南三里，〔阳水南支经其北，漓水南下经其东；东有石门嵌江，西有穹洞深入，南有千手大士庵，俱列其足。雉岩寺高悬山半，北迎两江颓浪，飞槛缀崖，倒影澄碧。寺西为雉山亭，南为雉山洞。洞外即飞崖斗发，裂隙迸峡，直自巅下彻，旁有悬龙矫变，石色都异。前大石平涌为莲台。台右根与后峡相接处，下透小穴入，西向台隙，摩崖登台，则悬龙架峡，正出其上。昔有阁曰青萝，今移置台端，登之不知其为台也。然胜概麕集，不以阁掩。是山正对城南，为城外第二重案山。北一里曰象鼻山水月洞，南三里曰崖头净瓶山荷叶洞，俱东逼漓江，而是山在中较高，《志》遂以此为漓山。〕范成大又以象鼻山水月洞为漓山，后人漫无适从。然二山形象颇相似。〔但雉岩石门，不若水月扩然巨观，故游者舍彼趋此。然以予权之，濒江午向三山，不特此二山相匹，崖头西北山脚，石亦剜空嵌水，跨成小门，其离立江水冲合中，三山俱可名漓也。〕

初六日　晨餐后作二诗。别郑、杨诸君。郑君复强少留，以一诗酬赠焉。遂下山，西南一里入大道，东南一里过南溪桥。南溪之山，高峙桥东，有水自西南直上逼西麓，〔绕山东北入漓去。〕石梁跨其上，即所谓南溪也。白龙洞在山椒，累级而上，洞门高张，西向临溪，两石倒悬洞口，岂即所谓白龙者耶？洞下广列崇殿，仰望不知为〔洞〕。由殿左透级上，得璇室如层楼，内有自然之龛，置千手观音。前临殿室之上，环瞻洞顶，〔为〕此洞最胜处。从此北向东转，遂成昏黑。先是，买炬山僧，僧言："由洞内竟可达刘仙岩，不必仍由此洞出。"及征钱篝火入，中颇宽宏多岐。先极其东隅，上跻一隙，余以为刘仙道也，竟途穷莫进。又南下一洼，则支窦傍午，上下交错，余又以为刘仙道也。山僧言："〔此乃〕护珠岩道，崄巇莫逾。与其踯躅于杳黑，不若出洞平行为便。"时所赍茅炬已浪爇垂尽，乃随僧仍出白龙。下山至桥，望白龙之右复有洞盘空，而急于刘岩，遂从桥东循山南东转，则南面一崖，层突弥耸，下亦有窍旁错，时交臂而过，忽山雨复来，乃奔憩崖下，跻隙坐飞石上，出胡饼啖之。〔雨帘外窥，内映乳幕，〕仙仙乎有凌（云）餐霞之想。久之，雨止，〔下〕岩，转岩之东，则刘仙岩在是矣。岩与白龙洞东西分向，由山南盘麓而行，相去不过一里，而避雨之岩，正界其中，有观在岩下。先入觅道士炊饭，而道枕未醒，有童子师导从观右登级，先穿门西入，旋转逾门上，复透门出，又得一岩，东南向，中置三仙焉，则刘仙与其师张平叔辈也。又左由透门之上，再度而北，又开一岩，中置仙妃，岩前悬石甚巨，当洞门，若树屏，若垂帘。刘仙篆雷符于上岩右壁，又有寇忠愍准大书，俱余所（欲）得者。〔予至岩，即周览各窦。询与白龙潜通处，竟不可得。乃知白龙所通，即避雨岩下窦，导僧所云护珠岩是也。〕时雨复连绵不止，余乃令顾仆随童子师下观，觅米自炊。余出匣中手摹雷符及寇书，而石崖歌则石雨淋漓，抵暮而所摹无几。又令静闻抄录张、刘二仙《金丹歌》，亦未竟。又崖间镌《刘仙养气汤方》及《唐少卿遇仙记》，未录，遂宿观。道士出粥以饷，中夜大雨，势若倒峡。

刘仙名景，字仲远，乃平叔弟子，各有《金丹秘歌》镌崖内，又有《佘真人歌》在洞门崖上，半已剥落，而《养气汤方》甚妙，唐少卿书奇，俱附镌焉。

初七日　雨滂沱不止。令顾仆炊饭观中。余与静闻冒雨登岩，各完未完之摹录。遂由玉皇祠后寻草中伏级，向东北登山，草深雨湿，里衣沾透，而瞻顾岩石，层层犹不能已。而童子师追寻至岩中，顾不见客，高声招餐，余乃还饭寺中。饭后道士童师导由穿云岩。其岩在上岩东南绝壁下，洞口亦东南向。其洞高穹爽朗，后与左右分穿三窍，左窍旁透洞前，后与右其窍小而暗，不暗行也。洞内镌《桂林十二岩十二洞歌》，乃宋人笔。余喜其名，欲录之，而高不可及。道士取二梯倚崖间，缘缘分录，录完出洞。洞右有文昌祠，由其前东过仙人足迹，迹在石上，比余足更长其半，而阔亦如之，深及五寸，指印分明，乃左足也。其侧石上书“仙迹”二字，“迹”字乃手指所画，而“仙”字乃凿镌成之者。由迹北上，即为仙迹岩，岩在穿云东北崖之上，在上岩东隅，洞口亦东南向，外亦高朗，置老君像焉。其内乳柱倒垂，界为两重，〔若堂皇之后，屏列窗棂，分内外室者。〕洞岩穿窦两岐，俱不深，而玲珑有余。徘徊久之，雨霏不止，仍从仙迹石一里抵观前，别道士童师，遂南行〔二里，出〕十里铺。〔铺在斗鸡西，郡往平乐大道。〕由铺南进灵懿石坊，东向岐路，入一里，北望穿山，隔江高悬目窦，昔从北顾，今转作南瞻，空濛雨色中，得此圆明，疑是中秋半晴半雨也。再前，望崖头北隅梳妆台下，飞石嵌江，剜成门阙；远望之，较水月似小，而与雉山石门，其势相似。然急流涌其中，荡漾尤异。倏忽之间，上见圆明达云，下睹方渚嵌水。瞻顾之间，奇绝未有。共一里，东至崖头庙。其山在雉山之南，乃城南第三重，当午之案也。漓江西合阳江于雉山，又东会湘水于穿山，〔此句乾隆本作：又东会拖剑水及漓江支水于穿山。〕奔流南下，此山当其冲。山不甚高，而屹立扼流，有当熊之势。西向祀嘉应妃，甚灵，即灵懿庙。宋嘉定间加封嘉应善利妃。其北崖有亭，为梳妆台，下即飞崖悬嵌，中剜成门处，而崖突波倾，不能下瞰，但见回浪跃澜，漩石而出，时澄然有声耳。坐久之，返庙中。由其后入一洞，其门西向。穿门历级下，其后岈然通〔望，〕有石肺垂洞中，其色正绿，叠覆田田，是为荷叶洞。穿叶底透山东北，即通明之口也，漓江复濛其下。由叶前左下，东转深黑中，其势穹然，不及索炬而入。初，余自雉山僧闻荷叶洞之名，问之不得其处，至是拭崖题知之。得于意外，洞亦灵幻，不负雨中踯躅。庙中无居人，赛神携火就崖而炊，前后不绝。其东北隅石崖插江，山名“净瓶”以此。须泛舟沿流观之，其上莫窥也。仍二里出，大道傍十里铺，〔经白龙洞，北随溪探前所望白龙左洞，则玄岩也。岩东向，洞门高耸。下峡，由南腋东入上洞；东登必由北奥，俱崇深幽邃，无炬不能遐历。洞前乳柱缤纷，不减白龙。上镌“玄岩”，字甚古。出洞，〕饭而雨霁。五里入宁远门，南门。返寓，易衣浣污焉。

初八日　晨餐后，市石于按察司东初旸王孙家，令顾仆先携三小者返寓，以三大者留为包夹焉。余遂同静闻里半出北门，转而东，半里，北入支径，过一塘，遂登刘岩山。先有庵在〔山〕麓，洞当其后，为刘岩洞。洞门西向，东下渊黑，外置门为藏萎之所。此岩以刘姓者名，与城南刘仙同名实异也。由洞右跻危级而上，是为明月洞。其洞高缀危崖之半，上削千尺，下临重壑，洞门亦西向，僧白云架佛阁于洞门之上，层叠倚岩，有飞云缀空之势。洞在阁下，东入岈然，然昏黑莫辨，无甚奇。出洞，觅所谓望夫山。山在其北，犹掩不可睹。乃饭而下，崖半见北有支径，遂循崖少北，复见一洞西向，其门高悬，为僧伐木倒架，纵横洞前，无由上跻。方徘徊间，而白云自上望之，亟趋而下，怂恿引登，梯叠门而上，一石当门树屏。由其左透隙，则宛转玲珑，逾石脊东下，穹然直透山腹；辟门东出，外临层崖，内列堂奥，凭空下瞰，如置身云端也。洞门乳柱纵横，径窦逆裂。北有一径，高穹下坠，东转昏黑，亦有门东出，暗不复下。复与白云分踞石脊之中，谈此洞灵异。昔其徒有不逞者，入洞迷昧，不知所往。白云遍觅无可得，哀求佛前。五日，复自洞侧出，言为神所缚，将置之海，以师乞免贳之。然先是觅洞中数遍，不知从何出也。此间东西透豁，而有脊有门中界之，〔不若穿山、叠彩、中隐、南峰诸洞，扩然平通，下望明皎，内无余奥也。〕下洞，别白云。仍一里，西过北门，门西峰当面起，削山为城。循其北麓转西北城角，下盘层石，上削危城。其西正马留山东度之脉；其南濒城为池，南汇与凉水洞桥，新西门外。而南入阳江；其北则洼汇山塘，而东浅于虞山接龙桥下者。《志》所称始安峤，当在其处也。《志》又有冷水洞，在城东，而曾公岩亦名冷水，而此又有冷水焉。凉水洞桥北，满堂皆莲花，香艳远暨，亦胜地。凉水洞在新西门外。北门在两山夹中，东、西二峰峭竖而起。东峰俗呼为马鞍，西峰俗呼为真武。东峰疑即镇南峰，《志》言有唐人勒石，尚未觅得。西峰南麓，王阳明祠。因之为城，锁钥甚壮。然北城随山南转，故北隅甚狭，渐迤而南，则东西开扩矣。余少憩城外西北角盘崖之上，旋入北门，西谒阳明祠。复东由大街南行，则望洞西岩之穴，正当明处，若皎月高悬焉。又南，共一里，至《桂岭碑》侧。西向濒城，复得一山，则华景洞在焉。洞门东向，前有大池，后倚山，则亦因为西城者。洞前岩平朗，上覆外敞，其南昔有楼阁，今俱倾圮莫支，僧移就岩栖焉。岩后穿穴为门，其内嵚岈，分而为三：南入者洼暗而邃；西透者昔穿城外，因为城门，后甃石塞而断焉；北转者上出岩前，下履飞石，东临岩上，崖有旧镌一，为开庆元年手敕，乃畀其镇将者。开庆不知是何年号，其词翰俱为可观。而下有谢表并跋，则泐不能读矣。已复出至前岩，僧言："由洞左攀城而上，山之绝顶，有《诸葛碑》。"余从闻异之，亟西登城陴，乃循而南登，已〔从石萼〕丛错中攀跻山顶。此顶当是宝积山。《志》言宝积与华景相连，上多危石怪木，然今又为卧龙山，想一山而南北异名耳。顶南荒草中有两碑：一为成化间开府孔镛撰文，一为嘉靖间阃帅俞大猷修记。皆言此山昔名卧龙，故因而祀公，以公德业在天下，非以地拘也。今顶祠已废，更创山麓。从其上东俯宫衢，晚烟历历，西瞰濛渚，荷叶田田，近则马留山倒影，远则侯山诸峰列翠，虽无诸葛遗踪，亦为八桂胜地。其侧崖棘中，有百合花一枝，五萼甚钜，因连根折之，肩而下山，即为按察司后矣。薄暮，共二里抵寓。

初九日 余少憩寓中。上午，南自大街一里过樵楼，市扇欲书《登秀诗》，赠绀谷、灵室二僧，扇无佳者。乃从县后街西入宗室廉泉园。廉泉丰仪修整，礼度谦厚，令童导游内园甚遍。园在居右，后临大塘，远山近水，映带颇胜，果树峰石，杂植其中，而亭榭则雕镂缋饰，板而无纹也。停憩久之。东南一里，过五岳观。又一里，出文昌门，乃东南门也。南溪山正对其前，转若一指，直上南过石梁，〔梁下即阳江北分派。〕即东转而行，半里，过桂林会馆。又半里，抵石山南行麓，则三教庵在焉。庵后为右军崖，即方信孺结轩处。方诗刻庵后石崖上，犹完好可拓。其山亦为漓山，今人呼为象鼻山，与雉山之漓，或彼或此，未知袒当谁左。山东南隅亦有洞，南向，即在庵旁而置栅锁，因土人藏蒌其中也。洞不甚宽广，昔直透东北隅，今其后窍已叠石掩塞。循石崖东北，遂抵漓江。乃盘山溯行，从石崖危嵌中又得一洞，北向，名南极洞。其中不甚深，出其中前，直盘至西北隅，是为象鼻岩，而水月洞现焉。盖一山而皆以形象异名也。飞崖自山顶飞跨，北插中流，东西俱高剜成门，阳江从城南来，流贯而合于漓。上既空明如月，下复内外潆波，“水月”之称以此。而插江之涯，下跨于水，上属于山，中垂外掀，有卷鼻之势，“象鼻”之称又以此。水洞之南，崖半又辟陆洞。其崖亦自山顶东跨江畔，中剜圆窍，长若行廊，直透水洞之上，〔北踞窍口，下瞰水洞，〕东西交穿互映之景，真为胜绝。宋范石湖作铭勒窍壁以存。字大小不一，半已湮泐，此断文蚀柬，真可与范《铭》同珍，当觅工拓之，不可失也。时有渔舟泊洞口崖石间，因令棹余绕出洞外，复穿入洞中，兼尽水陆之观。乃南行一里，渡漓江东岸，又二里，抵穿山下。其山西与斗鸡山相对。〔斗鸡在刘仙岩南，崖头山北，漓江西岸濒江之山也。东西夹漓，怒冠鼓距，两山当合名斗鸡，特东山透明如圆镜，故更以穿山名之。〕山之西又有一峰危立，初望之为一，抵其下，始见竖石下剖，直抵山之根，若岐若合，亭亭夹立，盖山以脆薄飞扬见奇也。土人名为荷叶山，殊得之也。穿山北麓，嘉熙拖剑之水直漱崖根，循山而南，遂与漓合。余始至其北，隔溪不得渡。望崖壁危悬，洞门或明或暗，纷纷错列，即渡亦不得上。乃随溪南行，隔水东眺，则穿岩已转，不睹空明，而山侧成峰，尖若竖指矣。又以小舟东渡，出穿山南麓，北面而登，拨草寻磴。登一岩，高而倚山半，其门南向，〔疑〕即穿岩矣。而其内乳柱中悬，琼楞层叠，殊有曲折之致。由其左深入，则渐洼而黑，水汇于中。知非穿岩，乃出。由其右复攀跻而上，则崇岩旷然，平透山腹，径山十余丈，高阔俱五六丈，上若卷桥，下如甬道，中无悬列之石，故一望通明。洞北崖右有镌为“空明”者。由其外攀崖东转，又开一洞，北向，与穿岩并列，而后不中通，内分层窦。若以穿岩为皇堂，则此为奥室矣。〔其东尚有三洞门，下可望见。至此则峭削绝径。〕穿岩之南，其上复悬一洞，南向，与穿岩叠起，而后不北透，内列重帏。若以穿岩为平台，则此为架阁矣。凭眺久之，仍由旧路东

〔下汇〕水岩。将南抵山麓，复见一洞，门亦南向，而列于汇水之东。其内亦有支窍，西入而隘黑无奇。时将薄暮，遂仍西渡荷叶山下。北二里，过河舶所，溯漓江东岸，又东北行三里，〔北过訾家洲〕渡浮桥而返寓。

初十日　余憩寓中，上午令取前留初旸所裹石，内一黑峰，多斧接痕。下午，复亲携往换，而初旸观戏王城后门，姑以石留其家。遂同静闻以所书诗扇及岳茗赍送绀谷，比抵王城后门，时方演剧，观者拥列门阑，不得入。静闻袖扇茗登忏坛。适绀谷在坛，更为订期十三日。余时暴日中暑甚，不欲观戏，急托阑内僧促静闻返，乃憩寓中。

十一日　饭后出东江门，渡浮桥，共一里，过嘉熙桥，问龙隐路。龙隐岩即在桥东之南崖，乃来时所过夹路两山：北为七星，南为龙隐。其岩洞俱西向临江，七星之后穿山而东者，为曾公岩，其前有峰分岐，植立路北。龙隐之后逾岭而南者，为隐真岩。其北有石端拱，俯瞰路南，此来时初入之隘，至是始得其详也。从桥下南眺龙隐，与月牙并列东崖。第月牙稍北，度桥循山，有路可通，而龙隐稍南，须从桥下涉江而上，其大道则自端拱之石，南逾岭坳，循隐真而西，又从怡云北转始达。其间又迂回里余矣。余欲并眺端拱石人，遂由桥东直趋岭下，乃南上平瞻石人。又南下，即得一大塘。由塘北循山西转，其崖石俱盘削飞突。崖有隐真岩，建阁祠。共里余，抵山之西南隅，其峰益嵯峨层叠，中空外耸，上若鹊桥悬空，心异之，知龙隐在下，始攀隙而登，上有台址，拂崖读记，则怡云亭之废迹也。由其上转罅梯空，穿石锷上跻，其石片片悬缀，侧者透峡，平者架桥，无不嵌空玲珑。既而踞坐桥下，则上覆为龛，攀历桥上，则下悬成阁，此真龙角之宫，蟾口之窟也。下至怡云，其右即龙隐在焉。洞门西向，高穹广衍，无奥隔之窍，而顶石平覆，若施幔布幄，有纹二缕，蜿蜒若龙，萃而为头，则悬石下垂，水滴其端，若骊珠焉。此龙隐之所由其名也。其洞昔为释迦寺，僧庐甚盛，宋人之刻多萃其间，后有《元祐党人碑》，则其尤著者也。今已废弃，寂无人居。岂释教之盛衰，抑世变之沧桑也？洞右近口，复绾台垂柱，环为层龛，内瞩重洞，外瞰深流，此为最胜。出岩，已过午矣。仍从怡云南麓，东北逾端岭，过“拱石人”处。乃西转循街共里余，将至花桥，令顾仆北炊于朝云岩，即融止所栖处。共里余，余与静闻南沿西麓，随流历磴半里，入月牙岩。其岩西向，与龙岩比肩而立，第此则叠石通磴，彼则断壁削崖，路分通塞耳。其岩上环如玦而西缺其口，内不甚深而半圆半豁，形如上弦之状，钩帘垂幌，下映清泠，亦幽境也。既而仍由街北过七星，入寿佛寺。寺在七星观北，其后即栖霞大洞。僧空生颇雅饬，因留客。时余急于朝云之餐，遂辞。乃从其北而东蹑磴，则朝云之餐已熟，亟餐之，下午矣。下山，北过葛老桥，东入一王孙之苑，中多果木，方建亭饬庑焉。地幽而制板，非余所欲观也。时余欲觅屏风，而遍询莫识，或有以黄金岩告者，谓去城东北五里，其道路吻合，疑即此山。及询黄金，又多指朝云下佛庐当之，谓内阉王公所建。此乃王公非黄金也。求屏风而不得，并黄金而莫从，乃贸贸焉望东北而趋。约三里，遇负担而询之，其指村北山曰："此即是矣。"此中土人，鲜知其名，乃从村右北趋，问之村人，仍不知也。中犹疑信参半，及抵山东麓，则削崖平展，列嶂危悬，所云屏风，庶几不远。已转北麓，则洞门如峡，自下高穹，山顶两崖，阔五丈，高十余丈。初向南平入，十丈之内，忽少转东南向，忽明穴天开，自下望之，层楼结蜃，高镜悬空，即非屏风岩，亦异境也。从此遂高跻也。又十余丈而出明穴之口。先，余一入洞，即采嫩松拭两崖，开藓剔翳，而古刻露焉。字尽得松膏之润，如摹拓者然，虽蚀亦渐可辨，右崖镌"程公岩"三大字。西有记文一通，则是岩为鄱阳程公〔崇宁帅桂时〕所开，而程子邻嗣为桂帅，大观四年。属侯彭老为记，梵仙赵岍书之者也。《志》言屏风岩一名程公，至此乃憬然无疑，而转讶负担指点之人所遇之奇也。乃更拭其西，又镌《壶天观铭序》，有"石湖居士名之曰空明之洞"之文，而后不著撰名，第复草书二行于后曰："淳熙乙未廿八日，酌别碧虚七人复过壶天观。"姓字在栖霞，必即范公无疑，又不可无栖霞一番详证矣。左崖镌张安国诗题，其字甚放逸。其西又镌《大宋磨崖碑》，为李彦弼大书深刻者。其书甚大而高，不及尽拭而读之。遂西向登级，上登穴口，其内岩顶之石，层层下垂，若云翼势空，极其雄峻。将至穴口，其处少平。北奥有大石幢，盘叠至顶，圆若转轮，累若覆莲，色碧形幻，何造物之设奇若此也！是处当壶天观故址，劫尘荡尽，灵穴当悬，更觉空明不夹。出穴而西，其外山回崖转，石骨森森，下即盘峰成窝。窝底有洞北向，心颇异之。遂不及返观前洞，竟从明穴之后觅径西南下，及抵窝入洞，洞不甚深。乃即逾窝而西，有石峰骈枝并起，一为石工锤凿垂尽，一犹亭亭独立。从其东更南三里，已出葛老桥之西。于是循朝云、七星西麓，西度花桥。时方日落，市人纷言流贼薄永城，省城戒严，城门已闭。亟驰一里，过浮桥，而门犹半启，得返寓焉。

十二日　复二里，过初旸宗室，换得一石，令顾仆肩之，欲寄于都府街东裱工胡姓家，适大雨如注。共里余，抵胡。胡亟来接，入手而石尖砼然中断，余无如之奈何，姑置其家。候雨少止，遂西过都府前，又西径学宫，乃南行，共二里而出丽泽门。门外有巨塘汇水，〔水自西北城角马留过脊处南抵振武门，北入阳江，〕自北而南，有石梁跨之，〔曰凉水洞桥。〕其梁北塘中，莲花盛开，幽香艳色，坐梁端树下眺之，令人不能去。又西南行一里，已出隐山之外，从其西度西湖桥，溯阳江北岸而西，通侯山背，而大道犹在西南，当自振武门西度定西桥。时余欲觅中隐山，久询不得，《志》言在城西南十里，乃转而南向行。又一里，抵振武门，于是越桥西行一里，忽见路右有山森然，有洞岈然，即北趋其下。前有古寺，拭碑读之，则西山也。西山之胜，余以为与隐山、西湖相近。先是数询之不获，然亦不知有洞也。亟舍寺趋洞，洞门南向，其东又有裂石，自峰顶下跨成门，复舍洞趋之。则其门南北豁然，亦如雉山、象鼻之中空外跨，但彼则急流中贯，此则澄潭外绕耳。然其外跨之石，其上欹叠交错，尤露奇炫异放，亦未遽入门中。先绕其东，遂抵山北，则北向亦有洞岈然。穿洞而南，横透山腹，竟与南洞南北贯彻，第中有夹门，有垂柱，不若穿山中洞、风洞西岩一望皎然耳。然其内平整曲折，以小巧见奇，固居然一胜也。出南洞，望洞左有磴叠嵯峨。循之北跻峰顶，则怪异之石，锷簇锋攒，〔中旋为平凹，长若沟洫，光滑特异。〕既下至南洞前，始东入石门。其门乃片石下攒，垂石上覆，中门高辟，众窍旁通，内穹一室，外启八窗，亦以小巧见奇，又一胜也。停憩久之，望其西峰，石亦耸列。从寺后西历其上，由峰崿中历级南下，出庆元伯祠，乃弘治时孝穆皇太后祠其父者。西循大道，行又三里，由岐径北趋木陵村。先是，求中隐不（得），至此有居人朱姓者，告余曰："中隐、吕公，余俱未之闻，惟木陵村有佛子岩，其洞三层，道里相（同），或即此岩未可知。"余颔之，遂从此岐入。西北二里，望见石峰在侯山东麓，洞门高悬。乃令顾仆就炊村氓家，余同静闻北抵岩下。其岩之东，先有二洞南向，余先入最东者，则洞敞而不深，稍西则洞门侧裂，外垂列乳，中横一屏。屏后深峡下坠，屏东西俱有门可瞰而下。由峡中北入，其窍旁裂，渐隘而黑，乃复出。又西上入大洞，其洞南下北上，穹然高透，颇如程公岩。瞻右崖有题，亟以松枝磨拭之，则宋绍兴甲戌七月望吕愿忠题中隐山《吕公洞诗》也，〔后署云：〕"假守洛阳吕叔恭游中隐山无名洞，客有言：'此洞因君显，当以吕公名之。'余未敢。披襟在坐者，旨曰：'当甚。'因书五十六字镌于壁。"余见之，更憬然喜。始知佛子岩之即吕公，吕公岩之即中隐也。于是北跻后穴，其内云翼劈空，叠层倒骞，与洞俱上，不作逼隘之观。而穴口高朗，更大于程公岩之后〔穴〕也。

出口而北，有石磴二道：一东北下山麓，一西北跻山顶。余先从其下者，则北向之麓，皆崆峒如云嘘幔覆，外有倒石，界而为门，列而为窗，而内蜿蜒旁通，绕若行廊复道，此下洞之最幽奇者也。既而复上中洞后穴，从其左西北跻级而上，忽复得一洞。其洞北入南穹，扩然平朗，南向之中一石耸立如台，上有石佛，不知其自来，洞右有记，言此洞从前路塞莫上，一日有樵者入憩，忽睹此像，异而建之，此宋初也。佛子洞之名所由也。其前有巨石柱，如屏中峙，东西界为两门：西窍大而正，自下远眺，从窍直透北山，而东则隐焉；东窍狭而偏，其窍内东旋一龛，中圆覆而外夹如门，门上龙虎交两旁，有因而雕缋之者，及失天真，则真之宫也。窍外循崖东转，又辟一门，下临中洞之上，则关帝之座也。余得一佛子，而中隐吕公岩诸迹，种种毕现，诚意外之奇遇也。仍由洞北东下，穿中洞南出，再读吕公五十六字题，识之以待归录。出洞中，复循山西行。又开一洞，南向与中洞并列，中存佛座、柱础，则昔时梵宇也，而内不甚宏。由其西攀磴而上，又有南向之洞，余时腹已枵然，急下山，饭于木陵氓家。氓言："西向侯山之下，尚有铜钱岩，可透出前山；北向赵家山，亦有洞可深入；南向茶庵之西，又有陈抟岩，颇奇。"余思诸岩不能遍历，而侯山为众峰之冠，其岩不可交臂而过。遂由中隐旧路越小桥西，共一里，登侯山东麓，〔此句乾隆本作：抵侯山庙，庙后山麓漫衍，蹈水披丛，〕茫不得洞，但见有级上跻，几欲贾勇一登绝顶，而山前行者，高呼日暮不可登。第西南遥望大道之南，削峰东转，有洞东北穹焉。不知为铜钱、为陈抟，姑望之而趋。交大道南去，共一里，抵其下。洞门东北向，高倚山半，而前有潴水，汇而成潭。从潭上拾级攀棘，遂入洞中。其洞乱石堆门，外高内深，历石级西南下，直坠洞底，则水涯渊然。内望有一石横突而出，若龙首腾空，下有仄崖嵌水，内有裂隙旁通。余抵龙首之下，畏仄崖峭滑，逡巡未前，而从者高呼日暮路险，此可莫入，乃从之出。下山循麓转出东南，则此山之背，似复有门，前复汇水，岂所云铜钱岩可透前山者，乃即此耶？〔其处西峰骈耸，无侯山之高而峭拔过之。〕日暮急驰，姑留以为后日之游。共二里，南出大道，回顾其西路南夹道之山，上有一窍东西透空，亦与佛子、穿岩无异，俱留为后游，不暇执途人而问。〔此处乾隆本作：执途人问："前所入北向洞何名？"则架梯岩，一名石鼓洞也。〕时途中又纷言城门已闭，竭蹶东趋三里，过茶庵，又二里，过前木陵分岐处，已昏黑矣。度已不及入城，又三里，抵振武门，犹未全掩也。侧身而入，从容抵寓。

十三日　早促饭。即出靖藩城北门，过独秀西庵，叩绀谷，已入内官礼忏矣。登峰之约，复欲移之他日。余召与其徒灵室期，姑先阳朔，而后来此。乃出就日门，过木龙南洞，由其下渡江。还望木龙洞下层，复有洞滨江穿麓，潆流可爱。上江东涯，即溯江流北行，不半里，入千佛阁，乃平殿也。〔前有大榕一株。〕问所谓辰山者，自庵至渡头东街，僧俗少及长俱无一知。乃东向苍莽行，冀近山处或得一识者，如屏风岩故事。随大路东北五里，眺尧山在东，屏风岩在南，独辰山茫然无辨。一负刍者，执而问之，其人曰："余生长于此，未闻所谓辰山。无已，则东南数里，有寨山角，其岩前后相通，或即此也。"余欲从之，将东南行，忽北望一山去路不一里，而其山穹然有洞，洞口有石当门，赭色斑烂，彪炳有异，亟问何名。负刍者曰："老虎山也。"余谓静闻："何不先了此，而后觅辰山。"遂北由岐行一里，抵山下，有耕者，再问之，语如初。乃望高贾勇，遂先登洞口斑烂石畔，穿入跨下，其内天光自顶四射，由下北透其腹，再入重门，支峡后裂，层庋上悬，俱莫可度。返南，向重门内攀崖上跻，遂履层楼，徘徊未下，忽一人来候洞前，乃下问之，曰：“是山名老虎山，是洞名狮子口，以形也。又名黄鹂岩，以色也。山前有三洞：下曰平地，中曰道士，上曰黄鹂。”似欲为余前驱者。余出洞，见山顶石丛参错，不暇与其人语，遂循路上跻。其石片片皆冰棱铁色，久之下岭，石棱就夷，棘道转没。方踯躅间，前候者自山下释耒趋上，引余左入道士岩。岩亦南向，在黄鹂之东而稍下，所谓中洞也。洞之前壁，右镌李彦弼，左镌胡槻诗，皆赠刘升之者。升之家山下，读书洞间，故当道皆重之。拂读诗叙，始知是山之即为辰山。又得辰山之不待外索，更奇甚。前得屏风岩于近山之指示，又得中隐山于时登之摹拟，若此山近人皆以为非，既登莫知其是，而数百年之遗迹，独耿然示我也。其孰提醒而孰嘿导之耶？余就岩录诗，因令顾仆随导者往其家就炊，其人欣然同去。录未竟，其人复来候往就餐，余乃随之穿东侧门而出。其门内剖重龛，外耸峡壁。东向下山，以为其家不远，瞻眺无近村，始知尚在东北一里外也。其人姓王名世荣，号庆宇，山四旁惟兹姓最近，为山之主。抵王氏，主人备餐加豆，且留宿焉。余见尧山渐近，拟为明日游，因俞其请而以余晷索近胜。庆宇乃肩梯束炬前导，为青珠洞游。不约而随者数十人，皆王姓。遂复趋辰山北麓。其洞北向，裂峡上并山顶，内界两层。始向南，入十余丈，乃攀崖而上，其中穹窿而暗。稍转而西，乃竖梯向北崖上跻。既登，遂北入峡中五丈余，透出横峡。其峡东西横亘，上高俱不见顶。由东行四五丈，渐辟生光，有大石柱中悬。绕出柱西，其峡又南北竖裂：南入而临洞底，即穹窿暗顶之上也；北出而临洞门，即裂峡分层之巅也。洞门中列二柱，剖为一门二窗，延影内射，正当圆柱。余诧以为奇，而导者曰：“未也。”转从横峡口，又由西行四五丈，有窍南入，甚隘。悉去衣赤体，伏地蛇伸以进。其穴长三丈，大仅如筒，又曲折而有中悬之柱，若范人之身，而为之窍者。时从游两人以火炬先入，余继之。半晌而度，即西坠度板，然后后入者得顶踵而入，几几手度一人，须磨捱一时矣。过隘，洞复穹然，上崇下陷，乃俯南降，垂乳纷列，迥与外异，导者曰：“未也。”又西逾一梁，梁横〔南北〕若阈，下可由穴以坠，上可截梁而度。越梁西下，石乳愈奇。西洼既穷，复转北上，靡丽盈眸，弥转弥胜。盖此洞与山南之黄鹂正南北相当，而南则层叠轩朗，涤虑怡神，可以久托；北则重閟险巇，骇心恫目，所宜暂游。洵一山皆空，其环峙分门者虽多，无逾此二妙矣。出复东循北麓，过洞门一，不甚深，转南向而循东麓，先过高穹之洞一，又过内削三曲一，又过狗头岩一，皆以高悬不入。又南过道士后峡门，又南得和合岩。其岩亦东向，内辄南裂成峡，而峡东壁上镌和、合二仙像，衣褶妙若天然，必非尘笔可就。〔南向者三：即平地、道士、黄鹂也。《志》称辰山有洞三级，第指其南耳。惟西面予未之穷。出青珠洞，过北洞一，东麓洞五，〕转西向而循南麓，遂入平地岩。其门南向，初入欹侧，不堪平行，侧身挨北缘东隙而上，内境既穹，外光渐閟，时火炬俱弃北隅，庆宇复欲出取，而暮色亦上，不堪栖迟，乃谢之出。亦以此洞既通中洞，已穷两端，无复中撷矣。乃从山东北一里，复抵王氏。庆宇之母，已具餐相待。是夜月色甚皎，而蚊聚成雷，庆宇撤己帐供客，主仆俱得安寝。

十四日　早餐于庆宇处。遂东行过一聚落，又东北共三里，过矮山。其山在尧山之西，漓水之东，其北复耸一枝，如拇指之附，乃石山最北之首峰也。山南崖削立，下有白岩洞。洞门南向，三窦旁通，其内垂石如莲叶卷覆，下多透漏，列为支门，其后少削，而下辄复平旷。转而西入数丈，仍南透天光。出洞而东有庵两重，庵后又有洞甚爽，僧置牛栏猪苙于中，此中之点缀名胜者如此。北小山之顶，一小石尖立，特起如人，山之名“矮”，以矮于众山。余见其嶙峋，欲以雅名易之，未能也。于是东向溯小溪行，共二里，抵尧山西麓，由王坟之左渡一小石桥，乃上山，入古石山坊，共二里，抵玉虚殿。其处山回成坞，西向开洋，水自山后转峡而来，可润可耕，名天赐田，而土人讹为天子田。由殿右转入山后，则两山夹而成涧，乃南向溯涧，半里，又逾涧东上，半里始登岭角，于是从岭上望东北最高峰而登。适得樵者，询帝尧庙所在。其人指最高峰曰：“庙在此顶，今已移麓，惟存二石为识，无他可睹也。”乃益东北上，三过狭脊，三登三降。又二里，始登第一高峰，然庙址无影响，并二石亦莫辨焉。盖此中皆石峰森立，得土山，反以为异，故群而称之，犹吾地皆土山，而偶得一石峰也。大舜虞山已属附影，犹有《史记》苍梧之文，而放勋何与于此哉！若谓声教南暨，则又不独此山也。或者曰：“山势岩峣。”又或曰：“昔为瑶人所穴，以声音之同，遂讹为过化所及。如卧龙之诸葛，此岂三国版图哉！”其山之东，石峰攒丛，有溪盘绕其间，当即大圳之上流，出于廖家〔村〕西者也。凭眺久之，仍五里下，饭于玉虚殿。又二里，抵山麓小桥，闻其北有尧庙，乃县中移以便伏腊故事者。其东南有寨山角、铁峰山，其名颇著。乃又南渡一桥，于是东南循尧山南麓而趋，将先探铁峰，遂可西南转及寨山、黄金而返也。五里，已出尧山东南坞。其南石峰森森，而东南一峰，尤铮铮屼突，余疑其为铁峰山，得两人自东来问之，曰：“铁峰在西，已逾而东矣。”余不信，曰：“宁失铁峰，此铮铮者不可失也。”益东南驰松篁间，复得一小沙弥，询铁峰，曰：“前即是矣。”出林，夹右转石山而南，将抵铮铮突峰之西，忽一老者曳杖至，再询之，则夹右而转者，即铁峰。其东南铮铮者，乃天童观后峰。铮铮者可望而不可登，铁峰山则可登而不可入。盖铁峰颇似独秀，其下有岩洞，昔有仙留记，曰："有人开得铁峰山，真珠金宝满担担。"故先后多凿崖通窍者，及将得其门，辄坠石闭塞焉。老者指余循南麓遍探，仍返勘东麓，俱无深入容身之窍。乃西驰一里，转入南岐。又一里，抵冷水塘，小桥跨流，急涌西南而去。一村依山逐涧，亦幽栖之胜，而其人不之觉也。村南石峰如屏，东西横亘，从西嘴望之，只薄若立指。从其腋东转南山之坳，则遂出山南大道，始驰而西。共三里，过万洞寺，则寨山在其西矣。其地石山始开，平畴如砥，而寨山兀立其中。望其东崖，穹然壁立，悬崖之上，有室飞嵌，而不见其径。转循山南，抵山西麓，乃历级北上，当〔寨山〕西北隅，崖开一罅，上架横梁，乃逾梁入洞，贯腹而东，透出东崖，已在嵌室之内矣。余时急于东出西洞，真形俱不及细按。及透东洞，始解衣憩息，竟图托宿其间，不暇更问他胜矣。

十五日　寨山洞中多蚊，无帐，睡不能熟。晨起，晓日即射洞而入，余不候盥栉，辄遍观洞中。盖其洞西北东南，前后两辟，而中则通隘，仅容一人。由西麓上山腰，透入飞石下，旋转蹑其上，卷石为桥，以达洞门。门西北向，门内洞界为两，南北并列，俱平整可居。北洞之后，即通隘透腹处也，隘长三丈。既入，即宽辟为岩，悬乳垂莲，氤氲左右，而僧结屋掩其门。东岩上下，俱极崇削，惟屋左角余飞台一掌，不为屋掩。余先是中夜为蚊所驱，时出坐其上。月色当空，见平畴绕麓，稻畔溢水，致甚幽旷。东岩之下，亦有深洞，第不透明。路当山麓，南转始得东上。余既晨餐，西北望黄金岩颇近，亟趋焉，不复东寻下洞也。下山西麓，过竹桥，由村北西北行。三里，抵岩之阳。其山骨立路北，上有竖石如观音，有伏石如虾蟆，土人呼为"蟆拐拜观音。"拐，即蛙之土名也。自九疑瑶峒，俱以取拐为务。其下即裂为洞，洞不深而高，南北交透，前低后峻。后门之半，复有石横飞，若驾虹空中，门界为二。既内外分启，亦上下层分，映彻之景，莫此为甚，土人俱指此为黄金岩。余既得之黄公之外，又觉此洞之奇，虽中无镌刻，而心有余幸。由洞内上跻北之驾虹之下，俯瞰北麓，拖剑江直啮其下，而西去焉。踞坐久之，仍南下出洞。其右复有一洞，门亦南向高裂，其内则深入而不透，若重峡而已。已从西麓北转山之西北，亦有一洞西向，则中穹而不深，亦不透。其对山有东向之洞，与此相向，若门庑对列。其洞则内分四支如"十"字，东北二门则外透而明。然东其所入，北乃悬崖也。西南二峡则内入而黑；然西其上奥，南乃深潭也。拖剑之水在东峰之北，抵此洞前，转北循山，当洞有桥跨之。桥内汇而为池，亦山丛水曲之奥矣。出洞，不知其名，心诧其异，见汲水池中者，姑问之，其人曰："此洞无名。其上更有一洞，可跻而寻也。"亟从之，适雨至不为阻，披箐透崖而上。南北两石屏并立而起，微路当其中，甚峻。

洞峙南屏后，门亦东向，而不甚宏。门左刻石一方，则宋人遗迹也，言此洞山回水绕，洞名黄金，为东坡居士香火院。岩中东坡题额可拓，予急觅之。洞右有旧镌，上有“黄金岩”三字可辨。其下方所书，则泐剥无余矣。始知是洞为黄金，而前乃其东峰之洞。一黄金洞而既能得土人之所不知，又能知土人之所误指，且又知其为名贤所遗，第东坡不闻至桂为可疑耳。洞内无他奇，而北转上透天光，断崖崩溜，无级可攀。乃出门左，见北屏内峡，有路上跻，第为积莽所翳，雨深蔓湿，不堪置足，余贾勇直前，静闻不能从焉。既登，转而南，则上洞也。洞门北向。门外棘蔓交络，余缕分而节断之，乃得入门。门内旁窦外通，重楼三叠，下俯甚深，上眺亦异。然其上俱无级罅可攀。谛视久之，见中洞之内，有旁窦〔玲珑，悬隙宛转，〕可穿而上，第隘而层折，四体难舒。于是脱衣赤体，蛇伸蠖曲，遂出上层〔平庋阁上〕，踞洞口飞石驾梁之上，高呼静闻，久而后至，亦以前法教猱而升，乃共下焉。时顾仆待下洞桥端甚久，既下，越桥将西趋屏风山，欲更录《程公岩记》，并《壶天（观）铭序》，回望黄金岩下，其西北麓诸洞尤多，乃复越桥而西，随拖剑绕山北麓，其处又〔得〕北向洞二，西向洞三，或旁透多门，或内夹深峡，一山之麓，靡不嵌空，若垂云覆翼焉。极西一洞门，亦自西北穿透东南，亦北低南峻，与东峰缺午，令顾仆先炊王庆宇处，余与静闻西望屏风山而趋。将渡拖剑水，望〔屏风、黄金〕两山之中，又南界一山，其下有洞北向，复迂道从之。则其洞亦旁分两门，一北、一东，此山之东北隅洞也。其西有级上跻，再上而级崩路削，又有洞北向。其前有垣，其后有座，乃昔时梵宇所托，虽后左深窍可入，然暗不能穷。乃下抵西北隅，则旁透之洞，中空之峡，又连辟焉，颇与黄金岩之西北同。而正西一洞，高穹层列，〔纷拏杰张，此〕又以雄厉见奇，〔非寻常窈窕窟也。〕土人见予久入，诧而来视，余还问其名，知为飞石洞。从此遂西度石堰，共一里，入程公岩，录东崖记、铭二纸。铭乃范成大，记乃侯彭老。崖高石侧，无从缘拭，抄录甚久，有数字终不能辨。时已过午，腹中枵然，乃出岩北趋王氏。不半里，过一村，以衣质梯，复肩至岩中，缘拭数字，尽录无遗。复缘拭西崖《张安国碑》，以其草书多剥，有数字不辨焉。时已下午，于是出洞还梯。北二里，饭于王氏。王氏杀鸡为黍，待客愈隆。其母再留止宿，余急于入城，第以胡槻诗下刘居显跋未录，居显，升之乃郎。攀凳拂拭，而庆宇复负而前趋。西一里，入道士岩东峡门，穿入洞中，拭左崖，再读跋，终以剥多置。又校得胡诗三四字，乃入洞右隅之后腋，即与下洞平地岩通者。其隙始入甚隘，少进而西，则高下穹然，暗不可辨，庆宇欲取火为导，余曰：“不若以余晷探外未悉之洞也。”遂仍出东峡，循东麓而北过狗头洞。洞虽奇而名不雅，竟舍之。其北麓又有一洞，北门亦东向，外若裂罅，攀隙而上，历转三曲，遂透三窗，真窈窕之鹫宫，玲珑之鹫宇也。出洞，再北，即为高穹之洞。其门南向，上盘山顶，与北之青珠并。入其内，即东转而上跻，已而北转，渐上渐黑，虽崇峻自异，而透朗独悭，非余之所心艳也。出洞，日已薄暮，遂别庆宇南趋二里，过屏风山西麓，至是已周其四面矣。又三里，过七星岩，又一里，入浮桥门，〔浮桥共三十六舟云。〕则离寓已三日矣。

十六日　余暂憩赵寓，作寄衡州金祥甫书，补纪游之未尽者。

十七日　雨。余再憩赵寓，作家报并祥甫书，简点所市石。是日下午，辄闭诸城门，以靖藩燔灵也。先是，数日前先礼忏演剧于藩城后，又架三木台于府门前。有父、母及妃三灵，故三台。至是夜二鼓，遍悬白莲灯于台之四旁，置火炮花霰于台上，奉灵主于中，是名"升天台"。司道官吉服奠觞，王麻冕拜，复易吉服再拜后，乃传火引线发炮，花焰交作，声震城谷。时合城士女喧观，诧为不数见之盛举，促余往寓目。余僵卧不起，而得之静闻者如此。

十八日　托静闻从朝云岩觅融止上人。入寓饭后，以所寄金祥甫书及家报石帐付之，托转致于衡，嘱祥甫再寄家中。

十九日　以行囊简付赵主人时雨。余雨中出浮桥，将附舟往阳朔。时即开之舟，挨挤不堪，姑入空舟避雨，又不即去，乃托静闻守行李于舟，余复入城。登城楼欲觅逍遥楼旧迹，已为守城百户置家于中。遂由城上南行二里，抵文昌门。门外为五胜桥，漓之支流与阳江之分派，交通于下。复循城外，西过宁远门，乃南越南门桥，觅摹碑者，已他出。余初期摹匠同往水月，拓陆务观、范石湖遗刻。至是失期，乃赴雉山别郑、杨诸君，以先两日二君托人来招也。比至，又晤白益之，名弘谦。真谦谦君子也。时杨君未至，余少待之，雨大至，遂坐雉岩亭，方伸纸欲书补纪游，而杨君、朱君继至，已而郑君书《小序》见投，而朱君之弟涤凡亦以诗贶余，交作诗答之。暮抵水月岩西舟中宿。

二十日　舟犹欲待附者，因令顾仆再往觅拓工，遂同抵水月观洞，示所欲拓，并以纸价付之，期以阳朔游还索取所拓。是日补纪游程于舟中。舟泊五胜桥下，晚仍北移浮桥，以就众附也。是日暗丽殊甚，而暑气逼人。当午有王孙五人入舟，强丐焉，与之升米而去。

二十一日　候附舟者，日中乃行。南过水月洞，又南，〔雉山、穿山、斗鸡、刘仙、崖头诸山，皆从陆遍游者，惟斗鸡未到，今舟〕出斗鸡山东麓。〔崖头有石门净瓶胜，舟隔洲以行，不能近悉。去省已十里。〕又东南二十里，过龙门塘，江流浩然，南有山嵯峨骈立，其中峰最高处，透明如月挂峰头，南北相透。又东五里，则横山岩屼突江右。渐转渐东北行，五里，则大墟在江右，后有山，自东北迤逦来，中有水口，疑即大涧榕村之流，南下至此者。于是南转又五里，江右复有削崖屏立。共隔江为逗日井，亦数百家之市也。又南五里，为碧崖，崖立江左，亦西向临江，下有庵。横山、碧崖二岩夹江右、左立，其势相等，俱不若削崖之崇扩也。碧崖之南，隔江石峰排列而起，横障南天，上分危岫，几埒巫山；下突轰崖，数逾匡老，于是扼江，而东之江流啮其北麓，怒涛翻壁，层岚倒影，赤壁、采矶，失其壮丽矣。崖间一石纹，黑缕白章，俨若泛海大士，名曰沉香堂。其处南虽崇渊极致，而北岸犹〔夷〕豁，是为卖柴埠。共东五里，下寸金滩，转而南入山峡，江左右自是皆石峰巑岏，争奇炫诡，靡不出人意表矣。入峡，又下斗米滩，共南五里，为南田站。百家之聚，在江东岸，〔当临桂、阳朔界。〕山至是转峡为坞，〔四面层围，仅受此村。〕过南田，山色已暮，舟人夜棹不休。江为山所托，倏东倏南，盘峡透崖，二十五里，至画山，月犹未起，而山色空濛，若隐若现。又南五里，为兴平。群峰至是东开一隙，数家缀江左，真山水中窟色也。月亦从东隙中出，舟乃泊而候曙，以有客欲早起赴恭城耳。由此东行有陆路通恭城。

〔漓江自桂林南来，两崖森壁回峰，中多洲渚分合，无翻流之石，直泻之湍，故舟行屈曲石穴间，无妨夜棹；第月起稽缓，暗行明止，未免怅怅。〕

二十二日　鸡鸣，恭城客登陆去。即棹舟南行，晓月漾波，奇峰环棹，觉夜来幽奇之景，又翻出一段空明色相矣。南三里，为螺蛳岩。〔一峰盘旋上，转峙江右，〕盖兴平水口〔山〕也。又七里，东南出水绿村，〔山乃敛峰。〕天犹未晓，乃掩篷就寐。二十里，古祚驿。又南十里，则龙头山铮铮露骨，〔而阳朔〕县之四围，攒作碧莲玉笋世界矣。阳朔县北自龙头山，南抵鉴山，二峰巍峙，当漓江上下流，中有掌平之地，乃东面濒江，以岸为城，而南北属于两山，西面叠垣为雉，而南北之属亦如之。西城之外最近者，为来仙洞山，而石人、牛洞、龙洞诸山森绕焉，通省大路从之。盖陆从西，而水从东也。其东南门鉴山之下，则南趋平乐，水陆之路，俱统于此。正南门路亦西北转通省道。直南则为南斗山、延寿殿，今从其旁建文昌阁焉，无径他达。正北即阳朔山，层峰屏峙，东接龙头。东西城俱属于南隅，北则以山为障，竟无城亦无门焉。而东北一门，在北极宫下，仅东通江水，北抵仪安祠与读书岩而已。然俱草塞，无人行也。惟东临漓江，开三门以取水。从东南门外渡江而东，濒江之聚有白沙湾、佛力司诸处。颇有人烟云。

上午抵城，入正东门，即文庙前，从其西入县治，荒寂甚。县南半里，有桥曰“市桥双月”，八景之一也。〔桥下水西自龙洞入城，〕桥之东，飞流注壑。〔壑大四五丈，四面丛石盘突，〕是为龙潭。〔但飞流下捣，〕入而不溢。〔潭东即城，大江流城外，盖地穴潜通也。〕桥之南有峰巍然独耸，询之土人，名曰易山，盖即南借以为城者。其东麓为鉴山寺，亦八景之一。鉴寺钟声。寺南倚山临江，通道置门，是为东南门。山之西麓，为正南门。其南崖之侧，间有罅如合掌，即土人所号为雌山者也。从东南门外小磴，可至罅傍。余初登北麓，即觅道上跻，盖其山南东二面，即就崖为城，惟北面在城内，有微路级，久为莽棘所蔽。乃攀条扪隙，久之，直造峭壁之下，莽径遂绝。复从其旁蹑巉石，缘飞磴，盘旋半空，终不能达，乃下。已过午矣。时顾仆守囊于舟，期候于东南门外渡埠旁。于是南经鉴山寺，出东南门，觅舟不得，得便粥就餐于市。询知渡江而东，十里，有状元山，出西门二里，有龙洞岩，为此中名胜。此外更无古迹新奇著人耳目者矣。急于觅舟，遂复入城，登鉴山寺。寺倚山俯江，在翠微中，城郭得此。沈彬《诗》云："碧莲峰里住人家"，诚不虚矣。时午日铄金，遂解衣当窗，遇一儒生，以八景授。市桥双月、鉴寺钟声、龙洞仙泉、白沙渔火、碧莲波影、东岭朝霞、状元骑马、马山岚气。复北由二门觅舟，至文庙门，终不得舟。于是仍出东南门，渡江而东，一里，至白沙湾，则舟人之家在焉。而舟泊其南，乃入舟解衣避暑，濯足沽醪，竟不复搜奇而就宿焉。

白沙湾在城东南二里，民居颇盛，有河泊所在焉。其南有三峰并列，〔最东一峰曰白鹤山。〕江流南抵其下，曲而东北行，抱此一湾，沙土俱白，故以白沙名。〔其东南一溪，南自二龙桥来，北入江。溪在南三峰之东，逼白鹤西址出。溪东又有数峰，自南趋北，界溪入江口，最北者，书童山也，江以此乃东北逆转。〕

二十三日　早索晨餐，从白沙随江东北行。一里，渡江而南，出东界书童山之东，由渡口东望江之东北岸，有高峰耸立，四尖并起，障江南趋。其北一峰，又岐分支石，缀立峰头作人形，而西北拱邑，此亦东人山之一也。既渡，南抵东界东麓。陂塘高下，林木翛然，有澄心亭峙焉，〔可憩。〕又东一里，过穆山村，复渡江而东，循四尖之南麓，趋出其东，〔山开目旷，奇致愈出。前望〕东北，又起一峰，上分二岐：东岐矮而欹斜，〔若僧帽垂空；〕西岐高而独耸。此一山之二奇也。四尖东枝最秀，二岐西岫最雄。此两山之一致也。而回眺西南隔江，下则尖崖并削，上则双岫齐悬。此又即书童之南，群峰所幻而出者也。时循山东向，又五里，已出二岐，东南逾一岭而下，是为佛力司。〔司当江南转处，北去县十里。〕置行李于旅肆，问状元峰而上，犹欲东趋，居人指而西，始知即二岐之峰是也。西峰最高，故以状元名之。乃仍逾后岭，即从岭上北去，越岭北下，西一里，抵红旗峒。竟峒，西北一里抵山下，路为草没，无从得上，乃攀援踯躅，渐高渐得磴道，旋复失之，盖或翳或现，俱草之疏密为岐也。西北上一里，逾山西下坳，乃东北上二里，逾山东上坳，此坳乃两峰分岐处也。从坳西北度乱石重蔓，直抵高峰，崖畔则有洞东向焉。洞门虽高，而中不深广，内置仙妃像甚众，土人刻石于旁，言其求雨灵验，又名富教山焉。洞上悬窍两重，檐覆而出，无由得上。洞前有峰东向，〔即似僧帽者。其峰〕亦有一洞，西与兹山对，悬崖隔莽，不能兼收。坐洞内久之，东眺恭城，东南瞻平乐，西南睨荔浦，皆重山横亘。时欲一登高峰之顶，洞外南北俱壁立无磴，从洞南攀危崖，缘峭石，梯险踔虚，猿垂豹跃，转从峭壁之南，直抵崖半，则穹然无片隙，非复手足之力所及矣。时南山西市雨势沛然，计上既无隙，下多灌莽，雨湿枝缪，益难着足，亟投崖而下。三里，至山足，又二里，逾岭，饭于佛力肆中。居人苏氏，世以耕读起家，以明经贡者三、四人。见客至，俱来聚观，言："此峰悬削，曾无登路。数年前，峰侧有古木一株。其仆三人，祷而后登，梯转絙级，备极其险，然止达木所，亦未登巅，此后从无问津者。"下午，雨中从佛力返，共十里，仍两渡而抵白沙湾。遂憩舟中。

佛力司之南，山益开拓，内虽尚余石峰离立，而外俱绵山亘岭，碧簪玉笋之森罗，北自桂林，南尽于此。闻平乐以下，四顾皆土山，而巉厉之石，不挺于陆，而藏于水矣。盖山至此而顽，水至此而险也。

二十四日　早饭白沙，即截江渡南峰下，登岸问田家洞道。乃循麓东南，又转一峰，有岩高张，外有门垣。亟入之，其岩东向，轩朗平豁，上多垂乳，左后有窍，亦幽亦爽。岩中置仙像甚潇洒，下有石碑，则县尹王之臣重开兹岩记也。读记始知兹岩即土人所称田家洞，即古时所志为白鹤山者。三日求白鹤而不得，片时游一洞，而两遂之，其快何如！余至阳朔，即求白鹤山，人无知者。于入田家岩，知其即白鹤也。其山东对书童山，排闼而南，内成长坞，二龙桥之水北注焉。既出白鹤，遂循北麓溯江而西，三里入东南门，复由正南门出，置行囊于旅肆。乃携火肩炬，西北循大道向龙洞岩。先一里，望见路右一山，峆岈崆峒，裂窍重重，以为即龙洞矣。途人指云："犹在北山。"乃出一石圈卷门，共一里，越小桥而东，有两洞门俱西向：一南列、一北列。〔其南列者为龙跃岩，地稍下，门极危朗；北洞地稍高，草塞门径。〕先入南洞。洞内东〔五丈，层〕陟一台，台右有窍，深入洞前。左有石台、石座、石龛，可以憩思；右有乡人莫孝廉之先《开洞记》，谓："北乃潜龙幽蛰之宫，此乃神龙腾跃之所，因命之曰龙跃岩。"出，由洞北登龙洞岩。爇炬而入，洞阔丈五，高一丈，其南崖半壁，平亘如行廊；入数丈，洞乃南辟，洞顶始高。其后壁有龙影龙床，俱白石萎蕤，上覆下裂，为取石锤凿半去，所存影响而已。其下有方池一，圆池一，〔深五六寸，〕内有泉澄澈如镜，久注不泄，屡斟辄满。幽閟之宫，有此灵泉，宜为八景第一也。池前又有丹灶一圆，四围环起，下剜一窍如门，宛如砌造成者。池上连叠小龛，如峰房燕窝，而俱无通道处。由左壁洼陷处伏地而入，渐入渐小，穴仅如巨管，蛇游南透五、六丈后，始可屈伸。已乃得一旁裂之龛，得宛转焉。于是南明、小西，各启洞天，遂达龙跃后腋。出洞，仍半里，由圈门入，东望龙洞南列之峰，阊阖重重，不胜登龙之企。遂由圈内渡溪东行，从棘莽沮洳中，又半里，抵山下。初入西向第一门，高穹如峡，内皆牛马践秽，不可容足。东入数丈，转北者，愈昏黑莫穷；转南者，旋明穴西透。随明蹑峡，仍西出洞门之上。盖初入洞，南上西向第二门也。由其外更南上西向第三门。其洞东入，成峡如初洞，第峡下逼仄如胡同，峡上层叠如楼阁。五丈之内，下峡既尽，上悬重门，圆整如剜琢而成者。第峡壁峭削，俱无从上。与静闻百计攀跻，得上峡一层，而上层复悬亘莫达。乃出洞前，仰望洞上又连启二门，此又南上西向第四、第五门也。冀其内下与峡内重门通。静闻欲从洞外攀枝蹑缝直上，余欲从洞外觅窦寻崖另入，于是又过南上西向第六门，仰望愈高，悬崖愈削，弥望而弥不可即。又过南上西向第七门，见其石纹层层，有突而出者可以置足，有窍而入者可以攀指。遂覆身上蹑，凌数十级而抵洞门。洞北又夹坳竖起，高五六丈。始入上层，其夹光腻无级，无计可上。乃令顾仆下山觅树，意欲嵌夹以登，而时无佩刀，虽有竖条，难以断取，姑漫往觅之。时静闻犹攀蹑于第五门外，度必难飞陟，因令促来并力于此。顾仆下，余独审视其夹，虽无隙级，而夹壁宛转，可以手撑足支，不虞悬坠。遂耸身从之，如透井者然，皆横绷竖耸，不缘梯级也。既升夹脊，其北复陨而成峡，而穿映明透，知与前所望洞，必有一通，而未审所通果属何门，因骑墙而坐。上睇洞顶，四达如穹庐，下瞰峡底，两分如璇室，因高声促静闻。久之，静闻与顾仆后先至。顾仆所取弱枝，细不堪用，而余已升脊，亦不必用，教静闻如余法登，真所谓教猱也。静闻既登，余乃从脊西南上，静闻乃从脊东北上，各搜目之所未及者，俱不能远达。于是乃从脊北下峡中北进，西上高悬一门，则第六重门也。不及上，循峡更进，转而西出，则第五门也。门有石龙，下垂三四丈，头分两岐，击之铿然。旁有一坐平庋，下临重崖，上瞩垂乳，悬龙在旁，可卧而扰也。由龙侧循崖端而北，又得一门，则第四门也。穿门东入，稍下次层，其中廓然四辟。右向东转，深黑无穷，左向西出，即前第三门之上层也。知重门若剜处即在其内。因循崖穷之，复隔一柱，转柱隙而入，门内复另环一幽，不远亦不透也。自第三门而上，连历四门，初俱跻攀无路，一入第七门，如连环贯珠，络绎层分，宛转俱透，升陟于层楼复阁之间，浅深随意，叠层凭空，此真群玉山头蕊珠宫里也。有莫公臣者，遍题“珠明洞”三字于四、五二洞之上，此亦有心表章兹洞者。时当下午，令顾仆先趋南门逆旅，炊黄粱以待。余与静闻高憩悬龙右畔，飘然欲仙，嗒然丧我，此亦人世之极遇矣。久之，仍从第六门峡内，西向攀崖以上。其门虽高张，内外俱无余地，不若四、五二门，外悬台榭，内叠楼楹也。既乃逾脊，仍〔南〕下第七门，由门外循崖复南，又得南下东向第八门。其洞亦成峡，东上虽高峙，而不能旁达。洞右有大理寺丞题识，然不辨其为何时何姓名也。此山西向八洞，惟南北之洞不交通，而中央四洞最高而可旁达，较之他处一、二门之贯彻，一二洞之勾连，〔辄揽奇誉，〕真霄壤矣。南崖复北转至第一洞，乃下山循麓南行半里，有峰巍然拔地屏峙于左，有峰峭然分岐拱立于右。东者不辨为何名，西者心拟为石人，而《志》言石人峰在县西七里，不应若是之近，然使更有一峰，则此峰可不谓之“人”耶？既而石人之南，复突一石，若伛偻而听命者，是一是二，是人是石，其幻若此，吾又焉得而辨之！

又南半里，将抵南门逆旅，见路南山半，梵宇高悬，一复新构，贾余勇登之。新构者，文昌阁；再上为南斗延寿堂，以此山当邑正南，故“南斗”之也。时当午，暑极解衣，北窗稍凉，而下饭肆中，遂入南门，抵北门，过城隍庙、报恩寺，俱东向，觅所谓“大石岩”者，乃大乘庵也，废然而下。乃东过察院，东向临城上。北上北宸宫，以为即龙头山慈光寺也。比至，乃知为北宸。问：“龙头山何在？”云：“北门外。”问：“慈光寺何似？”云：“已久废。”问：“读书岩何托？”云：“有名而无岩，有室而无路，可无烦往也。”余不顾，亟出北门，沿江循麓，忽得殿三楹，则仪安庙也。为土人所虔事者。又北，路为草蚀，荆蔓没顶，已得颓坊敝室，则读书岩矣。亦莫孝廉之先所重建，中有曹能始学佺《碑记》，而旁有一碑，则嘉靖重建，引解学士缙诗曰：“阳朔县中城北寺，云是唐贤旧隐居；山空寺废无僧住，惟有石岩名读书。”观此，则寺之废，不自今日矣。时殷雷催雨，急入北门，过市桥，入龙潭庵，观所谓龙潭：石崖四丛，中洼成潭，水自市桥东注，隤坠潭中，有纳无泄，潜通城外大江也。甫入庵，有莫姓者随余至，问：“游岩乐否？”余以珠明岩夸之。曰：“牛洞也。数洞相连，然不若李相公岩更胜。此间岩洞，山山有之，但少芟荆剔蔓，为之表见者耳。惟李岩胜，而且近即在西门外，不可失也。”余仰见日色尚高，急别莫，曳杖出西门，觅火携具，即从岐北行，遇一小石梁，从梁边岐而西行，已绕此山东、北两面矣，始知即前拔地屏峙之峰，即西与石人为对者也。既乃绕至西麓，其洞正西向石人峰，洞门之右，有镌记焉。急读之，始知其洞有“来仙”之名。李公为闽人李杜。更知其外列之山，有天马、石人诸名，则石人之不在七里，而即在此益征矣。李杜《来仙洞记》曰：“隆庆四年长至，闽云台山人李杜至阳朔，出郭选胜，得兹山倚天而中立，其南面 一窍，可踰而入也。内有巨石当门，募工凿之，如掘泥折瓦，然其中有八音、五采、千怪、万奇；其外则屏风、蟠桃、石人、天马、陈抟、钟离诸峰，环列而拱向，敞朗宏深，夏凉冬燠，真足娱也。其明年大水，有巨蛟长数丈，乘水而去洞中，故有专车之骨，亦忽不见。邑之人异之，以余为仙人来也，名之曰来仙洞。夫余本遵伦谨业，恬泊为愉，非有缪巧仙理也，安足以驱蛟而化骨！然此山之幽奇，涵毓于开辟之初，而閟伏于亿万年之久，去邑不能一里。邑之人不知其有斯洞也。一旦而见表于余，夫不言而无为，莫过于山川，而含章以贞终，以时发，是以君子贵夫需也。于稽其义，有足以觉世者矣。故为之记。门人靖藩云岳朱经弁书。”《记》谓其洞南面，余时占日影，指石人似为西面，大抵西向，而少兼夫南者也。入洞东行，不甚高爽，转而南，遂昏黑。秉炬南入，有岐窍焉：由正南者数丈辄穷；由东南者乳窦初隘，渐入渐宏，〔琼葩云叶，缤纷上下。〕转而东北，遂成穹峡，高不见顶，〔其垂突蹲裂，种种开胜。〕深入，忽峡复下坠渊黑，不可以丈数计。以炬火星散投之，荧荧直下，久而不得其底。其左削崖不能受趾，其右乳柱分楞，窗户历历，以火炬隔崖探之，内若行廊，玲珑似可远达，惟峡上难于横度，而火炬有尽，恐深入难出，乃由旧道出洞前，录《来仙洞记》。从南麓东入西门，出东南门渡口，则舟人已舣舟待，遂入舟宿。

二十五日 自阳朔东南渡头发舟，溯流碧莲峰下。由城东而北过龙头山，自是石峰渐隐。十里，古祚驿。又十五里，始有四尖山在江左，其右亦起群尖夹江，是为水绿村。又北七里，有岩在江之西岸，门甚高敞，东向临江，〔前垂石成龙，曰蛟头岩。〕由右腋深入，渐高而黑，久乃空濛，复东辟门焉。由岩左腋上登，其上前亘为台，后结一窦，有尼栖焉。不环堵，不覆屋，因台置垣，悬梯为道，甚觉轩爽，窦后复深陷成峡，昏黑。东下欲索炬深入，尼言：“无奇多险。”固止之。而雷声复殷殷促人，时舟已先移兴平，遂出洞，由洞左循麓溯江，草深齐项，半里，达螺蛳峰下。其峰数盘而上，层累若螺蛳之形，而卓耸压于群峰，乃兴平东南水口山也。以前岩在其下，土人即指为螺蛳岩。余觉岩在螺峰之南，双岐低峰之麓，及入岩读碑，而后知其为蛟头，非螺蛳也。螺蛳以峰胜，蛟头以岩胜。螺蛳穹而上盘，蛟头垂而下络。不一山，亦不一名也。绕螺蛳又二里，及舟，入半里，少舣兴平。其地有溪自东北来，石山隙中，遥见巨岭亘列于内，即所趋恭城道也。崖上有室三楹，下临江渚，轩栏横缀，为此中所仅见，额曰：“月到风来”。字亦飞逸，为熊氏书馆。余闯入其中，竟不见读书人也。下舟已暮，又北二里而泊。

二十六日 昧爽发舟，西北三里，为横埠堡。又北二里，为画山。其山横列江南岸。江自北来，至是西折，山受啮，半剖为削崖，有纹层络。绿树沿映，石质黄、红、青、白，杂彩交错成章，上有九头，山之名“画”，以色非以形也。土语：“尧山十八面，画山九筒头，有人能葬得，代代出封侯。”后地师指画山北面隔江尖峰下水绕成坪处为吉壤，土愚人辄戕其母，欲葬之。是夕峰坠，石压其穴，竟不得葬，因号其处为忤逆地。余所恨者，石坠时不并毙此逆也。

舟人泊舟画山下晨餐。余遂登其麓，与静闻选石踞胜，上罨彩壁，下蘸绿波，直是置身图画中也。崖壁之半，有洞北向，望之甚深，上下俱无所着足。若缘梯缀级于石纹之间，匪直空中楼阁，亦画里岩栖矣。〔返而登舟，〕又北一里，上小散滩。又北二里，上大散滩。又北七里，为锣鼓滩。滩有二石象形，在东岸。其处江之西涯，有圆峰端丽，江之东涯多危岩突兀。〔其山南岩窍，有水中出，缘突石飞下坠江，势同悬瀑。粤中皆石峰拔起，水随四注，无待破壑腾空。此瀑出崇窍，尤奇绝。〕又北八里，过拦洲。〔西北岸一峰纯透，初望之，疑即龙门穿穴，以道里计之，始知另穿一峰，前以夜棹失之耳。〕舟转西北向，又三里，为冠岩山。〔先是江东岸崭崖，丹碧焕映，采艳画山，冠岩即在其北。〕上突崖层出，俨若朝冠，北面山麓，则穹洞西向临江，水自中出，外与江通。棹舟而入，洞门甚高，而内更宏朗，〔悉悬乳柱，惜通流之窦下伏，无从远溯。〕壁间有临海王宗沭题诗。号敬所，嘉靖癸丑学宪。诗不甚佳，时属而和者数十人，吉人刘天授等。俱镌于壁，觇玩久之。棹舟出洞，〔望隔江群峰丛合，忆前拦州所见穿山当正对其西，惜〕溪回山转，〔并其峰亦莫能辨识。顷之，〕矫首北见皎然一穴，另悬江东峰半，即近在冠岩之北。急呼舟人舣舟登岸，而令其以舟候于南田站。余乃望东北峰而趋，一里，抵山腋。先践蔓凌巉，既乃伏莽穿棘，半里逾岭坳。度明穴在东，而南面之崖绝不可攀，反循崖北，稍下悬级，见有叠石阻隘者，知去洞不远矣。益北下，则洞果南透。其山甚薄，上穹如合掌，中罅。北下俱巨石磊落，南则峭崖悬亘，故登洞之道，不由南而由北云。洞右复有旁门复室，外列疏楞，中悬团柱，分帏裂隙，东北弥深，似昔有居者。而洞北复时闻笑语声，谓去人境不远，以为从北取道，可近达南田。时轰雷催雨，亟出明洞，北隅则巨石之隙，多累块丛棘，宛转数处，北望一茅甚迩，而绝不可通。不得已仍逾西坳，循前莽南下，幸雷殷而雨不至。一里，转至西北隅，又得一洞，南北横贯。其北峰之麓，自冠岩来，此为北峰。北端亦透，而不甚轩豁。仍出南门，遂西北行平畴中。禾已将秀，而稿无滴水。时风雨忽至，余甚为幸之。〔其西隔江屏立者，皆穹崖削壁，陆路望之，更觉峥嵘；东则石峰离立，后托崇峦。〕共四里抵南田驿，觅舟不得，遂濒江而北，又一里，乃入舟。舟人带雨夜行，又五里，泊于斗米、寸金二滩之间。中夜仰视，萤阵烛山，远近交映。以至微而成极异，合众小而现大观，余不意山之能自绘，更无物不能绘也。

二十七日　昧爽出峡口，上寸金滩，二里至卖柴埠。西面峰崖骈立，沉香堂在焉。又西北三里，其北麓有洞嵌江，舟转而东，不及入。东三里，至碧岩。其岩北向，石嘴啖江，其上削崖高悬，洞嵌其中，虽不甚深，而一楹当门，倚云迎水，帆樯拂其下，帏幄环其上，亦凭空掣远之异胜地也。于是北转五里，过豆豉井，又西北五里，至大墟，市聚颇盛，登市蔬面。又西北五里，至横山岩。其岩东向，瞰流缀室，颇与碧岩似。〔右腋有窦旁穿而南，南复辟一洞，甚宏，有门有奥。奥西上则深入昏冥，奥之南坠，皆嵌空透漏。门在坠奥东，廓然凭流，与前门比肩立。〕又北五里，为龙门塘。〔南望横山岩西透顶峰，虽似穿石，无从上跻。〕又西五里，为新江口，又夜行十里而泊。

二十八日 昧爽刺舟，亟推篷，已过崖头山。十余里，抵水月洞北城下，令顾仆随舟往浮桥，余同静闻过文昌门外，又西抵宁远门南，过南关桥，觅拓碑者，所拓犹无几，急促之。遂由宁远门入，经靖藩城后门，欲入晤绀谷，询独秀游期，而后门闭，不得入。乃循其东出东江门，命顾仆以行囊入趋赵时雨寓，而其女出痘，遂携寓对门唐葵吾处。闻融止已欲行，而石犹未取。饭后令静闻往觅之，至则已行，止留字云："待八月间来取。"殊可笑也。

二十九日 令静闻由靖藩正门入晤绀谷。余同顾仆再出宁远门，促拓碑者。至是拓工始市纸携具为往拓计，余仍还寓。午暑不堪，他行惟偃憩而已。下午，静闻来述绀谷之言，甚不着意，余初拟再至省一登独秀，即往柳州，不意登期既缓，碑拓尚迟，甚怅怅也。

三十日 余在唐寓，因连日炎威午烁，雨阵时沛，既倦山跻，复厌市行。止令静闻一往水月洞观拓碑者，下午反命，明日当移拓龙隐云。

六月初一日 在唐寓。是日暑甚，余姑憩不出，闻绀谷以焚灵事与藩王有不惬，故欲久待。而是时讹传衡、永为流寇所围，藩城亦愈戒严，余遂无意候独秀之登，而拓者迁延索物，余亦不能待，惟陆务观碑二副先拓者尾张少二字，令彼再拓，而彼复拓一付，反并去此张，及促再补，彼愈因循，遂迟吾行。

〔独秀山北面临池，西南二麓，余俱绕其下，西岩亦已再探，惟东麓与绝顶未登。其异于他峰者，只亭阁耳。〕

初二日 令顾仆促拓工，而余同静闻再为七星、栖霞之游。由七星观左入岩洞"争奇门"，乃曹能始所书者，即登级为碧虚阁。是阁在摘星亭之左，与七星洞前一片云同向，"一片云"三字乃巡抚都御史许如兰所书，字甚古拙。而稍在其南，下登者先经焉。余昔游时急于七星，以为此轩阁不必烦屐齿，后屡经其下，见上有岩石倒垂，心艳之，至是先入焉。则其额为歙人吴国仕所题。"碧虚"之名，昔在栖霞，而今此复踵之，岂彼以亭、而此以阁耶！余啜茗其间，仰视阁为瓦掩，不见岩顶，既而转入玄武座后，以为石窟止此，而不意亦豁然透空，顶上仅高跨如梁，若去其中轩阁，则前后通映，亦穿山月岩之类，而铺瓦叠户，令人坐其内不及知，可谓削方竹而淹断纹者矣。阁后透明之下，复垒石为垣，高与阁齐，以断出入。余讯其僧："岩中何必叠瓦？"曰："恐风雨斜侵，石髓下滴。""阁后何必堵墙？"曰："恐外多山岐，内难幽栖。"

又讯："何不移阁于岩后，前虚岩为门，以通出入；后倚阁为垣，以便居守，岂不名山面目，去室襟喉，两为得之！"曰："无钱粮。"然则岩中之结构，岩后之窒塞，又枵腹画空而就者耶？又讯："垣外后山，从何取道？"曰："须南自大岩庵。"此庵即花桥北第一庵，庵僧自称为七星老庵。余向所入，见后有李彦弼碑者。余颔之。遂出，仍登摘星。由一片云〔入〕七星前洞。〔由阁后东上数十级，得小坪，石盘其中。遂〕北出后洞，洞右壁外崖之上，裂窍悬葩，云楞历乱。余急解衣攀缘而上，连上重龛二层，俱有列户疏楞、莲垂幄飏之势。其北下则栖霞洞，穹然西向盘空矣。洞外右壁古刻多有存者，则范文穆成大《碧虚亭铭》并《将赴成都酌别七人》题名在焉。七人即《壶天观铭》所题名字，在栖霞者，其岁月俱为乙未二十八日。《碧虚亭》以唐郑冠卿入栖霞遇日华、月华二君赠诗，有"不因过去行方便，那得今朝会碧虚"之句，遂取以名亭。《石湖铭》中所云"名翁所命而我铭之"者也。今亭已废，而新安吴公借以名南岩之阁，不若撤南阁以亭此，则南岩不掩其胜，而此名亦宾其实，岂不快哉！盖此处岩洞骈峙者三：栖霞在北，而下透山之东西；七星在中，而曲透山之西北；南岩在南，而上透山之东西。故栖霞最远而幽暗，七星内转而不彻，南岩飞架而虚明。三窍同悬，六门各异，可谓异曲同工，其奈南岩之碧虚阁，反以人掩何！栖霞再北，又有朝云、高峙二岩，俱西向。此七星西面之洞也，其数共五。下栖霞，少憩寿佛寺，乃过七星观，遂南入大岩庵。望南岩之后，山石丛薄，若可由庵外东北而登者。时已过午，余曰："何不了此而后中食。"余遂从庵门右草坪中上，静闻就荫山门，不能从焉。既抵山坳草中，复有石级，而右崖石上镌张孝祥《登七星山诗》，张维依韵和之。共一里，再上得坪一区，小石峰环列而拱之，薄若绡帏，秀分萼瓣。其北壁棘莽中，亦有记，磨崖为凿穴者，戕损不可读。盖其处西即南岩透明之窦，为僧人窒垣断之者。北即七星之顶，与余峰攒而斗列者。昔人上登七星，此其正道，而今则无问津者矣。觅道草中，有小径出东南坳中，从之。共一里，东南下山，得一岩，列众神焉，而不知其名。下山而西，则曾公岩在望矣。忽凉飙袭人，赤日减烈，则阴气自洞中出也。此有玄风洞，余夙求之不得，前由栖霞入，将抵曾公，先过一隘口，忽寒风拂灯，至此又阴气薄日，信乎玄风当不外此，后来为曾公所掩耳，非二洞也。入洞更采叶拂崖，观刘谊《曾公岩记》及陈倩等诗已，乃濯足涧水中，久之出，仰见岩右又有一洞在峰半，与列神之岩东西并峙。执入洞汲水者问之，曰："此亦有洞，已不可登。"余再问其故，其人不答去。余亟攀崖历莽而上，则洞口亦东南向，如曾公岩。初由石峡入，得平展处，稍转而北，其外复有龛东列，分楞叠牖，外透多明，内环重幄，若堂之有室焉。其后则穿门西入，门圆若圈，入其内，渐转渐深，而杳不可睹。乃转而出，甫抵洞外，则一人亦攀隙历险而至，乃庆林观道士也。见余独入，疑而踪迹之，至则曰：“庆林古观，而今移门易向，遂多伤损，公必精青乌家言，乞为我指示。”余谢不敏，且问其岩何名？道者不告，强邀入观。甫下山，则静闻见予久不返，亦踵至焉。时已下舂，亟辞道者，道者送余出观前新易门，余再索其岩名，道者曰：“岩实无名，昔有僧居此，皆以为不利于观，故去之，而湮其路，公岂亦有意于此乎？第恐非观中所宜耳。”余始悟其踪迹之意，盖在此不在彼也。一笑与别，已出花桥东街矣。盖此处岩洞骈峙者亦三：曾公在中而下透于西；列神之岩在东上，而浅不旁通；庆林后岩在西上，而幽不能悉。然曾公与栖霞前后虽分门而中通，实一洞。其北下与之同列者，又有二岩，〔予昔游省春，先经此，〕亦俱东南向。此七星山东南面之洞也，其数亦共五焉。若北麓省春三岩、会仙一洞，〔旁又浅洞一，〕乃余昔日所游者，亦俱北向，此七星山北面之洞也。其数亦共五焉。〔一山凡得十五洞云。〕既度花桥，与静闻就面肆中，以补午餐。过浮桥返唐寓，则晚餐熟矣。

初三日 简顾仆所促工拓《水月洞碑》，始见陆碑尾张上每行失拓二字，乃同静闻亲携此尾往令重拓。二里，出南门，一里，抵拓工家，坐候其饭。上午乃同往水月，手指笔尽之。余与静闻乃少憩山南三教庵，录张鸣凤羽王父所撰方、范二公《漓山祠记》。遂二里南过雉山岩，再登青萝阁，别郑、杨诸君。欲仍过水月观所拓，而酷暑酿雨，雷声殷殷，静闻谓拓工必返午餐，不若趋其家便。遂西一里，至拓工家，则工犹未返也。于是北一里，入南门，就面肆为午餐，已下午矣。雨势垂至，余闻郑子英言：“十字街东口肆中，有《桂故》、《桂胜》俱张鸣凤羽王辑。及《西事珥》、学宪魏濬辑。《百粤风土记》司道谢肇淛辑。诸书。”强静闻往市焉。还由靖藩正门而南，甫抵寓而雨至。

初四日 令顾仆再往拓工家索碑。及至，则所拓者，止务观前书碑三张，而此尾独无，不特前番所拓者不补，而此番所拓并失之，其人可笑如此。再令静闻往，曰：“当须之明日。”是日，余换钱市点，为起程计。

初五日 晨餐后即携具出南门，冀得所补碑，即往隐山探六洞之深奥处。及至，而碑犹未拓也。订余今日必往，毋烦亲待，余乃仍入南门，竟城而北，由华景之左，出西清门。门在西北隅，再北则为北城门西之山，即王文成守仁祠在其南者。与之属焉。城外削崖之半，有洞西向，甚迥。时〔读《清秀岩记》，〕欲觅清秀岩，出城即渡濠坝而趋西，濠中荷叶田田，花红白交映，香风艳质，遥带于青峰粉堞间，其胜也。有二岐：一乃循山北西行，一南从山南入峡。其循北麓者，即北门西来之大道。更有石峰突峙其北，片片若削，而下开大洞，西南向焉。与城崖西向之洞，一高一下，俱嵚岈诱人，欲往但知非清秀，姑取道岐南峡中。西行一里，则峡北峡南，其山俱中断若辟门，南北向，其门径路遂四交焉。径之西北，又洞南向。急觅道而登，其洞北入，愈入愈深，无他旁窦，而夹高底平，湾环以进，幽莫能测。仍出洞候行者问之，曰："此黑洞也。"问："清秀何在？"曰："不知。"问："旁近尚有洞几何？"曰："正西有山屏立峡中者，其下洞名牛角，西南出峡，为隐山，其洞名老君。由北出峡，有塘曰清〔塘〕，东界山岩曰横洞，西南濒塘，洞名下庄。近洞惟此，无所谓清秀者。"余得清塘之名，知清秀在此。遂北转从大道出峡门。其峡门东西崖俱有小洞，无径路可登。北出临塘，则潴水一泓，浸山西北麓大道。余循大道而西，沿清塘而绕其右，疑清秀在其上，急遵之。其路南嵌崖端，北俯渊碧。既而一岐南上，余以为必清秀无疑。攀跻渐高，其磴忽没，仰望山坳，并无悬窍，知非岩洞所在。乃下，随路出塘之西。其南山回坞转，别成一壑，而洞门杳然，无可觅也。其地去黑洞已一里矣。于是仍从崖端东返，复由峡门南下，竟不得登岩之径，再过黑洞前，乃西趋屏立峡中山。一里，抵屏之东北，即有洞斜骞，门东北向，其内南下，渐入渐暗，盖与黑洞虽南北异向，高下异位，而湾环而入，无异轨焉。出洞，绕屏北而西，闻伐木声丁丁，知有樵不远，四望之，即在屏崖之半。问此洞名，亦云："牛角。"问："清秀何在？"其人谬指曰："随屏南东转出南峡乃是。"余初闻之喜，绕西麓转南麓，则其屏南崖峭削，色俱赭黄，下有洼潴水，从山麓石崖出；崖不甚高，而中若崆峒，盖即牛角南通之穴，至此则坠成水洼也。又东一里，抵南峡门，入北来大道，复遇一人，询之，其人曰："此南去即老君洞，不闻所谓清秀。惟北峡有清塘，其上有洞，南与黑洞通。〔此外无他洞。〕此是君来道。"余始悟屏端所指乃误认隐山，而清秀所托，必不离北峡。时已当午，遂不暇北转，而罔南炊隐山。又一里，则隐山在望矣。仰见路西径道交加，多西北登崖者，因令顾仆先往朝阳，就庵而炊。余呼静闻遵径西北入，已而登崖蹑峤，丛石云栟，透架石而入，上书"灵咸感应"四大字，知为神宇。入其洞，则隙裂成龛，香烟纸雾，氤氲其间，而中无神像，外竖竿标旗，而不辨其为何洞何神也。下山，见有以鸡酒来者，问之，知为都箓岩。言其神甚灵异，而好食犬，时有犬骨满洞中。遂南半里，抵隐山，候炊于朝阳庵。复由庵后入洞，谒老君，穿上下二岩，乃出饭庵中。僧月印力言："六洞之下，水深路阏，必不可入。"余言："邓老曾许为导。"僧曰："此亦谩言，不可信而以身试也。"既饭，又半里，南过邓老所居，邓老方运斤斫木，余告以来求导游之意。邓老曰："既欲游洞，何不携松明来。余无觅处，君明晨携至，当为前驱也。"余始怅怅，问："松明从何得？"曰："须往东江门。此处多导游七星者，故市者积者俱在焉。"余复与之期，乃西过西湖桥，一里，抵小石峰下。其峰片裂如削，中立于众峰之间，东、北、西之三面，俱有垣环之，而南则濒阳江，接南岭，四面俱不通。出入大路至此折而循其北麓，乃西还阳江之涯，窥其垣中，不知是何櫜钥。遍绕垣外，见西北隅有逾垣之隙，从而逾之。其中荆莽四塞，止有一家在深翳中。披其东北，指小峰南麓，则蹬级依然，基砌叠缀。其峰虽小，如莲瓣之间瓣瓣有房，第云构已湮，而形迹如画。其半崖坪中有石如犀角，独耸无倚，四旁多磨剔成碑，但无字如泰山，令人无从摸索耳。其后又盘空而上，片削枝攒，尤为奇幻。从其东下崖半，又裂石成岩，上镌三字，只辨其一为“东”字。而后二字，则磨拭再三，终莫得其似焉。桂林城之四隅，各有小峰特立。东有曾公岩，东有媳妇娘焉。其峰双岐而中剖。北则明月洞，西有望夫山焉。其峰片立而端拱。南则穿山岩，西有荷叶山焉，其峰窈窕中剖，而若合若分。西则西峰顶，南有兹山焉。其峰层叠中函，而若披若簇，四峰各去城一二里，以小见奇，若合筒节焉。搜剔久之，知其奇而不知其名。仍西蹈莽棘，逾垣以出。候途人问之，曰：“秋儿庄。”云昔宗室有秋英之号者，结构此山为菟裘，后展转他售，丰姓者得之，遂营为（冢）地，父子连掇乡科，后为盗发，幸天明见棺而止，故窒垣断道云。秋儿者，即秋英之误也。其西即阳江西来，有叠堰可渡而南，赵家山、穆陵村、中隐诸洞，隐隐在望。循江北岸入，西一里，为狮子岩。西峰顶之西，峰尽而南突，若狮之回踞而昂首者，则狮岩山也。其西又峙一峰，高耸特立，与狮岩相夹，下有村落，是为狮岩村。其西耸之峰，有岩东向者，凭临峭石之上，中垂一柱，旁裂双楞，正东瞰狮岩之首。其岩不深而轩夹有致，可以驾风凌烟。北转有洞北向，其门高穹，其内深坠。土人以为中通山南，而不知其道；以为旧有观址，而不知其名，拭碑读之，知为天庆岩。由级南下，中亘一壁，洞界为两，入数丈，两峡复合。其北峡之上，重门复窍，悬缀甚高，可望而不可攀焉。想登此则南通不远矣。出洞北下，由西北行石山丛薄间，山俱林立圆耸，人行其间，松阴石影，参差掩映。又北一里，经石山西麓，见两洞比肩俱西向，辄扪棘披崖入，由南洞进五六丈，转从北洞出。其中宛转森寒，虽骄阳西射，而不觉其暑。出洞，再北仰望洞上飞崖，片片欲舞，余不觉神飞。适有过者，问之，以为王知府山，其西有林木，回丛在平畴间，阳江西环之，指为王知府园。而沧桑已更，山峦是而村社非，竟不悉王知府为何代何名也。余一步一转眺，将转西北隅，思其西南有坳可逾，仍还南向，从双洞之左东北而登，忽得石磴，共一里，逾其坳间，磴断径绝，乃西攀石锷而上，静闻与顾俱不能从。所攀之石，利若剑锋，簇若林笋，石断崖隔，中俱棘刺，穿棘则身如蜂蝶，缘崖则影共猿鼯。盘岭腰而西，遂出舞空石上，而为丛棘所翳，反不若仰望之明彻焉。久之，仍下东坳，瞰其北麓，陡绝难下。遂寻旧登之磴，共一里，下西麓，而绕出其北。又北过一峰，其南有支峰叠石，亦冕云异。抵其东麓，有洞东向，亟贾勇而登，中皆列神所栖，形貌狞恶。从其右内转，复得明窍，则支窦南通者也。仍出洞东望，有一村在丛林中，时下午渴甚，望之东趋，共一里，得宋家庄焉。村居一簇，当南北两山坞间，而西则列神洞山为屏，其后东则牛角洞山为屏，其前皆潴水成塘，有小石梁横其上，求浆村妪，得凉水一瓢，共啜之。随见其汲者，东自小石崖边来，趋而视之，则石崖亦当两山之中，其西潴泉一方，自西崖出，盖即牛角洞西来之流也。其泉清泠，可漱可咽，甘沁尘胃。又东一里，即屏风中立牛角洞之山。从其南麓东趋，又一里，过北峡门，北眺西峡之半，有洞岈然，其为清秀无疑。而暮色已上，竭蹶趋城，又一里，入西清门；回顾静闻、顾仆，俱久不至，仍趁至门，始知二人为阍者所屏。自闻衡、永有警，即议省城止开四门，而余具闭塞，居人以汲水不便，苦求当道，止容樵汲，而行李俱屏之四门。乃与俱出，循城而北，半里过城外西悬之洞，其下有级可攀而登，日暮不及。遂东转，又半里，入北门焉，已昏黑矣。又二里，抵唐寓。

初六日　晨起大雨如注，晨餐后，急冒雨赴南门。行街衢如涉溪涧，抵拓工家，则昨日所期，仍未往拓，以墨沉翻澄支吾，再促同往，又以雨湿石润，不能着纸为解。窥其意，不过迁延需索耳。及征色发声，始再期明日往取，余乃返寓。是日雨阵连绵，下午少止，迨暮而倾倒不绝，遂彻夜云。

初七日　夜雨达旦，市间水涌如决堤，令人临衢而叹河无舟也。令静闻、顾仆涉水而去索碑拓工家。余停屐寓中，览《西事珥》、《百粤风土记》。薄暮，顾仆、静闻返命。问："何以迟迟？"曰："候同往拓。"问："碑何在？"曰："仍指索钱。"此中人之狡而贪，一至于此！付之一笑而已。是日以仆去，不及午餐，迨其归执爨，已并作晚供矣。

初八日　夜雨仍达旦，不及晨餐，令静闻、顾仆再以钱索碑，余独坐寓中，雨霏霏不止。上午静闻及仆以碑至，拓法甚滥恶，然无如之何也。始就炊，晨与午不复并餐。下午整束行李，为明日早行计，而静闻、顾仆俱病。

初九日　晨起天色暗爽，而二病俱僵卧不行，余无如之何，始躬操爨具。市犬肉极肥白，从来所无者。以饮啖自遣而已。桂林荔枝极小而核大，仅与龙眼同形，而核大过之，五月间熟，六月即无之，余自阳朔回省已无矣。壳色纯绿而肉甚薄，然一种甘香之气，竟不减枫亭风味，龙眼则绝少矣。六月间，又有所谓"黄皮"者，大亦与龙眼等，乃金柑之属，味甘酸，之其性熟，不堪多食，不识然否？

初十日　早觅担夫，晨餐即行。出振武门，〔取柳州道。〕五里，西过茶庵，令顾仆同行李先趋苏桥，余拉静闻由茶庵南小径经演武场，西南二里，至琴潭岩。岩东有村，土人俱讹为陈抟。其西北大道，又有平塘街。余前游中隐山，即询而趋之，以晚不及，然第知为陈抟，不知即琴潭也。后得《桂胜》，知方信儒孚若〔记云：〕“最后得清秀、玉乳、琴潭、荔枝四岩。”故初四西出，即首索清秀，几及而复失之。以下三洞，更无知者。然余已心疑陈抟之即琴潭，姑俟西行时并及之。及今抵其村，觅导者，皆以为水深不可入。已得一人，许余为导，而复欲入市，订余下午方得前驱，余颔之。闻其东南又有七宝岩，姑先趋焉。乃东南行，度一岭，共三里，又度一桥，桥下水自西而东，又南为李家村。村之南有石峰，西向巉突，有庵三楹缀其下，前有轩，已圮，而中无居者。其岩不深而峭，其地盖在南溪山白龙洞之正西，即向游白龙洞时西望群山回曲处也。时静闻病甚，憩不能行，强之还陈抟村。一步一息，三里之程，逾于数里，及抵村，其人已归。余强老妪煮茶啖饵，为入岩计，而令静闻卧其家待之。已而导者负松明、并梯至，遂西趋小山之南，曰：“请先观一水洞，然不可入也。”余从之。其门南向，水汇其内，上浸洞口，而下甚满黑，深洞中宽衍，四旁皆为水际。其左深入，嵌空嵚岈，洞前左崖濒水之趾，有刻书焉，即方孚若笔也。因出洞前遍征之，又得“琴潭”二大字，始信“陈抟”之果为音讹，而琴潭之终不以俗没矣。洞左复开一旁门，后与洞通，其不甚异。〔“其不甚异”乾隆本作：中多列柱重葩，嵌空虚皮。〕余既得琴潭之征，意所谓荔枝者，当不远。导者篝火执炬，请游幽洞。余征幽洞何名，则荔枝岩也。问：“有水否？”则曰：“无之。”然后知土人以为水深不可入者，指琴潭言；导者以为梯楼可深入者，指荔枝言。此中岩洞繁多，随人意所指，迹其语似多矛盾，循其实各有条理也。出琴潭岩，沿山左潴塘而行。绕塘北转而西，洞门东向，琴潭西麓者，荔枝岩也。门不甚高，既入稍下，西向进数丈，循洞底右窍，入其下穴。其内不高而宽平，有方池，长丈余，阔五、六尺，而深及丈四，旁甚峻，潴水甚洌。再东南转，平入数十丈，两转度低隘，右崖之半有窍，阔二尺，高一尺，内有洞，上穹下平，潴水平窍。以首入窍东望，其水广邃，中有石蜿蜒若龙之浮游水中。穴内南崖，有石盆一方，长二尺，阔一尺，高六、七寸，平度水面，若引绳度矩，而弗之爽者。〔不能以身入也。〕仍出至洞底，少西进，又循一右窍，入其上峡，其内忽庋为两层，下穴如队，少西转，辄止。上穴如楼，以梯上跻，内复列柱分楞。穿楞少西，遂下南峡中。平入数十丈，又南旋成龛，龛外洞顶，有石痕二缕，分络夭矫，而交其端。仍出度梯下，至洞底，又循一左窍入其上峡，则层壁累垂，悬莲嵌柱，纷缀壁间，可披痕蹈瓣而登也。大抵此洞以幽閟见奇，而深入在右。水窍之侧，有小石块如弹丸，而痕多磊落，其色玄黄，形如荔枝，洞名以此，正似九疑之杨梅，不足异也。

出洞，由琴潭之北共一里，仍至其村，已下午矣。携静闻西北由间道共二里，抵平塘街。其西石峰峭甚，夹立如门，南峰山顶忽有窍透腹，明若展镜。余向从中隐寻铜钱岩不得，晚趋西门，曾过而神飞。兹再经其下，不胜跃跃，问之，皆云无路可登。会静闻病不能前，有卖浆者在路旁，亦向从中隐来，曾与之询穿岩之胜者。其人曰："有岐路在道旁打油坊后，可扪而入，东南转至一古庙，可登山而上也。"余乃以行李挂其桁间，并令静闻卧茅下以待，曳杖遂行。过打油者家问之，则仍云："岩无可登，其居旁亦无径可入。"余回眺其后，有蛇道伏草间。遂披篱穿隙，随山麓东行，转而南向，将抵古庙，见有路西上，遂从之。始扪级，既乃梯崖，崖之削者，有石纹锋利，履足不脱，拈指不滑。崖之觉者，有枝虬倒垂，足可蹑藤，指可攀杪，惟崖穷踄峡，棘蔓填拥，没顶牵足，钩距纷纷，如蹈弱水，如陷重围，淬不能出。乃置伞插杖于石穴，而纯用力于指足，久之，抵丛石崖下。其上回狮舞象，翥凤腾龙，分形萃怪，排列缤纷，计透明之穴已与比肩。乃横涉而北，逾转逾出峰头，俯瞰嵌崖削窟，反在其下。而下亦有高呼路误，指余下践之级者。余感其意，随之下，竟不得所置伞、杖处。呼者乃二牧翁，疑余不得下而怜之者，余下谢之。其人指登崖之道尚在古庙南。盖其岩当从崖后转入，不能从崖东入也。余言伞置崖间，复循上时道觅之。未几，闻平塘街小儿呼噪声，已而有数十人呼山下者，声甚急，余初不知其为余，迨获伞下而后知之。下至古庙侧，则其人俱执枪挟矢，疑余为伏莽而询之者。余告以游岩之故。皆不之信，乃解衣示之，且曰："余有囊寄路口卖浆者茅中，汝可往而简也。"众乃渐散。余仍从古庙南历磴披棘上。遂西南转，出山后坳间，眺其南，一峰枝起，顶竖一石，高数丈，灵怪之极。〔"灵怪之极"乾隆本作：予所见石峰缀立，雁宕翔鸾、龟峰灵芝，及此地笋石骈发，未有灵怪至此者。〕度已出岩后，而遥瞻石壁之下，犹未见洞门。忽下有童子，复高声呼误，言不及登者。时日已坠西峰，而棘蔓当前，度不可及，且静闻在茅店，其主人将去，恐无投宿，乃亟随之下，则此童已飏而去，不知其为怜为疑，将何属者。乃仍转北麓，出打油坊后，则卖浆主人将负所铺张为返家计。余取桁间挂物，随其人东趋平塘街求托宿处。其人言："家隘不能容。"为余转觅邻居以下榻，而躬为执爨，且觅其宗人，令明晨导游焉。是暮，蕴隆出极，而静闻病甚，顾仆乍分，迨晚餐后，出坐当衢明月下，而清风徐来，洒然众峰间，听诸村妇蛮歌谑浪，亦是群玉峰头一异境也。

十一日　晨起，静闻犹卧，余令主宿者炊饭。即先过卖浆者家，同其宗人南抵古庙南登山。导者扬镳斩棘，共一里，抵山西南坳。从石隙再登一二步，即望见洞门西南向。又攀石崖数十步。即入洞焉。盖其门前向东北，后向西南，中则直透，无屈曲崚嶒之揜隔。导者谓兹洞曰榜岩洞，兹山曰枫木山。下山，仍过古庙，遂南由田塍中渡西来小涧，〔水自两路口西塘迤逦东穿山麓，即南溪发源也。〕共东南一里入石岩洞。其门西北向，后门东北向，其中幽朗曲折，后门右崖，有架虚之台，盘空之盖，皆窗楞旁透，可憩可读。由后洞出北一里，仍抵平塘街。街北有石峰，巑岏若屏，东隅有岩东向，是为社岩。外浅而不深，土人奉社神于中。导者又指其西北有石峰中立，山下南北，俱有汇塘，北塘之上，岩口高列，南塘之侧，穴门下伏，其内洞腹潜通，水道中贯，是名架梯岩，又名石鼓洞，盖即予前觅铜钱岩不得而南入之者。导者言之，而不知余之已游；余昔游之，而不知洞之何名。今得闻所未闻，更胜见所未见矣。于是还饭于宿处，强静闻力疾行。西二里经两山之峡。峡北山则巍然负扆，下为广福王庙；峡南山则森然北拱，其东有岩焉，门东向，当门有石塔，甚整而虚其中。塔后不甚崇宏，由其右穴入，渐入渐隘而黑，有狼兵数人调守于此，就岩爨寝焉。岩门外右有旧镌磨崖，泐不可读。乃下，西出峡门，是为两路口。市肆夹路。西北循山，为义宁道；西南循山，为永福道。余就西南行，不一里，静闻从而后，俟之不至。望路东有岩西向，拨棘探之，岩不深而门异。下瞰静闻，犹然不见其过，欲返觅，又恐前行，姑急追之，又迟待之，执前后至者询焉，俱茫然无指，实为欲前欲却。久之，又西行四里，路右有小峰，如佛掌高擎，下合而上岐，下束而上展，于众峰中尤示灵怪。其南又骈峙两山，束而成峡，路由其中。峡南之峰，其东层裂两岩，转盼间，觉上岩透明。亟南向趋之，只下岩可入，而上岩悬叠莫登，乃入下岩。岩中列柱牵帷，界而为峡，剖而为窗，曲折明朗，转透其后，则亦横贯山腹者也。以为由后窍西出，可反跻上岩透处，而后窍上下俱削，旁无可攀。乃仍东出洞前，见东北隅石颇坎坷，姑攀隙而登，遂达上层。遥瞰近视，岩外之收揽既奇，岩内之绾结亦异，诚胜境也。〔“岩外之收揽既奇”以下三句，乾隆本作：则前后二门，俱与下岩并列；门内乳幄莲柱，左右环转以达后门，数丈之内，纡折无竟。前门一台，正对东北佛掌峰。凭后门龛牖，遥瞰西南坞外之奇，收揽都尽。予所见重楼之胜，此为第一。〕既而下山，不知静闻之或前或后，姑西向行。又见大路之左，复有岩北向，登之亦浅而不深，此亦峡南之山也。其在峡北者，西向亦有二洞层列，洞门上下，所悬亦无几，而俱石色赭黄，若独为之标异者。一出峡门，则汇水直浸两峡之西，中叠石为堤，以亘水面，旁皆巨浸，无从渡水一登赭岩。〔既又闻有八字岩，亦不能至。〕遂由石道西向行汇水中，又望其西峰之东，崖壁高亘，上悬三洞，相去各二十余丈，俱东向骈列，分南、北、中焉。〔其山在汇水西南，与东峡南峰东西夹塘成汇。〕遥睇崖端，俱有微痕，自南而北，可以上跻，惟北洞则崭然悬绝，若不可阶焉。途中行人见余趋岩，皆伫呼莫前，姑缓行堤间。俟前后行人少间，视堤西草径，循水遵南麓而行，虽静闻之前后，俱不暇计。已而抵南洞之下，仰睇无级，仍以攀崖梯隙之法，猿升猱跃而上，遂入南洞，则洞门甚崇，其内峿峒宏峻，规模迥异。稍下，一岐由右入，转而西南，渐觉昏黑，莫究厥底。一岐由左入，不五丈，忽一门西透山后，返照炳焉。一门北通中洞，曲景穿焉。于是先西向披后岩，〔洞门高与东埒，〕上下俱悬崖陟绝，可瞰而不可下。遥望西南，对山有洞亦若覆梁，而门广中遂，〔曰牛洞，〕东向黯黑而不知其涯。仍入内，旋北向上中洞。洞内北转而东透。先探其北，转至洞门，有石内庋，架为两层，上叠为阁，倒向洞内，下裂为门，直嵌壁间，盖即所望之北洞矣。至此则兹洞之旁通曲达，既极崇宏，复多曲折，既饶旷达，复备幽奇，余所观旁穿之胜，此为最矣。仍入中洞之内，东临洞门，〔门愈高穹，下〕则其外路绝崖轰，遂仍返其中，循南洞而出焉。始知是三洞者，外则分门，内俱连窍，南洞其门户也，北洞其奥窟也，中洞则左右逢原，内外共贯，何岩洞之灵异，出人意表如此！于是仍由旧级下，共一里，北出大道，亟西行，循南山北麓而西。三里，越一平坡，〔其南北岩洞甚多，不暇详步。〕歧而南为通城墟。墟房累累，小若鸽户，列若蜂房，虚而无人，以俟趁墟者。从墟又南一里，是为上岩〔后洞〕。余循西路登岩，门北向，前临深塘。入其内，扩然崇宏，〔峡分左右。〕右峡下坠，已浚为渊，水潴其底，石壁东西夹之，峻不可下。〔其底南眺沉沉，壁西之崖，回覆渊上，予所驻足下瞰者；壁东则绝壁之下，骈通二穴，若环桥连亘，水通其中，不知所往；北则石壁自洞顶下插渊底，壁半裂柱成隙，泉淙淙隙端下注。出右峡，由〕左峡上入，蹲石当门，中耸为台，台上一顶柱直拄洞顶。路从两旁入，其西复有石崖，自洞北突而南，若塞门焉，与洞之南壁夹而成罅。路循崖西出，转绕崖后，〔外穹为门，门下横阈，而上多垂檐。〕踞门阈而坐，〔门外峡复峭峙，两旁多倒悬下攫之石，若龙爪猿臂，纷挐其门，〕俯仰双绝。出洞，循其东麓，复开一门，东向内洼，〔下滴水空声，转南渐黑，当即通后洞环桥水穴者。〕而下洞门之南，则〔上岩村〕村居萃焉。村后叠石开径，曲折而上，是为上岩前洞。其门东向，〔高齐后洞肩，深折不及。〕前有神庐，侧有台址。有村学究聚群蒙于台上。〔由台直跻洞后，迸窦成龛，垂石如距：有垂至地下离一线者，有中悬四旁忽卷者，有柱立轮囷其中者，有爪攫分出其岐者。其东南对山有泉源，曰龙泉云。〕下台端，〔仍出后洞塘北，〕西北行一里，入东来大道，又二里，为高桥，石梁颇整。越桥西南，石山渐开。北眺遥山连接，自西而东，则古田、义宁西来老龙矣。又七里为山蚤铺，其四旁虽间出土阜，而石峰尤屼突焉。又西南八里，为马岭墟。其日当市，余至已下午，墟既散，而纷然俱就饮啜浆矣。始于墟间及静闻，复与之饭。又西南二里，至缭江桥，越桥为缭江铺。于是山俱连阜回岗，无复石峰峥峥矣。又南八里为焉石铺，乃西入山坞，二里转而西南，又十里，为苏桥，〔为洛青江上流，水始舍桂入柳去。予遂与桂山别。〕桥西是为苏桥之堡。入东门，抵南门时顾仆已先抵此一日，卧南门内逆旅中。是晚蕴隆之极，与二病人俱殊益闷闷。幸已得舟，无妨明日行计也。

卷三下

粤西游日记二

丁丑六月**十二日**　晨餐后登舟，顺流而南，曲折西转，二十里，小江口，为永福界。又二十里，过永福县。县城在北岸，舟人小泊而市蔬。又西南三十五里，下兰麻滩，其滩悬涌殊甚，上有兰麻岭，行者亦甚逼仄焉。又二十里，下陟滩为理定，其城在江北岸。又十五里而暮。又十五里，泊于新安铺。

十三日　昧爽行四十里，上午过旧街，已入柳州之洛容界矣，街在江北岸。又四十里，午过牛排。又四十里，下午抵洛容县南门。县虽有城，而市肆荒落，城中草房数十家，县门惟有老妪居焉。旧洛容县在今城北八十里，其地抵柳州府一百三十里。今为新县，西南抵柳州五十里。〔水须三日溯柳江乃至。〕是晚宿于舟中。预定马为静闻行计。

十四日　昧爽起饭，觅担夫肩筐囊，倩马驼静闻，由南门外绕城而西。静闻甫登骑，辄滚而下。顾仆随静闻担夫先去，余携骑返换，再易而再不能行，计欲以车行，众谓车之屼嵲甚于马，且升降坡岭，必须下车扶挽，益为不便。乃以重价觅肩舆三人，餍其欲而后行。已上午矣。余先独行，拟前铺待之，虑轿速余不能踵其后也。共一里，过西门，西越一桥而西，即升陟坡坂，四顾皆回岗复岭，荒草连绵，惟路南隔岗有山尖耸，露石骨焉。跻荒莽共十八里，逾高岭，回望静闻轿犹不至。下岭又西南二里，为高岭铺，始有茅舍数家，名孟村。时静闻犹未至，姑憩铺肆待之。久之乃来，则其惫弥甚。于是复西一里，乃南折而登岭，迤逦南上，共四里，抵南寨山之西，则柳江逼其西崖矣。乃西向下，舟人舣舟以渡。〔有小溪自南寨破壑，西注柳江，曰山门冲。〕江之东为洛容界，江之西为马平界。登西岸，循山濒江南向行，是为马鹿堡。东望隔江石崖，横亘其上，南寨山分枝耸干，亭亭露奇。共五里，乃西向逾坳入，则石峰森立，夹道如双阙，其南峰曰罗山，山顶北向，有洞斜骞，侧裂旁开两门，而仰眺无跻攀路，西麓又有洞骈峙焉。其北峰曰李冯山，而来面峭削尤甚。又二里，双阙之西，有小峰当央而立，曰独秀峰。行者共憩树下，候静闻舆不至。问后至者，言途中并无肩舆，心甚惶惑。然回眺罗山西麓之洞，心异之。同憩者言："从其南麓转山之东，有罗洞岩焉，东面有坊，可望而趋也。"余闻之益心异。仰视日色尚未令昃，遂从岐东南披宿草，行一里，抵罗山西南角，山头丛石叠架，侧窦如圭，横穴如梁。从此转而南，东循其南麓，北望山半，亦有洞南向，高少逊于北巅，而面背正相值也。东南望一小山，濒江山之南隅，石剖成罅，上至峰顶，复连而为门。其时山雨忽来，草深没肩，不虞上之倾注，而转苦旁之淋漓矣。转山之东，共约一里，遂逾坳北入，一坪中开，自成函盖。右峰之北，有巨石斜叠而起，高数十丈，俨若一人北向端拱，衣褶古甚。左崖之北，有双门坠峡而下，内洞北向，深削成渊，底有伏流澄澈，两旁俱峭壁数十丈，南进窅然，不知其宗。北抵洞口，壁立斩绝，上有横石〔高二尺，〕栏洞口如阈，可坐瞰其底，无能逾险下坠，亦无虞失足陨越也。阈之左壁，有悬绠数十丈，圈而系之壁间，余疑好事者引端悬崖以游洞底者。惜余独行无偶，不能以身为辘轳，汲此幽閟也。既北出峡门上，复西眺西峰，有道直上，果有石坊焉。亟趋之，石坊之后，有洞东向，正遥临端拱石人，坊上书“第一仙区”，而不署洞名。洞内则列门设锁，门之上复横栅为栏，从门隙内窥，洞甚崆峒，而路无由入。乃攀栅践壁，逾门端入，则洞高而平，宽而朗，中无佛像，有匡床木几遗管城墨池焉。探其左，则北转渐黑而隘穷，其右则西上愈邃而昏。余冀后有透明处，摸索久之，不得出。仍逾门上栅，至洞前，见洞右有路西上，拨草攀隙而登，上蹑石崖数重，则径穷莫前，乃洞中剪薪道也。山雨复大至，乃据危石，倚穹崖而坐待之。忽下见洞北坪间，翠碧茸茸，心讶此间草色独异，岂新禾沐雨而然耶！未几，则圆绕如规，五色交映，平铺四壑，自上望之，如步帐回合，倏忽影灭。雨止乃下，仍从石坊逾南坳，共二里，转是山西麓。先入一洞，其门西向，竖若合掌，内洼以下，左转而西进，黑不可扪；右转而东下，水不可穷，乃峻逼之崖，非窈窕之宫也。出洞又北，即向时大道所望之洞。洞门亦西向，连叠两重，洞外有大石，横卧当门，若置阈焉，峻不可逾。北有隘，侧身以入，即为下洞；洞中有石中悬，复间为两门，南北并列。先从南门入，稍洼而下，其南壁峻裂斜骞，非攀跻可及；其北崖有隙，穿悬石之后，通北门之内焉。其内亦下坠，而东入洞底，水声汩汩，与南洞右转之底，下穴潜通。由北门出，仰视上层，石如荷叶，下覆虚悬，无从上跻。复从南门之侧，左穿外窍，得一旁龛。龛外有峡对峙，相距尺五，其上南即龛顶尽处，北即覆叶之端。从峡中手攀足撑，遂从虚而凌其上，则上层之洞，东入不深，而返照逼之，不可向迩。惟洞北裂崖成窦，环柱通门，石质忽灵，乳然转异；攀隙西透，崖转南向，连开二楹，下跨重楼，上悬飞乳，内不深而宛转有余，上不属而飞凌无碍。岩之以凭虚驾空为奇者，阳朔珠明之外，此其最矣。坐憩久之，仍以前法下出洞前横阈，复西北入大道。一里，抵独秀峰下。又西向而驰，五六里，遇来者问无乘肩舆僧，止有一卧牛车僧。始知舆人之故迟其行，窥静闻可愚，欲私以牛车代易也。其处北望有两尖峰，亭亭夹立，南望则群峰森绕，中有石缀出峰头，纤幻殊甚，而不辨其名。又西五六里，则柳江自南而北，即郡城东绕之滨矣。江东之南山，有楼阁高悬翠微，为黄氏书馆。即壬戌会魁黄启元。时急于追静闻，遂西渡江，登涯即阛阓连络，从委巷二里入柳州城，东门以内，反寥寂焉。西过郡治，得顾仆所止寓，而静闻莫可踪迹。即出南门，随途人辄问之，有见有不见者。仍过东门，绕城而北，由唐二贤祠蹑之开元寺，知由寺而出，不知何往。寺僧言此惟千佛楼、三官堂为接众之所，须从此觅。乃出寺由其东即北趋，里余而得千佛楼，已暮矣。问之僧，无有也。又西趋三官堂，入门，众言有僧内入，余以为是矣，抵僧栖，则仍乌有。急出，复南抵开元东，再询之途人，止一汲者言曾遇之江边。问江边有何庵，曰："有天妃庙。"乃暗中东北行，又一里，则庙在焉。入庙与静闻遇。盖舆人以牛车代舆，而车不渡江，止以一人随携行李，而又欲重索静闻之资，惟恐与余遇，故迂历城外荒庙中，竟以囊被诒僧抵钱付去。静闻虽病，何愚至此！时庙僧以饭饷余舆，同卧庙北野室中。四壁俱竹篱零落，月明达旦。

十五日　昧爽起，无梳具，乃亟趋入城寓，而静闻犹卧庙中。初拟令顾仆出候，并携囊同入，而顾仆亦卧不能起，余竟日坐楼头俟之。顾仆复卧竟日，不及出游焉。是日暑甚，余因两病人僵卧两处，忧心忡忡，进退未知所适从，聊追忆两三日桂西程纪，迨晚而卧。

十六日　顾仆未起，余欲自往迎静闻，顾仆强起行，余并付钱赎静闻囊被，迨上午归，静闻不至，而庙僧至焉。言昨日静闻病少瘥，至夜愈甚，今奄奄垂毙，亟须以舆迎之。余谓病既甚，益不可移，劝僧少留，余当出视，并携医就治也。僧怏怏去，余不待午餐，出东门，过唐二贤祠，由其内西转，为柳侯庙，《柳侯碑》在其前，乃苏子瞻书韩文公诗。其后则柳墓也。余按《一统志》柳州止有刘蕡墓而不及子厚，何也？容考之。急趋天妃视静闻，则形变语谵，尽失常度。始问之，不能言，继而详讯，始知昨果少瘥，晚觅菖蒲、雄黄服之，遂大委顿，盖蕴热之极，而又服此温热之药，其性悍烈，宜其及此。余数日前阅《西事珥》，载此中人有食饮端午菖蒲酒，一家俱毙者，方以为戒，而静闻病中服此，其不即毙，亦天幸也。余欲以益元散解之，恐其不信。乃二里入北门，觅医董姓者出诊之。医言无伤，服药即愈。乃复随之抵医寓，见所治剂俱旁杂无要。余携至城寓，另觅益元散，并药剂令顾仆传致之，谕以医意，先服益元，随煎剂以服。迨暮，顾仆返，知服益元后，病势少杀矣。

十七日　中夜雷声殷殷，迨晓而雨。晨餐后令顾仆出探静闻病，已渐解。既午雨止，湿蒸未已。匡坐寓中，倦于出焉。

柳郡三面距江，故曰壶城。江自北来，复折而北去，南环而宽，北夹而束，有壶之形焉。子厚所谓"江流曲似九回肠"也。其城颇峻，而东郭之聚庐，反密于城中，黄翰简、龙天卿之第俱在焉。龙名文光。黄翰简名启元。壬戌进士，父名化。由乡科任广东平远令，平盗有功，进佥宪。母夫人计氏，以贞烈死平远，有颛祠。余昔闻之文相公湛持，言其夫人死于平远城围之上，而近阅《西事珥》，则言其死于会昌，其地既异，则事亦有分。此其所居，有祠在罗池东。 缺 当俟考之。翰简二子俱乡科。

十八日 因顾仆病不能炊，余就粥肆中。即出东门观静闻。一里，北过二贤祠，东过开元寺，又共一里，抵天妃庙，则静闻病虽少痊，而形神犹非故吾也。余初意欲畀钱庙僧，令买绿豆杂米作糜，以芽菜鲜姜为供；问前所畀，竟不买米，俱市粉饼食。余恐蹈前辙，遂弗与，拟自买畀之，而静闻与庙僧交以言侵余。此方病者不信药，而信鬼，僧不斋食而肉食，故僧以大餔惑静闻，而静闻信之。僧谓彼所恃不在药而在食。静闻谓予不惜其命而惜钱，盖犹然病狂之言也。余乃还过开元寺入瞻焉。

寺为唐古刹，虽大而无他胜。又西过唐二贤祠，觅拓碑者家，市所拓苏子瞻书韩辞二纸。更觅他拓，见有柳书《罗池题石》一方。笔劲而刻古，虽后已剥落，而先型宛然。余嘱再索几纸，其人欣然曰："此易耳，即为公发硎。出一石拓，乃新摹而才镌之者。问'旧碑何在？'曰：'已碎裂。今番不似前之剥而不全矣。'余甚惋惜，谢其新拓，只携旧者一纸并韩辞二大纸去。询'罗池所在？'曰：'从祠右大街北行，从委巷东入即是。然已在人家环堵中，未易觅也。'余从之。北向大街行半里，不得，东入巷再询之，土人初俱云不知。最后有悟者，曰：'岂谓"罗池夜月"耶？此景已久湮灭，不可见矣。'余问：'何故？'曰：'大江东南有灯台山，魄悬台上，而影浸池中，为此中绝景。土人苦官府游宴之烦，抛石聚垢，池为半塞，影遂不耀，觅之无可观也。'余求一见，其人引余穿屋角垣隙进一侧门，则有池一湾，水甚污浊，其南有废址两重，尚余峻垣半角，想即昔时亭馆所托也。东岸龙眼二株，极高大，郁倩垂实，正累累焉。度其地当即柳祠之后祠，即昔之罗池庙，柳侯之所神栖焉者。今池已不能为神有，况欲其以景存耶？凭吊久之，还饭于寓。乃出小南门。问融县舟，欲为明日行计。始知府城北门，明日为墟期，墟散舟归，沙弓便舟，鳞次而待焉。乃循江东向大南门渡江。江之南，稍西为马鞍山，最高而两端并耸，为府之案山。稍东为屏风山，形伏而端方。其东北为灯台山，则又高而扼江北转者也。马鞍之西，尖峰峭耸，为立鱼山。其山特起如鱼之立，然南复有山映之，非近出其下不能辨。既渡，余即询仙弈岩，居人无知者。西南一里，至立鱼山，而后知其东之相对者，即仙弈岩也。岩在马鞍之西麓，居人止知为马鞍，不知为仙弈，实无二山也。立鱼当宾州大道，在城之西南隅。由东北蹑级盘崖而登，岩门东向踞山之半，门外右上，复旁裂一龛，若悬窝缀阁，内置山神，门外左下拾级数层，又另裂一窍，若双崖夹壁，高穹直入，内供大士，入岩之门，如张巨吻，其中宽平整朗，顶石倒书“南来滋穴”四大字，西蜀杨芳笔也。门外又有诗碑。内列神位甚多，后通两窍，一南一北，穿腹西入，皆小若剜窦。先由南窍进，内忽穹然高盘竖裂，西复有门，透山之西，其中崇彻窈窕，内列三清巨像，后门逾阈而出，西临绝壑。遥瞻西南群峰开绕，延揽谌扩。由门侧右穿峡窍以下，复有洞，门西向，其内不高而宽，有一石柱中悬，杂置神像环倚之。柱后有穴，即前洞所通之北窍也。乃知是山透腹环转，中空外达，八面玲珑，即桂林诸洞所不多见也。由门内左循岩壁而上，洞横南北，势愈高盘，洞顶五穴剜空，仰而望之，恍若明星共曜。其下东开一峡，前达僧栖，置门下键，不通行焉。稍南，西转下峡，复西透一门，前亦下临西壑。由门左转而入，其内下坠成峡，直迸东底，深峻不可下。由其上扪崖透腋，又南出一门。其门南向，前有一小峰枝起，与大峰骈立成坳。由其间攀崖梯石，直蹑立鱼之巅焉。盖是洞透漏山腹，东开二门，西开三门，南开一门，其顶悬而侧裂者，复十有余穴，开夹而趣括，无穷曲折，而境深莫閟，真异界矣。复由诸洞宛转出前洞，从门右历级南上，少憩僧庐。东瞰山下有塘，汇水一方，中洼而内沁，不知何出。其东北所对者，即马鞍山之西北麓，仙弈岩在焉。〔居人只知马鞍，不复晓仙弈，实无二岩也。〕其东南所对者，乃马鞍山西南枝峰，又有寿星岩焉。遥望其后，重岩回复，当马鞍之奥境，非一览可尽。时日已下舂，雨复连绵，余欲再候静闻，并仙弈岩，俱留为后游。下山一里，复渡南门，又东北三里，携豆蔬抵天妃殿，而静闻与僧相侵弥甚，欲以钱赎被，而主僧复避不即至。余乃不顾而返，亟入城，已门将下键矣。昏黑抵寓，不得晚餐而卧。

十九日　凌晨而起，雨势甚沛。早出北门观墟市，而街衢雨溢成渠，墟不全集。上午，还饭于寓。计留钱米绿豆，令顾仆往送静闻，而静闻已至，其病犹未全脱，而被襆之属，俱弃之天妃庙，只身而来。余阴嘱寓主人，同顾仆留栖焉。余乃挈囊出西南门，得沙弓小舟一舱，遂附之。而同舟者，俱明晨行，竟宿沙际。

二十日　候诸行者，上午始发舟。循城西而北溯柳江，过西门城稍逊，而内遂不滨江云。江之西，鹅山亭亭，独立旷野中，若为标焉。再北，江东岸犹多编茅瞰水之家，其下水涯，稻舟鳞次，俱带梗而束者，诸妇就水次称而市焉，俱从柳城、融县顺流而下者也。又北二十里，晚泊古陵堡，在江西岸。

自柳州府西北，两岸山土石间出，土山迤逦间，忽石峰数十，挺立成队，峭削森罗，或隐或现，所异于阳朔、桂林者，彼则四顾皆石峰，无一土山相杂，此则如锥处囊中，犹觉有脱颖之异耳。

柳江西北上，两涯多森削之石，虽石不当关，滩不倒壑，而芙蓉倩水之态，不若阳朔江中俱回崖突壑壁，亦不若洛容江中俱悬滩荒碛也。

此处余所历者，其江有三，俱不若建溪之险。阳朔之漓水，虽流有多滩，而中无一石，两旁时时轰崖缀壁，扼掣江流，而群峰逶迤夹之，此江行之最胜者；洛容之洛青，滩悬波涌，岸无淩波之石，山皆连茅之坡，此江行之最下者；柳城之柳江，滩既平流，涯多森石，危峦倒岫，时与土山相为出没，此界于阳朔、洛容之间，而为江行之中者也。

二十一日　昧爽行。二十里，上午过杉岭，江右尖峰叠出。又三十里，下午抵柳城县。自城北溯怀远江而入。又十里，泊于古旧县。此古县治也，在江北岸。是日暑甚，舟中如炙。

柳城县在江东岸，孤城寥寂，有石崖在城南，西突瞰江，此地濒流峭壁，所见惟此。城西江道分而为二。自西来者，庆远江也，〔其源一出天河县为龙江，一出贵州都匀司为乌泥江，经忻城北入龙江，合流至此；〕自北来者，怀远江也，〔其源一出贵州平越府，一出黎平府，流经怀远、融县至此。〕二江合而为柳江，所谓黔江也。下流经柳州府，历象州，而与郁江合于浔。今分浔州、南宁、太平三府为左江道，以郁江为左也；分柳州、庆远、思恩为右江道，以黔江为右也。然郁江上流，又有左、右二江，则以富州之南盘为右，〔交趾〕广源之丽江为左也。二江合于南宁西之合江镇。古之左、右二江指此。而今则以黔、郁分耳。

南盘自富州径田州至南宁合江镇合丽江，是为右江。北盘自普安经忻城至庆远，合龙江，是为乌泥江。下为黔江，经柳、象至浔州，合郁亦为右江。是南北二盘，在广右俱为右江，但合非一处耳。《云南志》以为二盘分流千里，至合江镇合焉，则误以南宁之左、右二江，俱为盘江，而不知南盘之无关于丽江水，北盘之不出于合江镇也。

二十二日　平明发舟，西北二十里，午过大堡，在江东岸。是日暑雨时作，蒸燠殊甚，舟人鼓棹，时行时止，故竟日之力，所行无几。下午，又十五里，大雨倾盆，舟中水可掬，依野岸泊。既暮雨止，复行五里而歇。

二十三日　昧爽西北行，十五里过草墟，有山突立江右，上盘危岩，下亘峭壁，其地鱼甚贱。十里，马头，江左山崖危亘，其内遥峰森列，攒簇天半。于是舟转东行，十里复北，五里，下午抵沙弓，融县南界也。江之西南，即为罗城县东界。沙弓，水滨聚落，北至融五十里，西至罗城亦然。西望隔江，群峰攒处，皆罗城道中所由也。是晚，即宿舟中。

二十四日　昧爽，仍附原舟，向和睦墟。先是，沙弓人言：“明日为和睦墟期，墟散有融县归舟，附之甚便。”而原舟亦欲往墟买米，故仍附之行。和睦去沙弓十里，水陆所共由也。舟自沙弓西即转而东，北行一里，有江自西北来，舞阳江也，〔内滩石甚险。〕又直东四里，始转而北，又五里，为和睦墟。荒墟无茅舍，就高藉草，日初而聚，未午而散，问舟不得。久之，得一荷盐归者，乃附行囊与之偕行。始东北行一里，有小溪自西而东，越溪而北，上下陂陀，皆荒草靡靡，远山四绕。又四里过黄花岭，始有随坞之田。直北行五里，过古营，其田皆营中所屯也。又北五里，越一小溪，为高桥。有秦姓者之居，在岗中。北下一里，为大溪，有水自西而东，有堰堰之。其深及膝，此中水之大者，第不通舟耳。又北五里，大道直北向县，而荷行李者陆姓，家于东梁西北，遂由此岐而西北行。二里，上鸡笼岭，其坳甚峻，西有大山突兀，曰古东山。山北东隅，为东梁，县中大道所径也。西北隅为东阳，亦山中聚落也，而陆姓者聚居于其北坞对山之下，越鸡笼共西北三里，而抵其家。〔去真仙岩尚十里，去县十五里。〕时甫逾午，而溽暑疲极，遂止其处。

二十五日　平明起饭，陆氏子仍为肩囊送行。先隔晚，望其北山有岩洞剨然，上下层叠。余晚浴后，欲独往一探，而稻畦水溢，不便于行，及是导者欲取径道行，路出于其下，余乃从田间水道，越畦而登之。岩有二门，俱南向，东西并列，相去数丈，土人名为读学岩。外幛骈崖，中通横穴，〔若复道行空，蜃楼内朗，垂莲倒柱，钩连旁映，〕轩爽玲珑，可庐可憩，不以隘迫为病也。其西又有小石峰特起田间，旁无延附，亦有门东向，遂并越水畦入之。初入觉峡逼无奇，穿门西进，罅迸十字，西既透明，南北俱裂窍，土人架木窍间，若欲为悬阁以居者。但宛转轩迴，不若前岩之远可舒眺而近可退藏也。甫出洞，导者言：“西去一二里，有赤龙岩奇甚，胜当与老君洞等，惜无知者，君好奇，何不迂道观之！”余昨从和睦墟即屡问融中奇胜，自老君洞外更有何景，导者与诸土人俱云无有。盖彼皆以庵栖为胜，而不复知有山石之异也。至是其人见余所好在此，始以其说进。余奖劳之，令即趋赤龙。于是不北向山坳，而西循溪塍。里余，遂抵岩下。其岩北向，高穹山半，所倚之山，即陆氏所居之后岭，自西横列至此，而东下陆村者也。洞前北突两峰，若龙虎然，而洞当其中，高旷宏远，底平而上穹，门之中有石台两重界其间，洞后列柱分楞，别成圭门璇室。洞中直入数丈，脊稍隆起，遂成仙田每每，中贮水焉。更入则渐洼渐黑，导者云：“其内门束如窦，只平身入，既入乃复廓然透别窍焉。”恨不从家携炬，得一穷其奥也。山前有溪自西来，分两派，而东萦陆氏之居，又东抵东梁，而北汇安灵潭，为灵寿溪之上流云。下山越溪而北向望北山，有洞剨然骈列，跻水畦而攀其上。其洞门南向，虽高穹侧裂，而中乃下旋如坠螺。由门外右跻，复飞嵌悬崖，凭踞则有余，深栖则不足，乃下。盖此山正与赤龙岩南北相向，其与读学岩则东西肩列者也。〔北趋间道，正由此山读学两峰中。〕此山之东隅，复开两岩，其门皆东向，名钟洞岩：在北者，其岩不深峻，若竖钟而剖其半，中列神像；在南者峡门甚高，层窦叠见，而内入不深，上透无级。所入下层之洞，当门即巨柱中悬，环转而出，无余地矣。乃下，直北趋，共二里，越一脊。脊之北为百步塘，四面尖峰环列，中开平壑一围，广漠低洼，下有溺水。塘之西北，为古鼎，东北为羊膈山，东南为东梁，西南为此脊。越脊，循岩转又一里，其山分突三峰，北向百步而列；西一峰，山半洞门西向，有牧者憩歌于中，余不及登；中与东二峰前抱中环，有陆氏冢焉。北向古鼎，以为案者也。中峰有洞东向，洞门层倚若重楼；东峰有洞西向，岩石下插如象鼻。余先登东峰西向之洞。其洞北迸横峡，南骞斜窦，而有石上自山巅，下嵌峡底，四面可绕而出，所云象鼻者也。但其内浅而不深，不堪为栖托之所。次登中峰东向之洞。其洞北窍下裂，南牖上悬，有石飞架其间，外若垂楞，中可透扃，上牖有石台前突，憩卧甚适，唯峻不如象鼻，而夹曲过之，所恨者亦不深广耳。既下，乃直北径百步塘。二里越塘之北，先有一小溪自西而北，〔自古鼎来，〕横涉而过；又有一大溪自南而北，〔即赤龙岩前水，东过东梁至此。〕二水合而北行，有石梁横渡，于是东西俱骈峰成峡，溪流其中，是为灵寿溪。又北一里，溪汇为潭，是为安灵潭，神龙之所窟也。又北一里，当面有山横列，峰半剨然开张洞门，余以为真仙岩矣。至则路转西麓，遂东行环绕其北。则此山之后，复有洞焉，不知与南向开张者中通否也？时望真仙岩之山，尚在其北，〔北即安灵溪水流入真仙后洞处。〕遂竭蹶东循其麓，姑留此洞，以俟后探焉。东出山又北转一里，则与东梁之大道会。峰转溪回，始见真仙洞门，穹然东北高悬，溪流从中北出，前有大石梁二道，骈圈溪上。越梁而西，乃南向入洞焉。洞门圆回如半月高穹，中剜一山之半。其内水陆平分，北半高崖平敞，南半回流中贯。由北畔陆崖入数丈，崖叠而起，中壁横拓复分二道：壁之西有窍南入，而僧栖倚之；壁之东南，溯溪岸入其奥扃，则巨柱中悬，上缀珠旒宝络，下环白象、青牛，稍后则老君危然，须眉皓洁，晏坐而对之，皆玉乳之所融结，而洞之所以得名也。其后则堂皇忽闕，曲户旋分，千门万牖，乳态愈极缤纷，以无炬未及入。其下则溪汇为渊，前趋峡壁，激石轰雷。〔其隔溪东崖，南与老君对者，溪上平耸为台，后倚危壁，为下层；北与僧栖对者，层阁高悬，外复疎明，为上层，但非鹊桥不能度。〕后覆重崖，穿云逗日，疑其内别有天地，方徘徊延伫，而僧栖中有二客见余独入而久不出，同僧参慧入而问焉。遂出憩其栖，将已过午，参慧以饭饷余及陆。既而二客与陆俱别去，参慧亦欲入市，余乃随之。北一里，过下廓，少憩广化寺，寺古而半圮。又北则大江在东，自北而南。〔即潭江，北自怀远、大融南来者。〕小江在西，自西而东。〔两句乾隆本作：菜邕江西自丹江桥绕老人岩，至此东入江。〕二水交流下廓两旁，道当其中。又一里，渡菜邕桥，又北半里，入融之南关焉。南关之外，与下廓犹居市相望，而城以内则寥落转甚。大江北来，绕城东而南，至下廓遂东南去。其水不回拱，所以萧条日甚耶？既问老人岩道，复从下廓之北，循小江西南行。既西抵一峰，见其石势叠耸，遂披棘登之。至石崖下，乃回削千仞，无池旁窦，乃下。路当北溯溪岸，余误而南入山峡，其峡乃老人岩之南支，又与南山夹而成者。南山北麓，有石磴盘山而上。其下有石窦一圆，潴水泓然，有僧方汲。急趋而问之，始知其上为独胜岩，而非老人岩也。去下廓西南一里矣。余始上探独胜。其岩北向，高缀峰头，僧庐塞其门，入其下，不知为岩也。时暑气如灼，有三士人避暑其间，留余少憩，觇其庐后有小穴焉。因穿穴入其内，复开窍一龛，稍洼而下，外列垂幛，亦有裂隙成楞者。但为僧庐掩映，不得明光耳。〔独胜北有鲤鱼岩，即古弹子岩。闻乳柱甚丰，不及往。〕下山，日色犹未薄崦嵫，乃复东北一里，出下廓，又西北溯小溪，一里抵老人岩山下。其下有洞东向，余急于上跻，姑置之。遂西向拾级上，两崖对束，磴悬其间，取道甚胜。已透入一隘门，上镌“寿星岩”三字，甚古。门之上，转而北上，则岩之前门也。盖其岩一洞两门，前门东南向，下瞰下廓；后门东南向，下瞰融城，乃石崖高跨而东突，洞透其下，前后相去不遥，亦穿岩之类，而前后俱置佛龛障之，遂令空明顿失。时前岩僧方剖瓜，遂以相饷。急从庐侧转入后岩，始仰见盘空之顶，而后岩僧方樵而未返，门闭无由入。时日暮雷殷，姑与前岩僧期为后游。遂下山，则后岩僧亦归，余不能复上矣。指小径，仍从独胜东峰披蔓草行，二里，乃暮，抵真仙。夜雨适来，参慧为炊粥以供，宿岩中，蚊聚如雷，与溪声同彻夜焉。

二十六日　憩息真汕洞中者竟日。参慧出市中。余拂岩中题识读之，为录其一二可备考者：

《真仙岩记游》　嘉熙戊戌正月二十有三日，零陵唐容约延平黄宜卿、建安田传震等数人，早自平寨门出行。群山杳蔼间，夹道梅花盛开，清香袭人。二里许，至玉华岩。岩纵可十丈，横半之，无他奇瑰，而明洁可爱。东南诸峰当其前，间见层出，不移席而可以远眺望。乃具饭。饭已，循旧径过香山，历老人岩下。稍折而西，渡丹江桥，顷之，至弹子岩。洞口平夷，坐百客不啻。少憩，酒三行，始秉炬以进，过若堂殿者三四。火所照耀，上下四方，皆滴乳流注，千奇万怪，恫心骇目，不可正视。有如人立、如兽蹲、如蛟蛇结蟠、如波涛汹涌，又有如仙佛之端严、鬼神之狞恶，如柱、如剑、如棋局、如钟鼓铃铎，考击之有声。布地皆小石，正圆如弹丸，此岩之所以得名也。其间玲珑穿穴，大率全山皆空，不可穷极，相与惊叹，得未曾有。遂出至西峰岩，所见比弹子同，尤加奇而岩稍窄。盘薄久之，乃转而东南，驰至真仙岩而休焉。仰瞻苍崖，上与云气接，划然天开，高朗轩豁，溪流贯其间，潺潺有声，东西石壁峭拔，广袤数十亩，弹子、西峰所见，往往皆具。老君晏坐其奥，须眉皓洁，如塑如画，殆造物者之所设施，岂偶然也耶！回视先所夸诩者，恍然自失矣。正如初入富商巨贾之家，珠玑宝贝，充栋盈室，把玩恋嫪，殆不能去。而忽登王公大人之居，宫室广大，位置森然，而珍台异馆，洞房曲户，百好备足，而富商巨贾之所有，固亦在其间也。人之言曰："观于海者难为水。"予亦曰："游于真仙者难为岩。"于是书于岩口，以识兹游之盛。

洞间勒记甚多，而此文纪诸胜，为详录之。

宋绍兴丁巳融守胡邦用《真仙岩诗叙》　融州真仙岩，耆旧相传，老君南游至融岭，语人曰："此洞天之绝胜也。山石巑岏，溪流清邃，不复西度流沙，我当隐焉。"一夕身化为石，匪雕匪镌，太质具焉。匪垩匪雘，太素著焉。丹灶履迹，炳然在焉。霓旌云幢，交相映焉。有泉湍激，空山缺尝以金丹投于其中，使饮之者，咸得延寿，故号寿溪。东流十余里，入一村曰灵寿。其民皆享高年，间有三见甲子者。余被命出守，穷文考古，询访土俗，遂得仙迹之详，皆非图经所载，故作诗以纪之，书其始末，勒石以示来者。诗曰：岭南地势富山川，不似应改"谁似"。仙岩胜概全，石璞浑成尘外像，寿溪直彻洞中天。醮坛风细迎秋月，丹灶云轻压嶂烟；散步使人名利泯，欲求微妙养三田。

荆南龚大器《春题真仙洞八景》

天柱石星　嵯峨盘地轴，错落布琼玖；风吹紫霞散，荧荧灿星斗。
龙泉珠月　冰轮碾碧天，流光下丹井；惊起骊龙眠，腾骧弄寒影。
鹤岩旭日　仙人跨白鹤，飘飘下九垓；矫羽扶桑上，万里日边来。
牛渚暝烟　朝发函关道，暮入湘水边；一声铁笛起，吹落万峰烟。
寒淙飞玉　悬崖三千尺，寒泉漱玉飞；奔流下沧海，群山断翠微。
碧洞流虹　丹洞连海门，流水数千里；石梁卧波心，隐隐蝃蝀起。
群峰来秀　青山望不极，白云渺何处；郁郁秀色来，遥看峰头树。
万象朝真　真象两无言，物情如影响；回看大始前，无真亦无象。

二十七日　憩息真仙洞中。有拓碑者，以司道命来拓《党籍碑》。午有邑佐同其乡人来宴，余摩拭诸碑，不辄得。韩忠献王所书《画鹘行》并黄山谷书二方，皆其后人宦此而勒之者。

二十八日 参慧束炬，导游真仙后暗洞。始由天柱老君像后入，皆溪西崖之陆洞也。洞至此千柱层列，百窦纷披，前之崇宏，忽为窈窕，前之雄旷，忽为玲珑，宛转奥隙，靡不穷搜。石下有巨蛇横卧，以火烛之，不见首尾，然伏而不动。逾而入，复逾而出，竟如故也。然此奥虽幽邃，犹溪西一隅；时时由其隙东瞰溪流，冀得一当，而终未能下涉。既出，回顾溪窦，内透天光，对崖旁通明穴，益觉神飞不能已。遂托参慧入市觅筏倩舟，以为入洞计。〔参慧复爇炬引予，由岩前左石下，北入深穴。穴虽幽深，无乳柱幻空，然下多龙脊，盘错交伏，鳞爪宛然，亦一奇也，出洞，参慧即往觅舟。〕既而念参慧虽去，恐不能遽得，不若躬往图之，且以了老人、香山诸胜。乃复出洞，北遵大道行。已而西望山峡间，峰峦耸异，适有老农至，询知其内有刘公岩，以草深无导者，乃从下廓南先趋老人岩。共二里，至其下，遂先入下岩。岩门东向，其内广而不甚崇。时近午郁蒸，入之即清凉心骨。其西北有窍，深入渐暗，不能竟。闻秉炬以进，其径甚远，然幽伏不必穷也。从门左仍跻石峡上抵前岩，转透后岩。其内结阁架庐，尽踞洞口，惟阁西则留余地，以为焚爨之所。前有台一方，上就石笋镌象焉。由此再西入石窦，渐隘而暗，爇炬探之，侧身而入，悬级而坠，皆甚逼仄，无他奇也。出就阁前凭眺，则上下悬崖峭绝，菜邕江西来潆其北麓，自分自合，抵岩下而北转临城，大江当其前，环城聚其下，〔缈然如天表飞仙；〕其直北即为香山，为八景之一。就窗中令道人指示所从道，遂下山。绝流渡菜邕江，水浅不及膝。遂溯江北行，望其西江所从来处，峰峦瑰异，〔内有鸡场洞。〕几随路而西，一里，遇一僧荷薪来，问之，始知香山尚在东北也。乃转从草径循北山之东麓，一里抵香山。于是西向登级，有庙在两山坳间，其神为梁、吴二侯。径寂而殿森，赤暑中萧萧令人毛悚。闻其神甚灵异，然庙无碑刻，不知其肇于何代，显以何功也。始余欲就饭香山，既至而后知庙虚无人。遂东北逾一桥，过演武场，南共一里，即入西门，寥寂殊甚，东抵县前饭焉。出南门，欲觅药市纸，俱不能得。遇医者询之，曰："此中猪腰子、山豆根俱出罗城。所云不死草者，乃挂兰，悬空不槁，乃草不死，非能不死人也。"为之一笑。又南过下廓，遇樵者，令其觅舟入真仙。二人慨然许之。先是，余屡觅之居人，俱云："此地无筏，而舟为陂阻，无由入洞，须数人负之以趋。"不意此二人独漫许之，余心不以为然。然窃计岩中有遗构，可以结桴浮水，但木巨不能自移，还将与参慧图之。既抵岩，则参慧已归，亦云觅舟不得，惟觅人结桴为便。意与余合，余更幸入洞有机，欣然就卧。

二十九日 晨起余促参慧觅结桴者。未行而昨所期樵者群呼而至，谓予曰："已入洞否？"余应以待舟。樵者曰："舟不能至。若联木为桴，余辈从水中挟之以入，便与舟同。”余令参慧即以觅人钱畀之。其人群而负木入溪，伐竹为筏。顷间联桴已就，复以岩中大梯架其上，上更置木盆。余乃踞坐盆中，架足梯上。诸人前者纤引，旁者挟篙，后者肩耸，遇深渊辄浮水引之，遥不能引，辄浮水挟之。始由洞口溯流，仰瞩洞顶，益觉穹峻，两崖石壁，劈翠夹琼，渐进渐异，前望洞内天光遥遥，层门复窦，交映左右。从澄澜回涌中，破空濛而入，诵谪仙流水，杳然别有天地，洵若为余此日而亲道之也。既入重门，崆峒上涵，渊黛下潴，两旁俱有层窦盘空上嵌，荡映幌漾，回睇身之所入，与前之所向，明光皎然，彼此照耀。人耶仙耶，何以至此耶，俱不自知之矣！挟桴者欲从其中爇炬登崖，以穷旁窍。余令先溯流出后洞，以穷明窦。乃复浮水引桴，遂抵洞门。其门西南向，吸川饮壑。溪破石而下，桴抵石为所格，不能入溪。乃舍桴践石而出洞，又豁然一天也。溪石坎坷不能置〔踵〕，望左崖有悬级在伏莽中，乃援莽蹠空而上。不数十步，辄得蹊径。四望平畴中围，众峰环簇，即余昔来横道北岩之东北隅也，予来时大道尚在南耳。乃随山左东过一小坳，计转其前，即双梁以东大道，从小径北跻山椒，即老君座对崖旁透之穴，俱可按方而求。而挟桴者俱候余仍游洞内，乃返而登桴，顺流入洞，仍抵中扃。视东西两旁俱有穴可登，而西崖穴高难登，且前游暗洞，已仿佛近之，而东崖则穴竟门纷，曾未一历。遂爇炬东入。其上垂乳成幄，环柱分门，与老君座后暗洞之胜，丝毫无异。从其内穿隙透窍，多有旁穴，上引天光，外逗云影，知其东透山肤甚薄，第穴小窦悬，不容人迹，漫为出入耳。从其侧宛转而北出，已在老君对崖之下层，其处有金星石、龙田诸迹，因崖为台，下临溪流。上有石阈圜池，岂昔亦有结榭以居、架飞梁以渡者耶？其后壁大镌“寿山福地”四大字，法甚古异，不辨其为何人笔。再出即为对崖之上层，其上亦列柱纵横，明窍外透，但石崖峻隔，与此层既不相通。仍引桴下浮，欲从溪中再上，而溪崖亦悬嵌，无由上跻。计其取道当从洞前南转，抵小坳之东北，跻山椒而后可入。洞中非架飞梁，不能上也。乃从桴更入洞，其下水口旁洞俱浅隘，无他异。始绝流引桴，还登东崖，诸人解桴撤木运归旧处。余急呼其中一黠者，携余炬，令导为刘公洞游。北遵大道半里，即西南转入小岐，向山峡中，依前老农所指示行，导者虽屡樵其处，不识谁为刘公岩也。又二里，抵山下。望一洞在南山，东向而卑伏；一洞在南山，北向而高骞；一洞在北山中突之峰，东向而浅列。方莫知适从，忽闻牧者咳嗽声。遥呼而询之，则北向高骞者是。亟披莽从之。其人见余所携炬一束，哂曰：“入此洞须得炬数枚，乃可竟。此一炬何济？”余始信此洞之深邃，而恨所携之炬少也。伏莽中石磴隐隐，随之而跻，洞门巨石前横，从石隙入，崖石上大镌“西峰之岩”四字，为宝祐三年李桂高书。其前又有碑记二方，其一不可读，其一为绍定元年太守刘继祖重开此岩，而桂林司理参军饶某记而并书者也。其记大约云：“桂西灵异之气，多钟于山川，故真仙为天下第一，而曰老人者次之，曰玉华、弹子者又次之，而西峰岩则与真仙相颉颃，而近始开之。”余始知此洞之名为刘公者以此，而更信此洞之始，其开道建阁，极一时之丽，而今乃荒塞至此。益慨融之昔何以盛，今何以衰耶！入洞，内甚宽敞，先爇炬由其后右畔入，则乳柱交络，户窦环转，不数丈而出。又从其后左畔入，则乳柱宏壮，门窦峻峡，数丈之后，愈转愈廓，宝幢玉笋，左右森罗，升降曲折，杳不可穷，亦不可记。其时恐火炬易尽，竭蹶前趋。尝脔而出，不知蔗境更当何如也。唐容《真仙镌记》谓：“西峰岩比弹子同于加奇而稍窄。”所云“窄”者，岂以洞门巨石亏蔽目前，未悉其宫墙之宏邃耶！下山，西望北山中突东向之洞，其外虽浅而石态氤氲，门若双列，中必相通。亟趋其下，则崖悬无路。时导者已先归，见余徘徊仰眺，复还至引入南麓小洞。其门南向而浅，与上岩不通。盖上岩危瞰峰半，遥望甚异，而近眺无奇，且路绝莫援，不得不为却步。既东行，回首再顾，则氤氲之状，复脉脉系人。仍强导者还图攀跻，导者乃芟翳级石，猿攀以登。余亦傚而随之，遂历其上。则削壁层悬，虽两崖并列而中不相通，外复浅甚，盖纵有玲珑之质，而未通窈窕之关，始兴尽而返。仍东南二里抵真仙岩。时适当午，遂憩岩中，搜览诸碑于巨石间，而梯为石滑，与之俱坠，眉膝皆损焉。

真仙岩中明爽可栖，寂静无尘，惟泉声轰轰不绝，幽处有蛇，不为害，而蚊蚋甚多，令人不能寐。廿八中夜，闻有声甚宏，若老人謦咳然，久而不绝。早起询之，乃大虫鸣也。头大于身，夜潜穴中，然惟此夕作声，余寂然。

七月初一日　早起以跌伤故，姑暂憩岩中。而昨晚所捶山谷碑犹在石间，未上墨沈，恐为日烁，强攀崖拓之。甫竟，而参慧呼赴晨餐。余乃去而留碑，候燥，亟餐而下，已为人揭去。先是，余拓左崖上《老君像碑》，越宿候干，亦遂乌有。至是两番失之，不胜怅怅。盖此中无纸，前因司道檄县属僧道携纸来岩拓《元祐党籍》，余转市其连四陆张。拓者为吏所监督，欲候《党籍碑》完，方能为余拓韩忠献大碑，故栖迟以待。余先以余闲取一纸，分拓此碑，而屡成虚费。然碑可再拓，而纸不可再得，惟坐候拓者，完忠献大碑而已。是日僧道期明日完道碑，初三日乃得为余拓，而韩碑大，两侧不能着脚，余先运木横架焉。

初二日　是日为县城墟期，余以候拓淹留，欲姑入市观墟，出洞而后知天雨。洞中溪声相溷，晴雨不辨。乃还洞再拓黄碑。下午仍憩岩中。

初三日　早雾，上午乃霁。坐洞中候拓碑者。久之至，则县仍续发纸命拓，复既期初四焉。余乃出洞，往觅对崖明窍之径。东越洞前石梁，遂循山南转而西。径伏草中，时不能见，及抵后山过脊，竟不得西向登崖之径。乃践棘攀石，莽然跻山半觅之，皆石崖嵯峨，无窍可入。度其处，似过而南，乃悬崖复下。忽有二农过其前，亟趋询之，则果尚在北也。依所指西北上，则莽棘中果有一窍，止容一身，然下坠甚深，俯而瞰之，下深三丈余，即北崖僧栖所对望处也。已闻拓碑僧道笑语声，但崖峻而下悬，不能投虚而坠。眺视久之，见左壁有竖隙，虽直上无容足攀指处，而隙两旁相去尺五，可以臂绷而足撑，乃稍下。左转向隙，而转处石皆下垂，无上岐，圆滑不受攀践，磨腹而过。若鸟之摩空，猿之踔虚，似非手足之灵所能及也。既至隙中，撑支其内，无指痕，安能移足；无足衔，安能悬身。两臂两足，如胶钉者，然一动，将溜而下。然即欲不动而撑久力竭，势必自溜，不若乘其势而蹲股以就之，迨溜将及地，辄猛力一撑，遂免颠顿。此法亦势穷而后得之，非可尝试者也。既下，则岩宽四、五丈，中平而下临深溪，前列柱缀楞如勾栏然，恐人之失足深崖，而设以护之者。岩内四围环壁，有卷舒活泼之意，似雕镂而非雕镂所能及者。前既与西崖罨映，后复得洞顶双明。从其中遥顾溪之两端，其出入处俱一望皎然，收一洞之大全，为众妙之独擅。真仙为天下第一，宋张孝祥题："天下第一真仙之岩。"而此又真仙之第一也。岩右崖前一石平突溪上，若踟趺之座，上有垂乳滴溜，正当其端，而端为溜滴，白莹如玉，少洼而承之，何啻仙掌之露盘也。由其侧攀崖而北，又连辟两龛，内俱明洁无纤污，而石壁回嵌，色态交异，皆如初坠者。其前崖上亦有一柱，旁溪而起，中忽纤圆若指，上抵洞顶，复结为幢络，散为蛟龙，绕纤指下垂，环而夭矫者数缕，皆有水滴其端。其内近龛处，复有一石圆起三尺，光莹如瓶卣，以手拍之，声若宏钟，其旁倒悬之石，声韵皆然，而此则以突竖而异耳。此三洞者，内不相通而外成联璧，既有溪以间道，复有窍以疏明，既无散漫之滴乱洒洞中，又有垂空之乳恰当户外，卧云壑而枕溪流，无以逾此！此溪东上层之崖也。其南与下层并峙之崖相隔无几，而中有石壁，下插溪根，无能外渡。稍内有隙南入，门曲折而内宛转，倒垂之龙，交缪纵横。冀其中通南崖而尚有片石之隔，若凿而通之，取道于此，从下层台畔结浮桥以渡老君座后，既可以兼上下两崖之胜，而宛转中通，无假道于外，以免投空之险，真济胜之妙术也。时余虽随下溜其中，计上跻无援，隔溪呼僧栖中拓碑者，乞其授索垂崖，庶可挽之而上。而拓者不识外转之道，漫欲以长梯涉溪。而溪既难越，梯长不及崖之半，即越溪亦不能下。徬徨久之，拟候岩僧参慧归，觅道授索。予过午犹未饭，反覆环眺，其下见竖隙，虽无可攀援，而其侧覆崖反有凹孔，但上瞰不得见，而下跻或可因。遂耸身从之，若鸟斯翼，不觉已出阱而透井，其喜可知也。仍从莽中下山一里，由石梁转入岩而饭焉。下午以衣裤积垢，就溪浣濯，遂抵暮。

初四日　拓碑者晨至，以余碑未了，及午乃竟，即往呈县，复约厥明焉。余待之甚闷，欲以下午探古鼎铁旗岩，新开者。而拓者既去，参慧未归，姑守囊岩中，遂不得行。〔乾隆本本日作：闻西南十里古鼎山，有龙岩高悬，铁旗新辟，且可从真仙后溯灵寿上流，几欲命屐；为候拓所羁。〕

初五日　吴道与镜禅之徒始至，为拓韩碑。其碑甚大，而石斜列，余先列木横架，然犹分三层拓，以横架中碍，必拓一层解架，而后可再拓也。然所拓甚草率，而字大镌浅，半为漫漶，余为之剜污补空，竟日润色之，而终有数字不全。会拓者以余纸拓《元祐党籍》、此碑为宋知军沈暐所刻。以其祖亦与名籍中也，故以家本刊此，与桂龙隐岩所刊同。但龙隐镌崖而大，此镌碑而整。《老君洞图》与像。下午僧、道乃去，余润色韩碑抵暮。

初六日　洞中事完，余欲一探铁旗岩，遂为行计。而是日雨忽沛然，余不顾，晨餐即行。一里过来时横列之北洞，又半里，抵横列之南洞，雨势弥大。余犹欲一登南洞，乃攀丛披茅，冒雨而上。连抵二崖下，竟不得洞。雨倾盆下注，乃倚崖避之。益不止，顶踵淋漓，崖不能久倚，遂去盖拄伞为杖，攀茅为絙，复冒雨下。盖其洞尚东，余所跻者在西。下望则了然，而近觅则茫不得见耳。又冒雨一里，南过安灵潭，又半里，西渡溪，乃从岐西向山坳，半里，逾坳而西，路渐大，雨渐杀。透山峡而出，共一里，南逾小桥，〔即来时横涉小溪上源也。〕则仰望桥南山半有洞北向，有路可登，亟从之。洞入颇深而无他岐。土人制纸于中，纸质甚粗，而池灶烘具皆依岩而备。中虽无人，知去古鼎不远。乃就其中绞衣去水，下山，循麓再西，则村居鳞次，称山中聚落之盛焉。问所谓铁旗岩者，居人指在西北峰半。又半里，抵其峰之东南，见峰腰岩罅层出，余以为是矣。左右觅路不得，为往返者数四。既乃又西，始见山半洞悬于上，阁倚于前，而左右终不得路。复往返久之，得垂钓童子为之前导，盖其径即在山下，入处为水淹草覆，故茫无可辨。稍上即得层级，有大木横偃级旁，上丛木耳，下结灵芝。时急于入岩，不及细简。及抵岩，则岩门双掩，以绳绾扣，知僧人不在，而雨犹沛，为之推扉以入。其岩南向，正与百步塘南之陆垅山相对。盖岩前古鼎村之山峙于左，沸水岩之山峙于右，岩悬山半，洞口圆通，而阁衙于内。其内不甚宽广，丛列神像，右转宏扩而暗然，数丈之内，亦回环无他岐入矣。洞内之观虽乏奇瑰，而洞外之胜，颇饶罨映。铁旗之名，其以峰著，非以洞著耶！环视僧之爨具，在右转洞中，而卧帐设于前阁。因登其上，脱衣绞水而悬之窗间，取僧所留衣掩体以俟之。过午，望见山下一僧，戴笠拨茅而登，既久不至，则采耳盈筐，故迟迟耳。初至，以余擅启其闭，辞色甚倨。余告以远来遇雨，不得不入以待餔。初辞以无米且无薪，余先窥其盎有夙储，不直折之而茅，强其必炊。既炊，余就与语，语遂合。不特炊米供饭，且瀹耳为蔬，更觅薪炙衣焉。其僧好作禅语，楚人。既饭，酬以钱，复不纳。时雨渐止，余因问龙岩所在。僧初住山，误以沸水岩为龙岩，指余西南入。余初不知，从之。半里至其下，山下有水穴东北向，潴水甚满，而内声崆峒，其东复然，盖其下皆中空，而水满潴之。然余所闻龙岩在山半，因望高而跻。其山上岐两峰，中削千仞，西有浅穴在削崖之下，东有夹罅，在侧峰之侧，践棘披搜，终无危岩贮水。乃下，然犹不知其岩之为沸水不为龙岩也。东半里，趋古鼎村。望村后山南向洞开，一高峡上穹，一圆窍并峙。私念此奇不可失，即从岐东上，上穹者如楼梯内升，而前有一垂石当门，东透为台，下从台前南入并峙之窍，圆窍者如圜室内剜，而内有一突石中踞，此时亦犹以沸水为龙岩，不复知此地可别觅龙岩也。既下，仍由村北旧路过小桥，则溪水暴涨，桥没水底者二尺余，以伞拄测以渡。念此小溪如此，若灵寿石堰，涨高势涌，必难东渡。适有土人取笋归古鼎，问之，曰："大溪诚难涉，然亦不必涉。逾岭抵溪，即随溪北下，所涉者止一小溪，即可绕出老君洞左。"余闻之喜甚。盖不特可以避涉，而且可以得安灵以北入洞源流，正余意中事。遂从之。逾坳，抵来所涉安灵西堰，则水势汹涌，洵非揭厉所及。乃即随溪左北行，里半，近隔溪横列之南洞，溪遂西转。又环西面一独峰，从其西麓转北，东向以趋老君后洞焉。路至是俱覆深茅间，莫测影响，惟望峰按向而趋。共二里，见灵寿大溪已东去，不能为余阻，而西山夹中，又有一小溪西来注之，其上有堰可涉。然挟涨势骄，以投鞭可渡之区，不免有望洋濡足之叹。踌躇半晌，既济而日已西沉。遂循溪而东，盖此处有径，乃北经刘公岩出下廓大道者。按方计里，迂曲甚多，时暮色已上，谓已在洞后，从其左越坳而下，即可达洞前，即无路，攀茅践棘，不过里许，乃竭蹶趋之。其坳皆悬石层嵌，藤刺交络，陷身没顶，手足莫施，如倾荡洪涛中，汩汩终无出理。计欲返辙刘公岩，已暝莫能及，此时无论虎狼蛇虺，凡飞走之族，一能胜予。幸棘刺中翳，反似鸿濛未凿，或伏穿其跨下，或蹂踔其翳端。久之，竟出坳脊。俯而攀棘滚崖，益觉昏暗中下坠无恐。既乃出洞左蔬畦中，始得达洞。则参慧已下楗支扉矣。呼而启扉，再以入洞，反若更生焉。

初七日　参慧早赴斋坛，余以衣濡未干，自炊自炙于岩中。而是日雨淋漓不止，将午，少间，乃趋城南讯舟，更入城补衣焉。是早有三舟已发，计须就其处俟之，盖舟从怀远来，非可预拟，而本地之舟，则不时发也。薄暮乃返洞取囊，以就城南逆旅，而参慧犹未返岩，不及与别，为留钱畀其徒而去。是日七夕，此方人即以当中元，益不知乞巧，只知报先，亦一方之厚道也。其时雨阵时作，江水暴涨，余为沽酒漫酌，迨夜拥蒭而卧，雨透茅滴沥，卧具俱湿。

初八日　雨势愈急，江涨弥甚。早得一舟，亟携囊下待。久之，其主者至。舟甚隘，势难并处，余乃复负囊还旅肆。是午，水势垂垂逾涯拍岸，市人见其略长刻增，多移栖高原以避之。余坐对江流滔滔，大木连株蔽江而下，分阵漩涡，若战舰之争先。土人多以小舟截其零枝，顷刻满载，又以长索系其巨干，随其势下至漩湾处，始掣入洄溜，曳之涯间。涯人谓庐且不保，何有于薪？舟人谓余因水为利，不若汝之胥溺。交相笑也。

初九日 夜雨复间作，达旦少止，而水弥涨。余仍得一小舟，坐其间，泊城南吊桥下。其桥高二丈，桥下水西北自演武场来，初涸不成流，至是倏而凌岸，倏而逾梁，人人有产蛙沉灶之虑。过午，主舟者至，则都司促表差也。又有本邑差以独木舟四缀其两旁，以赴郡焉，乃郡徽取以载卤者。其舟虽小，得此四舟，若添两翼。下午发舟，东南行，已转西南，二十里，有山突立江右，乃西自古东山逾鸡笼坳而东抵于此者。又二十里为高街，有百家之聚在江右。又五里，为芙蓉山亘其东南，有百家之聚在江左。又西南五里，为和睦墟。又西十里，过舞阳江口，晚泊于沙弓，水且及街衢，尽失来时之砂碛悬崖矣。

初十日 昧爽放舟，一十五里，马头。五里，杨城。舟泊而待承差取供给于驿。其江之西北有崖濑江，盖东与马头对者也。抵午始放舟。五里，草墟。十五里，罗岩。村在江左，岩在江右。其岩层突沓斑驳，五色灿然。南崖稍低，有石芝偃峰顶，有洞匏剜崖半，当亦有胜可寻，而来时以暑雨掩篷，去复仅隔江遥睇。崖间猿鹤，能不笑人耶！又五里，杨柳。又五里，大堡。又十五里，旧县。又五里，古城。又五里，白沙湾。江北有尖峰两角分东西起，峭拔特甚，其南丛山即县治所倚也。江至白沙又曲而南，又十里，下午抵柳城县西门。龙江西自庆远来会。按《志》：县治西有穿山。而治西平临江渚，地且无山，安得有“穿？”又按：城北有笔架、文笔峰，而不得其据。遍询土人，有识者指城西南隔江峭峰丛立者，为笔架、文笔；又言其巅有洞，中透穿山，当亦即此。然方隅与《志》不合。而《志》既各标，兹何以并萃耶？承差复往驿中，余坐待甚久，泊多行少，不意顺流之疾，淹留乃尔！既暮，差至，促舟人夜行，遂得补日之不足焉。南二里，江之左为蛮拦山，削崖截江，为县城南障，江之右即峭峰丛立，土人所指为笔架、穿山者。而透明之穴，终无从瞩。棹月顺流，瞬息十五里，转而东北，行又五里，有山兀耸江东岸，排列而南，江亦随之南折，滩声轰轰，如殷雷不绝，是为倒催滩。岂山反插而水逆流，故谓之“倒”，而交并逼促，故谓之“催”耶？其时波光山影，月色滩声，为之掩映，所云挟飞仙者非欤！又南十五里，为古陵。又二十里，为皇泽墟。西与鹅山隔山相向矣。又南三里，抵柳州府，泊其南门，城鼓犹初下也。

十一日 早入西南门，抵朱寓。则静闻与顾仆病犹未瘥也。往返二十日，冀俱有起色，而顾仆削弱尤甚，为之怅然。

十二日 出东门，投刺谒王翰简之子罗源公，名唐国，以乡荐任罗源令，其弟上春官下第，犹未归。以疾辞。还从北门入。下午出南门，沿江询往浔州舡，以中元节，无有行者。

十三日 早从南门渡江，循马鞍山北麓西行，折而南，循其西麓，由西南坞中登山。石级草没，湿滑不能投足。附郭名岩，其荒芜乃尔，何怪深崖绝谷耶！仙弈岩在山半削崖下，其门西向，正与立鱼山对，〔只隔山下平壑中一潭。〕其岩内逼如合掌，深止丈余，中坐仙像，两崖镌题满壁。岩外右有石端耸，其上迸裂成纹，参差不齐，虽可登憩，而以为黑肌赤脉，分十八道可弈，似未为确。左有崖上削，大篆“钓台”二字，江遥潭隘，何堪羡鱼。盖博不及魏叔卿之台，钓不及严子陵之矶。惟登憩崖右石端，平揖立鱼岩中，梵音磬响，飘然天钧，振溢山谷也。崖左有级东南上，又裂一岩，形与仙弈同，〔西南向。〕中砌石为座，后有穴下坠，颇深而隘。右有两圆穴，大仅如筒，而中外透漏，第隘不能入其下。东南抵坳中，又迸一岩，亦浅隘不足观。盖仙弈三岩，齐列山半，俱相伯仲而已。既西下山麓还望，复得一岩，亦西向，正在中岩之下。其岩亦浅隘，中昔有碑，今止存其趺。岩上覆有三圆岩，若梅花之瓣，惜飘零其二，不成五。出岩前，有石平砥如枰，而赤纹纵横，亦未之有。岩右有石窟如峡，北透通明，其中开朗可憩。而有病夫卧其前，已蠕蠕不能屈伸。荒谷断崖，樵牧不至，而斯人托命于此，可哀亦可敬也。出岩，西盘一山嘴，转其东南，山半有洞西南向。乃践棘而登，洞门岈然，其中高穹而上，深坠而下，纵横成峡，层叠为楼，不甚宽宏，而以危峻逼裂见奇者也。入门，有石突门右，蹲踞若牛而青其色，其背复高突一石，圆若老人之首。先是，立鱼僧指其处有寿星岩，必即此矣。但所指尚在东南黄崖悬削处，盖黄崖西面与立鱼对，而此则侧隐于北，当时未见耳。由突石之左悬级下坠，西出突石之下，则下坠渊削，而上级虚悬，皆峭裂不通行。东入峡道中湾环而进，忽得天光上映，仰睇若层楼空架，而两崖上覆下嵌，无由蹠虚上跻。第遥见光映处，内门规列，高悬夹崖之端，外户楞分，另透前山之上，其顶平若覆帷，恨不能牵绡一登，怅怅而出。

更下山而东，仰见北山之半，复有一门南向，计其处当即前洞光映所通也。见其下俱回崖层亘，乃稍东，循崖端西北而上，逾下崖，抵中崖，而上崖悬绝不得上。复从前道下，更东循崖角，西北登上崖。沿崖西陟，则洞前三面皆危壁倚空，惟此一线盘崖可通。前有平石如露台，内旋室方丈，四壁俱环柱骈枝，细若镂丝垂络，联布密嵌，而顶平如幙，下平如砥。西北内通一门，下临深峡，果即前所仰望透空处也。若断塞所登一线盘崖，从峡中设梯以上，此岩高朗如阁，正巢栖穴处之妙境矣。坐憩久之，仍循崖端东南下，其南复有山鹊起。从两山夹中取道而东，可出马鞍之东隅，而中塞无路；循南山西麓取道而南，可抵上龙潭，乃往来大道也。从西麓仰眺山半，悬崖穹拓，黄斑赭影，轰然西向，欲一登无路。循山南行，有微径从草中东上，顷即翳没。竭蹶上登，得一门，外虽穹然，而内仅如合掌，无可深入。望黄赭轰削处，已在其北，而崖嘴间隔，不可盘陟。复下至山麓，再从莽中望崖而登。久之，抵轰崖下，其崖危削数千尺，上覆下嵌，若垂空之云，亘接天半，每当平削处，时裂孔一方，〔中多纷纶奇诡，〕第琐碎不能深入。循崖下北行，上有飞突之崖，下有累架之石，升降石罅中，虽无窈窕之门，如度凌虚之榭，亦足奇也。

时日已过午，下山欲南寻上龙潭，计无从得饭，而东向峡中循马鞍东麓，即傍郭循江，既易得食，而又可窥屏风、登台，兼尽王氏山房诸胜，且取道两山间，更惬所愿也。乃披莽而东，见两崖石皆巉嵌，丛翠翳之，神愈飞动。既而得蓺蔬之畦。又东一里，得北来大道。截大道横过东去，一里，得聚落，则郡东门之对江渡也。于是濒江南岸倚屏风山北麓东行，其处村居连络。一里，抵登台山。居聚愈稠。江为山扼，土人谓登台山巅有三虎，夜辄下山噉猪犬。民居环山麓而崖峻，虎得负嵎，莫敢撄焉。转而北去，路从山南绕其东麓而北。闻其处有杨文广洞，甚深杳，从江底潜通府堂，今其洞已塞，土人莫能指导，仅人人言之而已。登台之北又一里，有山横列三峰，其阴即王氏山房所倚，余昔从洛容来，从其北麓渡江者也。兹从南至，望见南麓有洞骈列，路当出其东隅，而遥闻洞前人声沸然，乃迂而西北，至其下，则村氓之群，社于野庙者也。洞在庙北半里，南向岈然。其山倒石虚悬，内裂三峡，外通三门，宛转回合而不甚深扩，然石青润而穴旁通，亦不意中所难得者。出洞望西峰之阳，复有一岩南向，乃涉洼从之，适有妇负刍自北坳来，问东西二洞何名，曰："东洞名蛮王，西洞浅而无名，然中有蛇穴之。"问："北坳可达王氏山房？"曰："北坳乃樵径，无岐可通；大路从东麓而遥，小径缘西坡而近，然晚辄有虎，须急行。"余乃上西洞，洞门亦南向，而中果浅，皆赭赤之石，下无旁通之窍，何以穴蛇？内高五六尺，复有石板平庋，虚悬不能上，而石板中央有孔一圆，如井栏中剜，下适有突石，践石透孔，颈项恰出孔上，如罪人之囊三木者。然耸肩束臂，可自此上跃也。但其上亦不宽奥，不堪舒憩。遂下从西坡小径下山，循西麓而北逾一岗，竹坞蓊丛。里余而得一茅舍，东倚山麓，西临江坡。坡上密箐蔽空，连麓交荫，道出其下，如行空翠穴中，不复知有西烁之日也。一里，北抵姚埠，即东门渡也。其上村居数十家。由村后南向登山，即王氏山房。时日已昃，余先每入一岩，辄以所携龙眼、饼饵箕踞啖之，故至此而后索餐，得粥四瓯，饭与茶兼利之矣。遂南入竹坞中，篁筜万个，森森俱碧玉翔烟，觉尘嚣之气俱尽。已而上山，石磴甚峻，西缘南折，穿榕树根中，透其跨下。其树小于桂林之榕树门，而一横跨街衢，一侧倚崖半，穿根透隙则同也。已又东上过一庋石片下，〔石去地五六尺，崖旁平庋出，薄齐架板，〕则山房在焉。小楼三楹，横列洞前，北临绝壑，西瞻市堞纵横，北眺江流奔衍，东指马鹿、罗洞诸山，分行突翠，一览无遁形。楼后即洞，洞高不为楼掩，中置西方诸像，而僧则托栖楼中，若为洞门锁钥者。盖王氏昔读书于此，今则以为僧庐，而名东林洞焉。洞后西、东分两窍：西窍从南入，稍转而东渐黑隘，不堪深入；东窍从南入，转而东忽透明焉。逾东阈而出，巨石迸裂成两罅：一罅北透则石丛，而平台中悬，可以远眺；一罅东下则崖削，而茅阁虚嵌，可以潜栖。四旁皆耸石云嘘，飞翠鸾舞，幽幻险烁，壶中之透别有天，世外之栖杳无地，非若他山透腹而出，一览即尽也。既而还至前洞，望渡舟甫去西岸。乃从洞东南跻岭上，石磴危峻，所望愈扩，遂南瞰登台焉。久之，下山，则渡舟适至，遂由东门共二里返寓。

十四日　在柳寓。

十五日　在柳寓。

十六日　作一书与王翰简之子罗源公。促静闻往天妃庙赎所当被，竟不得。

十七日　以书投王罗源，不俟其回书，即携行李下舟。过午，雨如注。既而复从南门入抵北门，市土药于朱医士，得山豆根、猪腰子、天竺黄、水萝蔔、兔金藤诸药各少许，下舟已昏黑矣。

十八日　晨餐后放舟。十里，石狗湾。有小山在江左，江稍曲而东北。小山之东为龙船山，又西南为夹道双山，此北门陆路所出也。由石狗湾五里，为油闸，江始转而东。又东北十里，为罗沟。向正东行者五里，始转而南。十里，为山门冲，即昔日洛容来渡江处也。江东为南寨山〔西麓，石崖回返，下嵌江流；〕江西岸为马鹿堡。又南十里为罗峒。前有山突兀坪中，有罅南裂，上连下透〔如石门，〕其巅又有一圆石突缀于上，若一僧倚崖南向，肩与崖齐，而上露其头颅，下透其腰背。余昔在罗山南已东望而见之，今复西眺，盖水陆兼收之矣。又南五里，诸峰森丛江右，石崖回亘，亦犹山门之列于江左者；而其上复有石森列，若立而伛偻，若坐而箕踞者。舟人谓此处有“八仙对弈”，岂即此耶？至此，江稍转西南，其东岸有聚落曰鸡腊，乃柳州东南陆路大道也。道侧有溪自西来入，于是舟转东行。五里，转而南，有崖悬突江左，层累叠嵌，〔光采离奇。〕眺其东，有尖峰湾竖形若牛角。既而东转，五里，江北聚落出焉，名曰犁冲。盖山脉北自牛角尖直下，江流环其〔东、南、西〕三面，中成盘涯，若犁之尖，故名。忽转而北，又五里，直抵牛角山下，复转东去。北山松桧森然，名曰罗坟。遥闻滩声如雷，久之始至，则悬流回瀑，一泻数里，是曰横旋滩；自犁冲北转至此，破壁而出，建瓴而下，又共五里矣。东南下滩，五里，山渐开伏。又十里，稍折而东北。又东十里，三江口。洛青〔江〕自东北来注，有聚落在柳江北、洛青西，昔有巡司并驿，今移宾江矣。时日已西衔山半，遂泊。

十九日　舟人因蚊蚋甚多，乘月放舟中流，听其随波去。五鼓，抵宾江，市聚在东岸，其上连室颇盛，其下复有滩。下滩，舟稍泊，既曙乃行。二十里，象州，在江东岸。自犁冲来，石山渐隐，土山渐开，唯宾江之下，有崖特立江左，江转而西，山形下削上突，岂即《志》所谓“象台”耶？象州城在江东岸，濒江岸颇高，西门城垣因之，州即在其内。州廨内外，多茅舍萧条，其东即洼而下，居民之庐托焉。西门外隔江即为象山。山土而不高，土人曰：“春月有云气，望若象形，纷走其上，即之则散，故名。”其北岸有石蹲伏山头，谓“猫儿石”也，颇觉宛然。舟泊，市蔬米，濒午乃发。十里，转而西，有崖峙江左。又西十里，过大容堡，转而西南行，两岸始扩然无山。又五里，转而东南行。又十里，都泥江自西南来会，其水浑浊如黄河之流，既入而澄波为之改色。江东北岸有小山，北面分耸两岐，西突兀而东突峭，正与都泥入江之口相对，若为建标以识者。又东南十五里，折而西北，旋转西南。又十里，乃东下大滩，一泻五里，曰菱角滩。下滩五里，日薄崦嵫。又十五里，泊于泷村。在江北岸。

都泥江者，乃北盘之水，发源曲靖东山之北，经七星关抵普安之盘山，由泗城而下迁江，历宾州、来宾而出于此。溯流之舟，抵迁江而止。盖上流即土司蛮峒，人不敢入；而水多悬流穿穴，不由地中，故人鲜谙其源流者。又按庆远忻城有乌泥江，由县西六里北合龙江。询之土人，咸谓忻城无与龙江北合水口，疑即都泥南下迁江者。盖迁江、忻城南北接壤，“乌泥”、“都泥”声音相合，恐非二水。若乌泥果北出龙江，必亦贵州之流，惜未至忻城一勘其迹耳。若此江则的为北盘之委，《西事珥》指为乌泥，似以二水为混，未详核之也。

二十日　昧爽，放舟五里，下一滩曰大鹭滩，江右石峰复骈列而出。又南五里，为武宣县西门。县城在江之左，亦犹象州之西临江渚也。但隔江西岸之山，卓立岐分，引队而南，〔岩皆奇诡，若垂首引项，伛偻比肩，种种怪异。《志》谓“县西有仙人山，南有仙岩山”，当即所望诸异峰也。〕不似象州西山，以云气得名也。其附舟去五人，复更四人，舟人泊而待之，上午乃发。南五里，江折而东，又五里，乃东南折而去，〔两岸复扩然。〕又十五里，有溪自西来注。又东南十里，为勒马堡，堡江左。过此即为浔州之桂平界矣。又南十〔里，两岸山渐合。又〕五里，为横石矶。有石自江右山麓横突江中，急流倒涌，遂极澒洞之势。盖两崖皆连山逼束，至此为入峡之始。又南五里，转而东。南二十里，江左涯辟一坪，是为碧滩，设堡置戍，为峡中之界，名镇峡堡焉。又东南十里，两岸山势高耸，〔独冠诸峰，〕时有石峰悬峙。江至是转而东；其南回东转处，江左瞰流之石，有大书镌石者，土人指为韩都宪留题，然舟疾不能辨也。又东北二十里，有小溪自北破壁而出，其内深峻屈曲，如夹堵墙。又东，为大藤峡，大江南北两崖，俱有石突江中。云昔有巨藤横驾江上，故南北两山之贼，此追彼窜，彼得藉为津梁，而我不能施其威武。自韩公雍破贼而断之，易名断藤峡。过断藤五里，下弩滩，遂南出峡口。有水自东来注，曰小江口。其水由武靖州来，至此，合并西南下，势甚涌急，盖出峡而恣其放逸也。北自横石矶入峡，南至弩滩而出，其中山势回逼，正如道州之泷江、严陵之七里泷。但此峡相去六、七十里，始入为东、西峡，中转为南、北峡，中无居庐，丛木亏蔽，两旁为瑶、僮窟宅，故易于为暴。使伐木开道，因泉置屯，则亦丹崖、钓台，胜概所丽矣。今碧滩之上，置镇峡堡，声势甚孤，恐怠玩之后，不足以震慑戎心也。出峡，又西南循山下，十五里抵浔州。已暮，泊于大北门。

大藤峡东抵府约三百余里，乃漓、柳二江之夹中也。两江瑶贼昔甚猖獗，屡征之后，今两江晏然。当其猖獗时，贼东西相结，盖其中有力山焉。东助府江，西援藤峡，互相窜伏，所谓狡兔之三窟也。王新建讨定之后，当有布置，俟考之。

二十一日　隔晚泊浔州大北门税厂下。夜半风雨大作，五更雨止，而风势震撼不休，晨餐后乃杀。乃登涯入大北门。南行半里，转而东，一里，过府前，又半里，抵四牌坊，折而南，半里，出大南门，则郁江自西南来，绕城而东北，至小北门与黔江合而东北去，下平南达梧州者。下定寓南门驿前。乃登小北门城埤，望二江交合处，有洲当其中。其江虽北去，旋转而东南下苍梧也。循埤西行，望西山屼嵲出云表，下瞰城隅上有石纵横，土人指其处有寺，当即《志》所称三清岩也。其后山即大藤峡。时以舍馆未定，不遑命屐，姑下舟觅夫，担行囊置南门外逆旅。静闻从而后，遍觅不得，下午乃至。薄暮仍雨。

二十二日　早，雨复淋漓不休。〔留静闻顾仆寓浔之南门，〕觅担夫为勾漏、白石、都峤三山游。晨餐后雨止，乃发。即从驿前南渡郁江，五里，滩头村。又三里，为车路江。下有石梁，梁外水发，〔小水自东南西北入郁，〕舟得而至焉。南二里为石桥村。人家至此，惟滩头及石桥二村，余俱苍莽矣。从此南望白石山与独秀挺峙，若在三十里外，而土人云：“尚六十里而遥，竟日之力犹不能到。”盖山路迂隔也。由石桥村而南，苍莽中四高中洼，平地多伏莽突土之石，多分裂区汇之波。二里，得回石一壑，四面环丛，中潴清流，有渊坠成潭，有迸裂成隙，水石容与，亦荒野中异景也。按《志》浔城南十五里有淲水，旷野中天然怪石甃其旁，水泉深碧清澄，中有巨鱼，人不敢捕，即此无疑。更南，则汇潭更多。疑即《志》所称南湖。上有岗为横南墟，或湖南之讹。有一妇人结茅贯酒其上，去郡盖十五里矣。其东有山，自南而北垂抵此，从其西渐升而南，迸穴愈多，皆平地下陷，或长如峡，或圆如井，中皆丛石，玲珑攒嵌，下则渊水澄澈；盖其地中二三丈之下，皆伏流潜通，其上皆石骨嘘结，偶骨裂土迸，则石出而穴陷焉。于是升涉沟垅。又三里，乃入山坞，则山皆纯土，无复嶙峋之石，而坞中皆禾田曲蟠四麓矣。又二里，上湖塘岭，坡陀相间，岭壑重叠。十里，抵容塘村，有潭汇水，数十家聚居山半。又南陟一岭，共二里，渡一溪桥，上岭为官坂墟。墟有一妇结茅贯酒，与横南同。郡中至此三十里，为白石山行之中道，乃餐粥茅店中。从岐东南逾岭，十里，为姚村。村亦百家之聚，依山汇水，真山中之乐墅也。渡一小溪，又南逾岭，五里，为木角村。村在白石山之北麓，去山尚十里。日有余照而山雨复来，谋止宿其处而村人无纳者。村杨姓，俱闭门避客。徘徊抵暮，坐舂舍间，拟度其夜。既而一舂傍主人启扉纳焉，为之晚炊而宿。

二十三日　早饭，别木角主人，授火钱，固辞不纳。何前倨而后恭耶？由其东南越一岭，由岐径望白石而趋。其山峰攒崖绝，东北特耸一峰为独秀，峭拔孤悬，直上与白石齐顶，而下则若傍若离，直剖其根；崖石多赭赤之色。谓之"白石"，岂不以色起耶？五里，路渐没草间。渡一溪，岭半得一山家，傍舍植芭蕉甚盛。亟投问路，始知大道尚在西南，而此乃岐中之岐也。由其左登山，东向而上，望周塘村在路右坞中，相隔坑坂已两三重也。由土山之脊转而南，五里，度一山坳。稍东而南折，直抵山之北麓，则独秀已不可见；惟轰崖盘削，下多平突之石，石质虽不玲珑，而盘亘叠出，又作一态也。直上一里，抵崖石下。转而南，一里，为三清岩。其岩西向，横开大穴，阔十余丈，高不过二丈，深不过五丈，石俱平燥，惟左深入而东，然低庳不逾尺，所云南通勾漏者即指此。余谓山脉自此与勾漏南接，若此洞高峙山半，而其山四面孤悬，谓穴道潜通，夫谁入而谁试之耶？右壁尽处有穴大如管，泉自中滴下，悬四五尺，僧布竹承之，清冷异常。下丈余，汇为一潭，不甚深澈，指为"龙潭"云。岩内有一石如舡，卧可为榻，坐可为几，岩列三清像，故以"三清"为名，即白石之下洞矣。又南半里，为大寺。甚古，后倚崖壁，有观音堂甚敞。其左峭壁下有圆珠池，亦水自半崖滴下者，下甃圆潭承之，无他异也。按《志》：山北有漱玉泉，而《西事珥》与《百粤风土记》俱谓其泉暮闻钟鼓则沸溢而起，止则寂然，诧以为异。余谓泉之沸寂，自有常度，乃僧之候泉而鸣钟鼓，非泉之闻声而为沸寂也。及抵白石，先询之三清观，再征之白石寺并漱玉之名，不知何指；而闻钟泉沸之说，山僧茫然。洵皆好事之言也。寺僧为瀹茗。余急于会仙之胜，即以行囊置僧舍，不候茗，由后寺南循崖壁行。已东转而上入石峡中，其峡两峰中剖，上摩层霄，中裂骈隙，相距不及丈，而悬亘千余尺，俱不即不离，若引绳墨而裁削之者，即俗所夸为“一线天”，无以过也。磴悬其中。时有巨石当关，辄置梯以度，连跻六梯，始逾峡登坳。坳之南北俱犹重崖摩夹。乃稍北转，循坳左行，则虬木盘云，丛篁荫日，身度霄汉之上，而不知午日之中，真异境也。至是，东嶂稍开，始见独秀峰在东北，而东南坞中又起一峰，正与独秀对峙，而高杀其三之一，〔宛然莲蕊中擎，但四面为诸峰所掩，惟此得睹全体耳。〕又北攀悬崖而上，木根交络石间，为梯为絙，足蹑手缘，无非此矣。已转一壑，有磵自顶西向坠峡，累潭捣穴。由峡右复悬梯上登，宛转三梯，遂行平岗间。其外乃万丈下削之崖，其内即绝顶漱根之峡；内外皆乔松丛木，一道深碧间，有日影下坠，如筛金飏翠，闪映无定。出林则凿石成磴，又植竹回关，跻磴转关，而会仙之岩，岈然南向矣。其岩皆黄赤之石，上下开窟，而内渐凑合，旁无氤氲之窍，上无滴沥之乳，与下岩同；而地位高迥，境路幽去。五里之云梯杳蔼，自大寺来，约有五里。千秋之鹤影纵横，非有栖霞餐液之缘，谁得而至哉！时已过午，中有云寮，绾钥已久，灶无宿火，囊乏黄粱，无从扫叶煮泉，惟是倚筇卧石，随枕上之自寐自醒，看下界之云来云去。日既下春，炎威少退，乃起。从岩右蹑削崖，凌绝顶，崖虽危峭而层遥，盘隔处中有子石，圆如鹅卵，嵌突齿齿，上露其半，藉为丽趾之级，援手之阶。不觉一里，已腾踊峰头，东向与独秀对揖矣。盖此峰正从浔州来，所望独秀峰西白石绝顶，而独秀四面耸削如天柱，非羽轮不能翔其上粤西三独秀而桂城最著，柳州无闻，然皆巑岏可登；此独最高耸，最孤峭。而此峰三面亦皆危崖突立，惟南面一罅，梯峡上跻，颇如太华三峰，上分仙掌，下悬尺峡，透险蹠危。此真青柯嫡冢，他未见其比也。何者？桂、朔、柳、融诸峰，非不亭亭如碧簪班笋，然石质青幻、片片如芙蓉攒合，窍受蹑，痕受攀，无难直跻；而此则赤肤赭影，一劈万仞，纵覆钟列柱，连轰骈峙，非披隙导窾，随其腠理，不能排空插翅也。〔独秀莲蕊二峰，为此峰门户，其内环壑深堑，亏蔽日月，重冈间之，人无至者。〕坐眺久之，乃仍下会仙，别岩而下，历三梯，三里至峡坳上，见峡左一石，倚崖而起，上并崖端倚云，下有线罅透日。急贾勇穿其中，则其隙不即不离，仅容侧身而进。其上或连或缺，既而渐下，南转出罅，则飞石上下悬嵌，危不可跻矣。

返出峡坳，见倚石之侧，复有一道上出石端，危悬殊甚，乃流沙滚溜而成者，心益不能已，复攀根引蔓而登，跻其端，透入石阙中，则倚石西尽处也，与前崖夹而成阙，穿阙而南，则飞石南悬之上也；瞰前罅正在其下。遂攀登倚石之顶，则一台中悬，四崖环峙，见上又或连或缺，参错不齐。正凭眺间，闻雷声殷殷，仍下峡坳，历六梯，一里西出峡，又一里，北返大寺。亟问餐于僧，濯足于泉，而雷雨适至。先是，余下至上梯，遇寺中肄业诸生，见余登岩久不下，亦乘兴共登，至是未返，困于雨。而平南有乡贡梁凌霄者，开绛帷寺中，见余辄有倾盖之雅，为之挑灯夜谈。中夜雷雨大奋，卧室淋漓。

二十四日 作诗与梁君别，各殷勤执手，订后期焉。西向下山，望罗丛岩在三十里外。初欲从此而南趋郁林，及一里，抵山下，渡小磵。又西二里，过周塘，则山谷回互，罗丛已不可见。问其道，多未谙者。云须南至麻洞墟，始有路西行。又南三里，路分为二：大道由东南上山，岐径由西南涉坞。余强从西南者一里，逾一岭，渐不得道。二里，南行山莽间。又一里，南下山，始有路自西北来，随之东南去，由坞塍出山夹中。二里，抵乾冲，始值北来大道，山始开。有小溪自东而西，又有自南向入之者，涉涧随南水而上，村落依焉。于是山分东、西两界，中则平畴南衍，深溪北流。西南二里，过一独木桥。又南三里，山坡突处，麻洞墟在焉。是日墟期，时已过午，乃就垆而餐。其西有岐，西向逾山为高塘路，觅高塘趁墟者问之，言“由此至罗丛岩尚五十里，高塘未得其中火，欲西北渡郁江乃至。”余闻之怅然，姑留为后游。遂南随散墟者循西界山而趋。五里，有村连聚于东界大山之下，犹麻洞之聚落也。又南，山坞稍转而西，仍南共五里，为石马村。村倚西麓，有石倚东麓，若马之突焉。西麓之后，其上石峰突兀，是为穿石寨。土人言其石中穿，可透出山后。余望而未之见也。又南五里，为大冲，聚落环倚西麓。于是坞穷畴转，截山为池，回坡为田，遂复向山坳矣。由大冲上行，又五里，路出马头岭之南，过山脊。其水北流者，经乾冲由车路江入浔；南流者经都合入秀江，北转高塘罗行而入郁。出坳复东南得平畴，山仍两开。五里，宿于中都峡。

二十五日 由都峡南行，二里，渡一桥，有岐从东南随水登坡，一里为回龙墟，墟犹未全集也。坡南水复西南去，渡板桥，更南三里，则坞穷而上岭。逾岭南下一里，出山则山坞复开。南行三里，为罗播村。东渡一溪，逾小岭，又涉一溪，共一里，南向登山甚峻，曰大山坪，又曰六合岭。从其上北眺浔州西山，远在百里外，而东有大山屏列，西南亦有高峰，惟白石反为东北近山所掩，不得见。平行其上二里，出南坳，岭头丛木蓊密。从其右行，又一里，下山，又一里，山壑四交，中成奥谷，有小水自东而西，越其南。从中道复登岭，一里，逾而东，入山峡。峡北麓堰水满坞，潆浸山谷，乃循峡沿水东入南转，一里渐升，水亦渐涸。复逾山坳路，循岭右升分岭界。二里，复下渡山脊，路循岭左一里，下核桃岭，则有大溪自南而来，至此西折去。〔即浔郡西绣江上流也；发源自平山墟，乃大容山西北水。大容东西有两绣江：一南自广东高州，北至北流县，合大容东南水，经容县注于郁，此容县绣江也；一即此水，为浔上流之绣江。〕路循溪向东南逾二岭，共三里，涉流渡江，其水及腹，所谓横塘渡也。浔州南界止此，江南即郁林州属，为梧西北境焉。由江南岸复溯流逾岭四里，始有聚落，时已过午，遂就炊村庐。炊饭毕，山雨大作，坐待久之，逾小岭而南，村聚益连络，所谓白堤者，是亦深山之奥区也。过墟舍，取中道渡小桥，溯溪右南行八里，误从路旁小岐西入，得大寨村，遂投宿主人李翁家。翁具酒烹蛋，山家风味，与市邸迥别。

大寨诸村，山回谷转，夹坞成塘，溪木连云，堤篁夹翠，鸡犬声皆碧映室庐，杳出人间，分墟隔陇，宛然避秦处也。

二十六日 主人以鲜鲫饷客，山中珍味，从新涨中所得也。及出山，复误而西。二里，复得倚云绕翠，修竹回塘之舍。问道于村妇，知误，东出。作《误入山村诗》及《村妇留别》二绝句。二里，抵大板桥，始循大溪西岸南行。三里，过马禄山，越通明桥，遂西南折入山峡。两山逼束，中惟一溪，无夹水之畦，俱潆路之草。五里，有巨木桥横架溪上，乃通东南山路之道。余从桥右过，不从桥渡。其桥巨木两接，江右有大树自崖底斜偃江中，巨木两端俱横架其杪，为梁柱焉，是名横江桥。又西南五里，过箬帽山。山峡稍开，南见大容焉。又西南三里，涉溪而右，又涉溪而左，共二里，逾岗而上，是为平山村。由白堤至平山，三十里，路隘草荒，隔绝人境；将出平山，则纷纷言前途多盗矣。由平山南行，路已开辟。过墟舍，越岭畔行，东望大容在三十里外，犹有层峰间之。五里，下入山峡，过黄草塘。西南二里，抵都长庙。其处两山开坞西去，而路横坞而南，越岭，所上无几，南下甚遥。共三里，转峡西出，是为勒菜口。于是山分两界，大容峙东北，寒山峙西南，排闼而东南去，中夹成大坞，溪流南注，则罗望江之源矣。于是循寒山北麓东南行，又三里，巨树下有卖浆者，以过午将撤去，乃留之就炊而饭。又五里，渡溪桥，是名崩江桥。桥南有庙，卖浆炊饭者群托焉。又东南二里，过冯罗庙。庙为冯、罗二姓所建。庙之南，山峡愈开，盖寒山南尽，大容东转，于是平畴扩然矣。其南有岐，东涉罗望，循大容南麓而东，四十里抵北流，土人以群盗方据南麓陆马庙为巢，俱劝余由州而往。〔予取郁林道。〕由畦塍中南行七里，复涉岗而南，见有鼓吹东去者，执途人问之，乃捕尉勒部过此也。又见有二骑甲胄而驰者，则州中探报之骑也。又三里，抵松城墟。墟舍傍有逆旅一家，时日色尚高，而道多虞警，遂停宿焉。二鼓，闻骑声骤而南，逆旅主人出视之，则麻兵已夜薄贼巢，斩一级，贼已连夜遁去。夜半，复有探者扣扉，入与主人宿。言麻兵者，即土司汛守之兵，夙皆与贼相熟，今奉调而至，辄先以二骑往探，私语之曰："今大兵已至，汝早为计。"故群贼縻遵者一人斩之，以首级畀麻兵为功，而贼俱夜走入山，

遂以荡平入报。恐转眼之后，将以下缺

平山乃大容西来之脉。盖澜沧以东之山，南径交趾北境，东转过钦、廉、灵山，又东北至兴业，由平山东度，始突为大容，于是南北之流分焉。

寒山者，郁林西北之望也。诸山俱环伏于大容，而此独与之抗。盖其脉分自兴业，在罗望、定川二江之间。其脊至勒菜口而尽，故铮铮特起。《九域志》：越王陀遣人入山采橘，十日方回。问其故，曰："山中大寒，不得归。"因名。

陆马庙者，在大容南麓，乃土人以祀陆绩、马援者。流贼七八十人，夙往来劫掠村落，近与官兵遇，被杀者六人。旋南入陆川境，掠平乐墟，又杀数十人，还过北流，巢此庙中，縻诸妇女富人，刻期索赎，不至者辄杀之。

二十七日　早自松城墟，不待饭而行。四里，过谷山村，复行田塍中。又五里，望见一石梁甚高整，跨罗望江上，所谓"北桥"也。三洞连穹，下叠石为堰，水漫堰而下。转西向行，由郁林城北转而西南，与定川南流合而南去，经廉州入海者也。石梁之西，又有架木为桥，以渡下流者。行者就近不趋石梁而趋木桥焉。过桥，又南逾一岭，共一里，入郁林北门。北门外人居俱倚岗汇池，如村落然，既无街衢，不似城郭，然城垣高罄，粤西所仅见也。城中亦荒落。过郁林道而西，即为州治。乃炊饭旅肆。问此中兵道，已久驻苍梧矣。先是苍梧道顾东曙名应旸。余锡邑人也，其乃郎以家讯寄来，过衡阳，为盗劫去，余独行至此，即令其仍驻此地，亦将不及与通，况其远在苍梧耶！

饭后出南门，陂池益广。西南一里，则南流江自东而西，其流较罗望为大。涯下泊舟鳞次，涯上有堤，内环为塘，堤上石碑骈立，堤下卧石片片，横列涯间。余视之有异，亟就碑读之，则紫泉也。泉隙在涯堤之半〔石片中。石南北夹成横罅，横三尺，阔二尺，东回环而西，缺其南，水从底上溢潴其中，停泓者三尺，上从南缺处流泻去，时见珠泡浮出水面。〕堤内塘水高丈余，涯下江流低亦丈余，水澄碧异常，其曰变"紫"者，乃宋淳熙间异兆，非泉之常也。泉上旧有濯缨亭，今已成乌有。泉之西有石梁曰南桥，亦三砻，高跨南流江上。桥北有文昌阁，当江流环转之中，高架三层，虚敞可眺，为此中胜览。桥南为廉州大道。桥南由岐溯江岸东行，则水月岩道也。溯江半里，江自东北来，路向东南去，乃舍江从路，始由田塍行，其路犹大，乃陆川、平乐墟道也。八里，陟岗，有村焉。由村左岐东北行，又二里，从岐而北，路益没。又二里，北遍一塘堤，始得西来路，循之。东二里，经一村，复上一岭，路仍没，乃逾山而东，从莽中踯躅东向，一里，抵东山下，得南来之路，遂循之而北。二里，仍东转入山坞。一里，渡一小石桥。又循东山而北，过一村，复东转入山坞。其坞甚深，东入二里，路渐芜没。又望坳东登，一里，至岭，始得西来大道，则亦南向平乐墟路也。越岭而东，仍舍南行大道，岐而东下山，径坞中共一里，逾山峡东下，则峡东石峰森森，自北而南，如列旗整队，别成一界矣。出峡，循西山东麓而北，一村倚山东向，前有大塘，余以为龙塘村矣，问之则龙塘犹在北也。又北一里余，转而东，得龙塘村。村踞冈脊之中，〔其南水南流东去，其北水北入水月洞。〕由其东又北一里余，直东抵石山中峰。渡石桥而北，则上岩西向，高穹峰半矣。上岩者，水月洞南倚山凭虚之窍也；石山自东北来，南引而下，支分队耸，而一支中出者。西瞰平芜，削崖悬窦，层级皆不甚深，而此层最下，亦最扩。环峰石皆青润，独裂岩处色变赭赤；然其质犹极灵幻，寻丈之间，层庋缕挂，窦穿盖偃，无所不备，亦无所不奇。岩前架庐当门，而敞其上，庐可以栖，而上不掩胜，结构亦自不恶。由岩右腋穿窍而上，窍仅如管，历级宛转，复透一层，若偏阁焉。云牖腾空，星楞透影，坐憩其内，又别一“小西天”矣。由岩左腋环柱而出，柱如龙旗下垂，从其侧缘崖上跻，转出岩端，复得一层，其岩亦西向，自分左、右两重，〔左重在下，垂柱裂窍，仰睇上即右重也；然历磴无阶。由外北跻，始入右重。阁缀绝壁，与左层翼对增妍，皆岩之中层也；〕其上削崖之顶，尚有一层虚悬，而跻之无级，〔惟供矫首耳。〕水月洞尚在其北而稍下。龙塘之水，经山前石桥而北，过上岩之前，乃东向捣入洞中，洞门亦西向。路由其南，水由其北，相沿而入，透北而出；前后两门，一望通明，是为明洞。水贯其中，石蹲其旁，夹流突兀，俱作狮象形。〔洞顶垂石夭矫，交龙舞螭，缤纷不一。〕其水平流洞中，无融州真仙岩之大，而两崖亦无其深峭，可褰裳而涉溪。崖之右，又有一小水，南自支洞出，是为阴洞。〔左则沿溪笋乳回夹，上亦裂门缀穴。层阁之上，又汇水一池为奇。此明洞以内胜也。后门崖口，列大柱数条，自门顶合并倒悬，洞内望之，蜿蜒浮动。此明洞以外胜也。〕阴洞乃明洞旁穴，其中又分水陆。〔流不甚大，东南自牛陇又开一门，穿山腹至此合明洞。溯流南入半里，洞渐沈黑，崖益陡，水益深，结筏积炬，曲屈约二里出牛陇。此阴洞水中胜也。从阴洞溯流始，崖左嵌石下，窦甚隘，匍匐下穿，引炬而前，忽岿然上穹，上下垂耸盘柱，诡状百出，升降其中，恫心骇目，邃曲莫尽。此阴洞陆中胜也。〕余欲为水月游，时已过午，尚未饭，抵上岩，道者方扃户而出，余坐崖下荔阴间。久之，道者罢钓归，启扉具炊，余促其束炬游水月。既入明洞，篝火入阴洞，道人不随支流入，由其侧伏洼穿隙，遍观阴洞陆崖之胜，其中崇宏幽奥，森罗诸诡，五易炬而后出。欲溯流穷水崖，道者以水深辞，请“别由侧道以探其后崖，不必从中出也。”乃复出明洞，涉水穷左崖之胜，遂出后洞，仰睇垂虬舞龙之石。

还饭于上岩，已日衔西山矣。

二十八日 早坐上岩中。道者出龙塘为予买米。余曳杖穷其最上层。已下，憩石窍偏阁中。盖是岩西向，下午则返照逼人，余故以上午憩，而拟以下午搜近山诸洞。既午，道人以米至，午炊甫毕，遂循山而南，至昨来所渡石桥，由桥侧东折入环峡中，〔是山石峰三支，俱锋棱巉削，由东北走西南，中支为水月岩所托，是峡则中支南支相夹者。南支多削崖裂窍，予来时循其西麓，〕以为水月在其下，询之土人，皆曰："中不甚深，下无蹊径。"从峡转北，得中央平洼一围，牛千百为群，散处其内，名为牛陇。穷其西北，〔水汇成潭，〕遂入阴洞后门，〔即东南临潭上，四旁皆陡石，无路入，必涉潭乃登。〕洞甚虚敞，分之则二，合之则一。〔随水西入，渐北转，石崖成峡，水亦渐深昧，与水月阴洞所见等。虽未出其中，两端源流悉见，可无烦暗中摸索也。洞门〕右崖，石痕丛沓，俱作马蹄形，《西事珥》所谓"天马"，意即此矣。出洞，益遵峡而北，仰瞩东西两界，峰翔石耸，队合层分。〔二支北尽处，北支又兀突起，与中支北麓对峙成峡。〕遥望其下，有三洞南向，其上轰霞流电，闪烁有异，亟历莽趋之。其左畔二门骈列，崖下虽悬乳缤纷，而内俱不深。其右畔一门，孤悬峰半，虽洞门嵌空，而中忽渊坠，其深数十丈，宛转内透，极杳邈之势；而两崖峭削，无级下跻。踞崖端望之，其中飞鼠千百成群，见人蓬蓬内窜，其声甚遥。闻此中有蝙蝠洞，岂即此耶？出洞下山，望西北山嘴颇近，以为由此穿水月后洞而入，抵上岩甚便。竭蹶一里趋之，其下既洼，乃攀陟山冈，则巨石飞耸，中俱蔓络，下嵌澄渊，路断径绝。〔遥探洞外诸奇石，杳不可见，即溪流破壑出者，亦尽没其迹。〕乃循北麓，仍东趋一里，南向前来之峡，又经牛陇而南，共三里，返上岩之前，见日有余照，仍入水月，徜徉明洞之内。复随流出洞后，睇望所涉路断处，犹隔一峰嘴，始知此中山形横侧倏变，不可以意拟如此。是夕仍宿上岩。

二十九日 由上岩转入东北峡，过牛陇，共三里，出峡。有岐焉：一直北循北支东麓者，为北流大道；一转东向逾岭者，为北流间道。乃东过田塍，更逾土岭而东。又二里，过一村，又东抵小石峰下，是为塘岸墟。时山雨自东北来，弥漫山谷，墟无集者。〔墟为陆川北境，〕从此转而北，冒雨循山，荒冈漫衍，已为北流境矣。十里，为果子山，有数家倚冈而居。过坳，雨渐止。又十里，为横林。有聚落在路右坞，数日前盗劫平乐墟，还宿于此，去北流只十里也。其北有石山一支，自北而南，丛尖簇翠。余初望之，以为勾漏在是，渐近而路出其东南，西望而行，秀色飞映。盖此山在北流西十里，而勾漏尚在北流东十里也。由横林东北五里，逾一土岭，下行田塍中，有石桥跨小溪，溪流西北去。又东行平岗上，五里，抵北流西门。西门闭不启，以西当贼冲，故戒严也。循城由南门入，经县前，出东门，则街市颇盛：一街循城而北者，为街墟；一街随江而东者，为沙街。街墟由城北隅东转，有溪自城北来，石桥跨之，曰登龙桥。其溪为大容东流之水，由桥下而南注绣江者也。沙街由城南转东，绣江南自粤东高州来，至此已胜巨舟，故阛阓依之，宋人名驿为朝宗者，指此江而言也。今驿名宝圭。沙街东北过广济桥，则北溪之水，至此入绣，渡桥而与登龙之路合。路乃北出隘门，江乃东流而去。余于是饭于沙街。出隘门，抵北山下，循其南麓东行五里，渡一小溪桥，遂入石山夹中。〔南为望夫石，即黄婆岩西垂山也。北则石峰逶迤，愈东石骨益瘦，疑即独秀岩所托，今已失其迹。峰东崖大书“勾漏洞”三字。此南北二石峰，俱东拱宝圭洞。〕又东五里，石山回合处，中复突一峰，则宝圭洞在其西隅，而勾漏庵在其南麓。时殷雷轰轰，先投庵中。庵颇整洁，乃万历间有司重构者。内堂三楹，中列金仙，东则关圣，西则葛令。而葛令之像，纶巾朱履，飘然如生。后轩则准提大士在其中，西置炊而东设坐焉。前庭佛桑盛开，红粉簇映，后庭粉墙中护，篁桂森绕其中，寂然无人。有老道之妻掩关于后，询“游洞何自？”对以“俟道者晚归。”乃停囊轩中，令从去，就炊于中。既而雨止，时已暮，道人始归。乃县令摄以当道，欲索洞中遗丹及仙人米，故勾摄而去。然葛令欲就丹砂，乃其一时乘兴之言。其后蝉蜕罗浮，实未至此。此中久已无丹砂，安得有遗丹仙粒耶？道者忧形于色，余姑畀钱，令多觅竹束炬，为明晨游具。道者领命，愿前驱焉。

北流县当大容南面之中，其脉由大容南下，曰绿蓝山。水分东西流：东流者即北溪，循城东，下登龙桥而入绣江者也；西流者为南流江之源，西南合水月洞之水，经郁林南门而西合罗望、定川诸水，南下廉州入海。是北流〔县〕实南流之源，其曰北流者，以绣江南来，至此始大，〔东过容县界，合洛桑渡水，经容邑南门，下藤县，北入郁江去，〕非北流源此也。

旧有北流、南流二县，南流即今之郁林州，皆当南、北二水胜舟之会，东西相距四十里焉。

北流山脉中脊，由县而西南趋水月，南抵高州，散为诸山。而北流之东十里，为勾漏洞；北流之西十里，为鬼门关。二石山分支耸秀，东西对列，虽一为洞天，一为鬼窟，然而若排衙拥戟，以卫县城者，二山实相伯仲也。

鬼门关在北流西十里，颠崖邃谷，两峰相对，路经其中，谚所谓“鬼门关，十人去，九不还。”言多瘴也。《舆地纪胜》以为桂门关之讹。宣德中改为天门关，粤西关隘所首称者。

八月初一日　晨餐毕，余先作宝圭行，约道者肩炬篝火后至。洞在庵北半里，庵后先有一岩南向，一岩西向，望之俱浅，而宝圭更在其北。先有漫流自西北来，东向直潄山麓，涉其北登山，则洞门在矣。其门西向，左开岩而右深入。开岩处甃以列碑轩敞，平临西峰；右洼嵌而下，有石柱当门，其端有石斜飞磴。道由其侧下至洞底，交辟为四岐：一由东入，一由南进，二岐俱深黑；一向西豁，一向北透，二岐俱虚明。东岐之南，顶侧忽倒垂一叶，平庋半空，外与当门之柱相对，〔上下凭虚，各数十丈，卷舒悬缀，薄齐蝉翅，〕叶间复有圆窍曲窦，透漏异常。由左崖攀级而上，抵平庋处，盘旋其间，踞叶而坐，真云軿霞驭，不复人间也。坐久之，复盘叶而下，向北透之岐，岐中倒垂一乳，长数丈，其端空悬，水由端涓涓下。更北入峡中，其右则洼而北出，为下门，其左则高而北渡，为上叠，〔叠成上阁，阁前平临西北，亦有乳柱界其中。〕此明洞之西北二岐也。探历久之，道者负炬至，又携伴持筐，余询其故，道者曰："县以司道命，取砂米二丹，适有痒士已为我觅仙米，而砂从洞穴中可探而得，将携筐就炬以觅之。"始知所为砂者，非丹砂，乃砂粒如丹，其色以白为上，而黄次之，故其北洞以白砂命名。所谓米者，乃山洼中菰米，土人加以"仙人"之名耳。洞外芜莽中又有黄果如弹丸，土人谓之"颠茄"云。采以为末，置酒中腋，能令人发枉迷闷。《峤南琐记》所载闷陀罗者是。乃爇炬先入南穴，两旁壁起如峡，高而不广。入半里，左壁有痕横亘，曰仙床，悬地丈许。其侧垂柱裂窍，皆短而隘。窍腹宕如臼，以手探之，中有磊磊之粒，方圆不计，姑扫置筐中。连探三四穴，不及升许。计出而淘濯其污，简取其圆洁成粒者，又不及十之一也。然此亦砂粒之常，岂真九转之余哉？又少进，峡忽下坠成渊；由洞抵水，其深二丈，而水之深，更不知其几也。两崖俱危峭无可着足。南眺其内，窅黑无尽。始促道者涉渊，言："水深，从无能徒涉者。"再促道者觅筏，言："隘逼，曾无以筏进者。""然则何如可入？"曰："冬月水涸，始可坠崖而涉。""入当何如？"曰："其内甚深，能见明而不能升也。"余闻之，为之怅怅。扪石投水中，渊渊不遽及底；旁瞩久之，仰见左壁之上有隙旁通，亟入焉。隙柱透漏，渐入渐束，亦无余窍。乃下，返而仍出四达之中，更爇炬而入东穴。初，两旁亦成峡壁，而其下渐高，既而中辟如堂皇，旁折如圭窦，皆暗窟也。稍北而东，其径遂穷；比之南窍虽有穴宛转，而深不及其半。彼有穴而水阻，此无水而穴阻，转觉东穴之无涯涘矣。复出至四达处，谋为白砂洞游。按《志》：白砂在勾漏北，勾漏甲天下，而此洞复甲勾漏。如玉虚、玉田诸洞，普照、独秀诸岩，道者俱不言，而独津津言此洞。余急趣其前，道者复肩炬束火携筐箒以导。从北透偏门之下层出，乃循其西北麓而行，始见其山前后两峰，骈立而中连；峰之西南突者，为宝圭所倚，峰之东北峙者，为白砂所伏。白砂前后亦有两门：前门北向而高敞，分为三门，两旁悬峻，而中可俯级而入；按《志》云：玉田洞，洞前三门，中门明广可通，似与此门合。遍询土人，无知玉田洞者。岂即以后洞为白砂，以此门为玉田洞耶？后门南向，而高隘仅通一孔，前对宝圭之背，其左即中连之脊也。先过后门山坳，草没无路，道者不入而北去。共一里，转而东，绕山北麓，而南跻前门，入门即洼下，数十级及底。仰视门左右，各有隙高悬旁启，即所谓左、右门也。倒光流影，余照四达，然虚嵌莫攀焉。从洞中右转，颇崇宏，而渐暗渐穷。余先遍探而四觅之，无深入路。出，促炬命导，仍由之入抵其中，以火四烛，旁无路也。道者忽从右壁下，投炬蛇伏而入，窦高不逾尺，而广亦如之。既入，忽廓然盘空，众象罗列，如阊阖下启，天地复通。方瞻顾不遑，而崇宏四际，复旁无余隙；忽得窦如前，透而东转而南，倏开倏合，凡经四窦，皆隘若束管，〔薄仅透屏，故极隘忘窘，屡经不厌其烦也。〕既而见左崖之上，大书“丹砂”二字。其下有一龛，道者曰：“此丹穴也。”复伏而扫砂盈掬焉。其南稍有一岐，入之不深。出向西转，再折南行，则天光炯然，若明星内射，后洞门在望矣。是洞内洼而中甚平，惟壁窦阁辟，无沟陀升降，前后两门，俱高悬于上。道者欲仍从前门返，余欲逾后窦出。道者曰：“后门隘不可跻，而外复草深莫从。”余曰：“前暗中之隘，尚不惮其烦，况此空明，正可宛转，草之深浅，余所不顾也。”遂穿窦出，则午日方中，始见宝圭后峰，君树塞门焉。乃披茅践棘西南出山坳，仍过宝圭透北偏门，共二里，将及庵后，命夫同道者还炊于庵，余挟寄宿庵中者，东探清泉焉。〔即前所经南向岩也。〕洞不深，而明洁可栖。洞前有宋碑，大书“清泉岩”三字。洞左右无泉，而独得此名，无从征其故实。还饭于庵。

下午挟夫与寄宿庵中人，此人不知何处人，先停庵中，身无半文，随余游诸洞，余与之饭，两日后不知所往。探近山诸岩，乃西南入黄婆岩焉。黄婆岩者，宝圭西南诸峰所裂之岩也。其山西自望夫石攒沓而东，岩当其东北隅，与宝圭东西相对，而兹稍南逊。岩门甚高，中有黄崖叠缀；岩外石峰之顶，分岐耸异，有欹若妇人之首，鬟髻盘空，作回睇顾影之态。其北面亦有石峰丛突，南与此山并夹，东与宝圭对峙，东南石壁上大书“勾漏山”三字，大与山齐，土人指为仙迹。此其下必昔时宫观所托，而今不可征矣。按《志》：勾漏有灵宝、韬真二观，今皆不知其处。灵宝疑即庵基所因，韬真岂其在此耶？当时必多碑碣，而沧桑之后，断础无存矣。徘徊其下。又西抵望夫山西麓，眺望山崖，别无岩洞，惟见东南一面，峦岫攒簇，疑即所云巫山寨者。巫山寨一名石寨。山峰如楼橹雉堞，周回环绕，其数十二，故有巫山之名。而渺漠无征，惟与山灵互相盼睐而已。已乃循黄婆岩东麓，且盼且行，〔南抵东南隅，石崿悬峭，片片飞云缀空。自外崖攀峭石上，历竖隙，屡出层空，达峰顶，遂尽发其危嵌态。下山，〕转循南麓，见峭崖穹然，〔石色雄赭。〕下虽有门，内入不深，无从穿扉透室。乃东由营房在勾漏庵前东南坪上。草房数十间，营兵居之，为居停卖浆之所。横过勾漏庵，抵后峰东南角，〔盖宝圭所托之峰，南面骈立而中连，西立一峰，即庵后清泉岩所倚，东立者与之比肩南向，循峰东麓北行，路左得一东向岩，内颇深，渐缩如牛角。出洞又北，〕有清流一方，淙淙自乱石中流出，其上则草石蒙茸，其下则西南成小溪去，行道者俱从此渡崖，庵与营俱从此取汲，而无问其所从来者。余正欲求其源委，忽一少年至，见之，语从夫曰："汝辈欲寻洞乎？此其上有二洞，相距数十丈，路为草翳，可探而入也。"又一人曰："昨未晚，有二人携犬自东来者，虎自崖上跃下，攫犬去。虎穴其上，不可往。"余不顾，亟挟夫与寄宿者攀棘践刺上跻，觅之深蔓中，则洞门果穹然东向，但外为蔓拥石蔽，无从即见耳。入洞门，即隤然下坠。俯瞰之，则有溪〔自南而北〕贯其底，水声潺湲，崖势峻削，非攀缘可下。四瞩其上，南崖有坠而未尽者，片石悬空，若栈道架壁，阔不盈咫，而长竟坠处直达西崖；但栈中有二柱骈立，若树栅断路者。而外一柱已为人截去，止下存尺余，可跨而过。但其处益狭，以双手握内柱，而盘越外柱，临深越险，莫此为甚。过栈达西崖，已与洞门隔溪相向。乃明炬四烛：崖之下，深坠与外崖同；崖之上，内入则垂乳列柱，回错开阖，〔疏棂窈窕，〕忽环而为璇室，忽透而为曲榭，中藏之秘，难以言罄。乃出崖临溪，从深坠处溜险投空而下，遂抵溪中。〔仰视洞顶高穹，延照内映，侧栈凌虚，尤增飘渺。〕水深不及膝，南从崖下涌来，北从崖下坠去，〔即由此东出，为乱石泉源也。〕余于是从南崖下溯流入，其穴甚低，垂覆水面，相距止尺。从夫暨寄宿者恐炬为水湿，内深莫辨，共阻莫入。余贾勇溯流，冲沫过颡。南入数丈，望前有流光熠熠，余喜，更透一洞，益高声呼二从人，虽伏水碍石，匍匐垂首而瞻前顾后，火光与天光交通旁映，益前入不停。又南数丈，有洞穹然东西横贯，其上东辟而为外门，其内西入而成巨壑，〔门高耸与前所入门等势。〕时二人已至，乃令其以炬更前。于是西向溯流，洞愈崇宏，流愈深阔。又数丈，有石砥中流。登石内望，洞辟如广厦，渊水四际其下，以杖测水，不竟其底，以炬烛洞，洞甚深黑，〔不知更几转，得抵宝圭南穴前所望深坠处也。〕乃自砥石返步随流，仍抵东辟外门之下。二从者将垂首横炬，匍匐向低穴北入。余止之曰："此门虽峻，与〔先〕所入者无异。若伛偻下涉而就所入之门，不若攀空跻危，竟登此门为便。"二从者曰："门外不通，奈何？"余曰："门以外总不出此山，即所入之门，其外岂坦途哉？"遂攀崖先登，二人亦弃炬从之，乃出洞口。〔门亦东向，与所入门比肩，特翳于突石连蔓，遂相顾不见。〕循左崖平行，还眺门上，又上辟一层，若悬阁当空，然无级以登。于是北转一曲，至前汲泉之穴，从容濯足，候从者至。〔自"于是北转一曲"以下，乾隆本作：盖北洞奥室内罗，此洞外缀层楼，所异者此耳。遂一以北洞上登法而下。崖半石隙蔓影中，仿佛并北洞见之。迨极下仰眺，仍茫然失所睹矣。〕亟自东南山角转过营房，共一里，入勾漏庵，大雨如注。是日，先西觅玉虚、玉田诸洞而不得。既而东得此二洞，尤为奇绝。然此洞非异人忽指，则跬步之间，亦交臂而过，安知西峰大字岩之侧，无棘霾蔓锁者？安得峰峰手摩足抉，如黄婆岩东南诸峭石也耶！

初二日 晨餐后，令从夫随道者西向北流市蔬米于城，余独憩庵中。先是，寄宿者夜避蚊，不知何往。至是至，曰："已询得独胜岩在县北。"余知在县北者或新开他岩，必非独胜，而庵中无人，不能与即去，姑辞明日。而此人遂去，不复来。既午，从夫以蔬米返。余急令其具餐，将携砚载笔往录宝圭洞中遗诗，忽道者驰至，曰："兵道将至，恐治餐庵中。"欲携余囊暂入所栖处。余不顾，竟趋宝圭。甫出庵，而使者旗旄至矣。非所辖郁林道，乃廉州海北道也。乃漳浦张国径印梁，余昔在甘棠驿同黄石斋曾会之。兹驻廉州。时军门熊文燦代荆溪卢象叔总督中州追捕流寇，张往送之，回转过此，故欲为勾漏游。余隐墙西，俟其入庵，即趋录洞诗。录未半，而彼已至洞，余趋避于北岐叠阁之上。回忆《梧志》所纪西小室洞朗，外瞩自然石榻平铺叠架，可眠可踞，与东洞对，正如两掖。其景宛然。彼入南穴，亦抵水而返。余石卧片时，听洞中人倏寂倏喧，亦一异趣。张出南穴，亦北趋偏门下，终不能攀上层而登。与县官啧啧称奇指盼，而不知有人卧其中也。俟其去，仍出录诸诗。诗俱代，只有一宋碑而不佳，盖为兵燹荡净也。录甫毕，日衔西山，乃返于庵。

初三日 饭勾漏，即东北行。由营房转山之东南角，过透石东出之泉，径草坡而行。五里，越一坡，有塘衍水，环浸山谷。渡桥，又二里，堰塘愈大，石峰至此东尽；其北有尖峰兀立，若独秀焉。山北隙中露大容，蜿蜒若列屏。又东十里，有水自西北容山来，东南入绣江，为容、郁分界，名洛桑渡；其水颇急，以藤跨水横系两涯之上，而系舟于藤，令渡者缘藤引舟，不用篙楫。桃叶渡江不若藤枝更妙矣。又东五里，为西山墟，有公馆，客之所庭也。东南由岭上，行已下渡小桥，共五里矣。又东出山十里，有荒铺，有板桥。又东五里，为清景新桥，则大容东峰，巍然北临〔若负扆。〕又东五里，入容县西外门。又一里，入城西门，经县治前，即南转出城南门。门外江水自西而东，即绣江。自高州北经北流又东合洛桑、渭龙二水绕城南，而东北由藤县入大江者也〔渭龙源出天塘山，北向石寨村，始入绣江。〕渡江而南，炊于肆。又南二里，逾岗坂，误入东麓。二里，仍转西向。又二里，而得大道。西南行又五里，宿于古楼村。一村皆李姓。

初四日 饭于古楼村。仍西南随大路盘都峤而过。先是，余按《志》言："都峤在城南二十里。"自城问之，皆曰南山去城七八里。故余喜其近，出南门渡江，即望山而趋，而不意其误也。盖都峤即南山，其北俱削崖悬亘，无级可阶，必绕出其南，始可北向而登。其曰七八里，乃北面抵山之数，而二十里者，并从南陟山而言也。共五里，过石寨村。又一里，抵石嘴铺。〔铺东南八里有黄土岩，不及登。〕东渡一桥，始从岐北向上山。登山东转，遂由山峡北向，五里，抵南山寺，古所称灵景寺也。大岩倚东崖，其门西向，中无覆架，而外有高垣，设莲座于中，明敞平豁，虽云“寺”，实岩也。盖都峤之形，其峰北穹高顶，南分两腋，如垂臂直下，下兜成坞，而清塘一方当其中焉。两腋石崖，皆重叠回亘，上飞下嵌，若张吻裂唇，一岩甫断，复开一岩，层穴之巅，复环层穴，外有多门，中无旁窦，求如白石下岩所云潜通勾漏者，无可托矣。总而披之，灵景为东腋之首，岩最高而大，〔高三丈五尺，深五丈，横阔十余丈，两端稍低，中穹如半月。〕其北有三岩，皆西向而差小；亦有环堵为门者，皆读书者所托，而今无人焉。三清当分腋之兜，岩最正而洁，〔高深横阔同灵景。〕其东有二室，皆南向，亦有环堵倚之，与西向三岩易隅而齐列。其西有飞崖，则南转东向，为西腋之户。高穹虚敞，第内不甚深，然迤逦而南，与灵景分门对峙，若两庑焉。此下层也。三清之上，又列重门为中层，〔无缘陟道。〕其上又启一岩为上层，是名宝盖。〔高十五尺，深二丈，阔五六丈，后倚峰顶，地愈高上，独当中干，平临两腋巅。再上，即中盘顶。〕盖是岩不以灵巧见奇，而以回叠取胜。故舍其北峭，就其南嵲，信列仙望衡对宇之区矣。〔上午，先抵灵景，门外竹光旁映，岩中霞幄高张，心乐其幽旷。〕时日已中，灵景僧留饭。见佛座下有唐碑一通、宋幢一柱，刻镌甚古，就僧觅纸，僧仅以黄色者应。遂磨墨沈于石，取拓月于抽，以钟敲为锤，以裹足为毡，洗碑而敲拓之。各完两通而日色已暮。问三清观，道者他出，空寂无人，竟止岩中。

初五日　早饭于灵景，由岩右北行，历西向三岩，又盘磴而上，入南向二岩，共里许，然后抵三清岩。岩空境寂，〔树拂空明，〕甚堪憩足。又西历东向虚岩，乃仍从来路一里，返三岩之间，取道北上。又里余，沿崖蹑端，遂抵玉帝殿，即宝盖岩也。盖已历重崖之上，下视中岩嵌入足底，而下岩三清，树杪衍翠铺云，若浮空而载之者。由岩左循崖跻石，其上层石回亘如盘髻上突，而俱不中空；虽峭削无容足之级，而崖端子石嵌突，与白石之顶同一升法。约一里，遂凌峰顶。其间横突之崖，旁插之峰，与夫环涧之田，傍溪之室，遐览近观，俱无非异境。〔自“其间横突之崖”以下，乾隆本作：乃知是山东西骈列，惟三峰最高，皆北耸南俯，此其最西者也。回睇最东，层叠更多，但不及此峻耳，北又横突一峰，为此峰北护，即县南望之趋者。其北面峭削特甚，西则旁插一峰，颇尖锐，为此峰附。西北两附间，下开一门，内环为峡，乃北护山与西高峰夹而成者。峡中又突嶂中盘，为当门屏。由屏东进峡南转，则东西二高峰交夹隙也。回合甚深曲。〕久之，乃从旧道下，三里，至灵景岩取行囊。又五里，南下至山麓，西渡一桥，饭于石嘴铺。转而北，一里过石寨村，东望峡门深窈，冀一入探，而从夫阻梗不前。眺峡右有岩岈然，强其姑往探，此夫倔强如故。有土人见而问之，余以情告。土人曰："此岩甚浅，不足入其内。山半有竹简岩，山北之岩，惟此可入而游也。"夫乃俯首从命。遂东向峡门入，过峡北，岩果浅，而中北不堪置足。一里，西抵一高峰东麓，见危崖独展，内环成峡。〔自"一里"以下，乾隆本作：抵当门屏下。其南面裂垂罅，削为三崖，西则下属北护峰，与之并起；东面危崖独展，与西高峰麓相对成峡。〕峡南堰水成塘，〔环汇南罅三崖下，西附小峰，即椎立于南。〕塘上一家，结茅而居，环户以竹，甚有幽致。由此渡峡，转上西峰北麓。又一里，越岭稍下，其处又成峡焉。细流南向，〔直坠椎立小峰腋。〕余乃溯流北入，涧壁阴森，藤竹交荫，涧石磊落，菖蒲茸之，嵌水践绿，足之所履，知菖蒲不知其为石也。缘涧东上，复东南跻岭，共一里，有飞石二丈当道。缘梯而上，则竹简岩在其左夹，两岩并列，门俱西北向，虽不甚深，高爽殊甚。南有飞泉外坠，北则燥洁中虚。有僧新结庐其间，故其道开辟。〔岩下崖直达涧底。计岩后即西高峰绝顶，当与三清岩胸背值，若由此置磴，可先登峰顶，次第下诸岩也。〕既而下二里，仍至环塘结茅处，〔探南面裂罅。罅相距五尺，两罅并起，界崖为三，但危悬绝峭。〕见东麓有径北倚危崖，款茅而问之，其人方牧，指曰："此石背村路也。"先是，偕从夫循危崖北行，夹径藤树密荫，深绿空濛，径东涧声唧唧如寒蛩私语；径西飞崖千尺，轰影流空，隔绝天地。若不有此行，只谓都峤南魁北峭，一览可尽，而谁觉其幽悄至此哉！时已下午，从夫顿捐倔强之色，并忘跋履之劳。二里，危崖北穷，与坞西转，〔即当门屏北麓也。较南麓三裂崖，稍逊其峻，亦环亘成坞焉。〕路乃东向，截坞登岭。〔岭乃西高东北支，北走属北护峰者。〕逾岭，其坞自北而南，〔复开南北坞。坞东乃中高盘亘，上亦有岩悬缀，下与西高夹为此坞；北更有重崖间之，南则湾环以出，不知所极。既而南〕见两、三家倚西峰北麓而居，亟趋而问之，即石背村也。余既得石背，因忆宝盖道者所云"山北有岩与之相近。"更详询其所在。村人曰："此处东有婆婆岩。岩高路绝，可望而不可到。西有新岩，其岩新辟，有径可别下石寨。"乃引余从屋右小径指而望之，即竹简岩也。盖北山之洞，即为竹简。此中岩名、村界，询之则彼此多错，陟之则脉络递现，山灵与杖屦辐辏，其无幽不抉如此！时日已下迫，问抵县城尚二十里。亟逾岭，循危崖而行。三里，未至石寨，见有路北去，遂随之盘一岭，路渐微，问之樵者，曰："误矣。"指从苍莽中横去，曰："从此西南，可得大道。"从之，路益荒棘。久之，得微径向西南，约共误三四里。仍出石寨傍南来大道，日已逼虞渊矣，始北转向大道行。五里，过古楼村西，已昏黑。念前所投宿处，酬钱不受，难再入，入他家又昏暮不便，从暗中历大道北向而驰。四里，越一隘，又二里，转一岣，复下一坡，渡一涧，共二里而抵绣江，则街鼓既动，宿肆俱寂。乃叩南涯之肆，入炊而宿焉。即昨来炊饭家，故闻声而即启也。

初六日 早，北渡江，入南门出西门，饭于肆。即从外垣内北向行，经演武场，有大塘潴水甚富，堤行其间。堤北出古城门，此古州北城遗址也。有碑言："天顺间郑果、嘉靖间吴显宗二寇为乱，皆因改州为县，城失其险。故崇祯初复门旧基为外护"云。余疑改州为县，因人散城缩，非改县而后失险也。出门，即西行。已而北转，循大容东麓十里，有水自西北来，〔东入绣，〕乃连渡其右，复渡其左，三渡，遂循溪溯流而上，行夹谷间五里，为石头铺。于是复乱流涉水，水势愈缩，山势愈夹。西折入山峡行，透峡共五里，山势复开，是为李村。已渡一桥，复渐入幽阻，盘旋山峡间，见溪流壑底，树蔓空中，〔藤箐沉翳，举首不见天日。〕五里，跻岭，复盘旋其上峡。又五里，忽山回谷转，潴水满陂，环浸山麓，开处如湖，夹处如涧，皆平溢不流，左右回错，上下幌漾，真深山中异境也。已而路向南山，水连东坞，乃筑堤界其间，以通行者。再南出峡，水遂西流，是为水源。盖大容北下之脉所盘夹而成者。于是水分东西，夹路随水西北出山。二里，为同山墟，山乃大开，原田每每，村落高下。转而西行，仍南见大容西峰巍然颖出也。五里，有大溪自南，小溪自西，二溪会而东来之溪相并北去，乃涉南溪，溯西溪，北循岭过鸡黍山，有村落在路左。越溪而北，日有余照，途中人言："从此将北入深峡中，无居人。"遂止于秦窑。秦窑者，鸡黍山北坞中悬小阜也。左右俱有峡，通狭径，两三家当阜而居，径分其前，溪合其下。主人方裂竹为构屋具，取大竹椎扁裂之，片大尺许，而长竟其节，以覆屋兼椽瓦之用。迎客，有山家风味，不若他方避客如虎也。

初七日 晨餐毕，从秦窑北行。透峡二里，山复环而成坞，有聚落焉，是为卢绿塘。从此循壑西北行，山谷愈幽，径路愈塞，山俱丛茅荒棘，求如水源一带高树深林，无复可得。况草茅高者没顶，不辨其上之或东或西；短者翳胸，不见其下之为平为坎。如是者三里，过大虫塘。又二里，逾长岭顶，始北望白石山在重峰之外。于是西北从岭头下二里，又从坑中下一里，为石潭村。村北逾小桥，从东岐行，五里，山坞大开，有江自南而东北注，是为西罗江，乃发源大容西北，〔至此始胜舟，〕而东至头家寨入绣江者。其流颇大，绝流而渡，没股焉。北岸为平地墟，有舟下达绣江。由其埠西上岭，二里，入一坞，为板洞，聚落亦盛。由洞后西上岭，平行岭半，二里，转而北，复平行岭半，二里乃下。旋东北上跻，遂逾岭头。南望大容东西诸峰无不毕献；惟北瞻白石，为北峰所掩。复平行岭上，一里而下岭北。其水犹东行，度峡西，稍逾一坳，水始分东西焉：东水俱入西罗江，属梧；西水俱入大水河，属浔。是为分界。一里出坞，为上周冲，山始开。五里抵罗秀，山乃大开。饭于肆。由罗秀北行，三里，为卢塘。四山开绕，千室鳞次，倚山为塘，堤分坡叠，亦山居之再盛者也。

罗秀、卢塘之中，道旁有空树一圆，出地尺五，围大五尺，中贮水一泓，水面上〔不〕盈树围者五六寸，下浮出地面者几及尺焉。深碧澄莹，以杖底之，深不可测，而珠泡亹亹上溢。空树虽高于地，若树中之水，止可与地相平，乃地之左右俱有溪流就下，而水贮树中者，较地独高，不溢不臧，此孰为之斟酌其间耶？树若井栏，或人之剜空而植之地中者。但水之浮地为可异耳。

卢塘北五里，过卢忘村，登一岭夹，下而复上，又二里，循山半行，始望白石双尖如觌面，其岭东西两界夹持，而北下成深坑，布禾满底坑。一里，辄有过脊横断两崖间，凡渡三脊，约循崖上者，共六里焉。俯瞰坑中，或旁通，或中岐，所谓“十二岔塘”者是矣。渡脊后遂西北逾岭，一里，稍下，复东度一脊，乃北向大路，直望白石山麓。北下一里，又随夹西转，一里，下至坑底，即逾小岭。一里西下，则大水河从南北注，随之北下。又一里，水转东折，又有一小水，北自白石来，合并东向。乃既渡其大，复渡其小，上东北涯，已暮色逼人，投宿于岭上之陈村。

大水河者，自同冲、罗秀北流过此，下流至武林入浔江。

初八日　自大水河登后山入浔路，当从山左循小水北行，余误从山右大水北去。一里，大水折而东，余乃西逾岭，三里出罗捷，或作“插”，有村落在山半。仍与北来小水遇。溯之行，始得大道。又二里，复逾水上岭，从岭上行。二里，西瞻独秀而行，下山二里，为陈冲，已出独秀东北，复见白石矣。自陈冲循坞中小水东北行，至是又以潘观山为西瞻矣。潘观山与东界山排闼而北，十里，复西北陟岗，盘西界中垂之嘴。于是复循岗陇行共十里，逾一岭而下，是为油麻墟。时值墟期，饭而后行。十里，连渡二桥，桥北为周村，水北绕而去，路陟西岭。五里，过上合村。又谓之麻合，居民二三家在岭内。又十里，抵陈坊。陈坊之南，自周村来，山不甚高，水不成溪。然犹岗岭间叠，陂陀盘绕。陈坊之北，则平野旷然，西山在望，聚落成市，始不作空山寂寞观矣。

初九日　自陈坊墟西行荒野之中，中洼如岩，岩中突石，盘错蹲踞，但下无深坠之隙，中无渊涵之水，与前所过石桥村南洼坡突石无以异也。西行十里，直逼思灵山下，则郁江自西南环城东北，而隔江山光，雉堞恍然在望矣。渡江，抵城东南隅，往南门，至驿前，则二病者比前少有起色。询横州渡舡以明晨早发，遂携囊下舟以俟焉。

是行也，为日十有六，所历四县、桂平、陆川、北流、容。一州郁林之境，得名岩四，而三为洞天：白石名秀乐长真第二十一洞天；勾漏名玉阙宝圭第二十二洞天；都峤名大上宝玄第二十洞天。惟水月洞不在洞天之列，而实容山之正脉。盖余所历，俱四面环容山之麓。盖大脊西南自钦州灵山东北，经兴业由平山墟度脉而东，即高峙为大容。其北出之支，发为白石，而山脉尽焉；其南出之支，经北流县东分为勾漏，而山脉亦尽；南行正脉，自鬼门关又南为水月洞，又南经高州、西宁之境，散为粤东南界之脉，而北转者始自罗徧而北，结为都峤。是白石、勾漏、水月皆容山嫡冢，而都峤则云礽之后矣。世谓容州三洞天俱潜穴相通，非也。白石之通于勾漏者直指其山脉联属，而何必窍穴之相彻；都峤之通于勾漏者，第泥其地界之接轸，而岂知脉络之已分。故余于都峤而知迹之易混，于水月而知近之易遗也。

鬼门关在北流西十里，当横林之北，望之石峰排列，东与勾漏并矣。北流而县中峙，乃东者名仙区，西者称鬼域，何耶？余初是横林北望，心异仙境，及抵北流，而后知其为“鬼门。”悔不能行其中，一破仙、鬼之关也。

初十日　未明发舟，晓霞映江，从篷底窥之，如行紫丝步障中，彩色缤纷，又是江行一异景也。随西山南向溯流十里，外转而东北行，迂曲者又十里，始转而南，又十里，望白石山亭峙东南，甚近。于是转而西北，是为大湾。又西十里过牛栏村，转而南，复转而西，又十五里而暮，又乘月行五里，宿于镇门。是夕月明如昼，共行六十里。

十一日　未曙而行。二十里，白沙。又五里，登涯由小路北行。一里，得大路，稍折而东，渡雷冲桥。从桥东小岐北望石峰而行，涉一溪，行苍莽中。四里，抵小石峰下，复透一峰峡。又三里抵罗丛岩，岩门南向。邦人黎霄鸾，乡贡进士，有记曰：“东南望白石洞天，西北接狮子、凤巢之秀，艮案峙其前，太平拥其后。”既至，日犹未午。一面索炬同道者游，一面令具餐焉。盖兹岩前有东、西两门，内有东、西两洞。西洞之内，倏夹倏开，倏穹而高盘，倏垂而下覆，顶平若幕，裂隙成纹；至石形之异，有叠莲盘空，挺笋森立者，亦随处点缀，不颛以乳柱见奇也。西洞既穷，道者复携炬游东洞。其内夹而不宽，高而无岐，石纹水涌，流石形如劈翅，而莲柱乳笋，亦复不泛。然其深止得西洞之半，不若其屡转屡扩也。游毕，下洞底，循故道出。〔自“西洞既穷”以下，乾隆本作：计里许，北过一隘，西转有峡，北透天光。时数炬更尽，不复能由内洞返。北跻后洞出，穴北向，仅中匍匐，出洞，已下北麓循麓东行。过东北隅，道者指其上列窦曰：“此东洞后穴也。”予即欲从之入，道者曰：“无炬。须仍由前洞携炬出。”从之，环其东麓，麓东一峰圆峙，高逾此山，窍穴离披。道者谓都无深入窦。然其北有石一枝离立起，不由此不得睹也。复入东前洞缚炬内游，乳石奇变，与西内洞等，而深止得半，不若西屡转愈扩也。东崖上穴骈迸，亟跻上，则有门三穴，联翩北向，而下无阶级。道者谓从其内西向跻暗夹中，有道可出，然愈上愈隘，不若仍出前洞也。〕

饭于道者，复束炬为水洞、龙洞游。水洞在山西南隅，其门南向，中宽数亩，潭水四际，潴而不流，其深不测，而渊碧如黛；其外浅处，紫碧浮映，想为日光所烁也。洞左右俱有重崖回环潭上，可循行以入。及抵潭际，则崖插底而路旁绝，不能变通焉。〔“不能变通焉”乾隆本作：上无岐穴，不识水洞何所止。〕出洞，循西麓北转而东，又得龙洞。洞在山西北隅，其门北向，中有水夹，其上片石东西交叠，成天生桥焉。〔五丈以内，又度一梁，篝火入，西穿石柱，夹渐大。〕南入约半里，〔路穷下黑，乃多燃火炬照耀之。〕亦有深潭一泓，潴水莫测，大更逾于水洞，〔投石沉沉，亦止而不流，〕洵神龙之渊宅也。〔已而熄炬消焰，南望隔潭，深处杳杳，光浮水面，道人神以为怪光使然。予谓穴影旁透。道人曰：“昔村人结筏穷之，至其处，辄不得穴，安所得倒影？”予曰：“此地深伏，虽去洞顶甚遥，然由门南出，计去水洞不远，或水洞之光，由水中深映，浮筏者但从上瞩，不及悟光从水出耳。若系灵怪，岂有自古不一息者哉？”乃复明炬〕出龙洞。

〔别道人，〕即西逾石梁，西南望山坳行，皆土山漫衍，三里，辄不得路。乃漫向西南升陟坔坂，五里始得路。乃随向西南一里，度一石梁，又一里，得村聚，是为厚禄，有公馆焉。厚禄西南，乃往贵县大道；厚禄之北为安禄营，乃浔州所从来者。余从间道出厚禄后山，已过安禄而南，欲趋平碣，尚三十里，中无人烟可以托宿。土人劝余返安禄宿铺中。时日才下舂，余不能违也。安禄营有营兵数十家，以宿客为业。

罗丛岩西北有崇山横亘，东北自浔之西山，西南自贵之北山，二山两角高张，东西相距百四十里，中间峰峦横亘，翠环云绕，颇似大容。盖大容为郁江南条之山，界于绣、郁两江之间，而此山为郁江北条之山，界于黔、郁两江之间。其脉自东南曲靖东山至泗城州界，经思恩、宾州之境，而东尽于浔。贵县之倚北山，犹郁林之于大容西岭；浔州之倚西山，犹容县之于大容东峰：皆东西突耸两角，而中则横亘焉。第大容〔东西八十里，〕较近，而中有北流县界其间。兹山较远，而别无县治，惟安禄营为中界。安禄东有土山，脉由大山东北分支南下。第大山自西南趋东北，土山自东北转西南。南抵浔、贵滨江诸山而止。其中夹成大坞，映带甚遥，平畴广溪，迤逦西南矣。

十二日 平明，自安禄西南行田塍间。四里，南越山岗，西下二里为飘村，聚落不及厚禄三之一，而西望大山之下，则村落累累焉。又西南四里过一小桥，于是皆沮洳之境，两旁茅草弥望，不复黍苗芃芃矣。又一里，过临征桥，乃南逾岗陇。又西南三里，有碑大书为“贵县东界”。又西南渐向岗陇，而草蘖一望如故。又八里，直抵石山下，是为平碣营。先是，由飘村南望右大山、左土岭，两界夹持，遥遥西南去，大山长后西突而起，土山短渐南杀焉。而两界之中，有石山点点，青若缀螺。至是而道出其间，平碣亦在岗阜上，有营兵数家，墟舍一环，就饭于卖浆者，恐前路无人烟也。

平碣之东，石峰峭立，曰大岩山，有岩甚巨，中容数千人。其南又突小山，低而长，上有横架之石，若平桥高悬，其下透明。小山之西、平碣之南，为马鞍山，亦峭耸而起，此皆平碣之近山也。南望有骈若笔架、锐若卓锥者，在数里之外，望之而趋。三里，度石梁，为石弄桥。又南十余里，直抵南望诸峰之麓，有一第舍在路右突阜上，曰劈竹铺。眺路左诸峰，分岐竞异。执途人而问之，始知即贵县之东山也。其西北大山尽处高峙而起者，即贵县之北山也。按《志》：贵县有东、西、南、北四山，而东山在县东二十里，为二何隐处。《一统志》曰："唐时有何特进、履光二人隐此。"《风土记》谓"特进"乃官衔，分履、光为二人，曰何履、何光。《西事珥》载开元中何履光以兵定南诏，取安宁，立铜柱。按此则履光乃一人，其一名特进，非衔也。明秀挺拔。盖四山惟北为崇峦峻脊，而东、西、南三山俱石峰森立。东山亚于南，而轶于西。西北一峰，如妇人搭帔簪花，俗呼为新妇岩。中峰石顶分裂，如仙掌舒空，又如二人并立，今人即指为二何化名。然兹山耸拔自奇，何必摹形新妇，托迹化人也？其南支渐石化为土，峰化为冈，逶迤西南。循其右行共九里，为黄岭。其南面土岗尽处，始见村聚倚岗，室庐高列。其北隅平洼中，复立一小石峰。东望如屋脊横列，两端独耸；西眺则擎芝偃盖，怪状纷错。又西南一里，路右复突一石峰，高耸当关，如欲俯瞰行人者。从此东北，石峰遂尽。遥望南山数点，又青青前列矣。又二里，度一石梁，其水势石状与劈竹同。又五里，则路两旁皆巨塘潴水，漾山潆郭。又一里，过接龙桥。叠石塘中，以通南北，乃堤而非桥也。于是居聚连络。又西一里，由贵县东门抵南门，则大江在其下矣。〔静闻与顾仆所附舟，已先泊南门久。〕下午下舡，薄暮放舟，乘月西行，十五里而泊。

十三日　未明而发。十里，西抵西山之南，转向南行，五里，转向东行，十里，是为宋村。由贵县南至南山十里，由南山至宋村十里；而舟行屈曲，水路倍之。先，余拟一至贵县，即往宿南山，留顾仆待舟，令其俟明晨发。及余至，而舟且泊南门久矣。余别欲觅舟南渡，舟人云："舟且连夜发。"阻余毋往。余谓"舟行屈曲，当由南山间道相待于前，不知何地为便？"舟人复辞"不知"，盖恐迟速难期，先后有误耳。及发舟，不过十余里而泊。今过宋村，时犹上午，何不往宿南山，至此登舟也？至是，舟转西南，挂帆十里转东南，仍纤十五里，复南挂帆行，五里西转，是为瓦亭堡。其北涯有石突江，若蹲虎。其南涯之内，有山横列焉。又十五里，则夹江两山并起，舟溯之入。又五里而暮，乘月行。十里，泊于香江驿。

十四日　五鼓挂帆行。晨过乌司堡，已一十里矣，是为横州界。东风甚利，午过龙山滩，又四十里矣。滩上即乌蛮滩，有马伏波庙。滩高溜急，石坝横截，其上甚艰。既上，舟人献神庙下，少泊后行。西北五里，为乌蛮驿。又南十里，则石山峥嵘，立江右为凤凰山。自过贵县西山，山俱变土，至是石峰复突而出。其双崖壁立、南嵌江中者，即凤凰岩也。又南二里，为麻埠，日已西昃。余欲留宿其处，为凤凰游，而村氓皆不肯停客。徘徊久之而去。又西十里，其处有山高突江左，其上有洞，曰道君岩，下有村曰谢村。日色已暮，而其山去江尚远，亦不及停。又南五里曰白沙堡，又乘月行五里而泊。是夜月明如昼。

乌蛮滩在横州东六十里，上有乌蛮山、马伏波庙。《志》谓："昔有乌蛮人居此，故名。"余按：乌浒蛮在贵县北，与此不相及。而庙前有碑，乃嘉靖二十九年知南宁郡王贞吉所立。谓："乌蛮非可以渎前古名贤之祠，易名起敬滩。"大碑深刻，禁人旧称，而呼者如故。余遍观庙中碑甚多，皆近时诸宦其地者；即王文成《上滩诗》亦不在。而庙外露立一碑，为宋庆历丙戌知横州任粹所撰，张居正所书。碑古字遒。碑言："粹初授官时，奉常二卿刘公以诗见送，有'乌岩积翠贯州图'之句。抵任，即觅之不得也。遍询之父老，知者曰：'今乌蛮山即乌岩山也，昔伪刘擅广，以讳易其称，至今不改。'夫蛮乃一方丑彝，讳亦一时僭窃，遂令名贤千古庙貌，讹袭此名，亟宜改仍其旧。闻者皆曰：'喏。'遂为之修庙建碑，以正其讹。"其意与王南宁同。而王之易为起敬，不若仍其旧更妙。

十五日　五鼓，挂帆十五里，清江。有江自江左入大江。又二十里抵横州南门，犹上午也。横州城在大江东北岸，大江自西来抵城而东南去，横城临其左。其濒江二门，虽南面瞰之，而实西南向也。近城有南、北两界山：北七里为古钵，在城西北隅，俗名娘娘山，以唐贞观中，有妇陈氏买鱼将烹，忽白衣人谓曰："鱼不可食，急掷水中，上山顶避之。"陈如其言。回望所居，已陷为池矣。其池今名龙池，山顶庙曰圣婆庙。南十五里曰宝华，在城东南隅。宝华山有寿佛寺，乃建文君遁迹之地。二山皆土山逶迤，而宝华最高，所谓"秀出城南"是也。宋守徐安国诗。时州守为吾郡诸楚余，名士翘。有寄书者，与郁林道顾东曙家书，俱置箧中，过衡州时为盗劫去。故前在郁，今过横，俱得掉头而去。若造物者故藉手此盗，以全余始终不见之义，非敢窃效殷洪乔也。是日为中秋节。余以行李及二病人入南宁舟。余入城，饭于市。乃循城傍江而东，二里，抵下渡。横州有三渡：极西者在州门外，为上渡；极东者在下流东转处北极庙前，为下渡。而中渡在其中。渡南岸，〔为宝华山道。〕遂登山坡而入，其道甚大，共二里，透入岭半，其内山环成峒。由峒东北行，有小径，二十里可抵凤凰山。已而复随峡南行，共五里，乃由右岐南复登岭。一里南下，又一里过蒙氏山庄，又一里，乃东向入山。又二里，过山下村居，予以为即宝华寺也。披丛入之，而后知寺尚在山半。渡涧拾级，又半里，得寺。日才下午，而寺僧闭门，扣久之，乃得入。其寺西向，寺门颇整，题额曰"万山第一"。字甚古劲，初望之，余忆为建文君旧题，及趋视之，乃万历末年里人施怡所立。盖施怡建门而新其额，第书己名而并没建文之迹。后询之僧，而知果建文手迹也。余谓“宜表彰之。”僧“唯唯。”寺中无他遗迹，惟一僧守户，而钟磬无声。问所谓山后瀑布，僧云：“坠自后岭，其高百丈。而峡为丛木所翳，行之无蹊，望之不见，惟从岭而上，可闻其声耳。”余乃令僧炊于寺，而独曳杖上岭，直造其顶。而风声瀑声，交吼不止，瀑终不见。乃下返寺。寺后岗上，见积砖累累。还问之，僧曰：“此里人杨姓者，将建建文帝庙，故庀材以待耳。”吁！施怡最新而掩其迹，此人追远而创其祠，里闾之间，知、愚之相去何霄壤哉！既而日落西陲，风吼不息，浮云开合无定。顷之而云痕忽破，皓魄当空。参一出所储酝醉客，佐以黄蕉丹柚。空山寂静，玉宇无尘，一客一僧，漫然相对，洵可称群玉山头，无负我一筇秋色矣。

十六日　早饭于宝华，下山五里，出大路，又五里，出峒前岭。望东北凤凰诸石峰在三十里外，令人神飞。而屡询路远，不及往返。南宁舟定于明日早发，遂下山。西五里抵州门，由上渡渡江入舟。

十七日　平明发舟，雨色凄凄，风时顺时逆。舟西南行三十里，江口有小水自江南岸入，江名南江。舟转北行，又十里抵陈步江。在江南岸，通小舟。内有陈步江寺，亦建文君所栖。〔钦州盐俱从此出。〕泊于北岸。是日共行四十里。静闻以病后成痢，坚守夙戒，恐污秽江流，任其积垢遍体，遗臭满舱，不一浣濯。一舟交垢而不之顾。

十八日　晨餐始发舟。初犹雨色霏霏，上午乃霁。舟至是多西北行，而风亦转逆。山至是皆土山缭绕，无复石峰嶙峋矣。〔盖自入郁江，惟凤凰山石崖骈立瞰江，余皆壤阜耳。〕二十里，飞龙堡。又十里，东陇堡。又五里，泊于江之左岸。其处在火烟驿下流五里土山之上，有盘石平亘若悬台，中天擎是向空，亦一奇也。是日行三十五里。

十九日　平明行。五里，过火烟驿，是为永淳县界。于是舟转北行，历十二矶焉。矶在江右涯，盘石斜叠，横突江畔。盖自横以来，山石色皆赭黯，形俱盘突，无复玲珑透削之状矣。共十五里，绿村。舟转东北，又十里，三洲头。又五里，高村。转而东南，乃挂帆焉。三里，复转东北，又五里，转而东。又二里，抵永淳之南门而泊。是日行四十五里。

永淳踞挂榜山而城，郁江自西北来，直抵山下，始东折而南，仍环南门，西去当城之西，只一脊过脉。脊北则来江，脊南则去江，相距甚近。脊之东北，石崖圆亘，峙为挂榜山，而城冒其上，江流四面环之，旁无余地。

二十日　舟泊而候人，上午始行。乃北绕永淳之东，旋西绕其北，几环城之四隅，始西北行。十五里，鹿颈堡，已过午，始转而西，乃挂帆焉。于是两岸土山复出江中，有当流之石。五里，西南行。又十五里，伶俐水。有埠在江北岸，舟人泊而市薪。风雨骤至，迨暮而止。复行五里而泊。是日行四十里。

二十一日　鸡再鸣即行，五里而曙。西南二十里，过大虫港，有港口在江北岸。转而南五里。又西五里，午过留人峒，有石耸立江右，宛若妇人招手留房者。石当山回水曲处，故曰峒。又北曲而西，五里，过蓑衣滩。又十里，转而北行，则八尺江自西来入。〔江发源自钦州，通舟可抵上思州。〕八尺之北，大江之西，巡司名八尺，驿又名黄范。宿于左峰。

二十二日　平明由黄范北行五里，上乌泟滩。江流至滩，分一支西出八尺。舟上滩，始转而西，渐复西南。二十里，有土山兀出北岸，是为青秀山。上有浮屠五级，出青松间，乃南宁东南水口也。又西五里，为私盐渡。又西五里，上一滩，颇长，有石突江西岸小山之上，下有尖座，上戴一顶如帽，是为豹子石。舟至是转而北。又十里，过白湾，山开天阔，夹江多聚落，始不似遐荒矣。转而南三里，为坪南。江南岸村聚甚盛。又西三里，泊于亭子渡。

二十三日　昧爽行，五里，抵南宁之西南城下。

自此至九月初八日纪俱缺。霞客自标简端云："在杂剡包根内。"遍搜遗帙，并无杂剡。计其时俱在南宁。嗟嗟！南宁一郡之名胜，霞客匝月之游踪，悉随断简销沉。缮写至此，安得起九原而问之！梦良记。

九月初九日　西过镇北桥关帝庙西行，三里，抵横塘。东望望仙坡东西相距，于是西折行五里，望罗秀已在东北，路渐微。稍前，始得一溪。溪水小于武江，而急流过之。渡溪始北行。二里，西去为申墟道，北去为罗赖村，已直逼西山东麓矣。返转东北，又二里，过赤土村之西，有小水自西而东，潆山麓绕赤土下中墟。越涧登山，越小山一重，内成田峒。又越峒过小桥而上，其路复大。路左有寺，殿阁两重甚整，望之无人，遂贾余勇先直北跻岭。岭西有涧，重山自西高峰来，即马退山夹而成者。一里，登越山坳。盖大山西北自思恩来，东西环绕如城，迤逦自西南走东北，而西南最高者为马退。又东，骈峰杂突，皆无与为并。而罗秀在其东，联络若一山，而峰岫错落，路亦因之。路抵中峰，忽分为二：左向西北者，为武缘道；右走直北者，为下山间道。二道界一峰于中，则罗秀绝顶也。时余未识二道所从，坐松阴待行人，过下午而无一至者。以右道幽地，从之北出坳，而见其下岭，乃谋返辕。念峰顶不可不一登，即从其处南向上。其顶西接马退，东由黄范北走宾州。盖其脉自曲靖东山而来，经永宁、泗城、思恩至此，东至于宾，乃南峙为贵县北山，又东峙为浔州西山，而始尽焉。南宁之脉，自罗秀东分支南下，岗陀蜿蜒数里，结为望仙坡，郡城倚之。又东分支南下，结为青山，为一郡水口。青山与马退东西对峙，后环为大围，中得平壤，相距三十里。边境开洋，曾无此空阔者。从顶四望，惟北面重峰丛突，万瓣并簇，直连武缘。然皆土山杂沓，无一石峰界其间。故青山豹子遂为此巨擘。从顶西下武缘道，坳间北望，寥寂皆无可停宿处。乃还从岐约一里下，从路旁入罗秀寺，空无人，为之登眺徘徊。又一里，下至前田峒，由其左循大道，共二里，抵赤土村，宿于陆氏。

是纪一则，于乱帙中偶得之，胡涂之甚，不知其纪何日。观《独登罗秀诗》，知为重阳日记。录之以志此日之游踪，不与前后俱没。若云登高作赋，不负芳辰，则霞客无日非重九矣。梦良又记。

以下九月初十日至二十一日游南宁日记缺。　整理者

卷四上

粤西游日记三

丁丑九月二十二日　余往崇善寺别静闻，遂下〔太平〕舟。余守行李，复令顾仆往候。是晚，泊于建武驿前天妃宫下。

二十三日　舟不早发。余念静闻在崇善畏窗前风裂，云白屡许重整，而犹不即备。余乘舟未发，乃往梁寓携钱少许付静闻，令其觅人代整。时寺僧宝檀已归，能不避垢秽，而客僧慧禅、满宗又为整篁蔽风，迥异云白。静闻复欲索余所买布履、衡茶，意甚恳。余语静闻："汝可起行，余当还候此，何必索之今日乎！"慧禅亦开谕再三，而彼意不释。时舟已将行，且闻宝檀在天宁僧舍，余欲并取梁钱，悉畀之，遂别之出。同梁主人觅得宝檀，宝檀慨然以扶危自任。余下舟，遂西南行。四里，转西北。又四里，泊于窑头。

时日色尚高，余展转念静闻索鞋、茶不已，盖其意，犹望更生，便复向鸡足，不欲待予来也。若与其来而不遇，既非余心；若预期其必死，而来携其骨，又非静闻心。不若以二物付之，遂与永别，不作转念，可并酬峨眉之愿也。乃复登涯东行，出窑头村。二里，有小溪自西北来，至此东注，遂渡其北，复随之东。又二里，其水南去入江。又东行一里，渡白衣庵西大桥，入崇善寺，已日薄崦嵫。入别静闻，与之永诀。亟出，仍西越白衣庵桥，共五里过窑头，入舟已暮，不辨色矣。

二十四日　鸡三鸣即放舟。西南十五里过石埠墟，有石嘴突江右，有小溪注江左，江至是渐与山遇，遂折而南行。八里，过岔九。岸下有石横砥水际，其色并质与土无辨。盖土底石骨，为江流洗濯而出者。于是复西向行。五里，向西北。十里，更向北。又十里转而西。又五里为右江口。右江自北，左江自西至此交会。左江自交趾广源州东来，经龙州，又东六十里合明江南来之水，又东径崇善县合通利江及逻、陇、教北来之水，绕太平府城东、南、西三面，是名丽江。又东流至此。右江自云南富州东来，经上林峒，又东合利州南下之水，又东经田州南，奉议州北，又东南历上林、果化、隆安诸州、县至此。又按《一统志》："右江出峨利州。"查"峨利"，皆无其地，惟贵州黎峨里在平越府，有峨剃山，乃牂牁所经，下为下大融、柳州之右江者，与此无涉。至利州有阪丽水，其流虽下田州，然无"峨利"之名，不识《统志》所指，的于何地。又按：《路志》曰："丽江为左，盘江为右。"此指南盘之发临安者。若北盘之经普安州，下都泥，亦出于来宾，合柳州之右江，与此无涉。此古左、右二江之分也。二水合至横州又名郁江，而庆远之龙江自贵州都匀、独山来，融县之潭江自平越、黎平来，迁江之都泥自普安、七星关来，三水经武宣，是名黔江。二江俱会于浔。于是又以郁江为左，黔江为右者。而今已左、右二江道因之，彼此互称，不免因而纰缪矣。又按：《一统志》于云南曲靖府盘江下注云："盘江有二源，在霑益州，北流曰北盘江，南流曰南盘江，各分流千余里，至平伐横山寨合焉。"今考平伐属贵州龙里、新添二卫，横山寨在南宁。闻横山寨与平伐相去已千余里，二水何由得合？况龙里、新添之水，由都匀而下龙江，非北盘所经。横山寨别无合水，合者，此左、右二江耳。左江之源出于交趾，与盘江何涉，而谓两盘之合在此耶？余昔有辨，详著于《复刘愚公书》中。其稿在衡阳遇盗失去。俟身经其上流，再与愚公质之。余问右江之流，溯田州而上，舟至白隘而止。白隘本其邻境，为田州夺而有之。又考利州有白丽山，乃阪丽水所出。又有"阪"作"泓"、"濛"二水，皆南下田州者。白隘岂即白丽山之隘，而右江之出于峨利者，岂即此水？其富州之流，又西来合之者耶？自岔九来，两岸土山逶迤，俱不甚高。由右江口北望，其内俱高涯平陇，无崇山之间；而左江南岸，则众峰之内，突兀一圆阜，颇与众山异矣。又西一里，江亦转北。又南一里，是为大果湾。前临左江，后倚右江，乃两江中夹脊尽处也。其北有小峰三，石圆亘如骈覆钟，山至是始露石形。其东有村曰宋村，聚落颇盛，而无市肆。余夙考有合江镇，以为江夹中大市，至是觅之乌有也。征之土人，亦无知其名者。是日行五十里，泊于湾下。

二十五日　鸡再鸣，发舟。西向行，曲折转西南十五里，复见有突涯之石，已而舟转南向，遂转而东。二里，上长滩，有突崖飞石，娉立江北岸。崖前沙亘中流，江分左、右环之，舟俱可溯流上。又三里，为杨美，亦名大湾，盖江流之曲，南自杨美，北至宋村，为两大转云。自杨美西向行十五里，为鱼英滩。滩东南有山如玦，中起一圆阜，西向迎江，有沙中流对之。其地甚奇。询之舟人，云："昔有营葬于上者，俗名太子地。乡人恶而凿其两旁，其脉遂伤。"今山巅松石犹存，凿痕如新也。上滩又五里而暮，泊于金竹洲之上流野岸也。

二十六日　鸡初鸣，发舟。十里，西南过萧村，天色犹熹微也。至是已入新宁境，至是石山复出，〔若屏列，若角挺，〕两岸濒江之石，亦时时竞异。又五里，折而东，江南岸穹石成洞，外裂多门，如狮、象骈立，而空其跨下；江北岸断崖成峡，上架飞梁，如虹霓高映，而缀其两端。又五里，转而西南，与石山时向时背。两崖突石愈奇，其上嵲如翅云斜劈，下覆如肺叶倒垂，幻态时时变换；但洞不甚深，崖不甚扩，未成楼阁耳。又北转五里，为新庄。转西南三里，为旧庄。又西二里，转而南。五里，转而北。三里，复转西南。更有石山当前矣。又三里，西透两山之腋，挟江北石峰北转，而循其西麓。于是东岸则峰排崖拓，穹洞连门；西岸则波激岸回，矶空窍应。其东岸之山，南连两峰，北峰洞列三门，门虽外分，皆崆峒内扩；北骈两崖，南崖壁悬两叠，叠俱有洞，复高下中通。此即狮岩。北行三里，直抵骈崖下，乃转南行，顺风挂帆二里。又西行一里，逼一尖峰下，仍转向南。西岸复有骈崖平剖，巍临江潭，即笔架山也。而东岸石根愈耸愈透。共三里，过象石下，即新宁之西门也。风帆方驶，舟人先有乡人泊此，遂泊而互酌。余乃入城，登州廨，读《州记》于仪间，询狮岩诸胜于土著。还登象石，日已薄暮，遂不成行，依象石而泊。

新宁之地，昔为沙水、吴从等三峒，国初为土县，后以思明土府有功，分吴从等村界之，遂渐次蚕食。后忠州从而效尤，与思明互相争夺，其地遂朝秦暮楚，人民涂炭无已，当道始收其地，以武弁守之。土酋黄贤相又构乱倡逆，隆庆末，罪人既得，乃尽收思明、忠州未吐地并三峒为四，创立州治。其东南五里，即宣化如何乡名一、二、四三围并割以附之；即萧村以上是也。其西北为思同、陀陵界；西南为江、忠二州界。江水自西南那勒来，绕城西北，转而东南去。万历己丑，州守江右张思中有记在州门，乃建州之初任者。

州北四里，隔江为狮岩山，州西二里隔江为笔架山，州南一里为犀牛岩，更南三里为穿山大岩：皆石峰耸拔，石洞崆峒奇境也。州西远峰排列更奇：象石、狮石俱在含晖门江岸。江流自南衡涌而来，狮石首扼其锐，迎流剜骨，遂成狰狞之状。下流荡为象石，巍准下倩，空颊内含，截水一湾，可泊可憩，而西门之埠因之。狮石之上曰冲口，下流有石梁高架两崖间，下辟成门。余先闻之邑父老云："近冲口有仙源洞府。"记忆不真，无可问者，不识即此否？

自南宁来至石埠墟，岸始有山，江始有石。过右江口岸，山始露石；至杨美，江石始露奇；过萧村入新宁境，江左始有纯石之山；过新庄抵新宁北郭，江右始有对峙之岫。于是舟行石峰中，或曲而左，或曲而右，旋背一崖，复潆一嶂，既环乎此，转骛乎彼，虽不成连云之峡，而如梭之度纬，如蝶之穿丛，应接不暇，无过乎此。〔且江抵新宁，不特石山最胜，而石岸尤奇。盖江流击山，山削成壁，流回沙转，云根迸出，或错立波心，或飞嵌水面，皆洞壑层开，肤痕縠绉。江既善折，岸石与山辅之恐后，益使江山两擅其奇。余谓阳朔山峭濒江，无此岸之石；建溪水激多石，无此石之奇；虽连峰夹嶂，远不类三峡，凑泊一处，促不及武彝，而疏密宛转，在伯仲间。至其一派玲珑通漏，别出一番鲜巧，足夺二山之席矣。〕

二十七日 鸡初鸣，自新宁西南行，已转西北，直逼西峰之下，乃南转，共八里，江东岸石根突兀，上覆中空，已为幻矣；忽一转而双崖前突，砻石高连，下辟如阊阖中通，上架如桥梁飞亘，更巧幻中雄观也。但恨舟过其前而不得一登其上，且无知者。质之所谓"狮石""洞府"，皆以意测，是耶？非耶？又一里，有水自东南来会，所谓冲江也。其源发自忠州。又南三里，则江东岸一峰甚峭；其北垂环腋转截处，有洞西向者累累，然皆悬而无路。又西曲南转，共八里，过那勒，风帆甚利，舟人以乡人泊此，复泊而饮。余乃登陆为穿山、犀牛二岩之游，舟竟泊此。

那勒在江东岸，居民颇盛。问犀牛岩，土人皆莫知，误指南向穆窑。乃透两峰之下，西南三里，有溪自东南来入大江。流小而悍，淙淙有声，新甃石梁跨其上，甚整。其源发自江州，土人谓之横江。越梁而南，即为穆窑村，有市肆，西临江浒。问犀牛岩不得，得大岩。岩在其南一里，群峰排列，岩在峰半，其门西向。攀崖石而上，抵门，始西见江流横其前，山腹透其后。又见隔山回环于后门之外，翠壁掩映。乃由洞上跻，踞其中扃，则东西对辟，两门交透。其上垂石骈乳，凝结两旁；其内西下东上，故东透之门，高出西门之顶，自外望之，不知中之贯彻，必入门而后见焉。两门外俱削壁千丈，轰列云表，而东门地势既崇，上壁尤峭，下趾弥峻。环对诸岩，自门北迤逦转东，又南抱围成深谷，若另辟一翠微世界。其下旋转西去，谷口石崖交错，不得而窥也。

复自前洞下山，循山北行。一里，过穆窑，闻知犀牛洞在麒麟村，乃过石梁东北行，三里，至麒麟。盖其村在那勒东二里，三村鼎足，而穆窑稍南。使那勒人即指此，何由向彼得穿岩耶？麒麟村人指犀牛洞在北山东峰之上，相去只里许耳。至其下，不得路。闻岩下伐木声，披荆攀棘，呼之不应，觅之不见得，遂复出大路旁。时已过午，虽与舟人期抵午返舟，即舟去腹枵，亦俱不顾，冀一得岩。而询之途人，竟无知者。以为尚在山北，乃盘山东北隅，循大道行，〔道西北皆石峰。〕二里，见有岐北转，且有烧痕焉。初，麒麟村人云：“抵山下烧痕处，即登岩道。”余以为此必是矣，竭蹶前趋，遂北入山夹。其夹两旁峰攒崖叠，中道平直，有车路焉。循之里余，见路旁有停车四五辆，有数牛散牧于麓，有数人分樵于崖。遍叩之，俱不知有岩者。盖其皆远村，且牧且樵，以车为载者。过此，车路渐堙。又入一里，夹转而东，四眺重崖，皆悬绝无径，而西崖尤为峻峭。方徘徊间，有负竹而出深丛者，遥呼问之，彼摇手曰：“误矣。”问：“岩何在？”曰：“可随我出。”从之出，至前停车处，细叩之，其人亦茫然不知。第以为此中路绝，故呼余出耳。余乃舍而复入，抵其北，复抵其东，共二里，夹环为坞，中平如砥，而四面崖回嶂截，深丛密翳，径道遂穷。然其中又有停车散牛而樵者，其不知与前无异也。余从莽棘中出没搜径，终不可得，始怅然出夹。余观此夹外入既深，中蟠亦邃，上有飞岩，旁无余径，亦一胜境。其东向逾脊而过，度即舟行所过。东岸有洞累累者，第崖悬路塞，无从着足。然其肺腑未穷，而枝干已抉，亦无负一番跋履也。共五里，仍西南至麒麟村北大路旁，前望隔垅有烧痕一围，亟趋，见痕间有微径，直趋前所觅伐木声处，第石环丛隔，一时莫得耳。余以为此必无疑矣。其时已下午，虽腹中馁甚，念此岩必不可失，益贾勇直前。攀危崖，历丛茅。然崖之悬处，俱有支石为梯；茅之深处，俱有践痕覆地，并无疑左道矣。乃愈上愈远，西望南垂，横脊攒石，森森已出其上；东望南突，回峰孤崖，兀兀将并其巅。独一径北跻，二里，越高峰之顶，以为此岩当从顶上行，不意路复逾顶北下。更下瞰北坞，即前误入夹中所云“重崖悬处”也。既深入其奥，又高越其巅，余之寻岩亦不遗余力矣。然径路愈微，西下岭坳，遂成茅洼棘峡，翳不可行。犹攀坠久之，仍不得路。复一里，仍旧路南逾高顶。又二里，下至烧痕间，见石隙间复有一路望东峡上。其径正造孤崖兀兀之下，始与麒麟人所指若合符节。乃知径当咫尺，而迂历自迷，三误三返而终得之，不谓与山灵无缘也。但日色渐下，亟望崖上跻，悬磴甚峻，逾半里，即抵孤崖之北。始知是崖回耸于高峰之间，从东转西向，若独角中突，“犀牛”之名以此。崖北一脊，北属高峰，与东崖转处对。脊上巨石巍峙，若当关之兽，与独角并而支其腋。巨石中裂竖穴，内嵌一石圭，高丈余，两旁俱巨石谨夹，而上复覆之，若剜空而置其间者；圭石赭赤，与一山之石迥别，颇似禹陵窆石，而此则外有巨石为冒，觉更有异耳。脊东下坠成洼，深若回渊，其上削崖四合，环转无隙，高墉大橐，上与天齐，中圆若规。既逾脊上，即俯下渊底，南崖之下，有洞北向，其门高张，其内崆峒，深不知所止；四崖树蔓蒙密，渊底愈甚；崖旁俱有径可循，每至渊底，俱则翳不可前。使芟除净尽，则环崖高拱，平底如掌，复有深洞峆岈，其内洞天福地，舍此其谁？余披循深密，静若太古，杳然忘世。第腹枵足疲，日色将坠，乃逾脊西下，从麒麟村北西行。二里，抵那勒下舟，舟犹未发，日已沉渊矣。

二十八日　晨餐后自那勒放舟南行，旋转西北三里，直逼双峰石壁下，再折东南五里，有小水自东南来入，即穆窑也。又西南一里，过穿山之西，从舟遥望，只见洞门，不见透穴。又一里，西入两山隙，于是回旋，多西北行矣。又五里，江北岸山崖陡绝，有小峰如浮屠插其前，又有洞〔南向〕缀其半。又六里，又有山蜿蜒而北，是曰界牌山，西即太平境矣。盖江之北岸，新宁、太平以此山分界，而南岸则俱新宁也。又二里，舟转北向，江西岸列岫嵯峨，一峰前突，俗名“五虎出洞”。舟人指昔有远客过而葬此，其家旋掇巍科，然终不敢至此治冢也。由此舟遂东转，已复西北抵北山下，循之西向行，又共六里矣。过安定堡，北山既尽，南山复出，又西循之。三里，随山北转，过花梨村；又西北转，随江北山二里，转而西，随江南山三里，又暮行三里，泊于晓梦村。属新宁。是日共行四十里。

二十九日　循南岸山行二里，转北又一里，为驮塘。又二里转而西，山势渐开，又五里，西南过驮卢，山开水绕，百家之市，倚江北岸，旧为崇善地，国初迁太平府治于此，旋还丽江；今则迁驮朴驿于此，名曰驮柴。盖此地虽宽衍，而隔江即新宁属，控制上流，自当以壶关为胜也。江北岸太平之地，濒江虽多属崇善县，内石山之后，即为诸土州地，而左州则横界焉。是日止行十里，舟人遂泊而不行。

十月初一日　昧爽，循驮卢西北五里，〔北岸为左州界，〕稍转而南，南岸石峰复突。又二里，复转西北，北岸亦有石山。三里，西南入峰夹间。于是挂帆而行，五里，渐转南向。有村在江东山坞间，曰驮木，犹新宁属也。又西南五里，江西岸回崖雄削，骈障江流；南崖最高，有三洞东启；又南一峰稍低，其上洞辟尤巨。洞右崖石外跨，自峰顶下插江潭，崖右洞复透门而出，其中峵峒，其外交透。自舟望之已奇，若置身其内，不知胜更何若矣！又南二里，东岸石壁亦然。此地峰壁交映，江潆其间，更为胜绝。又一里，转向西行。又五里，渐转南行。已而东折，则北岸双崖高穹，崖半各有洞，南向，南岸矶盘嘴叠，飞石凌空，〔无不穿嵌透漏。〕二里，转向西南，上银瓮滩。〔滩始有巨石，中横如坝。〕滩东，尖崖耸削绝壁有形如瓮。《九域志》谓："昔有仙丹成，遗瓮成银，人往取之，辄不得；而下望又复俨然。"《一统志》谓："在南宁府境。"盖江东岸，犹新宁也。转西五里，复转西北，盘东岸危崖。二里，抵北山下。仍西向去，五里，又南转。既而转东，一里，乃西向行。山开江旷，一望廓然。又五里而暮。又二里，泊于捺利。在江西岸，属新宁。江空岸寂，孤泊无邻，终夜悄然。是日行五十里。计明日抵驮朴，望登陆行，惟虑路险，而顾奴旧病未痊。不意中夜腹痛顿发，至晨遂胀满如鼓。此岚瘴所中无疑。于是转侧俱难，长途之望，又一阻矣。

初二日　昧爽，西北行，碧空如洗，晴朗弥甚。三里，抵江北危崖下。转而南，二里，过下果湾，有村倚崖临江，在江西岸。又五里，有水自南来注，其声如雷，名响源，发于江州。水之西岸，即为江州属，而新宁、江州以此水分界焉。水入江处，有天然石坝横绝水口如堵墙，其高逾丈，东西长十余丈，面平如砥，如甃築而成者。水逾其面，下坠江中，虽不甚高，而雪涛横披，殊瀑平泻，势阔而悍，正如钱塘八月潮，齐驱下坂，又一奇观也。过响水，其南岸忠州境，虽辖于南宁，而濒江土司，实始于此。北岸则为上果湾，有岩西向临江，上亦有村落焉。于是转北行，一里，抵北山下。转西北，挂帆行，两岸山复叠出。二里，为宋村在江南岸，忠州属。有八仙岩，为村中胜地。又三里，转东北，又二里，转西北，又三里，更转东北，两岸〔石〕崖，叠出递换，靡非异境。转西北五里，又北转，而西岸一崖障天，崖半有洞东向，始见洞门双穴如连联，北穴大，南穴小，垂石外间而通其内；既而小者旁大者愈穹，忽划然中剜，光透其后。舟中仰眺，砻若连云驾空，明如皎月透影，洞前上下，皆危崖叠翠，倒影江潭，洵神仙之境，首于土界得之，转觉神州凡俗矣。〔南有驮朴村。转登山后，闻可攀跻。〕又北一里，东岸临江，焕然障空者为银山。劈崖截山之半，青黄赤白，斑烂缀色，与天光水影互相飞动，阳朔画山，犹为类大者耳。崖下有上、下二洞，门俱西向。上洞尤空邃，中悬石作大士形，上嵌层壁，下濒回潭，〔无从中跻。其北纷窍甚多，裂纹错缀树间，吐纳云物，独含英润〕焉。一里，转而西，遂为驮朴，百家之市，尚在涯北一里。东南即银山，西北又起层峦夹之，迤逦北去，中成蹊焉，而市倚之。陆路由此而北，则左州、养利诸道；江路由此而西，则太平、思明诸境也。午抵驮朴，先登涯问道，或云："通"，或云："塞"。盖归顺为高平残破，路道不测，大意须候归顺人至，随之而前，则人众而行始便。归顺又候富州人至，其法亦如之。二处人犹可待，惟顾奴病中加病，更令人惴惴耳。是日，即携行李寄宿逆旅主人家。

驮朴去驮卢五十里。自驮卢西至此，皆为左州南境，北去龙州四十里，西仍为崇善地，抵太平亦四十里，水路倍之。

高平为安南地，由龙州换小舟，溯流四日可至。太平〔人呼之为高彝。〕

龙州山崖更奇，崖间有龙蜿蜒如生。

思明东换小舟，溯流四日至天龙洞；过山半日，即抵上思州。上思昔属思明，今改流官，属南宁，有十万山；其水西流为明江，〔出龙州；〕东流出八尺江。

高平为莫彝，乃莫登庸之后。安南为黎彝，乃黎利之后。

自入新宁至此，石山皆出土巴豆树、苏木二种，二树俱不大。巴豆树叶色丹映，或队聚重峦，或孤悬绝壁，丹翠交错，恍疑霜痕黔柴。苏木山坳平地俱生，叶如决明，荚如扁豆，而子长倍之，绕干结瘿，点点盘结如乳，乳端列刺如钩，不可向迩，土人以子种成〔林，收贾不至，辄刈为薪；又择其多年细干者光削之，乳纹旋结，朵朵作胡桃痕，色尤苍润。余昔自天台觅万年藤，一远僧携此，云出粤西蛮洞。余疑为古树奇根，不知即苏木丛条也。〕

初四日　自驮朴〔取道至太平。〕西南行一里，有石垣东起江岸，西属于山，是为左州、崇善分界。由垣出，循山溯江南行，三里，越一涸涧，又四里，为新铺，数家之聚。江流从正南来，陆路遂西南转。四里，复过一涸涧，涧底多石，上有崩桥曰冲登桥。其内有堡。从此南上，盘陟岗阜三里，复与江遇。其上有营房数家，曰崩勘。又南五里，转一山嘴，其后山中有村曰驮竺，盘其东垂。乃循山南西向行，于是回崖联蹁，上壁甚峻拔，下石甚玲珑。二里，路南复突一危峰，遂入山夹，盘之而西。又一里，转南。二里，登媚娘山。其处峰峦四合，中悬一土阜为脊，越之而南下，东南三里，路侧有窞一圆，名龙井。下坠五、六丈，四围大，径三丈，俱纯石环壁。坠空缀磴而下，下底甚平，东北裂一门，透门以入其内，水声潺潺，路遂昏黑。践崖扪隙，其下忽深不可测；久之，光渐启，回见所入处，一石柱细若碧笋，中悬其间，上下连属，旁有石板平庋，薄若片云，声若戛金树；至其洞，虽不甚宏而奇妙，得之路旁，亦异也。其上有一亭，将就圮。〔自驮朴陆行至太平，辄见冈陀盘旋，四环中坠，深者为井，浅者为田，上下异穴，彼此共窞。盖他处水皆转峡出，必有一泄水门，惟此地明泄涧甚少，水皆从地中透去，窍之直坠者，下陷无底；旁通者，则底平可植五稼。路旁大抵皆是。惟龙井下陷犹有底，故得坠玩焉。〕由此西南出山，又四里，而江自壶关东垂北向而至。溯之，复南二里，升陟岗阜，又二里，抵壶关。关内旧惟守关第舍四、五间，今有菜斋老和尚建映霞庵于左，又盖茶亭于后。余以下午抵庵，遂留憩于中。菜斋，北人。年六十一岁，参访已遍海内。所食惟淡菜二盂，不用粒米，见此地荒落，特建庵接众，憩食于庵者数十人，虽久而不靳焉。菜斋法名如喜，徒名海润。

壶关在太平郡城北一里余。丽江西自龙州来，抵关之西，折而南绕城南，东转而北，复抵关之东，乃东北流去。关之东西，正当水之束处，若壶之项，相距不及一里。属而垣之，设关于中，为北门锁钥。其南江流回曲间，若壶之腹，则郡城倚焉。城中纵横相距亦各一里。东、西、南三面，俱濒于江。城中居舍荒落，千户所门俱以茅盖。城外惟东北有民居阛阓，余俱一望荒茅舍而已。

青莲山在郡城北二十余里，〔重峦北障天半。其支南向，东下者即媚娘岭，西下为〕碧云洞。〔洞〕在壶关正西二里，青莲山南下之支也。〔石峰突兀，洞穿峰半，门东向。先从北麓上三折坂，东向透石隙曰天门，得平台焉。洞门峙其上。门狭而高，内南转，空阔深暗，上透山顶，引光一线空濛下。光下有大士龛，北向，中坐像，后有窞深陷，炬烛之，沉黑；又一穴南去，不知其底。此下层也。其上层隔窞之南，复辟为门；门前列双柱，上平庋两盆曰"宝盆"。先由大士像右壁，穿小穴南下窞侧，由双柱中抵宝盆下，透门入，始颇隘，连进门两重，渐转东上，则穹然高张，天光下迸，一门南向出为通天窍。历级上，出洞门外，亦有台甚平；下瞰平壑，与东向门无异。由大士像左壁西穿小穴曲折入，两壁狭转，下伏为隘门；透门进，忽上盘如覆钟；凡进四门，连盘而上者，亦四、五处，乃出。于大士像左壁稍北，又西穿小穴，渐北转，则岈然中通，山影平透，裂一门北向，号曰盘龙窟。此洞中胜也。北门外，崖石横带山腰，东达天门，西抵一飞崖下，上覆下嵌；崖不甚高，上下俱绝壁，中虚而横带者，若平廊复榭，无愧"群峰献翠"名。北瞰深坞，重峦前拱，较东南二台，又作一观。由崖东攀石萼西望，峰顶莲瓣错落，中有一石，东剜空明，为蔓深石削，不得攀接。仍从盘龙窟入，出东台，仰眺洞南，峰裂岐崖，回环一峡。乃攀枝援隙上，直历峡峰攒合中，复有东向洞，内皆耸石攒空，隙裂渊坠，削不受趾，俯瞰莫窥其底；石块投之，声历历不休，下即大士龛中承受坠光处也。至此洞外胜始尽。〕此洞向无其名，万历癸丑参戎顾凤翔开道叠磴，名之曰碧云，为丽江胜第一。顾乃华亭人。

白云岩在壶关正东四里，路由郡城东渡江，是为归龙村峒。在江东岸。太平隔江即江州属。是村昔有怪出没江潭，为害江州、太平。人俱莫能制，而思明独来时而杀之，其害乃息。故江州以此一峒畀思明，为思明属。今此峒东、南、北三面俱属江州，而西抵于江，为太平府，近太平城者，惟此一村，而又远属思明，亦可异也。

石门塘在壶关外东北半里。老虎岩在壶关内西南半里。铜鼓在郡城内城隍庙，为马伏波遗物。声如吼虎，而状甚异。闻制府各道亦有一、二，皆得之地中者。土人甚重之，间有掘得，价易百牛。

初五日 晨餐后，即独渡归龙，共四里，西循白云岩，荒坡草塞，没顶蒙面，上既不堪眺望，下复有芒草攒入袜裤间，举足针刺，顷刻不可忍，数步除袜解裤，搜刷净尽，甫再举足，复仍前矣。已有一小水自东南峡中出，北潆岩前，上覆藤蔓，下踔江泥，揭涉甚艰。过溪，抵岩下，则棘藤蒙密，既不得路，复无可询，往返徘徊，日遂过午。〔乾隆本记白云岩游较详。其文云："闻壶关东四里有白云岩，乃由郡城东渡江，经归龙村峒，东抵石壁下。穹崖高展，下削如屏，色莹洁逾玉。崖南峭壁半列洞四、五，大小不一，皆西向。南面一洞较大，下复叠一洞，不甚深昧，而上洞中空外削，望之窈窕，竟不得攀憩。再南半里，有洞甚大，亦西向，前俱大石交支。从石隙透门入，洼敞可容三百人，内无旁通窦。洞北有小径，东上山夹，两旁削石并耸。攀级而登，逾山坳南，亦有洼下陷，木翳不能窥其涘。其北更耸层峰，西瞰江流城堞，俱在足底。再北直出白云岩顶，其坳中洼窞虽多，然深莽密冒，终不能下通岩半洞也。此处岩洞，特苦道路芜阻；若能岩外悬梯，或叠磴中窦，其委曲奇胜，当更居碧云上。〕仍西二里，出归龙，南溯江岸，三里，抵金柜、将军两山之间。〔金柜瞰江峙，崖洞中空，大容数百人；茅棘湮阨，〕竟金柜山岩洞不得，三周其北、东、南三面，又两越其巅，〔对瞩江城，若晰须眉于镜中。东即将军山，片崖立峰头迎江，有干城赳赳势。环郡四眺，峰之特耸者此为最。〕下候东关渡舟，已暮不复来，腹馁甚。已望见北有一舟东渡，乃随江蹑石，一里抵其处，其舟亦西还。迁延久之，得一渔舟，渡江而西，见有卖蕉者，不及觅饭，即买蕉十余枚啖之，亟趋壶关，山雨忽来，暮色亦至。

初六日 余以归顺、南丹二道未决，余欲走归顺至富州。众劝须由南丹至贵州。盖贵州远而富州近。贵州可行，而归顺为高平彝所阻也。趋班氏神庙求签决之。庙在大西门外，临江。其神在郡极著灵异，家尸而户祝之，有司之莅其境者，靡不严事焉。求签毕，有儒生数人赛庙中，余为询归顺道。一年长者辄欲为余作书，畀土司之相识者。余问其姓字，乃滕肯堂也。名祚昌。其中最年少者，为其子滕宾王。名佐。居城中千户所前。余乃期造其家，遂还饭于映霞庵。携火炬出壶关，西溯江岸，一里抵演武场北，又西一里，探碧云洞，出入回环者数四，还抵映霞。见日色甫下午，度滕已归，仍入城叩其堂。滕君一见倾盖，即为留酌。其酒颇佳，略似京口，其茶则松萝之下者，皆此中所无也。坐中滕君为言："欲从归顺行，须得参戎一马符方妙。明晨何不同小儿一叩之乎？"余谢不敏。滕曰："无已，作一书可乎？"余颔之。期明日以书往，乃别而返壶关。

初七日　雨色霏霏，酿寒殊甚。菜斋师见余衣单，为解夹衣衣我，始可出而见风。晨餐后，滕君来。既别，余作畀参戎书。饭而抵其家，则滕自壶关别后，即下舟与乃郎他棹，将暮未返，雨色复来，余不能待，而返壶关。雨少止，西觅老虎岩，坠洼穿莽，终不可得。

初八日　余再抵滕，以参戎书畀之。参戎姓章，名易，为会稽人。其有名正宸者，合在户科，为辛未年家。滕复留饭，网鱼于池，池在门前。鱼有大、小二种：大者乃白鲢，小者为鲚鱼。鲚鱼味淡而不腥，问所谓"香鱼"，无有也。剖柑于树，其柑如香橼，瓤白而皮不厚，片剖而共食之，瓤与皮俱甘香，异众柑。因为罄其生平。滕君少年廪于学宫。其人昂藏有侠骨，夙与中表谢孝廉有隙。谢死，其家以毒诬滕，滕求检以白其诬，谢遂大窘。时孝廉之弟，为南宁司李掾，而孝廉之房考赵，为闽漳州人，方当道，竟罗织于宪访，且中以讪府道、殴卫所诸（莫）须有事，遂被黜，戍钦州。未几归，复为有司齮龁不已，雄心竟大耗，而须鬓俱皤然矣。其乃郎亦青年游泮，为此中铮铮出颖者，此中亦共以"白眉"推之。且谓余何不暂馆于此，则学宫诸友，俱有束脩之奉，可为道路资。余复谢不敏。透出壶关，已薄暮矣。有僧自南宁崇善寺来言："静闻以前月廿八子时回首"。是僧亲为下火而来。其死离余别时才五日，云白竟不为置棺。不知所留银钱并衣篋俱何人干没也？为之哀悼，终夜不寐。

初九日　午饭后再入城，候所进参戎书。而滕氏父子犹欲集众留余馆此，故不为即进。其书立为一初贡方姓者拆。书初录，展转携去，久索而后得之。乃复缄之，嘱其速进，必不能留此也。

初十日　晨餐后出游石门。上午，抵滕君处，坐甫定，滕宾王持参戎招余柬来，余谢之。已（而）参府中军唐玉屏名尚珠，全州人。以马牌相畀。余为造门投刺，还饭于滕，雨竟不止。是夕，遂宿于滕馆。

十一日　雨。食息于滕。

十二日　雨。食息于滕。迨暮，雨少止，乃别，抵壶关 映霞庵。是夜，夜雨弥甚。

十三日　阻雨壶关。

十四日　仍为雨阻。余欲往驮朴招顾行，路泞草湿，故栖迟不前。

十五日　雨如故。有远僧三人自壶关往驮朴，始得寄字顾行，命其倩夫以行李至郡。

十六日　夜雨弥甚，达旦不休。余引被蒙首而睡，庵僧呼饭乃起。饭后，天色倏开，日中逗影。余乃散步关前，而顾行至矣。异方两地，又已十余日，见之跃然。即促站骑觅挑夫，期以十八日行。

十七日　早寒甚，起看天光欲曙未曙，而焕赤腾丹，朦胧隐耀，疑为朝华，复恐雨征，以寒甚，仍引被卧。既而碧天如洗，旭日皎洁，乃起而饭。入别滕君，父子俱出，复归饭映霞。抵晚入候，适滕君归，留余少酌，且为作各土州书，计中夜乃完。余别之，返宿庵中。

十八日　昧爽入城，取滕所作书。抵北关，站骑已至。余令顾仆与骑俱返候壶关。滕君亦令人送所作书至。余仍入城谢别，返饭于庵。菜斋又以金赠。遂自壶关北行，关外有三岐：东北向驮朴，走左州，乃向时所从来者；西北向盘麻，走龙州，乃碧云洞游所经者，而兹则取道其中焉，〔太平州道也。〕五里，渐入山夹。又五里，过一空谷，甚平广而荒漠，无耕为田者。又三里谷尽，有数家在路左。乃折而西，二里，登楼沓岖，两傍山崖陡绝，夹隘颇逼，虽不甚高，而石骨嶙峋，觉险阻焉。逾隘门，少西下，辄有塘一方，汇水当关，数十家倚之。西从峡中，三里，逾二岖，高倍于楼沓；西下，辄崖石崭削，夹坞更深。北一里，上大岖，陡绝更倍之。逾坳北下，夹壁俱截云蔽日。一里，坞穷西转，其北四山中坠，下洼为不测之渊。又西一里，逾隘门西下，则悬蹬旋转重崖间，直下山椒，不啻千级也。〔按郡北有荡平隘，乃青莲山中裂成峡者。东南自楼沓岖，西北出此，中为岖者凡四重，两崖重亘，水俱穴壑底坠，并无通流隙，真阨塞绝隘也。〕既下，循麓北行，有深窞悬平畴中，下陷如阱，上开线峡，南北横裂，中跨一石如桥，界而为两，其南有磴，可循而下。泉流灖灖，仰睇天光，如蹈瓮牖也。北行畦塍间，五里，坞尽山回，复西登一岭，下蹈重峡。五里，出山。山始离立，又多突兀之峰夹。又五里，为陵球，有结茅二所，为贳酒炊粥之肆。是为此站之中道。又西北七里，过土地屯，有村一坞在路左山坡之北。又二里，有小水东自土地屯北岭峡中来，西南流去。绝流西渡，登陇行。闻水声冲冲，遥应山谷，以为即所渡之上流也。忽见大溪汹涌于路右，阔比龙江之半，自西北注东南，下流与小溪合并而去，上流则悬坝石而下，若涌雪轰雷焉。共二里，抵四把村，即石坝堰流处也。盖其江自归顺发源，至安平界，又合养利、恩城之水，盘旋山谷，至此凡径堰四重，以把截之，故曰“把”。今俗呼为“水坝”云。〔下抵崇善水口绵埠村，入龙江。水口在太平郡西七十里。〕又西转二里，水之南有层峰秀耸，攒青拥碧，濒水有小峰孤突，下斜骞而上分岐，怒流横啮其趾。水之北，则巨峰巍踞，若当关而扼之者。路抵巍峰之东，转而北，循其北麓，共五里，出其西，有村临江，曰那畔村，为崇善北界。又五里，为叩山村，则太平州属矣。又西北七里，暮抵太平站。孤依山麓，止环堵三楹，土颓茅落，不蔽风日，食无案，卧无榻，可哂也。先是，挑夫至土地屯即入村换夫，顾奴随之行，余骑先抵站。暮久而顾奴行李待之不至，心其悬悬。及更，乃以三人送来，始释云霓之望。是夜明月如洗，卧破站中，如濯冰壶。五更，风峭寒不可耐，竟以被蒙首而卧。

十九日 晓日明丽，四面碧峤濯濯，如芙蓉映色。西十里渡江，即为太平州。数千家鳞次倚江西岸。西南有峰俱峭拔攒立，西北一峰特立州后，下有洞南向，门有巨石中突，骑过其前，不及入探为怅。州中居舍悉茅盖土墙，惟衙署有瓦而不甚雄。客至，馆于管籥者。传刺入，即以刺答而馈程焉。是日传餐馆中，遂不及行。

二十日 晨粥于馆，复炊饭而后行，已上午矣。西北出土牆隘门，行南北两山间。其中平畴四达，亩塍鳞鳞，不复似荒茅充塞景象。过特峰洞门之南。三里，过一小石梁，村居相望，与江浙山乡无异。又三里，一梁甫过，复过一梁。西岗有铜钟一覆路左，其质甚巨，相传重三千余斤，自交南飞至者。土人不知其年，而形色若新出于型，略无风日剥蚀之痕，可异也；但其纽为四川人凿去。土人云："尚有一钟在梁下水涧中。"然乱石磊落，窥之不辨也。又西北一里，辄见江流自西而东向去。又二里，复有水北流入江，两石梁跨其上。其水比前较大，皆西南山峰间所涌而出者。又西北五里，复过两梁，有三水自南来，会而北入于江。此处田禾丰美，皆南山诸流之溥其利也。又二里，则平畴西尽，有两石峰界南北两山间，若当关者。穿其中而西，又一里，有小沟南属于山，是为太平州西界。越此入安平境，复有村在路右岗陂间。又西二里，即为安平州。江水在州之东北，斜骞其前，而东南赴太平州去。又有小水自西而来，环贯州右，北转而入于江，当即《志》所称陇水也。其西南有山壁立，仙洞穹其下，其门北向，高敞明洁，顶平如绷幔，而四旁窦壁玲珑，楞栈高下。洞后悬壁上坐观音大士一尊，恍若乘云揽雾。其下一石中悬，下开两门，上跨重阁，内复横拓为洞。从其右入，夹隙东转，甚狭而深，以暗逼而出。悬石之外，右裂一门，直透东麓。左拾级而上，从东转，则跨梁飞栈，遂出悬石之巅。其上有石盆一圆，径尺余，深四寸，皆石髓所凝，雕镂不逮。傍有石局、石床，乃少加斧削者。从西入，则深窦邃峡，已而南转，则遂昏黑莫辨。然其底颇平，其峡颇逼，摸索而行。久之，忽见其南有光隐隐，益望而前趋，则一门东南透壁而出，门内稍舒直，南复成幽峡。入之渐隘，仍出至少舒处。东南出洞门，门甚隘，门以外则穹壁高悬，南眺平壑，与前洞顿异矣。久之，复从暗中转出前洞，壁间杂镌和州帅李侯诗数首，内惟《邹泗洙》一首可诵。余亦和二首。既乃出洞，游州前，其宅较太平州者加整，而民居不及。馆乃瓦盖，颇蔽风雨。然州乃一巨村，并隘门土墙而无之也。太平州帅李恩祀有程仪之馈，安平州帅为李明峦，止有名柬，乃太平侄行。

二十一日 晨餐后，上午始得夫，乃往恩城者。始易骑而轮。盖恩城在安平东北，由安平西北向下雷，南宁属。日半可达；而东北向恩城，走龙英，其路须四日抵下雷焉。但安平之西达下雷界，与交彝即高平。接壤，所谓十九峺也。今虑其窃掠，用木横塞道路，故必迂而龙英。由安平东一里，即与江遇。其水自西而东，乃发源归顺、下雷者，即《志》所称逻水也。其势减太平之半。盖又有养利、恩城之水，与此水势同，二水合于下流而至太平州，出旧崇善焉。渡江，即有山横嶂江北岸。乃循山麓东行，五里，路北一峰枝起如指之峭，其东北崖嶂间，忽高裂而中透，如门之上悬，然峻莫可登也。穿嶂之东峡，遂东北转，其峡之东复起层峰，与穿嶂对夹而东北去。有小水界其内，南流入逻江。当峡有村界其中，此村疑为太平州境，非复安平属矣。村后一里，垒石横亘山峡间，逾门而北，则峡中平畴叠塍，皆恩城境矣。渡小水溯之东北行，五里，〔折而东，东峰少断处，〕有尖岫中悬，如人坐而东向者。忽见一江自东而西，有石梁甚长而整，下开五砦，横跨北上江水，透梁即东南捣尖岫峡中。此水即《志》所称通利江，由养利而来者。其下流则与逻水合而下太平云。过梁，即聚落一坞，是为恩城州。宅门北向，亦颇整，而村无外垣，与安平同。是日止行十五里。日甫午，而州帅赵芳声病卧，卒不得夫，竟坐待焉。其馆甚陋，蔬饭亦不堪举箸也。按《一统志》：在田州者曰恩城，在太平者曰思城。今田州之恩城已废，而此州又名恩城，不曰思城，与《统志》异，不知何故。

二十二日　晨餐后夫至乃行。仍从州前西越五砦桥，乃折而循江东向行，五里，山夹愈束，江亦渐小。有石堰阻水，水声如雷。盖山峡东尽处，有峰中峙，南北俱有大溪合于中峰之西，其水始大而成江云。又东五里，直抵东峰之北，而北夹之山始尽。乃循北夹东崖，〔渡一小溪，〕溯中峰北畔大溪，北向行夹峡中。二里，复东转越小水向东峡，溯北大溪北崖行，渐陟山上跻，一里，始舍溪，北跻岭坳。其岭甚峻，石骨嶙峋，利者割趾，光者滑足。共北二里，始逾其巅，是名鼎促，为养利、恩城之界。北下二里，峻益甚，而危崖蔽日，风露不收，石滑土泞，更险于上。既下，有谷一围，四山密护，中有平畴，惟东面少豁。向之行，余以为水从此出；一里，涉溪而北，则其水乃自东而西者，不识西峰逼簇，从何峡而去也。溪之南有村数家。又东一里，循北山之东崖北向行，又一里，溪从东来，路乃北去。又一里，有石垣横两山夹间，不知是何界址。于是东北行山丛间，峦岫历乱，分合倏忽。二里，出峡，始有大坞，东西横豁，南北开夹。然中巨流，故禾田与荒陇相半。北向三里，横度此坞，直抵北崖下，〔若无路可达者，至则东北开一隙，穿入之，峡峰峭合，愈觉宛转难竟。〕二里，北山既尽，其东山复大开，有村在平畴间，为东通养利大道。乃从小径北行，一里，折而西北行。三里，南北两夹之山，引锥标笋，靡非异境。又北行一里，复开大坞，〔东西亘，南北两界山如南坞，但南坞东西，俱有丛岫遥叠，此则前后豁然，不知西去直达何地也。〕乃东北斜径坞中，共五里，〔至北山东尽处，〕东山益大开，有村在其南，已为龙英属。其东隔江即养利矣。盖养利之地，西北至江而止，不及五里也。又循山北行一里，有小石峰骈立大峰之东，路透其间，渐转而西，〔至是北条始见土山，与南条石山夹成坞。〕又三里，有村北向，曰耸峒，有耸峒站，乃龙英所开，馆舍虽陋而管站者颇驯。去龙英尚四十余里。抵站虽下午，犹未午餐，遂停站中。自登程来，已五日矣，虽行路迂曲，过养利止数里，而所阅山川甚奇，且连日晴爽明丽，即秋春不及也。

二十三日　饭而候夫，上午始至。即横涉一坞，北向三里，缘土山而登。西北一里，凌其巅。巅坳中皆夹而为田，是名鲎盘岭。平行其上，又西北半里，始下土山东去。〔此句乾隆本作：土山自西南石峰攒合处，旋亘东去。〕其北坞皆石峰特立，北下颇平，约里许至坞底。于是东北绕石峰东麓而北，二里，复有一土岗横于前，〔西抵遥峰隙，东则南属于土山。〕陟岗不甚高，逾其北，即有水淋漓泻道间，丛木纠藤，上覆下湿，愈下愈深，见前山峰回壑转，田塍盘旋其下，始知横岗之南，犹在山半也。又北二里，下渡一桥，有水自西南东北去，横巨木架桥其上。过桥，水东去，路北抵石壁下。一里，忽壁右渐裂一隙，攀隙而登，石骨峻嶒，是曰大峺。半里，跻其坳，南北石崖骈夹甚峻。西穿其间，又半里始下，乃西坠半里至坞底。其处山丛壁合，草木蓊密，〔州人采木者，皆取给大峺云。〕西半里，转而东北，一里，又西北。二里，北望石峰间有洞并峙，一敞一狭，俱南向。路出其西，复透峡而北，皆巨石夹径，上突兀而下廉利。于是西北共二里，两涉石坳，俱不甚高，而石俱峭丛，是名翠村岭。逾岭北下山，乃南北成界，东西大开，路向东北，横截其间。二里，有石梁跨溪上，其溪自西而东，两岸石崖深夹，水潆其间，有声淙淙，而渡桥有石碑，已磨灭无文，拭而读之，惟见“翠江桥”三字。此处往来者皆就桥前取水，爇木为炊，为耸峒至龙英中道。过桥，日已昃，而顾奴与担夫未至，且囊无米，不及为炊。俟顾仆至，令与舆夫同餐所携冷饭，余出菜斋师所贻腐干啖之，腹遂果然。又东北行一里，北透山隙而入，循峡逾岗，共北三里出田坞间，复见北有土山横于前。乃渡一小溪，共三里，抵土山下。循其南麓东北上，一里，逾岭东而北，遂西北从岭上行，又三里稍下，既下而复上，共一里，又逾岭一重，遂亘下一里，抵山之阴，则复成东西大坞，而日已西沉矣。于是循坞西行，三里，北入山隙中，始有村落。一里，乃北渡一石桥。其水亦自西而东，水势与横木溪相似。桥东北有石峰悬削而起，即《志》所称牛角山也，〔极似缙云鼎湖峰。〕其西北又特立一峰，共为龙英水口山。又西一里，过北西特峰，抵龙英，宿于草馆。州官名赵继宗，甚幼。

龙英在郡城北一百八十里。太平府至太平站七十里，太平站至耸峒七十里，耸峒至州四十里。其西为下雷，东为茗盈、全茗，二州相去止一里。北为都康、向武，南为恩城、养利。其境颇大。三年前为高平莫彝所破，人民离散，仅存空廨垣址而已。外城垣与宅后垣俱厚五尺，高二丈，仆多于立。土官州廨北向，其门楼甚壮丽，二门与厅事亦雄整，不特南太诸官廨所无，即制府亦无此宏壮。其楼为隆庆丁卯年所建，厅事堂匾为天启四年布按三司所给。今残毁之余，外垣内壁止存遗址，厅后有棺停其中，想即前土官赵政立者。今土官年十八岁，居于厅宅之左，俟殡棺后乃居中云。

初，赵邦定有七子。既没，长子政立无子，即抚次弟政举之子继宗为嗣。而赵政谨者，其大弟也，尝统狼兵援辽归，遂萌夺嫡心，争之不得。政立死，其妻为下雷之妹，政谨私通之，欲以为内援，而诸土州俱不服。政谨乃料莫彝三入其州，下雷亦阴助之，其妹遂挈州印并资蓄走下雷，而莫彝结营州宅，州中无孑遗焉。后莫彝去，政谨遂颛州境。当道移文索印下雷，因给政谨出领州事。政谨乃抵南宁，遂执而正其辟，以印予前政立所抚子继宗，即今十八岁者，故疮痍未复云。

莫彝之破龙英，在三年前。甲戌年。其破归顺，则数年前事也。今又因归顺与田州争，镇安复有所祖而来，数日前自下雷北入镇安，结巢其地。余至龙英，道路方汹汹然，不闻其抄掠也。抄掠者，乃莫彝各村零寇，而莫酋则不乱有所犯。初，莫彝为黎彝所促，以千金投归顺，归顺受而庇之，因通其妻焉。后莫酋归，含怨于中，镇安因而纠之，遂攻破归顺，尽掳其官印族属而去。后当道知事出镇安，坐责其取印取官于莫。镇安不得已，以千金往赎土官之弟，并印还当道。既以塞当道之责，且可以取偿其弟，而土官之存亡则不可知矣。后其弟署州事，其地犹半踞于莫彝，岁入征利不休。州有土目黄达者，忠勇直前，聚众拒莫，莫亦畏避，今得生聚焉。

镇安与归顺近族也，而世仇。前既纠莫彝破归顺，虏其主以去；及为当道烛其奸，复赎其弟以塞责，可谓得计矣。未几，身死无后，应归顺继嗣，而田州以同姓争之。归顺度力不及田，故又乞援于莫。莫向踞归顺地未吐，今且以此为功，遂驱大兵象阵，有万余人，象止三只。入营镇安。是归顺时以己地献莫，而取偿镇安也。莫彝过下雷，在月之中，闻十八日过胡润寨。今其事未定，不知当道作何处置也。莫彝惟乌铳甚利，每人挟一枚，发无不中，而器械则无几焉。初，莫彝为黎彝所蹙，朝廷为封黎存莫之说。黎犹未服，当道谕之曰："昔莫遵朝命，以一马江栖黎，黎独不可以高平栖莫乎？"黎乃语塞，莫得以存，今乃横行。中国诸土司，不畏国宪，而取重外彝，渐其可长乎！当道亦有时差官往语莫酋者，彼则厚赂之，回报云："彼以仇哄，无关中国事。"岂踞地不吐，狎主齐盟，尚云与中国无与乎？

二十四日　候夫龙英。

纠彝有辟，土司世绝，皆有当宪。今龙英、镇安正当乘此机会，如昔时太平立郡故事，疆理其地。乃当事者惧开边衅，且利仍袭之例，第曰："此土司交争，与中国无与。"不知莫彝助归顺得镇安，即近取归顺之地。是莫彝与归顺俱有所取，而朝廷之边陲则阴有所失。其失镇安而不取，犹曰仍归土司，其失归顺赂莫之地，则南折于彝而不觉者也。此边陲一大利害，而上人乌从知之！

二十五日 候夫龙英，因往游飘岩。州治北向前数里外，有土山环绕，内有一小石峰如笔架，乃州之案山也。土人名曰"飘、峭"，所云"峭"者，即山之称也。其前即平畴一坞，自西而东，中有大溪横于前，为州之带水。〔即东入养利州，为通利江源，下太平州合逻水者也。〕水之东有山当坞而立，即飘岩山也。为州之水口山，特耸州东，甚峭拔，〔即前牛角山西北特立峰也。〕其东崩崖之上有岩东南向，高倚层云，下临绝壁，望之岈然。余闻此州被寇时，州人俱避悬崖，交人环守其下，终不能上，心知即为此岩。但仰望路绝，非得百丈梯不可。乃怏怏去。循东南大路有数家在焉。询之，曰："此飘岩也，又谓之山岩。几番交寇，赖此得存。"问："其中大几何？"曰："此州遗黎皆其所容。"问："无水奈何？"曰："中有小穴，蛇透而入，有水可供数十人。"问："今有路可登乎？"或曰："可";或曰："难之"。因拉一人导至其下，攀登崖间，辄有竹梯层层悬缀，或空倚飞崖，或斜插石隙，宛转而上，长短不一，凡十四层而抵岩口。其两旁俱危壁下嵌，惟岩口之下，崩崖缀痕，故梯得宛转依之。岩口上覆甚出，多有横木架板，庋虚分窦，以为蜂房燕垒者。由中窦入，其门甚隘，已而渐高，其中悬石拱把，翠碧如玉柱树之，其声铿然。旁又有两柱，上垂下挺，中断不接，而相对如天平之针焉。柱边亦有分藩界拓，盖皆土人为趋避计者也。由柱左北入，其穴渐暗，既得透光一缕，土人复编竹断其隘处。披而窥之，其光亦自东入，下亦有编竹架木，知有别窦可入。复出，而由柱右东透低窍，其门亦隘，与中窦并列为两。西入暗隘，其中复穹然，暗中摸索，亦不甚深。仍由中窦出外岩，其左悬石中有架木庋板，若飞阁中悬者。其中笥篚之属尚遍置焉。又北杙一木，透石隙间。复开一洞，西入其门，亦东向，中有石片竖起如碑状。其高三尺，阔尺五，厚二寸，两面平削，如磨砺而成者。岂亦泰山无字之遗碑？但大小异制。平其内，复逾隘而稍宽。尽处乳柱悬楞，细若柯节。其右有窦潜通中窦之后，即土人编竹断隘处也。其左稍下，有穴空悬，土人以芭覆之。窥其下，亦有竹编木架之属，第不知入自何所。仍度架木飞阁，历梯以下。下三梯，梯左悬崖间，复见一梯，亟援之上，遂循崖端横度而北，其狭径尺，而长三丈余，土人横木为栏，就柯为援，始得无恐。崖穷又开一洞，其门亦东向。前有一石，自门左下垂数丈，真若垂天之翼。其端复悬一小石，长三尺，圆径尺，极似雁宕之龙鼻水。但时当冬涸，端无滴沥耳。其中高敞，不似中窦之低其口而暗其腹。后壁有石中悬，复环一隙，更觉宛转，土人架木横芭于其内，即上层悬穴所窥之处也。徘徊各洞既久，乃复历十一梯而下，则岩下仰而伺者数十人，皆慰劳登崖劳苦，且曰："余辈遗黎，皆藉此岩再免交人之难。但止能存身，而室庐不能免焉。"余观此洞洵悬绝，而以此为长城，似非保土者万全之策。况所云水穴，当兹冬月，必无余滴。余遍觅之不得，使坐困日久，能无涸辙之虑乎？余谓土人："守险出奇，当以并力创御为上着，若仅仅避此，乃计之下也。"其人"唯唯"谢去。〔是洞高张路旁，远近见之，惟州治相背，反不得见。余西游所登岩，险峻当以此岩冠。贵溪仙岩，虽悬空瞰溪，然其上窄甚，不及此岩崆峒，而得水则仙岩为胜。〕余返饭于馆，馆人才取牌聚夫，复不成行。

二十六日　晨餐后，得两肩舆，十夫。由州治前西行，半里，有小水自州后山腋出，北注大溪，涉之。又西半里，大溪亦自西南山谷来，复涉之，遂溯溪西南行一里，于是石山复攒绕成峡。又一小水自南来入，仍溯大溪屡左右涉。七里，逾一岗。岗南阻溪，北傍峭崖，叠石为垒，设隘门焉。过此则溪南始见土山，与西北石山夹持而西。四里，乃涉溪南登土岭，一里，跻其上。又西南下一里，旋转而东南一里，复转西南，仍入石山攒合中。一里，山回坞辟，畦塍弥望，数十家倚南山，是曰东村。乃西南行田塍间，三里，遂西过石峡，所跻不多，但石骨嶙峋，两崖骈合。共一里，连陟二石脊始下，上少下多。共一里，仍穿石山坞中，至是有小水皆南流矣。东村之水，已向南流，似犹仍北转入州西大溪者。自二石脊西，其水俱南入安平西江所云逻水矣。山脉自此脊南去，攒峰突崿，纠丛甚固，东南尽于安平东北通利、逻水二江合处。由安平西北抵下雷，止二日程；由安平东北自龙英抵下雷，且四日程，〔凡迂数百里。〕皆以此支山巘丛沓，故迂曲至此也。安平西北抵下雷，俱由交彝界上行。时恐窃发，方倒树塞路，故由其迂者。又西南四里，饭于骚村。四山回合，中有茅巢三架。登巢而炊，食毕已下午矣。西行一里，复登山峡，陟石磴半里，平行峡中半里，始直坠峡而下，上少下多，共一缺，蹬道与涧水争石。下抵坞中，又西南一里，复与土山值。遂西向循土山而上，已转西南，共二里，逾山之岗。其东南隔坞皆石峰攒合，如翠浪万叠；其西北则土山高拥，有石峰踞其顶焉。循石顶之西崖北向稍下，复上土山之后重，共一里，随土山之南，平行岭半。又西南一里，遂逾岭上而越其北。于是西北行土山峡中。其东北皆土山高盘纡合，而西南隙中复见石峰耸削焉。一里，复转西南，下至峡底，其水皆自北山流向西南去，此逻水之上流也。过水有岐北上山岗，其内为三家村。时日色已暮，村人自岗头望见，俱来助舆夫而代之。又西南一里，直抵所望石峰下，涉一小溪上岭，得郎头之巢，是为安村，为炊饭煮蛋以供焉。是日行三十余里，山路长而艰也。

连日晴朗殊甚，日中可夹衫，而五更寒威彻骨，不减吾地，始知冬、夏寒暑之候，南北不分，而两广之燠，皆以近日故也。试观一雨即寒，深夜即寒，岂非以无日耶？其非关地气可知。余乡食冬瓜，每不解其命名之意，谓瓜皆夏熟，而独以“冬”称，何也？至此地而食者、收者，皆以为时物，始知余地之种，当从此去，故仍其名耳。

二十七日　昧爽，饭而行。仍东下岭，由溪西循岭北坞西行。其处旧塍盘旋山谷，甚富，而村落散倚崖坞间，为龙英西界沃壤。一里，路北皆土岭，坞南多石峰。循土岭南麓渐上，一里，逾土岭之西隅。岭旁即有石峰三四，夹岭而起，路出其间。转北半里，复西下半里，于是四顾俱土山盘绕矣。西涉小涧，一里，又西登一岗，有数茅龛在岗头，想汛守时所栖者。又盘旋西南下一里，涉一涧，其水自北而南，逾涧西行，渐循路北土山。西上二里，逾岭而北，循路西土山西北行山半，一里，逾支岭北下过，逾涧，即前所涉之上流，西自土山涯半来，夹坞田塍高下皆藉之。登涧北岗，见三四家西倚土山，已为下雷属矣。一里，西北登岭，半里，攀其巅，又西向平行半里，逾其北，始遥见东北千峰万岫，攒簇无余隙，而土峰近夹，水始西向流矣。于是稍下，循路南土峰西向连逾二岭，共一里，望见西南石峰甚薄，北向横插如屏，而路则平行土山之上。又西二里，有路自东北来合者，为英村之道，亦下雷属。其道甚辟。合之，遂循路西土山南向行。一里，又逾一土岭，直转横插石峰之西，复循路西土山之南，折而西，始西向直下一里，又迤逦坦下者一里，始及西坞，则复穿石山间矣。又西北平行一里，始有村落。又西北一里，则大溪自北而南，架桥其上。溪之西，即下雷矣。入东隘门，出北隘门，抵行馆而解装焉。是日行约十八里。州官许光祖。

下雷州治在大溪西岸，即安平西江之上流所云逻水也。其源发于归顺西北，自胡润寨而来，经州治南流而下。州南三十里，州北三十里，皆与高平接界。州治西大山外，向亦本州地，为莫彝所踞已十余年；西之为界者，今止一山，〔州衙即倚之，〕其外皆莫境矣。州宅东向，后倚大山，即与莫彝为界者。垒乱石为州垣，甚低，州治前民居被焚，今方结庐缺内间有以瓦覆者。其地南连安平，北抵胡润寨，东为龙英，西界交趾。

时交趾以十八日过胡润寨，抵镇安，结营其间。据州人言：“乃田州纠来，以胁镇安者，非归顺也。”盖镇安人欲以归顺第三弟为嗣，而田州争之，故纠莫彝以胁之。归顺第二弟，即镇安赎以任本州者。其第三弟初亦欲争立，本州有土目李园助之，后不得立。李园为州人所捕，窜栖高平界，出入胡润、鹅槽隘抄掠，行道苦之。

二十八日　阴霾四塞。中夜余梦墙倾覆身，心恶之。且闻归顺以南有莫彝之入寇，归顺以北，有归朝之中阻，意欲返辕，惶惑未定焉。

归朝在富州、归顺之间，与二州为难，时掠行人，道路为梗。考之《一统志》，无其名。或曰："乃富州之旧主。富州本其头目，后得霑朝命，归朝无由得达，反受辖焉，故互相齮龁。"未知然否。

下雷北隘门第二重上，有耸石一圆，高五丈，无所附丽，孤悬江湄。叠石累级而上，顶大丈五，平整如台，结一亭奉观音大士像于中，下瞰澄流，旁揽攒翠，有南海张运题诗，莆田吴文光作记，字翰俱佳。余以前途艰阻，求大士决签为行止，而无从得签诗。叨筊筶先与约，若通达无难，三筊俱阳、圣而无阴；有小阻而无性命之忧，三筊中，以一阴为兆；有大害不可前，以二阴为兆。初得一阴并圣、阳各一。又请决，得一圣二阳焉。归馆，使顾仆再以前约往恳，初得圣、阳、阴，又徼得圣一，阳与先所祈者大约相同，似有中阻，不识可免大难否？

上午，雾开日霁，候夫与饭俱不得。久之，得饭，散步州前，登门楼，有钟焉，乃万历十九年辛卯土官许应珪所铸者。考其文曰："下雷乃宋、元古州，国初为妒府指镇安也。匿印不缴，未蒙钦赐，沦于土峒者二百年。应珪之父宗荫奉檄征讨，屡建厥勋，应珪乃上疏复请立为州治。"始知此州开于万历间，宜《统志》不载也。

州南城外即崇峰攒立，一路西南转山峡，即三十里接高平界者；东南转山峡，即随水下安平者，为十九㟅故道。今安平虑通交彝，俱倒树塞断。此州隶南宁，其道必东出龙英抵驮朴焉。若东北走田州，则迂而艰矣。

是日为州墟期，始见有被发之民。讯交彝往镇安消息，犹无动静。盖其为田州争镇安，以子女马币赂而至者，其言是的。先是，镇安与归顺黄达合而拒田州，田州伤者数十人，故赂交彝至，而彝亦狡甚，止结营镇安，索饷受馈，坐观两家成败，以收渔人之利，故不即动云。

夫至起行，已近午矣。出北隘门，循石山东麓溯溪西北行。四里，路左石山忽断，与北面土山亦相对成峡，西去甚深，有小水自峡中出，横堤峡口，内汇为塘，浸两崖间，余波缺 出注于大溪，逾堤西转，路始舍大溪。已复北转，逾北面土山之西腋，复见溪自西北来，路亦西北溯之。已北径大峡，共四里，有木桥横跨大溪上，遂渡溪，北复溯大溪左岸，依北界石山行。回望溪之西南，始有土山，与溪北石山相对成大峡焉。东北石山中，屡有水从山峡流出，西注大溪，路屡涉之。共西北五里，东北界石山下，亦有土山盘突而西，与西南界土山相凑合，大峡遂穷。大溪亦曲而西南来，路始舍溪西北逾土山峡，于是升陟俱土山间矣。又三里，西下土山，复望见大溪从西北来，循土山西麓渐转西行。二里，直抵大溪上北岸土山中，复有一小水南注于溪。涉溪升阜，复溯大溪西北行。三里，抵胡润寨。其地西南有大峡与交趾通界；〔抵高平府可三日程。〕西北有长峡，入十五里，两峰凑合处为鹅槽隘，正西大山之阴，即归顺地，〔日半至其州，〕直北鹅槽岭之北为镇安地，〔至其府亦两日半程，〕而鹅槽隘则归顺之东境也。东北重山之内，为上英峒，又东北为向武地。是日下午抵胡润，闻交彝犹陆续行道上，馆人戒弗行。余恐妖梦是践，遂决意返辕。〔东北取向武州道。〕

二十九日　早雾颇重，旋明霁愈甚。候夫不至，余散步寨宅前后，始见大溪之水，一西北自鹅槽隘来者，发源归顺南境，经寨前，南下下雷；一北自寨后土山峡中来者，发源镇安南境，抵寨后汇而分二口：一由寨宅北泻石堰，西坠前溪；一由寨宅东环绕其后，南流与前溪合。盖寨宅乃溪中一碛，前横归顺之溪，后则镇安之水分夹其左右。于是合，而其流始大，〔即《志》所谓逻水，为〕左江西北之源，与龙州、高平之水合于旧崇善县之驮绵埠者也。

胡（润寨有巡）检，其魁岑姓，亦曰土官，与下雷俱隶南宁府，为左江属；过鹅槽隘为缺　即右江属。而右江诸土司如田州、归顺、镇安又俱隶思恩府。是下雷、胡润虽属南宁，而东隔太平府龙英、养利之地，北隔思恩府镇安、田州之境，其界迥不相接者也。

左、右二江之分，以鹅槽岭为界，其水始分为南北流。盖山脊西北自富州来，径归顺、镇安而东，过都康，过龙英之天灯墟，分支南下者为青莲山，而南结为壶关太平府。由龙英之天灯墟直东而去者，尽于合江镇，则左、右二江合处矣。

田州与归顺争镇安，既借交彝为重；而云南之归朝与富州争，复来纠助之。是诸土司只知有莫彝，而不知为有中国矣。或曰："镇安有叛目黄怀立往纠之。"

三十日　早寒甚。初雾旋霁，而夫终不来。盖此处铺司奸甚，惟恐余往归顺，以归顺远也。屡以安南彝人满道恐吓余。其土官岑姓，乃寨主也。以切近交彝，亦惟知有彝，不知有中国。彝人过，辄厚款之，视中国漠如也。交彝亦厚庇此寨，不与为难云。余为馆人所惑，且恐妖梦是践，是早，为三阄请于天：一从归顺，一返下雷，一趋向武。虔告于天而拈决之，得向武者。馆人亦利余往向武。盖归顺须长夫，而向武可沿村起换也。

下午夫至，止八名。少二名。及各夫又不赍蔬米，心知其为短夫，然无可再待理，姑就之行。从寨宅溯北来溪而上，半里，渡溪中土岗而行。于是溪分为两而复合，取道于中。又半里，渡其西夹岗者，回顾溪身，自土山东峡来，而路出土山西峡。上二里，其峡穷，遂逾山陟坳。一里，复东下而与大溪遇。乃溯溪北岸东北行，二里，有石山突溪北岸，其上藤树蒙密，其下路潆江潭，仰顾南北，俱土山高爽，而北山之巅，时露峭骨而复突。此石山当道，峻嶒欹侧，行路甚难。然两旁俱芟树披茅，开道颇阔。始知此即胡润走镇安之道，正交彝经此所开也。

余欲避交彝，不往归顺，而反趋其所由之道，始恨为馆人所卖云。循石山而东北一里，见一老人采薪路旁，舆人与之语，遂同行而前。半里，有树斜偃溪两岸，架桥因其杪而渡溪之南，是为南陇村。有数家在溪南，舆夫舆入老人家，遂辞出。余欲强留之，老人曰："余村自当前送，但今日晚，请少憩以俟明晨，彼夫不必留也。"余无可奈何，听其去。时日色尚可行数里，而余从老人言，遂登其巢。老人煮蛋献浆。余问其年，已九十矣。问其子几人，曰："共七子。前四者俱已没，惟存后三者。"其七子之母，即炊火热浆之妪，与老人齐眉者也。荒徼绝域，有此人瑞，奇矣，奇矣！一村人语俱不能辨，惟此老能作汉语，亦不披发跣足，自下雷至胡润，其人半披发不束。并不食烟与槟榔，且不知太平、南宁诸流官地也。老人言："十六日交彝从此过，自罗洞往镇安。余走避山上，彼亦一无所动而去。"

十一月初一日 早雾，而日出丽甚。自南陇东北行，一里，渡溪。北岸溯溪上二里，见其溪自东南山峡轰坠而下。盖两峡口有巨石横亘如堰，高数十丈，阔十余丈，轰雷倾雪之势，极其伟壮，西南来从未之见也。水由此下坠成溪，西南去，路复由峡北山坞溯小水东北上。一里，坞穷，遂逾岭而上。一里，抵岭头，遇交彝十余人，半执线枪，俱朱红柄。半肩鸟铳，身带藤帽而不戴，披发跣足，而肩无余物。见余与相顾而过，舆人与之语云："已打镇安而归。"似亦诳语。又行岭上半里，复遇交彝六七人，所执如前，不知大队尚在何所也。从此下岭，半里，复与溪遇，溯之而东。又半里，溪自南来，路出东坳下，见一畴一坞，随之东北行。一里，有桥跨大溪上，其溪北自石山腋中来，西南经此坞中，乃南转循山而北，出东坳之西。由桥之北溯溪北入，即镇安道，交彝所由也。渡桥，南循溪东北渡东来小溪北，为罗峒村。由小溪南循山，东入为向武道。又从东南山隙去，为上英〔都康州〕道。渡桥共半里，换夫于罗峒村。村倚坞北石山下。石峰之西，即镇安道所入；石峰之东，即向武道所逾，始得与交彝异道云。待夫久之，村氓献蛋醴。仍南渡东来小溪，循石山嘴转其南峡，东向上一里半，登陇上，于是复见四面石山攒合，而山脊中复见有下坠之洼。又一里半，盘陇而入，得数家焉，曰涌村。复换夫东行坞中，逾一小水，即罗峒小溪东来之上流。二里，乃东北上岭，其岭颇峻，一里，抵其坳，一里逾其巅。一左右石崖刺天，峭削之极，而岭道亦崎岖蒙翳，不似向来一带宽辟矣。逾岭，从岭上循东南石崖平行其阴，又沿崖升陟者三里，渡一脊，脊东复起一崖，仍循之。半里，乃东南下壑中，一里，抵其麓。于是东北行田陇间。又里许，环壑中村聚颇盛，是曰下埂，其水似从东南山峡去。乃饭而换夫，日将晡矣。又东北上土山夹中，已渐北转，共二里，宿于上埂，而胡润之境抵是始尽。

初二日　早无雾，而日丽甚。晨餐甚早，村氓以鸡为黍。由上峺村北入山夹中，一里，登岭而上，其右多石峰，其左乃土脊。半里，逾脊北下，即多流溪水，塍路旁有流汩汩，反自外塍奔注山麓穴中。平下半里，又北行田陇间者一里，有村在路右峰下，是为南麓村。换夫北行二里，路右石峰之夹，路左土垅之上，俱有村落。一小水溪界其间，有水如发，反逆流而南。盖自度脊东石西，土山俱不断，此流反自外入，想潜坠地中者。候夫流畔久之；然腹痛如割。夫至，舆之行，顷刻难忍，不辨天高地下也。北行三里，有村在路左山下，复换夫行。于是石山复离立，环绕夹中，陂陀高下，俱草茅充塞，无复旧塍。东北八里，腹痛少瘥。有村在路左石崖之内，呼而换夫。其处山夹向东北下，而路乃西北逾石坳。始上甚崚嶒，半里逾石山而上，其内皆土山。又上半里，即西北行土山夹中一里，又平下者一里，循北坞而去一里，见小溪自西坞中来，路涉溪左。又北半里，舍溪，又西向折入土山峡，半里，是为坪濑村。时顾仆以候夫后，余乃候炊村巢。顾仆至，适饭熟，余腹痛已止，村氓以溪鲫为饷，为强啖饭一盂。饭后夫至，少二名，以妇人代担。复从村后西逾一坳，共一里，转出后坞，乃东向行，止坞，转而北，共一里，则前溪自南而来，复与之遇。循溪左北行十里，又转而西向入山峡，半里，有村曰六月。候夫甚久，以二妇人代舆。仍从北山之半，东向出峡。半里，乃逾岭北下，共一里，复从田塍东北行，已复与南来溪遇，仍溯其西北一里，有石峰峭甚，兀立溪东，数十家倚峰临溪。溪之西，田畦环绕，辟而成坞，是曰飘峒，以石峰飘渺而言耶？土人呼“尖山”为“飘”。换夫，北陟岭。半里，转而西入山峡，一里而下。又西北一里半，有草茅数楹在西坞，寂无居人，是曰上控。前冬为镇安叛寇王歪劫掠，一村俱空，无敢居者。于是又北半里，折而东南入石山之夹。又半里，有上控居人移栖于此。复换夫，行已暮矣。透峡东南向石山下共一里，是曰陈峒。峒甚辟，居民甚众，暗中闻声争出而负舆。又东一里，路北石山甚峭，其下有村，复闻声出换。又东一里，峭峰夹而成门，路出其中，是曰那峺，嵚崎殊甚。出峡，宿于那峺村。是日共行三十五里，以屡停候夫也。

初三日　天有阴云而无雨。村夫昧爽即候行，而村小夫少，半以童子代舆，不及饭，遂行，以为去州近也。东行半里，当前有〔石〕山巍耸。大溪自南峡中透出，经巍峰西麓，抵其北，折而捣巍峰北峡中东向去。路自西来，亦抵巍峰西麓。渡溪堰，循麓沿流亦北折，随峰东入北峡中。盖巍峰与溪北之峰峭逼成峡，溪捣其中，势甚险阻。巍峰东瞰溪西，壁立倒插。其西北隅倚崖阻水，止容一人。攀隘东入，因而置栅为关，即北岸寨也。若山海之东扼，潼关之西悬，皆水冲山截，但大小异观耳，而深峭则尤甚焉。去冬，交彝攻之不能克而去。王歪纠来，掠上控而去。入隘门，其山中凹而南，再东复突而临水。中凹处可容数百人，因结为寨，有大头目守云。过寨东，又南向循崖，再出隘门南下。自渡溪入隘来，至此又半里矣。于是东向行山坞间，南北石山排闼成坞，中有平畴，东向宛转而去，大溪亦贯其中，曲折东行。南北两山麓，时时有村落依之。而那哽夫又不同前屡换，村小而路长，岂此处皆因附郭守险，不与乡村同例，一贯之十里之铺者耶？东北行平畴间，两涉大溪，随溪之西共东北五里，循路右山崖南转，始与溪别。一里，乃换夫于路右村中，已望向武矣。税驾于向武铺司。此州直隶于省，而辖于右江，供应不给，刁顽殊甚。投滕书，竟置不理。向武州官黄绍伦，加衔参将，其宅北向，后倚重峰，大 溪在其北山峡中，《志》谓："枯榕在州南"，非也。夜半，雨作。

初四日　候夫司中。雨霏霏竟日。赋投黄诗，往叩中军胡、谢。二人皆贵池人，亦漫留之，为余通黄。

初五日　寒甚。上午少霁，夫至，止六名。有周兵全者，土人之用事者也。见余诗辄携入，且谕夫去，止余少留。下午，黄以启送蔬米酒肉。抵暮，又和余诗，以启来授。

初六日　凌晨起，天色已霁。饭后，周名尚武，字文韬。复以翰至，留少停；余辞以夫至即行。既而夫亦不至。乃北向半里，觅大溪，即枯榕江。随其支流而东，一峰圆起如独秀，有洞三层，西向而峙。下洞深五丈，而无支窍，然轩爽殊甚。而内外俱不能上通。仰睇中、上二层飘渺，非置危梯，无由而达。已出洞，环其北、东二麓，复半里矣。共一里，还抵寓。适夫至，欲行。周文韬来坐留，复促其幕宾梁文焕往携程仪至。乃作柬谢黄，装行李，呼夫速去。及饭毕，而夫哄然散，无一人矣。盖余呼其去，乃促其起程，而彼误以为姑散去也。饭后，令顾仆往催其家，俱已入山采薪，更订期明早焉。余乃散步四山，薄暮返铺司，忽一人至，执礼甚恭，则黄君令来留驾者。其意甚笃挚，余辞以名山念切，必不能留，托其婉辞。已而谢、胡各造谒，俱以主人来留，而前使又往返再三。已而周文韬复同大头目韦守老者来谒"守老"，土音作"苏老"。当道以守备假之。传谕谆谆，余俱力辞云。既暮，黄君复以酒米蔬肉至，又以手书恳留，俟疾起一晤。辞礼甚恭，余不能决而卧。

初七日　早寒彻骨，即余地禁寒不是过也。甫晓，黄君又致鸡肉酒米。余乃起作柬答之，许为暂留数日。是日明霁尤甚，而州前复墟，余乃以所致生鸡畀僧代养，买蕉煮肉，酌酒而醉。

初八日　上午，周文韬复以黄君手柬至，馈青蚨为寓中资，且请下午候见。盖土司俱以夜代日，下午始起栉沐耳。下午，文韬复来引见于后堂，执礼颇恭，恨相见晚。其年长余三岁，为五十五矣。初致留悃，余以参礼名山，苦辞之。既曰："余知君高尚，即君相不能牢笼，岂枳棘敢栖鸾凤？惟是路多艰阻，虑难即前。适有归顺使人来，余当以书前导，且移书归朝，庶或可达。”而胡润乃其婿，亦许为发书。遂订迟一日与归顺使同行。乃布局手谈，各一胜负。余因以囊中所存石斋翁石刻并湛持翁手书示之，彼引余瞻钦锡奖额，上书“钦命嘉奖”四字，乃崇祯八年十月十五日为加参将向武知州黄绍伦立。时额新装，悬于高楣，以重席袭护，悉命除去，然后得见。久之返寓，日将晡矣。文韬又以黄柬来谢顾。

初九日　待使向武。是日阴云四布，欲往百感岩，以僧出不果。此地有三岩：当前者曰飘琅岩，即北面圆峰，累洞三层；中、上二层不能上，时州官亦将缚梯缠架穷之。在上流者曰白岩寨，土音曰不汗，一作北岸。在治西数里，即来时临流置隘门处；在下流者曰百感岩，在治东北数里，枯榕江从此入。此三岩黄将欲穷之，订余同行，余不能待也。

间晤胡中军缺　尚并归顺使者刘光汉，为余言：“昔镇安壤地甚广，共十三峒。今归顺、下雷各开立州治，而胡润亦立寨，隶南宁。胡润之东有上英峒，尚属镇安，而旧镇安之属归顺者，今已为交彝所踞，其地遂四分五裂；然所存犹不小。昔年土官岑继祥没，有子岑日寿存宾州，当道不即迎入，遂客死，嗣绝。其由镇安而分者，惟归顺为近，而胡润次之。田州、泗城同姓不同宗，各恃强垂涎，甚至假胁交彝，则田州其甚者也。”又言：“自归顺抵广南，南经富州，北经归朝。归朝土官姓沈名明通，与叔构兵，既多扰攘，又富州乃其头目。今富州土官李宝之先所辖皆啰啰，居高山峻岭之上，李能辑抚，得其欢心，其力遂强，龋龁其主，国初竟得窃受州印，而主沈反受辖焉。故至今两家交攻不已，各借交彝泄愤，道路为阻云。”余观周文韬所藏归顺宗图，岑濬之子再传无嗣，遂以镇安次子嗣之，继祥之与大伦，犹同曾祖者也。

周文韬名尚武，本归顺人，为余言：“初，高平莫敬宽为黎氏所攻，挈妻子走归顺，州官岑大伦纳之。后黎兵逼归顺，敬宽复走归朝，而妻子留归顺，为黎逼索不已，竟畀黎去，故敬宽恨之。或言奸其妻，亦或有之。及返高平，渐获生聚，而镇安复从中为构，遂以兵围归顺。自丙寅十二月临城围，丁卯三月城破，竟虏大伦以去。镇安复取归杀之。初，围城急，州人以文韬读书好义，敛金千两、马四十匹、段五十端，令随数人驰献交彝，说其退师。交人狡甚，少退，受金，辄乘不备，复合围焉，城几为破。既抵城下，尽杀随行者，每晨以周悬竿上试铳恐之，逼之令降。悬数日，其老母自城上望之，乃缒城出。母抱竿而哭于下，子抱竿而哭于上。交人义之，为解悬索赎。母曰：“儿去或可得银，余老妪何从办之？”初释周行，不数步复留之。曰：“此老妪，宁足为质者！必留子释母以取金。”既而有识者曰：“观其母子至情，必非忍其母者。”乃仍释周入城，以百二十金赎母归。及城破，复一家悉缚去，编为奴者数月，母遂死其境。后防者懈，得挈家而遁，昼伏夜行，经月走荒山中，得还归顺，妻子不失一人。即与归顺遗目一二人同走当道，乞复其主。又遍乞邻邦共为援助，乃得立大伦子继纲延其嗣，而向武爱其义勇，留为头目，乃家向武。

镇安岑继祥乃归顺岑大伦之叔，前搆交彝破归顺，又取归杀之。未几，身死无嗣。应归顺第二子继常立，本州头目皆向之。而田州、泗城交从旁争夺，遂搆借外彝，两州百姓肝脑涂地。虽争势未定，而天道好还如此。初，归顺无主，交彝先纵次子继常归，遂嗣州印，后复纵继纲。盖重叠索贿也。后当道以州印畀继纲，而继常返初服。

初十日　天色明丽。未日则寒甚，日出则回和。先晚，晤归顺使刘光汉。言："归朝、富州路俱艰阻，而交彝尤不可测。"劝余无从此道。余惑之，复阄于佛前，仍得南丹、独山为吉。既午，周文韬传黄君命，言："不从归顺、归朝，可另作田州、泗城书，觅道而去。"余素不顺田州，文韬亦言此二州俱非可假道者，遂决意从东。是日此地复墟，以黄君所赐宋钱，选各朝者俱存其一，以其余市布为裹足，市鱼肉为蔬，又得何首乌之大者一枚。抵暮，黄君以绵衣、唐巾、细裙为赐。

十一日　天色明丽，晓寒午暖。觅帖作启谢黄君，而帖不可得。当户居民有被焚者，远近俱升屋驱飞焰，携囊远置旷野中。盖向武无土城，而官民俱茅舍，惟州宅厅事及后堂用瓦，故火易延爇云。下午，以短摺复黄。

十二日　天色明丽，晓寒午暖。独再往琅山寻岩，四面仰望不得上而还。向武东至旧州五十里，又三十里为刁村，为土上林境，枯榕江由此入右江。又三十里为土上林县。向武西南三十里上英峒界有吉祥洞，前后通明，溪流其间，为韦守所居地。又东南二十里有定稔村，有洞甚奇奥，俱有石丸荔盆。

十三日　同韦守老联骑往百感岩。先径琅山东，回望见东面悬梯，乃新缚以升岩者。出百感岩，度横栈，未下梯，有岐东循崖。有岩在百感东，晚不及上。

十四日　韦守老再约游琅岩。余早饭，即先行，〔出州城北半里，觅大溪，溪即枯榕江。随其支流而东游琅岩，〕游毕，韦未至，余再往百感，游东上岩。复从百感大岩内，暗中穿洞北，下百感村。矮僧净虚以酒来迎，遂溯水观水岩。外水深不得入，约明日缚栈以进。遂一里东北渡桥，由百感外村东南逾岭，二里，南出东来大路，西一里，入隘门，〔过红石崖下，其北石山有洞南向，甚崆峒。〕西向行月下，共五里，还铺舍。

十五日　早起，晓寒午暖，晴丽尤甚。饭后仍往百感，过琅岩不上，东渡南曲小溪，循东流，有岩在路北，其下则东分中流所入穴。闻矮僧来言："村氓未得州命，不敢缚筏。"阻余。转乃仍至琅岩东北，观枯榕水、三分水。北为龙巷村。由其西南渡溪北，越村东，随所分北溪东入山隘；东北共五里，其水东向捣入山穴。穴崖上有洞门，俱西向，中甚暖，有白丹丸。还铺，复入见黄君手谈。入夜，出小荔盆石丸四，俱天成。

十六日　黄君命人送游水岩。

十七日　黄君以〔银〕镯送。

十八日　天色明丽。待夫，上午始行。周文韬、梁心谷与茂林师远送，订后期而别。东过红石崖下。其北石山有洞南向，甚崆峒，惜不及登。〔直东即出东隘，可五十里至旧州，又三十里为刁村，又三十里为土上林县。余从镇远道，乃〕从此南入山，土石相间而出。五里，南逾一石山脊，亦置隘门，是名岬腋。下岭，东南行山夹间，始有田畴。又五里，得一聚落曰邓村，换夫。又东入山峡，过一脊，换夫于路。其处村在山北，呼之而出。又二里，饭于嚓村。村人以虫为“嚓”，形如长身蟋蟀，而首有二眼，光如蜻蜓，亦一异也。又东南行山峡间，三里，换夫于北麓。又东南半里，渡小溪。半里，复上土山，其岭甚峻。半里登其巅，日已暮矣。东南下山，一里，抵其坞。又暗行半里，抵一村。时顾奴候夫后，久而始至。得夫，又秉炬行。又东南下渡一小溪，复南循水上山峡间。时闻水声潺潺，不可睹也。共五里，而宿于下宁峒之峒槽村。问上宁峒，已在其西上流。是日约行三十里。

自十一月初三至向武，十八日起行，共十六日。向武石峰，其洞甚多，余所游者七：为百感洞，又东洞，又下洞，又后岩水洞；为琅山洞，又下洞；为龙巷东北江流所入之上洞。其过而未登者三：为〔琅山东北二里，〕中江坠穴之上，高岸南向洞；又为〔琅山东南二里，〕南江所绕独峰之上西南向洞；又为州东北巨峰南向洞。〔洞在红崖峰北。〕其闻而未至者二：为吉祥，在西南四十里，韦守老所居。〔洞前后通明，溪流其间。〕为定稔土音丰辇，在东南三十里。二洞，又最以奇著者也。〔共十二洞云。〕所游之最奇者，百感雄邃宏丽，琅山层叠透漏，百感东洞曲折窈窕，百感水洞杳渺幽閟，各擅其胜，而百感为巨擘矣。

枯榕江〔即州北大溪，〕自向武西南境东流，自北岸寨抵向武北龙巷村之前。其东有石峰一枝，东西如屏横列。江当其西垂，分而为三：北枝东循峰北入峡，为正派；中枝东循峰南停而大为中江；南枝东南流田塍间，小而急为南江。入峡者东北转，五里，山势四逼，遂东捣石崖穴中，势若奔马齐驱，下坂入山而东，经百感岩，北透其下，为水洞者也。循山南者，东行二里，忽下坠土穴，此派经流独短。亦北注石山而一，想亦潜通百感者也；南行塍间者，东绕平畴中两独峰之南，又东抵隘门岭西麓，折而北，直趋百感东洞之下，稍东入峡，亦下坠土穴，而北入百感。三流分于横列石峰之西，隔山岐壑，而均倾地穴，又均复合于百感一岩之中，而北出为大溪，始东北流峡去，经土上林之刁村而入右江。百感岩北，有村曰百感村。村东南向，庐舍之下有小流三派，从石穴溢而成渠，大溪自百感岩出，即与之合流。始知此山其中皆空，水无不出入旁通也。

百感岩在向武州东北七里。其西南即分水横列之山，中江之水所由入者；其东南即隘门岭之山，北迤而屏于东，南江之水所由折而北入者；其西北即此山之背，环为龙巷东入之内坞，北江之水所由捣而下者；其东北即此山后门，绕而为百感村，众江既潜合于中，所由北出者，此山外之四面也。而其岩则中辟于山之半，南通二门皆隘：一为前门，一为偏穴。北通一门甚拓，而北面层峦阻閟，不通人间，自州来，必从南门入，故巨者反居后，而隘者为前。前门在重崖之上，其门南向。初抵山下，东北攀级以上，仰见削崖，高数百仞，其上杙木横栈，缘崖架空，如带围腰，东与云气同其蜿蜒。既而西上危梯三十级，达崖之半，有坪一掌，石窍氤氲，然裂而深。由其东缘崖端石级而左，为东洞。由其西践栈而右，为正洞之前门。栈阔二尺，长六七丈，石崖上下削立，外无纤窦片痕，而虬枝古干，间有斜骞于外，倒悬于上者，辄就之横木为杙。外者藉树杪，内者凿石壁，复以长木架其上为梁，而削短枝横铺之。又就垂藤以络于外，人践其上。内削壁而外悬枝，上倒崖而下绝壑，飞百尺之浮桴，俯千仞而无底，亦极奇极崄矣。栈西尽，又北上悬梯十余级，入洞前门。门南向，其穴高三尺五寸，阔二尺，仅容伛偻入。下丈许，中平，而石柱四环如一室，旁多纤穴，容光外烁，宿火种于中。爇炬由西北隙下，则窅然深陷，此乃洞之由明而暗处也。下处悬梯三十级，其底开夹而北，仰眺高峻。梯之下有小穴伏壁根。土人云：“透而南出，亦有明室一围，南向。”则前门之下层，当悬栈之下者也。由夹北入，路西有穴平坠如井，其深不测。又入其西壁下，有洼穴斜倾西坠。土人云：“深入下通水穴，可以取水。”然流沙圮泻，不能着足也。西壁上有奥室围环中拓，若悬琉璃灯一盏，乃禅室之最閟者。出由其东，又北过一隘，下悬梯三十级，其底甚平旷，石纹粼粼，俱作荔枝盆。其西悬萎蕤，攀隙而入，如穿云叶。稍北转而西上，望见微光前透甚遥，蹑沙坂从之，透隘门西出，则赫然大观，如龙宫峨阙；又南北高穹，光景陆离，耳目闪烁矣。此乃洞之由暗而明处也。其洞内抵西南通偏门，外抵东北通后门，长四十丈，阔十余丈，高二十余丈，其上倒垂之柱，千条万缕，纷纭莫有纪极；其两旁飞驾之悬台，剜空之卷室，列柱穿崖之榭，排云透夹之门，上下层叠，割其一脔，即可当他山之全鼎。其内多因其高下架竹为栏，大者十余丈，小者二、三丈，俱可憩可眺。由东崖跻隘入西南洞底之上层，其内有编竹架菌而为廪者，可置谷千钟焉。其上又有龛一围，置金仙于中，而旁小龛曰慈云莲座，乃黄君之母夫人像也。黄母数年前脩西方之业于此，此其退藏之所；而外所编竹栏，则选佛之场；而廪则黄君储以备不虞者。龛西则偏门之光，自顶射下。此处去后门已遥，而又得斯光相续，遂为不夜之城。攀峻峡西上，透其门颇隘，即偏门也。其门西南向，下临不测，惟见树杪丛丛出叠石间，岨悬嶂绝，不辨其处为前山、后山也。龛既穷，仍由故道下，东北趋后门。其门东北向，高二十丈，门以外则两旁石崖直坠山麓，而为水洞之门；门以内，则洞底中陷，亦直坠山底而通水洞之内；陷处径丈五，周围如井。昔人置辘轳于上，引百丈绠下汲，深不啻十倍虎阜。恐人失足，亦编竹护其上，止留二孔以引轴轳，人不敢涉而窥也。井外即门，巨石东西横峙，高于洞内者五尺，若门之阈。由井东践阈，踞门之中，内观洞顶，垂龙舞蛟，神物出没，目眩精摇；外俯洞前，绝壁拷云，重渊破壑，骨仙神耸。此阈内井外峡，下透水门，亦架空之梁，第势极崇峻，无从对瞩耳。阈东透石隘东北下，蹬倚绝壁，壁石皆崆峒，木根穿隙缘窍；磴断处，亦横木飞渡。下里半而为百感村。徐子曰：此洞外险中閟，既穿历窅渺，忽仰透崇宏，兼一山之前后，以通奇汇众，流于壑底而不觉，幽明两涵，水陆济美，通之则翻出烟云，塞之则别成天地。西来第一，无以易此。

百感东岩在百感前门之东。由栈东危崖之端，东缘石痕一缕，数十步而得洞，其门亦南向。门以内不甚深，而高爽窈窕，石有五色氤氲之状。〔诡裂成形。〕由峡中东入三、四丈，转而北，有石中峙。逾隘以进，遂昏黑其中，又南北成峡，深十余丈，底平而上峻；北尽处有巨柱回环，其外遂通明。跻级北上，有窍东透而欹侧，只纳天光，不堪出入也。由窍内转而北，又连辟为二室：一室中通而外障，乃由内北达者；一室北尽而东向，乃临深而揽胜者。先由中通之室入，其西隙旁环，俱可为房为榻。其东之外障，亦多零星之穴，悬光引照焉。北透一峡，达于北室，其前遂虚敞高门。门乃东临绝壁，中有纤笋尖峙于前，北有悬崖倒垂于外，极氤氲之致。其下闻水声潺潺，则南江之水，北转而抵其下入穴者也；然止闻声，而不见形焉。其内西壁，亦有群乳环为小龛，下皆编竹架栏，亦昔人栖隐者。此洞小而巧，幽爽兼备，为隐真妙境。第中无滴沥，非由前栈入百感后轴轳取之，则由前梯转觅涧山前，取道其遥矣。

百感下水岩，在百感洞后门之下，百感村之南。百感有内、外两村。山从百感洞分两界，北向回环，下成深坞，而岩下水透山成江，奔腾曲折而北去。从土上林、刁村下右江。村界于其中，源长而土沃，中皆腴产。洞在内村之南二百步，其门东北向，高耸而上，即后门也。水自洞出，前汇为广潭，中溢两崖，石壁倒插水底。从潭中浮筏以入，仰洞顶飘渺若云，孰意乃向之凌跨而下者耶！洞内两壁排空，南向而入，潴水甚深。西壁有木梯悬嵌石间，土人指曰："此即上层轴轳之处。昔侬智高时，有据洞保聚者，兹从下汲。此其遗构也。”东壁石隙中拓，有架庐绝顶，飞缀凭空，而石壁危削虚悬二十丈，无可攀跻。土人曰：“此戊午荒歉，土人藏粟储粮以避寇者。须缚梯缀壁以上，兹时平，久不为也。”入十余丈，下壑既穷，上峡悬透；遥眺西南峡窦深入处，高影下射，光采烨烨，而石峻无级可跻。不知所通为山之前、山之右也。下壑石根插入水间，水面无内入之隙，水之所从，由下泛滥而出，则其中众水交合处，犹崆峒内扃，无从问津焉。乃返筏出洞，从门外潭西蹑崖登门左之壁，透峡窍而上，辟岩一围，其门东向下临前潭，右瞰洞水，前眺对崖之上，旁窦氤氲，可横木跨洞门而渡也。辟岩中广下平，可栖可憩，第门虽展拓，而对崖高屏，曾无日光之及，不免阴森。若跨木以通对崖，则灏灵爽气无不收之矣。此洞阻水通源，缥缈掩映，为神仙奥宫。若夫重峦外阻，日月中扃，即内村已轶桃源，而况窈窕幽閟，若斯之擅极者乎！

百感前下岩，在百感洞前门之下，路西坑腋间。其门亦南向，高拓如堂皇，中多巨石磊落，其后渐下。盖水涨时，山前之水亦自洞外捣入者，而今无滴沥也。洞东北隅有峡北入，其上透容光，其下嵌重石。累数石而下窥，其底渊然，水涵深窦，而石皆浮缀两崖间，既不能披隙而下，亦不能架空而入，惟倚石内望西北峡穷处，亦有光内射，其隙长而狭，反照倒影，烨烨浮动，亦不知所通为山之后、山之右也。

龙巷东北坞上洞，在向武州东北七里，即百感之西崖，第路由龙巷村东入北转，盘旋成坞。枯榕北枝大江，分捣其中，崖回坞绝。坠穴东入，而洞临其上，其门西向，左右皆危崖，而下临激湍。原无入路，由其北攀线纹践悬壁以入，上幕云卷，下坡芝叠。东进六丈后，忽烘然内暖，若有界其中者。盖其后无旁窦，而气盎不泄也。又三丈，转而北，渐上而隘，又三丈而止。其中悬柱亦多，不及百感之林林总总。而下有丸石如珠，洁白圆整，散布满坡坂间。坡坂之上，其纹皆粼粼如绉縠，如鳞次，纤细匀密，边绕中洼，圆珠多堆嵌纹中，不可计量。余选其晶圆者得数握，为薏苡，为明珠，不能顾人疑也。玉砂，洞中甚难得，亦无此洁白。

琅山岩在州北半里，其形正如独秀。始见西向，有门三叠，而不知登处反在东峰之半也。余至后，黄君始命缚梯通栈，盖亦欲择其尤者为静修之地耳。由东麓攀危梯数百级，入其东门，其门豁然高敞。门以内遂分三径：由北窍者平开一曲，即透北门，直瞰龙巷后北山，大溪西来界其中，抵横裂峰西而三分之；北面峦岚溪翠，远近悉揽。由南窍者，反从洞内折而东出，外复豁然，即东门之侧窍也。第一石屏横断其径，故假内峡中曲出，其内下有深洼，渊坠而底平；由其上循崖又南入峡中，渐上渐隘，有石横跨其上，若飞梁焉。透梁下再上，峡始南尽，东壁旋穴庋空，透窗倒影，西窍高穹曲嵌，复透而南，是为南门。其前正与州东北巨峰为对，若屏之当前，西南不能眺一州烟火，东南不能挹三曲塍流，而不知其下乃通行之峡也。由西直入者，高穹旁拓，十丈以内，侧堰曲房，中辟明扉，若隘门之中堑者。然其上穹盘如庐，当隘处亦上裂成峡，高剧弥甚。透隘门而西，则西辟为堂，光明四溢，以西门最高而敞也。堂左南旋成龛，有片石平庋为榻，有悬石下卷为拓托，皆天成器具也。堂右北嵌成楼，圆转无隙，比及前门，则石阈高栏。透窍以出，始俯门下层崖叠穴，危若累棋，浮如飞鹢。盖已出西望第三门之上，而中门在其下矣。坐其上，倒树外垂，环流下涌，平畴乱岫，延纳重重，断壑斜晖，凭临无限，三门中较为最畅矣。夫此一山，圆如卓锥，而其上则中空外透，四面成门，堂皇曲室，夹榭飞甍，靡所不备。徙倚即殊方，宛转频易向，和风四交，蒸郁不到，洵中天之一柱，兼凌虚之八窗，栖真之最为缥缈，而最近人间者也。惟汲泉须盘梯而上，不使负戴耳。

下洞即在琅山西麓，其门西向，东入三丈余而止。仰其上，则悬岩层穴，又连叠门两重。余初至此，望之不能上达。明日又至，亦不知其上层之中通于东，并不知东之可登也。既而闻黄君命缚梯，既而由其南峡，同韦守老往百感出山之东，回望见梯已蜿蜒垂空，始知上洞须东上，下洞独西入，而中洞则无由陟焉。

十九日　晓起，有云。晨餐后，半里过宁墟，〔从南峡去，抵天灯墟。闻有营怀洞，乃龙英分界，为左、右二江脊。〕东折入山坞。一里，北入峡。一里，逾小脊北下，随山东转。又二里，南那村换夫。东北行二里，东逾一岭，曰石房岭。下岭而东，又二里，至石房村换夫。又东二里复上山，半里过一岭脊，脊不高，其北水从东北坠其南，水从南流，是为向武、镇远分界，而左、右江亦以此分焉。随流南下一里，大路自西来合，遂东转循老山之南，东逾平峡，一里，大道直东去，又从岐随水东南下一里半，四山环坞一围，曰龙那村，已镇远属矣。〔初至村，遥见屋角黄花灿烂，以为菊，疑无此盛，逼视之，乃细花丛丛，不知其名。又见白梅一树，折之，固李也。黄英白李，错红霜叶中，亦仲冬一奇景。〕饭而行，北逾岭而下，共一里，又行峡中半里，与西来大道合。于是随水形东行山峡间，五里，水形东北去，路东南上山。半里，又从岐南逾一岭，共一里而下，得南峒村。村人顽甚，候夫不即至，薄暮始发。其峒四山连脊，中洼为池，池上有穴，东面溢水，穿山腹东出。池西乃居人聚庐所托也。东逾岭而下，共一里，东向行山坞间。八里过一村，又东与石山遇。循其南崖，崖上石窦历乱，俱可入崖，下累石属南山，傍崖设隘门以入，于是南、北两石山复峥峥屏立矣。又东一里为镇远州，〔属太平府。〕宿于州东之铺舍。州官名赵人伟。

州宅西南向，其地在太平府东北二百里。西南一日至全茗，又经养利而达府。西北为向武界，十八里。东北为信伦界，十六里。东为结安界，西南为全茗界。州前流甚细，南入山峡。据土人言，乃东北至信伦，北入右江者。由此言之，则两江界脊西自镇安、都康，经天灯墟龙英之北，向武之南，二州分界。东径全茗、永康、罗阳诸地，而抵合江镇。昨所过石房村东南之脊，乃北走分支，其南下之水，尚非入左江者也。

二十日　晨起，小雨霏霏。待夫，而饭后至。乃雨止，而云不开。于是东向转入山峡，半里，循南崖之嘴，转而北，循北崖之缺，共半里，出一隘门，循西山之麓北行。二里，山撞而成峒，乃转而东。一里，又东出一隘门，即循北山之麓。又东一里上一岭，共一里逾而下，复东行一里，随小水转而北。其处山夹长开东西两界，中行平畴，山俱深木密藤，不辨土石。共北二里半，渡小水，傍西麓北行。又二里，稍东北，经平畴半里，已复北入峡中。其中水草沮洳，路循西麓，崎嵚而隘。二里，渡夹而东上东岭，一里跻其巅，东下一里，抵其麓。其岭峻甚：西则下土而上石，东则上土而下石，皆极峭削，是为镇远、信伦分界。又东行坞中一里，复稍上而下。共一里，逾小石脊，又东北平行半里，乃直下石崖中。半里，已望见信伦村聚矣。既下，又东行平畴。一里，有小水自西南山夹来，又一大溪自南来，二水合而北注。北望土山开拓，乃涉溪而东，是为信伦，止于铺舍。适暮，微雨旋止。州乃大村落，州官冯姓。是日共行二十里。

都康在镇安东南，龙英北，胡润、下雷东，向武西南，乃两江、老龙所经，再东即为镇远、信伦。土人时缚行道者，转卖交彝。如壮者可卖三十金，老弱者亦不下十金。如信伦诸土州隔远，则展转自近州递卖而去。告当道，仍展转追赎归，亦十不得二三。其例：每掠卖一人，即追讨七人，然不可得。土州争杀，每每以此。

信伦在向武东南、都结西南，土上林在其北，结安在其南。其水自西南龙英山穴中流出，北流经结安，又北至信伦绕州宅前，复东北入山穴，出土上林而入右江。疑即《志》所称泓澬江，从信伦东北入石穴，出向武境、土上林，与枯榕俱入右江者。

二十一日　浓云密布而无雾。候夫未至。饭后散步东阜，得古梅一株，花蕊明密，幽香袭人，徘徊其下不能去。折奇枝二，皆虬干珠葩。南望竹崖间一岩岈然，披荆入之，其门北向。由隘窦入，中分二岐：一南向入，一东南下，皆不甚深。还铺舍，觅火炙梅枝。微雨飘扬，拈村醪对之，忘其为天涯岁暮也。

既午雨止，日色熹微，夫始至，复少一名，久之乃得行。从东南盘崖间小岩，一里，路循坞而南，度小溪，有岐东向入土山，从坞南行。又一里，有岐西南溯大溪，结安、养利大道，为此中入郡者。又正南行一里，折而东，入土山之峡。〔其处西为镇远来所逾，石峰峭聚如林；东为土山，自佶伦北南绕而西，遥裹西面石峰；中开大坞，亦自西南转北去。〕从土峡中东行一里，遂跻土山而上。又一里，逾山之巅，即依岭南行，一里，出南岭之巅，〔东望盘谷东复有石山遥列，自东北环峙西南矣。〕东向循岭半行，又一里，转南，半里又东下，半里，抵山之麓，遂从坞东南行。二里，越一南来小水，又北越一西北来小水，得一村，倚东山下，众夫遂哄然去。余执一人絷之，始知其地为旧州，乃佶伦旧治，而今已移于西北大溪之上。两处止隔一土山，相去十里，而州站乃互相推委。从新州至都结，直东逾山去，今则曲而东南，欲委之旧州也。始，当站者避去，见余絷其夫，一老人乃出而言曰："铺司姓廖，今已他出，余当代为催夫。但都结须一日程，必明日乃可。"候余上架餐饭，余不得已从之。检行李，失二鸡，乃镇远所送者。仍絷前夫不释。久之，二村人召鸡，释夫去。是日止行十里，遂止旧州。

二十二日　早起，天无雾，而云密布。饭后村人以二鸡至，比前差小。既而夫至，乃行。一里，东北复登土山，四里，俱从土山脊上行。已下一坞，水乃东北行。遂西北复上土山，一里逾脊，又东北行岭上二里，转而西北二里，始与佶伦西来路合。乃下山得一村，曰陆廖村，数家之聚在山半。其夫哄然去，余执一人絷之，盖其夫复欲委之村人也。度其地，止去佶伦东十余里。因其委旧州，旧州欲委此村，故展转迂曲。始，村人不肯承，所絷夫遍号呼之，其逃者亦走山巅遍呼村人。久之，一人至，邀余登架，以鸡黍饷而聚夫，余乃释所絷者。日午乃得夫。遂东上，岭头有岐，直北者为果化道；余从东岐循岭南而东向行半里，遂东北下山，一里而及山坞，有小水自北坞中来，折而东去，渡之，复北上岭。一里，逾岭北，循之东向行半里，有岐直东从岭畔去；即都结大道。以就村故，余从东北岐下山。复一里，抵山坞，有小水自北来，折而东南去。渡之，复东北逾一小岭，共一里半，前所渡水穿西南山夹来，又一小水从西北山夹下，共会而东，路遂因之。屡左、右渡，凡四渡，共东行三里，又一小水从南坞来合之北去。又东渡之，复上岭一里，逾岭东下，其水复从北而南，又东渡之，复上山，随之东行，一里半，水直东去，路折入东北峡，一里得数家之聚，曰那印村。夫复委之，其郎头他出，予执一夫絷而候之。时甫下午，天复明霁，所行共二十余里。问去都结尚一日程，而中途无村可歇，须明日早行，即郎头在亦不及去矣。余为快快，登架坐而待之。久之郎头返，已薄暮矣。其饷以鲫为供。

二十三日　早雾四塞。既饭而日已东出。促夫至，仍欲从东北坞行。余先问都结道，当东逾岭，窥其意，以都结道远，复将委之有村处也。盖其地先往果化，则有村可代；而东南往都给，无可委之村。故那印夫必不肯东南。久之，一人来劝余，此地东往龙村，名囤龙，亦信伦。缺即都结属，但稍迂，多一番换夫耳。余不得已从之。乃东北入坞中，半里，复与前西南来之水遇，遂循之东向行。二里，下坞中，忽望见北坞石山回耸。又半里，路右东行之水，又与一东南来水会而北去，东向涉之，复上岭，东北一里，逾岭上。又北行岭脊半里，望西北石山与所登土山分条而东，下隔绝壑，有土脊一枝横属其间，前所渡北流之水，竟透脊而入其坞穴中，不从山涧行矣。路既逾岭，循岭上东行三里，过一脊，又平行一里，始东南下。一里半及坞底，忽见溪水一泓，深碧盈涧，随之东下，渐闻潺潺声，想即入脊之水，至此而出也。东行半里，又有小水自东峡而出，溯之行一里，溪四壑转，始见溪田如掌。复随之东南行一里，水穷峡尽，遂东上一里，登岭，平行岭北半里，又东南坦下者半里，过一脊，又东北逾岭半里而上，逾其阴，望东北坞中，开洋成塍。又东北半里，始东向下山，半里，午抵囤龙村。土人承东往果化，不肯北向都结，亦以都结无村代也。饭于郎头家。下午夫至。郎头马姓者告余曰："此地亦属信伦，若往送都结，其径已迂，恐都结村人不承，故本村不敢往；往果化则其村为顺，不敢违耳。"盖其地往都结，尚有一村曰捺村，仍须从所来高岭之脊南向而去。余不得已，仍从之。及升舆，尚少三人，遍入山追之。比至，日已西入山，余有戒心，闻信伦、都结土人不良。竟止不行。是午，土人以鼠肉供，麾却之。易以小鸟如鹌鹑，乃薰干者，炒以供饭。各家所供酒，或烧酒或白浆，皆可食。又有黄酒，色浊味甜，墟中有沽者，各村罕有。是日上午行二十里而已。

二十四日 早起，霁色如洗。及饭，反有雾蒙四山，日出而净如故。及起行，土人复欲走果化，不肯走都结，即迂往其村，亦不肯送。盖与都结有仇杀，恐其执之也。余强之不能，遂复送向那印。盖其正道在旧州，此皆迂曲之程也。遂西南行田陇间，半里，穿石隙，登土山，西向平上，半里及其巅。又半里越岭而南，稍下度一脊。又平上半里，复逾巅西下。一里，及坞中，遂循水痕西北行。一里，有小水自北坞来，与东来小水合而西去。又随之西一里，复有小水自北坞来，与东来之水合而南去。路西上山，直上者一里半，平行岭上者二里，又西向下者一里半。下及坞底，忽有水自南峡来，涵碧深沉，西向去，过坞半里，从北山西上，一里，登岭上，又一里稍下，过一脊复上，始依岭北，旋依岭南，俱西向平行岭上。南望高岭，即旧州走都结者。共三里，始西南下，一里半而及其坞，则前所过南峡之水，与那印之水东西齐去，而北入石山之穴。截流而西溯东来之水三里，饭于那印。候夫至下午。不肯由小径向都结，仍返信伦。初由村左西北上山，转西南共一里，登岭上行西南五里，稍下，度一脊复上，西南行岭上六里，转出南坳。又西南行六里，稍东转，仍向西南，始东见旧州在东南山谷，信伦尖山在西南山谷。又西二里始下，南渡坞塍，始见塍水出北矣。又南逾山半里，又渡塍，逾小山一里，得一村颇大，日已暮，从其南渡。一枝流复与南来大溪遇，南越一垅，溯大溪西南行塍间。又一里半至佶伦州。州宅无围墙，州官冯姓，尚幼。又南渡大溪，宿于权州者家。是日约行四十余里，皆迂路也。

二十五日　凌晨，权州者复送二里，至北村，坐而促夫者竟日，下午始行。即从村东南上山，一里，始东北逾岭，旋转东南绕州后山脊行。六里，少庭脊，复上行岭畔者三里。又稍下，其处深茅没顶，舆人又妄指前山径中多贼阵，余辈遥望不见也。又前下一里，渡脊，始与前往陆廖时所登山径遇。遂东瞰山谷，得旧州村落。又东南下者半里，时及麓，舆夫遂哄然遁去。时日已薄暮，行李俱弃草莽中。余急趋旧州，又半里下山，又行田塍间一里，抵前发站老人家，已昏黑，各家男子俱遁入山谷。老人妇卧暗处，作呻吟声。余恐行李为人所攫，遍呼人不得。久之，搜得两妇执之出，谕以无恐，为觅老人父子归，令取行李。既而顾仆先携二囊至，而舆担犹弃暗中。已而前舍有一客户来询，谕令往取，其人复遁去。余追之，执于前舍架上，强之下，同顾仆往取。久之，前所遣妇归云："老人旋至矣。"余令其速炊，而老人犹不至。盖不敢即来见余，亦随顾仆后，往负行李也。半晌，乃得俱来。老人惧余鞭其子若孙，余谕以不责意。已晚餐，其子跛立，予叱令速觅夫，遂卧。

二十六日　凌晨饭。久之，始有夫两人、马一匹。余叱令往齐各夫。既久，复不至。前客户来告余："此路长，须竟日。早行，兹已不及。明晨早发，今且贯跛者，责令其举夫可也。"余不得已从之。是日，早有密云，午多日影。既饭，遂东向随溪入石山峡，一里，两石山对束，水与路俱从其中。东入又半里，路分两岐：一东北逾坳；一西南入峡。水随西南转，轰然下坠，然深茅密翳，第闻其声耳。已西南逾坳，则对东西山之后脊也。溪已从中麓坠穴，不复见其形矣。乃转至分岐处，披茅觅溪，欲观所坠处，而溪深茅丛，层转不能得。又出至两峰对束处，渡水陟西峰，又溯之南，茅丛路塞，旋复如溪之北也。乃复从来处度旧路，望见东峰崖下有洞南向。已得小路在莽中，亟披之。其洞门南向，有石中悬，内不甚扩，有穴分两岐，水入则黑而隘矣。出洞，见其东复有一洞，颇宽邃，其门西南向，前有圆石界为二门，右门为大，其内从右入，深十余丈，高约三丈，阔如之，后壁北转渐隘而黑，然中觉穹然甚远，无炬不能从也。其外从左南扩，复分两岐：一东北，一东南。所入皆不深而明爽剔透，有上下旁穿者。况其两门之内，下俱甚平，上则青石穹覆，盘旋竟尺，圆石密布无余地。又有黄石倒垂其间，舞蛟悬崿，纹色俱异。有石可击，皆中商吕，此中一奇境也。出洞，仍一里，返站架。日色甚暖，不胜重衣，夜不胜覆絮。是日手疮大发。盖前佶伦两次具餐，俱杂母猪肉于中也。

二十七日 早起雾甚。既散，夫骑至乃行。仍从东北一里上土山，与前往陆廖道相去不远。一里，登岭，雾收而云不开，间有日色。从岭上北转一里，仍东北二里，又下一里，度一水，复东北上二里，岭畔遂多丛木。从木中行岭上者三里；从林木少断处，下瞰左右旋谷中，木密树丛，飞鸟不能入也。又半里乃下，甚峻。一里半乃及坞底，则木山既尽，一望黄茅弥山谷间矣。从坞中披茅行，始有小水东流峡谷，随之涉水而东，从南麓行，复渡水从北麓上。又东下坞渡水，复东上岭，一里登其巅，行其上者三里。又直下坞中者一里，则前水复自南北注向峡中去。又东逾一小岭，有水自东坞来，自南向北绕，与西来水合。既涉东来水，复东上山，登其巅，盘旋三里，出岭。二里，得一平脊，乃路之中，赍饭者俱就此餐焉。既饭，复东从岭北行，已渐入丛木。出山南又度一脊，于是南望皆石峰排列，而东南一峰独峻出诸峰之上。北望则土山层叠，丛木密翳。过脊稍下而北，转而东上，直造〔前〕所望〔东南峻〕石峰之北，始东南下。一里半而及坞底。有细流在草中行，路随之。半里入峡，两崖壁立，丛木密覆，水穿峡底，路行其间。半里，峡流南汇成陂，直漱峻峰之足。复溯流入，行水中者一里，东南出峡，遂复仰见天光，下睹田塍。于是山分两界，中有平坞，若别一天地也。东行坞中，坞尽复攀石隘登岴。岴石峻耸如狼牙虎齿，前此无其巉峭者也。逾岭，从坞中行二里，循岭平上一里，平下一里，平行坞一里，穿平峡一里，穿峡，又行坞中一里，逾岭上下，又一里，始得长峡。行四里，又东行坞与西同。三里，逾北山之嘴、南山之麓，始有茅三、四架，于是山坞渐开。南山之东有尖峰复起，始望之而趋，过其东，则都结州治矣。州室与聚落俱倚南山，向北，有小水经其前东注，宅无垣墙，廨亦隤圮。铺司狞甚，竟不承应，无夫无供，盖宛然一夜郎矣。州官农姓。是日为余生辰，乃所遇旧州夫既恶劣，而晚抵铺司复然，何触处皆穷也。

二十八日 早起，寒甚而霁。铺司不为传餐，上午始得粝饭二盂，无蔬可下。以一刺令投，亦不肯去。午后，忽以马牌掷还云："既为相公，请以文字示。"余拒无文，以一诗畀之。乃持刺去。久之，以复刺来，中书一题曰："有德者必有言，有言者亦（必有德）。"无聊甚。倚筐磨墨即于其刺后漫书一文畀之。既去，薄暮始以刺饶鸡酒米肉，复书一题曰："子路拱而立，止子路宿。"余复索灯书刺尾畀之。遂饭而卧。馆人是晚供牛肉为案。既卧，复有人至，订明日联骑行郊，并令馆人早具餐焉。

二十九日 早寒，日出丽甚。晨起餐甫毕，二骑至矣。一候余，一候太平府贡生何洞玄。同行者乃骑而东，又有三骑自南来，其当先者，即州主农姓也。各于马上拱手揖而东行，三里渡一溪，又东二里，随溪入山峡，又东五里，东北逾一岭，其岭颇峻。农君曰："可骑而度，不必下。"其骑腾跃峻石间，有游龙之势。共逾岭二里，山峒颇开，有村名那吝，数十家在其中央，皆分茅各架，不相连属。过而东，又二里，复东逾一岭，其峻弥甚，共二里，越之。又东一里，行平坞间，有水一泓，亦自西而东者，至是稍北折，而南汇涧二丈余，乃禁以为鱼塘，其处名相村。比至，已架茅于其上，席地临，诸峒丁各举罾西流，而渔得数头，大止尺五，而止有锦鲤，有绿鳜，辄驱牛数十蹂践其中。已复匝而罾焉，复得数头，其余皆细如指者。乃取巨鱼细切为脍，置大碗中，以葱及姜丝与盐醋拌而食之，以为至味。余不能从，第啖肉饮酒而已。既饭，日已西，乃五里还至那吝村，登一茅架，其家宰猪割鸡献神而后食，切鱼脍复如前。薄暮，十余里抵州，别农马上，还宿于铺。

三十日　日丽而寒少杀。作《骑游诗》二首畀农。时有南宁生诸姓者来，袖文一篇，即昨题也。盖昨从相村遇此生来谒，晚抵州官以昨题命作也。观其文，毫无伦次，而何生漫以为佳。及入农，果能辨之，亟令人候余曰："适南宁生文，不成文理，以尊作示之，当骇而走耳。"乃布局手谈。抵暮，盛馔，且以其族国瑚讦告事求余为作一申文，白诸当道，固留再迟一日焉。

十二月初一日　在都结铺舍。早起阴云四布，欲行，复为州官农国琦强留，作院道申文稿。盖国琦时为堂兄国瑚以承袭事相讼也。抵暮，阴云不开。既晚餐，农始以程仪来馈。

初二日　早起阴云如故。饭久之，夫至乃行。东向三里，即前往观鱼道也；既乃渡溪而北，随溪北岸东行，又二里，有石峰东峙峡中。盖南北两界山，自州西八里即排闼而来，中开一坞，水经其间，至此则东石峰中峙而坞始尽。溪水由石峰之南而东趋峡中，即昨所随而入者。今路由石峰之北而东趋北坞，又三里，得一村在坞中，曰那贤。又东二里，坞乃大开。田畴层络，有路通南坞，即那伦道也。又东五里，山坞复穷。乃北折而东逾山坳。一里，越坳之东，行坞间。又一里，复东穿山峡，其峡甚逼而中平，但石骨棱棱，如万刀攒侧，不堪着足。出峡，路忽降而下，已复南转石壑中，乱石高下共三里，山渐开。忽见路左石穴曲折，坠成两潭，清流潴其中，映人心目。潭之南坞有茅舍二架，潭之东坞有茅舍一架，皆寂无一人。询之舆夫，曰："此湘村也。向为万承所破，故居民弃庐而去。"由湘村而东，复有溪在路北，即从两潭中溢出者。东行平坞二里，过昨打鱼塘之南。又东三里，遂北渡西来之溪，溪水穿石壑中，路复随之，水石交乱。一里，从溪北行，转入北壑。一里，水复自南来，又渡之而东。又一里，水复自北而南，又渡之，乃东向出峡，忽坠峡直下者一里，始见峡东平畴，自北而南，开洋甚大，乃知都结之地，直在西山之顶也。下山，是为隆安界，亦遂为太平、南宁之分，其高下顿殊矣。随西峰东麓北行一里，溪流淙淙，溯之得一村，是为岩村，居民始有瓦房高凳，复见汉官仪矣。至是，天色亦开霁。时已过午，换夫至，遂行。于是俱南向行平畴间，二里，饭于前村之邓姓者家。既饭，又渡溪西岸南行，一里半，其西山峡中开，峰层坞叠，有村在西坞甚大，曰杨村。又南一里半，杨村有溪亦自西坞而南，与北溪合，其溪乃大，并渡其西。又南一里，水东注东界土山腋中。路西南一里，抵西界石山下，得一村曰黑区村。换夫，循西界石山南行，其峰有尖若卓锥，其岩有劈若飞翅而中空者。行其下嵌石中，又南四里，得巨村在西峰丛夹处，曰龙村。又换夫而南，乃随东界土山行矣。始知自黑区至此，皆山夹中平坞而无涧，以杨村所合之流，先已东入土山也。至是，复有水西自龙村西坞来，又南成小涧。行其东三里，盘土山东南垂而转，得一村曰伏雷，换夫。又暮向东南行三里，宿于巴潭黄姓者家。

初三日　巴潭黄老五鼓起，割鸡取池鱼为饷。晨餐后，东南二里，换夫于伏连村，待夫久之。乃东南逾土山峡，一里，则溪流自西北石山下折而东来，始虢虢成声。随之南行，盖西界石山至此南尽，转而西去，复东突一石峰峙于南峡之中，若当户之枢，故其流东曲而抵土山之麓，又南绕出中峙石峰，始南流平畦，由龙场入右江焉。随溪一里，南山既转西南，平壑大开，而石峰之南，山尽而石不尽。于是平畴曲塍间怪石森森，倏离倏合，〔高下不一，流泉时漱之，环以畦塍，使置一椽其中，石林精舍，胜无敌此者。〕行石间一里，水正南去，路东上山麓，得一村聚落甚大，曰把定村。村人刁甚，候夫至日昃始以一骑、二担夫来。遂东北逾土岭，一里半，北渡一小水，乃北上岭。又一里，逾其巅，又北行岭上者一里，则下见隆安城郭在东麓矣。乃随岭东北下者里，又东行者一里，入西门，抵北门，由门内转而南，税驾于县前肆中。是日，云气浓郁，不见日光。时已下午，索饭，令顾仆往驿中索骑，期以明旦，而挑夫则须索之县中。时县君何为库役所讼，往府。摄尉事者为巡检李姓，将觅刺往索夫，而先从北关外抵巩阁，则右江从西北来，经其下而东去，以江崖深削，故遥望不见耳。从崖下得一〔南宁〕舟，期以明日发。余时疮大发，乐于舟行，且可以不烦县夫，遂定之。令顾仆折骑银于驿，以为舟资。乃还宿于肆。

初四日　晨起饭而下舟，则其舟忽改期，初八始行。盖是时巡方使者抵南宁，先晚出囚于狱，同六房之听考察者以此舟往。中夜忽逸一囚，吏役遂更期云。余时已折骑价，遂淹留舟中。疮病呻吟，阴云黯淡，岁寒荒邑外，日暮瘴江边，情绪可知也。

初五日　坐卧舟中。下午顾仆曰："岁云暮矣，奈何久坐此！请索担夫于县，为明日步行计。"余然之。

左、右江之分，以杨村、把定以西石山为界。故石山之内，其地忽高，是为土州，都结、万承。属太平。石山之下，其坞忽坠，是为隆安，乃嘉靖间王新建所开设者，属南宁。此治界所分也。若西来之龙脊，则自归顺、镇安、都康、龙英北界之天灯墟，又东经全茗、万承而石山渐尽，又东抵合江镇，则宣化属矣。其在脊之北者，曰镇远、佶伦、结安、都结，万承之东北鄙。其水或潜坠地穴，或曲折山峡，或由土上林，或由隆安入右江。然则此四土州水入右江，而地辖于左江，则以山脊迂深莫辨也。

隆安东北临右江，其地北去武缘界一百四十里，南去万承土州界四十里，东去宣化界一百二十里，有大滩驿。西去归德土州界八十里。其村民始有瓦屋，有台凳，邑中始为平居，始以灶爨，与土州截然若分也。

土人俱架竹为栏，下畜牛豕，上爨与卧处之所托焉。架高五六尺，以巨竹捶开，径尺余，架与壁落俱用之。爨以方板三四尺铺竹架之中，置灰爇火，以块石支锅，而炊锅之上三四尺，悬一竹筐，日炙稻而舂。舂用巨木刳为小舟形，空其中，以双杵捣之。妇人担竹筒四枚，汲于溪。其筒长者四、五尺。亦有纺与织者。织亦有扣有综，第不高而平，妇人趺坐而织。纺亦然。男子着木屐，木片为底，端绊皮二条，交于巨趾间。岂交趾之称以此耶？妇人则无不跣者。首用白布五、六尺盘之，以巨结缀额端为美观；亦间有用青布、花布者。妇人亦间戴竹丝笠；胸前垂红丝带二条者，则酋目之妇也。裙用百骈细裥，间有紧束以便行走，则为大结以负于臀后。土酋、土官多戴毡帽，惟外州人寓彼者，束发以网，而酋与官俱无焉。惟向武王振吾戴巾。交人则披发垂后，并无布束。间有笼毡帽于发外者，发仍下垂，反多穿长褶而足则俱跣。

交绢轻细如吾地兼丝，而色黄如睦州之黄生绢，但比之密而且匀，每二丈五尺一端，价银肆钱，可制为帐。

向武多何首乌，出石山穴中，大有至四、五斤者。〔余于州墟以十二钱得三枚，重约十五斤。〕余按《一统·土物志》：粤西有马槟榔。不知为何物，至是见州人俱切为片和蒌叶以敬客，代槟榔焉，呼为马槟榔，不知为何首乌也。

隆安县城在右江西南岸。余前至南宁入郡堂观屏间所绘郡图，则此县绘于右江之北。故余自都结来，过把定，以为必渡江而后抵邑。及至，乃先邑而后江焉。非躬至，则郡图犹不足凭也。

初六日　早雾四塞。饭后，适县中所命村夫至，遂行。初自南门新街之南南向行三里，复入山。逾岗而下半里，两过细流之东注者，抵第三流，其水较大，有桥跨其上，曰广嗣度桥。又南上山一里半，出一夹脊，始望见山南大坞自西北开洋南去。遂南下土山，一里，土山南尽，复有石山如锥当央。由其西南向行六里，又抵一石山下；其山自北遥望若屏斯列，近循其西麓，愈平展如屏。已绕其南，转东向行三里，其山忽东西两壁环列而前，中央则后逊而北，皆削崖轰空，三面围合，而缺其南；其前后有土岗横接东西两峰尽处，若当门之阈；其后石壁高张，则环霄之玦也。先是，按《百粤志》记隆安有金榜山，合沓如城。余至邑问之，无有知者。又环观近邑皆土山。而余方患疮，无暇远索，至是心异其山，问之村夫，皆曰："不知所谓金榜者。"问："此山何名？"曰："第称为石岩，以山有岩可避寇也。"余闻之，遂令顾仆同夫候于前村。余乃北向入山，半里逾土岗而下。其内土反洼坠，其东西两崖俱劈空前抱，土岗横亘而接其两端。既直抵北崖下，望东崖之上两裂透壁之光，若明月之高悬镜台也。又望西崖之上，有裂罅如门，层悬叠缀，若云扉之嵌空天半也。余俱不暇穷，先从北崖之麓入一窍。窍门南向嵌壁为室，裂隙为门，层累而上，内不甚宽，而外皆叠透。连跻二重，若楼阁高倚，飞轩下临，爽朗可憩。其左忽转劈一隙，西裂甚深，直自崖巅下极麓底，攀夹缝而上，止可胁肩，不堪寄傲。乃复层累下，出悬隙两重，遂望西崖悬扉而趋。其门东向，仰眺皆崇崖莫跻，惟北崖有线痕可攀，乃反攀倒跻，两盘断峡下而复上，始凌洞门。门以内，隙向西北穹起；门以外，隙从崖麓坠下，下峡深数丈，前有巨石立而掩之，故自下望，只知为崖石之悬，而不知其内之有峡也。然峡壁峻削，从上望之，亦不能下，欲攀门内之隙，内隙亦倾侧难攀。窥其内渐暗，于是复从旧法攀悬下。乃南出大道，则所送夫亦自前村回，候余出而后去。乃东行五里，有村在路左，曰鱼奥。将入而觅夫，则村人遥呼曰："已同押担者向前村矣。"〔村人劳余曰："游金榜大洞乐乎？"余始知金榜即此山。亟问："大洞云何？"曰："是山三面环列，惟西面如屏。大洞在前崖后高峰半，中辟四门，宏朗灵透。"余乃悟所游者为前崖小洞，尚非大洞也。〕又东五里，追及之于百浪村，乃饭于村氓家。于是换夫，东南行二里，复见右江自北来，随之南，遂下抵江畔，则有水西自石峡中来注；其水亦甚深广，似可胜舟，但峡中多石，不能入耳。其下有渡舟，名龙场渡。盖即把定、龙村之水，其源自都结南境，与万承为界者也。渡溪口复南上陇，江流折而北去，路乃东南行。又六里，换夫于邓炎村。又东南八里，逾一小山之脊，又南二里，抵那纵村。从村中行，又二里，换夫于甲长家，日已暮矣，复得肩舆行月夜者二里。见路右有巨塘汪洋，一望其盘汇甚长。又四里，渡一石桥，有大溪自西南来，透桥东北去。越桥又东二里，宿于那同村。夜二鼓，风雨大作。

初七日 早起颇寒，雨止而云甚浓郁。饭后夫至，始以竹椅缚舆，遂东行。一里，路左大江自北来，前所过桥下大溪西南入之，遂曲而东，路亦随之。半里，江曲东北去，路向东南。又半里，换夫于那炎村。又待夫缚舆，乃东南行。二里，路左复与江遇。既而江复东北去，又东南四里，渐陟土山，共一里，逾而下，得深峡焉。有水自西南透峡底，东北入大江，绝流而渡。复上山岗半里逾岭侧，复见大江自北来，折而东去，路亦随之。循南山之半东行一里，南山东尽，盘壑成塘，外筑堤临江，内潴水浸麓。越堤而东，江乃东北去，路仍南转，共一里，有公馆，北向大江，有聚落，南倚回阜，是曰梅圭。又东从岐行三里，饭于振楼村。仍候夫缚舆久之。南行十里，始与梅圭西北来大道合。又东南十二里，抵平陆村。已为宣化属矣。村人不肯缚舆，欲以牛车代，相持久之，雨丝丝下，既而草草缚木于梯架，乃行，已昏黑矣。共四里，宿于那吉，〔土人呼为屯吉云。〕

初八日 晨起，雨不止。饭而缚舆，久之，雨反甚，遂持伞登舆。东南五里，雨止，换夫于麟村，缚舆就乃行。东南三里，路分二岐，转从东南者行，渐复逾土山，三里，越山而东，则右江自北折而来，至此转东南向去，行随之。又二里，而至大滩，有数家之聚在江西岸，始降栏宅土，有平居矣。即旧之大滩驿也，万历初已移于宋村。江中有石横截下流，滩声轰轰，闻二三里，大滩之名以此。右江至此，始闻声也。换夫缚舆，遂从村东东南逾岭，三里逾岭南，则左江自杨美下流，东北曲而下，至此折而东南去。遂从江北岸随流东行，二里复入山脊，雨复纷纷，上下岗陀间。又二里，换夫于平凤村。又东行二里半，至宋村，即来时左、右二江夹而合处。其南面临江，即所谓大果湾也。其村在两江夹中，实即古之合江镇，而土人莫知其名矣，万历初移大滩驿于此。然无邮亭、驿铺，第民间供马而已。故余前过此，求大滩驿而不知何在，至是始知之也。候饭，候夫，久之乃行，雨不止。其地南即大果湾。渡左江，为杨美通太平府道，正东一里即左、右二江交会之嘴。今路从东北行一里余，渡右江，南望二江之会在半里外，亦犹前日从舟过其口，而内望其地也。渡右江东岸，反溯江东北行，已遂东向逾山，三里而下，雨竟淋漓大至。又一里至王宫村，遂止息焉。雨淙淙，抵暮不能复行。王宫在大江北岸里余矣。

初九日 中夜数闻雨声甚厉，天明云油然四翳，迟迟而起。饭而后行，近上午矣。王宫村之左，有路北入山夹，乃旧大滩间道。由村前东南行二里，逾一岭而下，有小水自北夹来，西南入大江。越之而东，又一里，稍北转，循北山行，有大道自东而西，始随之东去。其直西逾小坳者，亦旧大滩道。盖南宁抵隆安，此其正道。以驿在宋村两江夹间，故迂而就之也。又东行三里，转上北岗，换夫于颜村。又东南逾一岭而下，转而西，共五里，换夫于登科村。又东南二里，换夫于狼科村。山雨大至，候夫不来，趋避竹间，顶踵淋漓，乃趋避一山庄庑下。久之夫至，雨亦渐止，又东南逾一平坳，共四里，饭于石步村。既饭，已下午矣，雨犹不全止，夫至，乃行。东南有墟在岗头，逾岗而下共半里，越小石梁下，有涧深而甚细。盖南宁北面之山，至石步而西截江流者也。又东南行，雨势大作，遍体沾透。二里，复下一深涧，越木桥而上岗，又东南行雨中，二里，止于罗岷村。候夫不至，雨不止，煨湿木以爇衣，未几乃卧。

初十日　云势油然连连，乃饭。村人以马代舆，而另一人持舆随行。雨复霏霏，于是多东南随江岸行矣。五里，稍北折内坞，有溪自东北来入江，乃南逾之。复上岗二里，抵秦村，其村甚长。先两、三家互推委，既乃下一村人家，骑与送夫去。候夫久之，有奸民三四人索马牌看，以牌有马，不肯应夫。盖近郭之民，刁悍无比，真不如来境之恭也。久之，止以二夫肩行李，舆与马俱一无。余以步而行。一舆来，已数村，反为其人有矣。幸雨止，岗渐燥，一里，平逾岗东北，有溪自东北来入江，较前三溪颇大，横竹凳数十渡涧底。盖即申墟之下流，发于罗秀山者也。复东南上岗一里余，过窑头村之北，顾奴同二担入村换夫，余即从村北大道东行，二里，北渡一石梁。其梁颇长，架两岗间，而下流亦细。向从舟登陆，自窑头村东渡小桥，即其下流也。又东四里，有长木梁驾两岗上，渡而东，即白衣庵，再东，即崇善寺。乃入寺询静闻永诀事。其殁在九月廿四酉时，止隔余行一日也。僧引至窆骨之所，乃在木梁东岸溪之半。余拜而哭之。南顾桥上，则顾奴与二担适从梁上过矣。乃与僧期，而趋梁店税驾焉。时才午，雨纷纷不止。饭后蹑履问云贵客于熊石湖家，云贵经纪。则贵竹有客才去，兹尚无来者。余以疮痛，市药于肆，并履袜而还。〔一别南宁已七十五日矣。〕

粤西游日记四

十二月十一日　夜雨达旦。余苦疮，久而后起。然疮寒体惫，殊无并州之安也。时行道莫决，〔闻静闻诀音，必窆骨鸡足山，〕且问带骸多阻，余心忡忡，乃为二阄请于天宁寺佛前，得带去者。余乃冒雨趋崇善以银畀僧宝檀，令备蔬为明日起窆之具。晚抵梁店，雨竟不止。

十二日　雨不休，午后小止。余市香烛诸物，趋崇善，而宝檀、云白二僧欲瓜分静闻所遗经衣，私商于梁店，为互相推委计，谓余必得梁来乃可。而梁故坚不肯来，余再三苦求之，往返数四，而三恶互推互委，此不肯来，彼不肯去。及余坐促，彼复私会不休。余不识其展转作奸，是何意故？然无可奈何。惟日夜恳之，而彼反以诟言交詈焉。

十三日　晨起，求梁一往崇善，梁决意不行。余乃书一领求梁作见领者，梁终不一押。余复令顾仆求二僧，二僧意如故。乃不得已，思鸣之于官，先为移寓计。遂入城，得邓贡士家旧房一间。乃出城，以三日房钱畀梁，移囊入城。天色渐霁。然此寓无锅，市罐为晚餐，则月色皎然，以为晴霁可望矣。

十四日　早闻衙行蹑屐声，起视之，雨霏霏如故。令顾仆炊而起，书一揭令投之郡太守吴公，而是日巡方使者自武缘来，吴已往候于郊，顾仆留侦其还。余坐雨寓中，午余，余散步察院前，观左江道所备下程及宣化县所备下马饭，亦俱丰腆。还寓，顾仆以郡尊未还，请再从崇善求之。余复书，顾畀之去，仍不理焉。

太平、南宁俱有柑而不见橘。余在向武，反食橘数枚。橘与柑其形颇相似。

边鱼南宁颇大而多，他处绝无之。巨者四、五斤，小者亦二、三斤，佳品也。鲫鱼颇小而少，至大无出三寸者。

十五日　五更峭寒，天明开霁。自初一早阴至此，恰半月而后晴朗。是日巡方使者驻南宁，接见各属吏，余上午往观。既午，吴郡侯还自左江道。令顾仆以揭往诉静闻事，吴亦不为理。下午，出城觅车夫，复俱不得，忡忡而已。

十六日　明爽殊甚。五鼓，巡方使者即趋太平府。其来自思恩，亦急迫如此，不知何意。想亦为交彝压境而然耶！然不闻其调度若何，此间上下俱置之若罔闻也。仍令顾仆遍觅车夫，终不可得。

南宁城北狭西阔，北乃望仙坡来龙，西乃濒江处也。北、东、南各一门，皆偏于角上，惟西面临江，有三门。

十七日　再备香烛素蔬往崇善求云白熟而奠之，止索戒衣、册叶、竹撞，其他可易价者，悉不问。云白犹委候宝檀回。乃先起窆白骨，一瓶几满，中杂炭土。余以竹箸逐一拣取，遂竟日之力。仍以灰炭存入瓶中，埋之旧处，以纸数重裹骨，携置崇善寺外，不容带入。则宝檀归矣。见余索册、撞，辄作盗贼面孔向余曰："僧死，已安窆，如何辄发掘？"以索自锁，且以锁余。余笑而度之，盖其意欲余书一领，虚收所留诸物也。时日色已暮，余先闻其自语云："汝谓我谋死僧，我恨不谋汝耳。"余忆其言，恐甚，遂从其意，以虚领畀之，只得戒衣、册叶，乃得抱骸归。昏暮，入邓寓，觅烛，重裹以拜俱，即戒衣内者。包而缝之，置大竹撞间，恰下层一撞也。是日幸晴霁，故得拣骨涯滨竟日，还从黑暗中见沙堤有车，以为明日行可必矣。

十八日　早起则阴雨霏霏，街衢湿透。余持伞觅夫，夫之前约者已不肯行。出沙堤觅车，车又不复得，乃还寓。更令顾仆遍索之城外，终无有也。

十九日　晨得一夫，价甚贵，不得已满其欲，犹推索再三，上午乃行。雨色已开，阴云未豁。出朝京门，由五公祠即望仙坡。东麓东北行，五里过接官亭。有小水自西北注东南。又五里，越一岗，连涉南行小水，又五里，有一溪较大，亦自西北向东南注，此即向往清秀所过香象桥之上流也。盖郡北之山，东西屏峙，西抚于石步墟，东极于司叛之尖山，皆崇峰联属，如负扆其中。南走一支数起数伏，而尽于望仙坡，结为南宁郡治。又东再南走一支，南尽于清秀山而为南宁之下砂。此水，其腋中之界也。有木梁架溪上，渡梁遂登岗阜。又五里，越一最高岗脊东下，有泉一窞在脊畔，是曰高井。由是三下三上，屡渡小水，皆自东南注西北，始知其过脊尚在东，此皆其回环转折之阜，流之西北注者，即西转而东南下木梁大溪者也。共四里，又越一岗脊而下，其脊高不及高井之半，而实为西北来过脊以趋清秀者也。下脊又二里，再渡一溪，其流亦自西北注东南。过溪上岗又二里，为归仁铺，三四家在岗头而已。又东北望尖山而行，七里为河丹公馆，亦有三四家在岗头，乃就饭焉。又东北行，屡涉南流小水，五里，一溪颇大，有木梁架之，至长于前二溪。其溪盖自北崇山中来，有聚落倚其上流坞中，颇盛。越梁东上岗，是为桥村墟，数十家之聚。时方趁墟，人声沸然。于是北望尖山行，又屡涉东南流小水，十二里，北渡一木梁颇大，又三里，而至施溢驿，日将晡矣，歇于店。

二十日　五更起，饭而行，犹昧爽也。由施溢东北行，二里为站墟。又一里，降而下，渡一溪，木梁亦长。越溪东上共一里，逾一岗，已越尖山东北矣。途中屡越小水，皆北而南。又十二里，横径平畴中，其处北近崇山，南下平坞，西即所逾之岗，东则崇山东尽，转而南行，缭绕如堵墙环立。又东二里，复得大溪自北山南注其内，溪北大山之下，聚落甚盛，曰韦村。大山负扆立村后，曰朝著山。渡溪桥东上崇岗，即南下之脊，为清秀之东郡城第二重下砂也。按《郡志》：东八十里有横山，高险横截江河，盖即此山南走截江而耸起者也。宋置横山寨，为市马之所。又东北二里有三、四家在山岗，曰火甲铺。于是北下行山坞间，四面皆山水从东南透夹去。屡涉细流，五里，遂北折入山夹，两山东西骈立，从其中溯流北上，共十里，山夹束处汇塘堰水，有三、四家踞山脊中度处，两崖山甚逼，乃名曰关山，土人又名曰山心。按《志》：昆仑山在郡城东九十余里，必此地无疑。然询之土人，皆曰昆仑关在宾州南，即谢在杭《百粤志》亦云然。按宾州南者乃古漏关，非昆仑也。世因狄武襄驻宾州，以上元飨士，夜二鼓破昆仑，遂以宾州古漏当之。至今在南宁者，止知为关山而不知昆仑；在宾州者，皆以为昆仑，而不知为古漏。若昆仑果在宾州南十里，则两军已对垒矣，武襄十日之驻，二鼓之起，及曙之破，反不足为神奇矣。饭于氓舍。遂东北下山，一里，有大溪自北而南，其流汤汤，入自南宁境，尚无比也。盖关山南北水虽分流，犹南下郁江。于是溯其流，北行山夹间，其山屡开屡合。又十四里，得百家之聚，曰长山驿。聚落在溪之西，其北有两溪来会：一自西北；一自东北。二水会合，其北夹而成岗，有墟舍在其上，甚盛。乃渡其西北来之溪，陟桥登墟，循东北来溪之右，溯之行。又十里，溪水自东北盘坞中来，路由北麓而上，得数家之聚，曰里段墟，乃邕、柳界牌岭之南麓也。其去界牌尚十里。此地犹属宣化。盖邕、柳之水，以界牌岭而分：北下者由思笼西转武缘高峰岭西入右江；南下者入郁江。此界牌岭南流之水，经长山而南，余以为即伶俐水之上流也。然土人云："伶俐水尚东隔一山；此水出大中港，其港在伶俐之西"云。

是日至里段约行六十里，日才过午，夫以担重难行，且其地至思笼四十里皆重山，无村可歇，遂税驾不前。

二十一日　平明自里段北行，复下山，仍与北来水遇。溯之入五里，水左、右各有支流自山腋来注，遂渡一小桥，乃西北来支流也。又四里，又渡小桥。越溪之东，东北山夹又有支流下注。又北一里，始北上登岭，西瞰其流自西夹中来，则里段、长山大溪之发源处矣。北上半里，东入一隘门，其东有公馆焉，是为邕、柳分界处。门以内属宾州。公馆惟中屋为瓦，其门庑俱茅所盖。馆门东向，其前后环壑为田，而南北更峙土山。其水犹西坠馆右峡中，盖即前西麓登山时，所见东北夹支流下注之上流也。其隘土人名为界牌岭，又指为昆仑关。按昆仑为南宁地，去郡东九十五里；兹与宾分界，去南宁一百二十里，其非昆仑可知。今经行者见其处有隘，遂以昆仑当之。故《西事珥》云："昆仑关不甚雄险，其上多支径。故曰：'欲守昆仑，须防间道。'"亦误谓此也。又平行岭夹，则田塍之东潴而为塘，三塘连汇，共半里，塘尽，复环为田之南巨山。山横峙田之北，列阜斜骞，而田塍贯其间，即过脉处也。其东，水北流矣。余初以小脉自北南过，及随水东北下，抵思笼而问之，始知其水犹西北转武缘南之高峰，而出右江，则此脉乃自南而北渡，北起为陆蒙山，迤逦西行，过施溠尖峰，又西走而分支南结为南宁；其直西又西为罗秀，又西为石步，又西尽于王宫，则右江入郁之东岸也。自过脉处又东半里乃下，又半里，下抵坞中。随水东北行，望前山一峰，尖而甚高，云气郁勃，时漫时露。五里，渐抵尖峰之南，渡溪而北。又二里，始见路左西山下有村倚焉。又东渡溪，于是循溪东而北向行。三里，已出尖峰之西麓，溪流东啮麓趾，路乃盘崖北上，转出崖北。二里，东北下，已绕尖峰之北矣。又行坞中二里，有小水南自尖山北夹来，北与界牌之水合。有小桥渡之，是为上林县界。自界牌岭来至此，皆为宾州境，而是水之东，又为上林境，以上林之思笼一驿，孤悬独界其中也。过桥，复东北升陟岗陀，四里，抵思笼，村落一区在岗头，是为思笼驿。按《志》：思笼废县，昔为南宁属，不知何时割属上林。其地东西南皆宾州境，惟西北五十里至上林县。〔驿南面曰高尖山，北面崇山并障，东曰北斗山，西曰晒曲岭；遥山层叠正西者，曰陆蒙山。溪自界牌岭东北至此，扼于北山，遂转西南去。惟陆蒙隔于溪西也。〕

先是，雨色濛濛，初拟至思笼而止，及饭，而日色尚早，夫恐明晨雨滑，遂鼓勇而前。由思笼遂东下坞中，溯细流东行，一里，田夹既尽，复潴水为池。其池长亘一里，池尽复环塍为田，其南北皆崇山壁夹，南为高尖之东北垂，北为北斗之东南垂，其中夹而成田。共半里，即二山度脉之脊，水至是遂分东北与西南二派：东北者入都泥江；西南者入右江，〔为黔、郁两江脊，〕水之派至是始分。过脊随水东北行峡中，其峡甚束。又半里始降而下，有坊焉，复为宾州界。盖宾州之地，东西夹思笼一驿于中，为上林南界者，横过仅七里云。既下，山愈逼束，路益东转，已越高尖山之东麓矣。按《志》：“宾州南四十五里，有古漏山，古漏之水出焉。其关曰古漏关。”即此矣；然土人无复知者。随水东下又三里，山峡渐辟，又六里，渐出峡，始东望遥峰甚高，双尖骈起者，为百花山。水折而北，路亦随之，山乃大辟。六里，为双峰洞，阳有庙东向，曰陈崇仪庙，乃祀宋守陈曙者。侬智高之乱，曙为宾守，以兵八千战于昆仑，兵溃，经略狄青以军法斩之，土人哀而祀焉。后韩都督征蛮，见有白马朱衣而导者，知为曙显灵，故拓而新之。其地乱山回伏，无双峰特耸；若百花骈拥，虽望而见之，然相距甚遥，不知何以“双峰”名洞。《碑》曰：“在宾州三十里。”又北二里，有小水自西坞出，东注于大溪。即古漏水。又三里，乃渡大溪之东，溪乃东转，路亦从溪南随之。共东十里，溪北之山东尽，溪南之山亦渐东转而南，是为山口。其东平畴一望，天豁岚空，不意万山之中，复有此旷荡之区也！东望五里，为丁桥村，又东十里为宾州，皆在平楚中。谢肇淛云：“昆仑在宾州南十里。”此何据也？少憩山口，征三里路于途人。知者云：“当从此东北行，由北小岭入，是为口村。其道为径，可无宾州之迂。”时甫下午，日色大霁，遂由山口北渡大溪，从平畴中行。十里，抵北界小山下。其山颇低，自山口之北回环东北行，至此有村落依之。由村东又东北行五里，越山之北，复有坞自西而东，路横涉之。二里，有水亦自西而东注，架小桥于上渡之。又北一里，直抵北山下，其山乃北第二重东行小支。又有水直逼山麓，自西而东，架桥亦与前溪同。度桥，即北向登山，山巅有堡一围，名竹马堡，乃二年前太平节推吴鼎元，高州人。署宾州所筑，招狼兵五十名以扼要地者。上山半里，又从山上北行，半里，山北有水一塘，横浸山麓，四面皆山峡环之。下山，又半里，北望公村尚在坞北二里外，担夫以力不能前，乃从山北麓东行半里，投宿小村。村不当大道，村人初不纳客，已而一妇留之，乃南都人李姓者之女，闻余乡音而款留焉。其夫姓邓，随驿骑至南宁。

二十二日　是为立春日。晨起，阴云四合。饭而北行田坞间。二里，抵北山下，是为公村。由村东越山而北，三里下及北麓，始见北向扩然，渐有石峰透突。盖自隆安西岭入，土山崇卑不一，皆纯土而不见石，至此始复见峥嵘面目矣。于是复行平畴中，一里，北过一板桥，有小水亦自西而东。又北行四里，抵北小山下，有水从山下漱南麓而东，架桥渡之，遂穿山腋而北，于是北行陂陀间，西望双峰峻极，氤氲云表者，大明山也。其山〔在北斗山西北，〕为上林、武缘分界。按《志》：上林、武缘俱有镆鄉、思邻二山，为二县界。”曰镆鄉而不及大明，岂大明即镆鄉耶？又北五里，有大溪西自大明山东流而去，是又为宾州、上林之界。其水较古漏诸溪为大，故不能梁而涉焉。由溪北又三里，登一岗，是为思洛墟，宾州北来大道至墟而合。遂西北行，共十二里过白墟，又三里，为牧民堡，有卖饭于岗头者，是为宾州往上林、三里中道也。又西北行十里，至开笼山，〔一名鸡笼，〕已直逼北界石山下。由岐北入石山夹中，其山千百为群，或离或合，山虽小而变态特甚。〔有分三岐者，东岐大而高，中次之，西岐特锐，细若竹枝，诡态尤甚；有耸立众峰间，卓如簪笔者。〕由其西转而北，入石山峒中。五里，北至杨渡，一大溪西由上林崇山中东流至此，直逼北面石山下。又有一溪北由三里山峡中南向入之，二流合而其溪愈大，循石山而东，抵迁江入都泥焉。方舟渡北山下，有卖饭者当道，渡者屡屡不绝，遂由其东溯南来溪西岸入峡。其峡或束或开，高盘曲峙，左右俱有村落。十里，峡复大开，四山围绕，中成大坞，有一峰当坞起平畴中，四旁无倚，极似桂林之独秀、向武之瑞岩，更小而峭。路过其西，忽树影倒垂，天光中透，亟东入之，则其中南北中迸，南窍复有巨石自洞顶当门外倚，界洞门为二，门内裂窍高数丈，阔丈五，直透峰北者五六丈。出北窍，其上飞崖倒覆，骞腾而东，若复道回空，悬树倩影。复入其内，又西通一窍，西北转而出，其中宛转，屡有飞桥上悬，负窦层透，又透西门焉。一峰甚小，下透四门，中通二道，亦琅岩之具体而微者。但琅岩高迥，而兹平狭耳。由岩北又北三里为桂水桥，溪水自西北漱崖，而南崖瞰溪临桥。昔有叠石为台，构亭于上者，曰来远亭，今止存荒址矣。越桥东，又北二里，为三里城。城建于万历八年，始建参府，移南丹卫于此，以镇压八寨云。时已过午，税驾于南城外陈队长家。其人乃浙之上虞陈氏也，居此二十年矣。晚日甚丽，余乃入城谒关帝庙，换钱于市而出。及就寝，雨复大作。

二十三日 晨起雨止。既而日色皎然，遂令顾仆浣衣濯被，余乃作与陆参戎书，并录《哭静闻》诸诗械之，以待明晨投入。迨暮，日复坠黑云中。

二十四日 晨起，雨复作。上午以书投陆君。陆，镇江人也，镇此六年矣。名万里。得书即令一把总以名帖候余，余乃入谒，为道乡曲，久之乃别。陆君曰："本当即留款，以今日有冗，诘朝专候耳。"盖是日乃其孙伯恒初冠，诸卫官有贺燕也。余返寓，雨纷纷不休。陈主人以酒饮余，遂醉而卧。

二十五日 晨起渐霁，余作程纪于寓中。上午，陆君以手书订余小叙，尽返所馈仪。余再作书强之，为受《金谷秋香》卷。下午，入宴于内署，晤陆君令弟玄芝，昆仲俱长厚纯笃，极其眷爱焉。

二十六日 晨起，入谢陆君，遂为下榻东阁。阁在署东隅，乔松浮空，幽爽兼致，而陆君供具丰腆，惠衣袜裤履，谆谆款曲，谊逾骨肉焉。是日，陆君出新旧诸报见示，始知石斋先生已入都，又上二疏，奉旨责其执拗，复令回话，吏部主政熊文举以疏救之。又知郑崟阳之狱拟戍，复奉旨欲加重刑，刑部尚书任为镌三级焉。至六月，锦衣卫以病闻。又知钱牧斋为宵人上疏，以媚乌程，遂蒙逮入都，并瞿式耜俱下狱。抚宁侯朱国弼等疏攻乌程，六月间乌程始归，郑、钱狱俱未结。

二十七日 雨。

二十八日 稍霁。陆公特同余游韦龟岩。岩在三里西十里。

二十九日 复雨。

三十日 复雨。

戊寅正月初一日 阴雨复绵连，至初六稍止。陆君往宾州，十一日归。

十三日 游独山岩，又小独山。

十五日 雨中往游周泊隘。隘在三里东二十五里。晚酌南楼，观龙灯甚盛。

二十七日 同陆伯恒游白崖堡岩洞。洞在杨渡西，北向高洞三层，又东南向深洞，内分二支。入宿白崖哨官秦余家。

二十八日 陆公昆仲至，同游青狮岩。岩在杨渡东南，过渡四里，乃至其岩。东西直透，东门平，西门高。洞内下甚宽平，上两层中空透顶，西门内可望，而高不可上，须由山北小窦攀崖而入，下临西门之顶。又东入深奥，又北透重门，俱在绝壁之上。是日酌于洞中，有孙、张、王三指挥使同饮。既乃观打鱼于江畔，抵暮归，乃病。

二十九、三十两日 余卧疴东阁。天雨，复不止。

二月初一日 稍霁。

初二日　复雨。是日余病少愈，乃起。

初三日　雨中复往青狮潭观打鱼。先是张挥使言："青狮岩之南有鸡笼山，亦有大岩。"故陆公以骑送余至此，命张往同游。张言雨中不可入，且久无游者，固阻余，仍冒雨归。自后余欲辞陆公行，陆公择十三日为期。连日多雨，至初九稍霁。陆公命内侄刘玉池、嘉生昆仲并玄芝、伯恒各分日为宴饯余。因出演武场，伯恒、二刘为走马命射演武场。周围有土城，即风化县址也，在城东。

十一日　早闻雨声，余甚恐为行路之阻。及起，则霁色渐开。至晚，饯余于署后山亭。月色皎然，松影零乱，如濯冰壶。为之醉饮。

十二日　日色甚丽。自至三里，始见此竟日之晴朗。是日，陆公自饯余，且以厚赆为馈，并马牌荐书相畀，极缱绻之意，且订久要焉。何意天末得此知己，岂非虞仲翔之所为开颐者乎？

十三日　五鼓，雨声复作，既起，雨止，雷声殷殷。陆公亲为治装毕，既饭，送至辕门，命数骑送余。遂东出东门，过演武场，抵琴水桥，伯恒与苏友陈仲容别去。又一哨官王姓者以骑来，与刘玉池同送渡琴水桥。又东一里，北向入山，升陟坂垅，东北十四里抵一最高石峰之麓，有一土阜西缀石峰之下，是为左营。其石山东即罗洪洞贼。营北一里有墟场，趁墟者多贼人。然墟无他物，肉米而已。又北行，皆东石西土。共七里，有石崖夹道竖峰当门，乃金鸡山也。透山腋二里，北复开间峡北去。又十里，为后营。营在西土山之上。东支则石峰参差；西支则土山盘错。营于山巅，土山形如船。其石山东乃那良贼寨。哨官杨迎款甚勤。杨号耀先，闽漳州人。欲往游东岩，以雨色复来，恐暮，乃止。

自旧年十二月廿三日入三里，至今二月十三日由三里起程，共五十日。

三里砖城，周回大三里，东西皆石山排列，自后营分枝南下，中有土山一支，至此而尽；又起一圆泡，以城环之。参府即倚泡建牙。府周围乔松百余，〔高刺云霄，〕干大皆合抱。余以为数百年物。按碑，乃隆庆初年建府时所植，〔栽逾六十年，〕地气涌盛如此。城久颓，且无楼橹，陆公特增缉雉堞，创三门楼。东、西、南三门。惟直北当府后无门。南门之外，又建南楼，以壮一方之形势。余有《南宣楼记》。又前，则东西二溪交于汇水桥；二溪，西大而东小，俱发源后营之东西谷，〔合〕而下洋渡。而独山岩又中峙为下流之钥。前又有独山村之山，为第二重钥。

三里之界，南逾杨渡或作洋渡。抵鸡笼山，〔共二十里。〕北过后营抵分脊岭，共五十里。昔时脊北那历、玄岸二村，北并蓝涧俱顺业里属，今已沦为贼窟。东抵周泊隘，共二十五里。西抵苏坑，四十五里。纵横皆七十里。名三里者，以昔为贼踞，王文成平八寨，始清出之，编户三里：一曰上无虞；二曰下无虞；三曰顺业里。今顺业北境与八寨接壤者十余里，那历、玄岸并蓝涧皆贼踞为巢。曾置凤化县，即今演武场周围土城，遗址尚存。随废，后以南丹卫迁此，而设参府镇之。田粮初输卫，后收归上林县；而民以不便，复纷纷议归卫矣。

三里以洋渡为前门；有〔李依〕江西自上林县大明山发源，东流至此，横为杨渡。渡之南，则石峰离立，若建标列戟；渡之北，则石峰回合，中开一峡，外凑如门，有小江自北而南，注于洋渡下流，〔即汇水桥下合流水也。〕溯小江西岸入峡，宛转俱从两界石山中，北行数里，两界山渐开渐拓，中环平畴，有独山村界其中，〔一石山中立溪西，〕为外案，又有独山岩为内案。于是东、西两溪之水，前合而南去。北面石山愈开，土山自北而来，结为城治焉。城北土山中悬，直自后营西北夭矫而下，至此而尽。其东、西两界石山，回合如抱，愈远愈密，若天成石郭，另辟一函盖于中者。盖西来之脊，高峙为大明山，分支东走，环绕于苏坑南北者，遂为西界之障；又北转，而东抵后营之后，乃中分土山一支，直南四十里而结三里。若萼中之房，其分支东度者，又南转环绕为东界之障。故周泊、苏坑两处，为三里东西之腋，正中与城治相对。其处〔东西〕最拓，若萼之中折处焉。由周泊而南，渐转渐合，至洋渡而西向临溪，则青狮庙之后崖也；由苏坑而南，渐转渐合，至洋渡而东向临溪，则白崖堡之东崖也。二崖凑合于洋渡，即所入之前门，若萼之合尖处焉。

东西两溪，俱在两界石山之内，土山北自后营盘伏而来，两源遂夹而与俱。西界者，南至罗墟北，又合一西来之水，曲折绕城西，又西抵石村，合汛塘之水，乃东南出汇水桥下，合东溪。东界者，南至琴水岩东，又南出琴水桥，又合一东来之水，曲折抵东南石峰下，又穿流山峡中，乃西出而合西溪。二水合而南，经两独山潆之，又南注于洋渡之东。大江西下，此水北下，合并东去。其西北之夹，即洋渡东北之夹，为青狮庙后崖。

韦龟洞在城西十里韦龟村。西由汛塘逾佛子岭而北，其路近；北由罗墟转石山嘴而南，其路远。其中群峰环绕，内拓平畴；有小水自北而南，分流石穴而去。惟北面石山少开，亦有独峰中峙若标。韦龟之山，自东南中悬，北向而对之，函盖独成，山水皆逆，真世外丹丘也。数十家倚山北麓，以造纸为业，栖舍累累，或高或下，层嵌石隙，望之已飘然欲仙。其西即洞门，门亦北向。初入甚隘而黑，西南下数步，透出石隙，忽穹然高盘，划然内朗。其四际甚拓，而顶有悬空之穴，天光倒映，正坠其中。北向跻石而上，乳柱前排，内环平台，可布几席。南向拾级而下，碧黛中汇，源泉不竭，村人之取汲者，咸取给焉。平台之前，右多森列之柱，幢盖骈错，纹理明莹；左多层叠之块，狮象交踞，形影磊落。其内左右又可深入焉。秉炬由右西向入，渐下渐岐，而南可半里，又开一窦而出。秉炬由左东向入，渐跻渐逾而北，可半里，又转一窦而还。闻由右凿梯险而上，其入甚深；然觅导不得，惟能言之，不能前也。是岩外密中宽，上有通天之影，可以内照；下有逢源之窍，不待外求。一丸塞口，千古长春。〔三里虽岩谷绝盛，固当以是岩冠。〕况其外村居，又擅桃源、谷口之胜乎？

琴水岩在城东六里琴水桥之北，中支土山东南尽处也。东溪自北，环山之东。土山既尽，独露石山一拳，其石参差层沓。山南亦有数家之村。洞在村西山半，其门南向。初入洼而下，甚欹侧，北进数丈，秉炬逾一隘转而西，始穹然中高，西透明穴，〔上垂柱缤纷，〕北有暗窍，当明处有平石阔三丈，卧洞底如坠，可攀而憩焉。秉炬穷暗窍，数丈而隘，跻其上，亦不能深入，乃仍出至平石，跻西穴而出，则山之西面也。下山仍转山前，骑而周玩之。洞前稍下，其东亦开一岩门，亦南向，外高而中浅，村人积薪于中焉。其北又开两岩，一上一下：上者在重崖，无路；下者多潴水，然亦不能与前通也。

佛子岭北岩，在城西七里汛塘村之西。佛子岭者，石山自西分枝而东，东为汛塘、仙庙诸峰，而岭界其间，石骨嶙嶙。逾岭而北下，则韦龟村西坞之水，南流而抵其麓，倾入洞焉。洞门北向甚豁，中回环成潭，潭中潴水渊澄，深不可测。潭四周皆石壁无隙。闻其南有隙在水下，大潦从北捣下，洞满不能容，则跃而出于山南之崖。盖南崖较高，水涸则潴于北而不泄，中满则内激而反射于外。其交关之隙，则中伏云。门右穿旁窦，南抵潭东涯上。其上有石高砦潭旁，上与洞顶不即不离，各悬尺许，如鹊桥然。坐桥下而瞰深潭，更悠然也。

佛子岭南岩，在佛子岭之南。其门南向，前有石涧，天成若槽，有桥横其上。时涧中无水，即由涧入洞；洞外高岩层穹侧裂，不能宏拓。北入洞，止容一人，渐入渐黑，而光滑如琢磨者；其入颇深，即北洞泄水之道也。盖水大时北洞中满，水从下反溢而出此，激涌势壮，故洞与涧皆若磨砺以成云。

佛子岭西北岩，在佛子岭西北一里，其门东向。韦〔龟〕村西坞之水自北来，又分流一涧，西抵此洞前，忽穴地下坠。洞临其上，外门高朗，西入三、四丈即止。洞南有一隙，亦倾侧而下，渐下渐黑，转向西南，无炬而出。闻下与水遇，循水西南行，即透出后山。乃知此村水坠穴，山透腹，亦与向武〔百感〕一辙也。

独山岩今名砥柱岩，在城南四里。此地有三独山，皆以旁无附丽得名：一在溪东岸，与东界石山近，其山小而更峭；一在此山南五里，障溪而东环之，其山突而无奇；独此山既高而正当其中，与向武之琅山岩相似，省中之独秀无此峭拔，亦无此透漏也。其岩当山之腹，南北直透；南门高迸如裂阙，其前有巨石，自岩顶分跨而下，界为两门：正门在东，偏门在西南，皆有古木虬藤倒挂其上，轻风飘曳，漾翠飞香，甚异也。岩中如合掌而起，高数丈，〔阔一丈五尺，〕平通山后〔者五、六丈。〕上有飞崖外覆，下有涌石如栏，南北遥望，众山排闼，无不罗列献于前岩之中。分窍西透，亦转而北，又通一门，其内架阁两重，皆上穿圆窍，人下窍行，又若透桥而出者。此一洞四门相通，山甚小而中甚幻也。惟东向不通。其崖外又有一门东向，而西入深亦数丈，是又各分门立户者。

小独山岩在城东南五里，与砥柱东西相向，夹小江而立。自砥柱东望，似此山偏与东界近；自此山西望，又似砥柱偏与西界近；自其中望之，其实两山之去东西两界各悬绝等也。山小于砥柱，而尖锐亦甚，极似一浮屠中立者。下亦通一门，有石跨其外而不甚高。西透小隙而上悬崖之侧，有石平峙为台。其上悬绝处，有洞南向甚深，若能梯阶而升，亦异境也。游砥柱日独随一骑导而浮江，并尽此胜。

白崖堡南岩，在城南十六里。由洋渡北岸溯江西行，转入山坞，则堡在其中。盖其山南北回合，又成一洞天矣。洞在南山之上，重门北向，高缀万仞之壁，自堡中望之，即在举首间，而无从着足。岩下石脚外插，亦开裂成纹。初开捱数隙，如升层楼，而不知去洞犹甚远，复出望之，而后觉枪榆枋者，无及于垂天之翼也。既而土人秦余至，为秉炬前导，仍从山口出，循南山之东，而转其南，始拾级上，得一门东南向，是为后洞，〔正对卓笔、青狮岩诸峰。〕由洞中东北上跻，乃暗而需炬。更转而北，其上甚峻，遥望天光中透矣。益攀跃以升，得一隙仅如掌，瞰其外辟巨门焉，则上洞之下层也。隙隘不容侧身向外，只可俯眺而已。从其内更上跻，透隘而出，则洞门岈然，北临无地；向之仰眺而莫可及者，今忽身跻其上矣。此洞甚高，呼吸可通帝座，其前夹崖下陷，以木横架而补其阙，即堪憩托。然止可凭揽诸峰，非久栖地也。仍从内隘下，再窥其外第二层洞，亦以为不可到矣，姑以杖从隙中投之，再由故道俯级直坠，抵前遥望天光处，明炬遍烛，于洞北崖下得一穴焉。其口甚隘，亟引炬蛇行而入，其中渐高而成峡，其底甚平，数丈后宛转东折，又数丈而北透，则其门北向高裂，有巨树盘根洞中，偃出洞外，是为第三层洞。洞前平石如掌，上下皆危崖，峭壁轰悬，无级回首。上眺，则层门重叠，出数十仞之巅者，即上洞与第二层洞也。稍悬平石而东，峡壁间有藤树虬络，乃猱升猿引以登。半晌，遂历第二层外洞，前所投杖俨然在也。其洞深三丈，高五丈，嵌上下两洞之间，而独不中通，反由外跻。因为吟句曰："洞门千古无人到，古干虬藤独为谁？投杖此中还得杖，三生长与莒坡随。"乃仍挂枝下，循平石篝火穿第三层洞入，再抵前遥望天光处，则仍还后洞腹中矣。盖是洞如蹲虎，中空如腹，而上洞则其口也。第二层洞在其喉管之外，向从隙外窥处则喉管也。人从喉管上透，出其口，由喉管下坠，抵腹中第三层洞，为其脐之所通，故在腹之前。后洞乃其尾闾，故在腹之下云。

白崖堡南山下洞，在后洞之西三百步，洞门亦东南向。洞外高崖层亘，洞内即横分二道：一向西南，一向东北，皆稍下从洼中入，须用炬矣。从西南者，数丈后辄分两层，下层一穴如井。由井下坠，即得平峡，西行三丈，又悬峡下坠，复得平洼，其中峡窍盘错，交互层叠，乳柱花萼，倒垂团簇，不啻千万。随行胡生金陵人。折得石乳数十条，俱长六七寸，中空如管，外白如晶，天成白玉搔头也。又有白乳莲花一簇，径大三尺，细瓣攒合，倒垂洞底，其根平贴上石，俱悬一线。而实黏连处，蒂仅如拳，铲而下之甚易。第出窦多隘，且下无所承，恐坠下时伤损其瓣，不忍轻掷也。盘旋久之，忽见明光一缕，透窍而出，井口亦如前，又在前井之南矣。又从上层西南入，其中石脊高下，屡见下陷之坑，窅黑无底，疑即前所探下层也；深入亦盘错交互，多乳柱攒丛，〔细若骈枝，团聚每千百枝，〕与下层竞远。〔惟后营东洞，乳柱多而大，悉作垂龙舞虬状，比列皆数十丈云。〕从东北者，不五丈，有北嵌之窍两重，皆不甚深；东向攀崖而上，渐进渐曲，其盘错亦如西洞，而深奥少杀之。

青狮南洞，在城南二十里，西南与上林分界处，路由杨渡过江，东南四里乃至。其山石峰卓立，洞在山之下，开东西二门。东门坦下，门高数丈，阔亦数丈，直透山西者约三十丈，平拓修整，下辟如砥，上覆如幔，间有石柱倒垂幔下。洞之西垂，又有石柱一队，外自洞口排列，抵洞后西界，别成长榭；从榭中瞩外洞，疏楞绮牖，牵幙披云，又恍然分境也。西门崇峻，下有巨石盘叠为台，上忽中盘高穹。从台内眺，已不见前洞之顶，只见高盘之上，四面层回叠绕，如云气融结，皆有窍穴钩连，窗棂罗列，而空悬无上处；从台外眺，则西面三岐之峰，卓笔之岫，近当洞门中央，若设之供者。由台北下，奥窟中复开平洞一围，外峙巨石为障，下透中虚，〔若桥之度空。〕从此秉炬北入东转，其穴大而易穷。东从腋隘直入，其窍狭而甚远。计其止处，当〔不下十五丈，〕已逾外洞之半。此下洞之最奥处也。出小穴，复酌于西门之台，仰视上层云气叠绕处，冀一登，不可得。忽见其北有光逗影，知其外通，陆公令健而捷者从山外攀崖索之。久之，其人已穿入其上，从下眺，真若乘云朵而卷雾叶也。既而其人呼曰：“速携炬至，尚可深入。”余从之。乃从西门下循山麓，转其北，复南向攀崖跻。山之半有门北向。穿石窦入，则其内下陷通明，俯见诸君群酌台上，又若登月窟，扪天门，而俯瞩尘界矣。其上有石砥平庋，石端悬空处，复有石柱外列，分窗界户，故自下望之，不一其窦，而内实旁通也。于是秉炬东入，愈入愈深窅，然中辟亦几二十丈焉。东入既穷，复转西北，得一窦，攀而北上，忽倒影遥透，有峡纵横，高深骈沓。攀其东北，有穴高悬，内峡既峻，外壁弥削，只纳光晖，无从升降。更从奥窟披其西北，穿腋上透，又得一门，平整明拓。其门北向，其处愈高，吐纳风云，驾驭日月，非复凡境。其比腋尚有余奥，然所入已不甚遥，由其门出，欲缘石觅磴而下，其下皆削立之壁，悬突之崖，无从着足。乃复从洞中故道，降出至悬台下瞰处。诸君自下呼噪，人人以为仙，即余亦自以为仙也。倏明倏暗，倏隔倏通，倏上倏下，倏凡倏仙，此洞之灵，抑人之灵也？非陆公之力，何以得此！

青狮北洞，在青狮潭北岸。青狮潭者，即洋渡之下流也；江潭深汇，为群鱼之宫，乃参府之禁沼，罟网所不敢入者。其北崖亦多穹门，与南洞隔江相对。余雨中过此，不及旁搜。又西为青狮庙。危峰西南来，抵水而尽。洋渡之水从西，三里之水从北，至此合流而东，峰截其湾，愈为屼嵲；庙倚其下，遂极幽閟焉。

堡北岩，在城南十二里〔巨〕堡之北。〔堡南去洋渡仅三里。〕其门东向，中深五六丈，后洼而下，不能深入。

独山村西北水岩，在城南八里大路之西。洞门东向，前有石路中跨为桥，盖水发时自洞溢出也。洞倚西山下，洞口危石磊落欹嵌而下，其中窅然深黑，不能悬入也。

砥柱岩西峰水岩，在城南四里。有峰屼突于砥柱之西，高不及砥柱而回列倍之。上冒下削，〔其淋漓痕，俨若黄熟香片侧立。〕其南多空裂成门，而北麓有门北向，两崖如合掌上并。其内深窅，有光南透，若甚崆峒，第门有潴水溢于两涯，不能入。几番欲以马渡，而水下多乱石，骑亦不前。

后营东山洞在城北四十里，即后营东界石山之西麓也，去后营四里。中又有小山一重为界，山坳中断处，有尖峰在前，亦曰独山，则其西护也。直抵东山下，有石笋一圆云。备记二月十四日。

仙庙山在城西四里，西面石峰之最近城者也；石峰中悬，三面陡绝，惟从西南坳中攀崖上，则三里四境，尽在目中。昔有村氓登山而樵，遇仙得道，故土人祀之。

汛塘浮石，在城西五里汛塘中。汛塘者，即仙庙山南之坞也。自仙庙山前西接狮子坳。坞中有塘长数里，水涨时洪流漫衍，巨鱼逆流而上，土人利之，故不疏为田而障为塘。有石鋻一区，当塘之中，上浮如败荷覆叶，支撑旁偃，中空外漏水，一潭绕之，石箕踞其上，又如数梁攒凑，去水不及三尺，而虹卧云嘘，若分若合，极氤氲蜿蜒之势。其西北里余即汛塘村，倚北山之下。

周泊隘在城东二十五里，东界石山之脊也。隘当脊中，南北崇崖高压，云气出没其中。逾隘而东，即为迁江境。其东北石山内，为八寨之罗洪洞按《一统志》：“罗洪洞在上林县东北四十五里。”则昔时亦上林境，而后沦于贼，遂不能恢复，至今为贼所踞。东南石山内，为马场洞犹三里属。第地无居民，皆巨木。

汛塘后坞石洞，在城西七里。西山东来，过佛子岭分为两支：一支直东，为汛塘村后峰；一支北转为韦龟山。二山之东北又环成一坞，东以仙庙山为前障，中有支峰对其麓。有洞门东向，前有水隔之，内望甚深。土人云："中可容千人。"昔其西有村，今已鞠为草莽。所向东峰之上，亦有洞门西向，高悬欹侧，亦翳于草莽，俱未及登。

三层阁在参府厅事东，陆公所新构也。长松环荫，群峰四合，翛然有遗世之想。

松风亭在署后土山之巅，松荫山色，遥连埤堄，月色尤佳。余下榻于层阁，几至忘行。陆公饯余于松（风）亭，沉醉月夜，故以终记。

三里一曰上无虞里，一曰下无虞里，一曰顺业里。

八寨：西界者曰寨垒、东与后营对。都者、东与周安对。剥丁，东与苏吉对。东界者曰罗洪、西与左营对。那良、西与后营对。古卯、古钵、何罗。

三镇中曰周安，北曰苏吉，西南曰古鹏。贯八寨之中者，南自后营，北抵周安，极于罗木渡。其中有那历、玄岸、蓝涧、桥蓝诸村，南北十余里。昔乃顺业里及周安之属，今为八寨余党所踞。渠魁蓝海潮。八寨交通，而三里之后门不通矣。

三里〔周围石峰，中当土山尽处，风气含和，独盛于此；土膏腴懿，生物茁茂，非他处可及。参署四围乔松百余株高刺云霄，大可三人抱，余疑数百年物，考之碑记，植于隆庆初建帅府时，裁逾六十年，其巨如此，为良区异壤可知。所艺禾穑特大，恒种一郛，长倍之，性柔嘉，亦异庶土所植。〕畜物无所不有：鸡豚俱食米饭，其肥异常。鸭大者重四斤而方。此邦鲫鱼甚艰，长仅逾寸，而〔此地〕独有长四五寸者。三里出孔雀。风俗：正月初五起，十五止，男、妇答歌曰"打跋"，或曰"打卜"。举国若狂，亦淫俗也。果品南种无丹荔，北种无核桃，其余皆有之。春初，枸杞芽大如箸云。采于树，高二三丈而不结实，瀹其芽实之入口，微似有苦而带凉，旋有异味，非吾土所能望。木棉树甚高而巨，粤西随处有之，而此中尤多；春时花大如木笔，而红色灿然，如云锦浮空，有白鸟成群，四面翔绕之，想食啄其丛也。结苞如鸭蛋，老裂而吐花，则攀枝花也。如鹅翎、羊绒，白而有光云。泗城人亦有练之为布者，细密难成，而其色微黄，想杂丝以成之也。相思豆树高三四丈，有荚如皂荚而细。每枝四五荚，如攒一处，长一寸，而大仅如指。子三、四粒缀荚中，冬间荚老裂为两片，盘缩如花朵，子犹不落。其子如豆之细者而扁，色如点朱，珊瑚不能比其彩也。余索得合许。竹有中实外多巨刺者，丛生而最大。有长节枝弱不繁者，潇洒而颇细，如吾地之筀节虚中，则间有之而无巨者。又一种节细而平，仅若缀一缕而色白，可为杖，土人亦曰粽竹，出三镇之苏吉。其地亦有方竹，止在下数节，而不甚端。

十四日　晨起，阴云四布。即索骑游东岩。岩在东石峰之麓，由独山入隘，度土山一重，共三里抵其下。有石笋一圆，傍石峰西麓，岩在石笋之上。由南麓上跻，有两门并列：暗洞在东，明岩在西，二门俱南向。先入明岩，中高敞平豁，后一石蕊中悬，穿蕊而入，转门而西，又开一门，西向，亦明豁高爽，下临绝壁。其内与南门转接处，石柱或耸而为台，或垂而成龛，攒合透映，真神仙窟宅，雕镂所不能就者也。仍出南门从其东北向，伛偻入暗洞。少下，洞遂穹然，篝火北入数丈，则玉乳倒垂，骈耸夭矫缤纷。由其腋透隙而入，少东转，垂柱益多。平底中有堆石一方，土人号为“棺材石”，以形似也。更入，复从洞柱隙东向上跻转北，入其内层，上下平拓，乳柱四围，又成一境。从此西北穿隘而下，其入甚遥，闻深处有溪成潭，下跨石为梁，上则空透影。时误从东转，竟从别窦仍下堆石傍。欲复入觅西北隘，而易炬已多，恐一时不继，乃从故道出。闻此洞东通迁江，虽未必然，而透山而东即为那良贼寨之地，未知果有从出处耳。余所入止得三、四转，度不及其十之一、二，然所睹乳柱之瑰丽，无过此者。〔自“有石笋一圆”至此，乾隆本移于上年十二月二十二日日记中，行文亦有出入。其文云：小石峰一支西附起，遥见当峰半，一门西向高悬，则西洞后穿别窍；正门尚在南腋间，有两门东西列，皆南向。先从西一门入，中平朗若堂皇，石柱后列。从其东转出柱后，下坠小穴，上则垂乳窈窕，围成龛，极玲珑纤幻。龛中圆且峻，贮水一池，沉映崖壁，光影上照，绀碧夺目。穿西隙而入，又辟后室，高整与前堂无异。门西向，下临绝壁，即前从坞中遥见高悬者。既乃列炬从东洞门入。门外隘中洼，入数丈，辄巨乳夭矫垂空下，缤纷不一，底甚平。岐而西，峡东隙皆不数丈尽，惟直北逾乳隙进，内复宽。稍东折，遇方石中横，谚号为“棺材石”。从石东北转，石坡高下，乳笋参差立。披窍北入，复辟一最巨室，乳柱回环，阖辟莫测。道应从西北窍入，余误穿东南腋，仍下方石边。闻此洞内透甚遐，行至半日，一大溪中贯，上有空明倒影，飞梁渡溪，直出迁江云。余欲挽炬复入，从者恐束炬不给，强余出。计所入未及十之一也，瑰丽已压诸岩矣。〕此洞既以深诡见奇，而西畔明岩复以明透表异，合之真成二美矣。出洞仍下山西北行，一里半抵独山。从其北而西，又一里半，饭于后营。杨君统营兵骑而送余。遂下山北行。东西两山一石一土，相持南下，有小水南流于其中，经后营而南，金鸡隘之北，乃西南坠壑而去，即琴水桥之上流也。从此北望，直北甚遥；南望则金鸡石峰若当门之标。后营土山头南尾北，中悬两界之中，西南走而尽于三里，遂结为土脉之尽局云。北行八里，有土脊自西而东，横属于两界之中，则南北分水之脊也，南入于杨渡，而北遂入罗木渡焉。逾脊北二里，为那力村。又三里，为玄岸村。二村俱在东石峰之下，昔皆民居，今为八寨贼所踞矣。又北三里，水从直北去，路西穿土山之腋。一里，西下，则土山复东西夹而成坞。又北十里，是为蓝涧，俱贼村矣。贼首蓝海潮者，家西山下。有涧从其前北流，溯之行，北一里半，有石山突于坞东，由其西麓逾小坡，即为周安界矣。又二里，一村在东山麓，曰朝蓝。前涧中有潭深汇澄澈，自是而北，遂成拖碧漾翠之流。所云“蓝涧”者，岂以此耶？蓝涧本三里之顺业里属。今南抵那力过脊之地，俱为八寨余孽所踞，而蓝海潮则其魁也。由蓝涧而北抵罗木渡，南抵左营，中开天成直夹，皆土山也。其两石山，西为寨垒、都者、剥丁；东为罗洪、那良，东西皆贼薮。朝蓝昔本周安属，今北抵周安，亦俱为诸蠹所踞，并周安亦岌岌矣。由朝蓝随涧东岸又北五里，转而东逾土山，北下一里，复行坞中。三里，出坞。又西行一里，始见前溪从土山西畔北注，与石山西峡之涧合而东来，遂有汤汤之势。涉溪北上，溪亦折而北，不半里，是为周安镇，数家之聚。颓垣败址在溪西岸，而溪东膏腴，俱为贼踞，不可为镇矣。所云镇者，是为周安。其西南为古鹏，其北曰苏吉，总名三镇。盖界于八寨之中者也。今周安仅存，古鹏全废，惟苏吉犹故。昔有土镇官吴姓者，以青衫居宾州，未袭其职。其子甫袭而死。后委哨官及古零司九司之一。兼摄之，而古零鞭长不及。前年，八寨贼由此劫上林库银，为上林县官所申，当道复觅吴氏之遗孤仍袭。其孤名承祚，才十二岁，父即前甫袭而死者。其外祖伍姓者，号娱心，乃宾州著姓，游大人以成名者。甫自宾州同承祚到镇，见周安凋敝，以承祚随师卒业于苏吉。而伍适返周安，见余至，辄割牲以饷。土司以宰猪一味献客为敬。盖杨君昔曾委署此镇，见其送余，非直重新客，犹恋旧主也。是晚复同杨、伍二君北二里游罗隐岩。岩在镇之西北隅，乃石峰西断处。盖大溪南经周安之前而北至此，有土垣一周，为旧宾州南丹卫遗址，乃万历八年征八寨移而镇此者。后卫移三里，州移故处，而此地遂为丘墟，今且为贼薮，可恨也。按《一统志》：罗洪洞在上林县东北四十五里，为韦旻隐居之地，则罗洪昔亦上林属，而后沦于贼者也。由土垣北直去，为苏吉、罗木渡大道；由土垣西向入石峰隘，有数家倚隘侧，为罗寨村。村前石峰特起，岩穴颇多，但浅而不深。其西麓为罗隐岩，岩横裂如榻。昔有儒生过此，无托宿处，寄栖此中，题诗崖上，后人遂指为罗隐。其题句鄙俚，而诸绕戎过之，多有继题其下者，岂以其为崔浩耶？是晚还宿周安，作谢陆君书畀杨。

十五日　早雨霏霏，既饭少霁，遂别杨君，伍君骑而送余，俱随大溪西岸北行。〔石峰西突路左，峰四面多开穴窍，中空，第高莫能上。北又有荔枝岩，深黑，须炬入；闻中有荔枝盆。〕于是东西两界俱石峰，无复土山中间矣。〔先北涉一小水，又北涉一涧，水皆东向入大溪。共四里，小峰当坞立，嵌空多穴，乃下流镇山，亦如三里之独山，但南北易位耳。〕北六里，山峡中拓，聚落倚西峰下，是为苏吉镇。伍君留余入头目栏，令承祚及其师出见，欲强饭，余急辞之出，乃以多人送余行。又北三里，又有土山突两界石山中，于是升陟高下，俱随两石山之麓，而流溪渐薄东界，相去差远矣。又北十五里，则一江西自万峰石峡中破隘而出，横流东去，复破万峰入峡，则都泥江也。有刳木小舟二以渡人，而马浮江以渡。江阔与太平之左江、隆安之右江相似；而两岸甚峻，江嵌深崖间，渊碧深沉。盖当水涸时无复浊流渰漫上色也。其江自曲靖东山发源，径霑益而北，普安而南，所谓北盘江是也。土人云："自利州那地至此。"第不知南盘之在阿迷弥勒者，亦合此否？渡江而北，饭于罗木堡，乃万历八年征八寨时所置者。堡兵五十余家，其头目为王姓，泣而诉予，为土贼黄天台、王平原所侵，近伤其人，掳其赀，求余入府乞示。余以其送人少，不之许。其地已属忻城，而是堡则隶于庆远，以忻城土司也。宾、庆之分南北，以江为界。堡北东、西两界石山复遥列，而土山则盘错于中。北复有小江，北自山寨而来，山寨者即永定土司也。循东山而南入都泥。路循西畔石山北上二十里，有村倚西山之麓，曰龙头村。村后石山之西，皆瑶人地。盖自都泥江北，罗木堡西已然矣。龙头村之东，有水一自北来者，永定之水也；一自东来者，忻城之水也。二水合于村前，即南流而合罗木下流者也。又北二里，为古勒村，村在平坞中。村北三里，复逼小山，西岸行又五里，有小村倚西峰之麓。又有小水西自石峰下涌穴而出，东流而注于小江。截流渡小水北，又东上土坡，是为高阳站。是站在小江之西，渡江东逾峰隘而入，共十五（里）而抵忻城。溯小江北五十里抵永定，又六十里而至庆远，亦征八寨时所置。站乃忻城头目所管者。其地石峰之后即为瑶窟。其西有彝江，想即罗木渡之上流。其内有路，自东兰那地走南宁者从之。东石峰之后即忻城。其东界接柳州。其站始用竹肩舆，盖土俗然也。自三里马至周安，周安马至高阳，高阳换舆直送至府。此地无虞，可行矣。是日共行五十余里，以渡罗木难也。

十六日　晨起阴如故。夫自龙头村来，始缚竹为舆，既而北行。十里，东西两界石山中土山渐无，有石山突路左，小江由其东，路出其西。又北十里，西界石山突而东出，是为横山，乃忻城、永定分界处也。缘山嘴盘崖北转，巉石嵚崎，中独淋漓滑淖，间有行潦停隙中，崖路颇高，而独若此者，以上有重崖高峙，故水沥其下耳。然磊石与密树蒙蔽，上下俱莫可窥眺。间从隙间俯见路石之下，石裂成潭，碧波渊沉，涵影深閟，又或仰见上有削云排空之嶂，透丛而出，或现或隐，倏高倏下，令人恍惚。既北，两界石山犹拓而北。又八里，有石峰一枝中悬，坞分而为二：其一通西北，其一通东北。余循西北坞溯流入，又五里，复有峰中突小江，缘其东出路，逾其西入又二里，有数十家倚中峰之北，是为头奎村，以中突峰形若兜胄也。饭于头目何姓者家。自横山之北，皆为山寨地。弘治间，都御史邓廷瓒奏置永定长官司，长官韦姓，隶府。其西又有永顺司，土官名邓宗胜，嘉靖间调二土司兵至吾乡剿倭者，所云狼兵是也。既饭，日色忽霁。北向坞中行，始循东界石山矣。五里，抵永定司，即所谓山寨也。土官所居村在西界石山下，欲留余止宿。余以日才过午，不入而行。渐闻雷声隐隐。又北二里，西截坞而过。坞中有石潭，或断或续，涵水于中，即小江之脉也。水大时则成溪，而涸则伏流于下耳。于是复循西界石山而北，又五里，有峰当坞立，穿其腋而北，坞遂西向而转，于是山又成南北二界矣。其时黑云自西北涌起，势如泼墨，亟西驰七里，雨大至，避之石壁堡之草蓬下。石壁堡在北山之麓，堡适被火，欲止其间，无宿处。半晌，雨止，乃西，二里，逾岭坳，此乃东西分水之脊也。南北俱石山如门，逾门西出，始扩〔然〕大开，中皆土阜高下，〔则永顺司接境。南即石峰丛合，皆瑶窟。〕循石峰之西麓，北向升陟土阜，其上多回环中洼，大者如塘，小者如井，而皆无水，俯瞰不见其底。〔水由地行，此其中坠处，一如太平府所见。〕北行五里，始下土山坞中。其水东北去，路复北透石峰之隘。此处又石峰一枝自西而东。一里出隘。又一里，于东峰之麓，得一村曰草塘，乃冯挥使之家丁也，头目曰东光，言其主在青塘，今且往南乡。余以陆君书令其速传去。冯名润，二年前往泗城，而泗城土官岑云汉加衔副总兵，欲冯以属礼见此地明官，至土俱以宾主论。冯不从。岑拘其从者送狱中，冯亦淹留不听行，复不给粮，从者半毙。陆君以出巡至，始带出之。陆君之第三郎并两仆亦死其中。故陆君不听余从泗城行，而送余由此托冯与南丹导余焉。是晚，宿东光栏上。

十七日　天甚晴霁。从草塘北行，其地东西两界复土山排闼。先从东麓横过西麓坞中，有水成塘，而断续不成溪，亦犹山寨之北也。塘之北，始成溪北流，路从其西。从西峰北行五里，有山中坞突，水由其东，路由其西。入峡二里，东逾一隘。又一里，复北行。七里，又一小水横亘两山北口，若门阈然，由其西隘出。于是东西两界山俱北尽，其外扩然，又成东西大坞矣。西界北尽处，有石突起峰头，北龛独有红色一方内嵌，岂所谓赤心北向者耶？又北竟土阪，五里，乃下坠土夹中，一里，抵夹底，又从夹中行。一里，得五碧桥，有水自西而东出桥下，其势颇大，乃土山中之巨流也。逾桥北，又三里，复有石山一支自西而东，穿隘北出。其东即为南山寺，龙隐洞在焉。有水自其东谷来，即五碧桥东流之水，至黄岗而分为二流：一东径油罗村入龙江下流；一西北经龙隐之前而北过庆远东门，入龙江。出隘北，又皆土山矣。又五里，抵庆远南门。于是开东西大夹，其南界为龙隐、九龙诸山；北界即龙江北会仙、青鸟诸山，而江流直逼北山下，江南即郡城倚之。其城东西长而南北狭。从城南西抵西城外，税驾于香山寺。日才午，候饭，乃入城。复出南门，抵南山，游龙隐。先是，余过后营，将抵蓝涧，回顾后有五人者，追而至。问之，乃欲往庆远而阻于蓝涧，不敢入。闻余从此道，故随而往者。杨君令偕行队伍中。及杨君别去，一路相倚而行，送至香山寺乃谢去。及余独游至此，忽见数人下山迎，即此辈也，亦非庆远人，俱借宿于此。余藉之束炬携火，先游龙隐，出又随游双门洞。既出，见此洞奥而多不能卒尽，而不忍舍去。乃令顾仆留宿香山，令一人同往取卧具，为宿此计。余遂留此，更令两人束炬秉火，尽探双门二洞之奇。出已暮，复入龙隐，令两人秉炬引索，悬下洞底深阱。是夜，宿龙隐。

十八日　天色晴霁甚。早饭龙隐。僧净庵引由山北登蚺蛇洞，借宿二人偕行。既下，再饭龙隐，偕二人循南山北西行二里，穿山腋南出，又循山南西行，一里余，过龙潭。又西一里，渡北流小溪，南入张丹霞墓洞，遂东北五里，还饭于香山寺。复令一人肩卧具随由西门入，北门出，渡龙江，北循会仙山西麓行。一里，东上山，又一里，游雪花洞。又里余，登山顶。是晚宿雪花洞。其人辞去，约明日来。

十九日　五更闻雨声，迨晓而止。候肩行李者不至，又独行探〔深〕井〔岩，〕又从书生鲍心赤从雪花东坳下，游百子岩，仍上雪花寺饭。有山下卧云阁僧至，因乞其导游中观、东阁诸胜，并肩卧具下二里，置阁中。遂携火游中观、东观、流丹阁、白云洞，午餐阁中。下午，还香山寺。

二十日　入候冯，犹未归。仍出游西竺寺、黄山谷祠。

二十一、二十二日　皆有雨。余坐香山寺中。抵暮，雨大作，彻夜不休。是日前所随行五人，俱止南山龙隐庵，犹时时以一人来侍余。抵暮，忽有言其一人在洞诱牧牛童，将扼其吭而挟之去者。村人来诉余，余固疑其余行亦行，余止亦止，似非端人；然时时随游扶险，其意殷勤，又似非谋余者，心惴惴不能测。

二十三日　雨犹时作时止。是日为清明节，行魂欲断，而沽酒杏花将何处耶？是处桃杏俱腊中开落。下午，冯挥使之母以酒蔬饷，知其子归尚无期，怅怅，闷酌而卧。

二十四日　五鼓，雨声犹潺潺，既而闻雷。及起，渐霁，然浓云或开或合，终无日影焉。既而香山僧慧庵沽酒市鱼，酌余而醉。及寝，雷雨复作，达旦而后止。

二十五日　上午犹未霁。既饭，丽日晶然。先是，余疑随行五人不良，至是卜之得吉。彼欲以两人从余，先畀定银，与之市烟焉。又慧庵以缘簿求施，余苦辞之。既而念其意不可却，虽橐中无余赀，展转不能已。乃作书贷之陆君，令转付焉。

二十六日　日晴霁。候冯挥使润犹不归，投谒守备吴，不见而还香山寺，再饭。同僧慧庵往九龙，西南穿塍中蜿蜒排石而过。五里，北越流溪，至丹霞遗蜕洞，即前日所入者。仍下，绕其东麓而南，回眺遗蜕峰头有岩东向，高穹其上，灵幻将甚，心欲一登而阻于无路。又东南约半里，抵东峰之北麓，见路两旁皆水坑流贯，路行其上若桥梁而不知也。其西有巨枫树一株，下有九龙神之碑，即昔之九龙祠遗址。度其北，是昔从龙隐来所经平岗中之潭，而九龙潭则在祠南石崖之下，水从其中北向经路旁水坑而出，为平岗潭者也。

九龙洞山在郡城西南五里丹霞遗蜕洞东南。其山从遗蜕山后绕而东，其北崖有洞，下有深潭嵌石壁中，若巨井，潭中下横一石，东西界为二：东小，而西钜；东水低，西水高；东水清，西水浑。想当雨后，西水通源，从后山溢来，而东则常潴者也。西潭之南，石壁高数丈，下插潭底，〔潭多巨鱼。〕上镌“九龙洞”三大字。不知镌者当时横架杙木，费几许精力？西潭之深莫能竟，曰垂丝一络，亦未可知。然水际无洞，其深入之窍当潜伏水底耳。洞高悬潭上三丈余，当井崖之端，其门北向，东与“九龙洞”三字并列。固知此镌为洞，不为潭也。门颇隘，既入，乃高穹。峡南进，秉炬从之，其下甚平，直进十余丈，转而东，下虽平，而石级涌起，屈曲分环，中有停潦，遂成仙田。东二丈，忽下陷为深坑。由坑上南崖伛偻而出坑之东，其下亦平，而仙田每每与西同。但其上覆石悬乳，压坠甚下，令人不能举首。披隙透其内，稍南北分岐，遂逼仄逾甚，不得入矣。仍西出至坑崖上，投火坑中谛视之，下深三丈余，中复有洞，东西通透：西洞直入，与上峡同，东洞则横拓空阔，其上水淙淙下滴，下似有潦停焉。坑之南，崖平覆如栈，惟北则自上直插坑底。坑之裂窍，南北阔二丈，东西长三丈，洞顶有悬柱倒莲，恰下贯坑中，色洁白莹映，更异众乳。俯窥其上久之，恨不携梯悬索，若南山一穷奥底也。〔东三百步，又有岩北向，深十余丈，在东峰崖过脊处。〕九龙西峰高悬洞，在丹霞遗蜕之东顶，其门东向而无路。重崖缀石，飞突屼嵲，倒攀虽险，而石铓嵯峨，指可援而足可耸也。先是，一道者持刀芟棘前引，一夫赍火种后随，而余居其中。已而见其险甚，夫不能从，道者不能引，俱强余莫前。余凌空直跃，连者数层，频呼道者，鼓其速登，而道者乃至。先从其北得一岩，其门东向，前峡甚峻，中通一线，不即不离，相距尺许；曲折而入者三丈，其内忽穹而开，转而西南四、五丈，中遂黑暗，恨从夫不以火种相随。幸其下平，暗中摸索，又转入一小室，觉无余隙，乃出。此洞外险而中平，外隘而中扃，亦可栖托，然非高悬之洞也。高悬处尚在南畔绝崖之上，亏蔽不能仰见。稍下，转崖根攀隙以升，所攀者皆兜衣钩发之刺棘也。既上，其岩亦东向，而无门环回前列，高数丈，覆空若垂天之云，而内壁之后层削而起，上有赭石一区嵌其中，连开二门，层累其上，猿猱之所不能升也，安得十丈梯飞度之？时老僧慧庵及随夫在山麓频频号呼，乃仍旧路下。崖突不能下睇，无可点足，展转悬眺，觉南上有痕一缕，攀棘侧肩循之。久之，乃石尽而得土，悬攀虽峻，无虞陨坠矣。下山五里，还香山。返照甚朗，余以为晴兆。既卧而雷雨复大作，达旦不休。

二十七日　雨止而起。余令人索骑欲行，而冯挥使之母令人再留曰：“已三往促其子矣。”姑允其留。既而天色大霁，欲往多灵，以晚不及。亟饭，而渡北门大江，登北岸上观音阁，前为澄碧庵，皆江崖危石飞突洪流之上，就而结构成之者。又北一里，过雪花洞下，乃渡溪，遂西向入石山峡中，转而南，登岭坳，遇樵者问之，此上有牛陴洞，非三门也，三门尚在北山。仍出，由南来大路北行。二里，过一古庙，又北，有水自西山麓透石而出，其声淙淙东泻，即前所渡自北而南小溪也。又西半里，循西山转入西坞，则北界石峰崔嵬，南界之山又转而为土矣。中有土岗南北横属。又半里逾岗西下，则三门岩在北崖之中矣。乃由岐北向抵山下。望其岩，上下俱危崖，中辟横窍，一带垂柱，分楞齐列于外。拾级而上，先抵岩东，则石瓣骈沓，石隙纵横，皆可深入。而前则有路，循崖端而西，其岩中辟，高二丈余，深亦如之，而横拓四丈余，上下俱平整而外列三石，界成四门，俱南向，惟中门最大，而左腋一门卑伏。言三门者，举其大也。西门岩壁抵此而莫前，其上石态更奇。东门穿隙而出，即与东偏纵横之隙并。而中门之内，设神像于中，上镌“灵岩”二字。由神像后穿隙北入宛转三四丈，逾庋攀而上，中有一龛，乃岩中之奥室也。出岩而东披纵横之隙，亦宛转三、四丈，始辟而大。东逾石阈而上，其内上下平整，前穴通明，另成一界，乃岩外之奥室也。透其前穴出，有石高擎穴前，上平如台。其东又有小隙宛转，如簇瓣莲萼，披之无不通也。由台前小隙下，即前循崖端而西路。复从崖端转石嘴而东，稍入，有洞门内辟，其门亦南向，中深数丈，弥备幽深之致。乃仍旧路下，即沿山麓东还，北望山坳间，有岩高悬绝峡之上，心异之。乃北向望坳上，攀石跻崖以升数十步，逾坳间，乃炭夫樵斫者所由，而悬岩尚在其东。崖壁间之藤棘蒙密，侧身难度。乃令随夫缘枝践级，横过崖间，不百步而入岩，余亦从之。岩前悬峡，皆棕竹密翳；其色白，大者可为杖，细者可为箸。而洞当转峡之侧，上下悬峭，其门西南向，顶崇底坦。入五、六丈，当洞之中，遥望西南锐竖尖峰，正列其前，洞两旁裂峡分瓣，皆廉列沓合。洞后透石门而入，其内三辟三合，中连下透，皆若浮桥驾空，飞梁骈影。思各跻其上，不知何处着脚。及透入三桥之内，其中转宽而黑。从左壁摸索而上攀东崖，南出三、四丈，遂凌内梁之东。其梁背刀削而起，不堪着足。而梁之西亦峻石拄顶，另隔成界，不容西渡。又南缘东崖凌中梁之东，其不可度与内梁同。又南缘东崖凌前梁之东，则梁背平整，横架于两崖之间，下空内豁，天设徒杠。其背平架之端又有圆石尺许，耸立其上，俨若坐墩。余以为人琢而置此者，扪其根，则天然石柱也。渡梁之西，又北转入峡门，即中内二梁西端之石所界而成者。其内有又东豁而下通梁后，又西剜而透穴中。入穴中，又拓而为龛，环而为门，透而为峡，下皆细砂铺底，〔平洁如玉，〕但其中已暗而渐束，不能深入。仍出至前梁之西，缘西崖之半，攀石笋南下，穿石窟以出，复至洞中央矣。前眺尖峰，后瞩飞梁，此洞之胜，内外两绝。出洞，取棕竹数枝，仍横度拄脊，历悬石，下危峡而抵麓。循麓东行，又百步，有洞裂削崖间如“丁”字，上横下竖，甚峻，其门南向。复北向抵崖下巨峡前，大石如室，累数石而上，皆倒攀悬跻升之。其上一石则高削数丈，无级可攀，而下有穴大如斗，蛇穿以入，中遂穹然，上高数十丈，外透而起，则“丁”字之竖裂也；而横裂则仰之莫及矣。洞内夹壁而入，倾底而下，北进七、八丈，折而东，始黑暗不可穷诘。乃出斗穴，下累石，又循崖而东数十步，复入巨峡。其门亦南向，前有石界之。连跻石隙二重，其内夹下倾，亦如“丁”字岩。北进五、六丈，亦折而东，则平而拓矣。暗中摸索，忽有光在足下，恍惚不定，余疑为蛇珠虎睛，及近索之，复不见。盖石板之下，复有下层窟穴，通于前崖，而上下交通处，穴小于斗，远则斜引下光，近则直坠莫睹。且其穴小而曲，不能蛇伏以下。遥瞩其东二、三丈石板尽处，复有微光烨烨。匍匐就之，则其外界石如屏，中有细孔径寸，屈曲相攒，透漏不一，可以外窥。而其下有孔独巨，亦如斗大。乃以足先坠，然后悬手而下，遂及下层。其外亦有门南向，而内入不深。岩门内距石屏仅二丈，屏下又开扃窍，内入即前所望石板下窟穴也。然外视昏黑，不知其内通矣。由门外又循崖而东数丈，复得一岩。其门亦南向，内不甚深，而后壁石窍玲珑，细穴旁披，亦可捱身转隙，然无能破其扃也。岩前崖悬磴绝，遂不能东，乃仍西历前所入洞口，下及山麓。又东百步，有洞当北麓，其门亦南向。穿而入，则转东透峡四、五丈而出，其门又东豁者也。〔闻古城洞在青鸟山前，东门渡江，三里可至，石壁对夹，中多种蔬者。〕时日将晡，恐渡舟晚不及济，亟从旧路还，五里余而抵龙江，渡舟适至，遂受之南济，又穿城一里，抵香山已薄暮矣。

二十八日　天色甚霁。晨起索饭，即同慧庵僧为多灵山之行。西南过雁山村，又过龙项村之北，共八里，过彭岭桥，其水即九龙北去之流也。又二里登彭岭，其南陇有村，是为彭村。又西下岭，西南转入山坞峡中，堰而成塘，水满浸焉。共五里，逾土岭而下，于是遂与石山遇。又三里，南穿其峡，逾脊而西，其南乃扩然。循石峰南麓西行，二里，为黄窑村。其村之西，石峰前突，是为黄窑山。转山嘴而西一里，有水自南岗土峡中泻下，分为二派：一循山嘴东行，引环村之前；一捣山麓北入石峰而出其后。渡水溯流陟岗而上，则上流亦一巨塘也。山至是南北两界，石峰遥列而中横土脊，东望甚豁，直抵草塘，觉其势渐下，而岗坡环合，反堰成此水。由塘上西行又二里，则其水渐西流。又西南二里下土洼中，则汇水一塘，自西北石峰下成涧而去。又西四里上土岗，见南山有村三、四家，投之，炊其家，闭户避不出。久之，排户入，与之烟少许，辄以村醪、山笋为供。饭而西行，四里，有石峰自西北中悬而来，至此危突曰高狮山。又二里，逾山前土脊而下，又西南四里，过一荒址，则下迁村之遗也。又西上岭，望见一水自南，一水自东，至此合流而西去，是为下迁江。其江西北流去。截流南渡，水涨流深，上及于胸。既渡，南上陇行三里，有村在南峰东麓，龙门之流萦之而北，是为鹿桥村，大路在其岭西。乃下岭循南峰东麓西行，过一浑水塘，共二里越脊而下，又二里出土山之隘，于是坞遂南北遥豁，东西两界，皆石山矣。又有溪当石山之中，自南而北流去，路乃溯流南入。二里，过一石桥，由溪西南向行，又一里有墟在路左，又有村在西山下，是曰黄村，则宜山西南之鄙矣。有全州道人惺一者，新结茅于此，遂投宿其中。是日尚有余照，余足为草履所损，且老僧慧庵闻郡尊时以朔日行香寺中，欲明日先回，故不复前。

二十九日 复从黄村墟觅一导者，别慧庵南向行。一里，有村在西麓，曰牛牢村。有一小水在其南，自西山峡中出，东入南来之溪，行者渡小水，从二水之中南向循山行。又一里余，有岩突西峰之麓，其门东向，披棘入之，中平而不深，其南峰回坞夹，石窍纵横，藤萝拥蔽，则山穷水尽处也。蒙密中不知水从何出，但闻潺潺有声，来自足底耳。从此半里，蹑级西上，石脊崚嶒，逾坳而西，共一里，而抵其下。是曰都田隘。东为宜山县，西为永顺司分界。见有溪自西南来，亦抵坳窟之下，穿其穴而东出，即为黄村上流者也。又南半里，乃渡其水西南行，山复开，环而成坞。二里，有村在西麓，是为都田村，一曰秦村，乃永顺司之叔邓德本所分辖者。又南二里，复渡其水之上流，其水乃西北山腋中发源者，即流入都田隘西穴，又东出而为黄村之水者也。又东南一里，陟土山之岗，于是转出岭坳，西向升降土岗之上，二里，为大歇岭。石山又开，南北两界中，复土脊盘错，始见多灵三峰如笔架，高悬西南二十里外。下岭，又西南行夹坞中，三里，乃西向升土山，其山较高，是为永顺与其叔分界。下山是为永顺境。西由坞中入石山，峡渐转，西北行其地，寂无人居，而石峰离立，色态俱奇。〔乾隆本作：色青白成纹，态郁纡若缕刻。〕五里，路右有二岩骈启，其门皆南向：东者在麓，可穿窍东出而惜其卑；西者在崖，可攀石以上而中甚幻。由门后透腋北入，狭窦渐暗，凌窦隙而上，转而南出，已履洞门之上矣。其下石板平如砥，薄若叶，践之声逄逄，如行鼓上，中可容两、三榻。南有穴，下俯洞门，若层楼之窗，但自外望之，不觉其上之中虚耳。其结构绝似会仙山之百子岩。但百子粗拙，而此幻巧；百子藉人力，而此出天上。胜当十倍之也。坐久之，乃南下山，复西北行。一里，路渐降，北望石峰之顶，有岩砦然，其门东南向，外有朱痕，内透明穴，乃石梁之飞架峰头者。

下壑半里，转而南，始与溪遇。其水西南自八洞来至此，折而西向石山峡中，乃绝流渡。又南二里，西望有村在山坞中，是为八洞村。都田村之东有八仙洞，乃往龙门道。又南一里，复南渡溪，过溪，复南上，循山一里，转而东南行，一里半，直抵多灵北麓。路左有土山，自多灵夭矫下坠。其后过腋处，有村数家，是为坟墓村，不知墓在何处也。从其前又转而西南行，一里，下山，绝流渡溪，其溪自南来，抵石山村之左，山环壑尽，遂捣入石穴，想即八洞溪之上流矣。过溪又半里，北抵山麓，是为石山村。乃叩一老人家，登其栏而饭。望多灵正当其南，问其上，有庐而无居者。乃借锅于老人，携火于村。老人曳杖前导，仍渡溪，东南上土山，共二里，越岗得坞，已在坟墓村之南，与多灵无隔阪矣。老人乃指余登山道曰："此上已岐，不妨竟陟也。"老人始去。余践土麓东南上，路渐茅塞，披茅转东北行。二里，茅尽，而土峡甚峻。攀之上，抵石崖下，则丛木阴森，石崖峭削，得石磴焉。忽闻犬声，以为有人，久之不见；见竹捆骈置路傍，盖他村之人，乘上无人而窃其笋竹，见人至，辄弃竹而避之巉岨间耳此间人行必带犬。于是攀磴上，磴为覆叶满积，几不得级。又一里，有巨木横仆，穿其下而上，则老枋之巨，有三人抱者。〔上一里，〕乃复得坪焉，而茅庵倚之。其庵北向，颇高整，竹匡、木几与夫趺蹦洒扫之具俱备。有二桶尚存斗米，惜乎人已久去，草没双扉，苔封古灶，令人恨不知何事忆人间也！令一人爇火灶中，令一人觅火庵侧，断薪积竹，炊具甚富，而水不可得。其人反命曰："庵两旁俱无，亦无路，惟东北行，有路在草树间，循崖甚远，不知何之？"予从之，果半里而得泉。盖山顶悬崖缀石，独此腋万木攒翳。水从崖石滴坠不绝，昔人凿痕接竹，引之成流，以供筒酌。其前削崖断崾，无可前矣。乃以携两筒水返庵，令随夫淅米而炊。令导余西南入竹林中，觅登顶之道。初有路影，乃取竹觅笋者所践；竹尽而上，皆巨茅覆顶，披之不得其隙。一里，始逾一西走之脊。其脊之西，又旁起一峰，以拱巨峰者，下不能见，至是始陟之也。又从脊东上，皆短茅没腰，践之每惊。其路又一里，而始逾一南走之脊。其脊之南，亦旁起一峰，以拱巨峰者，北不能瞩，至是又陟之也。〔此两峰即大歇岭所望合中峰为笔架者。〕于是从脊北上，短茅亦尽，石崖峻垂，攀石隙以升，虽峻极，而手援足践，反不似从茅之易于颠覆也。直北上一里，遂凌绝顶。其顶孤悬特耸于众石山之上，南北逾一丈，东西及五丈，惟南面可跻，而东、西、北三面皆嵌空悬崖，不受趾焉。顶之北，自顶平分直坠至庵前石磴下，皆巨木丛列，翳不可窥，惟遥望四面，丛山千重万簇，其脉似从西南来者。遥山外列，极北一抹乃五开、黎平之脊，极南丛亘，为思恩九司之岭，惟东北稍豁，则黄窑、里诸所从来者也。南壑之下，重坑隔阪间，时见有水汪汪，盖都泥之一曲也。山高江逼，逆而来则见，随而转又相掩矣。此即石堰诸村之境也。山之东南垂，亦有小水潺潺，似从南向去，此必入都泥者，其在分脊岭之南乎？土人言：“登此山者，必清斋数日，故昔有僧王姓者不能守戒，遂弃山而下。若登者不洁，必迷不得道。”以余视之，山无别岐，何以有迷也？又云：“山间四时皆春，名花异果不绝于树。然第可采食，怀之而下，辄复得迷。”若余所见者，引泉覆石之上，有叶如秋海棠而甚巨，有花如秋海棠而色白，嗅之萼，极清香，不知何种。而山顶巨木之巅，皆蔷薇缘枝缀花，殷红鲜耀而不甚繁密。又有酸草，茎大如指而赤如珊瑚，去皮食之，酸脆殊甚。亦有遗畦剩菜，已结子离离。而竹下龙孙，则悉为窃取者掘索已尽，此人亦当在迷路之列，岂向之惊余而窜避者，亦迷之一耶？眺望峰头久之，仍从故道下返茅庵。暝色已合，急炊所餐粥，觉枯肠甚适。积薪佛座前作长明灯，以驱积阴之气。乃架匡展簟而卧。

三月初一日　昧爽起，整衣冠叩佛座前。随夫请下山而炊。余从也，但沸汤漱之而下。仍至石山村导路老人栏，淅米以炊。余挟导者觅胜后山，仰见石崖最高处，有洞门穹悬。随小径抵其西峡，以为将攀崖而上，乃穿腋而下者也。其隘甚逼，逾而北下，东峰皆峭壁，西峰皆悬窍，然其中石块丛沓，萝蔓蒙密，无可攀跻处也。其北随峡而出，又通别坞，不能穷焉。转出村前，乃由其东觅溪水所从入，则洞穴穹然在山坳之下，其门南向，溪流捣入于中，其底平衍而不潭。洞高二丈，阔亦二丈，深三、四丈，水至后壁，旁分二门以入，其内遂昏黑莫可进。洞之前，有石柱当其右崖，穿柱而入，下有石坡尺许，傍流渡入，不烦涉水；由石柱内又西登一隙，上复有一龛焉。底平而上穹，亦有石柱前列，与水洞并向。第水洞下，而此上；水洞宽，而此隘耳。洞中之水，当即透山之背，东北而注于八洞之前者也。出洞，还饭老人家。仍东北循土山而下，渡水过八洞，又北渡水，东南转入石山之峡，过前所憩洞前。又东入重坞，逾分脊之岭，乃下岭东北行坞，复陟岗转陂，逾大歇岭，乃北下渡溪，沽酒饮于秦村。又北向渡溪，而逾都田之岭。又从岭东随穴中出水北行，而抵黄村庵，则惺一瀹茶煮笋以待余。以足伤，姑憩而不行。乃取随夫所摘多灵山顶芽茶，洁釜而焙之，以当吾阳羡茶中之茄香色无异也。此地茶俱以柴火烘黑，烟气太重。而瀹时，又捉入凉水煨之，既滚又杂以他味焉。

初二日　别惺一，惺一送余以笋脯。以丝曝干者。乃北行渡溪桥，又北，乃东转入山峡，逾平脊，东过浑水塘，上岭东望鹿桥而北行。已而北下，渡大溪之水。其水昔高涌于胸，今乃不及脐矣。但北上而崖土淖滑，无可濯处，跣而行。逾坡而下，抵下阱村旧址。有渟涝焉，乃濯足纳履。又东北逾一涧，乃东上高狮山之南阪，逾脊又东，升陟陂陀路。两旁皆坠井悬窞，或深或浅，皆土山，石孔累累不尽。既而少憩土岗上，其南即截路村。又东逾一岗，下坞有塘一方，潴水甚清，西北从石峰下破洞而去，丛木翳之甚遥。又东逾岗，水从路侧西流。又东则巨塘汇陂间，乃北坠而下，分为两流：一北入山穴；一东循山嘴，环于黄窑村前，诸塍悉取润焉。乃饭于村栏，询观岩之路。其人曰："即在山后，但路须东经草峡，北出峡口，西转循山之阴，而后可得。"从之，遂东。甫出村，北望崖壁之半，有洞高穹，其门东向，甚峻迥，不可攀。草峡之南，有双峰中悬，又有土山倚其下，是为里诸村，聚落最盛。共二里半，北入草峡。又东北行，一里，逾石脊而过，有岐西行，遂从之，即黄窑诸峰石山之阴也。其山排列西北去，北尽于独山，所谓观岩者正在其中。乃循山东麓行，又三里，折而西南，半里而抵其下，则危崖上覆，下有深潭，水潴其中，不知所出，惟从岩北隅泻入巨门，其中窅黑，水声甚沸。盖水从山南来，泛底而出，潴为此潭，当即黄窑之西〔巨塘〕分流而捣入山穴者，又透底而溢于此也。乃一出而复北入于穴，水与山和，其妙如此。覆岩之上，垂柱悬旌，纷纭历乱，后壁石脚，倒插潭中。其上旋龛回窦，亦嵌漏不一，〔俱隔潭不能至。〕潭东南亦有一岩北向，内不甚深，潭东北崖间有神祠焉，中有碑，按之，始知为小观岩。神祠之后，即潭中之水捣入石门处；其门南向，甚高，望其中崆峒，莫须浮筏以进，不能竟入也。久之，仍从神祠东北出平畴，见有北趋路，从之，意可得大道入郡。既乃愈北，始知为独山、怀远道。欲转步，忽见西山下有潭，渊然直逼石崖，崖南有穴，则前北向入门之流，又透此而出也。〔计所穿山腹中，亦不甚遥，若溯流入，当可抵水声甚沸处。〕余欲溯流而入，时日已西昃，而足甚艰，遂从潭上东向觅畦而行，半里，将抵一村，忽坠坑而下，则前潭中之水，北流南转，遂散为平溪，潆村南而东去。其水甚阔，而深不及尺，导者负而渡。渡溪，遇妇人，询去郡路几许，知犹二十里也。东北上崇涯，遂东出村前，有小路当从东南，导者循大路趋西北，盖西北有大村，乃郡中趋怀远大道；知其非是，乃下坡走乱畦中，既渐失路，畦水纵横，踯躅者五六里。遇二人，从南来，询之，曰："大道尚在北。"复莽行二里，乃得大道，直东向行，询之途人，曰："去城尚十里。"返顾日色尚高，乃缓步而东，其道甚坦。五里，渐陟陂陀路，两旁又多眢井坠穴，〔与太平一辙。〕于是闻水声淙淙，则石壑或断或连，水走其底，人越其上，或架石为桥，俯瞰底水，所坠不一道，而皆不甚巨。盖小观之水出洞为溪，散衍诸畦洫中，此其余沥，穿地峡而北，泄于龙江者也。又东二里，逾岗而下，复得石壑，或断或连，水散溜其下，与前桥同。此乃彭岭桥之水，自九龙来，亦散衍畦洫，故余沥穿峡而北，泄者亦无几也。又东一里半，有庵峙路北，为西道。堂前有塘，甚深衍，龙溪细流从东来注而西北，不见其所泄。又东一里，为西门街口，乃南越龙溪，循溪南东行，过山谷祠之后，又半里而抵香山寺，已昏黑矣。问冯使，犹未归也。暑甚，亟浴于盆而卧。

初三日　余憩足寺中。郡人祉会寺前，郡守始出行香。余倚北檐作达陆参戎书。有一人伺其旁，求观焉，乃冯使之妻弟陈君仲也。名瑛，庠彦。言：“此书达陆君，冯当获罪，求缓之。余当作书往促。”并携余书去，曰：“明日当来代请。”已而又二人至：一曰谢还拙，一曰陈斗南。谢以贡作教将乐而归；陈以廪而被黜，复从事武科者也。二君见余簏中有文、项诸公手书，欲求归一录，余漫付之去。既暮，有河池所诸生杜、曾二君来宿寺中，为余言：“谢乃腐儒，而陈即君仲之叔，俗号‘水晶’。言其外好看而内无实也。”

初四日　余晨起，欲往觅陈、谢，比出寺东，而陈、谢至，余同返寺中，坐谈久之。又求观黄石斋诗帖。久之去，余随其后往拜，陈乃返诸公手书。观其堂额，始知其祖名陈学夔，乃嘉靖末年进士，曾任常镇兵使者，莅吾邑，有爱女卒于任。葬西门外，为之题碑其上曰：“此兵使者陈学夔爱女之墓。吾去之后，不知将夷而去之乎？抑将怜而存之乎？是在常之人已。”过谢君之堂，谢君方留酌，而随行者觅至，请还，曰：“有陈相公移酒在寺，相候甚久。”余以谢意不可却，少留饮而后行。比还寺，复领陈君仲之酌。陈出文请正，在此中亦铮铮者。为余言：“其邻有杨君者，名姿胜。亦庠生，乃独山烂土司之族，将往其地，君可一拜之，俟之同行，不惟此路无虞，而前出黔境亦有导夫，此为最便。”余颔之。

初五日　晨起，余往叩陈君。有韦老者，廪将贡矣。向以四等停兹补试郡中，郡守以其文不堪，复再三令改作。因强余为捉刀，余辞再三，不能已，乃为之作二文。一曰：《吾何执》？一曰：《禄足以代其耕也》。既饭，以稿畀韦，而往叩于陈，陈已他出矣。乃返宿于寺。

初六日　以一书畀吴守备，得其马票。韦亦为余索夫票于戚挥使。以为马与夫可必得，及索之，仍无应者。是日斋戒而占，惟思恩可行，而南丹不吉。其杨生之同行，亦似虚而不实。

初七日　索夫马仍不得。杨姿胜来顾，乃阿迷州杨绳武之族也。言其往黔尚迟，而此中站骑甚难，须买马可行。余占之，颇吉。已而冯使以一金来贶，侑以蔬酒，受之。既午，大雨倾盆，欲往杨处看骑，不果行。下午雨止，余作一柬，托陈君仲代观杨骑。是日为谷雨，占验者以甘霖为上兆，不识吾乡亦有之否也。

初九日　零雨浓云，犹未全霁。营中以折马钱至，不及雇骑者十之二。此间人之刁顽，实粤西所独见也。欲行，陈君仲未至，姑待之。抵午不至，竟不成行。下午，自往其家，复他出。余作书其案头作别，遂返寓，决为明日步行计。

自二月十七日至庆远，三月初十起程，共二十三日。

庆远郡城在龙江之南。龙江西自怀远镇，北凭空山，透石穴而出，其源从贵州都匀而下。循北界石山而东，其流少杀于罗木渡，而两岸森石嶙峋过之。江北石峰耸立：中为会仙，东为青鸟，西为宜山，会仙高耸，宜山卑小。又西为天门拜相山，〔即冯京祖墓。〕皆凭临江北，中复开坞，北趋天河〔县名。〕者也。江南即城。城南五里，有石山一支，自西而东，若屏之立，〔曰南山，〕中为龙隐洞山，东为屏山，西为大号山，又西为九龙山，皆蜿蜒郡南，为来脉者也。

郡城之脉，西南自多灵山发轫，多灵西南为都泥，东北为龙江，二江中夹之脊也。东北走六十里，分支而尽于郡城。将抵城五里外，先列为九龙山，又东北为大号山，又北结为土山，曰料高山，则郡之案也。又北遂为郡城，而龙江截其北焉。

多灵山脉，直东走为草塘堡南之土脊，东起为石壁山，又东而直走为柳州江南岸诸山，又东南而尽于武宣之下柳江、都泥交会处。

龙江，郡之经流也。其东北有小江，南入于龙，其源发于天河县北界；其东南则五碧桥诸流北入于龙，其源发于多灵山东境，皆郡城下流也。郡城西南又有小水南自料高山北来，抵墨池西流，是为龙溪。又西则九龙潭之水，自九龙山北流，与之合而西北入龙江，此郡城之上流也。

西竺寺在城西门外；殿甚宏壮，为粤西所仅见，然寥落亦甚。其南为香山寺，寺前平地，涌石环立，为门为峡，为峰为嶂，甚微而幻，若位置于英石盘中者。且小峰之上，每有巨树箕踞，其根笼络，与石为一，干盘曲下覆，极似苏阊盆累中雕扎而成者。寺西有池，中亦有石。池北郡守岳和声建香林书院，以存宋赵清献公故迹。又西北为黄文节祠，后有卧龙石，前有龙溪西流。宋署守张自明因文节遗风，捐数十万钱建祠及龙谿书院。今规模已废，而碑图犹存祠中。其东北即西竺寺也。

城内外俱茅舍，居民亦凋敝之甚，乃粤西府郡之最疲者。或思恩亦然。闻昔盛时，江北居民濒江瞰流亦不下数千家，自戊午饥荒，蛮贼交出，遂鞠为草莽，二十年未得生聚，真可哀也。

绕城之胜有三：曰北山，则会仙也；曰南山，则龙隐也；曰西山，则九龙也。

龙隐岩在郡城南五里，石峰东隅回环北转处也。前有三门，俱西向，后通山背亦有三门，俱东南向。其中上下层叠，纵横连络，无不贯通。今将中道交加处，以巨石窒其穴，洞遂分而为二：盖北偏一门，最高敞，前有佛宇，僧净庵栖之；南偏二门，在山腋间，最南者，前多宋刻，张丹霞诸诗俱在焉。其中门已无路。余先从南门入，北透暗穴，反从上层下瞰得之，而无从下。仍出南门，攀搜到其处再携炬入，遂尽其奥里。

北门西向高穹，前列佛宇三楹。洞高不碍其朗，内置金仙像，两旁镌刻，皆近代笔，无宋人者。数丈后稍隘，而偏于南畔，遂暗黑矣。秉炬直东入，又数丈，有岐在南崖之上。攀木梯而登，南向入穴，有一洼下陷如井，横木板于上以渡。又南则西壁下有纹一缕，缘崖根而卧，鳞脊蜿蜒，与崖根不即不离，此即所称龙之“隐”者。外碑有记，谓其龙有昂首奋爪之形，则未之睹矣。又南数丈，逾一隘，遂俯石级下坠，则下层穴道亦南北成隙。南透则与中门内穴通，不知何人以巨石窒而塞之。北透过二隘，仰其上，则横板上渡处也。再北，窦隘而穷，遂从横板之窍攀空而上。盖上瞰则空悬无底，而下跻则攀跃可升也。仍北下木梯，复东向直入，又逾一隘，有岐复南去。从之，渐见前窍有光烨烨，则已透山而得后门矣。又数丈，抵后门，其门东南向。下瞰平畴，山麓有溪一支，环而北透其腋，即五碧之东流之分而北者。其前复有石山一支，环绕为坞，成洞天焉。仍北返分岐处，复东向直入，又数丈，则巨石中踞；由其北隙侧身挨入，有眢井凭空下陷，大三、四丈，深亦如之。乃悬梯投炬，令一人垂索而下，两人从上援索以挈梯。其人既下，余亦随之。又东南入一窍，中复有穴，下坠甚隘而深，〔一飞鼠惊窜上。〕从其西南攀崖而上，崖内复有眢井空陷，烛之不见其底。循其上西南入穴，遂无可通处。乃仍下，从悬梯攀索而上，依故道，直西而出前门。

南门在北洞南二百余步山腋间，俗谓之双门洞。洞前宋刻颇多，而方信孺所题一洞，中分路口三者，亦在焉。其诗载《一统志》。其上又有张自明《丹霞绝句》曰：“玉玲珑外玉崔嵬，似与三生识面来。自有此山才“才”字余谓作“谁”字妙。有此，游人到此合徘徊。”此《志》所未载也。其左右又有平蛮诸碑，皆宋人年月。由门东向入，辄横裂而分南北，若“丁”字形：南向忽明透山腹，数丈而出后门，此亦后门之最南者也；北向内分两岐，直北遥望有光，若明若暗；东北悬崖而上，累碎石垣横截之。乃先从直北透腋平入，其下有深窞，循其上若践栈道焉。数丈，北抵透明处，则有门西辟在五丈之下，而此则北门之上层也；其前列柱垂楞，飞崖下悬，与下洞若隔。从隙间俯窥下洞，洞底平直，从履下深入，洞前明敞，恍然一堂皇焉。上层逾隘北转，昏黑不能入。乃从故道南还，复出南门，索炬于北岩，复入北至分岐处，乃东北逾石垣而下，其内宽宏窈窕，上高下平；数转约二十丈而透出东门，则后门之中也。其前犹垒石为门，置灶积薪，乃土人之樵而食息者。崖旁有遗粟，则戊午避盗者之所藏。门内五丈，有岐东南去，转而西南，共十余丈而穷。

中门在南门北数十步，与南门只隔一崖，上下悬绝，丛箐密翳，须下而复上。搜剔久之，乃得其门。亟觅炬索火于北岩，由门东入，其后壁之上，即南来之上层也。从其下入峡，峡穷，攀而上，其南即上层北转处，向所瞰昏黑不能下者也，而援侧阪可通焉。其东直进又五六丈，有穴穿而下，以大石窒而塞之，即北洞交通之会，而为人所中断者也。大抵北洞后通之门一，南洞后通之门二，而中洞则南通南洞之上层，北通北洞之奥窟。是山东、西、南三面，无不贯彻，惟北山不通，而顶有蚺蛇洞，另辟一境云。

蚺蛇洞在龙隐山北绝顶。由山麓遂其东北一里，溪水从两山峡中破壁西北来，水石交和，漱空倒影，曳翠成声，自成一壑，幽趣窈然。渡水，共一里，南向攀崖而上，两崖如削瓜倒垂，中凹若刳，突石累累。缘之上跻，两旁佳木丛藤，蒙密摇飏，时度馨飔。上一里，则洞门穹然北向，正与郡城相对；前有土山当其中，障溪西北去，而环麓成坞者也。门之中，石柱玲珑缀叠，前浮为台，其东辟洞空朗，多外透之窦。东崖既穷，转窍南入，始昏黑须炬，入数丈，无复旁窍，乃出。仰眺东崖之上，复有重龛。攀崖上跻，则外龛甚大，内龛又重缀其上。坐内龛，前对外龛之北，有窦一圆恰当其中，若明镜之照焉。此洞极幽极爽，可憩可栖，惜无滴沥，奈艰于远汲何！

卢僧洞在龙隐北洞之旁，去北数十步即是。其门亦西向而甚隘。今有葬穴于中者，可笑也。既入，中辟一室，从东北攀隙上，又得一小室，其东北奥上悬垂盖，下耸圆笋，若人之首，即指以为卢僧者也。昔盱江张自明候选都门，遇一僧曰："君当得宜州，至时幸毋相忘。"问："何以知之？"曰："以数测之。"问："居何处？"曰："南山。"因以香一枝畀之，曰："依此香觅找，即知所在。"后果得宜，抵南山访之，皆曰："僧已久去，不知所向矣。"张乃出香爇之，其烟直入此洞，随之入，遂与卢遇。余以为所遇者，即此石之似僧者耳。或又谓："卢僧自洞出迎，饮以茶。茶中有鼻注，张不能饮。侍者饮之，辄飞腾去。张遂愤而死。忽有风吹其棺，葬九龙洞石间。其棺数十年前犹露一角，今则石合而周之矣。"其说甚怪，不足信也。按张自明以辞曹摄宜州事，号丹霞，曾建黄文节祠、龙溪书院，兴学右文，惠政于民甚厚。今书院图碑刻犹存，而《统志》不载，可谓失人。至土人盛称其怪诞，又不免诬贤矣。

九龙潭在郡城西南五里平岗之上。有潭一泓，深窅无底，而汇水常溢，北流成溪。九龙洞石山在其南，张自明祷雨有应，请封典焉。石山之北，有岩北向，前有石屏，其中若树塞门。由西隙入，其内辟为巨室，而不甚高。后复有石柱一围，当洞之中。前立穹碑曰："郡守张自明墓。"此嘉靖间郡守所立。此实石也，何以墓为？从墓东隙秉炬南入，又南则狭隘，止容一人，愈下愈卑，不容入矣。仍出洞门，有一碑卧其前，中篆“紫华丹台”四大字，甚古。两旁题诗一绝，左行曰：“百尺长兮手独提，金乌玉兔两东西。”右行止存一句曰：“成言一了闲游戏”，及下句一“赤”字，以下则碑碎无可觅矣。其字乃行草，而极其遒活之妙，必宋人笔，惜其碑已碎，并失题者姓名，为可恨。岩之西下又有一峡门，南入甚深而隘，秉炬入，十余丈而止。底多丸石如丹，第其色黄，不若向武者莹白耳。东下又有一覆壁，横拓甚广而平。倚杖北眺，当与羲皇不远。〔去岩东北四里，石阵排列，自西而东如插屏，直至于香山寺前，俗称为“铁索系孤舟”云。〕余览罢，即从北行，东渡龙潭北流之涧，东北三里而抵香山寺。寺僧言：“九龙洞甚深，须易数炬，此洞犹丹霞墓，非九龙岩也。”

会仙山在龙江之北，南面正临郡城。渡江半里，即抵其麓。其山盘崖峻叠，东、西、南三面俱无可上，惟北面山腋间可拾级而登。路从西麓北向行，抵山西北隅，乃东向上跻。第一层，岐而南为百子岩；第二层，岐而南为雪花洞，岐而北为百丈深井岩；直东上岭脊，转而南为绝顶。此皆西北面之胜也。从东麓北向上，直抵绝壁之下，最东北隅者，为流丹阁；又循崖而西，为东观；又西为白龙洞；又西为中观；又西为西观。此皆东南面之胜也。东南之胜在绝壁下，而中观当正南之中；西北之胜在绝顶上，而玄帝殿踞正南之极，而直北之深井，则上自山巅，下彻山底，中辟奥穴，独当一面焉。

百子岩在会仙山西崖之半，其门西向。由下门入三丈余，梯空而上，上复叠为洞，若楼阁然，前门复出下门之上。洞虽不深崇，而辟为两重，自觉灵幻。内置送子大士，故名。是山石色皆青黝，而洞石独赭。南又一洞，与上层并列，已青石矣。

雪花洞在会仙山西崖，乃百子之上，而绝顶之侧也。其洞西北向，前有庵，奉观音大士。侧叠石为台，置室其上，则释子所栖也。由大士龛后秉炬入，门颇不宏，渐入渐崇拓，有石柱石门，宛转数曲，复渐狭，其下石始崎嵚，非复平底矣。越一小潭，其内南转而路遂穷。洞在最高处，而能窈窕深入，石柱之端，垂水滴沥不绝，僧以器承之，足以供众，不烦远汲，故此处独有僧栖。余酌水饮之，甘冽不减惠泉也。夜宿洞侧台上，三面陡临绝壑，觉灏气上通帝座。

绝顶中悬霄汉，江流如带横于下。郡城如棋局布，其前东界则青鸟山，西界则天门拜相山，俱自北而南，分拥左右，若张两翼。而宜山则近在西腋，以其卑小宜众，则此山之岩岩压众可知矣。峰顶有玄帝殿，颇巨，而无居者。殿后有片石凌空，若鼓翼张喙者然。按张自明《龙溪书院图》，绝顶有齐云亭，即此。

深井在绝顶之北，与雪花洞平列。路由二天门东北行，忽从山顶中陷而下，周回大数十丈，深且百丈。四面俱崭削下嵌，密树拥垂，古藤虬结，下瞰不见其底，独南面石崖自山巅直剖而下。下有洞，其门北向，高穹上及崖半，其内下平中远，反可斜瞩。盖洞上崖削无片隙，树莫能缘也。崖之西北，峰头有石横突窅中，踞其上，正与洞门对；傍又有平石一方如砥，是曰棋枰石。言仙自洞下出，升峰头而弈也。余晚停杖雪花洞，有书生鲍姓者，引至横突石上，俯瞰旁瞩，心目俱动。忽幽风度隙，兰气袭人，奚啻两翅欲飞，更觉通体换骨矣。安得百丈青丝悬辘轳而垂之下也！僧言其洞直通山南，穿江底而出南山。通山南之说有之；若云穿江别度，则臆说也。

中观在会仙山南崖之下。缘石坡而上，至此则轰崖削立，前有三清殿已圮，上有玄帝像，倚崖缀室而奉之。像后即洞门，南向。篝灯而入，历一室，辄后崖前起，攀而上，复得龛一圆，可以趺座，不甚深。其东崖上大书有“四遇亭”三字。循崖而东，三百步得白龙岩。

白龙洞在中观之东危崖下，〔洞南向。〕入门即西行，秉炬，渐转西北，其底平坦，愈入愈崇宏；二十丈之内，有石柱中悬，长撑洞顶，极为伟丽。其内有岐东上，而西北仍平，入已，愈开拓，中有白石一圆，高三尺，尖圆平整，极似罗筑而成者，其为仙冢无疑。冢后有巨石中亘，四旁愈扩。穿隙而入，其内石柱更多。北入数丈，过一隘，又数丈，石壁忽涌起，如莲下垂，而下无旁窦可入。望其上复窅然深黑，然离地三四丈，无极以登。乃从故道出，仍过白石冢，至东上之岐，攀跻而上。其石高下成级，入数丈，石柱夹而成门。逾门脊东下，其处深而扩，底平而多碎石漫其中。渐转而北，恐火炬不给，乃返步，由故道出。余游是洞，以云卧阁僧为导，取刍洞口，未及束炬，故初入至白石冢而出。再取刍入，至石壁高悬，无级以登而出。三取刍入，从东岐逾隘，下深底，将北转而出。三出皆以散草易爇，不能持久也。洞口有刘棐诗一绝，甚佳，上刻“白龙洞”三大字。

东观在白龙洞东北二百余步，前有三茅真人殿，殿后穹岩覆空，其门南向，中如堂皇，亦置金仙像。东、西俱有奥室：东奥下而窅黑；西奥上而通明。岩前大书“云深”二字，国初彭挥使笔也。殿西有洞高穹，其门东向。门之南偏，有石笋高二丈余，镌为立佛，东向洞外。门之北偏有石屏，高三丈余，镌为坐佛，西向洞中。其洞崇峻崆峒，西入数丈，忽下坠深坑，上嵌危石，洞转北，入益深益宏。盖下陷之坑，透石北转于下，上穹之洞，凌石北转于上，中皆欹嵌之石，横跨侧偃，架则为梁，空则为渊，彼此间阻，不能逾涉，故无深入之路，第一望杳黑而已。是洞有题崖者，亦曰“白龙”，又曰“白龙双洞”。乃知洞原有二，前之所入乃西洞，此乃东洞也。西洞路平可行，此洞石嵌，无容着足，其深远皆不可测。洞门题刻颇多，然无宋人笔，最多者皆永乐间题，有永乐四年庐陵郭子卢佥宪《小记》云：“此乃陆仙翁休服修炼处，石床、丹灶、仙桃、玉井犹存。”按《百粤风土志》：“仙翁又名禹臣，唐时人。”岂名与字之不同耶？洞两旁龛窦甚多，皆昔人趺坐之所。殿东有小室，亦俱就圮。

流丹阁在东观东北二百余步，其上危崖，至此又一折矣。崖前有小阁两重，皆就圮。后阁中置文昌司命像。阁西有洞，西入，其门东向，甚高。门之内，有石夹耸成关，架小庐其上，亦甚幽爽，皆昔人栖真之处也。由洞内西入数十丈，渐隘而北转，路亦渐黑，似无深入处，遂不及篝灯。阁北上崖裂折，下岭倒坠，北路遂尽，此中观东北之胜也。此处庐阁处处可栖，今俱凋敝，无一人居，以艰于水也。诸洞惟雪花有滴沥。

西观在中观西三百余步危崖之上，上下皆石壁悬亘；后有洞，亦南向。余至中观，仰眺不见，遂折而东行 ，既下山麓，始回睇见之，不及复往矣。此中观西崖之胜也。〔闻会仙山西南层崖上，又有仙姑岩，由西南山麓攀跻上，当在西观上层，雪花、百子岩南崖，无正道也。〕

宜山在会仙山之西，龙江之北。其东又有小石一支并起，曰小宜山。二山孤悬众峰之间。按《志》以其小而卑，宜于众，故名。旧宜山县在江南岸西竺寺西，正与此山相对。或又称古宜山县在江北，岂即在此山下耶？县今为附郭矣。

多灵山最高耸。其上四时皆春，瑶花仙果，不绝于树。登其巅，四望无与障者。其山在郡城西南九十里永顺司邓宗胜之境，乃龙江西南，都泥江东北，二江中分之脊也。其来脉当自南丹分枝南下，结为此山，东行至青塘之南，过脊为石壁堡山；又东走而环于柳江之南，为穿山驿诸山，而东尽于武宣之西南境，柳、都二江交会之间。

卧云阁在龙江北半里，周氏之别墅也。周氏兄弟五人俱发隽，有五桂坊匾。营园于此，名金谷。今已残落，寂无一人。惟阁三楹，犹整洁，前后以树掩映可爱。主人已舍为玉皇阁，而中未有像，适一老僧自雪花分来守此，余同徜徉于中。其西南临江，又有观音阁，颇胜而有主者。余不及登。

初十日　晨起，饭于香山寺。云气勃勃未已，遂别慧庵行。西〔取南丹道去。〕随龙溪半里，逾其北，即西门外街之尽处也。又半里，见又一溪反自西来，乃九龙之流，散诸田塍，北经西道堂之前，东折而来。龙溪又西流而合两水，合于西街尽处，即从路下北入石穴而注于江。又半里，过西道堂，又西五里过前小观，还所过石桥架于石壑间者，其水乃小观所出之支也。过桥，西南有岐，即前小观所来大路，从桥西直行，乃怀远大道也。直西行又三里，望见西北江流从北山下一曲，盖自郡西来，皆循江南岸行，而江深不可见，至是一曲，始得而见之。江北岸之山，自宜山之西连峰至此，突而西尽，曰鸡鸣山。其西之连峰，又从鸡鸣后环而去者也。忆前从小观来，误涉水畦；既得大道后，即涉一石鏊，有石架鏊上，其下流水潺潺，深不可晰。又东二里，复过一石鏊，其架石亦如之。今所过止东鏊石桥一所，其西鏊者，路已出其北，桥应在其南，但桥下北注之水，不知竟从何出，岂亦入穴而不可睹耶？向疑二桥之水，一为小观，一为九龙，以今观之，当俱为小观，非九龙也。于是两界石山俱渐转西北，从中坞行。又十里，有山中峙于两界之间，曰独山。峭削孤耸，亦独秀之流也。独山南有村数十家，在南山下，曰中火铺。又西北一里逾土岗，复望见西北大江一曲，自西而东。又西北一里，直逼南界石山而行。路北则土阜高下。江北复石峰蜿蜒，路濒南峰，江濒北峰，而土山盘界其间，复不见江焉。是时山雨大至，如倾盆倒峡，溪流之北入江者，声不绝也。又五里，两界之中，又起石峰一支，路遂界其北，江遂界其南。雨虽渐止，而泥滑不堪着足，行甚蹇也。又三里，转南界石嘴，有泉一泓，独止石窞间，甚澄碧。其西有岩北向，前有大石屏门而峙。洞深五丈，中高外閟，后壁如莲花，叶蕊层层相叠，而缀隙扁狭，可窥而不可入焉。又西北二里，南山后逊外攒，中开一宕，北向数家倚之，曰大峒堡。入而炊于栏，问："洞何在？"曰："在南山之背。从堡后南入峡，尚三四里而至，一曰大洞，一曰天门洞。有楚氓开垦其内焉。"盖自堡北望之，则南峰回环如玦，入至堡后，又如莲瓣自裂，可披而入也。过大洞堡，升降陂陀，又十里，逾土山而下，则江流自南而北，横天堑焉。其西岸即为怀远镇。时随夫挑担不胜重，匍匐不前，待久之，而后渡。江阔半于庆远，乃怀远镇之南江也。其江自荔波来，至河池州东境为金城江，又南至东江合思恩县西来水，南抵永顺北境，入山穴中，暗伏屈曲数里，而东出于永泰里，又东北至中里，经屏风而东，黄村、都田之水入焉。又东北过此，又北而东五里，则北江自西北来合，〔为龙江焉。〕前谓自屏风山入穴者，讹也。屏风未尝流穴中，入穴处在永顺司、永泰里之间。土人亦放巨板浮穴中下。由是观之，永顺司有三大流焉，此为北支；而司北五里者，又为都泥北支，司南与思恩府九司隔界者，为都泥南支，八峒石壁之水，入金城下流可知。怀远镇在江之西岸，其北尚有北江，自思恩县北总州来，与南江合于怀远之下流。舟溯南江至怀远而止。其上则滩高水浅，不能上矣。北江通小舟，三四日至总州。是晚，宿怀远镇之保正家，而送夫之取于堡中者，尚在其西土山上。盖是处民供府县，而军送武差。

十一日　晨起，保正以二夫送至安远堡换兵夫，久之后行。于是石山遥列，或断或续，中俱土山盘错矣。西北五里，上土山，转而北，已乃复西北升降坡陇。每有小水，皆北流，共二十里，过中火铺，又西北三里，为谢表堡。其堡当土山夹中，一阜孤悬，惟前面可上，后乃汇水山谷，浸麓为塘。东西两腋，亦水环之。堡在山上，数家而已。候夫久而行。又北逾一岭，五里，有数十家在东山下，曰旧军。时已过午，贯酒一壶，酌于路隅石上。石间有小水乱其南，一穴伏石窖下，喷流而出，独清冽殊甚。又西北坞中皆成平畴，望见西北石山，横列于前，共八里，循南界石峰之麓，于是与西北石山又夹而成东西坞，路由其中，转向西行，逾一横亘土脊，则此小水之分界也。由此西望，则羊角山湾竖于两界之中，此叱石之最大者也。又西二里，抵德胜镇之东营。时尚下午，候营目不至，遂自炊而食。既饭，欲往河池所，问相去尚五里。问韦家山、街南金刚山。袁家山、街北狮子洞。莲花塘，诸俱在德胜。遂散步镇间，还宿于东营。是日下午已霁，余以为久晴兆，及中夜，雨复作。

十二日　晨起饭毕，而雨不止。令顾奴押营夫担行李，先往德胜西营。余入德胜东巷门，一里，折而北，半里抵北山下，袁家山。过观音庵不入，由庵左自庵登山，有洞在山椒，其门南向，高约五丈，后有巨柱中屏，穿东西隙，俱可入，则稍下而暗。余先读观音庵碑云："庵后为狮子洞。"故知此洞为狮子。又闻之土人云："袁家山有洞，深透山后。"窥此洞深杳，亦必此山。时洞外雨潺潺，山顶有玉皇阁，欲上索炬入洞，而阁僧适下山，其中无人。乃令随夫王贵下观音庵索炬。余持伞登山，石磴曲缀石崖间，甚峻，数曲而上，则阁上为僧所扃，阁下置薪可为炬。余亟取之，投崖下。历崖两层，见两僧在洞口，余疑为上玉皇阁僧也，及至，则随夫亦在焉。僧乃观音庵者，一曰禅一，一曰映玉，乃奉主僧满室命以茶来迎，且导余入洞者。遂同之，更取前投崖下薪，多束炬入。遂由屏柱东隙，又北进数丈，则洞遂高拓，中有擎天柱、犀牛望月、莺嘴、石船诸名状。更东折数丈，则北面有光熠熠自上倒影，以为此出洞之所也；然东去，尚有道杳黑，乃益张炬东觅之，又约五丈而止。乃仍出北去，向明而投抵其下，则悬石巉岨，光透其上，如数月并引。余疑，将攀石以登，忽有平峡绕其左而转，遂北透出其门北向，又在前所望透明之下也。出洞，南向攀丛崖而上，则石萼攒沓，如从莲花簇瓣上行，缘透明穴外过，又如垂帘隔幙也。南向上山顶，遂从玉皇阁后入，则阁僧已归。登阁凭眺，则德胜千家鳞次，众峰排簇，尽在目中也。仍从二导僧下山，〔折磴石崖间，凡数曲下，出〕过狮子洞前，下入观音庵，谢满室而别。遂出南半里，过德胜街，其街东、西二里余。街方墟集为市。雨中截街而南，又半里抵韦家山。从山之西麓攀级而登，崖悬峡转，有树倒垂其上，如虬龙舞空；上有别柯，从岩门横架巨树之杪，合而为一，同为纠连翔坠之势。其横架处，独枝体穿漏，刓空剔窍，似雕镂成之者。岩门在上下削崖间，其门西向，前瞰树杪，就隘为门，前有小台石横卧崖端，若栏之护险。再上，有观音阁当洞门，由其右入洞，洞分两支：一从阁后东向入，转而南，遂暗，秉炬穷之，五丈而止，无他窦也；一从阁西东向入，下一级，转而北，亦暗，秉炬穷之，十丈而止，亦无他窦也。大抵此洞虽嵌空，而实无深入处，不若狮子洞之直透山后。然狮子胜在中通，而此洞胜在外嵌，凭虚临深，上下削崖，离披掩映，此为胜绝矣。观音阁之左，为僧卧龛，上下皆峭岩，僧以竹扉外障，而南尽处余隙丈余，亦若台榭空悬，僧亦将并障。余劝其横木于前，栏而不障以临眺。僧从之。此僧本停锡，未几，传闻此洞亦深透于后，正欲一穷，余以钱界之，令多置火炬以从。其僧欣然。时有广东客二人闻之，亦追随入，及入而遍索，竟无深透之穴，乃止。洞门下悬级之端，亦有一门，入之，深不过四丈，而又甚狭，遂下山，山下雨犹潺潺也。仍半里，出德胜街之中，随街西向行，过分司前。向有二府，今裁革。以河池州同摄镇事。又一里，出德胜西街门，又西一里，有营在路北，是为德胜营。往问行李，又挑而送至河池所矣。仍出，至大路，稍西，遂从岐南过一小溪，半里，平原中乱石丛簇，〔分裂不一，〕中有潴水一泓，〔澄无片草，〕石尖之上，亦有跨树盘络，如香山寺前状。〔乾隆本作：如香山寺石片更稠合，间以潭渚，尤奇。〕潭西又有一石峡，内亦潴水，想下与潭通。其上则石分峡转，不一其胜也。其南有石独高而巨，僧结茅于上，是为莲花庵。亦如香山寺前之梵室，但僧就峡壁间畜猪聚秽，不免唐突灵区耳。〔三句乾隆本作：门就石隙，东、西、北俱小流环之，地较香山幽丽特绝。〕峡水之西，又有古庙三楹，扃而无人。前有庵已半圮，有木几巨凳满其内，而竟无栖守。石虚云冷，为之怃然。乃返。北出大路，又西过一石梁，其下水颇小，自北而南，又东环莲花庵之东，又西绕其前而南去，此乃南入南江之流也。又西经一古台门，则路俱砖甃，而旁舍寥落，不若德胜矣。又西一里，入河池所东门。所有砖城，中开四门，而所署倾尽，居舍无几，则戊午岁凶，为寇所焚劫，荡为草莽也。德胜镇皆客民，僱东兰、那地士兵守御，得保无虞，而此城军士，反不能御，而受燹。担停于所西军舍，秽陋不堪，乃易衣履至东街叩杜实徵，不在舍，返寓，之东门，实徵引至其书室，则所土阜上福山庵后楹也。庵僧穷甚，无薪以炊，仍炊于军家，移食于庵，并行李移入。下午，令顾仆及随夫，以书及军符白管所挥使刘君，适他出，抵暮归曰："当即奉叩，以晚，须凌晨至也。"所城与所后福山寺，皆永乐中中使雷春所创，乃往孟英山开矿者。

十三日　晨起欲谒刘君，方往市觅柬，而刘已先至。刘名弘勋，号梦予。馈程甚腆，余止收其米、肉二种。已而柬至，乃答拜其署，乃新覆茅成之者。商所适道，刘君曰："南丹路大而远，第土官家乱，九年冬，土官莫极因母诞，其弟妇入贺，奸之，乃第三弟妻也。于是与第四弟皆不平，同作乱。极遁于那地。后下司即独山之烂土司，向为南丹所苦，十年九月间，亦乘机报愤，其地大乱，两弟借下司万人围南丹，极以那地兵来援，其三弟走思恩县，四弟走上司，极乃返州治。十二月，收本州兵执三弟于思恩而囚之。今年春，郡遣戚指挥往其州，与之调解，三弟得不死，而四弟之在上司者，犹各眈眈也。下司路不通；与荔波行，路近而山险，瑶僮时出没。思恩西界有河背岭，极高峻，为畏途，竟日无人，西抵茅滥而后入荔波境，始可起夫去。但此路须众人，乃行。”先是，戚指挥以护送牌惠余曰：“如由荔波，令目军房玉洁送。”盖荔波诸土蛮素慑服于戚，而房乃其影，尝包送客货往来。刘君命房至，亲谕之送，房唯唯，而实无行意，将以索重贿也。

从署中望北山岩，如屏端嵌一粟。既出欲游北山，有王君以柬来拜，名冕，号宪周。且为刘君致留款意。已（而）刘君以柬来招余，乃不游北岩而酌于刘署。同酌者为王宪周、杜实徵及实徵之兄杜体乾，皆河池所学生也。曾生独后至，席间实徵言其岳陈梦熊将往南丹，曰：“此地独耳夫难，若同之行，当无宵人之警。”刘君命童子往招之，不至。余持两端，心惑焉。

十四日 以月忌，姑缓陈君行。余卜之，则南丹吉而荔波有阻。及再占，又取荔波。余惑终不解。乃出北门，为北山之游。北山者，在城北一里余。拾级而上者，亦几一里。削崖三层，而置佛宇于二层之上、上层之下。出北门，先由平壑行，不半里，有乱石耸出路隅，为门为标，为屏为梁，为笋为芝，奇秀不一，更巧于莲花塘、香山寺者。又北几一里，北向陟山，危磴倚云崖而上，曲折亦几一里。进隘门，有殿宇三楹，僧以索食，先下掩其扉，自下望之，以为不得入矣，及排之，则掩而不扃也。入其中，上扁为“云深阁”，右扁有记一篇，乃春元董其英者。即所中人。言尝读书此中，觅阁东音石，为置茅亭。今从庵来觅亭址，不可得。而庵之西凌削崖而去，上下皆绝壁，而丝路若痕，已从绝壁下汇水一坎，乃凿堰而壅，壅者有滴沥，从倒崖垂下汇之，以供晨夕而已。庵无他奇异，惟临深凭远，眺擥甚遥，南望多灵山在第二重石峰之外，正当庵前。西之羊角山，东之韦家山，则庵下东、西两标也。徙倚久之，仍下山至所城北门外，东循大路行，已岐而东北，共一里，入寿山寺。乱石一区，水纵横汇其中，从石巅构室三、四处，以奉神佛，高下不一。先从石端得室一楹，中置金仙。其西，则石隙南北横坠，澄流潴焉，若鸿沟之界者。以石板为桥，渡而西，有侧石一队，亦南北屏列，其上下有穴如门。又穿而西，有庵北向，前汇为塘，亦石所拥而成者。庵后耸石独高，上有室三楹，中置一像，衣冠伟然，一老人指为张总爷；而所中诸生皆谓之文昌像。余于福山寺阅《河阳八景诗》，有征蛮将军张澡《跋》，谓得之寿山薛石间，乃万历戊子阅师过此。则此像为张君无疑。以无文记，后生莫识，遂以文昌事之，而不知为张也。凭吊既久，西南一里入所城东门，返福山寓。令奴子买盐觅夫于德胜，为明日行计，余作记寓中。已而杜实徵同其岳陈生至，为余觅夫，决明日同为南丹行。是日午后霁，至晚而碧空如洗，冰轮东上，神思跃然。

十五日　晨起天色如洗，亟饭而行。刘君来送，复往谢之，遂同杜实徵同至其岳陈处候之。出北门，即西向行。涉一涧，七里，过羊角山之北，候换夫于西村，竟不至。久之，遂南逾土冈，望西峰环转处，有洞在山巅，东南向，其门甚巨，疑即所谓新岩者。土岗之南，山又分东、西二界，由其坞中南向行，五里，渐见路左小水唧唧行，已而有小水从西北石山下来合，涉北来水循之，又南二里，为都街村。有数家在西山之麓。至此皆为僮贼之窟所，称“西巢”也，始不得夫。又南二里，循溪入土山峡中，其峡甚逼。又一里半，转而东，又一里半，溪乃南去，路西逾土坳，始出险，所谓都街陇也。陇之中，草木亏蔽，为盗贼薮。数日前犹御人其间，余得掉臂而过，甚幸也。下坳西行三里，有茅舍一楹，在山北，为税司。乃署德胜者，委本处头目掌之。其西一里，即为落索村。都街之流，又西转至此，由村南入峡去，路从村北陟山。都街、落索，皆盗贼薮。西北二里半过石下，有巨石蹲路北，上有榕缘络之。又西一里，有巨洞在路右山之半，其门东南向，而高悬殊甚，望之神飞。适担夫停担于下，余急贾勇北向攀崖，茅塞无路。诸人呼于下，余益奋而上，遂凌藤棘，抵其下。前亦多棕竹，颇巨。洞门甚高，内甚爽豁，深十丈而止。右有小窦，甚隘而中空，不识可蛇伏而入否？洞前有石分两岐，倒垂其顶。余方独憩，以陈君候余于下，遂返。又西二里，宿于马草塘之北村。其村在北峰之麓，村西有江自北峡来，穿西峡而去，即东江之上流也。村氓茅栏甚巨，而下俱板铺，前架竹为台。主人出茅滤酒劝客。陈君曰：“此皆贼子也。”是夜，月从东山出，明洁如洗，自入春来，晓旭宵轮，竟晨夕无纤翳，惟此日见之。

十六日　晨起，微云薄翳，已不如昨宵之明彻矣。饭后，南逾土阜而下，是为马草塘。东西俱有峰夹之，塘独低而洼，真萑苻之薮也。二里越而南，又西三里，有江自北而南，深嵌危崖间，所谓东江也。其南有数家在岗坞间，泊舟于下，呼之不为渡，乃自取其舟渡而西。其江大数丈，而深不测，再南下数里，即与金城江合，而入石穴中透出永泰里，而下怀远镇为南江者也。由江西岸北行，半里，转而西下，又四里半为界牌村，是为宜山县、河池州界。村之东南有山中悬，即东江西北岸之山也。山之南，有坞豁然东南去，则金城之江已在南山之北，向此隙东注而下，与东江合者，第此处犹未之见耳。又西二里，有山在路北，峭崖屏削，上多纹理，虬干缘之，掩映间有若兜胄，有若戈矛，土人指为南丹莫氏之祖挂盔甲所成者，乃附会形似而言也。又西一里，路北有石耸出峰头，薄若片云擎空，上有岐角之物，土人指为犀牛，而不知犀乃独角也。又西一里，为大湾村。村在北山之麓。村东有洼岩，有水自北山石穴南出流宕，底三丈余，复南入地穴而注于江。又西则路出临江北岸，溯之西行一里，其江自西南来，北流至此，折而东去。路从折处直西行，一里，过一小石梁，其下乱石嵯峨，而涸无滴水。其南有村在南山之麓，为桥步村。又西三里，有江自北而南，其阔十丈余，其深与东江并，乃自荔波来者，其源当亦出于黔南，是为金城渡。渡北之西岸，有水悬崖，平泻一、二丈，声轰如雷，东注大江，则官村南来之水也。大江南去，转而东，过大湾，与东江合，又南抵南巢，贼窟也，在永顺北。而捣入石穴数里而出于永泰里，以下怀远者也。时渡舟在江西岸，候久之，乃至。登西岸，复西向行，则山回壑转，始为峒而不为峡。三里，有小溪自南而北，溯溪南行半里，有石梁跨其上，甚高整，是为南桥。越桥西半里，其坞乃西南转，有村在路右，是为垒街。又西南三里，山帏转拓，有村在西南山麓，曰官村。路折而南，溯溪西一里，过官村前，又南一里，循西山南嘴转入西峡，半里，有巨石峙北山之麓，老榕偃盖其上，为行者憩息之所。又西一里，北山复起石岩，其色黄白焕然，与前所过诸山异。石山自三里来，所见皆青白为章，其赭黄一种，自柳州仙弈南见后，久未之睹矣。又西半里，有村在北山麓，是为鬼岩村，入登其栏而憩焉。于是村始见瓦栏。盖德胜间用瓦而非栏；河池所无栏而皆茅覆；河池以西，则诸栏无非茅覆者，独此村用瓦。主人韦姓，其老者已醉，而少者颇贤，出醇醪醉客，以糟芹为案，山家清供，不意诸蛮中得之，亦一奇也。是日昼阴，而夜月甚皎。

十七日　及明而饭，南向行，半里，得东来大路，有坞直南而去，墟当其中，是为鬼岩墟。复西向循南山北麓行，又西里余，有岩在南山之半，其门西北向，即鬼岩矣。洞中遥望杳黑，土人祀神像于其间，故谓之“鬼”。从其下西登坳，石级颇整。共一里，逾坳西下，自是石、土二山交错，而石亦有土矣。西界山又南北成坞，有细流㶁㶁流坞中，南向而去，即东回北转，而绕于官村之前者也。既下溯细流，北行坞中一里，则两界山又转为东西坞，仍溯细流西向行，三里，有石堰细流之上，疑即所谓丁阑堰。上潴流一方，泻堰隙东下，是为滥觞之始，而源实出于都明岭之东麓。渡堰而南，循南山麓西行，又二里过卢塘村。盖南北两界山夹持成坞，坞底平洼，旱则涸，涨则成塘，有村在北山下，路循塘南行。又一里，复有堰当上流，又越之，西二里，乃复上土岭，半里，逾岭坳而西下，又半里，有泉一泓，出路左石穴，西向汩汩，无涨涸，亦无停息，勺而饮之，甘冽殊甚，出穴即坠石穴而下，㶁㶁有声，其处山犹东西成坞。循北界山随流东下三里，有村在南山下，曰都明村。村后南山既尽，有峡南去，则那地州道也；而河池之道，则西北行土陇间。又二里，渡石梁而西，桥下水北流，当亦东北入金城上流者。其源则一东自都明岭之石穴，一南自下河岭北来，二流合而成涧者也。又西北四里，陟一土岗。由岗上又西北二里，有两、三家在北阜下，为乾照村，炊汤饭于其栏。遂从村侧北上土岭，由岭畔北行，共三里，下至西麓，有大溪自南而北，即所谓河池江也。江底颇巨，皆碎石平铺，而无滴沥。横渡登西岸，北望则石峰回合，即有流亦无出处，不知此流涨时，从何而出？盖北卓立之峰，其下有洞，门南向，当即江水透入之处也。其处南北两界，又俱石山排列，江形西自河池州之南，东向至此，折而北捣入山，又西循枯江北岸行，一里，则江底砂石，间有细流淙淙矣。又西七里，入河池州之东门。州城乃土墙，上覆以茅。城中居民凋敝，俱草茅而无瓦舍。其山南北对峙，中成东西坞，而大溪横其中，东至乾照后土山，亘截为前门溪，转而北，入石穴，西至大山岭石脊，为后钥水之所从发者也，抵州才过午，穿州出西门，寓茅舍中。以陆柬马符索骑于州尊萧。来凤，东粤人。萧公即为发票取夫骑各二，不少羁焉。

十八日 晨餐后得二骑差役，即以马夫二名作挑夫影射。既而萧公复以腆仪来贶，余受其笋脯，而尽璧其余。入城买帖作谢柬，久乃得之。行已上午矣。西向山坞行，三里，有溪自北山南流，合于西来大溪，乃渡北溪，溯大溪北岸行，又七里，有村在南山之坞，有瓦室焉，名杨村。杨姓者有巨力，能保护此村。循北山麓行，又二里，有飞石覆空而出，平压行人之上。已而上危级，见级外倚深坑，内有悬穴，中空下陷，洪流溢其底焉。既上，从山半行，遂循崖北转，又成南北之峡，山凑而为东、西两界矣。循东崖溯流上，升陟三里，渡溪而北，逾一坡而下，见东峡石壁危削，上有穹岩，下有骈峡，但闻水声喧甚，以为自堕峡而下也，而旁眺不见影。稍前，则溪水犹自北来，复渡之，循溪东行峡中。三里，水穷峡尽，北上岭，一里，又从岭头行，一里，出两山坳间，有石垣两重，属两峰之左右，是为大山岭，河池、南丹之界也。逾岭北下，遂为丹州境。转而西二里，渡小水，其水南去，复西南逾一岭，复与水遇，随之西北行，共三里，复渡水，水汇于石壁下，遂就之而饭。又随水出峡，西二里，山势渐开，近山皆变石为土，南山下有茅一、二楹矣。随小水西行三里，渐转而北，土山坞尽，西山陇间有数十家倚之，是为土寨关，则南丹土税之钥也。路在东山之麓，遂北上土岭，其东来之水，似无北流之隙，惟西北有巨山悬削，想亦从其下入穴以注大江，而下金城、东江者，未亲晰也。北下土岭，其坞中小水亦自东而注西南，似亦逼悬削巨山而去。于是复西北上岭，升陟共五里，转出岭头，始有巨坞西北去，路从其西山岭半行，又五里，曰百步村。茅舍数家在西山陇，上皆江右人，为行李居停者。时锡贾担夫三百余人，占室已满，无可托足，遂北向下陇前西北坞中。水至是转而西南去，有木梁架其上，覆以亭，亦此中所仅见者。度梁而上陇，其坞遂转东西。于是西向行，五里，有四、五家在南山陇间，曰岩田村。中有瓦栏三楹，颇巨，亟投之，则老妪幼孩，室如悬磬，而上瓦下板，俱多破孔裂痕。盖此乃巨目家，前州乱时，为贼所攻掠而破，遗此老稚，久避他乡，而始归故土者。久之，觅得一锅，仅炊粥为餐，遂席板而卧。

十九日　平明起，炊饭而行。细雨霏霏。西向行土山间，三上三下共十里。有水自东北注西南，深不及膝，阔约五、六丈，是为大江。其源发于西北丛山壑中，南流东转而至永顺界，合东江下流者也。渡江，又西逾一岭，共五里，转下一坞，其坞中有一水东南去，溯之行，其水曲折坞中，屡涉之，俄顷数十次。共三里，有水一支自西北来，一支自正西来，遂转而向西溯之。又半里，有村在北山之麓，其名曰金村，乃是站之当钥者。〔其地西往锡坑止十五里，西北去南丹州五十里。〕入其栏，头目方往百步墟，乃坐而待之。雨时洒时止，陈梦熊从此入锡坑，遂别去。余候头目，抵晚始归。

二十日　晨起，雨霏霏。饭而候夫，久之乃扎竹为舆，止得其一，而少其一，上午始行。雨中遂东北逾土山，一里余，越其脊，乃西北下，深茅没径。又里许，穿翳而降至坞底，则有小水自南而北，大路亦自南随之，则锡坑道也。从之北一里，又有一水自西南来，二水合而东北去。水东有村在东山下，是曰雷家村，山峡稍开。又一里，遂转而为东西坞，有大溪自西而来，合南来小溪，东去即南转而为大江者也。于是溯溪南土山北麓行，西向升陟共十里，有茅数楹在南山之半，曰灰罗厂，皆出锡之所也。由其下又西一里，其坞西尽，有土山横其中，一小水自西北，一大水自西南，二水合于横岭之下。于是涉小水西上横岭。岭东路旁有眢井种种，深数丈，而圆仅如井大，似凿掘而成者，即锡穴也。逾岭西下共四里，又与前西南来大溪遇。其溪方北曲而南，遂绝流而西，其峡复东西开。溯溪行，其中屡左右涉之，四里，为西楞村。又一水自西北来入，路从大溪南岸行。又一里，路左有岐，逾岭而南，想往锡坑道也。又西，有溪自南峡来合，其溪亦巨，与西来之溪等。于是又横涉南溪口，仍溯西来溪南岸行。又五里，有村在南山，曰大徐村。村之西，其峡复开，田始连塍，水盘折其中，又屡涉之。四里，直抵西山下，溯流转而北，一里，乃涉水上西山。初上甚峻，望北坞山环壑尽，瀑流从山腋悬空直喷，界群碧间，如玉龙百丈。粤西皆石山森幻，惟此景独见。〔乾隆本作：粤西皆石山林立，故悬水最艰。〕忆前自全之打狗岭亦北望见之，至此已迂回数千里，涉历经年，忽于此得睹，亦汗漫中一奇遇也。西向援土级而上，瞻顾一里，而不能释。已而渐逾岭南，始不复见。又迤逦循北峰而西上者二里，逾一脊，脊北路隅是为打锡关，乃锡贾自锡坑而来者，昔于此征税，有居舍。自去年乱后被爇，遂无居人。由此西下半里，即有壑当峡之西，遂转而北，山夹成峡，又下半里，水始成涧，北去随之。又半里，渡涧西，缘崖北行，一里半，出峡。前峡又自东北向西南，乃循崖转而西南行，雨大至。既而复屡涉此涧，涧乃南去，路乃西逾山坳。共二里，复行坞间，半里，循北山之崖，前涧复自南来，涉之。西北行又半里，又一溪自南峡来，其水颇大，与前涧合而北，横堰而潴之。从堰西向北行，又一里而渡南丹之南桥，暮雨如注，雷电交作，急觅逆旅而税驾焉。

南丹之水，北流经州治东。其山东西分界，州治在西山下。其东有街，南北依溪而列，中有一街西入，大石坊跨其前，曰："摅忠报国，崇整精微。"粤省所未见者。由坊下进街西行，街尽，又入一石卷门，门内有关帝庙。西向，前亦有坊，其西即巨塘汇水。南北各有峰，自西山环臂而前，塘水直浸其麓。塘中有堤，东西长亘数丈，两端各架木为桥，而亭其上。越西桥，又西过一废苑，则州治在西南小石峰下。其门北向，前亦有石坊，而四围土墙不甚崇整，此下署也。州官所居，则在囤上。囤上者，即署后小石峰之巅。路由署中登，乃莫公因家难后移此，以避不测者。盖西界群峰蜿蜒，其南北两支东突者，既若左、右臂，又有一支中下特起为石峰，而下署倚之，囤结于上，三面峭削，惟南面有坳可登；囤之后复起小峰，与囤中连若马鞍，其后与崇山并夹为深坑，其下有小水东南出而注于大溪，此署左第一层界水也。

囤山之北，其山西断，有洞裂山下。其门东南向，正与囤山对。门顶甚平，亦有圆柱倒垂。门之中即有二巨石危踞，中开一峡，仅尺许，北入三、四丈，折而西，稍下，则西巨石之后也，与洞后壁北距丈余，西深二丈余，窅黑无可见，不识有旁窦否？西巨石之上，其面高下不一，皆若台榭可栖。第四壁悬绝，俱无级可登；东石亦然。第后即联缀于洞壁，无后绕之隙，而石台之前，有石柱上耸，接于洞顶，为异西石耳。西石之西，又有小隙穹石，而北峡中架梯一两层，即可登石上，由西石跨石二尺，即可达东石之端，惜此中人不知点缀耳。由岩前北向行，半里，其山又开东西坞，循西山嘴转而西行，又有水自西峡来，东北向而入大溪，即清水塘之下流也。溯之，西行又半里，渡一桥亭。桥南有石崖障流，内汇水一池，昔水从桥下出，今捣崖根而东，不北由桥下矣。渡桥稍西，逾一岗，即清水塘。塘南北两山成夹，中开东西坞，西则大山屏其后，东即石崖所障水口也。寺在其中，东向而立。入门，即为方塘，四周石砌，汇水于中，不深而甚澈。前层架阁塘中，阁后越塘又中亘一亭，亭南北塘中，复供石于水，两旁各架阁于塘，为左右厢。亭西则玉皇阁也，亦从塘中甃石为基，而中通水道者。阁下位真武，上位玉皇，而真武之后，又从塘中架阁一层，下跨水上，为栖憩之所，上与玉皇阁联架为一，置三世佛焉。佛后有窗，可平眺西峰，下瞰塘水亹亹从地中溢起。塘之外，皆有垣周之，层楼叠阁，俱架于水中，而佛像皆整丽，亦粤西所未见。惜乎中无一僧，水空云冷，惟闻唧唧溪声而已。寺为天启七年莫公伋所建，前年以谮，鞭杀僧，遂无居者。寺南有溪自西南腋中来，即由寺前东去者。寺北有大道西向逾岭去，是通巴鹅而达平洲者。寺前水东去，经石崖水口，又东出而注大溪，此署左第二重界水也。署右第一重界水，即前来所涉堰上南峡之流，第二重即打锡关东来之涧，二水合为大溪而经州前。

二十一日　平明起，天已大霁，以陆公书投莫，莫在囤，不及往叩，以名柬去，余乃候饭于寓中。既午，散步东街，渡塘堤，经州治前，而西循囤山北壁下行，共一里，入北山南向石洞，又从洞前西北行，半里，转而西南，又半里，渡桥亭，入清水塘，返寓已下午。莫公馈米肉与酒，熟而酌之。迨晚霁甚。

二十二日　五更颇寒，迨起而云气复翳。站人言夫将至，可亟炊饭。既饭，而夫仍不齐。先是，余无以为贽，以晶章二枚并入馈。此晶乃漳中署中所得，莹澈殊甚。岂一并收入后，竟无回音。余索帖再三，诸人俱互相推委，若冀余行即已者。余不得已，往叩掌案刘，为言其故。刘曰："昨误以为银硃薄物，竟漫置之，不意其为宝物也，当即入言。但斯时未起，须缓一日程可耳。"余不得已从之。昨诸人竟私置于外，故不得回柬，至是然后入白也。候至更余，刘犹在囤未归，乃闷闷卧。

银、锡二厂，在南丹州东南四十里，在金村西十五里，其南去那地州亦四十里。其地〔厂有三：〕曰新州，属南丹；曰高峰，属河池州；曰中坑，属那地。皆产银、锡。三地相间，仅一二里，皆客省客贾所集。按《志》有高峰砦，即此高峰之厂，独属河池，而其地实错于南丹、那地之间。达州必由南丹境，想以矿穴所在，故三分其地也。银、锡俱掘井取砂，如米粒，水淘火炼而后得之。银砂三十斤可得银二钱，锡砂所得则易。又有灰罗厂，止产锡。在南丹东南三十又五里，即余昨所经。有孟英山，在南丹西五十里芒场相近。止产银。永乐中遣中使雷春开矿于此，今所出甚微，不及新州矣。雷春至孟英时，河池所城是其所筑。

二十三日　候夫不至，总站徐曰："以昨礼未酬，尚须待一日。"余求去不得，惟闷闷偃坐而已。至午后，始以两晶章还余，而损其一，余五色，则为诸人干没矣。是日午间雷雨，晚大霁。

由银、锡厂而南，两日程至涯洞，有大江自西而东，为那地、东兰二州界。其渡处名河水渡，即都泥江也。其上流来自泗城界，其下流东历永顺土司，北五里，即下石堰，为罗木渡者也。

南丹东八十余里抵大山岭，为河池州界。东南四十里，过新州，为那地州界。西三日程，约一百五十里，抵巴鹅，北为平洲四寨界，西为泗城州界。西北二日程约一百里，过六寨为独山下司界。东北日半程，约七十里，抵东界，为荔波县界。

南丹米肉诸物价俱两倍于他处，米俱自独山、德胜诸处来。惟银贱而甚低，所用者止对冲七成。其等甚大，中国银不堪使也。

龙眼树至此无。德胜甚多。

二十四日 晨起，阴云四合。是日为立夏，饭而待夫，久不至，上午止得四名，二名犹未至，余不能待，以二名担行李，以二名肩舆行。出街北，直北行山坞间，一里半，大溪向东北去，路折而西北，逾土岭。二里半，逾岭西下，有水自东南来，北向而去，渡之南行，于是石峰复出，或回合，或逼仄，高树密枝，蒙翳深倩。时午，日渐霁，如行绿幄中。已溯峡西入，惟闻水声潺潺，而翳密不辨其从出，想亦必东向之流，然石路甚大，不若州东皆从草莽中行也。共三里，有石峰中立于两山峡间，高锐逾于众，而两旁夹壁反隘，益觉峥嵘。由其南夹西透，又陟岭一里，西南逾脊，其南即深坑下坠，亦如岭北者之密翳沉碧也。由岭上西循北峰，又逾脊西下，共里余，由两山夹中西出，曰夹山关。夹西即有数家倚北峰下，其后削崖如屏，前则新篁密箐。路从其下行，忽北山之麓，石崖飞架，有小水自西来，漱石崖之脚，北入石洞中；洞门南向，在浮崖之东村后危崖之下，水自南捣入，当亦透北山而泄于南丹下流者也。由浮崖下溯细流西行，其内复回田一壑，南麓又有村数十家。又西三里，逾土山下，西北又一里，有水自西南土峡中来，东抵石崖下，转而北去，路亦渡水而北。二里，水由东北坞中去，由小岐西北升陟，冈阜高下共四里，乃下岭。又西南转入山坞，为彝州村。日已下午矣，炊而易骑，由坞中随细流东北行。一里，涉溪，又一里，逾坳乃转西北，细流在山峡中，亦西北转。已北渡一峡，复北上山，缘西山之半行，共二里，峰头石路甚崎嵚，其下峡中水亦自南而北，又有一东来小水凑合于其下而北去。又北行逾岭而下，则峡中汇水甚深，想即前水之转而西也。渡之，循涧北行，有堰截涧中，故其东水及马腹耳。共一里，又有小水自西土峡来，合而东去。从其合处，仍渡而北，则东来大路复至是会，乃循之西北上岭。一里，逾土山隘，则北面石山屏立而东，路循南界土山西北行两界之中，复有田塍东西开坞，有小水界其中，亦东向去。又西二里余，坞南北山下俱有村，多瓦舍，曰栏路村。大路直西向山隙去，从岐北向渡溪，一里，逾北界石山，北下转西行，半里，宿于蜡北村。

二十五日 昧爽，由蜡北村稍西复北向入峡中，半里，逾小脊北下，半里，抵尖高峰下。其处另成一峒，有一、二茅舍倚尖峰下。竟峒东北行，二里，有村在西山之麓，曰肖村。又北半里，有洞在西小山坑中，其门东南向，外层甚敞，中壁如屏，又辟内门甚深，路由东山崖上行，隔坞对望之，藤萝罨挂，中有水，自洞门潺潺出，前成涧，南流西折去。又东北半里，逾岭脊，颇峻。东西峰俱石崖，而此脊独土。逾之东北下，一里，又成一峒，曰街旁村。送者欲换夫骑，而居人不承，强送者复前。于是西北登岭，岭上下多倚崖随壑之舍。一里，逾岭下而复上，又西北二里，复逾岭，西转北向行，有村在东山之半，甚众。循之北行二里，有尖山竖东峰之上，甚锐，下有瓦房，环篱回堵，颇不似诸村落。其西界有山高耸，冠于诸峰，此始为南下多灵两江都泥、龙江。分界之脊，与所行东峰对夹成坞，中开大壑，自南而北，即前栏路村西行大道，转而为此坞者也。坞中土山之上，丛树蓊葱，居室鳞次，与此村东西相对者，曰芒场，此大道所经者。余以站骑就村相换，故就此小道，然村夫沿门求代，彼皆不承，屡前屡止，强之不行。方无可奈何，适有一少年悬剑插箭至，促其速行，则南丹莫君所遣令箭送余者，始得复前。又北逾一岭，又北一里，饭于壁坳村。数家在东峰之半，前多踞石排列，置庐其间，实为选胜，而土人莫之知也。既饭，易骑至而无鞍，乃令二夫先以担行，站夫再往芒场觅鞍。久之，仍不得，乃伐竹缚舆。舆成而候夫，又久之，马至，已下午矣。乃西向行。先是，壁坳站夫言："西北石山嵯峨，其下有村曰蛮王，此峰亦曰蛮王峰。"乃望之西行，越一土阜西下，共二里，有涧自南而北，逾涧又北上岭，逾土山二重，共一里，下至土峡中，有小水自北而南，溯之，北上一里，直抵蛮王峰下。其屼嵲骈耸，最西南，峰顶有石曲起，反躬北向，上复直竖如首，岂即所谓"蛮王"者耶？时顾仆押夫担在蛮王村，尚隔一夹，呼余直西从大道，彼亦从村押夫来。半里，会于峰之西，乃转而循峰西夹北向行，其夹会水于中。北上半里，夹中犹土田，而水已北注，是为北来山脊，至蛮王而西渡南下，峙为芒场西最高之峰，以至多灵，为都泥、金城两江之界者也。北随水行，半里，其水西向去，路西北，又半里，逾岭而下，半里，西南山界扩然，北界石山之脊自西而东，有尖峰竖其上，环其西南为大壑，田陇高下，诸庐舍倚其东北尖峰下。又里许，登其栏曰郊岚村，又名头水站，有水自东北脊间出为都泥旁支之上流，此"头"名所由起也。村人以酒食献。餐之，易骑行。西北一里半，有路逾北夹而去；乃导者由岐西出峰南。又半里，复易夫，始知其为小路就村也。又西一里，雷雨大至，俄顷而过。又西一里，登一堡，导者欲易骑，其人不从，只易夫而行。乃挟峰北转，越岭而下。又西南坠，共二里，渡一涧。又西北行，一里，始与东来大道合。复西北逾岭，三里，望北山石脊嵯峨，诸庐舍倚其上，而尚隔一壑。又西，大道西去，由岐北转，从北山下东向行，一里，上抵飘渺村。其村倚山半，南向。东有尖峰，高插岭头，西有危崖，斜骞岗上，村前平坠为壑，田陇盘错，自上望之，壑中诸陇，皆四周环塍，高下旋叠，极似堆漆雕纹。盖自蛮王峰西渡脊而北，至此，水皆西南入都泥，壑皆耕犁无隙，居人亦甚稠，所称巴坪哨，亦一方之沃壤也。是晚，雨后即霁甚。

二十六日　晨起，饭而候骑，命夫先担行；待久之，乃得骑。由西峰突崖下西向行，二里，逾岭西北下坞中。其坞东西开夹，中底甚平，东汇堰为塘，溯之西行，塘尽而成草洼。共西半里，有墟场在路隅，曰巴坪场。其西有深夹，自西北来，为此东西夹上流，场乃挟右而转者。路度夹而西，复上岭，半里，逾脊西下，于是成南北夹，路转北行。半里，夹仍东西转，路又西向。半里，此夹中皆平底草蔓，似可为田。于是复西逾隘脊，其脊止高丈许，脊东即所行草壑，脊西则水溢成溪。随溪西行半里，渡从北山下行，过一坳，有三、四家倚之。又西半里，大路直西去，以就村觅夫，故又南由岐涉溪，逾南坳，共一里，得村于南坞中，曰潭琐。居村颇盛，山转中环，又成一峒。又饭而候夫，久乃得之。下山半里，由西北峡出，即前西流之溪矣。由溪南西行半里，溪转而北，路亦随之。于是山开东西两界：东界山皆自东而西突，凡五、六峰，西面皆平剖下坠，排列而北，若“五老”西向；西界山则土峰蜿蜒，与东界对列成峡，涧由其中北向去。从涧西循西山东麓北行，半里，有小水东注于涧，渡之。又北一里半，抵一岭，涧转而东去，路乃北逾岭。一里，则大路自东来合。又东一里，有涧亦东注，渡之北，又一里，有水一泓，在路侧树根下石隙间，清洌殊异。又北一里，又有水自西北峡中来，东出与石泓北流之水合，似透东北峡而去，路溯西北峡而入。其峡湾环，北自东序六寨之一。南来，是名羊角冲，为此中伏莽之徒所公行无惮处。舆夫指路侧偃草，为数日前杀人之区，过之恻然。入峡一里，东眺已逼东界突山下。又北则突山既尽，其坞大开。东望一峰，尖迥而起，中空如合掌，悬架于众峰之间，空明下透，其上合处仅徒杠之凑，千尺白云，东映危峰腋间，正如吴门匹练，香炉瀑雪，不复辨其为山为云也。自桂林来，所见穿山甚多，虽高下不一，内外交透，若此剜空环翠者，得未曾有。此地极粤西第一穷徼，亦得此第一奇胜，不负数日走磨牙吮血之区也。又北一里，有村悬西峰石坡上，曰东序村，乃六寨极南之首村也。缚舆换夫，东北二里，复换夫。西北逾一岭而下，共一里半，有场曰六寨场，转北而东，又半里，有溪自东来独木桥，渡其北一里，有石峰中悬两峡间，前有数十家倚之，是为六寨哨。所称“六寨”者，南自东序，北抵六寨哨，中有寨六。缚舆换夫从东峡北行，一里，转而西入峡，其水东流，溯之入。又一里余，大路直西逾隘，由岐西北就村，半里，得浑村，在北村下。头目韦姓，出帖呈览，以忠勇免差者。余谕之送，其人出酒肉饷，以骑送余。其地北有崇崖，有洞门西南向，高悬崖上，南有绝壁，有洞门东北向，深透壁间。从小路下西坡，交大路而南，二里，抵南洞之前，循石壁西，又一里，转入南山峡中，东南入坞，有村曰银村。待夫久之，晚而缚舆，昏黑就道，西北循山出峡，转而西，共三里，宿于晚宛南村。

二十七日　晨起不及饭，村人舆就，即行。循西山而北，石壑中渐有水东自浑村西麓来，流而成溪。半里，渡溪北行。半里，有村在西山下，溪流环其前，村东向临之，为晚宛中村，其长又半里。路隔溪，随之北，又一里，渡桥而西，饭于晚宛北村。换夫东渡桥，遂东北行，一里半，逾东岗，有村在岗北悬阜上。又换夫，北下岗，渡一涧，复一里半，北上一岗，是为岜土音作“壁”。歹村，乃丹州极北之寨也。六寨北至岜歹，西至巴鹅，昔皆泗城州所属之地，去泗城远；故后为丹州所占。三年前，上疏清界，当亦在其中。〔由此西去两日程，曰罗猴，为泗城东北境，都泥上流所经也。〕饭而换马，北下阜，过一涧，于是北上岗陇，渐逾坳而北，三上三下坞中。俱荒芜无复耕塍，其水皆西南流，故知东北即大山之脊矣。共五里，为山界，土人指以为与贵州下司分界处，此不特南丹北尽，实粤西西北尽处也。逾脊北下，水犹西南流。又从岭北再升一土岭，共一里，北出石山之隘，是为艰坪岭。石骨棱削，对峙为门，是为南北二水分界。北下一里，石路嶙峋，草木蒙密，马足跃石齿间，无可着蹄处，正伏莽者弄兵之窟，余得掉臂而过，亦幸矣哉。既下，西向行峡中，水似西流，而似无出处。一里，始复睹塍田。又西半里，转而北，峡中塍乃大辟。又北一里，有村在西坞，曰由彝村。是为下司东南第一村，亦贵省东南第一村也。南丹送骑及令箭牢子辞去。待夫甚久，担先去，暮，骑至。西北二里，至山寨，又逾岭涉涧，越数村，夜行八里，而抵下司，俱闭户莫启，久之，得一家，启户入，卧地无草，遍觅之，得薪一束，不饭而卧。

卷四下

黔游日记一

戊寅三月二十七日　自南丹北鄙岜歹村，易骑入重山中，渐履无人之境。五里，逾山界岭，南丹下司界。又北一里，逾石隘，是为艰坪岭；其石极嵯峨，其树极蒙密，其路极崎岖。黔、粤之界，以此而分；南北之水，亦由此而别。然其水亦俱下都泥，则石隘之脊，乃自东而西度，尽于巴鹅之境，而多灵大脊，犹在其东也。北下一里，就峡西行，一里，始有田塍；又半里，峡转北，坞始大开。又北一里，有村在西坞中，曰由彝。此中诸坞，四面皆高，不知水从何出，然由彝村南石壁下，有洞东向，细流自畦中淙淙入，透山西而去，固知大脊犹在东也。至此南丹差骑辞去。由彝人始许夫骑，久乃不至，促久之，止以二夫负担去。余独坐其栏，从午至暮，始得骑。西北二里，至山寨，则寨人已送担亦前去。乃由其东上岭，越脊北下一里，行壑中，又北一里，再越岭脊，下行峡中。壑圆而峡长，南北向皆有脊中亘，无泄水之隙，而北亘之脊，石齿如锯，横锋竖锷，莫可投足。时已昏暮，跃马而下，此骑真堪托死生也。越脊，直坠峡底，逾所上数倍，姑知前之圆壑长峡，犹在半山也。峡底有流从南脊下溢，遂滔滔成流。随之西向行，共里许，有村在南山麓，担夫已换去；又骑而西半里，担夫又已去。盖村人恐余止其家，故亟换之行。而又无骑换，骑夫不肯前，余强之暗行。西北半里，有溪自东而西，横堰其中，左右渊深；由堰上北度，马蹄得得，险甚。又西转，过一村。半里，由村西而北向逾岭，始与双担同行，暗中呼声相属，不辨其为石为影也。共二上二下，遂行田塍间。共五里，过一寨，排门入，居人颇盛。半里，复排一门出，又行田塍中。一里半，叩门入旧司，门以内茅舍俱闭，莫为启；久之，守一启户者，无茅无饭而卧。

上、下二司者，即丰宁司也；濒南界者，分为下司，与南丹接壤。二司皆杨姓兄弟也，而不相睦。今上司为杨柚，强而有制，道路开治，盗贼屏息。下司为杨国贤，地乱不能辖，民皆剽掠，三里之内，靡非贼窟；其东有七榜之地，地宽而渥，驾骜尤甚。其叔杨云道，聚众其中为乱首，人莫敢入。

旧司者，下司昔日司治也，为上司所破，国贤移居寨上。寨在南山之麓，与旧司南北相对，中隔一坞，然亦无奇险也。

二十八日　平明起，雨霏霏下。余令随夫以盐易米而炊。余以刺索夫于南寨，国贤避不出，托言与上司不合，不敢发夫，止许护送者两三人送出境。余饭而待之，送者亦不至，乃雇夫分肩行李，从旧司北向逾岭行。共三里余，下至饿鬼桥，有小水自东北注西南，小石梁跨其上；御人者每每横行于此。又北二里，逾岭，已为上司界。下岭二里，有村在西坞，而路东有枫木树对之。又东北逾岭二里，有村在东坞，其前环山为壑，中洼为田。村倚东峰，有石崖当村后；路循西岭，与村隔垄相向，始敢对之息肩。又西北逾岭二里，转而西向行，于是峡大开，南北相向；南山下村居甚稠，北山则大路倚之。西行五里，路复西北逾岭。盖此地大山在东北，路俱缘其西南上。虽有升降，然俱上多下少，逶迤以升者也。又西北二里，逾岭。路北有峰，回亘层叠，俨若天盘龙髻；崖半有洞，门西向，数十家倚之。路乃北转，又一里，越其西冈北向下。西冈者，大山分支，西突为盘髻峰，其下横冈西度者也。西冈之北，山又东西排闼。北望西界山，一圆石高插峰头，矗然倚天之柱，其北石崖回沓，即上司治所托也。东界土山，即路所循而行者。共北五里，路与西界矗柱对。又北二里，忽山雨大至。担夫停担，各牵笠蔽雨，余持伞亦蔽一挑。忽有四人持镖负弩，悬剑橐矢，自后奔突而至；两人趋余伞下，一人趋顾仆伞下，一人趋担夫笠下，皆勇壮凶狞，似避雨，又似夹持。余甚恐。问余何往，余对以都匀。问余求烟，余对以不用。久之，雨不止而势少杀，余曰："可行矣。"其人亦曰："可去。"余以为将同往而前者，及余行而彼复止。余益知其必非良人；然入其吻而不下咽，其心犹良也。更北半里，转而西，又一里余，有营当两界夹中阜上，壁垒新整。由其下又西一里，入上司南门，有土垣环绕；门内即宿铺。江西人。自下司至此，居舍中各半土半栏。时雨过街湿，余乘湿履，遂由街北转而西；有巨塘汇其内，西筑堤为堰，甃为驰道甚整。又北半里，直抵囤山东麓，北向入一门。有石罅一缕，在东麓下，当其尽处，凿孔如盂，深尺许，可贮水一斗。囤上下人，俱以盎候而酌之，谓其水甘冽迥异他水。余酌而尝之，果不虚也。由此循囤麓转入北峡，峡中居人甚多，皆头目之为心膂寄者；又编竹架囤于峡中，分行贮粟焉。由北峡西向行，已入囤后，有脊自西北连属于囤，乃囤之结蒂处也。脊东峡中，有洞倚囤麓，其门北向，甚隘而深。有二人将上囤，余问："此洞深否？"云："其洞不深。上至囤半，有大洞颇深而有水，须以炬入。"由下仰眺，囤上居舍累累，惟司官所居三四层，皆以瓦覆，以垩饰。囤险而居整，反出南丹上也。余乃随其人拾级上囤；其级甚峻，而甃凿开整。竭蹶而上，共半里，折而东，有楼三楹跨路间，乃囤半之隘关也。洞在中楹之后，前为楼所蔽，不可见。有男、妇各一，炊中楹下。二人指余入，遂登囤去。余索炬于炊者。则楹后即猪栏马栈。践之下洞，洞门北向，洼坠而下，下皆污土，上多滴沥，不堪驻足，乃复出而下。先是令一夫随行，至脊下不敢登，余乃独上。然囤上之形，可以外瞭而见，惟此洞为楼掩，非身至不知也。仍由旧路里余，返宿舍，则已簿暮矣。炊饭亦熟，遂餐而卧。

上司土官杨柚，由长官而加副总，以水西之役也。其地小而与南丹为仇。互相袭杀，故两土官各退居囤上。南丹州治在囤下而居于上。上司则司治俱在上，而环囤而居者，皆其头目也。南丹第三弟走荔波，为莫伋所执；第四弟走上司，至今为外难，日惴惴焉。

其囤圆而大，四面绝壁，惟西北有脊通级而上，路必环旋于下峡，故为天险。峡中水西南下，合塘中及外峡南北诸流，俱透西南腋中坠去。

二十九日　由上司出南门，仍渡门东小水，溯之东北行。一里，蹑土山而上。四里，逾土山西度之脊，其西石峰突兀，至此北尽。逾脊西北行，一里半，岭头石脊，复夹成隘门，两旁石骨嶙峋。由隘西出，转而东北下，半里，下抵坞中。又北一里，复越土山西下脊，是为上司、独山州界。于是下岭循东山行。又二里，有村在西山坞中，为苴查村。其处东西两界皆土山，中开大坞，有水自北来，界于坞中，绕苴查之东，乃西向破峡去。循东界山溯水北向行，又三里，水分二支来：一自西北，一自东北，如“丫”字会于中支山尽处；西北者较大，路溯东北行，一里半，始渡之。于中支山东麓，得坛子窑村，乃土官蒙氏之族也。村北溪中皆碎石，时涸时溢，又东渡之，东北上冈头，共里许，有土环遗址，名曰关上。而无居舍。又东北一里，水尽坞穷，于是蹑岭，其岭甚峻。三里，北逾其脊，隘中底石如铺，两旁有屼立峰，是名鸡公关。其脉自独山州西北，绕州治东南过此，又东南度六寨之东，而下蛮王峰者也。脊西南水，下苴查而入都泥；脊东北水，由合江州下荔波而入龙江。从脊东北眺，则崇山蜿蜒，列屏于前，与此山遥对成两界，中夹大坞，自西北向东南焉。下山，即转北行。一里，抵坞，转东即有小水东南下。又东一里，逾陟冈阜，忽有溪自西北注东南；水于此复出，为龙江上流矣。渡溪东上，于是升陟彼垅，东北行坞中。五里，有数家之村，在东北山下。从其前复转入西峡，北一里，过一脊，始北向下岭；其下甚深，半里，抵其麓，始知前所行俱在山上也。又北行坞中一里半，有大溪汪然自西峡层山中出，东注而去，亦由合江州而下荔波、思恩者。历石壑而渡其北，又缘西界支陇北行五里，为羊角寨。乃蒙氏之砦也，在西山麓。又北三里，有小水自西坡东注，涉之。又北二里，入独山州之南隘门。其州无城，一土知州，一明知州。土官蒙姓，所属皆土人。即苗仲。明官多缺，以经历署篆，所属皆客户。余所主者，江西南昌人黄南溪也，其人忠厚长者。家有楼可栖。盖是州虽无城，而夹街楼房连属，俱用瓦盖，无复茅栏牛圈之陋矣。

独山土官，昔为蒙诏，四年前观灯，为其子所弑；母趋救，亦弑之。乃托言杀一头目，误伤其父，竟无问者。今现为土官，可恨也。

三十日　平明饭，出独山州北隘门，西北向循西界山行。六里，有小水亦自西坡东注，涉之。又北二里，北坞渐穷，山脊自东界西度南转，乃路转东北，涧中小水北流。渡涧，循东界山腋间，东北上，又二里，有水溢路旁石穴间，甚洌。其侧有蒙氏修路碑。从此攀石磴，东北上岭，雨大至。一里半，北登岭隘。是岭由东南度西北，乃祖山，从其东北分裂众枝：其直东而去者，为黎平、平崖之脊；东南分枝而下者，为荔波、罗城之派；西北分枝而下者，度此稍北，即西转南走而环于独山之西，度鸡公岭而南，为蛮王、多灵之派。独山州南二十里，有山尖起立于众山之中，是名独山，州之所以得名也。又东北行山峡间，乃下。共二里，有涧自东谷走深崖中，两崖石壁甚逼，涧嵌其间甚深；架石梁其上，为深河桥。过桥，复跻崖而上。登岭而北，有小水自东北泻石崖而下；涉之，复升岭。共一里，遂由峡中北行；又二里，乃下，东北行壑中。有村在东山下，由其前少转西北，共二里，有溪自东北来，渡之，溯其西岸，东北逾岭二里，一水自东北来，一水自西北来；东北者较大。于是涉西北水，缘中支山而上，东北三里而登其冈。饭于冈上。乃稍下，又北逾岭而下夹坞中。共三里，又上，有溪自南峡北向下坠深潭中，潭小而高。此西北小溪之源也。又北逾岭下，一里半，下度深壑中，有涧自西南峡中来，至此东向四转。此东北小溪之源也。涉之，西南登岭。半里而上，循岭半西南行。二里，过兔场，西出嘉坑关，随小水西下，由夹中行。五里，两夹山多石崖突兀，路侧有泉涌穴出。又西二里，水坠南峡去，路逾北坳上。有寨在东冈之巅，由其西北度脊，南北俱有洼中坠，环塍为田，直抵其底，水皆自底西向透石穴者也。又西逾岭，一里，出隘口。其上石骨棱峭，皆作嘘云裂萼之势。又西北下峡中，一里，转而西，半里，西出峡，是为独山州与胡家司分界。胡家司即都匀长官司。从姓呼之，以别郡名也。于是山开南北洋，中有大溪自北而南，是为横梁。循溪东转南半里，抵南崖。崖下有卖粉为饷者，以盐少许易而餐之。随溪南岸西行，道路开整，不复以蜀道为苦。溪北有崇庙在高树间。人家田陇，屡屡从断岸而出。共六里，过坞里村。又西一里，其水南曲，乃西渡之。从溪西岸南行，半里，为邛母村。从村前西转，坞复东西开。而其村重缀冈阜，瓦舍高耸，想亦胡家司之族目也。西二里，其水北曲，复西渡之；又西北一里，其水西曲，又北渡之。从北岸悬崖西行一里半，有水自西来会，乃麦冲河也。即溯河西行二里，入麦冲堡南隘门而宿。是晚，雷雨大作，彻夜不止。

四月初一日　平明起，雨渐止。饭间闻其西有桃源洞，相去五里，须秉炬深入，中多幡盖缨络之物。觅主人导之不得，曰："第往关上，可西往也。"遂北向出隘门，溯溪东岸行。忽石壁涌起岸东，势极危削，溪漱之南，路溯之北，咫尺间，上倚穹崖，下循迅派，神骨俱竦。三里，转入东坞，其北有小峰立路隅，当麦冲河南下之冲；有岩北向，曰观音洞。又北半里，曰麦冲关。问所谓桃源洞者，正在其直西大峰之半，相望不出四里外。关之东有真武阁，南向正与观音洞门对。乃停行李于阁中，觅火炬于僧，将往探之。途遇一老者曰："此洞相去不远。但溪水方涨，湍急不可渡，虽有导者，不能为力，而况漫试乎？"余乃废然而返。取行李西南越而下，抵河东岸。溯之北，共一里，有溪自西北山腋来，路从东北山腋上，遂与麦冲河别。当坡路潦迹间，有泉汛泛从下溢起，孔大如指；以指探之，皆沙土，随指而涸，指去而复溢成孔；乃气机所动，而水随之，非有定穴也。一里，转上后峡，遂向东入。又一里，峡更东去，路复从北峡上。其处石峰嶙峋，度脊甚隘。越隘北下坞中，被垄盈坞，小麦青青荞麦熟，粉花翠浪，从此遂不作粤西芜态。粤西独不艺麦。脊东西乱水交流，犹俱下麦冲者。

又东一里，转而北，有坞南北开洋，其底甚平，犁而为田，此处已用牛耕，不若六寨以南之用概橇矣。波耕水耨，盈盈其间；水皆从崖坡泻下，而不见有浍浚之迹。二里，有村颇盛，倚西峰下，曰普林堡。又北一里，逾岭而上石峰，复度峡而下，转而东，平行石岭间。一里，东下，盘窝中有小石峰圆如阜，盘托而出；路从之，经窝东入峡。一里，复北向升岭，一里，遂逾土脊之上。此脊当为老龙之干，西自大、小平伐来，东过谷蒙、包阳之间，又东过此，东南抵独山州北，又东为黎平、平崖之脊，而东抵兴安，南转分水龙王庙者也。越脊北下，峡壁甚隘；一里，下行峡中，有水透西南峡来入，北随峡去，渡之，傍涧西涯行。有岐路溯水西南峡，则包阳道，通平浪、平洲六洞者也。随水东北行峡中，又三里，转而东，其峡渐开。有村在南山间，曰下石堡。又北二里，过一巨石桥，涧从桥下西北坠深峡中而去；路别之，东北逾岭。升降二重，又二里，越岭下。则东南山坞大开，大溪自西北破峡出，汤汤东去，是曰大马尾河；以暴涨难渡，由溪南循山崖东行，溪流直捣崖足。一里，东抵堡前，观诸渡者，水涌平胸，不胜望洋之恐。坐久之，乃解衣泅水而渡，从北岸东向行；水从东南峡去，别之，乃东北逾岭而下。共三里，东渡小马尾河，复东北升岭。一里半，越岭脊东下。一里半，出山峡，山乃大开，成南北坞，东西两界，列山环之，大河汤汤流其间，自北而南。溯溪西岸，循西界山北行一里，路旁即有水自西峡东向入溪，涉之。又北二里，有石梁跨一西来溪上，渡之。从梁端循峡西入，是为胡家司，即都匀长官司也；以名同本郡，故别以姓称。又北一里，有村在西山崖上，曰黄家司，乃其副也。又北行田塍间五里，度西桥。又北半里，入小西门，是为都匀郡城。宿逆旅，主人家为沈姓，亦江西人。

初二日　晨起作书投都匀司尊张。勉行，四川人。乃散步东入郡堂，堂乃西向蟒山者。又东上东山麓，谒圣庙。见有读书庑东者，问南皋邹总宪成都时遗迹。曰："有书院在东门内。"问《郡志》，其友归取以示，甚略而不详，即大、小马尾之水，不书其发源，并不书其所注，其他可知，载都八景，俱八寸三分帽子，非此地确然特出之奇也。此地西门大溪上有新架石梁，垒石为九门甚整，横跨洪流。乃不取此，何耶？

都匀郡城东倚东山，西瞰大溪。有高冈自东山西盘，而下临溪堑；溪自北来，西转而环其东。城圆亘冈上，南北各一门，西有大小二门，东门偏于山之南；城后环东山之巅，其上有楼，可以舒眺。

郡西对蟒山，为一郡最高之案，郡治、文庙俱向之。其南峰旁耸，有梵宇在其上，须拾级五里而上；以饭后雨作不及登。谓之"蟒"者，以峰头有石脊，蜿蜒如巨蛇；今《志》改为龙山。

九龙洞在城东十里。按《一统志》有都匀洞，在都匀长官司东十里，前门北向，后门南向，当即此洞。今《志》称为仙人洞二，下注云："一在城东，一在城西。"殊觉愦愦。

水府庙在城北梦遇山；大溪南下横其前，一小溪西自蟒山北直东来注。下有白衣阁，倚崖悬危壁上，凭临不测；上有梵音洞，西向为门。洞无他致，止云其中有石佛自土中出者为异耳。

初三日　下午自都匀起身，二十里，文德宿。

初四日　三十里麻哈州，又十里，乾溪宿。

初五日　十里麻哈大堡，又十里，乾坝哨，又十五里，平越卫。

初六日　歇平越。

初七日　宿店。

初八日　雇贵州夫行，至崖头宿。

初九日　新添饭，至杨宝宿。

初十日　龙里歇。

十一日　二十里，至鼓角，三十里，至贵州。

十二日　止贵州，游古佛洞。

十三日　止贵州，寓吴慎所家。

十四日　晨饭于吴，遂出司南门，度西溪桥，西南向行。五里，有溪自西谷来，东注入南大溪；有石梁跨其上，曰太子桥。此桥谓因建文帝得名，然何以"太子"云也。桥下水涌流两崖石间，冲突甚急，南来大溪所不及也。度桥溯南来大溪，又西南三里，有一山南横，如列屏于前；大溪由其东腋北出，路从其西腋南进。又南行峡间二里，历东山之嘴，曰邑堰塘；其西南有双峰骈起，其东即屏列山之侧也。又三里，过双骈东麓而出其南，渐闻溪声遥沸，东望屏列之山，南进成峡，溪形复自南来捣峡去，即出其东北腋之上流矣；第路循西界山椒，溪沿东界峰麓，溯行而犹未觌面耳。又南二里，始见东溪汪然。有村在东峰之下，曰水边寨。又南三里，曰大水沟；有一二家在路侧，前有树可憩焉。又南渐升土阜，遂东与大溪隔，已从岭上平行，五里，北望双骈，又三分成笔架形矣。南行土山峡中，又一里出峡，稍折而东；则大溪自西南峡中来，至此东转，抵东峰下，乃折而北去。有九巩巨石梁，南北架溪上，是为华仡佬桥，乃饭于桥南铺肆中。遂南向循东峰之西而行，皆从土坂升陟，路坦而宽。九里，见路出中冈，路东水既东北坠峡下，路西水复西北注坑去，心异之。稍下冈头，则路东密箐回环，有一家当其中，其门西临大道；有三四人憩石畔，因倚杖同憩。则此冈已为南北分水之脊矣。盖东西两界，俱层峰排闼，而此冈中横其间为过脉，不峻而坦，其南即水南下矣。是云独木岭。或曰头目岭。昔金筑司在西界尖峰下，而此为头目所守处。从岭南下，依东界石山行。五里，复升土岭，渐转东南，岭头有一洼中坠；从其东又南向而上，共二里，乃下。一里，则有溪自西北峡中出，至此东转，石梁跨之，是为青崖桥；水从桥下东抵东界山，乃东南注壑去，经定番州而南下泗城界，入都泥江者也。于是又出岭南矣。度桥而南，半里，入青崖城之北门。其城新建，旧纡而东，今折其东隅，而西就尖峰之上；城中颇有瓦楼阛阓焉。是日，晴霁竟日，夜月复皎。

青崖屯属贵州前卫，而地则广顺州所辖，北去省五十里，南去定番州三十五里，东北去龙里六十里，西南去广顺州五十里；有溪自西北老龙脊发源，环城北东流南转。是贵省南鄙要害，今添设总兵驻扎其内。

十五日　昧爽，出青崖南门，由岐西向入山峡。南遵大路为定番州道。五里，折而南，又西南历坡阜，共五里，有村在路北山下，曰翁楼；大树蒙密，小水南流。从其西入山峡，两山密树深箐，与贵阳四面童山迥异。自入贵省，山皆童然无木，而贵阳尤甚。西北入峡三里，遂西上陟岭。一里，逾岭西下，半里，有泉出路旁土中，其冷彻骨，南下泻壑去。又西下半里，有涧自北峡来，横木桥于上；其水南流去，路西度之。复北上岭一里，逾脊西，有泉淙踪，随现随伏。西北行两山夹中，夹底平洼，犁而为田，而中不见水。又西北半里，抵西脊，脊东复有泉淙淙，亦随现随隐。盖此中南北两界俱穹峰，而东西各亘横脊，脊中水皆中坠，不见洼底，放洼底反燥而不潴。越西脊而下，西北二里，路北有悬泉一缕，自山脊界石而下；路南忽有泉声淙淙成涧，想透穴而出者。半里，转而西行，又半里，得一村，在北山下，曰马铃寨。路由寨前西向行，忽见路南涧已成大溪；随之西半里，又有大溪自西峡来；二溪相遇，遂合而东南注壑去。此水经定番州，与青崖之水合而下都泥者也。于是溯西来大溪之北岸，又西向行二里，为水车坝。坝北有土司卢姓者，倚庐北峰下；坝南有场在阜间，川人结茅场侧，为居停焉。坝乃自然石滩横截，涧水飞突其上，而上流又有巨木桥架溪南北；其溪乃西自广顺来。广顺即金筑安抚司，乃万历二十五年改为州，添设流官。由溪北岸溯流入，为广顺州道；由溪南岸逾岭上，为白云山道；随溪东南下，为定番州道。乃饭于川人旅肆；送火钱，辞不受。遂西南一里，逾岭。又行岭夹中，一里半，乃循山南转，半里，又东转入峡。半里，峡穷，乃东南攀隘上；其隘萝木蒙密，石骨逼仄。半里，逾其上，又东南下，截壑而过。半里，复东南上，其岭峻石密丛更甚焉。半里，又逾岭南下，随坞南行。一里，是为八垒。其中东西皆山，南北成壑，亦有深坎，坠成眢井，而南北皆高，水不旁泄者也。直抵壑南，则有峰横截壑口，西骈隘如阈，东联脊成岭。乃东向陟岭上。一里，逾其脊，是为永丰庄北岭，即白云山西南度脊也。乃南向下山，又成东西坞。有村在南山下，与北岭对，是为永丰庄。从坞中东向北二里，得石磴北崖上，遂北向而登。半里，转而西，半里，又折而北，皆密树深丛，石级迤逦。有巨杉二株，夹立磴旁，大合三人抱；西一株为火伤其顶，乃建文君所手植也。再折而西半里，为白云寺，则建文君所开山也；前后架阁两重。有泉一坎，在后阁前楹下，是为跪勺泉，下北通阁下石窍，不盈不涸；取者必伏而勺，故名曰"跪"；乃神龙所供建文君者，中通龙潭，时有双金鲤出没云。由阁西再北上半里，为流米洞。洞悬山顶危崖间，其门南向，深仅丈余，后有石龛，可傍为榻；其右有小穴，为米所从出流以供帝者，而今无矣；左有峡高迸，而上透明窗，中架横板。犹云建文帝所遗者，皆神其迹者所托也。洞前凭临诸峰，翠浪千层，环拥回伏，远近皆出足下。洞左构阁，祀建文帝遗像，阁名潜龙胜迹。像昔在佛阁，今移置此。乃巡方使胡平运所建，前瞰遥山，右翼米洞，而不掩洞门。其后即山之绝顶。逾而北，开坪甚敞，皆层篁耸木，亏蔽日月，列径分区，结静庐数处。而南京井当其中，石脊平伏岭头，中裂一隙，南北横不及三尺，东西阔约五尺，深尺许，南北通窍不可测；停水其间，清冽异常，而不减不溢；静室僧置瓢勺之。余初至，见有巨鱼戏水面，见人掉入窍去，波涌纹激，半晌乃定。穴小鱼大，水停峰顶，亦一异也。以其侧有南京僧结庐住静，故以南京名；今易老僧，乃北京者，而泉名犹仍其旧也。

是日下午，抵白云庵。主僧自然供餐后，即导余登潜龙阁，憩流米洞。命阁中僧导余北逾脊，观南京井。北京老僧迎客坐。庐前艺地种蔬，有蓬蒿菜，黄花满畦；罂粟花殷红千叶，簇朵甚巨而密，丰艳不减丹药也；四望乔木环翳，如在深壑，不知为众山之顶；幽旷交擅，亦山中一胜绝处也。对谈久之，薄暮乃返。自然已候于庵西，复具餐啜茗，移坐庵后石壁下。是日自晨至暮，清朗映彻，无片翳之滓；至晚阴云四合，不能于群玉峰头逢瑶池夜月，为之怅然。

十六日 夜闻风雨声，抵晓则夙雨霏霏，余为之迟起。饭后坐小窗待霁，欲往探龙潭，零雨不休，再饭乃行。仍从潜龙阁北逾岭，至南京井，从岐东北入深箐中，耸木重崖，上下窈渺，穿崿透碧，非复人世。共五里，则西崖自峰顶下嵌，深坠成峡，中洼停水，渊然深碧，陷石脚而入，不缩不盈，真万古潜渊，千峰閟壑也。其峡南北约五丈，东西约丈五，东崖低陷空下者约三丈，西崖耸陷空下者十数丈；水中深不可测，而南透穴弥深，盖穿山透腹，一峰中涵，直西南透为南京井，东南透为跪勺泉者也。崖上乔干密枝，漫空笼翠。又东北攀崖，东南度壑，皆窈渺之极。壑东有遗茅一龛，度木桥而入，为两年前匡庐僧住静处，今茅空人去。将度木披之，而山雨大作，循旧径返；深霭间落翠纷纷，衣履沾透。再过南京井，入北僧龛。僧钥扉往白云，惟雨中罂粟脉脉对人，空山娇艳，宛然桃花洞口逢也。还逾潜龙阁，自然已来候阁旁。遂下庵，沦茗炙衣。晚餐后，雨少霁，复令徒导，由庵东登岭角。循之而北，一里，出其东隅，近山皆伏其下，遥山则青崖以来，自龙里南下之支也。稍北，下深木中，度石隙而上，得一静室；其室三楹，东向寥廓，室前就石为台，缀以野花，室中编竹缭户，明洁可爱。其处高悬万木之上，下瞰箐篁丛叠，如韭畦沓沓，隔以悬崖，间以坑堑，可望而不可陟。故取道必迂从白云，盖与潜龙阁后北坪诸静室取道皆然，更无他登之捷径也。此室旷而不杂，幽而不閟，峻而不逼，呼吸通帝座，寤寐绝人寰，洵栖真之胜处也。静主号启本，滇人，与一徒同栖。而北坪则独一老僧也。白云之后，共十静庐，因安氏乱，各出山去，惟此两庐有栖者十二，庐旁各有坎泉供勺；因知此山之顶，皆中空酝水，停而不流，又一奇也。晚返白云，暮雨复至。自然供茗炉旁，篝灯夜话，半晌乃卧。

十七日 晨起，已霁，而寒悄颇甚。先是重夹犹寒，余以为阴风所致，有日当解，至是则日色皎然，而寒气如故，始知此中夏不废垆，良有以耳。

白云山初名螺拥山，以建文君望白云而登，为开山之祖，遂以“白云”名之。《一统志》有螺拥之名，谓山形如“螺拥”，而不载建文遗迹，时犹讳言之也。土人讹其名为罗勇。今山下有罗勇寨。土人居罗勇而不知其为螺拥，土人知白云山而不知即螺拥山。僻地无征，沧桑转盼如此！

白云山西为永丰庄北岭，即余来所逾岭也。东则自滇僧静室而下，即东隤颓然，下对青崖，皆为绝壑；前则与南山夹而成坞，即余来北上登级处也；后则从山顶穷极窈渺，北抵龙潭，下为后坞，即余来时所经岭南之八垒者也。此其近址也。其远者：东抵青崖四十五里；西抵广顺三十里；东南由翁贵抵定番州三十里；北抵水车坝十五里。

白云山中有玄色白色诸猿，每六六成行，轮朝寺下。据僧言如此。余早晚止闻其声。又有菌甚美，大者出龙潭后深箐仆木间，玉质花腴，盘朵径尺，即天花菜也。又有小者名八担柴，土人呼为茅枣，云南甚多。

自青崖而西，有司如之流，其西又有马铃寨东溪，其西又有水车坝西溪，皆南流合于定番，而皆自石洞涌出。至白云南，又有翁贵锣鼓洞水及撒崖水，皆为白云山腹下流，皆东合于定番州。其南又有水埠龙，在白云南三十里，有仙人洞。其北五里，又有金银洞、白牛崖。其上流亦自洞涌出，而南注于都泥江。则此间水无非洞出者矣。

东望山脊蜿蜒，自龙里西南分支南下，回绕如屏，直抵泗城界，此即障都泥而南趋者。其山回环而东，中围丹平、平州诸司，即麦冲、横梁诸水南透六洞而下都泥，以此支环之也。

老龙之脊，自广顺北，东度上寨岭东，过头目岭，又东北过龙里之南，又东过贵定县西南，又东过新添卫之桫木寨，乃东南转，环蟒山之南，东过为普林北岭，又东南抵独山州北，乃东趋黎平南境，而东度沙泥北岭，以抵兴安分界。

贵州东三里为油凿关，其水西流；西十里为圣泉北岭，其水东流；北十五里为老鸦关，其水南流为山宅溪；南三十里，为华仡佬桥，其水北流。四面之水，南最大，而西次之，北穿城中又次之，东为最微；俱合于城南薛家洞，东经襄阳桥，东北抵望风台，从其东又稍北，入老黄山东峡，乃东捣重峡而去；当与水桥诸水同下乌江者也。

十八日　辞自然师下山，一里半，抵山麓。西一里半，有数家在南麓，为永丰庄，皆白云寺中佃户也。由其前西向尖峰峡中去，是为广顺州道；由其前西去南转，是为定番州道；由其前北向逾岭，是为土地关道。先是自然为余策所从，曰："由广顺、安顺西出普定，其道近，而两顺之间，广顺知州柏兆福，欲归临清；安顺土知州，近为总府禁狱中。苗蛮伏莽可虑。不若西北由东基出平坝抵普安，多行四十里，而地僻苗驯，可免意外。"余思由两顺亦须三日行，走平坝路迂而行多，亦三日可达普安，遂不西行而北逾岭，其岭即白云山之西垂也。共一里，越其北，有坞东北向；东南界即白云后龙潭之后，西北界即南岭所环，转北而东，属于龙潭东峰之下者；其中平坞一壑，南北长二里，水亦中洼下坠，两旁多犁为田，是名八垒。北竟坞中，乃北逾石岭。共半里下，北渡独木桥，有坞自东北向西南，是为乾沟，横渡之。北上半里，是为土地关。下关半里，凿石坎停细流一盂，曰"一碗水"；行者以口就而啜之。又西向一里半出峡；由其北循山东北转，为水车坝道。

由其西截坞直行，一里半，有村在北山下，是为谷精。从村西转，又截坞而下，一里，转入山峡，有溪自西南而北，即从北峡转而东去，是水车坝之上流也；其流自广顺州东北老龙南谷来者。渡之，又西越山坡，旋下，泝西来小流入；其流东注南来大溪，即同之直向东去。路溯溪南，山峡逼仄，时攀石上下，二里余，乃西渡此水。从其北西向又半里，其北削崖高穹，有洞上缀，其门南向。遂从其下西逾坳，坳间石骨棱厉，逼属南山。回视前溪在其下，不知从何而出，当亦透穴之流也。先是自然谓余，此间如马铃堡诸水，多从山穴出，即水车坝水亦流自穴中者，不知即指此水，抑谓南来大溪也。逾坳西稍下，约一里，有路交为“十”字：其南北皆从山岭上下，有石蹬逶迤，乃广顺达贵省道也；其东西即逾坳而西下峡中者。从峡西下半里，又闻水声潺潺，有水深自坑底东注坳下，信乎即坳东透穴之水矣。溯之，山坞复开，有村在西山下，是为东基下寨。从其前转而东北则下寨山之北突也。循之一里，又西北转，则西界山纯削为石，而东界则土脊迤逦。又北二里，有村当北冈之上，是为东基上寨。寨中悬小支尽处，皆瓦房鳞次，非他苗寨所及。由寨西北向半里，有泉飞流注腋间，由寨东而出，寨当其中；小支左右，皆崇冈峻峡。寨后复环一坞，良畴层倚焉；皆此泉之所润，而透于东坳之下者也。蜿蜒上跻者一里，从岭上复北逾顶者半里，下至坞中，望北峰夹立甚高，其下有坞自西北来者，即上寨后注腋之水，从水车坝而南去者也；其下有坞向东北坠者，即坞中东分之水，从华仡佬桥而北出者也。其坞甚平，中犁为田。从田塍北上，又东北升岭，半里，逾峰头而饭。

于是北望遥山，开伏数里外，石峰屏列，俱不能与此山并峻矣。北下甚坦，半里，路分两岐：一从东北行者，从黄泥堡天生桥而达省；一从西北行者，为野鸭塘出平坝道。遂从西北下山。一里，抵山下，沿坡陀西行，渐有小水，俱从东北去。二里，复溯水入峡，一里，复陟岭而上。又二里，遂西过野鸭塘。有堡数十家，在南山下，其前有塘潴水，直逼北山，然东西皆高，不知从何而泄，即所谓野鸭塘是也。绕堡前西南行半里，望西北山崖间有洞高穹，其前陇复有洞伏于下，乃呼担夫少停行李路隅，余独从西岭横陟之。半里，遂陟下洞之上。陇不甚高，然四面皆悬削不可下。复稍西，下山麓东向行，遂得下洞。洞门南向，门中稍洼；其左透崖东出，另辟一门，门东北向，其后旋壑下陷，四面宽圆，虽洼而不暗。既上，遂透东门而出。稍下，从峡中西陟上洞。洞门东向，前有垒石为垣，后亦中洼而下，然不甚深；其上悬崖虽高，中扃之玲珑，乳柱之夭矫，反不若下洞也。

既出，复从峡中下，转前陇之嘴而西，又经下洞前，则前麓皆水草沮洳，东与野鸭塘相连，而此即其上流也。忽闻水声潺潺，自下洞前石根透出，历沮洳之坞，而东潴于野鸭塘者也。又从西岭下半里，仍抵路隅，呼担与顾奴，遂西缘山坳行。西望三峰攒列，外又有峰绕之，心以为异。又西四里，有寨在南山下，又绕其前，循之左转，西南半里，又逾一坳，于是西行峡中。其峡南北两界，排闼而前。北即所望三峰攒列者，但在其内，下望反不可见；南则有崖高削，上有一石倒垂，石色独白，而状如羊，是为羊吊崖。逾坳至此，又一里矣。其北崖中断，忽露顶上之峰，盘穹矗竖，是为唐帽山。盖即前望三峰，至是又转形变象耳。按《志》：唐帽在省城南八十里，天生桥在金筑司北三十里。今天生桥在唐帽东北三十里。是天生桥去省反近，而唐帽反远，不知当时何以分界也。自然言建文君先驻唐帽，后驻白云。《志》言其处可以避兵，亦幽閟之区矣。

又西一里余，有峡南向下，是为猪槽堡。路直西逾小脊而下。三里，则坞开南北，路交"十"字于中，乃横截之，渡一小水。半里，有堡在西山上，曰柳家堡。又北半里，又有堡在北陇上。于是循其右，复西上岭。一里，将及岭坳，有泉淙淙自土穴出，其色乳白，浑而不清。逾岭下，共二里，复坞开南北，仍横截之。有涧在坞中，其水甚小，潴而不流，似亦北去者。又西一里，复上岭；其岭南北石峰骈夹，中通一坳，甚逼。一里，越坳而西，见西壑中堰水满坡，始以为东出，而实不流之波也。循之又西一里，则大坞扩然西去，陂堰横障而北。又北循之，有村在北山之嘴，曰狗场堡，乃汤吏部之佃苗也；村西平畴一坞，为膏腴之壤。欲投之宿，村人弗纳，曰："西去二里有村，亦汤氏佃丁，其中可宿。"乃复西循平畴北陇行。一里余，有石峰界平坞中，削骨擎空，亦独秀之峭而险者。透北峡而西又半里，复得一村，入叩之，其人闭户遁去。又西得一堡，强入其中，茅茨陋甚，而卧处与猪畜同秽。盖此地皆苗熟者，虽为佃丁，而习甚鄙，令人反忆土蛮竹栏为上乘耳。

十九日　昧爽，促苗起作饭。忽担人亦呼之，余心以为异，谓从来懒不肯起，今何以人呼亦呼也。盖此人名王贵，为靖州太阳坪人。先自三里抵蓝涧，彼同数人自后尾至，告曰："余侪欲往庆远，苦此路不通，迂路又太远，闻参府以兵送行，故特来附带。"余纳而怜之，途中即以供应共给之。及抵庆远，彼已去。及游南山复遇之。遂日日来候余，愿随往滇中。余思自庆抵南丹，有夫可送，至贵州界，恐无负担，欲纳其一人。因与之约曰："余此地尚无所用汝，然既随余，亦每日予工价一分。若遇负担处，每日与工价三分半。"彼欲以二人从。后闻其侪在南山洞中，以絮塞牧牛童子口，余心疑之。而王贵来言，诱童子非伊，乃同行者，彼已另居于庆。已请独从，后至麻哈，遂渐傲慢，以凳伤予足。及抵贵州，见余欲另觅夫，复作悔过状。甚堪怜，余复用之。至是早起，忽不见，观余所藏路费，亦竟窃之去矣。自余行蛮洞中，以数金藏盐筒中，不意日久为彼所窥；乃不失于蛮烟瘴毒之区，而失之就坦遵途之日，徒有怅怅而已。

既明，担夫窃赀已去，无可奈何，求苗子送出平坝；不及三十里，索价甚贵，已而竟遁去不肯出，盖苗习素不送客。予求之他苗，其人曰："彼好意宿汝，奈何以担累之。须自负去。二、三里抵九家堡，即有送者。"遍求之，其语皆然。余无可奈何，饭而束担，与顾仆共抬而前行。由狗场西苗堡截坞堰南过，一里，逾岭西下，又过一苗堡。益转而南，又逾一岭。半里，乃由岭头从岐路北向入坞，路小山寂。一里，乃西向下。半里，有溪汪然自南而北，始为脊北第一流，乃北合洛阳桥下水，东经威清而下乌江者。溪上旧有石桥，已圮；其东半涉水而渡，其西半是为九家堡，乃苗之熟者也。至是已近午矣，始雇得一夫，担而行，复西北上陇。六里，有村在西山下，曰二家堡。从其东盘山嘴而北，北界山远辟旷然，直东遥见高峰在四十里外者，即《志》所云马鞍山，威清之山也。路复循南山之北西向入峡。二里出峡，有村在南山下，曰江清。其处山坞大开，平畴中拓，东有石峰离立，即与南山夹而为所从之峡者也。

由村东北向抵二石峰下。其峰兀突，南面削崖回裂而无深洞；西面有洞在峰半，其门西向，亟令苗子停担峰下。余先探其南面，无岩可入，惟西南峰下，细流汩汩，向麓下窍中出，遂从其上跻入洞。洞顶甚平，间有乳柱下垂，若帷带飘摇。其内分为三层：外层即洞门之前，旷若堂皇，中有圆石，如堆旋而成者，四、五丈之内，即陷空而下，其下亦平整圆拓，深约丈五，而大倍之；从其上下瞰，亦颇光明，盖洞门之光，既从上倒下，而其底北裂成隙，亦透明于外，似可挨入而未及也。是为下层。下层之东，其上复深入成洞，与外层对，第为下陷所隔，不能竟达。由外层南壁攀崖而上，东透入腋，列柱如门，颇觉幽暗，而玲珑嵌空，诡态百出。披窍北下，遂达中层，则外层之光，仍中射而入。其内千柱缤纷，万窍灵幻，左入甚深，而窈窕莫穷，前临下层，如在楼阁，亦贵竹中所仅见者。方攀陟不能去，而苗夫在下呼促不已，乃出洞而下。从洞前北行，升陟塍陇二里，有大溪自西而东，溯之西行。有桥十余巩横跨其上，是为洛阳桥，乃新构而成者。桥下流甚大，自安顺州北流至此，曲而东注威清，又北合陆广，《志》所谓的澄河是矣。

渡桥北，又溯流而西，抵水之北来东折处，遂从岐北向溯小溪行。始由溪东，已涉堰由溪西，已复西北逾冈，五里，抵铜鼓山。其处山坞南辟，北界石峰耸立，皆有洞，或高或下，随峰而出。西界则遥山自北而南，蜿蜒如屏，连裂三洞，其门皆东向，而南偏者最高敞；其前有数十家当其下，即铜鼓寨也，是洞名铜鼓洞。按《志》：铜鼓山在威清西四十五里。以方隅道里计之，似即此山；然其地去平坝仅五里，不平坝而威清，何也？其洞高悬峻裂，内入不甚深，而前多突耸之石，环牖分门，反觉窈窕。其右重壁之上，圆穴一规，北向高穹。攀崖登之，其中上盘空顶，下坠深阱；土人架木铺竹为垫，俨然层阁。顶东另透明窗，阱内复有穴自下层出入。土人置扉穴前，晚则驱牛马数十头藏其中。正岩之后，有裂窍西南入，滴沥垂其内不绝，渐转渐隘而暗，似向无入者，乃出。时有一老者候余洞前。余欲并探北偏中洞。老者曰："北洞浅不足观。有南洞在高崖上，且大路所由，可一登之。"乃循洞麓西转，不数十步，则峰南果有洞出崖端，其门南向；其下依崖而居者，犹环之为庐。乃从庐后跻级上。洞门悬嵌弥高，前垒石为垣，若雉堞形，内深五丈余，而无悬突之石，扩然高朗；其后洼陷而下者一、二丈，然俱面阳而燥；土人置廪盈其间。其左腋裂窍北下，渐下渐狭而卑。土人曰："与东洞通。"想即垂沥不绝处也，亦以黑暗不暇入。时顾仆与苗子担前行已久，余恐其不之待，遂下山。循麓西上，半里，逾坳，则顾仆与苗夫犹待于此。其坳当西界蜿蜒屏列之中，脊不甚高，而石骨棱棱，两旁骈崎甚逼。过隘西下坞中洼，其西复有坳环属，盖南北夹起危峰，而东西又两脊如属垣；洼中有小水，牧者浸牛满其中。度洼半里，又逾脊，西下约一里，有岐直下西坞者，通平坝南上之道；循岭北越岭角者，为往平坝道。乃西北上岭者一里，逾岭角而北，又北下者一里，又逾岭西北一里，与大道值。循大道稍北，遂西度田塍。共半里，逾小桥，入平坝东门。半里，转而南，乃停担肆中。是晚觅得安庄夫，市小鲫佐酒。时方过午，坐肆楼作记。

平坝在东西两山夹间，而城倚西山麓。城不甚雄峻，而中街市人颇集，鱼肉不乏。出西门数里有圣泉，亦时涸时溢，以迂道不及往。

二十日 早餐，随担夫出平坝南门，循西山麓南行。二里，有石坊当道；其南丛山横列，小溪向东峡去。路转西峡入，三里，又随峡南转。又二里，上石子岭；逾岭为石子哨。又七里，过水桥屯，又五里，为中火铺，又二里，西上坳。从坳夹行一里，为杨家关，又西三里，为王家堡。乃南转四里，为石佛洞，洞门西向，不深，有九石佛甚古。其处西抵大茅河为安酋界，约五十里。又南五里，平坞间水分南北流，是为老龙过脊。又南五里，为头铺。又南二里，西入山坳。逾之，出其西，又南行三里，过一堡，又二里，上陇，入普定北门。一岐自东北来者，广顺道；一岐自西北来者，大茅河诸关隘道。普定城垣峻整，街衢宏阔；南半里，有桥；又南半里，有层楼跨街，市集甚盛。

二十一日 出南门西南行，十五里，为杨家桥，有堡为杨桥堡。又南十里，为中火铺。又南一里，抵龙潭山下，转入西峡。西八里，有哨。转南七里，为龙井铺。又南七里，过哑泉，大路从东南下山，绕山南入安庄东门；小路越岭西而南下，渡小桥，抵安庄西门。安庄后倚北峰，前瞰南陇，而无南、北门，惟东、西两门出入。西门外多客肆，余乃入憩焉。遂入西门。遇伍、徐二卫舍，为言："此间为安邦彦所荼毒，残害独惨，人人恨不洗其穴。然以天兵临之，荡平甚易，而部院朱独主抚，以致天讨不行，而叛逆不戢。今正月终，犹以众窥三汊河，以有备而退。”三汊河者，去安庄西五十里，一水西北自乌撒，一水西南自老山中，合并东北行，故曰“三汊”，东经大茅、陆广、乌江，与安限为天堑者，惟此。今设总兵官驻其地。时朱总督已毙，舆尸还越，而按君冯士晋为四川人，余离贵省日，亦亲临陆广，巡历三汊，将由安庄抵安南。伍君曰：“按君此行，亦将巡察要害，分布士卒，为剿除之计，非与朱为比者。”不识然否。

普定卫城内，即安顺府所驻。余先闻安顺止土知州，而宦籍有知府节推，至是，始知所驻在普定也。

安庄卫城内，即镇宁州所驻。其公署在南城内段公祠之东，段公名时盛，天启四年，任镇宁道。云南普名胜叛，踞阿迷州，段统兵征之，死于难。故州人立祠祀之，而招魂葬于望水亭之西。今普名胜之子，犹据阿迷州。湫敝殊甚。庭有古衫四株，大合两人抱，岂亦国初之遗耶？

安南卫城内，即永宁州所驻。考《一统志》三卫、三州，旧各有分地，“卫”俱在北，“州”俱在南。今州、卫同城，欲以文辖武，实借武卫文也。但各州之地，俱半错卫屯，半沦苗孽，似非当时金瓯无缺矣。

三卫之西，为水西所苦，其东又诸苗杂据，惟中一道通行耳。

二十二日　五鼓，大雨达旦，余少憩逆旅。下午霁，独南遵大路，一里，逾岭，由岐东下半里，入双明洞。此处山皆回环成洼，水皆下透穴地。将抵洞，忽坞中下裂成坑，阔三尺，长三丈，深丈余，水从其东底溢出，即从其下北去。溢穴之处，其上皆环塍为田，水盈而不渗，亦一奇也。从此西转，则北山遂南削为崖，西山亦削崖北属之，崖环西北二面，如城半规。先抵北崖下，崖根忽下嵌成洞，其中贮水一塘，渊碧深泓，即外自裂坑中潜透而汇之者。从崖外稍西，即有一石自崖顶南跨而下。其顶与崖并起而下辟为门，高阔约俱丈五，是为东门。透门而西，其内北崖愈穹，西崖之环驾而属者，亦愈合。西山之南，复分土山一支，掉臂而前，与东门外崖夹坑而峙。昔有结高垣，垒石址，架阁于上，北与东门崖对，以补东向之隙，而今废矣。由东门又数十步，抵西崖下。其崖自南山北属于北崖，上皆削壁危合，下则中辟而西通，高阔俱三倍于东门，是为西门。此洞外之“双明”也。一门而中透已奇，两门而交映尤异。其西门之外山，复四环成洼，高若列城，水自东门外崖北渊泓间，又透石根溢出西门之东，其声淙淙，从西门北崖又透穴西出。门之东西，皆有小石梁跨之，以入北洞；水由桥下西行环洼中，又透西山之下而去。西门之下，东映重门，北环坠壑，南倚南山，石壁氤氲，结为龛牖，置观音大士像焉。由其后透穴南入，石窍玲珑，小而不扩，深可十余丈而止。此门下南壁之奇也。北接北崖，石屏中峙，与南壁夹而为门；屏后则北山中空盘壑，极其宏峻。屏之左右，皆有小石梁以分达之；屏下水环石壑，盘旋如带。此门下北壁之奇也。北壁一屏，南界为门，北界为洞，洞门南临。此屏中若树塞，遂东西亦分两门，南向；水自东门下，溢穴而出，漱屏根而入，则循屏东而架为东桥，而东门临之；又溢穴出西门下，循屏西而架为西桥，而西门临之。此又洞内之“双明”也。先从西门渡桥入，洞顶高十余丈，四旁平覆如幄，而当门独旋顶一规，圆盘而起，俨若宝盖中穹，其下有石台，中高而承之；上有两圆洼，大如铜鼓，以石击之，分清浊声，土人诧为一钟一鼓云。洞西北盘亘，亦多垂柱裂隙，俱回环不深。东南裂隙下，高迥亦如西门，而掩映弥深，水流其前，潆洄作态，崆峒清冷，各极其趣。遂逾东桥，仍出西门下，由其前南向而上，直跻崖根，复有洞东向，高阔俱三丈，而深十丈；洞后北转，遂上穹而黑，然不甚深矣。洞中干朗，有僧栖之，而中置金仙像。乃叩僧索笔携炬同下，穷西门大士后小穴，并录壁间诗。返寓已暮。

二十三日　雇短夫遵大道南行。二里，从陇头东望双明西岩，其下犹透明而东也；洞中水西出流壑中，从大道下复西入山麓，再透再入，凡三穿岩腹，而后注于大溪。盖是中洼壑，皆四面山环，水必透穴也。又南逾阜，四升降，共四里，有堡在南山岭头。路从北岭转而西下，又二里，有草坊当路，路左有茅铺一家。又西下，升陟陇壑，共七里，得聚落一坞，曰白水铺，已为中火铺矣。又西二里，遥闻水声轰轰，从陇隙北望，忽有水自东北山腋泻崖而下，捣入重渊，但见其上横白阔数丈，翻空涌雪，而不见其下截，盖为对崖所隔也。复逾阜下，半里，遂临其下流，随之汤汤西去；还望东北悬流，恨不能一抵其下。担夫曰：“是为白水河。前有悬坠处，比此更深。”余恨不一当其境，心犹慊慊。随流半里，有巨石桥架水上，是为白虹桥。其桥南北横跨，下辟三门，而水流甚阔，每数丈，辄从溪底翻崖喷雪，满溪皆如白鹭群飞，白水之名不诬矣。渡桥北，又随溪西行半里，忽陇箐亏蔽，复闻声如雷，余意又奇境至矣。透陇隙南顾，则路左一溪悬捣，万练飞空，溪上石如莲叶下覆，中剜三门，水由叶上漫顶而下，如鲛绡万幅，横罩门外，直下者不可以丈数计，捣珠崩玉，飞沫反涌，如烟雾腾空，势甚雄厉；所谓“珠帘钩不卷，匹练挂遥峰”，俱不足以拟其壮也。盖余所见瀑布，高峻数倍者有之，而从无此阔而大者；但从其上侧身下瞰，不免神悚。而担夫曰：“前有望水亭可憩也。”瞻其亭，犹在对崖之上，遂从其侧西南下，复度峡南上，共一里余，跻西崖之巅。其亭乃覆茅所为，盖昔望水亭旧址，今以按君道经，恐其停眺，故编茅为之耳。其处正面揖飞流，奔腾喷薄之状，令人可望而不可即也。停憩久之，从亭南西转，涧乃环山转峡东南去，路乃循崖石级西南下。

又升陟陇壑四里，西上入坞，有聚落一区在东山下，曰鸡公背。土人指其东南峰上，有洞西北向，外门如竖而内可容众，有“鸡公”焉，以形似名也。其洞东透前山，而此坞在其后，故曰“背”。余闻之，乃贾勇先登，冀一入其内。比登，只有一道西南上，随之迤逦攀跻，竟无旁岐。已一里，登岭头矣，是为鸡公岭。坳中有佛宇，问洞何在。僧指在山下村南，已越之而上矣。担夫亦至，遂逾岭西向下，半里，抵壑中。又半里，有堡在南陇，曰太华哨。又西上岭，逾而西，又一里，乃迤逦西南下，甚深。始望见西界遥峰，自北而南，屏立如障，与此东界为夹，互相颉颃；中有溪流，亦自北而南，下嵌壑底。望之而下，一下三里，从桥西度，是为关岭桥。越桥，即西向拾级上，其上甚峻。二里，有观音阁当道左；阁下甃石池一方，泉自其西透穴而出，平流池中，溢而东下，是为马跑泉，乃关索公遗迹也。阁南道右，亦有泉出穴中，是为哑泉，人不得而尝焉。余勺马跑，甘冽次于惠，而高山得此，故自奇也；但与哑泉相去不数步，何良楛之异如此！由阁南越一亭，又西上者二里，遂陟岭脊，是为关索岭。索为关公子，随蜀丞相诸葛南征，开辟蛮道至此；有庙，肇自国初，而大于王靖远，至今祀典不废。越岭西下一里，有大堡在平坞中，曰关岭铺，乃关岭守御所所在也。计其地犹在山顶，虽下，未及三之一也。至才过午，夫辞去，余憩肆中。

二十四日　晨起，以乏夫为虑，忽有驼骑至，尚余其一，遂倩之，议至交水，以筐囊装马上，令之先行。余饭而后往。西南七里，上北斗岭。一里，西逾其脊；有亭跨其上。西望崇山列翠，又自北屏列而南，与东界复颉颃成夹；夹中亦有小水南去。从岭西下二里，抵夹坞中，有聚落倚其麓，是为北斗铺。关岭为中界高山，而北斗乃其西陲。鸡公岭为东界高山，而太华乃其西陲。二界高岭，愈西愈高。由铺西截坞横度二里，乃西向拾级上。迤逦峰头，五里，逾一坳，东眺关岭，已在足底；有坊跨道，曰“安普封疆”，是为安庄哨。自关岭为镇宁、永宁分界，而安庄卫之屯，直抵盘江，皆犬牙相错，非截然各判者。又西上峰峡中，三里，崖木渐合，曰安笼辅。又永宁属。按《志》有安笼箐山、安笼箐关想即此。问所谓安笼守御所。土人云：“在安南东南三日程。”此属普州，又非此矣。按此地，在昔为安氏西南尽境，故今犹有安庄、安笼、安顺、安南诸名。盖安氏之地，昔以盘江为西堑，而今以三汊为界；三汊以南，盘江以东，为中国奋武卫者仅此耳。

由铺西更南上一里，逾岭稍下，有坞中洼。又西半里，则重峰夹坑下坠北去。盘岭侧，西度坑坳又半里，复拾级上二里，有庵跨道，是为象鼻岭。由其西度脊甚狭，南北俱削壁，下而成坑，其上阔仅五、六尺，如度堵。又宛转北跻，再过一脊，共二里，陟岭头，则此界最高处也。东瞰关岭，西俯盘江以西，两界山俱屏列于下，如“川”字分行而拥之者；岭西又盘坞为坪，结城其间，是为查城，即所谓鼎站也。有查城驿，属安南。鼎站为西界高山，而白云寺乃其西陲，亦愈西愈高。乃望之西北下。共二里半，而税驾逆旅赵店。江西人。时驼骑犹放牧中途，余小酌肆中，入观于城，而返憩肆间。

其地为盘江以东，老龙第一枝南分之脊；第二枝为关岭；第三枝为鸡公背。三枝南下，形如“川”字，而西枝最高；然其去俱不甚长，不过各尽于都泥江以北。其界都泥江北而走多灵者，又从新添东南，分支下都匀南，环独山州北而西，又东南度鸡公关而下者也。

其地东南为慕役长官司，李姓。东北为顶营长官司，罗姓。西北为沙营长官司。沙姓。时沙土官初故，其妻即郎岱土酋之妹，郎岱率众攻之，人民俱奔窜于鼎站。沙营东北为郎岱土酋，东北与水西接界，与安孽表里为乱，攻掠邻境；上官惟加衔饵，不敢一问也。

按是岭最高，西为查城，东为安笼箐，皆绝顶回环而成坞者，在众山之上也。《一统志》永宁之安笼箐关，正指此。普安之安笼千户所，在安南东南三日程者，即与广西之安隆长官司接界，乃田州、白隘所由之道。在普安安笼千户所，当作安隆，与广西同称，不当作安笼，与永宁相溷也。

鼎站之峡，从东北向西南，其东南即大山之脊；而查城倚其西北，亦开一峡而去，乃沙营土司道也。其泉源亦自东北脊下，穿站街而西，南坠峡底，西南峡脊，亦环接无隙，遂从其底穿山腹西去，当西注盘江者矣。

黔游日记二

四月二十五日　晨起，自鼎站西南行一里余，有崖在路右，上下各有洞，洞门俱东南向，而上洞尤空阔，以高不及登。路左壑泉已成涧，随之南半里，山回壑尽，脊当其前，路乃上跻；水则自其下入穴。盘折二里，逾坳脊，是为梅子关。越关而西，路左有峡，复坠坑而下，东西径一里，而西复回环连脊；路循其上平行而西，复逾脊，始下陟。二里，又盘坞中山西南转，二里复西北上。一里，是为黄土坝。盖鼎站之岭至此中降，又与西岭对峙成峡，有土山中突而连属之。其南北皆坠峡下，中踞若坝然，其云黄土坝者以此；有数家倚西山而当其坳，设巡司以稽察焉。又上逾岭脊，共五里，为白云寺。于是遂西南下，迤逦四里，途中扛担络绎，车骑相望，则临安道毋忠，以钦取入京也。司道无钦取之例，其牌如此，当必有说。按毋，川人，本乡荐，岂果有卓异特达圣聪耶？然闻阿迷之僭据未复，而舆扛之纷纭实繁，其才与操，似俱可议也。又至坞底，西北上一里为新铺。由铺西稍逾岭头，遂直垂垂下。

五里，过白基观。观前奉真武，后奉西方圣人，中颇整洁。时尚未午，驼骑方放牧在后，余乃入后殿，就净几，以所携纸墨，记连日所游，盖以店肆杂沓，不若此之净而幽也。僧檀波，甚解人意，时时以茶蔬米粥供。下午，有象过，二大二小，停寺前久之。象奴下饮，濒去，象辄跪后二足，又跪前二足，伏而候升。既而驼骑亦过，余方草记甚酣，不暇同往。又久之，雷声殷殷，天色以云幕而暗，辞檀波，以少礼酬之，固辞不受。初，余以为去盘江止五里耳，至是而知驼骑所期旧城，尚在盘江上五里，亟为前趋。乃西向直下三里，有枯涧自东而西，新构小石梁跨之，曰利济桥。越桥，度涧南，又西下半里，则盘江沸然，自北南注；其峡不阔而甚深，其流浑浊如黄河而甚急。万山之中，众流皆清，而此独浊，不知何故。余三见此流：一在武宣入柳江，亦甚浊；一在三镇北罗木渡，则清。一在此复浊，想清乃涸时也。

循江东岸南行，半里，抵盘江桥。桥以铁索，东西属两崖上为经，以木板横铺之为纬。东西两崖，相距不十五丈，而高且三十丈，水奔腾于下，其深又不可测。初以舟渡，多漂溺之患，垒石为桥，亦多不能成。崇祯四年，今布政朱，名家民，云南人。时为廉宪，命普安游击李芳先，四川人。以大铁链维两崖，链数十条，铺板两重，其厚仅八寸，阔八尺余；望之飘渺，然践之则屹然不动，日过牛马千百群，皆负重而趋者。桥两旁，又高维铁链为栏，复以细链经纬为纹。两崖之端，各有石狮二座，高三、四尺，栏链俱自狮口出。东西又各跨巨坊：其东者题曰："天堑云航"，督部朱公所标也；其西者题曰"□□□□"，傅宗龙时为监军御史所标也。傅又竖穹碑，题曰"小葛桥"，谓诸葛武侯以铁为澜沧桥，数千百载，乃复有此，故云。余按：渡澜沧为他人，乃汉武故事，而澜沧亦无铁桥；铁桥故址在丽江，亦非诸葛所成者。桥两端碑刻祠宇甚盛。时暮雨大至，不及细观。度桥西，已入新城门内矣。左转瞰桥为大愿寺。西北循崖上，则新城所环也；自建桥后，增城置所，为锁钥之要云。闻旧城尚在岭头五里，急冒雨竭蹶跻级而登。一里半，出北门。又北行半里，转而西，逶迤而上者二里，雨乃渐霁。新城内所上者峻，城外所上者坦。西逾坳，循右峰北转，又半里，则旧城悬岭后冈头矣。入东门，内有总府镇焉。其署与店舍无异，早晚发号用喇叭，声亦不扬，金鼓之声无有也！青崖总兵姓班，三汊总兵姓商，此间总兵姓胡。添设虽多，而势不尊矣。是夜，宿张斋公家，军人也。

二十六日　驼马前发，余饭而出旧城西门。始俱西南行，从岭坞升降，五里，有一、二家在南陇下，为保定铺。从其侧西上岭，渐陟隆崇。三里，忽有水自岭峡下，循峡而上，峡中始多田塍，盖就水而成者。时已插莳矣。又上二里，是为凉水营。由营西复从山坞逶迤而上，渐上渐峻。又五里，遇驼马方牧，余先发。将逾坳，坐坳下石间少憩。望所谓海马嶂者，欲以形似求之。忽有人自坳出，负罂汲水，由余前走南岐去。余先是望南崖回削有异，而未见其岐，至是亟随之。抵崖下，则穹然巨洞，其门北向，其内陷空而下，甚宏。其人入汲于石隙间，随处而是，皆自洞顶淙淙散空下坠，土人少凿坯承之。水从洞左悬顶下者最盛，下有石台承之；台之侧，凿以贮汲者。洞从右下者最深，内可容数百人，而光明不閟，然俱无旁隙别窍，若堵墙而成者也。出洞，仍由旧路出大道，登坳即海马嶂；有真武阁跨坳间。余入憩阁间，取笔楮记游，而驼马已前去。久之乃行，其内即为海马铺，去城十里矣。其处北两日半程，为小米马场。有堡城下临盘江，隔江即水西地；南两日程，为乖场河，水涨难渡，即出铅之所也。又西循南岭而行，见其坞皆北向坠，然多中洼而外横亘者。连西又稍上二平脊，共三里，则北度而矗者，其峰甚高，是为广山。其上李芳先新结浮屠，为文曲星，盖安南城东最高之巅也。又西二里为茶庵。其北有山，欹突可畏，作负嵎之势者，旧名歪山，今改名威山。余望之有异，而亟于趋城，遂遵大路而西。又三里，复逾一阜，又二里，税驾于安南城之东关外逆旅陈贡士家。

二十七日　驼马已发，余乃饭。问知城东五里由茶庵而北，有威山，山间有洞从东透西；又有水洞，其中积水甚深，其前正瞰卫城。遥指其处，虽在山巅，然甚近也。乃同顾仆循昨来道，五里，东抵茶庵，遂由岐北向入山。一里，抵山左腋，则威山之脉，自北突而南，南耸而北伏，南削而北垂，东西皆亘崖斜骞而南上；从南麓复起一小峰，亦如之。入东峡又一里，直抵山后，则与东峰过脊处也。由脊北下，甚深而路芜；由脊西转，循山北峰之半西行，路芜而磴在。循之行，则北坞霾雾从坞中起，弥漫北峰，咫尺不可见，而南面威山之北，惟行处犹朗，而巅亦渐为所笼。西行半里，磴乃南上。拾级而登者半里，则峰之北面全为雾笼矣。乃转东北上，则东崖斜骞之上也。石脊甚狭，由东北上西南，如攀龙尾而升，复见东南峰外，澄霄丽日，遥山如靛；余所行之西北，则弥沦如海，峰上峰下，皆入混沌，若以此脊为界者。盖脊之东南，风所从来，故夙霾净卷；脊之西北，风为脊障，毒雾遂得倚为窟穴。予夙愿一北眺盘江从来处，而每为峰掩，至是适登北岭，而又为雾掩；造化根株，其不容人窥测如此！

攀脊半里，有洞在顶崖之下；其门东向，上如合掌，稍洼而下，底宽四五丈，中有佛龛僧榻，遗饭犹存，而僧不知何往。两旁颇有氤氲之龛；其后直透而西，门乃渐狭而低，亦尖如合掌。其门西径山腹而出，约七丈余，前后通望而下不见者，以其高也。出后门，上下俱削崖叠石。路缘崖西南去，十余丈，复有洞西向，门高不及丈，而底甚平，深与阔各二丈；而洞后石缕缤纷，不深而幻，置佛座其中，而前建虚堂，已圮不能存。其前直瞰卫城，若垂趾可及；偶雾气一吞，忽漫无所睹。不意海市蜃楼，又在山阿城郭也。然此特洞外者也。由洞左旁窍东向入，其门渐隘而黑；攀石阈上，其中坎砢欹嵌，洼窦不一，皆贮水满中而不外溢；洞顶滴沥，下注水池，如杂珮繁弦，铿锵远近。洞内渐转东北，势似宏深渊坠，既水池高下，无可着足，而无火炬遥烛，惟从黑暗中听其遥响而已。余所见水洞颇多，而独此高悬众峰之顶，又潴而不流，无一滴外泄；向所望，以为独石凌空，而孰意其中乃函水之具耶。出洞，仍循崖而北，入明洞后门，抵前洞。从僧榻之左，有旁龛可登，攀而上之，则有隙西透，若窗而岐为两，其后复有洞门西向，在崖路之上，其门颇敞，第透隙处，双棂逼仄，只可外窥，不能穿之以出耳。先是余入前洞，见崖间有镌“三明洞”三字者，从洞中直眺，但见前后，而不知旁观更有此异也。下洞，由旧路三里，出茶庵，适按君冯士俊以专巡至。从来直指巡方，不逾关岭、盘江，冯以特命再任，故历关隘至此耳。时旌旗穿关逾坳，瞻眺之，空山生色，第随其后抵安南，不免徒骑杂沓。五里之程，久乃得至。乃饮于陈氏肆中。遂入东门，西抵卫前，转南而出南门，南向行岭峡间。共平上二里，有脊自西北度东南；度处东平为塍，西忽坠坑深下，有小水自坑中唧唧出。路随之，西循北崖下坠，即所谓乌鸣关也，乌鸣关在安南卫。土人呼为老鸦关。西向直下一里，有茶庵跨路隅；飞泉夹洒道间，即前唧唧细流，至此而奔腾矣。庵下崖环峡仄，极倾陷之势。又曲折下半里，泉溢洟道；有穹碑，题曰“甘泉胜迹”。其旁旧亦有亭，已废，而遗址丰碑尚在，言嘉靖间有僧施茶膳众，由岭下汲泉甚艰，一日疏地得之，是言泉从僧发者。余忆“甘泉”之名，旧《志》有之，而唧唧细流，实溢于岭上，或僧疏引至此，不为无功；若神之如锡卓龙移，则不然也。

又拾级西南下一里，下抵峡口，循西崖之足，转而西行，北则石崖排空，突兀上压；南则坠壑下盘，坧埅纵横，皆犁为田。虽升降已多，犹平行山半也。又西半里，有泉自北崖裂隙间，宛转下注，路经其前，为架桥横度；泉落于桥内，复从桥下泻峡去。坐桥上仰观之，崖隙欹曲，泉如从云叶间堕出，或隐或现，又瀑布一变格也。循崖又西，迤逦平上，两过南度之脊，渐转西北，共五里，为乌鸣铺。复西北，下峡间一里余，有小水一自东峡来，一自北峡来，各有石梁跨之，合于路左而东南去。度两石桥，又西南上岭。一里，从岭头过一哨，有数十家夹道。又从岭上循北界大山西向行，其南复平坠成壑，下盘错为田甚深。其南遥山与北界环列者；耸如展屏，而北角独尖竖而起，环此壑而东度土脊一支，遥属于北界大山；所过岭头夹哨处，正其北属之脊也。余先是从海马嶂西，即遥从岭隙见西峰缭绕，而此峰独方顶，迥出如屏，问骑夫："江西坡即此峰否？"对曰："尚在南。"余望其坳入处，反在北，心惑之，至是始知其即东向分支之脊；路虽对之行，而西坡实在其北。循北岭升降曲折，皆在峰半行。又西北二里，西南二里，直坠坡而下者二里，缘岭西转者一里，是为纳溪铺；盖在北崖南坠之下，虽所下已多，而犹然土山之脊也。由铺西望，则东西山又分两界，有水经其中；第此两界俱支盘陇错，不若关岭之截然屏夹也。复西南下一里半，有水从东崖坠坑而出，西悬细若马尾。从其北，路亦坠崖而下。又二里余，抵坞中，巨桥三门，跨两陇间；水从东一门涌而北出，其西二门，皆下平为田，岂水涸时耶？其水自西南诸峡中，各趋于桥之南，坠峡而下，经桥下，北注而出于盘江上流；岂纳溪之名以此耶？度桥复西北上岭，是为江西坡，以岭在溪之西也。路从夹冈中透壁盘旋而上，一里，出峡，复拾级上。一里，得茅庵，在坡之半。又北上拾级，半里，抵岭头，其北有峰夹坞，尚高；东望纳溪铺之缀东崖者，高下正与此等。于是又西向平陟岭间二里，挟南峰转循其西，又西向行半里，则岭上水多左右坠。又东北下转，则一深堑甚逼，自西南坠东北，若划山为二者。度小石梁而西，又西北逾岭头，共一里，而入西坡城之东南门，是为有嘉城。

二十八日　出西坡城之西北门，复西向陟岭，盘折而上二里，始升岭头。其北岭尚崇。循其南而西，又二里，望西北一峰，甚近而更耸，有雾笼其首，以为抵其下矣；又西一里，稍降而下，忽有脊中度，左右复中坠成峡，分向而去。其度脊阔仅二尺，长亘二、三丈而已，为东西联属之蒂。始知西坡一山，正如一芝侧出，东西径仅十里，南北两垂，亦不过二、三十里，而此则其根蒂所接也。度脊，始上云笼高峰。又二里盘峰之南，是为倪纳铺，数十家后倚高峰，南临遥谷。前所望方顶屏列之峰，正亘其南。指而询之，土人曰："是为兔场营。其南为马场营，最南为新、安二所。"新为新城所，安为安笼所，即与广西安隆土司为界者。由铺之西半里，有脊自山前坞中南度，复起山一支，绕于铺前；脊东西流水，俱东南入纳溪桥之上流者，第脊西之流，坠峡南捣甚逼。又稍北，循崇山而西半里，有脊自南岭横亘而北，中平而不高。有堡楼峙脊间，是为保家楼。已为猡猡哨守之处。其脊自西南屏列而来，至此北度，东起而为高峰，即倪纳后之雾笼者。西亘而成石崖，即与来脊排闼为西夹坞者。由脊北循石崖直西，行夹坞之上，是为三条岭。西四里，石崖垂尽，有洞高穹崖半，其门南向，横拓而顶甚平；又有一斜裂于西者，其门亦南向，而门之中有悬柱焉。其前坞中水绕入西南峡，路乃稍降。复西上岭坳，共三里，为芭蕉关，数十家倚北山南突之坳间；水绕突峰之南，复北环关西而出；过关，则坠峡而下，复与水遇。是为普安东境之要害，然止铺舍夹路，实无关也。

由其西降峡循水，路北重崖层突，多赭黑之色。闻有所谓“吊崖观音”者，随崖物色之。二里，见崖间一洞，悬踞甚深，其门南向而无路，乃攀陟而登。则洞门圆仅数尺，平透直北十余丈而渐黑，似曾无行迹所入者。乃返出洞口，则满地白骨，不知是人是畜也。仍攀崖下，又西有路，复北上崖间，其下门多牛马憩息之所，污秽盈前；其上层有垂柱，空其端，而置以小石大士，乃出人工，非天然者。复下循大路，随溪西一里，溪转北向坠峡去，于是复西涉坡阜，共六里，而至新兴城；自芭蕉关而来，所降不多，而上亦不远，其坞间溪犹出山上也。入东门，出西门，亦残破之余也。有碑为天启四年都御史乌程闵公所复。中有坐镇守备。是晚按君宿此。又西行岭峡间二里，连逾二岭脊，皆自南北度者。忽西开一深壑，中盘旋为田，其水四面环亘，不知出处。路循东峰西南降，一里，复转南向上，一里，又转东南上，半里，逾岭脊而南，乃西南下，一里，抵坞中，闻水声淙淙甚急，忽见一洞悬北崖之下，其门南向而甚高，溪水自南来，北向入洞，平铺洞间，深仅数寸，而阔约二丈；洞顶高穹者将十丈，直北平入者十余丈，始西辟而有层坡，东坠而有重峡，内亘而有悬柱，然渐昏黑，不可攀陟矣。此水当亦北透而下盘江者。出洞，征洞名于土人，对曰：“观音洞。”征其义，以门上崖端有置大士像于其穴者也。洞前溪由东南峡中来，其峡底颇平，大叶蒲丛生其间，淬绿锷于风前，摇青萍于水上，芃芃有光。循之西南半里，又西穿岭隙间，渐循坡蹑脊。二里，有一、二家在北峰下。其前陷溪纵横，水由西南破壑去，路由西北循岭上。一里，出岭头，是为蔺家坡。西南骋望，环山屏列甚遥，其中则峰巅簇簇，盘伏深壑间，皆若儿孙匍匐成行，天与为抗。从此乃西北下，直降者二里，又升降陇脊西行者二里，有庵缀峰头，曰罗汉松，以树名也。自逾新兴西南岭，群峰翠色茸茸，山始多松，然无乔枝巨本，皆弱干纠缠，垂岚拂雾，无复吾土凌霄傲风之致也。其前又西南开峡。从峡中直下者三里，转而西平行者一里，有城当坳间，是曰板桥铺城，城当峡口；仰眺两界山，凌空而起，以为在深壑中矣，不知其西犹坠坑下也。路在城外西北隅，而入宿城中之西门。

二十九日　出板桥城之西门，北折入大路，遂拾级下；有小水自右峡下注，逾其左，随之行。一里，则大溪汪然，自西南转峡北注，有巨石梁跨其上，即所谓三板桥也；今已易之石，而铺犹仍其名耳。桥上下水皆阔，独桥下石峡中束，流急倾涌。其水西北自八纳山发源，流经软桥，又西南转重谷间，至是北捣而去，亦深山中一巨壑也。越桥西，溯溪北崖行。一里，溪由西南谷来，路入西北峡去。于是升降陇坳，屡越冈阿，四里，直西，山复旷然平伏，独西南一石峰耸立。路乃不从西平下，反转南仰跻。半里，盘石峰东南，有石奋起路右，首锐而湾突，肩齐而并耸，是曰鹦哥嘴。又西转而下者，一里半，有铺肆夹路，曰革纳铺。土音“纳”俱作“捺”。至是而始知所云“捺溪”、“倪捺”、皆“纳”字也。惟此题铺名。又从峡平行，缘坡升降，五里，有哨舍夹路，曰软桥哨。由哨西复坠峡下，遥见有巨溪从西峡中悬迅东注，下峡一里，即与溪遇；其溪转向南峡去，路从溪北，溯溪循北山之麓西行。二里，有巨石梁南北跨溪上，即所谓软桥也。余初疑冉姓者所成，及读真武庙前断碑，始知为“软”；想昔以篾索为之，今已易之石，而犹仍其名耳。

度桥而南，遂从溪南，西向缘南崖而上，其跻甚峻，半里，平眺溪北，山俱纯石，而绿树缘错成文，其中忽有一瀑飞坠，自峰顶直挂峡底。缘南崖西上，愈上愈峻，而北眺翠纹玉瀑，步步回首不能去。上二里，峡底溪从西北而出，岭头路向西南而上。又一里，过真武庙。按君自新兴而来，越此前去。由其西南向行，遂下坞中。又西南共四里，两越小岭而下，有峡自东南达西北；又两界山排闼而成者，其中颇平远，有聚落当其间，曰旧普安。按君饭于铺馆。余复先之而西北，由坞中行。东北界山，逶迤缭绕，不甚雄峻；西南界山，蹁跹离立，复露森罗；峡踪虽远，然两头似俱连脊，中平而无泄水之隙者。又西三里，有石峰中起，分突坞间；神宇界其下，曰双山观。按君自后来，复越而前去。又西一里，则西脊回环于前，遂坞穷谷尽。坞底有塘一方，汇环坡之麓，四旁皆石峰森森，绕塘亦多石片林立，亦有突踞塘中者。于是从塘西南上回坡，一里，登其脊。又宛转西行岭头，岭左右水俱分泻深谷；北出者，当从软桥水而入盘江上流；南流者，当从黄草坝而下盘江下流。又西向从岭头升陟，其上多中洼之宕，大者盘壑为田，小者坠穴为阱。共五里，为水塘铺，乃饭于庙间。过铺西下岭，逶迤山半，又五里，过高笠铺，南向行陇间。逾一平岭西南下，又五里，有小溪自北峡来，石桥南跨之。度其南，北门街夹峙冈上；逾冈南下，始成市，有街西去，为云南坡大道。直南又一小溪，自西南峡来，石桥又南跨之。桥南即为普安城，州、卫俱在其中。按君已驻署中矣。其城西半倚山脊，东半下临东溪，南北二门，正当西脊之东麓，而东门则濒溪焉。南门外石桥，则三溪合于北，经东门而西环城南，又南去而注于水洞者。北门外石桥：第一桥，即云南坡之水，绕城西北隅而为堑，东下而与北溪合于城东；第二桥，即小溪自西北来者，《一统志》所云“目前山之水”也；第三桥，即小溪自北来者，《一统志》所云“沙庄之水”也。三溪交会于城之东北，合而南去，是为三一溪，经城南桥而入于水洞。其城自天启初，为水西叛逆，诸蛮应之，攻围一年而破，后云南临安安南土官沙姓者，奉调统兵来复。至今疮痍未复。然是城文运，为贵竹之首，前有蒋都宪，今有王宫詹，名祚远。非他卫可比。州昔惟土官，姓龙，其居在八纳山下，统十二小土司，今土官名子烈，年尚少。后设流官，知州姓黄。并治焉。

州东北七十里，有八纳。其山高冠一州，四面皆石崖崭绝，惟一径盘旋而上，约三十里；龙土官居在其下。其顶甚宽平，有数水塘盈贮其上，软桥之水所由出也。土音以“纳”为“但”，而《梵经》有“叭吧哆”之音，今老僧白云南京人。因称叭吧山。遂大开丛林，而彝地远隔，尚未证果。

州南三十里，有丹霞山。其山当丛峰之上，更起尖峰卓立于中。西界有山一支，西南自平彝卫屏列而北，逦迤为云南坡，而东下结为州治。西屏之中，其最高处曰睡寺山，正与丹霞东西相对。其东界有山，南自乐民所分支而北，当丹霞山南十里。西界屏列高山横出一支，东与东界连属，合并而北，夭矫丛沓，西突而起者，结为丹霞山；东北耸突而去者，渐东走而为兔场营方顶之山，而又东北度为安南卫脉。其横属之支，在丹霞山南十里者，其下有洞，曰山岚洞，其门北向；水从洞中出，北流为大溪，经丹霞山之西大水塘坞中，又北过赵官屯，又东转而与南板桥之水合。由洞门溯其水入，南行洞腹者半里，其洞划然上透，中汇巨塘，深不可测；土人避寇，以舟渡水而进，其中另辟天地，可容千人。而丹霞则特拔众山之上，石峰峭立，东北惟八纳山与之齐抗。八纳以危拥为雄，此峰以峭拔擅秀。昔有玄帝宫，天启二年，毁于蛮寇，四年，不昧师徽州人。复鼎建；每正二月间，四方朝者骈集，日以数百计。僧又捐赀置庄田，环山之麓，岁入谷三百石。而岭间则种豆为蔬，岁可得豆三十石。以供四方。但艰于汲水：寻常汲之岭畔，往返三里，皆峻级；遇旱，则往返十里而后得焉。

五月初一日　余束装寄逆旅主人符心华寓，兰溪人。乃南抵普安北门外，东向循城行。先是驼骑议定自关岭至交水，至是余欲往丹霞，彼不能待，计程退价。余仓卒收行李，其物仍为夫盗去。穷途之中，屡遭拐窃，其何堪乎！复随溪南转，过东门，又循而抵南门，有石梁跨溪上。越其南，水从西崖向南谷，路从东坡上南岭，西眺水抵南谷，崖环壑绝，遂注洞南入。时急于丹霞，不及西下，二里，竟南上岭，从岭上行。又二里，逾岭转而西，其两旁山腋多下坠之穴，盖其地当水洞东南，其下中空旁透，下坠处，皆透穴之通明者也。又西南一里，路右一峡下迸，有岩西南向，其上甚穹，乃下探之。东门有侧窦如结龛，门内洼下而中平，无甚奇幻。遂复上南行，又一里，逾岭脊，遂西南渐下，行坡峡间。一里，过石亭垒址，其南路分两岐：由东南者，为新、安二所黄草坝之径；由西南者，则向丹霞而南通乐民所道也。遂从西南下。

从岭峡中平下者二里，东顾峡坑坠处，有水透崖南出，余疑为水洞所泄之水，而其势颇小，上流似不雄壮。从其西，遂西南坠坑而下。一里，抵壑中，则有溪汪然自西而东注，小石梁跨其上，曰南板桥。以别于北大道之三板桥也。其下水西自石洞出，即承水洞之下流，至是而复透山腹也。水从桥东又合南峡一溪，东向而去，东北合软桥下流，出北板桥而东与盘江合。其南峡之溪，则自大水塘南山岚洞来。二溪一北一南，皆透石洞而出，亦奇矣。越南板桥南一里，溯南来溪入南峡，转而西行峡中，又二里，则有坝南北横截溪上；其流涌坝下注，阔七、八丈，深丈余，绝似白水河上流之瀑，但彼出天然，而此则人堰者也。坝北崖有石飞架路旁，若鹳首掉虚，而其石分窍连枝，玲珑上透，嵌空凑合，亦突崖之一奇也。又西三里，路缘北崖而上，西越之而下，共半里，山回水转，其水又自南向北而来者；其先东西之峡甚束，至是峡之成南北者渐宽。又循溪西崖南向行一里，南逾一突嘴，则其南峡开而盘成大坞。南望有石梁横跨溪上，半里，度石梁而东，遂东南上坡，始与南来之溪别。东上半里，过一村，又东半里，转而南稍下，共半里，逾小溪而上，过赵官屯，遂由屯村北畔东南入坞。二里，复上岭。一里，转峡处有水飞坠山腰，循山嘴又西转而南，半里，随峡东入。又半里，峡中有水自东峡出，即飞瀑之上流也。小石梁跨峡而南，石碑剥落，即丹霞山《建桥记》文也。

由桥南西向盘岭，为大水塘之道，由桥东向，溯水而入，其下峡中箐树蒙密，水伏流于下，惟见深绿一道，迤逦谷底。又东半里，内坞复开，中环为田，而水流其间。路循山南转，半里，入竹树间，有一家倚山限结庐，下瞰壑中平畴而栖。余以为非登山道矣。忽一人出，呼余由其前，稍转而东，且导余东南登岭，乃下耕坞中去。及余跻半里，复西入樵径，其人自坞中更高呼“稍东”，遂得正道。其处四山回合，东北皆石山突兀，而余所登西南土山，则松阴寂历，松无挺拔之势，而偃仆盘曲，虽小亦然。遂借松阴，以手掬所携饭，抟而食，觉食淡之味更长也。既而循坡南上者半里，又入峡西上者一里，又南逾坳脊间半里；其坳两旁石峰东西涌起，而坳中则下陷成井，灌木丛翳其间，杳不可窥。已循东峰之南，又转而东南，盘岭半里，其两旁石峰，又南北涌起，而峡中又下陷成洼。又稍转东北，路成两岐：一由北逾峡；一由东上峰。余不知所从，乃从东向而上者，其两旁石峰，复南北涌起；半里陟其间，渐南转，又半里，南向跻其坳，则两旁石峰又东西涌起。越脊南，始见西南一峰特耸，形如天柱，而有殿宇冠其上。乃西南下洼间。半里，复南上冈脊，回望所越之脊，有小洞一规，其门南向；其西有石峰如展旗，其东冈之上，复起乱峰如涌髻，而南冈则环脊而西，遂矗然起丹霞之柱焉；其中回洼下陷，底平如镜，已展土为田，第无滴水，不堪插莳。由冈西向，跻级登峰，级缘峰西石崖，其上甚峻；已而崖间悬树密荫，无复西日之烁，直跻半里，始及山门。其门西北向，而四周笼罩山顶。时僧方种豆垄坂间，门闭莫入。久之，一徒自下至。号照尘。启门入，余遂以香积供。既而其师影修至，遂憩余阁中，而饮以茶蔬。影修又不昧之徒也。时不昧募缘安南，影修留余久驻，且言其师在，必不容余去，以余乃其师之同乡也。余谢其意，许为暂留一日。

初二日 甚晴霁。余时徙倚四面，凭窗远眺，与影修相指点。其北近山稍伏，其下为赵官屯，渐远为普安城，极远而一峰危突者，八纳也。相去已百里。其南稍下，而横脊拥其后，为山岚洞；极远而遥峰隐隔者，乐民所之南，与亦佐县为界者也。其西坠峡而下，为大水塘，坞中自南而北，山岚洞之水，北出南板桥者也；隔溪则巨峰排列，亦自南而北，所谓睡寺山矣；山西即亦资孔大道，而岭障不可见。其东仅为度脊，上堆盘髻之峰；稍远则骈岫丛沓，迤逦东北去，为兔场营方顶山之脉者也。山东南为归顺土司。普安龙土司之属，与粤西土司同名。越其东南，为新安二所、黄草坝诸处，与泗城接界矣。是日，余草记阁中。影修屡设茶，供以鸡葼菜、藠浆花、藤如婆婆针线，断其叶蒂，辄有白浆溢出。花蕊每一、二十茎成一丛。茎细如发，长半寸。缀花悬蒂间，花色如淡桃花。连丛采之。黄连头，皆山蔬之有风味者也。

初三日 饭后辞影修。影修送余以茶酱。粤西无酱，贵州间有之而甚贵，以盐少故。而是山始有酱食。遂下山。十里，北过赵官屯，十里，东北过南板桥，七里，抵普安演武场。由其西横岭西度，一里，望三一溪北来，有崖当其南，知洞在是矣，遂下，则洞门北向迎溪，前有巨石坊，题“碧云洞天”，始知是洞之名碧云也。土人以此为水洞，以其上有佛者为干洞。洞前一巨石界立门中，门分为二，路由东下，水由西入。入洞之中，则扩然无间，水循洞西，路循洞东，分道同趋；南向十余丈，渐昏黑矣，忽转而东，水循洞北，路循洞南，其东遂穹然大辟；遥望其内，光影陆离，波响腾沸，而行处犹暗暗也。盖其洞可入处，已分三层：其外入之门为一层，则明而较低；其内辟之奥为一层，则明而弥峻；当内外转接处，为一层，则暗而中坼，稍束如门，高穹如桥，耸豁不如内层，低垂不如外层，而独界其中，内外回眺，双明炯然。然从暗中仰瞩其顶，又有一圆穴上透，其上亦光明开辟，若楼阁中函，恨无由腾空而上也。东行暗中者五、六丈而出，则堂户宏崇，若阿房、未央，四围既拓，而峻发弥甚；水从东南隅下捣奥穴而去，光从西北隅上透空明而入；其内突水之石，皆如踞狮泛凫，附壁之崖，俱作垂旂矗柱。盖内奥之四隅，西南为转入之桥门，西北为上透之明穴，东南为入水之深窍；而独东北回环迥邃，深处亦有穴高悬，其前有眢窟下坠，黑暗莫窥其底，其上有侧石环之，若井栏然，岂造物者恐人暗中失足耶？由窟左循崖而南，有一石脊，自洞顶附壁直垂而下，痕隆起壁间者仅五、六寸，而鳞甲宛然，或巨或细，是为悬龙脊，俨有神物浮动之势。其下西临流侧，石畦每每，是为十八龙田。由窟右循崖而东，有一石痕，亦自洞顶附壁直垂而下，细纹薄影，是为蛇退皮，果若遗蜕粘附之形。其西攀隙而上，则明窗所悬也。其窗高悬二十丈，峻壁峭立，而多侧痕错锷。缘之上跻，则其门扩然，亦北向而出，纵横各三丈余，外临危坡，上倚峭壁，即在水洞之东，但上下悬绝耳。门内正对矗立之柱；柱之西南，即桥门中透之上层也。余既跻明窗，旋下观悬龙、蛇蜕，仍由砻桥下出，饭于洞门石上。石乃所镌诗碑，游人取以为台，以供饮馔。其诗乃张涣、沈思充者；诗不甚佳，而涣字极遒活可爱。镌碑欲垂久远，而为供饮之具，将磨漶不保矣。亟出纸笔录之。仍入内洞，欲一登砻桥上层，而崖壁悬峭，三上三却。再后，仍登明窗东南，援矗柱之腋，透出柱南，平视砻桥之背，甚坦而近，但悬壁无痕，上下俱绝攀践，咫尺难度。于是复下而出洞。日已下舂，因解衣浴洞口溪石间；半截夙垢，以胜流浣濯之，甚快也！既而拂拭登途，忽闻崖上歌笑声，疑洞中何忽有人，回瞩之，乃明窗外东崖峭绝处，似有人影冉冉。余曰："此山灵招我，不可失也。"先是，余闻水洞之上有梵龛，及至，索之无有；从明窗外东眺，层崖危耸，心异之，亦不见有攀缘之迹。及出水洞觅路，旁有小径，隐现伏草间，又似上跻明窗者，以为此间乃断崖绝磴耳，不意闻声发閟，亟回杖上跻。始向明窗之下，旋转而东，拾级数十层，复跻危崖之根，则裂窍成门。其门亦北向，内高二丈余，深亦如之；左有旁穴前透，多裂隙垂棂，僧以石窐之为室；右有峭峡后坼，上颇氤氲盘结，而峻不可登。洞中有金仙三像，一僧栖其间，故游者携樽罍就酌于此；非其声，余将芒芒返城，不复知水洞之外，复有此洞矣。酌者仆从甚都，想必王翰林子弟。余远眺而过之。下山，循溪溯流，二里，有大道，即南门桥。遂从南门入，蹑山坡北行。城中荒敝甚，茅舍离离，不复成行；东下为州署，门廨无一完者。皆安酋叛时，城破鞠为丘莽，至今未复也。出北门，还抵逆旅。是晚觅夫不得，遂卧。按君是早返辕矣。

初四日　觅夫不得，候于逆旅。稍散步北寺，惟有空楼层阁，而寂无人焉，乃构而未就者。还，闷闷而卧。

初五日　仍不得夫。平明微雨，既止，而云油然四布。是日为端午，市多鬻蒲艾者。雄黄为此中所出，然亦不见巨块。市有肉而无鱼。余兀坐逆旅，囊中钱尽，不能沽浊醪解愁，回想昔年雉山之乐，已分霄壤。

初六日　夜雨达旦。夫仍不得。既午，遇金重甫者，麻城人也，贾而儒，索观余诸公手卷。为余遍觅夫，竟无至者。

初七日　囊钱日罄，而夫不可得。日复一日，不免闷闷。是早，金重甫言，将往荆州，余作书寄式围叔。下午，彼以酒资奉，虽甚鲜而意自可歆。

初八日　候夫虽有至者，而恶主代为措价，力阻以去。下午得骑，亦重价定之，无可奈何也。余所遇恶人，如衡阳劫盗，狗场拐徒，并此寓窃钱去者，共三番矣。此寓所窃，初疑为骑夫，后乃知为符主也。人之无良如此！夫劫盗拐徒无论，如南宁梁仲宇、宝檀僧，并此人，俱有害人之心。余以万里一身，脱其虎口，亦幸矣！

初九日 平明以行李付骑，别金重甫乃行。是早云气浓郁，从普安北门外第一溪桥北循西峡入，过税司前，渐转西南，皆溯小溪西岸行；西山崇隆，小瀑屡屡从山巅悬注。南五里，始西南登坡，是为云南坡。初二里稍夷，又一里半，甚峻。过一脊而西复上坳，共一里为马鞍岭。越而西，遂循岭西向西南行。于是升降在岭头，盘折皆西南，俱不甚高深。五里，稍降坞中，为坳子哨。先是，每处有打哨之苦。此为第一哨。今才奉宪禁，并于一处，过无问者。又南越一坳，大雨淋漓。仍前升降大峰之西，冒雨又十五里而至海子铺，山坞稍开颇大，中有水塘，即所谓海子也。有小城在其南，是为中火铺。普安二十二哨，俱于此并取哨钱，过者苦焉。先各哨分取，今并取于此。哨目止勒索驼马担夫，见余辈亦不甚阻挠。余乃入城，饭于肆。复出南门，南向登山。五里，遇驼马方牧于山坡，雨复大至，余乃先行。升降高下，俱依东大山而南。两旁多眢井坠坑，不辨水从何出。又五里，为大河铺。有水自铺东平泻坡陀下，漫流峡中，路随之而南。天乃大霁，忽云破峰露，见西南有山甚高，土人称为黑山。云气笼罩，时露一班，直上与天齐。望而趋五里，大河之水，已渐坠深堑，似从西北坼峡去。路东南缘岭透峡东下，则山环坞合间，中洼为塘，水满其中而四面皆高，不知出处。又东透坳下，坞间又复洼而成塘，与前虽有高下，而潴水莫泄同之。又东缘南峰而转越其东。则东坞大开，深盘远错，千塍环壑于下。度其地在丹霞山南，山岚洞西南。余谓壑底水即北透山岚者，征之土人云："西峰下有入水洞，水坠穴去，不知所出。"从西峰稍下共五里，是为何郎铺。越铺南，又上岭，仍依东岭行。回望云笼高峰已在西北，时出时没；兴云酿雨，皆其所为，虽山中雨候不齐，而众山若惟瞻其马首者。循东岭南下峡中，有溪自南而来，溯之行其东岸。共五里，路忽由水渡西岸，而暴雨涨流，深涌莫能越。方欲解衣赴之，忽东山之上有呼者，戒莫渡，招余东上岭行。余从之，遂从莽棘中上东岭。已得微道，随之南二里，得北来大道，果从东岭上降者。盖涉溪者乃西道，从岭者乃东道，水涸则从西，水涨则从东也。西流之中，有一线深坑，涸时横板以渡；兹涨没无影，非其人遥呼，几不免冯河之险矣。从东岭下一里，则大道西濒溪，道中水漫数寸，仍揭而溯之。一里，有石梁跨溪上；其溪自西南抵东山之麓，至是横折而西，从梁下抵西山之麓，乃转北去。盖其源发于西南火烧铺西分水岭，按《志》：分水岭在普安西南百二十里，即此。北流经此，又北抵黑山、何郎之南，不知所泄，即土人亦莫能悉也。石梁西麓，有穴纷骈纵横如"亦"字，故名其地曰亦字孔。今讹为亦资孔，乃土音之溷也。梁南半里即为亦字孔驿，有城倚西山下，而水绕其东焉。比至，雷雨大作。宿于西门内周铺。

卷五上

滇游日记一缺

季会明曰："乙酉七月，余宗人季杨之避难于舅氏徐虞卿处，顾余于馆，见《霞客游记》，携《滇游》一册去。不两日虞卿为盗所杀，火其庐，记付祖龙。是书遭其残缺，亦劫数也！原稿后又抢散，此集亦失而复得，危矣哉！幸矣哉！但全集今唯义兴庠友曹骏甫处有之。骏甫亦好游，慕霞客之高，闻变，诣吊，已葬，拜墓而去。后又来，欲求遗书校录，为刊刻计。子依以原稿付去，逾一年而返赵，云已誊录。今其集必全。况此册正入滇之始，奇遇胜游，多在其中，甚不可缺，访而得之，亦甚易也。又诗稿一册，仲昭付梓人陈仲邻；仲邻遇难，稿亦散失。然其诗另为一册，与记不相连属，缺之犹可；记缺其一，便不成集，当急求之。"

陈体静曰："余尝考介翁于宜兴史氏购得曹氏底本，而此册中亦仅载游太华、颜洞数小记而已；其间自五月初九至八月初六，凡八十七日日记，仍不可得。想曹氏以其经行之略已见于《盘江考》中而概削之者，则知骏甫所录，先已非全文也。文章缺陷，信乎有数存焉，为之浩叹！"

镇按："《滇》一日记，已为烬简；介翁蕞残补治，定知非辑缀假合也。或者一并汰之，直将《太华》数节，别作记外赘笔，而《滇》一则仍阙如，岂复成令丙耶？兹从陈本编正。"

游太华山记

出省城，西南二里下舟，两岸平畴夹水，十里田尽，萑苇满泽；舟行深绿间，不复知为滇池巨流，是为草海。草间舟道甚狭，遥望西山绕臂东出，削崖排空，则罗汉寺也。又西十五里，抵高峣，乃舍舟登陆。高峣者，西山中逊处也；南北山皆环而东出，中独西逊，水亦西逼之；有数百家倚山临水，为迤西大道。北上有傅园，园西上五里，为碧鸡关，即大道达安宁州者。由高峣南上，为杨太史祠；祠南至华亭、太华，尽于罗汉，即碧鸡山南突为重崖者。盖碧鸡山自西北亘东南，进耳诸峰由西南亘东北，两山相接，即西山中逊处，故大道从之，上置关；高峣实当水埠焉。余南一里，饭太史祠。又南过一村，乃西南上山。共三里，山半得华亭寺。寺东向，后倚危峰，草海临其前。由寺南侧门出，循寺南西上，南逾支陇入腋，共二里，东南升岭，岭界华亭、太华两寺中而东突者。南逾岭，西折入腋凑间，上为危峰，下盘深谷；太华则高峙谷东，与行处平对，然路必穷极西腋，后乃东转出。腋中悬流两派坠石窟，幽峭险仄，不行此径不见也。转峡，又东盘山嘴，共一里，俯瞰一寺在下壑，乃太平寺也。又南一里，抵太华寺。寺亦东向，殿前夹墀皆山茶，南一株尤巨异。前廊南穿庑入阁，东向瞰海。然此处所望，犹止及草海；若漭漭浩荡观，当更在罗汉寺南也。遂出南侧门稍南下，循坞西入。又东转一里半，南逾岭，岭自西峰最高处东垂下；有大道直上，为登顶道。截之东南下，复南转，遇石峰嶙峋南拥，辄从其北，东向坠土坑下。共一里，又西行石丛中。一里，复上蹑崖端，盘崖而南。见南崖上下，如蜂房燕窝，累累欲堕者，皆罗汉寺南北庵也。披石隙稍下，一里，抵北庵。已出文殊岩上，始得正道；由此南下，为罗汉寺正殿；由此南上，为朝天桥。桥架断崖间，上下皆嵌崖，此复崭崖中坠。桥度而南，即为灵官殿，殿门北向临桥。由殿东侧门下，攀崖蹑峻，愈上愈奇，而楼、供纯阳。而殿、供玄帝。而阁、供玉皇。而宫，名抱一。皆东向临海，嵌悬崖间；每上数十丈，得斗大平崖，辄杙空架隙成之，故诸殿俱不巨，而点云缀石，互为披映，至此始扩然全收水海之胜。南崖有亭前突，北崖横倚楼；楼前高柏一株，浮空漾翠。并楼而坐，如倚危樯上，不复知有崖石下藉也。抱一宫南削崖上，杙木栈，穿石穴；栈悬崖树，穴透崖隙，皆极险峭。度隙，有小楼粘石端，寝龛炊灶皆具。北庵景至此而极。返下朝天桥，谒罗汉正殿。殿后崖高百仞。崖南转折间，泉一方渟崖麓，乃朝天桥迸缝而下者，曰勺冷泉。南逾泉，即东南折，其上崖更崇列，中止漭坪一缕若腰带，下悉隤阪崩崖，直插海底；坪间梵宇仙宫，雷神庙、三佛殿、寿佛殿、关帝殿、张仙祠、真武宫。次第连缀。真武宫之上，崖愈杰竦；昔梁王避暑于此，又名避暑台，为庵南尽处，上即穴石小楼也。更南则庵尽而崖不尽，穹壁覆云，重崖拓而更合；南绝壁下，有猗兰阁址。还至正殿，东向出山门，凡八折。下二里抵山麓，有村氓数十家，俱网罟为业。村南即龙王堂，前临水海。由其后南循南崖麓，村尽波连，崖势愈出，上已过猗兰旧址，南壁愈拓削，一去五里；黄石痕挂壁下，土人名为挂榜山。再南则崖回嘴突，巨石垒空嵌水折成壘，南复分接屏壁，雄峭不若前，而兀突离奇，又开异境。三里，下瞰海涯，舟出没石隙中，有结茅南涯侧者，亟悬仄径下，得金线泉。泉自西山透腹出，外分三门，大仅如盎，中崆峒，悉巨石欹侧，不可入；水由盎门出，分注海。海中细鱼溯流入洞，是名“金线鱼”。鱼大不逾四寸，中腴脂，首尾金一缕如线，为滇池珍味。泉北半里，有大石洞；洞门东瞰大海，即在大道下，崖倾莫可坠，必迂其南，始得逶迤入，即前所望石中小舟出没处也。门内石质玲透，裂隙森柱，俱当明处，南入数丈辄暗。觅炬更南，洞愈崇拓。共一里，始转而分东西向：东上三丈止，西入窈窕莫极。惧火炬不给，乃出，上山返抱一宫。问山顶黑龙池道，须北向太华中，乃南转。然池实在山南金线泉绝顶，以此地崖崇石峻，非攀援可至耳。余辄从危崖历隙上，壁虽峭，石缝多棱，悬跃无不如意；壁纹琼葩瑶茎，千容万变，皆目所未收；素习者惟牡丹，枝叶离披，布满石隙，为此地绝遘，乃结子垂垂，外绿中红，又余地所未见。土人以高远莫知采鉴，第曰山间野药，不辨何物也。攀跻里余，遂蹑巅，则石萼鳞鳞，若出水青莲，平散竟地。峰端践侧锷而南，惟西南一峰最高。行峰顶四里，凌其上，为碧鸡绝顶。顶南石萼骈丛，南坠又起一突兀峰，高少逊之，乃南尽海口山也。绝顶东下二里，已临金线泉之上。乃于耸崖间观黑龙池而下。

游颜洞记

临安府颜洞凡三，为典史颜姓者所开，名最著。余一至滇省，每饭未尝忘钜鹿也。遂由省中南过通海县，游县南之秀山。上一里半，为灏穹宫。宫前巨山茶二株，曰“红云殿”。宫建自万历初，距今裁六十年，山茶树遂冠南土。又南抵临安府，城南临泸江。此江西自石屏州异龙湖来，东北穿出颜洞；而合郡众水，亦以此洞为泄水穴也。于是觅一导游者于城东接待寺。颜洞大道，当循城而南，渡泸江桥；导者从寺前隔江东北小路行，遂不得渡泸江，东观三溪会合处。由寺北循塘岸东行，塘东皆红莲覆池，密不见水。东北十五里，渡赛公桥；水自西北来，东南入泸。又五里上山，为金鸡哨。哨南泸江会诸水，由此东入峡；峡甚逼，水倾其中，东抵洞口尚里余。望洞顶石崖双劈，如门对峙，洞正透其下，重冈回夹之，不可得见。求土人导入，皆曰：“水涨流急，此非游时。若两月前水涸，可不桥而入。今即有桥，亦不能进，况无桥耶？”桥非一处，每洞中水深处，辄架木以渡。往例按君来游，架桥费且百金，他费亦百金。土人苦之，乘普酋兵变，托言洞东即阿迷境，叛人尝出没此，遂绝官长游洞者。余必欲一至洞门，土人曰：“须渡江南岸，随峡入，所谓泸江桥大道也。”始悔为导者误。乃舍水洞，觅南明、万象二陆洞。从哨东下坡，复上山登顶。东瞰峡江环峡东入，洞门即在东峡下；余所登山处，正与其上双崖平对，门犹为曲掩，但见峭崖西向，涌水东倾，捣穴吞流之势，已无隐形矣。东北三里，逾岭脊下山。二里，则极东石壁回耸，如环半城，下开洞门北向。余望之有异，从之直下，一里，抵峡中。又一里半，抵东壁下，稍南上，洞门廓然，上大书“云津洞”，盖水洞中门也。游颜洞以云津为奇；从前门架桥入，出后门，约四五里，暗中傍水行，中忽辟门延景，其上又绝壁回环，故自奇绝。余不能入其前洞，而得之重崿绝巘间，且但知万象、南明，不复知有云津也，诚出余意外。遂瞰洞而下。洞底水从西南穴中来，盘门内而东，复入东南穴去。余下临水湄，径之：水阔三丈，洞高五六丈，而东西当门透明处，径可二十丈；但水所出入，直逼外壁，故非桥莫能行。出水西穴，渐暗不可远窥；东为水入穴处，稍旁拓，隔水眺之，中垂列乳柱，缤纷窈窕。复上出洞外，上眺东南北三面，俱环壁无可上，仍西出旧道，北上山。东一里，逾岭，已陟东壁回环上，岭坞中东向一里，其地南北各起层峰，石崖时突，万象洞即在北崖上，乃导者妄谓在南崖下。直下者一里，抵南崖，一洞东向，高四丈，水从中涌出，两崖角起，前对为峡；水出洞破峡，势极雄壮，盖水洞后门也。又东二里，抵老鼠村，执途人问之。万象洞在西北岭上，即前所从下山处；洞甚深，历降而下，底与水洞通。余欲更至洞门，晚色已合，去宿馆尚十里。念此三洞，慕之数十年，趋走万里，乃至而叛彝阻之，阳侯隔之，太阳促之，导人又误之；生平游屐，斯为最阨矣！

滇游日记二

戊寅八月初七日　余作书投署府何别驾，求《广西府志》。是日其诞辰，不出堂，书不得达。入堂，阅其四境图，见盘江自其南界西半入境，东北从东界之北而去，不标地名，无从知其何界也。

初八日　何收书欲相见，以雨不往。

初九日　余令顾仆辞何，不见；促其《志》，彼言即送至，而终不来。是日复大雨不止。

初十日　何言觅《志》无印就者，已复命杀青矣。是日午霁，始见黄菊大开。菊惟黄色，不大；又有西番菊。

广西府西界大山，高列如屏，直亘南去，曰草子山；西界即大麻子岭，从大龟来者。东界峻逼，而西界层叠。北有一石山，森罗于中，连络两界，曰发果山。东支南下者，结为郡治；西支横属西界者，有水从穴涌出，甚巨，是为泸源，经西门大桥，而为矣邦池之源者也。通海从穴涌出，此海亦从穴涌出，然此海南山复横截，仍入太守塘山穴中，尤为异也。广福僧言此水入穴，即从竹园村北龙潭出，未知果否？恐龙潭自是锡冈北坞水，此未必合出也。矣邦池俗名海子，又曰龙甸。此泸江非广中泸江也。泸江在南，而此水亦窃其名，不知何故？矣邦池之南，复有远山东西横属，则此中亦一南北中洼之坑，而水则去来皆透于穴矣。此郡山之最远者也。

发果山圆若贯珠，横列郡后；东下一支曰奇鹤峰，则学宫所托；西下一支曰铁龙峰，则万寿寺所倚；而郡城当其中环处。城之东北，亦有一小石峰在其中，曰秀山，上多突石，前可瞰湖，后可揽翠。城南濒湖复突三峰：东即广福，曰灵龟山；中峰最小，曰文笔峰，建塔于上；而西峰横若翠焉。即名翠屏。此郡山之近者也。秀山前有伏波将军庙，后殿为伏波像，前殿为郡守张继孟祠。张，扶风人，以甲科守此。壬申为普酋困，城岌岌矣，张奋不顾身，固保城隍，普莫能破，城得仅存。先是张梦马伏波示以方略，后遂退贼。二月终，亲莅息宰河招抚焉。州人服其胆略，贼称为"舍命王"云。

新寺即万寿寺。当发果西垂之南；其后山石嶙峋，为滇中所无。其寺南向，后倚峭峰，前临遥海，亦此中胜处；前有玉皇阁，东为城隍庙，俱在城外。

泸源洞在城西北四里。新寺后山西尽，环坞而北，其中乱峰杂沓，缀以小石岫，皆削瓣骈枝，标青点翠；北环西转，而泸源之水，涌于下穴；泸源之洞，辟于层崖。有三洞焉：上洞东南向，前有亭；下洞南向，在上洞西五十步，皆在前山之南崖；后洞在后山之北冈，其上如眢井。从井北坠穴而下二十步，底界而成脊，一穴东北下而小，一穴东南下而廓。此三洞之分向也。其中所入皆甚深，秉炬穿隘，屡起屡伏，乳柱纷错，不可穷诘焉。

十一日　大霁。上午出西门，过城隍庙、玉皇阁前，西一里，转新寺西峰之嘴而北。又北一里，见西壑涨水盈盈，而上洞在其西北矣。由岐路一里抵山下，历级游上洞。望洞西有寺殿两重，入憩而瀹水为餐。余因由寺西观水洞。还寺中索炬，始知为洞有三，洞皆须火深入。下午，强索得炬，而火为顾仆所灭，遍觅不可得；遥望一村在隔水之南，涨莫能达。遂不得为深入计，聊一趋后洞之内，披其外扃，还入下洞之底，探其中门而已。仍从旧路归，北入新寺，抵暮而返。

十二日　早促何君《志》，犹曰即送至；坐寓待之，拟一至即行，已而竟日复不可得。晚谓顾仆曰："《志》现装钉，俟钉成帙，即来候也。"

余初以为广西郡人必悉盘江所出，遍征之，终无谙者。其不知者，反谓西转弥勒，既属颠倒；其知者，第谓东北注罗平，经黄草坝下，即莫解所从矣。间有谓东南下广南，出田州，亦似揣摩之言，靡有确据也。此地至黄草坝，又东北四五日程。余欲从之，以此中淹留日久，迤西之行不可迟，姑留为归途之便。

广西府鹦鹉最多，皆三乡县所出，然止翠毛丹啄，无五色之异。

三乡县乃甲寅萧守所城。

维摩州州有流官，只居郡城，不往州治。二处皆藉何天衢守之，以与普拒。

广福寺在郡城东二里；吉双乡在矣邦池之东南，与之对；而弥勒州在郡西九十里。《一统志》乃注寺在弥勒东九十里，乡为弥勒属，何耶？岂当时郡无附郭，三州各抵其前为界，故以属之弥勒耶？然今大麻子哨西，何以又有分界之址也？

十三日　中夜闻雷声，达旦而雨。初余欲行屡矣，而日复一日，待之若河清焉。

自省至临安，皆南行。自临安抵石屏州，皆西北。自临安抵阿迷，皆东北。自阿迷抵弥勒，皆北行。自弥勒抵广西府，皆东北。

十四日　再令顾仆往促《志》，余束装寓中以待。乍雨乍霁。上午得回音，仍欲留至明晨云。乃携行李出西门，入玉皇阁。阁颇宏丽，中乃铜像，而两庑塑群仙像，极有生气；正殿四壁，画亦精工。遂过万寿寺，停行李于其右庑。饭后，登寺左铁龙峰之脊，石骨棱棱，皆龙鳞象角也。《志》又称为天马峰，以其形似也。既下，还寺中，见右庑之北，有停柩焉，询之，乃吾乡徽郡游公柩也。游讳大勋，任广西三府。征普时，游率兵屯郡南海梢，以防寇之冲突。四年四月，普兵忽乘之，游竟没于阵。今其子现居其地，不得归，故停柩寺中。余为慨然。是晚遇李如玉、杨善居诸君，作醮寺中，屡承斋饷。僧千松，亦少解人意。是晚月颇朗。

十五日　余入城探游君之子，令顾仆往促何君。上午出西门，游城隍庙。既返寺，寺中男妇进香者接踵。有吴锡尔者，亦以进香至，同杨善居索余文，各携之去，约抵暮驰还。抵午，顾仆回言："何君以吏钉《志》久迟，扑数板，限下午即备，料不过期矣。"下午，何命堂书送《志》及程仪至。余作书谢之。是晚为中秋，而晚云密布，既暮而大风忽吼。僧设茶于正殿，遂餔餟而卧。

十六日　雨意霏霏，不能阻余行色。而吴、杨文未至，令顾仆往索之。既饭，杨君携酒一樽，侑以油饼熏凫。乃酌酒而携凫饼以行。从玉皇阁后，循铁龙东麓而北，一里，登北山而上。一里，逾其坳，即发果山之脊也；《志》又谓之九华山。盖东峰之南下者，为奇鹤，为学宫所倚；西峰之南下者，为铁龙，为万寿寺之脉；中环而南突于城中者，为钟秀山；其实一山也。从岭上平行，又北三里，始见泸源洞在西，而山脊则自东界大山，横度而西，属于西界，为郡城后倚；然泸源之水，穿其西穴而出，亦不得为过脉也。从岭北行，又五里而稍下，有哨在坞之南冈，曰平沙哨，郡城北之锁钥也；其东即紫微之后脉，犹屏列未尽；其西则连峰蜿蜒，北自师宗南下为阿卢山，界坞中之水而中透泸源者也。由哨前北行坞中六里，有溪自北而南，小石梁跨之，是为矣各桥。溪水发源于东西界分支处，由梁下西注南转，坞穷而南入穴，出于泸源之上流也。又北六里，有村在西山之半；溪峡自东北来，路由西北上山。一里，蹑岭而上，二里，遂逾西界之脊，于是瞰西坞行。坞中水浸成壑，有村在其下；其西复有连山，自北而南，与此界又相持成峡焉。从岭上又北四里，乃西北下西峡中。一里，抵麓，复循东麓北行十五里，复有连冈属两界之间；有数家倚其上，是为中火铺，有公馆焉。按《志》：师宗南四十里有额勒哨，当即此矣。饭，仍北行峡中；其内石峰四五，离立峥峥。峡西似有溪北下，路从峡东行，两界山复相持而北；坞中皆荒茅沮洳，直抵师宗，寂无片椽矣。闻昔亦有村落，自普与诸彝出没莫禁，民皆避去，遂成荒径。广西李翁为余言："师宗南四十里，寂无一人，皆因普乱，民不安居。龟山督府，今亦有普兵出没。路南之道，亦梗不通。一城之外，皆危境云。"龟山为秦土官寨。其山最高，为弥勒东西山分脉处；其西即北属陆凉，西属路南，为两州间道。向设督捕城，今渐废弛。秦土官为昂土官所杀，昂复为普所掳。今普兵不时出没其地，人不敢行；往路南、澂江者，反南迂弥勒，从北而向革泥关焉。盖自广西郡城外，皆普氏所慑服。即城北诸村，小民稍温饱，辄坐派其赀以供，如违，即全家掳掠而去。故小民宁流离四方，不敢一鸣之有司，以有司不能保其命，而普之生杀立见也。北行二十里，经坞而西，从坞中度一桥，有小水自南而北，涉之。转而西北行，暝色已合；顾仆后，余从一老人、一童子，前行踯躅昏黑中。余高声呼顾仆，老人辄摇手禁止，盖恐匪人闻声而出也。循坡陟坳十里，有一尖峰当坳中，穿其腋，复西北行。其处路甚泞，蹊水交流，路几不辨，后不知顾仆趋何所，前不知师宗在何处，莽然随老人行，而老人究不识师宗之远近也。老人初言不能抵城，随路有村可止。余不信。至是不得村，并不得师宗，余还叩之，老人曰："余昔过此，已经十四年。前此随处有村，不意竟沧桑莫辨！"久之，渐闻犬吠声隐隐，真如空谷之音，知去人境不远。过尖山，共五里，下涉一小溪，登坡，遂得师宗城焉。抵东门，门已闭，而外无人家；循城东北隅，有草茅数家，俱已熟寝。老人仍同童子去。余止而谋宿，莫启户者。心惶惶念顾仆负囊，山荒路寂，泥泞天黑，不知何以行，且不知从何行。久之，见暗中一影，亟呼而得之，而后喜可知也！既而见前一家有火，趋叩其门，始固辞；余候久之，乃启户入。瀹汤煮杨君所贻粉糕啖之，甘如饴也。濯足藉草而卧。中夜复闻雨声。主人为余言："今早有人自府来，言平沙有沙人截道。君何以行？"余曰："无之。"曰："可征君之福也。土人与之相识，犹被索肥始放，君之不遇，岂偶然哉！即此地外五里，尖山之下，时有贼出没。土人未晚即不敢行，何幸而昏夜过之！"

师宗在两山峡间，东北与西南，俱有山环夹。其坞纵横而开洋，不整亦不大；水从东南环其北而西去，亦不大也。城虽砖甃而甚卑，城外民居寥寥，皆草庐而不见一瓦。其地哨守之兵，亦俱何天衢所辖。

城西有通玄洞，去城二里；又有透石灵泉，俱不及游。

十七日 晨起，雨色霏霏。饭而行，泥深及膝，出门即仆。北行一里，有水自东南坞来，西向注峡而去；石桥跨之，为绿生桥。过桥行坞中一里，北上坡。遵坡行八里，东山始北断成峡，水自峡中西出。有寨当峡而峙，不知何名。余从西坡北下，则峡水西流所经也。坡下亦有茅数家，为往来居停之所，是曰大河口。河不甚巨，而两旁沮洳特甚；有石梁跨之，与绿生同，其水势亦与绿生相似。过桥北行，度坞，坞北复有山自东北横亘西南。一里，陟其坡，循之东向行三里，越坡东下，坞中沮洳，有小水自北而南入大河。溪上流有四五人索哨钱于此，因架木为小桥以渡，见余，不索哨而乞造桥之犒。余畀以二文，各交口称谢。既渡，半里，余随车路东行，诸人哄然大呼。余还顾，则以罗平大道宜向东北，余东行为误故也。亟还从东北半里，复上坡东行，于是皆荒坡遥陇，夙雾远迷，重茅四塞。十五里，东逾冈，始望见东北冈上有寨一屯，其前即环山成洼，中有盘壑，水绕其底而成田塍；四顾皆高，不知水所从出。从冈东下一里，越坞中细流；其坞与流，皆自南而北，即东通盘壑者。又东上一里，循壑之南脊行，与所望北冈之寨，正隔坞相对矣。又逾东冈稍下，一里，则盘壑之东，有峡穿陇而至，其峡自东南大山破壁而至者。峡两崖皆亘壁，其上或中剖而成峡，或上覆而成梁，一坞之中，倏断倏续；水亦自东南流穿盘壑，但壑中不知何泄。时余从石梁而度；水流其下，不知其为梁也；望南北峡中水，一从梁洞出，一从梁洞入。乃从梁东选石踞胜，瞰峡而坐，睇其下，如连环夹壁，明暗不一，曲折透空，但峡峭壁削，无从下穿其穴耳。于是又东，愈冈坞相错，再上再下，八里，盘岭再上，至是夙雾尽开，北有削崖近峙，南有崇岭遥穹。取道其间，横陟岭脊，始逼北崖，旋向南岭。二里，复逾高脊，北转东下，二里，有茅当两峰峡间，前植哨竿，空而无人，是曰张飞哨，山中之最幽险处也。又东下三里，悬壑深阒，草木蒙密，泥泞及膝，是名偏头哨。哨不见居庐，路口止有一人，悬刀植枪而索钱。余不之与而过。此哨之南，即南穹崇岭，罗平贼首阿吉所窟处，为中道最险，故何兵哨守焉。又名新哨；而师宗界止此矣。过哨，又东上岭；岭更峻，石骨棱厉。二里，跻其巅，是为罗平、师宗之分界，亦东西二山之分界也。岭重山复，上下六十里，险峻为迤东之冠。其山盖南自额勒度脉，分支北下，结成崇岭，北度此脊，而为白蜡、束龙，而东尽于河底、盘江交会处者也。从岭上东向平行，其间多坠壑成穽，小者为眢井，大者为盘洼，皆丛木其中，密不可窥；而峰头亦多树多石，不若师宗皆土山茅脊也。平行岭上五里，路左有场，宿火树间，是为中火铺，乃罗平、师宗适中之地。当午，有土人担具携炊，卖饭于此，而既过时辄去，余不及矣，乃冷餐所携饭。又东一里渐下，又一里，南向下丛中；其路在箐石间，泥泞弥甚。一里，遂架木为栈，嵌石隙中，非悬崖沿壁，而或断或续，每每平铺当悬道；想其下皆石孔眢井，故用木补填之也。又东下一里，始出峡口。回顾西壑，崇岭高悬，皆丛箐密翳，中有人声；想有彝人之居，而外不能见。东眺则南界山冈平亘，北界则崇峰屏立，相持而东。于是循北坡东行。三里，复北上坡，直抵北界峰腰，缘之。三里，峰尽东下，有坞纵横，一坞从北峡来，一坞从东峡来，一坞从西峡来，一坞向东南去。时雨色复来，路复泥泞，计至罗平，尚四十里，行不能及，闻此中有营房一所可宿，欲投之；四顾茫无所见，只从大道北转入峡，遂缘峡东小岭而上。一里，忽遇五六人持矛挟刃而至，顾余曰："行不及州矣。"予问："营房何在？"曰："已过。""可宿乎？"曰："可。"遂挟余还。盖此辈即营兵，乃送地方巡官过岭而返者。仍一里下山抵坞中，乃向东坞入。半里，抵小峰之下，南向攀峰而上，峻滑不可着足。半里，登其巅，则营房在焉。营中茅舍如蜗，上漏下湿，人畜杂处。其人犹沾沾谓予："公贵人，使不遇余辈，而前无可托宿，奈何？虽营房卑隘，犹胜彝居十倍也。"彝谓黑、白彝与僰僰。余颔之。索水炊粥；峰头水甚艰，以一掬濯足而已。

十八日　平明，雨色霏霏。余谓："自初一漾田晴后，半月无雨。恰中秋之夕，在万寿寺，狂风酿雨，当复有半月之阴。"营兵曰："不然。予罗平自月初即雨，并无一日之晴。盖与师宗隔一山，而山之西今始雨，山之东雨已久甚。乃此地之常，非偶然也。"余不信。饭后下山，饭以笋为案。笋出山箐深处，八月正其时也。泞滑更甚于昨，而浓雾充塞，较昨亦更甚。一里，抵昨所入坞中，东北上一里，过昨所返辕处。又一里，逾山之冈，于是或东或北，盘旋岭上，八里稍下。有泉一缕，出路左石穴中，其石高四尺，形如虎头，下层若舌之吐，而上有一孔如喉，水从喉中溢出，垂石端而下坠；喉孔圆而平，仅容一拳，尽臂探之，大小如一，亦石穴之最奇者。余时右足为污泥所染，以足向舌下，就下坠水濯之。行未几，右足忽痛不止。余思其故而不得，曰："此灵泉而以濯足；山灵罪我矣；请以佛氏忏法解之。如果神之所为，祈十步内痛止。"及十步而痛忽止。余行山中，不喜语怪。此事余所亲验而识之者，不敢自讳以没山灵也。从此渐东下，五里，抵一盘壑中，有小水自北而南，四围山如环堵；此中洼之底也，岂南流亦透穴而去者耶？又上东冈，二里逾冈，又东下一里，行坞中者三里，有小水自西北向东南；至是始遇明流之涧，有小桥跨之。既度，涧从东南去，路复东上冈。三里，逾冈之东，始见东坞大辟，自南而北；东界则遥峰森峭，《志》称罗庄山。骈立东南；西界则崇巇巍峨，《志》称白蜡山。屏峙西北。东北又有一山，土人称为束龙山。横排于两界缺处，而犹远不睹罗平城，近莫见兴哆啰也。兴哆啰即在山下，以岭峻不能下瞰耳。又东稍下者二里，峻下者一里，遂抵坞中，则兴哆啰茅舍数间，倚西山东麓焉。从此遂转而北行坞中，其坞西傍白蜡，东瞻罗庄；南去甚遥，则罗庄自西界老脊，分枝而东环处也。坞中时有土冈，自西界东走，又有石峰自东界西突。路依西界北行，遥望东界遥峰下，峭峰离立，分行竞颖，复见粤西面目；盖此丛立之峰，西南始于此，东北尽于道州，磅礴数千里，为西南奇胜，而此又其西南之极云。过兴哆啰北，一重土冈东走，即有一重小水随之；想土冈之东，有溪北注，以受此诸水。数涉水逾冈，北五里，望西山高处有寨，聚居颇众，此猡猡寨也。又北二里，有池在东冈之下；又北二里，有池在西冈之下。皆冈坞环转，中洼而成者。又北三里，有水成溪，自西而东向注，甚急；一石梁跨之，是为鲁彝桥，桥下水东南数里入穴中。越桥北，始有夹路之居。又北半里，有水自西而东注；其水不及鲁彝之半，即从上流分来，亦东里余而灭，亦一石梁跨之。二水同出于西门外白蜡山麓龙潭中，分流城东南而各坠地穴，亦一奇也。桥之南，始有盈禾之塍。又北半里，入罗平南门。半里转东，一里，出东门，停憩于杨店。是日为东门之市。既至而日影中露，市犹未散，因饭于肆，观于市。市新榛子、薰鸡葼，还杨店，而雨濛濛复至。时有杨婿姜渭滨者，荆州人，赘此三载矣，颇读书，知青乌术。询以盘江曲折，能随口而对，似有可据者。先是余过南门桥，有老者巾服而踞桥坐，见余过，拉之俱坐。予知其为土人，因讯以盘江，彼茫然也。彼又执一人代讯。其人谓由澂江返天上，可笑也！渭滨言："盘江南自广西府流东北师宗界，入罗平之东南隅罗庄山外，抵八达彝寨，会江底河，经巴泽、河格、巴吉、兴龙、那贡，至坝楼，为坝楼江，遂东南下田州；不北至黄土坝，亦不至普安州。"第坝楼诸处，与普安界亦相交错，是南盘亦经普安之东南界，特未尝与东北之北盘合耳。

罗平在曲靖府东南二百余里，旧名罗雄，亦土州也。万历十三年，土酋者继荣作乱，都御史刘世曾奉命征讨，临元道文作率万人由师宗进，夹攻平之，改为罗平。明年继荣目把董仲文等复叛，羁知州何倓。文作以计出之，复率兵由师宗进，讨平之。今逐为迤东要地。

罗平州城西倚白蜡山下，东南六十里为罗庄山，东北四十里为束龙山。有水自白蜡麓龙潭出，名鲁彝河，东环城，南出鲁彝桥，而东入地穴；其北有分流小水亦如之，此内界之水也。其西有蛇场河，自州西南环州东北，抵江底河，俱在白蜡、束龙二山外；其东南有盘江，自师宗东北入境，东南抵八达，俱在罗庄山外，此外界之水也。

州城砖甃颇整。州治在东门内，俱民，惟东门外颇成阛阓；西南二门，为贼首官霸、仲家巢在正南八十里乌鲁河师宗界。阿吉，猡猡巢在州西南七十里偏头南大山下。二寇不时劫掠，民不能居。

白蜡山在城西南十余里，顶高十余里，其麓即在西门外二里；上有尖峰，南自偏头寨，北抵州西北，为磨盘山过脉，而东又起为束龙山者也。此山虽晴霁之极，亦有白云一缕，横亘其腰，如带围，为州中一景。

束龙山在城东北四十里。者继荣叛时，结营其上为巢窟，官兵攻围久之，内溃而破。今其上尚有二隘门。

罗庄山在城东南六十里。其山参差森列，下多卓锥拔笋之岫，粤西石山之发轫也。

罗平州东至广南八达界二百里，西南至师宗州偏头哨六十里，南至师宗州乌鲁河界八十五里，西南至陆凉蛇场河界一百里，西北至旧越州界发郎九十里，北至亦佐县桃源界一百二十里，东北至亦佐县黄草坝二百里。

罗平州正西与滇省对，正东与广西思恩府对，正北与平彝卫对，正南与广西府永安哨对。

十九日　坐雨逆旅，阅《广西府志》。下午，有伍、左、李三生来拜。

二十日　雨阻逆旅。

二十一日　亦雨阻逆旅。

二十二日　早犹雨霏霏，将午，乃霁。浣濯污衣，且补纫之。下午入东门，仍出南门，登门外二桥，观鲁彝河。询之土人，始知其西出白蜡山麓龙潭，仍东入地穴者也。还入南门，上城行，抵西门。望白蜡山麓，相去仅三里，外有土冈一层回之；鲁彝发源，即从其麓透穴而出者也。稍北，即东转，经北门，其西北则磨盘山峙焉，为州城来脉。城东北隅汇水一塘，其下始有禾畦，即东门接壤矣。其城乃东西长而南北狭者也。

二十三日　晨起，阴云四布。饭而后行。其街从北去，居民颇盛。一里，出北隘门，有岐直北过岭者，为发郎道；其岭即自西界磨盘山转而东行者。板桥大道，从岭南东转东北向行。十里，有村在北山之下，曰发近德。其处南开大坞，西南即白蜡，东南即大堡营山。大堡营之南，一支西转，卓起一峰，特立于是村之南，为正案；其南则石峰参差遥列，即昨兴哆啰所望东南界山也。又东屡有小水南去，渡之。东五里，有石峰突兀当关；北界即磨盘东转之山，南界即大堡山诸石峰，相凑成峡，而石峰当其中，若蹲虎然。由其东南腋行，南界石山，森森成队南去，而路渐东北上。五里，出当关峰之东，其东垂有石特立，上有斜骞之势，是曰金鸡山，所谓“金鸡独立”也。又东一里，一洞在南小峰下，时雨阵复来，避入其中，饭。又东三里，东上峡脊；其脊即磨盘山东走脉，至此又度而南，为大堡营东山者也。一里，逾脊之东，其上有岐南去，不知往何彝寨。脊东环洼成坞，有小水北下，注东南坞中，稻禾盈塍；有数家倚北峰下，曰没奈德。东峰下有古殿二重，时雨势大至，趋避久之。乃随水下东南峡；峡逼路下，两旁山势，仍觉当人面而起。东行峡中二里，有水自峡南洞穴出，与峡水同东注。又一里，有小石梁跨溪，逾之，从溪南东行。一里，溪北注峡，路东逾冈。一里余，有坞自西北来，环而南，其中田禾芃彧，村落高下。东二里有数十家夹路，曰山马彝，亦重山中一聚落也。于是又东北一里，石峰高亘，逾其南坡，抵峰下。又东南一里，有塘在山坞，五六家傍坞而栖，曰挨泽村。又东北二里，为三板桥。数家踞山之冈；其桥尚在冈下。时雷雨大至，遂止于冈头上寨。

二十四日 主人炊饭甚早，平明即行。雨色霏霏，路滑殊甚。下坡即有小石梁，其下水亦不大，自西而东注，乃出于西北石穴，而复入东北穴中者。其桥非板而石，而犹仍其旧名。桥南复过一寨，乃东向行坡间。二里，有岐当峡：从东北者，乃入寨道；从直东者，为大道，从之。直东一里，登冈上，其北有坞在北大山下，即寨聚所托，中有禾芃芃焉。冈南小石峰排立冈头，自东而西，遂与北山环峙为峡。入峡东行四里，逾脊北上。半里，入其坳，其北四峰环合，中有平坞；经之而北，西峰尤突兀焉。北半里，又穿坳半里，复由峡中上一里，直抵北巨峰下。其峰耸亘危削，如屏北障；其西有坞下坠北去，其中箐深雾黑，望之杳然。路从峰南东转，遂与南峰凑峡甚逼。披隙而东半里，其东四山攒沓，峰高峡逼，丛木蒙密，亦幽险之境也。遂循南峰之东，南向入坞半里，乃东南上。半里，逾冈脊而东，其东有坞东下，路从冈头南向行，一里，复出南坳。其坳东西两峰，从冈脊起，路出其侧，复东向行三里，始稍降而复上。于是升降曲折，多循北岭行，与南山相持成坞。六里，路从坞而东。又五里，稍上逾坳，南北峡始开。再东盘北岭之南，三里，始见路旁余薪爨灰，知为中火之地。从其东一里下峡，始得石路，迤逦南向。平行下二里，俯见南坞甚杳。循北岭东向行一里，忽闻溪声沸然；又南下抵坞中，一溪自东而西，有石梁跨之，溪中水颇大而甚急。四顾山回谷密，毫无片隙，不知东北之从何来，不知西南之从何泄，当亦是出入于窍穴中者。欲候行人问之，因坐饭桥上。久之不得过者，乃南越桥行。仰见桥南有岐，蹑峰直上有大道，则溯溪而东，时溪涨路渰，攀南峰之麓行。念自金鸡山东上，一路所上者多，而下者无几，此溪虽流坞中，犹是山巅之水也。东一里，循南峰东麓转而南，隔坞东望，溪自东北峡中破崖而出，其内甚逼。路舍之南，半里，复循南峰南麓，转而西向入坞。一里，坞穷，遂西上岭。一里，逾岭头，始见有路自北来，合并由岭上南去。此即桥南直上之岐，逾高岭而下者，较此为径直云。由岭南行，西瞰坞甚深，而箐密泉沸，亦不辨其从何流也。又南二里，转而东循北岭南崖东向行，亦与南山下夹成坞；下瞰深密，与西坞同。东五里，其坞渐与西坞并，始知山从东环，坞乃西下者。又东向逾冈，东北一里，度一脊，其脊东西度。从其东复上岭，一里，则岭东有坞南北辟，乃北转循西山行坞上。一里，坞穷，从坞北平转，逾东岭之东。共二里，有数家在路北坡间，是曰界头寨，以罗平村落东止于此也。又东行冈上二里，再上岭一里，逾而东，则有深峡下嵌，惟闻水声汹涌而不见水。从岭上转而南行，东瞰东界山麓，石崖悬削，时突于松梢箐影中，而不知西界所行之下，其崖更耸也。南行一里，始沿崖南下。又一里，仰见路西之峰，亦变而为穹崖峭壁，极危峻之势焉。从此瞰东崖之下，江流转曲，西南破壁去；隔江有茅两三点，倚崖而居。乃东向拾级直下。一里，瞰江甚近，而犹未至也；转而北，始见西崖矗立插天，与东崖隔江对峙。其崖乃上下二层，向行其上，止见上崖而不得下见，亦不得下达，故必迂而南，乃得拾级云。北经矗崖下半里，下濒江流，则破崖急涌，势若万马之奔驰，盖当暴涨时也。其水发源于师宗西南龙扩北，合陆凉诸水，为蛇场河，由龙甸及罗平旧州，乃东北至伊泽，过束龙山后，转东南抵此，即西南入峡，又二百里而会八达盘江者也。罗平、普安以此江为界，亦遂为滇东、黔西分界焉。有舟在江东，频呼之，莫为出渡者；薄暮雨止，始有一人出曰："江涨难渡，须多人操舟乃可。"不过乘急为索钱计耳。又久之，始以五人划舟来，复不近涯，以一人涉水而上，索钱盈壑，乃以舟受，已昏黑矣，雨复淋漓。截流东渡，登涯入旅店。店主人他出，其妻黠而恶，见渡舟者乘急取盈，亦尤而效之，先索钱而后授餐，餐又恶而鲜，且嫚亵余，盖与诸少狎而笑余之老也。此妇奸肠毒手，必是冯文所所记地羊寨中一流人；幸余老，不为所中耳。

江底寨乃㑩㑩，止此一家歇客，为汉人。其人皆不良，如㑩㑩之要渡，汉妇之索客，俱南中诸彝境所无者。其地为步雄属，乃普安十二营长官所辖也。土酋龙姓。据土人曰："今为侬姓者所夺。"步雄之界，东抵黄草坝二十里，西抵此江六十里，南抵河格为广南界一百余里，北至本司十二营界，亦不下三四十里，亦平原中一小邑也。

二十五日　其妇平明始觅炊，迟迟得餐。雨时作时止。出门即东上岭。盖其江自北而南，两崖夹壁。惟此西崖有一线可下，东崖有片隙可庐，其南有山横列，江折而西向入峡，有小水自东峡来注，故西崖之南，江勒而无余地，东崖之南，曲转而存小塍。过此江，乃知步雄之地，西南随此江，其界更远，南抵广南，其界即盘江。此《统志》所云东入普安州境也。步雄属贵州普安州。盘旋东北共三里，逾岭头，遂与南山成南北两界。峡中深逼，自东而西，路循北山岭南行，自西而东。又五里，则北山忽断如中剖者，下陷如深坑，底有细流，沿石底自北而泻于南峡。路乃转北而下，历悬石，披仄崿，下抵石底，践流稍南，复攀石隙，上跻东崖。由石底北望，断崖中剖，对夹如一线，并起各千仞，丛翠披云，飞流溅沫，真幽险之极观，逼仄之异境也。既上，复循北岭东行。五里，稍降，行坞中二里，于是路南复有峰突起，不沿南坞，忽穿北坳矣。时零雨间作，路无行人，既而风驰雨骤，山深路僻，两人者勃窣其间，觉树影溪声，俱有灵幻之气。又三里，度东脊，稍转而南，复逾冈而上。二里，一岐东南，一岐直北，顾奴前驰从东南者。穿山腋间二里，忽见数十家倚北坞间，余觉有异，趋问之，则大路尚在北大山后。此乃山中别聚，皆㑩㑩也，见人伥伥，间有解语者。问其名，曰“坡头甸”。问去黄草坝，曰：“尚五十里。”问北出大路若干里，曰：“不一里。”盖其后有大山，北列最高，抱此甸而南，若隔绝人境者。随其指，逾岭之西北腋，果一里而得大道。遂从之，缘大山之北而上。直跻者二里，望北坞甚深而辟，霾开树杪，每伫视之，惟见其中丛茅盘谷，阒无片塍半椽也。盘大山之东，又上半里，忽见有峡东坠；稍东南降，半里，平行大山东南支，又见其西，复有峡南坠，已与大山东西隔陇矣。于是降陟岭坞，十里，有两三家居北冈之上，是曰柳树。止而炊汤以饭，而雨势不止，讯去黄草坝不及，遂留止焉。其人皆汉语，非㑩㑩。居停之老陈姓，甚贫而能重客，一见辄煨榾柮以燎湿衣。余浣污而炙之，虽食无盐，卧无草，甚乐也。

二十六日　平明起炊饭。风霾飘雨，余仍就火。久之乃行。降坡循坞，其坞犹西下者。东三里，坞穷，有小水自北坞来，横渡之。复东上坡，宛转岭坳五里，有场在北坡下，由其东又五里，逾冈而下，坞忽东西大开。其西南冈脊甚平，而东北若深坠，南北皆巨山，而南山势尤崇，黑雾间时露岩岩气色。坞中无巨流，亦无田塍居人，一望皆深茅充塞。路本正东去，有岐南向崇山之腋，顾奴前驰，从之。一里，南竟坞，将陟山坡上，余觉其误，复返辙而北，从大路东行。披茅履湿，三里，东竟坞，有峰中峙坞东。坞从东北坠而下，路从东南陟而上。二里，南穿山腋，又东半里，逾其东坳，俯见东山南向列，下界为峡，其中泉声轰轰，想为南流者。从岭上转南半里，逾其南坳，又俯见西山南向列，下界为峡，其中泉声轰轰，想亦南流者。盖其东西皆有层峦夹谷，而是山中悬其间，遂从其西沿岭南下。二里，有小水自东崖横注西谷，遂踞其上，濯足而饭。既饭，从坞上南行，隔坞见西峰高柯丛蔓，蒙密无纤隙。南二里，坞将尽，闻伐木声，则抡材取薪者，从其南渐北焉。又南一里，下至坞中，则坞乃度脊，虽不甚中高，而北面反下。脊南峡，南下甚逼，中满田禾。透峡而出，遂盘一壑，丰禾成塍，有小水自东北峡下注。南有尖峰中突，水从其西南坠去，路从其东北逾岭。一里半，涉壑，一里半，登岭。又东俯有峡南下，其中水声甚急。拾级直下一里，抵坞底，东峡水西南注，遂横涉之；稍南，又东峡一水自东而西注，复横涉之。二水遂合流南行，路随涧东而南。二里，出峡，有巨石峰突立东南，水从坞中直南去。坞中田塍鳞次，黄云被陇；西瞻步雄，止隔一岭。路从坞东上岭，转突峰之南一里，有数家倚北冈上，是曰沙涧村，始知前所出坞为沙涧也。由其前东下而复上，又东南逾一冈而下。共一里余，有溪自北而南，较前诸流为大，其上有石梁跨之。过梁，复东上坡一里，冈头石齿萦泥，滑泞廉利，备诸艰楚。一里，东下，又东南转逾一冈，一里，透峡出，始见东小山南悬坞中，其上室庐累累，是为黄草坝。乃东行田塍间一里，遂经坞而东，有水自北坞来，石坡横截之。坡东隙则叠石齐坡，水冒其上，南泻而下。其水小于西石梁之水，然皆自北而南，抵巴吉而入盘江者也。自沙涧至此，诸水俱清澈可爱，非复潢污浑浊之比。岂滇、黔分界，而水即殊状耶？此处有石濑，而复甃堰以补其缺。东上即为黄草坝营聚。坝之得名，岂以此耶？时樵者俱浣濯坝上，亦就濯之。污衣垢膝，为之顿易。乃东上坡，循堵垣而东，有街横萦冈南，然皆草房卑舍，不甚整辟。土人言前年为步雄龙土司挟其戚沙土司兵攻毁，故非复旧观。然龙氏又为侬氏所攻而代之矣。其北峰顶，即土司黄氏之居在焉。乃入息于吴氏。吴，汉人，男妇俱重客，蔬醴俱备云。

二十七日　晨起，雨犹不止。既而霁，泥泞犹甚。姑少憩一日，询盘江曲折，为明日行计。乃匡坐作记。薄暮复雨，中夜弥甚，衣被俱沾透焉。

二十八日　晨雨不止。衣湿难行，俟炙衣而起，终日雨涔涔也。是日此处马场，人集颇盛。市中无他异物，惟黄蜡与细笋为多。乃煨笋煮肉，竟日守雨。

黄草坝土司黄姓，加都司衔。乃普安十二营长官司之属。十二营以归顺为首，而钱赋之数，则推黄草坝，土地之远，则推步雄焉。

黄草坝东十五里，为马鼻河，又东五十里，抵龙光，乃广西右江分界。西二十里为步雄，又西五十里，抵江底，乃云南罗平州分界。南三十里，为安障，又南四十里，抵巴吉，乃云南广南府分界。北三十里，为丰塘，又北二十里，抵碧峒，乃云南亦佐县分界。东西南三面与两异省错壤，北去普安二百二十里。其地田塍中辟，道路四达，人民颇集，可建一县。而土司恐夺其权，州官恐分其利，莫为举者。

黄草坝东南，由龙光、箐口、者恐、板屯、坝楼、以上俱安隆土司地。其土官自天启初为部人所杀，泗城以孙代署之。八蜡、者香、俱泗城州地。下田州，乃昔年大道。自安隆无土官，泗城代署，广南以兵争之，据其大半。道路不通，实由于此。

按盘江自八达、与罗平分界。巴泽、河格、巴吉、兴隆、那贡，以上俱安隆土司地，今俱为广南有。抵坝楼，遂下八蜡、者香。又有一水自东北来合，土人以为即安南卫北盘江，恐非是。安南北盘，合胆寒、罗运、白水河之流，已东南下都泥，由泗城东北界，经那地、永顺，出罗木渡，下迁江。则此东北来之水，自是泗城西北界山箐所出，其非北盘可知也。

于是遂为右江。再下，又有广南富州之水，自者格、亦安隆土司属，今为广南据者。葛阆、历里，俱泗城州地。来合而下田州。此水即《志》所称南旺诸溪也。二水，一出泗城西北，一出广南之东，皆右江之支，而非右江之源。其源惟南盘足以当之。胆寒、罗运，出于白水河，乃都泥江之支，而非都泥江之源。其源惟北盘足以当之。各不相紊也。

按云南抵广西间道有三：一在临安府之东，由阿迷州、维摩州、本州昔置干沟、倒马坡、石天井、阿九、抹甲等哨，东通广南；每哨拨陆凉卫百户一员、军兵十五名、民兵十五名把守。后州治湮没，哨悉废弛。见有《府志》可考。抵广南富州，入广西归顺、下雷，而出驮伏，下南宁，此余初从左江取道至归顺，而卒阻于交彝者也，是为南路；一在平越府之南，由独山州丰宁上下司，入广西南丹、河池州，出庆远，此余后从罗木渡取道而入黔、滇者也，是为北路；一在普安之南、罗平之东，由黄草坝，即安隆坝楼之下田州，出南宁者，此余初徘徊于田州界上，人皆以为不可行，而久候无同侣，竟不得行者也，是为中路。中路为南盘入粤出黔之交；南路为南盘潆滇之始，与下粤之末；北路为北盘经黔环粤之会。然此三路今皆阻塞：南阻于阿迷之普，富州之李、沈，见《广西小纪》。归顺之交彝；中阻于广南之蚕食，田州之狂猾；北阻于下司之草窃，八寨之伏莽；既宦辙之不敢入，亦商旅之莫能从。惟东路由沅、靖而越沙泥□□□□恐州，为今人所趋。然怀远沙泥亦多黎人之恐，且迂陟湖南，又多历一省矣。

黄草坝东一百五十里，为安笼所，又东为新城所，皆南与粤西之安隆、泗城接壤。然在黔曰“笼”，在粤曰“隆”，一音而各异字，一处而各异名、何也？岂两名本同一字，传写之异耶？按安庄之东，大路所经，亦有安笼、箐山与安笼所相距四百里。乃远者同而近者异，又何耶？大抵黔中多用“笼”字，粤中多用“隆”字，如隆安县之类。故各从其地，而不知其地之相近，其取名必非二也。

黄草坝著名黔西，而居聚阛阓，俱不及罗平州。罗平著名迤东，而居聚阛阓，又不及广西府。此府州营堡之异也。闻澂江府湖山最胜，而居聚阛阓，亦让广西府。临安府为滇中首郡，而今为普氏所残，凋敝未复，人民虽多，居聚虽远，而光景止与广西府同也。

迤东之县，通海为最盛；迤东之州，石屏为最盛；迤东之堡聚，宝秀为最盛。皆以免于普祸也。县以江川为最凋，州以师宗为最敝，堡聚以南庄诸处为最惨。皆为普所蹂躏也。若步雄之龙、侬争代，黄草坝之被閧于龙、沙，沙乃步雄龙氏之妇翁。安隆土司之纷争于岑、侬，岑为广西泗城，侬为广南府。今广南势大，安隆之地，为占去八九矣。土司糜烂人民，乃其本性，而紊及朝廷之封疆，不可长也。诸彝种之苦于土司糜烂，真是痛心疾首。第势为所压，生死惟命耳，非真有恋主思旧之心，牢不可破也。其所以乐于反侧者，不过是遗孽煽动。其人不习汉语，而素昵彝风，故勾引为易。而遗孽亦非果有殷之顽，田横之客也，第跳梁伏莽之奸，藉口愚众，以行其狡猾耳。

所度诸山之险，远以罗平、师宗界偏头哨为最。其次则通海之建通关，其险峻虽同，而无此荒寂。再次则阿迷之中道岭，沈家坟处。其深杳虽同，而无此崇隘。又次则步雄之江底东岭，其曲折虽同，而无此逼削。若溪渡之险，莫如江底，崖削九天，堑嵌九地，盘江、朋圃之渡，皆莫及焉。

粤西之山，有纯石者，有间石者，各自分行独挺，不相混杂。滇南之山，皆土峰缭绕，间有缀石，亦十不一二，故环洼为多。黔南之山，则界于二者之间，独以逼耸见奇。滇山惟多土，故多壅流成海，而流多浑浊。惟抚仙湖最清。粤山惟石，故多穿穴之流，而水悉澄清。而黔流亦界于二者之间。

二十九日 晨雨霏霏。既饭，辞主人行。从街东南出，半里，绕东峰之南而北，入其坞，伫而回睇，始见其前大坞开于南。群山丛突，小石峰或朝或拱，参立前坞中。而遥望坞外，南山横亘最雄，犹半与云气相氤氲，此即巴吉之东，障盘江而南趋者也。坞中复四面开坞，西则沙涧所从来之道，东则马鼻河所从出之峡，而南则东西诸水所下巴吉之区，北则今所入丰塘之路也。计其地，北与□□□为对，南与富州为对，西与杨林为对，东与安笼所为对。其遥对者，直东则粤西之庆远，直北则四川之重庆矣。入北坞又半里，其西峰盘崖削石，岩岩独异，其中有小水南来。溯之北，又二里，循东峰北上，逾脊稍降，陟坞复上，始见东坞焉。共二里，再上北坳，转而西，坳中有水自西来，出坳下坠东坞，坳上丰禾被陇。透之而西，沿北岭上西向行。二里稍降，陟北坞一里，复西北上。二里，逾北坳，从岭脊西北行。途中忽雨忽霁，大抵雨多于日也。稍降，复盘陟其西北坡冈，左右时有大洼旋峡。共五里，逾西坳而下。又三里，抵坞中，闻水声淙淙，然四山回合，方疑水从何出。又西北一里，忽见坞中有坑，中坠如井，盖此水之所入者矣。从坞右半里，又西北陟岭半里，透脊夹而出，于是稍降，从长峡中行。西北三里，复稍上，始知此峡亦中洼，而无下泄之道者也。饭于路旁石上。出岭之西，始见西坞中盘，内皆嘉禾芃芃。北有小山绾坞口，庐舍悬其上，是曰丰塘，东西南皆回峰环之。水从西南二坞交注其间，北向坠峡。由坞东南降岭，循坞南盘南山北麓，共二里，北与绾口庐舍，隔坞相对。见路旁有岐，南向入山，疑为分岐之处，过而复还。始登，见其内道颇大，以为是。再上，路分为二：西者既渐小；南者又盘南山，又疑为非。往复数四，莫可从问。而坞北居庐相距二里余，往返既遥，见南山有牧者，急趋就之，而隔峰间壑，不能即至。忽有负木三人从前岭下，问之，乃知其非。随之二里，北出大路。其人言：“分岐之处，尚在岭西。此处南岐，乃南坞小路之入山者；大路在西坞入也。然此去已不及黄泥河，正可从碧峒托宿矣。”乃西向入坞。有小水自西来，路逾坡西上，下而复陟。三里，逾坳。坳不高而接两山之间，为南山过北之脊。东水下丰塘，西水复西北流，俱入马鼻者，脊西遥开坞直去。循北岭又西二里，岐始两分：沿北岭西向出坞，为普安州道；横度坞南陟岭南上，为亦佐道。遂南度坞，路渐微，深茅覆水，曲磴欹坡，无非行潦。缘之南上坡一里，西南盘岭角，始望见北界遥山横亘，蜿蜒天末。此即亦字孔西南东转之脊，从丹霞山东南，迤逦环狗场、归顺二营，以走安笼所，北界普安南北板桥诸水入北盘，南界黄草坝马鼻河诸水入南盘者也。又西南入峡一里余，复南跻岭巅，一里，得石磴，由脊南转。其脊茅深路曲，非此石道，复疑其误矣。循磴西下，复转而南，曲折一里，抵山麓。其麓复开大坞西去。坞虽大，皆荒茅盘错，绝无禾塍人烟。于是随山麓西行三里，坞直西去，路西南截坞行。坞南北界，巨岭森削，中环一壑，圆匝合沓，令人有四面芙蓉之想。惟暝色欲合，山雨复来，而路绝茅深，不知人烟何处，不胜惴惴。又西南一里，穿峡脊而过，其脊中平而夹甚逼。出其西，长峡西去，南北两界夹之甚遥。其中一望荒茅，而路复若继若续，上则重茅偃雨，下则停潦盈蹊。时昏黑逼人，惟向暗中踯躅。三里，忽闻犬声，继闻人语在路南，计已出峡口，然已不辨为峡为坡，亦不辨南向从何入。又半里，大道似从西北，而人声在南，从莽中横赴之，遂陷棘刺中。久之，又半里，乃得石径。入寨门，则门闭久矣。听其舂声甚遥，号呼之，有应者；久之，有询者；又久之，见有火影出；又久之，闻启内隘门声，始得启外门入。即随火入舂者家，炊粥浣足。虽拥青茅而卧，犹幸得其所矣。既定，问其地名，即碧峒也，为亦佐东北界。问红板桥何在，即在此北峰之麓，为黄草坝西界，与此盖南北隔一坞云。

卷五下

滇游日记三

戊寅九月初一日　雨达旦不休。起观两界山，已出峡口，碧峒在西南山下；其北山冈上，即红板桥，为贵州界。复去黔而入滇，高枕一宵矣。就火炊饭欲行，主人言："此去黄泥河二十里，水涨舟莫能渡，须少需之。"盖是河东岸无居庐，先有去者，亦俱反候于此。余见雨势不止，惮于往返，乃扫剔片地，拭木板为几，匡坐敝茅中，冷则与彝妇同就湿焰。盖一茅之中，东半畜马，西半则主人之榻，榻前就地煨湿薪以为爨，爨北即所置几地也，与其榻相隔止一火。夜则铺茅以卧，日则傍火隐几。雨虽时止，檐低外泞，不能一举首辨群山也。

初二日　夜雨仍达旦。主人言："今日涨愈甚，舟益难渡，明日为街子，贵州为场，云南为街子，广西为墟。候渡者多，彼舟不得不至。即余亦同行也。"余不得已，复从之；匡坐如昨日。就火煨粥，日三啜焉，枯肠为润。是日当午，雨稍止。忽闻西岭喊声，寨中长幼，俱遥应而驰。询之，则豺狼来负羊也，幸救者，伤而未死。夫日中而凶兽当道，余夜行丛薄中，而侥幸无恐，能忘高天厚地之灵祐哉！

碧峒在亦佐县东百里。盖滇南胜境之界山，南走东转，包明月所之南横过，为火烧铺南山。按滇南胜境，乃分界山也，而老脊尚在其东，火烧铺西岭。余前过明月所，即平彝所，询土人，言其水南下亦佐。则明月所东火烧铺西，乃为分水之脊，即转为火烧、亦资孔之南山，东走而北转，经乐民所，北绕归顺、狗场之间，而东南下安笼所，入广西泗城州境，又东过思恩府北，东峙为大明山，而尽于浔州，为黔、郁二江之界。其滇南胜境之南，所度火烧铺南山者，其峡中尚有明月水出焉；界从其口东度两分而已。老脊从此分为两支：正支东由亦资孔南，东北绕乐民所北，而转安笼所，下泗城州；旁一支南下东转，而黔、滇之界因之，南抵此峒，又南至于江底，又南尽于南盘之北焉。是黔界越老脊之西南，不以老脊为界，而以南支为界也。若以老脊，则乐民所、狗场营、黄草坝，俱当属滇；以老脊东行而黔隘小，故裒滇益黔，以补不足。

碧峒北与新兴城遥对，南与柳树遥对。此地又滇凸而东者。

碧峒寨有民哨，有猡猡，共居一寨门之内。其西为民寨，即余所栖者，其东为猡猡寨。

自黄草坝至此，米价最贱，一升止三四文而已。

初三日　子夜寒甚。昧爽起，雨仍霏霏。既饭，出寨门，路当从小岐南上山，误西从大石径行。初有坞西北去，以为狗场道。随石径西南转，二里，东界石山南去，坞转而西。随之二里，峡中禾遂盈陇，望北山崖畔，有四五家悬坡上，相去尚一里，而坞南遂绝，乃莽苍横陟其坞而西北。一里，抵北山村麓，有两人耕于其下，亟趋而问之。尚隔一小溪，其人辄牵牛避去。余为停趾，遂告以问道意。其人始指曰："往黄泥河，应从来处，此误矣。"再问以误在何处，其人不告去。乃返，行泥塍间，路倏断倏续，二里余，至前转坞处，犹疑以为当从南峡入。方惆怅无路，忽见坞边一牧马者。呼之，即碧峒居停主人也。问何以至此。盖黄泥河之道，即从碧峒后东南逾岭，乃转西峡，正与此峡东界石山，南北相隔，但茅塞无路，故必由碧峒始得通行。遂复二里余，返至碧峒西南，傍其寨门，东南逾岭而下。一里，东南径坞，半里复上。又半里，又东南逾一岭，有峡自南西坠，而路则直西出坳，半里始下。又半里，抵西峡中，遂由峡西行。屡陟冈洼，三里，有石峰踞峡之中，为当关之标。由其北逾脊而下。时密云酿雨，见细箐萦崖，深杳叵测，真豺虎之窟也。惴惴西下，一里，度壑。又二里，忽有水自北峡出，下嵌壑中，绕东南而注，是为黄泥河。其河仅比泸江水，不阔而深，不浑而急。其源发于乐民所、明月所，经狗场至此，东南与蛇场河同下江底而入盘江者也。时有小舟舣西，稍待之，得渡，遂西上坡。一里半，逾岭坳，有岐自东南峡底来，为入小寨而抵板桥者。乃知板桥亦四达之区也。又西出峡，见群峰中围一壑，而北峰独稍开，即黄泥河所环。共一里余，抵聚落中。是日为市，时已散将尽。入肆觅饭。主人妇以地泞天雨，劝留莫前。问马场尚四十里，度不能前，遂停杖焉。

黄泥河聚庐颇盛，但皆草房。其地四面环山，而北即河绕其后，复东南带之；西又一小溪，自西南峡来，北注黄泥；其中多盘坞环流，土膏丰沃，为一方之冠。亦佐之米，俱自此马驼肩负而去。前拟移县于此，至今称为新县，而名亦佐为旧县云。

初四日　晨起雨止，四山云气勃勃。饭而行。西半里，度一木桥，其下溪流自南而北，即西小溪也。又西上坡，转而南，溯流半里，入西峡。又半里，转而北，其处又有北峡、西峡二流之交焉。于是随北峡溪，又溯流半里，乃西上山。时东峰云气稍开，乃贾勇上跻。仰见西岭最高，其上皆夹坡削箐，云气罩其顶，不能悉。上跻二里，渐入浓雾中，遂从峰头穿峡上，于是箐深霾黑，咫尺俱不可见。又一里，陟其顶，平行岭上，又二里，乃下。下一里，及西坞。涉坞而西，一里，度一小桥，桥下水北流。乃南向西转，一里，有岐交其南北：南乃入牛场村道，有小峰骈立，村隐其下焉；北乃其处趋狗场营者。又西半里，乃西上山，其坡峻且滑，无石级可循，有泥坎陷足，升跻极难。二里，陟峰头，又平行峰头一里，越其巅。时浓雾成雨，深茅交道，四顾皆弥沦如银海。得峰头一树如擎盖，下有列石如错屏，乃就树踞石而憩。止闻飕飗滴沥之声，而目睫茫如也。又西北平行者一里，下眺岭西深坠而下，而杳不可见。岭东屏峙而上，而出没无常。已从北下，始有石磴陡坠，箐木丛水。共一里半，陟坞而西，亦中洼之宕也。半里，又逾西坳出，其壑大开，路乃稍平，尖峰旁立，若为让道者。西向平行坞中，一里半，有水横潴于前，以为溪也。涉之不流，乃壑底中洼之坑，蓄而成溪者。又西二里，复有一溪，北流甚急，波涨水深，涉之没股焉。又西一里，乃饭于峡坡之下。既饭，遂西入竹峡。崇峰回合，纡夹高下，深篁密箐，蒙密不容旁入。只中通一路，石径逶迤，如披重云而穿密幄也。其竹大可为管，弥漫山谷，杳不可穷。从来所入竹径，无此深密者。其处名竹园箐。自黄泥河西抵马场，人人捆负，家家献客，皆此物也。客但出盐瀹之耳。其中坡陀屡更，三里，逾峡南下，其壑中开，又为雾障，止闻隔坡人语声，然不辨其山形谷势矣。南行壑中一里，转而西，半里，又越一坳。又半里，经峡而西，抵危坡下，复西向跻磴上。于是密箐仍萦峡壁悬崖间，其陟削虽殊，而深杳一如前也。攀陟三里，西逾岭头，竹箐既尽，循山南转，皆从岭上行。路东则屏峙而上，路西则深坠而下，然皆沉雾所翳，不能穷晰也。南向平陟岭上者三里，转而西行岭脊者一里，其脊南北俱深坠而下，第雾漫莫悉端倪。既而傍北岭行，北屏峙而南深坠。又二里，雨复大至，适得羊场堡四五家当岭头，遂入宿焉。其家竹床竹户，煨榾饷笋，竟忘风雨之苦也。

初五日　夜雨达旦不休。饭而行。遂南向稍下，已渐转西，两旁多中洼下陷之穴。或深坠无底，或潴水成塘，或枯底丛箐，不一而足。然路犹时时陟冈逾岭，下少上多也。十里，见路北有深箐，有岐从箐中升，合并西去；有聚落当岭头，是曰水槽。其处聚落颇盛，夹道成衢，乃狗场营、安笼所、桃花大道所出。但冈头无田，其上皆耕压锄陇，只堪种粟，想稻畦在深坑中，雾翳不见也。升陟岭头，又西五里，是曰水井，其聚落与水槽同。由其西一里半，始历磴下，遥望西坞甚深。下箐中一里，由峡底西行二里，复逾坡而上。一里，稍下坡西坞中，其中不深，而回峰四辟，雾倏开合，日色山光，远近迭换，亦山中幻景也。既复西向逾岭，三里，见岭西洼中，有水成塘。乃循峰西北行，稍下一里，而入亦佐县东门。县城砖甃，而城外草舍三四家，城中亦皆草舍，求瓦房寥寥也。一里，炊于县前。饭后，半里，出西门，乃西北行。计其地犹在群峰之顶，但四山雾塞，上下莫辨耳。从岭头西北行二里，乃西向历峻级而下。其时雾影亦开，遂见西坞中悬，东界所下之山，与西界崇峰并夹，南北中辟深壑，而拐泽河自北而南，经其中焉。其形势虽见，而河流犹深嵌不可窥。西山崇列如屏，南额尤高，云气尚平抹其顶，不令尽露。西山之南，复起一山，斜障而东，此则障拐泽而东南合蛇场者也。于是盘折西下，三里，抵坡而磴尽，复西北行坡陀间。一里，逾冈再下，数家茅舍在焉，然犹未濒河流也。又西半里，涉一东来小水，乃抵河岸。溯之北，又涉一东北来小水，约半里，有渡舟当崩崖下，渡之。是河发源于平彝卫及白水铺以东，滇南胜境以西皆注焉。其势半于江底，而两倍于黄泥河，急流倾洞，南奔东转，与蛇场合而东南，会黄泥河水而为江底河者也。亦佐、罗平南北东西二处俱以此为界。西登崖，崖岸崩颓，攀跻而上，遂西向陟岭。时暮色将至，始以为既渡即有托宿处，而荒崖峻坂，绝无一人，登陟不已。暮雨复来，五里，遇一人趋渡甚急，执而问之。曰："此无托宿处，鸡场虽遥，亟趋犹可及也。"乃冒雨竭蹶转向西南，上五里，逾坳而西，乃西转北行峡中。稍降二里，得数家之聚焉，亟投煨榾，暮色已合，而雨复彻夜。

初六日　晨起雨止，四山犹氤氲不出。既饭，稍西下，渡洼。复西北上，渐露昨所望屏列崇峰在西南，而路盘其东北，三里，逾一冈，坪间有墟地一方，则鸡场是也。从坳北稍下，又得数家之聚焉；问之，亦鸡场也。盖昨所宿者，为鸡场东村，此则鸡场西村矣。从村北行，其峡西坠处，有石峰屼立，路从其北逾脊，稍东转而北涉坞。共三里，遂西北跻岭，盘折石磴西北上。二里而涉其巅，则夙雾顿开，日影焕发，东瞻群峰吐颖，众壑盘空，皆昨所从冥漠中度之者。越岭西下一里，抵盘壑中，见秋花悬隙，细流萦磴，遂成一幽异之境。西一里，有山横披壑西，透其西北腋，似有耕云樵石之栖，在西峰后。循其东南坞，则大路所从去也。乃随坞南转，坞东、西山分两界，余以为坞中水将南流，而不意亦俱中洼之穴也。南行三里，复逾脊而上，遂西转，盘横坡之南脊焉。一里，循横坡南崖而西，其处山脊凑合，冈峡纵横，而森石尤多娟丽。又西一里，有岐自东南峡来合。又西一里，乃转北下，于是西向山遥豁，而路则循山西北向行矣。四里，复北向逾冈，转而西下，望西北坞中，有石壁下嵌，不辨其底。已而降行坞中一里余，又直造其下，则亦中洼之峡也。由其南又西行，两陟冈坞，共三里，始涉一南流小水。自渡拐泽河至此，俱行岭上，未见勺水。又西逾一冈，一里，南望冈南，一峰西辟，洞门高悬，门有木横列，而下隔一峡，遥睇无路，遂不及迂入。又半里，又涉一南流小水，西逾一冈，共二里，而抵桃源村。其村百家之聚，与水槽相似，倚北山而居，前有深坞。罗平之道，自坞中东南来。北、东、西三面，俱会其水南坠入崖洞，而南泄于蛇场江。故知拐泽西岸崇山，犹非南行大脊也。村多木皮覆屋以代茅。时日已午，就村舍瀹汤餐饭，而木湿难燃。久之，乃西向行，渡西北峡石中小水。一里，陟西坞而上。又一里，逾冈而西，见西坞自西而东，其南有小山蜿蜒，亦自西而东界之。其山时露石骨峥峥，然犹未见溪流也。坞中虽旋洼成塘，或汇澄流，或潴浊水，皆似止而不行者。又西一里，逾冈西下，有村当坞，倚南崖而居。于是绕村西行，始见坞中溪形曲折，且闻溪声潺湲矣。由其北溯之西行，又一里，见坞中又有一村当坞而居，始见溪水自西来，从其村西，环其村北，又绕其东。其村中悬其北曲中，一溪而三面环之，南倚南山之崖，北置木桥以渡溪水。其水不甚大，而清澈不汩，是为清水沟云。盖发源于西山之回坎坡，经此而东出于桃源，始南去者也。又西一里，复过一村，其村始在坞北。又西一里，又经一村，曰小板村；有税司在焉，盖罗平北境，为桃花驼盐之间道也。又西二里，始逾坡涉涧，屡有小水自北峡来，南注于清水沟，路截而逾之也。北峡中男妇二十余人，各捆负竹笋而出。盖土人群入箐采归，淡熏为干，以待鬻人者。又西二里，直逼西山之麓，有村倚之，是为回窨坡。清水沟中民居峡坞，至此而止，以坞中有水可耕也。由此西南半里，过一小桥，其水自西北沿山而来，即清水沟上流之源矣。度之，即西上岭。岭头有索哨者，不之与而过。蹑岭一里半，西陟岭脊。是脊始为分水之处，乃北自白水铺西直南度此，回环西南，而峙为大龟，以分十八寨、永安哨、江底河诸派者也。而罗平之界，亦至是而止焉。逾脊西，渐西北平下，一里，渐转而西，行坞中。其坞东西直亘，而南北两界遥夹之，南山卑伏，而北山高耸。暮雾复勃勃笼北峰上，流泉亦屡屡自北注南。第南山之麓，似有坠涧横其北，然不辨其为东为西。以意度之，以为必西流矣，然不可见也。坞中皆荒茅断陇，寂无人烟。西行六里，其西有山横列坞口，坞始坠而西下。茅舍两三家，依坞而栖。路乃逾坞循北山而西。半里，有茅亭一龛当路旁，南与茅舍对，想亦哨守之处也。又西一里，稍下，有小水成溪，自北峡来，小石梁跨之，其水南注坞口而去。既度梁，即随西山南向，随流半里，转而西上岭，暮色合矣。又上一里，而马场之聚当岭头。所投宿者，乃新至之家，百无一具。时日已暮，不暇他徙，煨湿薪，卧湿草，暗中就枕而已。

初七日　晨起，云尚氤氲。饭而行，有索哨者，还宿处，解囊示批而去。于是西北随坡平下，其路甚坦，而种麻满坡南，盖其下亦有坞西通者。西驰四里，始与溪近，随流稍南，半里，复循坡西转。又一里，下坡，西望西南坞中，有数家之聚，田禾四绕，此溪经坞环之。其坞自北山随坡南下，中有一水，亦自北而南，与此水同会于村北，合而西南破峡去。乃西截北来坞，半里，抵北来之溪，有新建石梁跨之，是为独木桥。想昔乃独木，今虽石而犹仍旧名也。桥下溪流，三倍于西来之水，固知北坞之源，远于东矣。逾桥西，即上岭，西南直跻甚峻，一里半，逾其脊。又西向平下者一里，有岐随冈南去者，陆凉道也。冈西坞中，复有数家焉，亦陆凉属也。其坞亦自北而南，虽有村而无流。路西下截坞，半里，经村北，又半里，抵西界崇山下。遂蹑峻而上，而陆凉之界，又西尽于此矣。盖因其水南下陆凉，故西自此坞，东抵回窨西山，皆属之陆凉。其处南抵陆凉卫，路经尖山天生桥，相距尚八十里也。由西岭而上，又为海崖属，乃亦佐县右县丞土司龙姓者所辖。亦佐县有左右二丞，皆土司。左丞姓沙，在本县，即与步雄攻黄草坝者；右丞姓龙，或曰即姓海，在此而居近越州。其地东自此岭而西抵箐口焉；东与亦佐西界中隔，罗平、陆凉二州之地，间错其间，不接壤也。从东麓西上，屡峻屡平，峻者削崖盘磴，平者曲折逶迤，三峻而三逾岭头，共七里，望见南坪有数十家之聚，北峰则危耸独悬；盖自马场而西，即望见遥峰尖削，特出众峰之上，而不意直逼其下也。又一里，梯石悬磴，西北抵危峰前。其时丽日转耀，碧天如洗，众峰尽出，而是山最高，不特独木西峰，下伏如砥，即远而回窞老脊，亦不能上与之抗，惟拐泽、鸡场西岭，遥相颉颃；其中翡翠层层，皆南环西转，而接于西南巨峰。此东顾之极观也。其四则乱峰回罨，丛箐盘错，远虽莫抗，而近多自障焉。其南则支条直走，近界既豁，远巘前环，此独木诸所遥带而下泄者。西南有二峰遥凑，如眉中分，此盘江之所由南注者耶？其西即越州所倚，而东峰之外，复有一峰高悬，其南浮青上耸，圆若团盖，此即大龟山之特峙于陆凉、路南、师宗、弥勒四州之交者耶？天南诸峰，悉其支庶，而此峰又其伯仲行矣。由峰西逾脊稍下，即有石坡斜悬，平庋砥峙，古木婆娑其上，亦高崖所仅见者。由此历级西下一里，有壑回环，中洼四合，复有中悬之台，平瞰其中，夹坑之冈，横亘其外，石痕木荫，映彩流霞，令人神骨俱醒。由横冈西南转，二里，复逾一脊，又西度一中悬之冈，有索哨者，不顾而去；度冈而西一里，复上坡，又一里，西逾其隘，复有索哨者，亦不顾而去。想皆所云海崖土司者。逾脊，又不能西见盘江。又西半里，西障始尽，下界遥开，瞥然见盘江之流，自西北注东南而去，来犹不能尽瞩焉。于是西向拾级直下，一里，抵坞中。又西半里，循西山南转，半里，复稍上逾冈西，复平行岭上。半里，有岐，一直西下坑，一西南盘岭；见西南路稍大，从之。一里，得数家当岭头，其茅舍低隘，牛畜杂处其中，皆所谓罗罗也。男子皆出，妇人莽不解语，索炊具，无有应者。是即所谓箐口也，海崖之界，于是止焉。由冈头西南去，为越州道；从此西北下，即越州属，为曲靖道。遂西北下岭。始甚峻，一里，转西渐夷，于是皆车道平拓，无龃龉之虑矣。又西一里，饭于树下。又西驰七里，始有坞北来。遂盘东山北转，一里，始横截北来之坞。余始意坞中当有流南注，而不知其坞亦中洼也。坞中横亘一冈，南北俱成盘壑，而壑南复有冈焉。从中亘者驰而西，一里，复西上坡。又一里，陟坡之脊，亦有罗罗数家。问之道，不能对也。从脊西下三里，连越两坡，又见坞自北来南向去，其中皆圆洼贮水，有冈中间，不通流焉。从坡上西北望，则龙潭之山，自北分突，屏列而西，此近山也；西南望则越州南岭，隔山遥障，所谓西峰也；而东峰之外，浮青直对，则大龟之峰，正与此南北相准焉。西下坡，又有一坞自北而南，南环为大坞，与东界连洼之坞合。此坞始有细流中贯，夹坞成畦。流上横小桥西度，有一老人持筐卖梨其侧，一钱得三枚，其大如瓯，味松脆而核甚小，乃种之绝胜者。闻此中有木瓜梨，岂即此耶？西上一冈，平行冈上四里，直抵西峰下，则有坞随其麓，而深涧潆之，所谓龙塘河也；然但见涧形，而不能见水。乃西下坡约半里，随坞出西南，先与一小水遇，随之；既乃截坞而西，又半里，始与龙塘河遇，有大石梁跨其上。桥右村庐累累，倚西山而居，始皆瓦房，非复茅舍矣。龙塘河之水，发源于东北山峡中，其处环潭甚深，为蛟龙之窟，即所谓曲靖东山之东峡也。其山北自白水铺西分水岭分支南下，亘曲靖之东，故曰东山；而由此视之，则为西岭焉，南至此，濒河而止。其西腋之中，为阆木山；东腋之中，为龙潭，即此水之所出矣。自箐口西下坞中，即为越州属；州境至此西止，而田畴悉环聚焉。由村西上坡，即东山之南尽处也。二里，逾冈头，方踞石少憩，忽一人自西岭驰来，谓余曰："可亟还下山宿，前岭方有盗劫人，毋往也。"已而其妇后至，所语亦然。而仰视日方下午，前终日驰无人之境，皆豺狼魑魅之窟，即深夜幸免，岂此周行，东西夹山而居者甚众，反有贼当道耶？因诘之曰："既有贼，汝何得至？"其人曰："彼方剥行者衣，余夫妇得迂道来耳。"余疑此人欲诳余还宿，故托为此言；又思果有之，今白日返宿，将明日又孰保其不至耶？况既劫人，彼必无复待之理，不若即驰而去也。遂叱顾仆行，即从冈上盘北山而西。盖北即东山南下之顶，南即其山下坠之峡，而盘江自桥头南下，为越州后横亘山所勒，转而东流，遂截此山南麓而断之，故下皆砠碚。路横驾岭上，四里，抵其中，旁瞩北岭，石参差而岫岏崇，觉云影风枝，无非惴人之具，令人错顾不定，投趾莫择。又西四里，始西南下片石中。其处土倾峡坠，崩嵌交错，而石骨露其中，如裂瓣缀行；其坠处皆流土，不可着足，必从石瓣中宛转取道。其石质幻而色异，片片皆英山绝品；惟是风鹤惊心，不能狎憩而徐赏之。亡何，已下见西坞南流之江，知去桥头不远，可免虎口，乃倚石隙少憩，竟作青莲瓣中人矣。从石中下者一里，既及西麓，复行支陇，遂多聚庐之居。又一里，路北江回堰曲，中涵大塘一围，四面丰禾环之；东有精庐，高倚东山之麓，西则江流所泄，而石梁横跨之。又行畦间半里，始及石梁。其梁不高而长，是为南盘之源，北自炎方、交水、曲靖之东，直南至此。是桥为曲靖锁钥，江出此即东南流，绕越州之东而南入峡焉。逾梁而西约半里，上坡北，而宿于逆旅，即昔之所过石堡村也。适夜色已暝，明月在地，过畏途，就安庐，乐甚。问主人："岭上有御人者，果有之乎？"主人曰："即余邻人，下午樵于山，数贼自山后跃出，剥三人衣，而碎一人首。与君来时相后先也。"予于是始感前止宿者之情，而自愧以私衷臆度之也。盖是岭东为越州，西为石堡，乃曲靖卫屯军之界，互相推诿，盗遂得而乘之耳。

初八日　昧爽饭，索酒而酌，为浴泉计。遂由村后越坡西下，则温泉在望矣；坞中蒸气氤氲，随流东下，田畦间郁然四起也。半里，入围垣之户，则一泓中贮，有亭覆其上，两旁复砖甃两池夹之；北有榭三楹，水从其下来，中开一孔，方径尺，可掬而盥也。遂解衣就池中浴。初下，其热烁肤，较之前浴时觉甚烈。既而温调适体，殊胜弥勒之太凉，而清冽亦过之。浴罢，由垣后东向半里，出大道。是日碧天如濯，明旭晶然，腾翠微而出，浩波映其下，对之觉尘襟荡涤，如在冰壶玉鉴中。北行十里，过南城，又二十里，入曲靖南门。时有戈参戎者，奉按君命，巡诸城堡，高幢大纛，拥骑如云，南驰而去。余避道旁视之，如赫电，亦如浮云，不知两界青山见惯，袒当谁左也。饭于面肆中。出东门半里，入东山寺。是名青龙山而实无山，郭东嵝嵝，高仅丈余，大不及五丈；上建大殿，前列层楼配之，置宏钟焉，钟之大，余所未见也。殿左有藏经阁；其右楼三层，皆翼于嵝嵝之旁，而齐其末者。徙倚久之，出寺右，循城而北，五里，出演武场大道。又三里，过白石江，又二里，过一坡。又十里，抵新桥。殷雷轰然，大雨忽至，避茅檐下，冰霰交作，回风涌之，扑人衣面，莫可掩蔽。久之乃霁。仍北行，泞滑不可着趾。十里抵交水，入南门，由霑益州署前抵东门。投旧邸龚起潜家，见其门闭，异之，叩而知方演剧于内也。余以足泥衣垢，不乐观，亟入其后楼而憩焉。霑益惟土司居州治，而知州之署，则在交水。

初九日　余倦于行役，憩其楼不出，作数日游纪。是日为重九，高风鼓寒。以登高之候，而独作袁安僵卧之态，以日日跻攀崇峻不少也。下午，主人携菊具酌，不觉陶然而卧。

初十日　寒甚，终日阴翳，止寓中。下午复雨，彻夜不休。

十一日　余欲行，主人以雨留，复为强驻，厌其酒脯焉。初余欲从霑益并穷北盘源委。至交水，龚起潜为余谈之甚晰，皆凿凿可据，遂图返辕，由寻甸趋省城焉。

十二日　主人情笃，候饭而行，已上午矣。十里，仍抵新桥，遂由岐溯流西南行。二里，抵西南小山下，石幢之水，乃从西北峡中来，路乃从西南峡中入。一里，登岭，一里，陟其巅。西行岭上者又一里，乃下。初从岭头下瞰西坞，有庐有畴，有水潆之，以为必自西而东注石幢者；迤逦西下者又一里，抵坞中，则其水反西南流，当由南谷中转东而出于白石江者。询是村为戈家冲。由是而西，并翠峰诸涧之流，皆为白石江上流之源矣。源短流微，潆带不过数里之内，而沐西平曲靖之捷，夸为冒雾涉江，自上流渡而夹攻之，著之青史，为不世勋，而不知与坳堂无异也。征事考实，书之不足尽信如此！于是盘折坂谷四里，越刘家坡，则翠峰山在望矣。盖此山即两旁中界之脊，南自宜良分支，北度木容箐，又北而度火烧箐岭，又北而度响水西岭，又北而结为此山。又西夹峙为回龙山，绕交水之西北，经炎方，又北抵霑益州南，转东，复折而南下，峙为黑山，分为两支：正支由火烧铺、明月所之间，南走东折，下安笼所，入泗城州，而东峙为大明山遂尽于浔州；旁支西南由白水西分水岭，又分两支：直南者由回窨坡西岭，西南峙为大龟山，而尽于盘江南曲；西南分支者，尽于曲靖东山。其东南之水，下为白石江；东北之水，下为石幢河，而西则泄于马龙之□江，而出寻甸，为北盘江焉。然则一山而东出为南盘，西出为北盘，惟此山及炎方足以当之；若曲靖东山，则旁支错出，而《志》之所称悉误也。由刘家坡西南从坡上行一里，追及一妪，乃翠峰山下横山屯人也。随之，又西一里，乃下坡。径坞一里，有小水自西北来，小石梁跨之。从此西南上坡，为三车道；从此直西溯小水，自西南岸入，为翠峰间道。其路若续若断，横截坞陇，三里，有大道自东南来，则自曲靖登山之径也，于是东南望见三车市矣。遂从大道西行。二里，将抵翠峰下，复从小径西南度陇，风雨忽至，顷刻而过。一里，下坡涉深涧，又西上坡半里，抵横山屯。其屯皆徐姓。老妪命其子从村后送余入山。半里，抵其麓，即有两小涧合流；涉其北来者，溯其西来者，遂蹑峻西上。一里半，盘岭头而北转入西峡中，则山之半矣。其山自绝顶垂两支，如环臂东下：北支长，则缭绕而前，为新桥西冈之脉；南支短，即所蹑以上者。两臂之内，又中悬一支，当坞若台之峙，则朝阳庵踞其上，庵东北向；其南腋又与南臂环阿成峡，自峰顶逼削而下，则护国旧寺倚其间。自西峡入半里，先达旧寺，然后东转上朝阳，以旧寺前坠峡下堑也。旧寺两崖壁夹而阴森，其病在旁无余地；朝阳孤台中缀而轩朗，所短在前少回环。余先入旧寺，见正殿亦整，其后遂危崖迴峭、藤木倒垂于其上；而殿前两柏甚巨，夹立参天。寺中止一僧，乃寄锡殿中者，一见即为余爇火炊饭。余乃更衣叩佛，即乘间东登朝阳。一头陀方曳杖出庵门。余入其庵，亦别无一僧，止有读书者数人在东楼。余闲步前庭。庭中有西番菊两株，其花大如盘，簇瓣无心，赤光灿烂，黄菊为之夺艳，乃子种而非根分，此其异于诸菊者。前楼亦幽迴，庭前有桂花一树，幽香飘泛，远袭山谷。余前隔峡盘岭，即闻而异之，以为天香遥坠，而不意乃敷萼所成也。桂芬菊艳，念此幽境，恨无一僧可托。还饭旧寺，即欲登顶为行计，见炊饭僧殷勤整饷，虽瓶无余粟，豆无余蔬，殊有割指啖客之意，心异之。及饭，则己箸不沾蔬，而止以蔬奉客，始知即为淡斋师也。先是横山屯老妪为余言："山中有一僧，损口苦体，以供大众。有予衣者，辄复予人，有饷食者，己不盐不油，惟恐众口弗适。"余初至此讯之，师不对；余肉眼不知即师也。师号大乘，年甫四十，幼为川人，长于姚安，寄锡于此，已期年矣。发愿淡斋供众，欲于此静修三年；百日始一下山。其形短小，而目有疯痒之疾。苦行勤修，世所未有。余见之，方不忍去，而饭未毕，大雨如注，其势不已。师留止宿，余遂停憩焉。是夜寒甚，余宿前楹，师独留正殿，无具无龛，彻夜禅那不休。

十三日　达旦雨不止，大乘师复留憩。余见其瓶粟将尽，为炊粥为晨餐，师复即另爨为饭。上午雨止，恐余行，复强余餐。忽有一头陀入视，即昨朝阳入庵时曳杖而出者，见余曰："君尚在此，何不过我？我犹可为君一日供，不必啖此也。"遂挟余过朝阳，共煨火具餐。师号总持，马龙人，为曲靖东山寺住持，避嚣于此，亦非此庵主僧也。此庵主僧曰瑞空，昨与旧寺主僧俱入郡；瑞空归而旧寺僧并不知返，盖皆蠢蠢，世法佛法，一无少解者。大乘精进而无余赀，总持静修而能撙节，亦空山中两胜侣也。已而自言其先世为姑苏吴县籍，与余同姓。昔年朝海过吴门，山塘徐氏欲留之放生池，师不果而归。今年已六十三矣。是夜宿其西楼，寒更甚，而夜雨复潺潺。

十四日　雨竟日不霁，峭寒砭骨，惟闭户向火，不能移一步也。

翠峰山在曲靖西北，交水西南，各三十里，在马龙西四十里，秀拔为此中之冠。朝阳庵则刘九庵大师所开建者。碑言师名明玄，本河南太康人，曾中甲科，为侍御。嘉靖甲子，驻锡翠峰。万历庚子，有征播之役，军门陈用宾过此，感师德行，为建此庵。后师入涅槃，陈军门命以儒礼葬于庵之东原。土人言刘侍御出巡，案置二桃，为鼠所窃。刘窥见之，佯试门子曰："汝何窃桃？"门子不承。吓之曰："此处岂复有他人、而汝不承。吾将刑之。"门子惧刑，遂妄承之。问："核何在？"门子复取他核以自诬。刘曰："天下事枉者多矣！"乃弃官薙发于此。

曲靖者，本唐之曲州、靖州也，合其地置府，而名亦因之。

霑益州土知州安边者，旧土官安远之弟，兄终而弟及者也。与四川乌撒府土官安孝良接壤，而复同宗。水西安邦彦之叛，孝良与之同逆。未几死，其长子安奇爵袭乌撒之职；次子安奇禄，则土舍也。军门谢命霑益安边往谕水西，邦彦拘留之。当事者即命奇禄代署州事，并以上闻。后水西出安边，奉旨仍掌霑益，奇禄不得已，还其位；而奇禄有乌撒之援，安边势孤莫助，拥虚名而已。然边实忠顺，而奇禄狡猾，能结当道欢。今年三月，何天衢命把总罗彩以兵助守霑益，彩竟乘机杀边，并挈其赀二千金去。或曰：彩受当道意指，皆为奇禄地也。奇禄遂复专州事。当道俱翕然从之。独总府沐曰："边虽土司，亦世臣也，况受特命。岂可杀之而不问？"故至今九月间，霑益复杌楻不安，为未定之局云。

下午饭后，伺雨稍息，遂从朝阳右登顶。西上半里，右瞰峡中护国寺下嵌穽口，左瞻冈上八角庵，上踞朝阳右胁，西眺绝顶之下，护国后箐之上，又有一庵，前临危箐，后倚峭峰，有护国之幽而无其逼，有朝阳之垲而无其孤，为此中正地，是为金龙庵。时霏雨复来，俱当岐而过，先上绝顶。又西半里，逾北岭，望见后数里外，复一峰高峙，上亦有庵，曰盘龙庵，与翠峰东西骈峙；有水夹北坞而下，即新桥石幢河之源也。于是南向攀岭脊而登，过一虚堂，额曰："恍入九天。"又南上共半里，而入翠和宫，则此山之绝顶也。

翠峰为曲靖名峰，而不著于《统志》。如阆木之在东山，与此隔海子遥对；然东山虽大，而非正脉，而此峰则为两江鼻祖。余初见西坞与回龙夹北之水，犹东下新桥，而朝阳、护国及是峰东麓之水，又俱注白石，疑是峰犹非正脊；及登顶而后知正南下坠之峡，则南由响水坳西，独西下马龙出寻甸矣，始信是顶为三面水分之界。东北二面俱入南盘，南面入北盘。其脉南自响水坳西，平度而峙为此峰，即西度盘龙，其水遂南北异流，南者从西转北，北者从东转南。两盘之交错，其源实分于此云。

翠和顶高风峭，两老僧闭门煨火。四顾雾幕峰弥，略瞰大略。由南坞西下为寻甸间道，余拟明日从之而去者。遂东南下，由灵官庙东转半里，入金龙庵。庵颇整洁，庭中菊数十本，披霜含雨，幽景凄绝。是庵为山东老僧天则所建。今天则入省主地藏寺，而其徒允哲主之，肃客具斋。暝雨渐合，遂复半里东还朝阳。欲下护国看大乘师，雨滑不能，瞰之而过。

十五日　达旦雨止，而云气叆叇，余复止不行。日当午献影，余遂乘兴往看大乘。大乘复固留。时天色忽霁，余欲行而度不及，姑期之晚过，为明日早行计。乃复上顶。环眺四围，远峰俱出，始晰是山之脉，但东西横列，而脉从中度，屡伏屡起，非直亘之脊也，惟翠峰与盘龙二峰，乃东西并夹。而翠峰之南，响水坳之支，横列东下，而结为曲靖；盘龙之西，又南曲一支，始东下而结为交水，又横亘而北，始东汇炎方之水，又北始转度霑益之南坞焉。从峰东下，又还过八角庵，仍返餐于朝阳，为总持所留，不得入护国。是日以丽江、嵩明二处，求兆于翠和灵签，丽江得"贵人接引喜更新"；嵩明得"枯木逢春欲放花"。皆吉兆也。午晴后，窃计明日可早行，既暮而雨复合。

十六日　阻雨。

十七日　雨复达旦。一驻朝阳者数日，而总持又非常住，久扰殊为不安，雨竟日复一日。饭后欲别而行，总持谓雨且复至，已而果然。已复中霁，既乃大注，倾盆倒峡，更甚于昨。

十八日　彻夜彻旦，点不少辍。前二日俱午刻朗然，而今即闪烁之影，一并无之，而寒且更甚，惟就榾柮作生涯，不复问前程矣。

十九日 晦雨仍如昨，复阻不行，榾椟闲谈。总持昔以周郡尊事，逮系桁杨甚苦，因笔记之。东山寺昔有藏经，乃唐巡抚所请归者。郡守周之相石阡人，由乡荐擢守曲靖，以清直闻。慕总持师道行，请之检藏，延候甚密。迤东巡守以下诸僚，皆有“独清”之恨，而周复不免扬其波，于是悉侧目之。中伤于抚台王伉，罗织无迹；遂诬师往还为交通贿赂，以经簏为筐篚，坐以重赃。周复代为完之而去云。

二十日 夜不闻檐溜，以为可行矣。晨起而雾，复以为霁可待也，既饭而雾复成雨。及午过大霁，以为此霁必有久晴，迨暮而雨声复瑟瑟，达夜而更甚焉。

二十一日 晦冥终日，迨夜复雨。是日下午，散步朝阳东数十步。东峡中一庵当峡，是曰太平庵，盖与护国东西夹朝阳者。太平老僧煮芋煨栗以饷。

二十二日 晨起晦冥，然决去之念，已不可止矣。上午乃行。总持复赠之以米，恐中途雨后一时无宿者耳。既别，仍上护国后夹箐中观龙潭。潭小而流不竭，盖金龙庵下夹壁缝中之液，虽不竭而非涵潴之窟也。遂西上逾岭，循翠和宫之后，一里余，又逾岭而南下，雨犹霏霏不已。半里，及坞中，又一里，有岐北转，误从之，渐入山夹，则盘龙所登之道也。仍出从大道西南行。二里，有村当坞中，溪流自坞直南去，路由村西转北行。半里，涉坞而西，一里，又有村在坡间，是曰高坡村。由村后下冈，有岐从坞中西南去，为小径，可南达鸡头村；从冈上西北转为大径，乃驼马所行者。初交水主人谓余：“有间道自寻甸出交水甚近，但其径多错，乃近日东川驼铜之骑所出。无同行之旅，不可独去，须从响水走鸡头村大道。”及余不趋响水而登翠峰，问道于山僧，俱云：“山后虽即驼铜道，然路错难行，须仍出鸡头为便。”至是余质之途人，亦多主其说。然见所云径路反大，而所云往鸡头大路者反小甚，心惑之，曰以村人为卜，然已过村。见有村人自山中负薪来，呼而问之，则指从北不从南。余乃从驼马路转西北，循冈三里，西北过一脊。其脊乃自盘龙南度者，余初以为分支南下，而不意乃正脉之曲。出坳西，见脊东所上者甚平，而脊西则下坠深曲，脊南北又从岭头骈峰高耸，各极嵯峨。意是山之脊，又直折而南；盖前自翠峰度其北去者，此又度其南，一脊而半日间两度之矣。从坳西随南峰之上，盘腰曲屈，其坑皆深坠。北向一里，跻一坡，一里，又北度一脊，其脊平亘于南北之中者。于是又一里，再跻北岭，始西北下。其时天已渐霁，无复晦冥之色，远峰近峡，环瞩在望。二里，下西坞，其坞自南而北，其中黄云盘陇，村落连错，一溪中贯之。问水所从出，则仍从新桥石幢河也。问其所从来，则堰口也。问其地何名，则兔街子也。始信所过之脊，果又曲而南；过堰口，当又曲而北。余前登翠峰，第见其西过盘龙，不至此，又安知其南由堰口耶？前之为指南者，不曰鸡头，即曰桃源；余乃漫随马迹，再历龙脊、逢原之异，直左之右之矣。下坞南行二里，遂横涉其溪，中流汤汤，犹倍于白石江源也。南上坡一里，是为堰口；聚落数十家，在溪北冈上。乃入炊。久之，饭而行，阴云复合。其处有岐北入山为麦冲道。余乃西向行，其溪亦分岐来，一自北峡，一自西峡。余度其北来者，遂西入峡，渐上渐峻，天色亦渐霁。四里从岭上北转，则北峡之穷坠处。又一里，复逾岭而西。是岭自木容箐杨金山北走翠峰，复自盘龙南走高坡，又南至此，始转而北；其东西相距，数里之内，凡三曲焉。余一日三过之，何遇之勤而委曲不遗耶！从岭西涉坞，其水遂南流。一里，于是又北转逾岭。一里，西北下山。二里，抵坞中，随小水北向出峡，始有坞成畦。路当从畦随流西去，而坞北有村聚当北冈上，是为洒家；想亦土酋之姓，或曰亦属平彝。乃一里经坞登冈，由洒家西向行。一里，越陇西下，有峡自北来，小水从之，是亦麦冲南来之道。遂循其坞转而西南行，二里抵新屯，庐舍夹道，丰禾被坞。其处为平彝之屯。据土人言自堰口之北兔街子，屯属平彝，而粮则寄于南宁；自洒家之西抵三车，屯属平彝，而粮则寄于马龙；自一碗冲之西抵鲁石，屯属平彝，而界则属于寻甸。盖寻甸、曲靖，以堰口老龙南分之脊为界，马龙、南宁以堰口老龙为界，而平彝则中错于两府之交而为屯者也。自屯西逾坡，共一里余，过一坞，有二三家在西岭，其坞复自北而南。由村南转而逾冈西南下二里，复有一坞，溪畴南环，聚落北倚，是为保官儿庄，夹路成衢，为村聚之最盛者。此亦平彝屯官之庄也。

二十三日　中夜闻隔户夜起者，言明星烺烺，鸡鸣起饭，仍浓阴也。然四山无雾。昧爽即行。始由西南涉坞，一里，渐转西行入峡，平涉而上。三里，逾一坳脊，遂西下。两上两下，两度南去之坞，两逾南行坡脊而西，共五里，有村在西坡上，是曰三车。由其村后复逾南行一坡，度南行一坞，一里半，披西峡而入，于是峡中水自西而东。溯之行半里，渐盘崖而上，崖南峡中，箐木森郁，微霜乍染，标黄叠紫，错翠铺丹，令人恍然置身丹碧中。一里余，渐盘而北折，下度盘壑，更觉深窈。二里，又循西峡上，一里，又逾一脊，是为南行分脊之最远者，东西皆其旁错也。由脊西下，涉坞再西，共二里，有峡甚逼。随峡西折而南行，半里，复西逾岭，半里，出岭西，始见岭北有坞，居庐环踞冈上，是为一碗冲。于是西行岭脊之上；其岭颇平，南北皆坞，而脊横其中。一里，陟脊西，又南转逾冈西下，共一里，度一峡，想即一碗冲西向泄流之峡也。又西北上坡，其坡颇长，一里，陟其巅。于是东望所度诸岭，如屏层绕，而直东一峰，浮青远出，恐尚在翠峰之外，岂东山、阆木之最高处耶？北望乃其峰之分脊处，至是乃见回支环壑，而南望则东南最豁；此正老脊分支，环于板桥诸处者，不知此处何以反伏其脊。其外亦有浮青特出远甚，当是路南市邑之间。惟西则本支尚高，不容外瞩也。由巅南循坡西转，半里，又西度脊，从脊西向西北下坞，约一里，有溪始西向流，横二松渡之。其溪从西峡去，路循西北坡上。一里，复西逾脊，环坡南下，遂循之行。一里，转而西下，有坞自北来颇巨，横涉其西，塍泥污泞。半里，有大聚落在西坡下，是为鲁石哨；其处已属寻甸，而屯者犹平彝军人也。由村南西上逾坡，一里，复逾冈头。转而西南，二里，又西向逾脊。从脊西下峡中，半里，峡北忽下坠成坑，路从南崖上行，南耸危巘，北陷崩坑；坑中有石幢，则崩陨之余也。循坑西下，又半里，有北来之坞，横度之。又半里，涉溪西上，复西南上坡，横行坡上。一里，又西向入峡，其南有峰尖耸，北有峰骈立。二里，从南峰之北，逾腋而西，又一里，始行北峰之南冈，与北峰隔坞相对。有村居倚北峰而悬坞北，是为郭扩，始非平彝屯而为寻甸编户。由其西南下坡，半里，涉小涧，西登坡，循坡北行，又与骈峰东西隔坞。共二里北上，瞰骈峰之阴，遂西半里逾冈，从冈上平行。有中洼之坑，当冈之南，横坠而西；其西有尖峰，纯石而中突，两腋属于南北，若当关之标。路行坑上，一里，出尖石峰之北腋，遂西向而下。一里，抵西壑，则尖石峰之西麓矣。于是南界扩然，直望一峰最高，远插天表，余疑以为尧林山而无可征也。遍东诸山，惟尧林山最高耸特出，在嵩明东二十里，与河口隔河相对。登杨林老脊，犹东望而见之，今则南望而见之，皆在七八十里之外。按《志》无尧林之名，惟有秀嵩山，在嵩明州东二十里，耸秀插霄汉；环州之山，惟此为最耳。度壑西转，二里，越小溪桥，有村在北陇，是曰壁假。由其西攀岭北上，旋逾坳而西一里，复下涉壑，又南见天表高峰。时已追及一老人，执而问之，果尧林也。又西一里，复入西峡。蹑峡而上半里，逾岭西，西界遥山始大开；望见南龙老脊，自西南横列而东北，则东川、寻甸倚之为界者也。其脊平峙天际，而西南与东北，两头各起崇峰，其势最雄，亦最远。从屏峙中，又分列一支，自西北走东南，若“八”字然。其交分之处，山势独伏，而寻甸郡城正托其坳中。由伏处入，为东川道。西逾分列之脊，为嵩明并入省道。循分列东麓而南，为马龙道。杨林之水，绕尧林之东，马龙水由中和北转，同趋而北，皆随此分列之山，而合于其东者也。但溪流犹不可见，而郡南海子则汪然可挹。从此西下，坡峻岭豁，二里，抵其峡中。有小水亦南行，随之西南又半里，北坞回环，中有村庐当坡，曰海桐。由其南西度坞，复上冈。一里，抵冈头。随冈南下，转而西，共二里，坞自北来，溪流随之。内有村当坞，曰果壁，外有石堰截流。路由堰上，涉水而西，从平坡上行。二里，稍下，有村倚坡之西，曰柳塘。于是坡尽畦连，北抵回峰，西逾江而及郡，南接海子，皆禾稻之区，而村落相望矣。从畦塍西行二里，则马龙之溪，自东南峡出，杨林之溪，自西南峡出，夹流而北，至此而合。石梁七洞，横架其上，曰七星桥。其自南而北，为北盘上流，正与石堡桥之流，自北而南，为南盘上流，势正相等，但未能及曲江桥之大也。过桥，有庙三楹，东向临之。中有旧碑，或言去郡城十五里，或言二十里；或名为江外河，或名为三岔河：无定里，亦无定名。而《一统志》又名其溪为阿交合溪，又注旧名为些邱溢派江，名其桥为通靖桥。然注其桥曰："城东二十里，跨交合溪。"注其溪曰："府东南十五里合流。"又自异焉。按旧城在今城东五里，今城筑于嘉靖丁亥安铨乱后，则今以十五里之说为是。乃屡讯土人，皆谓其流出东川，下马湖，无有知其自霑益下盘江者。然《一统志》曰入霑益。后考之《府志》，其注与《一统》同。参之龚起潜之说，确而有据，不若土人之臆度也。或有谓自车洪江下马湖，其说益讹。亦可见此水之必下车洪，车洪之必非马湖矣。盖车洪之去交水不远，起潜之谙霑益甚真。若车洪之上，不折而西趋马湖，则车洪之下，不折而北出三板桥，则起潜之指示可知也。

由江西岸北行，半里，随江折而西，循江南岸。依山陟岭，又二里余，江折而北，路逾岭头折而南下。半里，由坞中西行，于是循凤梧南山之麓矣。按凤梧山者，在郡城东北十里，山脉由郡西外界老脊，排列东突为是山，西北一峰圆耸，东南一峰斜骞，为郡中主山。阿交合溪自东来，逼其麓，转而东北入峡去，若避此山者，是老龙东北行之脊也。《一统志》无其名，止标月狐山在城东北八里，环亘五十余里。以旧城计之，当即此山。第《府志》则月狐、凤梧并列，似分两山。然以山形求之，实无两山分受也。岂旧名月狐，后讹"狐"为"梧"，因讹"月"为"凤"耶？岂圆耸者为月狐，而后人又分斜骞者为凤梧耶？共西三里，南望壑中海子，水不甚大，而零汇连珠。盖郡城之流东南下，杨林之川南来，相距于壑口而不相下，遂潴而成浸者。坡南下处，石渐棱棱露奇。又一里，行石片中，下忽有清泉一泓，自石底溢而南出。其底中空，泉混混平吐，清冽鉴人眉宇。又西数步，又有泉连潴成潭，乃石隙回环中下溢而起，泛泛不竭，亦溢而南去。此潭圆若镜，而无中空之隙，不知水从何出，然其清冽，不若东泉之碧莹无纤翳也。按《郡志》：八景中有"龙泉双月"，谓郡城东十里有双泉，相去十余步，月夜中立其间，东西各见月影中逗。以余观之，泉上石环树罨，虽各涵明月，恐不移步而左、右望中，未必能兼得也。又西半里，有聚落倚山面壑，是为凤梧所。土人谓之马石窝，想未置所时，其旧名然耳。于是西北随田塍行，坡陇间时有聚落而不甚盛。按《郡志》：旧郡址在今城东五里，不知何村足以当之。共西三里，有溪流自北坞来，中贯田间，有石梁跨之。越之西行，又三里，复有溪自北坞来，亦贯田间，而石梁跨之，此即所谓北溪也。水在郡城之北为最近，乃城西坡与凤梧夹腋中出者。越梁，又西行一里，入寻甸东门，转而南，停履于府治东之旅肆。

寻甸昔为土府，安氏世长之，成化间始改流。至嘉靖丁亥，安之裔孙安铨者作乱，构武定凤廷文，攻毁杨林、马龙诸州、所。当道奏发大兵歼之，并武定改流。乃移寻甸郡于旧治之西五里，直逼西山下，始筑城甃砖为雄镇云。按凤廷文，或又称为凤继祖，或又称为阿凤，或又称为凤显祖，自改名凤廷霄。或又云本江西人，赘武定土官妇，遂专恣作乱，以兵直逼省，后获而磔之。

寻甸四门俱不正，盖因山势所就也。东门偏于北，南门偏于东，西门偏于南，惟北门差正，而又非经行之所。城中惟街二重，前重乃府与所所莅，后重为文庙、城隍、察院所倚，其向俱东南。

寻甸之城，直东与马龙对，直西与元谋对，直南与河口对，直北与东川对。其西北皆山，其东南大豁。

二十四日　余初欲行，偶入府治观境图。出门，左有肆，中二儒冠者，问《图》、《志》，以有版可刷对。余辞以不能待。已而曰："有一刷而未钉者，在城外家中。"索钱四百，余予之过半。既又曰："须候明晨乃得。"余不得已，姑需之。闻八景中有北溪寒洞，在东门外北山之下，北溪水所从出也，因独步往探之。遍询土人，莫有识者，遂还。步城内后街，入儒学、城隍诸庙。下午，还寓作记。是日晴而有风。

城中市肆，与广西府相似。卖栗者，以火炙而卖之。

二十五日　晨起往索《志》。其人初谓二本，既而以未钉者来，止得上册，而仍少其半。余略观之，知其不全，考所谓阿交合溪之下流，所载亦正与《一统志》同，惟新增所谓凤梧山、双龙潭之类而已。乃畀还之，索其原价。遂饭而行。出西门，即上西山，峻甚。五里，逶迤蹑其顶，则犹非大龙之脊也；其脊尚隔一坞，西南自果马山环界而北，乃东度而为月狐，从其北度之坳，又南走一支，横障于东，即此山也。《志》称为隐毒山，谓山下有泉，为隐毒泉。盖是山之西，与老龙夹而中洼，内成海子，较南海子颇长而深。是山之东，有泉二派，一出于北，今名为北溪。一出于南，脱数字。而是山实南北俱属于大脊焉。由其西向西南下，二里，抵坞中，有小坑潴污流，不甚大也。西陟坞一里半，草房数间，倚南坡上，为黑土坡哨。前有岐，西北由坞中行，为潘、金、魏所道；西南上坡为正道。余乃陟坡一里，复南逾其冈，冈头多眢井中陷，草莽翳之，或有闻水声潺潺者。越冈南行二里余，乃下坡，遂与西海子遇；其水澄碧深泓，直漱东山之麓。路既南临水湄，遂东折而循山麓行。南向二里，见其水汪汪北转，环所逾眢井之冈，南抵南冈，东逼山麓，而西濒所聚焉。盖惟西、北二面，大脊环抱，可因泉为田，而三所屯托之，所谓潘所、金所、魏所也。乃土官三姓。三所在海子西，与余所循山麓隔水相望。是水一名清海子，一谓之车湖。水濒山麓，清澈可爱，然涸时中有浅处，可径而南也。今诸山冈支瞰其间，湖水纡折回抱，不啻数十里，《一统志》谓四围皆山者是；谓周广四里，则不止焉。想从其涸时言也。又南一里，东逾一瞰水之冈，又陟漱水之坡，南向一里，海子南尽，遂西南逾冈而行。冈不甚峻，而横界于东西两界之间，皆广坡漫衍。由其上南行四里，稍南下，忽闻水声，已有细流自冈西峡坠沟而南矣。有数家在西山下，曰花箐哨。始知其冈自西界老脊度脉，而东峙为东界，北走而连属于凤梧之西坳，是为隐毒山，中环大洼，而清海子潴焉。南走绵耸于河口之北崖，是为尧林山，前挟交溪，而果马水入焉。不陟此冈，不知此脉乃由此也。于是随水南行，皆两界中之坂陇，或涉西委之水，或逾西垂之坡，升降俱不甚高深，而土衍不能受水，皆不成畦。然东山逶迤而不峻，西山崇列而最雄，路稍近东山，而水悉溯西山而南焉。则花箐诸流之下泄于果马溪者，又杨林之源矣。南行二十五里，始有聚落曰羊街子。其西界山至是始开峡，重峦两叠，凑列中有悬箐焉。由此而入，是为果渡木朗，乃寻甸走武定之间道。盖西界大山，北向一支，自西南横列东北，起嶂最高，如重盖上拥。南向一支，亦自西南横列东北，排峦稍杀，如外幔斜骞；虽北高南下，而其脉实自南而北叠，而中悬一箐为丛薄，为中通之隙焉，是曰果马山；而南北之水，由此分矣。羊街子居庐颇聚。又有牛街子在果马溪西大山下，与羊街子皆夹水之市，皆木密所分屯于此者。盖花箐而南，至此始傍水为塍耳。时方下午，问前途宿所，必狗街子，去此尚三十里。恐行不能及，途人皆劝止，遂停憩逆旅，草记数则。薄暮，雨意忽动，中夜闻潺潺声。

二十六日　晨起，饭后，雨势不止，北风酿寒殊甚。待久之，不得已而行。但平坡漫陇，界东西两界中，路从中而南，云气充寒，两山漫不可见；而寒风从后拥雨而来，伞不能支，寒砭风刺，两臂僵冻，痛不可忍。十里，稍南下，有流自东注于西，始得夹路田畦。盖羊街虽有田畦，以溪傍西山，田与路犹东西各别耳。渡溪南，复上坡二里，有聚落颇盛，在路右，曰间易屯。又北一里半，南冈东自尧林山直界而西，西抵果马南山下，与果马夹溪相对，中止留一隙，纵果马溪南去。溪岸之东山，阻溪不能前，遂北转溯流作环臂状。又有村落倚所环臂中，东与行路相向。询之土人，曰果马村。从此遂上南冈，平行冈岭二里，是为寻甸、云南之界。盖其岭虽不甚崇，自南界横亘直凑西峰，约十余里，横若门阈，平若堵墙，北属寻甸，南属嵩明，由此脊分焉。稍南，路左峰顶有庵二重，在松影中，时雨急风寒，急趋就之。前门南向，闭莫可入，从东侧门入。一老僧从东庑下煨榾，见客殊不为礼。礼佛出，将去之，一爨下僧，号德闻。出留就火。薪不能燃，遍觅枯槎焙之，就炙湿衣，体始复苏；煨栗瀹茶，肠始回温。余更以所携饭乘沸茶食之，已午过矣。零雨渐收，遂向南坡降。三里，抵坡下，即杨林海子之西坞也。其处遥山大开：西界即嵩明后诸老龙之脊；东界即罗峰公馆后分支，为翠峰祖脊，相对夹成大壑，海子中汇焉；其南杨林所城当锁钥；其北尧林山扼河口。海东为大道所经，海西为嵩明所履，但其处竹树渐密，反不遑远眺。大道东南去，乃狗街子道；岐路直南去，为入州道。余时闻有南京僧在狗街子州城大道之中，地名大一半村者，欲往参之，然后入州。乃从岐道下竹坑间行。一里，有大溪自西北环而东注，即果马溪之循西山出峡，至是放而东转者。横木梁跨石洑上，洑凡三砥，木三跨而达涯之西，其水盖与新桥石幢河相伯仲者也。既渡，即平畴遥达，村落环错，西南直行六里而抵州。由塍中东南向，遵小径行二里，过小一半村。又一里，有大路自东北走西南，是为狗街子入州之道。道之北即为大一半村，道之南即为玉皇阁。入访南京师，已暂栖州城某寺。其徒初与余言，后遂忘之。南京僧号金山。余遂出。从大道西南入州。二里，又有溪自西而东向注，其水小于果马之半而颇急，石卷桥跨之。越而西南行，泞陷殊甚。自翠峰小路来，虽久雨之后，而免陷淖之苦，以山径行人少也；一入大路，遂举步甚艰，所称"蜀道"，不在重崖而在康庄如此。又三里，直抵西山下，转而西南，又一里，而入嵩明之北门。稍转东而南，停于州前旅舍。问南京僧，忘其寺名，无从觅也。

二十七日　密云重布，虽不雨不雾，而街湿犹不可行。余抱膝不下楼，作书与署印州同张，拒不收。又以一刺投州目管，虽收而不即答。初是，州使君为吾郡钮国藩。武进乡荐。余初入滇，已迁饶州别驾，至是东其辕及月矣。二倅皆南都人，余故以书为庚癸呼，乃张之扞戾乃尔，始悔弹铗操竽之拙也。是日买得一野凫，烹以为供。

二十八日　晨起，浓云犹郁勃，惟东方已开。余令肆妇具炊，顾仆候管倅回书。余乃由州署西，践湿径，北抵城隍庙，其东为察院。其中北向登山数级，右为文庙，左为明伦堂、尊经阁。登阁，天色大霁，四山尽出，始全见海子之水当其前。是海子与杨林共之，即《统》、《志》所云嘉利泽也。以果马巨龙江及白马庙溪之水为源，而东北出河口，为北盘江之源者也。由中路再上，抵文庙后夹衢西入，与文庙前后并峙者，是为宗镜寺。寺建于唐天祐中。寺古而宏寂，踞蛇山之巅，今谓之黄龙山。山小而石骨棱棱，乃弥雄山东下之脉，起而中峙如锥，州城环之，为州治之后山者也。昔多小黄蛇，故今以黄龙名之。登此则一州之形势尽在目中矣。

嵩明旧名嵩盟。《一统志》言州治南有盟蛮台故址，昔汉人与乌、白蛮会盟之处，而今改为嵩明焉。州城亦因山斜绕，门俱不正，其向与寻甸相似。

嵩明正北由大山峡口入，竟日而通普岸、严章，为寻甸西境。正南隔嘉利泽，与罗峰公馆对，为杨林北境。正东为尧林山，踞河口之北，为下流之砥柱。正西逾岭，为旧邵甸县。其北之梁王山，为老龙分支之处，领挈众山，为本州西境与寻甸、富民、昆明分界者也。

嵩明中环海子，田泽沃美。其西之邵甸，南之杨林，皆奥壤也。昔皆为县，而今省去。杨林当大道，今犹存所焉。

出寺下山，还饭于店，而管倅回音不至。余遂曳杖于南门，转而西半里，抵塔下。大道东南由杨林去，余时欲由兔儿关，乃西南行。一里，有追呼于后者，则管倅以回柬具程，命役追至，而程犹置旅寓中。因令顾仆返取，余从间道北向法界寺待之。法界寺者，在城西北五里，亦弥雄山东出之支，突为崇峰者也。路当从西门出，余时截冈逾陇，下度一竹坞，二里而北上山。蹑坡盘级而上二里，逾一东下之脊，见北坞有山一支，自顶下垂，而殿宇重叠，直自峰顶与峰俱下。路有中盘坳中者，有直蹑峰顶者。余乃竟蹑其顶，一里，及之。西望峰后，下有重壑，壑西北有遥巘最高，如负扆挈领，拥列回环，瞻之甚近。余初以为嵩明之冠，而不知其即梁王之东面也。转而东，峰头有玄帝殿冠其顶，门东向。余入叩毕，问所谓南京师者，仍不得也。先是从城中寺观觅之不得，有谓在法界者，故余复迂途至，而岂意终莫可踪迹乎。由殿前东向下，历级甚峻。半里，得玉虚殿，亦东向，仍道宫也。两旁危箐回合，其境甚幽。再下，出天王殿。又下半里，有一庵当悬冈之中，深竹罨门，重泉夹谷，幽寂窈窕，惜皆闭户，无一僧在。又下，始为法界正殿。先入殿后悬台之上。其殿颇整，有读书其中者，而主僧仍不在。乃下，礼佛正殿。甫毕，而顾仆亦从坞中上。东庑有僧出迎，询知南京师未尝至。而仰观日色，尚可行三十余里，遂询道于僧，更从北径为邵甸行。盖杨林为大道，最南而迂；兔儿为中道，最捷而坦；邵甸为北道，则近依梁王，最僻而险。余时欲观其挈领之势，遂取道焉。由寺前西南转竹箐中，随坳而南一里，逾东南冈，出向所来道，遂南下山。一里，抵山下，有坞自西北来，即前岭头下瞰重壑之第一层也。由其南横度而西南，二里，过一村，村南始畦塍相属。随塍南下，西行畦中一里余，望见北冈垂尽处，石崖骈沓，其东村庐倚冈上，为灵云山。西有神宇临壑，是为白马庙。神宇之西有坞，自北山回环而成峡，有大溪自峡中东注而出，即前岭头遥瞰之第二层也。其壑西南，始遥逼梁王最崇峰之下。盖梁王东突，耸悬中霄，北分一支，东下为灵云峰，即白马所倚；再北分一支，东峙为法界寺；法界北壑虽与梁王对夹，而灵云实中界焉，故梁王东麓之溪潆注，俱从此出也。其流与东山之巨龙江相似，东西距州城远近亦相似也。溪无桥，涉之，即西上坡。始余屡讯途人，言渡溪而西，必宿大大村。村之东，皆层冈绝岭，漫无村居。问："去村若干里？"曰："三十。"余仰视日色，当已不及，而土人言不妨速行可至。再问皆然。遂急趋登坡，一里，有负载而来者，再问之。曰："无及矣，不如返宿为明晨计。"余随之还，仍渡溪，入白马庙。庙敝甚，不堪托宿。乃东过骈沓石崖，从村庐之后，问宿于灵云山僧。是庵名梵虚。僧虽不知禅诵，而接客有礼，得安寝焉。

二十九日　晨起，碧天如洗。亟饭，仍半里渡溪，蹑西坡而上。迤逦五里，逾冈脊，东望嘉利泽，犹在足下。西瞻梁王绝顶，反为近支所隐，不可见。计其处正当绝巘之东，此即其支冈也。冈头多中陷之坎，枯者成智井，潴者成天池。稍西北，盘冈一里，复西南下一里，度中洼之底，复西北上，行山南岭坡间。二里，复西南下坞中。其坞自西北崇峰夹中来，中有流泉颇急，循坞西崖东坠，此梁王山东南之流也。有岐路直自坞外东南来，直西北向梁王山东腋去，此杨林往普岸、严章径。余交截之而西，半里，渡西涯急流，复西北蹑冈上，颇峻。一里，蹑峰头，已正当梁王山之南矣。西向平行岭头一里，又西下半里，坞有小水，犹东南流也。一里，径坞，又西上逾岭。半里，复下，其岭南北俱起，崇峰夹之。水已西南行，余以为过脊矣，随之下一里，行峡中。转而南一里，又有水自西北来，同坠壑东注而下嘉利泽，始知前所过夹峰之脊，犹梁王南走之余支也。越水，复西北蹑峻而上，一里半，抵峰头，则当梁王山之西南矣。是峰西南与南来老脊，又夹坑东北下嘉利泽。是峰东北与梁王主峰，亦盘谷东下嘉利泽。从脊上平行而西，一里余，出西坳。半里，始见其脉自南山来者，从此脊之西北下，伏而再起，遂矗峙梁王焉。梁王山者，按《志》无其名。余向自杨林西登老脊，已问而知之，云在邵甸东北，故余取道再出于此，正欲晰其分支界水之源也。然《志》虽不名梁王，其注盘龙江，则曰："源自故邵甸县之东山、西山。"则指此为东山矣。其注东葛勒山，则曰："在邵甸县西北，高三十里，为南中名山，远近诸峰，高无逾此。"则所谓三十里者，又指此为东葛勒山矣。但土人莫谙旧名，困梁王结寨其顶，遂以梁王名之。《志》无梁王名，未尝无东葛勒名也。其脉自澂江府罗藏山东北至宜良，分支东北走者，为翠峰之支。正支西北走者，由杨林西岭，而北度兔儿关，又北度此而高耸梁王山，横亘于邵甸之北。其东西两角并耸，东垂下临白马溪之西，西垂下临牧养涧之东。由西垂环而西南为分支，则文殊、商山之脉所由衍也。由东垂走而东北为正支，则果马、月狐之脊所自发也。西垂曲抱，而盘龙之源，遂浚滇海；东垂横夹，而嘉利之派，遂汇北盘：宜其与罗藏雄对南北，而共称梁王云。过脊，渐西降，西瞰夹坞盘窝，皆丰禾芃芃，不若脊东皆重冈荒碛也。一坡西垂夹坞中，上皆侧石斜卧。从其上行二里，始随坡下坠。一里，及坞，有小溪自东南坞中出，越之西行。又半里，有村聚南山下，皆瓦房竹扉，山居中之最幽而整者，是曰大大村，始东西开坞。梁王山西南之水，由坞北西注，余所越南坞之水，截坞而从之。半里，越村之西，又开为南北之坞，有小水自南来，经西冈下，北合于东坞之水，同破西北峡而下坠，当西出于邵甸之北者也。路越南来小水，遂西南上坡。盘坡而上约里许，越其巅。又西下半里，西南涉溪，其溪似南流者。一里，又西逾坡脊，平行坡上。又一里余，始见西坞大开。其坞自北而南，辟夹甚遥，而环峰亦甚密。坞中丰禾云丽，村落星罗，而溪流犹仅如带，若续若断焉。于是陡降西麓，半里，抵坞。有村倚麓西而庐，是曰甸头村，即邵甸县之故址也。是村犹偏于坞东，坞北有峰中垂，亦有聚庐其上。其地去嵩明州四十里，重峦中间，另辟函盖；正北则梁王正脊亘列于后，东界即老脊之北走者，西界即分支之南环者。其西北度处，有坳颇平，是通牧漾；东北循梁王山东垂而北，是通普岸、严章；西逾岭，通富民县，东逾岭，即所从来者；惟南坞最远，北自甸头，十里，至甸尾。坞中之水，南至甸尾折而西南去，路亦逾山而西，遂为嵩明、昆明之界焉。余既至甸头村，即随东麓南行。一里，有二潭潴东涯下，南北相并，中止有岸尺许横隔之；岸中开一隙，水由北潭注南潭间。潭大不及二丈，而深不可测，东倚石崖，西濒大道，而潭南则祀龙神庙焉。潭中大鱼三四尺，泛泛其中。潭小而鱼大，且不敢捕，以为神物也。甸头之水，自北来流于大道之西，潭中水自潭南溢，流大道之东，已而俱注于西界之麓，合而南去。路则由东界之麓，相望而南。坞中屡过村聚，八里，有小水自东峡出，西入于西麓大溪，逾之。南二里，则甸尾村横踞甸南之坡。有岐直南十里，通兔儿关。正路则由村西向行。一里余，直抵西界之麓，有石梁跨大溪上。逾梁，始随西麓南行。半里，溪水由西南盘谷而入，路西北向。逾岭一里，登岭头。一里，下岭西坞中，路复转西南行。大溪尚出东南峡中，不相见也。盖其东老脊南自宜良，经杨林西岭度而北，一经兔儿关，其西出之峰，突为五龙山，则挟汇流塘之水而出松花坝者也。再北经甸尾东，其峰突为祭鬼山，则挟邵甸之水而西出汇流塘者也。于是又西越坞脊，四里，随坞西下。一里，又有水自北峡来，有梁跨之，其势少杀于甸尾桥下水。有村在梁之西，是为小河口，即牧养之流，南经此而与邵甸之水合而出汇流塘者也。过村，又西南上岭，盘折山坡者七里，中有下洼之窞。既而陡下峡中，有小水自西北峡来，渡之，村聚颇盛。村之南，则邵甸之水，已与小河口之流，合而西向出峡，至此复折而南入峡中，是为汇流塘，其潆回之势可想也。从此路由西岸随流入峡，其峡甚逼，夹翠骈崖，中通一水，路亦随之。落照西倾，窈不见影，曲折四里，有数家倚溪北岸，是为三家村。投宿不纳。盖是时新闻阿迷不顺，省中戒严，故昆明各村，俱以小路不便居停为辞。余强主一家，久之，乃为篝火炊粥，启户就榻焉。

按：乾隆本卷末原附《盘江考》，今移《滇游日记十三》之后。整理者

卷六上

滇游日记四

戊寅十月初一日 凌晨起，晴爽殊甚，从三家村啜粥启行。即西由峡中，已乃与溪别，复西逾岭。共三里，入报恩寺。仍转东二里，过松花坝桥。又循五龙山而南三十里，循省城东北隅南行。已乃转西度大桥，则大溪之水自桥而南，经演武场而出火烧铺桥，下南坝矣。从桥西入省城东门。饭于肆，出南门，抵向所居停处，则吴方生方出游归化寺未返，余坐待之。抵暮握手，喜可知也。见有晋宁歌童王可程，以就医随吴来，始知方生在唐守处过中秋，甚洽也。

初二日 余欲西行，往期阮仁吾所倩担夫，遇其侄阮玉湾、阮穆声，询候甚笃。下午，阮仁吾至寓，以担夫杨秀雇约至。余期以五日后再往晋宁，还即启行。仁吾贶以番帨香扇。

初三日 余欲往晋宁，与唐玄鹤州守、大来隐君作别。方生言："二君日日念君，今日按君还省，二君必至省谒见，毋中途相左也。盍少待之？"乃入叩玉湾，并叩杨胜寰，知丽江守相望已久。既而玉湾来顾寓中，知按君调兵欲征阿迷，然兵未发，而路人皆知之，贼党益猖狂于江川、澂江之境矣。玉湾谓余："海口有石城、妙高，相近有别墅，已买山欲营构为胜地。请备车马，同行一观。"余辞以晋宁之行不容迟，因在迤西羁久也。彼又云："缅甸不可不一游。请以腾越庄人为导。"余颔之。

初四日 余束装欲早往晋宁，主人言薄暮舟乃发，不若再饭而行。已而阮玉湾馈榼酒，与吴君分饷之。下午，由羊市直南六里，抵南坝，下渡舟，既暮乃行。是晚，西南斗风，舟行三十里，至海夹口泊。三鼓，乃发棹，昧爽，抵湖南涯北圩口，乃观音山之东南濒海处。其涯有温泉焉，舟人有登浴者，余畏风寒，不及沐也。于是挂帆向东南行。二十里，至安江村，梳栉于饭肆。仍南四里，过一小桥，即西村四通桥分注之水，为归化、晋宁分界处。又南四里，入晋宁州北门，皆昔来暗中所行道也。至是始见田畴广辟，城楼雄壮焉。入门，门禁过往者不得入城，盖防阿迷不靖也。既见大来，各道相思甚急。饭而入叩州尊，如慰饥渴，遂留欢晏。夜寝于下道，供帐极鲜整。

初五至初七日 日日手谈于内署，候张调治。黄从月、黄沂水禹甸与唐君大来，更次相陪，夜宴必尽醉乃已。

初八日　饮后与黄沂水出西门，稍北过阳城堡，即所谓古土城也。其西北为明惠夫人庙，庙祀晋宁州刺史李毅女。夫人功见《一统志》。有元碑，首句云："夫人姓杨氏，名秀娘，李毅之女也。"既曰"李女"，又曰"姓杨"，何谬之甚耶？岂夫人之夫乃姓杨耶？然辞不达甚矣。人传其内犹存肉身，外加髹焉，故大倍于人。余不信。沂水云："昔年鼠伤其足，露骨焉。不妄也。"是日，州幕傅良友来拜，馈以榼醴。傅，江西德化人。

初九日　余病嗽，欲发汗，遂卧下道。

初十日　嗽不止，仍卧下道。唐君晨夕至榻前，邀诸友来看，极殷绻。

十一日　余起复入内署，盖州治无事，自清晨邀以入，深暮而出，复如前焉。是日傅幕复送礼。余受其鸡肉，转寄大来处。下午，傅幕之亲姜廷材来拜。姜，金溪人。

十二日　唐州尊馈新制长褶棉被。余入谢，并往拜姜于傅署，遇学师赵，相见蔼蔼。及往拜赵于学斋，遇杨学师，交相拜焉。询赵师："陆凉有何君巢阿否？"赵，陆凉人，故询之。赵言："陆凉无之。当是浪穹人。然同宦于浙中，相善。"赵君升任于此，过池州，问六安何州君，已丁艰去矣。四月初至镇远，其所主之家，即何所先主者。是其归已的。但余前闻一僧言，贵州水发时，城中被难者，有一浙江盐官，扛二十余，俱遭漂没，但不知其姓。以赵君先主镇远期计之，似当其时，心甚惴惴，无可质问也。从陈木叔《集》中，转得二知己，为吴太史淡人、及何六安巢阿，俱不及面。岂淡人为火毙于长安，今又有此水阨？若果尔，何遇之奇也！

十三日　州尊赴杨贡生酌，张调治以骑邀游金沙寺，以有庄田在其西麓也。出西门，见门内有新润之房颇丽，问之，即调治之兄也。名□□，以乡荐任常州判，甫自今春抵家。以谗与调治不睦。出西门，直西行田塍中，路甚坦。其坞即南自河涧铺直北而出者，至此乃大开洋，北极于滇池焉。西界山东突濒坞者，为牧羊山，北突而最高者，为望鹤山。其北走之余脉为天城，又西为金沙，则散而濒海者也。东界山西突而屏诚南者，为玉案山。北峙而最高者，为盘龙山。其环北之正脊，为罗藏山，则结顶而中峙者也。州治倚东界之麓。大堡、河涧合流于西界之麓，北出四通桥，分为两流：一直北下滇海；一东绕州北入归化界，由安江村入滇海。经坞西行三里，上溪堤，有大石梁跨溪上，是为四通桥。由桥西直上坡，为昆阳道。西北由岐一里半，为天女城，上有天城门遗址，古石两叠，如雕刻亭檐状。昔李毅之女秀，代父领镇时筑城于此，故名。城阜断而复起，西北濒湖者，其山长绕。为黄洞山。西南并天城而圆耸夹峙者，为金沙山。此皆土山断续，南附于大山者也。金沙之西，则滇海南漱而入，直逼大山。金沙之南，则望鹤山高拥而北瞰，为西界大山北隅之最。其西则将军山耸崖突立，与望鹤骈峙而出，第望鹤则北临金沙，天城、将军则北临滇海耳。黄洞山之西，有洲西横海中，居庐环集其上，是为河泊所，乃海子中之蜗居也。今已无河泊官，而海子中渡船犹泊焉。其处正西与昆阳对，截湖西渡，止二十里。陆从将军山绕湖之南，其路倍之。由天女城盘金沙山北夹；又一里半，而入金沙寺。寺门北向，盘龙莲峰师所建也，寺颇寂寞。由寺后拾级而上，为玉皇阁，又上为真武殿，俱轩敞，而北向瞻湖，得海天空阔之势。山之西麓，则连村倚曲，民居聚焉。入调治山楼，饭而登山，凭眺寺中。下步田畦水曲，观调治家人筑场收谷。戴月入城，皎洁如昼，而寒悄逼人。还饭下道，不候唐君而卧。唐君夜半乃归，使人相问，余已在梦魂中矣。

十四日　在署中。

十五日　在州署，夜酌而散，复出访黄沂水。其家寂然，花阴历乱，惟闻犬声。还步街中，恰遇黄。黄乃呼酒踞下道门，当月而酌，中夜乃散。

十六日　余欲别而行，唐君谓："连日因歌童就医未归，不能畅饮。使人往省召之，为君送别，必少待之。"余不能却。

十七、十八日　皆在州署。

十九日　在州署。夜月皎而早阴霾。

二十、二十一日　在州署。两日皆倏雨倏霁。

二十二日　唐君为余作《瘗静闻骨记》，三易稿而后成。已乃具酌演优，并候杨、赵二学师及唐大来、黄沂水昆仲，为同宴以饯。

二十三日　唐君又馈棉袄夹裤，具厚贶焉。唐大来为余作书文甚多，且寄闪次公书，亦以青蚨贶。乃入谢唐君，为明日早行计。

晋宁乃滇池南一坞稍开，其界西至金沙山，沿将军山抵三尖村，与昆阳界，不过二十里。东至盘龙山顶，与澂江界，不过十里。北至分水河桥，与归化界，不过五里。南入山坞，与澂江界，不过十里。总计南北不过十五里，东西不过三十里，不及诸蛮酋山徼一曲也。

晋宁之水，惟四通桥为大。其内有二溪，俱会于牧羊山下石壁村：一为大坝河，即河涧铺之流，出自关索岭者，余昔往江川由之；一为大甫河，出自铁炉关者，与新兴分水之岭界。二水合而出四通桥，又分其半，东灌州北之田。至州东北，又有盘龙山涧之水，自州城东南隅，循城北流，引为城濠，而下合于四通东灌之水，遂北为归化县分界，而出安江村。其河乃唐公新浚者。

晋宁二属邑，俱在州东北境，亦镇海东南之余坞也。归化在州北二十里，呈贡又在归化北四十里。呈贡北即昆明县界，东北即板桥路，东即宜良界，东南即罗藏山，阳宗界。归化北五里，有莲花洞山，一名龙洞，有水出其间。罗藏山在归化东十里，盘龙山东北之主峰也，东南距澂江府四十里。其山高耸，总挈众山，与邵甸之梁王山对，亦谓之梁王山，以元梁王结寨其上也。西北麓为滇池，东南麓为明湖、抚仙湖。水之两分其归者，以此山为界。水之三汇其壑者，亦以此山为环。然则比邵甸梁王，此更磅礴矣。其脉自铁炉关东度为关索岭，又东为江川北屈颡巅山，遂北走为此山。又东至宜良县西境，又北度杨林西岭，又北过兔儿关，又北结为邵甸梁王山，而为果马、月狐之脊焉。

晋宁四门昔皆倾圮，唐玄鹤莅任，即修城建楼，极其壮丽。

晋宁东至澂江六十里，西至昆阳四十里，南至江川七十里，北至省会一百里，东南至路南州一百五十里，东北至宜良一百六十里，西南至新兴州一百二十里，西北至安宁州一百二十里。

唐晋宁初授陕西三水令，以御流寇功，即升本州知州，以忧归，补任于此。乃郎年十五岁，文学甚优，落笔有惊人语；余三子俱幼。

唐大来名泰选贡，以养母缴引，诗、画、书俱得董玄宰三昧。余在家时，陈眉公即先寄以书云："良友徐霞客足迹遍天下，今来访鸡足并大来先生，此无求于平原君者，幸善视之。"比至滇，余囊已罄，道路不前，初不知有唐大来可告语也。忽一日，遇张石夫谓余曰："此间名士唐大来，不可不一晤。"余游高峣时，闻其在傅玄献别墅，往觅之，不值。还省，忽有揖余者曰："君岂徐霞客耶？唐君待先生久矣。"其人即周恭先也。周与张石夫善，与张先晤唐，唐即以眉公书诵之。周又为余诵之。始知眉公用情周挚，非世谊所及矣。大来虽贫，能不负眉公厚意，因友及友。余之穷而获济，出于望外如此。

唐大来，其先浙之淳安籍，国初从戎于此。曾祖金，嘉靖戊子乡荐，任邵武同知，从祀名宦。祖尧官，嘉靖辛酉解元。父懋德，辛卯乡荐，临洮同知。皆有《集》，唐君合刻之，名《绍箕堂集》。李本宁先生为作《序》，甚佳。

大来言历数先世，皆一仕一隐，数传不更，故其祖虽发解，竟不仕而年甚长。今大来虽未发解，而诗翰为滇南一人，真不忝厥祖也。但其胤嗣未耀，二女俱寡，而又旁无昆季，后之显者，将何待乎？

大来之岳为黄麟趾，字伯仁，以乡荐任山东嘉祥令，转四川顺庆府某县令。卒于任，即黄沂水禹甸之父，从月之兄也。其祖名明良，嘉靖乙酉乡荐，仕至毕节兵宪，有《牧羊山人集》。

大来昔从广南出粤西，抵吾地，亦以粤西山水之胜也。为余言："广南府东半日多程，有宝月关甚奇。从广南东望，崇山横障，翠截遥空，忽山间一孔高悬，直透中扃，光明如满月缀云端，真是天门中开。路由其下盘跻而入，大若三四城门。其下旁又一窍，潜通滇、粤之水。"予按黄麟趾《昭阳关诗》注云："关口天成一石虎头，眈眈可畏。”诗曰：“何代凿鸿濛？峦山窌窱通。五丁输地力，一窍自天工。域畛华、彝界，关当虎豹雄。弃繻愁日暮，驱策乱流中。”按昭阳，即此洞也。唐君谓之宝月者，又其别名耳。此路东去即归顺，余去冬为交彝所梗，不能从此。

盘龙山 莲峰祖师，名崇照，元至正间以八月十八日涅槃，作偈曰：“三界与三涂，何佛祖不由；不破则便有，能破则便无。老僧有吞吐不下，门徒不肯用心修，切忌切忌。”师素不立文字，临去乃为此，与遗蜕俱存。至今以此日为“盘龙会”云。

邵真人以正，初名璇，晋宁人。其父名仁，叔名忠，俱由苏州徙此。阁老刘逸挽忠诗有曰：“三郎足下风云达，忠子玘，领乡荐。小阮壶中日月长。即真人。”末句又曰：“怅望苏州是故乡。”见《州志》。

晋时晋宁之地曰宁州。南蛮校尉李毅持节镇此，讨平叛酋五十八部。惠帝时李雄乱，毅死之。女秀有父风，众推领州事，竟破贼保境。比卒，群酋为之立庙。是时宁州所辖之境虽广，而驻节之地，实在于此。至唐武德中，以其为晋时宁州统会之地，置晋宁县。此州名之所由始也。州名宦向有李毅及王逊、姚岳等。迨万历间吴郡许伯衡修《州志》，谓今晋宁州地已非昔时五十八部之广，以一隅而僭通部之祀，非诸侯祭封内山川义，遂一并撤去之，并《志传》亦削去，只自我朝始。遂令千载英灵，空存肹蠁，一方故实，竟作尘灰，可叹也！然毅虽削而其女有庙在古城，岳虽去而岳亦有庙在州西，有功斯土，非竖儒所能以意灭者也。许伯衡谓昔时宁州地广，今地狭，李毅虽嫡祖晋宁，不得而祀之，犹支子之不得承祧祀大宗也。余谓晋宁乃嫡冢，非支子比，毅所辖五十八部虽广，皆统于晋宁，今虽支分五十八部，皆其支庶，而晋宁实承祧之主。若晋宁以地狭不祀，将委之五十八部乎？五十八部复以支分，非所宜祀，是犹嫡冢以支庶众多，互相推委，而虚大宗之祀也。然则李毅一方宗祖，将竟委之若敖乎？故余谓唐晋宁、唐大来首以复祀李毅为正。

二十四日 街鼓未绝，唐君令人至，言早起观天色，见阴云酿雨，风寒袭人，乞再迟一日，候稍霁乃行。余谢之曰：“行不容迟，虽雨不为阻也。”及起，风雨凄其，令人有黯然魂消意。令庖人速作饭，余出别唐大来。时余欲从海口、安宁返省，完省西南隅诸胜，从西北富民观螳螂川下流，而取道武定，以往鸡足。乃以行李之重者，托大来令人另赍往省，而余得轻具西行焉。方抵大来宅，报晋宁公已至下道，亟同大来及黄氏昆玉还道中。晋宁公复具酌于道，秣马于门。时天色复朗，遂举大觥，登骑就道。从西门三里，度四通桥，从大道直西行。半里，上坡，从其西峡，转而西南上一里半，直蹑望鹤岭西坳。又西下涉一涧，稍北，即濒滇池之涯。共五里，循南山北麓而西，有石耸起峰头，北向指滇池，有操戈介胄之状，是为石将军，亦石峰之特为巉峭者。其西有庙北向，是为石鱼庙。其西南又有山西突起，亚于将军者，即石鱼山也。又西二里，海水中石突丛丛，是为牛恋石。涯上村与乡，俱以“牛恋”名。谓昔有众牛饮于海子，恋而不去，遂成石云。于是又循峡而南二里，逾平坡南下，有水一塘，直浸南山之足，是为三尖塘。塘南山峦高列，塘北度脊平衍；脊之北，即滇池、牛恋。塘水不北泄而东破山腋，始知望鹤之脉，自西来，不自南来也。从塘北西向溯坞入，其坞自西而东，即塘水之上流也。三里，坞西尽处，有三峰排列其南：最高者即南山之再起者也；其中一峰则自南峰之西，绕峡而北，峙为中峰焉；北峰则濒滇池而东度，为石将军、望鹤山之脉矣。中峰之东，有村落当坞，是为三尖村；晋宁村落止此。西沿中峰而上一里，与南峰对夹之中，复阻水为塘，不能如东塘之大，而地则高矣。又平上而西，一里，逾中峰之脊。从脊上西南直行，为新兴道；逾脊西北下，即滇池南涯，是为昆阳道；而晋宁、昆阳以是脊为界焉。于是昆阳新、旧州治，俱在一望。直下半里，沿滇池南山陇半西行，二里余，有村在北崖之下，滇池之水环其前，是曰赤峒里，亦池滨聚落之大者，而田则不能成壑焉。又西由村后逾岭南上，既西下，三里，有村倚南山北麓。盘其嘴而西，于是西峡中开，自南而北，与西界山对夹成坞。其脊南自新兴界分支北下：西一支直走而为新、旧州治，而北尽于旧寨村；东一支即赤峒里之后山，滨池而止。东界短，西界长，中开平坞为田，一小水贯其中，亦自南而北入滇池，即《志》所称渠滥川也。按《隋书》：史万岁为行军总管，自蜻蛉川至渠滥川，破三十余部，当即指此。由东嘴截坞而西，正与新城相对，而大道必折而南，盘东界之嘴以入，三里，始西涉坞。径坞三里，又随西界之麓北出，一里半，是为昆阳新城。又北一里半，为昆阳旧城，于是当滇池西南转折处矣。旧城有街衢阛堵而无城郭，新城有楼橹雉堞而无民庐，乃三四年前，旧治经寇，故卜筑新邑，而市舍犹仍旧贯也。旧治街自南而北，西倚山坡，东瞰湖涘，至已日西昃，亟饭于市。此州有天酒泉、普照寺，以无奇不及停屐。遂北行，四里，稍上，逾一东突之坳，其山自西界横突而出，东悬滇海中。路逾其坳中北下，其北滇海复嵌坞西入。其突出之峰，远眺若中浮水面，而其西实连缀于西界者也。乃西转涉一坞，共四里，又北向循滇池西崖山麓行。五里，又有小峰傍麓东突，南北皆湖山环抱之。数十家倚峰而居，是为旧寨村。由村北过一坞，其坞始自西而东，坞北有山一派，亦自西而东，直瞰滇海中。北二里，抵山下，直蹑山北上。一里余，从崩崖始转东向山半行。又里余，从东岭盘而北，其岭南、北、东三面俱悬滇海中，正东与罗藏隔湖相对。此地杳僻隔绝，行者为畏途焉。岭北又有山一支，从水涯之北，亦自西而东，直瞰滇海中，与此岭南北遥对成峡，滇海驱纳其中，外若环窝，中骈束户，是为海口南岭。北下之处，峻削殊甚。余虑日暮，驱马直下。二里，复循坞西入，二里，西逾一坳。由坳西下，山坞环开，中为平畴，滇池之流，出海就峡，中贯成河，是为螳螂川焉。二里，有村傍坞中南山下，过之，行平畴间，西北四里，直抵川上。有聚落成衢，滨川之南，是曰茶埠墩，即所谓海口街也，有公馆在焉。监察御史案临，必躬诣其地，为一省水利所系耳。先是唐晋宁谓余，海口无宿处，可往柴厂莫土官盐肆中宿，盖唐以候代巡，常宿其家也。余问其处尚相去六七里，而日色已暮，且所谓海门龙王庙者，已反在其东二里。又闻阮玉湾言，有“石城”之胜，亦在斯地，将留访焉。遂不复前，觅逆旅投宿。

二十五日 令二骑返晋宁，余饭而蹑屩，北抵川上。望川北石崖矗空，川流直啮其下。问所谓“石城”者，土人皆莫之知，惟东指龙王堂在盈盈一水间。乃溯川南岸东向从之。二里，南岸山亦突而临川，水反舍北而逼南。南崖崩嵌盘沓，而北崖则开绕而受民舍焉，是为海门村。与南崖相隔一水，不半里，中有洲浮其吭间，东向滇海，极吞吐之势。峙其上者，为龙王堂。时渡舟在村北岸，呼之莫应。余攀南崖水窟，与水石相为容与，忘其身之所如也。久之，北崖村人以舟至，遂渡登龙王堂。堂当川流之中，东临海面，时有赛神者浮舟而至，而中无庙祝。后有重楼，则阮祥吾所构也。庙中碑颇多，皆化、治以后抚按相度水利，开浚海口，免于泛滥，以成濒海诸良田者；故巡方者以此为首务云。出庙渡北岸，居庐颇集。其北向所倚之山有二重：第一重横突而西，多石，而西垂最高，即矗削而濒于川之北岸者；第二重横突而东，多土，而东绕最远，即错出而尽为池之北圩者。二重层叠于村后，盖北自观音山盘礴而尽于此。村氓俱阮氏庄佃，余向询阮玉湾新置“石城”之胜，土人莫解，谓阮氏有坟在东岸。误指至此，村人始有言“石城”在里仁村。其村乃倮㑩寨，正与茶埠墩对。从此有小径向山后峡中西行，三里可至。余乃不东向阮坟，而西觅里仁焉。即由村后北逾第一重石峰之脊，北向下，路旁多错立之石，北亦开坞，而中无细流。一里，随坞西转，已在川北岸矗削石峰之后，盖峰南漱逼川流，故取道于峰北耳。其内桃树万株，被陇连壑，想其蒸霞焕彩时，令人笑武陵、天台为爝火矣。西一里，过桃林，则西坞大开，始见田畴交塍，溪流霍霍，村落西悬北山之下，知其即为里仁村矣。盖其坞正南矗立石山，西尽于此。坞濒于川，亦有一村临之，是为海口村，与茶埠墩隔川相对；有渡舟焉。其坞之东北逾坡，坞之西北循峡，皆有路，凡六十里而抵省会；而里仁村当坞中北山下。半里，抵村之东，见流泉交道，山崖间树木丛荫，上有庙宇，盖龙泉出其下也。东坞以无泉，故皆成旱地；西坞以有泉，故广辟良畴。由村西盘山而北，西坞甚深，其坞自北峡而出，直南而抵海口村焉。村西所循之山，其上多蹲突之石，下多崆峒之崖，有一窍二门，西向而出者。余觉其异，询之土人，“石城”尚在坞西岭上，其下亦有龙泉，可遵之而上。共北半里，乃西下截坞而度，有一溪亦自北而南，中乾无流。涉溪西上，共半里，闻水声瀌瀌，则龙泉溢西山树根下，潴为小潭，分泻东南去。由潭西上岭半里，则岭头峰石涌起，有若卓锥者，有若夹门者，有若芝擎而为台，有若云卧而成郭者。于是循石之隙，盘坡而上，坠壑而下。其顶中洼，石皆环成外郭，东面者巑岏森透，西面者穹覆壁立；南向则余之逾脊而下者；北面则有石窟曲折，若离若合间，一石坠空当关，下覆成门，而出入由之。围壑之中，底平而无水，可以结庐，是所谓“石城”也。透北门而出，其石更分枝簇萼。石皆青质黑章，廉利棱削，与他山迥异。有牧童二人引余循崖东转，复入一石队中，又得围崖一区，惟东面受客如门；其中有趺座之龛，架板之床，皆天成者。出门稍南，回顾门侧，有洞岈然，亟转身披之。其峒透空而入，复出于围崖之内，始觉由门入，不若由洞入更奇也。计围崖之后，即由“石城”中望所谓东面巑岏处矣。出洞，仰眺洞上石峰层沓，高耸无比。复有一老倮㑩披兽皮前来，引余相与攀跻，其上如众台错立，环中洼而峙其东，东眺海门，明镜漾空，西俯洼底，翠瓣可数，而隔崖西峰穹覆之上，攒拥尤高。乃下峰，复度南脊，转造西峰，则穹覆上崖，复有后层分列，其中开峡。东坠危坑而下，其后则土山高拥，负扆于上，耸立之石，或上覆平板，或中剖斜棂。崖胁有二小穴如鼻孔，群蜂出入其中，蜜渍淋漓其下，乃崖蜂所巢也。两牧童言：“三月前土人以火熏蜂而取蜜，蜂已久去，今乃复成巢矣。”童子竞以草塞孔，蜂辄嗡嗡然作铜鼓声。凭览久之，乃循坠坑之北，东向悬崖而下，经东石门之外，犹令人一步一回首也。先是从里仁村望此山，峰顶耸石一丛，不及晋宁将军峰之伟杰，及抵其处，而阖辟曲折，层沓玲珑，幻化莫测，钟秀独异。信乎灵境之不可以外象求也。盖是峰西倚大山，此其一支东窜，峰顶中坳，石骨内露，不比他山之以表暴见奇者。第其上无飞流涵莹之波，中鲜剪棘梯崖之道，不免为兔狐所窟耳。老倮㑩言：“此石隙土最宜茶，茶味迥出他处。今阮氏已买得之，将造庵结庐，招净侣以开胜壤，岂君即其人耶？”余不应去。信乎买山而居，无过此者。下山仍过坞东，一里，经里仁村。东南一里，抵螳螂川之北，西望海口，有渡可往茶埠，而东眺濒川，石崖耸削。先从茶埠隔川北望，于巑岏嵌突中，见白垣一方，若有新茅架其上者。今虽崖石掩映，不露其影，而水石交错，高深嵌空，其中当有奇胜，遂东向从之。抵崖下，崖根插水，乱石潆洄，遂攀跻水石间。沿崖南再东，忽见石上有痕，蹑崖直上，势甚峻。挂石悬崖之迹，俱倒影水中。方下见为奇，又忽闻謦咳落头上，虽仰望不可见，知新茅所建不远矣。再穿下覆之石，则白垣正在其上。一道者方凿崖填路，迎余入坐茅中。其茅仅逾方丈，明窗净壁，中无供像，亦无爨具，盖初落成而犹未栖息其间者。道人吴姓，即西村海口人，向以贾游于外，今归而结净于此，可谓得所托矣。坐茅中，上下左右，皆危崖缀影，而澄川漾碧于前，远峰环翠于外。隔川茶埠，村庐缭绕，烟树堤花，若献影镜中。而川中凫舫贾帆，鱼罾渡艇，出没波纹间。棹影跃浮岚，橹声摇半壁，恍然如坐画屏之上也。既下，仍西半里，问渡于海口村，南度茶埠街。入饭于主家，已过午矣。茶埠有舟，随流十里，往柴厂载盐渡滇池。余不能待，遂从村西遵川堤而行。其堤自茶埠西达平定，随川南涯而筑之。盖川水北依北岸大山而西，其南岸山势层叠，中多小坞，故筑堤障川。堤之南，屡有小水自南峡出，亦随堤下注。从堤上西行，川形渐狭，川流渐迅。七里，有村庐倚堤，北下临川，堤间有亭有碑，即所谓柴厂也。按旧碑谓之汉厂，莫土官盐肆在焉。至此，川迅石多，渐不容舟，川渐随山西北转矣；堤随之。又西北七里，水北向逼山入峡，路西向度坞登坡。又二里，数家踞坡上，曰平定哨。时日色尚高，以土人言前途无宿店，遂止。

二十六日　鸡再鸣，饭而出店，即北向循西山行。三里，曙色渐启，见有岐自西南来者，有岐自东北来者，而中道则直北逾坳。盖西界老山至此度脉而东，特起一峰，当关中突，障扼川流，东曲而盘之，流为所扼，稍东逊之，遂破峡北西向，坠级争趋，所谓石龙坝也。此山名为九子山，实海口下流当关之键；平定哨在其南，大营庄在其东，石龙坝在其北。山不甚高大，圆阜特立，正当水口，故自为雄耳。山巅有石九枚，其高逾于人，骈立峰头。土人为建九子母庙，以石为九子，故以山为“九子母”也。余时心知正道在中，疑东北之岐为便道，且可一瞰川流，遂从之。一里，抵大营庄，则川流轰轰在下，舟不能从水，陆不能从峡，必仍还大路，逾坳乃得。于是返辙，从峰西逾岭北下。共二里，有小水自西南峡来，渡之。复西上逾坡，则坡北峡中螳川之水，自九子母山之东，破峡北出，转而西，绕山北而坠峡，峡中石又横岨而层阂之。水横冲直捣，或跨石之顶，或窜石之胁，涌过一层，复腾跃一层，半里之间，连坠五六级。此石龙坝也。此水之不能通舟，皆以此石为梗。昔治水者多燔石凿级，不能成功。土人言凿而辄长，未必然也。石级既尽，峡亦北转。路从峡西山上，随之北行。下瞰级尽处，峡中有水一方，独清潴，土人指为青鱼塘，言塘中青鱼大且多。按《志》：昆阳平定乡小山下有三洞，泉出汇而为潭，中有青鱼、白鱼，俗呼随龙鱼，岂即此耶？北二里，峡稍开，有村在其下，为青鱼塘村。北二里，西北蹑一岭，此岭最高，始东见观音山与罗汉寺、碧鸡山两峰东峙。又北见遥山一重，横亘众山之北，西尽处特耸一峰最高，为笔架山。其西又另起一峰，与之骈立，则老龙之龙山也。东尽处分峙双岫，亦最高，为进耳山。其南坳稍伏而豁，则大道之碧鸡关也。两最高之间，有尖峰独锐，透颖于横脊之南，是为龙马山。其下则沙河之水所自来也。惟西向诸山，稍伏而豁，大道之往迤西者从之，而老脊反自伏处南度。老龙之脊，西北自丽江、鹤庆东，南下至楚雄府南，又东北至禄丰、罗次北境，又东至安宁州西北境，东突为龙山。遂南从安宁州之西，又南度三泊县之东，又南向绕昆阳州之西南，乃折而东，经新兴州北，为铁炉关。又东经江川县北，为关索岭；又东峙为屈颡巅山。乃折而东北，为罗藏山，则滇池、抚仙湖之界脊也。始西一里，逾其巅，又西北下一里，则螳川之水，自岭之北麓环而西，又转而南。岭西有村，濒川而居，置渡川上，是曰武趣河。昆阳西界止此，过渡即为安宁州界。武趣之河，绕村南曲，复转西峡去。路渡河即西北上坡。连越土垅二重，共五里，北下有水一塘，在东坞中。又北二里，有水一塘，在西坞中。又北一里半，有村在路东，又北一里半，坡乃北尽，坡北始开东西大坞。乃下坡西向行坞中。二里，有水东北自北界横亘中尖峰下来，是为沙河。其流颇大，石梁东西跨之。河从梁下南去。螳川之水，自武趣西峡转而北来。二水合于梁南，半里，遂西北至安宁州城之南，于是北向经城东而北下焉。过沙河桥，又西北一里，则省中大道自东北来，螳大川自城南来，俱会于城东，有巨石梁东西跨川上，势甚雄壮。过梁即为安宁城。入其东门，阛阓颇集，乃沽饮于市，为温泉浴计。饮毕，忽风雨交至。始持伞从南街西行，已而知道禄裱大道，乃返而至东门内，从东街北行。半里，过州前，从其东复转北半里，有庙门东向，额曰“灵泉”。余以为三潮圣水也。入之，有巨井在门左，其上累木横架为梁，栏上置辘轳以汲，乃盐井也。其水咸苦而浑浊殊甚。有监者，一日两汲而煎焉。安宁一州，每日夜煎盐千五百斤。城内盐井四，城外盐井二十四。每井大者煎六十斤，小者煎四十斤，皆以桶担汲而煎于家。又西转过城隍庙而北，半里，出北门，风雨凄凄，路无行人，余兴不为止，冒雨直前。随螳川西岸而北，三里半，有村在西山麓，其后庙宇东向临之，余不入。又北二里半，大路盘山西北转，有岐下坡，随川直北行。余乃下，从岐一里半，有舟子舣舟渡，上川东岸，雨乃止。复循东麓而北，抵北岭下，川为岭扼，西向盘壑去。路乃北向陟岭，岭颇峻。一里，逾岭北，又一里，下其北坞。有小水自东北来，西注于川，横木桥度之。共一里，又西北上坡，有村当坡之北，路从其侧。一里，逾坡而北，再下再上，共三里，西瞰螳川之流，已在崖下。崖端有亭，忽从足底涌起，俯瞰而异之，亟舍路西向下。入亭中，见亭后石骨片片，如青芙蓉涌出。其北复有一亭，下乃架木而成者。瞰其下，则中空如井，有悬级在井中，可以宛转下坠。余时心知温泉道尚当从上北行，而此奇不可失，遂从级坠井下。其级或凿石，或嵌木，或累梯，共三转，每转约二十级，共六十级而至井底。井孔大仅围四尺，其深下垂及底，约四五丈。井底平拓，旁裂多门，西向临螳川者为正门，南向者为旁门。旁门有屏斜障，屏间裂窍四五，若窗棂户牖，交透叠映。

土人因号之曰“七窍通天”。“七窍”者，谓其下之多门；“通天”者谓其上之独贯也。旁门之南，崖壁巉削，屏列川上。其下洞门另辟骈开，凡三四处，皆不甚深透。然川漱于前，崖屏于上，而洞门累累，益助北洞之胜。再南崖石转突处，有一巨石下坠崖侧，迎流界道，有题其为“醒石”者，为泠然笔。泠然，学道杨师孔号。杨系贵州人。石北危崖之上，有大书“虚明洞”三大字者，高不能瞩其为何人笔。其上南崖有石横斜作垂手状，其下亦有洞西向，颇大而中拓，然无嵌空透漏之妙。“虚明”二字，非此洞不足以当之。“虚明”大书之下，又有刻“听泉”二字者，字甚古拙，为燕泉笔。燕泉，都宪何孟春号。何，郴州人，又自叙为吾邑人。又其侧有“此处不可不饮”，为升庵笔，升庵，杨太史慎号。而刻不佳，不若中洞。门右有“此处不可不醉”，为泠然笔，刻法精妙，遂觉后来者居上。又“听泉”二字上，刻醒石诗一绝，标曰“姜思睿”，而醒石上亦刻之，标曰“谱明”。谱明不知何人，一诗二标，岂谱明即姜之字耶？此处泉石幽倩，洞壑玲珑，真考槃之胜地，惜无一人栖止。大洞之左，穹崖南尽，复有一洞，见烟自中出，亟入之。其洞狭而深，洞门一柱中悬，界为二窍。有倮㑩囚发赤身，织草履于中，烟即其所炊也。洞南崖尽，即前南来之坞，下而再上处也。时顾仆留待北洞，余复循崖沿眺而北。北洞之右，崖复北尽，遂蹑坡东上，仍出崖端南来大道。半里，有庵当路左，下瞰西崖下，庐舍骈集，即温泉在是矣。庵北又有一亭，高缀东峰之半，其额曰“泠然”。当温泉之上，标以“御风”之名，杨君可谓冷暖自知矣。由亭前蹑石西下，石骨棱厉。余爱其石，攀之下坠，则温池在焉。池汇于石崖下，东倚崖石，西去螳川数十步。池之南有室三楹，北临池上。池分内外，外固清莹，内更澄澈；而浴者多就外池。内池中有石高下不一，俱沉水中，其色如绿玉，映水光艳烨然。余所见温泉，滇南最多，此水实为第一。池室后当东崖之上，有佛阁三楹，额曰“暖照”。南坡之上，有官宇三楹，额曰“振衣千仞”。皆为土人锁钥，不得入。余浴既，散步西街，见卖浆及柿者，以浴热，买柿啖之。因问知虚明之南，尚有云涛洞，川之西岸，曹溪寺旁，有圣水，相去三里，皆反在其南，可溯螳川而游也。盖温池之西滨螳川东岸，夹庐成衢，随之而北，百里而达富民。川东岸山最高者为笔架峰，即在温池东北，《志》所谓岱晟山也。川西岸山最高者为龙山，曹溪在其东陇之半，《志》所谓葱山也。二山夹螳川而北流，而葱山则老脊之东盘者矣。余时抵川上，欲先觅曹溪、圣水，而渡舟在川西岸，候之不至，遂南半里，过虚明诸洞下。南抵崖处，坡曲为坞，宜仍循川岸而南，以无路，遂上昔来大路隅，由小岐盘西崖而南。亦再下再上，一里半，有一村在坡南，是为沈家庄。老妇指云涛洞尚在南坡外。又南涉坞，半里，登坡，路绝而不知洞所在。西望隔川有居甚稠，其上有寺，当即曹溪。

有村童拾薪川边，遥呼而问所谓云涛洞者。其童口传手指，以川隔皆不能辨。望见南坡之下，有石崖一丛，漫趋之。至其下，仰视石隙，丛竹娟娟，上有朱扉不掩。登之，则磴道逶迤，轩亭幽寂，余花残墨，狼藉蹊间，云牖石床，离披洞口。轩后有洞门下嵌，上有层楼横跨，皆西向。先登其楼。楼中供大士诸仙像。香几灯案，皆以树根为之，多有奇古者。其南有卧室一楹，米盎书簏，犹宛然其内，而苔衣萝网，封埋已久，寂无径行，不辨其何人所构，何因而废也？下楼入洞，初入若室一楹，侧有一窞，下陷窈黑；其北又裂一门，透裂入，有小窍斜通于外，见竹影窜入，即堕黑而下。南下杳不知其所底，北眺亦有一牖上透，第透处甚微，光不能深烛；以手扪隘，以足投空，时时两无所著，又时时两有所碍。既至其底，忽望西南有光烨然，转一隘，始见其光自西北顶隙透入；其处底亦平，而上复穹焉高盘。倏然有影掠隙光而过，心异之，呼顾仆，闻应声正在透光之隙，其所过影即其影也。复转入暗底，隙隘崖悬，无由著足，然而机关渐熟，升跻似易，觉明处之魂悸，不若暗中之胆壮也。再上一层，则上牖微光，亦渐定中生朗，其旁原有细级，宛转崖间，或颓或整，但初不能见耳。出洞，仍由前轩出扉外，见右崖有石刻一方，外为棘刺结成窠网，遥不能见。余计不能去，竟践而入之，巾履俱为钩卸，又以布缚头护网，始得读之。乃知是庵为天启丙寅州人朱化孚所构。朱壬辰进士。其楼阁轩亭，俱有名额，住山僧亦有名有诗；未久而成空谷，遗构徒存，只增慨耳！既下至川岸，若一航渡之，即西上曹溪。时不得舟，仍北三里，至温泉，就舟而渡，登西岸，溯川南行。望川东虚明崖洞若即若离，杳然在落花流水之外。南一里，又见川东一崖，排突亦如虚明，其下亦有多洞迸裂，门俱西向，有大书其上为“青龙洞”、为“九曲龙宫”者；隔川望之，不觉神往。土人言此二洞甚深，篝火以入，可四五里，但中黑无透明处。此洞即在沈家庄北，余前从虚明沿川岸来，即可得之，误从其上行崖端而不知，深为怅怅。然南之云涛，北之虚明，既已两穷，此洞已去而复得之对涯，亦未为无缘也。又南一里，抵川西村聚。从其后西上山，转而南，又西上，共一里，遂入曹溪寺；寺门东向，古刹也。余初欲入寺觅圣泉，见殿东西各有巨碑，为杨太史升庵所著，乃拂碑读之。知寺中有优昙花树诸胜，因觅纸录碑，遂不及问水。是晚炊于僧寮，宿于殿右。

二十七日　晨起寒甚。余先晚止录一碑，乃殿左者，录未竟，僧为具餐，乃饭而竟之。有寺中读书二生，以此碑不能句来相问。余为解示。二生：一姓孙，安宁州人；一姓党，三泊县人。党生因引余观优昙树。其树在殿前东北隅二门外坡间，今已筑之墙版中，其高三丈余，大一人抱，而叶甚大，下有嫩枝旁丛。闻开花当六月伏中，其色白而淡黄，大如莲而瓣长，其香甚烈而无实。余摘数叶置囊中。遂同党生由香积北下坡，循坳而北，一里半，观圣泉。泉从山坡大树根下南向而出，前以石环为月池，大丈余，潴水深五六寸余，波淙淙由东南坡间泻去。余至当上午，早潮已过，午潮未至，此正当缩时，而其流亦不绝，第潮时更涌而大耳。党生言："穴中时有二蟾蜍出入，兹未潮，故不之见。"即碑所云金鼀，号曰"泉神"者矣。月池南有亭新构，扁曰"问潮亭"，前巡方使关中张凤翮为之记。党生又引余由泉西上坡，西北缘岭上半里，登水月庵。庵东北向，乃葱山之东北坳中矣。庵洁而幽，为乡绅王姓者所建；庭中水一方，大仅逾尺，乃建庵后劚地而出者。庵前有深池，泉不能畜也。既复下至圣泉，还至曹溪北坡坳，党生别余上寺，余乃从岐下山。一里，抵昨村后上山处，由村后南行半里，复东望川东回曲中，石崖半悬，飞楼临丹，即云涛洞也。川水已从东盘曲，路犹循西山南向下，因其山坞自南而转也。一里余，始循南山而东。二里，则其川自坞北曲而南，与路遇；既过，路又循东山溯溪转而北。一里，乃东向陟南山之北，一里，乃转东南行。一里，南陟一西来之峡，又南上坡。一里，与前来温泉渡西大道合。始纯南行，六里，入北城门。见有二女郎，辫发双垂肩后，此间幼童、女，辫发一条垂脑后。女郎及男之长者，辫发两条垂左右耳旁；女仍用包髻，男仍用巾帽冠其上。若僰僰则辫发一条，周环于脑额，若箍其首者。又有男子未冠者，从后脑下另挽一小鬏若螺，缀于后焉。手执纨扇，嫣然在前；后有一老妇随之，携牲盒纸锭，将扫墓郊外。此间重十月朝祭扫；家贫不及者，至月终亦不免也。南中所见妇女，纤足姣好，无逾此者。入城一里半，饭于东关，乃出，逾巨石梁，遵大道东北行。半里，有小溪自东坞来，溯之行，从桥南东去。三里半，上坡。又一里，逾东安哨岭。岭不甚峻，东北从横亘大山分陇西南下，为安宁东第一护城之砂者也。过岭东下，始见沙河之水，自东北来。随其坞东入，过站摩村，共十五里，为始甸铺。又四里，过龙马山，屼屼北透，横亘大山之南。路绕其前而东又四里，始与沙河上流之溪遇。有三巩石梁东跨其上，是曰大桥。其水自东北进耳二尖峰西、棋盘山南峡来，西南至安宁城东，南入于螳川者也。又半里，东上坡，宿于高枧桥村。

二十八日　平明，东行一里半，上坡，为安宁东界，由此即为昆明地。陂陀高下，以渐升陟而上，八里，其坞自双尖后进耳山来，路遂由南陇上。又二里，山坳间有聚庐当尖，是为碧鸡关。盖进耳之山峙于北，罗汉之顶峙于南，此其中间度脊之处，南北又各起一峰夹峙，以在碧鸡山之北，故名碧鸡关，东西与金马遥对者也。关之东，向东南下为高峣，乃草海西岸山水交集处，渡海者从之，向西北下为赤家鼻，官道之由海堤者从之。余时欲游进耳，遂西北下坡半里，循西山北行。二里，有村在西山之麓，是为赤家鼻。大道由其前北去，乃西折而入村，村倚山而庐。有池潴坡侧，大不逾五尺，村人皆仰汲焉。中复有鱼，有垂钓其上者，亦龙潭之浅者也。由池南上坡，岭道甚峻。半里，登冈上，稍北而曲，有坊当道，则进耳山门外坊也；其寺尚隔一坑。由坊西望见寺后，大山环于上，此冈绕于前，内夹深坑，旋转而入，若耳内之孔；寺临孔上盘朵边以进，取名之义，非身履此冈，不见其亲切也。进坊，西向沿坑入，半里，有岐西逾大山之坳，而入寺之路，则沿坑南转。盘崖半里，西上，入寺中，寺门东向。登其殿，颇轩爽，似额端，不似耳中也。方丈在殿北，有楼三楹在殿南。其楼下临环坑，遥擥滇海，颇如太华之一碧万顷，而此深远矣。入方丈，有辛贡士伯敏者，迎款殷勤。僧宝印欲具餐，辛挥去，令其徒陈履惇、陈履温二陈乃甲戌进士履忠弟。及其弟出见，且为供荤食。复引余登殿南眺海楼，坐谈久之。余欲趋棋盘山，问道于宝印。宝印曰："由坊东下山，自赤鼻山宝珠寺上为正道，路且三十里。由此寺北，西逾大山之坳，其路半之，但空山多岐，路无从觅耳。"乃同辛君导余从殿后出，遂北至坳下东来岐路，始别去。余乃西上，半里，逾坳，半里，西北稍下，一里，涉中洼。洼西复有大山，南北横峙，与东界进耳后双尖，并坳北之巅，东西夹成中洼。由洼西复循西山之东，北行一里，循岭北转而西，稍下，一里，度峡西上，其西复有大山，南北横峙，遂西向横蹑之。一里半，登其冈，见西南随坞有路，上逾其脊，将趋之。有负刍者来曰："棋盘路在北，不在西也。"乃循西山之东，又北行，其路甚微，若断若续。二里半，从西山北坳，透脊西出，始望见三家村在西坞中，村西盘峙一峰，自北而南，如屏高拥，即棋盘山也。其脉北自妙高寺、三华山西南来，复耸此峰。分支西度，为温泉之笔架山；分支南下，为始甸后之龙马山，南环东亘，即为所逾之脊，而南度为进耳、碧鸡者也。脊北山复横列东北，至宝珠、赤鼻而止，为三家村东界护山。余昔来自金马以东，即遥望西界山横如屏，其顶复有中悬如覆釜，高出其上者，即此棋盘峰也，而不知尚在重壑之内，外更有斯峰护之，洵西峰之领袖矣。从坳西转，循东山北崖半里，乃西向下。一里，行壑中，有水北流，西涉之，又半里，抵三家村，其村倚棋盘东麓。路当从村北西上，乃误由村南度脊处，循峡西南上，竟不得路。攀蹑峡中三里，登一冈。有庵三楹踞坪间，后倚绝顶，其前东瞰滇中，乃发僧玄禅与僧裕庵新建者。玄禅有内功，夜坐峰头，晓露湿衣，无所退怖；庵中四壁未就，不以为意也。日已西昃，迎余瀹茗煮粥，抵暮乃别。西上跻峰，一里，陟其巅。又西向平行顶上一里，有寺东北向，即棋盘寺也。时已昏黑，遂啜茗而就榻。

二十九日　凌晨起，僧为余炊。余乃独蹑寺后绝顶，时晓露甚重，衣履沾透。顶间无高松巨木，即丛草亦不甚深茂，盖高寒之故也。顶颇平迴，其西南皆石崖矗突，其性平直而中实，可劈为板。省中取石，皆于此遥负之，然其上反不能见，以坳于内也。西北坞中有大壑回环，下有水二方，村庐踞其上，即《志》所载勒甸村龙泉也。其水分青白色。西南峡中水，则循龙马山东而去，当即沙河之源矣。东南即三家之流。是顶亦三面分水之处，第一入滇池，两入螳川，皆一派耳。由顶远眺，则东北见尧林山尖耸，与邵甸梁王山并列，东南见罗藏山环峙海外，直南见观音山屼嵲，为碧鸡绝顶掩映，半浮半隐，直西则温泉笔架山连翩而去；惟西北崇山稍豁，则螳川之所向也。下山饭于寺。乃同寺僧出寺门东行三十步，观棋盘石。石一方横卧岭头，中界棋盘纹，纵横各十九道。其北卧石上，大书"玉案晴岚"四大字，乃碧潭陈贤所题。南有二石平庋，中夹为穴，下坠甚深，僧指为仙洞。昔有牧子坠羊其中，遂以石填塞之。僧言此山之腹，皆崆峒，但不得其门而入耳。穴侧亦有陈贤诗碑，已剥不可读。乃还寺，录昆明令汪从龙诗碑。仍令幼僧导往峰西南，观凿石之崖。其崖上下两层，凿成大窟如厦屋。其石色青绿者，则腻而实；黄白者，则粗而刚。其崖间中嵌青绿色者两层，如带围，各高丈余，故凿者依而穴之。其板有方有长，方者大径五六尺，长者长径二三丈，皆薄一二寸，其平如锯，无纤毫凹凸，真良材也。还从寺前东向下，一里，过新庵之左，直下者一里半，过三家村左，渡涧。又一里半，东逾石山之坳。其山乃东界北走之脉，至此复突一峰，遂北尽焉。从坳东坠崖而下，复渐成一坑。随之行三里，为宝珠寺。未至寺，其西坠峡处，坑水溃而为瀑，悬崖三级下，深可十五六丈，但水细如络丝，不如匹练也。宝珠寺东向倚山之半，亦幽亦敞。由其前坠坡直下，五里，抵山麓，为石鼻山。聚落甚盛，盖当草海之西，碧鸡关大道即出其下也。由村转北，一里半，东北与大道合，于是东向湖堤。二里半，有村当堤之冲，曰夏家窑。过此，遂遵堤行湖中。堤南北皆水洼，堤界其间，与西子苏堤无异。盖其洼即草海之余，南连于滇池，北抵于黄土坡，西濒赤鼻山之麓，东抵会城，其中支条错绕，或断或续，或出或没。其濒北者，《志》又谓之西湖，其实即草海也。昔大道迂回北坡，从黄土坡入会城；傅玄献为侍御时，填洼支条，连为大堤，东自沐府鱼塘，西接夏家窑，横贯湖中，较北坡之迂，省其半焉。东行堤上一里半，复有冈、有桥，有栖舍介水中央。半里，复遵堤上东行湖中。遥顾四围山色，掩映重波间，青蒲偃水，高柳潆堤，天然绝胜。但堤有柳而无花，桥有一二而无二六，不免令人转忆西陵耳。又东二里，湖堤既尽，乃随港堤东北二里，为沐府鱼池。又一里半，抵小西门，饭于肆。东过闸桥，滨濠南而东一里，入城南旧寓。问吴方生，则已隔晚向晋宁矣。已而见唐大来寄来行李书画，俱以隔晚先至；独方生则我来彼去，为之怅怅。乃计复为作书，令顾仆往晋宁谢唐君，别方生，并向大来索陶不退书。陶讳挺，有诗翰声，向官于浙。前大来欲为作书，闻其已故，乃止。适寓中有高土官从姚安来，知其犹在，皆虚传如眉公也，故复索书往见之。

十一月初一日　晨起余先作书，令顾仆往投阮玉湾，索其导游缅甸书，并谢向之酒盒。余在寓作晋宁诸柬，须其反命，即令往南坝候渡。下午顾仆去，余欲入城拜阮仁吾，令其促所定负担人为西行计，适阮穆声来顾，已而玉湾以书来，期明日晤其斋中，遂不及入城。

初二日　晨起，余欲自仁吾处，次第拜穆声，后至玉湾所，忽玉湾来邀甚急，余遂从其使先过玉湾。则穆声已先在座，延于内斋，款洽殊甚。既午，曰："今日总府宴抚按，当入内一看即出，故特延穆声奉陪。"并令二幼子出侍客饮。果去而即返，洗盏更酌。已而报抚按已至，玉湾复去，嘱穆声必款余多饮，须其出而别。余不能待，薄暮，托穆声代别而返。

初三日　晨往阮仁吾处，令促负担人。即从其北宅拜穆声。留晨餐，引入内亭，观所得奇石。其亭名竹在。余询其故。曰："父没时，宅为他人所有，后复业，惟竹在耳。"亭前红梅盛开。此中梅俱叶而花，全非吾乡本色，惟一株傍亭檐，摘去其叶，始露面目，犹故人之免胄相见也。石在亭前池中，高八尺，阔半之，玲珑透漏，不瘦不肥，前后俱无斧凿痕，太湖之绝品也。云三年前从螺山绝顶觅得，以八十余人舁至。其石浮卧顶上，不经摧凿而下，真神物之有待者。余昔以避雨山顶，遍卧石隙，乌睹有此类哉！下午，过周恭先，遇于南门内，正挽一友来顾。知金公趾为余作《送静闻骨诗》，相与同往叩之。则金在其庄，不相值。金公趾名初麟，字颇肖董宗伯，风流公子也，善歌，知音律；家有歌童声伎。其祖乃甲科。父伟，乡荐，任江西万安令。公趾昔好客，某奏劾钱士晋军门，名在疏中，黜其青衿焉。其友遂留至其家，割鸡为饷，肴多烹牛杂脯而出，甚精洁。其家乃教门，举家用牛，不用豕也。其友姓马，字云客，名上捷，号阆仙。寻甸府人。父以乡科任沅州守，当安酋困黔省时，以转饷功，擢常德太守，军兴旁午，独运援黔之饷，久而无匮，以劳卒于任。云客其长子也，文雅蕴藉，有幽人墨士之风。是晚篝灯论文，云客出所著《拾芥轩集》相订，遂把盏深夜。恭先别去，余遂留宿其斋中。窗外有红梅一株盛放，此间皆红梅，白者不植。中夜独起相对，恍似罗浮魂梦间，然叶满枝头，转觉翠羽太多多耳。

初四日　马君留晨餐。恭先复至，对弈两局。以留饭。过午，乃出城，以为顾仆将返也。及抵寓，顾仆不见，而方生已俨然在楼。问："何以来？"曰："昨从晋宁得君书，即骑而来送君。骑尚在，当迟一日复往晋宁。"问："昔何以往？"曰："往新兴，便道晋宁看君耳。"问："顾行何在？"曰："尚留晋宁候渡。"始知方生往新兴，以许郡尊考满，求雷太史左右之于巡方使君之侧也。雷名跃龙，以礼侍丁忧于家。巡方使为倪于义，系四川人。

初五日　方生为余作永昌潘氏父子书父名嗣魁，号莲峰，丙子科第十名。

子名世澄，号未波，丙子科解元。腾越潘秀才书名一桂。又为余求许郡尊转作书通李永昌，永昌太守李还素，昔自云南别驾升，与许同僚。又为余求范复苏医士，江西人。转作书通杨宾川。宾川守杨大宾，黔人，号君山，原籍宜兴人，以建平教中于南场，与又生乡同年也。前又生有书来，然但知其家于黔，而不知其宦于宾。书为盗失，并不知其家之所在，但忆昔年与其弟宜兴总练同会于又生坐。今不知其弟尚在宜兴否？怜余无赀，其展转为余谋，胜余自为谋也。下午，顾行自晋宁返，并得唐大来与陶不退书。阮仁吾所促负担人亦至。

初六日　余晨造别阮玉湾、穆声，索其所作《送静闻骨诗》。阮欲再留款，余以行李已出辞。乃出叩任君。任君，大来妹婿。大来母夫人在其家，并往起居之。任固留饭，余乃趋别马云客，不值，留诗而还。过土主庙，入其中，观菩提树。树在正殿陛庭间甬道之西，其大四五抱，干上耸而枝盘覆，叶长二三寸，似枇杷而光。土人言其花亦白而带淡黄色，瓣如莲，长亦二三寸，每朵十二瓣，遇闰岁则添一瓣。以一花之微，而按天行之数，不但泉之能应刻，州勾漏泉，刻百沸。而物之能测象如此，亦奇矣。土人每以社日群至树下，灼艾代灸，言灸树即同灸身，病应灸而解。此固诞妄，而树肤为之瘢靥无余焉。出庙，饭于任，返寓。周恭先以金公趾所书诗并贶至，又以马云客诗扇至。阮玉湾以诗册并贶至，其弟鐕亦使人馈贶焉。迨暮，金公趾自庄还，来晤，知余欲从筇竹往，曰："余辈明晨当以筇竹为柳亭。"余谢之曰："君万万毋作是念。明晨君在温柔梦寐中，余已飞屐峰头矣，不能待也。"是晚许郡尊亦以李永昌书至，惟范复苏书未至也。

初七日　余晨起，索饭欲行，范君至，即为作杨宾川书。余遂与吴方生作别。循城南濠西行二里，过小西门，又西北沿城行一里，转而北，半里，是为大西门。外有文昌宫、桂香阁峙其右，颇壮。又西半里，出外隘门，有岐向西北者，为富民正道，向正西者，为筇竹寺道。余乃从正西傍山坡南行，即前所行湖堤之北涯也。五里，其坡西尽，村聚骈集，是为黄土坡。坡西则大坞自北而南，以达滇海者也。西行坞塍中二里，有溪自西北注而南，石梁横其上，是即海源寺侧穴涌而出之水，遂为省西之第一流云。又西一里半，有小山自西山横突而出，反自南环北。路从其北嘴上，一里半，西达山下。有峡东向，循之西上，是为筇竹。由峡内越涧西南上，是为圆照。由峡外循山嘴北行，是为海源。先有一妇骑而前，一男子随而行者，云亦欲往筇竹。随之，误越涧，南上圆照，至而后知其非筇竹也。圆照寺门东向，层台高敞，殿宇亦宏，而阒寂无人。还下峡，仍逾涧北，令行李往候于海源，余从峡内入。一里半，涧分两道来，一自南峡，一自北峡。二流交会处，有坡中悬其西。于是渡南峡之涧，即蹑坡西北上，渐转而西，一里半，入筇竹寺。其寺高悬于玉案山之北陲，寺门东向，斜倚所踞之坪，不甚端称，而群峰环拱，林壑潆沓，亦幽邃之境也。入寺，见殿左庖脍喧杂，腥膻交陈，前骑来妇亦在其间。余即入其后，登藏经阁。望阁后有静室三楹，颇幽洁，四面皆环墙回隔，不见所入门，因徘徊阁下。忽一人迎而问曰："先生岂霞客耶？"问："何以知之？"曰："前从吴方翁案征其所作诗，诗题中见之，知与丰标不异也。"问其为谁，则严姓，名似祖，号筑居，严冢宰清之孙也。为人沉毅有骨，淡泊明志，与其侄读书于此。所望墙围中静室，即其栖托之所。因留余入其中，悬停一宿。余感其意，命顾仆往海源安置行李，余乃同严君入殿左方丈。问所谓禾木亭者，主僧不在，锁钥甚固。复遇一段君，亦识余，言在晋宁相会，亦忘其谁何矣。段言为金公趾期会于此，金当即至。三人因同步殿右。循阶坡而西北，则寺后上崖复有坪一方，其北崖环抱，与南环相称。此旧筇竹开山之址也，不知何时徙而下。其处后为僧茔，有三塔皆元时者，三塔各有碑，犹可读。读罢还寺，公趾又与友两三辈至，相见甚欢。窥其意，即前骑来妇备酒邀众客，以筇竹为金氏护施之所，公趾又以夙与余约，故期备于此，而实非公趾作主人也。时严君谓余，其侄作饭于内已熟，拉往餐之。顷之，住持僧体空至。其僧敦厚笃挚，有道行者，为余言："当事者委往东寺监工修造，久驻于彼，今适到山。闻有远客，亦一缘也。必多留寺中，毋即去。"余辞以："鸡山愿切，此一宵为严君强留者，必不能再也。"体空谓："今日诸酒肉汉混聒寺中，明晨当斋洁以请。"遂出。余欲往方丈答体空，严君以诸饮者在，退而不出。余见公趾辈同前骑妇坐正殿东厢，始知其妇为伎而称觞者。余乃迂从殿南二门侧，曲向方丈。体空方出迎，而公趾辈自上望见，趋而至曰："薄醴已备，可不必参禅。"遂拉之去。抵殿东厢，则筑居亦为拉出矣。遂就燕饮。其妇所备肴馔甚腆。公趾与诸坐客，各歌而称觞，然后此妇歌，歌不及公趾也。既而段君去，余与筑居亦别而入息阴轩。迨暮，公趾与客复携酒盒就饮轩中，此妇亦至，复飞斝征歌。二鼓，乃别去。余就寝。寝以纸为帐，即严君之榻也。另一榻，亦纸帐，是其侄者，严君携被襆就焉。既寝，严君犹秉烛独坐，观余《石斋诗帖》，并诸公手书。余魂梦间闻其哦三诗赠余，余寝熟不能辨也。

初八日　与严君同至方丈叩体空。由方丈南侧门入幽径，游禾木亭。亭当坡间，林峦环映，东对峡隙，滇池一杯，浮白于前，境甚疏窅，有云林笔意。亭以茅覆，窗棂洁净。中有兰二本，各大丛合抱：一为春兰，止透二挺；一为冬兰，花发十穗，穗长二尺，一穗二十余花。花大如萱，乃赭斑之色，而形则与兰无异；叶比建兰阔而柔，磅礴四垂。穗长出叶上，而花大枝重，亦交垂于旁，其香盈满亭中；开亭而入，如到众香国中也。三人者，各当窗一隙，踞窗槛坐。侍者进茶，乃太华之精者。茶冽而兰幽，一时清供，得未曾有。"禾木"者，山中特产之木，形不甚大，而独此山有之，故取以为名。相仍已久，而体空新整之，然目前亦未睹其木也。体空恳留曰：“此亭幽旷，可供披览。侧有小轩，可以下榻，阁有藏经，可以简阅。君留此过岁，亦空山胜事。虽澹泊，知君不以膻来，三人卒岁之供，贫僧犹不乏也。”余谢：“师意甚善。但淹留一日，余心增歉一日。此清净界反成罪戾场矣。”坐久之，严君曰：“所炊当熟，乞还餐之。”出方丈，别体空，公趾辈复来，拉就殿东厢，共餐鼎肉汤面，复入息阴轩饭。严君书所哦三诗赠余。余亦作一诗为别。出正殿，别公趾，则行李前去，为体空邀转，不容行。余往恳之，执袖不舍。公趾、筑居前为致辞曰：“唐晋宁日演剧集宾，欲留名贤，君不为止。若可止，余辈亦先之矣。”师曰：“君宁澹不膻，不为晋宁留，此老僧所以敢留也。”余曰：“师意既如此，余当从鸡山回，为师停数日。”盖余初意欲从金沙江往雅州，参峨嵋。滇中人皆谓此路久塞，不可行，必仍归省，假道于黔而出遵义。余不信，及濒行，与吴方生别，方生执裾黯然曰：“君去矣，余归何日？后会何日？何不由黔入蜀，再图一良晤？”余口不答，而心不能自已。至是见体空诚切，遂翻然有不由金沙之意。筑居、公趾辈交口曰：“善。”师乃听别。出山门，师犹远送下坡，指对山小路曰：“逾此可入海源上洞，较山下行近。”既别，一里半，下至峡中，令肩行李者逾南涧，仍来路出峡，往海源寺。余同顾仆逾北涧，循涧北入，即由峡东向蹑岭。一里，逾岭东，稍东下，半里，折而北。又半里，已遥见上洞在北岭，与妙高相并，而路则践危石，历巉磴而下；下险，即由山半转而北行。半里，有大道东南自海源上坡，从之。西北上半里，岭上乱石森立，如云涌出。再北，遂得上洞。洞门东向，高穹轩迥，其内深六七丈，阔与高亦如之。顶穹成盖，底平如砥，四壁围转，无嵌空透漏之状。惟洞后有石中突，高丈余，有隙宛转，逾之而入，洞壁亦嵌而下坠，深入各二丈余，底遂窅黑。坠隙而下，见有小水自后壁滴沥而下；至底而水不见，黑处亦渐明。有樵者见余入，驻外洞待之，候出乃去。洞中野鸽甚多，俱巢于洞顶，见人飞扰不定，而土人设机关以取之。又稍北，共半里而得中洞。洞门亦东向，深、阔、高俱不及上洞三之一，四壁亦围转无他岐，惟门左旁列一柱，又有二孔外透为异耳。余从洞前望往妙高大路，自海源由山下村落，盘西山北嘴而西上。洞前有如线之路，从岭北逾坳而西，即从岭头行，可省陟降之烦。乃令顾仆下山招海源行李，余即从洞岭北行，期会于妙高。洞北路若断若续，缘西山之半，其下皆村聚，倚山之麓，大路随之。余行岭半一里，有路自下村直上，西北逾岭从之。一里，逾岭西，峰头有水一塘在洼中。由塘北西下一里，山复环成高坞，自南向北。坞口石峰东峙，嶙峋飞舞，踞众壑之交。石峰北，又有坞自西而东。西坞重壑层叠，有大山临之，其下路交而成蹊焉。余望之行半里，北下至石山之西。又半里，西抵西坞之底，路当从西坞北崖缘峡而上，余误从西坞南崖躡坡而登。一里，逾岭脊而西，即见西北层冈之上，有佛宇重峙，余知即为妙高，而下有深峡间隔，路反折而西南，已觉其误。循之行一里，以为当截峡北度，便可折而入寺，乃坠峡西北下。半里，涉底，复攀峡西北上，以为寺在冈脊矣，而何以无路。又半里，及登脊，则犹然寺前环峡之冈，与寺尚隔一坑也。冈上有一塔，正与寺门对。复从其东北下坑半里，由坑底再上北崖，则犹然前坞底缘峡处也。北上半里，冈头有茶庵当道，是为富民大路；庵侧有坊。沿峡端西循坡半入，半里，是为妙高寺。寺门东向，前临重峡，后倚三峰，所谓三华峰也。三尖高拥，攒而成坞，寺当其中，高而不觉其亢，幽而不觉其阒，亦胜地也。正殿左右，俱有官舍，以当富民、武定之孔道故。寺中亦幽寂。土人言妙高正殿有辟尘木，故境不生尘，无从辨也。瞻眺久之，念行李当至，因出待于茶庵侧。久之，乃从坡下上。余因执途人询沙朗道，或云："仍下坡，自普击大道而去，省中通行之路也，其路迂而易行。"或云："更上坡，自牛圈哨分岐而入，此间间达之路也，其路近而难知。"余曰："既上，岂可复下？"遂更上坡。三里，逶迤逾岭头，即循岭北西向盘崖行。又二里，有小石峰自岭北来，与南峰属，有数家当其间，是曰牛圈哨；东西之水，从此分矣。从哨西直下，则大道之出永定桥者。余乃饭，而从岭脊北向行。一里，稍下涉壑，即从壑北上坡。缘坡东北上，回望壑底，西坠成峡，北走甚深。路东北逾坡，其东犹下滇池之峡也。又一里半，从岭头逾坳而北。北行一里，再逾一西突之坳，其北遂仍出西峡上，于是东沿山脊行。又北一里半，西瞰有村当峡底，是为陡坡。其峡逼仄而深陡，此村居之最险者。从岭上随岭东转半里，有路自东坳间，透而直西，遂坠西峡下，此陡坡通省之道。乃遵之东上，半里，逾坳东，于是南沿山脊行。又东半里，稍东北下峡中。半里，有水一池潴路南，是为清水塘，在度脊之北。塘北遂下坠成坑。随之北下一里，过峡底，有东来大道，度峡西北去，此即自省会走富民间道也。随之，复从峡西傍西山北行。二里，又转而西，遇一负薪者，指北向从岐下峡中行。将半里，至其底，即清水塘之下流也。又从峡西缘坡麓行，细径断续，乱崖崩隤。二里半，逾涧，缘东麓，又北一里，乃出峡口。于是北坞大辟，南北遥望，而东界老脊与西界亘峰，夹而成坞。始从畦塍北行，一里，有溪颇巨，自坞北来，转而西去。余所从南来之水，亦入之，同入西南峡中。路北渡之，一里，有村聚倚西山之麓，高下层叠，是为沙朗。入叩居停，皆辞不纳，以非大路故，亦昆明之习俗也。最后入一老人家，强主之，竟不为觅米而炊。

初九日　令顾仆觅米具炊。余散步村北，遥晰此坞东北自牧养北梁王山西支分界，东界虽大脊，而山不甚高，西界虽环支，而西北有石崖山最雄峻。又南为沙朗西山，又南为天生桥，而南属于陡坡东峡之山。其山东西两界，既夹成大坞，而南北亦环转连属。其中水亦发源于龙潭，合南北峡而成溪，西注于富民螳螂，然不能竟达也。从坞西南入峡，捣入山洞，其洞深黑莫测，穿出西山，与陡坡之涧合。洞上之山，间道从之，所谓“天生桥”也。然人从其上行，不知下有洞，亦不知洞之西透。山之中空而为桥，惟沙朗人耕牧于此，故有斯名。然亦皆谓洞不可入，有虎狼，有妖祟，劝余由村后逾山西上，不必向水洞迂折。余不从。既饭，乃南循坡麓行。一里半，与溪遇，遂同入西峡。其峡南北山壁夹而成，路由溪北沿北山之麓入。一里，仰见北崖之上，石壁盘突，其间骈列多门，而东一门高悬危瞰，势独雄豁，而磴迹甚微，棘翳崖崩，莫可著足。乃令顾仆并行李俟于下，余独攀跃而上。久之，跻洞东，又见一门侧迸，余以为必中通大洞，遂从其侧倒悬入大洞门。其门南向甚穹，洞内层累北上，深十余丈，而阔半之。然内无旁窦，即前外见侧迸之门，亦不中达也。出洞，欲东上侧门，念西洞尚多；既下，欲再探西洞，望水洞更异，遂直从洞下，西趋水洞。又半里，西峡既尽，山环于上，洞辟于下；水从东来逼南崖，捣西洞入，路从其北坠冈下。余令肩夫守行李于冈上，与顾仆入洞。洞门东向，高十余丈，而阔半之。始涉水从其南崖入，水漱北崖而环之。入五六丈，水环北崖，路环南崖，俱西转，仰见南崖之上，层覆叠出，突为危台，结为虚楼，皆在数丈之上，氤氲阖辟，与云气同为吞吐。从其下循之西入，北崖尚明，水漱之；南崖渐暗，路随之。西五六丈，南崖西尽，水从北崖直捣西崖下，西崖遂下嵌成潭，水呜呜其中，作冲激声，遂循西崖北折去。路乃涉水循东崖，北向随之，洞转而北，高穹愈甚，延纳余朗，若昧若明。又五六丈，水漱北崖复西转，余亦复涉西涯，于是水再环北崖，路再环南崖，竟昏黑不可辨，但闻水声潺潺。又五六丈，复西遇水，其水渐深，既上不可见，而下又不可测，乃出。出复四渡水而上冈。闻冈上有人声，则沙朗人之耕陇者。见余入洞，与负行李人耦语待之。为余言：“水之西出，即陡坡北峡，山之上度，即天生桥间道所从，如前之所标记者。”始恨不携炬，竟西从洞中出也。其人又为余言：“富民有老虎洞在大溪之上，不可失。”余谢之。乃西上蹑岭，一里半，登其脊，是为天生桥。脊南石峰嶙峋，高耸而出，其脉自陡坡东，度脊而北。间道循其东陲，陡坡之涧，界其西麓，至此又跨洞而北属于沙朗后西山；水从其下穿腹西出，路从其上度脊西行。脊西瞰，即陡坡涧水直走而北，至此西折，脊上之路，亦盘壑西坠。益信出水之洞，即在其下，心悬悬欲一探之。西行山半者一里，见有岐直下峡底，遂令顾奴同负囊者由大道直前，余乃独下趋峡中。半里，抵峡底，遂溯水东行。一里，折而南，则后洞庞然西向，其高阔亦如前洞。水从其中踊跃而出，西与南来之涧，合而北去。余溯流入洞，二丈后，仰睇洞顶，上层复裂通于门外。门之上，若桥之横于前，其上复流光内映，第高穹之极，下层石影氤氲，若浮云之上承明旭也。洞中流初平散而不深，随之深入数丈，忽有突石中踞，浮于水面。其内则渊然深汇，旁薄崖根，不能溯入矣。洞顶亦有石倒骞，以高甚，反不觉其夭矫。其门直而迥，故深入而犹朗朗，且以上层倒射之光，直彻于内也。出洞，还顾洞门上，其左悬崖甚峭，上复辟成一门，当即内透之隙。乃涉涧之西，遥审崖间层叠之痕，孰可著足，孰可倒攀，孰可以宛转达，孰可以腾跃上。乃复涉涧抵崖，可依所审法试之。半晌遂及上层，外门更廓然高穹也。入其内，为龛为窝，为台为榭，俱浮空内向。内俯洞底，波涛破峡，如玉龙负舟，与洞顶之垂幄悬帔，昔仰望之而隐隐者，兹如缨络随身，幢幡覆影矣，与蹑云驾鹤又何异乎？坐久之，听洞底波声，忽如宏钟，忽如细响，令我神移志易。及下，层崖悬级，一时不得腠理，攀挂甚久。忽有男妇十余人，自陡坡来，隔涧停睇。迨余下，问何所事。余告以游山。两男子亦儒者，问其上何有。余告以景不可言尽。恐前行者渐远，不复与言，遂随水少北转，而西行峡中。一里，渐上北坡，缘坡西行。三里，峡坞渐开，又四里，坞愈开。其北崖逾山南下者，即沙朗后山所来道，其南坡有聚落倚南山者，是为头村。路至此始由坞渡溪。溪上横木为桥，其水即陡坡并天生桥洞中所出，西流而注于螳螂川者也。从溪南随流行一里，过头村之西，沿流一里半，复上坡西行。二里，再下坞中。半里，路旁有卖浆草舍倚南坡，则顾仆与行李俱在焉。遂入饭。又西盘南山之嘴，一里余，为二村。村之西，有坞北出，横涉而过之。半里，复上坡，随南山而西，上倚危崖，下逼奔湍。五里，有村在溪北，是为三村；至是南界山横突而北，北界山环三村之西，又突而南，坞口始西窒焉。路由溪南跻北突之坡而上，一里半，抵峰头。其峰北瞰三村溪而下，溪由三村西横啮北峰之麓，破峡西出；峡深嵌逼束，止容水不容人，故路逾其巅而过。是为罗鬼岭，东西分富民、昆明之界焉。过岭西下四里，连过上、下罗鬼两村，则三村之流，已破峡西出，界两村之中而西。又有一溪自北坞来，与三村溪合并西去，路随之。行溪南二里，抵西崖下，其水稍曲而南，横木梁渡之。有村倚北山而聚，是为阿夷冲。又从其西一里半，逾一波。又一里半，昏黑中得一村，亦倚北山，是为大哨。觅宿肆不得，心甚急。又半里，乃从西村得之，遂宿其家。

初十日　鸡鸣起饭，出门犹不辨色。西南行塍中一里半，南过一石桥，即阿夷冲溪所出也。溪向西北流，路度桥南去。半里，又一水自东南峡中来，较小于阿夷冲溪，即《志》所云洞溪之流也。二流各西入螳螂川。度木桥一里余，得大溪汤汤，即螳螂川也。自南峡中出，东北直抵大哨西，乃转北去，而入金沙江。有巨石梁跨川上，其下分五巩，上有亭。其东西两崖，各有聚落成衢，是为桥头。过桥，西北一里，即富民县治。由桥西溯川南行，七里，为河上洞。先是有老僧居此洞中，人以老和尚洞呼之，故沙朗村人误呼为老虎洞。余至此，土人犹以为老和尚也。及抵洞，见有刻为河上洞者，盖前任县君以洞临溪流，取“河上公”之义而易之。甫过桥，余问得其道，而顾仆与负囊者，已先向县治。余听其前，独沿川岸溯流去，一里，西南入峡。又三里，随峡转而南，皆濒川岸行。又二里，见路直蹑山西上，余疑之，而路甚大，姑从之。一里，遇樵者，始知上山为胡家山道，乃土寨也。乃复下，濒川而南。一里，其路又南上山。余占其旁路皆翳，复随之。蹑山南上，愈上愈峻，一里，直登岭脊而不见洞。其脊自西峰最高处横突而东，与东峰壁夹川流，只通一线者也。盖西岸之山，南自安宁圣泉西龙山分支传送而来，至此耸为危嶂，屏压川流，又东北坠为此脊，以横扼之。东岸之山，东自牛圈哨岭分支传送而来，至此亦耸为危嶂，屏压川流，又西与此脊对而挟持之。登此脊而见脊南山势崩坠，夹川如线，川自南来，下嵌其底，不得自由，惟有冲跃；脊南之路，复坠渊而下，以为此下必无通衢，而坠路若此，必因洞而辟，复经折随之下，则树影偃密，石崖亏蔽，悄非人境。下坠一里，路直逼西南高峰下，其峰崩削如压，危影兀兀欲坠。路转其夹坳间，石削不容趾，凿孔悬之，影倒奔湍间，犹窅然九渊也。至是余知去路甚远，已非洞之所丽，而爱其险峭，徘徊不忍去。忽闻上有咳声，如落自九天，已而一人下，见余愕然，问何以独踞此。余告以寻洞。曰：“洞在隔岭之北，何以逾此？”余问：“此路何往？”曰：“沿溪蹑峭，四十里而抵罗墓。”则此路之幽阒，更非他径所拟矣。虽不得洞，而觇此奇峭，亦一快也。返跻一里，复北上脊。见脊之东有洞南向，然去川甚远，余知非河上洞。而高揽南山，凭临绝壑，亦超然有云外想，遂披棘攀崖入之。其洞虽不甚深，而上覆下平，倒插青冥，呼吸日月，此为最矣。凭憩久之，仍逾脊北下。一里，抵麓，得前所见翳路，瞰川崖而南，半里，即横脊之东垂也。前误入南洞，在脊南绝顶，此洞在脊北穷峡。洞门东向，与东峰夹束螳川，深嵌峡底；洞前惟当午一露日光，洞内之幽阻可知也。洞内南半穹然内空，北半偃石外突。偃石之上，与洞顶或缀或离；其前又竖石一枝，从地内涌起，踞洞之前，若涌塔然。此洞左之概也。穹入之内，崆峒窈窕，顶高五六丈，多翱翔卷舒之势。五丈之内，右转南入，又五丈而窅然西穹，阒黑莫辨矣。此洞右之概也。余虽未穷其奥，已觉幽奇莫过，次第滇中诸洞，当与清华、清溪二洞，相为伯仲。而惜乎远既莫闻，近复荒翳，桃花流水，不出人间，云影苔痕，自成岁月而已！出洞，遂随川西岸遵故道，七里，至桥头。又北一里余，入富民县南门，出北门，无城堞，惟土墙环堵而已。盖川流北向，辟为大坞，县治当西坡之下，其北有余支掉臂而东，以障下流。武定之路，则从此臂逾坳北去，川流则湾此臂而东北下焉。时顾仆及行李不知待何所，余踉跄而前，又二里，及之坳臂之下，遂同上峡中，平逾其坳。三里，有溪自西南山峡出，其势甚遥，乃河上洞西高峰之后，夹持而至，东注螳川者。其流颇大，有梁南北跨之。北上坡，又五里，饭于石关哨。逾坳北下，日色甚丽，照耀林壑。西有大山曰白泥塘，其山南北横耸，如屏插天。土人言东下极削而西颇夷，其上水池一泓，可耕可庐也。山东之水，即由石关哨北麓而东去。共二里，涉之，即缘东支迤逦北上，其支从白泥东北环而南下者。其腋内水亦随之南下，合于石关北麓。路溯之北，八里，又逾其坳。坳不甚峻，田塍叠叠环其上，村居亦夹峙，是为二十里铺。又四里，为没官庄，又三里，为者坊关。其处坞径旁达，聚三流焉；一出自西南峡中者最大，即白泥塘山后之流也，有石梁跨其上；梁南居庐，即者坊关也。越梁西北上一里，复过一村庐，又一小水自西峡来，又一水自西北峡来，二水合于村庐东北，稍东，复与石梁下西南峡水合而东北去，当亦入富民东北螳川下流者。过村庐之西北，有平桥跨西峡所出溪上，度其北，遂西北上岭。其岭盖中悬于西北两涧之中，乃富民、武定之界也。盘曲而上者三里，有佛宇三楹，木坊跨道，曰“滇西锁钥”，乃武定所建，以为入境之防者。又西上一里余，当山之顶，有堡焉，其居庐亦盛，是为小甸堡。有歇肆在西隘门外，遂投之而宿。

十一日　自小甸堡至武定府歇。

季会明曰：“此后共缺十九日。询其从游之仆，云武定府有狮子山，丛林甚盛，僧亦敬客。留憩数日，遍阅武定诸名胜。后至元谋县，登雷应山，见活佛，为作碑记，穷金沙江。由是出官庄，经三姚，三姚：大姚县、姚安府、姚州。而达鸡足。此其大略也。余由十二月记忆之，其在武定、元谋间无疑矣。夫霞客虽往，而其仆犹在，文之所缺者，从而考之。是仆足当霞客之遗献云。”

卷六下

滇游日记五

戊寅十二月初一日 在官庄茶房。时顾行病虽少瘥，而孱弱殊甚，尚不能行。欲候活佛寺僧心法来，同向黑盐井，迂路两日，往姚安府。以此路差可行，不必待街子也。

初二日、初三日、初四日 在茶房。悟空日日化米以供食，而顾行孱弱如故。心法亦不至。

初五日 前上雷应诸蜀僧返。诸僧待明日往马街，随街往炉头，出大姚。余仍欲随之，而病者不能霍然，为之怏怏。

马街在西谿东坡上，南去元谋县二十五里，北去黄瓜园三十五里，东至雷应山箐口十里，西至溪西坡五里，当大坞适中处，东西抵山，共径十五里，南抵山，北逾江，共径一百三十里，平坞之最遥者也。其东南有聚庐曰官庄，为黔府庄田，茶房即在马街坡北。

元谋县在马头山西七里，马街南二十五里。其直南三十五里，为腊坪，与广通接界。直北九十五里，为金沙江，渡江北十五里，为江驿，与黎溪接界。江驿在金沙江北，大山之南。由其后北逾坡五里，有古石碑，大书"蜀、滇交会"四大字。然此驿在江北，其前后二十里之地，所谓江外也，又属和曲州；元谋北界，实九十五里而已。江驿向有驿丞，二十年来道路不通，久无行人，今止金沙江巡检司带管。直东六十里，为墟灵驿东岭头，与和曲州接界。直西四十里为西岭，与大姚县接界。其地北遥与会川卫直对，南遥与新化州直对，东遥与嵩明州直对，西遥与大姚县直对。东界大山即墟灵驿与雷应山也。南自大麦地直北抵金沙江南岸，横亘二百里，平障天半焉。西界山层叠错出，亦皆自南而北。县治之支，南自楚雄府定远县东来，分支结为县治；其余支西绕者，由县西直北十五里西溪之口而止，是为第一层。又一支南自定远县分支来，与县西之支，同夹而北，至西溪口，东支已尽，此支更夹之而北，至扁担浪而止，是为第二层。又一支西自定远西与姚安府东界分支东来，与扁担浪之支，同夹而北，中界苴林后水，即所谓西尖界岭也。又一支西自姚安府东北分支东来，与西尖界岭同夹而北，中界炉头溪水，即所谓炉头西乱石冈也。又一支定远县西北妙峰山分支东来，与乱石冈同夹而北，中界河底之水，即所谓舌甸独木桥西山也。诸山皆夹川流北出，或合西溪，或出苴榷而下金沙。故自县以北，其西界诸山，一支既尽，一支重出，若鳞次而北抵金沙焉。其东界水皆小，惟墟灵驿一支较大，南出马头山之南，经县治东而北与西溪合。自是以北，溪东之村，倚东界山之麓甚多：官庄之北十里，为环州驿；又十里，为海闹村；滨溪东岸，即活佛所生处，离寺二十五里。其村有木棉树，大合五六抱。县境木棉树最多，此更为大。又十五里，为黄瓜园。溪西之村，倚西界山之麓亦甚多：西坡下村，与官庄对峙；北十五里，为五富村，又十里，为苴宁村。又北逾岭二十里，为扁担浪，于是北夹西溪，尽于金沙焉。

西界诸山，俱自定远夹流分支，东北而尽于金沙江。其西北又有大山方顶，矗峙于北，与金沙北岸“蜀、滇交会”之岭骈拥天北。从坞中北向遥望，若二眉高列于坞口焉。余初以为俱江北之山，及抵金沙江上，而后知江从二山之中，自北而南，环东山于其北，界西山于其西，始知此方顶之山，犹在金沙之南也。其山一名方山，象形一名番山，以地因其音之相近而名之。其地犹大姚县属，在县东北百四十里苴榷之境，东临金沙江。是此山又从西北北胜州界环突东南，界金沙于外，抱三姚于中，与此西界回合，而对峙为门户者也。

金沙巡司乃金沙江南曲之极处。自此再东，过白马口、普渡河北口，即从乌蒙山之西，转而北下乌蒙、马湖。巡司之西，其江自北来，故云南之西北界，亦随之而西北出，以抵北胜、丽江焉。

初六日　是早，云气少翳，诸蜀僧始欲游街子，俟下午渡溪而宿，明晨随街子归人同逾岭。既晨餐，或有言宜即日行者。悟空以余行有伴，辞不去，而顾仆又以恹恹不能速随诸僧后，虽行，心为忡忡。出茶房西一里半，渡西溪，溪从此西曲，从其南岸随之。又一里余，抵西山下，溪折而北，又从其西崖傍山麓随之。又北一里余，有村当路北，遂由其南西向入峡。半里，涉枯涧，乃蹑坡上。其坡突石，皆金沙烨烨，如云母堆叠，而黄映有光。时日色渐开，蹑其上，如身在祥云金粟中也。一上二里，逾其顶，望其西又辟一界，有尖山独耸，路出其间，乃望之而趋。西向渐下，三里，抵坞中，有水自南峡中来，至此绕坞东北去，其水不深而阔。路北数十家倚河东岸，由其南渡河而西，其处木棉甚有高一丈余者，云两三年不凋。有枯涧自西来，其中皆流沙没足，两傍俱回崖亘壁，夹持而来；底无滴水，而沙间白质皑皑，如严霜结沫，非盐而从地出，疑雪而非天降，则硝之类也。路当从涧底直入，诸僧之前驱者，误从南坡蹑岭上。上一里，见其路愈南，而西尖在西，知其误。乃与僧西北望涧底攀崖下坠。一里，复循底西行。见壁崖上悬金丸累累，如弹贯丛枝，一坠数百，攀视之，即广右所见“颠茄”也。《志》云：“枝中有白浆，毒甚，土人炼为弩药，著物立毙。”行涧底二里，其底转自西北来，路乃从西南蹑岭。一里半，盘岭头西出，又一里半，西南下坡。其处开壑湾环而北，涉壑底而西，不见有水。半里，循西坑入，见石峡中有水潺潺，其峡甚逼，水亦甚微。一里，其峡有自南流而出者，下就涉之。其流之侧，有窞如半匏，仰东崖下，涵水一盂，不流不竭，亦潴水之静而有常，不与流俱汩者也。涉细流西上逾坡，半里，有植木为坊者，上书“黔府官庄”。西下半里，有数家在坡北，其壑亦湾环而北，中有田塍数十畦，想即石峡之上流，得水如线，遂开此畦，所谓黔府庄田是也。时诸僧未及携餐，令其徒北向彝家觅火。余辈随大道绕其南而西，一里，又有木坊在西坡，书亦如前，则其西界也。从此西下，又涉一枯涧，遂西上岭，其上甚峻。前乞火僧携火至，而不得泉，莫能为炊。上岭二里，盘峡而西，又半里，转而南半里，一坪北向，环洼中亦无水。余乃出所携饭分啖之。随坪稍南，半里，复西上，其上愈峻。二里，登冈头，以为逾岭矣，而不知其上乃东垂之脊也。望西尖尚在其北，隔一深坑甚遥，西尖又有南北二横山，亘其两头，又自成一界焉。从脊向西行二里半，又南转峡上，循而环之，又西北上，再陟峻岭。二里，登冈头，又以为逾岭矣。而其上犹东垂之脊也。又从脊西向行，于是脊两旁皆深坠成南北壑。壑蟠空于下，脊端突起于外，西接横亘之界，树丛石错，风影飒飒动人，疑是畏途。时肩担者以陟峻难前，顾仆以体弱不进，余随诸僧后，屡求其待之与俱，每至一岭，辄坐待久之。比至，诸僧复前，彼二人复后。余心惴惴，既恐二人之久迟于后，又恐诸僧之速去于前，屡前留之，又后促之，不胜惶迫，愈觉其上不已也。从脊行三里，复从岭西上一里，遂陟横亘南山之北巅。其巅与中突之尖南北相对，上有石叠垣横界，是为元谋东界，大姚西界，即武定、姚安二府所分壤处也；路由其间。登巅之绝处，则有盘石当顶。于是从南横之巅，南向陟其脊，东瞰元谋，西瞰炉头，两界俱从履底分坞焉。南行脊上二里，西向下二里，路侧渐坠成峡，石坎累累，尚无滴水。历石坡直下一里，抵峡中，峡西又有回冈两重，自东北而蟠向西南。于是涉峡盘冈，再逾坡两重，共七里，乃西南下岭。一里，始及其麓，其坞乃南北大开，中有溪界之。望见溪西有大聚落，是为炉头。时诸僧已饥甚，且日暮，急于问邸，遂投东麓下草庐家宿。

初七日 土人言自炉头往独木桥，路止四十里，不及官庄来三之一。余信之。时顾仆奄奄，诸僧先饭而去，余候顾仆同行。是早，阴翳如昨，西望炉头大村行。半里，渡一北流溪。又西一里余，直抵西界山麓。又有一溪颇大，自南峡中来，渡之，北上崖，即炉头大村也。其溪环村之前，转而北去。炉头村聚颇盛，皆瓦屋楼居，与元谋来诸村迥别。其西复有山斜倚，循其东麓西南溯流行，三里，逾一东突之坡，乃南下。半里，涉坞，一里，又南涉坡而上。其坡自西而东突，与北坡东向，环成中坞，溪流北注于前，田塍环错于内。陟南坡一里，见溪东又盘曲成田，倚东山为坞，由坡西南行一里，下坡，溪自北而南，乃横涉之。登其西崖，则见所涉之北，其溪复自北来；有支流自北峡来者，小水也。从崖西行，已复逾溪之南岸，溯溪上。溪在北峡，有数家倚其南冈，从其中西行二里，北峡两崖对竦，石突如门。其北崖石半，有流环其腰，土人架木度流，引之南崖，沸流悬度于上，亦奇境也。路循南崖之腰，盘崖西下又半里，则其溪又自南而北，南北俱削崖峙门，东西又危坡夹堑，境奇道险。渡溪，又西上坡半里，蹑坡南，则复逾溪之北崖，溯溪上。西二里，一峰危突溪西，溪身自其南环峡而出，支溪自其北堑壑而下。有岐，西渡支溪，直蹑西峰者，小路也。自支溪之东崖，陟坡循峡而北入者，大道也。余乃从大道北上坡。半里，由坡峡平行，一里，随峡折而北，路缘堑，木丛路旁，幽箐深崖，令人有鸟道羊肠之想。一里余，峡渐从下而高，路稍由高而下，两遇之。遂西陟峡中细流，复从峡西蹑峻西上，即盘而北，乃知是为中悬之冈。其西复有峡流自北来，与所涉之峡流，即会于冈前。缘冈北上一里，左右顾瞰，其下皆峡而流贯其中，斯冈又贯二流之中，始觉西尖之岭，峰隆泉缩，不若此之随地逢源也。从冈脊北向，以渐上跻，亦以渐转西，二里，登冈之首，望其冈犹自西峰东突而下者。盖山脊自西南来，至此既穹南山一重，即从其北峡中度而北，再起中峰，又亘为此山一重，即从其北岭环支而东，又亘为北山一重，恰如“川”字；条支东南走而上者，是其中支也。从冈首又西向平行二里，直抵其西中峰最高之下，乃循其峰之东崖西南上，一里半，是为乱石冈。遂凌其峰之崖，下瞰南峡之底，即其中度处也；峡中之水遂东西分焉。由岭崖最高处西转而下，逶迤曲折，下四里，复从冈上西北行，忽见冈左右复成溪而两夹之，其溪流分大小。平行冈上二里，即从其端下，西渡大溪。由溪西上坡，稍转而北，半里，从北峡转西，遂向西坞入；于是溯西来大溪之北，循北山西行矣。二里半，有村在溪南，倚南山之坡，北山亦至是南突，路遂从所突峡中上，乃踞峡石而饭。又一里，盘其南崖，从崖转西，又一里，逾其西坳，乃西下坡。半里，抵坡之西麓，其西复开成坞。半里，路循溪北之山，又有村倚溪南之麓，与前倚溪南之坡者，皆所谓“夷村”也。西行三里，一溪自南峡来，路亦随之南转。稍下，渡西来小水，从南坡西上。二里，逾其坳，西北下一里，下至壑中。其壑南向，而大山环其北；又有小水东南流，当亦下大溪者，而大溪盘其东南峡中，不见也。渡小水，又西上一里，透西坳出，始见西坞大开，大溪贯其中，自西而东，抵所透坳南，破其峡壁东去；其峡逼束甚隘，回顾不能见。西下坡，半里，抵坞中，遵溪北坞西行半里，过一小村。又西一里，忽坞塍间甃砖为衢。半里，绕大村之前，又西半里，抵村侧新桥而止，是为大舌甸村。其坞夹溪为田，坞环而田甚辟。其村倚山为衢，村巨而家甚古，盖李氏之世居也。村后一山横拥于北，又一山三峰递下，斜突于西南。有小流自其峡中出，由村西而南入大溪，架桥其上，西逾之，遂循斜突南峰下西南行。二里，抵其西垂，则大溪自南直捣其麓，乃逾堰东向；其麓为水所啮，石崖逼削，几无置足处。历堰之西，上流停洄，自南而北，路从其西转而南入峡。又行南峡一里余，则有石梁一巩，东西跨溪上，是为独木桥，路从桥西直南上坡；其逾桥而东者，乃往省大道。是桥昔以独木为之，今易以石，有碑，名之曰"蹑云"，而人呼犹仍其旧焉。桥侧有梅一株，枝丛而干甚古，瓣细而花甚密，绿蒂朱蕾，冰魂粉眼，恍见吾乡故人，不若滇省所见，皆带叶红花，尽失其"雪满山中、月明林下"之意也。乃折梅一枝，少憩桥端。仍由其西上南坡，随坡西转。盖是溪又从西坞来，至是北转而逾石堰，是坡当其转处，其南又开东西大坞，溪流贯之。路溯溪北崖，循北山西行一里，有聚落倚北山下，是为独木桥村。有寺当村之中，其门南向。其处村无旅店，有北京僧接众于中，余乃入宿。

初八日 晨起寒甚。顾仆复病，余亦苦于行，止行一里，遂憩水井屯寺中。

初九日 出寺一里半，过□家庄，半里，转南。半里，仓屯桥。二里半，泗峡口。转西五里，王家桥。有小水北来。五里，孚众桥。有西北、西南二小水。西上山十里至脊。转南半里，庙山营，西下半里，庙前打哨。西下二里，有岐转北坳，一里，复西随平峡北。二里，又西下，二里，至峡底。西平行一里半，复于峡北上。一里，转北坳而西，又北半里，过一峡脊。又北下半里，又北度一峡底。又西上坡一里，转而北，又一里，转而西下，一里，至脊间。又西二里余，乃下脊。一里余，抵其北，曰小仡老村。始有田有池。又西四里，抵西山下，有村。转南一里，西过一小坳，又半里，西南过新坝屯，又西半里，过新坝桥。又西一里，转而南，二里，盘西山嘴转而西北，一里余，入大姚东门。半里，过县前，又西南至旅肆歇。

初十日 早寒甚。出北门半里，经南门，转而西南上坡。一里，有桥跨溪上，曰南门桥。《志》曰承恩。过桥，南上坡一里，登坡倚西山南行。三里，其坞自南来，有塔在坞东北山上，乃沿西山南下，半里，抵坞底。又半里，见有水贯坞中，石梁跨其上，是名土桥。即姚安水从西南峡中来，向东北峡去。桥北为大姚，桥南为定远，盖以是水为界也。从桥南上坡。有村为定远屯。入峡渐上，一里，东转，半里，上坡。半里，由坡南转，一里，是为赖山哨。于是南下，一里，抵东南坡头，有岐南行者，为姚安府路，有海子在其东。东行者，为赤草峰路。逾坡东下，一里，为赤草峰北村。由村转南，溯溪行一里，度桥而南，半里，随赤草峰街子南行。一里，乃东上山。一里半，逾岭东南下，其东又有坞自西而北，甚遥。下坡半里，由西山东麓南行。二里，村落傍溪左右，皆为仡老村。此定远所属。又东一里半，始傍西水岸南行。半里，东度小桥，遂由东麓南行。二里，至鹿家村后，遂东上山。山半有岐，路从岐入峡，半里，渡溪东北上。一里，至妙峰山德云寺。寺门西向，南望烟萝，后有梦庵亭，后五里，碧峰庵。

十一日 待师未归，看《藏》。宗杲慧大师《西方合论》。

十二日 饭，仍西下山。二里，南行，二里，随坞西转。二里，有桥跨溪上，曰梁桥。度其北，即仡老村尽处也，其水自南来入，路从村西上岭。一里半，逾坳西，行岭上。半里，有岐从西南下，误从坡上直西。半里，乃改从岐西南行。半里，渐下转南，又一里，乃南下，半里，抵峡中。随峡南去半里，有大路随东峡来，小水随之。西半里，入南峡。一里，有池在峡中。又一里半，峡分两岐，从西南者，倚东岭平上。一里，南逾坳，由坳转而西，始见西坞大开。西南有海子颇大，其南有塔倚西山下，是即所谓白塔也。乃西南下坡。二里，有村在坡下，曰破寺屯。于是从岐直西小路，一里，渡溪。稍西南半里，有一屯当溪中，山绕其北，其前有止水。由其西坡上南行一里，是为海子北堤。由堤西小路行半里，抵西坡下，是为海口村。转南随西山东麓行，名息夷村海子。三里，海子西南尽，有路直抵大山下，半里，为高土官家。由其西南入峡中上坡，一里半，有神庙当坡峡间。又上半里，活佛寺临其后。其西大山，名龙凤山，又名广木山。寺号龙华，僧号寂空。是日下午，寂空留止后轩东厢。其后有深峡下悬，峡外即危峰高峙。庭中药栏花砌甚幽。墙外古梅一株，花甚盛，下临深箐，外映重峦。是夜先订寂空，明晨欲早行，求为早膳。

白塔尚在寺东南后支冈上。冈东有白塔海子，其南西山下，又有阳片海子，其东又有子鸠海子，府城南又有大坝双海子，与息夷村共五海子。

十三日 昧爽起，饭已久待，遂饭而下山。二里，仍出土官家后，遂转南行。一里，过格香桥，有小水自活佛寺后峡中来者。此峡正与白塔之冈中格而对峙。又南二里，有冈自西界东突而出，路盘其东垂，则又一海子汇其东南。从海子北堤东向行，半里，随堤南转，一里半，抵海子东南尽处，遂东南行。四里，有冈自西而东突，是为龙冈卫。盘冈东皆大聚，半里，过聚东行。一里，复南，二里，曲度干底。复南二里，则西山一峰复突其南，遂渐抵东山，则南北成两界焉。又南五里，而入姚安府北门。歇青莲庵。

《青莲碑记》曰："东烟萝、西金秀、南青岭、北曲折。"

姚安府南随峡上一百四十里，镇南州。东逾大山一百四十里，定远县。西逾小坡一百二十里，北随大坞下一百二十里，白盐井。

姚安东西两界，皆大山夹抱，郡城当其南，西界最辟，直北二十五里，两界以渐而束，各有支中错如门户焉；中有小水，西自镇南州界北来，至郡北屡堰为湖，下流绕北峡之门而出，所谓青蛉川也。

十四日　饭于青莲。日色已高，循城南一里半，为观音寺。转北，过西门，共一里，抵旧西门。二里半，抵西麓，是为古寺山，以有古寺在山之东半也，即《志》所称祥龟寺也。二里，逾顶下，其西环坞北口，则羊片湖在焉。西下一里半，行坞中。一里半，有坊当坞中，曰羊片屯。西过半里，转南半里，又西南半里，抵小山之麓。从其南坞，西入一里半，又西上一里半，有岐焉：西北者，入山樵牧者所经；西南盘岭者，大道也。盘岭上一里半，逾其顶，是为当波院，而实无寺宇，乃南来之脊，北度而东，为古佛寺大山及大姚西界诸山也。于是西南下二里，有小水南流，随之南入箐。又东一里半，转而西一里半，峡始开。稍北盘坳一里，复西南下坡三里，峡中溪自南而北注，有桥跨之。度桥，遂循西山南向溯水行。二里，饭于村家。又南向行二里余，其峡自西来转，水亦从之，于是折而入，是名观音箐。箐中止容一水，西溯之入二里，有观音堂。其前堰水甚泓澈，其侧石亦嵚岈。又西三里，乃南上山，甚峻。二里，陟其脊，乃东南下。一里，抵峡中，遂循坡西南下，二里，抵聚景桥。桥上有亭，桥下水乃西来小流也。过桥三里，是为弥兴，居集甚盛。又南半里，转西，一里余，有公馆神庙在冈上。由其前西南半里，转而西，于是连逾三坡，下陟三峡，共九里，有村悬西坡上，是为孙家湾，宿。

十五日　昧爽饭而行，霜寒殊甚。南上坡，溯小流入五里，盘一坡，坡下有涧甚束；其东北人家，曰尾苴村。稍西转南，是为龙马箐。三里，有哨当涧东坡上，是为龙马哨，有哨无人。山甃幽阻，溪环石隘，树木深密，一路梅花，幽香时度。又南一里，随峡转西一里，有一峡自南来，甚深隘，一峡自西来。仍循北山行西来峡上。一里，出峡。乃成坞焉。西向平下一里，有村当其西，是为大大苴村。西行二里，抵西山下，遂西上坡。半里，逾坳，北下陟坞，西北半里，是为小大苴村。由其南半里，转而北上坡，循西峡行二里，下渡涧中小水，即西上岭，甚峻。三里半，逾岭头西行脊上，或南峡上，又临北峡，再平再上，三里余，则盘西岭之东，北转二里，逾其脊，此最高处也。东望烟萝东界尖山在钱章关者，隐隐连妙峰，而西界南突之山亦见；惟北望活佛寺大山，反为孙家湾后山所隔，不可见。又西二里，当西突之处，有人守哨焉，是为老虎关哨。稍西下半里，行坡间一里半，是为打金庄牌界。又西一里半，逾坡，又西上一里半，是为绝顶，有公馆；东南之峡，至是始穷。其脉自南天申堂后，直北分支来，东度老虎关而北。于是西向稍下，半里，度一坡，半里，逾其巅。从巅西行一里，遂西望四十里外层山一重西绕，又高峰一带南环者，皆大脊也。其东有小脊二重内隔，外有远峰二抹西浮，不知为点苍、为鸡足也？于是西下，颇坦，五里，下至峡中，是为五里坡。有水自南而北，小石梁跨之。度而西，盘西山南峡入，一里，又蹑坡而上，一里，凌其巅。一里半，稍下，平行岭上。二里余，西向下。有溪自西南来，北向去，亦石梁跨之，是为普昌河。西上坡半里，为巡司。半里，复上一山脊。由脊西行四里，乃下，一里，而抵普淜。

十六日　由普淜西北行。二里，渡一水，一里，又渡一水，乃西上坡。二里，逾坡上，一里，脊上平行。三里，为金鸡庙。又西二里，为界坊，乃姚州、小云南界。又西行岭上五里，至水盆哨。乃西北稍下，即见南界水亦西流，出鼻窗厂而下元江矣。乃随北山临南峡西行。二里，山坑南坠峡，路随西脊过；有村当脊间，是为水盆铺。盖老龙自西南来，从此脊北度，峙为一峰，其东南又折而南，为水盆铺，惟中央一线，南流下元江云。铺西北上有关帝庙，就而作记，听顾仆同行李先去。久之，乃随大道西二里，则岭北山下，亦下坠成西向之峡；于是循南峡之顶西径峡北所起尖山，是为青山，至是其西横拖而去。于是循南峡之顶西行。二里，忽见路北坠峡西去，路由其峡南岭脊行，于是与峡北之尖山，又对峡分流，西注云南，而北下金沙矣。始知大脊自九鼎南下，至洱海卫城南青华洞东度，又耸而南为水目山；其南又东转为天华山，即云南川南兜之山也。从天华东北转，数起而为沐滂东岭，又东过公馆而度水盆铺，北耸为青山，其形东突而西垂川中；故自打金庄岭望之，仅为北尖峰，而至此又横夹而西。然是山西北二支，皆非大脊也；大脊即从东南水盆哨过脉，遂东南迤逦于天申宫南，又东至沙桥站分脊焉。所过水盆哨铺之南间，相去不过二里，忽度其脊南，又度其脊北，至由峡南岭稍上稍下，西南二里，公馆当其顶；又西下西上，再从岭脊西行八里，脊自西南来，至此稍突而北，乃转而北缘之。二里，又西南下，始追及前行行李。于是遂出山之西崖，见其西坞大开，于是直下，五里及麓，为沐滂铺。西截坞八里，有二石梁东西跨，其下皆涸，而川水实由之北注。又西二里，过大水堰塘，堰稍北。复西十里抵西山下，为小云南驿，宿。

十七日　昧爽饭。询水目寺在其南，遂由岐随山之东麓南行，盘入其西南坞中。共五里，有水自山后破峡南出，即洱海卫青海子之流也，是为练场村，村在水西。渡桥西，复沿山而南一里半，为温泉，其穴西向。待浴妇，经两时乃浴。仍南沿西麓半里，又盘其山之南坞入，有溪自坞东出，即水目之流也。始见水目山高峙于西。溯水西入，见其西又大开，南北之坞，横截其间。五里，抵西山麓，有村甚大，曰冉家屯。由其后西向上山，于是有溪流夹村矣。西上逾一岭，二里，稍下，涉一涧。其涧自南而北，溯之南上。山间茶花盛开。又二里余，为水目寺。余误从其南大路，几逾岭，遇樵者，转而东北下，半里，入玉皇阁。又下，观倒影，又下，过普贤寺，又下，遇行李于灵光寺，遂置于寺中楼上。慧然乃西至旧寺访无住，方在上新建住静处，不值。旧寺有井，有大香樟，有木犬，有风井，有塔。由其后上无影庵，饭于妙忍老僧静室。暮过观音阁，观《渊公碑》，乃天开十六年楚州赵祐撰者。

十八日　往无住处。午过徽僧戒月静室饭。下午，观慧然新楼花卉。

十九日　早雨雪，无住苦留，因就火僵卧。上午，雨雪倏开，再饭，由山前东北下。五里，下山过一村，北向二里，逾一坡。又二里，过一小海子，其北冈上有数家，曰酒药村。一里，越之，乃陟坞循东山北向行。五里，即青海子之西南涯也，遂与小云南来之大道遇。于是由青海子西涯西北行，八里，则南山再突而北，濒于海，路或盘之，或逾之，又五里，为狗村铺。坊名瑞禾，馆名清华。其处北向洱海卫城八里，西向白崖城站四十里。余从西路四里，观清华洞。洞北有路西过岭，此白崖道。洞南有坞南过脊，此灭渡道。余出洞循西山，仍北行。六里，入卫城南门，顾仆亦至。出西门宿。

二十日　饭而行，犹寒甚，而天复霁。由西门北向，循西山行五里，抵一村，其北有水自西峡出，遂随之入。一里余，稍陟坡，一里余，有村在涧西，曰四平坡。北转五里，渡溪桥，又北上三里，为九鼎山寺。又二里，陟其巅，饭。下午，从东北下，三里，过北溪桥，仍合大路，循幕山西麓西北溯流入。五里，梁王村，北八里，松子哨。行半里，溪西去，路北上，半里，逾岭。又东北下者五里，则溪复自西来。又有一小溪自幕山北麓来与之合。乃涉其交会处，是为云、宾之界。又东二里，为自北关，已暮。又东二里半，渡涧桥之北。又东半里，转北一里半，为山冈铺，宿。

二十一日　平明行大坞中，北向十里，其西为宾居。又北五里，有小水出田间。又北三里，有涧自西峡出，随之北二里，为火头基。西北连渡二溪，又北五里，总府庄。又北三里，宾川州在东坡上，东倚大山，西临溪流，然去溪尚里许；其滨溪东岸者，曰大罗城。令行李先去，余草记西崖上。望州北有冈自东界突而西，其北又有冈自西界突而东，交错于坞中，为州下流之钥；溪至是始曲折潆之，始得见其形焉。又北三里半，逾东突之冈，则见有村当其北麓，是名红帽村。溪自东南潆东突之冈，西转而潆于村之前，其前又开大坞北去。仍循西山北行，五里，渐转而西，于是岐分为二：东北随流遵大坞直去者，由牛井街通浪沧卫道；西北从小坞逾岭者，由江果往鸡足道。余初由山冈铺北望，以为东界大山之北岭即鸡足。而川中之水，当西转出澜沧江，至是始知宾川之流，乃北出金沙江，所云浪沧卫而非澜沧江也。其东界大山，乃自梁王山北转，夹宾川之东，而北抵金沙，非大脊也。

从小坞西二里，逾西界之脊，始见鸡足在西，其高与东界并，然东界尤屏亘，与雷应同横穹半壁云。从脊上南望，其南五德山横亘天南，即前洱海卫所望九鼎西高拥之山，其上有雪处也，至是又东西横峙。其东又耸幕山，所谓梁王山也。二山中坳稍低，即松子哨度脊而北处也。从岭西行三里，稍北下，有溪自西而东，注于宾川大溪，架梁其上，覆以亭，是为江果村，在溪北岸，其流与火头基等。时日甫下午，前向东洞尚三十五里，中无托宿，遂止。

二十二日　昧爽，由江果村饭，溯溪北岸西行。其溪从西峡中来，乃出于鸡山南支之外，五福之北者，洱海东山之流也。四里，登岭而北，寒风刺骨，幸旭日将升，惟恐其迟。盘岭而北一里半，见岭北又开东西坞，有水从其中自西而东，注于宾川大溪，即从牛井街出者。此坞名牛井，有上下诸村。其水自鸡足峡中来，所谓盒子孔之下流也。于是西向渐下，一里半而抵坞中。又西一里，过坞中村后，有坊曰"金牛溢井"，标胜也。土人指溪北冈头有井在石穴间，云是昔年牛从井出处也。又西二里，复逾冈陟峡。盖其山皆自南突北，濒溪而止，溪东流潆之，一开而为炼洞，再开而为牛井，此其中突而界之者。盘峡而上，迤逦西北，再平再上，五里，越岭而复得坞。稍下一里半，有坊在坡，曰"广甸流芳"。又一里半，复过一村后，此亦炼洞最东南村也。又北二里，有村夹道，有公馆在村头，东北俯溪，是为炼洞之中村。其北二里，复上岭。二里，越之而北，有坊曰"炼法龙潭"，始知其地有蛰龙，有炼师，此炼洞所由名也。又北二里，村聚高悬，中有水一池，池西有亭覆井，即所谓龙潭也，深四五尺，大亦如之，不溢不涸，前濒于塘。土人浣于塘而汲于井。此鸡山外壑也，登山者至是，以为入山之始焉。其村有亲迎者，鼓吹填街。余不顾而过。遂西北登岭。五里，有庵当岭，是为茶庵。又西北上一里半，路分为二：一由岭直西，为海东道；一循峡直北，为鸡山道。遂北循之，稍下三里而问饭，发筐中无有，盖为居停所留也。又北下一里，有溪自西南峡中出，其峡回合甚窅，盖鸡足南峡之山所泄余波也。有桥亭跨两崖间，越其西，又北上逾岭。一里，有哨兵守岭间。又北一里，中壑稍开，是为拈花寺，寺东北向。余馁甚，入索饭于僧。随寺北西转，三里，逾冈之脊，是为见佛台。由此西北下一里，又涉一北下之峡，又西逾一北下之脊，始见脊西有坞北坠，坞北始逼鸡山之麓。盖鸡山自西北突而东南，坞界其中，至此坞转东北峡，路盘其东南支，乃谷之绾会处也。西一里，见有坊当道左，跨南山侧，知其内有奥异，讯之牧者。曰："其上有白石崖，须东南逾坡一里乃得。"余乃令行李从大道先向鸡山，独返步寻之。曲折东南上，果一里得危崖于松箐之间。崖间有洞，洞前有佛宇，门北向，钥不得入。乃从其西逾窒径之棘以入，遍游洞阁中。又攀其西崖，探阁外之洞，见其前可以透植木而出，乃从之下，一里，仍至大路。又西北二里，下至坞中渡溪，是为洗心桥。鸡山南峡之水，西自桃花箐，南自盒子孔出者，皆由此而东出峡，东南由炼洞、牛井而合于宾川者也。溪北鸡山之麓，有村颇盛，北倚于山，是为沙址村；此鸡山之南麓也。于是始迫鸡山，有上无下矣。从村后西循山麓，转而北入峡中，缘中条而上一里，大坊跨路，为“灵山一会坊”，乃按君宋所建者。于是冈两旁皆涧水泠泠，乔松落落。北上盘冈二里，有岐东北者随峡，西北者逾岭。逾岭者，西峡上二里有瀑布。随峡者，东峡上二里有龙潭。瀑之北即为大觉，潭之北即为悉檀。余先皆不知之，见东峡有龙潭坊，遂从之。盘磴数十折而上，觉深窅险峻，然不见所谓龙潭也。逾一板桥，见坞北有寺，询之，知其内为悉檀，前即龙潭，今为壑矣。时余期行李往大觉，遂西三里，过西竺、龙华，而入宿于大觉。

二十三日　饭于大觉，即东过悉檀。悉檀为鸡山最东丛林，后倚九重崖，前临黑龙潭，而前则回龙两层环之。先是，省中诸君或称息潭，或称雪潭，至是而后知其皆非也。弘辨、安仁二师迎饭于方丈，即请移馆。余以大觉遍周以足疾期晤，于是欲少须之。乃还过大觉。西上一里，入寂光寺。住持者留点。此中诸大刹，惟此七佛殿左右两旁俱辟禅堂方丈，与大觉、悉檀并丽。又稍西半里，为水月、积行二庵，皆其师用周所遗也。

二十四日　入晤遍周。方留款而弘辨、安仁来顾，即恳移寓。遂同过其寺，以静闻骨悬之寺中古梅间而入。问仙陀、纯白何在，则方监建塔基在其上也。先是余在唐大来处遇二僧，即殷然以瘗骨事相订，及入山，见两山排闼，东为水口，而独无一塔，为山中欠事。至是知仙陀督塔工，而未知建于何所。弘辨指其处正在回龙环顾间，与余意合。饭后，遂东南二里登塔基，晤仙陀。

二十五日　自悉檀北上，经无息、无我二庵。一里，过大乘庵，有小水二派：一自幻住东，一自兰陀东，俱南向而会于此，为悉檀西派者也。从二水之中蹑坡上二里余，东为幻住，今为福宁寺。西冈为兰陀。幻住东水，即野愚师静室东峡所下，与九重崖为界者。幻住西水，即与艮一兰陀寺夹坞之水，上自莘野静室，发源于念佛堂，而为狮子林中峡之水也。循东冈幻住旁北向，一里，而得一静室，即天香者。时中无人，入讯莘野庐。小沙弥指在盘崖杳蔼间，当危崖之西。乃从其后蹑崖上，穿林转磴，俱在深翠中，盖其地无乔松，惟杂木缤纷，而叠路其间，又一景矣。数十曲，几一里，东蹑冈，即野愚庐。西缘崖度峡，即莘野庐道。于是西向傍崖，横陟半里，有一静室高悬峡中，户扃莫入，是为悉檀寺库头所结。由其前西下兰陀寺，蹑其后而上。又半里，而得莘野静室。时知莘野在牟尼山，而其父沈翁在室，及至而其门又扃，知翁别有所过，莫可问。遂从其左上，又得一静室。主僧亦出，有徒在，询之，则其师为兰宗也。又问："沈翁何在？"曰："在伊室。"问："室何扃？"曰："偶出，当亦不远。"余欲还，以省中所寄书畀之。其徒曰："恐再下无觅处，不若留此代致也。"从之。又从左峡过珠帘、翠壁，蹑台入一室，则影空所栖也。影空不在，乃从其左横转而东一里，入野愚静室，所谓大静室也。有堂三楹横其前，下临绝壁。其堂窗棂疏朗，如浮坐云端，可称幽爽。室中诸老宿具在，野愚出迎。余入询，则兰宗、影空及罗汉壁慧心诸静侣也。是日野愚设供招诸静侣，遂留余饭。饭后，见余携书箧，因取箧中书各传观之。兰宗独津津不置，盖曾云游过吾地，而潜心文教者。既乃取道由林中西向罗汉壁，从念佛堂下过，林翳不知，竟平行而西。共一里半，有龛在磐石上，入问道，从其西南半里，逾一突嘴，即所谓望台也。此支下坠，即结为大觉寺者。望台之西，山势内逊，下围成峡，而旃檀林之静室倚之。峡西又有脉一支，自山尖前拖而下，是为旃檀岭，即西与罗汉壁分界者。是脉下坠，即为中支，而寂光、首传寺倚之，前度息阴轩，东转而尽于大士阁者也。由望台平行而西，又二里半而过此岭。岭之西石崖渐出，高拥于后。乃折而北上，半里，得碧云寺。寺乃北京师诸徒所建，香火杂沓，以慕师而来者众也。师所栖真武阁，尚在后崖悬嵌处。乃从寺后取道，宛转上之，半里，入阁，参叩男女满阁中而不见师。余见阁东有台颇幽，独探之。一老僧方濯足其上，余心知为师也，拱而待之。师即跃而起，把臂呼："同声相应，同气相求。"且诠解之。手持二袜未穿，且指其胸曰："余为此中忙甚，袜垢二十年未涤。"方持袜示余，而男妇闻声涌至，膜拜不休；台小莫容，则分番迭换。师与语，言人人殊，及念佛修果，娓娓不竭。时以道远，余先辞出。见崖后有路可蹑，复攀援其上，转而东，得一峡上缘，有龛可坐，梯险登之。复下碧云庵。适慧心在，以返悉檀路遥，留余宿，主寺者以无被难之，盖其地高寒也。余乃亟下，南向二里，过白云寺，已暮色欲合。从其北傍中支腋行，路渐平而阔。二里，过首传寺，暗中不能物色。又东南一里余，过寂光，一里，过大觉。又东一里，过西竺，与大道别，行松林间，茫不可见。又二里，过悉檀前，几从龙潭外下，回见灯影，乃转觅，抵其门。则前十方堂已早闭不肯启，叩左侧门，乃得入宿焉。

二十六日　晨起饭。弘辨言："今日竖塔心为吉日，可同往一看。幸定地一处，即可为静闻师入塔。"余喜甚。弘辨引路前，由龙潭东二里，过龙砂内支。其腋间一穴，在塔基北半里；其脉自塔基分派处中悬而下。先有三塔，皆本无高弟也。最南一塔，即仙陀、纯白之师，师本嵩明籍。仙陀、纯白向亦中表，皆师之甥，后随披薙，又为师弟。师归西方，在本无之前。本公为择地于此，而又自为之记。余谓辨公乞其南为静闻穴。辨公请广择之，又有本公塔在岭北，亦惟所命。余以其穴近仙陀之师为便。议遂定，静闻是日入窆。

二十七日 有缺文余见前路渐翳，而支间有迹，可蹑石而上，遂北上攀陟之。屡悬峻梯空，从崖石间作猿猴升，一里半，则两崖前突，皆纯石撑霄，拔壑而起。自下望之，若建标空中，自上凌之，复有一线连脊，又如琼台中悬，双阙并倚也。后即为横亘大脊。披丛莽而上，有大道东西横山脊，即东自鸡坪关山西上而达于绝顶者；因昔年运砖，造城绝顶，开此以通驴马。余乃反从其东半里，凌重崖而上。然其处上平下嵌，俯瞰莫可见，不若点头峰之突耸而出，可以一览全收也。其脊两旁皆古木深翳，通道于中；有开处下瞰山后，其东北又峙山一围，如箕南向，所谓摩尼山也，即此山余脉所结者；其西北横拖之支，所谓"后趾"也，即南耸而起为绝顶者。故绝顶自南壑望之，如展旂西立；罗汉九层之脊，则如展旂东立；自北脊望之，则如展旂南立；"后趾"之脊，则如展旂北立。此一山大势也。若桃花箐过脊，又在绝顶西南峡中，南起为香木坪之岭，东亘为禾字孔之脊，与罗汉壁、点头峰南北峙为两界。此在三距西南支之外，乃对山而非鸡足矣。若南条老脊，自香木而南走乌龙坝、罗汉壁、点头峰，又其东出之支，非老干矣。山后即为罗川地，北至南衙，皆邓川属，与宾川以此山脊为界。故绝顶即属邓川，而曹溪华首，犹隶宾川焉。若东北之摩尼，则北胜浪沧之所辖。此又以山之东麓鸡坪山为界者也。从脊直北眺，雪山一指竖立天外，若隐若现。此在丽江境内，尚隔一鹤庆府于其中，而雪山之东，金沙江实透腋南注，但其处逼夹仅丈余，不可得而望也。由脊道西行，再隆再起，五里，有路自南而上者，此罗汉壁东旃檀岭道也。交脊而西北去者，此循后趾北下鹤庆道也。交脊而东北下者，此罗川道也。随脊而西者，绝顶道也。于是再上，再纡而北，又二里余而抵绝顶之下。其北崖雪痕皑皑，不知何日所积也。又南上半里，入其南门。门外坠壑而下者，猢狲梯出铜佛殿道。由北门出，陟后脊转而西南下者，束身峡出礼佛台，从华首门会铜佛殿道。而猢狲梯在东南，由脊上；束身峡在西北由霤中。此登顶二险，而从脊来者独无之。入门即迦叶殿，此旧土主庙基也。旧迦叶殿在山半。岁丁丑，张按君谓绝顶不可不奉迦叶，遂捐赀建此，而移土主于殿左。其前之天长阁，则天启七年海盐朱按君所建。后有观风台，亦阁也，为天启初年广东潘按君所建，今易名多宝楼。后又有善雨亭，亦张按君所建，今貌其像于中。后西川倪按君易名西脚蘧庐，语意大含讥讽。殿亭四围，筑城环之，复四面架楼为门：南曰云观，指云南县昔有彩云之异也；东曰日观，则泰山日观之义；北曰雪观，指丽江府雪山也；西曰海观，则苍山洱海所在也。张君于万山绝顶兴此巨役，而沐府亦伺其意，移中和山铜殿运致之。盖以和在省城东，而铜乃西方之属，能克木，故去彼移此。有造流言以阻之者，谓鸡山为丽府之脉，丽江公亦姓木，忌金克，将移师鸡山，今先杀其首事僧矣。余在黔闻之，谓其说甚谬。丽北鸡南，闻鸡之脉自丽来，不闻丽自鸡来；姓与地各不相涉，何克之有！及至此，而见铜殿具堆积迦叶殿中，止无地以竖，尚候沐府相度，非有阻也。但一城之内，天长以后，为河南僧所主，前新建之迦叶殿，又陕西僧所主，以张按君同乡故，沐府亦以铜殿属之，惜两僧无道气，不免事事参商，非山门之福也。余一入山，即闻河南、陕西二僧名，及抵绝顶，将暮，见陕西僧之叔在迦叶殿，遂以行李置之。其侄明空尚在罗汉壁西来寺。由殿侧入天长阁，盖陕僧以铜殿具支绝迦叶殿后正门，毋令从中出入也。河南僧居多宝楼下，留余晚供。观其意殊愦愦。余于是皆腹诽之。还至土主庙中，寒甚。陕僧爇火供果，为余谈其侄明空前募铜殿事甚悉，今现在西来，可一顾也。余唯唯。

二十八日　晨起寒甚，亟披衣从南楼观日出，已皎然上升矣。晨餐后，即录碑文于天长、善雨之间。指僵，有张宪副二碑最长，独不及录。还饭迦叶殿。乃从北门出，门外冈脊之上，多卖浆瀹粉者。脊之西皆削崖下覆，岂即向所谓舍身崖者耶？北由脊上行者一里，乃折而西下，过一敞阁，乃南下束身峡。巨石双迸，中窞成坑，路由中下，两崖逼束而下坠甚峻，宛转峡中，旁无余地，所谓“束身”也。下半里，得小坪，伏虎庵倚之，庵南向。从其前，多卖香草者，其草生于山脊。循舍身崖东南转，为曹溪、华首之道。绕庵西转，盘绝壁之上，是为礼佛台、太子过玄关。余乃先过礼佛台。有亭在台东，亦中圮，台峙其前石丛起中，悬绝壑之上。北眺危崖倒插于深壑中，乃绝顶北尽处也。其下即为桃花箐，但突不能俯窥耳。其东南壑中，则放光寺在焉。其西隔坞相对者，香木坪也。是台当绝顶西北隅悬绝处，凌虚倒影，若浮舟之驾壑，为一山胜处，而亭既倾敝，不容无慨。台之北，崖壁倒悬，磴道斩绝，而西崖之瞰壑中者，萼瓣上迸，若蒂斯启。遥向无路，乃栈木横崖端，飞虬接翼于层峦之上，遂分蒂而蹈，如入药房，中空外透，欲合欲分。穿其奥窟，正当佛台之下，乃外石之附内石而成者，上连下迸，裂透两头。侧身而进，披隙而出，复登南台之上。仍东过伏虎，循岩傍壁，盘其壑顶。仰视矗崖，忽忽欲堕，而孰知即向所振衣蹑履于其上者耶。东南傍崖者一里余，有室倚崖，曰曹溪寺。以其侧有水一泓，在矗崖之下，引流坠壑，为众派之源，有似宗门法脉也。稍下，路分为二：正道东南循崖平去；小径西下危坡。余睇放光在西南壑，便疑从此小径为是，西循之。一里余，转而北逾一嘴，已盘礼佛台之下，其西北乃桃花箐路，而东南壑底，终无下处，乃从旧路返。二里，出循崖正道，过八功德水，于是崖路愈逼仄，线底缘嵌绝壁上，仰眺只觉崇崇隆隆而不见其顶，下瞰只觉窅窅冥冥而莫晰其根，如悬一幅万仞苍崖图，而缀身其间，不辨身在何际也。东一里，崖势上飞，高穹如檐，覆环其下，如户阈形，其内壁立如掩扉，盖其石齿齿，皆堕而不尽堕之余，所谓华首门也。其高二十丈，其上穹覆者，又不知凡几，盖即绝顶观海门下危崖也。门之下，倚壁为亭，两旁建小砖塔襄之，即经所称迦叶受衣入定处，待六十百千岁，以付弥勒者也。天台王十岳土性宪副诗偈镌壁间，而倪按院大书"石状奇绝"四字，横镌而朱丹之。其效颦耶？黥面耶？在束身书"石状大奇"，在袈裟书"石状又奇"，在兜率峡口书"石状始奇"。凡四处，各换一字。山灵何罪而受此耶？又半里，矗崖东尽，石脊下垂，有寺倚其东，是为铜佛殿，今扁其门曰传灯寺。盖即绝顶东突，由猢狲梯下坠为此，再下即迦叶寺，而为西南支发脉者。寺东向，大路自下而来，抵寺前分两岐：由其北峡登寺后猢狲梯，为绝顶前门道，余昨从上所瞰者；由寺前循崖西转，过华首门，上束身峡，为绝顶后门道，余兹下所从来者。盖寺北为峡，寺西为崖，寺后猢狲梯，由绝顶垂脊而下，乃崖之所东尽，而峡之所南环者也。寺北有石峰突踞峡中，有庵倚其上，是为袈裟石。余初不知其为袈裟石也，望之有异，遂不入铜佛殿而登此石。至则庵僧迎余坐石上。石纹离披作两叠痕，而上有圆孔。僧指其纹为迦叶袈裟，指其孔为迦叶卓锡之迹。即无遗迹，然其处回崖外绕，坠壑中盘，此石缀崖瞰壑，固自奇也。僧瀹米花为献，甚润枯肠。余时欲下放光、圣峰诸寺，而不能忘情于猢狲梯。遂循石右上，半里升梯。梯乃自然石级，有叠磴痕可以衔趾，而痕间石芒齿齿，著足甚难。脊左瞰，即华首矗崖之上，右瞰即袈裟坠壑之端。其齿齿之石，华首门乃垂而下，此梯乃错而上者，然质则同也。上半里，数折而梯尽，仍从峡上。问去顶迥绝，乃返步下梯，由铜佛殿北东下峡中。一里，横盘峡底，有庵当其中，所谓兜率庵也，已半倾。其后即绝顶与罗汉壁分支前突处。庵前峡复深坠，循庵横度，循左崖下半里，崖根有洼内嵌，前有巨树流荫并鹤峋居士诗碑。其前峡遂深蟠，路从其上，又分为两：循右峡中西南下者，为迦叶寺、圣峰寺西支大道；循左崖下东向行者，为西来寺、碧云寺、罗汉壁间道。余时身随西峡下，而一步一回眺，未尝不神飞罗汉壁间也。下半里，为仰高亭，在悬峡中，因圮未入。既下，又半里，出峡，为迦叶寺，其门东向，中亦高敞。此古迦叶殿，近因顶有新构，遂称此为寺云。入谒尊者。从其前南向循岐而下，其路峻而大。两丐者覆松为棚。曲折夹道数十折，一里余而至会灯寺，寺南向。入谒而出，东下半里，有岐西去者，放光寺道也。恐日昃不及行，遂不西向而东趋。其路坦而大，一里，为圣峰寺。寺东向，踞分支之上，前有巨坊，后有杰阁，其势甚雄拓；阁祀玉皇，今皆以玉皇阁称之。从此北瞻，西来寺高缀层崖之上，屏霞亘壁，飘渺天半，其景甚异。出寺东随陇行，二里，过白云寺。又从其右东行一里半，过慧林庵，则左右两溪合于前而陇尽。遂渡其左峡，东过大觉寺蔬园，一里，从息阴后逾中支之脊，从千佛阁前观街子。街子者，惟腊底集山中，为朝山之节。昔在石钟寺前，今移此，以近大觉，为诸寺之中也。由街子东半里过西竺寺，又二里余，入悉檀。具餐后，知沈公莘野乃翁。来叩，尚留待寺间，亟下楼而沈公至，各道倾慕之意。时已暮，寺中具池汤候浴。遂与四长老及沈公就浴池中。池以砖甃，长丈五，阔八尺，汤深四尺，炊从隔壁釜中，竟日乃温。浴者先从池外，挽水涤体，然后入池，坐水中浸一时，复出池外，擦而涤之，再浸再擦。浸时不一动，恐垢落池中也。余自三里盘浴后，入滇只澡于温泉，如此番之浴，遇亦罕矣。

二十九日　饭于悉檀，同沈公及体极之侄，同游街子。余市鞋，顾仆市帽，遇大觉遍周亦出游，欲拉与俱。余辞岁朝往祝，盖以其届七旬也。既午，沈公先别去，余食市面一瓯。一里余，从大乘庵上幻住，一里，入幻住。见其额为福宁寺，问道而出，犹不知为幻住也。由其右过峡西北行，一里而入兰陀寺，寺南向。由正殿入其东楼，艮一师出迎。问殿前所卧石碑。曰："此先师所撰迦叶事迹记也。"昔竖华首门亭中，潘按君建绝顶观风台，当事者曳之顶，将摩镌新记，艮一师闻而往止之，得免。以华首路峻不得下，因纡道置此。余欲录之，其碑两面镌字，而前半篇在下。艮一指壁间挂轴云："此即其文，从碑誊写而出者。"余因低悬其轴，以案就录之。艮一供斋，沈公亦至。斋后，余度文长不能竟，令顾仆下取卧具，令沈公先上其庐，当明日往叩也。迨暮，录犹未竟，顾仆以卧具至，遂卧兰陀禅榻。顾仆传弘辨、安仁语曰："明日是除夕，幸尔主早返寺，毋令人悬望也。"余闻之，为凄然者久之。

三十日　早起，盥栉而莘野至，相见甚慰。同饭于兰陀。余乃录碑，完而莘野已去。遂由寺循脊北上，其道较坦。一里，转而东，一里，出莘野庐前小静室。又半里，而入莘野楼，则沈公在而莘野未还。沈公为具食，莘野适至，遂燕其楼。父子躬执爨，煨芋煮蔬，甚乐也。莘野恳令顾仆取卧具于兰陀曰："同是天涯，何必以常住静室为分？"余从之，遂停寝其楼之北楹。其楼东南向，前瞰重壑，左右抱两峰，甚舒而称。楼前以桫松连皮为栏，制朴而雅，楼窗疏，棂明净，度除夕于万峰深处，此一宵胜人间千百宵！薄暮，凭窗前，瞰星辰烨烨下垂，坞底火光远近纷拿，皆朝山者，彻夜荧然不绝，与瑶池月下，又一观矣。

卷七上

滇游日记六

己卯正月初一日　在鸡山狮子林萃野静室。是早天气澄澈，旭日当前，余平明起，礼佛而饭。乃上隐空、兰宗二静室，又过野愚静室，野愚已下兰宗处。遂从上径平行而西，入念佛堂，是为白云师禅栖之所，狮林开创首处也。先是有大力师者，苦行清修，与兰宗先结静其下，后白云结此庐与之同栖，乃狮林最中，亦最高处。其地初无泉，以地高不能刳木以引，二师积行通神，忽一日，白云从龛后龙脊中垂间，劚石得泉。其事甚异，而莫之传。余入龛，见石脊中峙为崖，崖左有穴一龛，高二尺，深广亦如之。穴外石倒垂如檐，泉从檐内循檐下注，檐内穴顶中空，而水不从空处溢，檐外崖石峭削，而水不从削处坠，倒注于檐，如贯珠垂玉。穴底汇方池一函，旁皆菖蒲茸茸。白云折梅花浸其间，清泠映人心目。余攀崖得之，以为奇，因询此龙脊中垂，非比两腋，何以泉从其隆起处破石而出？白云言："昔年剜石得之，至今不绝。"余益奇之。后遇兰宗，始征其详。乃知天神供养之事，佛无诳语，而昔之所称卓锡、虎跑，于此得其征矣。龛前编柏为栏，茸翠环绕，若短屏回合。阶前绣墩草，高圆如叠，跏趺其上，蒲团锦茵，皆不如也。龛甚隘，前结松棚，方供佛礼忏。白云迎余茶点，且指余曰："此西尚有二静室可娱，乞少延憩，当瀹山蔬以待也。"余从之。西过竹间，见二僧坐木根曝背，一引余西入一室，其室三楹，乃新辟者，前甃石为台，势甚开整，室之轩几，无不精洁，佛龛花供，皆极精严，而不见静主。询之，曰："白云龛礼忏司鼓者是。"余谓此僧甚朴，何以有此？乃从其侧，又上一龛，额曰"标月"，而门亦扃。乃返过白云而饭。始知其西之精庐，即悉檀体极师所结，而司鼓僧乃其守者。饭后，又从念佛堂东上，蹑二龛，其一最高，几及岭脊，但其后纯崖无路，其前则旋崖层叠，路宛转循之，就崖成台，倚树为磴，山光悬绕，真如蹑鹫岭而上也。龛前一突石当中，亦环倚为台，其龛额曰"雪屋"，为程还笔，号二游，昆明人，有才艺。而门亦扃。盖皆白云礼忏诸静侣也。又东稍下，再入野愚室，犹未返。因循其东攀东峡，其峡自顶下坠，若与九重崖为分堑者。顶上危岩叠叠，峡东亘岩一支，南向而下，即悉檀寺所倚之支也。其东即九重崖静室，而隔此峰峡，障不可见。余昔自一衲轩登顶，从其东攀岩隙直上，惟此未及经行，乃攀险陟之。路渐穷，抵峡中，则东峰石壁峻绝，峡下隤壑崩悬，计其路尚在其下，甚深。乃返从来径，过帘泉翠壁下，再入兰宗庐，知兰宗与野愚俱在玄明精舍，往从之。玄明者，寂光之裔孙也。其庐新结，与兰宗静室东西相望，在念佛堂之下，莘野山楼之上。余先屡过其旁，翠条罨映，俱不能觉，今从兰宗之徒，指点得之，则小阁疏棂，云明雪朗，致极清雅。阁名雨花，为野愚笔。诸静侣方坐啸其中，余至，共为清谈瀹茗。日既昃，野愚辈乃上探白云，余乃下憩莘野楼。薄暮兰宗复来，与谈山中诸兰若缘起，并古德遗迹，日暮不能竟。

初二日 饭于莘野，即再过兰宗，欲竟所征，而兰宗不在。爱玄明雨花阁精洁，再过之，仍瀹茗剧谈。遂扶筇西一里，过望台岭，此岭在狮林之西，盖与旃檀岭为界者，亦自岭脊南向而下，即大觉寺所倚之冈也。自狮林西陟其岭，即可望见绝顶西悬，故以“望”名。与其西一岭，又夹壑为坞，诸静室缘之，层累而下，是为旃檀岭。先是鸡山静室，只分三处：中为狮子林，西为罗汉壁，东为九重崖。而是岭在狮林、罗汉壁之间，下近于寂光，故寂光诸裔，又开建诸庐，遂继三而为四焉。盖其诸庐在峡间，东为望台岭，西为旃檀岭，此岭又与罗汉壁为界者。又自岭脊南向而下，即寂光寺所倚之支也，是为中支。盖罗汉壁之东，回崖自岭脊分隤南下，既结寂光；由其前又南度东转，为观音阁、息阴轩，峙为瀑布东岭；于是又度脊而南，为牟尼庵，又前突为中岭，若建标于中；而大士阁倚其端，龙潭、瀑布二水口交其下；一山之脉络，皆以兹为绾毂云。逾望台岭西三里，由诸庐上盘壑而西，三里，又盘岭而南，北转一里，北崖皆插天盘云，如列霞绡，而西皆所谓罗汉壁也。东自旃檀岭，西至仰高亭峡，倒插于众壑之上。当其东垂之褶者，幻空师结庐处也。真武阁倚壁足，其下曲径纵横，石级层叠。师因分箐为篱，点石为台，就阁而憩焉。其下诸徒辟为丛林，今名碧云者也。余前已访幻空，返忆阁间有陈郡侯天工诗未录，因再过录之，师复款谈甚久，出果饷之榻间。阁两旁俱有静室旁通，皆其徒所栖，而无路达西来寺，必仍下碧云。由山门西盘崖坡，又一里半，北上半里，抵壁足，则陕西僧明空所结庵也，今名西来寺。北京、陕西、河南三僧，俱以地名，今京、陕之名几并重。以余品之，明空犹俗僧也。其名之重，以张代巡凤翮同乡，命其住持绝顶迦叶殿，而沐府又以中和山铜殿移而畀之，故声誉赫然。然在顶而与河南僧不协，在西来而惟知款接朝山男妇，其识见犹是碧云诸徒流等，不可望幻空后尘也。然其寺后倚绝壁，云幕霞标，屏拥天际，巍峭大观，此为第一。寺西有万佛阁，石壁下有泉一方，嵌崖倚壁，深四五尺，阔如之，潴水中涵，不盈不涸。万峰之上，纯石之间，汇此一脉，固奇。但不能如白云龛之有感而出，垂空而下，为神异耳。观其水色，不甚澄澈，寺中所餐，俱遥引之西峡之上，固知其益不如白云也。寺东有三空静室，亦倚绝壁。三空与明空俱陕人，为师兄弟，然三空颇超脱有道气。留余饭其庐，已下午矣。自西来寺东至此，石壁尤竦峭，寺旁崖迸成洞，其中崆峒，僧悉以游骑填驻其中，不可拦入，深为怅恨。又有峡自顶剖洼而下，若云门剑壁，嵌隙于中，亦为伟观。僧取薪于顶，俱自此隙投崖下，留为捷径，不能藉为胜概也。既饭，复自寺西循崖而去，二里，崖尽而为峡，即仰高亭之上也。先是余由绝顶经此下，遂从大道入迦叶寺，不及从旁岐东趋罗汉壁。然自迦叶寺回眺崖端，一径如线痕，众窦如云盖，心甚异之，故不惮其晚，以补所未竟。然其上崖石虽飞嵌空悬，皆如华首之类，无可深入者；乃返从西来、碧云二寺前，东过旃檀，仍入狮林，至白云龛下，寻玄明精舍，误入其旁，又得一龛，则翠月师之庐也。悉檀法眷。前环疏竹，右结松盖为亭，亦萧雅有致，乃少憩之。遂还宿莘野楼，已暮矣。

初三日　晨起，饭，荷行李将下悉檀，兰宗来邀，欲竟山中未竟之旨。余乃过其庐，为具盒具餐，遍征山中故迹。既午，有念诚师造其庐，亦欲邀过一饭，兰宗乃辍所炊，同余过念诚，路经珠帘、翠壁下，复徙倚久之。盖兰宗所结庐之东，有石崖傍峡而起，高数十丈，其下嵌壁而入，水自崖外飞悬，垂空洒壁，历乱纵横，皆如明珠贯索。余因排帘入嵌壁中，外望兰宗诸人，如隔雾牵绡，其前树影花枝，俱飞魂濯魄，极罨映之妙。崖之西畔，有绿苔上翳，若绚彩铺绒，翠色欲滴，此又化工之点染，非石非岚，另成幻相者也。崖旁山木合沓，琼枝瑶干，连幄成阴，杂花成彩。兰宗指一木曰："此扁树，曾他见乎？"盖古木一株，自根横卧丈余，始直耸而起，横卧处不圆而扁，若侧石偃路旁，高三尺，而厚不及尺。余初疑以为石也，至是循视其端，乃信以为树。盖石借草为色，木借石为形，皆非故质矣。东半里，饭于念诚庐。别兰宗，南向下"之"字曲，半里，又入义轩庐。义轩，大觉之派，新构静室于此，乃狮林之东南极处也。其上为念诚庐，最上为大静室，即野愚所栖，是为东支。莘野楼为西南极处，其上为玄明精舍，最上为体极所构新庐，是为西支。而珠帘之崖，当峡之中，傍峡者为兰宗庐，其上为隐空庐，最上为念佛堂，即白云师之庐也，是为中支。其间径转崖分，缀一室，即有一室之妙，其盘旋回结，各各成境，正如巨莲一朵，瓣分千片，而片片自成一界，各无欠缺也。从义轩庐又南向"之"字下，一里余，过天香静室。天香，幻住庵僧也；其年九十，余初上觅莘野庐，首过此问道者。又南一里，过幻住庵，其西即兰陀寺也，分陇对衡，狮林之水，界于左右，而合于其下焉。又南下一里余，二水始合，渡之即为大乘庵。由涧南东向循之，半里，水折而南，复逾涧东南下。一里，过无我、无息二庵，其下即为小龙潭五花庵，已在悉檀寺右廓之外，而冈陇间隔。复逾涧南过迎祥寺，乃东向随涧行，一里，抵寺西虎砂，即前暗中摸索处也。其支自兰陀南来，至迎祥转而东，横亘于悉檀寺之前，东接内突龙砂，兜黑龙潭于内，为悉檀第一重案。其内则障狮林之水，东向龙潭，其外则界旃檀之水，合于龙潭下流，而脉遂止于此焉。于是又北逾涧，半里，入悉檀寺，与弘辨诸上人相见，若并州故乡焉。前同莘野乃翁，由寺入狮林时，寺前杏花初放，各折一枝，携之上，既下，则寺前桃亦缤纷，前之杏色，愈浅而繁，后之桃靥，更新而艳，五日之间，芳菲乃尔。睹春色之来天地，益感浮云之变古今也。

初四日 饭于悉檀，即携杖西过迎祥、石钟二寺。共二里，于石钟、西竺之前，逾涧而南，即前山所来大道也。余前自报恩寺后渡溪分道，误循龙潭溪而上，不及过大士阁出此，而行李从此来，顾仆言大士阁后有瀑甚奇，从此下不远，从之。即逾脊，脊甚狭而平，脊南即瀑布所下之峡，脊北即石桥所下之涧，脊西自息阴轩来，过此南突而为牟尼庵，尽于大士阁者也。脊南大路从东南循岭，观瀑亭倚之。瀑布从西南透峡，玉龙阁跨之。由观瀑亭对崖瞰瀑布从玉龙阁下隤，坠崖悬练，深百余丈，直注峡底，峡逼箐深，俯视不能及其麓。然踞亭俯仰，绝顶浮岚，中悬九天，绝崖隤雪，下嵌九地，兼之霁色澄映，花光浮动，觉此身非复人间。天台石梁，庶几又向昙花亭上来也。时余神飞玉龙阁，遂不及南下问大士阁之胜，于是仍返脊南循峡端，共一里，陟瀑布之上，登玉龙。其阁跨瀑布上流，当两山峡口，乃西支与中支二大距凑拍处，水自罗汉华严来，至此隤空下捣，此一阁正如石梁之横翠，鹊桥之飞空，惜无居人，但觉杳然有花落水流之想。阁为杨冷然师孔所题，与观瀑亭俱为蒋宾川尔弟所建。有一碑卧楼板，偃踞而录之。遂沿中支一里，西上息阴轩。从其左北逾涧，又北半里，入大觉寺，叩遍周老师。师为无心法嗣，今年届七十，齿德两高，为山中之耆宿。余前与之期以新旦往祝，而狮林迟下，又空手而前，殊觉怏怏，师留餐于东轩。轩中水由亭沼中射空而上，沼不大，中置一石盆，盆中植一锡管，水自管倒腾空中，其高将三丈，玉痕一缕，自下上喷，随风飞洒，散作空花，前观之，甚奇。即疑虽管植沼中，必与沼水无涉，况既能倒射三丈，何以不出三丈外？此必别有一水，其高与此并，彼之下，从此坠，故此上，从此止，其伏机当在沼底，非沼之所能为也。至此问之，果轩左有崖高三丈余，水从崖坠，以锡管承之，承处高三丈，故倒射而出亦如之，管从地中伏行数十丈，始向沼心竖起，其管气一丝不旁泄，故激发如此耳。雁宕小龙湫下，昔有双剑泉，其高三尺，但彼则自然石窍，后为人斫窍而水不涌起，是气泄之验也。余昔候黄石斋于秣陵，见洪武门一肆盆中，亦有水上射，中有一圆物如丸，跳伏其上，其高止三尺，以物色黄君急，不及细勘，当亦此类也。既饭，录碑于西轩，轩中山茶盛开，余前已见之，至是折一枝。别遍周，西半里，过一桥，又北上坡，一里，入寂光寺。寺住持先从遍周东轩同餐，至此未返。余录碑未竟，暝色将合，携纸已罄，乃返悉檀。又从大觉东一探龙华、西竺二寺，日暮不能详也。

初五日 暂憩悉檀寺。莘野乃翁沈君，具柬邀余同悉檀诸禅侣，以初六日供斋狮林。是日遂不及出。

初六日 悉檀四长老饭后约赴沈君斋。沈君亦以献岁周花甲，余乃录除夕下榻四诗为祝。仍五里，至天香庐侧，又蹑峻二里，而登莘野楼，则白云、翠月、玄明诸静侣皆在。进餐后，遂同四长老遍探林中诸静室，宛转翠微间，天气清媚，茶花鲜娇，云关翠隙，无所不到。先过隐空，为留盒茗。过兰宗、野愚，俱下山。过玄明，啜茗传松实。过白云，啜茗传茶实。茶实大如芡实，中有肉白如榛，分两片而长，入口有一阵凉味甚异，即吾地之茗实，而此独可食。闻感通寺者最佳，不易得也。间有油者棘口。过体极静庐，预备茶盒以待。下午，仍饭于莘野楼。四长老强余骑，从西垂下二里，过兰陀寺西，从其前东转，乃由幻住前下坡，四里，归悉檀。

初七日 晨起，大觉寺遍周令其徒折柬来招，余将赴之，适艮一、兰宗至，又有本寺复吾师自摩尼寺至，复吾鹤庆人，以庠士为本无高徒，今主摩尼，间归本刹，乃四长老之兄行也。有子现在鹤庠。野愚师又至，遂共斋本刹。下午，野愚、兰宗由塔盘往大士阁，余赴大觉之招。小食后，腹果甚，遂乘间往寂光，录前所未竟碑。仍饭于大觉，而还悉檀宿。

初八日 饭后，四长老候往本无塔院，盖先期以是日祭扫也，余从之。由寺左龙潭东下，一里，又过一东腋水南行，半里，则龙砂内支，自东而西突，与中支大士阁之峰，夹持于悉檀之前，其势甚紧。悉檀左右前后诸水，俱由此出。路由岭坳南度，余同弘辨、莘野特西探其岭，隔峡西眺，中支南突，至此而尽，大士阁倚其下，乃天然锁钥，为悉檀而设者也。仍还由大路循东岭而南，半里，为静闻瘗骨处，乃登拜之。又南一里，则龙砂外支又自东岭分突而西，与西支传衣之峰对，亦夹持于悉檀之前，其势甚雄。大士阁东龙潭诸水，阁西瀑布诸水，悉由此而出。此岭为一山之龙砂，而在悉檀为尤近，即鸡足前三距中之东南支也。其脉自绝顶东亘，屏立空中，为罗汉壁、狮子林、点头峰、九重崖后脊。中支由罗汉壁下坠而止于大士阁。东支由九重崖东南环为此岭，若臂之内抱，先分一层为内砂，与中支大士阁对，又纡此层为外砂，与西支传衣后峰对。其势自东而西突，其度脊少坳如马鞍，故昔以马鞍岭名之。余初入鸡山，抵大觉，四顾山势，重重回合，丛林净室，处处中悬，无不恰称，独此处欠一塔，为山中缺陷。及至悉檀，遥顾此峰尤奇，以为焉得阿育王大现神通于八万四千中，分一灵光于此。既晤弘辨，问："仙陀何在？"曰："在塔盘。"问："塔盘何在？"则正指此山也。时尚未竖塔心，不能遥瞩，自后则瞻顾如对矣。人谓鸡山前伸三距，惟西支长而中、东二支俱短，非也。中支不短，不能独悬于中，令外支环拱，西支固长，然其势较低，盖虎砂正欲其低也。若东支之所谓短者，自其环抱下坠处言之则短，自其横脊后拥处言之，则甚长而崇，非西支之可并也。盖西支缭绕而卑，虎砂也，而即以为前案。东支夭矫而尊，龙砂也，而兼以为后屏。皆天造地设，自然之奇，拟议所不及者也。塔盘当峰头，在马鞍中坳之西，有大路在马鞍之间，则东南下鸡坪关者。有岐路在马鞍之东，则东北向本无塔院者。时塔盘工作百余人，而峰头无水，其东峰有水甚高，以中坳不能西达，乃竖木柱数排于坳中，架桥其上以接之。柱高四丈余，刳木为沟，横接松杪。昔闻霄汉鹊桥，以渡水也，今反为水渡，抑更奇矣。大觉则抑之地中以倒射，此则浮之空中使交通，皆所谓颠倒造化也。由坳东向循峰，则鸡山大脊之南尽处也。其前复开大洋，分支环抱，又成一向，可谓灵山面面奇矣。共二里，登谒本无塔。塔甚伟，三塔并峙，中奉本公舍利，左右则诸弟子普、同二塔也。左为塔院，有亭有庑，而无守者。可憩可栖。诸静侣及三番僧皆助祭，余则享馂焉。时同祭者四长老外，则白云、复吾、沈公及莘野诸后裔俱集。若兰宗、艮一，则本公雁行，故不至云。祭后，仙陀、纯白，又携祭品往祭马鞍岭北三塔，遂及静闻。下午，还过塔盘，叩仙陀，谢其祭静闻也。

初九日　晨餐后，余即携杖西行。三里，过息阴轩，轩在中支之脊，大觉寺之前案也，为本无师静摄处。额为佥宪冯元成时可所书。筇竹轩，亦曰息阴，以本无从筇竹披剃也。其前有三岐：从左渡涧，趋大觉、寂光；从右渡涧，趋传衣，下接待；从后直上，则分渡右涧，或由慧林而上圣峰，或陟西支，而抵华严焉。余乃先半里从右渡，转而东上南岭，半里，盘其东崖之上，即瀑布之西峰也。于是循之南行，东瞩中支之大士阁在其下，东支之塔盘岭对其上。平行三里，乃东转随坡下，一里，则传衣寺东向倚山之半。其北先有止止庵，嘿庵真语所建，传衣大机禅师之友也。又南为净云，彻空真炳所建。又南有弥陀、圆通、八角三庵，皆连附于传衣寺者，而八角之名最著，以昔有八角亭，今改创矣。八角开创于嘉靖间，为吉空上人所建。其南即为传衣寺。寺基开爽，规模宏拓，前有大坊，题曰："竹林清隐"，乃直指毛堪苏州毛具茨也。所命，颇不称。上又一直指大标所题古松诗，止署曰"白岳"。古松当坊前，本大三围，乃龙鳞，非五鬣也。山间巨松皆五鬣，耸干参天。而老龙鳞颇无大者，遂以纠拏见奇。干丈五以上，辄四面横枝而出，枝大侔于干，其端又倒垂斜攫，尾大不掉，干几分裂。今筑台拥干，高六七尺，又植木支其横枝，仅免于裂，亦幸矣。由梯登台，四面横枝倒悬于外，或自中跃起，或自巅垂飏，其纷纠翔舞之态，不一而足，与天台翥凤，其一类耶？坊联曰："花为传心开锦绣，松知护法作虬龙。"

为王元翰聚洲笔。门联曰："峰影遥看云盖结，松涛静听海潮生。"为罗汝芳近溪笔，差可人意。然罗联"涛"、"潮"二字连用，不免叠床之病，何不以"声"字易"涛"字乎？寺昔为圆信庵，嘉靖间，李中谿元阳为大机禅师宏创成寺，其徒印光、孙法界，戒律一如大机。万历辛丑元日，毁于火，法界复鼎建之，视昔有加。先是余过止止庵，一病僧留饭，坐久之，见其方淅米，乃去。饭于净云僧觉心处，遂入参寺中，入其西藏经阁。阁前山茶树小而花甚盛，为折两枝而出。乃东北下峡中，一里，有垣围一区，濬山为池，畜金鱼于中，结茅龛于上者，亦传衣之裔僧也。云影山光，以一泓印之，不觉潭影空心。又东北下半里，抵峡底，则瀑布之下流也。去瀑布已一曲。昔从瀑上瞰，不见其底，今从峡底涉，亦不见其瀑。峡西有草庐菜畦，则犹传衣之蔬圃也。峡中水至是如引丝，反不如悬瀑之势巨矣。渡涧，乃东上坡，一里而至大道，则大士阁之侧也。阁倚中支南突之半，其前有坊有楼，历级甚峻，后为阁，飞甍叠栋，上供大士，左右各有楼，其制亦敞。乃万历丙午，直指沈公所建，选老僧拙愚者居之，命曰三摩寺。余录碑阁下，忽一僧殷勤款曲，问之，乃拙公之徒虚宇也。虚宇又为兰宗之派，今拙公没，虚宇当事。昨野愚、兰宗宿此，想先道余，故虚宇一见惓惓，且留宿。余以日暮碑长，许之。令顾仆返悉檀，乃下榻于西楼之奥室。

初十日　晨起盥栉，而顾仆至，言弘辨师遣僧往丽江已行，盖为余前茅者。余乃候饭，即从寺右大道北上，二里，陟中支之脊，有庵踞其上，曰牟尼庵。其前松影桃花，恍有异致。庵后即观瀑亭，回瞰瀑布，真有观不足之意。仍溯中支二里，过息阴轩，从其后直西一里，又南下渡涧西行，已在大觉寺蔬圃之南矣。盖大觉蔬圃当中支之后，中支至是自北转东，其西有二流交会，即瀑布之上流也。一自罗汉壁东南下；一自华严东北流。二水之交，中夹一支，其上为慧林庵，乃西南支东出之旁派，圣峰白云寺所倚者也。华严之路，又从圃东渡其下流。乃从涧南溯之西上，一里半，渐逾支脊。其南复有一涧与西支东走之脊隔。又从其涧北溯之西上，一里余，见脊上有冢三四，后有轩楼遗构，与冢俱颓。此脊乃西支余派，直送而出，无有环护，宜其然也。由冢西复下峡，其峡复有二：在南者，自西支法照寺南发源，东下经华严寺北，至此而与北涧合。在北者，自西支法照寺北发源，东下经毗卢寺北，至此而与南涧合。二水之交，中夹一支，为华严寺北向之案，亦西南支东出之旁派，毗卢、祝国二寺所倚者也。涉北涧，有二岐随涧西行者，为祝国、毗卢道。由支端登脊而上，溯南涧之北西行者，为华严道。余乃登脊，瞰南涧行，一里，有亭桥横跨涧上，乃华严藉为下流之钥也。度桥，始为西南本支，又西半里，而得华严寺。寺当西南支之脊，东北向九层崖而峙，地迥向异，又山中一胜也。盖鸡山中、东二支，及绝顶诸刹，皆东南二向，曾无北拱者，惟此寺回首返照，北大山诸林刹，历历倒涌，亦觉改观。规模亦整，与传衣伯仲。嘉靖间，南都古德月堂开建。其徒月轮，以讲演名。万历初，圣母赐《藏》。后遭回禄。今虽重建，绀宇依然，而法范寂寥矣。寺东有路，东行山脊，乃直达传衣者。由寺前峡上西行，半里，复有亭桥横跨涧上，即东桥上流也。寺左右各有桥有亭，山中之所仅见。过桥，又陟其北向余支，蹑冈半里，旋冈脊，过毗卢寺，寺前为祝国寺，俱东向踞冈。寺北有涧东下，即前所涉之北涧也。又由其南崖溯之西上，一里半，有寺踞冈脊，是为法照寺。盖西南支自铜佛殿下南坠，至此东转，当转折处，又东抽一支，以为毗卢、祝国之脉，而横亘于华严之前者也。是为西南余支之第一。法照之北，又分一冈相夹，无住庵倚之，即下为颓冢之支，是为西南余支之第二。屡有路直北逾冈度峡而横去，皆向圣峰、会灯之大道。余欲析其分支之原，遂从峡中溯之而上，于是南舍法照，北绕无住之后，峡路渐翳，丛箐横柯，遂成幽阒，然已渐逼绝顶之下矣。时路无行人，随一桃花箐村氓行，一里，北循峡中，又一里，北蹑坠脊，又一里，遂逾脊而西。乃西见香木坪之前山外拥，华首门之绝壁高悬，桃花箐之过腋西环，而此脊上自铜佛殿，下抵法照寺，转而东去，界此脊西一壑，另成一境，则放光寺所倚也。逾脊，更西北盘壑上行，又一里半，而得大路，已直逼华首门下崖矣。其路东自圣峰来，西由放光出桃花箐，抵邓川州，为大道。余西随之，半里而放光寺在焉。其寺南向，后倚绝壁，前临盘壑，以桃花箐为右关，以西南首支为左护，其地虽在三距之外，而实当绝顶之下，发光钟异，良有以也。余初自曹溪华首门下瞰之，见其寺沉沉直坠壑底，以为光从窅阒中上腾，乃鼯栖虺伏之窟，及至而犹然在万壑盘拱之上，而上眺华首，则一削万仞，横拓甚阔，其间虽有翠纹烟缕，若绣痕然，疑无可披陟。孰知其上乃西自曹溪，东连铜佛殿，固自有凌云之路，横缘于华首之前也？然当身历华首时，止仰上崖之穹崇，不觉下壁之峻拔，至是而上下又合为一幅，其巍廓又何如也？然则鸡山虽不乏层崖，如华首、罗汉、九重诸处，其境界固高，而雄杰之观，莫以逾此矣。寺前以大坊为门，门下石金刚二座，镂刻甚异，狰狞之状，恍与烟云同活。其内为前楼，楼之前，有巨石峙于左，高丈五而大如之，上擎下削，构亭于上，蒋宾川题曰“四壁无然”。其北面正可仰瞻华首，而独为楼脊所障，四壁之中，独翳此绝胜一面，不为无憾。寺建于嘉靖间，陕西僧圆惺所构。万历初，毁而复兴。李元阳有碑，范铜而镌之，然镌字不能无讹。其后嗣归空更建毗卢阁，阁成而神庙赐《藏》。余录铜碑，殿中甚暗，而腹亦馁。时主僧俱出，止一小沙弥在，余畀之青蚨，乃爇竹为炬，煮蔬为供。既饭，东遵大道一里，逾垂支之脊，又一里余，盘坠峡之上，得分岐焉：一过峡直东者，为圣峰路；一蹑岭北上者，为会灯路，始为登顶正道。余乃北蹑上岭，数曲而至会灯寺。寺南向，昔为廓然师静室，今其嗣创为寺。由寺西更转而北上，复数曲一里余，而过迦叶寺。寺东向，此古迦叶殿也。今张按君建迦叶殿于绝顶，因改此为寺。由其前北向入峡，其峡乃西自绝顶，东自罗汉壁两崖相夹而成，中垂磴道。少上有坊，为罗、李二先生游处。罗为近溪先生汝芳。李为见罗先生材。皆江西人，同为司道游此。又上有亭，为仰高亭，中有碑，为万历间按君周懋相所立，纪登山及景仰二先生意。周亦江西人也。余前过此，见亭中颓，不及录其文而去，故此来先录之。风撼两崖间，寒凛倍于他处，文长字冗，手屡为风所僵。录竟，日色西倾。望其上兜率庵，即前所从下，而其东横缘之路出罗汉壁者，前又曾抵此而返顶头，未了之事，未可以余晷尽也。乃返步下，仍过迦叶寺前，见有岐东下壑中，其壑底一庵在圣峰北者，必补处庵也。乃取道峡中随壑下，盖缘脊下经会灯者为正道，随壑东下趋补处者为间道。下二里，过补处庵。亦稍荒落，恐日暮不入。由其前渡涧峡南，遂上坡，过圣峰寺。寺东向，前有大坊。由坊外东行里余，冈脊甚狭，南北俱深坑逼之。度脊又东里余，有寺新构，当坡之中垂，是为白云寺。余欲穷此支尽处，遂东下行南涧之上，二里，则慧林庵踞坡尽处。缘庵前转下北涧，渡之。始陟中支行，北涧与南涧乃合于路南，其东即大觉蔬圃矣。东半里，过蔬圃北，又东一里，过息阴轩南，又东一里，过瀑布北。遂去中支，北涉西竺寺涧，而行中东二支盘壑中矣。又二里，薄暮，入悉檀寺。

十一日　饭后，觉左足拇指不良，为皮鞋所窘也。而复吾亦订余莫出，姑停憩一日，余从之。弘辨、安仁出其师所著书见示，《禅宗赞颂》、《老子玄览》、《碧云山房稿》。弘辨更以纸帖墨刻本公所勒相畀，且言遍周师以青蚨相贶，余作柬谢之。甫令顾仆持去，而大觉僧复路遇持来，余姑纳之笥。上午赴复吾招，出茶果，皆异品，有本山参，以蜜炙为脯；又有孩儿参，颇具人形；皆山中产。又有桂子，又有海棠子，皆所未见者。大抵迤西果品，吾地所有者皆有，惟栗差小，而枣无肉。松子、胡桃、花椒，皆其所出，惟龙眼、荔枝市中亦无。菌之类，鸡葼之外，有白生香蕈。白生生于木，如半蕈，形不圆而薄，脆而不坚。黔中谓之八担柴，味不及此。此间石蜜最佳，白若凝脂，视之有肥腻之色，而一种香气甚异。因过安仁斋中观兰。兰品最多：有所谓雪兰花白、玉兰花绿，最上；虎头兰，最大；红舌、白舌以心中一点，如舌外吐也。最易开，其叶皆阔寸五分，长二尺而柔，花一穗有二十余朵，长二尺五者，花朵大二三寸，瓣阔共五六分，此家兰也。其野生者，一穗一花，与吾地无异，而叶更细，香亦清远。其地亦重牡丹，悉檀无山茶而多牡丹，元宵前，蕊已大如鸡卵矣。

十二日　四长老期上九重崖，赴一衲轩供。一衲轩为木公所建，守僧岁支寺中粟百石，故每岁首具供一次。以雨不能行。饭后，坐斋头，抵午而霁，乃相拉上崖。始由寺左半里，上弘辨静室基旁。又西半里，过天柱静室旁。又北跻一里半，横陟峡箐，始与一西来路合。遂东盘峡上，半里，其北又下坠一峡，大路陟峡而逾东北岭，乃北下后川向罗川之道。小路攀脊西北上，乃九重崖之东道，其路甚峻，即余前所上者。第此时阴晴未定，西南望香木坪一带，积雪峥嵘，照耀山谷，使人心目融彻，与前之丽日澄空，又转一光明法界矣。一里余，抵河南师静室。路过其外，问而知之。雨色复来，余令众静侣先上一衲轩，而独往探之。师为河南人，至山即栖此庐，而曾无旁出。余前从九重崖登顶，不知而过其上，后从狮林欲横过野愚东点头峰下，又不得路，踌躇至今，恰得所怀。比入庐见师，人言其独栖，而见其一室三侣。人言其不语，而见其条答有叙；人言其不出，而见其把臂入林，亦非块然者。九重崖静室得师，可与狮林、罗汉鼎足矣。坐少定，一衲轩僧来邀，雨阵大至，既而雪霏，师挽留，稍霁乃别。蹑磴半里，有大道自西上，横陟之，遂入一衲轩。崖中静主大定、拙明辈，皆供餐络绎，迨暮不休。雨雪时作，四长老以骑送余，自大道西下，其道从点头峰下，横盘脊峡，时岚雾在下，深崖峭壑，茫不可辨。二里，与狮林道合，已在幻住庵之后，西与大觉塔院隔峡相对矣。至此始胜骑，从幻住前下山，又四里而入悉檀。篝灯作杨赵州书。

十三日　晨起饭，即以杨赵州书畀顾仆，令往致杨君。余追忆日记于东楼。下午，云净天皎。

十四日　早寒，以东楼背日，余移砚于藏经阁前桃花下，就暄为记。上午，妙宗师以鸡葼茶果饷，师亦检藏其处也。是日，晴霁如故。迨晚，余忽病嗽。

十五日　余以嗽故，卧迟迟，午方起。日中云集，迨晚而翳。余欲索灯卧，弘辨诸长老邀过西楼观灯。灯乃闽中纱围者。佐以柑皮小灯，或挂树间，或浮水面，皆有荧荧明星意，惟走马纸灯，则暗而不章也。楼下采青松毛，铺藉为茵席，去卓趺坐，前各设盒果注茶为玩，初清茶，中盐茶，次蜜茶，本堂诸静侣，环坐满室，而外客与十方诸僧不与焉。余因忆昔年三里龙灯，一静一闹。粤西、滇南，方之异也。梵宇官衙，寓之异也。惟佳节与旅魂无异，为黯然而起，则殿角明蟾，忽破云露魄矣。

十六日　晨餐后，复移砚就暄于藏经阁前桃花下，日色时翳。下午返东楼，嗽犹未已。抵暮，复云开得月。

十七日　作记东楼，雨色时作。

十八日　浓云密布，既而开霁。薄暮，顾仆返自赵州。

十九日　饭后，晴霁殊甚。遂移卧具，由悉檀而东，越大乘东涧，一里上脊，即迎祥寺。从其南上，寺后半里，为石钟寺，又后为圆通、极乐二庵。极乐之右，即西竺。西竺之后，即龙华。从龙华前西过大路，已在西竺之上，去石钟又一里矣。龙华之北坡上，即大觉寺。龙华西，临涧又有一寺，前与石钟同东南向。从其后渡涧，即彼岸桥，下流即息阴轩，已为中支之脊矣。从轩左北向上，过观音阁，为千佛寺，其前即昔之街子，正当中脊，今为墟矣。复北渡涧，从大觉侧西北上。寺僧留余人，谢之。仍过涧桥，上有屋，额曰“彼岸同登”，其水从望台岭东下，界于寂光、大觉之间者，龙华至此，又一里矣。过桥，复蹑中支上，半里，中脊为水月庵，脊之东腋为寂光，脊之西腋为首传。僧净方年九十矣，留余，未入。由寺右盘一嘴，东觑一庵，桃花嫣然，松影历乱，趋之，即积行庵也。其庵在水月之西，首传之北。僧觉融留饭。后乃从庵左东上，转而西北登脊，从中支脊上二里，有静室当脊，是曰烟霞室，克心之徒本和所居。由其西，分岐上罗汉壁；由其东，盘峡上旃檀岭。岭从峡西下，路北向，作“之”字上，一里，得克心静室。克心者，用周之徒，昔住持寂光，今新构此，退休。其地当垂脊之左，东向稍带南，又以西支外禾字孔大山为虎砂，以点头峰为龙砂。龙近而虎远，又与狮林之砂异。其东有中和静室，亦其徒也。为郁攸所焚，今中和往省矣。克心留余，点茶稠叠久之，别已下午。遂从右上，小径峻极，令其徒偕。上半里，得西来大道，随之东上。又半里，陟旃檀岭脊而西南行，经烟霞室。渐转东南，为水月、寂光。由其前，又西南一里，盘一嘴，有庐在嘴上，余三过皆钥门不得入，其下即白云寺所托也。又西半里，再盘突嘴而上，即慧心静室。慧心为幻空徒，始从野愚处会之，前曾过悉檀来叩，故入叩之，方禅诵会灯庵，其徒供茶而去。后即碧云寺，不入。从其侧又盘嘴两重，二里，北上西来寺西，经印雪楼前，又西循诸绝壁行，一里，为一真兰若，其上覆石平飞。又西半里，崖尽而成峡，其峡即峰顶与罗汉壁夹峙而成者，上自兜率宫，下抵罗、李二先生坊，两壁夹成中溜，路当其中。溜之半，崖脚内嵌，前耸巨木，有旧碑，刻峋鹤诗，乃题罗汉壁者。中横一岐，由其上涉溜半里，过玄武庙。又半里，过兜率宫，已暮，而宫圮无居人。又上一里，叩铜佛殿，入而栖焉，即所谓传灯寺也。前过时，朝山之履相错，余不及入，兹寂然。久之，得一老僧启户，宿。

二十日　晨起，欲录寺中古碑，寒甚，留俟下山录，遂置行具寺中。寺中地俱大理石所铺。盖以登绝顶二道，俱从寺而分，还必从之也。出寺，将北由袈裟石上，念猢狲梯前已蹑之，登其崖端，而下束身峡。向虽从之下，犹未及仰升，兹不若由南上北下，庶交览无偏。乃从寺右循崖西行，遂过华首门而西，崖石上下俱峭甚，路缘其间，止通一线，下瞰，则放光寺正在其底，上眺，则峰顶之舍身崖即其端，而莫能竟也。共西一里，有岐悬崖侧，余以为下放光道，又念层崖间，何能垂隙下。少下，有水出崖侧树根间，刳木盛之，是为八功德水。刳木之外无余地，水即飞洒重崖，细不能见也。路尽仍上，即前西来入大道处，有草龛倚崖间，一河南僧习静其中，就此水也。又西半里，稍上，又半里，为曹溪寺。寺止三楹，倚崖，门扃无人。其水较八功德稍大。其后危崖，稍前抱如玦。余攀石直跻崖下，东望左崖前抱处，忽离立成峰，圆若卓锥，而北并崖顶，若即若离，移步他转，即为崖顶所掩，不可辨，惟此处则可尽其离合之妙。而惜乎旧曾累址，今已成棘，人莫能登。盖鸡山无拔地之峰，此一见，真如闪影也。又西半里余，过束身峡下，转而南，过伏虎庵，又南过礼佛庵，共一里，再登礼佛台。台南悬桃花箐过脉之上，正与香木坪夹箐相对，西俯桃花箐，东俯放光寺，如在重渊之下。余从台端坠石穴而入，西透窟而出，复有耸石攒隙成台，其下皆危崖万仞，栈木以通，即所谓"太子过玄关"也。过栈即台后礼佛龛。昔由栈以入穴，今由窟以出栈，其凭眺虽同，然前则香客骈趾，今则诸庵俱扃，寂无一人，觉身与灏灵同其游衍而已。栈西沿崖端北转，有路可循，因披之而西，遂过桃花箐之上。共一里，路穷，乃樵径也。仍返过伏虎庵，由束身峡上，峡势逼束。半里，透其上，是为文殊堂，始闻有老僧持诵声。路由其前蹑脊，乃余前东自顶来者，见其后有小径，亦蹑脊西去，余从之。盖文殊堂脊处，乃脊之坳，从东复耸而起者，即绝顶之造而为城者也。从西复耸而起者，桃花箐之度而首峙者也。西一里，丛木蒙茸，雪痕连亘，遂造其极。盖其山自桃花箐北度，即凌空高峙，此其首也。其脊北垂而下，二十里而尽于大石头，所谓"后距"也。其横亘而东者，至文殊堂后，少逊而中伏，又东而后起为绝顶，又东而稍下，遂为罗汉壁、旃檀岭、狮子林以后之脊，又东而突为点头峰，环为九重崖之脊，皆迤逦如屏。于是掉尾而南转，坠为塔基马鞍岭，则鸡山之门户矣。垂脊而东，直下为鸡坪关，则鸡山之胫足矣。故山北之水，北向而出于大石东。山西之水，其南发于西洱海之北者，由和光桥；西发于河底桥者，由南、北衙；皆会于大石之下，东环牟尼山之北，与宾川之流，共北下金沙大江焉。始知南龙大脉，自丽江之西界，东走为文笔峰，是为剑川、丽江界。抵丽东南邱塘关，南转为朝霞洞，是为剑川、鹤庆界。又直南而抵腰龙洞山，是为鹤庆、邓川州界。又南过西山湾，抵西洱海之北，转而东，是为邓川、太和界。抵海东隅，于是正支则遵海而南，为青山，太和、宾川州界。又东南峙为乌龙坝山，为赵州、小云南界。遂东度为九鼎，又南抵于清华洞，又东度而达于水目焉。分支由海东隅，北峙为香木坪之山，从桃花坞北度，是为宾川、邓川界。是鸡足虽附于大支，而犹正脊也。登此直北望雪山，茫不可见，惟西北有山一带，自北而南者，雪痕皑皑，即腰龙洞南、北衙西倚之山也。其下麦畦浮翠，直逼鸡山之麓，是为罗川，若一琵琶蟠地，虽在三十里下，而黛色欲袭人衣。四顾他麓，皆平楚苍苍也。西南洱海，是日独滃荡如浮杯在掌。盖前日见雪山而不见海，今见海而不见雪山，所谓阴晴众壑殊，出没之不可定如此。此峰之西尽处也。东还一里，过文殊堂后脊，于是脊南皆危崖凌空，所谓舍身崖也。愈东愈甚，余凌其端瞰之，其下即束身峡，东抵曹溪后东峰。向跻其下，今临其上，东峰一片，自崖底并立而上，相距丈余，而中有一脉联属，若拇指然，可坠坳上其巅也。余攀蹑从之，顾仆不能至。时罡风横厉，欲卷人掷向空中，余手粘足踞，幸不为舍身者，几希矣。又共一里，入顶城门，实西门也。入多宝楼，河南僧不在，其徒以绿豆粥芝麻盐为饷。余再录善雨亭中未竟之碑。下午，其徒复引余观其师退休静室，其室在城北二里，即前所登西峰之北坳也。路由文殊堂脊，北向稍下，循西行，当北垂之腋。室三楹，北向，环拱亦称。盖鸡山回合之妙，俱在其南，当山北者，仅有此，亦幽峻之奥区也。其左稍下，有池二方，上下连汇，水不多，亦不竭，顶城所供，皆取给焉。还抵城北，竟从城外趋南门，不及入迦叶前殿，由门前东向悬石隙下，一里，有殿三楹，东向，额曰"万山拱胜"，而户亦扃。由其前下坠，级甚峻。

将抵糊狲梯，遇一人，乃悉檀僧令来候余者，以丽江有使来邀也。遂同下，共一里，而至铜佛殿。余初拟宿此，以候者至，乃取行李，五里，过碧云寺前。直下五里，过白云寺。由寺北渡一小涧，又东五里，过首传寺后，时已昏黑。又三里，过寂光寺西，候者腰间出一石如栗，击火附艾，拾枯枝燃之。遵中支三里，叩息阴轩门，出火炬为导。又一里余，逾瀑布东脊而北，又三里而至悉檀。弘辨师引丽府通事见，以生白公招柬来致，相与期迟一日行。

二十一日 余约束行李为行计。通事由九重崖为山顶游。将午，复吾邀题七松册子。弘辨又磨石令其徒鸡仙书《静闻碑》。

二十二日 晨餐后，弘辨具骑候行，余力辞之。遂同通事就道，以一人担轻装从，而重者姑寄寺中，拟复从此返也。十里，过圣峰寺，越西支之脊而西，共四里，过放光寺，入录其藏经圣谕。僧留茶，不暇啜而出。问所谓盘陀石静室者，僧指在西北危崖之半，仰视寺后层崖，并华首上下，合而为一。所谓九重崖者，必指此而名。开山后，人但知为华首，觅九重故迹而不得，始以点头峰左者当之。谁谓陵谷无易位哉？由寺西一里余，始蹑坳而上，又一里余，其上甚峻，乃逾脊。脊南北相属，东西分坑下坠，所谓桃花箐也。脊有两坊，俱标为"宾、邓分界"，其处陟历已高，向自礼佛台眺之，直似重渊之底云。由箐西随箐下，二里，有茅舍夹道，为前岁底朝山卖浆者所托处，今则寂然为畏途。其前分岐，西南者为邓川州道，直西者为罗川道，乃通丽江者。遵之迤逦下，二里，有庵当路北北山下，曰金花庵。又西下三里，连有二涧，俱自东而西注，即桃花箐之下流也。各有板桥跨之，连越桥南，始循南山西向行，一里，有寺踞南山之脊，曰大圣寺，寺西向。乃从其前逾脊南下，又值一涧，亦西流，随之半里，涧与前度二桥之流，俱转峡北去。路乃西半里，逾南山北突之坳，坳西，其坡始西悬而下，路遵之。四里，有村在南山坞间，是为白沙嘴。随嘴又西下二里，忽见深壑自南而北，溪流贯之，有梁东西跨其上。乃坠壑而下，二里，始及梁端，所谓和光桥也。鸡山西麓，至是而止。其水南自洱海东青山北谷来，至此颇巨，北向合桃花箐水，注于大石头者也。丽府生白公建悉檀之余，复建此梁，置屋数楹跨其上。遂就而饭焉。桥之西有小径，自北而南，溯流循峡者，乃浪沧卫通大理道，与大道"十"字交之。大道随流少北，即西上岭。盘旋而上，或峻或夷。五里，越其坳，西北下，四里始夷。又一里，为罗武城，其处坞始大开。自此山之西，开东西大坞，直至千户营，坞分为二，始转为南北坞，皆所谓罗川也。向自山顶西望翠色袭人者即此，皆麦与蚕豆也。罗武无城，一小村耳。村北有溪，西自千户营来，即北衙河底之水，至此而东北坠峡，合和光桥下流，而东北经大石头者也。于是循南山行溪之南，二里，有村在溪北山下，曰百户营。又西五里，有村在溪北悬冈上，曰千户营。营之西，有山西自大山分支东南下，突于坞中，坞遂中分，当山之西南者，其坞回盘，其水小，为西山湾，新厂在其东南，而路出其西北。当山之东北者，其坞遥达，其水大，为中所屯，南、北二衙，又在其西北，而路则由山之西南逾坳以入。于是从千户营溪南，转入南坞，一里余，至新厂。皆淘沙煎银者。乃北一里余，抵分界山之阳，渡一小流，循山阳西北行三里，北逾过坳。于是稍下，循西大山之麓北向行，其东又成南北大坞，即千户营之上流也。北一里，有村倚西山之坡，是为中所屯，乃邓川、鹤庆分界处，悉檀寺庄房在焉。乃入宿。悉檀僧已先传谕之，故守僧不拒云。

二十三日　晨饭于悉檀庄，天色作阴。乃东下坞中，随西山麓北行，二里，有支冈自西山又横突而东，乃蹑其上。有岐西向登山者，为南衙道，腰龙洞在焉。北向逾坳者，为北衙道，鹤庆之大道随之。余先是闻腰龙洞名，乃令行李同通事从大道行，期会于松桧，地名，大道托宿处。余同顾仆策杖携伞，遂分道从岐，由山脊西上。一里，稍转而南，复有岐缘南箐而去，余惑之。候驱驴者至，问之，曰："余亦往南衙者，大路从此西逾岭下，约十里。"余问南岐何路？曰："此往鸡鸣寺者。"问寺何在？其人指："南箐夹崖间者是，然此岐隘不可行。"忽一人后至，曰："此亦奇胜，即从此夹逾南坳，亦达南衙，与此路由中坳者同也。"余闻之喜甚，曰："此可兼收也。"谢其人。遂由岐南行，里许，转入夹崖下，攀崖隙，透一石隙而入。其石自崖端垂下，外插崖底，若象鼻然，中透一穴如门，穿门即由峡中上跻，亦犹鸡山之束身焉。登峡上，则上崖岈然横列，若洞、若龛、若门、若楼、若栈者，骈峙焉。洞皆不甚深，僧依之为殿。左为真武阁，又左为观音龛，皆东北向，下危壁。殿阁之间，又垂崖两重，俱若象鼻，下插崖底，而中通若门。有僧两人，皆各踞一龛，见客至，胡麻方熟，辄邀同饭，余为再啜两盂。见龛后有石脊，若垂梯而上，跣而蹑之，复有洞悬其上层，中空而旁透小穴。崖之左右，由夹中升岭，即南坳道，而崖悬不通。复下，由穴门出，即转崖左西南上，仰见上崖复悬亘而中岈然，有岐细若虫迹，攀条从之，又得一大穴，其门亦东北向，前甃石为台，树坊为门，曰青莲界。其左药灶碑板俱存，而无字无人，棘萝旁翳，无可问为何人未竟之业。其右复有象鼻外垂之门，透而南，复有悬绡高卷之幛。幛之右，上崖有洞巍张，下崖即二僧结庵之处，然磴绝俱莫可通。乃仍由青莲界出东夹，再上半里，而崖穷夹尽，山半坪开，又有泉自南坳东出，由坪而坠于崖之右，又分而交漈坪塍，坠于崖之左，崖当其中，濯灵涤窍，遂成异幻。由坪上溯流半里，北向入峡，峡中之流，倾涌南向。溯之一里，涧形不改，而有巨石当其中，石之下，则涌水成流，而石之上，惟砾石堆涧，绝无水痕。又溯枯涧北行半里，路穷茅翳，盖其涧自西峡来，路当北去也。乃东向蹑岭，攀崖跻棘，又半里，得南来路，遂随之北。半里，西涉一坞，复升陇而西，有岐，入西南峡中者颇小，其直北下陇者颇大。余心知直北者为南衙道，疑腰龙洞在西南峡中，遂望峡行。半里，不得路，遥听西北山巅有人语声，乃竭蹶攀岭上。一里，得东来道，又一里，得驱犊者，问之，则此路乃西向逾脊抵焦石峒者。问腰龙洞何在？曰："即在此支岭之北。然岭北无路，须随路仍东下山，折而北，至南衙，乃可往。盖是山大脊，自北而南，脊之西为焦石峒，脊之东，一支东突，其北腋中，则腰龙洞所在，南腋中即此路也。"余乃怅然。遂随路返，东下一里，乃转而东北下，又一里，抵山麓，循之北行，又一里，而至南衙。南衙之村不甚大，倚西山而东临大坞，其坞北自北衙，南抵中坳，其中甚宽。盖此中大坞，凡三曲三辟。最北者为北坞，坞南北亘，以北坳东隘为峡口。其南即中所屯坞，坞亦南北亘，以江阴村为峡口。其南即千户营、百户营坞，坞东西亘，以罗武村为峡口。总一溪所贯，皆谓之罗川云。由南衙之后，西南上山，磴道甚辟。一里半，有亭有室，当山之半，其旁桃李烨然。亭后蹑级而上，有寺，门榜曰金龙寺。门内有楼当洞门，其楼前临平川，后瞰洞底，甚胜也。楼后即为洞门，洞与楼俱东向，其门悬嵌而下，极似江右之石城洞。西壁上穹覆而下崆峒，南与北渐环而转，惟东面可累级下。下五丈，一石突起，当洞之中，西耸而东削，甃以为台，亭其上，供白衣大士。其亭东对层级，架木桥以登，西瞰洞底，潴水环其下，沉绀映碧，光怪甚异。亟由桥返级，穿桥下，缘台左西降，十余丈而后及水。水嵌西崖足，西面阔约三丈，南北二面，渐抱而缩，然三面皆绝壁环之，无有旁窦，水渟涵其间，俨若月牙之抱魄也。水中深浅不一，而澄澈之极，焕然映彩，极似安宁温泉，浅者浮绿，深者沉碧，掬而尝之，甘冷异常。其洞以在山之半，名为腰龙，而文之者额其寺为“金龙”，洵神龙之宫也。洞口如仰盂，下圆如石城，水潆三面如玦，石脊中盘如垂舌，其异于石城者，石城旁通无极，而此则一水中涵。若其光莹之异，又非他水可及也。久之，仍上洞口，始登前楼，则前楹后轩，位置俱备，而僧人他出，扃钥不施。仍一里余，下至南衙，问松桧道，俱云行不能及。乃竭蹶而趋，由南衙后傍西山而北，二里，是为北衙。有神庙当北衙之南，门东向，其后大脊之上，骈崖矗夹，有小水出其中。庙之北有公馆，市舍夹道，甚盛。折而东，共半里，而市舍始尽。盖与南衙迥隔矣。二衙俱银矿之厂，独以“衙”称者，想其地为盛也。东与南来大道合，复北行一里余，市舍复夹道，盖烹炼开炉之处也。过市舍，遂北下坡，又一里余，而及其底。始知南、北两衙，犹山半之坞也。其峡既深，有巨涧流其间，自北而南，是为河底，盖即罗川之上流。有支流自西峡来入，其派颇小，置木桥于上，越之又北，见石梁跨巨涧，涧中有巨石梁，东西两跨之，就其中为阁，以供白衣大士。越桥之东，溯涧北向上，危崖倚道，盘级而登，右崖左涧，下嵌深渊，上削危壁。五里，登坪脊，有枯涧堑山头，亦跨石梁，度梁北，有殿新构，有池溢水，有亭施茶。余入亭饭，一僧以新瀹茶献，曰：“适通事与担者久待于此，前途路遥，托言速去。”盖此殿亦丽江所构以施茶者，故其僧以通事命，候余而致之耳。余亟饭行，竟忘其地为热水桥，而殿前所流即热水也。既从其侧，又过一石梁，梁跨山头，与前梁同，而下有小水，西坠巨涧。过梁，从中脊北向而行，东西俱有巨山夹之。盖西界大山，自鹤庆南来，至七坪老脊，直南高亘于河底之西者，为鲁摆。由七坪东度，分支南下，即此中脊与东界之山，故此中脊之北，又名西邑。盖西邑与鲁摆皆地名，二山各近之界，坊遂以为名焉。中脊与鲁摆老脊，夹成西峡，此河底之流所自出者。盖源于七坪之南云。行中脊十里，脊东亦盘为中洼之宕，脊悬西峡东洼之间，狂风西来，欲卷人去。又三里，乃西北上岭，一里，又蹑岭而西，半里，乃西北下。一里，抵坞中，是为七坪，即中界所度之脊，与西界大山夹成此坪，为河底之最高处也。由坪中北行二里，始为度脊隘口。脊南有两三家当道，脊西有村落倚山，桃李灿然。时日已下春，尚去松桧二十里，亟逾隘北行。五里，少出西界，巨山如故，而东界亦渐夹而成洼。洼中石穴下陷，每若坑若阱。路循东脊行，又数里，有数家当北峡之口，曰金井村，始悟前之下阱累累者，皆所称金井者耶？隘口桃花夹村，嫣然若笑。由村北东向下坡，一里渐夷，乃东行岭脊，脊左右渐夹而成坞。由脊行三里，复由脊北坠坑东下，一里，抵其麓。于是坞乃大开。有三楹当麓之东，亦梵龛也。由其前东向径平坞而驰，望东峰南北高耸者，日光倒映其尖，丹葩一点，若菡萏之擎空也。盖西山屏亘甚高，东峰杂沓而起，日衔西山，反射东山，其低者，日已去而成碧，其高者，日尚映而流丹，丹者得碧者环簇其下，愈觉鲜妍。世传鹤庆有“石宝之异，西映为朝霞，东映为晚照”，即此意也。东驰二里，过数家之舍。又东一里，渐坠壑成涧向东南去。乃折而北度一陇，又一里，有公馆在西山之麓，其左右始有村落。知其为松桧矣，而犹未知居停何处也。又北半里，担者倚闾门而呼，乃入之，已就晦矣。是家何姓，江右人，其先为监厂委官，遂留居此。

二十四日　昧爽，饭于松桧，北向入山峡。松桧之南，山盘大壑而无水，沟涧之形，似亦望东南去。松桧之北，山复渐夹为坞，小水犹南行。五里登坂，为波罗庄，山从此自西大山度脊而东，脊不甚高而水分南北。又北五里，望北坞村落高下，多傍西大山。是为山庄。于是北下，随小溪北行，五里间，聚庐错出，桃杏缤纷。已而直抵北山下，有倚南山居者，是为三庄河底村。村北溪自西而东，其水一自三庄西谷来，一自河底村南谷来，皆细流。一自西北大山夹中来，俱合于河底村北，东流而去。亭桥跨之，桥北即龙珠山之南麓矣。龙珠山者，今名象眠山，自西大山之东，分支东亘，直接东大山之西麓。其北之西大山，即老龙之脊，皆自北而南。其北之东大山，即峰顶山，亦皆自北而南。中夹成南北大坞，漾共之江，亦自丽江南下，萦鹤城之东，而南至此为龙珠所截，水无从出，于是自峰顶之麓，随龙珠西转，搜得龙珠骨节之穴，遂捣入其中，寸寸而入，凡百零八穴而止。土人云：昔有神僧倔多尊者，修道东山峰顶，以鹤川一带，俱水汇成海，无所通泄，乃发愿携锡杖念珠下山，意欲通之。路遇一妇人，手持瓢，问：“师何往？”师对以故。妇人曰：“汝愿虽宏，恐功力犹未。试以此瓢掷水中，瓢还，乃可得；不然，须更努力也。”师未信，携瓢弃水中，瓢泛泛而去。已而果不获通。复还峰潜修二十年，以瓢掷水，随掷随回。乃以念珠撒水中，随珠所止，用杖戳之，无不应手通者，适得穴一百零八，随珠数也。今土人感师神力，立寺众穴之上，以报德焉。《一统志》作倔多，土人作摩伽陀。众水于山腹合而为一，同泄于龙珠之东南麓。大路过河底桥，即逾龙珠而北，与出入诸水洞，皆不相值，以俱在其东也。余乃欲从桥北，随流东下，就小径穷所出洞，令通事及担者从大路往。担者曰：“小径难觅，不若同行。”盖其家在入水洞北，亦便于此也。余益喜。遂同东向随溪行龙珠山之南，一里，反越溪南；半里，又渡溪北。其路隘甚，而夹溪皆有居者。又东半里，枫密河东南泻峡去，路东北逾龙珠支岭，两下两上，东北盘岭，共四里，其路渐上。俯瞰东南深峡中，有水破峡奔决，即合并出穴之水也。其水南奔峡底，与枫密之水合，而东南经峰顶山之南峡以出，下金沙大江。然行处甚高，水穴在重崖下出，俯视不见其穴。令通事及担者坐待道旁，余与顾仆坠壑东南下。下半里，不得路，踯躅草石间，转向东箐半里，又南迂半里，始下至硐底。乃西向溯流披棘入，共半里，则巨石磊落，堆叠硐中，水从石隙，泛溢交涌。余坐巨石上，止见水与石争隙，不见有余穴，雪跃雷轰，交于四旁，而不知其所从来也。久之，复迂从旧道，一里余，迂上既近，复攀石乱跃，又半里，登大道。遂东北上，半里，转一峡，见后有呼者，乃通事与担夫也。于是北半里，上攒石间，北过脊，始北望两山排闼，一坞中盘，漾共江络其东，又一小水纬其西北，皆抵脊下而不可见。其两山之北夹而遥接于东北隅者，是为丽府邱塘关所踞，漾共水所从出也。乃北下山，一里余而及其麓，有寺悬麓间，寺门北向，其下即入水之穴也。不及入寺，急问水，先见一穴，乃西来小流所入，其东又有平土丈余隔之，东来之漾共江，屡经穴而屡分坠，至是亦遂穷，然则所谓一百八穴者，俱在东也。余因越水北东向溯流，见其从崖下遇一穴，辄旋穴下灌，如坠瓮口，其声呜呜，每穴远者丈余，近者咫尺而已。既而复上寺前，乃北下渡西来小流，有小石梁跨之。北一里，有村当平冈间，是曰甸尾村，担者之家在焉。入而饭于桃花下。既乃西北行，三里余，而入南来大道，即河底桥北上逾岭者。于是循西山，又北五里，为长康铺坊。有河流自西南峡来，巨石桥跨之，有碑在桥南，称为鹤川桥。盖鹤川者，一川之通名，而此桥独擅之，亦以其冠一川也。桥北有岐，溯流西南为大理府大道，故于此设铺焉。过桥不半里，为长康关，庐舍夹道，是日街子，市者交集。自甸尾至此，村落散布，庐舍甚整，桃花流水，环错其间。其西即为朝霞寺峰，正东与石宝山对。于是路转东北，又八里余而入鹤庆南门。城不甚高，门内文庙宏整。土人言其庙甲于滇中，亦丽江木公以千金助成。由其东北行半里，稍东为郡治。由其西，又北行半里，出一鼓楼，即新城之北门也。其北为旧城，守御所在焉。又北半里，而出旧城北门，稍西曲而北一里，复东曲而北四里，为演武场，在路东。从其西，又北五里，过一村，又五里，为大板桥。桥下水颇大而潴，乃自西而东下漾共江者。时所行路，当甸坞之中；东山下，江随沿之，西山下，村庐倚之；自此桥之北，甃路石皆齿齿如编，仰管之半，砾趾难措。又北六里，为小板桥。桥小于前，而流亦次之，然其势似急。又北七里，为甸头村之新屯，居落颇盛。稍转而东，有王贡士家，遂入而托宿。王贡士今为四川训导。其孙为余言："其西北山半，有青玄洞甚妙。下有出水龙潭，又北有黑龙潭。若沿西山行，即可尽观。"是日欲抵冯密宿，以日暮遂止此云。

二十五日　昧爽，饭而行。北二里，为冯密村，村庐亦盛。甸头之村止此矣。盖西北有高冈一支，垂而东南下，直逼东山文笔峰下，江流亦曲而东；高冈分支处，其腋中有黑龙潭之水，亦自西大山出，南流而抵冯密，乃沿高冈之南而东注漾共江，鹤庆、丽江，以此为界云。冯密之西，有佛宇高拥崖畔，即青玄洞也。余望之欲入，而通事苦请俟回驾。且云："明日逢六，主出视事，过此又静摄不即出。"余乃随之行，即北上冈，四里，有路横斜而成叉字交，是为三岔黄泥冈。其西南腋中，松连箐坠，即黑龙所托也。于是西北之山，皆荒石濯濯，而东北之山，渐有一二小村倚其下，其冈脊则一望皆茅云。

又北一里，为哨房，四五家当冈而踞，已为丽江所辖矣。又北行冈上八里而下，其东北坞盘水曲，田畴环焉。下一里，有数家倚西山，路当其前，是为七和南村。又北二里，有房如官舍而整，是为七和之查税所。商货出入者，俱税于此。七和者，丽江之地名。有九和、十和诸称。其北又有大宅新构者，乃木公次子所居也。由其前北向行，又盘一支岭而北，七里，乃渐转西北，始望见邱塘关在北山上，而漾共之水已嵌深壑中，不得见矣。于是路北有石山横起，其崖累累，虽不高，与大山夹而成峡。遂从峡间西北上，一里，逾其东度之脊。又西北二里余，乃北下枯壑，横陟之，半里，复北上冈，西北行冈上半里。又北半里，度一小桥，半里，乃北上山，其山当西大支自西东来，至此又横叠一峰，其正支转而南下，其余支东下而横亘，直逼东山，扼丽江南北山之流，破东山之峡，而出为漾共江。此山真丽之锁钥也。丽江设关于岭脊，以严出入，又置塔于东垂，以镇水口。山下有大道稍曲而东，由塔侧上；小道则蹑崖直北登。余从其小者，皆峻石累垂，锋棱峭削，空悬屈曲。一上者二里，始与东来大道合，则山之脊矣。有室三楹，东南向而踞之，中辟为门，前列二狮，守者数家居其内。出入者非奉木公命不得擅行。远方来者必止，阍者入白，命之入，乃得入，故通安诸州守，从天朝选至，皆驻省中，无有入此门者。即诏命至，亦俱出迎于此，无得竟达。巡方使与查盘之委，俱不及焉。余以其使奉迎，故得直入。入关随西山北行，二里，下一坑。度坑底，复登坡而北，一里，稍东北下山。又东北横度坡间者二里，始转而北。二里，过木家院东，又北二里，度一小桥，则土冈一支，西南自大山之脊，分冈环而东北，直抵东山之麓，以扼漾共江上流。由冈南陟其上，是为东圆里。北行岭头，西南瞻大脊，东南瞰溪流，皆在数里之外。六里乃下。陇北平畴大开，夹坞纵横冈下，即有一水，西自文笔峰环坞南而至，有石梁跨其上，曰三生桥。过桥有坊二，在其北，旁有守者一二家。于是西北行平畴间矣。北瞻雪山，在重坞之外，雪幕其顶，云气郁勃，未睹晶莹。西瞻乌龙，在大壑之南，尖峭独拔，为大脊之宗，郡中取以为文笔者也。路北一坞，窈窕东北入，是为东坞。中有水南下，万字桥水西北来会之，与三生桥下水同出邱塘东者也。共五里，有柳径抱耸立田间，为土人折柳送行之所。路北即万字桥水，潆流而东。水北即象眠山，至此南尽。又西二里，历象眠山之西南垂，居庐骈集，萦坡带谷，是为丽江郡所托矣。于是半里，度石梁而北，又西半里，税驾于通事者之家。其家和姓，盖丽江土著。官姓为木，民姓为和，更无别姓者。其子即迎余之人，其父乃曾奉差入都，今以居积番货为业。坐余楼上，献酪为醴，余不便沾唇也。时才过午，通事即往复命，余处其家待之。东桥之西，共一里为西桥，即万字桥也，俗又谓之玉河桥。象鼻水从桥南下，合中海之水而东泄于东桥。盖象鼻之水，土人名为玉河云。河之西有小山兀立，与象眠南尽处，夹溪中峙。其后即辟为北坞，小山当坞，若中门之标，前临横壑，象鼻之水夹其东，中海之流经其西，后倚雪山，前拱文笔，而是山中处独小，郡署踞其南，东向临玉河，丽江诸宅多东向，以受木气也。后幕山顶而上，所谓黄峰也，俗又称为天生寨。木氏居此二千载，宫室之丽，拟于王者。盖大兵临，则俯首受绁，师返则夜郎自雄，故世代无大兵燹，且产矿独盛，宜其富冠诸土郡云。

二十六日　晨饭于小楼。通事父言，木公闻余至甚喜，即命以明晨往解脱林候见。逾诸从者，备七日粮以从，盖将为七日款也。

二十七日　微雨，坐通事小楼，追录前记。其地杏花始残，桃犹初放，盖愈北而寒也。

二十八日　通事言木公命驾，下午向解脱林。解脱林在北坞西山之半，盖雪山南下之支，本郡诸刹之冠也。

二十九日　晨起，具饭甚早。通事备马，候往解脱林。始过西桥，由郡署前北上，挟黄峰东麓而北，中北坞而行，五里，东瞻象眠山，始与玉河上流别。又五里，过一枯涧石桥，西瞻中海，柳岸波潆，有大聚落临其上，是为十和院。其后即十和山，自雪山南下之脉也。又北十里，有大道北去者，为白沙院路。西北度桥者，为解脱林路。桥下涧颇深而无滴沥。既度桥，循西山而行，五里，为崖脚院。其处居庐交集，屋角俱插小双旗，乃把事之家也。院北半里，有涧自西山峡中下，有木梁跨其上。度桥，西北陟岭，为忠甸大道。由桥南溯溪西上岭者，即解脱林道。乃由桥南西向蹑岭，岭甚峻，二里，稍夷，折入南峡，半里，则寺倚西山上，其门东向，前分一支为案，即解脱林也。寺南冈上有别墅一区，近附寺后，木公憩止其间。通事引余至其门，有大把事二人来揖，俱姓和。一主文，尝入都上疏，曾见陈芝台者。一主武，其体干甚长，壮而面黑，真猛士也。介余入。木公出二门，迎入其内室，交揖而致殷勤焉。布席地平板上，主人坐在平板下，其中极重礼也。叙谈久之，茶三易，余乃起，送出外厅事门，令通事引入解脱林，寓藏经阁之右厢。寺僧之住持者为滇人，颇能体主人意款客焉。

卷 七 下

滇游日记七

己卯二月初一日　木公命大把事以家集黑香白镪十两来馈。下午，设宴解脱林东堂，下藉以松毛，以楚雄诸生许姓者陪宴。仍侑以杯缎、银杯两只，绿绉纱一匹。大肴八十品，罗列甚遥，不能辨其孰为异味也。抵暮乃散。复以卓席馈许生。为分犒诸役。

初二日　入其所栖林南净室，相迎设座如前。既别，仍还解脱林。昨陪宴许君来，以白镪易所侑绿绉纱去。下午，又命大把事来，求作所辑《云薖淡墨》序。

初三日　余以叙稿送进，复令大把事来谢。所馈酒果，有白葡萄、龙眼、荔枝诸贵品，酥饼油线、细若发丝，中缠松子肉为片，甚松脆。发糖白糖为丝，细过于发，千条万缕，合揉为一，以细面拌之，合而不腻。诸奇点。

初四日　有鸡足僧以省中录就《云薖淡墨》缴纳木公。木公即令大把事传示，求为较政。其所书洪武体虽甚整，而讹字极多，既舛落无序，而重叠颠倒者亦甚。余略为标正，且言是书宜分门编类，庶无错出之病。晚乃以其书缴入。

初五日　复令大把事来致谢。言明日有祭丁之举，不得留此盘桓，特令大把事一人听候。求再停数日，烦将《淡墨》分门标类，如余前所言。余从之。以书入谢，且求往忠甸，观所铸三丈六铜像。既午，木公去，以书答余，言忠甸皆古宗路，多盗，不可行。盖大把事从中沮之，恐觇其境也。是日，传致油酥面饼，甚巨而多，一日不能尽一枚也。

初六日　余留解脱林校书。木公虽去，犹时遣人馈酒果，有生鸡大如鹅，通体皆油，色黄而体圆，盖肥之极也。余爱之，命顾仆醎为腊鸡。

解脱林倚白沙坞西界之山。其山乃雪山之南，十和后山之北，连拥与东界翠屏、象眠诸山，夹白沙为黄峰后坞者也。寺当山半，东向，以翠屏为案，乃丽江之首刹，即玉龙寺之在雪山者，不及也。寺门庑阶级皆极整，而中殿不宏，佛像亦不高巨，然崇饰庄严，壁宇清洁，皆他处所无。正殿之后，层台高拱，上建法云阁，八角层甍，极其宏丽，内置万历时所赐《藏经》焉。阁前有两庑，余寓南庑中。两庑之外，南有圆殿，以茅为顶，而中实砖盘。佛像乃白石刻成者，甚古而精致。中止一像，而无旁列，甚得清净之意。其前即斋堂香积也。北亦有圆阁一座，而上启层窗，阁前有楼三楹，雕窗文槅，俱饰以金碧，乃木公燕憩之处，扃而不开。其前即设宴之所也。其净室在寺右上坡，门亦东向，有堂三重，皆不甚宏敞，四面环垣仅及肩，然乔松连幄，颇饶烟霞之气。闻由此而上，有拱寿台、狮子崖，以迫于校雠，俱不及登。

初六、初七日 连校类分标，分其门为八。以大把事候久，余心不安，乃连宵篝灯，丙夜始寝。是晚既毕，仍作书付大把事，言校核已完，闻有古冈之胜，不识导使一游否？古冈者，一名儸㑩，在郡东北十余日程，其山有数洞中透，内贮四池，池水各占一色，皆澄澈异常，自生光彩。池上有三峰中峙，独凝雪莹白，此间雪山所不及也。木公屡欲一至其地，诸大把事言不可至，力尼之，数年乃得至。图其形以归，今在解脱林后轩之壁。北与法云阁相对，余按图知之。且询之主僧纯一，言其处真修者甚多，各住一洞，能绝粒休粮，其为首者有神异，手能握石成粉，足能顿坡成洼，年甚少而前知。木公未至时，皆先与诸土人言，有贵人至，土人愈信而敬之。故余神往而思一至也。

初八日 昧爽，大把事赍册书驰去，余迟迟起。饭而天雨霏霏。纯一馈以古磁杯、薄铜鼎、并芽茶为烹瀹之具。备马，别而下山。稍北遂折而东下，甚峻，二里，至其麓。路北有涧，自雪山东南下，随之，东半里，有木桥，渡涧西北逾山为忠甸道。余从桥南东行，半里转而东，是为崖脚院，倚山东向。其处居庐连络，中多板屋茅房，有瓦室者，皆头目之居，屋角俱标小旗二面，风吹翩翩，摇漾于夭桃素李之间，宿雨含红，朝烟带绿，独骑穿林，风雨凄然，反成其胜。院东南有洼地在村庐间，中涸无水。尚有亭台堤柳之形，乃旧之海子，环为园亭者，今成废壑矣。又南二里，有枯涧嵌地甚深，乃雪山东南之溪，南注中海者。今引其水东行坞脊，无涓滴下流涧中，仅石梁跨其上。度梁之东，即南随引水行，四里，望十和村落在西，甚盛。其南为中海，望之东南行，其大道直北而去者，白沙道也。南四里，有枯涧东西横坞中，小石梁南跨之。又东五里，东瞻象眠山已近。通事向许导观象鼻水，至是乃东南行田间，二里，抵山下。水从坎下穴中西出，穴小而不一，遂溢为大溪。折而南去，二里，析为二道：一沿象眠而南，一由坞中倒峡，过小石桥，又析为二，夹路东西行。五里，至黄峰山北，所引之水，一道分流山后而去，一道东随黄峰而南。始知黄峰之脉，自象鼻水北坡垂坞中南下，至此结为小峰，当坞之口，东界象眠山亦至此南尽，西界山自中海西南，环绕而北，接十和后山，南复横开东西大坞，南龙大脊，自西而东，列案于前。其上乌龙峰，独耸文笔于西南，木家院南峰，回峙雄关于巽位。众大之中，以小者为主，所以黄峰为木氏开千代之绪也。从黄峰左腋，南上西转，又一里，出其南，则府治东向临溪而峙，象鼻之水环其前，黄峰拥其后。闻其内楼阁极盛，多僭制，故不于此见客云。先是未及黄峰三里，有把事持书，挈一人荷酒献胙，冲雨而至，以余尚未离解脱也。与之同过府治前，度玉河桥，又东半里，仍税驾于通事小楼。读木公书，乃求余乞黄石斋叙文，并索余书，将令人往省邀吴方生者。先是，木公与余面论天下人物，余谓："至人惟一石斋。其字画为馆阁第一，文章为国朝第一，人品为海宇第一，其学问直接周、孔，为古今第一；然其人不易见，亦不易求。"因问："可以亲炙者，如陈、董之后，尚有人乎？"余谓："人品甚难。陈、董芳躅，后来亦未见其继，即有之，岂罗致所及？然远则万里莫俦，而近则三生自遇。有吴方生者，余同乡人，今以戍侨寓省中。其人天子不能杀，死生不能动，有文有武，学行俱备，此亦不可失者。"木公虑不能要致，余许以书为介，故有是请。然尚未知余至府治也。使者以复柬返。前缴册大把事至，以木公命致谢，且言古冈亦艰于行，万万毋以不赀蹈不测。盖亦其托辞也。然闻去冬亦曾用兵吐蕃不利，伤头目数人，至今未复，儸猡、古宗皆与其北境相接，中途多恐，外铁桥亦为焚断。是日雨阵时作，从楼北眺雪山，隐现不定，南窥川甸，桃柳缤纷，为之引满。

是方极畏出豆。每十二年逢寅，出豆一番，互相牵染，死者相继。然多避而免者。故每遇寅年，未出之人，多避之深山穷谷，不令人知。都鄙间一有染豆者，即徙之九和，绝其往来，道路为断，其禁甚严。九和者，乃其南鄙，在文笔峰南山大脊之外，与剑川接壤之地。以避而免于出者居半。然五六十岁，犹惴惴奔避。木公长子之袭郡职者，与第三子俱未出，以旧岁戊寅，尚各避山中，越岁未归。惟第二、第四名宿，新入泮鹤庆。者，俱出过。公令第四者启来候，求肄文木家院焉。

初九日　大把事复捧礼仪来致谢，酬校书之役也。铁皮褥一、黄金四两。再以书求修《鸡山志》。并恳明日为其四子艺文木家院，然后出关。院有山茶甚巨，以此当折柳也。余许之。是日仍未霁，复憩通事楼。

其俗新正重祭天之礼。自元旦至元宵后二十日，数举方止。每一处祭后，大把事设燕燕木公。每轮一番，其家好事者，费千余金，以有金壶八宝之献也。

其地田亩，三年种禾一番，本年种禾，次年即种豆菜之类，第三年则停而不种。又次年，乃复种禾。

其地土人皆为麽些。国初，汉人之戍此者，今皆从其俗矣。盖国初亦为军民府，而今则不复知有军也。止分官民二姓：官姓木，初俱姓麦，自汉至国初，太祖乃易为木。民姓和，无他姓者。其北即为古宗，古宗之北，即为吐蕃。其习俗各异云。

古宗北境，雨少而止有雪，绝无雷声。其人南来者，至丽郡乃闻雷，以为异。

丽郡北忠甸之路，有北岩，高阔皆三丈，崖石白色而东向，当初日东升，人穿彩服至其下，则满崖浮彩腾跃，焕然夺目，而红色尤为鲜丽，若镜之流光，霞之幻影。日高，则不复然矣。

初十日　晨餐后，大把事复来候往木家院。通事具骑，而大把事忽去，久待不至，乃行。东向半里，街转南北，北去乃象眠山南垂，通安州治所托。南去乃大道。半里，过东桥，于是循溪南岸东南行。三里，有柳两三株，在路右塍间，是为土人送行之地。其北有坞，东北辟甚遥。盖雪山之支，东垂南下者两重：初为翠屏、象眠，与解脱、十和一夹而成白沙坞；再为吴烈东山，与翠屏、象眠再夹而成此坞。其北入与白沙等。其北度脊处，即金沙江逼雪山之麓而东者。东山之外，则江流南转矣。脊南即此坞，中有溪自东山出，灌溉田畴更广。由此坞东北逾脊渡江，即香罗之道也。坞中溪东南与玉河会于三生桥之东。又有水西南自文笔山，沿南山而东转，随东圆冈之下，经三生桥而东与二水会。于是三水合而成漾共江之源焉。东圆冈者，为丽郡东南第一重锁钥。盖南大脊自西来，穹为木家院后高峰大脊，从此南趋鹤庆。其东下者，为邱塘关，其东北下者，环转而为此冈，直逼东山之麓，束三水为一，沿东山南下而出邱塘东峡，自七和、冯密而达鹤庆。冈首回环向郡，南山之溪经其下，巩桥度之，曰三生桥。桥北有二坊，两三家为守者。自柳塘至此，又五里矣。其北皆良畴，而南则登坡焉。一里，升坡之巅，平行其上。右俯其坡内抱，下辟平坞，直北接郡治，眺其坡，斜削东下，与东山夹溪南流。坡间每有村庐，就洼傍坎，桃花柳色，罨映高下。三里，稍下就洼，有水成痕，自西而东下于溪。又南逾一坡，度板桥而南，则木家院在是矣。先是，途中屡有飞骑南行，盖木公先使其子至院待余，而又屡令人来，示其款接之礼也。途中与通事者辄唧唧语，余不之省。比余至，而大把事已先至矣。迎入门。其门南向甚敞，前有大石狮，四面墙垣之外，俱巨木参霄。甫入，四君出迎，入门两重，厅事亦敞。从其右，又入内厅，乃拜座进茶。即揖入西侧门，搭松棚于西庑之前，下藉以松毛，迤西重礼也。大把事设二卓，坐定，即献纸笔，袖中出一小封，曰："家主以郎君新进诸生，虽事笔砚，而此中无名师，未窥中原文脉，求为赐教一篇，使知所法程，以为终身佩服。"余颔之。拆其封，乃木公求余作文，并为其子斧正。书后写一题曰"雅颂各得其所"。余与四君，即就座拈毫，二把事退候阶下。下午，文各就。余阅其作，颇清亮。二把事复以主命求细为批阅，余将为举笔，二把事曰："馁久矣，请少迟之。后有茶花，为南中之冠，请往一观而就席。"盖其主命也。余乃从之。由其右转过一厅，左有巨楼，楼前茶树，盘荫数亩，高与楼齐，其本径尺者三四株丛起，四旁萎蕤，下覆甚密，不能中窥，其花尚未全舒，止数十朵高缀丛叶中，虽大而不能近觑。且花少叶盛，未见灿烂之妙，若待月终，便成火树霞林，惜此间地寒，花较迟也。把事言："此树植与老把事年相似，屈指六十余。"余初疑为数百年物，而岂知气机发旺，其妙如此。已还松棚，则设席已就。四君献款，复有红毡丽锁之惠。二把事亦设席坐阶下，每献酒则趋而上焉。四君年二十余，修皙清俊，不似边陲之产，而语言清辨可听，威仪动荡，悉不失其节。为余言北崖红映之异。时余欲由九和趋剑川，四君言："此道虽险而实近，但此时徙诸出豆者在此，死秽之气相闻，而路亦绝行人，不若从鹤庆便。"肴味中有柔猪、牦牛舌，俱为余言之，娓娓可听。柔猪乃五六斤小猪，以米饭喂成者，其骨俱柔脆，全体炙之，乃切片以食。牦牛舌似猪舌而大，甘脆有异味。惜余时已醉饱，不能多尝也。因为余言："其地多牦牛，尾大而有力，亦能负重，北地山中人，无田可耕，惟纳牦牛银为税。"盖鹤庆以北多牦牛，顺宁以南多象，南北各有一异兽，惟中隔大理一郡，西抵永昌腾越，其西渐狭，中皆人民，而异兽各不一产。腾越之西，则有红毛野人，是亦人中之牦、象也。抵暮乃散。二把事领余文去，以四君文畀余，曰："灯下乞细为削抹，明晨欲早呈主人也。"余颔之。四君送余出大门，亦驰还郡治，仍以骑令通事送余。东南二里，宿村氓家。余挑灯评文，就卧其西庑。

十一日　昧爽，通事取所评文送木家院，就院中取饭至，已近午矣。觅负担者，久之得一人，遂南行。二里，抵南山下。循山东南一里。下越一坑底，仍东南上二里，出邱塘关。关内数家居之，有把事迎余献茶。其关横屋三楹，南向踞岭上，第南下颇削，而关门则无甚险隘也。其岭自西大脊分支东突，与东山对夹漾共江于下，关门东脊临江之嘴，竖塔于上，为丽东南第二重锁钥。隔江之东山，至是亦雄奋而起，若与西大峰共为犄角者。关人指其东麓即金沙江南下，转而东南趋浪沧、顺州之间者，此地有路，半日逾此岭，又一日半而东南抵浪沧卫。出关，辞通事以骑返，余遂同担夫仍南向就小道下山。其道皆纯石嵯峨，践隙攀峰而下，二里，乃抵其麓。遂西南陟桥，桥西有坡，南向随之。半里，复下坡，西有坞南开，而中无水。又半里，横陟之，由西坡上半里，依西大山之麓，转而东南行。一里余，路左复起石山，与西山对夹，路行其中。二里，逾脊南下，脊右有石崖下嵌，而东半石峰，尤为巀嶪。南一里，东峰始降，复随西坡盘而西南，二里，其支复东突，再南逾之。下半里，还顾东突峰南有崖嵌空成门，返步探之，虽有两门，而洞俱不深。又循西山而南，一里余，三四家倚西山下。于是复见漾共江出峡而下盘其麓，峡中始环叠为田。村之前，已引水为渠，循山而南，抵七和矣。随渠盘西山东突之嘴，又三里而抵七和。七和者，丽郡之外郛也，聚落倚西山颇盛，其下坞中，水田夹江，木公之次子居此。其宅亦东向。由其前又南半里，为税局，收税者居之，又南渐下一里，复过一村，乃西南上坡。一里陟坡顶，其上甚平。由其上平行而南，二里，有数家居坡脊，是为七和哨。则丽江南尽之鄙也，故设哨焉。

哨南又半里，有路自东南横过西北者，为三岔黄泥冈。盖是坡自西大山下垂，由此亘而东南，横路随其脊斜去，脊西遂下陷成峡，黑龙潭当其下焉，大道由峡东直南，鹤庆、丽江之界，随此坡脊而分。故脊西下陷处，自西盘而南至冯密，其下已属鹤庆，脊东盘亘处南下冯密东，其内犹属丽江。此东西两界大山内之横界也。于是西瞰峡内，松箐遥连，路依东脊南向渐下，六里而至冯密。日才过午，觅宿店，漫投一楼上，乃陈生某家也，向曾于悉檀相晤者。担人卸担去。余炊饭其家，欲往青玄洞。陈生止余曰："明日登程，可即从此往。今日晚，可一探东山之麓乎？"遂同东陟坞塍。盖此坞即自黑龙潭南下，至此东向而出者，坞北则黄泥冈之坡，直垂而逼东山之麓，江亦东逊若逗而出于门者。故坞东之界，直以此门而分。由坞东行一里，即与漾共江遇。溯之东北半里，有木桥横江上。从桥东度，木凡四接。循东岸溯之而北，半里，登东陇，其上复盘陇成畦，辟田甚广。又北一里，直对黄泥之嘴，东界尖峰最耸，是为笔架峰，正西与冯密后堆谷峰相对焉。陈生父冢正在其陇之上。时将议迁，故来相度。余劝其勿迁，惟来脉处引水开渠，横截其后，若引从墓右，环流于前，是即旋转之法。陈生是之。仍从木桥度江，共三里，还寓。陈生取酒献酌。余嘱其觅远行担夫，陈言明日可得，不必嘱也。

十二日　陈为余觅夫，皆下种翻田，不便远去，已领银，复来辞。既饭，展转久之，得一人曰赵贵，遂行。余以纯一所馈瓯二鼎一，酬陈生之贳酒。从其居之西，涉一涧，既截坞而西北，一里余，登西坡，已逼堆谷峰下。坡上引水为渠南注，架木而度，即南循东下之脊而上。半里，得平冈，由冈上西行半里，直逼西山下，有庙临冈而峙。庙南东下腋底，有庙祀龙王，南临一池，甚广而澄澈，乃香米龙潭也。庙南西上层崖，有洞东向辟门，其上回崖突兀，即青玄洞也。二庙俱不入，西蹑山直上，半里，抵崖下，则洞门有垂石中悬，门辟为二，左大而右小。有僧倚中垂之石，结庐其外，又环石于左门之下，以为外门，由环石窦间入，登左门，其门大开，西向直入，置佛座当其中。佛座前稍左，其顶上透，引天光一缕下坠，高盖数十丈也。其右则外悬之壁当其前，中旁达而南，即豁为右门，门稍东南向，下悬石壁，可眺而不可行也。盖佛座之前，悬石外屏，既觉回环，而旁达两门，上通一窍，更为明彻，此其前胜也。佛座以后，有巨碑中立，刻诗于上。由此而内，便须秉炬。乃令担人秉炬前，见内洞亦分两门，则右大而左小。先循左壁攀左隙上跻，既登一崖，其上夹而成隙。披隙入，转而南向，有穴下坠甚深，先投炬烛其底，以为穽也，乃撑隙支空而下。三丈，至其底，稍南见有光遥透，以为通别窦矣，再前谛视，光自东入，始悟即右门所入之大窦也。复转而西入，内有小门渐下，乃伏而穷之数丈，愈隘不能进，乃倒退而出。循右崖之壁，从其西南，复得一门，初亦小，其内稍开，数丈后，亦愈隘而渐伏，亦不能进，复倒退而出，即前之有光遥透处也。向明东蹈，左右审顾，石虽蜿蜒而崖无别窍。遂至大碑后录其诗。并出前洞，以梯悬垂石内后崖，亦录其诗。僧瀹茶就，引满而出下洞前，则有桃当门，犹未全放也。是洞前后分岐窗寮，前之罨映透漏，后之层叠嵚岈，擅斯二美，而外有回崖上拥，碧浸下涵，亦胜绝之地。既下，至平冈，余欲北探黑龙潭，担者言："黑龙潭路，当从黄泥冈西下，不然，亦须从冯密后溯流入。此山之麓，无通道可行。盖此中有二龙潭：北峡为黑龙潭，此下为香米龙潭，皆有洞自西山出，前汇为潭，其胜如一轨，不烦两探。"余然之。遂南向趋香米，其潭大数十亩，渊然澄碧。盖即平冈之脊，东向南环，与西山挟潭于中，止西南通一峡容水去。路从潭西，循西山而南，山崖忽迸，水从中溢于潭，乃横石度崖口。崖前巨石支门，水分潆巨石之隙，横石亦分度之，其石高下不一，东瞰澄波，西悬倒壁，洞流漱其下，崖树络其上，幽趣萦人，不暇他顾。已乃披隙入洞，洞中巨石斜骞，分流堰派，曲折交旋，一洞而水石错落，上如悬幕，下若分莲，蹈其瓣中，方疑片隔，仰其顶上，又觉玄同。入数丈，后壁犹有余光，而水自下穴出，无容扪入矣。出洞，依西山南行二里，有数家倚山而居。由其前又南一里，转而西行一里，又逼西山之麓。复南行二里，则西山中断，两崖对夹如门，上下逼凑，其中亦有路。缘之上，盖此崖乃丽江南尽之界，川内平畴，鹤庆独下透而北，两界高山，丽江俱前踞而南，以两山之后，犹麼些之俗耳。自此而南，东西界后亦俱僰僰、属鹤庆土官高千户矣。又南二里，一溪自西山下出，余溯而穷之。稍转北半里，其水分两穴，东向出，皆溢自石下，无大窍也。乃逾出水石上，由水之西循山南行半里，有洞连裂三门，倚崖东向，洞深丈余，高亦如之，三门各峙，中不相通，而石色殷红，前则桃花点缀，颇有霞痕锦幅之意。但其洞不中透为可惜耳。崖右其支峰自上东向，环臂而下，腋中冲砂坠砾，北转而倾于崖前。腋底亦有一洞，南登环臂之脊，始回眺见之，似亦不深，乃舍之。南逾臂脊东南下，半里，有村庐十数家倚西山之嘴，是为四庄。其南腋中，有龙潭一围，大百余亩，直逼西山，西山石崖，插潭而下。路盘崖上凌其南，又一里，循潭东岸南绕之，泄水之堰，在其东南，悬坑下坠，即东出而注于小板桥者也。其西北腋崖回转，石脚倒插，复东起一崖，突潭中如拇指，结槛其上，不知中祀何神？其下即潭水所自出也，亦不知水穴之大小。然其境水石潆回，峰崖倒突，而水尤晶莹晃漾，更胜香米之景。惜已从潭东一里，抵泄水之堰，不便从西崖逾险而上矣。由其南循西山又二里，有石山一支，自西山东向突川中，其西南转腋处，有古庙当其间，前多巨石嶙峋，如芙蓉簇萼，其色青殷而质廉利，不似北来之石，色赭而质厉也。入叩无人，就庑而饭。既乃循东突之峰东行，半里，转而南盘其嘴。其嘴东临平川，后耸石峰，嘴下石骨棱棱，如侧刃列锷，水流一线，穿于其间，汩汩南行，心异之。仰眺其后耸石峰，万萼云丛，千葩蜃结，以为必有灵境。担者曰："近构一寺，曰鹤鸣，不识有人栖否？"余乃令担仆前行，独返而蹑其上，披绡蹈瓣半里，陟峰头而庵在焉。其门东北向，中有堂三楹，供西方大士，左有楼祀文昌，俱不大，而饰垩未完。有一道者栖其间。盖二年前，居人见山头有鸣鹤之异，而道者适至，募建此庵，故乡人感而名之。道者留余迟一宿，余以担仆已前，力辞之，不待其炊茶而别。其庵之南，村庐倚西山下者甚盛。三里余，又有危峰自西山东突，与鹤鸣之峰南北如双臂前舒，但鹤鸣嶙峋而缭绕，此峰耸拔而拱立为异耳。是峰名石寨，前有村名石寨村。有一龙泉，自峰下出，汇水为潭，小于四庄，东乃环堤为堰，水从堰东注壑去，即东出于大板桥者也。半里，越堤之南，复循西山南行，其地渐莽，无田塍村庐之托，想无水源故也。八里，始有溪东注，路东转而南渡之，于是东望为演武场北村，西望为西龙潭大村，盖此水即西龙潭所分注者也。西龙潭亦当西山东突之腋，汇水颇大，东北流者为此水，中为城北大路口水，东南引者为城中之水，其利为一郡之冠云。又南二里，出大路。正当大路所向之处，其东有竹丛村庐，即来时所遵道也。从大路南，四里余而抵鹤庆北关，托宿于关外，乃入北门，是为旧城。南半里，转而西，为御前守御所在焉。摩尼山复吾师之子张生家，北向而居，入叩之，往摩尼未返也。又转南，再入城门，是为新城。始知鹤庆城二重，南新北旧，南拓而北束。入新城，即从府治东南向行，半里，东转郡学前，南向有大街，市舍颇盛。已乃仍出两北门，入寓而餐始熟，遂啜而卧。

鹤庆西倚大山，为南龙老脊，东向大山，为石宝高峰。石宝山高穹独耸，顶为倔多尊者道场。此山自丽江东山南向下，南尽于金沙江。中夹平川，自七和南下。但七和之南，又有三岔黄泥冈，自西而横逼东山。故其川以冯密南新屯为甸头，直下而南，共五十里，有象眠山，西自西大脊东属于石宝山。石宝山西与剑川同名。《一统志》称为峰顶山。从《志》为是。象眠山与丽江同名。《一统志》称为龙珠山，亦当从《志》为是。漾共江贯于中川，南抵象眠，分注众窍，合于山腹，南泄为一派，合枫木之水，东南入金沙江。两旁东有五泉，出石宝之下，西有黑龙、西龙诸潭，出西大山下。故川中田禾丰美，甲于诸郡。冯密之麦，亦甲诸郡，称为瑞麦，其粒长倍于常麦。

十三日 早饭，平明抵北门。从门外循旧城而西，一里转而南。半里，其南则新城复拓而西出。随之又西半里，又循城南转半里，过西门，乃折而西向行。度一桥，西三里，乃蹑坡，二里，逾坡西稍下，其坡自西山东下，至此伏而再起，其南北俱有峰舒臂前抱，土人称为旗鼓山，而坡上冢累累，盖即郡城之来脉也。土人言："昔土官高氏之冢当此冈，国初谓其有王气，以大师挖断其后脉，即今之伏处也。"不知起伏乃龙脉之妙，果挖之，适成其胜耳！宜郡城之日盛也。由伏处即上蹑坡行，一里，至坡脊，南北俱坠坑成峡。又一里，南度西峡之上，从南坡蹑峻西登。二里稍平，再缘南坡折而上，一里，复随峡西入，一里，抵西岭下，转而北向蹑峡中，其峡乃坠水枯涧，巨石磊磊，而叠磴因之，中无滴沥，东西两崖，壁夹骈凑，石骨棱棱，密翳蒙蔽，路缘其中，白日为冷。二里余，有巨石突涧道中，若鹢首之浮空，又若蹲狮之当户。由其右崖横陟其上，遂循左崖上，其峻束愈甚。二里始平，西行峡中，一里稍上，北崖峭壁耸起，如奋翅劈霄，而南崖亦崭削相逼，中凑如门，平行其中，仰天一线。余以为此南度之大脊也。透其西，峰环壑转，分为二岐：一由脊门西下，循北山而西北；一由脊门直出，循南山而西南。莫定所适。得牧者，遥呼而问之，知西北乃樵道也，遂从其西南行。半里，有峰中悬壑中，两三茅舍当其上，亦哨守者之居也。从其南平行峡中，西望尖峰耸立，高出众顶，余疑路将出其西北，及西二里，稍下洼中，半里，抵尖峰东麓。其处洼而无水，西北西南之峡，似俱中坠。始悟脊门西来平壑，至此皆中洼，而非外泄之峡矣。从洼西南上，遂披尖峰东南峡而登，密树蒙茸，高峰倒影。二里，循峰西转，遂逾其东度之脊。西半里，盘尖峰之南，西北半里，又逾其南度之脊。此脊高于东度者，然大脊所经，又似从东度者南转，而脊门犹非其度处也。逾脊，遂北向而下，一里，已出尖峰之西。至此盖三面挟尖峰而行矣。乃西向随峡下坠，一里，峡始开。一里，转而西南，乃循南山之坡，曲折西下，三里，抵盘壑中。其处东、北、西三面皆崇峰，西北、东南二面皆坠峡，惟西南一脊堵垣。平陟其上，共二里，逾前冈，有废舍踞冈头，是为汝南哨。其东南坞中，有村倚东山，乃土官所居，土人又名为虞蜡播箕。由哨南下，行坞中一里余，遂南入峡，东西皆土峰逼夹，其下颇峻。二里出峡，乃饭。复见东南有坠壑。乃盘西峰之南，复西陟其坞。一里余，复陟其西峰而南盘之。遂西向循坡下，北峰南壑，路从深树叠石间下，甚峻。四里，转峡度脊，其下稍平，西南半里，有茅棚卖浆冈头，乃沽以润枯肠。又西南半里，下至壑底，有水自南峡来，竟壑中，北透峡去，是为清水江。始知壑西之山，反自大脊南度而北，其水犹滥觞细流，不足名溪，而乃以江名耶？其下流北出，当西转南下，而合于剑川之上流。然则剑川之源，不第始于七和也。清水江东岸有数家居壑中，上有公馆，为中道。涉水西，从西坡南向上，迤逦循西山而南，三里余，乃折而西南上，甚峻。一里，又折而西，半里，西逾岭脊，即南从东大脊西度北转者。当北尽于清水江西透之处者也。越脊西下峡中，二里，峡始豁而下愈峻。又一里余，始就夷行围壑间。又一里余，乃循南峰之西，而南盘之。一里，出其口，始见其西群峰下伏，有峡下嵌甚深，南去稍辟，而东南峡中，似有水光掩映者，则剑川湖也。西南层峰高峙，雪色弥莹者，则老君山也。南盘二里，又见所盘之崖，其西石峰倒涌，突兀嵯峨，骈错趾下，其下深壑中，始见居庐环倚，似有楼阁瞻依之状，不辨其为公馆、为庙宇也。从其上南向，依东崖下，二里，西度峡脊，已出居庐之南，遂循西峰南下，一里，则东峡已南向，直趋剑湖矣。于是南望湖光杳渺，当东山之麓，湖北带壑连青，环畦甚富。意州治已在其间，而随峡无路，路反从峰头透坳西去。一里稍下，又转西峰而盘其南。又一里，于是南面豁然，其前无障，俯见南湖北坞，而州治倚西山，当其交接处，去此尚遥。路盘坡西行，一里余，乃从坡西峡中南下。又一里，抵山麓，乃循崖西转。半里，则村居倚山临坞，环堵甚盛，是为山塍塘。问距州尚十里，而担者倦于行，遂止。

十四日　昧爽，饭于山塍塘，平明乃行。于是俱西南向平畴中行矣。二里余，有一小山南突平川，路从其北西转而挟之，复西南行平畴中，雨霏霏至。二里，有大溪自北而南，平流浅沙，汤汤南注湖中，然湖自下山塍，已不可见矣。随溪南行，又半里，大石梁西跨之，其溪流盖北自甸头来。按《志》：州西北七十里，山顶有山顶泉，广可半亩，为剑川之源。此山不知何名，今丽江南界七和后大脊，实此川发源之所。则此山即在大脊之南可知。更有东山清水江之流，亦合并之，其盘曲至此，亦不下七十里。则清水江亦其源可知。从桥北望，乃知水依西山南下，其东则山塍塘北之山盘夹之。山塍塘之东，山南坠而为川，又东，则东山乃南下而屏其东，与西界金华山为对。是山塍塘者，实川之北尽处，其东南辟而为川以潴湖，其西北夹而为峡以出水者也。过桥，风雨大至。随溪南行半里，避于坊下，久之稍止。乃西南复行塍间，一里余，有一小流西来，乃溯之西一里，抵剑川州。州治无城，入其东街，抵州前，乃北行，税行李于北街杨贡士家，乃买鱼于市。见街北有祠，入谒之，乃祀死节段公者。段名高选，州人，万历末，以进士为重庆巴县令，阖家死奢酋之难，故奉诏立祠。今其长子暄荫锦衣在都。祠中有一生授蒙童，植盆中花颇盛，山茶小仅尺许，而花大如碗。出祠东还寓，以鱼畀顾仆，令守行囊。而余同主人之子，令担者挈饭一包，为金华之游。出西郊，天色大霁，先眺川中形势，盖东界即大脊南下，分为湖东之山者，是为东山。西界则金华山最高，北与崖场诸山，南与罗尤后岭，颉颃西峙，是为西山。其金华之脉，实西南从老君山来。老君山者，在州西南六十里杨村之北，其山最高，为丽江、兰州之界，出矿极盛，倍于他山者。土人言："昔亦剑川属，二十年前，土千户某姓者，受丽江贿，以其山独界丽江。丽江以其为众山之脉，禁矿不采。"然余按《一统志》，金华山脉，自西番罗均山来，盖老君即罗均之讹，然谓之西番者，则《统志》之讹也。其山犹在兰州之东，西番在兰州西澜沧江外，其山即非剑川属，亦丽江、兰州界内，胡以有西番之称？然即此亦可知此山原不属剑川，土人贿界之言，不足信也。其北则山塍后岭，自东山北转，西亘而掉其尾。其南则印鹤山，自东山南下，西顾而回其领。中围平川，东西阔十里，南北长三十里，而湖汇其半。湖源自西北来，向西南破峡去，而湖独衍于东南，此川中之概也。其地在鹤庆之西，而稍偏于南；在丽江之南，而稍偏于西；在兰州之东，而稍偏于北；在浪穹之北，而稍偏于西。此四境之准也。州脉自金华北岭东环而下，由州治西行，一里余，及其麓。有二寺，并列而东向，俱不宏敞。寺后有亭、有轩，在层崖盘磴之上，水泉飞洒，竹影桃花，罨映有致，为乡绅杨君之馆。由其北蹑崖西上，有关帝庙，亦东向，而其处渐高，东俯一川，甸色湖光，及东山最高处，雪痕层叠，甚为明媚。由庙后循大路，又西上半里，北循坡而下，为桃花坞。南分岐而上，为万松庵。而直西大道，则西逾岭而抵莽歇岭者也。乃随杨君导，遂从北坡下，数百步，而桃花千树，深红浅晕，倏入锦绣丛中。穿其中，复西上大道，横过其南，其上即万松庵，其下为段君墓，皆东向。段墓中悬坞中，万松高踞岭上，并桃花坞，其初皆为土官家山墓，为段氏所葬，而桃花、万松，犹其家者。万松昔为庵，闻今亦营为马鬣，门扃莫由入。遂仍从关庙侧，约一里下山，山之北，有峡甚深，自后山环夹而出，涧流嵌其下，是为崖场。两崖骈立，其口甚逼，自外遥望，不知山之中断也。余欲溯其流入，以急于金华，遂循山南行。一里余，有冈如堵墙，自西山而东亘州南，乃引水之冈也。逾冈，又南一里余，有道宫倚西山下，亦东向。其内左偏有何氏书馆，何乡绅之子读书其中。宫中焚修者，非黄冠，乃瞿昙也。引余游馆中，观茶花，呼何公子出晤，而何不在，留余少憩。余急于登山，乃出。从宫右折而西上坡，一里，有神庙当石坡上，为土主之宫。其庙东向而前有阁，阁后两古柏夹立，虬藤夭矫，连络上下，流泉突石，错落左右，亦幽阒名区也。与何公子遇，欲拉余返馆，且曰："家大人亦祈一见。"盖其父好延异人，故其子欲邀余相晤。余约以下山来叩。后询何以进士起家，乃名可及者，忆其以魏党削夺，后乃不往。遂从庙右西上，于是崇攀仰陟，遵垂坡以登，三里，转突崖之上。其崖突兀坡右，下临深峡，峡自其上石门下坠甚深。从此上眺，双崖骈门，高倚峰头，其内环立翯翠，仿佛有云旌羽裳出没。益鼓勇直上，路曲折悬陡，又一里，而登门之左崖。其上有小石塔，循崖西入，两崖中辟，上插云霄，而下甚平。有佛宇三楹当其中，楹左右恰支两崖，而峡从其前下坠，路由左崖入，由右崖栈石壁而盘其前以登玉皇阁。佛宇之后，有池一方，引小水从后峡滴入，池上有飞岩嵌右崖间，一僧藉岩而栖，当两崖夹立之底，停午不见日色，惟有空翠冷云，绸缪牖户而已。由崖底坡坳而登内坞，有三清阁；由崖右历栈而蹑前崖，有玉虚亭；咫尺有幽旷之异。余乃先其旷者，遂蹑栈盘右崖之前。栈高悬数丈，上下皆绝壁，端耸云外，脚插峡底，栈架空而横倚之。东度前崖，乃盘南崖西转，北上而凌其端，即峡门右崖之绝顶也。东向高悬，三面峭削，凌空无倚，前俯平川，烟波村树，历历如画幅倒铺，后眺内峡，环碧中回，如蓉城蕊阙，互相掩映，窈蔼莫测，峰头止容一阁，奉玉宸于上，余凭揽久之，四顾无路，将由前道下栈，忽有一僧至，曰："此间有小径，可入内峡，不必下行。"余随之，从阁左危崖之端，挨空翻侧，践崖纹一线，盘之西入，下瞰即飞栈之上也。半里而抵内峡之中，峡中危峰内簇，瓣分蒂绾，中空如莲房；有圆峰独穹于后，当峡中峙，两旁俱有峰攒合，界为两峡，合于中峰前；旁峰外缀连冈，自后脊臂抱而前，合成崖门，对距止成线；峡外围中簇，此亦洞天之绝胜矣。冈上小峰，其有五顶，土人谓上按五行，有金木水火土之辨，此亦过求之论，即不藉五行，亦岂输三岛哉。中峰前结阁，奉三清，前有古柏一株颇巨，当两峡中合之上。余欲上蹑中峰，见阁后路甚仄，陟左峡而上，有路前蹈峡门左崖之顶，乃陟峡而北蹑之。东出西转，有塔峙坡间，路至此绝，余犹攀巉践削，久之不得路，而杨氏之子与担夫俱在下遥呼，乃返。从内峡三清阁前，下坠峡底，共一里而至峡门内方池上，就岩穴僧栖，敲火沸泉，以所携饭，投而共啖之。乃与僧同出峡门，循左崖东行，僧指右峡壁间突崖之下，石裂而成门，下临绝壑，中嵌巉崖，其内直逼山后莽歇，峡中从来皆虎豹盘踞，无敢入者。余欲南向悬崖下，僧曰："既无路而有虎，君何苦必欲以身试也。且外阻危崖，内无火炬，即不遇虎，亦不能入。"杨氏子谓："急下山，犹可觅罗尤温泉，此不测区，必不能从也。"乃随之东北下山。一里，路分两岐：一循山北下，为入州便道；一直东随坡下，即来时道。僧乃别从北去，余仍东下。一里，路左有一巨石，当坡东向而峙，下瞰土主庙后，石高三丈，东面平削，镌三大天王像于上，中像更大，上齐石顶，下踏崖脚，手托一塔，左右二像少杀之，土人言土司出兵，必宰猪羊夜祭之，祭后牲俱乌有，战必有功。是为天王石。又下一里，至土主庙南，乃逾涧南上坡，循西山之东，逾坡陟坞，南向而行，村之倚坡临川者，篱舍屈曲，竹树扶疏，缀以夭桃素李，光景甚异，三里余而得一巨村，则金华之峰至是南尽。又下为盘岭回亘，南去兰州之道，由是而西逾之，从杨村而达焉。由村南东盘东突之嘴，共里余，南转而得罗尤邑，亦百家之聚也。其处有温泉，在村洼中出，每冬月则沸流如注，人争浴之，而春至则涸成污池焉。水止而不流，亦不热矣。有二池：一在路旁，一在环堵之内，今观之，与行潦无异。土人言其水与兰州温泉，彼此互出，溢于此则彼涸，溢于彼则此涸；大意东出者在秋冬，西出者在春夏，其中间隔重峦绝箐，相距八十里，而往来有时，更代不爽，此又一异矣。村中有流泉自西峡出，人争引以灌，与温泉不相涉，其上有石龙寺，以晚不及探。遂由大道北返，四里，北越一桥，桥北有居庐，为水寨村。从村北折而西，望金华山石门之峡，高悬双阙，如天门夐峙。又二里，北抵州治，入南街，又里余而返寓。

十五日 余欲启行，闻杨君乔梓言莽歃岭为一州胜处，乃复为一日停。命担者裹饭从游，先从崖场入。崖场者，在金华北峰之下，有涧破重壁而东出，剖层峰为二，其内皆云舂水碓，极幽寂之致。莽歃正道，当从南崖上。余意披峡而西，由峡底觅道上，更可兼尽，遂溯流入。始缘涧北，不得入，仍渡涧南西入，南崖之上，即昨桃花迷坞处，而此当其下嵌。矫首两崖逼霄，但谓涧底流泉，别有天地，不复知峰头春色，更占人间也。曲折三里，只容一溪宛转，乱舂互答。既而峰回峡转，前领西亘，夹涧北来，中壑稍开，环崖愈嵌，路亦转北，而回眺西南岭头，当是莽歃所在，不应北入。适有樵者至，执而问之，曰：“此涧西北从后山来，莽歃之道，当从西亘之岭，南向蹑其脊，可得正道。”余从之。遂缘西亘岭西南跻之，虽无路径，方位已不出吾目中。一里余，遂南蹑其北突之脊，东来之路，亦逾此转南矣。遂从之。此峰自金华山北向横突，从此下坠，前尽于崖场峡口，后尽于所逾之脊。其西又有山一支，亦自南北向横突金华山之后，而为北下之峡。盖二山俱从西南老君山来，分支并驰，中夹成箐，石崖盘错，即所谓莽歃岭也。于是循金华山之西南向二里，又渐下者半里，而抵箐中。其箐南来，东崖即金华北岭之后，西崖是为莽歃，皆纯石危亘，骈峡相对，而路当其下。先有一崖，北向横障箐中，下嵌成屋，悬覆二丈余，而东北一石下垂，如象鼻柱地，路南向无隙。从象鼻卷中，傍东崖上透，遂历覆崖之上，望东西两崖，俱有石皮壁覆云，而西崖尤为突兀，上露两亭，因西向蹑危登之，其亭皆东向，倚崖缀壁，浮嵌欹仄，而南列者较大，位佛像于中，左壁有泉自石罅出。下涵小池而不溢；北亭就嵌崖通路，摭虚而过。得片石冒亭其上，三面悬削，其路遂绝。此反北凌箐口，高出象鼻覆崖之上矣。凭眺久之，闻木鱼声甚亮，而崖回石障，不知其处。复东下箐底，溯细流北入，则西崖转嘴削骨，霞崩嶂压，其势弥异。半里，矫首上眺，或下嵌上突，或中刳旁裂，或层堆、或直劈，各极骞腾。有书其上为“天作高山”者，其字甚大，而悬穹亦甚高。或云以箧箩藤索，从峰顶倒挂而书者。西崖有白衣大士，东崖有胡僧达摩，皆摩空粘壁而成，似非人迹所到也。更南半里，有玉皇阁当箐中。

由此攀西崖，捱石磴，有僧嵌一阁于崖隙。其阁亦东向，其崖上下陡绝，中嵌横纹，而阁倚之。挨横纹而北，又覆一亭，中供巨佛，倚壁而立，以崖逼不容青莲座也。其北横纹进绝矣。前闻鲸声遥递，即此阁僧。其师为南都人，茹淡辟幽，栖此有年，昨以禅诵赴崖场，而守庐者乃其徒也。留余待之，余爱其幽险，为憩阁中作记者半日。僧为具餐。下午而师不至。余问僧："此处有路通金华山否？"僧言："金华尚在东南，隔大脊一重，箐中无路上；东向直蹑东崖，乃南趋逾顶而东下之。盖东崖至是匪石而土，但峭削之极，直列如屏，其上为难。"余时已神往，即仍下玉皇阁，遂东向攀岭上，时有游人在玉皇阁者，交呼："此处险极难阶。"余不顾，愈上愈峻。二里，有路缘峰腰自南而北，担者欲从北去，余强之南。半里，此路乃南通后岭，非东南逾顶者，乃复东向蹑峻，担者屡后，呼之不至，余不复待，竭蹶上跻，一里余，而东逾其脊。从脊上俯视，见州治在川东北矣，乃即从脊南趋，半里，又东南蹑峻上，一里，始凌金华山顶。于是北眺丽江，西眺兰州，东眺鹤庆，南眺大理。虽嵌重峰之下，不能辨其城郭人民；而西之老君，北之大脊，东之大脊分支处，南之印鹤横环处，雪痕云派，无不历历献形，正如天际真人，下辨九州，俱如一黍也。复从顶脊南行，脊上已有路，直前一里，渐西转向老君，余知乃杨庄道，乃转而北，瞰东向之路，得一线垂箐下，遂从之。下里余，路穷箐密，倾崖倒坎，欹仄蒙翳，下嵌莫测。乃攀枝横跌，跌一重复更一枝，幸枝稠箐密，不知倒空之险，如是一里，如蹈碧海，茫无涯际。既而审视，忽见一塔下涌，虽隔悬重箐，而方隅在目，知去石门，不在弱水外矣。益用攀坠之法。又一里，有线径伏箐间，随之亟行，半里，得中洼之峡，又半里，出三清阁之后，即昨来审视而难从者。于是下峡门，过昨所饭处，皆阒无一人。乃前趋过昨所望虎穴之上，此直康衢，非险道矣。乃从北道循西山北向下，五里而返寓，则担夫犹未归也。

十六日　平明炊饭而行，遵南街出，七里至罗尤邑。余以为将滨湖而行，而大道俱西南循坡，竟不见波光渚影，途中屡陟冈越涧，皆自西向东，而冈涧俱不巨，皆有村庐。八里，一聚落颇盛。以其南又一里，大路将东转而趋海门桥，有岐西南入，乃石宝山道也。从此始与大道别，南瞻印鹤山，尖耸而当湖之南，为一川之南屏。其脉自湖东南下伏，而西度复耸，故榆城大道，过海门桥，绕湖南而东，由其东伏处，南逾而出观音山，湖流所注，由海门桥绕山北而西，由其西尽处，南捣而下沙溪。石宝山又在印鹤西南，东隔此溪南下，又西隔驼强江北流；故其路始从此溪北峡入，又从驼强江东峡渡，然后及石宝之麓焉。由岐路循西坡南下，一里，度一峡，从峡南上，转而西行，二里余，已遥望石宝山尖穹西大峰之南矣。于是复西南下一里，涉涧，乃南向升层冈，峡中曲折三里，始南逾其脊。南下二里，有水自西南峡来，至此折而东去，是为驼强江。有大石梁南跨之，桥南环塍连阡。南陟之，半里，有村庐倚南坡下，颇盛，是为驼强村。从村南复随箐南上，一里余，登岭脊，从脊上西望，老君山雪色峥嵘，在重峰夹涧之西，始知石宝之脉，犹从金华南下，而尽于驼强北转之处；若老君之脉，则南从横岭而尽于黑会、澜沧之交矣。平行脊上，一里余，稍南下，度峡坳，半里，东望海门桥之溪，已破峡嵌底而南，有路随箐直下而就之，此沙溪道也。有岐南上盘西峰之南，此石宝道。乃南上盘峰，一里余，凌峰之南，遂西转而饭。从岭头西向行二里，稍下而逾脊西，随之南转西向，一里，又西南逾其北突之崖，始平望石宝之尖，与西峰并峙，而白塔高悬其间。南一里，遂坠壑直下，一里，抵崖麓，则驼强江自南而北，奔流石峡中，而两崖东西夹峙，巉石飞骞，古木盘耸，悬藤密箐，蒙蔽山谷。只觉绿云上幕，而仰不见天日，玉龙下驰，而旁不露津涯。盖西即石宝之麓，东乃北绕之峰，骈夹止容一水，而下嵌上逼，极幽异之势。循东崖南行，三里，夹壁稍开，有石梁西度，立梁上四眺，尚不见寺托何处。梁南两崖，溯水而上，已无纤径，而桥东有路，南逾东峰，则沙溪之道也。度桥西半里，西壁稍开，中坠一坑，甚峻，有巨阁当其口，已倾圮不蔽风雨，而坑中亦无入路，惟仰见其上，盘崖层叠，云回幛拥，如芙蓉十二楼，令人目眩心骇。路循坑右盘崖磴曲折上，一里余而入石宝寺山门。门殿三四层，俱东向，荒落不整，僧道亦寂寥；然石阶殿址，固自雄也。余停行李于后殿之右，一老僧栖其后，初不延纳。余不顾，即从殿北盘左腋，穷北岩二重，复下，从殿南盘右腋穷北岩一重，再下，则老僧已炊黄粱相待。时已下午，复从右腋上玉皇阁，穷塔顶，既暮始下。盖后殿正嵌崖脚，其层亘之崖，重重上盘，而路各从两旁腋间，分道横披而入；其前既悬削，不能直上，而上亦中断，不能交通，故殿后第一层分嵌三窍，北窍二重，路从北腋转；南窍一重，路从南腋转：俱回临殿上，而中间不通。其上又环为第二层，殿后仰瞻不见也。路又从玉皇阁北转，即凭临第一层之上，从突崖北陟，蹑北支西上三里余，凌后峰之顶，顶颇平。西半里，有白塔当坪间，又中洼为土塘者二而无水。洼之南，皆石坡外突，平庋如塘堰，而石面有纹如龙鳞，有小洼嵌其上，皆浅而有水。其顶即西并大峰；其峰横列上耸，西拥如屏。欲蹑其上，路绝日暮而止。僧言："其上有天成石像，并不竭石池。"余所睹颇不一，亦少就雕刻，不辨孰为天成也。

十七日　由石宝饭而下山。二里，度桥东上，即转东南，二里，东逾其脊，乃转而南行。渐下，转而西南，三里，又转而东，一里，循山南转。其地马缨盛开，十余小朵，簇成一丛，殷红夺目，与山茶同艳。二里，过一南度之脊，里余，越岭而南，始望见沙溪之坞，辟于东麓。所陟之峰，与东界大山相持而南，中夹大坞，而剑川湖之流，合驼强江出峡贯于川中，所谓沙溪也。其坞东西阔五六里，南北不下五十里，所出米谷甚盛，剑川州皆来取足焉。从岭南行又二里，峰头石忽涌起，如狮如象，高者成崖，卑者为级，穿门蹈瓣，觉其有异，而不知其即钟山也。去而后知之，欲再返观，已无及矣。又一里，遂东南下，三里及其麓，从田塍间东南行，二里得一大村，曰沙腿。遇一僧，即石宝山之主僧也。欲留余还观钟山，且言："从此西四十里，过蕨食坪，即通杨村、兰州，由兰州出五盐井，径从云龙州抵永昌甚便。"余将从之，以浪穹何巢阿未晤，且欲一观大理，更闻此地东去即观音山，为鹤庆、大理通道，若舍此而西，即多未了之愿。乃别僧东南行塍间，三里至四屯，村庐甚盛，沙溪之水流其东，有木梁东西驾其上，甚长。度桥，又东南望峡坡而趋，二里，由峡蹑坡东向上者五里，得一坡顶，踞而饭。又东一里余，见路右有峡，西坠如划堑，其南有崖北向，一洞亦北向辟门，艰于坠峡，惟隔崖眺望，不及攀也。又东里余，抵东脊之下，有涧自北来，小水流其中，南注西坠峡间，大路涉涧而东逾脊，已乃知其为三营道，如欲趋观音山，当溯涧而北入坞。余乃复返涧西，北向溯之入，行夹中，径甚微，两旁石树渐合，二里出夹，乃东北蹑坡而上。坡间万松森列，马缨花映日烧林，而不闻人声。五里转而东，又上五里，始蹑其脊，脊南北俱峰，中反洼而成坳，穿坳一里，始东北向而下；望见东界，遥山屏列，上干云汉，而其下支撑陇盘，犹不见下辟之坞也。坠峡而下二里，又见东麓海子一围，水光如黛，浮映山谷，然其径芜塞，第望之东下。又二里，始有路自北顶而下，随之东北降，又五里余，始及山麓。麓之东，平壑内环，小山外绕，自西大山北麓分支，回环东抱，又转而西，夹于南麓，四周如城，中辟如规，北半衍为平畴，南半潴为海子。海子之水，反西南逼大山之麓，破峡坠去，其中盖另一天也。当壑之中，有居庐骈集，是为罗木哨。其北冈峰，如负扆独拥于后，而前有庐室倚其阳，是为李氏之居。李名某，以进士任吏部郎。今其家居。地灵人杰，信有征哉。东行塍畴间二里，过罗木哨村。又东一里余，有大道自西北向东南，交过之，又东半里，抵东冈下，循之而北，半里，乃东向逾坳而上，又半里乃下，及其东麓，数家濒东溪而居。其溪自三岔路涧峡发源，经观音山过此，而西南绕出洞鼻，合浪穹海子及凤羽闷江，而同入普陀崆，南经中所，下洱海者也。其时将暮，担者欲止，问村人不得，乃误从村南度小桥，由溪东大道，北行二里，得观音铺村，已日暮矣，遂宿。

十八日　昧爽促饭，而担夫逃矣。久之，店人厚索余赀，为送浪穹；遂南行二里，过一石桥，循东山之麓而南，七里至牛街子，循山南去，为三营大道。由岐西南，过热水塘，行坞中，为浪穹间道。盖此地已为浪穹、鹤庆犬牙错壤矣。于是西南从支坡下，一里，过热水塘，有居庐绕之。余南行塍间，其坞扩然大开。西南八里，有小溪自东而西注，越溪又南，东眺三营，居庐甚盛，倚东山之麓，其峰更崇，西望溪流，逼西山之麓，其畴更沃；过此中横之溪，已全为浪穹境矣。三营亦浪穹境内，余始从鸡山闻其名，以为山阴也，而何以当山之西南？至是而知沐西平再定佛光寨，以其地险要，特立三营以控扼之，土人呼"营"为"阴"，遂不免与会稽之邻县同一称谓莫辨矣。又南十里，则大溪自西而东向曲。由其西，有木桥南北跨之，桥左右俱有村庐。南度之，行溪之西三里，溪复自东而西向曲。又度桥而行溪之东三里，于是其溪西逼西山南突之嘴，路东南陟陇而行。四里，则大溪又自西而东向曲，有石梁南跨之，而梁已中圮，陟之颇危。梁之南，居庐亦盛，有关帝庙东南向，是为大屯。屯之西，一山北自西大山分支南突，其东南又有一山，南逼东大山分支北突，若持衡之针，东西交对，而中不接。大溪之水北捣出洞鼻之东垂，又曲而南环东横山之西麓，若梭之穿其隙者。两山既分悬坞中，坞亦若界而为二。于是又西南行塍间，三里，转而西，三里，过一小石梁，其西则平湖浩然，北接海子，南映山光，而西浮雉堞，有堤界其中，直西而达于城。乃遵堤西行，极似明圣苏堤，虽无六桥花柳，而四山环翠，中阜弄珠，又西子之所不能及也。湖中鱼舠泛泛，茸草新蒲，点琼飞翠，有不尽苍茫，无边潋滟之意。湖名"茈碧"，有以也。西二里，湖中有阜中悬，百家居其上。南有一突石，高六尺，大三丈，其形如龟，北有一回冈，高四尺，长十余丈，东突而昂其首，则蛇石也。龟与蛇交盘于一阜之间，四旁沸泉腾溢者九穴，而龟之口向东南，蛇之口向东北，皆张吻吐沸，交流环溢于重湖之内。龟之上，建玄武阁，以九穴环其下，今名九炁台。余循龟之南，见其腭中沸水，其上唇覆出，为人击缺，其水热不可以濯。有僧见余远至，遂留饭，且及夫仆焉。其北蛇冈之下，亦新建一庵，余以入城急，不暇遍历。由台西复行堤间，一里，度一平桥，又二里，入浪穹东门。一里，抵西山之下，乃南转入护明寺，憩行李于方丈。寺东向，其殿已久敝，僧方修饰之。寺之南为文昌阁，又南为文庙，皆东向，而温泉即洋溢于其北。既憩行李，时甫过午，入叩何公巢阿，一见即把臂入林，欣然恨晚，遂留酌及更，仍命其长君送至寺，宿焉。何名鸣凤，以经魁初授四川郫县令，升浙江盐运判官。尝与眉公道余素履，欲候见不得。其与陈木叔诗，有"死愧王紫芝，生愧徐霞客"之句，余心愧之，亦不能忘。后公转六安州知州，余即西游出门，至滇省，得仕籍，而六安已易人而治，讯东来者，又知六安已为流寇所破，心益忡忡。至晋宁，会教谕赵君，为陆凉人，初自杭州转任至晋宁，问之，知其为杭州故交也。言来时从隔江问讯，知公已丁艰先归，后晤鸡足大觉寺一僧，乃君之戚，始知果归，以忧离任，即城破，抵家亦未久也。

十九日 何君复具餐于家，携行李入文庙西庑，乃其姻刘君匏石读书处也。上午，何君具舟东关外，拉余同诸郎四人登舟。舟小仅容四人，两舟受八人，遂泛湖而北。舟不用楫，以竹篙刺水而已。渡湖东北三里，湖心见渔舍两三家，有断埂垂杨环之。何君将就其处，结楼缀亭，绾纳湖山之胜，命余豫题联额，余唯唯。眺览久之，仍泛舟西北二里，遂由湖而入海子。南湖北海，形如葫芦，而中束如葫芦之颈焉。湖大而浅，海小而深，湖名茈碧，海名洱源。东为出洞鼻，西为剾头村，北为龙王庙。三面山环成窝，而海子中溢，南出而为湖。海子中央，底深数丈，水色澄莹，有琉璃光，穴从水底喷起，如贯珠联璧，结为柱帏，上跃水面者尺许，从旁遥觑，水中之影，千花万蕊，喷成珠树，粒粒分明，丝丝不乱，所谓灵海耀珠也。《山海经》谓洱源出罢谷山，即此。杨太史有《泛湖穷洱源》遗碑，没山间，何君近购得之，将为立亭以志其胜焉。从海子西南涯登陆，西行田间，入一庵，即护明寺之下院也。何君之戚，已具餐庵中，为之醉饱。下午，仍下舟泛湖，西南二里，再入小港，何君为姻家拉去，两幼郎留侍，令两长君同余还，晚餐而宿文庙西庑。

二十日 何君未归，两长君清晨候饭，乃携盒抱琴，竟堤而东，再为九炁台之游。拟浴于池，而浴池无覆室，是日以街子，浴者杂沓，乃已。遂由新庵掬蛇口温泉，憩弄久之，仍至九炁台，抚琴命酌。何长君不特文章擅藻，而丝竹俱精，就龟口泉瀹鸡卵为餐，味胜于汤煮者。已而寺僧更出盒佐觞，下午乃返。西风甚急，何长君抱琴向风而行，以风韵弦，其声泠泠，山水之调，更出自然也。

二十一日 何君归，饭余于前楼，以其集示余。中有为余咏者，余亦作二诗以酬之。

二十二日 何君特设宴宴余。余以小疾欲暂卧，恳辞不获，强起赴酌，何君出所藏山谷真迹、杨升庵手卷，示余。

二十三日 何长君联骑同为佛光寨之游。佛光寨者浪穹东山之最高险处，东山北自观音山南下，一穹而为三营后山，再穹而为佛光寨，三穹而为灵应山。其势皆崇雄如屏，连障天半，遥望虽支陇，其中实多崩崖叠壁，不易攀跻，故佛光寨夙称天险。《名胜志》谓为孟获首寨；然载于邓川，而不载于浪穹，误矣。国初既平滇西，有普颜笃者，复据此以叛，久征不下，数年而后克之。今以其地建灵光寺。从寺后而上，有一女关最险，言一女当关，莫之能越也。颜笃据寨，以诸女子分竚峰头，遥望山下，无所不见。从关而上，即通后山之道，北出七坪，南下北牙者也。余闻其胜，故与长君先及之。仍从九炁台，共十里，过大屯石梁，其梁已折而重建，横木桥以度。遂从东北行，五里转而东，从径路又三里，直抵东山下。乃沿山东北上，又二里而及灵光寺。寺门东向，下临遥川，其前坡虽峻，而石不多，惟寺前一石，高突如屋。前楼后殿，两庑为炊卧之所，乃何君之伯某府别驾所建，今且就圮矣。余至，先有三客在，皆吕姓，一少而麻衣者，为吕挥使子，其二长者，即其叔也。具餐相饷，为余言一女关之胜，欲即登之，诸君谓日晚不及。迨下午，诸吕别去，何长君亦往三营戚家，余独留寺中，为明晨遍历之计。诸吕留蔬果于僧，令供余，且导余游。

二十四日　晨起索饭，即同寺僧从寺后跻危坡而上。二里余，有岐：北盘入峡者，向寨址道也；历级直上而南越峰头者，向一女关道也。余从其上者，一里余，凌坡之脊，随之南转，俯瞰脊东盘夹中，有遗址围墙，即普颜笃之旧寨也，反在其下矣。南一里，峰头始有石累累；从其下东转，南突危崖，北临寨底，线径横腰。以下缺

二十五日至月终俱缺

卷八上

滇游日记八

己卯三月初一日　何长君以骑至文庙前，再馈餐为包。乃出南门，一里，过演武场，大道东南去，乃由岐西南循西山行。四里，西山南尽，有水自西峡出，即凤羽之流也。其水颇大，南即天马山横夹之，与西山南尽处相峙若门，水出其中，东注茈碧湖南坡塍间，抵练城而南入普陀崆。路循西山南尽处，溯水而入，五里，北崖忽石峰壁立，耸首西顾，其内坞稍开，有村当耸首下坞中，是名山关。耸首之上，有神宇踞石巅，望之突兀甚，盖即县后山，自三台分支南下，此其西南尽处也；其内大脊稍西曲，南与天马夹成东西坞。循溪北崖间又三里余，西抵大脊之下，于是折而南一里，渡涧，东循东山南行。一里，为闷江门哨，有守哨者在路旁。又南二里，有小山当峡而踞，扼水之吭，凤羽之水南来，铁甲场之涧西出，合而捣东崖下。路乃缘崖袭其上。二里，出扼吭之南，村居当坡东，若绾其口者。由是村南山坞大开，西为凤羽，东为启始后山，夹成南北大坞，其势甚开；三流贯其中，南自上驷，北抵于此，约二十里，皆良田接塍，绾谷成村。曲峡通幽入，灵皋夹水居，古之朱陈村、桃花源，寥落已尽，而犹留此一奥，亦大奇事也。循东山而南，为新生邑。共五里，折而西度坞中。截坞五里，抵西山凤羽之下，是为舍上盘，古之凤羽县也。今有巡司，一流一土，土尹姓。名忠，号懋亭，为吕挥使梦熊之婿。吕梦熊先驰使导为居停，而尹以捕缉往后山，其内人出饭待客，甚丰。薄暮尹返，更具酌，设鼓吹焉。是夜大雨，迨晓而雪满西山。

初二日　晨餐后，尹具数骑，邀余游西山。盖西山即凤羽之东垂也，条冈数十支，俱东向蜿蜒而下，北为土主坪，南为白王寨。是日饭于白王寨北支帝释寺中。其支连叠三寺，而俱无僧居，言亦以避寇去也。从土主庙更西上十五里，即关坪，为凤羽绝顶。其南白王庙后，其山更高，望之雪光皑皑而不及登。凤羽，一名鸟吊山。每岁九月，鸟千万为群，来集坪间，皆此地所无者；土人举火，鸟辄投之。

初三日　尹备骑，命四人导游清源洞，晨餐后即行。循西山南行五里，过一村，有山横亘坞南，大坞至是南尽而分为二峡：西峡路由马子哨通漾濞，有一水出其中；东峡路由花甸哨出洪珪山，有二水出其中，其山盖南自马子哨分支北突者。由其北麓二里，东降而涉坞，过上驷村，渡三涧。三里，东抵一村，复上坡循东山南行。一里余，渡东涧之西，乃南蹑坡冈，则东之蜡坪厂山，其厂出矿。山之东，即邓川州。与西之横亘山，又夹成小坞。南行里余，乃折而东，逾一坳。共一里，东向下，忽见一水自壑底出，即东涧之上流，出自洞下者也。亟下壑底，睹其水自南穴出，涌而北流成溪。其上崖间一穴，大仅二三尺，亦北向，上书“清源洞”三字，为邓川缙绅杨南金笔。水不从上洞出，由洞口下降而入，亦不见水；或曰：“行数里后乃闻水声。”其入处逼仄深坠，恰如茶陵之后洞。导者二，一人负松明一筐，一人然松明为炬以入。南入数丈，路分为二：下穿者为穴，上跻者为楼。楼之上复分二穴。穿右穴而进，其下甚削，陷峡颇深，即下穿所入之峡也，以壁削路阻，不得达。乃返穿左穴而进，其内曲折骈夹，高不及丈，阔亦如之，而中多直竖之柱，或连枝剖楹，或中盘旁丛，分合间错，披隙透窾，颇觉灵异，但石质甚莹白，而为松炬所薰，皆黑若烟煤，着手即腻不可脱；盖其洞既不高旷，烟雾莫散，而土人又惯用松明，便于伛偻，而益增其煤腻。盖先是有识者谓余曰：“是洞须岁首即游为妙，过二月辄为烟所黑。”余问其故，曰：“洞内经年，人莫之入，烟之旧染者，既渐退而白，乳之新生者，亦渐垂而长，故一当新岁，人竞游之，光景甚异。从此至二月，游者已多，新生之乳，既被采折，再染之垢，愈益薰蒸，但能点染衣服，无复领其光华矣。”余不以其言为然。至是而知洞以低故，其乳易采，遂折取无余，其烟易染，遂薰蒸有积；其言诚不诬也。透柱隙南入，渐有水贮柱底盘中。其盘皆石底回环，大如盆盎，颇似粤西洞中仙田之类，但不能如其多也。约进半里，又坠穴西下，其深四五尺，复夹而南北，下平上湊，高与阔亦不及丈，南入三丈而止，北入十余丈，亦窘缩不能进。乃复出，升坠穴之上，寻其南隙，更披隘以入。入数丈，洞渐低，乳柱渐逼，俯膝透隙，匍匐愈难，复返而出，由楼下坑内，批隙东转，又入数十丈，其内高阔，与南入者同，而乳柱不能比胜。既穷，乃西从下坑透穴出。由坑仰眺，其上稍觉崆峒，即入时由楼上俯瞰处。既下穴出，渐见天光，乃升崖出口，满身皆染淄蒙垢矣。乃下濯足水穴之口，踞石而浣。水从乱穴中汩汩出，遂成大溪北去，清冷澈骨。所留二人，炊黄粱于洞外者亦熟，以所携酒脯，箕踞啖洞前。仰见天光如洗，四山如城，甚惬幽兴。饭后，仍逾西坳，稍南，遵花甸路，遂横涉中溪，西上横亘山之东坂。沿山陟陇，五里下，出上驷村之西，仍循西山北行。一里，过一村，遂由小径遵西山陇半，搜剔幽奥。上下冈坂十余里，抵暮，还宿于尹宅。

初四日　尹备数骑，循西山而北，三里，盘西山东出之嘴。又北半里，忽见山麓有数树撑空，出马足下，其下水声淙淙出树间，则泉穴自山底东透隙而出也。又北半里，有坑自北山陷坠成峡，涉之。稍东，又盘一嘴，又三里，而至波大邑，倚西山而聚庐，亦此间大聚落也。由村北坠坑而下，横涉一涧，又北上逾冈，三里而下，是为铁甲场；有溪自西山东注，村庐夹之。前闷江门南当峡扼水，小山又东踞，为此中水口，南北环山两支，复交于前，又若别成一洞天者。过溪，上北山。此山自西山横拖而来，为铁甲场龙砂，实凤羽第三重砂也，东束溪流，最为紧固；其西南之麓即铁甲，东北之麓即闷江门，凤羽一川，全以此为锁钥焉。骑登其上，还饭于铁甲场居民家。置二樽于架上，下煨以火，插藤于中而递吸之，屡添而味不减。其村氓惯走缅甸，皆多彝货，以孩儿茶点水飨客；茶色若胭脂而无味。下午，仍从波大邑盘泉穴山嘴，复西上探其腋中小圆山。风雨大至，沾濡而返。

初五日　晨起欲别，尹君以是日清明，留宴于茔山，即土主庙北新茔也。坐庙前观祭扫者纷纷，奢者携一猪，就茔间火炕之而祭；贫者携一鸡，就茔间吊杀之，亦烹以祭。回忆先茔，已三违春露，不觉怃然！亟返而卧。

初六日　余欲别，而尹君谓前邀其岳吕梦熊，期今日至，必再暂停。适村有诸生许姓者，邀登凤羽南高岭，随之。下午返而吕君果至，相见甚欢。

初七日　尹君仍备骑，同梦熊再为清源洞之游。先从白米村截川而东五里，遵东山南行。山麓有骑龙景帝庙，庙北有泉一穴，自崖下涌出，崖石嵌磊，巨木盘纠，清泉漱其下，古藤络其上，境甚清幽。土人之耕者，见数骑至，以为追捕者，俱释耜而趋山走险；呼之，趋益急。又南五里而抵清源洞。不复深入，揽洞前形势。仍西渡中溪，遍观西山形胜而返。下午，余苦索别，吕君代为尹留甚笃。是日宴张氏两公子。客去，犹与吕君洗盏更酌，陈乐为胡舞，曰“紧急鼓”。

初八日　同梦熊早饭后别尹君。三十五里，抵浪穹南门。梦熊别去，期中旬晤榆城。余入文庙，命顾仆借炊于护明寺，而后往候何六安。何公待余不至，已先一日趋榆城矣。余乃促何长君定夫，为明日行计。何长君留酌书馆，复汲汤泉为浴而卧。

初九日　早饭于何处。比行，阴云四合，大有雨意，何长君、次君仍以盒饯于南郊。南行三里，则凤羽溪自西而东注，架木桥度之。又南里余，抵天马山麓，乃循而东行，风雨渐至。东里余，有小阜踞峡口之北，曰练城，置浮屠于上，为县学之案。此县普陀崆水口，既极逼束，而又天生此一阜，中悬以锁钥之。茈碧湖、洱源海及观音山之水，出于阜东；凤羽山之水，出于阜西，俱合于阜南，是为三江口。由其西望之而行，又二里，将南入峡，先有木桥跨其上流，度桥而东，应山铺之路自东北逾横山来会，遂南入峡口。是峡东山即灵应山西下之支，西山即天马山东尽之处；两山逼凑，急流捣其中，为浪穹诸水所由出。路从桥东，即随流南入峡口。有数家当峡而居，是为巡检司。时风雨交横，少避于跨桥楼上。楼圮不能蔽，寒甚，南望峡中，风阵如舞，北眺凌云诸峰，出没闪铄。坐久之，雨不止，乃强担夫行。初从东崖南向行普陀崆中，一里，峡转而西曲，路亦西随之。一里，复转而南，一里，有一家倚东崖而居。按《郡志》：有龙马洞在峡中，疑即其处；而雨甚，不及问。又南，江流捣崆中愈骤，崆中石耸突而激湍，或为横槛以扼之，或为夹门以束之，或为龃龉，或为剑戟，或为犀象，或为鸷鸟，百态以极其抟截之势；而水终不为所阻，或跨而出之，或穿而过之，或挟而潆之，百状以尽超越之观。时沸流倾足下，大雨注头上，两崖夹身，一线透腋，转觉神王。二里，顾西崖之底，有小穴当危崖下，东向与波流吞吐，心以为异。过而问热水洞何在，始知即此穴也。先是土人言普陀崆中，有热水洞，门甚隘，而中颇宽；其水自洞底涌出如沸汤。人入洞门，为热气所蒸，无不浃汗，有疾者辄愈。九炁台止可煮卵，而此可糜肉。余时寒甚，然穴在崆底甚深；且已过，不及下也。又南一里，峡乃尽，前散为坞，水乃出崆，而路乃下坡。半里抵坞，是为下山口。盖崆东之山，即灵应南垂，至是南尽，余脉逊而东，乃南衍为西山湾之脊；崆西之山，南自邓川西，逆流而上，中开为南北大坞，而弥苴佉江贯其中焉。峡口之南，有村当坞，是为邓川州境。于是江两岸垂杨夹堤。路从东岸行，六里余而抵中所。时衣已湿透，风雨不止，乃觅逆旅，沸汤为饭。入叩刘陶石。名一金，父以乡荐为涿州守，卒于任。前宿其来凤庄者。刘君出酒慰寒，遂宿其前楼。出杨太史《二十四气歌》相示，书法带赵吴兴，而有媚逸之致。

初十日　雨止而余寒犹在，四山雪色照人。迨饭而担夫逸去。刘君乃令人觅小舟于江岸之西覆钟山下，另觅夫肩行李从陆行，言西山下有湖可游，欲与余同泛也。盖中所当弥苴佉江出峡之始，其地平沃，居屯甚盛，筑堤导江，为中流所；东山之下，有水自焦石洞下，沿东山经龙王庙前，汇为东湖，流为闷地江，是为东流所；西山之下，有水自钟山石穴中，东出为绿玉池，南流为罗莳江，是为西流所。故其地亦有“三江”之名。然练城之三江合流，此所之三江分流，虽同南行注洱海，而未尝相入也。余与刘君先西过大石梁，乃跨弥苴佉江上者。西行塍中一里，有桥跨小溪上，即罗莳江也。桥之北，水塘潋滟，青蒲蒙茸；桥之南，溪流如线，蛇行两畦间。因踞桥待舟，北望梅花村绿玉池在里外，而隔浦路湿，舟至便行，竟不及北探也。此地名中所，东山之东，罗川之上，亦有中所，乃即此地之分屯也，余昔自鸡山西下所托宿处。大约此地正东与鸡鸣寺，西与凤羽舍上盘相对，但各间一山脊耳。桥西诸山皆土，而峭削殊甚，时多崩圮；钟山峙桥西北，溪始峙桥正西，盖钟山突而东，溪始环而西。溪始之上，有水一围，汇绝顶间，东南坠峡而下，高挈众流之祖，故以“溪始”名。下舟，随溪遵其东麓南行。两旁塍低于溪，壅岸行水于中，其流虽小而急。此处小舟如叶，止受三人；其中弥苴佉江，似可通大舟，而流急莫从。二里，则两岸渐平，而走沙中壅，舟胶不前。刘君与余乃登岸行陇，舟人乃凌波曳舟。五里，乃复下舟。少曲而西，半里，遂南挺而下湖。湖中菱蒲泛泛。多有连芜为畦，植柳为岸，而结庐于中者，汀港相间，曲折成趣，深处则旷然展镜，夹处则窅然罨画，翛翛有江南风景；而外有四山环翠，觉西子湖又反出其下也。湖中渚田甚沃，种蒜大如拳而味异；罂粟花连畴接陇于黛柳镜波之间，景趣殊胜。三里湖尽，西南瞻邓川州治，当山腋曲间，居庐不甚盛而无城，其右有崩峡倒冲之；昔年迁于德源城，以艰于水，复还故处。大路在湖之东，弥苴佉江西岸。若由陆路行，不复知此中有湖，并湖中有此景也。又南行港间一里余，有路自东横亘于西山，即达州治之通道也。堤之下，连架三桥以泄水。舟由堤北东行，一里，穿桥而南，又半里，有小桥曰三条桥，即北从中所来之大道也。水穿桥东，路度桥南，俱南向行。初约顾仆以行李待此而不在，刘君临岐踌躇。时已过午，腹馁，余挥手别刘君，令速返。余遵大道南行，始见路东有小山横亘坞中，若当门之槛，截坞而出者，是为德源城，盖古迹也。按《志》：昔六诏未一，南诏延五诏长为星回会，邓赕诏之妻，劝夫莫往，曰：“此诈也，必有变。”以铁环约夫臂而行。后五诏俱焚死，遗尸莫辨，独邓赕以臂约认之还。后有欲强妻之，复以计诒之，得自尽，不为所污。故后人以德源旌之。山横坞中不甚高，而东西两端，各不属于大山。山之西，与卧牛相夹，则罗莳江与邓川驿路从之；山之东，与西山湾山相夹，则弥苴佉、闷地二江从之。南三里，从其西峡傍卧牛山东突之嘴行。卧牛山者，邓川东下南砂之臂也，一大峰，一小峰，相属而下，大者名卧牛，小者名象山；土人以象小而牛大，今俱呼为象山云。凑峡之间，有数十家当道，是为邓川驿。过驿一里，上盘西山之嘴，始追及仆担。遂南望洱海，直上关而北，而德源横亘之南，尚有平畴南接海滨。德源山之东，大山南下之脊，至是亦低伏，东转而直接海东大山。盖万里之脉，至洱海之北而始低渡云。由嘴南仍依西山南下，二里，下度一峡口，其峡自西山出，横涉之而南上坡间。又二里，有坊当道，逾坡南行，始与洱海近。共五里，西山之坡，东向而突海中，是为龙王庙。南崖之下，有油鱼洞，西山腋中，有“十里香”奇树，皆为此中奇胜。而南瞻沙坪，去坡一里而遥，急令仆担先觅寓具餐，余并探此而后中食。乃从大路东半里，下至海崖。其庙东临大海，有渔户数家居庙中，庙前一坑下坠，架石度其上如桥。从石南坠坑下丈余，其坑南北横二丈，东西阔八尺，其下再嵌而下，则水贯峡底，小鱼千万头，杂沓于内。渔人见余至，取饭一掌撒，则群丛而嘬之。盖其下亦有细穴潜通洱海，但无大鱼，不过如指者耳。油鱼洞在庙崖曲之间，水石交薄，崖内逊而抱水东向如玦；崖下插水中，崆峒透漏。每年八月十五，有小鱼出其中，大亦如指，而周身俱油，为此中第一味，过十月，复乌有矣。崖之后石耸片如芙蓉裂瓣，从其隙下窥之，多有水潄其底，盖其下皆潜通也。稍西上，有中洼之宕当路左，其东崖潄根，亦有水外通，与海波同为消长焉。从其侧交大路而西逾坡，不得路，望所谓三家村者，尚隔一箐踞西峡间。乃西半里，越坡而下，又西半里，涉箐而上，乃沿西山南向而趋，一里，渐得路，转入西腋，半里，抵三家村。问老妪，指奇树在村后田间。又半里至其下。其树高临深岸，而南干半空，直然挺立，大不及省城土主庙奇树之半，而叶亦差小。其花黄白色，大如莲，亦有十二瓣，按月而闰增一瓣，与省会之说同；但开时香闻远甚，土人谓之“十里香”，则省中所未闻也。榆城有风、花、雪、月四大景，下关风、上关花、苍山雪、洱海月。上关以此花著。按《志》：榆城异产有木莲花，而不注何地，然他处亦不闻，岂即此耶？花自正月抵二月终乃谢，时已无余瓣，不能闻香见色，惟抚其本辨其叶而已。乃从村南下坡，共东南二里而至沙坪，聚落夹衢。入邸舍，晚餐已熟。而刘君所倩担夫已去，乃别倩为早行计。

十一日　早炊，平明，夫至乃行。由沙坪而南一里余，西山之支，又横突而东，是为龙首关，盖点苍山北界之第一峰也。凤羽南行，度花甸哨南岭而东北转者，为龙王庙后诸山，迤逦从邓川之卧牛溪始，而北尽于天马，南峙者为点苍，而东垂北顾，实始于此，所以谓之“龙首”。《一统志》列点苍十九峰次第，自南而北，则是反以龙尾为首也。当山垂海错之处，巩城当道，为榆城北门锁钥，俗谓之上关，以据洱海上流也。入城北门，半里，出南门，乃依点苍东麓南行，高眺西峰，多坠坑而下，盖后如列屏，前如连袂，所谓十九峰者，皆如五老比肩，而中坠为坑者也。南二里，过第二峡之南，有村当大道之右，曰波罗村。其西山麓有蛱蝶泉之异，余闻之已久，至是得土人西指，乃令仆担先趋三塔寺投何巢阿所栖僧舍，而余独从村南西向望山麓而驰。半里，有流泉淙淙，溯之又西半里，抵山麓。有树大合抱，倚崖而耸立，下有泉，东向潄根窍而出，清洌可鉴。稍东，其下又有一小树，仍有一小泉，亦潄根而出。二泉汇为方丈之沼，即所溯之上流也。泉上大树，当四月初，即发花如蛱蝶，须翅栩然，与生蝶无异；又有真蝶千万，连须钩足，自树巅倒悬而下，及于泉面，缤纷络绎，五色焕然。游人俱从此月，群而观之，过五月乃已。余在粤西三里城，陆参戎即为余言其异；至此又以时早未花，询土人，或言蛱蝶即其花所变，或言以花形相似，故引类而来，未知孰是。然龙首南北相距，不出数里，有此二奇葩，一恨于已落，一恨于未蕊，皆不过一月，而各不相遇。乃折其枝，图其叶而后行。已望见山北第二峡，其口对逼如门，相去不远，乃北上蹑之。始无路，二里，近峡南，乃得东来之道，缘之西向上跻，其坡甚峻。路有樵者，问何往，余以寻山对。一人曰："此路从峡南直上，乃樵道，无他奇。南峡中有古佛洞甚异，但悬崖绝隔，恐不能行，无引者亦不能识。"又一老人欣然曰："君既万里而来，不为险阻，余何难前导。"余乃解长衣并所折蛱蝶枝，负之行。共西上者三里，乃折而南，又平上者三里，复西向悬跻。又二里，竟凌南峡之上，乃第三峡也。于是缘峡上西行，上下皆危崖绝壁，积雪皑皑，当石崖间，旭日映之，光艳夺目。下瞰南峰，与崖又骈峙成峡，其内坠壑深杳，其外东临大道，有居庐当其平豁之口，甚盛。以此崖南下俱削石，故必由北坡上，而南转西入也。又西上二里，崖石愈巀嶪，对崖亦穹环骈绕，盖前犹下崖相对，而至此则上峰俱回合矣。又上一里，盘崖渐北，一石横庋足下，而上崖飞骞刺空，下崖倒影无底。导者言："上崖腋间，有洞曰大水；下崖腋间，有洞曰古佛。"而四睇皆无路。导者曰："此庋石昔从上崖坠下，横压下洞之上，路为之塞。"遂由庋石之西，攀枝直坠，其下果有门南向，而上不能见也。门若裂罅，高而不阔，中分三层。下层坠若眢井，俯窥杳黑而不见其底；昔曾置级以下，爇灯而入甚深，今级废灯无，不能下矣。中层分瓣排棂，内深三丈，石润而洁，洞狭而朗，如披帷践榭坐其内，随峡引眺，正遥对海光；而洞门之上，有中垂之石，俨如龙首倒悬，宝络中挂。上层在中洞右崖之后，盘空上透，望颇窈窱，而中洞两崖中削，内无从上。其前门夹处两崖中凑，左崖前削，石痕如猴，少刓其端，首大如卵，可践猴首，飞度右崖以入上洞。但右崖欹侧，与左崖虽中悬二尺余，手无他援，而猴首之足，亦仅点半趾，跃陟甚难，昔亦有横板之度，而今无从觅。余宛转久之，不得度而下。导者言："数年前，有一僧栖此崖间，多置佛，故以古佛名。自僧去佛移，其叠级架梯，亦久废无存，今遂不觉闭塞。"余谓不闭塞不奇也。乃复上庋石，从其门扪崖直上。崖亦迸隙成门，门亦南向，高而不阔，与下洞同，但无其层叠之异；峡左石片下垂，击之作钟鼓声。北向入三丈，峡穷而蹑之上，有洼当后壁之半，外耸石片，中刓如奩臼，以手摸之，内圆而底平，乃天成贮泉之器也。其上有白痕自洞顶下垂其中，如玉龙倒影，乃滴水之痕；臼侧有白磁一，乃昔人置以饮水者。观玩既久，乃复下庋石。导者乃取樵后峡去，余乃仍循崖东下。三里，当南崖之口，路将转北，见其侧亦有小岐，东向草石间，可免北行之迂，乃随之下，其下甚峻，路屡断屡续。东下三里，乃折而南，又平下三里，乃及麓，渡东出之涧。涧南有巨石高穹，牧者多踞其上，见余自北崖下，争觇眺之，不知为何许人也。又南一里半，及周城村后，乃东出半里，入夹路之衢，则龙首关来大道也。时腹已馁，问去榆城道尚六十里，亟竭蹶而趋。遥望洱海东湾，苍山西列，十九峰虽比肩连袂，而大势又中分两重：北重自龙首而南至洪圭，其支东拖而出，又从洪圭后再起为南重，自无为而南至龙尾关，其支乃尽。洪圭之后，即有峡西北通花甸；洪圭之前，其支东出者为某村，又东错而直瞰洱海中，为鹅鼻嘴，即罗刹石也。不特山从此叠两重，而海亦界为两重焉。十三里，过某村之西，西瞻有路登山，为花甸道，东瞻某村，居庐甚富。又南逾东拖之冈，四里过二铺，又十五里而过头铺。又十三里而至三塔寺。入大空山房，则何巢阿同其幼子相望于门。僧觉宗出酒沃饥而后饭。夜同巢阿出寺，徘徊塔下，踞桥而坐，松阴塔影，隐现于雪痕月色之间，令人神思悄然。

十二日　觉宗具骑挈餐，候何君同为清碧溪游。出寺即南向行，三里过小纸房，又南过大纸房；其东即郡城之西门，其西山下即演武场。又南一里半，过石马泉。泉一方在坡坳间，水从此溢出，冯元成谓其清冽不减慧山；甃为方池，其上有废址，皆其遗也。《志》云："泉中落日照见有石马，故名。"又南半里，为一塔寺，前有诸葛祠并书院。又南过中和、玉局二峰。六里，渡一溪，颇大。又南，有峰东环而下。又二里，盘峰冈之南，乃西向觅小径入峡。峡中西望，重峰罨映，最高一峰当其后，有雪痕一派，独高垂如匹练界青山，有溪从峡中东注，即清碧之下流也。从溪北蹑冈西上，二里，有马鬣在左冈之上，为阮尚宾之墓。从其后西二里，蹑峻凌崖。其崖高穹溪上，与对崖骈突如门，上耸下削，溪流破其中出，从此以内，溪嵌于下，崖夹于上，俱逼仄深窅。路缘崖端，挨北峰西入，一里余，马不可行，乃令从者守马溪侧，顾仆亦止焉。余与巢阿父子同两僧溯溪入。屡涉其南北，一里，有巨石蹲涧旁，两崖巉石，俱堆削如夹；西眺内门双耸，中劈仅如一线，后峰垂雪，正当其中，掩映层叠，如挂幅中垂，幽异殊甚。觉宗辄解筐酌酒，凡三劝酬。复西半里，其水捣峡泻石间，石色光腻，文理灿然，颇饶烟云之致。于是盘崖而上，一里余，北峰稍开，得高穹之坪。又西半里，自坪西下，复与涧遇。循涧西向半里，直逼夹门下，则水从门中突崖下坠，其高丈余，而下为澄潭。潭广二丈余，波光莹映，不觉其深，而突崖之槽，为水所汩，高虽丈余，腻滑不可着足。时余狎之，不觉见二僧已逾上崖，而何父子欲从涧北上，余独在潭上觅路不得。遂蹑峰槽，与水争道，为石滑足，与水俱下，倾注潭中，水及其项。亟跃而出，踞石绞衣，攀北崖登其上，下瞰余失足之槽，虽高丈余，其上槽道，曲折如削，腻滑尤甚。即上其初层，其中升降，更无可阶也。再逾西崖，下觑其内，有潭方广各二丈余，其色纯绿，漾光浮黛，照耀崖谷，午日射其中，金碧交荡，光怪得未曾有。潭三面石壁环窝，南北二面，石门之壁，其高参天，后面即峡底之石，高亦二三丈；而脚嵌颡突，下与两旁联为一石，若剖半盎，并无纤隙，透水潭中，而突颡之上，如檐覆潭者，亦无滴沥抛崖下坠，而水自潭中辄东面而溢，轰倒槽道，如龙破峡。余从崖端俯而见之，亟攀崖下坠，踞石坐潭上，不特影空人心，觉一毫一孔，无不莹澈。亟解湿衣曝石上，就流濯足，就日曝背，冷堪涤烦，暖若挟纩。何君父子亦百计援险至，相叫奇绝。久之，崖日西映，衣亦渐干，乃披衣复登崖端，从其上复西逼峡门，即潭左环崖之上；其北有覆崖庋空，可当亭榭之憩，前有地如掌，平甃若台，可下瞰澄潭，而险逼不能全见。既前，余欲从其内再穷门内二潭，以登悬雪之峰。何君辈不能从，亦不能阻，但云："余辈当出待于休马处。"余遂转北崖中垂处，西向直上。一里，得东来之道，自高穹之坪来，遵之曲折西上，甚峻。一里余，逾峡门北顶，复平行而西半里，其内两崖石壁，复高骈夹起，门内上流之涧，仍下嵌深底。路傍北崖，削壁无痕，不能前度，乃以石条缘崖架空，度为栈道者四五丈，是名阳桥，亦曰仙桥；桥之下正门内之第二潭所汇，为石所亏蔽，不及见。度桥北，有叠石贴壁间。稍北，叠石复北断，乃趁其级南坠涧底。底有小水，蛇行块石间，乃西自第一潭注第二潭者。时第二潭已过而不知，只望涧中西去，两崖又骈对如门，门下又两巨石夹峙，上有石平覆如屋而塞其后；覆屋之下，又水潴其中，亦澄碧渊渟，而大不及外潭之半，其后塞壁之上，水从上涧垂下，其声潺潺不绝，而前从块石间东注二潭矣。余急于西上，遂从涧中历块石而上。涧中于是无纤流，然块石经冲涤之余，不特无污染，而更光腻，小者践之，巨者攀之，更巨者则转夹而梯之。上瞩两崖，危矗直夹，弥极雄厉。渐上二里，硐石高穹，滑不能上，乃从北崖转陟箐中；崖根有小路，为密箐所翳，披之而行。又二里，闻人声在绝壁下，乃樵者拾枯枝于此，捆缚将返，见余，言前已无路，不复可逾。余不信，更从丛篁中披陟而西上。其处竹形渐大，亦渐密，路断无痕。余莽披之，去巾解服，攀竹为絙。复逾里余，其下壑底之涧，又环转而北，与垂雪后峰，又界为两重，无从竟升。闻清碧涧有路，可逾后岭通漾濞；岂尚当从涧中历块耶？时已下午，腹馁甚，乃亟下，则负刍之樵，犹匍匐箐中。遂从旧道五里，过第一潭，随水而前，观第二潭。其潭当夹门逼束之内，左崖即阳桥高横于上，乃从潭左攀磴隙，上阳桥逾东岭而下。四里，至高穹之坪，望西涧之潭，已无人迹，亟东下沿溪出，三里，至休马处。何君辈已去，独留顾仆守饭于此，遂啜之东出。三里半，过阮墓，从墓右下渡涧，由涧南东向上岭；路当南逾高岭，乃为感通间道，余东逾其余支。三里，下至东麓之半，牧者指感通道须西南逾高脊乃得，复折而西南上跻，望崖而登，竟无路可循也。二里，登岭头，乃循岭南西行。三里，乃稍下，度一峡，转而南，松桧翳依，净宇高下，是为宕山，而感通寺在其中焉。盖三塔、感通，各有僧庐三十六房，而三塔列于两旁，总以寺前山门为出入。感通随崖逐林，各为一院，无山门总摄，而正殿所在，与诸房等；正殿之方丈有大云堂，众俱以大云堂呼之而已。时何君辈不知止于何所，方逐房探问，中一房曰斑山，乃杨升庵写韵楼故址，初闻何君欲止此，过其门，方建醮设法于前，知必不在，乃不问而去。后有人追至，留还其房。余告以欲觅同行者。其人曰："余知其所止，必款斋而后行。"余视其貌，似曾半面，而忘从何处，谛审之，知为王赓虞，乃卫侯之子，为大理庠生，向曾于大觉寺会于遍周师处者也。今以其祖母忌辰，随其父来修荐于此，见余过，故父子相谂而挽留余饭焉。饭间，何君亦令僧来招。既饭而暮，遂同招者过大云堂前北上，得何君所止静室，复与之席地而饮。夜月不如前日之皎。

十三日　与何君同赴斋别房，因遍探诸院。时山鹃花盛开，各院无不灿然；中庭院外，乔松修竹，间以茶树。树皆高三四丈，绝与桂相似，时方采摘，无不架梯升树者。茶味颇佳，炒而复曝，不免黝黑。已入正殿，山门亦宏敞。殿前有石亭，中立我太祖高皇帝赐僧无极《归云南诗》十二章，前后有御跋。此僧自云南入朝，以白马茶树献，高皇帝临轩见之，而马嘶花开，遂蒙厚眷。后从大江还故土，帝亲洒天葩，以江行所过，各赋一诗送之，又令诸翰林大臣，皆作诗送归。今宸翰已不存，而诗碑犹当时所镌者。李中谿《大理郡志》以奎章不可与文献同辑，竟不之录。然其文献门中，亦有御制文，何独诗而不可同辑耶？殿东向，大云堂在其北。僧为瀹茗设斋。已乃由寺后西向登岭，觅波罗岩。寺后有登山大道二：一直上西北，由清碧溪南峰上，十五里而至小佛光寨，疑与昨清碧溪中所望雪痕中悬处相近，即后山所谓笔架山之东峰矣；一分岐向西南，溯寺南第十九涧之峡，北行六里而至波罗岩。波罗岩者，昔有赵波罗栖此，朝夕礼佛，印二足迹于方石上，故后人即以"波罗"名；"波罗"者，乃此方有家道人之称。其石今移大殿中为拜台。时余与何君乔梓骑而行。离寺即无树，其山童然。一里，由岐向西南登，四里，逾岭而西。其岭亦南与对山夹涧为门者。涧底水细，不及清碧，而内峡稍开，亦循北山西入。又一里，北山有石横叠成岩，南临深壑，壑之西南，大山前抱，如屏插天，而尖峰齿齿列其上，遥数之，亦得十九，又苍山之具体而微者。岩之西，有僧构室三楹，庭前叠石明净，引水一龛，贮岩石下，亦饶幽人之致。僧瀹茗炙面为饵以啖客，久之乃别。从旧路六里，过大云堂，时觉宗相待于斑山，乃复入而观写韵楼。楼已非故物，今山门有一楼，差可以存迹。问升庵遗墨，尚有二扁，寺僧恐损剥，藏而不揭也。僧复具斋，强吞一盂而别。其前有龙女树，树从根分挺三四大株，各高三四丈，叶长二寸半，阔半之，而绿润有光，花白，大于玉兰，亦木莲之类，而异其名。时花亦已谢，止存数朵在树杪，而高不可折，余仅折其空枝以行。于是东下坡，五里，东出大道，有二小塔峙而夹道；所出大道，即龙尾关达郡城者也。其南有小村曰上睦，去郡尚十里。乃遵道北行，过七里、五里二桥，而入大理郡城南门。经大街而北，过鼓楼，遇吕梦熊使者，知梦熊不来，而乃郎已至，以暮不及往。乃出北门，过吊桥而北，折而西北二里，入大空山房而宿。

十四日　观石于寺南石工家，何君与余各以百钱市一小方。何君所取者，有峰峦点缀之妙；余取其黑白明辨而已。因与何君遍游寺殿。是寺在第十峰之下，唐开元中建，名崇圣寺；前三塔鼎立，而中塔最高，形方，累十二层，故今名为三塔。塔四旁皆高松参天。其西由山门而入，有钟楼与三塔对，势极雄壮，而四壁已颓，檐瓦半脱，已岌岌矣。楼中有钟极大，径可丈余，而厚及尺，为蒙氏时铸，其声闻可八十里。楼后为正殿，殿后罗列诸碑，而中谿所勒黄华老人书四碑俱在焉。其后为雨珠观音殿，乃立像，铸铜而成者，高三丈。铸时分三节为范，肩以下先铸就而铜已完，忽天雨铜如珠，众共掬而熔之，恰成其首，故有此名。其左右回廊诸像亦甚整，而廊倾不能蔽焉。自后历级上，为净土庵，即方丈也。前殿三楹，佛座后有巨石二方嵌中楹间，各方七尺，厚寸许；北一方为远山阔水之势，其波流潆折，极变化之妙，有半舟皮尾烟汀间；南一方为高峰叠障之观，其氤氲浅深，各臻神化。此二石与清真寺碑趺枯梅，为苍石之最古者。清真寺在南门内，二门有碑屏一座，其北趺有梅一株，倒撇垂趺间。石色黯淡，而枝痕飞白，虽无花而有笔意。新石之妙，莫如张顺宁所寄大空山楼间诸石，中有极其神妙更逾于旧者。故知造物之愈出愈奇，从此丹青一家，皆为俗笔，而画苑可废矣。张石大径二尺，约五十块，块块皆奇，俱绝妙著色山水，危峰断壑，飞瀑随云。雪崖映水，层叠远近，笔笔灵异，云皆能活，水如有声，不特五色灿然而已。其后又有正殿，庭中有白山茶一株，花大如红茶，而瓣簇如之，花尚未尽也。净土庵之北，又有一庵，其殿内外庭除，俱以苍石铺地，方块大如方砖，此亦旧制也；而清真寺则新制以为栏壁之用焉。其庵前为玉皇阁道院，而路由前殿东巩门入，绀宫三重，后乃为阁，而竟无一黄冠居守，中空户圮，令人怅然。

十五日　是日为街子之始，盖榆城有观音街子之聚，设于城西演武场中，其来甚久；自此日始，抵十九日而散，十三省物无不至，滇中诸彝物亦无不至，闻数年来道路多阻，亦减大半矣。晨餐后，何君以骑同余从寺左登其祖茔。过寺东石户村，止余环堵数十围，而人户俱流徙已尽，以取石之役，不堪其累也。寺南北俱有石工数十家，今惟南户尚存，取石之处，由无为寺而上，乃点苍之第八峰也，凿去上层，乃得佳者。又西上二里半，乃登其茔。脉自峰顶连珠下坠，前以三塔为案，颇有结聚环护之胜。还二里，至寺后，转而南过李中谿墓，乃下马拜之。中谿无子，年七十余，自营此穴，傍寺以为皈依，而孰知佛宇之亦为沧桑耶！由西石户村入寺饭。同巢阿趋街子，且欲入城访吕郎，而中途雨霰大作，街子人俱奔还，余辈亦随之还寺。

十六日　巢阿同乃郎往街子，余由西门入叩吕梦熊乃郎。讯其寓，得于关帝庙前，盖西城内之南隅也，时已同刘陶石往街相马矣。余乃仍由西门西向一里半，入演武场，俱结棚为市，环错纷纭。其北为马场，千骑交集；数人骑而驰于中，更队以觇高下焉。时男女杂沓，交臂不辨，乃遍行场市。巢阿买文已返，刘、吕物色无从，遇觉宗，为饮于市，且觅面为饭。观场中诸物，多药、多毡布及铜器木具而已，无足观者。书乃吾乡所刻村塾中物及时文数种，无旧书也。既暮，返寺中。

十七日　巢阿别而归，约余自金腾东返，仍同尽点苍之胜，目下恐渐热，先为西行可也。送至寺前，余即南入城。遇刘陶石及沙坪徐孝廉，知吕郎已先往马场，遂与同出。已遇吕，知买马未就。既而辞吕，观永昌贾人宝石、琥珀及翠生石诸物，亦无佳者。仍觅面为饭。饭后觅顾仆不得，乃返寺，而顾仆已先在矣。

十八日　由东门入城，定巾，买竹箱，修旧篋。再过吕寓，叩刘、吕二君，吕命其仆为觅担夫，余乃返。

十九日　早过吕寓，二君留余饭。同刘君往叩王赓虞父子，盖王亦刘戚也，家西南城隅内。其前即清真寺。寺门东向南门内大街。寺乃教门沙氏所建，即所谓回回堂也。殿前楹陛窗棂之下，俱以苍石代板，如列画满堂，俱新制，而独不得所谓古梅之石。还寺，所定夫来索金加添，余不许。有寺内僧欲行，余索其定钱，仍措不即还。令顾仆往追，抵暮返，曰："彼已愿行矣。"

二十日　晨起候夫，余以其溪壑无厌，另觅寺僧为负。及饭，夫至，辞之。索所畀，彼展转不还。余乃以重物寄觉宗，令顾仆与寺僧先行。余乃入西门自索不得，乃往索于吕挥使乃郎，吕乃应还。余仍入清真寺，观石碑上梅痕，乃枯槎而无花，白纹黑质，尚未能如张顺宁所寄者之奇也。出南门，遂与僧仆同行。遵西山而南，过五里、七里二桥，又三里，过感通寺前入道。其南，有三四家夹道，曰上睦；又南则西山巍峨之势少降，东海弯环之形渐合。十里，过阳和铺。又十里，则南山自东横亘而西，海南尽于其麓，穿西峡而去。西峡者，南即横亘之山，至此愈峻，北即苍山，至此南尽，中穿一峡，西去甚逼，而峡口稍旷，乃就所穿之溪，城其两崖而跨石梁于中，以通往来，所谓下关也，又名龙尾关。关之南则大道，东自赵州，西向漾濞焉。既度桥出关南，遂从溪南西向行。三里，南北两山俱逼凑，水捣其中如线，遥睇其内，崇峰北绕苍山之背，壁立弯环，掩映殊异。破峡而入，又二里，南峰俱成石壁，倒压溪上，北峰一支，如渴兕下赴，两崖相粘，中止通一线，剖石倒崖，始行峡中，继穿石下。峡相距不盈四尺，石梁横架其西，长丈五尺，而狭仅尺余，正如天台之石梁。南崖亦峻，不能通路；出南崖上，俯而瞰之，毛骨俱悚。又西里余，折而北，其溪下嵌甚微。又北，风雨大至。北三里余，数家倚西山下，是为潭子铺，其地为赵州属。北五里转而西，又北十五里，有溪自西峡来入，是为核桃箐。渡箐溪，又北五里，有三四家倚西山下，是为茅草房；溪两旁至此，始容斸崖之塍，然犹栝棬之缀于箐底也。是日榆道自漾濞下省，赵州、大理、蒙化诸迎者，蹀躞雨中。其地去四十里桥尚五里，计时才下午，恐桥边旅肆为诸迎者所据，遂问舍而托焉，亦以避雨也。

二十一日　鸡再鸣，促主者炊，起而候饭。天明乃行，云气犹勃勃也。北向仍行溪西，三里余，有亭桥跨溪上，亭已半圮，水沸桥下甚急，是为四十里桥。桥东有数家倚东崖下，皆居停之店。此地反为蒙化属，盖桥西为赵州，其山之西为蒙化，桥东亦为蒙化，其山之东为太和，犬牙之错如此。至是始行溪东，傍点苍后麓行。七里余，有数十家倚东山而庐，夹路成巷，是为合江铺。至是始望西北峡山横裂，有山中披为隙：其南者余所从来峡也；其北来者，下江嘴所来漾濞峡也；其西南下而去者，二水合流而下顺宁之峡也。峡形虽遥分，而溪流之会合，尚深嵌西北峡中，此铺所见，犹止南来一溪而已。出铺北，东山余支垂而西突，路北逾之，遂并南来溪亦不可见，盖余支西尽之下，即两江会合处，而路不由之也。西北行坡岭者四里，始有二小流自东北两峡出。既而盘曲西下，一涧自东北峡来者差大，有亭桥跨之，亭已半圮，是为亨水桥；盖苍山西下之水，此为最大，亦西南合于南北二水交会处。然则“合江”之称，实三流，不止漾水、濞水而已也。从桥西复西北逾一小岭，共一里，始与漾水遇。其水自漾濞来经此，即南与天生桥之水合，破西南山峡去，经顺宁泮山而下澜沧江。路溯其东岸行。其东山亦苍山之北支也，其西山乃罗均南下之脉，至此而迤逦西南，尽于顺宁之泮山。北行五里，有村居夹而成巷，为金牛屯。出屯北，有小溪自东山出，架石梁其上。侧有石碑，拭而读之，乃罗近溪所题《石门桥诗》也。题言石门近在桥左，因矫首东望，忽云气迸坼，露出青芙蓉两片，插天拔地，骈立对峙，其内崇峦叠映，云影出没，令人神跃。亟呼顾仆与负僧，而二人已前，遥追之，二里乃及。方欲强其还，而一僧旁伺，问之，即石门旁药师寺僧也。言门上有玉皇阁，又有二洞明敞可居，欣然愿为居停主。乃东向从小路导余，五里，抵山下，过一村，即药师寺也。遂停杖其中。其僧名性严，坐余小阁上，摘蚕豆为饷。时犹上午，余欲登山，性严言玉皇阁蹑峰而上十里余，且有二洞之胜，须明晨为竟日游，今无及也。盖性严山中事未完，既送余返寺，遂复去，且以匙钥置余侧。余时慕石门奇胜，餐饭，即扃其阁，东南望石门而趋，皆荒翳断塍，竟不择道也。二里，见大溪自石门出，溪北无路入，乃下就溪中；溪中多巨石，多奔流，亦无路入，惟望石门近在咫尺，上下逼凑，骈削万仞，相距不逾二丈，其顶两端如一，其根止容一水；盖本一山外屏，直从其脊一刀中剖而成者，故既难为陆陟，复无从溯溪。徘徊久之，乃渡溪南，反随路西出。久之，得一径东向，复从以入，将及门下，复渡溪北。溪中缚木架巨石以渡，知此道乃不乏行人，甚喜过望。益东逼门下，从篁覆道，道分为二：一东蹑坡磴；一南下溪口。乃先降而就溪，则溪水正从门中跃出，有巨石当门扼流，分为二道袭之而下：北则漫石腾空，作珠帘状而势甚雄；南则嵌槽倒隙，为悬霤形而势甚束；皆高二丈余，两旁石皆逼削，无能上也。乃复上就东岐蹑磴，已又分为二：一北上蹑坡；一南凌溪石。乃先就溪凌石，其石大若万斛之舟，高泛溪中；其根四面俱湍波濴激，独西北一径悬磴而上；下瞰即珠帘所从跃出之处，上眺则石门两崖，劈云削翠，高骈逼凑，真奇观也。但门以内则石崩水涌，路绝不通，乃复上就北岐蹑磴，始犹藤箐蒙茸，既乃石崖耸突。半里路穷，循崖南转，飞崖倒影，上逼双阙，下临绝壑，即石门之根也。虽猿攀鸟翥，不能度而入矣。久之，从旧路返药师寺。穷日之力，可并至玉皇阁，姑憩而草记，留为明日游。

二十二日　晨起候饭，性严束火负铛，摘豆裹米，令僧仆分携，乃从寺后东向登山。二里，转而南向，循山腰上，二里，复随峡转东一里，从峡尽处南转逾岭。一里，路分二岐：一东上者，为花椒庵石洞道；一南上者，一里而逾石门之上。此石门之北崖也。所登处已在门之内，对瞰南崖崩削之状，门底轰沸之形，种种神旺，独所踞崖端危险，不能返观，犹觉未能两尽也。东眺门以内，峡仍逼束，水自东南嵌底而来，其正东有山一支，巍然中悬，恰对峡门；而玉皇阁即踞其上，尚不能遥望得之，盖其内木石茸密，非如外峰可以一览尽耳。于是缘冈脊东上，一里，南与峡别，折而东北上。半里，坳间有颓垣遗构，为玉峰寺废址。玉峰者，万历初僧石光所建；药师乃其下院，而性严即其后嗣也。其后又有一废址，曰极乐庵。从其后复转向东南上，半里，再与东峡遇，乃缘支峡东向行，古木益深。半里，支峡东尽，乃南渡其上，复北转，共二里而得玉皇阁。阁南向石门而遥，东临峡壁而逼，初创于朱、史二道人，有僧三贤，扩而大之，今前楼之四壁俱颓，后阁之西角将仆，盖岌岌矣。阁东有台，下临绝壑，其下有洞，为二道静修处。时二僧及仆俱然火觅泉将为炊，余不及觅洞，先从阁援石独上。盖遥望峡后大山，上耸三峰者，众皆指为笔架峰，谓即东南清碧溪后主峰；余前由四潭而上，曾探其阳，兹更欲一穷其阴，以尽石门涧水之源，竟不暇招同行者，而同行僧仆亦不能从。余遂贾勇直前。二里，山石既穷而土峰峻甚，乃攀树；三里，山树亦尽，渐陟其顶，层累而上，登一顶；复起一顶。顶皆烧茅流土，无复棘翳，惟顶坳间，时丛木一区，棘翳随之。余从岭脊烧痕处行，虎迹齿齿，印沙土间；连上数顶，始造其极，则犹然外峰也。始知苍山前后，共峰两重：东峙者为正峰，而形如笔架者最高；西环者南从笔架，北从三塔后正峰，分支西夹，臂合而前，凑为石门，但其中俱崩崖坠派，不复开洋，俱下盘夹箐，水嵌其底，木丛其上。余从峰头东瞰笔架山之下，有水悬捣涧底，其声沸腾，其形夭矫，而上下俱为丛木遥罨，不能得其全，此即石门之源矣。又从外岭北行，见其北又分支西下，即漾濞驿北之岭，西尽于漾濞桥者也。时日色正午，开霁特甚。北瞻则凤羽之西，有横山一抹，自西北斜亘而来者，向从沙溪南望，斜亘其西南，为桥后水口者也。剑川之路，溯之北入；南眺则潭子铺西之山，南截漾、濞二水之口为合江铺者，大理之路，随之北来；西览则横岭铺之脊，排闼西界，北接斜亘之岭，南随合江西下永昌之路，逾之西向；惟东面内峰巀嶪，榆城即在东麓，而间隔莫逾：一以峰高崖陡，攀跻既难；一以山划两重，中箐深陷，降陟不易。闻此山北坳中，有大堡白云寺，可跻内峰绝顶；又南逾笔架，乃东下清碧溪。大堡之路，当即从分支西下之岭，循度脊而上，无此中堑之箐；沐西平征大理，出点苍后，立旗帜以乱之，即由此道上也。凭眺久之，乃循旧迹下。三里，忽误而坠西北支，路绝崖欹，无从悬坠，且空山杳隔，莫辨真形，竟不知玉皇阁所倚之支在南在北也；疑尚濒南涧箐中，而涧中多岐，且峻崖绝坂，横度更难，有棘则蒙翳，无棘则流圮。方徘徊间，雨复乘之，忽闻南箐中有呼噪声，知玉皇阁在其下，余亦漫呼之，已遥相应，而尚隔一箐，树丛不可见，路绝不可行。盘箐之上腋二里，始得石崖，于是攀隙坠空，始无流坠之恐，而雨倾如注。又一里而出玉皇阁之右，炊饭已寒，重沸汤而食之。阁左少下，悬崖之间，有洞南向，下临深涧，乃两巨石合掌而成者。洞高一丈，下阔丈五，而上合尖，其深入约及数丈，而底甚平；其石质粗粝，洞形亦无曲折之致，取其通明而已。洞前石崖上下危削，古木倒盘，霏烟揽翠，俯掬轰流，令人有杳然别天之想。时雨已复霁，由旧路转北而下，三里，至玉峰寺旧址。由岐下北壑，转峡度坞，一里余而得花椒庵石洞。洞亦巨石所覆；其下半叠石盘，半庋空中，空处浮出二三丈，上下亦离丈余，而平皆如砥，惟北粘下盘之上，而东西南三面，俱虚檐如浮舫，今以碎石随其檐而窒之，只留门西向，而置佛于中。其前架楼三楹，而反无壁；若以窒洞者窒楼，则洞与楼两全其胜矣。其北又一巨石隆起，下有泉出其隙间，若为之供者。此地境幽坞绕，水石错落，亦栖真之地。龛中器用皆备，而寂无居人，户亦设而不关。余愧行脚不能留此，为怅然而去。乃西向平下一里，即石门北顶北来之道，向所由上者。又北六里，而返药师。途中遇一老人，负桶数枚下山，即石洞所栖之人，每日登山箍桶，晚负下山鬻以为餐，亦不能夜宿洞间也。

二十三日　晨起，为性严作《玉皇阁募缘疏》，因出纸请书。余书而后朝食。山雨忽作，因停屐待之。近午，雨少杀，余换草履，性严披毡送之。出药师殿门，即北行。二里，涉一枯涧，其涧自东北山麓出。下嵌甚深，苍山之后至此，又西北一里矣。既渡，西北上西纡之坡，一里，逾其上，始见其西开一东西坞，漾濞之水，从其中东注之。西向平下共二里，山南有数十家当大路，是为漾濞驿。别送僧，西行溪北田塍中，三里余，北界山环而稍南，扼水直逼南山下，是为矶头村，亦有数十家当矶之腋。路南向盘之，遂蹑矶嘴而西。半里，雨止，路转北，复开南北坞，于是倚东山西麓北行。三里余，抵漾濞街。居庐夹街临水，甚盛；有铁锁桥在街北上流一里，而木架长桥，即当街西跨下流，皆度漾濞之水。而木桥小路较近。按《志》：剑川水为漾，洱海水为濞，二水合流故名。今此桥去合江铺北三十里，驿去其北亦十五里，止当漾水，与濞水无涉，何以兼而名之耶？岂濞水非洱海，即点苍后出之别流耶？然余按水出丽江府南者，皆谓之漾，如漾共发源于十和之中海，经七和下鹤庆，合东西诸泉而入穴，故曰漾共。此水发源于九和，经剑川别而南流，故曰漾别。则“别”乃分别之“别”，非口鼻之“鼻”也。然《一统志》又称为“漾备”，此又与胜备同名；亦非“濞”字之一征矣。余乃就木桥东买蔬米，即由此度，不及北向铁桥度，其中始觉汤汤，倍于洱水。西向又有一峡自西来，是为永平道，望大坞北去，亦数里，而分为二，而永昌大道，则从此而西，始行坞中。二里渐上，又二里，有数家夹道，大坊跨之，曰“绣岭连云”，言登岭之始也，是为白木铺。由是循南坡而西向上，二里，由坡间转向南一里余，复转向西，于是回眺东之点苍，东北之凤羽，反愈近，然所临之峡则在南。更西蹑坡，迤逦而上，又四里，有寺东向，当坡嘴中悬，是为舍茶寺。就而饭。由其后又西上，路稍平；其南临东出之涧犹故也。又二里，有村当岭脊，是为横岭铺。铺之西，遂西蹑夹坑中。又上三里，而透岭坳之脊，其坳夹隘如门。透其西，即有坑北坠，又有坑西流；路随西流者下，二里，路转向南峡，而水乃由北峡去，始知犹北流而东入漾濞上流者。又南二里，其峡中平，而水忽分南北，始知其脉由此峡中，自西而东，度其上所逾夹隘，乃既度，而北突之峰非南来之脊也；盖此脊西北。自罗均山分支，东南至此，降度峡底，乃东突崇峰，由其北而东下者为横岭，而东尽于白木铺，由其南逶迤南去者，东挟碧溪江，西挟胜备水，而尽于两水交会处，是其脉亦不甚长也。从峡中南行半里转西，有小水自东南坠峡来，始成流西去。又一里，随流南转，始循水东崖下。既渡其西，复涉其东，四里余，有水自东峡出，西与南下之涧合，其流始大，而峡愈逼东崖，直瞰水而西。路乃渡而循西崖下，南出隘，已昏黑。稍上坡，共二里，有一二家倚西坡上，投宿不得。又南，两崖愈凑，三里及之，复渡溪东，则数家倚东崖下，是为太平铺，乃宿其敝楼。按《志》：是水为九渡河，沿山绕流，上跨九桥者是；其下流与双桥河合于黄连堡东南，入胜备江。

二十四日 鸡鸣具饭，昧爽即行。越涧，傍西山而南，其峡仍逼。五里，遵西山之崖渐上，五里，盘其南突之嘴，遂挟北峰西行；路转于上，溪转于下。又西十里，有村倚北山坡峡间，庐舍最盛，是为打牛坪；相传诸葛丞相过此，值立春，打牛以示民者也。又遵北坡随峡流西下，十里，有山横截其西，乃稍降而逼其下。忽见有溪自北而南漱，横截山之东麓太平铺，九渡河自东注之，有数家当其交会之夹，是为胜备村；此北来之水，即胜备江也。盘村坡溯江而北，半里，乃涉亭桥，渡江西崖。江流差大于洱水，而不及漾濞；其源发于罗武山，下流达于蒙化，入碧溪江。由其西转而随流南下，循西山之麓行，崖峭甚。半里，又隔江与胜备村对。又南一里余，有小峡自西来截之，渐南上，盘其东突之坡。共七里，又上而盘其南突之嘴，水从其下，西转南折而破峡去，路从其上挟北坡西下；盖其西有峡，自西坳下坠而来，又有山从峡南挟之俱东，当突嘴之下，与胜备合而破其南峡，突嘴之路，不能超峡而度其南挟之东垂，故西折一里余，而下循其西坳，又东折一里，而上盘其东垂，东垂即胜备所破峡之西崖也。半里，转其南，又有一小水自东垂南西峡来入，乃舍其南去大流，而溯其西来小流，循东垂南崖西向入之。一里余，有村踞小流之北坡，夹路成聚，是为黄连堡；始知此小流即双桥河也。饭于其处，山雨骤至，稍待复行。渐转西北，行冈上二里，其下峡直自北来，乃下渡峡中小桥而西。此桥即双桥之一也，其河源尚在北坞中。从桥西即蹑西坡而上，二里稍平，西向坞倚南峰。复上坡二里，西逾冈脊，是为观音山脊；南北俱有寺。南峰当脊而起，其巅颇耸。有阁罩其上，以远不及登。拂脊间碑读之，言昔武侯过此，方觅道，闻犬吠声，而左右报观音现，故俗又呼为娘娘叫狗山，按《郡志》，即地宝藏山也。从脊西遥望，其南壑杂沓而下，高山无与为匹者，当遥通阿禄司新牛街之境也。其西壑亦杂沓而来，其外远山，自北亘脊南去，北支分而东向，逶迤与此山属，南抱为壑，颇宽豁，而坡陀层伏，不成平坞。西山亘脊之半，有寺中悬，缥渺云岚间，即所谓“万松仙景”也。于是从岭头盘旋西北，二里，转过西下之峡，由其北，乃陟西来之脊；其脊南北俱有峡，路从其中。共二里，西向稍下，树木深翳。再下，再过脊，又八里，有数十家倚北坡，夹道而庐，是为白土铺。又西入峡，七里渐上，渐逼西山，山脊东垂，南北坠壑甚深，松翳愈密，上下亏蔽，有哨房在坡间，曰松坡民哨，而无居人。此处松株独茂，弥山蔽谷，更无他木，闻其地茯苓甚多，鲜食如山药。坡名以“松”，宜也；其脊盖自西岭分支，东度观音山者，第不知南北之水何下耳。于是西上蹑磴，甚峻，数十盘而登。共五里，有寺踞东悬之脊，东向凭临于松云翠涛之间，是为万松仙景寺。后有阁曰松梵，朱按君泰贞所题。登之，东眺甚豁，苍山雪色，与松壑涛声，远近交映也。由其后再曲折上跻，二里余，登岭头。又一里余，西过一脊，以为绝顶矣；顶脊南北分坠之峡，似犹东出者。又西上一里，蹑南突之巅，榜曰“日升天顶”。又西一里，穿峡而入，有数家散处峡洼间，俱以木皮为屋，木枝为壁，是为天顶铺。先是土人俱称为天井，余以为在深壑中，而不意反在万山绝顶也；问所谓“井”者，亦竟无有。岭头之庐，以非常站所歇，强之后可。既止，风雨交作，寒气逼人，且无从市米，得面为巴而啖之，卧。

二十五日　昧爽，啖所存巴，平明即行，雾蔽山顶，茫无可见。西向稍下一里，山峰簇立成洼，洼中有小路北去，有小水南流，大道随之南行峡中。一里，折而随峡西下，峡南已坠壑盘空，窈然西出矣。西下三里余，有哨房当坡而西向，亦虚而无人；其北又有一峡自东下，与南峡会于坡前。路盘坡而北，渡坡北涧，即随北涧西下。共四里余，过梅花哨，于是南北两界山渐开。循北山又西，四里，度西垂之脊，始全见其南北两崖下坠之坑，盘壑西出，而西有巨壑焉。沿支西下，又八里，抵西麓，有寺当路北。渡峡中小水，从其西转西北，行田塍中，二里，有一塘积水东坡下。挟其西而北，又三里，抵永平县之东街。其处东西两界山，相距八里，北即其回环之兜，南为其夹门之峡，相距一十五里；而银龙江界其中。其水发源上甸里阿荒山，一名太平河。每岁孟冬近晓，有白气横江，恍若银龙，故名；下流经打坪诸寨，入澜沧江。当县治东，有桥跨其上，其处即为市而无城；其北有城堞略具，乃守御所，而县不在其中也。银龙桥之西，又有桥名普济；桥下小水东南入银龙江。大道由县治西，沿西山而南，至石洞村西，西南入山，余欲从石洞浴温泉，当不沿西山而由中坞，盖温泉当坞而出也。乃从银龙桥市蔬米，即从桥东小路，随江而渡其下流，由税司前西行，过一小浍，即随之南行坞中，与大道之在西坡者，相望而南也。八里，则温泉当平畴之中，前门后阁，西厢为官房，东厢则浴池在焉。池二方，各为一舍，南客北女；门有卖浆者，不比他池在荒野也。乃就其前买豌豆，煮豆炊饭。余先酌而入浴。其汤不热而温，不停而流，不深而浅，可卧浴也；舍乃一参戎所构而成者。然求所谓石洞，则无有矣。既浴，饭而出眺，由其西向入峡，不二里，即花桥大道；由其南向逾岭，为炉塘道。余时闻有清净宝台山在炉塘之西，西由花桥抵沙木河大道入，其路迂，南由炉塘间道行，其路捷，余乃即从坞中南向行。二里余，抵南山之麓，有水自西峡来，东注而入银龙江峡口，即花桥之水也。度桥而南，半里，有寺倚南山而北向，曰清真寺。回回所造。由其前东转半里，为后屯，有小坞自南来。又东截坞半里，逾桥上坡，东南跻，一里余，转而东陟其岭。一里，从岭上误折而南，二里，逾山南下，路绝。二里，由坑西转，又二里，复转而北，仍出后屯小坞，乃复上东坡。二里，仍过岭上误处，乃竟岭峡而东。半里，有峡直东者，为铜矿厂道，东南逾冈坳者，为门槛、炉塘道。乃折而从东南，稍上，逾冈半里，东向随峡而下者二里，及峡底，则深峡自北而南，银龙江捣壑而随之；路随其西岸南行溪崖间，幽深窈窕，水木阴閟，一奇境也。雷雨大作，行雨中十里而雨止。有小溪自西峡来，架木桥渡之。依南山东转，二里，转而南，一里，有数家踞西山之半，东向临江，是为门槛村；下跨江之桥，为门槛桥，言江流至此，破峡捣空，若门阈之当其前也。宿于村家，买米甚艰，只得半升。以存米为粥，留所买者为明日饭。

二十六日　鸡再鸣，具饭。平明，随江西岸行。四里余，南至岔路，有溪自西峡来，东与银龙江合；数十家下绾溪口。乃下涉其溪，缘南山之北，于是江东折于下，路东折于上。东向上者一里余，盘北突之坡而东，于是江南折于下，路亦南折于上。南折处，又有峡自东来入，正与东折之江对；或以为永平之界，今仅止此，其南折之峡，已属顺宁矣。循江西岭南向渐下，四里，稍折西南，下缘江岸，已复南折，二里余出峡，峡乃稍开，始见田塍。有两三家倚西坡，是为稻场；山行至是，始有稻畦，故以为名。其江之东南坡间，亦有居庐，其下亦环畦塍，亦稻场之属；江流其间直南去，与澜沧江合。路由西坡村右，即西南缘坡上。一里，至岭头，正隔江与东坡之庐对，于是缘峡西入，遂与江别。其峡自西脊东下，循北崖平坡入之。四里，降度峡南，循南崖悬跻而上。乃西南盘折二里余，逾北突之冈，循南坡而西，二里，有坑北下，横陟之。又西二里，乃凌其东南度脊；此脊之东，水下稻场南峡中，西南水下炉塘而南。从脊上，即西望崇山高穹，上耸圆顶者，为宝台山；其北崖复突而平坠者，为登山间道；其南垂纡绕而拖峡者，为炉塘所依。余初拟从间道行，至是屡询樵牧，皆言间道稍捷而多岐，中无行人，莫可询问，不若从炉塘道，稍迂而路辟，以炭驼相接，不乏行人也。其岐即从脊间分。脊西近峡南下，其中居庐甚殷，是为旧炉塘；由其北度峡上，即间道也。由其东随峡南下，炉塘道也。余乃南下坡一里，至峡底。半里，度小桥，随涧西岸南行；其涧甚狭，中止通水道一缕，两旁时环畦如栝棬。四里，稍上，陟西崖而下，半里，始有一旁峡自西北来，南涉之。又沿西崖渐上，五里，盘西崖而逾其南嘴，乃见其峡甚深，峡底炉烟板屋，扰扰于内，东南嵌于峡口者，下厂；西北缀于峡坳者，上厂也。缘峡口之外，南向随流下者，往顺宁之大道也。余从岭上西转，见左崖有窍，卑口竖喉，其坠深黑，即挖矿之旧穴也。从其上西行二里，越下厂，抵上厂，而坑又中间之，分两岐来：一自东北，一自西北，而炉舍踞其中。所出皆红铜，客商来贩者四集。肆多卖浆市肉者，余以将登宝台，仍斋食于肆。由西峡溯流入，一里，居庐乃尽。随峡北转，峡甚深仄，而止通一水，得无他迷，然山雨倾注，如纳大麓，不免淋漓。三里，渐上，又二里，上愈峻。见路有挑大根如三斗盎者，以杖贯其中，执而问之，曰："芭蕉根也，以饷猪。"峻上二里，果见芭蕉蔽崖，有掘而偃者，即挖根处也。其处树箐深窅，山高路僻，幸有炭驼俱从此赴厂。为指迷。又上二里，乃登其脊。有路自东北径脊而来者，乃随脊向西南去。从之行脊上二里，乃西南下。见路左有峡西北出，路遂分为两岐，而所望宝台圆顶，似在西南隔峰，乃误下从峡西南。一里余，渡峡中支涧，缘之西北转。一里，盘北突之嘴，复西南入峡中，溯涧二里，路渐湮，见涧北有烧山者，遥呼而问之，始知为误；然不知山在何所，路当何从，惟闻随水一语，即奉为指南。复东北还盘嘴处，涧乃北转，遂缘坡北向下。二里，有一岐自东南来合，即前分岐西北之正道也。盖宝台正在西南所误之峡，其南即度脊之自东西突者，此宝台东隅之来脉也，而其路未开，皆深崖峭壑，为烧炭之窟，以供炉塘所用，峡中之流，从其西北向流，绕北崖而西出，至西北隅，始与竹沥呰南来之路合。故登山之道，必自西北向东南，而其东不能竟达也。循东崖又北一里，复随涧西转，循北崖西行二里，始望见前峡稍开，有村聚倚南山之坡，乃西下一里，度涧桥，缘其南崖西上。又一里余而抵其村，是为阿牯寨，乃宝台门户也。由寨后南向登山，三里，至慧光寺。其寺西向，前临一峡；隔峡又有山环之而北，而终不见宝台。盖宝台之顶，高穹于此寺东南，而其正寺又在台顶之南，尚当从西南峡中盘入也。宝台大寺，为立禅师所建，三年前立师东游请《藏》，久离此山。余至省，即闻此山之盛，比自元谋至姚安途中，乃闻其烬于火，又闻其再建再毁，余以为被灾久矣，至是始知其灾于腊月也；计其时余已过姚安矣，不知何以传闻之在先也。自大寺灾后，名流多栖托慧光。余至，日犹下午，僧固留，遂止寺中。

二十七日 饭于慧光寺，即南上。五里，登其西度之坳。此坳乃宝台之西支，下而度此者，其坳西余支，即北转而环于慧光之前。逾坳南，见南山前矗，与坳东横亘之顶，排闼两重，复成东西深峡。南山之高，与北顶并，皆自东而西，夹重峡于中而下不见底，距澜沧于外而南为之堑。盖南山自炉塘西南，转而西向，溯澜沧北岸而西行，为宝台南郛，于是西距澜沧之水，东包沙木河之流，渡江坡顶而北尽于沙木河入澜沧处；此南山外郛之形也。宝台自炉塘西南亦转而西向，大脊中悬，南面与南山对夹而为宝台，西面与西度北转之支对夹而为慧光；

此宝台中踞之势也。其内水两重，皆西转而北出，其外大水逆兜，独南流而东绕；此诸流包络之分也。至是始得其真面目，其山如环钩，其水如交臂。山脉自罗均为钩之根把，博南丁当关为钩干之中，正外与钩端相对，而江坡顶即钩端将尽处，宝台山乃钩曲之转折处也。澜沧江来自云龙州为右臂，东南抱而循山之外麓，抵山东垂尽处而后去；沙木河源从南山东峡为左臂，西北抱而循山之内坞，抵山西垂尽处而后出。两水一内一外，一去一来，一顺一逆，环于山麓，而山之南支又中界之，自北自南，自东自西，复自南而北，为宝台之护；此又山水交潆之概也。

从坳南，于是东转，下临南峡，上倚北崖，东向行山脊之南，两降两上，三里，东至万佛堂，此即大寺之前院也。踞宝台南突之端，其门西向，而堂陛俱南辟，前临深峡之南，则南山如屏，高穹如面墙。其上多木莲花，树极高大，花开如莲，有黄白蓝紫诸色，瓣凡二十片；每二月则未叶而花，三月则花落而叶生矣。绝顶有涌石塔，高二丈，云自地涌出，乃石笋也。其南坳间，又有一陕西老僧，结茅二十年，其地当南山奥阻，曾无至者，自万佛堂望之，平眺可达，而下陟深峡，上跻层崖，竟日而后能往返焉。由万佛堂后北上不半里，即大寺故址。寺创于崇祯初元，其先亦丛蔽之区，立禅师寻山见之，为焚两指，募开丛林，规模宏敞；正殿亦南向，八角层甍高十余丈，址盘数亩。其脉自东北圆穹之顶，层跌而下，状若连珠，而殿紧倚之；第其前横深峡，既不开洋，而殿址已崇，西支下伏，右乏护砂，水复从泄，觉地虽幽閟而实鲜关锁，此其所未尽善者。或谓病在前山崇逼，余谓不然，山外大江虽来绕，而无此障之则旷，山内深峡虽近环，而无此夹之则泄，虽前压如面墙，而宇内大刹，如少林之面少室，灵岩之面岱宗，皆突兀当前，而开拓弥远；此吾所谓病不在前之太逼而在右之少疏也。

初余自慧光寺来，其僧翠峰谓余曰："僧少待一同衣，当即追随后尘。"比至万佛堂，翠峰果同一僧至，乃川僧一苇，自京师参访至此，能讲演宗旨。闻此有了凡师，亦川僧，淹贯内典，自立师行后，住静东峡，为此山名宿，故同翠峰来访之。时了凡因殿毁，募闪太史约庵，先铸铜佛于旧基，以为兴复之倡，暂从静室中移栖万佛前楼，余遂与一苇同谒之。了凡即曳杖前引，至大寺基，观所模佛胎。遂从基左，循北崖复东向行。盘磴陟坡，路极幽峭，两过小静室，两升降，南下小峡，深木古柯，藤交竹丛。五里而得了凡静室。室南向，与大殿基东西并列，第此处东入已深，其前南山，并夹如故，而右砂层叠，不比大殿基之西旷矣。其脉自直北圆穹之顶中垂而下，至室前稍坳，前复小起圆阜，下临深峡之北；而室则正临其坳处，横结三楹，幽敞两备，此宝台奥境也。一苇与了凡以同乡故，欲住静山中，了凡与之为禅语。余旁参之，觉凡公禅学宏贯，而心境未融，苇公参悟精勤，而宗旨未彻，然山穷水尽中亦不易得也。了凡命其徒具斋，始进面饼，继设蔬饭，饭后雨大至，半晌方止。下午乃行，仍过寺基，共十五里，还宿慧光寺。

二十八日　平明，饭而行。三里，北下至阿秥寨。由其西下又二里，越东来涧，缘北山之南崖，西北上一里余，盘其西垂而北；其下即阿秥北西二涧合而北流之峡也。二里，越西突之坡，仍循东坡西北行。六里，坠悬坡而下，一里及涧，仍随涧东岸北行。望见峡北有山横亘于前，路直望之而趋。五里，有一二家倚东山下。其前始傍水为田。又北二里，直抵北山下，有峡自东而西，中有一水沿北山而西注。此即旧炉塘西来之道，阿秥寨之涧南来，此与之合，是为三汊溪；旧炉塘指答者谓间道捷而难询，正指此也。于是其峡转为东西，夹水合而西去，路北涉之，循北崖西行。三里，西降而出峡口，其西乃开南北大夹。盖南自宝台南峡来，从南山北转，而界澜沧于外者，为此坞西山；从西坳北转，而挟慧光寺于内者，为此坞东山；东山为三汊溪西出而界断宝台中脉止。至其北，又旧炉塘北脊之支，分派西突，与西山对峡，而北峡中坞大开，陂陀杂沓，底不甚平；南峡与三汊溪水合流北去，是为沙木河上流。峡中田塍，高下盘错，居庐东西对峙，是名竹沥砦。路挟东山北转，行东村之上而北，三里，坞中水直啮东山之麓。路缘崖蹑其上，又北二里，逾马鞍岭。此岭乃东山西突之嘴，水曲而西环其麓，路直而北逾其坳，此竹沥砦之门户也。北下二里，始为平川，水与路俱去险就夷。北行溪东三里，有村倚东山下，曰狗街子；倚西山曰阿夷村。东山乃博南大脊西盘，西山乃宝台南山北转者也。其山平展而北，又四里而沙木河驿之西坡，自丁当关西突于川之北，与西界山凑，川中水自沙潭，亦逼西山之麓而北。路乃涉水，缘西崖之上行。又三里，北下及溪，有桥跨溪；东来者，是为沙木河驿大道。其桥有亭上覆，曰凤鸣桥；余南来路经桥西，不逾桥也。饭于桥西。随西山大路北行三里，盘西山北突之嘴，于是北坞稍开，田塍交布，其下溪流贯直北去，透北峡入澜沧。路盘嘴西行，又一里，为湾子村；数家倚南山北麓，当北突之腋，故曰湾子。由其西循峡南入，一里，峡穷，复遵峡西之山，曲折西向上跻，三里，陟岭脊；此即宝台南山北转至此者。踞岭东望，东界即博南山，所从南环而至者；北望峡口中伏，即沙木河北注澜沧，而此支所北尽于此者；其外有崇峰另起，横峙于五十里外者，曰瓦窑山，为永平北与云龙州分界，昔王磐踞而为乱处；按《腾永图说》：崇祯戊辰，王磐据险为叛，烧断澜沧桥。又按：马元康曾领兵追捣王磐、何某巢穴于曹涧。马亦言先是王、何构叛，来袭攻永昌，幸从澜沧烧桥而来，故得为备。按曹涧在云龙州西界，瓦窑山在云龙州南界，曹涧当永昌北鄙。王、何二贼不直南下，而东由澜沧桥，固欲截其东援大路，亦以与瓦窑相近也。盖瓦窑、曹涧，皆二贼之窟矣。西望则重崖层峡，其下逼簇，不知澜沧之流已嵌其底也。由脊而南，有庵横跨坳中，题曰普济庵，有僧施茶于此，是即所谓江坡顶也。出其南，西瞰峡底，浊流一线，绕东南而去，下嵌甚深；隔流危崖崒嵂，上截云岚，而下啮江流者，即罗岷山也。

澜沧江自吐蕃嵯和哥甸南流，经丽江、兰州之西，大理、云龙州之东，至此山下，又东南经顺宁、云州之东，南下威远、车里，为挝龙江，入交趾至海。《一统志》谓赵州白厓睑礼社江至楚雄定边县，合澜沧入元江府，为元江。余按澜沧至定边县西所合者，乃蒙化漾濞、阳江二水，非礼社也；礼社至定边县东所合者，乃楚雄马龙、禄丰二水，非澜沧也。然则澜沧、礼社虽同经定边，已有东西之分，同下至景东，东西鄙分流愈远。李中谿著《大理志》，定澜沧为黑水，另具《图说》，于顺宁以下，即不能详。今按铁锁桥东有碑，亦乡绅所著，止云自顺宁、车里入南海，其未尝东入元江，可知也。

由岭南行一里，即曲折下，其势甚陡；回望铁桥，嵌北崖下甚近，而或迎之，或背之，为“之”字下者，三里而及江岸。即挨东崖下溯江北行，又一里而至铁锁桥之东。先临流设关，巩石为门，内倚东崖，建武侯祠及税局；桥之西，巩关亦如之，内倚西崖，建楼台并祀创桥者。巩关俱在桥南，其北皆崖石巉削，无路可援；盖东西两界山，在桥北者，皆夹石，倒压江面，在桥南者皆削土，骈立江旁，故取道俱南就土崖，作“之”字上下，而桥则架于其北土石相接处。其桥阔于北盘江上铁锁桥，而长则杀之。桥下流皆浑浊，但北盘有奔沸之形，溯湃之势，似浅；此则浑然逝、渊然寂，其深莫测，不可以其狭束而与北盘共拟也。北盘横经之练，俱在板下；此则下既有承，上复高绷，两崖中架两端之楹间，至桥中又斜坠而下绷之，交络如机之织、综之提焉。此桥始于武侯南征，故首祀之；然其时犹架木以渡，而后有用竹索用铁柱维舟者，柱犹尚存。或以为胡敬德，或以为国初镇抚华岳，而胡未之至，华为是。然兰津之歌，汉明帝时已著闻，而不始于武侯也。万历丙午，顺宁土酋猛廷瑞叛，阻兵烧毁，崇祯戊辰，云龙叛贼王磐又烧毁，四十年间，二次被毁；今已巳复建，委千户一员守卫。固知迤西咽喉，千百载不能改也。余时过桥急，不及入叩桥东武侯祠，犹登桥西台间之阁，以西崖尤峻，为罗岷之麓也。于是出巩关，循罗岷之崖南向随江而上。按《志》：罗岷山高千余丈。蒙氏时有僧自天竺来，名罗岷，尝作戏舞，山石亦随而舞；后没于此，人立祠岩下，时坠飞石，过者惊趋，名曰“催行石”。按石本崖上野兽抛踏而下，昔有人于将晓时过此，见雾影中石自江飞上甚多，此又一异也。五里，至平坡铺，数十家夹罗岷东麓而居，下临澜沧；其处所上犹平，故以平坡名，从此则蹑峻矣。时日色尚可行，而负僧苦于前，遂止。按永昌重时鱼；其鱼似鲭鱼状而甚肥，出此江，亦出此时。谓之“时”者，惟三月尽四月初一时耳，然是时江涨后，已不能得。

二十九日　鸡再鸣，具餐。平明行，即曲折南上。二里余，转而西，其山复土尽而石，于是沧江东南从大峡去，路随小峡西向入。西一里，石崖矗夹，有水自夹中坠，先从左崖栈木横空度，即北向。叠磴夹缝间，或西或北，曲折上跻甚峻；两崖夹石如劈，中垂一窗，水捣石而下，磴倚壁而上，人若破壁扪天，水若争道跃额，两不相逊者。夹中古木参霄，虬枝悬磴，水声石色，泠人心骨，不复知有攀陟之苦，亦不知为驱驰之道也。上二里，有庵夹道，有道者居之，即所谓山达关也。由其后又西上，路分为二：一渡水循南崖，一直上循北崖，共一里余而合，遂凌石峡上。余以为山脊矣，其内犹然平峡，水淙淙由峡中来，至是坠峡石东下，其外甚峻，其内甚平。登其峻处，回望东山之上，露出层峰，直东而近者，乃狗街子、沙木河驿后诸脊，所谓博南丁当也；东南而远者，宝台圆穹之顶也。内平处亦有两三家当峡而居。循之西入，坞底成畦，路随涧北。二里，涉涧而南，盘南峰之腋而西，一里，透峡西出，则其内平洼一围，下坠如城，四山回合于其上，底圆整如镜，得良畴数千亩，村庐错落，鸡犬桑麻，俱有灵气。不意危崖绝磴之上，芙蓉蒂里，又现此世界也，是为水寨。先是闻其名，余以为将越山而下，至是而知平洼中环，山顶之水，交注洼中，惟山达关一线坠空为水口，武陵桃源、王官盘谷，皆所不及矣。此当为入滇第一胜，以在路旁，人反不觉也。循洼东稍南上，有庐夹道，是为水寨铺。按《志》有阿章寨，岂即此耶？又南随峡坡东行，二里，逾一东坡之脊，脊两旁有两三家；脊南水犹东南下澜沧，仍非大脊也。过脊南，东南二面，山皆下伏，于是东望宝台，知澜沧挟其南去，南瞻澜沧西岸，群峰杂沓。已下缺

自此至四月初九，共缺十日。其时当是在永昌府入叩闪人望讳仲俨，乙丑庶吉士，与徐石城同年，霞客年家也。并晤其弟知愿，讳仲侗，丙子科解元也。即此时。业师季会明志。

卷八下

滇游日记九

己卯四月初十日 闪知愿早令徐使来问夫，而昨所定者竟不至。徐复趋南关觅一夫来，余饭已久矣。乃以衣四件，书四本，并袜包等寄陶道，遂同至夫寓。候其饭，上午乃行，徐使始去。出南门，门外有小水自西而东，吊桥跨其上，即太保山南峡所出者。南行五里，有巨石梁跨深溪上；其下水断而不成流，想即沙河之水也。又南半里，坡间树色依然，颇似余乡樱珠，而不见火齐映树，一二家结棚树下，油碧舆五六肩，乃妇人之游于林间者，不能近辨其为何树也。又南半里，有堤如城垣，自西山环绕来；登其上，则堤内堰水成塘，西浸山麓，东筑堰高丈余。随东堰西南行二里，堰尽，山从堰西南环而下，有数家当曲中。南转行其前，又二里，有数十家倚西山下，山复环其南，是为卧狮窝；盖其西大山将南尽，支乃东转，其北先有近支，东向屡下，如太保、九隆皆是也；又南为卧狮，在西南坳中，山形再跌而下，其上峰石崖盘突，俨然一狻猊之首，其下峰颇长，则卧形也。余先望见大路在南坡之上，初不知小路之西折而当狮崖盘突间，但遥见其崖突兀，与前峰凑峡甚促，心异之。候土人而问，初，一人曰："此石花洞也。"再问一人，曰："此芭蕉洞也。"小路正从其下过，石花即其后来之名耳，盖大路上南坡，而小路西折而由此。余时欲从小路上，而仆担俱在后，坐待久之。俟其至，从村南过小桥，有碑称卧佛桥。过桥，即西折从小路上坡。一里余，从坡坳间渡小水，即仰见芭蕉洞在突崖之下，盖突崖乃狮首，而洞则当其卧脐之间。涉涧，又西上而探洞。洞门东向，高穹二丈，正与笔架山遥对。洞内丈余，即西北折而下。其洞下虽峻而路颇夷，下三丈渐暗；闻秉炬入，深里余，姑俟归途携炬以穷也。出洞，循崖西上，一里，过突崖下峡，透脊而西，半里，渡一洼。脊以内乃中洼之峡；水东挨突崖脊，下捣其崖麓，无穴以泄，水沫淤浊，然前所渡芭蕉洞前小水，即其透崖沥峡而出者。从水上循岭南转一里，逾南坡之脊，始见脊南亦下坠成大洼，而中无水。南坡大道，从右洼中西南上，而余所从小道，则循西大山南行岭间。五里，连逾二坡脊。共二里，则西界大山南向，坠为低脊，此其东转之最长者也；南坡涉洼之路，至此而合。乃共转西向，循低脊而进；脊北亦中洼潴水焉。西一里，降而下坡，半里而得洼底铺，五六家在坑峡间；其峡虽纵横而实中洼，中无滴水。随洼西下一里，直抵大山下，复南行洼峡中。二里，又得东坠之脊，脊南坞稍开，于是小圆峰离立矣，然其水犹东行。一里，又南上坡，盘坡南离立圆峰，取道峰隙而南，一里，转峰腋，始东南上盘而西南。共里余，则南北两支俱自北大山之西，分支东绕，中夹成峡甚深。路逾北支，从其上西向入峡；其南支则木丛其上，箐坠其下，虽甚深而不闻水声焉。西行二里，乃西下箐中。又一里，有数家当箐底，是为冷水箐。乃饭于鬻腐者家。于是西南随箐上，一里，过一脊，其脊乃从西而东度之脉也。脊南始见群山俱伏，有远山横其西南。路又逾冈西上，一里，登其南突之崖。是为油革关旧址，乃旧之设关而榷税处，今已无之。其西即坠崖西下，甚峻，下二里，渐平。又二里，西峡渐开，有僧新结楼倚北山下施茶，曰孔雀寺。由寺西循山嘴南转，共一里，逾嘴而西，乃西北盘其余支，三里而得一亭桥；桥跨两峡间，下有小涧，自北而南，已中涸无滴。桥西逾坡西北下，路旁多黄果，即覆盆子也，色黄，酸甘可以解渴。其西坞大开。坞西大山，一横于西，一横于南，而蒲缥之村，当西大山下。其山南自南横大山，又东自油革关南下之支，横度为低脊而复起者；其中水反自南而北，抵罗岷而西入潞江焉。共西下二里，乃得引水之塍，其中俱已插秧遍绿。又西北行二里余，过蒲缥之东村；村之西，有亭桥跨北注之溪，曰吴氏舆梁。又西半里，宿于蒲缥之西村。其地米价颇贱，二十文可饱三四人。蒲缥东西村俱夹道成街，而西村更长，有驿在焉。

十一日　鸡鸣起具饭。昧爽，从村西即北向循西大山行，随溪而北，渐高而陟崖。共八里，为石子哨，有数家倚西山之东北隅。又北二里，乃盘山西转，有峡自西而东，合于枯飘北注之峡。溯之，依南山之北西入，二里，下陟南来峡口；峡口所种俱红花成畦，已可采矣。西一里，陟西来峡口，其上不多，水亦无几。有十余家当峡而居，是为落马厂。度峡北，复依北山之南西入，一里，平上逾脊。其脊自南而北度，起为峡北之山，而北尽于罗岷者也。逾脊西行峡中，甚平，路南渐有涧形，依南崖西下；路行其北，三里，数家倚北山而居，有公馆在焉，是为大坂铺。从其西下陟一里，有亭桥跨涧，于是涉涧南，依南山之北西下。二里，有数家当南峡，是为湾子桥。有卖浆者，连糟而啜之，即余地之酒酿也。山至是环耸杂沓，一涧自东来者，即大坂之水；一涧自南峡来者，坠峡倒崖，势甚逼仄，北下与东来之涧，合而北去，小木桥横架其上。度桥，即依西山之东北行；东山至是亦有水从此峡西下。三水合而北向破峡去。东西两崖夹成一线，俱摩云夹日，溪嵌于下，蒙箐沸石。路缘于上，鏖壁摭崖，排石齿而北，三里，转向西下，石势愈峻愈合。又西二里，峡曲而南，涧亦随峡而曲，路亦随涧而曲。半里，复西盘北转，路皆凿崖栈木。半里，复西向缘崖行。一里，有碑倚南山之崖，题曰“此古盘蛇谷”，乃诸葛武侯烧藤甲兵处。然后信此险之真冠滇南也。水寨高出众险之上，此峡深盘众壑之下，滇南二绝，于此乃见。碑南渐下，峡亦渐开。又西二里，乃北转下坡。复转而西一里，有木桥横涧而北，乃度，循北崖西行。一里，逾南突之脊，于是西谷大开，水盘南壑，路循北山。又西平下三里，北山西断，路乃随坡南转。西望坡西有峡自北而南，俱崇山夹立，知潞江当在其下而不能见。南行二里余，则江流已从西北嵌脚下，逼东山南峡之山，转而南去矣。乃南向下坡，一里，有两三家倚江岸而栖，其前有公馆焉，乃就瀹水以饭。时渡舟在江南岸，待久之乃至。登舟后，舟子还崖岸而饭，久之不至，下午始放渡而南。江流颇阔，似倍于澜沧，然澜沧渊深不测，而此当肆流之冲，虽急而深不及之，则二江正在伯仲间也。其江从北峡来，按《一统志》云：“其源出雍望。”不知雍望是何彝地名。据土人言：“出狗头国。”言水涨时每有狗头浮下也。注南峡去；或言东与澜沧合，或言从中直下交南，故蒙氏封为四渎之一。以余度之，亦以为独流不合者是。土人言瘴疠甚毒，必饮酒乃渡，夏秋不可行。余正当孟夏，亦但饭而不酒；坐舟中擢流甚久，亦乌睹所云瘴母哉。渡南崖，暴雨急来，见崖西有树甚巨，而郁葱如盘，急趋其下。树甚异，本高二丈，大十围，有方石塔甃其间，高与干等，干跨而络之；西北则干密而石不露；东南临江，则干疏而石出，干与石已连络为一，不可解矣，亦穷崖一奇也。已大风扬厉，雨散，复西向平行上坡。望西北穹峰峻极，西南骈崖东突，其南崖有居庐当峰而踞，即磨盘石也。望之西行，十里，逼西山，雨阵复来；已虹见东山盘蛇谷上，雨遂止。从来言暴雨多瘴，亦未见有异也。稍折而南，二里，有村当山下，曰八湾，数家皆茅舍。一行人言此地热不可栖，当上山乃凉。从村西随山南转，一里，过一峡口，循峡西入，南涉而逾一崖，约一里，遂从南崖西上。其上甚峻，曲折盘崖，八里而上凌峰头，则所谓磨盘石也；百家倚峰头而居，东临绝壑，下嵌甚深，而其壑东南为大田，禾芃芃焉。其夜倚峰而栖，月色当空。此即高黎工山之东峰。忆诸葛武侯、王靖远骥之前后开疆，方威远政之独战身死，往事如看镜，浮生独倚岩，慨然者久之！

十二日　鸡再鸣饭，昧爽出门。其处虽当峻峰之上，而居庐甚盛，有公馆在村北，潞江驿在其上；山下东南成大川，已插秧盈绿，潞江沿东山东南去，安抚司依西南川坞而居。遂由磨盘石西南上，仍峻甚。二里，逾其南峡之上，其峡下嵌甚深，自西而东向，出安抚司下；峡底无余隙，惟闻水声潺潺在深箐中；峡深山亦甚峻，藤木蒙蔽，猿鼯昼号不绝。峡北则路缘崖上，随峡西进，上去山顶不一二里，缘峡平行。西四里，有石洞南临路崖，深阔丈余，土人凿石置山神碑于中。又四里，稍折而北上崖。旋西，而登临峡之坡；北峡之上，至是始南垂一坡，而南峡之下，则有峡自南山夹底而出，与东出之峡，会成“丁”字，而北向垂坡焉。又西二里，或陟山脊，或缘峰南，又三里，有数家当东行分脊间，是为蒲满哨；盖山脊至是，分支东行，又突起稍高，其北又坠峡北下，其南即安抚司后峡之上流也。由此西望，一尖峰当西复起，其西北高脊排穹，始为南渡大脊，所谓高黎工山，土人讹为高良工山，蒙氏僭封为西岳者也。其山又称为昆仑冈，以其高大而言，然正昆仑南下正支，则方言亦非无谓也。由蒲满哨西下一里，抵所望尖峰，即蹑级数转而上，两旁削崖夹起，中坠成路。路由夹崖中曲折上升，两岸高木蟠空，根纠垂崖外，其上竹树茸密，覆阴排幕；从其上行，不复知在万山之顶，但如唐人所咏“两边山木合，终日子规啼”，情与境合也。一里余，登其脊。平行脊上又二里余，有数家倚北脊，是为分水关；村西有水沿北坡南下，此为潞江安抚司后峡发源处矣。南转，西逾岭脊，砖砌巩门，跨度脊上。其关甚古，顶已中颓，此即关之分水者。关东水下潞江，关西水下龙川江。于是西下峡，稍转而南，即西上穿峡逾脊，共五里，度南横之脊，有村庐，是为新安哨。由哨南复西转，或过山脊，或蹈岭夹，屡上屡下，十里，为太平哨。于是屡下屡平，始无上陟之脊。五里，为小歇厂。五里，为竹笆铺。自过分水关，雨阵时至；至竹笆铺始晴。数家夹路成衢。有卖鹿肉者，余买而炙脯，于是直下三里，为茶庵。又西下五里，及山麓，坡间始盘塍为田；其下即龙川江，自北而南。水不及潞江三分之一，而奔坠甚沸；西崖削壁插江，东则平坡环塍。行塍间半里，抵龙川江东岸，溯江北行。又半里，有铁锁桥架江上，其制两头悬练，中穿板如织，法一如澜沧之铁锁桥，而狭止得其半。由桥西即蹑级南上。半里，为龙关，数十家当坡而居，有税司以榷负贩者。又西向平上，四里余而宿于橄榄坡。其坡自西山之脊，东向层突；百家当坡而居，夹路成街，踞山之半。其处米价甚贱，每二十文宿一宵，饭两餐，又有夹包。

龙川江发源于群山北峡峨昌蛮七藏甸经此，东为高黎工，西为赤土山。下流，至缅甸太公城，合大盈江。

十三日　平明而饭。由坡西登岭西北上，八里，稍北，逾北峡西上，二里，从岭上平行。望西北有层峰排簇岭上，初以为将由其南垂行，一里，忽从岭头转北，三里，乃西南下峡中。一里，有四五家当峡而居，竹篱茅舍，颇觉清幽，是为赤土铺。其村当西面排簇层峰之麓，东与橄榄坡夹而为坳。村西有亭桥架小涧上；其水自南峡来，捣北峡去。桥名建安。按《志》：大盈江之水，一出自东北赤土山；而此铺名赤土，水犹似东北下龙川者。岂其西排簇层峰为赤土山，而此犹其东麓之水，以其在麓，即以名铺耶？由桥西即南向上坡。二里，西南登脊，即自排簇峰东南分支下者，又转而西，一里余，有庵施茶，当脊北向而踞，是为甘露寺。又西一里，坡间水北向坠崖，路越之西向下峡。峡中有水自北而南，又与坡上水分南北流；以余意度之，犹俱东下龙川者。半里，乃从峡底溯水北入。其峡东西两崖，俱从排簇层峰分支南下者；西崖即其本支，东崖乃分支，东南由甘露寺脊而下者也，第峡水南出东转，不知其北合于建安桥，抑直东而下龙川否也？北行峡底，一里余，水分二道来，皆细甚。遂从坡西蹑峻上。一里，北穿岭夹，半里，透脊；其脊自东北度西南，脊以北即坠峡西下。路从峡端北转而西，有数家倚北山之上，是为乱箭哨；至是始出排簇层峰岭脊之西。按《志》：赤土山在州城东三十里，水至是始分；则前之赤土铺犹东岸之麓，非分流之正脊可知也。饭于岭哨。西向行稍下，共二里，有坞自南而北，细流注其中。按《志》：大盈江有三源，一出赤土山，当即此矣，从此而西，出马邑河，绕州城北而西合龍㟨、罗生二水，同为大盈之源者也。又北上坡，二里余，有一二家当坡之南，环堵围南峡之坳，甚遥，杂植果树于其中，是为板厂。由其西二里，又西下半里，有十余家当峡坳而居，是为芹菜塘。其前小水，东北与大盈之源合。村庐不多，而皆有杜鹃灿烂，血艳夺目，若以为家植者。岂深山野人，有此异趣？若以为山土所宜，何他冈别陇，杳然无遗也？由村西复西上坡，一里余，转峡而平行岭上三里余，乃出西岭之端，下望其坞甚深，而中平如砥，良畴远村，交映其间；其坞大而圆，乃四面小山环围而成者，不比他川之沿溪成峡而已。西向峻下者五里，循峡东北折，又折而西三里，乃循东山北行，其下稍平。又二里，有村当东山之麓，是为坡脚村。有卖浆者，出酒甚旨，以醋芹为案。与同行崔姓者，连啜二壶乃行。于是西行平畴中，一里，有小水自南而北，即《志》所云罗生山之水，亦大盈三源之一，分流塍中者也。又西北二里余，有村曰雷打田；其东亦有小溪自南而北，则罗生山之正流也，与前过小流，共为大盈之一源云。是溪之东田洼间，土皆黑坟；土人芟其上层，曝干供爨，盖煤坚而深入土下，此柔而浮出土上，而色则同也。由村北又西三里，有庐舍当坡塍间，曰土锅村，村皆烧土为锅者。于是其西庐舍联络，一里为东街，又半里，西交大街，则“十”字为衢者也。腾越州城之南门，即当大街之北。城南居市甚盛，城中所无，而此城又迤西所无。乃税驾于大街东黔府官舍，时适过午也。时黔府委官王仰泉者，已返省，阮玉湾导书，姑与店中。

十四日　早雨。命顾仆觅潘秀才家，投吴方生书。上午雨止，潘来顾。下午，余往顾而潘出，乃返，作记寓中。薄暮，同行崔君挟余酌于市，以竹实为供，竹实大如松子，肉圆如莲肉，土人煮熟以卖。投壶畅饮；月上而返，冰轮皎然。

十五日　晨往晤潘。潘劝无出关。上午，潘馈酒肴。下午，店中老人亦来劝余无行。先是余以阮玉湾书畀杨主人，托其觅同行者。主人唯唯。至暮，以潘酒招之共酌。兄弟俱劝余毋即行，谓炎瘴正毒，奈何以不赀轻掷也。屈指八月王君将复来，且入内，同之入关最便。余姑诺之。是夜月甚皎，而邸舍不便凭眺，竟郁郁卧。

十六日　晨起，候主人饭，欲为尖山之行。其山在州城西北百里。先是主人言其灵异，怂恿余行，故谋先及之。乃以竹箱衫毡寄杨主家，挈轻囊与顾仆行。从南门外循城西行，半里，过新桥，巨石梁也；桥下水自北合三流，襟城西而南，过此南流去，即所谓大盈江矣。

余既过桥，四望山势回环，先按方而定之：当城之正东而顶平者为球琫山，乱箭哨之来道逾其南脊；当城之正西而尖耸者，为擂鼓山；南为龙光台，为缅箐道，为水口西夹；直北者，为上干峨山，乱箭哨之脉，从之东度南起，去城北二十里；直南者为来凤山，州治之脉，从之北度，又西突保禄阁，为水口东夹；城西南为水口，束峡极紧，坠空而下，为跌水崖；城东南、东北俱有回坞，乃来凤山自北环度之脉，而东北独伏，有高山穹其外，即龙川江东高黎工山北来之脉也。城西北一峰独耸，高出众峰，为巃嵸山，乃北来分脉之统会：从此直南，为笔峰、为宝峰、为擂鼓，而尽于龙光台；从此西度南转，为猛蚌；从此东度为上干峨；低伏而东度南起，为赤土山乱箭岭；南下西转为罗生山；支分直北者为球琫，峙州东而北尽马邑村。支分由西而南者，为来凤，峙州南而西夹水口，北与龙光对。此州四面之山也。

其水：一东南出罗生山，北流经雷打田，至城东北；一东出乱箭哨，北流西出马邑村西南，至城东北，一出巃嵸山，潴为海子，流为高河，南至城东北。三水合为一，是为大盈江，由城西而南，过二桥，坠峡下捣，其深十丈，阔三丈余，下为深潭，破峡西南去，经和尚屯，又名大车江。此州四面之水也。

其北二日抵界头，与上江对；其南一日抵南甸，与陇川、缅甸对；其西一日半至古勇，与茶山对；其东一日半至分水关，与永昌对。八关自其西北斜抵东南，西四关属蛮哈守备，自西北而东南：一曰神护，二曰万仞，三曰巨石，四曰铜壁。东四关属陇把守备，自西北而东南：一曰铁壁，二曰虎踞，三曰天马，四曰汉陇。八关之外，自神护而出为西路，通迤西，出琥珀碧玉；自天马而出为南路，通猛密，有宝井；自汉陇而出，为东南路，通木邦，出邦洋布；自铁壁而出亦为南路，通蛮莫，为缅甸阿瓦正道。昔蛮莫猛密俱中国地，自万历三十三年金腾戚道立此八关，于是关外诸彝，俱为阿瓦所有矣。由州南抵南甸分路：西向干崖，至蛮哈诸关；南向陇川，至陇把诸关。由州西抵缅箐分路：西出神护，通迤西；西北逾岭，至古勇。大概“三宣”犹属关内，而“六慰”所属，俱置关外矣。遂分华、彝之界。此其四鄙之望也。

大盈江过河上屯合缅箐之水，南入南甸为小梁河；经南牙山，又称为南牙江；西南入干崖云笼山下，名云笼江；沿至干崖北，为安乐河；折而西一百五十里为槟榔江，至比苏蛮界注金沙江入于缅。一曰合于太公城，此城乃缅甸界。按缅甸金沙江，不注源流，《志》但称其阔五里；然言孟养之界者，东至金沙江，南至缅甸，北至干崖，则其江在干崖南、缅甸北、孟养东矣。又按芒市长官司西南有青石山。《志》言金沙江源出之，而流入大盈江；又言大车江自腾冲流经青石山下。岂大盈经青石之北，金沙经青石之南耶？其言源出者，当亦流经而非发轫；若发轫，岂能即此大耶？又按芒市西有麓川江，源出峨昌蛮地，流过缅地，合大盈江；南甸东南一百七十里有孟乃河，源出龙川江。而龙川江在腾越东，实出峨昌蛮地，南流至缅太公城合大盈江。是麓川江与龙川江，同出峨昌，同流南甸南干崖西，同入缅地，同合大盈。然二地实无二水，岂麓川即龙川，龙川即金沙，一江而三名耶？盖麓川又名陇川，"龙"与"陇"实相近，必即其一无疑；盖峨昌蛮之水，流至腾越东为龙川江，至芒市西为麓川江，以与麓川为界也。其在司境，实出青石山下，以其下流为金沙江，遂指为金沙之源，而非源于山下可知；又至干崖西南，缅甸之北，大盈江自北来合，同而南流，其势始阔，于是独名金沙江，而至太公城。孟养之界，实当其南流之西，故指以为界；非孟养之东，又有一金沙南流，干崖之西，又有一金沙出青石山西流；亦非大盈江既合金沙而入缅，龙川江又入缅而合大盈，大盈所入之金沙，即龙川下流，龙川所合之大盈，即其名金沙者也。分而岐之，名愈紊，会而贯之，脉自见矣。此其二水所经也。于是益知高黎工之脉，南下芒市、木邦而尽于海，潞江之独下海西可知矣。按《志》又有大车湖在州南，甚广，中有山，如琼浪中一点青。今惟城北上干峨、巃嵸山下有二海子，城南并无潴水。岂洪流尽扬尘耶？

过新桥，西行半里有岐：西北行者，为乌沙、尖山道；南下者，为跌水河道。余闻其胜甚，乃先南趋。出竹坞中一里，涉一东流小涧，南上坡，折而东约半里，有大石梁架大盈江上，其桥东西跨新桥下流。从桥西稍南上坡，不半里，其水从左峡中透空平坠而下；崖深十余丈，三面环壁。水分三派飞腾：中阔丈五；左骈崖齐涌者，阔四尺；右嵌崖分趋者，阔尺五。盖中如帘，左如布，右如柱，势极雄壮，与安庄白水河齐观。但此崖更近而逼，从西崖绕南崖，平对而立，飞沫倒卷，屑玉腾珠，遥洒人衣面，白日间真如雨花雪片。土人所称久雨不晴者以此，但"雨"字当易"旱"为是，用"雨"字则叠床架屋矣。其水下坠成潭，嵌流峡底甚深，因下蹈之。有屋两重在夹壑中，乃王氏水舂也。复上西崖，其南一峰高耸，凭空揖瀑，是为龙光台，上建关帝殿。回盼久之，复下西崖。其崖甚狭，东即瀑流坠空，西亦夹坑环屋。俯视屋下坑底，有流泉叠碓，亦水舂也，而当环坡间；其西即南下缅箐大道，不知水所从出，细瞰之，水从脚下透穴出，南分为二：一随大道南注；

一复入巨石下，入夹坑之屋为舂。回眺崖北，有峡一线，深下五六丈，骈峙北来，阔仅一尺，而高不啻三丈余，水从其底，透入前崖之腹而出其南。计崖穴之上，高亦三丈余，南至出水之穴，上连三四丈，不识其下透之穴与上骈之峡，从何而成，天巧人工，两疑不能至此矣。从崖上蹑西峰一里，有寺踞峰之东，门东向，为毗卢寺。由其西二里，直抵擂鼓尖峰下，见有路直蹑峰西上，而路有二生，指宝峰大道尚在北，乃横涉田间。半里，得大道，随而西上坡。二里，西抵擂鼓之北，当西北从岐上，而余误从西南。一里，蹑峻，一里，渐转南陟，复向擂鼓行。又一里，心知其误，遂西逾岭脊，则望见宝峰殿阁，在西北岭半，与此脊齐等，而隔箐两重，其下甚深，皆从西南岭脊坠下。计随坡东下，就大道复上，与蹑坡西上，从峰脊转下，其路相比，不若上之得以兼陟其顶也，遂西南上，甚峻。一里，直出擂鼓尖之西，有路自尖南向来合，同之西北度脊。脊北路分为二：一西北沿峰去，一东北攀岭行。一里，再逾岭陟脊，其脊两旁皆东西下，乃饭于脊。过北，路复分为二如前，然东北者犹非宝峰路，尚隔一箐也。乃复西北上顶，一里，蹑其最高处，东俯州城东坞，西俯峨陇南坞，皆近夹此脊下；而峨陇之西，又有高峰一重，自北而南，夹峨陇之坞，南出缅箐，而与大盈之江合而南去焉。顶东南深树密翳，乃从西北下，甚峻，半里就夷。随东箐北行岭脊，又半里，路交“十”字：一从南直北者，俱行其脊；一从东箐中上，横过西北者，出山腰。知宝峰之寺在箐翳矣，乃折而东下；木叶覆丛条间，甚峻而滑，非攀枝，足无粘步。下一里，转殿角之右，则三清殿也；前有虚亭三楹，东揽一川之胜，而其下亭阁缀悬崖间，隔箐回坡，咫尺缥渺。殿西庑为二黄冠所栖，余置行囊，令顾仆守其处，乃由亭前东下。道分为二：一从右下危坡，一从左转深箐。余先随箐下，半里，右顾崖间，一亭飞缀，八角重棂，高倚悬崖之上，乃参府吴君蜀人，名荩臣。新建以祀纯阳者。由亭左再下，缘箐半里南转，仰见亭下之石，一削千仞，如莲一瓣，高穹向空，其南又竖一瓣骈附之，皆纯石无纤纹，惟交附处中垂一线，阔仅尺余，凿级其中，仰之直若天梯倒挂也。北瓣之上，大书“奠高山大川”五字，亦吴参府笔；其下新构一轩跨路，貌灵官于中。南瓣侧有尖特耸，夹级为门，其下玉皇阁倚之。环腾多土山，独是崖纯石，危穹夹箐之间，觉耳目顿异。玉皇阁南亦悬箐无路，灵官轩北又凿崖为梯，嵌夹石间。北下数丈，有石坊当其前，大书曰“太极悬崖”。从此北度东下之箐，再上北坡，共里余，则宝峰寺当峰而踞，高与玉皇阁等；而玉皇阁东向，此寺南向，寺东龙砂最微，固不若玉皇阁当环箐中央，得一山之正也。寺颇寥落，有尼居之，此昔之摩伽陀修道处。他处皆释盛于道，而此独反之。已复下箐中，蹑太极崖，过北瓣下，从一线之级上。其级峻甚，几不能留趾，幸两崖逼束，手撑之以登。一上者八十级，当纯阳亭之南，峡始曲折为梯；又三十余级而抵虚亭间。余拟眺月于此，以扩未舒之观，因拭卓作记。令顾奴汲水太极下箐东以爨，二黄冠止之，以饭饭余。仍坐虚亭，忽狂飚布云，迨暮而月色全翳。邵道谓虚亭风急，邀余卧其榻。

十七日　余起，见日丽山幽，拟暂停憩其间以囊中存米作粥，令顾奴入州寓取贵州所买蓝纱，将鬻以供杖头；而此地离州仅八里，顾奴去不返。抵下午，馁甚，胡道饭余。既而顾奴至，纱仍不携来也。

十八日　录记于虚亭。先夜有虎从山下啮参戎马，参戎命军士搜山觅虎。四峰瞭视者，呐声相应，两箐搜觅者，上下不一，竟不得虎。

巅塘关南越大山，西南绕古勇关北，分支东突者为尖山，东南突者为马鞍山，又分支南下者为宝峰，又南为打鼓尖，又南尽于龙光台。其马鞍山正支东度者，一起为笔峰，又起为巃嵸，于是南环为赤土，为乱箐哨过脊；又南为半个山，而西北环来凤而结州治；此所谓回龙顾祖也。从古勇关北分支南下者为鬼甸西山，又南为鹅笼西山，又南抵于缅箐；正支西南下者为古勇西关，而南接于神护焉。八关之外，其北又有此古勇、巅塘二关，乃古关也。巅塘之外为茶山长官司，旧属中国，今属阿瓦。巅塘东北，阿幸厂北，为姊妹山，出斑竹，其外即野人。宝峰山东向屏立其前，下分为二箐，中垂石崖高穹，两旁倒插箐底。北箐之上，环冈一支，前绕如堵墙，石崖中裂，凿级悬其间，名猢狲梯。梯南玉皇阁倚其下，梯北纯阳阁踞其上；旧有额名为"太极悬崖"，而吴参戎又大书镌其上，曰"奠高山大川"。纯阳阁之上，则开轩三楹，左右当悬箐之中。而下临绝壑；向东北，近则环冈前伏，平川绕其下，远则东山之外，高黎工北尖峰特出众山之顶，正对其中。此峰土人又名为小雪山，遥峰横亘天半，而其上特耸一尖如拱圭，盖在分水关之北二十里；关间无路能上，亦不能见，至此乃东见之，马鞍山宝藏之徒径空，昔在戎行时，曾从赤土铺，北度龙川至其下，为高简槽。有居人段姓者，导之登其顶。其高盖四十里云。目界甚爽，其后为三清殿，则邵道所栖也。三清殿去西顶不遥，余前从之下。盖是山之最高者为三清殿，东北向；当石壁而居一山之中者为玉皇阁，东向；居北箐之北倚环冈腋间者为宝峰寺，南向。玉皇阁当石壁下，两箐夹之，得地脉之正；而纯阳阁孤悬崖间，从莲花尖上现神奇，是奇、正相生之妙也。盖腾阳多土山，而此山又以土山独裹石崖于中，如颖跃于囊；且两箐中怪树奇株，郁葱蒙密。竹之大者，如吾地之猫竹，中者如吾地之筋竹，小者如吾地之淡竹，无所不有。又非迤东西所有也。

二十一日　饭后别邵道，下纯阳阁，东经太极崖。其处若横北箐而上，半里而达宝峰寺，余以南箐悬峭，昨所未经，乃从大路循玉皇阁，下悬崖，曲折下半里，又度北箐之下峡，从环冈大道复半里，北上宝峰寺。问道于尼。尼引出殿左峰头，指山下核桃园，直北为尖山道，西北登岭，为打鹰山道。闻打鹰山有北直僧新开其地，颇异，乃先趋打鹰。于是东北下坡，一里，抵坡北。又北一里余，有数家倚西山麓，是为核桃园。其西北有坳颇低，乃宝峰之从北度脊者，有大道西向之，有小溪东注。逾之，直北一里余，乃西北登坡。四里，逾坡脊而西，是名长坡。又西半里，乃转而北，挟西峰而循其北，仍西行脊上。其脊北下，即酒店岭之东度为笔峰、巃嵸者，南下，即野猪坡之南出为鹅笼、缅箐者，盖俱从分支之脊行也。西五里，岭坳间路交“十”字，乃西北横陟之。当从北蹑坡，误从西行岭之南。二里，遇樵者，知为鬼甸道，打鹰开寺处已在直北双峰下；然此时已不见双峰，亦不见路影，乃蹑棘披砾，直上者三里，雾气袭峰，或合或开，又上二里，乃得乱坪，小峰环合之，中多回壑，竹丛离布。见有撑架数柱于北峰下者，从壑中趋之，仍无路。柱左有篷一龛，僧宝藏见余，迎入其中，始知即开山之人也。因与余遍观形势；饭后，雾稍开，余欲行，宝藏固留止一宵。余乃从其后山中垂处上，其山乃中起之泡也；其后复下，大山自后回环之，上起两峰而中坳，遥望之，状如马鞍，故又名马鞍山。据土人言其上多鹰，旧《志》名为集鹰山，而土音又讹为打鹰云。其山脉北自冠子坪南耸，从顶上分二岐：一峙西南，一峙东北。二峰之支，如抱臂前环，西南下者，当壑右而伏，过中复起小阜而为中案，南坠而下，复起一峰为前案；东北下者，当壑左而伏，结为东洼之钥。两峰坳处，正其环窝处，前蹲一峰当窝中；其脉复自东北峰降而中度，宛如一珠之托盘中，其前复起两小阜，如二乳之列于胸。其脉即自中蹲之峰，从左度右，又从右前度，而复起一阜于中，与双乳又成鼎足，前列为中峰近案，即南与中案并峙。稍度而东，又起一阜，即北与东洼之钥对夹。故两乳之前，左右俱有洼中坳，中峰之后，左右亦有峡中扃，其脉若甚平，而一起一伏，隐然可寻。其两峰之高者，左右皆环而止，唯中之伏而起者，一线前度，其东为笔峰、巃嵸，南为宝峰、龙光者，皆是脉也。土人言：“三十年前，其上皆大木巨竹，蒙蔽无隙，中有龙潭四，深莫能测，足声至则涌波而起，人莫敢近；后有牧羊者，一雷而震毙羊五六百及牧者数人，连日夜火，大树深篁，燎无孑遗，而潭亦成陆。今山下有出水之穴，俱从山根分逗云。”山顶之石，色赭赤而质轻浮，状如蜂房，为浮沫结成者，虽大至合抱，而两指可携，然其质仍坚，真劫灰之余也。宝藏架庐在中峰之下，前临两乳；日后有扩而大者，后可累峰而上，前可跨乳为钟鼓之楼云。今诸洼虽中坳，而不受滴水；东洼之上，依石为窖，有潴水一方。岂龙去而沧桑倏易，独留此一勺，以为开山之供者耶？宝藏本北直人，自鸡足宝台来，见尖山虽中悬而无重裹，与其徒径空觅山至此，遂龛坐篷处者二年。今州人皆为感动，争负木运竹，先为结此一楹，而尚未大就云。径空四川人，向从戎为选锋，复重庆，援辽援黔，所向有功，后为腾越参府旗牌，薙发于甘露寺，从师觅山。师独坐空山，径空募化山下，为然一指，开创此山，俱异人也。是晚宿龛中。有一行脚僧，亦留为僧薙地者，乃余乡张泾桥人。萧姓，号无念，名道明。见之如见故人焉。

二十二日 晨起，宿雾净尽，宝藏先以点饷余，与余周历峰前。凭临而南为南甸，其外有横山前列，则龙川后之界也；近嵌麓西为鬼甸，其外有重峰西拥，则古勇前南下之支也；下伏而东度为笔峰，其外有高岭东穹，则高黎工后耸之脉也；惟北向则本山后屏焉。然昨已登岭北眺，知东北之豁处，为龙川所合；西北之丛处，为尖山所悬，而直北明光六厂之外，皆野人之栖矣。久之，乃饭而别。宝藏命其徒径空前导，从东北行，皆未开之径也。始逾东环之臂，即东北下，虽无径而颇坦。三里余，有路循岭北西去，往鬼甸道，盖是山前后皆向鬼甸道也。于是交之，仍东下，甚峻。一里，又有路自东南来，西北逾岭去；此即州中趋冠子坪道，盖冠子坪从北南度，穹起打鹰之顶，自北望之，不见双峰如鞍，只觉层起如冠。逾脊西下，是为坪村所托；有龙潭西涌，乃鬼甸上流，经鹅笼而南下者也。余交其路，仍东北下，行莽棘中，一里余，北向下，傍西小峡渐有微径；径右峡中，亦有丛竹深藤。东转，再逾一峡，一里，乃北行环冈上；冈之西，大山始有峡中盘，冈之东，始随坡东下。共二里，抵坡麓，则响水沟之峡在其东矣。有溪自西峡出，北涉之，随西山北行。西山至是稍开，有路西入之。交其路而北，一里余稍下，又有小水从西坞出，是为王家坝。以此水为界，南俱沐府庄。又北半里，遂与南来大路合。又北一里，有村在西山下，至是中坞始开；其坞南从酒店脊来，北至此东西乃辟，溪沿东麓北下，村倚西山东向，而路出其中。又北里许，有岐东北往界头。余循西山西北下，渡一小峡，半里西转，其南谷为湾腰树，盖王家坝之后山也。其北坞为左所屯，乃巃嵸北又起一峰，其余支西北而环者。坞中始有田畴下辟，响水沟之流，亦西北贯之，而路从南山西向行。一里余，有小水北流。又西一里余，有结茅卖浆在南山下。于是巨松错立，高影深阴，午日俱碧。又西二里，为马站；其北坡下颇有隔林之庐，而当路左者止一家，州来者皆饭焉；其西始田塍环坡。从田中西北行一里余，抵北山下，稍西复北，一里，逾其坳，有墟场，为马站街房。其北山坡杂沓，石齿高下，东冈与西山，遂夹溪北注。共三里，有山横于前，乃西随之，半里，北透其坳，其北则山开而下盘环壑，溪从西山透峡南来，绕壑北去；固知透坳之山，乃自南而西转，坳西一峰，即西尽于溪者也。盘壑而西北，一里余，遂循溪东岸行；其西冈松桧稠密，有大寺基在焉。乃饭于溪旁。又北半里为邱坡，有两三家倚西山下。其西则群山中迸为峡，有岐西入之，为古勇道；其东则谷口横拓，南北之水，俱由之出焉。于是北行田塍间二里，屡逾其分流之水。又北一里余，为顺江村，古之顺江州治也；西山至是，中断复起，其特耸颇厉，是为三清山。村多环石为垣，连竹成阴者。又北半里，有水自西峡来，东向而注，是为顺江，有木梁跨其上。顺江村之东，山坞东辟。过桥，复北上坡，行竹径中。半里北下，过乾海子，一里余，北上坡。有虚茅在坡北，是为顺江街子。复西北行坡坂间。其坂西倚三清山，东临夹壑；壑之东，则江东山南下而横止焉。从此三清西亘，江东东屏，又成南北之坞。行坂间三里，北向稍下，忽闻水声，则路东有溪反自南而北，至是乃东转去；想顺江之分流而至者，盖江东山之西，已有两江自北而来，此流何以反北耶？流既东，路遂北盘东垂之坡。二里，是为鸡茨坪。逾坪北下，一里余，复得平畴；有卖浆者当路右。于是东北行田塍间，一里余，有江自西北注东南，长木桥横跨之，是为西江；其东又有一江，自东北注东南，沿东山与西江并南行坞中，是为东江。既度西江桥，遂北行江夹中，一里而至固栋，宿于新街。

固栋一名谷栋，聚落当大坞中，东、西二江夹之；其北则雅乌山南垂，横亘两山间，至此而止；其南则两江交合于三里外，合流东南去，至曲尺入龙川江。东则江东山，北自石洞东南向而下；西则三清山北，又起一峰，南与三清雁行而峙，其中有峡如门，而小甸之路从之。是峰即云峰尖山东下北转之脉；云峰正在其西，为彼所掩，故固栋止西见此山，而不见云峰也。其地直东与瓦甸对，直西与云峰对，直北与热水塘对，直南与马站对；有新、旧二街，南为新，北为旧。

二十三日　命主人取园笋为晨供，味与吾乡同。八九月间有香笋，薰干瓶贮，味有香气。北一里，过旧街，买飞松一梆于刘姓者家。飞松者，一名狐实，亦作梧实，正如梧桐子而大倍之，色味亦如梧桐，而壳薄易剥，生密树中；一见辄伐树，乃可得，迟则树即存，而子俱飞去成空株矣，故曰飞松。惟巅塘关外野人境有之。野人时以茶、蜡、黑鱼、飞松四种，入关易盐布。其人无衣与裳，惟以布一幅束其阴，上体以被一方，帏而裹之，不复知有衿袖之属也。此野人即茶山之彝。昔亦内属，今非王化所及矣；然谓之“红毛”，则不然也。又北二里余，横冈后亘，望之若东西交属于两界崇山，不复知其内有两江之嵌于两旁也。此冈即雅乌山南垂尽处，东、西二江皆从其两腋南出；疑即挨河，而土人讹为雅乌耳。陟冈而北，又二里，冈左渐突而成峰，冈右渐嵌而为坑；路渐逾坑傍峰而上，于是坑两旁皆峰，复渐成峡。循峡西峰行，二里，陟其北坳，遂挟西峰之北而西向下。二里，路右有大栗树一株，颇巨而火空其中；路左则西江自西壑盘曲东来，破峡而东南去，于是出固栋西山之西北矣。始下见盘壑西开，江盘壑底，而尖山兀然立其西南矣。又西下一里，随江北岸西行二里，始有村庐倚冈头，是为乌索。其江反北向折而来，路乃南下冈就之，半里，则长木桥横架江上，反自西而东度之。桥东复有竹有庐，从其侧转而西南，则固栋西山与尖峰后大山围环其南，而江曲其北者也。又西半里有村，连竹甚盛。半里，从其村南西转，复行冈坂者二里，冈头巨松错落，居庐倚之。半里，西向下，涉一坑，又西南一里余，连过两村，又西向下，涉一坑，始及山麓，遂西向上。半里，有小水注坡坂间，就而涤体。时日色亭午，解衣浣濯久之，乃西南循小径上。一里，转而西，始与东来路合。时雷雨大至，行草径间一里，稍西下，涉一峡底，于是巨木参霄，纬藤蒙坞，遂极幽峭之势。盘峡嘴而西，一里，又涉一峡底。二峡皆在深木中，有小水淙淙自北而南，下注西来之溪，合而东行北出者也。涉峡之西崖，有巨石突立崖右。路由巨石之东北向上，曲折跻树荫中，高崖滴翠，深木筛金，始知雨霁日来，阴晴弄影，不碍凌空之屐也。上三里，遂陟冈脊；脊两崖皆坠深涵碧，闻水声潺潺在其底，而不辨其底也。脊狭不及七尺，而当其中复有铺木以度者，盖脊两旁皆削，中复有窞下陷，故以木填之。行脊上一里，北复稍下，又涉一南坠之峡，半里，乃西北上，其上甚峻。一里余而饭。稍夷，转西南盘而北，半里，复曲折上，峻愈甚。一里，又稍夷，循峰崖而转其腰，始望见尖峰在隔箐陇树间，而不知所循者亦一尖峰也。北半里，抵其峰西腋，稍西下度一脊，遂西上；上皆悬崖削磴。回顾前所盘脊东峰，亦一峰复耸，山头尖削，亦堪与尖山伯仲，但尖山纯石中悬，而彼乃土峰前出耳。两峰之北，复与西大山夹成深壑，支条盘突，箐树蒙蔽，如翠涛沉雾，深深在下，而莫穷端倪，惟闻猿声千百，唱和其间，而人莫至也。崖头就竖石凿级为梯，似太华之苍龙脊，两旁皆危崖，而石脊中垂，阔仅尺许，若龙之垂尾以度，而级随之；仰望但见层累不尽，而亦不能竟其端倪也。梯凡三转，一里而至其顶。顶东西长五丈，南北阔半之，中盖玉皇阁，前三楹奉白衣大士，后三楹奉三教圣人；顶平者，如是而止，其向皆东临前峰之尖，南北夹阁为侧楼，半悬空中，北祠真武，下临北峡，而两头悬榻以待客；南祠山神，下临南峡，而中敞为斋堂。皆川僧法界所营构，盖其上向虽有道，而未开辟，莫可栖托。法界成之，不及五年，今复欲辟山麓为下殿，故往州未返。余爱其幽峻，遂止东侧楼。守寺二僧，一下山负米，一供樵炊而已。

二十四日 晨起，天色上霁，四山咸露其翠微，而山下甸中，则平白氤氲，如铺絮，又如涌波，无分远近，皆若浮翠无根，嵌银连叠，不知其下复有坡渊村塍之异也。至如山外之山，甸外之甸，稍远辄为岚翠掩映，无能拈出，独此时层层衬白，一片内，一片外，搜根剔奥，虽掩其下，而愈疏其上。乃呼山僧，与之指质远近诸山，一一表出，因与悬南崖而下。有崖前临绝壑，后倚峭壁，中刓横罅，下平上覆，恰如匡床，虽小而可憩可卧，是名仙床。俯层峭之下，巉覆累累，无可攀循，僧指其下有仙洞，须从梯级下至第几层，转崖下坠，乃可得之，遂导而行。其洞乃大石叠缀所成，乱崖颠磴，欲坠未坠，迸处为罅，覆处为洞，穿处为门；门不一窍，洞不一层，中欠宽平，外支幽险，若叠级架板，亦可幽栖处也。洞门东向腋中者为大，入而南穿，一峡排空而下，南出峡门。其门南临绝壑，上夹重崖，有二木球倒悬其前；仰睇之，其上垂藤自崖端悬空下丈余，即结为瘿，如瓠匏之缀于蔓者。瘿之端，缀旁芽细枝，上迎雨露，茸茁夭矫，花叶不一状，亦有结细子圆缀枝间者，即山僧亦不能名之，但曰寄生，或曰木胆而已；一丝下垂，结体空中，驭风吸露，形似胆悬，命随空寄，其取意亦不诬也。余心识其异，欲取之，而高悬数丈，前即崩崖直坠，计无可得；但其前有高树自崖隙上耸，若得梯横度树间，缘柯而上，以长竹为殳，可钩藤而截取之。余乃识而行。复随导僧由梯级北下悬空之台，乃石脊一枝，下瞰北壑，三面盘空，矫若龙首，条冈回壑，纡郁其下，与仙洞各缀梯级之旁，若左右垂珥。洞倚南崖，以幽峭见奇，台踞北壑，以凭临为胜；此峰前两概也。由峰后西南越脊而下，更多幽境。近法界新开小路，下十里至小甸，乃固栋西向入峡，经此而趋古勇之道。其坡有热水塘，亦法界新开者，由此东可出固栋，西可穷古勇；而余时有北探滇滩、阿幸之兴，遂不及兼收云。

是午返寺，同顾仆取斧缚竿负梯而往，得以前法升木取瘿，而崖高峡坠，木杪难于著力，久而后得之。一瘿圆若葫芦倒垂，上大下小，中环的颈；一瘿环若巨玦，两端圆凑而中空，皆藤悬于上，而枝发于下。如玦者轻而松，如葫芦者坚而重，余不能兼收，后行时置轻负坚者而走。

二十五日　余留二诗于山，负木胆于肩，从东大道下梯级。一里余，东度过坳，遂东南循前峰之腰。又半里，东度脊项，于是俱深木夹道。曲折峻下者二里，涉一南盘峡，复东北上。半里凌脊，乃东行脊间；左右皆夹壑甚深，而重木翳之。又半里，度脊间铺木。脊两旁甚狭，而中复空坠，故以木填而度之。又东南半里，复盘壑东北下。二里，至前巨石之左，遂涉南下之溪。半里，复东逾一冈。又半里，再涉一南下之溪，东向稍上，遂出箐东北行。一里，至下院分岐之路，仍从向来之小路，一里余，至前浴流之所。又半里，越坞而得一村，入问热水塘道。仍东北三里，过乌索桥，从桥西逾冈而北，一里与大道合。随之西北，循东山之麓行，六里，有冈自东山直对西峰而下，驱江流漱西峰之麓，而路亦因之与江遇。已复逾冈北下，北坞稍开，有小水交流西注，蒸气杂沓而起，即热水塘也。半里，抵塘上，有池而无屋，雨霏霏扑人。乃令顾仆守行囊于塘侧，北半里上坡，观其街子，已散而无他物。望南冈有村庐在坳脊间，街子人指其上有川人李翁家可歇。复南半里回觅之。有闽人洪姓者，向曾寓余乡，为导入同寓。余乃出就塘畔招顾仆入，出携餐啖之。问阿幸路，须仍从此出。此中东至明光，虽止隔一山，险峻不可行也。见日色尚早而雨止，乃留热水，待出时浴，并木胆寄李翁家菜园中，遂仍西北行。五里，北上坡，为左所，盖其分屯处也。其处居庐甚盛，行者俱劝余宿此，谓前皆僰彝家，不可栖，且多茶山彝出入，不可晚行。余不顾。又北二里，逾一坡，又三里，过后所屯。渐折而从西北三里，直逼西大山东北垂，复与江遇。回顾尖山与前峰并峙，中坳如马鞍，而左所之南，复有峰一支自西山突出，横亘其北；故路必东北从乌索桥抵热水塘，又西北至此也。此地正当尖山之北，其北则西大山渐伏，中逊而西，为滇滩过脉处；东大山直亘而南，分坠西窜，下突小山，横界于北，为松山坡。坡之北，即阿幸北进之峡；其西北高峰，浮出于横坡之上，则阿幸、滇滩之间，又中界之一峰，所谓土瓜山也。行江东岸一里，复折而东北，一里，抵东山腋下。山峰丛立处有两三家倚东坡而栖，是为松山。从其前又北一里，上北山西亘之坡，一里，蹑坡脊。其脊正西与巅塘相对，有坞西盘，而江水自北横界脊下，脊若堵墙。溯水北上，从脊间行二里，乃西北下。半里，有石屏西向立峰头，是为土主碑，乃神之所托也。从石西随坡下，涉江西上，乃滇滩关道，已茅塞不通，惟茶山野人，间从此出入，负茶、腊、红藤、飞松、黑鱼，与松山、固栋诸土人交易盐布；中国亦间有出者，以多为所掠，不甚往也。其关昔有守者，以不能安居，多遁去不处；今关废而田芜，寂为狐兔之穴矣。其隘亦纡坦，不甚崇险，去此三里，已望而知之，遂北下坡。一道从坞间溯江东岸北行，为度桥捷径；一道沿东坡北上，为托宿之所。乃下半里，渡东来小涧，复上东坡，北随之行。二里，有四五家倚东山而居，即托宿之所也。其主人王姓者，夫妇俱伐木山中未归。余将西度桥，望西山下投栖，闻其地江岸西庐，乃土舍所托，皆不纳客，纳客者惟东岸王店。方踌躇间，一锄于田者，乃王之邻，谓其妇亦入山未归，不识可徐待之否？余乃还待于其门。久之妇归，为汲水而炊。此地名土瓜山，西乃滇滩东北高峰南下之支，东乃雅乌直北崇亘之岭，中夹成坞，江流贯其间；南则土主碑之横冈，自东而西突，北则土瓜山之东岭，自西而东突，中界此坞，南别松山坡，北别阿幸厂，而自成函盖于中。盖滇滩土巡检，昔为某姓，已绝，今为土居之雄者，曰龙氏，与此隔江相向，虽未授职，而俨然以土舍自居矣。

二十六日 凌晨起饭，西下行田间，半里，抵江岸。溯江北行，有木桥跨江而西，度之，复溯江西岸北行。一里，北上坡，半里，折而东，盘其东突之嘴。半里，复转而北，从坡上行；西循峰腰，东瞰江流，坞底至此，遂束而为峡。隔峡瞻东山之崖，崩石凌空，岩岩上拥，峡中之水，北自阿幸厂北姊妹山发源南下，南趋乌索而为固栋西江者也。东西两界山，自姊妹山分支：西下穹为滇滩东北峰，而下为土瓜山，东下穹为阿幸东山，而南接雅乌。东山之东，北为明光，南为南香甸；第此山峻隔，路仄难逾，故行者避之。北行西坡五里，稍下，有小涧自西而东，涉之北上，于是屡陟东突之坡，再渡东流之涧。八里，西坪稍开，然北瞻姊妹，反茫不可见。又北二里，盘西山之嘴，始复见姊妹山北倚，而前壑之下，炉烟氤氲，厂庐在焉。遂五里而至厂。厂皆茅舍，有大炉小炉。其矿为紫色巨块，如辰砂之状。有一某姓者，方将开炉，见余而留饭于龛中。言其北姊妹山后，即为野人出没之地，荒漠无人居，而此中时为野人所扰，每凌晨逾箐至，虽不满四五十人，而药箭甚毒，中之无不毙者。其妻与子，俱没于此，现葬山前。姊妹山出斑竹，北去此三十里，可望而尽，不必登。明光逾峻而过，东去此四十里，然径仄无行者，恐箐深蔓翳，亦不可行。乃遂出，仍二十里下土瓜山。又一里，过江桥而东，乃沿江南，随坞中捷径。二里，抵西南坡下，江漱坡而南，路稍东，逾东峡来小涧，其涧西注于江，即前涉土主碑坡北之流。江之西，亦有小涧自滇滩南来，东注于江。其处乃正流之会也。复东南上坡半里，至石屏土主碑下，与前来之道合。又南越冈而下，过松山及诸所，二十里而入热水塘李老家。时犹下午，遍观热水所泄，其出甚异。盖坞中有小水自东峡中注而西者，冷泉也；小水之左右，泉孔随地而出，其大如管，喷窍而上，作鼓沸状，滔滔有声，跃起水面者二三寸，其热如沸，有数孔突出一处者，有从石窨中斜喷者，其热尤甚。土人就其下流，作一圆池而露浴之。余畏其热，不能下体，仅踞池中石上拂拭之而已。外即冷泉交流，若导入侵之，即可浴。此冷泉南坡之热水也。其北倚东坡之下，复有数处，或出于砂孔，或出于石窨，其前亦作圆池，而热亦如之。两池相望，而溢孔不啻百也。

二十七日　晨起饭而行，仍取木胆肩负之。由冈东南下峡，一里余，复有烟气郁勃，则热水复溢坞中，与冷水交流而西出峡。其坞皆东大山之环壑也。由其南复上坡，里余，有坑自东山横截而西，若堑界之者，其下亦水流淙淙。随坑东向上，一里，从坑坠处南渡其上；盖其东未渡处亦盘壑成坪，有村倚东峰下。路当其西南半里，有岐，一南行坡上，一东向村间。余意向东者乃村中路，遂循东峰南行；前望尖山甚近。三里稍下，见一坞横前，其西下即乌索之旁村，其南逾即雅乌之西坳矣，乃悟此为固栋道，亟转而东，莽行坡坂间。一里，得南来大路，乃知此为固栋向南香甸道，从之。渐东北上，一里稍平，东向半里，复上坡。平上者一里，行峰头稍转而南，半里，即南雅乌之脊也；从其上可南眺龍嵸山，而北来之岭，从其北下坠为坳，复起此坡。东随坞脊平行，半里，乃东北下。抵坳东，则有路西自坳中来者，乃热水塘正道，当从坠坑东村之岐上，今误迂而南也。于是又东下一里余，其下盘而为坪，当北山之东，山界颇开，中无阡塍，但丰草芃芃；东北一峰东突，巀嶪前标，即石房洞山也；其后乃西北而属于西山。西山则自北而南，如屏之列，即自热水塘之东而南度雅乌者也。于是循西山又北下。半里，见有两三家倚南坡，而庐下颇有小流东向而坠；而路出其西北，莫可问为何所。已而遇一人，执而询之。其人曰："雅乌山村也。"亟驰去，后乃知此为畏途，行者俱不敢停趾，而余贸贸焉自适也。又北一里，再逾一东突之坡，一里，登其坳中，始觉东江之形，自其南破雅乌东峡而去，而犹不见江也。北向东转而下，一里，有峡自西北来，即巀嵲后西北之山，与西界夹而成者，中有小水随峡东出，有小木桥度其上。过而东，遂循北山之麓，始见南壑中东江盘曲，向西南而破峡。盖此地北山东突而巀嵲；南山自石洞厂南，盘旋西转，高耸为江东山北岭，与北对夹，截江西下，中拓为坞，曲折其间，路从其北东行，一里，有岐东南下坞中，截流渡舟，乃东趋石洞之道；有路东北挟巀嵲之峰而转，乃北趋南香甸道。于是东北一里余，转巀嵲峰东。遥眺其坞大开，自北而南，东西分两界夹之，西山多东突之尖，东山有亘屏之势；坞北豁然遥达，坞东则江东北嶂，矗峙当夹；惟东南一峡，窈窕而入，为杨桥、石洞之径，西南一坞，宛转而注，为东江穿峡之所。

先是余望此巀嵲之峰，已觉其奇，及环其麓，仰见其盘亘之崖，层耸叠上，既东转北向，忽见层崖之上，有洞东向，欲一登而不见其径，欲舍之，又不能竟去，遂令顾仆停行李，守木胆于路侧，余竟仰攀而上。其上甚削，半里之后，土削不能受足，以指攀草根而登。已而草根亦不能受指，幸而及石，然石亦不坚，践之辄陨，攀之亦陨，间得一少粘者，绷足挂指，如平帖于壁，不容移一步，欲上既无援，欲下亦无地；生平所历危境，无逾于此。盖峭壁有之，无此苏土；流土有之，无此苏石。久之，先试得其两手两足四处不摧之石，然后悬空移一手，随悬空移一足，一手足牢，然后悬空又移一手足，幸石不坠；又手足无力欲自坠，久之，幸攀而上，又横帖而南过，共半里，乃抵其北崖，稍循而下坠，始南转入洞。洞门穹然，如半月上覆，上多倒垂之乳，中不甚深；五丈之内，后壁环拥，下裂小门；批隙而入，丈余即止，无他奇也。出洞，仍循北崖西上，难于横帖之陟，即随峡上跻，冀有路北迂而下，久之不得。半里，逾坡之西，复仰其上崖高穹，有洞当其下，洞门南向，益竭蹶从之。半里，入洞，洞前有巨石当门，门分为二。先从其西者入，门以内，辄随巨石之后东转，其中夹成曲房；透其东，其中又旋为后室，然亦丈余而止，不深入也。旋从其东者出，还眺巨石之上，与洞顶之覆者，尚余丈余。门之东，又环一石对之，其石中悬如台；若置梯蹑之，所揽更奇也。出洞，循崖而北，半里，其下亦俱悬崖无路，然皆草根悬缀，遂坐而下坠，以双足向前，两手反而后揣草根，略逗其投空之势，顺之一里下，乃及其麓，与顾仆见，若更生也。日将过午，食携饭于路隅，即循西山北行。三里，而西山中逊。又一里，有村倚西山坞中。又半里，绕村之前而北，遂与江遇，盖江之西曲处也。其村西山后抱，东江前揖，而南北两尖峰，左右夹峙如旗鼓，配合甚称；有小溪从后山流出。傍村就水，皆环塍为田，是名喇哈寨，亦山居之胜处也。溯江而北，半里，度小溪东注之桥，复北上坡。二里，东北循北尖峰之东麓，一里余，仰见尖峰之半，有洞东向高穹，其门甚峻，上及峰顶，如檐覆飞空，乳垂于外，槛横于内，而其下甚削，似无陟境，盖其路从北坡横陟也，余时亦以负荷未释，遂先趋厂。又北一里余，渡一西来之涧，有村庐接丛于江之西岸，而矿炉满布之，是为南香甸。乃投寓于李老家，时甫过午也。

先是，余止存青蚨三十文，携之袖中，计不能为界头返城之用，然犹可籴米为一日供；迨石房洞扒山，手足无主，竟不知抛堕何所。至是手无一文，乃以褶袜裙三事，悬于寓外，冀售其一，以为行资。久之，一人以二百余文买绸裙去。余欣然沽酒市肉，令顾仆烹于寓。余亟索饭，乘晚探尖峰之洞。乃从村西溯西来之溪，半里，涉其南，从僰彝庐后南蹑坡。迤逦南上一里，遂造洞下。洞内架庐三层，皆五楹，额其上曰“云岩寺”。始从其下层折而北，升中层，折而南，升上层。其中神像杂出，然其前甚敞。石乳自洞檐下垂于外，长条短缕，缤纷飘飏，或中透而空明，或交垂而反卷，其状甚异。复极其北，顶更穹盘而起，乃因其势上架一台；而台之上，又有龛西进，复因其势，上架一阁。又从台北循崖置坡，盘空而升，洞顶氤氲之状，洞前飘洒之形，收览殆尽。台之北，复进一小龛南向，更因其势而架梯通之；前列一小坊，题曰“水月”，中供白衣大士。余从来嫌洞中置阁，每掩洞胜，惟此点缀得宜，不惟无碍，而更觉灵通，不意殊方反得此神构也。时洞中道人尚在厂未归，云磴不封，乳房无扃，凭憩久之，恨不携囊托宿其内也。洞之南复有一门骈启，其上亦有乳垂，而其内高广俱不及三之一；石色赭黄如新凿者。攀其上级，复透小穴西入，二丈后曲而南，其中渐黑，而有水中贮，上有滴沥声，而下无旁泄窦，亦神瀵也。洞中所酌惟此；其中穴更深迥，但为水隔而黑，不复涉而穷之。乃下，仍从北岩下循旧路，二里返寓。遂啜酒而卧，不觉陶然。

南香甸余疑为“兰香”之讹，盖其甸在北，不应以“南”称也。山自明光分脉来，西即阿幸东南下之山，东乃斜环而南，至甸东乃西突而南下，夹江流于中，其流亦发于明光；北即姊妹山东行之脉也，是为固栋东江之源。此中有明光六厂之名，而明光在甸北三十里，实无厂也，惟烧炭运砖，以供此厂之鼓炼；此厂在甸中，而出矿之穴，在东峰最高处，过雅乌北岭，即望而见之，皆采挖之厂，而非鼓炼之厂也。东峰之东北，有石洞厂，与西北之阿幸，东南之灰窑，共为六厂云。诸厂中惟此厂居庐最盛。然阿幸之矿，紫块如丹砂；此中诸厂之矿，皆黄散如沙泥，似不若阿幸者之重也。

二十八日　晨起，雾甚。平明，饭，而为界头之行。其地在南香甸东南，隔大山大江各一重。由南香东北大厂逾山，则高壑重叠，路小而近；由南香东南阳桥矿逾东岭，则深峡平夷，路大而遥。时因霾黑，小路莫行，遂从土人趋阳桥道，且可并揽所云石洞也。从村东度江桥；其桥东西横架于东江之上，覆亭数楹。由桥东即随江东岸，循东山南向行。东山者，即固栋江东山之脉，北自明光来，至大厂稍曲而东南，至是复西突而南下，屏立南香甸之东。其上有矿穴当峰之顶，茅舍缘之；自雅乌北岭遥望，以为南香甸也，至而后知为朝阳出矿之洞。然今为雾障，即咫尺东山，一无所睹，而此洞直以意想定之而已。南行八里，则有峡自东山出，遂东转而蹈之。其峡北即东山至此南尽，南即东岭之转西，西矗于南香甸南，为江东山北岭者也；开峡颇深，有泉西出而注于东江，即昨所从巀嶭山前分岐渡江而东入之峡也。峡径虽深，而两崖逼仄。循北山东行二里，望见峡内乱峰参差，扼流跃颖，亟趋之。一里，至其下，忽见北崖中迸，夹峙如门。路乃不溯涧东上，竟北转入门；盖门左之崖，石脚直插涧底，路难外潆，故入而内绕耳。由门以内，仍东蹑左崖之后，一里，遂逾乱峰之上，盖石峰三四，逐队分行，与流相鏖，独存其骨耳。循北峰揽涧南乱峰，又东一里，路复北转，蹈北峰之隙北下。半里，则峰北又开一峡，自北而南，与东来之峡，会于北峰东突之下，同穿乱峰之隙而西。所谓北峰者，从大厂分支西南下，即南香甸东突之峰；余今所行路，循其南垂向东者也，其东南垂亦至是而尽。是山之西北，有矿西临南香甸者，曰朝阳洞；是山之东南，有矿东临是峡者，曰阳桥。阳桥之矿，亦多挑运，就煎炼于南香，则知南香乃众矿所聚也。随峡北望，其内山回壑辟，有厂亦炉烟勃勃，是为石洞厂。所云石洞者，大厂之脉，至是分环西下者，自南香东界而南至阳桥，下从峡中又东度一峰，突为虎砂而包其内；东下者，亦南走而东环之，至东岭而西转，穹为江东山北境，绕为龙砂而包其外。其水自石洞东南出，合东岭北下之水，西注于乱峰，与阳桥度峡水合流，西注东江。是石洞者，众山层裹中之一壑也；从阳桥峡北望而见之，峡中度脉而东，虽无中界之脊，而水则两分焉。

余时欲从峡趋石洞，虑界头前路难辨，不若随同行者去，遂舍石洞，从东峡溯流入。三里，则路东有峰前屏，北界阳桥，东度之峰，至是东尽；石洞之水，随东屏之山，南出而西转，则阳桥南峡之上流也。

路抵东屏前山下，亦分岐为二：东北溯石洞水逾岭者，为桥头路；东南溯东岭北下之水逾岭者，为界头路。然则西下峡中之水，以石洞者为首，以东岭者为次也。于是东南上坡，二里余，陟岭巅，是即所谓阳桥东岭矣。逾岭即南下，一里，复陟峡而上，从岭上南行二里，就其东南坡而下。二里，越东流之壑，复稍上。二里，越其南坡，再下，有岐下东大峡，为同行者误而南，一里余，始知其误。乃莽陟坡而东北，一里，遇西来道，偕之东陟塍。一里余，则龙川东江之源，滔滔南逝，系藤为桥于上以渡。桥阔十四五丈，以藤三四枝高络于两崖，从树杪中悬而反下，编竹于藤上，略可置足，两旁亦横竹为栏以夹之。盖凡桥巩而中高，此桥反挂而中垂，一举足辄摇荡不已，必手揣旁枝，然后可移，止可度人，不可度马也。从桥东遵塍上，始有村庐夹路。二里，复东上坡，由坡脊东行；其坡甚平，自东界雪山横垂而西下者。行其上三里，直抵东山下，是为界头村。其村倚东山而北，夹庐成街，而不见市集，询之，知以旱故，今日移街于西北江坡之间，北与桥头合街矣。盖此地旱即移街，乃习俗也。乃令顾仆买米而炊。余又西北下抵街子，视其扰扰而已，不睹有奇货也。既乃还饭于界头。其地已在龙川江之东，当高黎工雪山西麓，山势正当穹窿处。盖高黎贡俗名昆仑冈，故又称为高仑山。其发脉自昆仑南下，至姊妹山，西南行者，滇滩关南高山；东南行者，绕小田大塘，东至马面关，乃穹然南耸，横架天半，为雪山，为山心，为分水关，又南而抵芒市，始降而稍散，其南北之高穹者，几五百里云。由芒市达木邦，下为平坡，直达缅甸而尽于海；则信为昆仑正南之支也。

由界头即从雪山西麓南行，屡逾西突之坡；十五里，遥望罗古城，倚东山坡间，有寺临之。此城乃土蛮所筑之遗址。其寺颇大，有路从此逾雪山，过上江。又南二里，过磨石河，又南二里，越一山，又逾一西突之坳，又南二里，过一小木桥，又南一里，越一坡，乃循坡东转。二里，抵东南峡口，有山自东大山南环而峙于门。大路逾坡而南上，小径就峡而西南。乃就峡口出，则前所过藤桥江，亦自坞北来。遂循其东岸而南，三里，始有村倚江岸，乃傍村南行。又一里，宿瓦甸，濒江东岸，亦南北大坞也，村塍连络；东向大山，即雪山，渐南与山心近矣。

二十九日 饭而平明，随江东岸行。二里余，两岸石峰交合，水流峡间，人逾崖上；江为崖所束，奔流若线，而中甚渊深。峡中多沸水之石，激流荡波，而渔者夹流置罾于石影间；揽瑶曳翠，无问得鱼与鱼之肥否，固自胜也。半里，越崖南下。江亦出峡，有石浮波面，俨然一鼋鼍随水出也。又南二里，过上庄，有山西突，中夹坞成田。村倚突峰之东，江曲突峰之西，而路循坞中，逾脊而西南，又一里余，复与江遇，而两崖复成峡；石之突峡迎流，与罾之夹流曳翠，亦复如前也。一里，江曲而西，路从江之南，亦曲而西截向北之坞。于是北望隔江南下之山，至是中分：其东支已尽，横突而东，即西峡之绕而下者；其西支犹横突西南，即固栋两江所合而南盘者。两支之中，北逊成坞，而灰窑厂临其上焉。是厂亦六厂之一，所出矿重于他处，昔封之而今复开，则不及他处矣。西一里，复上一北突小冈，有竹环坡，结庐其中者，是为苦竹冈。越而南下，共一里，又越坞南上，遂从坡上南行。二里，江随西峰之嘴，曲而东南，始叙舟而渡其西岸，随西山南行。一里，坡尾东掉，路亦随而东，南逾之。一里，有一二家倚坡北向而居，由其东更南上一里，遂逾其东下之脊，南行脊间。二里，复稍下，有小峡自西而东；其峡甚逼，中有小水，捣坑东出，乃下。半里，稍西转，迎流行峡中，有数家倚峡北，是为曲石；而峡之西，其内反辟而成坞，亦有村庐倚之，则峡水之所从来也。于是南截峡流，又上坡行坡间。二里，有村当路左，亦曲石之村庐也。又南三里，乃随坡西转，始见坡南坞大开，水东贯之，则固栋两江合而与顺江、响水沟诸流，一并东出者也。循此坡稍北，即与界头、瓦甸之江合；是为龙川江之上流，盖交会于曲除者也。固栋之江东山，自石洞南度脊，亦中尽于曲除者也。余先自固栋历其西，又从阳桥东岭逾其北，又从瓦甸瞻其东，又从灰窑、曲石转其南，盖江流夹其三方，而余行周其四隅矣。西行一里，又南向峻下者一里，及坞底，有桥跨江，亦铁锁交络而覆亭于上者，是为曲石桥。按《一统志》：龙川江上有藤桥二，其一在回石。按江之上下，无回石之名，其即曲石之误耶？岂其桥昔乃藤悬，而后易铁锁耶？于是从江南岸上坡，西向由峡上。二里余，复南向陟岭，二里余，登岭头。有三四家当岭而居，是为酒店，以卖浆得名也。饭而行，循岭东南向，二里下，稍西转，复南行坡上。又二里稍下，陟一坞而上。又南二里，过陈挥使庄，又南随峡中行。二里，有陇环前峡，折而自西来，有岐直南蹑其陇，余乃随众从峡中西行。半里，渐西上，又半里，折而南上，又半里，南登陇脊，始逾东度之脉。于是南望，前壑大开，直南与罗生山相对，其中成坞甚遥，州城隐隐在三十里外，东之球琗，亦可全见，惟西之宝峰，又西北之集鹰，皆为巃嵸南下之支所掩，不得而见焉。余先贾勇独上，踞草而坐，久之，后行者至，谓其地前有盗自东山峡中来，截路而劫，促余并驰南下；东望层峡重峦，似有寻幽之径，而行者惟恐不去之速也。下二里，望见澄波汇山麓，余以为即上干峨清海子矣。又峻下二里，有村庐当海子北岸，竹径扶疏，层峦环其后，澄潭映其前；路转其东北隅，有小水自峡间下注。有卖浆之庐当其下，入而少憩。以所负木胆浸注峡泉间，且问此海子即上干峨澄镜池否？其人漫应之，但谓海子中有鱼，有泛舟而捕者，以时插秧，止以供餐，不遑出卖，然余忆《志》言下海子鱼可捕，上海子鱼不可捕；岂其言今不验耶！

循海东峻麓行二里，及海子南滨，遇耕者再问之。始知此乃下海子；上海子所云澄镜池者，尚在村东北重山之上，由此而上，五里乃及之。余不能从。南二里，越一涧，有村连竹甚深，是为中干峨村。由村南又南下三里，其村竹庐交映更遥，是为下干峨村。至是东坡之下，辟为深坞，而溪流南贯。由是从村南稍西，即转南向，随坡上行。一里渐南下，俯瞰坞中溪流，已有刺小舟而浮者。既而南行二里，有一二家倚坡湾而居，与下干峨南北遥对。从此东向随坡上半里，乃蹑坡之东嘴。从其上南转，则东嘴之下，其崖甚峻，又数十家倚其麓而居，竹树蒙茸，俯瞰若不可得而窥也。南半里稍西，复转而南，半里，崖下居庐既尽，忽见一大溪东向而横于前，乃透崖而出石穴者。崖峻无路下坠，沿崖端南行，半里稍下，见有径下沿坡麓，乃令顾仆守木胆于路隅，余策杖坠麓循崖北转。又半里，投丛木中，则其下石穴交流，土人以石堤堰水北注。堤之上回流成潭，深及四五尺，堤之下喷壑成溪，阔几盈四五丈。泉之溢处，俱从树根石眼纠缪中出，阴森沁骨。掬而饮之，腑脏透彻，悔不携木胆来，一投而浸之也。既乃仍南沿崖麓，半里，至顾奴候处，取木胆负而行。又南二里下坡，有数家当坡之东，指余东向逾梁。其梁东西跨干峨下流之溪，《志》所谓马场河也。逾梁东，即东南逾田塍间。三里，抵东山下，又有溪自东而西，有梁南北跨之，是为迎风桥，以其西有飞凤山也；桥下水即东南出于赤土坡者，北流至罗武塘，出马邑村，西向经此而与马场河合。过桥遂直趋而南。二里，再南逾一梁，梁下水如线将绝，则黄坡泉之向北而西转者。又南一里，又南逾一梁，其水亦将绝，则饮马河之向北而西转者。又南一里，入腾越北门。行城中二里，出南门。城中无市肆，不若南关外之喧阗也。抵寓已下午矣。以下缺

卷九上

滇游日记十

己卯五月初一日　平明起，店主人言："自往尖山后，参府吴公屡令把总来候，且命店中一至即入报。"余不知其因，令姑缓之，且游于市，而主人不听。已而吴君令把总持名帖来，言："欲躬叩，旅肆不便，乞即枉顾为幸。"余颔之，因出观街子。此处五日一大街，在南门外大街来凤山麓。是日因旱，断屠祈雨，移街子于城中；旱即移街，诸乡村皆然。遂往晤潘捷余。捷余宴买宝舍人，留余同事。余辞之，入城谒参府。一见辄把臂入林，款礼颇至。是日其子将返故乡，内简拾行囊；余辞之出。吴四川松潘人。为余谈大江自彼处分水岭发源，分绕省城而复合。且言昔为贵州都阃，与陈学宪平人士奇同事，知黄石斋之异。下午还寓。集鹰山宝藏徒径空来顾，抵暮别去。

初二日　余止寓中。云峰山即尖山。老师法界来顾。州庠彦李虎变昆玉来顾。李居绮罗。

初三日　参府来候宴。已又观音寺天衣师令其徒来候，余以参府有前期辞之。上午赴参府招。所陈多腊味，以断屠故也。腊味中始食竹鼴。下午别之出。醉后过万寿寺拜法界，不在。出西门，半里，过凌云桥。又西半里，由玉泉池南堰，上西山之麓，则观音寺在焉。寺东向临玉泉池；寺南有古刹并列，即玉泉寺矣。天衣师拜经观音寺，三年不出，一见喜甚，留余宿。余辞以他日，啜其豆浆粥而返，已昏黑矣。

初四日　参府令门役以《州志》至。方展卷而李君来候。时微雨，遂与之联骑，由来凤山东麓循之南，六里，抵绮罗，入叩李君家。绮罗，《志》作矣罗，其村颇盛，西倚来凤山，南瞰水尾山，当两山夹凑间；盖罗汉冲之水，流经大洞、长洞二小阜间，北曲而注于平坞，乃分为二流，北为饮马河，而抵城东；南为绮罗水，而逼南山下，又西逼来凤东南麓，乃南捣两山夹间。是村绾其谷口，竹树扶疏，田壑纡错，亦一幽境云。是夜宿李君家。

余初望腾越中坞，东为球玶、矣比，西为宝峰、毗卢，南为来凤、罗生，北为干峨、飞凤，西北则巃嵸最耸，而龙潭、清海之水溢焉；东南则罗汉冲最深，而罗生、黄坡之流发焉；东北则赤土山最远，而罗武、马邑之源始焉。大盈江惟西南破龙光台来凤西麓而去。则是州之脉，盖西北由集鹰山分脉：南下者，为宝峰、毗卢，而尽于龙光台；东曲者，一峙为笔峰，再耸为巃嵸，遂东下而度干峨之岭，又东南而纡为永安、乱箐之哨。其曲而西也，余初疑南自罗生、水尾，而北转为来凤，至是始知罗汉冲水又南下于罗苴冲；则来凤之脉，不南自罗生、水尾，而实东自黄坡、矣比二坡也。但二坡之西皆平坞，而南抵罗生，脉从田塍中西度。郡人陈懿典进士《文星阁记》云："嘉靖壬子，城外周凿城隍，至正南迤东，窾地丈许，有络石，工役斫截之。其石累累如脊骨，穿地而来，乃秀峰之元龙正脉也。"其说可与余相印证。土人不知，乃分濬罗汉冲水一枝，北流为饮马河而抵于城东。是此脉一伤于分流，再凿于疏隍，两受其病矣。土人之为之解者曰，脉由龙光台潜度于跌水河之下。不知跌水河虽石骨下亘，乃大水所趋，一壑之流交注焉；饮马河本无一水两分之理，乃人工所为，欲以此掩彼，不可得也。

初五日　晨餐后，即从李君循南山之麓东向行。先半里过水应寺。又东二里，两逾南山北下之支，有寺在南峡中北向峙，即天应寺也。其后即罗生主峰，仰之甚峻；《志》称其条冈分布，不诬也。又东半里，上一北下之支，随之北下。共一里，冈东尽处，竹树深密，绿荫袭人，披映心目；其前复起一圆阜，立平畴中，是为团山，与此冈断而复续。冈东村庐连络。余从竹中下，一老人迎入其庐，具腊肉火酒献，盖是日端午，而老人与李君有故，遂入而哺之。既午，复东向循南山行。半里，其北复起一长阜，如半月横于前，是为长洞山。又东二里，遂入山峡。有溪中贯而出，是为罗汉冲；溪南北皆有村夹峙峡口。由南村溯溪而东，又二里，越溪之北，有大路倚北山下，乃东逾岭趋猛连者，从其北坞中觅温泉。其泉不热而温，流不急而平，一大石突畦间，水汇其旁，浅不成浴。东山下有"大洞温泉"，为八景之一，即在其北岭峡中，与此隔一支岭，逾而北颇近；而李君急于还家，即导余从大路西出。二里，过溪南村，出峡口，随溪西行。一里，过一桥，从溪南又西一里，过长洞北麓。北望大洞之阜，夹溪而峙，余欲趋之，浴其温泉。李君谓泉在东峡中，其入尚远，遂强余还。又西一里，过团山北麓，又西三里而还李君家。

初六日　晨饭，令顾仆携卧具，为杨广哨之游。先是李君为余言，此地东南由罗汉冲入二百里，有瀛吕山，东南由罗生四十里，有马鹿塘，皆有峰峦可观。余乃先其近者，计可从硫磺塘、半个山而转也。东三里，从水应、天应二寺之间，南向上山，愈上愈峻。七里，登绝顶，北瞰即天应寺悬其坑麓，由州坞而北，惟巃嵸山与之对峙焉；西瞰则旁峡分趋，势若赘旒，皆下坠于绮罗南向之峡，有龙井出其下焉；惟东眺则本峰頡颃自掩；而南眺则浓雾弥沦，若以山脊为界，咫尺不可见。于是南从岭上盘峡，俱行氤氲中，茫若蹈海，半里南下。下二里余，山半复环一壑，其脊自东南围抱而西，中藏圆坞，有小水西去；其内雾影稍开，而雨色渐逼，虽近睹其田塍，而不免远罹其沾湿矣。复上南坡，蹑坡脊而南，五里，一岐随脊而西南，一岐坠坡而东向。余漫从脊上直南，已而路渐东下而穷。二里，有村倚东坡下，披雾就讯之，乃清水屯也。按《志》：城南三十里为清水朗，此其地矣；然马鹿塘之径，当从北歧分向而东，此已逾而过南。屯人指余从坡北东下，当得大路，从之。半里，东北涉一坑甚深；雾影中窥其东南旋壑下盘，当时不知其所出何向，后乃知其南界高峰，反西自竹家屯而东突，为陈播箕哨也。复东北上坡，半里，见有路东向下，辄随之行，不意马鹿塘正道尚在其北。雾漫不辨，踉跄东下，一里余，有峡自北而南，溪流贯之，有田塍嵌其底，而绝无人居；塍中插禾已遍，亦无一人。抵塍而路绝，塍狭如线，以杖拄畦中，东行抵溪，而溪两岸蒙翳不可渡，复还依西坡南向，一里得小径，渡溪东上。一里路伏草间，复若断若续，然其上甚峻。三里，东向登岭头，复从岭上东南，再陟一岭。半里，始见岭北有坳，自北南度，中伏再起，其东则崩崖下坠，其势甚拓，其坠甚峭，若中剖其脊，并左右两帏而平坠焉。坳北有路，自崩崖北岭东行；南亦有微路，自崩崖南岭东上，而坳中独无北交之路。余遂循崖南路上。东一里，路为崩崖所坠，复歧而南，再陟南岭。半里，复东行岭脊。二里，始有南来之路。循之东，北瞰崩崖下陷，东向成坑，箐木深翳。又东半里，再陟岭，岭乃南去，微径始东北下坡。曲折连下三里，余以为将及北坑之底，随之出，即马鹿塘矣；孰知一坡中环，路歧而东西绕之，未几遂绝，皆深茅丛棘，坑嵌其下甚深。余始从其南，不得道，转而东，复不得道；往返踯躅，茅深棘翳，遍索不前。久之，复从南坡下得微径，下一里余而东抵坑底。则坑中有水潺潺，自崩崖东南流；坑两旁俱峭崖密翳，全无路影，而坑底甚平。水流乱砾间，时有平沙潆之，遂随之行。或东或南，仰眺甚逼，而终绝路影。三里稍开，俯见潆沙之上，虎迹甚明，累累如初印。随之，又东南一里余，有小溪自西南来注，有路影南缘之，始舍坑而南陟坡，一里，越其上。余意将逾坡东下，而路反从坡脊南行；余心知其误，然其路渐大，时亦渐暮，以为从大道，即不得马鹿塘，庶可得栖宿之所。乃蹑脊西驰二里，见西峰顶有峰特倚如覆钟，大道从此分歧：一自东南坡下而上，一向西北峰顶而趋，一从西南盘壑而行。未审所从，姑解所携饭啖之。余计上下二径，其去人必远，不若从盘壑者中行。于是又东南三里，遂坠坡而下，渐闻人声。下里余，得茅二龛在峡间，投之，隘鄙不堪宿。望南坡上有数龛，乃下陟深坑，攀峻而上。共一里而入其龛，则架竹为巢，下畜牛豕，而上托爨卧，俨然与粤西无异。屈指自南丹去此，至今已阅十五月，乃复遇之西陲，其中数千里所不见也。自登崩崖之脊，即望见高黎工南亘之支，屏列于东，下有深峡，而莫见龙川，意嵌其下也。又西南二十余里，至所宿之坡，下瞰南峡甚深，即与高黎工遥夹者，意龙江从此去。西坞甚豁，远见重山外亘，巨壑中盘，意即南甸所托也。时雾黑莫辨方隅，而村人不通汉语，不能分晰微奥。即征其地名，据云：为凤田总府庄，南至罗卜思庄一日余，东北至马鹿塘在二十里外；然无确据也。夜以所携米煮粥，啜之而卧。

初七日 阴雨霏霏。饭后余姑止不行，已而村人言："天且大霁。"余乃谋所行。念马鹿塘在东北，硫磺塘在西北，北山之脊，昨已逾而来，西山之脊，尚未之陟，不若舍马鹿而逾西脊，以趋硫磺塘；且其地抵州之径，以硫磺塘为正道。遂从之。土人指余从村后西北向大山行。余误由直北，一里余，下涉一涧，溯之北上坡，一里余，又下涉涧。其处一涧自西峡崩崖来，一涧自北峡崇山来；涉其西来者。又北上坡，半里，路复分岐，一向北峡，一向西峡，皆盘其上坡。余从其北峡者，二里，路渐湮；已北下，则其涧亦自西来，横堑于前，虽小而颇深，藤箐蒙塞，雨雾淋漓，遂不能入。乃复出，至岐口，转向西峡。一里，路亦渐湮，其南崩崖下嵌，即下流之所从出，而莫能逾焉。复出，从岐口南涉其涧，从涧南又得一岐西上，其路甚微。一里，北逾一坡，又北一里，即崩崖西对之坡也，其上皆垦崖，而仍非通道。蹑之行，一里，上西顶。顶高云黑，莫知所从，计返下山，乃转南，行莽棘中。湿茅壅箐，踯躅东南向，二里，渐有径；下眺凤田所宿处，相距止二三里间。更南半里，得大道西去，遂从之西循北山行。一里，得耕者在坡下，问之，始知其上有小寨，名攞图，即从杨广哨入州正道矣。乃亟西北上蹑坡。一里，有二茅当峡坪间，是为攞图寨。由寨后更蹑峻而北，半里登冈。西望盘壑下开，水田漠漠，有溪流贯其中；壑西复有崇山外峙，其南又起一崇山，横接而南，交接之中，似有水中贯而去。又北上一里半，遂凌大脊。北下回峡中半里，一村庐倚南坡，是为杨广哨。从此西北下峡底，一里余，有小溪自东北坠西南，其嵌甚深，乃从昨所度崩崖南岭分坠而成者。涉之，西北上，复一里余而跻其脊；余以为即从此缘脊上北大峰矣，而孰意犹中界之支也。半里越脊，又即北下峡底。一里余，有大溪自北南坠，皆从石崖中破壁而去，此即清水朗东溪也；水嵌峡底甚逼，横独木渡其上。余宁木下涉水，即西北上坡。始循崖石，继蹑陇脊一里余，转而东北上一里，跻峰头。由峰头西盘半里，复随峡北行。其峡颇平，行其中一里余，当其东西分峡处，有村庐倚其中，是为陈播箕哨。从哨北即西北下，二里循南山而西。一里，有村庐当坡，是为竹家寨。由寨东向北行，寨后复起一峰，有峡横其中，路分为二：循北峰直去，为腾越、南甸大道；穿北峰南峡而西，为硫磺塘道。余乃舍大道从横峡西行。半里，忽坠峡西下，其峡甚逼，而下甚峻，坠级历坎，与水争隘。一里余，望见西峡自北而南，一溪贯其中，即矣罗村之水，挟水尾山西峡而南者。溪西之山，崚屼南踞，是为半个山。按《一统志》有罗苴冲，硫磺塘在焉；疑即此山。然《州志》又两书之。岂罗苴冲即溪东所下之山耶？

又西下半里，直抵溪上，有二塘在东崖之下，乃温水之小者。其北崖之下，有数家居焉，是为硫磺塘村；有桥架溪上。余讯大塘之出硫磺处，土人指在南峡中。乃从桥南下流涉溪而西，随西山南行。时风雨大至，田塍滑隘，余踯躅南行，半里得径。又南一里，则西山南迸，有峡东注大溪；遥望峡中蒸腾之气，东西数处，郁然勃发，如浓烟卷雾，东濒大溪，西贯山峡。先趋其近溪烟势独大者，则一池大四五亩，中洼如釜，水贮于中，止及其半，其色浑白，从下沸腾，作滚涌之状，而势更厉；沸泡大如弹丸，百枚齐跃而有声，其中高且尺余，亦异观也，时雨势亦甚大，持伞观其上，不敢以身试也。其东大溪，从南下环山南而西，合于大盈；西峡小溪从热池南，东注大溪。小溪流水中亦有气勃勃，而池中之水，则止而不流，与溪无与也。溯小溪西上，半里，坡间烟势更大，见石坡平突，东北开一穴，如仰口而张其上腭，其中下绾如喉，水与气从中喷出，如有炉橐鼓风煽焰于下，水一沸跃，一停伏，作呼吸状；跃出之势，风水交迫，喷若发机，声如吼虎，其高数尺，坠涧下流，犹热若探汤；或跃时，风从中卷，水辄旁射，揽人于数尺外，飞沫犹烁人面也。余欲俯窥喉中，为水所射，不得近。其龈腭之上，则硫磺环染之。其东数步，凿池引水，上覆一小茅，中置桶养硝；想有磺之地，即有硝也。又北上坡百步，坡间烟势复大，环崖之下，平沙一围，中有孔数百，沸水丛跃，亦如数十人鼓煽于下者，似有人力引水；环沙四围，其水虽小而热，四旁之沙亦热，久立不能停足也。其上烟涌处虽多，而势皆不及此三者。有人将沙圆堆如覆釜，亦引小水四周之；虽有小气而沙不热，以伞柄戳入，深一二尺，其中沙有磺色，而亦无热气从戳孔出，此皆人之酿磺者。时雨势不止，见其上有路，直逾西岭，知此为半个山道，遂凌雨蹑崖。其崖皆堆云骈瓣，崆岈嵌空，或下陷上连，或旁通侧裂，人从其上行，热气从下出，皆迸削之余骨，崩坠之剥肤也；所云"半个"之称，岂以此耶？

蹑崖半里，从其南循岭西上一里，渐随峡南转；则其峡自南岭头坠，中有水悬而为瀑，作两叠坠北下，即峡水之上流也。又上半里，遂西逾瀑布之上。复从峡西更西南上，一里，渐转而西，半里，见大道盘西崖坠处，出南坳去，小径则西上峰顶，渐转北行；盖此即半个山之顶，至此南下为坳。入城之路，当在其东北，不应西去，遂舍大道，从小道西上。半里，随峰东向北行，二里余，乃西北下，得竹坞村庐。时雨势甚大，避雨庐中，就火沸汤，瀹饭而食之。其处即半个山村也；昔置镇彝关于路次，此为屯哨，今关废而村存云。由其东下坡，随峡东行里余，与南来大道合。随西山北转而行，于是水尾西溪即从此峡南下硫磺塘矣。北行二里余，复陟东突之坡，行坡峡中，五里稍下，又一里而绮罗村在东坡下矣。时已薄暮，遂舍入州大道，东里余，宿李虎变家。虎变以骑候于马鹿道中，不遇。甫返，煮竹鼯相待。

初八日 大雨，不成行。坐李君家作田署州《期政四谣》，以李君命也。

初九日 大雨，复不成行。坐李君家录《腾志》。

初十日 雨不止。既午稍霁，遂同李君联骑，由村西半里，横陟半个山、南甸大路，经南草场，半里，西上岭坡，乃来凤南度半个山之脊也。来凤至是南降而下伏，脊间中洼为平塘而不受水；洼之西为金银堆，即南度之脊。洼北半里，有坪倚来凤而南瞰半个山，乃昔王尚书骥驻营之处；《志》称为尚书营。陟坪北半里，有路横沿来凤峰南，西越金银堆，出芭蕉关。芭蕉关西通河上屯、缅箐之道，州西跌水河路，不若此之平，昔兵部郎中龚永吉从王公南征，有“狭转芭蕉关，难于橄榄坡”之句。从此复转骑循来凤东峰而北，八里，乃还官店。迨晚复雨。

十一日 雨不止，坐官店。上午李君来。下午雨少止，泞甚，蹠泥往潘生家，不遇；以书促其为余买物，亦不答。潘生一桂虽青衿而走缅甸，家多缅货。时倪按君命承差来觅碧玉，潘苦之，故屡屡避客。

十二日 雨，坐店中。李生以《期政四谣》私投署州田二府，不答。

十三日 雨时止时作，而泥泞尤甚。李生来，同往苏玄玉寓观玉。苏、滇省人，本青衿，弃文就戎，为吴参府幕客。先是一见顾余，余亦目其有异，非风尘中人也。苏有碧玉，皆为簪，但色太沉，余择四枝携寓中，后为李生强还之。

十四至十八日 连雨不止，坐寓中，不能移一步。潘捷余以倪院承差苏姓者，索碧玉宝石，窘甚，屡促不过余寓，亦不敢以一物示人，盖恐为承差所持也。幸吴参府以程仪惠余，更索其“八关”并“三宣”、“六慰”诸图，余一一抄录之，数日无暇刻，遂不知在寓中，并在雨中也。潘生送翠生石二块。苏玄玉答华茶竹方环。

十九日 晨，雨少止。觅担夫，以连日雨泞，贵甚。既而雨复作，上午乃止而行。店人欲掯余罗一端，不遂，与之哄而后行。由东街，始泞甚，已而渐燥。二里，居庐始尽，下坡行塍中，半里，连越二小桥；水皆自东南来，即罗汉冲所出分流之水也。又二里余，为雷打田，有数家东向。从其前转而东行，里余，又过一小亭桥；其流亦自东南向西北者，乃黄坡泉所溢也。又东里余，抵东坡下，停担于酒家。问大洞温泉道，土人指在东南山坳中，此去尚有数里。时天色已霁，令担夫与顾行待于其家，余即循东山而南。二里，过土主庙；庙倚山西向，前二柏巨甚。又南二里，路歧为二：一南循山麓，为黄坡道；一东南上坡，为趋温泉道。乃从上坡者，南一里，登坡嘴，西瞰山麓，有泉西向溢于下，即黄坡之发源处也。于是东转，有路颇大，横越之，就其东南小径。一里，渐上坡，折而东北，睨温泉之峡，当在其南，中亦有峡南下，第茅塞无径。遂随道西北上。一里，其道渐高，心知其误，有负刍者二人至，问之。曰："此入山樵道，可通芹菜塘者。温泉在南，尚隔一峰。"遂与之俱返，一里下至茅塞之峡，指余南去。余从之，横蹈峡中，既渐得小径。半里，忽有峡从足下下坠而西，其上石崖骈突如门。从其东又南半里，逾坡而下，其峡始大，有水淙淙流其中，田塍交潆之；即大洞村之后峡也。有大道从峡中东上，又南下半里，从之东。半里上一坡，大道东北上，亦芹菜塘道，乃从坡东南下。半里，及溪，又东溯溪半里，则溪流奔沸盘石中，右一崖突而临之；崖下则就石为池，而温泉汇焉。其池与溪同峡，而水不关溪流也。崖石叠覆如累棋，其下凑环三面，成一小孔，可容一人坐浴，其后倒覆之石，两片下垂而中划，如所谓试剑石，水从片石中淙淙下注，此温泉之源也。池孔之中，水俱不甚热，正可着体；其上更得一亭覆之，遂免风雨之虑矣。时池上有十余人共浴，余恐其旁有石洞，姑遍觅之，不得，乃还浴池中。又三里，随山之西嘴抵黄坡，转北一里，过麓间溢水之上。又北三里，乃入来时分岐处，又西北四里，至矣比坡之麓。促挑夫行，以晚辞，遂止。

二十日　晨起，饭而登坡，雨色复来。平上二里，峻上八里，抵岭头。又平行岭上四里，又稍下一里，过芹菜塘，复东上坡，半里而下。半里，过木厂，又下二里，过北下之峡，又东上三里，至坡脊。平行脊间，一里至永安哨，五六家当坡间而已。又东南半里，逾岭脊而下。一里，有水自北而南，路从之，半里，乃东陟坡，平行脊上，三里，至甘露寺饭。从寺东下，三里，至赤土铺桥；其下水自南而北，即大盈江水也。《一统志》谓大盈之源，出自赤土，其言不谬。桥东复上半里，有四五家当坡坳，为赤土铺。铺东又上半里，遂从岭脊东南行。一里，有岐南去，为猛柳道；余仍东南三里，乃东下。又十里而止于橄榄坡。时才午，雨时下时止，遂止不前。

二十一日　平明起饭，自橄榄坡东下。五里，抵龙川江西岸，过巡检司，即下渡桥；西岸峻若堵墙，乃循岸北向叠级，始达桥。桥东有阁，登之，可眺江流夭矫之势。又南向随东岸行，半里，东向平上者一里余，始曲折峻上，五里过茶房。僧舍无一人。又峻上三里，过竹笆铺，又上七里余，饭于小歇场。又上五里，过太平铺，又平行入坞。二里余，有水自北涧来，涉之，遂东上；其上愈峻，两旁皆竹石深翳，而风雨西来，一天俱漫，于是行雨浪中。三里，逾一最高之岭，乃屡上屡下，屡脊屡坳，皆从密箐中行。七里，抵新安哨，两三家夹岭头，皆以劈藤竹为业。时衣湿透寒甚，就其家烧薪烘之。又二里余，抵分水关，有五六家当关之东。余乃就火炙衣，贯烧酒饮四五杯乃行；天色大霁，路磴俱燥，乃知关名分水，实分阴晴也。于是东向下者八里，始就东行之脊，又二里过蒲满哨。又平行岭上，东十五里，宿于磨盘石之卢姓者；家有小房五六处，颇洁。

二十二日　平明饭而行。其下甚峻，曲折下者六里，及岭北之涧。是岭自蒲满哨分支东突，左右俱有深峡夹流；来时从南峡上行，至此坠北峡之口过。涉北涧，又越北岭东突之嘴，共一里余而过八湾。八湾亦有数家居坡上，人谓其地暑瘴为甚，无敢置足者。于是东向行平坡间，十二里抵江，则怒流奔腾，势倍于来时矣。乃坐巨树下待舟，观洪流汹涌，竞渡者之纷纭，不啻从壁上观也。俟久之，乃渡而东上坡，三里，抵北山之麓，循坡东行。五里，逾南下之嘴，得一桥跨涧，是为箐口。于是渡涧入峡，循涧南崖东向上，二里，过一碑，即来时所见盘蛇谷碑也。又东三里，过一西来枯涧，又二里，南折而北，乃逾其北突之嘴而东，遂东南渐上，其峡遂曲折掩蔽，始不能西见高黎工峰矣。又南六里，抵杨柳湾而饭。乃逾南来之峡，溯东来之流，二里，有桥跨涧，西渡之。从涧西溯箐上，又一里，为打板箐，有数十家当涧西。又东北四里，过平度之脊；其脊度峡中，乃自北而南，即从冷水箐西度蒲缥，又北过此，夹蒲缥之水北出而入潞江者也。是日热甚，得一荫，辄止而延飔，数息树边，不复问行之远近矣。过脊东下，一里，止于落马厂。时才下午，以热甚，担夫不前也。

二十三日　平明，从落马厂东行。三里，逾东突之山嘴而南，又一里余，有一庵倚西山之上。又南四里，过石子哨，始南下。二里余，望温泉在东山下，乃从岐东南下。二里余，转而北涉北流一涧，又半里，东从石山之嘴，得温泉焉。其水温而不热，浑而不澄，然无气焰，可浴。其山自东山横突而西，为蒲缥下流之案也。浴久之，从涧东溯流二里余，抵蒲缥之东村蒲人、缥人乃永昌九蛮中二种。饭，以担夫不肯前，逗留久之。乃东二里上坡，五里，迤逦上峰头，又平行岭夹，一里稍东下，有亭桥跨峡间。时风雨大至，而担夫尚后，坐亭桥待久之，过午始行。又东南上坡，逾坡一重，转而北，又逾坡一重，共六里，过孔雀寺。又东上坡五里，直蹑东峰南突之顶。此顶自北而南，从此平坠度为峡，一冈西迤，乃复起为崖，度为蒲缥后山，北去而夹蒲缥之涧，南去而尽于攀枝花者也。又东一里稍上，复盘一南突之嘴，于是渐转而北，二里，有公馆踞冈头。乃北下一里，而止于冷水箐。时方下午，以担不能前，遂止。见邸榻旁有卧而呻吟者，乃适往前途，为劫盗所伤，还卧于此；被劫之处，去此才六里。乃日才过午，而盗即纵横，可畏也。

二十四日　雨复达旦，但不甚大。平明饭而行。随东行之箐，上其北坡，三里，循嘴北转。二里渐下，一里下至坳，即昨被劫之商遇难处也。其北丛山夹立，穿其峡行三里，再过一东突之坡，其水始北下；随之北二里，下至坳洼中，乃东转而上。一里，过坳子铺，觅火把为芭蕉洞游计。又东半里，过冈头洼地，遂转北下。三里余，越一坡脊，过洼中汇水之崖；崖石上插而水蓄崖底，四面俱峻，水无从出而甚浑。由其南再越脊而下，一里余，至芭蕉洞，乃候火于洞门。担夫摘洞口黑果来啖，此真覆盆子也；其色红，熟则黑而可食，比前去时街子所鬻黄果，形同而色异，其熟亦异，其功用当亦不同也。黄者非覆盆。覆盆补肾，变白为黑，则为此果无疑。火至，燃炬入洞。始向北，即转东下四丈余，至向所入昏黑处即转北向，其下已平，两崖愈狭而愈高，六、七丈更宽崇，一柱中悬，大如覆钟，击之声鋐鋐；然其处盖不特此石有声，即洞底顿足，辄成应响，盖其下亦空也。又入五、六丈，两崖石色有垂溜成白者，以火烛之，以手摩之，石不润而燥，纹甚细而晶。土人言："二月间石发润而纹愈皎茁，谓之'开花'；洞名石花以此。"石花名颇佳，而《志》称为芭蕉，不如方言之妙也。更北路尽，由西腋透隙入，复小如门。五丈有圆石三叠，如幢盖下垂，又如大芝菌而三级累之者；从其下复转而北，其中复穹然宏耸。又五六丈，西北路尽，洞分两岐：一南上环为曲室，三丈而止；一北入降为坠道，七丈而止。是洞曲折而旁窦不多，宛转而底平不汙，故游者不畏深入；使中有通明之处，则更令人恍然矣。

出至向所入昏黑北转处，今已通明，见直东又一岐：入，有柱中间之，以余炬入探其中，亦穹然六七丈而止。出从洞门外以余炬入探西崖间小窦。其窦北向悬壁间，其门甚隘，而中亦狭而深，秽气扑人，乃舍之。出洞，下百余步，抵坑峡，下观水洞。水洞者，即此洞之下层也，虽悬数丈，实当一所，前中入有声，已知其下之皆空矣。洞前亦东向，稍入，亦曲而自北来，与上洞同一格，但水溢其中，不能进也。由此东折而北，共里余，抵卧狮窝村。饭于村妇家。北三里，过一村，即东上堤，是为大海子。随海子南堤东行，二里下堤，又东一里，为沙河桥。其桥五巩，名众安桥。越桥东，即从岐西北循山行。二里，过胡家坟，为正统间挥使胡琛墓。墓有穹碑，为王学士英所撰。又一碑，乃其子者，则王翰撰时之文，与吾家梧塍之陇，文翰规制颇相似，其额芜亦相似也。其一时崇尚，穷徼薄海，万里同风，至荆棘铜驼，又旷代无异，可慨也！其墓欲迎水作东北向，遂失下手砂，且偏侧不依九隆正脉，故胡氏世赏虽仅延，而当时专城之盛遂易。永昌，故郡也；胡氏时适改为司，独专其地。今复为郡，设流官，胡氏遂微。土人言："胡氏墓法，宜出帝王，为朝中所知，因掘断其脉。"余按：凿脉乃诸葛南征时所为，土人误耳。更循山而北，一里，上一东盘之嘴，于是循冈盘垅，甃石引槽，分九隆池之水，南环坡畔，以润东坞之畦。路随槽堤而北，是堤隆庆二年筑，置孔四十一以通水，编号以次而及，名为"号塘”，费八百余金。遇有峡东出处，则甃石架空渡水；人与水俱行桥上，而桥下之峡反涸也。自是竹树扶疏，果坞联络，又三里抵龙泉门，乃城之西南隅也。城外山环寺出，有澄塘汇其下，是为九隆池。由东堤行，见山城围绕间，一泓清涵，空人心目。池北有亭阁临波，迎岚掬翠，滟潋生辉。有坐堤垂钓者，得细鱼如指；亦有就荫卖浆者。惜有担夫同行，急于税驾，遂同入城。半里，北抵法明寺，仍憩会真楼。而崔君亦至。崔，江西人，寓此为染铺。前去时，从磨盘石同行，抵腾依依，后复同归，以担夫行迟，至蒲缥先返。余迟一日至，故复来此看余。遂与同入市，换钱畀夫，市鱼烹于酒家，与崔共酌，暮返楼。夜大雨。

二十五日 晓霁。崔君来候余餐，与之同入市，买琥珀绿虫。又有顾生者，崔之友也，导往碾玉者家，欲碾翠生石印池杯子，不遇，期明晨至。

二十六日 崔、顾同碾玉者来，以翠生石畀之。二印池、一杯子，碾价一两五钱，盖工作之费，逾于买价矣，以石重不便于行，故强就之。此石乃潘生所送者。先一石白多而间有翠点，而翠色鲜艳，逾于常石。人皆以翠少弃之，间用搪抵上司取索，皆不之用。余反喜其翠以白质而显，故取之。潘谓此石无用，又取一纯翠者送余，以为妙品，余反见其黯然无光也。今命工以白质者为二池，以纯翠者为杯子。时囊中已无银，以丽江银杯一只，重二两余。畀顾生易书刀三十柄，余付花工碾石。是午，工携酒肴酌于北楼，抵晚乃散。

二十七日 坐会真楼作记。

二十八日 花工以解石来示。

二十九日 坐会真楼。上午，往叩闪知愿，将取前所留翰札碑帖。闪辞以明日。还过潘莲华家，将入晤，遇鸡足安仁师，丽江公差目把延至，求闪序文。与邱生邱新添人，眇一目。以箕仙行术，前会于腾，先过此。同行。万里知己，得之意外，喜甚，遂同过余寓，坐久之，余亦随访其寓，下午乃返。

三十日 晨餐后，往拜潘，即造闪知愿，犹不出。人传先生以腹泻，延入西亭相晤。余以安仁远来，其素行不凡，且赍有丽江《云薖全集》来至，并求收览。闪公颔之。余乃出，往安仁寓，促其以集往，而余遂出龙泉门，观九龙泉。

龙泉门，城之西南门也，在太保山之南麓。门外即有涧自西山北夹而出，新城循之而上。涧之南有山一支，与太保并垂；而易罗池当其东尽处，周回几百亩，东筑堤汇之；水从其西南隅泛池上溢，有亭跨其上，东流入大池。大池北亦有亭。池之中，则邓参将子龙所建亭也。以小舟渡游焉。池之南，分水循山腰南去，东泄为水窦，以下润川田；凡四十余窦，五里，近胡坟而止焉。由池西上山，北冈有塔，南冈则寺倚之。寺后有阁甚巨，阁前南隙地，有花一树甚红，即飞松之桐花也，色与刺桐相似，花状如凌霄而小甚；然花而不实，土人谓之雄树。既而入城，即登城北，蹑其城侧倚而上，一里余，过西向一门，塞而不开。乃转而北，又里余，则山东突之坪也。其西宝盖山穹立甚高；东下而度一脊，其南北甚狭，度而东，铺为平顶，即太保之顶也，旧为寨子城。胡渊拓而包此顶于内，西抵度脊处而止，亦设门焉；塞而不开，所谓永定、永安二门也。旧武侯祠在诸葛营，今移于此顶。余入而登其楼，姜按君有诗碑焉。坪之前有亭踞其东，由此坠而下，甚峻，半里，即下临玉皇阁后，由其西转阁前，而入会真饭焉。

六月初一日 憩会真楼。

初二日 出东门，溪之自龙泉门灌城而东者，亦透城而出。度吊桥，遂随之东行田塍中。十里，至河中村，有石桥；北来之水遂分而为二：一由桥而东南注，一绕村而西南曲。越桥东一里余，则其地中洼而沮洳。又里余，越冈而东，一里，抵东山之麓。由岐东北，二里过大官庙，上山，曲折甚峻。二里余，至哀牢寺。寺倚层岩下，西南向；其上崖势层叠而起，即哀牢山也。饭于寺。由寺后沿崖上，一里转北，行顶崖西；半里转东，行顶崖北；一里转南，行顶崖东。顶崖者，石屏高插峰头，南北起两角而中平。玉泉二孔在平脊上，孔如二大履并列，中隔寸许，水皆满而不溢，其深尺余，所谓金井也。今有树碑其上者，大书为玉泉。按玉泉在山下大官庙前，亦两孔，而中出比目鱼；此金井则在山顶，有上下之别，而碑者顾溷之，何也？又一碑树北顶，恶哀牢之名，易为安乐焉，益无征矣。南一里至顶，南一里东南下，又一里西南下。其处石崖层叠，盖西北与哀牢寺平对，俱沿崖而倚者也。又南下里余，为西来大道；有茅庵三间倚路旁，是为茶庵。由此东向循峡而入，五里过一坳，坳中有庙西向。东一里，度中洼之宕，复东过坳，又从岭上二里余，盘北突之嘴。其北峡之底，颇见田形。于是东南下，二里，越一峡而东，一里东上冈。又里余，逾坳东南行，见其东有南北峡，中干无水，峡东其山亦南北亘，有一二家倚之，是为清水沟；沟中水不成流，以从峡底东度脉者。随峡南行一里，复度而东上冈，始望见南壑中洼，其南有峰危耸中立，即笔架山之北峰也；前从水寨西南盘岭时，所望正南有峰双突如马鞍者，即此峰也。其峰在郡城东南三十余里，即清水西山南下之脉，至此而尽，结为此山，南北横亘；西自郡城望之，四顶分尖；北自此临之，只见北垂一峰如天柱。从冈上东盘北峰，三里降而下洼，始有小水自北峡下，一里，涉之。又东循北山一里余，过一脊坳，又西稍降一里，始见东山渐豁，山冈向东南下，中路因之。又一岐东北分趋瓦渡，又一岐西南下坑，坑中始闻水声；有三、四家倚西山崖下，是为沈家庄，其下有田塍当坑底焉。已暮，欲投之宿，遂西南下一里余，及坑底，渡小水，西南半里，投宿村家，暮雨适来。

初三日 雨潺潺不止，饭而登途。稍霁，复南下坑底。半里渡坑涧，复东南上坡。一里余，得北来大路，随之南行冈脊三里，其冈在垂坞中，遂随之下一里，南行坞中。其中有小水唧唧，乃穿壑西南，逼近笔架东北之麓，合北来沈庄水，同东而绕于闪太史墓前者也。路又南一里，逾一小坳。一里稍下，遂沿坞东行，其坞始溪而东向去；水从其西南濒笔架山之北冈，亦随之东折。一里余，逾一小冈而下，即闪墓之虎砂也。北望有茔当中坡之嘴，乃涉壑而登之；即闪太史夫人马氏之冢，太翁所择而窆者，已十余年矣。其脉西北自昨所度沈家庄东岐之脊东南下，又峙为一巨山下坠；自西而东者为虎砂，即来道所再逾者，自东而南者为龙砂，即庄居外倚者，而穴悬其中，东南向。外堂即向东之坞，水流横其前，而内堂即涉壑而登者，第少促而峻泻。当横筑一堤，亘两砂间，而中蓄池水，方成全局。虎砂上有松一圆，独耸，余意亦当去之。其庄即在龙砂之东坡上，又隔一小坞，亦有细流唧唧，南注外堂东下之水。从墓又东半里，逾小水，抵庄。庄房当村庐之西，其门南向；前三楹即停太翁之柩者，钥之未启；后为庐居，西三楹差可憩。时守者他出，止幼童在。余待久之，欲令其启钥，入叩太翁灵几不得。遂从村东问所谓“落水坑”者，其言或远或近，不可方物。有指在东北隅者，趋之。逾冈脊而北，二里余，得一中洼之潭，有水嵌其底，四面皆高，周遭大百亩，而水无从出。从洼上循其北而东上坡，又里余，而得㑩㑩寨，数十家分踞山头。其岭亦从北而亘南，东南接天生桥者，为闪庄东障之山。余时不知其为天生桥，但求落水坑而不得，惟望闪庄正东，其山屏起下陷，如有深穴，意此中必有奇胜，然已随土人之指而逾其北矣。遍叩寨中㑩㑩，终无解语者。遂从东岭西南下，仍抵洼潭之东，得南趋之道，乃随之循东岭而南。二里，见有峡东自屏山下陷处出，峡中无水，而水声甚沸；乃下，见有水西自壑底，反东向腾跃，而不见下流所出，心奇之而不能解。乃先溯旱峡，遵北岭东入，二里，抵下陷处，见石崖骈列，中夹平底。半里，峡分两岐：一北向入者，峡壁双骈而底甚平，中无滴水，如抉堑而入，而竟无路影；一南向入者，东壁甚雄，峡底稍隆起，而水与路影亦俱绝。路则直东蹑岭而上，余意在穷崖，不在陟岵，乃先趋北向峡中。底平若嵌，若鸿沟之界，而中俱茅塞，一里，未有穷极。复转，再趋南向峡中，披茅而入。半里，东崖突耸，路辄缘西崖上。俯瞰峡中，其南忽平坠而下，深嵌数丈。东崖特耸之下，有洞岈然，西向而辟于坑底。路亦从西崖陡下坑中，遂伏莽而入洞。洞门高数丈，阔止丈余；水痕尚湿，乃自外入洞中者。时雨甫过，坑源不长，已涸而无流。入洞二丈，中忽暗然下坠，其深不测。余乃以石块掷之，久而硿然，若数十丈不止；然有声如止洞底，有声如投水中，固知其下有水而又不尽水也。出洞南眺，其坑亦南夹，不知穷极，然或高或洼，底亦无有平准。乃从旧路北出，半里，复随大路行峡底，半里，复随北岭小径。二里，西抵闻水声处，其坡在闪墓正东。二里，逾横峡而南，有寨数家，乃西通山窠，南通落水寨总道；大路自山窠走天生桥，出枯柯、顺宁，即从此寨沿南岭而入者。余时尚不知所入岭即天生桥也，惟亟西下绝壑，视西来腾跃之水；一里，抵壑之悬绝处，则水忽透石穴下坠。其石皆磊落倚伏，故水从西来，捣空披隙而投之，当亦东合天生桥之下者也。其水即沈家庄西北岭坳诸水，环闪墓闪庄之前，又东盘冈嘴，始北曲而东入于此。此所谓"小落水坑"也，即土人所谓近者。余求之而不得，不意过而遇之。时已过午，遂南越一冈，又西下一里，仍南渡其水曲，复西逾坡，一里，再至闪庄。余令顾奴瀹水餐饭。既毕，而其守者一人归，觅匙钥不得，乃开其外门而拜于庭，始询所为天生桥、落水洞之道。乃知落水有二洞，小者近，即先所遇者，为本坞之水；大者远，在东南十里之外。乃山窠南道所经，为合郡近城诸流；又知天生桥非桥也，即大落水洞透穴潜行，而路乃逾山陟之；其山即在正东二里外。余随其指，先正东寻天生桥。二里，至横峡南岭之寨，将由南岭大路东入。再执途人问之，始知即前平底峡中东上之坡，是为天生桥，逾之即为枯柯者。余乃不复入，将南趋落水寨。一土人老而解事，知余志在山水，曰："是将求落水洞，非求落水寨者。此洞非余不能指，若至落水寨而后回，则迂折多矣！"遂引余从其寨之后东逾岭，莽苍无路，姑随之行。二里，越岭东下，即见一溪西南自落水寨后，破石门东出，盘曲北来，至此岭东麓，即捣入峡。峡东即屏山下陷之南峰，与所逾之岭，夹成南北峡。水从南入峡，悬溜数丈，汇为潭；东崖忽进而为门，高十余丈，阔仅数尺，西向峙潭上，水从潭中东捣而入之，其势甚沸。余从西崖对瞰，其入若饮之入喉，汩汩而进，而不知其中之崆峒作何状也。余从西崖又缘崖石而北，见峡中水虽东入，而峡犹北通，当即旱峡南或高或洼南出之峡，由此亦可北趋，峡底西向旱壑洞，固知两洞南北各峙，而同在一峡中，第北无水入，而南吸大川耳；其中当无不通，故前投石有水声，而上以桥名也。从西崖俯瞰久之，仍转南出。土老翁欲止余宿，余谓日尚高，遂别之。遵南路可以达郡，惟此处犹不得路，盖沿大溪而南，抵西山峡门，即落水寨。西越坡，溯小溪而西上岭，盘笔架山之南，即郡中通枯柯大道。余乃西从之。沿坡涉坞，八里抵西坡下，有偠偠寨数家。遂西上坡，层累而上八里，其山北盘为壑，而南临下嵌之涧，有四五家倚北峡而居，上复成田焉。又西盘西峰南嘴而上，三里，其上甚峻。又平行峰头二里，余以为此笔架南峰矣，而孰知犹东出之支也；其西复下坠为坑，与笔架尚隔一坞，乃下涉坑一里，越坑西上，始为笔架南垂。有数十家即倚南崖而居，是为山窠。当从投宿，而路从树底行，不辨居址，攀树丛而上，一里，遂出村居之后；意西路可折而转，既抵其西，复无还岐，竟遵大路西北驰。二里余，下涉一涧，复西北上坡。二里余，越坡，复下而涉涧。共三里，又上逾一坡，乃西向平下。二里出峡门，已暮，从昏黑中峻下二里，西南渡一溪桥，又西北从岐逾坡，昏黑中竟失路。踯躅二里，得一寨于坡间，是为小寨。叩居人，停行李于其侧，与牛圈邻，出橐中少米，为粥以餐而卧。

初四日　其家插秧忙甚，竟不为余炊。余起问知之，即空腹行，以为去城当不及三十里也。及西行，复逾坡两重，共八里，有庐倚山西向而居，始下见郡南川子。又随坡西向平行五里，越一西下小峡，复上一西突之冈，始逼近西川。下瞰川中之水，从坡西环坡足，东南抱流而入峡，坡之南有堰障之；此即清水关沙河诸水，合流而东南至此，将入峡东向而出落水寨者也。于是东北一里余，下至坡麓。循嘴北转，半里，始舍山而西北行平陆间。二里，西及大溪，有巨木桥横其上，西渡之。西北行川间，屡过川中村落，十六里而及城之东南隅，度小桥；由城南西向行，一里而入南门，始入市食馒面而饱焉。下午返会真楼。

初五、初六两日　憩会真楼。

初七日　闪知愿来顾，谢余往叩灵几，礼也。知愿馈饼二色。

初八日　知愿又馈猪羊肉并酒米甚腆。

初九日　闪太史招游马园。园在龙泉门外，期余晨往。余先从法明寺南，过新建太翁祠；祠尚未落成，倚山东向，与法明同。其南即方忠愍公祠，名政，征麓川，死于江上者。亦东向；正室三楹，俱守者栖止于其中，两庑祀同难者，俱倾倒，惟像露坐焉。出祠，遂南出龙泉，由池东堤上抵池南，即折而西入峡。半里，园临峡西坡上，与龙泉寺相并。园之北，即峡底也，西自九隆山后环峡而来；有小水从峡底东出，仅如线不绝。而园中则陂池层汇。其北一池，地更高，水从其底泛珠上溢；其池浅，而水独澄映有光，从此遂潺潺泻外池。外池中满芰荷，东岸旧有菜根亭，乃马玉麓所建者，并园中诸榭俱颓圮。太史公新得而经始之，建一亭于外池南岸，北向临流；隔池则龙泉寺之殿阁参差，冈上浮屠，倒浸波心。其地较九龙池愈高，而陂池罨映，泉源沸漾，为更奇也。盖后峡环夹甚深，其水本大，及至峡口，此园当之，峡中之水，遂不由溪而沁入地中，故溪流如线，而从地旁溢如此，池与九龙池，其滔滔不舍者，即后峡溪中之流也。

余至，太史已招其弟知愿相待。先同观后池溢泉。遂饭于池南新亭，开宴亭中，竟日欢饮，洗盏更酌，抵暮乃散。是日始闻黄石翁去年七月召对大廷，与皇上面折廷诤，后遂削江西郡幕。项水心以受书帕，亦降幕。刘同升、赵士春亦以上疏降幕。翰苑中正人一空。东省之破，传言以正月初二，其省中诸寮，无不更易者。虽未见的报，而颜同兰之被难可知矣。

初十日 马元中、刘北有相继来拜，皆不遇，余往玉工家故也。返楼知之，随拜马元中，并拜俞禹锡。二君襟连也，皆闪太翁之婿，前于知愿席相会而未及拜。且禹锡原籍苏州，其祖讳彦，中辛丑进士，中时犹李时彦，后复俞姓，名彦。移居金陵大功坊后。其祖父年俱壮，闪太翁寓金陵时，欲移家南来，遂以季女字俞。前年太翁没，俞来就婚，拟明春偕返云。时禹锡不在，遂返会真。闪太史以召对报来示。

十一日 禹锡招宴。候马元中并其内叔闪孩识、孩心等同饮，约同游卧佛。

十二日 禹锡馈兼金。下午元中移酌会真楼，拉禹锡同至。雷风大作，既暮乃别。

十三日 禹锡以他事不及往卧佛，余遂独行。东循太保山麓，半里出仁寿门。仁寿西北倚太保山北麓，城随山西叠而上，与龙泉同。出城，即有深涧从西山悬坑而下，即太保山顶城后度脊所分之水也。逾桥循西山直北半里，有岐东北行平川中，为纸房村间道；其循山直北者，乃逾岭而西，向青蒿坝通乾海子者。余乃由间道二里，北过纸房村，又东一里余出大道，始为拱北门直向卧佛寺者。又北一里，越一东出小涧，其北有庙踞冈头，乃离城五里之舍也。大道中川而行，尚在板桥孔道之西。又北五里，再过一庙，在路之西；其西又有巨庙倚西山，村落倚之，所谓红庙村也。又北八里，有一涧自西山东出，逾之而北，是为郎义村。村庐联络，夹道甚长，直北二里，村始尽。缘村西转，有水自北堰中来，即龙王塘之下流也。溯流沿坡西北行，三里，有一卷门，东向列路旁，其北即深涧缘坡下，乃由卷门西入，缘南坡俯北涧西入。半里，闻壑北水声甚沸，其中深木丛箐，亏蔽上下，而路乃缘壑北转。不半里，穿门北上，则龙王祠巍然东向列，其前与左，皆盘壑蒙茸，泉声沸响。乃由殿左投箐而下，不百步，而泓泉由穴中溢。东向坠坑；其北坑中，又有水泻树根而出，亦坠壑同去。其下悬坠甚深，而藤萝密蔓。余披蔓涉壑求之，抵下峡则隔于上，凌上峡则隔于下，盖丛枝悬空，密蔓叠幕，咫尺不能窥，惟沸声震耳而已。已乃逾其上，从棘蔓中攀西北崖而上。按《统志》谓龙王岩断崖中劈，兀立万仞。余望双岩上倚山顶，谓此有路可达，宛转上下，终不可得，乃返殿前而饭。仍出卷门，遂北下度涧桥。见桥北有岐，缘涧西入，而山顶双岩正峙其西，余遂从之。始缘涧北，半里，遂登坡西上。直上者三里，抵双岩之下，路乃凌北岩之东，逾坳而西北去。余瞰支峰东北垂，意卧佛当在其西北峰下，遂西北逾支峰，下坑盘峡，遵北坡东行。二里，见有路自北坡东来，复西北盘坳上，疑以为此即卧佛路，当从山下行，不登山也，欲东下。土人言东下皆坑崖，莫可行，须仍转而南，随路乃下。从之转南，又二里，随前东来之路下坡。二里，从坡麓得一村，村之前，即沿麓北行之大道。沿之北，又五里，稍西向入谷，则卧佛寺环西谷中，而谷前大路，则西北上坡矣。盖西山一支，至是东垂而出，北峡为清水关，南抱为卧佛岩，但清水深入，而卧佛前环耳。入谷，即有池一围当寺前，其大不及九隆池，而回合更紧。池东有一亭绾谷口，由池北沿池入，池尽，其西有官房三楹临其上；北楹之下，泉汩汩从坳石间溢入池中。池甚清浅。官房之西历砌上，即寺门也，亦东向临之。其内高甍倚岩，门为三卷，亦东向。卷中不楹而砖，亦横巩如桥，卷外为檐，以瓦覆石，连属于洞门之上壁；洞与巩连为一室，巩高而洞低，巩不掩洞，则此中之奇也。其洞高丈余，而深入者二丈，横阔三丈。其上覆之石甚平，西尽处，北有门，下嵌而入，南有台，高四尺，其上剜而入。台如胡床横列，而剜有石像，曲肱卧台上，长三丈，头北而足南；盖此洞横阔止三丈，北一丈嵌为内洞之门，南二丈犹不足以容之，自膝以下，则南穴洞壁而容其足。其像乃昔自天成者，自镇守内官巩其前轩，又加斧琢而贴之金，今则宛然塑像，失其真矣。内洞门由西北隅透壁入，门凹而下，其内渐高，以觅炬未入。时巩殿有携酒三四生，挟妓呼僧，团饮其中，余姑出殿，从北庑厢楼下觅睡处，且买米而炊焉。北庑之西，亦有洞，高深俱丈五尺，亦卷其门，而南向于正洞之北隅，其中则像山神以为护法者。是夜卧寺中，月颇明，奈洞中有嬲子，寺中无好僧，恹恹而卧。

十四日　早饭于僧舍，觅火炬入内洞。初由洞门西向直入，其中高四五丈，阔二丈，深数丈，稍分岐辄穷，无甚奇也。仍出，从门内南向，觅旁窦而上，入二丈，亦穷而出，笑此洞之易穷。有童子语于门外曰："曾入上洞乎？余今早暗中入，几坠危窦。若穿洞而上，须从南不可从北也。"余异其言，乃益觅炬再入。从南向旁窦得一小穴，反东向上，其穴圆如甑；既上，其穴竖而起，亦圆如井。从井中攀南崖，则高而滑，不可上，乃出，取板凳为梯以升。既上，其口如井栏，上有隙横于井口之西。复盘隙而北，再透出一口，则有峡东西横峙；北向出峡，则渊然下坠，其深不可睹，即前内洞直入之底也，无级可梯，故从其东透层穴而上耳。南向下峡丈余，有洞仍西向入，其下甚平，其上高三四丈，阔约丈五，西入亦五六丈，稍分为岐而止，如北洞之直入者焉。此洞之奇，在南穿甑穴，层上井口，而复得直入之洞；盖一洞而分内外两重，又分上下二重，又分南北二重，始觉其奇甚也。

既出，仍从池左至谷口大路。余时欲东访金鸡温泉，当截大川东南向板桥，姑随大路北瞰之。半里，稍西北上坡，见其路愈西上，乃折而东，随旁岐下坡。盖西北上者为清水关道，乃通北冲者；川中直北五里，为章板村，为云龙州道；川东蹑关坡而上，为天井铺道。从此遥望，皆相对也。下坡一里，其麓有一村。从此由田塍，随小溪东南行，二里，始遇清水关大溪，自北而南流川中，随之南行。半里，渡横木平桥，由溪东岸又东，半里，过一屯，遂从田塍中小径南行。半里，稍折而西，复南就一小水，随之东下，遂无路。莽苍行草畦间，东南一里半，始得北来小路，随之南，又得西来大路，循之。其东南一里，又有溪自北而南，其大与清水溪相似，有大木桥架其上。度桥东，遂南行。二水俱西曲而合，受龙王塘之水，东折于板桥之南焉。路南行塍中，又二里半而出板桥街之中，由街稍南，过一小桥，则沿小溪东上。半里，越溪上梗，东南二里半，渐逼东山，过一村，稍南，又东半里，有小溪自东北流西南，涉之。从溪东岸又东南二里，直逼东山下，复有村倚之。从村南东向入，有水舂踞冈上。冈之南，即有涧自木鼓山北峡来，绕冈南西去，有亭桥跨其上，此大道也；小径即由北脊入峡，盘冈东下。遂溯溪岸东行。一里，有小木桥平跨上流，乃南度之。又东上坡，一里而至金鸡村，其村居庐连夹甚盛，当木鼓山之东南麓。村东有泉二池，出石穴中，一温一寒。居人引温者汇于街中为池，上覆以屋，又有正屋三楹，临池之南，庭中紫薇二大树甚艳，前有门，若公馆然。乃市酒餐于市，而后浴于池。池四旁石甃，水止而不甚流，亦不甚热，不甚清，尚在永平温泉之下，而有馆有门则同也。从村后东南循峡上岭数里，自金鸡村逾岭东下，通大寨瓦渡之路也；从村后直东，上木鼓西南峰，二十里，有新建宝顶寺。余不及登，遂从村西南下。三里北折，度亭桥北，随溪西南行塍中。五里，西值大溪，溪之东有村傍之。乃稍溯之北，度大木桥而西行塍中。又四里，而至见龙里。其南有报功祠甚巨，门西向，而祠楼则南面。入其中，祠空而楼亦空；楼上止文昌一座当其中。寺僧云："昔有王靖远诸公神位，觅之不见也。"由此又十里，入拱北门。又二里，而返会真。令人往讯安仁，已西往腾越矣。

十五日 憩会真楼。

十六日 往晤闪知愿。还拜刘北有，留饭。即同往太保山麓书馆。馆中花木丛深，颇觉幽闲。坐久之，雨过，适闪知愿送《南园录》并《永昌志》至，即留馆中。北有留余迁寓其内，余屡辞之，至是见其幽雅，即许之，约以明日雨止，刘以钥匙付余，以刘将赴秋闱，不暇再至也。余乃别，还会真。

十七日 闪知愿再候宴，并候其兄太史及其族叔孩识同宴。深夜乃别。

十八日 迁馆于山麓西南打索街，即刘北有书馆也。其馆外有赁居者，以日用器进，亦刘命也。余独坐馆中，为抄《南园漫录》，既而马元中又觅《续录》至，余因先抄《续录》。乘雨折庭中"花上花"，插木球腰孔间，辄活，蕊亦吐花。"花上花"者，叶与枝似吾地木槿，而花正红，似闽中扶桑，但扶桑六七朵并攒为一花，此花则一朵四瓣，从心中又抽出叠其上，殷红而开久，自春至秋犹开；虽插地辄活，如榴然，然植庭左则活，右则槁，亦甚奇也。又以杜鹃、鱼子兰、兰如真珠兰而无蔓，茎短叶圆，有光，抽穗，细黄，子丛其上如鱼子，不开而落，幽韵同兰。小山茶，分植其孔，无不活者。既午，俞禹锡雨中来看，且携餐贯酒，赠余诗，有“下乔”之句。谓会真楼高爽，可尽收一川阴晴也。余答以“幽栖解嘲”五律。谓便于抄书也。

十九日　抄书书馆。闪知愿以竹纸湖笔馈，以此地无纸笔，俱不堪书也。

二十日　抄书麓馆。

二十一日　孩识来顾。

二十二日　抄书麓馆。

二十三日　晨大雨。稍霁，还拜孩识，并谢刘北有。下午，赴孩识之招。闪、俞俱同宴。深夜乃别。

二十四日　绝粮。知刘北有将赴省闱，欲设酌招余，余乃作书，谓：“百杯之招，不若一斗之粟，可以饱数日也。”

二十五日　新添邱术士挟一刘姓者至，邱自谓诸生，而以请仙行。招游九龙池。遂泛池中亭子。候刘携酌不至，余返寓抄书。北邻花红正熟，枝压墙南，红艳可爱。摘而食之，以当井李，此间花红结子甚繁，生青熟红，不似余乡之熟辄黄也；余乡无红色者，“花红”之名，俱从此地也。下午北有以牛肉斗米馈；刘、闪、马俱教门，不食猪而食牛。刘以素肴四品馈。

二十六至二十九日　俱抄书麓馆，俱有雨，时止时作，无一日晴也。

卷九下

滇游日记十一

己卯七月初一至初三日　抄书麓馆，亦无竟日之晴。先是俞禹锡有仆还乡，请为余带家报。余念浮沉之身，恐家人已认为无定河边物；若书至家中，知身犹在，又恐身反不在也，乃作书辞之。至是晚间不眠，仍作一书，拟明日寄之。

初四日　送所寄家书至俞馆，而俞往南城吴氏园。余将返，其童子导余同往。过南关而西，一里，从南城北，入其园，有池有桥，有亭在池中。主人年甚少，昆仲二人，一见即留酌亭中。薄暮与禹锡同别。始知二主人即吴麟征之子，新从四川父任归者。麟征以乡荐，初作教毗陵，升南部，故与俞遇，今任四川建昌道矣。

初五日　又绝粮。余作书寄潘莲华，复省中吴方生，潘父子以初八日赴公车。且与潘索粮。不及待，往拜吴氏昆仲，不遇，即乘霁出龙泉门，为乾海子之游。由九隆池左循北坡西向上，一里，出寺后，南瞰峡中马家园，即前日闪太史宴余其中者，昔为马业，今售闪氏矣。从此益西向上，一里，瞰其北峡，乃太保新城所环其上者，乃知其西即宝盖山之顶，今循其南冈而上也。又迤逦上者三里，始随南峡盘坡入。二里，路北之树木，森郁而上，路南之树木，又森郁而下，各有庄舍于其中；其北者为薛庄，其南者为马庄。其树皆梨柿诸果。余夙闻马元中有兄居此，元中嘱余往游，且云："家兄已相候久矣。"至是问主人，已归城，庄虚无人。时日甫上午，遂从其后趋乾海子道。其处峰稍南曲，其下峡中有深涧，自西北环夹东出，水声骤沸，即马家园绾九隆南坞之上流也。此处腾涌涧中，外至坞口，遂伏流不见。南溢而下泛者，为马园内池；北溢而下泛者，为九隆泉池：皆此水之伏而再出者也。于是循涧北崖盘坡而上，一里，北折入峡。二里稍下，就涧行。其处东西崖石夹峙，水腾跃其中；路随之而上，盖已披宝盖山之西麓矣。或涉水西，或涉水东，或涉水中而上。北五里渐西，其溪分两道来。由其中蹑岭西北上，始望见由此而北，分峡东下者，为宝盖之脊，又东下而为太保；由此而南，分峡东下者，为九隆南山之脊，又东下为九隆冈。此其中垂之短支。蹑之迤逦上，五里，始西越其脊。下瞰脊西有峡下绕甚深，水流其中沸甚，此即沙河之上流也；其西又有山一重横夹之，乃为南下牛角关之脊，而此脊犹东向之旁支也。循北崖西行三里余，始西南坠壑下。下又三里余，始抵溪之东岸。两崖夹溪之石甚突兀，溪流逗石底而下，层叠腾涌，而蒙箐笼罩之，如玉龙踊跃于青丝步障中；《志》所谓溜钟滩，岂即此耶？路缘东崖下，北溯溪，有小洞倚崖，西瞰溪流；入坐其间，水乳滴沥，如贯珠下。出复北溯溪三里，有木桥跨而西。度其西，上岭，遂与沙河上流别。三里，登南度之脊。其脊中低，南北皆高，南即牛角关之脉，北高处为虎坡，乃从西北度脉而来者。路逆溯之，循北岭东坡而上，又二里，从岭北西向穿坳，是为虎坡。此坡由北冲东蒲蛮寨岭度脊西南下，绕为北冲南峰，南向逶迤，东坠沙河之源，西环乾海子之坞，南过此岭，稍伏而南耸牛角关；又伏而度脉，分支西北掉尾者，为蒲缥西岭，正支东峙松子山，绕石甸东而南尽于姚关者也。过坳西，即有坑西坠，路循北坡西北行，五里西下，行峡中。溯流蹑涧三里，再逾岭。又三里，出岭西，始见西南下壑稍开。有西峡自北而南，与南峡合而西去；有茅数龛嵌峡底，曰锣鼓寨。皆僰僰之居。于是盘东坡北向，而转溯西峡之上行；盖西峡有山自北坳分支南亘，环于东界之西，路由其中直披北坳而入。三里，涉北来小水，遂西盘其坳脊。二里，出坳西，其西南盘壑复下开，而路乃北向蹑岭，曲折西北，盘之而升，三里余，登岭头。盖此岭从虎坡北乾海子东，分支西突，又西度为大寨西峰，南北横亘于大寨、玛瑙山之间，此其东下之岭也；其北为崇脊，其南为层壑。遥望数十家倚西亘横峰下，即大寨也。于是西南盘层壑之上，二里，越冈西下。又二里，西南下至坞间，涉北来小峡。又西上半里，是为大寨；所居皆茅，但不架栏，亦僰僰之种。俗皆勤苦垦山，五鼓辄起，昏黑乃归；所垦皆硗瘠之地，仅种燕麦蒿麦而已，无稻田也。余初买米装贮，为入山之具，而顾仆竟不之携；至是寨中俱不稻食，煮大麦为饭，强啮之而卧。

初六日　天色阴沉。饭麦。由大寨后西涉一小峡，即西上坡。半里，循西山北向而升。二里，坡东之峡，骈束如门，门以内水犹南流，而坡峡俱平，遂行峡中。又北一里，有岐逾西山之脊，是为玛瑙坡道。余时欲穷乾海子，从峡中直北行，径渐翳，水渐缩。一里，峡中累累为环珠小阜，即度脉而为南亘西山，此其平脊也。半里过北，即有坑北下。由坑东循大山西北行，又一里而见西壑下嵌，中圆如围城而底甚平，即乾海子矣。路从东山西向，环海子之北，一里，乃趁峡下。东山即虎坡大脊之脉；有岐东向，逾脊为新开青江坝道，入郡为近。南下半里，抵海子之北，即有泉一圆，在北麓间，水淙淙由此成流出；其东西麓间，俱有茅倚坡临海而居，而西坡为盛。又半里，循麓而入西麓之茅；其庐俱横重木于前，出入皆逾之。其人皆不解汉语，见人辄去。庐侧小溪之成流者，南流海子中。海子大可千亩，中皆芜草青青，下乃草土浮结而成者；亦有溪流贯其间。第不可耕艺，以其土不贮水。行者以足撼之，数丈内俱动；牛马之就水草者，只可在涯涘间，当其中央，驻久辄陷不能起。故居庐亦俱濒其四围，只垦坡布麦，而竟无就水为稻畦者。其东南有峡，乃两山环凑而成；水从此泄，路亦从此达玛瑙山，然不能径海中央而渡，必由西南沿坡湾而去。于是倚西崖南行。一里余，有澄池一圆，在西崖下芜海中，其大径丈余，而圆如镜，澄莹甚深，亦谓之龙潭。在平芜中而独不为芜翳，又何也？又南一里，过西南隅茅舍，其庐亦多；有路西北逾山，云通后山去，不知何所。其南转胁间，有水从石崖下出，流为小溪东注。余初狎之，欲从芜间涉此水，近水而芜土交陷，四旁摇动，遂复迂陟西湾，盘石崖之上，乃倚南山东向行。一里余，有岐自东峡上，南逾山脊，为新开道，由此而出烂泥坝者。余乃随坡而下东峡。半里，则峡中横木为桥，其下水淙淙，北自海子菰蒲中流出，破峡南坠；峡甚逼仄，故一木航之，此水口之最为潆结者。其水南下，即为玛瑙山后夹中瀑布矣。度横木东，复上坡半里，陟其东冈，由脊上东南行。还顾海子之窝，嵌其西北，出峡之水，坠其西南；其下东南坞中，平坠甚深，中夹为箐，丛木重翳，而轰崖倒峡之声不绝；其前则东西两界山，又伸臂交舒，辟峡南去；海子峡桥之水，屡悬崖泻箐中，南下西转而出罗明坝焉。于是循东山，瞰西峡。东南行一里余，转而南下。一里，有路逾东岭来，即大寨西来者，随之西南下坡。半里，忽一庐踞坡，西向而居；其庐虽茅盖而檐高牖爽，植木环之，不似大寨、海子诸茅舍。姑入而问其地，则玛瑙山也。一主人衣冠而出，揖而肃客，则马元康也。余夙知有玛瑙山，以为杖履所经，亦可一寓目，而不知为马氏之居。马元中曾为余言其兄之待余，余以为即九隆后之马家庄，而不知有玛瑙山之舍。玛瑙山，《一统志》言玛瑙出哀牢支陇，余以为在东山后；乃知出东山后者，为土玛瑙，惟出此山者，由石穴中凿石得之。其山皆马氏之业。元康一见即谛视曰："即徐先生耶？"问何以知之。曰："吾弟言之，余望之久矣。"盖元中应试省中，先以书嘱元康者，乃玛瑙山而非九隆后之马家庄也。元康即为投辖，割鸡为黍，见其二子。深山杳蔼之中，疑无人迹，而有此知己，如遇仙矣！

下午，从庐西下坡峡中，一里转北，下临峡流，上多危崖，藤树倒罨，凿岸迸石，则玛瑙嵌其中焉。其色有白有红，皆不甚大，仅如拳，此其蔓也。随之深入，间得结瓜之处，大如升，圆如球，中悬为宕，而不粘于石。宕中有水养之，其精莹坚致，异于常蔓，此玛瑙之上品，不可猝遇；其常积而市于人者，皆凿蔓所得也。其拳大而坚者，价每斤二钱；更碎而次者，每斤一钱而已。是山从海子峡口桥东南环而下，此其西掉而北向处，即大寨西山之西坡也。峡口下流悬级为三瀑布，皆在深箐回崖间，虽相距咫尺，但闻其声，而树石拥蔽，不能见其形，况可至其处耶。坐玛瑙崖洞间，有覆若堂皇，有深若曲房，其上皆垂干虬枝，倒交横络，但有氤氲之气，已无斧凿之痕，不知其出自人工者。元康命凿崖工人停捶而垂箐，觅树蛾一筐。乃菌之生于木上者，其色黄白，较木耳则有茎有枝，较鸡葼则非土而木，以是为异物而已。且谓余曰："箐中三瀑，以最北者为胜，为崖崩路绝，俱不得行；当令仆人停凿芟道，异日乃可梯崖下瞰也。"因复上坡，至其庐前，乃指点四山，审其形势。元康瀹茗命醴，备极山家清供，视隔宵麦饭粝口，不谓之仙不可也。

初七日 雨。与元康为橘中之乐。棋子出云南，以永昌者为上，而久未见敌手。元康为此中巨擘，能以双先让。余遂对垒者竟日。

初八日 晨饭，欲别而雨复至。主人复投辖布枰。下午雨霁，同其次君从庐右瞰溪悬树下。一里得古洞，乃旧凿玛瑙而深入者，高四五尺，阔三尺，以巨木为桥圈，支架于下，若桥梁之巩，间尺余，辄支架之。其入甚深，有木朽而石压者，上透为明洞。余不入而下仍悬树。一里坠涧底，其奔涌之势甚急，而挂瀑处俱在其上下峡中，各不得达，仍攀枝上。所攀之枝，皆结异形怪果，苔衣雾须，蒙茸于上。仍二里还庐舍。元康更命其仆执殳前驱，令次君督率之，从向来路上。二里，抵峡口桥东冈，坠崖斩箐，凿级而下。一里余，凭空及底，则峡中之水，倒侧下坠，两崖紧束之，其势甚壮；黔中白水之倾泻，无此之深，腾阳滴水之悬注，无此之巨。势既高远，峡复逼仄，荡激怒狂，非复常性；散为碎沫，倒喷满壑，虽在数十丈之上，犹霏霏珠卷霰集。滇中之瀑，当以此为第一，惜悬之九天，蔽之九渊，千百年莫之一睹！余非元康之力，虽过此无从寓目也。

返元康庐，挑灯夜酌，复为余言此中幽胜：其前峡下五里，有峡底桥。过之随峡南出，有水帘洞；溯峡北入，即三瀑之下层。而水帘尤奇，但路闕难觅，明晨同往探之；此近胜也。渡上江而西，有石城插天，倚雪山之东，人迹莫到，中夜闻鼓乐声，土人谓之鬼城；此远胜也。上江之东，玛瑙之北，山环谷迸，中有悬崖，峰峦倒拔，石洞嵚岈，是曰松坡，为其家庄。其叔玉麓构阁青莲，在石之阿，其人云亡，而季叔太麓，今继栖迟。一日当联骑而往，此中道之胜也。余闻之，既喜此中之多奇，又喜元康之能悉其奇，而余之得闻此奇也。地主山灵，一时济美，中夜喜而不寐！

初九日 余晨起，欲为上江之游。元康有二骑，一往前山未归，欲俟明日同行。余谓游不必骑，亦不必同，惟指示之功，胜于追逐。余之欲行者，正恐其同，其不欲同者，正虑其骑也。元康固留。余曰："俟返途过此，当再为一日停。"乃饭而下山。元康命其幼子为水帘洞导。于是西下者五里，及峡底，始与峡口桥下下流遇；盖历三瀑而北迂四窠崖之下，曲而至此，乃平流也。有桥跨其上。度桥，西北盘右岭之嘴，为烂泥坝道。从桥左登左坡之半，其上平衍，有水一塘汇冈头，数十家倚南山而居，是为新安哨，与右岭盘坡之道，隔峡相对也。水帘洞在桥西南峡底，倚右岭之麓，幽閟深阻，绝无人行。初随流觅之，傍右岭西南，行荒棘中三里，不可得；其水渐且出峡，当前坳尖山之隩矣。乃复转，回环遍索，得之绝壁下，其去峡底桥不一里也，但无路影，深阻莫辨耳。其崖南向，前临溪流，削壁层累而上，高数丈。其上洞门嵚岈，重覆叠缀，虽不甚深，而中皆旁通侧透，若飞甍复阁，檐牖相仍。有水散流于外，垂檐而下；自崖下望之，若溜之分悬；自洞中观之，若帘之外幕；水帘之名，最为宛肖。洞石皆棂柱绸缪，缨幡垂飏，虽浅而得玲珑之致，但旁无侧路可上，必由垂檐叠覆之级，冒溜冲波，以施攀跻，颇为不便。若从其侧架梯连栈，穿腋入洞，以睇帘之外垂，只中观其飞洒，而不外受其淋漓，胜更十倍也。崖间有悬干虬枝为水所淋漓者，其外皆结肤为石，盖石膏日久凝胎而成；即片叶丝柯，皆随形逐影，如雪之凝，如冰之裹；小大成象，中边不敧，此又凝雪裹冰，不能若是之匀且肖者。余于左腋洞外得一垂柯，其大拱把，其长丈余，其中树干已腐，而石肤之结于外者，厚可五分，中空如巨竹之筒而无节，击之声甚清越。余不能全曳，断其三尺，携之下，并取枝叶之绸缪凝结者藏其中；盖叶薄枝细，易于损伤，而筒厚可借以相护，携之甚便也。

水帘之西，又有一旱岩。其深亦止丈余，而穹覆危崖之下，结体垂象，纷若赘旒，细若刻丝，攒冰镂玉，千萼并头，万蕊簇颖，有大仅如掌，而笋乳纠缠，不下千百者，真刻楮雕棘之所不能及！余心异之，欲击取而无由，适马郎携斧至，借而击之，以衣下承，得数枝。取其不损者二枝，并石树之筒，托马郎携归玛瑙山，俟余还取之。遂仍出桥右，与马郎别。乃循右坡西上里余，隔溪瞰新安哨而行。大雨忽来，少憩树下。又西里余，盘右坡之嘴，转而北行。盖右坡自四窠崖颉颃西来，至此下坠，而崖石遂出，有若芙蓉，簇萼空中，有若绣屏，叠锦崖畔，不一其态。北盘三里，又随湾西转，一里余，又北盘其嘴，于是向北下峡中，盖四窠横亘之峰，至此西坠为壑，其余支又北转而突于外，路下而披其隙也。二里余，坞底有峡自东北来，遂同盘为洼而西北出。路乃挟西坡之麓，随之西转，其中沮洳，踔陷深泞；岂烂泥坝之名以此耶？西北出隘一里，循东坡平行，西瞰坠壑下环，中有村庐一所，是为烂泥坝村。路从其后分为二岐：一西向下坞，循村而西北者，为上江道；一北向盘坡，转而东北登坳者，为松坡道。余取道松坡。又直北一里，挟东坡北嘴，盘之东行，半里，遂东北披峡而上。蹑峻半里，其上峡遂平。溯之东入，一里，峡西转。半里，越西峡而西北上，其坡高穹陡削。一里余，盘其东突之崖，又里余，逾其北亘之脊。由脊东北向随坡一里，路又分岐为二：一直北随脊平行者，横松枝阻绝，以断人行；一转东入腋者，余姑随之。一里，其坡东垂为脊，稍降而东属崇峰。此峰高展众山之上，自北而南，东截天半，若屏之独插而起者；其上松罗丛密，异于他山，岂即松坡之主峰耶？脊间路复两分：一逾脊北去，一随脊东抵崇峰。乃傍之南下，二里，径渐小而翳。余初随南下者半里，见壑下盘，绕崇峰南垂而东，不知其壑从何出，知非松坡道，乃仍还至脊，北向行，东截崇峰西坞。二里，坞北坠峡西下，路从崇峰之西北崖行，盘其湾，越突坡。三里余，西北下峡中，其下甚峻，而路荒径窄，疑非通道。下二里，有三四人倚北坡而樵，呼讯之，始知去松坡不远，乃西转而就峡平行。里余，出峡口，其西壑稍开，崇冈散为环阜，见有参差离立之势。又西下里余，有村庐当中窝而居；村中巨庐，杨氏在北，马氏在南。乃南趋之。一翁方巾藜杖出迎，为马太麓；元康长郎先已经此，为言及。翁讶元康不同来，余为道前意。翁方瀹茗，而山雨大至。俟其霁，下午乃东蹑坡上青莲阁。阁不大，在石崖之下，玉麓先生所栖真处。太麓于是日初招一僧止其中，余甫至，太麓即携酒授餐，遂不及览崖间诸胜。太麓年高有道气。二子长读书郡城，元真。次随侍山中。元亮。为余言，其处多岩洞，亦有可深入者二三处，但路未开辟，当披荆入之。地当山之翠微，深崖坠壑，尚在其下，不觉其为幽閟；乱峰小岫，初环于上，不觉其为孤高；盖崇山西北之支，分为双臂，中环此窝，南夹为门，水从中出，而高黎工山又外障之，真栖遯胜地！买山而隐，无过于此。惟峡中无田，米从麓上，尚数里也。松坡虽太麓所居，而马元中之庄亦在焉。

初十日　晨起，霁色可挹。遂由阁东竹坞，绕石崖之左，登其上。其崖高五六丈，大四丈，一石擎空，四面壁立，而南突为岩，其下嵌入；崖顶平展如台。冈脊从北来环其后，断而复起，其断处亦环为峡，绕崖左右，而流泉潆之。种竹峡中，岚翠掩映，道从之登。昔玉麓构殿三楹在顶，塑佛未竟，止有空梁落燕泥也。已复下青莲阁，从阁侧南透崖下，其岩忽绷云罨幕，亭亭上覆，而下临复趷然无地；转其西，岩亦如之，第引水环流其前，而断北通之隘，致下岩与上台分为两截。余谓不若通北隘，断东路，使青莲阁中道由前岩之下，从西北转达于后峡，仍自后峡上崖台，庶渐入佳境，不分两岐也。

既而太麓翁策杖携晨餐至。餐毕，余以天色渐霁，急于为石城游。太麓留探松坡石洞，余以归途期之。太麓曰：“今日抵江边已晚，不必渡，可觅土官早龙江家投宿。彼自为登山指南，不然，其地皆彝寨，无可通语者。”余识之，遂行。乃西南下，至其庐侧，遂渡坞中南出之水，其西一里，上循西坡北向行。一里，转而披其西峡，半里，逾脊西下。一里下至壑中，其处忽盘窝夹谷，自东北而透西南之门；路循其南坡西行，一里，涉峡中小水，同透门出，乃西南随坡下。三里，复盘坡西转，望见南坞中开，下始有田；有路从东南来合，即烂泥坝北来道也。坡西南麓，有数家倚坡南向，是为某某。仍下坡一里，从村左度小桥。是坡左右俱有小水，从北峡来，而村悬其中；又西北开一峡，其水较大，亦东来合之，会同南去，当亦与松坡水同出罗明者。由是望其西北而趋，一里，逾坡入之。又渡一东北来小水，即循北坡溯涧西北行。二里西下，渡坞中涧，复西北上涧西之山。又随其支峡入，二里，再上盘西突之坡。坡西有壑中盘，由壑之北崖半里，环陟其西脊，约三里，由脊西南下。半里，平行枯峡中，一里，有枯峡自北来合，横陟之，循北岭之坡西行。一里，其处峡分四岐：余来者自东，又一峡自北，又一峡自南，虽皆中枯，皆水所从来者；又一峡向西，则诸流所由下注之口。路当从西峡北坡上行，余见北来峡底有路入，遂溯之。二里，其中复环为一壑，闻水声淙淙，数家倚西坡而居，是为打郎。入询居人，始知上江路在外峡之西；壑东北亦有路逾岭，此亦通府之道，独西北乃山之环脊，无通途也。乃随西山之半南向出，二里，盘西山之南嘴而西；其前有路自峡底来合，则东来正道也。于是倚北崖西行西峡之上。峡南盘壑屡开，而水仍西注，峡北西垂渐下，石骨迸出。行二里，时上午暑甚，余择荫卧石半晌，乃西北下坡。半里，有涧自东来，其水淙淙成流，越之，仍倚北坡西北行。二里，饭于坡间。又西北二里，越冈西下，其间坑堑旁午，陂陀间错，木树森罗。二里，路岐为两：一西南，一西北。余未知所从，从西北者。已而后一人至曰："西南为猛赖渡江径道，此西北道乃曲而从猛淋者。"余欲转，其人曰："既来一里，不必转，即从猛淋往可也。"乃西北随峡稍下。二里余，有聚落倚南坡，临北壑，是为猛淋。此乃打郎西山南下西转，掉尾而北，环为此壑。其壑北向颇豁，遥望有巨山在北，横亘西下，此北冲后山夹溪西行，而尽于猛赖溪北王尚书寨岭者也。壑中水当北下北冲西溪。其人指余从猛淋村后西南逾岭行。一里，陟岭头，逾而南下，遂失路。下一里，其路自西来合，遂稍东下，度一小桥，乃转西南越坡。二里，则坡南大涧自东而西向注，有路亦自涧北西来；其路则沿坡而上，余所由路则坠崖而下，于是合而西向。半里，沿溪半线路行。其崖峭石凌空，下临绝壑，其下奔流破峡，倒影无地，而路缘其间，嵌壁而行。西南半里，稍下离崖足，回眺北崖上插，犹如层城叠障也。又西二里余，从崖足盘西南突嘴，半里，始见上江南坞，其峡大开，中嵌为平畴，只见峡底而不见江流；有溪自西山东南横界平畴中，直抵东山之麓，而余所循之溪，亦西南注之。峡口波光，四围荡漾，其处不审即峡溪所汇，抑上江之曲。余又疑东南横界之流，即为上江，然其势甚小，不足以当之。方疑而未定，逾突嘴而西，又半里，转而北，随北峡下一里，从北峡西转，始见上江北坞，虽平畴较小于南坞，而北来江流盘折其中，东峡又有溪西向入之；其南流虽大，而江流循东山之麓，为东山亏蔽，惟当峡口，仅露一斑，不若此之全体俱现也。又西向者一里，有十余家倚南山北向而居，其前即东峡所出溪，西南环之。问上江渡何在？村人指在其西北。问早土官何在？在其西南二里。乃北渡其溪。溪水颇大，而其上无桥，仅横一木平于水面，两接而渡之，而木为水激，撼摇不定，而水时踊跃其上。虽跣足而涉，而足下不能自主，危甚。于是上西坡，南向随流。行塍间一里，稍折而西南，又一里，入早氏之庐，已暮。始在其外室，甚陋，既乃延入中堂，主人始出揖，犹以红布缠首者。讯余所从来。余以马氏对。曰："元康与我厚，何不以一柬相示？"余出元康诗示之。其人乃去缠首，易巾服而出，再揖，遂具晚餐，而卧其中堂。此地为猛赖，乃上江东岸之中，其脉由北冲西溪北界之山，西突为王尚书营者，下坠坞中为平畴，南衍至此，上江之流西潆之，北冲西溪东夹之，而当其交会之中；溪南即所下之岭，自猛淋南夹溪南下，峙为下流之龙砂，而王尚书营岭即其本支，而又为上流之虎砂也。上江之东，尚称为"寨"，二十八寨皆土酋官舍。江以西是为十五"喧"，"喧"者，取喧聚之义，谓众之所集也。惟此地有此称。其人皆彝，栏居窟处，与粤西彝地相似。而早龙江乃居中而辖之者。

十一日　晨起，早龙江具饭，且言："江外土人，质野不驯，见人辄避。君欲游石城，其山在西北崇峡之上，路由蛮边入。蛮边亦余所辖，当奉一檄，令其火头供应除道，拨寨夫引至其处；不然，一时无栖托之所也。"余谢之。龙江复引余出庐前旷处，指点而言曰："东北一峰特耸，西临江左者，为王尚书驻营之峰。西北重峡之下，一冈东突江右者，是为蛮边，昔麓川叛酋思任踞为巢。其后重崖上，是为石城，思酋恃以为险，与王尚书夹江相拒者也。此地昔为战场，为贼窟。今藉天子威灵，民安地静，物产丰盈，盛于他所。他处方苦旱，而此地之雨不绝；他处甫插莳，而此中之新谷已登；他处多盗贼，而此中夜不闭户。敢谓穷边非乐土乎！第无高人至止，而今得之，岂非山川之幸！"余谢不敢当。时新谷新花，一时并出，而晚稻香风，盈川被陇，真边境之休风，而或指以为瘴，亦此地之常耳。

既饭，龙江欲侍行，余固辞之，期返途再晤，乃以其檄往。出门，即溯江东岸北行。二里，时渡舟在西岸，余坐东涯树下待之，半晌东来，乃受之。溯流稍北，又受驼骑，此自北冲西来者。渡舟为龙江之弟龙川所管；只驼骑各畀之钱，而罄身之渡，无畀钱者。时龙川居江岸，西与蛮边之路隔一东下小溪。渡夫谓余自蛮边回，必向溪南一晤龙川。余许之。乃从小溪北岸登涯，即西北行，于是涉上江之西矣，此十五喧之中也。循西山，北二日为崩戛，南二日为八湾。崩戛北为红毛野人，八湾南为潞江安抚司。昔时造桥，西逾山心，出壶瓶口至腾阳道，尚在其南下流二十里；其天生石崖，可就为桥址者，又在其下。昔众议就崖建桥，孙郡尊已同马元中辈亲至而相度之。后徐别驾及腾越督造卫官，以私意建桥于石崖北沙嘴之冲；旋为水摧去，桥竟不成。此江王靖远与思任夹江对垒，相持不得渡。王命多缚筏。一夕缚羊于鼓，缚炬于筏，放之蔽江南下。思酋见之，以为筏且由下流渡，竞从西岸趋下流，而王师从上流济矣。遂克之。今东岸之罗明乃其缚松明寨，罗鼓乃其造鼓寨也。西北三里，有溪自西峡出，北渡之。半里，有聚落倚坡东向罗列，是为蛮边。按《志》十五喧无"蛮边"之名，想即所谓"中冈"也。闪太史亦有庄在焉。觅火头不见。其妻持檄觅一僧读之，延余坐竹栏上而具餐焉。其僧即石城下层中台寺僧，结庵中台之上，各喧土人俱信服之。今为取木延匠，将开建大寺。此僧甫下山，与各喧火头议开建之事。言庵中无人，劝余姑停此，候其明日归，方可由庵觅石城也。余从之。坐栏上作纪。下午浴于涧。复登栏，观火头家烹小豚祭先。令一人从外望，一人从内呼。问："可来？"曰："来了。"如是者数十次。以布曳路间，度入龛而酌之饭之，劝亦如生人。薄暮，其子以酒肉来献，乃火酒也。酌于栏上，风雨忽来，虽栏无所蔽，而川中蕴热，即就栏而卧，不暇移就其室也。火头者，一喧之主也，即中土保长、里长之类。

十二日　火头具饭，延一旧土官同餐。其人九十七岁矣，以年高，后改于早龙江者。喧中人皆言其人质直而不害人，为土官最久，曾不作一风波；有馈之者，千钱之外辄不受。当道屡物色之，终莫得其过迹。喧人感念之，共宰一牛，卖为赡老之资。既饭，以一人引余往中台寺。余欲其人竟引探石城，不必由中台。其人言："喧中人俱不识石城路，惟中台僧能识之；且路必由中台往，无他道也。"余不信，复还。遍征之喧中，其言合，遂与同向中台。由村北溯溪西向入，二里，过上蛮边，渐入峡。又西一里余，涉一水沟，遂临南涧倚北坡而行。又里余，则北坡稍开，有岐北去，又西逾坡，过一水塘，北下峡中。共二里，有溪自北峡来，架木为桥，西度之。桥之南，又有溪自南峡西来，与桥水合迸，而出于蛮边南大溪者。既度桥西，即北向上坡；其坡峻甚，且泞甚，陷淖不能举足，因其中林木深閟，牛畜蹂践，遂成淖土，攀陟甚难。二里，就小径行丛木中，三里，复与大路合，峻与泞愈甚。又北上一里，折而西南上峡中。一里，南逾其冈，则中台东下之脊也，始见有茅庵当西崖之下；其崖矗然壁立于后，上参霄汉，其上盖即石城云。乃入庵。庵东向，乃覆茅为之者；其前积木甚巨，一匠工斫之为殿材。昨所晤老僧号沧海，四川人。已先至，即为余具饭。余告以欲登石城。僧曰："必俟明日，今已无及矣。此路惟僧能导之，即喧中人亦不能知也。"余始信喧人之言不谬，遂停其茅中。此寺虽称中台，实登山第一坪也。石城之顶，横峙于后者，为第二层。其后又环一峡，又矗而上，即雪山大脊之东突，是为第三重。自第一坪而上，皆危嶂深木，蒙翳悬阻，曾无人迹，惟此老僧昔尝同一徒持斧秉炬，探历四五日。于上二层各斫木数十株，相基卜址，欲结茅于上，以去人境太远，乃还栖下层。今喧人归依，渐有展拓矣。

十三日 僧沧海具饭，即执殳前驱。余与顾仆亦曳杖从之。从坪冈右腋仆树上，度而入。其树长二十余丈，大合抱，横架崖壁下；其两旁皆丛箐纠藤，不可着足，其下坎坷蒙蔽，无路可通，不得不假道于树也。过树沿西崖石脚，南向披丛棘；头不戴天，足不践地，如蛇游伏莽，狨过断枝；惟随老僧，僧攀亦攀，僧挂亦挂，僧匍匐亦匍匐。二里，过崇崖之下，又南越一冈，又东南下涉一箐，共里余，乃南上坡，践积茅而横陟之。其茅倒者厚尺余，竖者高丈余，亦仰不辨天，俯不辨地。又里余，出南冈之上。此冈下临南峡，东向垂支而下。有微径自南峡之底，西向循冈而上，于是始得路；随之上蹑，其上甚峻，盖石城屏立，此其东南之趺，南峡又环其外，惟一线悬崖峡之间。遂从攀跻西向上者五里，乃折而北上。一里，西北陟坎坷之石，半里，抵石城南垂之足。乃知此山非环转之城，其山则从其后雪山之脊，东度南折。中兜一峡，南嵌而下，至此南垂之足，乃峡中之门也；其崖则从南折之脊，横列一屏，特耸而上，至此南垂之足，则承趺之座也。峡则围三缺一，屏则界一为二，皆不可谓之城；然峡之杳渺障于内，屏之突兀临于外，此南垂屏峡之交，正如黄河、华岳，凑扼潼关，不可不谓险之极也。从南垂足，盘其东麓而北，为崖前壁，正临台庵之上。壁间有洞，亦东向，嵌高深间；登之缥缈云端，凭临琼阁，所少者石髓无停穴耳。盘其西麓而北，为崖后壁，正环坠峡之东。削垒上压，渊堑下蟠，万木森空，藤薜交拥，幽峭之甚。循崖北行，一里，路分为二：一东北上，为蹑崖顶者；一西北为盘峡坳者。乃先从峡。半里，涉其底，底亦甚平，森木皆浮空结翠，丝日不容下坠。山上多扶留藤，所谓篓子也，此处尤巨而长，有长六丈者；又有一树径尺，细芽如毛，密缀皮外，无毫隙。当其中有木龙焉，乃一巨树也。其下体形扁，纵三尺，横尺五。自地而上，高二尺五寸，即半摧半茂：摧者在西北，止存下节；茂者在东南，耸干而起。其干正圆，围如下体之半，而高不啻十余丈。其所存下节并附之，其圆亦如耸干，得下体之半，而其中皆空，外肤之围抱而附于耸干者，其厚止寸余，中环空腹如桶，而水盈焉。桶中之水深二尺余，盖下将及于地，而上低于外肤之边者，一寸有五；其水不甚清，想即树之沥也。中有蝌蚪跃跳，杓水而干之则不见。然底无旁穴，不旋踵而水仍满，亦不见所自来，及满至肤边下寸五，辄止不溢，若有所限之者，此又何耶？其树一名溪母树，又名水冬瓜，言其多水也。土人言有心气痛者，至此饮之辄愈。老僧前以砍木相基至。亦即此水为餐而食。树之北，有平冈自西而东，属于石崖之峰，即度冈之北。有洼汇水，为马鹿潭，言马鹿所栖饮者。洼之北，则两崖对束如门，潭水所从泄也。循冈西上半里，西大山之麓，有坡一方，巨木交枕，云日披空，即老僧昔来所砍而欲卜之为基者，寄宿之茅，尚在其侧。由此西上，可登上台，而路愈蔽，乃返由前岐东北蹑崖，半里而凌其上。南瞰下台之龛庵，如井底寸人豆马，蠕蠕下动。此庵遂成一画幅，其顶正如堵墙，南北虽遥而阔皆丈余，上下虽悬而址皆直立。由其上东瞰上江如一线，而东界极北之曹涧，极南之牛角关，可一睫而尽，惟西界之南北，为本支所掩，不能尽崩戛、八湾之境也。西眺雪山大脊，可以平揖而问，第深峡中嵌，不能竟陟耳。乃以老僧饭踞崖脊而餐之，仍由旧径下趋中台庵。未至而雨，为密树所翳不觉也。既至而大雨。僧复具饭。下午雨止，遂别僧下山，宿于蛮边火头家，以烧鱼供火酒而卧。

十四日　从蛮边饭而行。仍从旧路东南一里，宜东下，误循大路倚西山南行；二里，望渡处已在东北，乃转一里，得东下之路，遂涉坑从田塍东行。一里，至早龙川家，即龙江之弟，分居于此，以主此渡者。时渡舟尚在江东岸，龙川迎坐以待之。其妻女即织纴于旁。出火酒糟生肉以供。余但饮酒而已，不能啖生也。雨忽作忽止，上午舟乃西过。又候舟人饭，当午乃发，雨大作。同渡者言："猛赖东溪水暴涨，横木沉水底，不能着足；徒涉之，水且及胸，过之甚难。"余初以路资空乏，拟仍宿早龙江家，一日而至松坡，二日而至玛瑙山，皆可无烦杖头，即取所寄水帘石树归。今闻此，知溪既难涉，且由溪北岸溯流而入，由北冲逾岭，既免徒涉之险，更得分流之脊，于道里虽稍远，况今日尚可达歪瓦，则两日即抵郡，其行反速也。遂从渡口东向截坞望峡入，先由坞东行田塍间。一里路为草拥，草为雨偃，几无从觅，幸一同渡者见余从此，亦来同行，令之前驱。半里，遂及峡口，循峡北突峰南麓东向入，溪沸于下，甚汹涌。五里，峡自北来，有村在东山下，曰猛冈。路挟西山北转上坡，五里，遂东盘东峰之南椒。又东十里，有峡自东南来，想即猛淋所从来之小径也。于是折而北上山坳，二里，闻犬声。又里余，山环谷合，中得一坪，四五家倚之，南向而居，曰歪瓦，遂止而宿。

十五日　昧爽而炊。平明，饭而行。雨色霏霏，南陟东坡一里，稍北下，三里余，不得路，乃西向攀茅蹑坡，二里，登岭。乃得南来之路。又稍北，循崖曲复东向行，八里，有峡自东来，而大溪则自北峡来受；其回曲处，藤木罨蔽，惟见水势腾跃于下。路仍北转，溯之，遂从深箐中行。又二里稍下，渐与溪逼。又北五里，峡复转东，路乃东，溯之，屡降而与溪会，一路皆从溪右深箐仄崖间。东北溯流行十五里，有一溪自北峡出，而下有田缘之，渐出箐矣。又东五里，其下田遂连畦夹溪。又东五里，又有水自西北峡来，溪源遂岐为两；有桥，度其北来者；仍溯其东来者。其下田愈辟，路始无箐木之翳。又东五里，北界之山，中环为坪，而土官居之；亦早姓，为龙江之侄。南界之峡，平拓为田，而村落绕之，此即所谓北冲也。又东五里，山箐复合，是为箐口。时才下午，而前无宿店，遂止。是夕为中元，去岁在石屏，其俗犹知祭先，而此则寂然矣。

十六日　平明饭。由箐口东稍下入峡，二里，有涧自东北来，越之，其大溪则自峡中东来，犹在路之南。路从两涧中支东上，已复北倚中支，南临大溪，且上且平，七里稍下，又一里，下及溪，濒溪溯水而行，又里余，有木桥跨溪，遂度其南岸。倚南崖东向行，又里余，复度桥，行溪北岸。由是两崖夹涧，涧之上屡有桥左右跨；或度桥南，或度桥北，俱潆涧倚坡，且上且折。又连度六桥，共七里，水分两派来：一东南，一东北，俱成悬流，桥不复能施，遂从中坡蹑峻，盘垂磴而上。曲折八里，冈脊稍平，有庐三楹横于冈上，曰茶庵；土人又呼为蒲蛮寨，而实无寨也。有一道流瀹茗于中。余知前路无居庐，乃出饭就之而啖。又北上，始临北坑。后临南坑，始披峡涉水。后蹑磴盘脊，十里，乃东登岭坳。既至岭头，雨势滂沱，随流南下，若骑玉龙而揽沧海者。南下三里，雨忽中止，云霾遥涤。又二里，遂随西峡下；坠峡穿箐，路既蒙茸，雨复连绵。又五里，从箐底踏波随流出。又南五里，稍东，逾一东障西突之坡。从其南坠坡直下者三里，复随峡倚东障之支南向行；其西中壑稍开，流渐成溪。二里，雨益大，沾体涂足，足滑不能定；上险涉流，随起随仆。如是者三四里，头目既伤，四肢受病，一时无可如何。雨少止，又东南五里，坞稍东曲，乃截坞而度一桥。桥下水虽汹涌浑浊，其势犹未大，仅横木而度。至是从溪西随西山行。溪逼东障山去，复逾坡坠箐向东南下。五里，又东南盘一坡，下涉一箐。又五里，转坡南，腋间得卧佛寺，已暮。急入其厨，索火炙衣，炊汤啖所存携饭，深夜而卧其北楼。

十七日　晨起绝粮，计此地去郡不过三十余里，与前东自小寨归相似，遂空腹行。仍再上岩殿，再下池轩，一凭眺之。东南里许，过一小室，始有二家当路，是为税司。又南八里，过龙王塘峡，皆倚西山行。又东南五里，过郎义村；村西有路逾岭，为清江坝打郎道。又南二十里，至郡城北通华门外，即随城北涧西上。二里，入仁寿门，由新城街一里余，过法明寺前，西抵刘馆。余初拟至乾海子一宿即还，至是又十三日矣。馆前老妪以潘莲华所留折仪，并会真陶道所馈点畀余，且谓闪知愿使人以书仪数次来候，盖知愿往先茔，恐余东返，即留使相待也。下午安仁来，俞禹锡同闪来，抵暮乃别。

十八日　余卧未起，马元真同其从兄来候。余讶其早。曰："即在北邻，而久不知。昨暮禹锡言，始知之；且知与老父约，而不从松坡返，能不使老父盼望耶？"余始知为太麓乃郎。太麓虽言其长子读书城中，而不知即与刘馆并也。禹锡邀饭。出其岳闪太翁降乩语相示，录之，暮乃返。闪知愿使以知愿书仪并所留柬札来，且为余作书与杨云州。

十九日 闪太史手书候叙，既午乃赴之。留款西书舍小亭间，出董太史一卷一册相示，书画皆佳，又出大理苍石屏置座间。另觅鲜鸡葼瀹汤以佐饭。深夜乃归馆。知安仁所候闪《序》已得，安仁将反命丽江矣。

二十日 作书，并翠生杯，托安仁师赍送丽江木公。

二十一日 命顾仆往玛瑙山取石树，且以失约谢马元康。

二十二日 雨。禹锡同闪太史来寓，坐竟日，贳酒移肴，为联句之饮。

二十三日 早，马元真邀饭，以顾奴往玛瑙山，禹锡知余无人具餐，故令元真邀余也。先是自清水关遇雨，受寒受跌且受饥，连日体甚不安，欲以汗发之。方赴市取药，而禹锡知余仆未归，再来邀余，乃置药而赴之。遂痛饮。入夜，元真辈先去，余竟卧禹锡斋。禹锡携襆被连榻，且以新绵被覆余，被褥俱丽甚。余以醉后觉蒸蒸有汗意，引被蒙面，汗出如雨，明日遂霍然；信乎挟纩之胜于药石也。

二十四日 还寓。深夜而顾奴返，以马元康见余不返，亲往松坡询踪迹，故留待三日而后归也。

二十五日 闪太史以所作长歌赠，更馈以赆。其歌甚畅，而字画遒劲有法，真可与石斋赠余七言歌，并镌为合璧。已而俞禹锡又使人来邀移寓。余乃令顾仆以石树往视之，相与抵掌为异。已而往谢太史之赐，太史亦为索观，遂从禹锡处送往观之。

二十六日 禹锡晨至寓，邀余移往其斋。余感其意，从之。比至而知愿归，即同往晤，且与之别，知此后以服阕事，与太史俱有哭泣之哀，不复见客也。比出门，太史复令人询静闻名号寺名，盖为静闻作铭已完，将欲书以畀余也。更谓余石树甚奇，恐致远不便，欲留之斋头，以挹清风。余谓“此石得天禄石渠之供甚幸，但余石交不固何！”知愿曰：“此正所谓石交也。”遂置石而别。余仍还刘馆，作记竟日，晚还宿于俞。既卧，太史以静闻铭来赐，谓明日五鼓祭先，不敢与外事也。

二十七日 余再还刘馆，移所未尽移者。并以银五钱畀禹锡，买鸡葼六斤，湿甚。禹锡为再蒸之，缝袋以贮焉。乃为余定往顺宁夫。

二十八日 夫至欲行，禹锡固留，乃坐禹锡斋头，阅《还魂记》，竟日而尽。晚酌遂醉。夜大雨。

二十九日 晨，雨时作时止。待饭待夫，久之乃别禹锡，适马元真闪太史亦来送。遂出南门，从大道南，二里，至夹路村居之街，遂分路由东岐，当平坞中南行，西与沙河之道相望。五里，过神济桥。其南居庐连亘，是为诸葛营，诸葛之祠在焉，东向颇小；又南为东岳庙，颇巨，亦东向。又南五里，为大树墩，亦多居庐。村之北有小溪东南流，村之南有小溪东北流，合于村之东而东去；此两流即卧狮窝之水也。又南三里，有水自西沿南坡而东，此乃蚴子铺东注之水，小石桥跨其上。越桥南上坡，路分为三：一西南向大山之麓，一东南为石甸、姚关之道，一直东为养邑道。于是直东行坡上。三里，有小溪自南而北，此亦自西南而来，至此北注而入于东溪，同东向落水坑者；其源当出于冷水箐。于是下越一木桥，复东上坡；坡北有村倚之，其地为三条沟。由坡东东南下而复上，三里，越一冈，有两三家当冈头，是为胡家坡。越冈而东，三里又下。有水自南而北，南坞稍开，下盘为田。有数家倚南冈，是为阿今。过阿今复东上，三里，其南坞水遂分东西下。又东五里，乃饭。又三里稍下，为养邑，南有坞盘而为田，北正对笔架山之南垂，有数家当坞。日才下午，而前无止处，遂宿。

三十日　店妇鸡鸣起炊，平明，余起而饭，出店东南行。稍下，渡南来小溪，即上坡东逾南转，即养邑东环之支也；有公馆当坡，西瞰壑中，田庐历历。东逾坡而下，又涉一小坞而东上坡，遂行冈头。共五里，路分二岐：一东南者，为西邑道；一西北者，为山河坝道。先是问道，多言由西邑逾芭蕉岭，达亦登，有热水从石盘中溢出，其处有大道通顺宁。余欲从之，而养邑店主言："往西邑路近，而山溪无桥。今雨后无桥，水涨难渡，当折而北，由山河坝渡其下流，仍由枯柯而达亦登为便。"至是见同行者俱不走西邑而走山河坝，余亦从之。遂西北两涉小坞，二里余，升坡而东。遂循永昌溪南崖行；溪嵌崖底，止见北崖削壁下嵌，而犹不见水。又东二里稍下，见水嵌崖底如一线，遂东见其门对束如削，门外环畴盘错，溪流曲折其中，有村倚北崖之东，即落水寨也。其南崖之夹溪为川者，东突如踞狮，水从其北出，路从其南下。半里，遂由狮腋下降，路甚逼仄，半里，抵狮麓。又东半里，一溪自南坞来，有坝堰其上流，有桥跨其下流。渡桥东行田塍间，泞甚。一里，登坞东冈南行。一里，见坞西有瀑挂西崖，历两层而下，注坞中南来之溪。路隔对之，东向入峡，雨大至。二里，逾岭头，有路西南来合，山头坑洼旁错，乱水交流。又东三里，再度坑坳，盘而东北行；其下有坑，破石搜崖，亦突而北注。随之一里余，乃东下越其流。又东北上半里，见东坞又有小水自东而西，向与南来之溪，合于北崖下；北崖纯石耸起，其上树木葱郁，而下则有穴，伏而暗坠，二水之所从入也。又东向上岭，半里逾其脊，行岭头；半里，始见东壑有田下盘，其东复有山夹之。路从岭上转而南行，一里余而下。下半里，其坞自南而北，水亦经之。度桥溯流而南，二里，南坞稍开，是为五马；其西南壑中居庐颇多；东坡上亦有四五家居路左。坡南有一坑，自东峡出，有小水从其中注西南壑。下坑，涉其水之南，溯之东上里余，随峡南转，而坑中水遂穷。有脊自东而西。度脊南，复坠坑而下，从脊东行，转坑东之崖，其下亦嵌而成壑；壑中亦有人家，隐于深崖重箐之间，但闻鸡鸣舂响而已。东坑既尽，从其上涉坞升冈。见冈南一峰特耸而卓立，白雾偏笼其半，乃东来脊上石峰之层起者。由其北穿坳而东，共二里，而抵坳中之脊。有巨石当脊而中踞，其高及丈，大亦如之；其上有孔，大及尺，深亦如之；中贮水及其半，不涸不盈，正与哀牢金井之孔相似。踞大石而饭。土人即名此岭为大石头。从石东下坞中，道分为二：一由东向逾冈者为大道，稍迂而达大腊彝；一由东南下峡者为捷道，稍近而抵小腊彝：此皆枯柯属寨也。乃由峡中下。于是石崖南突，箐丛交萦，北嵌为峡，南耸为崖。二里行南冈之上，又二里，盘冈嘴而南，其东峡中，平坠南绕，盖由此嘴东坠，其下皆削崖，故路又分为二：一由崖下循崖根南转，一由崖上蹑崖端南曲。乃从崖端南逾石隙而下，一里，仍随南坡东转。还瞰所逾之崖，壁立下嵌，其下盘为深坞，崖根有泉淙淙出穴间，小路之下盘者因之；遥望北崖山冈排闼东出，大道之东陟者因之。余平行南冈，又东一里，下盘之小路逾冈来合。又东一里余，南冈复东突，路下其北腋间，复盘坳东上。半里，登东冈之南坡，始东见枯柯之川，与东山相夹，而未见其西底。又西南见岭头一峰，兀突插云雾中，如大士之披络而坐者，闪烁出没，亭亭独上，乃南来脊上之峰，不知其为何名也。又东一里，复转冈之北坡，东下一里，有四五家倚冈而居，是为小腊彝。余欲下坡问亦登道，土人行人皆言下坡至江桥，不可止宿，亦无居停之家；循江而南至亦登，且五六十里，时已不及，而途无可宿，必止于是。时才过午，遂偕止而止。幸主人杨姓者，知江流之源委，道路之曲折，询之无不实。且知溢盘温泉，不在亦登，而在鸡飞，乃止而作纪，抵暮而卧。

按：乾隆本本卷末原附《永昌志略》及近《腾诸彝说略》。今移卷十下《附编》。整理者

卷十上

滇游日记十二

己卯八月初一日　余自小腊彝东下山。腊彝者，即石甸北松子山北曲之脉，其脊度大石头而北接天生桥，其东垂之岭，与枯柯山东西相夹。永昌之水，出洞而南流，其中开坞，南北长四十里，此其西界之岭头也。有大、小二腊彝寨：大腊彝在北岭，小腊彝在南岭，相去五里，皆枯柯之属。自大石头分岭为界，东为顺宁，西为永昌，至此已入顺宁界八里矣。然余忆《永昌旧志》：枯柯、阿思郎，皆二十八寨之属；今询土人，业虽永昌之产，而地实隶顺宁，岂顺宁设流后界之耶？又忆《一统志》、《永昌志》二者，皆谓永昌之水，东入峡口，出枯柯而东下澜沧。余按《姚关图说》，已疑之。至是询之土人，揽其形势，而后知此水入峡口山，透天生桥，即东出阿思郎，遂南经枯柯桥，渐西南共四十里而下哈思坳，即南流上湾甸，合姚关水，又南流下湾甸，会猛多罗，而潞江之水，北折而迎之，合流南去。此说余遍访而得之腊彝主人杨姓者，与目之所睹，《姚关图》所云，皆合，乃知《统志》与《郡志》之所误不浅也。其流既西南合潞江，则枯柯一川，皆首尾环向永昌，其地北至都鲁坳南窝，南至哈思坳，皆属永为是；其界不当以大石头岭分，当以枯柯岭分也。

由岭头东南直下者三里，始望见江水曲折，南流川中。又下三里，乃抵江上。有铁锁桥横架江上，其制一如龙江曲尺，而较之狭其半。其上覆屋五六楹，而水甚急。土人言桥下旧有黑龙，毒甚，见者无不毙；又畏江边恶瘴，行者不敢伫足云。其南哈思坳更恶，势更甚于潞江，岂其峡逼而深坠故耶。其水自阿思郎东向出石崖洞，而西南入哈思坳峡中者，即永昌峡口山入洞之下流也。按阿思郎在腊彝北二十里，其北有南窝都鲁坳，则此坞极北之回环处也。逾岭而北，其下即为沧江东向之曲。乃知罗岷之山，西南下者尽于笔架，直南下者尽于峡口山，东南挟沧江而东，为都鲁南窝北脊，山从其东复分支焉：一支濒江而东；一支直南而下，即枯柯之东岭也，为此中分水之脊；迤逦由湾甸、都康而南界澜沧、潞江之中，为孟定、孟良诸彝，而直抵交趾者也。其濒江东去之支，一包而南为右甸，再包而南为顺宁、大侯即今之云州。焉。是坞南北二坳，北都鲁，南哈思。相距四五十里，甚狭而深；濒江两岸俱田，惟僰彝、傈僳居之，汉人反不敢居，谓一入其地即“发摆”，寒战头疼也。故虽有膏腴而让之彝人焉。

渡桥沿江东岸，西南至哈思坳，共四十里而至亦登；沿江东岸，东南逾冈入峡，六十里而至鸡飞。余初闻有热水溢于石盘中，盘复嵌于台上，皆天成者；又一冷水流而环之，其出亦异。始以为在亦登。问道亦登，又以为在鸡飞；问道鸡飞，又以为瘴不可行，又以为茅塞无路，又以为其地去村远，绝无居人，晚须露宿。余辗然曰：“山川真脉，余已得之，一盘可无问也。”遂从东大路上坡，向枯柯、右甸道。始稍北，遂东上一里而平行西下之冈。三里，有墟茅三四在冈头，是为枯柯新街。又东一里，有一树立冈头，大合抱，其本挺植，其枝盘绕，有胶淋漓于本上，是为紫梗树，其胶即紫梗也；初出小孔中，亦桃胶之类，而虫蚁附集于外，故多秽杂云。冈左右俱有坑夹之：北坑即从冈盘窟下，南坑则自东峡而出。于是南转东盘北坑，又半里转东，半里抵东峰下，乃拾级上跻。三里，始登南突之岭，始望见南峡两山壁夹，自东而西，从此西出，则盘壑而西注于江桥之南，同赴哈思之坳者；乃知其山之度脊，尚在岭之东上，不可亟问也。此坡之上，即为团霸营，盖土官之雄一方者，即枯柯之夜郎矣。于是循南峡而东蹑，又一里，再登岭头，有一家隐路南，其后竹树夹路。从树中东行一里，稍转而北，盘一南突之坳，又东上盘坡而东。有大树踞路旁，下临西出之涧。其树南北大丈余，东西大七尺，中为火焚，尽成空窟，仅肤皮四立，厚二尺余，东西全在，而南北俱缺，如二门，中高丈余，如一亭子，可坐可憩，而其上枝叶旁覆，犹青青也。是所谓枯柯者，里之所从得名，岂以此耶？由此又东二里，折而北上一坡，盘其南下之坳。坳北有居庐，东西夹峙，而西庐茅檐竹径，倚云临壑，尤有幽思；其东有神宇踞坡间，闻鲸音鼓赛，出绝顶间，甚异之。有一家踞路南，篱门竹径，清楚可爱，入问之。曰：“此枯柯小街也。”距所上坡又二里矣。于是又东沿北坡平上，其南即西出深涧，北乃崇山，竹树蒙蔽，而村庐踞其端，东向连络不绝；南望峡南之岭，与北峰相持西下，而荞地旱谷，垦遍山头，与云影岚光，浮沉出没，亦甚异也。北山之上虽高，而近为坡掩，但循崖而行，不辨其崇坠；而南山则自东西坠，而尽于江桥之南，其东崇巘穹窿，高拥独雄，时风霾蒙翳，出没无定，此南山东上最高之峰，自北岭东度，再突而起者也。沿之东行，南瞰深壑，北倚丛巘，又东二里有岐：一南下坞中，为垦壑之道，一北上丛岭，为庐坡之居；而路由中东行，南瞰下坳，有水出穴间。又东二里，下瞰南壑有水一方，倚北坡之上，路即由之北向而上，以有峡尚环而东也。北上里余，又转而东，盘北坳而东上坡，屡上不止。又七里而至中火铺。其坡南突最高，中临南峡之上，峡脊由其东南环而西下；于坡之对崖，南面复耸一峰，高笼云雾间，即前所望东畔穹窿之顶也。自枯柯江桥东沿峡坡迤逦而上，约三十里矣。踞坡头西瞰江桥峡中，其水曲折西南下，松子山北环之岭，东北而突为腊彝之岭；峡南穹窿之峰，又南亘分支西绕，横截于江桥坞之南，西至哈思坳。坳之南复有小支，自腊彝西南湾中东突而出，与横截坞南之山凑，西南骈峙如门；门内之湾，即为哈思坳，门外又有重峰西障，此即松子山南下之脊，环石甸于西者也。自此坡遥望之，午雾忽开，西南五十里，历历可睹。

坡之东有瓦室三楹，踞冈东南，两旁翼以茅屋，即所谓中火铺；有守者卖腐于中，遂就炊汤而饭。及出户，则浓雾自西驰而东，其南峡近岭，俱不复睹。东下半里，渡一脊，瞰其南北二峡，环坠如阱，而丛木深翳，不见其底，当犹西下而分注江桥南北者也。其脊甚狭，度而东，复上坡，山雨倏至；从雨中涉之，得雨而雾反霁。一里余，盘崖逾坳，或循北峰，或循南峰，两度过脊，始东上沿北坡而东。一里余，又涉一南突最高之岭；有哨房一龛踞其上，是为瓦房哨。于是南临南峡，与峡南穹窿之顶，平揖而对瞰矣。至是雨晴峰出，复见峡南穹顶直南亘而去；其分支西下者，即横截坞南之冈，西与哈思坳相凑成门者也。穹顶东环之脉，尚从东度，但其脊稍下，反不若西顶之高，皆由此北坡最高之岭，东下曲而度脉者，始辨都鲁坳东所分南下之脊，至此中突，其分而西者，为中火铺枯柯寨之岭；其曲而东降者，度脊南转西向而突为穹窿之顶。此分水之正脉也。

由瓦房哨东下半里，复东度脊，始见北峡坠坑，为东北而下右甸之上流，是北水之所分也，而南水犹西下南峡。又东度两脊，穿两夹岭，一里，复盘南岭之阴而上。其处深木丛篁，夹坡笼坳，多盘北坑之上。又一里，南转而凌其西下之坳，始逾南峡上流，从其东涉冈东上，始逾南渡之脊；此分水正脉所由度而西转者也。又东一里，有草龛踞北冈，是为草房哨。从其东又东北下一里，稍转而东南半里，有脊又南度而东转；此右甸南环之岭所由盘礴者也。于是东向而下，二里余，下度一曲，有小水北下成小溪，小桥横涉之。又东逾一冈，共下四里，始南峡成溪，遂望见右甸城在东坞中；有岐从东北坡去，而大道循南峡东向平下。二里，南峡中始有村庐夹坞，舂杵之声相应。又南三里，遂出坡口。乃更下一里而及坡麓。路由田塍中东南行，望见右甸之城，中悬南坡之下，甸中平畴一围，聚落颇盛；四面山环不甚高，都鲁坳东分之脉，北横一支，直亘东去，又南分一支，南环右甸之东；草房哨南度之脉，东环右甸之南，从甸南界东北转，与甸东界南环之支凑；甸中之水，东向而破其凑峡，下锡铅去。甸中自成一洞天，其地犹高，而甸乃圆平，非狭嵌，故无热蕴之瘴；居者无江桥毒瘴之畏，而城庐相托焉。

由塍中行共四里，入其北门。暮宿街心之葛店。葛江西人。

右甸在永昌东一百五十里，在顺宁西一百三十里；其东北邻莽水之境，正与芦塘厂对；其西南邻鸡飞之境，正与姚关对；其正南与湾甸对，正北与博南山对，正西与潞江安抚司对，正东与三台山对。数年前土人不靖，曾杀二卫官之莅其地者；今设城，以顺宁督捕同知驻守焉。城不大而颇高，亦边疆之雄也。

初二日　晨起，雾色阴翳。方觅饭而夫逃。再觅夫代行，久之不得。雨复狎至，遂郁郁作记寓中者竟日。

初三日　雨复霏霏，又不得夫，坐邸楼郁郁作记竟日。其店主葛姓者，乃市侩之尤，口云为觅夫而竟不一觅，视人之闷以为快也。

初四日　早雾而晴。顾仆及主人觅夫俱不足恃，乃自行市中。是日为本甸街子。仍从北门内南转冈脊，是为督捕同知公署，署门东向；其南即往南门街，而东则曲向东门街，皆为市之地也。余往来稠人中，得二人，一担往顺宁，一驼往锡铅，皆期日中至葛寓，余乃返。迨午，往锡铅驼骑先至，遂倩之；而往顺宁者亦至，已无及矣。乃饭，以驼骑行。出东门，循南坡东向半里，涉东来之坞，渡小溪东，山冈渐折而东南行。四里，遂临东坞。东坞者，右甸东南落水之坞尾也。城北大甸圆而东南开此坞，南、北、西三面之水，皆合而趋之。路临其西坡，于是南转二里余，又涉二东北注之坑，复依南麓东行。二里余，上北突之嘴，则甸东之山，亦自北南环，与嘴凑峡，于是相对若门，而甸水由其中东注焉。此甸中第一重东锁之钥，亦为右甸东第一重东环南下之分支，虽不峻而蜿蜓山顶，地位实崇也。逾嘴东稍下，凑峡之外，复开小坞而东，水由其底，路由其南坡之半。又东二里余，有数家倚坡，北向坞而庐。过此东南下，有水自南峡出，涉之，上其东坡，遂循坡之南峡东南上；水流其冈北，路由其冈南，于是始不与水见。又东南循冈三里，盘一北下之坳而上冈头，是为玉璧岭。其岭自南北突，东、西俱下分为坑。有两三家驻峰头，时日尚高，以前路无可止，遂歇。

初五日　平明起，饭而行，宿雾未收。下其东坑，涉之。复东南上一里，又循东来之峡，而行夹冈之南。东向四里，度其北过之脊，仍循峡东下，行夹冈之南，二里余，又稍下，涉北出之水，又循东来之峡，而行夹冈之南。东向二里，复度其北过之脊，于是从脊北东行之支，东向行其上。半里，有两三家夹道，是为水塘哨。由此东南行山夹间，五里，始坠坡而下。其右又坠一峡东下，其左路再随崖东下者二里，西临右峡之上；而路左忽坠一坑，盘阱而下者二丈，有水沉其底，长二丈，阔八尺，而狭处仅二尺，若琵琶然，渊然下嵌，左倚危壁，右界片栈，而外即深峡之下盘者，不知此水之何以独止也。由其南又半里，而蹑嘴下坠者半里，左崖之端遂尽，而右峡来环其前；还望左崖尽处，丛石盘崖，俨如花簇，而右崖西界大山，亦悬屏削于重树间，幽异之甚。由峡底又东南行一里，其峡外束如门，披门南出，稍转东而下坡。半里，有水自东曲而西，大木横架其上，南度之，是为大桥。桥下水即右甸下流，东行南转，至是西折过桥，又盘西崖南去，已成汤汤之流；桥南沿流之峡，皆随之为田，而三四家倚桥南东坡上，有中火之馆。此右甸第二重东锁之钥，亦为右甸东第二重东环南下之分支，与东南行大脊右甸相对成峡，夹溪南去者也。由桥南即蹑东南坡而上，水由峡直南去，路蹑坡东南升。一上者二里，凌岭头，西望夹溪之山，稍南有破峡从西来者，即水塘哨西下之水也；其南夹水一支，亦至是东尽，而有寨盘其上焉；其又南一支嶙峋独耸，上出层峦，是为杜伟山。此乃右甸南东来之正脊，自草房哨度脉至此，更崇隆而起，转而直南去，而东夹此溪；其脊乃东南下老龙，自云州南下，分澜沧、潞江之脊，而直下交南者也。所望处，尚在寨盘顶之东北，从此更夭矫南向，夹溪渐上，又二里，而隔溪与寨盘之顶对。又二里，降坡南下，穿坳而东，见其东又坠为小坑，路下而涉之。一里，又南逾东坡西环之坳。又一里，有数家倚东坡而居，其东又有一溪自东北来，环所庐之坡而注西峡；西峡水自北南下，与此水夹流而合于坡南。此坡居庐颇盛，是为小桥，正西与杜伟山对。遥望杜伟山自西北来，至此南转；其挟臂而抱于西南者，皆湾甸州之境，水亦皆西南流；其北峡与寨盘之顶夹而东出者，皆顺宁之境，水皆东南流。则此山真一方之望，而为顺宁、湾甸之东西界者也。

饭于村家，大雨复至。久而后行，由坡东下渡北来之溪，小石梁跨之；所谓小者，以别于大溪之桥也。复东南上，隔溪对杜伟山而南，下瞰西峡之底，二流相合，盘壑南去。此山为右甸东第三重东环南下之分支，为锡铅之脉者也。南五里，或穿岭而左，见岭东近峡坠坑，其远峰又环峙而东，又或分而南；穿岭而右，见岭西近峡，西溪盘底，杜伟骈夹。如是二里，乃坠其南坡，或盘壑西转，或蹑坳东折，或上或下又五里，有两三家当坳而庐，是为兔威哨。于是再上其东坡，则东西壑皆可并睹矣。西壑直逼西麓而长，以杜伟西屏也；东壑遥盘东谷，其下丛沓，而犹不见底。其东北有横浮一抹者，此挟江澜沧而东南之岭也；其正东有分支南抱者，此中垂而为顺宁之脉也。从岭渐下，或左或右，岭脊渐狭，四里，始望见东坞有溪，亦盘折其底，与西峡似；而西界外山自杜伟顶南，其势渐伏，又纡而南，则东转而环其前；东界外山，则直亘南向，与东转前环之岭凑。问东西峡水，则合于锡铅之前，而东南当凑峙之峡而去；问顺宁之道，则逾东界之岭而行，有道逾前山南环之岭者，为猛峒道，从猎昔、猛打渡江而至兴隆厂者也。于是从冈脊转东行，其脊甚狭。又二里，西峡之溪，直逼南麓下，而东峡溪亦近夹，遂如堵墙上行，又东二里，又东南下者二里，坡尽而锡铅之聚落倚之。此右甸东分支南下第三重之尽处也。其前东、西二溪交会，有温泉当其交会之北涘，水浅而以木环其四周，无金鸡永平之房覆，亦无腾越左所之石盘，然当两流交合之间，而独有此，亦一奇也。

是日下午至驼骑，税驾逆旅，先觅得一夫，索价甚贵，强从之，乃南步公馆，即锡铅驿也。按《旧志》作“习谦”，土人谓出锡与铁，作“锡铅”。返饭于肆，亟南由公馆侧浴于温泉，暮返而卧。

初六日 晨起而饭。其夫至，付钱整担而行，以一饭包加其上，辄弃之去，遂不得行。余乃散步东溪。有大木横其上为桥，即顺宁道也。仍西上公馆；从其西南下西溪，是为猛峒道。有茅茨从北冈上，是为锡铅街子。问得一夫，其索价亦贵甚，且明日行，遂返邸作记。

初七日 前弃担去者复来，乃饭而同之行。从公馆东向下，涉东溪独木桥，遂东上坡。半里，平行坡上，或穿坳而南，或穿坳而北；南北皆深坑，而路中穿之，东去二里余，沿南崖北转。半里，穿西突之坳，半里，复东逾岭而南，半里，又出南崖上。于是见南壑大开，壑中支条崩叠，木树茸茏，皆出其下，而锡铅南山，其南又叠一支，纡而东南下，以开此壑；所陟山东自东大山分支，西突此冈，为锡铅东锁钥，直西南逼凑南山，水下其中甚束，至此而始出东壑也。瞰南倚北，又二里，见冈北亦嵌为东西坞。闻水声淙淙，余以为即西下锡铅东溪者，而孰知从倚北之岭已分脊，此坞且东南下矣。于是反倚坡北下，共半里而涉一桥，度坞中水，是为孟祐之西溪；其水南出前坞，与锡铅之水合于孟祐之南，所谓孟祐河者也。涧之东，居庐叠出，有坡自北来悬其中，一里东向蹑其上；当坡而居者甚盛。又东转，再盘一坡，共一里，又有居庐当坡，皆所谓孟祐村矣；此右甸东分支南下第四重之尽处也。于是又见一溪自东坞出，环坞而前，与西溪交盘南壑中。南壑平开，而南抵南山下；锡铅之水，沿其北麓，又破峡东南去，东南开峡甚遥，而溪流曲折其间，直达云州旧城焉。由村东即循峡北入东坞，一里东下，度峡中桥。其桥东西跨溪上，上覆以亭；桥内大水自东北透峡出，桥外小水自东南透峡出。过桥东向，缘西垂之岭上，其上甚峻，曲折梯危，折而左则临左峡，折而右则临右峡，木荫藤翳，连幄牵翠，高下亏蔽，左右叠换，屡屡不已。五里渐平，则或沿左坡，或沿右坡，或陟中脊；脊甚狭，而左右下瞰者，亦与前无异也。又三里，则从坡右稍下，约一里，陟脊坳而东，又缘坡左上。一里，临南坡之上，于是回望孟祐、锡铅诸山，层环叠绕，山外复见山焉。余初疑锡铅西岭颇伏，何以猛峒之道，不西由其坳而南陟其岑；又疑湾甸之界，既东以猛峒，而猛峒以北，杜伟山以南，其西又作何状。至是而遥见西岭，又有崇峰一重，臂抱于西。盖枯柯东岭老脊之南度者，一由瓦房哨东度脊西南下，其亘反高，夹永昌之流而南下哈思坳；坳之南其脉犹未尽，故亦登、温板、鸡飞在此脊之西者，犹顺宁属，而其南即东与杜伟山自草房哨度脊者，如椅之交环其臂，其中皆丛沓之山，直下东南而开峡底于猛峒西坳之伏处，其西正开峡之始，南降三十里而后及猛峒焉。猛峒富庶，以其属湾甸境也。此正西遥望之所及者。而正南则前夹之顶，至是平等，而犹不能瞰其外；正北则本坡自障之，正东即其过脉分支之处，第见南峡之犹自东北环来也。又东上五里余，坡脊遂中夹为槽。路由槽中行里余，透槽东出，脊乃北转；其下右壑盘沓如初，而左峡又坠南下之坑，故路随脊北转焉。又一里，脊东有峰中突，稍上有中火之馆，西向倚峰而峙，颜曰“金马雄关”，前有两家，即所谓“塘报”也，铺司铺兵之类。卖腐以供旅人之饭云。既饭，由馆左又东半里，转而北透一坳；其西峰即中火之馆所倚者，此其后过脉处，与东峰夹成坳。由其中北透半里，即东转，挟过脉东峰之北东向下。半里，又临北壑之上，旋入夹槽中，两崖如剖，中嵌仅通三尺，而底甚平。槽上丛木交蔽，半里，有倒而横跨其上者，连两株，皆如从桥下行；又一里，其跨者巨而低，必伛伏而过焉。槽南阙处，犹时时见西坠之峡，最后又见槽北之峡，犹西坠也。共二里，稍东上，逾脊南转，有架木为门，踞岭东者，为白沙铺哨。此南度之脊也，乃右甸东分支南下之第五重。其脉独长，挟西分四支而抱于内，又南度而东南行，与右甸南杜伟山之脊，西夹孟祐河而出于云州旧城西，又与第六重沿澜沧南岸之脊，东夹顺宁河而出于云州旧城东。从此南度，纡而西南，折而东南下，东突为顺宁郡城，又东南而尽于云州旧城焉。由哨门南向稍下，辄闻水声潺潺，从西南迸峡下，即东北坠坑去，而路从其南东向下，犹有夹槽坠其中。二里余出槽，东行冈脊上，于是见北壑之北，则澜沧南岸之山，纡回东抱，而南为老脊东之第六支，屏亘于顺宁河之东，今谓之东山，即《志》所称某山也。其脊南至云州西南突者，尽于新城西，东北由茅家哨过脉而南者，尽于云州旧城所合二水东下而入澜沧处。南壑之南，则即此白沙脊南度东转，为老脊东之第五支，屏亘于顺宁城之西，今谓之西山，即《志》所称某山也。两山夹坞东南去，而顺宁郡城踞其中西山下，西北盘东山之坳，为三台山渡江大道；东南坞尽之隙，则云州在焉。此一川大概也，而川中欹侧，不若永昌腾越之平展云。从冈平行二里，又稍下一里，前有一峰中道而突，穿其坳而上，约一里，有一二家倚坡东，是为望城关，从东南壑中遂见郡城故也。从此又迤逦下坡，十里抵坡下，东出大路，两度小桥，上一坡，约二里，入郡城新城之北门。南过郡治前，稍转东街，则市肆在焉。又南逾一坡，出南门，半里而入龙泉寺，寺门亦东向。其地名为旧城，而实无城也。时寺中开讲甫完，僧俗扰扰，余入适当其斋，遂饱餐之而停担于内。

初八日 晨起，从殿后静室往叩讲师，当其止静，未晤而出。余时欲趋云州，云州有路可达蒙化。念从此而往，则雇夫尚艰，不若仍返顺宁，可省两日负载。乃以行李寄住持师达周，以轻囊同仆行。达师留候饭。上午乃出寺前，东随小溪下川中，一里渡亭桥，循东界山麓南行。三里，稍上一西突之坡，村庐夹道，有普光寺傍东山西向。又东南半里，下涉一小涧，仍南上坡，居庐不绝。已而其山东夹而入，又有小水自东壑来，渡之。又东南逾一坡，共五里，则大溪之水，自西而东折，有亭桥名归化。跨之，其水汤汤大矣。由桥南里余，渐西南上东突之坡。上一里，村庐夹道。倚西山东向，有长窑高倚西坡，东下而西上，是为瓦罐窑。由其南再越东突之脊，一里余，东南下东出之峡，一里，又东南上，循西界山麓南行。再下再上五里，有一二家倚东突之坡，坡间有小池一方，是为鸭子塘。又东南五里，冈头有村，倚西冈东向，是为象庄，此未改流时土酋猛廷瑞畜象之所也。由其南稍折而下，一里，渡一涧；其涧悬冈东下，其西山环峡复东。南上二里，逾其东突之岗，盘之而西南下。二里，抵西坳下，折而循南冈东上，盘嘴而南。六里，有坊倚路左，其上有村曰安乐村。又东南四里，稍下，有村倚西坡东向，是为鹿塘。自归化桥渡溪右，循西界山行，其南支峰东突，溪流盘峡中，至鹿塘。其下壑稍盘而开，田塍益盛，村庐之踞东西两山者甚繁，而西坡之鹿塘尤为最云。时日才下午，前无宿店，遂止邸楼作记。

初九日　平明饭而行。仍循西界山南行八里，西界山忽横突而东，大溪乃东北折入峡，有小溪自西南山腋来合。乃舍大溪，溯小溪南半里，东度小溪石桥。又南半里，有村三四家倚南山东坳。由南山蹑西坳而上，一里，南逾东突之脊，有茅屋三楹踞脊间，是为把边关，有两三家傍之居；即西山之东突者，而溪流则绕其东峡而南焉。由关南下峡中，半里透峡，仍循西山行，复东见溪流自其东破峡南出。又下一里，溪流西南来，路东南临其上，两盘西湾之峡，又稍上，共一里，有村踞路右冈上。又南一里，稍下再盘西湾，南逾小石东行之脊，遂东南行坡塍间。一里余，又稍上东突之坡，东南盘其嘴。一里余，路分两岐：一东南下峡者，为渡溪往新城道，一西南循岭者，为翁溪往旧城道；盖新城道由溪东峡中行，旧城道由溪西崖半行也。时峡中溪桥，已为水涨冲去，须由翁溪涉溪而渡，而水急难涉，不若由旧城东北度桥，迂道至新城，虽绕路十里，而免徒涉之艰焉。时闻杨州尊已入帘去，闪知愿书亦不必投，正可从旧城兼收之。乃由溪西西南循山行，复入坡塍一里，东南上东突之坡。又南二里，有村倚西山岭上，是为翁溪村。村之南，西界山又环而东突，东界山亦折而东向去，中开东西坞，大溪东盘坞底，平畴夹之；翁溪之村，正东向而下临坞中。有路下涉坞中者，即渡溪往新城道也；由村南循南山东转者，即旧城道也。乃循山东行一里，复东南缘坡上。北瞰坞中溪，南逼坡足，潆而东流。路蹑坡上，甚峻，二里，东登岭头，乃转南行；坞亦随之，南向破峡出。路南行西坡，一里，大溪纡东南去，路乃南下坡。二里，有数家分庐坞中，是为顺德堡；堡南有山，自西界横度而东突，大溪纡之。路南由其度脊处穿坳而过，半里，抵坳南，辄分峡下。又一里，有峡自南来。盖西大山由坳西直南去，南抵旧城之后，其东余支，又北转如掉尾而中夹为坞，其来颇深，有村庐倚西坡上，二峡合于前，遂东向成流坠峡下。路亦挟北坡东下，随之半里，度峡中小桥，其南则掉尾之支，又横度东突，路复南向其度脊处，穿坳而上。一里余，逾岭坳南下，有村在南坞，大溪自马鞍山西盘西界东突之嘴，循东山南行坞东，路循西麓南行坞西二里。西界山之南，复一支横障而东，又有数家倚南山，庐间曲路随山东转，溪亦随坞东折。一里余，盘其东突之嘴，大溪亦直捣其下，路与水俱抱之而南。南壑颇开，庐塍交错，黍禾茂盛，半秀半熟，间有刈者。壑中诸庐，函宗地名最大，倚西山而居壑中，一里余及之，由其前东南行塍间一里余，南从大溪西岸行，二里余，东西两界余支交环于前，而西支回突为尤甚，既东向环而至，中复起一小尖，若当门之标；水由其东裂堑出，路由其西逾坳上。是为顺宁、云州分界。越脊南下，则其南壑又大开，坡流杂沓于其间，而远山旁午，或斜叠于南，则西大脊自锡铅南盘绕而东者，或夭矫于东，则东界分支沿澜沧西岸，度茅家哨而南尽于顺江小水者。此其外绕之崇峰也。而近山则坞北西山之脉，至此南尽于西，为旧城；东山之脉，至此南尽于东，为新城；坞西则西大脊之中，一峰从湾中东突，直临旧城之西；坞南则西大脊东转之支，又从南大脊之北，先夹一支为近案；坞东则东界沿江之支，又从东西转，直抱于新城之前，为龙砂。此其内逼之回峦也，然犹近不见壑中诸水，而只见旧城庐落即在南冈；一里及之，亦数百家之聚也。饭于旧城，乃东向下坡。半里，有大道沿坡西南去者，兴隆厂道也；东北去者，新城道也。于是东北行田塍间。半里，有新墙一围，中建观音阁甚整，而功未就，然规模雄丽，亦此中所未睹也。其处当壑之中两水交会处，目界四达，于是始见孟祐河即绕其东，顺宁河即出其北，遂共会于东北焉。于是西向遥望，有特出而临于西者，即大脊湾中东突之峰；其北开一隙，自西北来者，孟祐河所从出也；其南纡一隙向西南峡者，兴隆厂所从逾也。有中界而垂于东者，即沿江渡茅家哨西环之支；其北开一隙，直上而夹茅家哨者，新城所托之坞也；其南迸一隙，东叠而注于顺江小水者，诸流所汇之口也。小憩阁中，日色正午，凉风悠然，僧瀹茗为供。已出围墙北，则顺宁之水，正出当门之堑。循北崖东转，架亭桥其上，名曰砥柱；其水出桥东绕观音阁后，则孟祐河自西南来合之东去，入水口峡者也。度桥即东北上坡。是坡即顺宁东山之支，自澜沧西岸迤逦而来，其东南直下者，过茅家哨；此其西南分支者，至此将尽，结为马鞍山，东下之脉为新城，而此其东南尽处也。登坡里余，下瞰二流既合，盘曲壑底，如玉龙曲折。其北又有一坡东下，即新旧两城中界之砂，夹水而逼于南山者。稍下而上，里余又越其脊，始望见新城在北峡之口，倚西山东下之脉。又三里稍下，越一小桥，又半里抵城之东南角。循城北行又半里，入云州东门。州中寥寥，州署东向，只一街当其前，南北相达而已。至时日才过午，遂止州治南逆旅。

云州即古之大侯州也。昔为土知州俸姓，万历间俸贞以从逆诛，遂并顺宁，设流官，即以此州属之；州治前额标“钦命云州”四字，想经御定而名之也。今顺宁猛廷瑞后已绝，而俸氏之后，犹有奉祀子孙，岁给八十五金之饩焉。

云州疆界：北至顺宁界止数里；东北至沧江渡八十里，为蒙化界；西南逾猛打江二百三十里，为耿马界；东至顺江小水一百五十里，为景东界；东南至夹里沧江渡二百里，亦景东界。

余初意云州晤杨州尊，即东南穷澜沧下流，以《一统志》言澜沧从景东西南下车里，而于元江府临安河下元江，又注谓出自礼社江，由白崖城合澜沧而南。余原疑澜沧不与礼社合，与礼社合者，乃马龙江及源自禄丰者，但无明证澜沧之直南而不东者，故欲由此穷之。前过旧城遇一跛者，其言独历历有据，曰：“潞江在此地西三百余里，为云州西界，南由耿马而去，为渣里江，不东曲而合澜沧也；澜沧江在此地东百五十里，为云州东界，南由威远州而去，为挝龙江不东曲而合元江也。”于是始知挝龙之名，始知东合之说为妄。又询之新城居人，虽土著不能悉，间有江右、四川向走外地者，其言与之合，乃释然无疑，遂无复南穷之意，而此来虽不遇杨，亦不虚度也。

初十日　平明起饭。出南门度一小坑桥，即西南循西山坡而行。二里余，渐折而沿其南坑之崖西向上。二里余，南盘崖嘴。此嘴东北起为峰顶，分两丫，即所谓马鞍山也。东南下为条冈，直扼旧城溪而东逼东山，界两城之间，为旧城龙砂，新城虎砂者也。此乃顺宁东山之脉，由三沟水西岭过脊南下而尽于此者。由此循峰西向北上，又二里，始平行峰西。一里，出马鞍峰后，为马鞍岭。有寺倚峰北向，前有室三楹当岭头，为茶房。从岭脊西向峻下，二里始平，又半里及山麓。有涧自东北小峡来，西注顺宁河，此已为顺宁属矣。盖云州北界，新城以马鞍山，旧城以函宗南小尖束水之坳，其相距甚近也。渡涧北上坡，盘北山西麓行。四里，东西崖突夹，顺宁溪捣其中出，路逾其东崖而入。又北一里，其坡西悬坞中，是为花地；其坡正与翁溪村东西遥对，中坠为平坞，则田塍与溪流交络焉。乃西北下坡，半里及坞，又有涧自东北小峡来，西注顺宁溪。路从溪北西向行坞中，三里余，将逼翁溪村之麓，大溪自北峡出，漱西麓而界之，当从此涉溪上翁溪村，出来时道，见溪东有路随北峡入，遂从之。又里余，路渐荒。又里余，坠崖而下及于溪，即断桥处也。新城之道，实出于此，不由翁溪，从东崖坠流间架桥以渡；自桥为水汩，乃取道翁溪，以溪流平坞间，可揭而涉也。临溪波涌不得渡，乃复南还，三里，西渡翁溪；然溪阔而流涨，虽当平处，势犹悬激，抵其中流，波及小腹，足不能定，每一移趾，辄几随波荡去。半晌乃及西岸，复由田塍间上坡。一里，西抵村下大路，乃转而北，即来时道也。循西山蹑坡而下，三里，有岐自峡中来合，即断桥旧境矣。于是随大路又六里，过把边关，瀹汤而饭。下坳东北一里余，渡小桥。又一里，复与大溪遇，溯其西崖，北十里而至鹿塘。时才过午，以暑气逼人，遂停旧主人楼作记。

十一日　由鹿塘三十里过归化桥，从溪东循东山麓行，五里，入普光寺。余疑以为即东山寺也，入而始知东山寺尚在北。乃复随大路三里，抵南关坡下亭桥，即从桥东小径东北上坡，又二里而东山寺倚东山西向，正临新城也。入寺，拾级而上。正殿前以楼为门，而后有层阁。阁之上层奉玉帝，登之则西山之支络，郡堞之回盘，可平揖而尽也。下阁，入其左庐，有一僧曾于龙泉一晤者，见余留同饭。既饭而共坐前门楼。乃知其僧为阿禄司西北山寺中僧也，以听讲至龙泉，而东山僧邀之饭者。为余言自少曾遍历挝龙、木邦、阿瓦之地，其言与旧城跛者、新城客商所言，历历皆合。下午乃出寺。一里，度东门亭桥，入顺宁东门。觅夫未得，山雨如注，乃出南关一里，再宿龙泉寺。

十二日　饭于龙泉。命顾仆入城觅夫，而于殿后静室访讲师。既见，始知其即一苇也。为余瀹茗炙饼，出鸡葼松子相饷。坐间以黄慎轩翰卷相示，盖其行脚中所物色而得者。下午不得夫，乃迁寓入新城徐楼，与蒙化妙乐师同候驼骑。

十三日　与妙乐同寓，候骑不至，薄暮乃来，遂与妙乐各定一骑，带行囊期明日行。驼骑者俱从白盐井驼盐而至。可竟达鸡足甚便。时余欲从蒙化往天姥岩，恐不能待，止僱至蒙化城止。

十四日　晨起而饭。驼骑以候取盐价，午始发。出北门，东北下涉溪。约二里，过接官亭，有税课司在焉；其岐而西者，即永昌道也。时驼骑犹未至，余先至，坐览一郡形势，而并询其开郡始末。

顺宁者，旧名庆甸，本蒲蛮之地。其直北为永平，西北为永昌，东北为蒙化，西南为镇康，东南为大侯；此其四履之外接者。土官猛姓，即孟获之后。万历四十年，土官猛廷瑞专恣，潜蓄异谋，开府陈用宾讨而诛之。大侯州土官俸贞与之济逆，遂并薙狝之，改为云州，各设流官，而以云州为顺宁属。今迤西流官所莅之境，以腾越为极西，云州为极南焉。

龙泉寺基即猛廷瑞所居之园也。从西山垂陇东下，寺前有塘一方，颇深而澈，建水月阁于其中；其后面塘为前殿，前殿之右庭中皆为透水之穴，虽小而所出不一。又西三丈，有井一圆，颇小而浅，水从中溢，东注塘中，淙淙有声，则龙泉之源矣。前殿后为大殿；余之所憩者，其东庑也：皆开郡后所建。旧城即龙泉寺一带，有居庐而无雉堞；新城在其北，中隔一东下之涧。其脉亦从西山垂陇东下，谓之凤山。府署倚之而东向。余入其堂，欲观所图府境四止，无有也。

顺宁郡城所托之峡，逼不开洋，乃两山中一坞耳；本坞不若右甸之圆拓，旁坞亦不若孟祐村之交错。其坞西北自甸头村，东南至函宗百里，东西阔处不及四里。

顺宁郡之境，北宽而南狭：由郡城而南，则湾甸、大侯两州，东西夹之，尖若犁头。由郡城而北，西去绕湾甸之北，而为锡铅，为右甸，为枯柯，而界逾永昌之水；东去入蒙化之腋，而为三台，为阿禄，为牛街，而界逾漾备之流；其直北则逾澜沧上打麦陇，抵旧炉塘北岭，始与永平分界；俱在二百里外，若扇之展者焉。自以云州隶之，而后西南东南，各抵东西二江，不为蹙矣。

澜沧江从顺宁西北境，穿其腹而东，至苦思路之东，又穿其腹而南，至三台山之南，乃南出为其东界，既与公郎分蒙化，又南过云州东，又与顺江分景东，郡之经流也。

郡境所食所燃，皆核桃油。其核桃壳厚而肉嵌，一钱可数枚，捶碎蒸之，箍搞为油，胜芝麻菜子者多矣。

驼骑至，即东下坡，渡北来溪身，以铁索架桥亭于其上，其制仿澜沧桥者，以孔道所因也。度桥东，即北上坡，循东山之麓，北向而登。是时驼骑一群，以迟发疾趋，余贾勇随之。上不甚峻，而屡过夹坑之脊，三里，从脊上西望望城关，只隔一峡也。又北上，两过旁坠之脊，三里，忽随西坡下，转一坳，复一里，越一西突之冈，由其北下。环山为坞，有坪西向而拓，丰禾被塍，即西突之冈所抱而成者。一里，陟坪而北，又下，连越二小溪，皆从东南腋中来下西峡者。其处支流纵横，蹊径旁午，而人居隐不可见。从此复北上五里，有两三家倚冈头，是为二十里哨。登冈东北平行其脊，一里，复转东向，循冈北崖下，又里余，则有溪自东峡来。余初以为既登冈历诸脊，当即直上逾东大山，而不意又有此溪中间之也。既下，乃溯流东入峡。半里，其水分两峡出：一西南自冈脊后，一北自大岭过脊处。乃依南麓涉其冈后之流，溯北涧之左，复北向上，盖即两水中垂之坡也。于是从丛木深翳中上，二里，逾一冈，复循南崖之上行。一里余，又穿坳而西，临西崖之上；两崖俱下盘深箐，中翳丛木，而西箐即顺宁北坞大溪源所出矣。又穿夹槽而上，半里，循西箐北崖上，西北平行一里，转入北坳。平透坳北一里，其脊南之箐，犹西坠也。半里，复入夹壁之槽。平行槽中半里，亦有上跨之树。又北一里，稍高，有石脊横槽底，即度脉也。此脊自罗岷山东天井铺南度，迤逦随江西岸，至此为顺宁东山，云州北山，而南尽于顺江小水之口；若罗岷大脊，则自南窝东北折而南，自草房哨而去矣。已出夹槽，东北坠坑而下。一里，即有水自东南腋飞坠下西北坑者，路下循之，与白沙哨之东下者，同一胚胎。又东北陟脊，度脊再上共三里，有四五家踞冈头，是为三沟水哨，盖冈之左右下坠之水，分为三沟，而皆北注澜沧矣。又东北下七里，盘一冈嘴。又下三里，有一二家当路右，是为塘报营。又下三里，过一村，已昏黑。又下二里，而宿于高简槽。店主老人梅姓，颇能慰客，特煎太华茶饮予。

十五日　平明，东北下坡。坡两旁皆夹深崖，而坡中悬之；所谓高简诸村庐，又中踞其上。二里，转坡北，下峡中。一里，复转东北，循坡而下。四里，始望见澜沧江流下嵌峡底，自西而东；其隔峡三台山犹为夙雾所笼，咫尺难辨。于是曲折北下者三里，有一二家濒江而居，是为渡口。澜沧至此，又自西东注，其形之阔，止半于潞江，而水势正浊而急。甫闻击汰声，舟适南来，遂受之北渡，时驼骑在后，不能待也。登北岸，即曲折上，二里余，跻坡头，转而东行坡脊，南瞰江流在足底，北眺三台山屏回岭北，以为由此即层累而升也。又闻击汰声，则渡舟始横江南去，而南岸之驼骑，犹望之不见。乃平行一里，折而北向逾脊。半里，乃循东崖瞰西坞北向行二里，始望见三台村馆在北山之半，悬空屏峙，以为贾勇可至。又一里，路盘东曲，反渐而就降，又二里，遂下至壑底。壑中涧分二道来：一自西北，一自东北，合于三台之麓，而三台则中悬之；其水由西坞而南入澜沧。乃就小桥渡东北来涧。约一里，即从夹中上跻中悬之坡，曲折上者甚峻。六里，始有数十家倚坡坪而居，是为三台山，有公馆焉。又东北瞰东坞循西崖而上，十二里，蹑南亘之脊；其脊之东西坞，犹南下者。又蹑磴三里，有坊，其冈头为七碗亭者；冈之东，下临深壑，庐三间缀其上，乃昔之茶庵，而今虚无人矣。又上里余，盘突峰之东，其峰中突，而脊则从北下而度，始曲而东起；故突峰虽为绝顶，其东下之坞犹南出云。乃踞峰头而饭。其时四山云雾已开，惟峰头犹霏霏酿氤氲气。由峰北随北行之脊，下坠一里余，乃度脊东突，是为过脉。是山北从老君山南行，经万松岭、天井铺，度脊南来；其东之横岭、西之博南二脊，皆绕断于中，惟此支则过此而南尽于泮山。从其北临西壑行，再下再上三里余。有哨房当路，亦虚无栖者。又东北随岭脊下，六里，循东坞盘西岭。又下二里，乃北度峡中小石桥。其水从西峡来，出桥而合于南峡，北从阿禄司，东注于新牛街，入漾濞者也。石桥之南，其路东西两岐：东岐即余所从来道，西岐乃四川僧新开，欲上达于过脊者。度桥，即循北坡，临南壑东北上。三里，蹑冈头，有百家倚冈而居，是为阿禄司。其地则西豁北转，南山东环，有冈中突而垂其北，司踞其突处；其西面遥山崇列，自北南纡，即万松、天井南下之脊，挟澜沧江而南者；其北面乱山杂沓，中有一峰特出，询之土人，即猛补者后山，其侧有寺，而大路之所从者。余识之，再瀹汤而饭，以待驼骑，下午乃至。以前无水草，遂止而宿。是夜为中秋，余先从顺宁买胡饼一圆，怀之为看月具，而月为云掩，竟卧。

十六日　昧爽，饭而北行。随坡平下十里，而下更峻，五里，至坡底，东西二坞水来合而北去。乃度东坞小桥，沿东麓北行坞中。随水三里，又一溪自东峡来，渡其亭桥。又北一里，渡一大溪亭桥，是为猛家桥。水由桥东破峡北出，路从桥北逾冈而上；其冈东绾溪口，有数家踞其上。从其北下，复随溪行西岸。曲折盘坞十二里，有百家之聚踞冈头，东临溪口，是为新牛街，俱汉人居，而地不开洋，有公馆在焉，今以旧街巡司移此。由其北西北下二里，有小江自西而东，即漾濞之下流也，自合江铺入蒙化境，曲折南下，又合胜备江、九渡、双桥之水，至此而东抵猛补者地名，乃南折而环泮山，入澜沧焉。江水不及澜沧三之一，而浑浊同之，以雨后故也。方舟渡之，登北岸，即随江东南行。半里，随江东北转，遂循突坡而上。二里，登南突之坡，下瞰隔江司，与阿禄司溪出江之口对，江流受之，遂东入峡；路从北山之半，亦盘崖而从之。半里，有一家独踞冈头，南临江坡而居，颇整。又东三里，有削崖高临路北，峭壁间有洞南向，其色斑赭，即阿禄所望北面特出之峰，此其西南隅之下层也。又东四里，有两三家倚冈而居，是为马王箐，江流其前峡中，后倚特出崇峰。东望遥壑中开，东北坳中有箐盘峡而下，西与江流合而南去，其东南两峰对峙，夹束如门，而江流由此南出焉。乃瀹汤而饭于村家。由村东北上，三里余，当特出崇峰之南，其下江流峡中，至此亦直南去。又东北二里，盘其东南之垂支，有两三家踞冈上，是为猛补者，亦哨寨之名也，于是逼特出崇峰东南麓矣。其东下盘壑中回，即东北桫松哨南箐之所下者；其正南江流直去，恰当两门之中。

又从门隙遥见外层之山，浮青远映，此乃澜沧江畔公郎之境矣。又东北盘崖麓而上，二里而下。半里，忽涧北一崖中悬，南向特立，如独秀之状，有僧隐庵结飞阁三重倚之。大路过其下，时驼马已前去，余谓此奇境不可失，乃循回磴披石关而陟之。阁乃新构者，下层之后，有片峰中耸，与后崖夹立，中分一线，而中层即覆之；峰尖透出中层之上，上层又叠中层而起，其后皆就崖为壁，而缀之以铁锁，横击崖孔，其前飞甍叠牖，延吐烟云，实为胜地。恨不留被襆于此，倚崖而卧明月也。隐庵为瀹茗留榻，余恐驼骑前去不及追，匆匆辞之出。此岩在特出崇峰东南峡中，登其阁，正南对双突之门。门外又见一远峰中悬，圆亘直上如天柱。其地当与澜沧相近，而不知为何所。隐庵称为钵盂山，亦漫以此岩相对名之耳；又谓在江外，亦不辨其在碧溪江名外，抑在澜沧外也。由其东又上坡，二里，登东冈。又东北迢遥而上，八里而至桫松哨。是哨乃东来之脊，西度而起，为特出崇峰，南尽于碧溪江东北岸，是为顺宁东北尽处，与蒙化分界者也；以岭有桫松树最大，故名。时驼骑方饭于此，遂及之。又随脊东上四里，转而北登岭头，是为旧牛街。是日街子犹未散，已行八十里矣。此东来度脊之最高处，北望直抵漾濞，其东之点苍，直雄插天半；南望则瓦房突门之峰，又从东分支西绕，环壑于前；西望则特出崇峰，近耸西南，江外横岭诸峰，遥环西北，亦一爽心快目之境矣。于是北向随岭下，二里，盘崖转东，循脊北东行，八里，至旧巡司。又东北下二里，盘南壑之上，有路分岐：逾脊北下，想北通漾濞者；正路又东随脊。二里余，逾东岭北下，于是其峡北向坠，即随峡东坡东北行。五里，至瓦葫芦，有数十家倚坡嘴，悬居环壑中。坡东有小水，一自西腋，一自南腋，交于前壑而北去；则此瓦葫芦者，亦山从水溢之源也。是夜宿邸楼，月甚明，恨无贯酒之侣，怅怅而卧。

十七日　昧爽，饭而行。即东下坡，一里，渡西来小水，循北山而东。半里，南来小水与之合，同破峡北去，路亦随之，挟山北转。一里，有亭桥跨其溪，曰广济。渡而东，循东麓北行，二里余，有峡自西山来合，又北五里，北壑稍开，水走西北峡去；又有一水自东峡来合，其势相埒，即溯之入。东行里余，有小桥架其上，北度之，复循北坡东上。半里，溯溪北转，二里余，转而东，一里余，有数十家倚北山而居，是为鼠街子。峡至是东西长亘，溪流峡底，路溯北崖；北崖屡有小水挂峡而下，路东盘之，屡上屡下。十里，逾坡东降，东峡稍开，盘北崖之纡，盖北崖至是稍逊，而南障之屏削尤甚也。东三里，其溪一自北来，一自南坠，而东面则横山障之。路乃折而溯北来之溪。二里稍下，一里余，涉溪东岸，复溯溪北行。半里，溪仍两派：一西北来，一东来。乃折而从东来者上。半里，有数家倚坡间，是为猪矢河哨。“猪矢”，乃土音。此处为诸河之始，恐是诸始河也。其处山回峡凑，中迸垂坡：一岐直北逾岭者，为漾备道；一岐逾坡东北去者，为炉塘道；惟东向随峡上者，为蒙化大道。乃东上三里，稍随一北曲之湾，湾中有小水南坠其侧，岐径缘之而北。此非漾备，即下关捷径，惜驼骑不能从也。又东随大道上，或峻或平，皆瞰南壑行。五里，乃逾岭脊。脊稍中坳，乃东北自定西岭分支，西度为甸头山，又分两支：一支北转，挟洱水北出苍山后；一支南下，亘为蒙化西夹之山，而此其脊也。脊东即见大坞自北而南，其东界山与此脊排闼相对，而北之甸头山，则中联而伏，其外浮青高拥者，点苍山也；南之甸尾，阳江中贯，曲折下坠，而与定边接界焉。蒙化郡城已东伏平川之中，而不即东下也。从岭脊平行而南，半里，其脊之盘礴西去者，杪松、猛补者之支所由分；旁午东出者，郡城大路随之下。始由峡中坠者二里，即随北坡下者三里，又从坡脊降者五里，于是路南之峡，坠而愈开，路北之峰，断而复起。其峰自西脊下垂，至是屡伏屡耸，若贯珠而下，共四五峰，下至东麓，而阳江之水，自城西西曲而朝之，亦一奇也。路从其南连盘二峰，则南坞大开，有数家倚南山下，而峡中皆环塍为田。又东一里，乃转北，穿一东突峰后而透其坳。此峰即连珠下第五峰，尽于东麓者；其上诸峰皆随下而循其南，至此峰独中穿而逾其北。此处似有神皋蕴结，而土人不识，间有旁缀而庐者，皆不得其正也。挟突峰之北而下，半里至麓。又东半里，则阳江自东来，抵山而南转去。路溯江北岸东行，半里，有三巩石桥南架江上。逾桥南，复东一里，入蒙化西门。一里余，竟城而抵东门，内转半里，过等觉寺，税驾于寺北之冷泉庵，即妙乐师栖静处。中有井甚甘洌，为蒙城第一泉，故以名庵。

蒙化城甚整，乃古城也，而高与洱海相似；城中居庐亦甚盛，而北门外则阛阓皆聚焉。闻城中有甲科三四家，是反胜大理也。北门外有卖饼者三四家，想皆中土人。其制酷似吾乡“眉公饼”，但不兼各味耳，即省中亦不及。

蒙化土知府左姓，世代循良，不似景东桀骜，其居在西山北坞三十里。蒙化有流官同知一人，居城中，反有专城之重，不似他土府之外受酋制，亦不似他流官之有郡伯上压也。蒙化卫亦居城中，为卫官者，亦胜他卫，盖不似景东之权在土酋，亦不似永昌之人各为政也。

蒙化疆宇较蹙，其中止一川，水俱西南下澜沧者，以定西岭南脊之界其东也。

定西岭从大脊分支，又为一东西之界：其西则蒙化、顺宁、永昌，其东则元江、临安、澂江、新化及楚雄。脊南之州县水，皆从是岭而分；南龙大脊虽长，此亦南条第一支也。至脊西之大理、剑川、兰州，脊东之寻甸、曲靖，虽在其北，为大脊所分，而定西实承大脊而当其下流，谓非其区域所判不可也。

蒙化有四寺：曰天姥、竹扫、降龙、伏虎，而天姥之名最著，在西北山坞间三十五里。余不及遍穷，欲首及之。

十八日　从冷泉庵晨起，令顾仆同妙乐觅驼骑，期以明日行。余亟饭，出北门，策骑为天姥游，盖以骑去，始能往返也。北二里，由演武场后西北下，约一里，渡一沟，西北当中川行。五里，过荷池，又北一里，过一沟。又西北三里，则大溪自东曲而西流，北涉之。四里，盘西山东突之嘴，其嘴东突，而大溪上流，亦西来逼之；路盘崖而北，是为蒙化、天姥适中处。又北二里，过西山之湾，又北二里，再盘一东突之嘴。又过西湾三里，其东突之嘴更长，逾其坳而北，有岐西向入峡；其峡湾环西入，内为土司左氏之世居。天姥道由坳北截西峡之口，直度北去约三里，又盘其东突之嘴，于是居庐连络，始望见天姥寺在北坞之半回腋间。其山皆自西大山条分东下之回冈也。又三里，有一圆阜当盘湾之中，如珠在盘，而路萦其前。又北三里，循坡西北上，一里而及山门，是为天姥崖，而实无崖也。其寺东向，殿宇在北，僧房在南。山门内有古坊，曰云隐寺。按《一统志》：巃岈图山在城西北三十五里。蒙氏龙伽独自哀牢将其子细奴逻居其上，筑巃岈图城，自立为奇王，号蒙舍诏。今上有浮屠及云隐寺。始知天姥崖即云隐寺，而其山实名巃岈图也。其浮屠在寺北回冈上，殿宇昔极整丽，盖土司家所为，今不免寥落矣。时日已下午，亟饭而归，渡大溪，抵荷池已昏黑矣。入城，妙乐正篝灯相待。乃饭而卧。

十九日　妙乐以乳线赠余。余以俞禹锡诗扇，更作诗赠之。驼骑至，即饭而别，妙乐送出北门。仍二里过演武场东，又北循东麓。一里，有岐分为二：一直北随大坞者，为大理、下关道；一东向入峡逾山者，为迷渡、洱海道。乃从迷渡者东向上。五里，涉西下之涧，于是上跻坡。二里得坪，有数家在坪北，曰阿儿村。更蹑坡直上，五里，登坡头，平行冈脊而南度之。此脊由南峰北度而下者，其东与大山夹为坑，北下西转而入大川；其西则平坠川南，从其上俯瞰蒙城，如一瓯脱也。又北倚坡再东上，三里，有三四家当脊而居，是为沙滩哨。脊上有新建小庵，颇洁。又蹑脊东上二里，盘崖北转，忽北峡骈峙，路穿其中，即北来东度而南转之脊也，是为龙庆关。透峡，即随峡东坠，石骨嶙峋，半里稍平。是脊北自定西岭南下，东挟白崖、迷渡之水为礼社江，南由定边县东而下元江；西界蒙化甸头之水为阳江，南由定边县西而下澜沧，乃景东、威远、镇沅诸郡州之脉所由度者也。东向下者四里余，有数家居峡中，是为石佛哨，乃饭。又三里，有三四家在北坡，曰桃园哨。于是曲折行峡中，随水而出，或东或北，不二里，辄与峡俱转，而皆在水左。如是十里，再北转，始望见峡口东达川中；峡中小室累累，各就水次，其瓦俱白，乃磨室也，以水运机，磨麦为面，甚洁白；乃知迷渡川中，饶稻更饶麦也。又二里，度桥，由溪右出峡口，随山南转，半里，乃东向截川而行。其川甚平拓，北有崇山屏立，即白崖站也；西北有攒峰横亘而南，即定西岭南度之脊也。两高之间，有坳在西北，即为定西岭；逾岭而西，为下关道；从坳北转，为赵州道。余不得假道于彼，而仅一涉礼社上流，揽迷渡风景，皆驼骑累之也。东行平堤三里，有围墙当路左踞川中，方整而甚遥，中无巨室，乃景东卫贮粮之所，是曰新城。半里，其墙东尽，复行堤上，三里，有碑亭在路右，乃大理倅王君署事景东，而卫人立于此者。又东半里，有溪自北而南，架木桥于上，水与溪形俱不大；此即礼社之源，自白崖、定西岭来，南注定边，下元江，合马龙为临安河，下莲花滩者也。时川中方苦旱，故水若衣带；从此望之，川形如犁尖，北拓而南敛，东西两界山，亦北高而南伏，盖定边、景东大道，皆由此而南去。又东半里，入迷渡之西门。其墙不及新城之整，而居庐甚盛，是为旧城，有巡司居之。其地乃赵州、洱海、云南县、蒙化分界，而景东之屯亦在焉。买米于城。出北门随墙东转一里，有支峰自东南绕而北，有小浮屠在其上。盘其嘴入东坞中，又一里，其中又成一小壑，曰海子。有倚山北向而居者，遂投之宿。

二十日　平明，饭而行。又东一里入峡，其中又成一小壑。二里，随壑北转，渐上坡。再上再平三里，逾岭头，遵冈北行。又三里，有村在西坡腋间，为酒药村。又北循坡行，其坡皆自东而西向下者，条冈缕缕，有小水界之，皆西出迷渡者。再下再上，约十里，有卖浆者庐冈头，曰饭店；有村在东山下，曰饭店村。又北逾一冈，二里，坡西于是有山，与东坡夹而成峡，其小流南下而西注迷渡。路乃从峡中溯之北，二里余，转而东北上，二里余，陟而逾其坳，此乌龙坝南来大脊，至此东度南转，而峙为水目者也；脊颇平坦，南虽屡升降坡间，而上实不多，北下则平如兜，不知其为南龙大脊。余自二月十三从鹤庆度大脊而西，盘旋西南者半载余，乃复度此脊北返；计离乡三载，陟大脊而东西度之，不啻如织矣！脊北平下半里，即清华洞，倚西山东向，再入之。其内黄潦盈潴，及于洞口。余去年腊月十九日，当雨后，洞底虽泞，而水不外盈，可以深入；兹方苦旱，而水当洞门，即外台亦不能及，其内门俱垂垂浸水中，止此穿一隙，其上亦透重光，不如内顶之崇深也。稍转而北，其上窦即黑暗而穷，其下门俱为水没，无从入中洞也。此洞昔以无炬不能深入，然犹践泞数十丈，披其中透顶之扃，兹以涨望门而止；不知他日归途经此，得穷其蕴藏否也。

出洞北行半里，逾岭即西向白崖大道，仍舍之而北。二里，有池一方在西坡下，其西南崖石嶙峋，亦龙潭也。又北一里，过一村聚，村北路右有墙一围，为杨土县之宅。又北一里，即洱海卫城西南隅。从西城外行半里，过西门，余昔所投宿处也。又随城而北，半里转东，半里，抵北门外，乃觅店而饭。先是余从途中见牧童手持一鸡葼，甚巨而鲜洁，时鸡葼已过时，盖最后者独出而大也。余市之，至是瀹汤为饭甚适。

洱海往鸡山道，在九鼎、梁王二山间，余昔所经者；骑夫以家在荞甸，故强余迂此。盖洱海卫所环之坞甚大，西倚大脊崇冈；东面东山对列，东南汇为青龙海子，破峡而绕小云南驿为水口；其南即清华洞前所逾南坳，其北即梁王山东下之支，平伏而横接东山者；自洱海北望，以为水从此泄，而不知反为上流。余亦欲经此验之，于是北行田塍间，西瞻九鼎道，登缘坡，在隔涧之外数里也。六里，抵梁王山东支之南；有寺在其西腋，南向临川，曰般若寺。路乃东向，逾冈一里余，有村庐倚西山而居，曰品甸。由其东一里余，再北上坡，乃一堤也；堤西北山回壑抱，东南积水为海，于时久旱，半已涸矣。从堤而东半里，一庙倚堤而北悬海中，为龙王祠。又东半里转北，堤始尽，复逾东突之坡，一里，复见西腋尚蟠海子支流。平行岭脊，又北三里，则东峡下坠，遥接东山，腋中有水盈盈，则周官哕海子也；其北则平冈东度，而属于东山，此海实青龙海子之源矣。梁王之脉，由此东度，不特南环为洱城东山，即荞甸北宾川东大山崇窿，为铁索箐、红石崖者，皆此脊绕荞甸东而磅礴之。余夙闻洱城北有米甸、禾甸、荞甸之名，且知青海子水经小云南随川北转，经胭脂坝，合禾、米诸甸水，而北入金沙。意此脊之北，荞甸水亦东北流，至此乃知其独西北出宾川者；始悟此脊自□□山南度为□□□山而尽于小云南，北界于荞甸之东，耸宾川东山而尽于红石崖。金沙江岸脊北盘壑，是为荞甸，与禾、米二甸，名虽鼎列，而水则分流焉。从岭上转西北一里，随北坞下，三里而至坞底。直北开一坞，其北崇山横亘，即斜骞于宾川之东而雄峙者；西界大山，即梁王山北下之支，东界大山，即周官哕北冈东度之脊所转北而直接横亘崇山者。从岭上观之，东西界仅与脊平，至此而岩岩直上，其所下深也。坞中村庐累落，即所谓荞甸。度西南峡所出涧，稍北上坡，又一里，而止于骑夫家。下午热甚，竟宿不行。

二十一日　平明饭而行，骑夫命其子担而随。才出门，子以担重复返，再候其父饭，仍以骑行，则上午矣。北向随西山之麓五里，有一村在川之东，为海子。村当川洼处，而实非海也，第东山有峡向之耳。渐转西北五里，西山下复过一村。又四里，有数十家倚西山而庐，其前环堤积水，曰冯翊村；其北即崇山横障之麓。川中水始沿东山北流，至是西转，漱北山而西，西山又北突而扼之，与北麓对峙为门，水由其中西向破峡去，路由其南西向逾坳入，遂与水不复见，盖北突之嘴，夹水不可行，故从其南披隙以逾之也。由冯翊村北一里，至此坳麓，乃西向盘崖历壑，山雨忽来，倾盆倒峡，浃地交流。二里，转西南盘崖上，又一里，转西北，遂蹑石坡里余，升冈头。有岐西向逾坳者，宾居道也；北向陟冈者，宾川道也，乃北上半里，遂登岭头。于是西瞰大川，正与宾居海东之山，隔川遥对，而川之南北尚为近山所掩，不能全睹，然峰北荞甸之水，已透峡西出，盘折而北矣。乃西北下山。一里余，骑夫指北峰夹冈间，为铁城旧址，昔土酋之据以为险者。盖梁王山北尽之支，北则荞甸水界为深堑，南则从峰顶又坠一坑环之，此冈悬其中，西向特立，亦如佛光寨恃险一女关之意也。非邹中丞应龙芟除诸巢，安得此宁宇乎？又下里余，渡坠坑之水，乃循东山北行。又三里，抵荞甸水所出口，其水分衍漫流，而北随之，或行水中，或趋碛上，或涉水左，或涉水右，茫无正路。四里，乃上东麓，始有路北向。循麓行六里，望路西有巩桥当川之中，则大理由宾居来大道。有聚落在桥西，是为周官营。从其东直北三里，一小坊在冈上，过之，始见宾川城。又北一里，过南薰桥，入其南门，行城中，北过州治前，约一里，出北门饭，市肉以食。北一里，过小冈坊，西北下坡一里，抵川中涧；其北有巩桥五洞，颇整，以涧水仅一衣带，故不由桥而越涧。又西北二里余，遂抵西山东突之嘴。盘之北又二里，有路自西南逾岭坳来合，即余昔从梁王山来者；其北有村庐倚西峰下，是为红帽村，余昔来饭处也。从村后随西山北行四里，西山开小峡，于是路分为二，遂西向入峡。一里，涉小涧北上，一里，登冈头，过一坊，复西北行。二里，西逾冈脊，望见南山自西屏列而东，是排沙北界之山，西自海东，东抵宾居，南与大脊乌龙坝山并夹者，土人称为北山，而观音箐在其北坞。其西北濒洱海，为鲁摆山，则三涧门所来之脊，又东挟上、下仓之水，而北出拈花寺南桥下者也。从冈头又西北行三里，稍下，有水自西南来，有亭桥北跨之，是为干果桥。北有数家倚冈，余昔之所宿，而今亦宿之。干果北有一尖峰，东向而突，亭亭凌上，盖西南自鲁摆海东之脊，分支东北上，为上下仓、观音箐分界，下为炼洞、干果二溪中垂，亦鸡山东第一水口山也。

二十二日　平明饭而行。西北三里余，涉一小溪。又上里许，抵尖峰下，循其东崖而北。一里，随崖西转，遂出峰北。于是北坞自西而东，即鸡山之水，自炼洞而东下牛井街，合宾川而北者也。路随南崖西向下。二里，有村在路旁，上有坊，曰"金牛溢井"；土人指溪北村旁，有石穴为金牛溢处，而街则在其外。又西盘峡陟坡，二里，下渡一小水，复西北上。再下再上五里，登一冈头，皆自南而北突者。又二里，稍下，过"广甸流芳"坊。又北一里，于是村庐相望，即炼洞境矣，南倚坡，北瞰坞。又二里，过公馆街，又北一里，过中谿庄。李中谿公以年老，炼洞米食之易化，故置庄以供餐。鸡山中谿公有三遗迹：东为此庄，西桃花箐下有中谿书院，大顶之侧礼佛台，有中谿读书处。又北上冈一里，茅舍累累布冈头，是为炼洞街子。又北半里，过"炼法龙潭"坊，又北里余，稍下，过一桥。有数家倚西山坞中，前有水一塘，其上有井，一小亭覆之，即龙潭也；不知炼法者为谁矣。村北有巨树一株，根曲而出土上五、六尺，中空巩而复倒入地中，其下可通人行。于是又西北二里，逾一坡，又西北一里余，过茶庵，又西北下涉一坑。一里，涉坑复上，乃循北山之环腋而西上。一里余，瞰其南壑，中环如规，而底甚平。又西上一里，遂分两岐；北向逾岭，为鸡山道。乃北上行岭头二里，复西折而下下二里余，有峡自西南来，其底水破峡东北出，即下仓海子水所由注牛井者，有亭桥跨之；是鸡山东第二水口山也。渡桥西复北上坡，折而南，盘西峡而北，一里余，循峡西北上，又里余，有哨当岭头；从此平行直南，乃下仓道。逾岭北下一里，则拈花寺东向倚西山，居环壑中。乃入而饭。

既饭，雨至，为少憩。遂从寺左转而西上。一里余，逾一北突之岭，有坊曰“佛台仰止”，始全见鸡山面目；顶耸西北，尾掉东南，高悬天际，令人神往。逾脊西下，即转而北，一里，下涉北坠之峡。又半里，西逾一北突之坳。坳南岐有坊倚坡，此白石崖东麓坊也；余昔来未及见，故从其西麓之坊，折而东上。过坳复西向，循大路趋里余，过白石崖西坊。又西里余，有岐稍下，则鸡山前峡之溪，东向而入牛井街，合宾川溪北向桑园而下金沙矣。溪有小亭桥跨其上，过桥北，骑夫东转北上而向沙址，余西向溯溪，欲寻所谓河子孔者。时水涨，浊流奔涌，以为不复可物色。遇一妪，问之，指在西南崖下，而沿溪路绝，水派横流，荆棘交翳。或涉流，或践莽，西二里，忽见一亭桥跨溪上，其大倍于下流沙址者，有路自北来；越桥南，即循南山东向，出白石崖前，乃登山官道；始知沙址小桥，乃捷径，而此桥即洗心桥也。河子孔即在桥南石崖下，其石横卧二三丈，水由其下北向溢出，穴横长如其石，而高不及三尺，水之从中溢者甚清，而溪中之自桥西来者，浑浊如浆；盖桥以西水从二派来：一北来者，瀑布峡中，与悉檀、龙潭二水所合；一西来者，桃花箐东下之流；二派共会桥西，出桥东，又会此孔中清派，此鸡山南涧之上流也。孔上有神祠。其南崖之上，更有静室。于是随北来大路，上“灵山一会坊”。二里，至坊下，即沙址西来路所合者。其西南隔涧，有寺踞坡麓，为接待寺；此古刹也，在西第一支东尽之麓。鸡山诸刹，山路未辟，先有此寺，自后来者居上，而此刹颓矣。时余不知骑仆前后，徘徊一里，渐随溪东岸而上；其东峰下临，即东第三支回环之岭，新构塔基于其上，中与大士阁中第二支相对成峡，而路由其下者也。又北一里，盘坡稍上，过报恩寺。寺为东第三支山麓之首刹，亦如接待之在西支之首。惟中第二支，其麓为两溪交会处，夹尖无刹可托，其上即大士阁中临之而已。从报恩西又北一里，有桥西跨涧上。度桥循大士阁东麓，北向上半里，有岐西南盘岭者，大士阁大道也；直北临东溪西崖而入者，悉檀、龙潭道也。问驼骑已先向龙潭，余随之。一里，又东度桥，从涧东蹑峻上；其上趾相叠，然巨松夹陇，翠荫飞流，不复知有登陟之艰也。又二里，转龙潭上，半里而入悉檀寺。时四长老俱不在，惟纯白出迎。乃税驾北楼，回忆岁初去此，已半载余矣。

滇游日记十三

己卯八月二十三日　雨浃日，憩悉檀。

二十四日　复雨，憩悉檀。

二十五日　雨仍浃日。下午，弘辨师自罗川 中所诸庄回，得吴方生三月二十四日书。乃丽江令人持余书往邀而寄来者。弘辨设盒夜谈。

二十六日　日中雨霁，晚复连绵。

二十七日　霁，乃散步藏经阁，观丁香花。其花娇艳，在秋海棠、西府海棠之间，滇中甚多，而鸡山为盛。折插御风球。时球下小截，为驼夫肩负而损，与上截接处稍解。余姑垂之墙阴，以遂其性。"御风"之意，思其悬崖飘扬而名之也。

二十八日　霁甚。下午，体极自摩尼山回，与摩尼长老复吾俱至。素餐极整，设盒夜谈。

二十九日　为弘辨师诞日，设面甚洁白。平午，浴于大池。余先以久涉瘴地，头面四肢俱发疹块，累累丛肤理间，左耳左足，时时有蠕动状。半月前以为虱也，索之无有。至是知为风，而苦于无药；兹汤池水深，俱煎以药草，乃久浸而薰蒸之，汗出如雨。此治风妙法，忽幸而值之，知疾有瘳机矣。下午艮一、兰宗来。体师更以所录山中诸刹碑文相示，且谋为余作揭转报丽江。诸碑乃丽江公先命之录者。

九月初一日　在悉檀。上午与兰宗、艮一观菊南楼，下午别去。

初二日　在悉檀，作记北楼。是日体极使人报丽江府。

初三日、初四日　作记北楼。

初五日　雨浃日。买土参洗而烘之。

初六日、初七日　浃日夜雨不休。是日体极邀坐南楼，设茶饼饭。出朱按君泰贞、谢抚台存仁所书诗卷，并本山大力、本无、野愚所存诗跋，程二游名还，省人。初游金陵，永昌 王会图诬其骗银，钱中丞逮之狱而尽其家。云南守许学道康怜其才，私释之，避入山中。今居片角，在摩尼东三十里。诗画图章，章他山、陈浑之、恒之诗翰，相玩半日。

初八日　雨霁，作记北楼。体极以本无随笔诗稿示。

初九日　霁甚。晨饭，余欲往大理取所寄衣囊，并了苍山、洱海未了之兴。体极来留曰："已着使特往丽江。若去而丽江使人来，是诳之也。"余以即来辞。体极曰："宁俟其信至而后去。"余从之，遂同和光师穷大觉来龙。从寺西一里，渡兰那寺东南下水，过迎祥、石钟、西竺、龙华，其南临中谿，即万寿寺也，俱不入。西北约二里，入大觉，访遍周。遍周闲居片角庄，月终乃归。遂出，过锁水阁，于是从桥西上。共一里，至寂光东麓，仍东过涧，从涧东蹑大觉后大脊北向上。一里余，登其中冈；东望即兰那寺峡，西望即水月庵后上烟霞室峡也。

又上里余，再登一冈。其冈西临盘峡，西北有瀑布悬崖而下；其上静庐临之，即旃檀林也；东突一冈，横抱为兰陀后脊，冈后分峡东下，即狮子林前坠之壑也。于是岐分岭头：其东南来者，乃兰那寺西上之道；东北去者，为狮林道；西北盘崖而上者，为旃檀岭也；其西南来者，即余从大觉来道也。始辨是脊从其上望台连耸三小峰南下，脊两旁西坠者，南下为瀑布而出锁水阁桥，东坠者，南下合狮林诸水而出兰那寺东；是东下之源，即中支与东支分界之始，不可不辨也。余时欲东至狮林，而忽见瀑布垂绡，乃昔登鸡山所未曾见，姑先西北上。于是愈上愈峻，路愈狭，曲折作“之”字而北者二里，乃西盘望台南嘴。此脊下度为大觉正脊，而东折其尾，为龙华、西竺、石钟、迎祥诸寺，又东横于大龙潭南，为悉檀前案，而尽于其下。此脊当鸡山之中，其脉正而雄，望台初涌处连贯三珠，故其下当结大觉，为一山首刹；其垂端之石钟，亦为开山第一古迹焉。然有欲以此山作一支者，如是则塔基即不得为前三距之一，而以此支代之；但此支实短而中缩，西之大士阁，东之塔院，实交峙于前，与西支之传衣寺岭鼎足前列。故论支当以寂光前引之冈为中，塔基上拥之脊为东，而此脉之中缩者不与；论刹当以大觉中悬为首，而西之寂光，乃其辅翼；东之悉檀，另主东盟；而此寺之环拱者独尊。故支为中条附庸，而寺为中条冠冕，此寺为中条重，而中条不能重寺也。嘴之西有乱砾垂峡，由此北盘峡上，路出旃檀岭之上，为罗汉壁道；由此度峡西下，为旃檀中静室道，而瀑布则层悬其下，反不能见焉。乃再度峡西崖，随之南下。一里，转东岐，得一新辟小室。问瀑布何在？其僧朴而好事，曰：“此间有三瀑：东箐者，最上而小；西峡者，中悬而长；下坞者，水大而短。惟中悬为第一胜，此时最可观，而春冬则无有，此所以昔时不闻也。”老僧牵衣留待瀹茗，余急于观瀑。僧乃前为导。西下峻级半里，越级湾之西，有小水垂崖前坠为壑，而路由其上南盘而下。又半里，即见壑东危崖盘耸，其上一瀑，垂空倒峡，飞喷迢遥，下及壑底，高百余丈，摇岚曳石，浮动烟云；虽其势小于玉龙阁前峡口瀑，而峡口内嵌于两崖之胁，观者不能对峡直眺，而旁觑倒瞰，不能竟其全体，此瀑高飞于穹崖之首，观者隔峡平揖，而自颡及趾，靡有所遗，故其跌宕之势，飘摇之形，宛转若有余，腾跃若不及，为粉碎于空虚，为贯珠于掌上，舞霓裳而骨节皆灵，掩鲛绡而丰神独迥。不由此几失山中第一胜矣！由对峡再盘西嘴，入野和静室。门内有室三楹甚爽，两旁夹室亦幽洁。其门东南向，以九重崖为龙，即以本支旃檀岭为虎，其前近山皆伏，而远者又以宾川东山并梁王山为龙虎，中央益开展无前，直抵小云南东水盘诸岭焉。盖鸡山诸刹及静室，俱南向，以东西二支为龙虎，而西支之南，有香木坪山，最高而前巩，亦为虎翼，故藉之为胜者此，视之为祟者亦此；独此室之向，不与众同，而此山亦伏而不见，他处不能也。野和为克新之徒，尚居寂光，以其徒知空居此。年少而文，为诗虽未工，而志甚切，以其师叔见晓寄诗相示，并己稿请正，且具餐焉。见晓名读彻，一号苍雪，去山二十年，在余乡中峰为文湛持所推许，诗翰俱清雅。问克新向所居精舍，尚在西一里，而克新亦在寂光。乃不西，复从瀑布上东盘望台之南。二里余，从其东胁见一静室，其僧为一宗，已狮林西境矣。室之东有水喷小峡中，南下涉之。又东即体极静室，其上为标月静室；其峡中所喷小水，即下为兰那东涧者，此其源头也。其上去大脊已不甚遥，而崖间无道，道由望台可上，至是已越中支之顶而御东支矣。由此而东半里，入白云静室，是为念佛堂。白云不在。观其灵泉，不出于峡而出于脊，不出崖外而出崖中，不出于穴孔而出于穴顶；其悬也，似有所从来而不见，其坠也，似不假灌输而不竭。有是哉，佛教之神也于是乎征矣。何前不遽出，而必待结庐之后；何后不中止，而独擅诸源之先，谓之非“功德水”可乎？较之万佛阁岩下之潴穴，霄壤异矣。又东一里，入野愚静室，是为大静室。浃谈半晌。西南下一里，饭于影空静室。与别已半载，一见把臂，乃饭而去。从其西峡下半里，至兰宗静室。盖狮林中脊自念佛堂中垂而下，中为影空，下为兰宗两静室，而中突一岩间之，一踞岩端，一倚岩脚，两崖俱坠峡环之。岩峙东西峡中，南拥如屏。东屏之上，有水上坠，洒空而下，罩于嵌壁之外，是为水帘；西屏之侧，有色旁映，傅粉成金，焕乎层崖之上，是为翠壁。水帘之下，树皆偃侧，有斜骞如翅，有横卧如虬，更有侧体而横生者。众支皆圆而此独扁，众材皆奋而此独横，亦一奇也。兰宗遥从竹间望余，至即把臂留宿。时沈莘野已东游，乃翁偶不在庐，余欲候晤，遂从之。和光欲下山，因命顾奴与俱，恐山庐无余被，怜其寒也。奴请匙钥，余并箱箧者与之，以一时解缚不便也。奴去，兰宗即曳杖导余，再观水帘、翠壁、侧树诸胜。既暮，乃还其庐。是日为重阳，晴爽既甚，而夜月当中峰之上。碧落如水，恍然群玉山头也。

初十日　晨起，问沈翁，犹未归。兰宗具饭，更作饼食。余取纸为《狮林四奇诗》畀之。水帘、翠壁、侧树、灵泉。见顾仆不至，余疑而问之。兰宗曰：“彼知君即下，何以复上？”而余心犹怏怏不释，待沈翁不至，即辞兰宗下。才下，见一僧仓皇至，兰宗尚随行，讯其来何以故？曰：“悉檀长老命来候相公者。”余知仆逋矣。再讯之。曰：“长老见尊使负包囊往大理，询和光，疑其未奉相公命，故使余来告。”余固知其逃也，非往大理也。遂别兰宗，同僧亟下。五里，过兰那寺前幻住庵东。又下三里，过东西两涧会处，抵悉檀已午。启箧而视，所有尽去。体极、弘辨欲为余急发二寺僧往追。余止之，谓：“追或不能及，及亦不能强之必来。亦听其去而已矣。”但离乡三载，一主一仆，形影相依，一旦弃余于万里之外，何其忍也！

十一日　余心忡忡。体极恐余忧悴，命其侄并纯白陪余散行藏经楼诸处。有圆通庵僧妙行者，阅《藏》楼前，瀹茗设果。纯白以象黄数珠见示。象黄者，牛黄狗宝之类，生象肚上，大如白果，最大者如桃，缀肚四旁，取得之，乘其软以水浸之，制为数珠，色黄白如舍利，坚刚亦如之，举物莫能碎之矣。出自小西天，彼处亦甚重之，惟以制佛珠，不他用也。又云：象之极大而肥者乃有之，百千中不能得一，其象亦象中之王也。坐楼前池上征迦叶事，取《藏经》中与鸡山相涉者，摘一二段录之。始知《经》言“迦叶守衣入定，有四石山来合”，即其事也，亦未尝有鸡足名。又知迦叶亦有三，惟迦叶波名为摩诃迦叶。“摩诃”，大也，余皆小迦叶耳。是晚鹤庆史仲□自省来。史乃公子，省试下第归，登山自遣。

十二日　妙行来，约余往游华严，谓华严有老僧野池，乃月轮之徒，不可不一晤，向以坐关龛中，以未接颜色为怅。昔余以岁首过华严，其徒俱出，无从物色。余时时悼月公无后，至是而知尚有人，亟饭而行。和光亦从。西一里，逾东中界溪，即为迎祥寺，于是涉中支界矣。又一里余，南逾锁水阁下流水登坡，于是涉中支脊矣。西北溯脊一里，过息阴轩，又循瀑布上流，西北行里余，渡北来之溪，于是去中支涉西支界矣。又北里余，西涉一峡溪，再上一西来小支之嘴，登之，西北行一里，又西度亭桥。桥下水为华严前界水，上下俱有桥，而此其下流之渡桥；内峡中有池一圆，近流水而不涸，亦龙潭类也。由溪南向西北行，于是涉西支脊矣。半里，乃入华严寺。寺东向，踞西支大脊之北，创自月潭，以其为南京人，又称为南京庵，至月轮而光大之，为鸡山首刹，慈圣太后赐《藏》贮之。后毁于火，野池复建，规模虽存，而《法藏》不可复矣。野池年七十余，历侍山中诸名宿，今老而不忘先德，以少未参学，掩关静阅，孜孜不倦，亦可取也。闻余有修葺《鸡山志》之意，以所录《清凉通传》假余，其意亦善。下午将别，史君闻余在，亦追随至。余恐归途已晚，遂别之，从别路先返，以史有舆骑也。出寺，西北由上流度桥。四里，连东北逾三涧，而至其东界之支，即圣峰、燃灯之支垂也。又一里，东下至其尽处，有寺中悬，是为天竺寺；其北涧自仰高亭峡中下，其南涧又从西支东谷屡坠而下者，夹圣峰之支，东尽于此。王十岳《游纪》以圣峰为中支，误矣。由其垂度北峡小桥，于是又涉中支之西界。循北麓而东半里，两过南下小水，乃首传寺前左右流也。其南峡中始辟为畦，有庐中央，是为大觉菜圃。从其左北转，半里，逾支脊，连横过法华、千佛、灵源三庵，是皆中脊下垂处。半里，北逾锁水阁下流即大觉寺矣。仍东随大路一里，过西竺寺前，上圆通庵，观“灯笼花树”，其树叶细如豆瓣，根大如匏瓠，花开大如山茱萸，中红而尖，蒂俱绿，似灯垂垂。余从永昌刘馆见其树，未见其花也。此庵为妙行旧居，留瀹茗乃去。一里，由迎祥寺北渡涧，仍去中界而入东支界。溯水而北，过龙泉庵、五华庵。五华今名小龙潭，乃悉檀大龙潭之上流；大龙潭已涸为深壑，乃小龙潭犹汇为下流。余屡欲探之，至是强二僧索之五华后坡。见水流淙淙，分注悉檀之右，而坡道上跻，不见其处。二僧以日暮劝返，比还，寺门且闭矣。

是夜与史君对谈复吾斋头，史君留心渊岳，谈大脊自其郡西金凤哨岭南过海东，自五龙坝、水目寺、水盘铺过易门、昆阳之南，而包省会者，甚悉。且言九鼎山前梁王山西腋之溪，乃直南而下白崖、迷渡者；其溪名山溪。后人分凿其峡，引之洱海，则此溪又一水两分矣。果尔，则清华洞之脉，又自梁王东转南下，而今凿断之者。余初谓其脊自九鼎西坠，若果有南下白崖之溪，则前之所拟，不大误哉？目前之脉，经杖履之下如此，故知讲求不可乏人也。史君谓生平好搜访山脉，每被人哂，不敢语人，邂逅遇余，其心大快。然余亦搜访此脊几四十年，至此而后尽，又至此而后遇一同心者，亦奇矣。夜月甚明，碧宇如洗，心骨俱彻！

十三日　史君为悉檀书巨扁，盖此君夙以临池擅名者；而诗亦不俗。复相与剧谈。既午，舆人催就道，史恳余同游九重崖，横狮林、旃檀而西，宿罗汉壁，明日同一登绝顶作别。余从之。遂由悉檀东上坡，半里，过天池静室。六里而过河南止足师静室。更北上里余，直蹑危崖下，是为德充静室。德充为复吾高足，复吾与史君有乡曲之好，故令其徒引游此室，而自从西路上罗汉壁，具饭于西来寺，以为下榻地。此室当九重崖之中，为九重崖最高处；室乃新构而洁，其后危岩之半，有洞中悬，可缘木而上。余昔闻之，不意追随首及于此。余仰眺丛木森霄，其上似有洞门仿佛。时史君方停憩不前，余即蹑险以登。初虽无径，既得引水之木，随之西行半里，又仰眺洞当在上，复蹑险以登。初亦无径，半里，既抵岩下，见一木倚崖直立，少斫级痕以受趾，遂揉木升崖。凡数悬其级，始及木端，而石级亦如之，皆危甚；足之力半寄于手，手之力亦半无所寄，所谓凭虚御风，而实凭无所凭，御无所御也。洞门正南向，上下皆削壁，中嵌一门，高丈五，阔与深亦如之，而旁无余隙；中有水自顶飞洒，贮之可供一人餐，憩之亦仅受一人榻，第无余隙，恐不免风雨之逼，然临之无前。近则香木坪之岭，已伏于下，远则五龙坝之障，正横于南，排沙、观音箐诸山，层层中错，各献其底里而无余蕴焉。久之，闻室中呼声，乃下。又随引水木而东过一栈，观水所出处，乃一巨石下。甫出，即刳木引之西注，此最上层之水也。其下一二丈，又出一水，则复吾之徒引入静室；其下又出一水，则一衲轩引之。连出三级，皆一峡坳，虽穴异而脉必潜通，其旁分而支引者，举岩中皆藉之矣。既下室中，啜茶果，复继以饼饵，乃随下层引水之木，西一里，入一衲轩。延眺久之，又茶而行。西一里，过向所从登顶之坡，横而西，路渐隘，或盘坡嘴，或过峡坳，皆乱砾垂沓，而中无滴水，故其地不能结庐；遂成莽径。二里余，峡坳中有一巨木，横偃若桥。又西二里，乃践坡转嘴而上，过野愚静室。又半里，上至白云静室。白云固留，以日暮而去。白云随过体极静室而别。西半里，过一宗静室。傍水又蹑坡半里，逾望台南突之脊，于是暝色已来，月光渐耀。里余，两过望台西坳之水，又一里，南盘旃檀岭，乃西过罗汉壁东垂，皆乘月而行也。又稍盘嘴而上，半里，是为慧心静室，此幻空碧云寺前南突之坡也。余昔与慧心别于会灯寺，访之不值，今已半载余，乃乘月叩扉。出茗酌于月下，甚适。此地去复吾先期下榻处尚三里，而由此西下度箐，暗不可行，慧心乃曳杖为指迷。半里，度而上，又半里，登坡，与碧云大路合。见月复如前，慧心乃别去。又西一里，过一静室，乃盘嘴北向蹑坡，则复吾使人遍呼山头矣。又一里，入西来寺。寺僧明空他出，其弟三空，余向所就餐者，闻之，自其静庐来迎。复吾知吾辈喜粥，为炊粥以供。久不得此，且当行陟之后，吸之明月之中，不啻仙掌金茎矣。

十四日　三空先具小食，馒后继以黄黍之糕，乃小米所蒸，而柔软更胜于糯粉者；乳酪椒油，葼油梅醋，杂沓而陈，不丰而有风致，盖史君乃厥兄明空有约而来。以下缺

季梦良曰：“王忠纫先生云：‘自十二年九月十五以后，俱无小纪。’余按公奉木丽江之命，在鸡山修《志》，逾三月而始就。则自九月以迄明年正月，皆在悉檀修《志》之日也。公另有《鸡山志》摘目三小册，即附载此后，而《丽江纪事》一段及《法王缘起》一段，并附见焉。”

按：《鸡山志目》、《丽江纪事》及《法王缘起》均见《附编》。整理者

盘江考

南北两盘江，余于粤西已睹其下流；其发源俱在云南东境。余过贵州亦资孔驿，辄穷之。驿西十里，过火烧铺；又西南五里，抵小洞岭；岭北二十里，有黑山，高峻为众山冠，此岭乃其南下脊。岭东水即东向行，经火烧铺、亦资孔，乃西北入黑山东峡，北出合于北盘江；岭西水，自北峡南流，经明月所西坞，东南出亦佐县，南下南盘江。小洞一岭，遂为南、北盘分水脊。《一统志》谓南北二盘，俱发源霑益州东南二百里，北流者为北盘，南流者为南盘，皆指此黑山南小洞岭，一东出火烧铺，一西出明月所二流也。后西至交水城东，中平开巨坞，北自

霑益州炎方驿，南逾此，经曲靖郡；坞亘南北，不下百里，中皆平畴，三流纵横其间，汇为海子。有船南通越州，州在曲靖东南四十里。舟行至州，水西南入石峡中，悬绝不能上下，乃登陆。十五里，复下舟，南达陆凉州。越州东一水，又自白石崖龙潭来，与交水海子合出石峡，乃滇东第一巨溪也，为南盘上流云。

余憩足交水，闻曲靖东南有石堡温泉胜，遂由海子西而南。南下二十里，一溪来自西北，转东南去，入交海，桥跨之，为白石江；涓细仅阔数丈，名独著，以沐西平首破达里麻于此，遂以入滇也。按达里麻以师十万来拒，与我师夹江阵，是日大雾，沐分兵从上流潜济，绕出其后，遂破之。今观线大山溪，何险足据！且白石上流，为戈家冲，源短流微，潆带不过数里内。沐公曲靖之捷，夸为冒雾涉江，自上流出奇夹攻之，为不世勋，不知乃与坳堂无异也！度桥南六里，抵曲靖郡。出郡南门，东南二十五里，海子汪洋涨溢，至是为东西山所束，南下伏峡间，桥横架交溪上，曰上桥。桥西开一坞东向。即由上桥西折入坞，半里，至温泉。泉可浴，泡珠时发自池底，北池沸泡尤多；对以六角亭，曰喷玉。东逾坡半里，抵桥头村。村西行田畴间，忽一石高悬，四面蓊丛，楼楹上出，即石崖堡也，与温泉北隔一坞。径平畦里许，抵堡东麓，南向攀级，上凌绝顶，则海子东界山南绕于前，西界山自北来，中突为此崖，又西峙而南为水口山。交溪南出上桥，前为东界山南绕所扼，辄西南汇为海子，正当石堡南；其东北白石崖龙潭，与东南亦佐之水，合交溪下流于越州，乃西南破峡去；而石堡正悬立众峰中，诸水又汇而潆之；危崖古松，倍见幽胜。北下山，西一里，抵石堡村。回眺石堡西北两面，嵌空奇峭，步步不能去。由村南下坡，东半里，逾一石梁，南走梁下者即交溪，溪遂折东南去。又东一里半，抵东山麓。东北上山，从石片中行，土倾峡坠，崩嵌纷错，石骨兢露如裂瓣；从之倾折取道。石多幻质，色正黑如着墨，片片英山绝品。石中上者一里，至岭坳，下见西坞南流之江，下坠岭南之峡，乃交溪由桥头南下，横截此山南麓以东去者也。

余已躬睹南盘源，闻有西源更远，直西南至石屏州，随流考之。其水源发自石屏西四十里之关口，流为宝秀山巨塘，又东南下石屏，汇为异龙湖。湖有九曲三岛，周一百五十里。岛之最西北近城者，曰大水城，顶有海潮寺。稍东岛曰小水城。舟经大水城南隅，有芰荷百亩，巨朵锦边；湖中植莲，此为最盛。水又东经临安郡南，为泸江，穿颜洞出，又东至阿弥州，东北入盘江。盘江者，即交水海子，南经越州、陆凉、路南、宁州，至州东六十里婆兮甸，合抚仙湖水；又南至播箕街河甸，合曲江；又东至阿弥州稍东，合泸江；二江合为南盘江，遂东北流广西府东山外。

余时征诸广西土人，竟不知江所向。乃北过师宗州，又东北去罗平州十五里，抵一坞，曰兴哆啰。其坞西傍白蜡，东瞻罗庄，南去甚遥，而罗庄山森峭东界，皆石峰离立，分行竞奋，复见粤西面目。盖此丛矗怪峰，西南始此，而东北尽于道州，磅礴数千里，为西南奇胜，此又其西南之极也。已而至罗平，询土人盘江曲折，始知江自广西府流入师宗界，即出罗平东南隅罗庄山外，抵巴旦彝寨，会江底河。寨去罗平东南二百里，江东即广南府境。又东北经巴泽、河格、巴吉、兴隆、那贡、至霸楼，为霸楼江；六处地名俱粤西安隆长官司地。今安隆无土官，俱为广南、泗城所占。遂入泗城境之八蜡、者香，于是为右江。再下，又有广南富州之水，自者格经泗城之葛阆、历里来合，而下田州云。

后余至云南省城，过杨林，见北一海子特大，古称嘉利泽，北成大溪，出河口。溪北有山甚峻，曰尧林山。又东北十里出峡，经果子园，北至寻甸府，合郡城西北水，汇为南海子。又东北与马龙水合于郡东二十里七里桥，为阿交合溪。余因究水所出，知其下霑益州可渡河，乃北盘江上流也。按此则南、北二盘，但名称之同耳，发源非一山之水，北盘自可渡河而东，始南合亦资孔、火烧铺之水，则火烧铺非北盘之源也。南盘自交水发源，南渡越州，始合明月所之水，则明月所非南盘之源也。乃《一统志》北盘舍杨林，南盘舍交水，而取东南支分者为源，则南北源一山之误，宜订正者一。

又以南盘至八蜡、者香，一水自东北来合，土人指以为北盘江，遂谓南、北盘皆出于田州。夫北盘过安南，已东南下都泥，由泗城东北界，经那地、永顺，出罗木渡，下迁江，则此东北合南盘之水，自是泗城西北箐山所出。谓两江合于普安州、泗城州之误，宜订正者二。

至《一统志》最误处，又谓南北二盘分流千里，会于合江镇。盖惟南宁府西左、右江合流处为合江镇，是直以太平府左江为南盘，田州右江反为北盘矣。今以余所身历综校之：南盘自霑益州炎方驿南下，经交水、曲靖，南过桥头，由越州、陆凉、路南，南抵阿弥州境北，合曲江、泸江，始东转渐北，合弥勒巴甸江，是为额罗江；又东北经大柏坞、小柏坞，又北经广西府东八十里永安渡，又东北过师宗州东七十里黑如渡，又东北过罗平州东南巴旦寨，合江底水；经巴泽、巴吉，合黄草坝水；东南抵坝楼，合者坪水；始下旧安隆，出白隘，为右江。北盘自杨林海子，北出嵩明州果子园，东北经热水塘，合马龙州中和山水，抵寻甸城东，北去彝地为车洪江；下可渡桥，转东南经普安州北境，合三板桥诸水；南下安南卫东铁桥，又东南合平州诸水，入泗城州东北境；又东注那地州、永顺司，经罗木渡，出迁江、来宾，为都泥江，东入武宣之柳江。是南盘出南宁，北盘出象州，相去不下千里。而南宁合江镇，乃南盘与交趾丽江合，非北盘与南盘合也。其两盘江相合处，直至浔州府黔、郁二江会流时始合，但此地南、北盘已各隐名为郁江、黔江矣。则谓南盘、北盘，即为南宁左、右江之误，宜订正者三。

若夫田州右江源，明属南盘，《志书》又谓源自富州，是弃大源而取支水，犹之志南盘者，源明月所，志北盘者，源火烧铺也。彼不辨端末巨细，悍然秉笔，类一邱之貉也夫！

溯江纪源一作“江源考”

冯士仁曰：“谈江源者，久沿《禹贡》‘岷山导江’之说。近邑人徐弘祖，字霞客，夙好远游；欲讨江源，崇祯丙子夏，辞家出流沙外，至庚辰秋归，计程十万，计日四年。其所纪核，从足与目互订而得之，直补桑《经》、郦《注》所未及。夫江邑为江之尾闾，适志山川，而霞客归，出《溯江纪源》，遂附刻之。”

江、河为南北二经流，以其特达于海也。而余邑正当大江入海之冲，邑以江名，亦以江之势，至此而大且尽也。生长其地者，望洋击楫，知其大，不知其远；溯流穷源，知其远者，亦以为发源岷山而已。余初考纪籍，见大河自积石入中国，溯其源者，前有博望之乘槎，后有都实之佩金虎符。其言不一，皆云在昆仑之北，计其地，去岷山西北万余里；何江源短而河源长也？岂河之大更倍于江乎？迨逾淮涉汴，而后睹河流如带，其阔不及江三之一；岂江之大，其所入之水，不及于河乎？迨北历三秦，南极五岭，西出石门金沙，而后知中国入河之水，为省五陕西、山西、河南、山东、南直隶。入江之水，为省十一西北自陕西、四川、河南、湖广、南直；西南自云南、贵州、广西、广东、福建、浙江。计其吐纳，江既倍于河，其大固宜也。按其发源，河自昆仑之北，江亦自昆仑之南，其远亦同也。发于北者曰星宿海，《佛经》谓之徙多河。北流经积石，始东折入宁夏，为河套；又南曲为龙门大河，而与渭合。发于南者，曰犁牛石，《佛经》谓之殑伽河。南流经石门关，始东折而入丽江，为金沙江；又北曲为叙州大江，与岷山之江合。余按岷江经成都至叙，不及千里，金沙江经丽江、云南、乌蒙至叙，共二千余里；舍远而宗近，岂其源独与河异乎？非也！河源屡经寻讨，故始得其远；江源从无问津，故仅宗其近。其实岷之入江，与渭之入河，皆中国之支流，而岷江为舟楫所通，金沙江盘折蛮僚豁峒间，水陆俱莫能溯。在叙州者，只知其水出于马湖、乌蒙，而不知上流之由云南丽江；在云南丽江者，知其为金沙江而不知下流之出叙为江源。云南亦有二金沙江：一南流北转，即此江，乃《佛经》所谓殑伽河也；一南流下海，即王靖远征麓川，缅人恃以为险者，乃《佛经》所谓信度河也。云南诸《志》，俱不载其出入之异，互相疑溷，尚不悉其是一是二，分北分南，又何由辨其为源与否也！既不悉其孰远孰近，第见《禹贡》“岷山导江”之文，遂以江源归之，而不知禹之导，乃其为害于中国之始，非其滥觞发脉之始也。导河自积石，而河源不始于积石；导江自岷山，而江源亦不出于岷山，岷流入江，而未始为江源，正如渭流入河，而未始为河源也。

不第此也：岷流之南，又有大渡河，西自吐蕃，经黎、雅，与岷江合，在金沙江西北，其源亦长于岷而不及金沙，故推江源者，必当以金沙为首。不第此也：宋儒谓中国三大龙，而南龙之脉，亦自岷山，濒大江南岸而下，东渡城陵、湖口而抵金陵；此亦不审大渡、金沙之界断其中也。不第此也：并不审城陵矶、湖口县为洞庭、鄱阳二巨浸入江之口。洞庭之西源自沅，发于贵州之谷芒关；南源自湘，发于粤西之釜山、龙庙。鄱阳之南源自赣，发于粤东之浰头、平远；东源自信丰，发于闽之渔梁山、浙之仙霞南岭。是南龙盘曲去江之南且三千里，而谓南龙濒江乎？不第此也：不审龙脉，所以不辨江源。今详三龙大势：北龙夹河之北，南龙抱江之南，而中龙中界之，特短。北龙亦只南向半支入中国；俱另有说。惟南龙磅礴半宇内，而其脉亦发于昆仑，与金沙江相持南下，经石门、丽江东金沙，西澜沧，二水夹之。环滇池之南，由普定度贵竺都黎南界，以趋五岭，龙远江亦远，脉长源亦长，此江之所以大于河也。不第此也：南龙自五岭东趋闽之渔梁，南散为闽省之鼓山，东分为浙之台、宕，正脉北转为小箪岭，闽、浙界。度草坪驿，江、浙界。峙为浙岭、徽、浙界。黄山，徽、宁界。而东抵丛山关，绩溪、建平界。东分为天目、武林；正脉北度东坝，而峙为句曲，于是回龙西结金陵，余脉东趋余邑；是余邑不特为大江尽处，亦南龙尽处也。龙与江同发于昆仑，同尽于余邑，屹为江、海锁钥，以奠金陵，拥护留都，千载不拔之基以此。岂若大河下流，昔曲而北趋碣石，今徙而南夺淮、泗，漫无锁钥耶？然则江之大于河者，不第其源之共远，亦以其龙之交会矣。故不探江源，不知其大于河；不与河相提而论，不知其源之远。谈经流者，先南而次北可也。

陈体静曰：“此《考》原本已失，兹从本邑《冯志》中录出，非全文也。前人谓其书数万言，今所存者，仅千有余言而已。《考》内‘北龙亦只南向半支入中国’下，注云：‘俱另有说’，其说必甚长，乃一概删去，殊为可惜。”

《国学典藏》丛书已出书目

周易［明］来知德 集注
诗经［宋］朱熹 集传
尚书 曾运乾 注
仪礼［汉］郑玄注［清］张尔岐 句读
礼记［元］陈澔 注
论语·大学·中庸［宋］朱熹 集注
孟子［宋］朱熹 集注
左传［战国］左丘明 著［晋］杜预 注
孝经［唐］李隆基 注［宋］邢昺 疏
尔雅［晋］郭璞 注
战国策［汉］刘向 辑录
［宋］鲍彪 注［元］吴师道 校注
国语［战国］左丘明 著
［三国吴］韦昭 注
徐霞客游记［明］徐弘祖 著
荀子［战国］荀况 著［唐］杨倞 注
近思录［宋］朱熹 吕祖谦 编
［宋］叶采［清］茅星来 等注
老子［汉］河上公 注［汉］严遵 指归
［三国魏］王弼 注
庄子［清］王先谦 集解
列子［晋］张湛 注［唐］卢重玄 解
［唐］殷敬顺［宋］陈景元 释文
孙子［春秋］孙武 著［汉］曹操 等注
墨子［清］毕沅 校注
韩非子［清］王先慎 集解
吕氏春秋［汉］高诱 注［清］毕沅 校
管子［唐］房玄龄 注［明］刘绩 补注
淮南子［汉］刘安 著［汉］许慎 注
坛经［唐］惠能 著 丁福保 笺注
楞伽经［南朝宋］求那跋陀罗 译
［宋］释正受 集注
世说新语［南朝宋］刘义庆 著
［南朝梁］刘孝标 注
山海经［晋］郭璞 注［清］郝懿行 笺疏
颜氏家训［北齐］颜之推 著
［清］赵曦明 注［清］卢文弨补注
梦溪笔谈［宋］沈括 著
容斋随笔［宋］洪迈 著
困学纪闻［宋］王应麟 著
［清］阎若璩 等注
楚辞［汉］刘向 辑
［汉］王逸 注［宋］洪兴祖 补注
玉台新咏［南朝陈］徐陵 编
［清］吴兆宜 注［清］程琰 删补
乐府诗集［宋］郭茂倩 编撰
唐诗三百首［清］蘅塘退士 编选
［清］陈婉俊 补注
宋词三百首［清］朱祖谋 编选
词综［清］朱彝尊 汪森 编
陶渊明全集［晋］陶渊明 著［清］陶澍 集注
王维诗集［唐］王维 著［清］赵殿成 笺注
孟浩然诗集［唐］孟浩然 著［宋］刘辰翁 评
李商隐诗集［唐］李商隐 著［清］朱鹤龄 笺注
杜牧诗集［唐］杜牧 著［清］冯集梧 注
李贺诗集［唐］李贺 著
［宋］吴正子 注［宋］刘辰翁 评
李煜词集（附李璟词集、冯延巳词集）
［南唐］李煜 著
柳永词集［宋］柳永 著
晏殊词集·晏幾道词集
［宋］晏殊 晏幾道 著
苏轼词集［宋］苏轼 著［宋］傅幹 注

黄庭坚词集·秦观词集 ［宋］黄庭坚 著 ［宋］秦观 著
李清照诗词集 ［宋］李清照 著
辛弃疾词集 ［宋］辛弃疾 著
纳兰性德词集 ［清］纳兰性德 著
西厢记 ［元］王实甫 著 ［清］金圣叹 评点
牡丹亭 ［明］汤显祖 著 ［清］陈同 谈则 钱宜 合评
长生殿 ［清］洪昇 著 ［清］吴人 评点
桃花扇 ［清］孔尚任 著 ［清］云亭山人 评点
古文辞类纂 ［清］姚鼐 纂集
古文观止 ［清］吴楚材 吴调侯 选注
文心雕龙 ［南朝梁］刘勰 著 ［清］黄叔琳 注 纪昀 评 李详 补注 刘咸炘 阐说
诗品 ［南朝梁］钟嵘 著 古直 笺
人间词话·王国维词集 王国维 著

部分将出书目
（敬请关注）

周礼	三国志	金刚经
公羊传	水经注	文选
穀梁传	史通	曹植全集
说文解字	孔子家语	李白全集
史记	日知录	杜甫全集
汉书	文史通义	白居易诗集
后汉书	传习录	花间集

上海古籍出版社
官方微信

《国学典藏》丛书
官方公众号